བོད་ལྗོངས་ལོ་རིམ་མེ་ལོང་།

西藏年鉴

TIBET YEARBOOK

2014

（总第15卷）

西藏自治区地方志办公室

图书在版编目（CIP）数据

西藏年鉴.2014/《西藏年鉴》编辑委员会编著
--拉萨：西藏人民出版社，2015.6
ISBN 978-7-223-04738-8
I.①西… II.①西… III.①西藏-2014-年鉴
IV.①Z527.5

中国版本图书馆CIP数据核字（2015）第075033号

西藏年鉴（2014）

主管单位：西藏自治区人民政府
主办单位：西藏自治区地方志办公室
编　　辑：《西藏年鉴》编辑部
责任编辑：苏远尚 齐江蕾 银珠桑毛 多杰卓玛 央拉
设　　计：徐 阳

出版发行：西藏人民出版社
印　　刷：西藏福利印刷厂
书　　号：ISBN 978-7-223-04738-8
开　　本：889×1194 1/16
字　　数：1100千字
插　　页：520幅
版　　次：2015年7月第1版 2015年7月第1次印刷
印　　数：1~5000册
定　　价：498.00元

编辑说明

一、《西藏年鉴》是由西藏自治区人民政府主管，西藏自治区地方志办公室、西藏年鉴编辑部编辑出版的政府综合年鉴。2000年创刊至今，已出版15卷。其宗旨是真实、全面、系统载录西藏自治区自然、政治、经济、文化、社会等方面的基本情况，为各级领导了解区情、实施科学决策，为社会各界和海内外人士了解和研究西藏提供基本资料。

二、《西藏年鉴》2014年卷记录西藏自治区2013年经济社会发展的基本资料。设有特载，西藏综述，政治，军事，经济、社会事业，地市、县（市、区），大事记，统计资料8个栏目。重点反映西藏自治区党委、政府及各级各部门认真贯彻落实以习近平同志为总书记的党中央关于西藏工作的新指示、新要求，特别是“治国必治边，治边先稳藏”重要战略思想和“努力实现西藏持续稳定、长期稳定、全面稳定”重要指示精神，依法治藏，维护稳定，建设法治政府，切实改善和保障民生，统筹城乡发展，加快改革开放，推进农业现代化和新农村建设，推进科技创新体系建设，构建和谐社会的新进展和新成果。

三、《西藏年鉴》采用分类编辑法，由篇目、类目、部（门）目、条目组成。条目标题统一使用黑体字加【 】表示。

四、《西藏年鉴》的统计数据使用法定计量单位，价值指标绝对数凡未注明的，按《年鉴》记载当年（2013）价格计算。

五、为免累赘，凡直书月、日，未写年份，即为2013年。数据增减多少未说明与某一年份，即为《年鉴》记载当年（2013）与上年（2012）比较。

六、《西藏年鉴》稿件由西藏自治区各部、委、办、厅、局、地市、县（市、区）及驻藏部队提供，并经提供单位领导审核。所用综合性资料、数据，一律截至2013年底。“统计资料”由西藏自治区统计局提供，正文中的数据由各单位提供。因统计口径等原因，部门和地市、县（市、区）稿件中所用数据与“统计资料”中的数据不尽一致，采用时请予注意。

七、《西藏年鉴》的编辑出版工作得到了全区各级领导、各部门、各单位的大力支持和撰稿人的通力合作，在此表示衷心感谢。有极少数单位因特殊原因，本期没有刊载。本刊疏漏之处，恳请指正。

《西藏年鉴》编辑委员会

《西藏年鉴》编辑部

目 录

特 载

第一篇 西藏综述

西藏自治区概况

第二篇 政治

第三篇 军事

第四篇 经济、社会事业

第五篇 地市、县（市、区）

第六篇 大事记

第七篇 统计资料

西藏2013数字

- ■土地面积：122.84万平方公里
- ■年末常住人口：312.04万人
- ■地区生产总值：807.67亿元
- ■第一产业：86.82亿元
- ■第二产业：292.92亿元
- ■第三产业：427.93亿元
- ■农林牧渔业总产值：128.06亿元
- ■粮食产量：96.15万吨
- ■肉类产量：29.21万吨
- ■规模以上工业增加值：45.83亿元
- ■发电量：29.14亿千瓦小时
- ■全社会固定资产投资总额：918.48亿元
- ■地方公共财政预算收入：95亿元
- ■地方公共财政预算支出：1014.31亿元
- ■本外币各项存款余额：2499.08亿元
- ■本外币各项贷款余额：1076.69亿元
- ■社会消费品零售总额：293.21亿元
- ■货运总量：1328.07万吨
- ■客运总量：4735.77万人次
- ■进出口贸易总额：33.19亿美元
- ■出口总额：32.69亿美元
- ■进口总额：0.5亿美元
- ■接待旅游人数：1291.06万人次
- ■旅游总收入：165.18亿元
- ■农牧民年人均纯收入：6578元
- ■镇居民年人均可支配收入：20023元

2013年 3月9日上午，中共中央总书记、中共中央军委主席习近平参加十二届全国人大一次会议西藏代表团的审议，并发表重要讲话。习近平总书记在讲话中强调，中央历来高度重视西藏发展稳定，高度关心西藏各族群众生产生活。希望西藏各族干部群众认真贯彻落实中央关于西藏工作的一系列方针政策，紧紧抓住历史机遇，大力弘扬“老西藏精神”，发愤图强，乘势而上，坚定不移走有中国特色、西藏特点的发展路子，坚持不懈保障和改善民生，坚定不移巩固和发展民族团结，积极构建维护稳定的长效机制，加快推进西藏跨越式发展和长治久安，确保到2020年同全国一道实现全面建成小康社会宏伟目标。图为习近平与西藏代表亲切交谈。

2013年8月1日至6日，中共中央政治局常委、全国政协主席俞正声在西藏调研时强调，要认真贯彻落实中央关于西藏工作的一系列方针政策，树立依法治藏、长期建藏思想，坚持走有中国特色、西藏特点的发展路子，促进西藏经济社会跨越式发展和长治久安，把建设社会主义新西藏事业不断推向前进。图为2013年8月3日上午，俞正声到拉萨市城关区鲁固社区调研，受到社区居民的热烈欢迎。

2013年10月14日至16日，国务委员、公安部部长郭声琨在西藏调研时强调，要认真贯彻落实习近平总书记等中央领导同志重要指示精神，坚持立足当前、着眼长远，坚持标本兼治、重在治本，坚持依法治理、综合治理，锲而不舍抓好维护稳定各项措施的落实，为加快推进西藏跨越式发展和长治久安提供坚强保障。图为2013年10月15日，郭声琨在拉萨市布达拉宫广场派出所视察调研公安基层基础工作。

2013年7月11日下午，在西藏督察指导党的群众路线教育实践活动的中央第七督导组组长、全国人大常委会委员陆浩，在拉萨专程看望全国政协副主席、西藏自治区政协主席帕巴拉·格列朗杰。

2013年2月22日至23日，中央统战部副部长朱维群在西藏自治区党委常务副书记郝鹏的陪同下深入拉萨市，就西藏维护稳定各项工作进行考察调研，亲切看望广大干部职工、农牧民群众和僧人。图为2013年2月23日上午，朱维群、郝鹏在拉萨色拉寺考察调研。

2013年1月30日上午，西藏自治区党委书记陈全国到拉萨大昭寺，亲切看望驻寺干部和寺庙僧人，并致以春节与藏历新年的问候和祝福。

2013年5月21日上午，西藏自治区党委、西藏自治区人民政府隆重召开全区民族团结进步模范表彰大会。图为自治区党委书记陈全国为受表彰的模范集体和模范个人代表颁奖。

2013年7月30日，西藏自治区党委书记、西藏军区党委第一书记陈全国，西藏自治区党委副书记、自治区主席洛桑江村到西藏军区第二通信团看望慰问部队官兵。

2013年7月30日，西藏自治区党委副书记、自治区人大常委会主任白玛赤林深入联系点拉孜县拉孜镇措布村调研指导党的群众路线教育实践活动，与农牧民群众面对面交流。

2013年9月14日，西藏自治区党委副书记、自治区主席洛桑江村到地震重灾区左贡县田妥镇沙益村和米扎村，亲切看望慰问受灾群众，视察灾区恢复重建工作。图为洛桑江村在沙益村与村民、教师、驻村队员代表亲切交谈。

2013年5月14日，西藏自治区党委常务副书记吴英杰到自治区工商联调研指导工作。

2013年10月2日上午，西藏自治区党委副书记、自治区常务副主席、自治区党委政法委书记邓小刚到拉萨市污水处理厂等民生部门调研，检查节日期间相关单位安全生产和运行情况。

2013年3月28日，西藏拉萨市各族各界代表在布达拉宫广场举行“升国旗·唱国歌”仪式，隆重纪念西藏百万农奴解放54周年。

2013年6月9日，中共西藏自治区第八届委员会第四次全体会议在拉萨召开。

2013年7月8日下午，西藏自治区深入开展党的群众路线教育实践活动动员大会在拉萨召开。

西藏雅砻河谷的生态保护林。

西藏当雄县境内修建的保护植被及供动物迁徙的生态铁路下穿桥涵。

生态环境的不断改善使西藏成为许多鸟类的栖息地。

2007年建成的拉萨柳梧大桥。

2011年建成的全长37.8公里的拉萨至贡嘎机场高速公路。

西藏年鉴
TIBET YEARBOOK
2014

特载

在全区经济工作会议上的讲话

在全区经济工作会议上的讲话

（2013年12月31日）

自治区党委书记　陈全国

同志们：

这次全区经济工作会议，是继自治区党委八届五次全委会后召开的又一次重要会议。主要任务是，以党的十八大和十八届二中、三中全会精神为指导，贯彻落实习近平总书记系列重要讲话精神，贯彻落实中央经济工作会议特别是习近平总书记、李克强总理的重要讲话精神，落实区党委八届五次全委会精神，总结2013年全区经济工作，安排2014年经济工作。

一、同心同德、奋力拼搏，今年以来全区经济保持了平稳发展的良好态势

2013年以来，面对错综复杂的国内外形势，在以习近平同志为总书记的党中央坚强领导下，自治区党委、政府团结带领全区各族人民，高举中国特色社会主义伟大旗帜，以邓小平理论、“三个代表”重要思想、科学发展观为指导，认真贯彻落实党的十八大和十八届二中、三中全会精神，贯彻落实习近平总书记“治国必治边、治边先稳藏”的重要战略思想，贯彻落实俞正声主席“依法治藏、长期建藏”的指示要求，坚持走有中国特色、西藏特点的发展路子，坚持稳中求进，稳增长、调结构、促改革、惠民生，实现了有质量有效益、又好又快发展，主要表现为“快、高、优、大、强、新、惠、好、稳”九个特点：

一是快，经济发展速度快。按照中央稳中求进的工作总基调，突出投资拉动，巩固消费带动，全区经济稳中有进。预计全年地区生产总值802亿元、同比增长12.5%，固定资产投资910亿元、增长28%，社会消费品零售总额289亿元、增长16%，旅游人次1300万左右、增长22%。

二是高，经济增长质量高。实现了速度效益同步提升。预计税收完成140亿元，公共财政预算收入完成95亿元、增长10%，农牧民人均纯收入6520元、增长14%，城镇居民人均可支配收入20192元、增长11%。年末各项贷款余额突破1000亿元。

三是优，经济结构不断优化。预计第一产业增加值86.44亿元、增长3.4%，第二产业增加值287.23亿元、增长18.9%，第三产业增加值428.33亿元、增长10.6%，三次产业比重为10.8：35.8：53.4，第三产业规模超过一、二产业，占半壁江山。新增项目和企业符合国家产业政策。

四是大，基础建设力度较大。"十二五"规划226个项目开工188个、开工率83%，落实投资1084.9亿元。拉日铁路完成铺轨。墨脱公路全线贯通，结束了全国最后一个县不通公路的历史。拉林高等级公路开工建设，纳金大桥建成通车。西藏通航城市达到29个、航线增至48条，贡嘎机场高峰期日突破100架次。川藏电网联网工程开工建设，旁多水利枢纽工程首台机组发电，电力装机总容量达到128万千瓦、增长4.7%。拉萨老城区改造全面完成，拉萨城市供暖工程基本实现全覆盖。拉洛水利枢纽及配套灌区准备工程开工建设。

五是强，改革开放动力强。积极稳妥地推进重点领域改革，发展动力不断增强。进一步简政放权，区（中）直部门审批项目减少60%，自治区审批项目调整69%；营改增试点全面推广，纳税人负担明显减轻；医药卫生体制改革不断推进，药品价格总体下降15%；对外贸易稳步发展，实现进出口总额30亿美元；非公经济发展迅猛，市场主体达到12.88万户、吸纳就业62.8万人，分别增长8%、11.9%；民生银行、太平洋保险等金融企业入户西藏，圆满完成"中国光彩事业西藏行"招商引资活动。

六是新，社会事业有新进步。义务教育15年免费"三包"政策完善落实、年生均补助标准提高到2700元，高中阶段毛入学率达到72.23%，农牧民子女高考招生比例增至60%，西藏大学被正式确定为博士学位授予单位。新建标准化乡镇卫生院88个、县级急救中心29个，自治区第三人民医院投入使用，对城乡居民和在编僧尼进行了免费健康体检、基本完成先心病儿童免费救治；广播电视综合覆盖率分别达到94.4%、95.5%，大型实景剧《文成公主》成功上演，26个文艺项目获得国家奖项，新增全国重点文物保护单位20处、自治区级文物保护单位181处；全民健身运动蓬勃兴起，我区运动健儿在第十二届全运会上再夺金牌。

七是惠，群众得到更多实惠。提高了18项民生补助标准，利民惠民"十件实事"全面落实。基本完成46.03万户农牧民安居工程，1.4万名西藏籍应届大学毕业生实现全就业，动态消除零就业家庭2300多户、城镇新增就业2.8万人，各险种参保248.9万人，孤儿得到有效救助，12.8万人实现稳定脱贫。有效应对"3·29"山体滑坡、昌都"8·12"地震等自然灾害，妥善安置受灾群众生产生活，灾后重建工作扎实推进。

八是好，生态环境保持良好。坚持把保护环境作为底线、红线、高压线，扎实推进美丽西藏建设。投入生态安全屏障建设资金48.2亿元，兑现草原生态保护补助奖励和森林生态效益补偿金28.3亿元，造林绿化104万亩；严格环境准入，出台自治区环境保护监督管理办法、环境保护考核办法，设立环境保护奖励资金7400万元，主要污染物排放总量控制在国家核定范围内，全区江河湖泊水质和空气质量保持优良。

九是稳，社会持续和谐稳定。坚持把维护稳定作为硬任务和第一责任，认真落实中央部署和自治区十个方面维稳措施，坚持抓早抓小抓快抓好，做细做深干部驻村驻寺、创新寺庙管理、城镇网格化管理、"先进双联户"创建评选、民族团结、社会治安综合治理、四省藏区进藏人员"三证"改"一证"等工作，确保了重要时段、重要节点、大型宗教活动平安和谐，实现了全区46000名僧尼和各族群众无自焚，保持了社会大局持续和谐稳定。

这些成绩的取得，是党中央、国务院高度重视、坚强领导的结果，是全国人民大力支持、无私援助的结果，是全区各族干部群众艰苦奋斗、共同努力的结果，成绩来之不易，应当充分肯定。

同时，也要看到存在的问题和不足。主要是，观念滞后、思想解放程度不够，工作作风需要进一步改进，发展环境需要进一步优化，基础设施需要进一步加强，产业发展水平需要进一步提升，反分裂斗争形势依然严峻、维稳任务艰巨繁重。我们必须切实增强忧患意识、底线思维，攻坚克难、砥砺奋进。

二、领会实质、统一思想，全面把握明年经济工作的目标方向

中央经济工作会议，是在党的十八届三中全会之后中央召开的第一个全国性会议，非常重要、非常及时。习近平总书记、李克强总理发表了重要讲话，着眼全局、站位高远、论述精辟、部署科学，具有很强的思想性、前瞻性、针对性和指导性，对于我们坚定信心、凝聚力量，全面深化改革，推动全区经济社会又好又快发展，具有十分重要的意义。我们一定要认真学习、深刻领会、准确把握。

（一）统一到中央对当前经济形势的正确判断上来。总书记、总理的重要讲话，总结了新成就，面对错综复杂的国内外形势，统筹国内国际两个大局，始终坚持稳中求进，冷静把握经济大势，充分发挥市场作用，坚持底线思维，稳定社会预期，经济社会发展稳中有进、稳中向好、实现了7.5%的增速，极大地增强了全党全国人民的信心和决心。分析了新形势，从国内看，经济形势稳中有忧、稳中有险，经济运行存在较大下行压力，部分行业产能过剩问题严重、宏观债务水平持续上升、结构性就业矛盾突出、生态环境恶化等突出问题仍没有缓解；从国际看，明年世界经济仍将延续缓慢复苏态势，但仍存在不稳定不确定因素，新的增长动力源尚不明朗，大国货币政策、贸易投资格局、大宗商品价格的变化方向都存在不确定性。提出了新要求，国际金融危机影响具有长期性，国际市场空间已经收得很紧、争夺更趋激烈，必须顺势而为、转变思路，冷静扎实办好自己的事，大力推进改革创新，把制度优势充分发挥出来，把发展的强大动力和内需的巨大潜力释放出来，以转变经济发展方式的主动、调整经济结构的主动、改革开放的主动，赢得在经济发展上的主动和国际竞争中的主动。

（二）统一到中央对明年经济工作的总体要求上来。总书记、总理的重要讲话，着眼于全面深化改革、全面完成“十二五”规划，从党和国家战略全局出发，提出了明年经济工作的总体要求。强调要全面贯彻落实党的十八大和十八届二中、三中全会精神，把握“一个总基调”，坚持稳中求进工作总基调；贯穿“一条主线”，把改革创新贯穿于经济社会发展各个领域各个环节，以改革促发展、促转方式调结构、促民生改善；坚持“一个政策取向”，继续实施积极的财政政策和稳健的货币政策，保持宏观经济政策的连续性和稳定性；突出“四个重点”，着力激发市场活力，加快转方式调结构，加强基本公共服务体系建设，着力改善民生；实现“一个提高”，切实提高经济发展质量和效益，促进经济持续健康发展、社会和谐稳定。

（三）统一到中央对明年经济工作的预期目标上来。综合研判国内外形势和改革发展任务，以习近平同志为总书记的党中央统筹考虑抓改革、促调整、惠民生、防风险等方面的因素，确定了明年经济社会发展的“六个预期目标”：经济增长7.5%左右，居民消费价格涨幅控制在3.5%左右，城镇新增就业1000万人以上，进出口增长7.5%左右，争取国际收支基本平衡，城乡居民收入增长与经济增长基本同步，科学合理、切实可行。总书记、总理还特别强调在实现上述目标的过程中，要不简单以国内生产总值增长率论英雄，防止把发展简单化为增加生产总值，不片面追求经济增长速度，不搞层层加码、盲目攀比，要的是实实在在、没有水分的速度，是经济发展质量效益得到提高又不会带来后遗症的速度，充分彰显了中央推动经济健康发展的新思想、新理念。

（四）统一到中央对明年经济工作的安排部署上来。坚持把握好总书记、总理在讲话中部署的“七个方面”主要任务：切实保障国家粮食安全，大力调整产业结构，着力防控债务风险，积极促进区域协调发展，着力做好保障和改善民生工作，不断提高对外开放水平，加强党对全面深化改革的领导。

三、统筹兼顾、突出重点，推动经济持续健康发展

2014年是深入贯彻落实党的十八届三中全会精神、全面深化改革的开局之年，是完成“十二五”规划目标任务的关键之年。做好我区明年经济工作的总体要求是，全面贯彻落实党的十八大和十八届二中、三中全会精神，贯彻落实中央经济工作会议精神，坚持以邓小平理论、“三个代表”重要思想、科学发展观为指导，贯彻落实习近平总书记系列重要讲话精神、关于西藏工作的重要指示精神、特别是“治国必治边、治边先稳藏”的重要战略思想，贯彻落实俞正声主席“依法治藏、长期建藏”的指示要求，坚持走有中国特色、西藏特点的发展路子，认真执行中央的宏观经济政策，坚持稳中求进工作总基调，把改革创新贯穿于经济社会发展各个领域各个环节，统筹稳增长、调结构、促改革，着力激发市场活力，加强基本公共服务，切实保障和改善民生，促进经济持续健康发展，保持社会大局持续和谐稳定，确保生态环境持续良好。

明年全区经济社会发展的主要预期目标是，地区生产总值增长12%，社会固定资产投资增长18%，社会消费品零售总额增长16%，地方财政收入增长15%，城镇居民人均可支配收入、农牧民人均纯收入分别增长8%、13%。实现明年的经济发展目标，重点要抓好以下八个方面的工作：

第一，坚持扭住“一个总开关”，着力深化改革开放。改革开放是决定当代中国命运、决定实现“两个一百年”奋斗目标、实现中华民族伟大复兴中国梦的关键一招，是治边稳藏、兴藏富民的关键之举。要按照党的十八届三中全会和区党委八届五次全委会的部署，坚持胆子要大、步子要稳，积极稳妥推进重点领域改革，不失时机地提升对内对外开放水平。

在深化改革方面，切实把握“三项原则”：一要吃透精神，各级各部门要结合本地实际，认真学习、反复研读党的十八届三中全会特别是习近平总书记重要说明、重要讲话和中央《决定》精神，贯彻我区的《实施意见》，全面准确领会新理念、新思路、新举措，在学透、吃透、想透、悟透上下功夫，做到学以致用、指导实践、推动改革。二要统筹考虑，各级各有关部门要对照改革的具体措施，明确任务、列出清单，坚持先易后难、统筹轻重缓急、分清改革权属，凡是属于中央统一部署的不要抢跑，凡是属于地方配合推进的不要观望，凡是属于我们自主完成的不要拖延。三要有序推进，注重把握改革的系统性、整体性、协同性、关联性，对事关全局工作的要深入研究、反复论证，对事关群众利益的要征求群众意见、反映群众呼声，对方向明、见效快的要成熟一个、推进一个，做到既积极主动、又稳妥可控。区党委综合考虑，明年重点推进十项改革：深化农牧区改革，试点推动耕地、草场承包经营权流转，发展新型农牧民经济合作组织；深化国有企业改革，加快建立现代企业制度，组建交通、旅游等行业性国有资本运营公司，积极推进2–3家企业股改上市；深化行政体制改革，全面清理现有审批事项、进一步减少行政审批事项，稳步推进机构改革、转变政府职能；深化投资体制改革，扩大民营资本投资领域，完善援藏投资管理方式，强化企业投资带动作用，建立政府补助、市场引导、金融撬动等发展机制；深化财税体制改革，改进预算管理制度，全面推进营改增工作，中央税收返还原则上由自治区财政统筹安排；深化医药卫生体制改革，推进公立医院改革，启动实施一方是独生子女的夫妇可生育两个孩子的政策，落实好计划生育基本国策；深化教育领域改革，探索改进高等职业教育招生考试制度，积极推进中等职业教育改革发展示范校建设；深化人事制度改革，全面推进事业单位分类改革，稳步推进工资收入分配制度改革；深化扶贫开发体制改革，启动利用贷款贴息扶持产业化龙头企业试点，建立扶贫、纪检、审计“三方会审”的项目资金监管机制；深化文化体制改革，加快文化行政职能转变，推动文化团体转企改制，推进文艺院团内部机制改革。

在扩大开放方面，一要深化区域合作，积极融入成渝经济圈、陕甘青宁经济圈、大香格里拉经济圈，加强与兄弟省区市的战略合作，实现优势互补、互利共赢。二要完善援藏机制，配合开好对口援藏工作20周年座谈会，推进援藏工作体制机制创新，完善经济援藏机制、专业技术人员援藏机制、就业援藏机制、干部援藏机制、援藏工作成效考核评估和动态调整机制，加大援藏力度，增强自我发展能力。三要提升全方位开放水平，借助国家构建孟中印缅经济走廊，加强与印度、尼泊尔等南亚国家的交流合作，推动南亚贸易陆路大通道建设；向北积极对接丝绸之路经济带，加快构建藏青经济带；加强边境口岸基础设施建设，推进吉隆口岸跨境经济合作区建设，积极争取“离区免税”试点，探索口岸自贸园区建设，推动对外贸易稳定增长，力争进出口贸易总额增长12%、实际利用外资增长40%。

第二，坚持抓好“一个关键”，积极推进项目建设。项目建设是促进经济持续健康发展的重要载体和有力抓手，是全区经济工作的重中之重，必须高度重视、毫不放松、抓紧抓实抓好。一要抓住重要机遇，紧紧抓住国家全面深化改革，重点增加对民族地区、边疆地区、贫困地区转移支付力度的战略机遇，抓住明年中央新增国债9500亿元、中央代地方发债4000亿元和新增贷款规模增长13%的宏观调控政策机遇，抓住中央和国家机关、中央骨干企业、兄弟省市加大对口援藏力度的机遇，主动对接、积极争取，化机遇为优势、为项目、为发展。二要抓好前期工作，重视加强各级项目库建设，深入细致、高质高效地做好项目建议书、可研报告、方案设计、环境评价、节能评估等前期工作，尽快上报国家有关部委，争取尚未审批的“十二五”规划项目和中期评估调整增加项目明年全部审批。三要抓实项目对接，严格项目工作责任制，加强项目的沟通与衔接，一个部门一个部门地跑办，一个项目一个项目地盯紧，争取226个项目中除国家确定只做前期和“十二五”期间不具备条件的项目外全部开工建设，中期评估调整增加项目也要尽快落地，落实国家投资450亿元、援藏项目投资30亿元以上。四要抓快项目建设，对已审批的项目，要抓紧落实项目选址、用地、资金等配套条件，力争早开工、早建设；对在建项目既要抓进度、又要保质量，力争早竣工、早见效，确保全社会固定资产投资完成1000亿元以上；对项目建设实行全过程监管，做到精心施工、精细管理，打造优质工程、精品工程、阳光工程。

第三，坚持破除“一个瓶颈”，切实加强基础设施。坚持基础设施先行，优先加强交通、能源、通讯、水利等重点基础设施建设，为长远发展打下坚实基础。一要强化交通运输建设，着力推进重点项目，加快建设拉林高等级公路，开工建设林芝至米林机场、泽当至贡嘎机场专用公路嘎拉山隧道和雅江特大桥扩建工程，加快昌都至邦达机场、狮泉河至昆莎机场、日喀则市至日喀则机场专用公路前期工作，继续抓好国省干线、通县油路、经济干线、边防公路、农村公路建设，新增公路通车里程3000公里以上，力争具备条件的行政村全部通公路；拉萨至日喀则铁路建成通车，开工建设拉萨至林芝铁路，加快川藏铁路昌都段前期工作；开工建设林芝机场改扩建工程，加快推进那曲机场前期工作，着力发展区内支线航空网络，增加国内航线航班，力争旅客吞吐量突破300万人次、货邮吞吐量达到2.3万吨以上。二要强化综合能源建设，积极推进怒江上游西藏段、雅江中游水电规划，加快推进藏木、多布、果多等水电站建设，开工建设苏洼龙水电站；加快川藏电网联网工程建设，大力推进无电地区电力建设、城市配电网改造，加快光伏、风电、地热等新能源工程建设。三要强化水利设施建设，推进安全饮水、区域防洪、节水灌溉、水源保护、水利骨干工程和特殊地区水利工程建设，加快推进旁多水利、拉洛水利、雅砻水库、澎波灌区、尼洋河综合治理与保护等水利工程建设，新增和改善农田灌溉面积30万亩、新增草场灌溉面积5万亩。四要强化现代通讯建设，推进移动网广覆盖和宽带通信工程，加强边通、寺通、村村通宽带工程建设，推进边境地区无线电监测网建设，加强邮政设施建设，实施农村综合信息化服务站和电子政务工程。五要强化特色城镇建设，以拉萨市为中心，以地区所在地为支点，以县城、边境城镇、特色文化旅游城镇为网络，积极稳妥地推进城镇化，推进农牧业转移人口市民化。明年上半年适时召开全区城镇化工作会议，贯彻中央城镇化工作会议精神，对城镇建设工作进行具体安排部署。

第四，坚持突出“一个特点”，做优做强特色产业。按照“一产上水平、二产抓重点、三产大发展”的经济发展战略，围绕调整优化结构、转变发展方式，设立用好政府产业引导资金，培育壮大特色优势产业，提升产业发展水平。一要大力发展种养加，狠抓高原特色种植业，着力实施粮食增产行动计划、推广粮食主导品种200万亩，加强农田水利基本建设，新增一批旱涝保收、高产稳产农田，力争粮食、蔬菜产量分别达到97万吨、80万吨以上，确保粮食特别是青稞安全和重要农产品供给；狠抓高原特色畜牧业，加快现代畜牧业示范基地建设，着力抓好重大动物疫病防控，力争肉、奶产量分别达到33万吨和36万吨；狠抓农牧业产业化经营，调整优化农牧业结构，做大做强龙头企业，推进牛奶、肉类、青稞、菌类、蔬菜、果品、皮毛绒深加工，农业产业化经营龙头企业总产值增长9%以上、农牧业产业化经营率达到38%以上。二要加快发展特色工业，着力发展园区经济，加快推进拉萨经济技术开发区、达孜工业园、青藏铁路那曲物流中心、昌都经济技术开发区建设，加大格尔木藏青工业园开发建设力度、争取明年部分企业入驻投产；集中力量培育一批规模大、效益好、市场前景广、竞争力带动力强的企业集团，重点发展优势矿产、清洁能源、建筑业、藏医药、高原特色食品、民族手工业等优势产业，力争工业增加值增长14%以上。三要繁荣发展第三产业，加快发展旅游业，着力打响“世界屋脊、神奇西藏”特色品牌，高标准制定拉萨国际旅游城市、林芝生态旅游城市规划，发挥各地旅游资源优势，重点打造几条黄金旅游线，力争全年接待国内外游客1500万人次、实现旅游总收入200亿元，分别增长20%以上；大力发展商贸物流业，推进城乡市场体系建设、完善商业功能区和流通结点规划布局，大力推进“万村千乡”市场工程、“人居农家店”建设和农超对接，力争社会消费品零售总额达到335亿元；着力发展金融业，用好用活西藏金融保险机构特殊优惠政策，增多做强金融主体，推动银行、保险、信托、证券、租赁、担保等业务发展，不断创新金融产品，最大限度地缩小银行存贷差，探索发行地方债券和企业债券，促进更多的企业直接上市融资；稳步发展房地产业，完善贷款、购房、落户、入学、就业等政策措施，促进房地产持续健康发展；积极发展现代服务业，拓展壮大电子商务，推动信息服务、文化创意、高原体育、家政养老、健康产业发展，不断提升服务业水平。在推进一、二、三产业的过程中，要注重加强科技创新，不断提高科技进步对经济增长的贡献率。

第五，坚持激发“一个活力”，不断壮大民营经济。民营经济是我区经济的重要增长点，在支撑增长、促进创新、扩大就业、增加税收等方面具有重要作用，必须继续坚持放心放开放宽放胆放手，支持推动、大力发展。一要进一步放宽门槛，实行统一的市场准入制度，简化登记手续，实行零成本注册、一条龙服务，鼓励引导民间资本进入市政、交通、能源、矿产、旅游、文化、金融等领域，不断扩大民间投资的比重，力争市场主体增长10%以上。二要进一步强化支持，坚持权利平等、机会平等、规则平等，完善落实好扶持民营经济发展的财税、金融、土地、人才等各项优惠政策，确保政府支持民营经济发展的资金不断增加、金融机构对中小微企业贷款增速不低于全部贷款平均增速。三要进一步提质增效，鼓励大、中、小不同规模的民营企业共同发展，落实好“中国光彩事业西藏行”活动签约项目落地工作，确保民营经济增加值和上缴税金分别增长15%以上。

第六，坚持守住“一条红线”，构建生态安全屏障。坚持把保护生态环境作为底线、红线、高压线，宁可经济发展慢一点，也绝不以牺牲生态环境为代价，切实保护好雪域高原的一草一木、山山水水，保护好“世界上最后一方净土”。一是严格建设项目准入，坚持所有建设项目严把生态环境关、产业政策关、资源消耗关，严禁高污染、高耗能、高排放“三高”项目进入西藏，严禁破坏生态环境的企业向我区转移。二是从严控制矿产资源开发，坚持“生态保护第一、尊重群众意愿”的原则，实行矿产开发自治区政府“一支笔”审批制度、环境保护“一票否决”制度。三是落实生态环境保护建设规划，制定实施2013至2030年西藏生态安全屏障保护与建设规划，启动“两江四河”造林绿化工程，完成植树造林100万亩以上；加大江河源头区、草地、湿地、天然林及生物多样性保护力度，健全草原生态奖补政策，提高森林生态效益补偿标准，完善矿山环境治理和生态环境恢复责任机制，加强各级各类自然保护区建设管理，扩大自然保护区面积。四是强化生态环境保护督查，严格落实自治区环境保护监督管理办法、环境保护考核办法，加强环境影响评价和监管，加强对重点矿山、重点企业、重点项目施工现场的督促检查，严禁破坏生态环境的行为发生，确保全区主要江河、湖泊水质保持优良，城镇空气质量优良率保持在95%以上，主要污染物排放总量控制在国家核定范围内。

第七，坚持体现“一个落脚点”，大力保障改善民生。坚持把保障改善民生作为一切工作的出发点和落脚点，在今年办成“十件实事”的基础上，明年继续围绕各族群众迫切需要解决的问题，办好利民惠民“十件实事”。一是改善城乡居民生产生活条件，继续实施水、电、路、讯、邮政、农家书屋、广播电视、优美环境“八到农家”，逐步解决26个高寒高海拔县城供水问题，开工建设城镇保障性住房6.27万套；用好国家推进棚户区改造的政策，积极争取支持，合理安排我区棚户区改造、僧舍修缮等工作。二是千方百计扩大就业，继续实施积极的就业政策，确保西藏籍应届大学毕业生全就业、动态消除零就业家庭，新增城镇就业2.3万人，转移农牧区富余劳动力90万人次。三是多渠道增加居民收入，积极落实西藏干部职工工资福利政策，建立乡镇干部、教师、医生岗位补贴制度；深入落实各项农业补贴、退牧还草、草原生态保护补助奖励等增收政策，将贫困农牧户贷款贴息范围扩大到全区。四是努力控制物价，完善价格应急协调机制，确保市场价格秩序基本稳定，居民消费价格涨幅控制在4%以内。五是大力发展教育，推进学前“双语”教育，建设105所农牧区双语幼儿园、19所城镇双语幼儿园；完成650多所中小学校饮水工程、180多所中小学校澡堂建设，新建改扩建9所中等职业技术学校；完善15年教育“三包”政策，年生均补助标准提高到2900元。六是强化社会保障，加快构建覆盖城乡居民的社会保障体系和社会救助体系，各险种参保率保持在95%以上；完善新型农村社会养老保险制度，提高企业退休人员基本养老金、新型农村社会养老保险基础养老金、城乡居民最低生活保障等标准，力争农村“五保”集中供养率达到65%以上，继续做好孤儿救助工作。七是提高医疗保障水平，开工建设自治区妇女儿童医院，抓好乡镇卫生院和村卫生室建设；完善以农牧区医疗制度为主体、大病医疗保险为补充、覆盖农牧区的多层次医疗保障体系，加大地方病、高原病和传染病防治力度，提高农牧民医疗保险、城镇居民基本医疗保险补助标准，实施好城乡居民和在编僧尼免费健康体检，建立先心病儿童动态筛查救治机制、力争发现一起救治一起。八是推进文化惠民，完成543个乡镇综合文化站和39个县级民间艺术团排练场所建设，提高精神文化产品供给能力，丰富各族群众文化生活。九是加强扶贫开发，坚持政策扶贫、项目扶贫、产业扶贫、社会扶贫多措并举，力争减少贫困人口13万人。十是抓好防灾减灾和安全生产，认真做好防灾减灾工作，加快昌都左贡县地震灾区恢复重建；严格落实安全生产责任制，确保安全生产事故起数和死亡人数“双下降”，坚决遏制重特大安全事故发生。

第八，坚持强化“一个保障”，维护社会和谐稳定。深入贯彻落实习近平总书记“治国必治边、治边先稳藏”的重要战略思想，贯彻落实俞正声主席“依法治藏、长期建藏”的指示要求，牢固树立稳定压倒一切和长期作战的思想，高度警惕、警钟长鸣，时刻绷紧稳定这根弦，坚决克服松懈、厌战、麻痹情绪，抓早抓小抓快抓好，继续坚定不移地落实好自治区党委、政府各项维稳措施，全力以赴做好稳定工作，为经济社会又好又快发展提供坚强保障。一是进一步深化干部驻村工作，扎实开展好第三批干部驻村工作，围绕完成“五项重点任务”，健全联系服务群众、维护农牧区（社区）稳定的好机制。二是进一步创新寺庙管理，提升寺庙“六建”工作水平，实施好“六个一”、“九有”、“一覆盖”、“一创建”、“一教育”、“一工程”、“一服务”等利寺惠僧措施，完善领导干部联系寺庙僧尼制度，强化寺庙安防措施，确保宗教和睦、佛事和顺、寺庙和谐。三是进一步提升城镇网格化管理，发挥好698个便民警务站的作用，完善社区、寺庙、村民组、居民区网格化管理措施，织密城乡维稳防控网络。四是进一步开展好“先进双联户”创建评选活动，总结经验、完善措施，不断把创建评选活动引向深入，使广大群众真正形成联户保平安、联户促增收的利益共同体，营造共创平安和谐、共同增收致富、共建美好家园的良好氛围。五是进一步强化重点地区和“两边一线”管控，努力实现没有缝隙、没有盲区、没有空白点，特别是针对十四世达赖集团准备再次举办“时轮金刚法会”，超前部署、从严管控，严控出境参加“法会”，粉碎十四世达赖集团利用“法会”实施渗透破坏的险恶图谋。六是进一步扎实开展好专项行动，一方面继续开展好反自焚专项斗争，确保全区46000名僧尼无自焚、各族群众无自焚；一方面坚决打击非法组织和重点人，巩固扩大比如县专项整治行动成果，铲除十四世达赖集团在西藏从事分裂破坏活动的土壤。七是进一步加强新兴媒体管理和舆论引导，继续严格落实固定电话、手机、网络、微博实名制，完善互联网管理各项措施，确保意识形态领域安全。八是进一步推进社会治安综合治理，深入开展矛盾纠纷排查调处，集中开展安全隐患排查整治，把不稳定因素消除在萌芽状态。九是进一步巩固发展民族团结，全面贯彻党的民族政策，深入开展“3·28”百万农奴解放纪念日、民族团结宣传教育和民族团结进步创建活动，加强“三个离不开”思想教育、新旧西藏对比教育、“团结稳定是福、分裂动乱是祸”教育，推动各民族和睦相处、和衷共济、和谐发展。十是进一步健全维稳机制、强化维稳责任，完善党政军警民协调联动、领导干部维稳分包、维稳督查等工作机制，对失职渎职、在稳定方面出现问题的，严肃处理、追究责任。

四、转变作风、真抓实干，为推进全区经济社会发展提供坚强保证

明年经济工作的大政方针、目标任务已经明确，关键在于转变作风、抓好落实。各级党委（党组）要切实加强对经济工作的领导，各级党组织和广大党员干部要认真贯彻这次会议的部署，以开展党的群众路线教育实践活动为契机，紧紧围绕为民务实清廉，进一步转作风、接地气，重实干、求实效，勇负责、敢担当，扎扎实实推进各项工作，确保全面完成既定目标任务。

第一，强化爱民为民意识。民有所呼我有所应，各族群众对美好生活的向往和追求，就是我们的责任和使命。要树牢服务群众的观念，始终牢记群众是真正的英雄、是真正的铜墙铁壁，而我们是群众的公仆，要把群众放在心中最高位置，心里装着群众、感情贴近群众、行动走进群众，想问题、作决策、抓工作都要充分考虑人民群众的利益，做到立党为公、执政为民，坚决反对任何形式的政绩工程、形象工程、面子工程。要用好服务群众的载体，深入开展党的群众路线教育实践活动，一方面，认真抓好第一批教育实践活动的整改落实、建章立制工作，搞好总结收尾工作，开展“回头看”活动，巩固扩大活动成果；一方面，要超前谋划、精心组织，扎实开展好第二批教育实践活动，从地（市）、县（市、区）、乡镇（街道）、村（居委会）不同层级的实际出发，把“规定动作”做到位，把“自选动作”做扎实，使广大党员普遍受到一次党的群众路线教育，思想提高、作风转变、党群干群关系密切，确保取得实实在在的成效。要健全服务群众的机制，在做细做深干部驻村、干部驻寺、城镇网格化管理、“先进双联户”创建评选工作的同时，坚持省级领导干部联系点制度，每位省级领导干部联系1个县、1个村、1座重点寺庙；完善落实党员干部“进村入户、结对认亲交朋友”制度，每人与2–3户贫困户结成对子，经常联系、走访慰问、解决问题，作为直接联系服务群众的一项制度长期坚持下去，推动改进工作作风、密切联系群众制度化、规范化、常态化。

第二，大兴求真务实之风。空谈误国，实干兴邦。要增强务求实效的意识，大力倡导求真务实、真抓实干的良好风气，大力弘扬“老西藏精神”，恪尽职守、无私奉献，脚踏实地、埋头苦干，顽强拼搏、知难而进，把精力集中到做工作上，把心思凝聚到干事业上，把功夫下到抓落实上，做到特别讲政治、特别能创新、特别能吃苦、特别能担当、特别能贡献。要完善真抓实干的措施，坚持讲实话、鼓实劲、出实招、干实事，做到少说多干、说了就干、干就干成、干就干好，对党中央、国务院和自治区党委、政府的决策部署坚决贯彻执行，根据本地本部门本单位实际，细化为具体措施、转化为具体行动，定责任、定人员、定时限、定奖惩，一项工作一项工作地推进，一个环节一个环节地抓牢，一个问题一个问题地解决，一件事一件事地办好，只争朝夕、雷厉风行，锲而不舍、一抓到底，坚决杜绝浮在面上、空喊口号、坐而论道。要严格执行坚守岗位的制度，既要关心关爱干部、认真落实好干部轮休各项规定，又要严格要求、加强对干部的日常管理和在岗履职情况的监督检查，确保重要时段、重要节点的干部在岗率，做到坚守岗位、履职尽责、守土有责。

第三，树立清正廉洁形象。“公生明，廉生威”。要严格执行中央“八项规定”和《党政机关厉行节约反对浪费条例》，落实自治区“约法十章”和“九项要求”，始终做到艰苦奋斗、勤政为民，秉公用权、廉洁自律。要厉行勤俭节约，坚持从严从简，降低公务活动成本，严格控制公务接待，严格规范公务用车，严格规范办公用房和个人住房，从严控制会议数量、会期、规模和费用开支，从严控制文件数量，严禁用公款购买、印制、邮寄、赠送贺年卡、明信片、年历等物品，严厉整治、坚决杜绝公款吃喝、走访、旅游等现象。要严格廉洁自律，认真执行领导干部廉洁从政若干准则，敬畏权力、管好权力、慎用权力，严格遵守领导干部重大事项报告制度，严禁干预和插手项目审批、招标投标、工程建设、评估验收、政府采购等活动，严禁违规收送礼金、有价证券和支付凭证，严禁利用职权和职务影响为他人经商办企业提供便利条件，严格管好配偶子女、亲属和身边工作人员，守得住清贫、耐得住寂寞、抵得住诱惑，坦坦荡荡做人、认认真真做事、清清白白做官。要严肃查处违法违纪行为，坚持西藏在反腐败问题上没有任何特殊性，坚持“老虎”、“苍蝇”一起打，坚持有腐必反、有贪必肃、违规必究，对以权谋私、贪污受贿等顶风违纪的行为，无论是什么人、无论是哪一级干部，发现一起、查处一起，一查到底、严惩不贷，决不姑息迁就。

同志们，做好明年的经济工作，意义重大、责任重大。让我们紧密地团结在以习近平同志为总书记的党中央周围，高举中国特色社会主义伟大旗帜，以邓小平理论、“三个代表”重要思想、科学发展观为指导，认真贯彻落实党的十八届三中全会和中央经济工作会议精神，贯彻落实习近平总书记系列重要讲话精神，按照自治区党委、政府的部署要求，统一思想、振奋精神，开拓创新、扎实工作，全面完成明年各项目标任务，奋力推进跨越式发展和长治久安，为建设富裕和谐幸福法治文明美丽的社会主义新西藏而努力奋斗！

自治区人民代表大会常务委员会工作报告

自治区人民代表大会常务委员会工作报告

2014年1月11日在西藏自治区第十届人民代表大会第二次会议上

自治区人大常委会主任　白玛赤林

各位代表：

我受自治区第十届人民代表大会常务委员会委托，向大会报告工作，请予审议。

2013年，自治区人大常委会在区党委的正确领导下，高举中国特色社会主义伟大旗帜，深入学习贯彻党的十八大和十八届二中、三中全会精神，认真学习贯彻习近平总书记系列重要讲话和关于西藏工作的一系列重要指示精神、特别是“治国必治边、治边先稳藏”的重要战略思想，学习贯彻俞正声主席“依法治藏、长期建藏”的指示要求，深入开展党的群众路线教育实践活动，坚决贯彻落实中央精神和区党委部署，围绕发展稳定，依法行使职权，不断开拓创新，各项工作取得新进展，为推进跨越式发展和长治久安提供了有力保障。

一、坚定政治方向，推进民主法制建设

常委会紧密结合贯彻落实党的十八大和十八届二中、三中全会精神，深入开展群众路线教育实践活动，从西藏实际和人大定位出发，进一步明确人大工作的总体要求和目标任务，以此总揽十届人大各项工作，始终坚持坚定正确的政治方向，不断推进民主法制建设，实现人民当家作主的权力。

一是坚持党的领导。把自觉坚持和依靠党委领导摆在人大及其常委会行使职权的首要位置，把人大工作放在区党委工作大局中来谋划和推进，坚决贯彻落实中央和区党委的各项决策部署，坚持重大情况和问题以及重要工作安排及时向区党委请示汇报，坚持党管干部原则与人大依法任免的有机统一，确保党的主张经过法定程序成为国家意志和人民意愿，确保党组织推荐的人选经过法定程序成为地方国家政权机关的领导人员。一年来，共任免国家机关工作人员330人

（次）。

二是践行群众路线。把群众路线作为治边稳藏、人大履职的生命线和根本工作路线，深入开展教育实践活动，切实做到规定动作不走样、自选动作有特色，协调解决40余件群众关注的困难和问题，强化正风肃纪、健全长效机制，取得了重要的实践成果、制度成果和理论成果。坚持以人为本、一心为民，把群众关心的热点难点问题作为人大工作的重要内容，把关注民生、维护民利落实到各个环节，认真解决好为谁立法、替谁监督、靠谁行权的问题，加强民主立法、促进民生改善、发挥代表作用，着力把人大密切联系群众的优势发挥好、把人大及其常委会作为人民当家作主权力机关的作用发挥好。

三是推进依法治藏。把坚持依法治国基本方略、维护宪法和法律权威，作为人大及其常委会的重要任务。紧紧抓住推进依法治藏、建设法治西藏的重大问题，依法行使立法、监督、决定、任免等职权，制定并落实五年立法规划和年度立法工作计划、监督工作计划，紧紧围绕与全国一道全面建成小康社会的宏伟目标来谋划和推进立法工作、加强和改进监督工作。去年共审议11件法规草案、通过9件，开展了31项监督工作，为推动经济社会发展、促进和谐稳定做出了积极贡献。

二、加强重点立法，服务全区工作大局

一年来，常委会修改地方性法规8件、初审2件，审查批准1件，对10件规范性文件进行备案审查，充分发挥立法的引领和推动作用。完成全国人大6件法律草案征求意见工作。

（一）科学制定立法规划。充分认识立法工作面临的新形势，准确把握推进跨越式发展和长治久安对立法工作的新要求，深入分析各方面立法需求，紧紧围绕“一个中心”“两件大事”“四个确保”，明确立法工作指导思想、目标任务、工作要求和落实措施，区别轻重缓急、突出立法重点，科学编制本届人大常委会五年立法规划，确定39件立法项目，提高立法规划的科学性、合理性，努力使立法进程同我区改革发展稳定进程相适应，通过立法保障自治区各项重大决策部署的贯彻落实。

（二）加强重点领域立法。一是促进经济社会发展。修订水法实施办法、水土保持法实施办法，进一步完善水资源规划、利用、保护和水土流失预防、治理、监督等方面的规定，有利于保护和合理利用资源，改善生态环境，促进经济社会可持续发展；审查批准拉萨市老城区保护条例，把老城区的保护、利用、管理工作纳入法制化轨道；对非物质文化遗产法实施办法、无线电管理条例两件法规草案进行了初审。二是保障和改善民生。修订残疾人保障法实施办法，完善残疾人政治、文化、教育、就业、社保和提供无障碍环境等方面的制度规定，增强地方特色和可操作性，有利于维护残疾人合法权益，发展残疾人事业，保障残疾人平等地充分参与社会生活，共享物质文化成果。三是促进依法行政、简政放权。修订政府规章设定罚款限额的规定，提高罚款限额标准，规范行政处罚行为，促进依法行政；适应精简和调整行政审批事项的需要，对环境保护条例、建筑市场管理条例、文化市场管理条例和档案法实施办法中，有关登记、备案、许可等内容进行修正，减少和规范行政审批，促进市场配置资源决定性作用的进一步发挥。

（三）努力提高立法质量。一是完善机制，注重科学立法。进一步完善人大主导、部门起草、专家论证、群众参与的立法工作机制，深入开展立法调研、评估、咨询、论证工作，提前介入、把握重点、解决难点，对有较大争议的内容和不同意见，反复研究协商，协调利益关系，突出地方特色，提高法规的可行性。合理规范权力与责任、权利与义务，防止和克服部门利益法制化倾向。聘请咨询委员，实行立法机关与专家学者的有机结合。正式启动对道路交通安全条例的立法后评估工作。二是集思广益，注重民主立法。坚持问法于民，拓展人民有序参与立法途径，畅通民意表达渠道，围绕法规草案中的重点难点问题，组织有关方面深入讨论，认真研究吸纳人民群众、人大代表对法规草案的意见，积极回应社会关切，使立法更好地体现广大人民群众的意愿。一年来，共召开立法座谈会50余次、专家论证会10余次，充分体现了民意诉求。

三、增强监督实效，推动重大决策落实

一年来，共听取审议有关报告10个，对9部法律法规实施情况进行执法检查，开展专题调研11项，开展“中华环保世纪行——西藏行”活动，推动区党委重大决策部署的贯彻落实，维护人民根本利益。

（一）促进富裕西藏建设。坚持贯彻主题主线，着力推动科学发展。听取审议计划、预算执行情况报告、审计工作报告和全口径预算管理改革情况的报告，调整预算变化，要求认真落实国家宏观调控政策、加快转变经济发展方式、促进产业结构转型升级，深化公共财政预算管理、提高财政资金使用效益，努力实现经济增长速度、质量和效益有机统一。针对“十二五”规划实施和中期评估中发现的问题，要求充分激发市场活力，强化科技创新，优化发展环境，发挥项目效益，发展特色产业，圆满完成规划纲要确定的各项目标任务。对旅游条例进行执法检查，强调统筹推进旅游发展、全力推进特色品牌工作、协调推进旅游环境建设，促进旅游市场持续健康发展，把旅游资源优势转化为经济优势。对全区实施西部大开发战略情况和去年前三季度经济运行情况进行调研，就抓住战略机遇，用好优惠政策，注重发挥比较优势，提高经济增长质量，以及积极争取国家投资，确保物价基本稳定，提升居民消费能力，扶持中小微企业等方面，提出意见和建议，推动经济发展。

（二）促进和谐西藏建设。坚持稳定压倒一切，着力维护和谐稳定。对保守国家秘密法进行执法检查，要求不断加大宣传教育，深刻认识西藏严峻的反分裂斗争形势对保密工作的新要求，切实增强保密意识、危机意识，建强队伍，加强督查，提高防范能力，严防窃密事件发生，确保党和国家秘密绝对安全，切实维护国家安全和利益。对全区“惠僧利寺”政策落实情况和寺庙“六五”普法工作情况进行调研，强调认真落实“惠僧利寺”政策，深入推进寺庙“六五”普法工作，依法管理寺庙，探索长效机制，促进藏传佛教与社会主义社会相适应。

（三）促进幸福西藏建设。坚持人民利益至上，着力保障改善民生。听取审议我区城镇居民医疗保险、农牧区医疗保障、社会救助工作情况的报告，对社会保障工作进行调研，针对政策宣传、经办力量、投入标准、救助范围等方面存在的困难和问题，强调要加大宣传力度，加强队伍建设，完善政策措施，提升保障水平，增进人民福祉，使发展成果更多更公平地惠及全体人民。对义务教育法及实施办法进行执法检查，针对“三包”经费落实、教育资源配置、师资力量建设、学生素质教育等方面存在的困难和问题，要求建立健全经费保障机制，建设高素质和相对稳定的教师队伍，稳步推进义务教育均衡发展，办好人民满意的教育，更好地服务全区经济社会发展。

（四）促进法治西藏建设。坚持推进民主法制，着力加强民主政治。提出贯彻落实十八届三中全会精神的调研意见，进一步推进科学立法、严格执法、公正司法、全民守法进程。听取审议全区民族工作情况的报告，指出要牢固树立“三个离不开”思想，坚持富民兴藏、保障改善民生，加强民族团结、维护和谐稳定，不断夯实民族团结进步的思想基础、物质基础、社会基础、群众基础。对民族区域自治法在我区的贯彻实施情况进行调研，要求加强对民族区域自治法的学习宣传、完善配套法规、推进西藏特点城镇化建设和加快跨越式发展、维护社会稳定、提升社会事业和公共服务水平，全面落实民族区域自治制度。

（五）促进文明西藏建设。坚持推动文化发展，着力保护历史文化。对文物保护法及文物保护条例进行执法检查，充分肯定富有成效的文物保护工作，针对有关法律法规宣传不够深入、“五纳入”工作发展不够平衡、安全消防设施隐患大、专业人员严重缺乏等问题，对认真落实“保护为主、抢救第一、合理利用、加强管理”原则提出具体建议，依法保护传承好、管理利用好具有西藏特点的宝贵文化遗产，加快建设重要的中华民族特色文化保护地。对我区人口较少民族非物质文化遗产保护情况进行调研，要求加大保护经费投入、加强普查挖掘申报、健全保护传承机制、建设保护传承基地，把历史悠久、底蕴深厚、风格独特的民族文化发扬光大，实现保护与发展双赢。

（六）促进美丽西藏建设。坚持加强生态保护，着力建设生态文明。深入开展以“保护生态环境、建设美丽西藏”为主题的中华环保世纪行——西藏行活动，广泛宣传国家和自治区有关环保法律法规政策，实地检查项目建设中环保措施落实情况，经济技术开发区、工业园区履行环境影响评价情况，以及生活垃圾填埋场和污水处理厂项目建设运营管理等情况,加强舆论监督、强化跟踪报道；常委会审议要求切实抓好跟踪督办，认真落实环保责任制，严格奖惩制度，强化基础设施，加强环保力量。对湿地保护条例、气象法及气象条例进行执法检查，要求健全湿地保护管理机构、完善生态效益补偿机制、重视科技支撑作用，实现人与自然和谐相处；加大气象基础设施投入力度、增强气象防灾减灾能力，为经济建设、社会发展和人民生活提供更好的气象服务。

常委会把不断增强监督实效放

在重要位置。一是增强报告建议的针对性。在开展执法检查和专题调研时，科学合理选择调研地点，采取多种方式方法，准确把握真实情况，结合实际深入分析，起草高质量的执法检查报告和专题调研报告，提出针对性强的意见建议。二是增强审议意见的操作性。常委会会议一结束，及时归纳整理可操作、能落实的审议意见共11件，经主任会议研究后转政府办理。政府高度重视，认真整改、推进工作，并书面反馈研究处理情况。三是增强跟踪监督的实效性。将执法检查报告、专题调研报告，印发有关部门参考。对监督工作中发现的问题、提出的建议，常委会有关部门持续跟进，积极推动问题解决，切实增强监督实效，建立健全解决问题的长效机制。

四、突出主体地位，保障代表依法履职

我们深入贯彻实施代表法，进一步加强和改进代表工作，支持和保障代表依法履行职责，充分发挥代表作用。

一是坚持尊重代表主体地位，增强建议办理实效。自治区十届人大一次会议代表提出的301件建议、批评和意见，有关方面已在规定时限内办理答复完毕，代表建议所提问题已经解决或计划解决的占总数的82.3%，实施高海拔地区学校校舍保暖工程、无电地区电力建设、加强人代会期间计划和财政审议等一批建议的办理工作取得明显成效。承办单位注重加强与代表的联系，邀请代表参加座谈会和专题调研，共同研究办理方案。赴区内外对未识别族群身份登记信息和权利保护的建议办理工作，进行深入调研，提出针对性操作性强的意见建议。常委会选择社会关注的60件建议作为重点建议进行检查，强化督办落实。

二是坚持为代表服务的思想，提高服务保障水平。进一步完善常委会组成人员联系基层人大代表，人大代表联系选举单位和选民制度。为保障代表的知情权，及时向代表寄送人大期刊、有关资料，使人大代表及时了解人大常委会和"一府两院"的工作，为代表行使职权创造条件，进一步拓宽代表知情知政渠道。在区内外先后举办3期培训班和组织学习考察活动，近270名人大代表和人大干部参加，重点学习代表履职、人大工作等知识，有力提高了人大代表、人大干部的履职能力。

三是坚持密切与代表的联系，扩大代表活动参与。围绕非公企业发展和供暖工程、食品安全等群众关注的热点问题，组织代表开展12次调研和视察，形成10余篇报告，所提建议得到较好落实。强化代表小组建设，指导代表小组围绕常委会工作安排就地就近开展活动，充分听取代表小组对常委会工作的意见建议。扩大代表对常委会及专工委工作的参与，每次常委会会议邀请自治区人大代表、县级人大常委会主任列席人数分别从2名增加到10名，50多名代表参加执法检查和专工委活动，充分吸纳代表建议，以此促进常委会工作质量的不断提高。

五、发挥人大优势，促进社会和谐稳定

一是积极做好维稳工作。按照区党委部署，常委会部分领导深入有关地区和寺庙，采取实地检查、明查暗访、座谈交流等方式，认真检查各项维稳措施落实情况，提出整改要求，做好维稳督导。指导人大机关选派27名干部进村驻寺和担任村党支部第一书记，深入基层、贴近群众，以开展平安乡村建设、"先进双联户"创建评选为抓手，认真落实各项维稳措施，把各类安全隐患消除在萌芽状态，为促进基层发展稳定发挥了积极作用。强化干部职工责任意识、安全意识，确保人大机关和谐稳定。

二是认真做好信访工作。贯彻落实信访条例，健全制度、细化措施，强化督办、提高质量。全年共受理群众来信来访32批（件）、93人（次），深入分析、综合研判信访件中反映的突出问题，提出办理建议，并加强对重要信访件的转交督办，促进问题解决，妥善化解矛盾，增进社会和谐。

三是扎实做好外事工作。坚持服务国家总体外交、服务西藏发展稳定原则，积极开展涉藏外事工作。一年来，组织5批次出访美国、加拿大、比利时、法国等7个国家，围绕正面宣传西藏和深入揭批达赖两项主要任务，大力宣传西藏经济社会发展的巨大成就和各族人民当家作主的伟大实践，坚决回击西方敌对势力和达赖集团的污蔑和攻击，挤压达赖集团的国际活动空间，为社会主义新西藏建设营造了有利外部环境。

六、加强自身建设，提高履职尽责能力

一是着力提高学习能力。通过理论中心组、专题讲座、学习辅导等形式，深入学习中国特色社会主义理论体系、党的十八大、十八届三中全会精神和习近平总书记系列重要讲话精神，联系实际深入思考，围绕履职学以致用，不断增强坚定不移走中国特色社会主义政治发展道路的自觉性和坚定性，不断增强坚持和完善人民代表大会制度的自觉性和坚定性，不断增强运用法治思维和法治方式促进发展稳定的自觉性和坚定性。

二是着力提高研究能力。围绕全区工作大局，深入研究在走有中国特色、西藏特点发展路子，推进跨越式发展和长治久安的伟大进程中，如何发挥人大应有作用；围绕人大依法履职，深入研究如何提高立法质量、增强监督实效、发挥代表作用；围绕教育实践活动，深入思考如何改进工作作风、密切联系群众、建立长效机制，广纳群言、广集民智，实现好维护好发展好各族人民根本利益，共形成调研报告、研讨文章50余件。

三是着力提高统筹能力。正确处理监督与支持的关系，主动加强与“一府两院”的联系，切实加强与职能部门、专家学者、人大代表和社会力量的沟通，密切常委会办事机构与各专工委联系，建立联席会议制度，广泛凝聚工作合力。积极争取全国人大在业务、培训等方面的帮助支持，重视对基层人大工作的指导，共同推进民主法制建设向前发展。进一步加强与兄弟省（区、市）人大的交流交往，圆满举办西南地区人大财经工作座谈会。

四是着力提高执行能力。坚持民主集中制原则，依照法定程序，通过会议形式，集体行使职权、集体决定问题，充分发扬民主，严格依法办事，注重集思广益，狠抓工作落实。制定或修改了主任会议议事规则、调研工作意见及“三会”工作程序等，进一步规范议事程序、提高议事效率，不断提高工作规范化水平。自治区人大各专工委依法履职，地（市）县人大积极配合，既顺利完成了人大工作任务，又促进了当地经济社会发展。自治区人大机关以深入开展群众路线教育实践活动为抓手，切实加强思想建设、组织建设、作风建设和能力建设，为自治区人大及其常委会依法履职当好参谋助手、搞好服务保障。

回顾一年来的工作实践，我们深深体会到，做好新时期的人大工作，必须坚定正确政治方向，牢固树立政治意识和党的观念，切实把党的领导落实到人大工作的各个方面；必须坚持人民主体地位，牢固树立群众意识和民生观念，把以人为本、执政为民的要求贯穿于人大履职全过程；必须准确把握西藏区情，牢固树立责任意识和创新观念，深刻认识主要矛盾和特殊矛盾，从西藏实际出发，与时俱进地做好人大工作；必须围绕大局行使职权，牢固树立大局意识和服务观念，从人大工作的特点和定位出发，在依法推进跨越式发展和长治久安中更好地发挥作用。

2013年自治区人大常委会工作取得的成绩，是区党委正确领导的结果，是全体人大代表、常委会组成人员及机关共同努力的结果，是“一府两院”密切配合、全区各级人大全力支持的结果。我们也清醒地认识到，在立法质量、监督实效、代表作用、自身建设等方面，与经济社会发展的新要求、人民群众的新期待还有差距。我们将虚心听取代表意见，不断加强和改进工作。

各位代表，2014年是开启全面深化改革的重要一年，是实现“十二五”规划目标任务的关键一年。自治区人大常委会工作的总体要求是：以中国特色社会主义理论体系为指导，认真学习贯彻党的十八大和十八届二中、三中全会精神，学习贯彻习近平总书记系列重要讲话和关于西藏工作的一系列重要指示精神、特别是“治国必治边、治边先稳藏”的重要战略思想，学习贯彻俞正声主席“依法治藏、长期建藏”的指示要求，学习贯彻区党委八届五次全委会精神，坚持党的领导、人民当家作主、依法治国有机统一，围绕区党委重大决策部署，依法行使各项职权，推进依法治藏进程，努力开创人大工作新局面，充分发挥地方国家权力机关在全面深化改革、促进跨越式发展和长治久安中的重要作用。我们将重点做好以下工作。

一、以服务发展稳定为着力点，进一步加强和改进立法工作

今年的立法工作，要紧紧围绕全区中心工作，适应发展稳定的实际需要，按照全面深化改革的总要求，统筹安排好立法项目，更加注重法规的针对性有效性可操作性，更好地发挥地方立法在全面深化改革中的引导、规范和保障作用。制定非物质文化遗产法实施办法、志愿服务条例、无线电管理条例、建筑安全生产管理条例、防雷减灾条例、国防教育条例、网络与信息安全管理条例、国家安全法实施办法，修改旅游条例，促进经济社会科学发展，加强和创新社会管理，维护社会和谐稳定。做好拉萨市报批法规的审查批准工作，加强规范性文件备案审查工作。认真完成全国人大有关法律草案的征求意见工作。

提高立法质量是立法工作的永恒主题。要始终把提高立法质量作为加强和改进立法工作的重点，在提高立法质量上下功夫，努力使我们的法规符合西藏实际，做到立得住、行得通、切实管用。法律的根基在于人民发自内心的拥护，法律的力量在于人民的自觉遵守。要充分反映人民意愿，更加注重深入实际、深入基层调查研究，直接听取群众意见，发扬民主、集思广益、凝聚共识，使立法过程从后台走到前台，正确反映和统筹兼顾不同方面的利益，保证人民群众的意见建议得到充分表达，合理的诉求、合法的利益得到充分体现。要更加注重地方特色，准确把握区情、发展实际、稳定需求、民生现状，不断改进法规草案公开征求意见的方式方法，使通过的法规充分体现西藏特色。要切实增强可执行性，加强立法工作组织协调，充分发挥专工委、法制委“专”和“统”的优势，建立健全相互配合和分工协作机制，认真解决立法中涉及的重大问题，正确处理权利与义务、权力与责任、管理与服务的关系。

二、以维护人民利益为出发点，进一步加强和改进监督工作

今年的监督工作，要紧紧围绕中央和区党委的重大决策部署，把保持经济平稳较快发展、保障和改善民生、维护社会公平正义作为监督重点，综合运用多种监督手段，进一步增强监督工作的针对性和有效性。一是听取审议计划、预算、审计工作报告和2014年税收情况的报告，听取审议农牧业特色产业建设和促进农牧民增收、公共文化建设及服务保障情况的报告并开展专题询问，继续开展中华环保世纪行——西藏行活动，推动经济社会又好又快发展。二是对科学技术普及法及实施办法、民用机场保护条例进行执法检查，对农牧民增收、学校周边环境整治、农牧区医疗资金管理使用、商务储备工作情况和公益事业捐赠法、归侨侨眷权益保护法、出入境管理法的实施情况开展专题调研，督促有关方面加大社会建设力度，保障和改善民生。三是听取审议人民陪审员工作情况报告和反贪污贿赂工作情况报告，促进公正廉洁司法，维护社会公平正义，促进社会和谐稳定。

要进一步增强监督实效。运用多种方式、加大监督力度，善于听取各方面特别是基层群众的意见，多层次、多方位、多渠道地了解真情实情、掌握第一手资料，善于用全局的、长远的眼光分析问题，提出务实中肯的意见和建议。要加强跟踪监督，督促有关方面认真研究落实常委会审议意见，在法定时间内及时反馈办理情况。

三、以发挥代表作用为关键点，进一步加强和改进代表工作

今年的代表工作，要紧紧围绕践行群众路线，坚持代表主体地位，采取有力方式方法，充分发挥代表作用。一要完善代表工作制度。坚持和完善常委会组成人员联系代表、代表联系原选举单位和人民群众等制度，广泛听取人民群众的意见建议，使常委会的立法监督等各项工作更好地维护最广大人民群众的根本利益。二要拓宽代表履职空间。强化建议办理工作责任制，坚持重点建议督办制度，推动代表建议的落实，切实提高办理质量。加强对代表活动的指导和组织，扩大代表对人大工作的参与，增强闭会期间代表活动实效。三要提高代表履职能力。强化各项服务和保障，健全代表履职激励和约束机制，不断提高代表执行职务的意识和能力。通过人大期刊、网站等手段，畅通代表知情知政渠道。要继续加强人大代表和人大干部履职培训工作。

要从人大对外交往的特点和优势出发，深入开展涉藏外事工作，组织人大代表开展形式多样、内容丰富的对外交往活动，更好地发挥人大对外交往的独特作用。

四、以提高履职能力为重点，进一步加强和改进自身建设

今年的自身建设，要紧紧围绕增强工作实效，不断提高常委会履职能力。要巩固活动成果，扎实做好群众路线教育实践活动整改落实、建章立制工作，抓好制度落实，推进作风建设根本转变，不断提高科学决策、民主决策、依法决策水平。要强化能力素质，采取集中学习、专题讲座、交流探讨、理论研究等途径，努力建设学习型人大常委会，不断提高工作前瞻性、预见性。要加强机关建设，建立激励机制，提高队伍素质，改进工作作风，增强工作实效，充分发挥机关的参谋助手和服务保障作用。要进一步做好人大宣传工作。加强与兄弟省（区、市）人大的工作联系，更加注重对各地（市）、县（市、区）和基层人大工作的指导、联系。

各位代表，全面深化改革、推进发展稳定对法治建设提出了新的更高要求，人大工作责任重大、使命光荣。让我们紧密地团结在以习近平同志为总书记的党中央周围，高举中国特色社会主义伟大旗帜，以邓小平理论、“三个代表”重要思想、科学发展观为指导，在区党委的坚强领导下，依法履职增实效、与时俱进开新局，为建设富裕和谐幸福法治文明美丽西藏而努力奋斗！

自治区政府工作报告

自治区政府工作报告

2014年1月10日在西藏自治区第十届人民代表大会第二次会议上
自治区人民政府主席　洛桑江村

各位代表：

现在，我代表自治区人民政府，向大会报告工作，请予审议，并请各位政协委员提出意见。

2013年工作回顾

2013年是实施“十二五”规划的关键一年，也是本届政府的开局之年。在党中央、国务院亲切关怀和全国人民大力支援下，在自治区党委坚强领导下，我们全面贯彻落实党的十八大和十八届二中、三中全会精神，贯彻落实中央第五次西藏工作座谈会精神，贯彻落实习近平总书记系列重要讲话精神、关于西藏工作的重要指示精神、特别是“治国必治边、治边先稳藏”的重要战略思想，贯彻落实俞正声主席“依法治藏、长期建藏”的指示要求，贯彻落实自治区第八次党代会和区党委八届三次、四次、五次全委会精神，坚持稳中求进工作总基调，正确处理改革发展稳定的关系，在历届政府班子打下的良好基础上，科学把握我区发展的阶段性特征，提出打牢农牧业和基础设施两个基础、突出特色产业和生态文明建设两个重点、加强民生改善和基本公共服务两个保障、激活改革开放和对口支援两个动力、强化科技和人才两个支撑、巩固民族团结和社会稳定两个基石的“六对抓手”，强化民生先动、市场推动、项目带动、金融撬动、创新驱动、环境促动的“六动措施”，坚守和谐稳定、生态保护、安全生产的“三条底线”，全力抓好发展稳定两件大事，全面完成了自治区十届人大一次会议确定的年度目标任务。

预计，2013年全区生产总值802亿元，比上年增长12.5%；全社会固定资产投资910亿元，增长28%；社会消费品零售总额289亿元，增长16%；公共财政预算收入95亿元，增长18.6%；农牧民人均纯收入6520元，增长14%；城镇居民人均可支配收入20192元，增长11%；城镇登记失业率控制在2.5%以内。充分发挥投资拉动作用，“十二五”规划项目累计落实投资突破1000亿元，年度公共财政支出突破1000亿元，年末各项贷款余额突破1000亿元。保持了经济又好又快、民生持续改善、生态环境良好、民族团结进步、宗教和睦和顺、社会和谐稳定的大好局面。

一年来，我们突出重点、突破难点，统筹谋划、整体推进，主要抓了以下工作：

一、农牧业基础进一步夯实，基础设施建设取得新突破

农牧业基础地位不断提升。全面落实强农惠农富农政策，财政支农资金达160.5亿元，增长11.4%。农牧业综合生产能力不断增强，全区粮食产量96万吨，肉奶产量分别达32万吨、36万吨，蔬菜产量80万吨。科技对农牧业的贡献率进一步提高，推广“藏青2000”新品种10.6万亩，亩均增产26.5公斤。启动黄牛改良八年规划，改良黄牛17.5万头。农牧民专业合作经济组织发展到1850个，农牧业产业化经营率达36.5%。“八到农家”工程扎实推进，解决了无电地区基本用电问题，农牧民安全饮水基本解决，完成了1000个行政村人居环境建设。实施扶贫开发项目2025个，减少贫困人口12.8万人。第二批强基惠民活动投入资金32.2亿元，实施项目9316个，有力促进了农牧区发展稳定。特别是，连续8年、累计投资273.57亿元的农牧民安居工程全面完成，全区46.03万户、230万农牧民住上了安全适用的房屋，农牧民生活条件得到历史性改善，生活方式实现重大转变，农牧区面貌焕然一新。

基础设施建设实现新突破。“十二五”规划项目开工建设达188个，中期评估调整预计增加中央预算内投资102亿元。全年落实国家投资380亿元，增长30%，基础设施建设大力推进，发展后劲进一步增强。公路交通规划建设实现新突破，拉林高等级公路拉萨至墨竹工卡、八一至工布江达段全面开工建设，5条机场专用公路建设前期工作基本完成。新藏公路西藏段实现黑色化。墨脱公路全线通车，结束了全国最后一个县不通公路的历史。新增通油路县3个、通油路乡镇18个。青藏铁路格拉段扩容改造工程加快推进，拉日铁路完成铺轨，拉林铁路完成可研报批。航空运输发展迅速，航线增至48条，通航城市达29个。能源建设取得新进展，电力装机总容量达128万千瓦。主电网和无电地区电力建设完成投资40亿元。川藏联网工程开工建设。藏木、果多、觉巴电站建设有力推进。旁多水利枢纽首台机组发电。澜沧江上游水电规划获国家批复。加查、大古、苏洼龙电站施工准备工程全面启动。雅砻水库、尼洋河综合治理工程开工建设。全区市政设施建设完成投资38.7亿元。拉萨市区供暖基本实现全覆盖，老城区改造工程完成。那曲镇供暖、给排水、污水处理等市政工程全面开工。昌都镇旧城改造及新区建设顺利推进。

二、特色产业加快发展，生态文明建设显著加强

科学谋划发展布局。立足优势，着眼长远，创新思路，规划先行，正式启动了对内对外开放、城镇化发展、高原特色农畜产品基地、“两江四河”造林绿化、世界旅游目的地、“西电东送”能源接续基地、藏青工业园、国家重要有色金属基地等重大规划的编制工作。

特色优势产业不断壮大。全年接待游客1290万人次，旅游总收入165亿元。实现工业增加值62亿元，增长13.4%。农畜产品加工业、藏医药业、民族手工业稳步发展。开展矿产资源整装勘查，地质找矿实现重大突破。藏青工业园20平方公里的基础设施已开工建设。青藏铁路客运量219.9万人次、货运量405.2万吨，航空旅客运输273万人次。通信业务总量34.26亿元，邮政业业务收入2.5亿元。新建农家店1400个、乡镇商贸服务中心40个。电子商务发展迅速。在第十届世界瓶装水大会上，“5100”荣获最佳矿泉水奖，标志着我区高端饮水得到国际行业认可。

生态建设与环境保护成效显著。各级政府和社会各界生态环境保护意识和自觉性明显增强，自治区新颁布实施生态环境保护监督管理办法、矿产资源勘查开发监督管理办法和环境保护考核办法，特别是实行了矿产资源勘查开发自治区政府“一支笔”审批和环境保护一票否决制。环保基础设施建设加快，自治区医废处置中心和泽当镇污水处理厂已建成，日喀则市、八一镇、那曲镇、狮泉河镇污水处理厂开工建设。加大环境监管力度，强化责任落实，加强节能减排，淘汰落后水泥产能20万吨，主要污染物排放控制在国家核定范围内。落实国家重点生态功能区转移支付9亿元，兑现草原、森林等生态补助补偿资金28.3亿元。造林育林104万亩。累计落实生态安全屏障保护与建设规划投资48.2亿元。自然保护区建设与管理力度进一步加大。全区空气质量和主要江河湖泊水质保持优良，生态优势日益显现。

三、民生显著改善，基本公共服务水平持续提高

就业和社会保障力度加大。坚持把维护各族群众根本利益放在最高位置，把更多财力向民生领域倾斜。着力办好改善民生的“十件实事”，共投入53亿元，实施18项民生补助政策。全年新增就业2.8万人，动态消除城镇零就业家庭。1.4万名西藏应届高校毕业生实现全就业。全区各项社会保险参保达248.9万人次。企业基本养老金提高到月人均3018元，新农保基础养老金提高到月人均105元。城镇职工和居民基本医疗年度最高支付限额分别提高到30万元、20万元。城乡居民最低生活保障标准分别提高到月人均440元和年人均1750元。建设城镇保障房4.3万套，改造国有工矿棚户区1300户。发放困难群众临时物价补贴4420万元。安排财政资金809.9万元，适时投放平价牛肉1820吨，为平抑物价发挥了积极作用。

全面启动五保集中供养和孤儿集中收养爱心工程。计划投入20多亿元，到2015年孤儿地市以上集中收养达到100%，到2016年五保对象县以上集中供养达到100%。2013年新建五保供养机构23个，地市儿童福利院5个，农牧区五保供养标准提高到年人均2600元，集中收养孤儿基本生活保障标准达到月人均1200元。

教育事业健康发展。全年教育投入108亿元，增长15%。全区劳动人口人均受教育年限达8.4年。基础教育不断巩固，高中阶段毛入学率达72.23%。新建中等职业技术学校3所、幼儿园209所、太阳能澡堂63个。“三包”标准提高到年生均2700元，奖学金、助学金政策全面落实。曲水、乃东县义务教育均衡发展通过国家评估验收。农牧民子女高考招生比例增至60%。西藏大学被确定为博士学位授予单位，标志着我区高等教育办学层次上了一个新台阶。

文化事业繁荣进步。积极促进文化大发展，基层文化设施逐步完善，公共文化设施全部免费开放，群众文化生活日益丰富。百幅唐卡工程、百种藏汉文对照惠民图画书、大型实景剧《文成公主》等文化产品受到广泛好评，26个文化艺术精品获国家奖项。广播电视综合覆盖率分别达94.4%和95.5%。藏语文社会用字规范工作成效明显。非物质文化遗产保护得到加强。新建贝叶经抢救保护基地。新增全国重点文物保护单位20处、自治区级文物保护单位181处。全民健身活动蓬勃开展，我区在十二届全运会上取得历史最好成绩。

公共卫生服务持续改善。农牧区医疗补助标准从年人均300元提高到340元。完成了城乡居民和核定员额内僧尼免费健康体检。新建标准化乡镇卫生院88个、县急救中心29个。自治区第三人民医院投入使用。培训各类卫生专业技术人员1.2万人次。县乡医疗机构全部配备救护车、流动服务车。完成17个县的藏药材资源普查。开展孕前优生健康免费检查，启动出生缺陷一级干预试点，孕产妇住院分娩率达81%，人口信息实现五级联通。集各方之力，汇八方爱心，圆满完成了2039名先心病儿童救治，实施白内障复明手术1404例。

有力应对自然灾害。面对墨竹工卡“3·29”山体滑坡、昌都“8·12”地震、那曲嘉黎洪灾、阿里和日喀则局部雪灾等重大自然灾害，党政军警民众志成城、团结一心，全力以赴、有力应对，受灾群众得到妥善安置，灾后重建工作有序推进。昌都6.1级地震应急反应迅速，救援措施有力，创下了“零死亡”的奇迹。

强化安全生产监督检查。集中开展食品药品、产品质量、道路交通、工矿商贸和消防安全等专项整治，安全生产大检查成效明显，事故总量全面下降，较大事故起数、死亡人数双下降，人民群众生命财产安全得到有力保障。

四、改革开放不断深化，对口援藏力度加大

重点领域改革迈出新步伐。大力推进行政审批制度改革，精简调整审批项目643个，精简调整60%。农村集体土地确权登记有序进行。积极推进农电管理体制改革，启动8个县农电代管试点。国有资产监管进一步加强，促进实体经济和金融资本有机结合，规范处置国有企业历史债务，国企利润增长17%。开展“营改增”试点。医药卫生体制改革稳步推进，药品价格总体降幅达15%。完成双湖撤区建县工作。樟木、吉隆口岸基础设施不断完善，全区进出口贸易总额达30亿美元。

招商引资成果丰硕。认真落实“五放”、“六支持”政策，非公有制经济主体达12.8万户、从业人员62万人，分别增长7.8% 和11.9%，上缴税收135.5亿元，占全区税收的91.8%。全国600多名企业家参加的“中国光彩事业西藏行”活动成果丰硕，签约项目238个。全区招商引资落地资金225亿元，增长79%。

金融撬动成效明显。加大协调力度，落实优惠政策，金融支持地方经济社会发展的作用凸显。与国家开发银行、建设银行等10家金融机构签订战略合作框架协议，民生银行、太平洋保险等金融企业在藏设立分支机构。商业银行面向中小微企业信贷投入436亿元，“三农”信贷投入163亿元，民族手工业、藏药业等特色产业信贷投入25亿元。年末扶贫贴息贷款余额70多亿元，比年初增长1倍以上。资本市场稳步发展，直接融资规模进一步扩大。

援藏工作不断深化。新一批对口援藏工作开局良好，1196名优秀援藏干部进藏工作，为我区人才队伍注入了新的活力。全年落实援藏项目384个、资金17.7亿元。援藏资金和项目管理得到加强，积极探索产业援藏新模式，援藏领域不断拓宽，援藏力度不断加大，援藏综合效益不断提高。

五、科技发展步伐加快，人才队伍建设稳步推进

科技工作取得新成果。自治区级应用技术研究与开发投入1.7亿元。深入推进青稞产业、藏药产业等重大科技专项，农牧业实用技术示范推广取得新成效，科技支撑农牧业增效和农牧民增收日益强劲。600余部珍稀藏医药文献实现数字化。首次颁布102种地方藏药材质量标准，填补了空白。9家企业被认定为国家级高新技术企业。建立乡镇科普活动站65个。

人才工作取得新进展。加大人才培养引进力度，专业技术人才知识更新工程培训2500余人，新发展农牧民科技特派员2600名。采取定向培养、考录等方式，为基层补充干部1.6万名。从区外引进急需紧缺人才900名，引进外国专家19名。首次选拔认定自治区学术技术带头人100名。积极推进人才体制机制创新，人才发展环境不断优化。

六、民族团结更加巩固，社会治理全面加强

民族团结进步。深入开展爱国主义教育、反分裂斗争教育、新旧西藏对比教育、民族团结宣传教育等活动，大力表彰民族团结进步模范集体和先进个人。投入4.29亿元，实施兴边富民项目840个，人口较少民族聚居区发展加快。广泛开展民族团结模范家庭评选和自治区级民族团结进步创建活动，有力促进了各民族交流交往交融。

宗教和睦和顺。依法管理宗教事务，扎实推进寺庙管理法治化、规范化。寺庙“六建”、“六个一”、“九有”、“一覆盖”、“一创建”、“一教育”、“一工程”、“一服务”、“三保一低”等措施全面落实。对核定员额内僧尼人均投入5000元进行了僧舍维修改造。深入开展寺庙法制宣传教育，大力开展和谐模范寺庙和爱国守法先进僧尼创建评选活动，自治区表彰和谐模范寺庙150座、爱国守法先进僧尼1.04万人。党和政府一系列利寺惠僧政策深得人心，广大僧尼的中华民族意识、国家意识、法制意识和公民意识不断增强。

社会和谐稳定。全面落实维稳十项措施，强化维稳协调联动机制，牢牢掌握反分裂斗争主动权，严厉打击十四世达赖集团分裂渗透破坏活动。城镇网格化管理深入推进，驻村驻寺工作深入开展，铁路护路联防不断强化。“先进双联户”创建活动取得明显成效，表彰“先进双联户”单位100个。深入开展“扫黄打非”，文化市场不断净化。加强信访工作，各类矛盾纠纷得到妥善调处化解。积极开展“六五”普法。稳步推进平安西藏建设，加强社会治安综合治理，深入开展治爆缉枪行动，依法打击黑恶势力、非法组织。社会局势持续稳定，为经济社会发展创造了良好环境，人民群众安全感和满意度进一步增强。

国防动员工作不断加强。军政军民团结，军民共建共创共保活动深入推进，民兵预备役建设规范有力，人民防空建设扎实推进，边防边境工作进一步加强，为维护国家安全提供了有力保障。

各位代表，一年来，我区改革发展稳定的成绩来之不易。这是党中央、国务院亲切关怀，全国各族人民大力支援的结果；是自治区党委坚强领导，各级人大、政协大力支持的结果；是全区党政军警民团结拼搏、艰苦奋斗的结果。在此，我代表自治区人民政府，向付出辛勤劳动的全区各族干部群众，向全国各族人民特别是承担对口支援的省市、中央国家机关和大型国有企业，表示衷心的感谢！向给予政府工作大力支持的人大代表、政协委员和离退休干部，向驻藏人民解放军、武警官兵、政法干警，表示崇高的敬意！向关心、支持我区改革开放和现代化建设的海内外各界人士，表示诚挚的谢意！

在看到成绩的同时，我们也清醒地认识到，我区经济社会发展还存在不少困难和问题。一是思想解放不够。思想解放、观念更新赶不上时代发展的步伐，改革创新意识不强，开放合作力度不够，推动市场经济发展的能力需进一步提高。二是发展环境有待改善。阻碍发展的体制机制弊端没有完全破除，审批程序繁琐，协调联动不力，办事效率不高，依法行政的自觉性有待增强，发展环境仍需优化。三是基础设施瓶颈制约突出。交通不便、能源短缺、水利设施薄弱，偏远地区通信不畅，仍然是制约经济社会发展的重要因素。四是“三农”工作还需进一步加强。农牧业经营方式转变缓慢，农牧区基本公共服务水平不高，部分农牧民生活比较困难，扶贫攻坚任务繁重。五是产业化水平低。产业规模小、链条短，优势不优、特色不特，集聚效应差，缺少龙头骨干企业，缺少自主核心品牌，市场竞争力不强。六是反分裂斗争形势依然严峻，维护稳定的任务艰巨繁重。七是政府自身建设有待加强。政府职能转变不能完全适应全面深化改革的新要求，个别政府机关和工作人员的工作作风、行政效能、群众观念、服务意识、过紧日子的思想，离党的群众路线教育实践活动的要求还有差距。对于这些困难和问题，我们将高度重视，下大决心努力解决。

2014年工作安排

2014年是全面贯彻落实党的十八届三中全会精神、全面深化改革的开局之年，是完成“十二五”规划目标任务的攻坚之年。

政府工作总体要求是：全面贯彻落实党的十八大和十八届二中、三中全会精神，贯彻落实中央经济工作会议精神，坚持以邓小平理论、“三个代表”重要思想、科学发展观为指导，贯彻落实习近平总书记系列重要讲话精神、关于西藏工作的重要指示精神、特别是“治国必治边、治边先稳藏”的重要战略思想，贯彻落实俞正声主席“依法治藏、长期建藏”的指示要求，坚持走有中国特色、西藏特点的发展路子，认真执行中央的宏观经济政策，按照区党委八届五次全委会和全区经济工作会议的部署，坚持稳中求进工作总基调，把改革创新贯穿于经济社会发展各个领域各个环节，统筹稳增长、调结构、促改革，着力激发市场活力，加强基本公共服务，切实保障和改善民生，促进经济持续健康发展，保持社会大局持续和谐稳定，确保生态环境持续良好。

主要预期目标是：全区生产总值增长12%，全社会固定资产投资增长18%，社会消费品零售总额增长16%，公共财政预算收入增长15%，居民消费价格涨幅控制在4%以内，农牧民人均纯收入增长13%，城镇居民人均可支配收入增长8%，城镇登记失业率控制在2.5%以内。

今年，我们将抓好以下重点工作：

一、着力夯实农牧业和基础设施两个基础

农牧业和基础设施在我区发展稳定全局中居于基础地位。没有农牧区的小康，就没有全区的全面小康。缺乏基础设施的强力支撑，各项事业发展处处受制约。只有大力推进农牧业产业化和基础设施现代化，我区经济社会才能真正实现持续快速健康发展。

加快构建新型农牧业经营体系。不断提高农牧民组织化程度，做大做强农牧民专业合作经济组织，每县每年培育2–3个有一定规模、带动能力强的农牧民专合组织，力争农牧业产业化经营率达到38%。大力支持牛羊肉、奶制品、糌粑、蔬菜、林菌等专合组织直接进入消费市场。大力发展种养加和设施农牧业、特色农牧业，加快建设肉牛肉羊养殖基地，推进农畜产品深加工，延伸产业链，提高附加值。健全乡镇农牧科技服务体系，推进农机服务市场化、社会化。实行最严格的耕地草场保护制度，坚持节约集约用地。全面启动225万亩高标准农田建设，推广“藏青2000”等新品种50万亩，力争粮食产量达到97万吨以上，确保青稞安全。继续实施黄牛改良项目。千方百计拓宽农牧民增收渠道，提高产业经营收入，大力发展劳务经济，增加非农工资收入。探索建立乡村干部和农牧民培训机制，增强技能培训的针对性和实效性。突出扶贫重点，加大扶贫开发力度，确保13万贫困人口稳定脱贫。加大金融支农力度，进一步扩大支农贷款、扶贫贷款规模，创新对“双联户”的贷款支持，完善农业保险制度，鼓励金融机构向农牧区延伸服务，加快实现乡乡有网点、村村有服务的目标。继续推进“八到农家”工程，安排资金10.55亿元，完成1000个行政村人居环境整治。

着力破解基础设施瓶颈制约。实施项目带动，加快推进交通、能源、水利、通信等重大基础设施建设，加大对农牧区基础设施建设的倾斜力度，落实国家投资450亿元以上。力争“十二五”规划内尚未开工项目全部落地，完成“十二五”规划投资的80%左右。启动“十三五”规划编制前期工作。拉日铁路建成通车，开工建设拉林铁路，推动川藏铁路前期工作。加大公路建设投融资力度，提高公路建设水平。完成拉林高等级公路拉萨至墨竹工卡、八一至工布江达段主体工程的70%，开工建设八一至米林机场专用公路、泽当至贡嘎机场嘎拉山隧道和雅江特大桥工程，加快推进日喀则、邦达、昆莎机场专用公路项目报审工作。继续推进国道省道、通县油路和边防公路、农村公路建设。抓紧实施邦达机场飞行区改造和林芝机场改扩建。加快那曲机场前期工作。加强农田水利、民生水利、生态水利综合配套建设，开工建设拉洛水利枢纽和恰央水库。加快雅江中游、怒江上游水电开发前期工作，实现藏木电站首台机组发电，加快建设多布、果多电站，开工建设苏洼龙电站，启动如美、叶巴滩、拉哇电站施工准备工作，积极推进大古、加查、街需、阿青电站建设。建成川藏联网工程，全区电网覆盖到58个县。实现乡镇邮政网点全覆盖。加快推进光纤宽带建设，大力推广应用4G网络，打造“宽带西藏”，加快消除移动通信盲区。建立重大项目动态协调与督查机制，优化项目建设环境，提高项目建设质量和效益。

二、着力推进特色产业和生态文明建设两个重点

良好生态环境是最公平的公共产品，是最普惠的民生福祉。良好生态环境与特色优势资源有机结合、互为促进，是优化产业结构、转变发展方式的关键，是绿色低碳循环经济发展的方向。只有大力推进产业建设生态化、生态建设产业化，才能把资源优势和生态优势转化为现实生产力。

重点推动特色优势产业发展。按照建设重要的世界旅游目的地、中华民族特色文化保护地、高原特色农产品基地、战略资源储备基地的战略定位，充分发挥市场在资源配置中的决定性作用，更好发挥政府在产业规划、市场监管、保障公平竞争中的重要作用，进一步明晰产业发展思路，建立优势产业发展指导目录，创新财政资金扶持办法，积极引导资本、技术、人才等生产要素向特色优势产业聚集，把旅游业、文化产业、特色农牧业、藏医藏药业、优势矿产业、民族手工业、高端饮水业、清洁能源业、生态林果业等，打造成我区最具成长性和竞争力的特色优势产业。推进建筑建材、房地产等产业健康发展。大力发展园区经济，加快实施藏青工业园建设规划，完成一期20平方公里基础设施建设，争取一批特色产业项目入园。制定实施城乡商业网点规划，大力扶持物流业向农牧区延伸。支持电子商务平台建设，促进信息消费。大力实施品牌和质量振兴战略，不断提升产品质量。

全力打造西藏旅游升级版。召开旅游产业发展大会，高标准修编旅游发展规划，出台加快建设重要世界旅游目的地意见，促进旅游与文化、生态融合发展，充分彰显传统优秀文化和原生态魅力。加大旅游基础设施建设力度，依法规范旅游市场，不断改善旅游发展软硬环境。深化旅游管理体制改革，有效整合优质自然和人文旅游资源，以企业为载体推进旅游自然资源资本化，精心打造高端旅游景区景点、高端旅游精品项目等特色旅游产品。加强与有实力企业的合作，着力培育旅游龙头骨干企业。高起点打造拉萨国际旅游城市和林芝生态旅游大地区，积极争取建设珠穆朗玛、雅鲁藏布大峡谷、纳木错、阿里神山圣湖等国家公园，大力培育雅砻文化、象雄文化、茶马古道、羌塘野生动物观光走廊等旅游精品，把鲁朗国际旅游小镇打造成高端旅游示范工程。大力扶持红色旅游、乡村旅游，力争农牧民参与旅游服务的人数达到8万人以上。瞄准国内外中高端市场，加大旅游宣传推介力度，力争全年接待游客1500万人次，旅游总收入200亿元。

坚决守住生态保护底线。保护生态环境就是保护生产力，改善生态环境就是发展生产力。坚持生态优先、保护第一、尊重群众意愿的原则，切实做到在保护中发展、在发展中保护。进一步加快生态文明制度建设，制定环境保护责任追究和环境损害赔偿制度。严格建设项目准入，严把生态环境关、产业政策关、资源消耗关，严禁“三高”项目进入西藏。严格落实环境保护一票否决制，严格落实矿产资源勘查开发自治区政府“一支笔”审批，严格落实水资源管理制度，建立健全环境保护考核奖惩机制。加强环保能力建设，实现监测全覆盖、监管全过程。确保主要污染物排放控制在国家核定范围内。加快建设地市污水处理厂、医废处置中心、标准化垃圾填埋场，提高运营管理水平。优化主体功能区划，积极申报国家公园，先行先试。启动“两江四河”造林绿化工程，造林育林100万亩以上。保护好西藏的山山水水、一草一木，切实筑牢重要的国家生态安全屏障。

三、着力提升民生改善和基本公共服务两个保障

保障和改善民生是一切工作的

出发点和落脚点，基本公共服务水平是检验政府工作的重要试金石。人民生活得不到持续改善，发展稳定就不可能有广泛的群众基础；基本公共服务水平得不到全面提升，公平正义就难以实现。

办好民生“十件实事”。自治区安排70多亿元，在继续加大民生补助提标扩面力度的同时，实施多项新的民生政策。企业退休职工基本养老金月人均增加302元；新农保基础养老金提高到月人均120元。农牧区医疗制度补助标准提高到年人均380元；城镇居民基本医疗保险补助标准提高到年人均340元。城乡居民最低生活保障分别提高到月人均490元、年人均1950元。“三包”经费每生每学年增加200元。村医、兽医待遇标准提高到月人均600元；老党员、老干部、老劳模生活补贴月人均增加50元；村干部基本报酬和业绩考核奖励补助标准提高10%。边民补助标准年人均增加200元。五保供养标准提高到年人均2900元；提高孤儿集中收养基本生活保障标准。从今年开始，为乡镇干部职工、乡村教师、乡镇卫生人员发放生活补贴。继续实施出生人口缺陷干预工程。

坚持教育优先发展。加强以爱国主义、社会主义、民族团结进步为主要内容的德育和思想政治教育，加强师资培养，充实完善教材，改进评价机制。大力促进教育公平，推进义务教育均衡发展，建立优质教育资源向农牧区、偏远、边境地区倾斜的机制。改造123所薄弱学校，建设1500套偏远艰苦地区教师周转宿舍。实施高寒高海拔中小学“四有”工程，新建饮水工程、澡堂、暖廊、菜窖各100个。新建124所“双语”幼儿园，学前教育毛入园率达到55%。加大职业教育支持力度，积极探索职业教育与特色产业紧密融合的发展路子，每个地市重点办好一所中等职业技术学校。筹建国际登山旅游学院。推进特殊教育、继续教育改革发展。优化高校学科专业设置。进一步扩大农牧区招生规模，优化招生结构。

强化医疗卫生服务。安排资金22亿元，进一步完善县、乡、村三级公共卫生服务体系。开工建设自治区妇女儿童医院。积极创造条件，促进优质医疗资源向基层和农牧区倾斜。加强基层卫生人才队伍建设，加大乡村医护人员培训力度。继续落实城乡居民免费体检政策。建立完善先心病儿童筛查治疗常态化机制。切实做好大骨节病等地方病防治和重大疫病防控。继续实施免费孕前优生健康检查，力争孕产妇住院分娩率达到84%，不断提高出生人口素质。大力发展藏医药事业，提高基层藏医药服务能力。鼓励社会办医，允许民办医疗机构纳入医保定点范围。依法取缔非法行医。

积极扩大就业。进一步完善就业惠民政策，确保西藏应届高校毕业生全就业。继续推进就业援藏，积极引导高校毕业生转变就业观念，到农牧区、到企业建功立业，支持自主择业、自主创业。扎实做好就业援助工作，加大公益性岗位的开发与管理，动态消除城镇零就业家庭，新增城镇就业2.3万人。支持农牧民进城就业创业，转移农牧区富余劳动力90万人次。

建立更加公平的社会保障。加快构建覆盖城乡居民的社会保障体系。加强社会保险基金征缴和监管。整体推进城乡居民大病保险改革，改进医保支付方式，逐步完善全民医保体系。完善城乡低保制度和医疗救助制度。完善收入分配制度，健全工资正常增长机制。发展养老服务业，加快建设社会养老服务体系，新建20个五保供养机构，提高集中供养标准。新建和扩建地市儿童福利院，继续做好孤儿救助工作。切实关爱残障人士。

加强基层文化建设。整合基层宣传文化、党员教育、科学普及、体育健身等设施，开展综合性文化服务中心建设试点。建成543个乡镇综合文化站和39个县民间艺术团排练场所。加快西藏大剧院、广电中心前期工作，推动县城数字影院建设。推进文化信息资源共享工程、新闻出版“东风工程”建设。做好第一次全国可移动文物普查工作，继续加强重点文物保护维修。支持西藏题材的文艺影视创作，加大优秀广播影视作品译制力度。提高广播电视覆盖率。发展文化产业，繁荣文化市场。促进群众体育和竞技体育协调发展，举办好第十一届全区运动会。

加快推进住房保障体系建设。统筹规划、整合资源、县乡优先，以棚户区改造和公租房建设为重点，有序推进城镇安居工程，加快保障房建设，稳妥推进机关事业单位周转房管理制度改革，促进房地产市场加快发展。开工建设狮泉河镇集中供暖工程。

抓好防减灾和安全生产。强化安全生产底线意识，严格落实安全生产责任制。继续做好昌都地震、那曲嘉黎洪灾等灾区恢复重建，妥善安排受灾群众生产生活。完善防灾减灾体系，加强气象、地质、地震、山洪等自然灾害监测预测预警，做好救灾物资储备调度工作。加强应急救援能力建设。探索建立巨灾风险保险制度。加强食品药品监管，强化道路交通、消防等重点领域的监督检查，坚决遏制重特大安全事故。

四、着力激活改革开放和对口支援两个动力

改革开放是我区跨越式发展的最大引擎，全国各族人民是稳藏兴藏的坚强后盾。只有用足用活用好中央特殊优惠政策，充分发挥对口支援优势，向改革要动力，向开放要活力，才能不断增强自我积累、自我发展的能力。

深化经济体制改革。认真贯彻落实自治区党委关于全面深化改革若干重大问题决定的实施意见。继续深化农牧区改革，坚持土地基本经营制度，稳慎推进耕地草场有序流转，改革完善农牧业补贴制度和扶贫开发体制机制，推进全区农电体制改革，抓好曲水县农村综合改革试验区工作。完善产权保护制度，探索建立产权交易平台。大力推进国有资产资本化，组建交通、旅游等行业性国有资本运营公司，引进区外大型企业参与国有企业改革，加强与区外国有企业和大型非公有制企业的合作，大力发展混合所有制经济。建立健全国有资本经营预算制度、国有企业经营投资责任追究制度、职业经理人制度，推动国资监管向管资本转变。推进投资体制改革，建立政府补助、市场引导、金融撬动等发展机制，鼓励引导民间资本进入基础设施、公益事业、资源开发、特色产业等领域。建立跨年度预算平衡机制。研究出台政府债务风险管理及预警办法，规范各级政府担保和融资行为。严格落实领导干部任中和离任审计、债务责任终身负责制度。科学划分事权和支出责任，合理调整地方预算收入自治区、地市、县分配比例，中央税收返还原则上由自治区财政统筹安排。健全财政转移支付制度，对高寒地区、偏远地区、边境地区、贫困地区重点倾斜。清理规范税收优惠政策，依法完善所得税政策体系，实施资源税从价征收政策，进一步扩大“营改增”范围，完善小型微利企业税收优惠政策。鼓励民间资本发展小型银行，增多做强金融主体，鼓励金融创新。积极推动华钰矿业、林康药业、金彩科技和高争等企业上市，支持上市公司再融资。充分发挥政府融资平台作用，探索发行地方债券和企业债券，提高直接融资比重。进一步理顺要素市场价格，推进水、电、气等公用事业产品价格改革，加快建立价格调节基金制度。

深化行政体制改革。调整优化部门机构职责，进一步理顺部门职责关系，组建自治区卫生和计划生育委员会、新闻出版广电局、食品药品监督管理局、旅游发展委员会、扶贫开发办公室、能源局等机构。继续推进文化、卫生体制改革。做好国务院取消和下放审批权限的承接工作，到“十二五”末自治区级行政审批事项再减少30%。各类企业投资项目，除关系西藏稳定和生态安全、涉及全区重大生产力布局、战略性资源开发和重大公共利益外，一律由企业依法依规自主决策，政府不再审批。

扩大对内对外开放。坚持“走出去”和“引进来”相结合，加强国内区域合作，扩大境外开放合作，扩大沿边开放，大力发展开放型经济。依托藏青工业园，积极融入丝绸之路经济带。加快推进南亚贸易陆路大通道建设，积极参与孟中印缅经济走廊。进一步巩固同川渝的传统经济贸易联系，加大与内地特别是援藏省市的交流合作，通过高端嫁接融入东部沿海发达经济区。推进工商登记制度改革，全面落实“零注册”政策，由先证后照改为先照后证，注册资本由实缴制改为认缴制。继续落实好“五放”、“六支持”政策，力争非公有制经济增加值和上缴税收分别增长15%以上。继续加大招商引资力度，落实好“中国光彩事业西藏行”签约项目，力争招商引资资金增长15%以上。坚持高起点定位，统筹规划，分步实施，完善口岸基础设施，推进吉隆口岸跨境经济合作区建设，积极争取“离区免税”试点，探索口岸自贸区建设。按照国家总体外交战略，配合做好涉藏外事外宣工作。

完善援藏机制。配合中央开好对口援藏工作20周年座谈会。完善经济援藏、专业技术人员援藏、就业援藏、干部援藏机制，完善援藏工作成效考核评估和动态调整机制。充分发挥好受援双方两个积极性。对援藏先进单位和个人进行表彰。加大协调衔接力度，进一步规范援藏资金和项目管理，完成援藏投资30亿元以上。对援藏干部政治上充分信任、工作上大力支持、生活上热情关心、管理上严格要求。

积极稳妥推进城镇化。坚持以人为本，突出地域特色、民族特色、文化特色和时代特点，注重生态环境保护，促进产业与城镇融合发展，协调推进城镇化与新农村建设，引导人口适度有序集聚，走有中国特色、西藏特点的新型城镇化路子。召开全区城镇化工作会议，出台新型城镇化发展规划和城镇化建设的意见。全面实施城镇体系规划，积极开展试点工作，力争城镇化率达到25%。稳妥开展户籍制度改革。积极推进地改市、县改市工作。

五、着力强化科技和人才两个支撑

科技是第一生产力，人才是第一资源。只有依托科学技术和各类人才的引领支撑，大力实施创新驱动、人才强区战略，才能实现经济社会的跨越式发展。

提升科技研发应用水平。紧紧围绕特色优势产业发展，着力提高先进实用技术的引进、消化、吸收和再创新能力。加强农牧林优良品种选育，加大种植业科技创新力度。探索建立以市场为导向的科研项目立项机制，建立健全创新成果转化奖励机制。注重高原特色的基础性、战略性科学研究。加强与国家级科研机构协作，共同打造高原基础科研平台，高度重视青藏高原综合考察基础研究成果的传承发展。强化国土、气象、环境监测卫星遥感技术应用。提升企业创新主体地位，逐步建立产学研协同创新机制。继续实施全民科学素质行动计划纲要，加强以青少年、农牧民为重点的科普宣传教育。提高科技特派员技术服务能力和组织化程度，行政村科技特派员覆盖率达到90%以上。

全面实施人才强区战略。认真落实国家人才发展规划重大人才工程为西藏提供重点支持的意见和自治区中长期人才发展规划纲要。制定加强教师队伍、卫生人才队伍建设的意见，将高校师范、医学、农牧林水类毕业生优先招录到对口岗位。健全人才向基层流动、向艰苦地区流动、在一线创业的激励机制。培养使用好现有人才，引进补充紧缺人才，突出抓好特色优势产业人才和其他急需人才的培养。加强智库建设，建立健全决策咨询机制。营造尊重劳动、尊重知识、尊重人才、尊重创造，让各类人才都有施展才华和干事创业的良好环境，努力建设一支留得住、用得上、有作为的创业型、创新型、实用型、技能型人才队伍。建立柔性引才机制和绿色通道，以双向挂职、项目合作、短期工作、专业技术指导等形式，吸引各类人才以多种方式参与西藏开发建设。

六、着力巩固民族团结和社会稳定两个基石

民族团结是西藏各族人民的生命线，社会稳定是西藏发展进步的根本保障和基本前提。没有团结稳定，一切无从谈起。只有不断巩固各民族大团结，确保社会持续和谐稳定，才能实现经济发展、社会进步、人民安居乐业。

进一步巩固发展民族团结。认真贯彻党的民族政策，大力促进民族团结进步，实现共同繁荣发展。牢固树立“三个离不开”思想，深入开展民族团结教育和民族团结进步创建活动，大力表彰民族团结先进集体和个人。继续实施兴边富民行动，扶持人口较少民族聚居区加快发展。进一步巩固发展各民族大团结的思想基础和社会基础，促进各民族和睦相处、和衷共济、和谐发展，不断丰富民族团结的时代内涵，谱写新时期民族团结新篇章。

加强和创新寺庙管理。全面贯彻党的宗教工作基本方针，依法管理宗教事务,维护正常宗教秩序。认真落实“六建”、“六个一”、“九有”、“一覆盖”、“一创建”、“一教育”、“一工程”、“一服务”、“三保一低”等利寺惠僧措施，进一步提高广大僧尼爱国热情和法律意识。支持宗教界爱国人士对藏传佛教教义教规作出符合时代进步的阐释，积极引导宗教与社会主义社会相适应。

确保社会和谐稳定。坚定不移落实维稳十项措施，以网格化管理、社会化服务为方向，健全基层综合服务管理平台。继续加强驻村驻寺工作，不断深化强基惠民活动和“先进双联户”创建工作。加强社会治安综合治理，创新立体化社会治安防控体系，依法打击各类违法犯罪活动。完善涉法涉诉信访依法终结制度，妥善调处人民内部矛盾。旗帜鲜明反对分裂，坚决维护祖国统一和民族团结，严厉打击十四世达赖集团各种渗透干扰破坏活动，筑牢反分裂斗争的铜墙铁壁，确保社会持续稳定、长期稳定、全面稳定。

加强国防教育，增强国防意识，支持国防建设。深入开展拥军优属、拥政爱民和军民共建活动。推动军民深度融合发展，做好人防工作，实现国防建设与经济社会良性互动、协调发展。

加强政府自身建设

立党为公、勤政为民是我们的根本职责。过去的一年，我们在做好发展稳定各项工作的同时，大力加强政府自身建设。深入开展党的群众路线教育实践活动，着力解决“四风”方面存在的突出问题，认真抓好整改落实，建立健全政府议事决策等13项制度。加强专题学习，邀请著名专家学者举办各类讲座8场，参加学习5.4万余人次。加强调查研究，注重决策咨询，注重决策的科学化、民主化。加强督导落实，强化执行力，坚决贯彻落实中央和区党委的各项决策部署。加强执法监察，依法审计208个项目和单位，对政府采购等进行了专项检查，取消了132项行政事业性收费。严格执行中央八项规定和区党委“约法十章”、“九项要求”，“三公”经费支出下降了25%。自觉接受人大和政协的监督，做好人大代表、政协委员提案议案办复工作。广大基层干部和驻村驻寺干部植根基层、服务群众，进一步密切了党群干群关系，深受群众赞誉。

打铁还需自身硬。我们一定按照“为民、务实、清廉”的要求，努力建设人民满意的政府。

一、切实改进作风。紧密结合党的群众路线教育实践活动，大力弘扬“老西藏精神”，艰苦奋斗、开拓创新，以扎扎实实的作风推进事业，以实实在在的成效取信于民。大兴学习之风，勤于学习、善于思考、勇于实践，努力提高驾驭市场经济和应对复杂局面的能力。大兴调研之风，接地气、通民情，完善直接联系群众和服务群众制度。大兴务实之风，重实干、求实效，讲真话、敢担当，进一步增强政府的公信力和执行力。

二、切实转变职能。自觉适应社会主义市场经济发展要求，深化行政体制改革。强化政府宏观管理、市场监管、公共服务、社会管理和环境保护职能，为各类市场主体营造公平竞争、有序发展的良好环境。行政审批减少和下放后，政府部门管理由事前审批更多地转为事中事后监管。按照养事不养人的原则，加大政府购买基本公共服务的力度。进一步增强服务社会、服务基层、服务群众、服务企业的意识，努力建设服务型政府。

三、切实依法行政。完善规范性文件和重大决策合法性审查机制，健全政府规章和规范性文件备案审查制度。整合执法主体，推进综合执法，建立权责统一、权威高效的行政执法体制。强化行政执法监察，对重大项目实施跟踪监察、跟踪审计。自觉接受人大法律监督、工作监督和政协民主监督。推进政务公开，自觉接受舆论监督和群众监督，让权力在阳光下运行。

四、切实廉洁行政。牢固树立政府过紧日子、群众过好日子的思想，厉行节约，反对浪费，严控“三公”经费，严肃财经纪律，强化预算约束。严格执行中央和区党委关于加强廉洁自律的各项规定，加大违法违纪案件的查处力度，以反腐倡廉的实际成效取信于民。各级公务员要敬畏权力、慎用权力，坦坦荡荡做人、清清白白做事，一心一意当好人民公仆，全心全意为人民服务。

各位代表，我们正处在改革奋进的伟大时代，新的一年充满新的希望和挑战。让我们紧密团结在以习近平同志为总书记的党中央周围，在自治区党委的坚强领导下，以更加昂扬的斗志、更加务实的作风，全力推进跨越式发展和长治久安，努力建设富裕、和谐、幸福、法治、文明、美丽的社会主义新西藏，为同全国一道全面建成小康社会而努力奋斗！

政协第十届西藏自治区委员会常务委员会工作报告

政协第十届西藏自治区委员会常务委员会工作报告

2014年1月8日在政协第十届西藏自治区委员会第二次会议上

政协第十届西藏自治区委员会副主席　公保扎西

各位委员：

受全国政协副主席、自治区政协主席帕巴拉·格列朗杰同志委托，我代表政协第十届西藏自治区委员会常务委员会，向大会报告工作，请予审议。

2013年工作回顾

2013年是全面贯彻落实党的十八大精神和十八届三中全会精神的开篇之年，也是十届自治区政协全面履职的起步之年。一年来，在全国政协指导和区党委正确领导下，在帕巴拉主席的带领下，政协党组团结带领全区政协组织和广大委员高举爱国主义、中国特色社会主义旗帜，牢牢把握团结、民主主题，以高度的政治自觉、强烈的责任意识，围绕中心、服务大局，履行职能、发挥作用，全体常委和区政协领导班子，励精图治、奋发有为，同心协力落实十届政协一次会议确定的工作任务，实现了本届政协良好开局。

一、加强学习、统一思想，牢牢把握正确方向

常委会坚持用科学的理论武装头脑、指导实践。组织广大委员认真学习贯彻党的十八大和十八届二中、三中全会精神，学习贯彻习近平总书记系列重要讲话和关于西藏工作的一系列重要指示精神、特别是“治国必治边、治边先稳藏”的重要战略思想，学习贯彻俞正声主席“依法治藏、长期建藏”的指示要求，不断坚定道路自信、理论自信、制度自信，增强全面深化改革、再创伟业的信心，共同追求与实践中华民族的伟大复兴。坚持学习贯彻新时期中央关于西藏工作的指导方针和决策部署，学习贯彻自治区第八次党代会和区党委八届四次、五次全委会等精神，坚持走有中国特色、西藏特点的发展路子，坚定构建富裕、和谐、幸福、法治、文明、美丽“六个西藏”信念。认真学习贯彻俞正声主席看望在拉萨的全国政协委员、自治区政协委员并座谈时的重要讲话精神，学习贯彻党的统一战线和人民政协理论方针政策，推进协商民主广泛多层制度化发展等新知识，打牢共同团结奋斗的思想政治基础。

常委会加大新任委员集中培训力度，成功举办324名新任委员培训班，邀请政协领导和专家教授集中授课，系统学习人民政协理论方针政策和业务知识，使新任委员尽快学习了解政协工作、转变角色。召开区政协十届四次常委会，组织常委们专题学习习近平总书记重要讲话和俞正声主席在藏视察指导工作时的重要讲话及区党委陈全国书记讲话精神，加强党的决策部署的学习贯彻，使之深入人心、指导工作。全年选派4位副主席到中央党校或国防大学进修，选派94位委员和政协干部参加国家行政学院、井冈山干部学院等各级各类教育培训，增进交流、开阔眼界、提高素养，收到了良好效果。

二、精心组织，认真开展党的群众路线教育

政协党组和常委会抓住开展党的群众路线教育实践活动重要契机，吃透群众路线的实质，把准开展活动的方向，引领广大党员委员紧扣活动主题和总要求，聚焦整治“四风”（形式主义、官僚主义、享乐主义和奢靡之风）、“两问题”（政治立场不坚定问题、作风漂浮懒散问题）、“两弱项”（协商民主机制不健全、民主监督力度不够，履行职能重意见建议、轻督促落实），以整风精神抓好各环节工作，取得了阶段性成效。坚持把加强领导放在首位。按照中央精神、中央督导组要求和区党委决策部署，区政协迅速成立教育实践活动领导小组及办公室，认真制定并推进落实活动方案，科学统筹、精心组织，做到“规定动作”不走样，“自选动作”有特色。坚持把学习教育贯穿始终。区政协党组成员率先垂范，带头学习党的群众路线重要文献文章、领导讲话等，带动政协学习风气，共开展学习交流、专题辅导、座谈研讨和大讨论活动107次，集中观看《苦难辉煌》《周恩来的四个昼夜》等影视片26次，组织参观新旧西藏对比展等8次。坚持把解决问题作为重点。坚持开门搞活动，邀请党外副主席及各族各界人士广泛参与，面对面、背靠背征求意见建议。聚焦“四风”等问题深入查摆，并对照群众的意见建议，认真撰写、反复修改对照检查材料。召开高质量省级干部专题民主生活会，做到会前准备充分周密、剖析检查客观深刻，生活会上批评和自我批评坦率真诚，中央督导组高度评价。坚持边学边查边整边改，解决实际问题48个，建立长效机制9项。坚持把为民要求落到实处。各位副主席和委员及机关处级以上干部集中时间和精力，深入党建扶贫联系点和重点寺庙等，结对认亲228户，结民族团结“对子链”120对，慰问群众和僧尼4000余人，帮助协调解决群众存在的一些实际困难和问题，增进了群众感情，拉近了群众距离，受到各族各界一致好评。

通过活动，广大委员从坚持中国特色社会主义理论、道路、制度的高度，深刻认识和把握我区政协的重要地位、优势作用和独特价值，增强了投身政协工作的责任感、光荣感和使命感，凝聚起了团结奋进、勇于担当的强大合力。

三、认真履行政协职能，在促进经济社会发展和维护和谐稳定中发挥积极作用

围绕中心工作协商议政。一年来，共召开常委会5次、主席会11次。常委会坚持围绕我区发展稳定的战略性全局性问题开展协商议政，为区党委、政府科学民主决策提供了参考。依托政协全委会广泛协商。区政协十届一次会议期间，广大委员认真听取讨论政府工作报告和其他报告，与区党委、政府领导共商改革发展大计，提交大会发言12篇、书面交流材料23篇，提出意见建议228条。围绕我区“十二五”规划中期评估专题协商，组织各界别委员及其所团结联系的代表人士参与评估，立足各自优势特点确定题目深入调研、建言献策，形成范围广、针对性强的调研报告20篇，并组织召开委员与相关部门专题协商会，在服务我区中心工作中产生了重要作用。主席会议坚决贯彻中央、全区经济工作会议精神，紧扣转变经济发展方式等重大问题开展重点协商和对口协商，一方面集中力量深入研究、重点协商，协力破解难题；另一方面责成专委会与职能部门互通情况、对口协商，提出对策建议，协商议政成效明显。

共筑反分裂斗争的铜墙铁壁。常委会坚持把反对分裂、维护民族团结、维护和谐稳定作为履行职能的硬任务和第一责任，坚决贯彻习近平总书记“治国必治边、治边先稳藏”的战略思想和俞正声主席“依法治藏、长期建藏”的指示要求，坚决落实区党委十个方面的维稳措施，深入开展反分裂斗争，始终做到旗帜鲜明、立场坚定、认识统一、表里如一、态度坚决、步调一致。突出团结和民主两大主题，坚持求同存异、体谅包容、合作共事、共同奋斗，正确处理各民族、宗教、阶层和海内外同胞的关系，巩固和发展我区最广泛爱国统一战线。充分发挥政协爱国知名人士的作用，最大限度地把各族各界人士团结在党和政府周围，凝聚起反分裂、保稳定、促发展的强大合力。

认真开展视察调研和监督指导，为发展稳定大局出计出力。组织界别委员、专家学者围绕我区经济社会发展中的重点难点问题，深入开展专题调研和联合视察调研，在经济体制改革、现代农牧业、非公经济、科教工作、民族地区职业教育等方面为党委政府科学民主决策提供多层面、客观真实的意见建议。组织在藏全国政协委员和我区委员开展联合视察调研活动，对吉隆口岸及跨境经济合作区建设实地调研。组织委员就加强和创新寺庙管理、做好西藏佛学院工作、社会网格化管理、便民警务站等进行视察调研，看望慰问坚守第一线干部，帮助完善和落实维稳工作。协助全国政协民宗委赴藏调研组开展“引导藏传佛教与社会主义社会相适应”调研。组织委员履行民主监督职能，对拉日铁路、满拉水利枢纽工程等重大在建项目视察督导，协调解决相关问题。选派委员担任政风行风监督员、出席情况通报会等，监督党政决策举措的贯彻落实。去年共在发展稳定方面组织视察调研19次，形成调研报告19份，提出意见建议90余条，搜集研判和编报社情民意信息156期。这些视察调研、民主监督等工作都是围绕我区发展稳定大局展开的，政协委员们的调研报告得到有关部门的高度重视与采纳，有的调研得到了区党委主要领导的批示肯定。

充分发挥政协优势作用，支持党委政府重大工作。根据区党委安排，组织委员、宗教界代表人士参加十一世班禅在藏活动，共同视察并召开座谈会，确保十一世班禅圆满完成视察调研和佛事活动，受到中央和区党委肯定。按照区党委、政府决策部署，区政协数位班子成员带领委员和政协干部深入林芝、那曲等维稳第一线，督导落实创先争优强基惠民、加强和创新寺庙管理、维护民族团结、重点地区和“两边一线”管控、反自焚专项斗争等工作，加强与宗教界人士交流沟通，为我区和谐稳定凝聚人心和力量。组织民族宗教界委员开展“爱国爱教宣传服务下乡”活动，广泛宣传党的民族宗教政策，正确阐释藏传佛教教义教规，积极引导宗教与社会主义社会相适应，创新了用宗教办法解决宗教问题的新探索。积极参与中尼经贸洽谈会等，在宣传西藏、促进经济交流等方面发挥作用；积极组织协调“中国光彩事业西藏行”活动，率团赴内地省市招商引资，达成意向及落地项目131个，投资总额近2400亿元。去年我们共完成全区发展稳定专项任务十余项，得到区党委、政府的充分肯定和各族各界的一致好评。

协助做好涉藏外交外宣工作。按照党和国家涉藏外交外宣工作总体方针与区党委、政府有关要求，邀请尼泊尔驻拉萨总领事馆官员旁听政协十届一次全会开幕会，宣传中国特色社会主义政治制度，全面展示西藏改革发展成就。参加“2013德国・中国西藏文化周”活动，同藏学家一道向德国政界、学术界、新闻界和华侨华人等各界人士介绍了西藏的改革开放、经济建设和社会发展情况，特别介绍了西藏文化保护和传承的辉煌成就，用事实驳斥十四世达赖集团鼓吹的“西藏文化灭绝论”。

四、履职为民、服务群众，努力保障和改善民生

竭力服务保障民生。坚持把服务保障和改善民生作为履行职能的出发点和落脚点，鼓励引导委员深入实际、深入基层、深入群众，办利民惠民之事、献富民安民之策。围绕区党委、政府确定的“农牧民安居房、城镇保障性住房、供暖工程、社保体系、卫生服务体系、扩大就业、发展教育、扶贫开发、防灾减灾和安全生产”十件实事，开展调研视察和协商议政，反映群众的所思所盼，促成各族群众共享我区发展稳定成果。紧扣我区历年高考的热点问题，组织界别委员视察监督高考录取工作。结合党的群众路线教育实践活动，把扶贫开发与“结对认亲交朋友”、“结民族团结对子”等活动紧密结合，引领委员和政协党员干部转作风、接地气、通下情、解难题，帮助群众脱贫致富。

创新推进群众工作。充分发挥委员开展群众工作具有“对象特殊、涵盖面广，理念独特、包容性大，方式独特、辐射性强，作用独特、基础性牢”的优势特点，广泛联系各族群众，协助区党委、政府做好新时期的群众工作。扎实开展创先争优强基础惠民生活动，区政协领导经常深入党建扶贫联系点和区政协驻村工作点巡回督导，看望贫困群众，慰问干部，帮助支持农牧民群众共谋脱贫致富，协助党委政府开展了大量夯实基层基础的工作。组织女委员深入地、县、乡、村和尼姑寺视察调研，提出有针对性的维护妇女权益意见建议，得到职能部门重视和采纳。

五、强基固本、提高水平，切实加强自身建设

加强“四位一体”建设。坚持把加强自身建设作为强基固本的关键，狠抓我区政协委员、专委会、界别和机关“四位一体”建设。加强委员队伍建设，在政治上信任、能力上培养、制度上规范、生活上关心，委员的政治素质和履职能力不断提升，主体作用有效发挥。加强专委会建设，配齐配强各专委会领导班子，支持专委会探索科学履职的方法途径，建立健全实际管用的制度，遵循履职要求和自身特点开展工作，专委会基础作用有效发挥。加强界别工作，研究出台和推进落实《政协西藏自治区委员会省级干部联系界别委员工作的意见》，有序开展相关界别活动，界别特殊作用有效发挥。加强政协机关建设，以建设“学习型、服务型、效能型、创新型、和谐型、科学化”机关为目标、以思想建设为基础、以能力建设为关键、以作风建设为抓手、以基础设施建设为保障，继往开来、创新实践，机关“三服务”能力和水平显著提升，机关服务保障作用有效发挥。坚决贯彻执行中央八项规定和区党委“约法十章”、“九项要求”，认真制定并落实区政协具体措施，精简文山会海，努力营造厉行节俭、风清气正的良好风尚。

有序推进经常性工作。着眼提升新一届政协的整体功能，有序推进经常性工作。加强政协提案工作，提高提案办理落实成效。去年受理委员提案492件，审查立案472件，办复率达100%。加强文史资料工作，去年征集“三亲”（亲历、亲见、亲闻）史料数万字，规划了近代西藏历史主题收集课题。加强团结联谊工作，成功举办区政协各族各界新年茶话会和夏季联谊交流会。主动加强与全国政协的联络工作，分管副主席和有关专委会专程前往北京汇报工作，争取指导帮助。认真做好在藏全国政协委员联络服务工作，组织30余位在藏全国政协委员与西藏民营企业家共同考察沿海发达地区非公经济情况，切实开阔眼界，更新发展理念，提高参政议政能力。密切同内地政协的交流联系，全年接待进藏考察团（组）17批近200人次。加大对基层政协的指导帮助力度，邀请地（市）、县（市、区）政协主席列席区政协全委会和地（市）政协主席列席常委会等例会。加强体制机制建设，严格执行政协会议制度、履职制度和管理制度，并根据形势任务的发展变化，新制定制度5个、修订完善制度4个、废除制度1个。

自治区党委决定在无政协组织的44个县成立政协组织、实现全区政协组织全覆盖以来，各地（市）、县（市、区）政协在党委、政府领导和区政协支持指导下，围绕本地区经济社会发展、维护和谐稳定与保障改善民生等中心工作，积极贡献智慧和力量，充分展现了人民政协的独特优势，充分证明了区党委加强政协组织建设的正确性。

各位委员，过去一年取得的成绩来之不易。本会主席班子16位成员中有9位同志兼任区直部门或地区主要负责人，承担着区党委、政府交付的大量专项任务，全体常委、委员分布在我广泛领域从事服务人民的工作，为助推西藏跨越式发展和长治久安作出了重要贡献。这些成绩的取得，是区党委正确领导的结果，是各级党政组织和社会各界支持配合的结果，是我区政协各级组织、各参加单位和广大委员、政协工作者共同奋斗的结果，得益于历届自治区政协打下的良好基础，离不开各族各界人士的关注和监督。在此，我代表帕巴拉主席和自治区政协，向大家表示衷心感谢和崇高敬意！

通过一年的实践，我们深刻体会到：只有在区党委坚强领导下，高举爱国主义、中国特色社会主义两面旗帜，牢牢把握团结、民主两大主题，始终围绕中心和大局、紧扣主题和主线履行职能，才能体现西藏政协的应有之义和价值所在。只有在履职实践中，把夯实思想政治基础作为履行职能的重要前提，把助推发展作为履行职能的第一要务，把维护稳定作为履行职能的硬任务和第一政治责任，把保障改善民生作为履行职能的出发点和落脚点，把加强自身建设作为履行职能的固本之举，西藏政协才能继往开来、与时俱进、创新发展。

在看到成绩的同时，我们也清醒地认识到，与新的形势任务要求相比，我区政协工作还存在差距。比如：一是民主监督制度不健全、方式单一、力度不够；二是重意见建议，轻督促落实等。对此，我们将在今后工作中认真研究和逐步解决。

2014年工作安排

2014年，是我国在新的历史起点上启动全面深化改革的重要一年，是我区继续追赶全国发展步伐的关键一年。新的一年，西藏政协工作的总体思路是：在自治区党委的坚强领导下，高举中国特色社会主义伟大旗帜，以邓小平理论、“三个代表”重要思想、科学发展观为指导，深入贯彻落实党的十八大和十八届二中、三中全会精神，贯彻落实习近平总书记系列重要讲话和关于西藏工作的一系列重要指示精神、特别是“治国必治边、治边先稳藏”的重要战略指导思想，贯彻落实俞正声主席“依法治藏、长期建藏”的指示要求，贯彻落实新时期中央关于西藏工作的指导方针和决策部署，贯彻落实自治区第八次党代会和区党委八届五次全委会等精神，牢牢把握团结民主主题，始终围绕中心和大局，运用好党的群众路线教育实践活动成果，勇于担当、改革创新、团结奋进，认真履行政治协商、民主监督、参政议政职能，充分发挥人民政协作为协商民主重要渠道作用，努力开创我区政协事业新局面，为助推西藏跨越式发展和长治久安作出新贡献。

一、认真学习领会，全面贯彻落实中共十八届三中全会精神

党的十八届三中全会是在我国改革开放新的重要关头召开的具有里程碑意义的会议。习近平总书记所作的重要讲话深刻阐述了在新的历史起点上打好全面深化改革这场攻坚战的重大意义，明确提出了全面深化改革必须遵循的重大原则和需要把握的重大问题。全会通过的《决定》明确提出了全面深化改革的指导思想和总目标，深刻阐释了改革顶层设计和总体思路，系统总结了改革开放的历史经验，部署了改革的重点任务和重大举措，勾划了改革时间表、路线图。讲话和《决定》集中了全党智慧，反映了全国人民的心声，体现了以习近平同志为总书记的党中央全面深化改革的智慧和勇气，是我国发展新阶段全面深化改革的行动纲领和科学指南。认真学习、深刻领会、坚决贯彻全会精神，是我们当前和今后一个时期的重要政治任务。

我们要从全面深化改革事关党和国家事业发展全局的战略高度，认真学习习近平总书记重要讲话、重要说明和中央《决定》精神，深刻把握全面深化改革的重大意义、指导思想、主要任务、重大举措等，以全面深化改革的路线图、任务书和动员令、方法论统一思想行动。要抓住关键、领会把握，重点把握深化政治体制改革的主要任务和推进协商民主广泛多层制度化发展的制度安排，切实把握发挥人民政协作为协商民主重要渠道作用等要求，增强投身政协事业的政治自觉、思想自觉、行动自觉。要搞好结合、融会贯通，把学习贯彻全会精神与党的十八大、中央经济工作会议精神及开展党的群众路线教育实践活动结合起来，与党的治藏方略和自治区第八次党代会、区党委八届五次全委会等精神结合起来，与贯彻落实党关于加强新时期政协工作的部署要求结合起来，加强理论和实践问题的学习、思考和研究，统一思想认识、凝聚智慧力量，做到知行合一、勇于担当、共创伟业。

二、以经济建设为中心，推进我区跨越式发展

发展是硬道理，是解决西藏所有问题的根本和关键。常委会要把推进跨越式发展作为履行职能的第一要务，围绕主题和主线，紧扣我区推动经济跨越式发展的总体布局和经济体制改革的主要任务，建睿智之言、献管用之策。

要全力支持经济体制改革，深刻分析和把握我区经济改革重点、核心及牵引作用，围绕推动生产关系同生产力相适应、推进西藏经济社会持续健康发展等问题深入调研、咨询论证，在深化我区财税体制改革、城镇化建设、构建开放型经济新体制等方面建言献策，协助区党委、政府破解改革发展难题。要围绕我区加快转变经济发展方式履职尽责，深刻认识和把握当前我区发展的阶段性特征，发挥政协协调各方、联系各界和人才荟萃、智力密集的优势作用，组织委员并邀请区内外专家学者围绕我区经济社会发展中的全局性、综合性、前瞻性问题调查研究，为推动更有质量和效益地发展献计出力。要抓住中央关心和我区拥有的政策、对口支援等优势，着眼推进落实“十二五”规划，围绕落实中央给予的优惠政策、基础设施建设、壮大特色产业、发展非公经济等视察调研、咨政建言，推动经济社会又好又快发展。

三、旗帜鲜明反对分裂，促进社会和谐稳定

维护稳定是西藏压倒一切的硬任务。常委会要把维护稳定作为履行职能的硬任务和第一政治责任，坚决贯彻中央的维稳方针政策和区党委决策部署，充分发挥政协的优势作用，全力维护西藏持续稳定、长期稳定、全面稳定。

要认真学习贯彻习近平总书记“治国必治边、治边先稳藏”重要战略思想和俞正声主席“依法治藏、长期建藏”重要指示精神，牢固树立稳定压倒一切的思想，始终做到旗帜鲜明、立场坚定、认识统一、表里如一、态度坚决、步调一致。要思想敏锐、应声而动，围绕区党委十个方面维稳措施和构建维稳长效机制履行职能，更深层次地认识和把握反分裂斗争的长期性、艰巨性、复杂性，从彻底消除十四世达赖集团影响上研究探索、建言献策。要牢记职责、敢于担当，正确处理各民族、宗教、阶层和海内外同胞的关系，凝聚起维护稳定的强大合力。要发挥民族宗教界委员的优势作用，协助党委政府做好民族宗教工作，促进民族团结、宗教和睦、佛事和顺、寺庙和谐；发挥政协开展群众工作的优势，维护群众的知情权、参与权、发言权、监督权，实现和扩大群众有序政治参与；发挥我区政协独特优势,围绕党和国家整体外交战略，坚持请进来、走出去，宣传我区经济社会发展辉煌成就和改善民生的巨大成果，协助区党委、政府做好涉藏外宣工作。

四、坚持履职为民，促进民生改善

改善民生是衡量发展质量的重要标准。常委会要把促进民生改善作为履行职能的出发点和落脚点，助力推动富民兴藏战略实施和自治区利民惠民“十件实事”落实，为保障和改善民生、促进发展成果共享，构建幸福西藏贡献力量。

要牢牢把握中央、自治区关于深化社会体制改革的目标任务，围绕我区深化教育综合改革、建立更加公平可持续的社会保障制度等关系群众切身利益的重点领域多思考谋划，就从根本上扭转应试教育倾向、进一步完善社会保险制度等热点难点问题深入调查研究，广泛征求意见，主动靠前履职，使我区改善民生举措更具可行性、更好体现社会意愿。要积极推进、主动参与、切实监督保障和改善民生各项政策措施及各项重大民生项目的贯彻落实，紧扣人民群众期盼有更好的教育、更稳定的工作、更满意的收入、更可靠的社会保障、更舒适的居住条件、更安全的食品药品等咨政建言，不断发展、切实维护人民群众的根本利益、切身利益。要抓住增加我区农牧民收入这个重点，围绕提高农牧民劳动技能、发展特色农牧业和产业化经营、拓宽增收致富渠道，开展专项调研或联合视察调研，形成有情况、有分析、有对策的高质量调研报告，在探索建立农牧民增收长效机制上竭智尽力。

五、紧扣文化繁荣，助推文化强区建设

文化繁荣是经济发展、社会进步、民族振兴的标志。常委会要按照习近平总书记在全国宣传思想工作会议上的重要讲话精神和十八届三中全会关于文化体制改革的决策部署，按照全区宣传思想工作会议的部署要求，找准文化强区建设与政协工作的结合点，助推西藏文化大发展大繁荣。

要组织委员特别是文艺界委员以及文化领域的专家学者，联合各方面的力量，围绕推进社会主义核心价值体系建设、推进重点文化惠民工程、加快文化产业发展、加大文物和非物质文化遗产保护、加强网络舆论工作等文化领域的重大课题，开展调查研究和研讨交流，努力形成一批有价值有分量的调研报告和研究成果。在履职实践中，要把推进文化体制改革、推动我区文化大发展大繁荣作为重点调研题目，把我区文化发展和改革规划的实施、完善公共文化服务体系建设等作为重点监督内容，把加强现代传播媒体管控、发展西藏特色文化产业、提供优秀文化产品等作为提案、建议案和社情民意反映的重点选题；把弘扬社会主义核心价值体系教育、倡导先进思想文化等作为文化建设的重点，凝心聚力，发挥作用，为文化强区建设尽心竭力。

六、着眼生态文明，助推美丽西藏建设

生态文明建设事关人民福祉，关乎西藏发展长远大计。常委会要坚持尊重自然、顺应自然、保护自然的生态文明理念，把为建设美丽西藏献计出力放在履行职能更加突出的位置，为构建国家生态安全屏障作出贡献。

要坚持把生态环境保护作为底线、红线、高压线，围绕严把生态环境关、产业政策关、资源消耗关民主协商，助推健全西藏自然资源资产管理体制和用途管制制度、完善资源和生态环境保护制度、建立终身追究和生态环境损害赔偿制度等，协力推进生态安全屏障保护与建设规划、主体功能区战略的实施，重点围绕大江大河源头区、草原、湿地、天然林以及生物多样性保护和加强重点地区水土流失、土地沙化、矿产资源开发综合治理等视察调研，深入了解生态状况，认真协调解决问题，助推生态文明建设。要结合区情实际，在推广节能环保建设、提高环境监测能力、大力发展循环经济、建立健全防灾减灾体系和强化环境监测监管等方面建言献策，保护好雪域高原的一草一木、山山水水，保护好“世界上最后一方净土”。

七、加强自身建设，夯实履职基础

自身建设的好坏直接关系履行职能的成效。常委会要把握改革创新这一时代特色和发展要求，通过加强思想政治、组织保障、履职能力、履职作风等建设，推动政协自身科学发展。

要加强思想政治建设，教育引导委员和政协工作者坚定中国特色社会主义理想信念，坚决贯彻执行党的路线方针政策和决策部署，在思想上政治上行动上始终与党中央、区党委保持高度一致。要紧扣推进协商民主广泛多层制度化发展深入研究，拓宽我区政协协商渠道、制定并组织实施协商年度工作计划、规范协商内容和程序、拓展协商民主形式，完善政协委员联络机构和联络制度，建立健全知情、沟通、反馈等工作机制，更加活跃有序地组织专题协商、对口协商、界别协商和提案办理协商，为推进我区民主政治建设建言献策。要加强组织保障建设，着眼发挥委员主体作用、专委会基础作用、界别优势作用和政协机关服务保障作用，推进我区政协“四位一体”建设。要加强履职能力建设，不断拓展履职渠道、完善履职形式、创新履职方法，增强履职尽责的针对性、前瞻性和实效性。要坚持和改进党对政协工作的领导，加强履职作风建设，把作风建设渗透于政协工作的全过程。

各位委员，全面深化改革的号角已吹响，西藏政协责任重大、使命光荣、前景广阔。让我们紧密团结在以习近平同志为总书记的中共中央周围，高举中国特色社会主义伟大旗帜，以邓小平理论、“三个代表”重要思想、科学发展观为指导，在自治区党委的坚强领导下，解放思想、勇于担当，改革创新、开拓前进，努力推动我区政协工作再上新台阶，为全面建成小康社会、建设富裕和谐幸福法治文明美丽社会主义新西藏，为实现中华民族伟大复兴的中国梦而不懈奋斗！

西藏年鉴
TIBET YEARBOOK
2014

第一篇

西藏综述

西藏自治区概况

地理

【名称由来】 根据考古发现，早在距今5万年以前，西藏就有人类活动。今日西藏境内的某些高海拔地区甚至“无人区”也是古代人类生存的场所。7世纪吐蕃政权建立,并统一了青藏高原。藏语称西藏为“播”，所以唐时期称西藏为“吐蕃”、“吐番”，“蕃”或“番”在汉唐之时的西北方言中读音同“播”，是藏语西藏的音译。元明时称西藏为乌斯藏，由于在祖国的西边称“西藏”，“西”表示在祖国的方位，“藏”是乌斯藏的略写。西藏全称西藏自治区，是中华人民共和国的五个省级自治区之一。1965年8月经全国人民代表大会常务委员会第十五次会议批准于9月1日正式成立西藏自治区。

【世界屋脊】 西藏是世界上最高的青藏高原的主体部分，美丽富饶的西藏平均海拔高度在4000米以上，素有“世界屋脊”之称。由于西藏冰川分布广泛，高山常年积雪，也被成为雪域高原，水资源丰富。由于亚洲重要的河流大都发源于此，有“亚洲的水塔之称”，是“名山之宗、江河之源”。远古时期，青藏地区是一片汪洋大海，在距今三千万年前，在亚欧板块与印度板块的巨大碰撞下，发生了“喜马拉雅运动”，隆起了世界最年轻的高原——青藏高原。西藏是地球上平均海拔最高、地壳厚度最大、隆起形成时间最晚、最年轻的高原，是除南极和北极之外世界最冷的地方，也称为“世界的第三极”。这里的自然景观世界独有，地形地貌千姿百态。西藏高原群山连绵，峰峦叠嶂，雪峰林立，既有白雪皑皑的高山，绿草如茵的宽阔草原和清澈见底的河流湖泊，也有争奇斗艳的万种花卉和郁郁葱葱的原始森林及十分丰富的野生动植物资源，更有那幽深的藏传佛教、令人神往的圣湖、神山和充满神秘色彩的喇嘛寺庙、世界独有的高原自然风光和民俗民风。

【位置与面积】 西藏自治区地处祖国的西南边疆，南起北纬26° 52′，北到北纬36° 32′，西起东经78° 24′，东至东经90° 06′。东西长约2000千米，南北宽约1000千米。面积约122.22万平方公里，占全国总面积的1/8，仅次于新疆维吾尔自治区，居全国第二位。北与新疆维吾尔自治区、青海省毗邻，东隔金沙江和四川相望，东南部在横断山区和云南省相连，西部和南部与印度、尼泊尔、不丹、缅甸等国以及克什米尔地区接壤，边境线长约4000千米，是中国西南边陲的重要门户。

【地形与山脉】 西藏平均海拔4000米以上，地形可分为三个阶梯，藏北高原平均海拔4500米以上，位于昆仑山、唐古拉山和冈底斯山、念青唐古拉山之间，占全自治区面积的2/3。藏南谷地平均海拔在3500米左右，在冈底斯山和喜马拉雅山之间，即雅鲁藏布江及其支流流经的地方。藏东高山峡谷区平均海拔3500米以下，为一系列由东西走向逐渐转为南北走向的高山深谷，系横断山脉的一部分。总的特点是西北高东南低。西藏地形的主要特征表现为：高原辽阔，群山巍峨，平原狭长，峡谷深邃，冰川广布。

西藏有许多著名的大山，从走向来看主要有两组，一组是近东西走向的，从南向北依次为喜马拉雅山、冈底斯山、念青唐古拉山、昆仑山；另一组是近南北走向的横断山脉。在这些巨大的山脉之间，又有许多分支山脉，使西藏成为一个“山脉的海洋”。

喜马拉雅山脉巍峨蜿蜒于西藏高原最南缘，由许多平行的山脉组成，山脉的走向自西段的西北——东南向，到东段转为东西向，并向南突出，呈一弧形。山脉全长约2450千米，宽约200-300千米，平均海拔在6000米以上，超过7000米的高峰有50多座，超过8000米的山峰有10座。海拔8844.43米的世界第一高峰珠穆朗玛峰就耸立在喜马拉雅山中国和尼泊尔的边界上。

【河流与湖泊】 西藏河流众多，境内河流流域面积大于1万平方公里的有28余条，大于2000平方公里的有100条以上。西藏外流水系主要包括雅鲁藏布江、金沙江、澜沧江、怒江、狮泉河、朋曲、察隅曲等，流域面积约58.88万平方公里，约占西藏总面积的49%。

雅鲁藏布江是世界上海拔最高的大河之一，全长2506公里，流经23个县和珞瑜地区，流域面积23.92万多平方公里。发源于西藏南部桑木张以西喜马拉雅山北麓的杰马央宗冰川。雅鲁藏布江水能蕴藏量仅次于长江，居全国第二位，流量居全国第四位。

西藏高原以湖泊众多闻名于世，全区大小湖泊共1500多个，湖泊总面积约2.4万平方公里，占全国湖泊总面积的30%以上，其中面积超过100平方公里的湖泊有47个。面积1000平方公里以上的西藏三大湖泊纳木错、色林错、扎日南木错均分布于藏北。著名的羊卓雍错在藏南。

气候

【气候特点】 夏秋季多夜雨，冬季干燥多风，气压低含氧少，由于日照多辐射强，冬季白天仍暖意洋洋，晚间气温才将至零下。其主要特点表现为：空气稀薄，含氧量少；光照充足，辐射强烈；气温偏低，年温差小；干湿分明。

【气候评价】 2013年，平均气温为5.0℃，较常年偏高0.3℃，属正常年。大部分地区冬季气温偏高，为区域性暖冬，而狮泉河、普兰受连续降雪天气的影响，出现了局地性冷冬。春季和秋季大部分地区气温正常，夏季气温偏高。年内全区有4个站月平均气温创历史同期新高或持平，狮泉河站2月平均气温创历史同期新低。西藏平均年降水量为487.0毫米，较常年偏多26.9毫米。普兰年降水量创历史新高。冬季降水空间分布不均，阿里地区西南部以及聂拉木、隆子降水偏多1～2倍，拉萨、泽当、浪卡子、贡嘎、加查冬季基本无降水；春季和秋季大部分地区降水正常或偏多；夏季降水基本正常。年内12个站点月降水量创历史新高。西藏大部分地区年日照时数正常或偏少。年内不同区域出现了雪灾、洪涝、泥石流、冰雹、雷电、风灾等灾害性天气，给农牧业生产、交通运输及人民生命财产造成一定影响。

气温 2013年西藏各地年平均气温为-1.7～12.5℃，与常年相比，泽当偏低0.7℃；那曲地区大部、洛隆、类乌齐、米林、墨竹工卡、改则偏高0.5℃以上，其中改则偏高1.3℃；其它地区气温正常。狮泉河、改则、米林、错那月平均气温在不同月份创历史同期新高或持平。

降水量 西藏各地年降水量为111.0～842.3毫米，与常年相比，阿里地区、拉萨、贡嘎偏多3～9成，其它各地降水量正常。普兰年降水量为294.8毫米，超过本站历史最高值（265.1毫米/1975年）。拉萨、狮泉河、普兰等12个站月降水量创历史同期极值。

日照 西藏各地年日照时数为1616～3395小时，与常年相比，昌都地区大部、林芝地区东南部、拉萨、尼木、泽当、隆子、定日、加查、安多偏多31～272小时，其中泽当、尼木、安多、类乌齐、波密、察隅偏多100小时以上；申扎、索县、拉孜、浪卡子及帕里正常；其它各地偏少39～233小时，其中狮泉河、普兰、墨竹工卡、比如、贡嘎、嘉黎、南木林、班戈及当雄偏少100小时以上。

【气压】 西藏气压年平均大都在625百帕以下，仅为海平面气压的一半。空气平均为海平面空气密度的60%~70%。由于空气稀薄，含尘量少，高原天空分外碧蓝，在白云的衬托下景色分外艳丽。西藏高原空气含氧量比海平面减少35%~40%，水的沸点大部分地区也降至84~87℃。

环境质量

【水环境质量】 2013年，西藏主要江河、湖泊水质状况保持良好，达到国家规定相应水域的环境质量标准。拉萨市4个饮用水水源地及其他六地区行署所在地城镇的15个饮用水水源地水质总体保持良好，均达到《地下水质量标准》Ⅱ类标准和《地表水环境质量标准》Ⅲ类水域标准。

【空气质量】 西藏主要城镇大气环境质量整体保持优良，拉萨市全年环境空气质量优良天数达345天。6地区行署所在地城镇空气质量达到《环境空气质量标准》二级标准的有日喀则市、泽当镇、八一镇、昌都镇、那曲镇、狮泉河镇等，日喀则市空气质量优良率达到了100%。珠峰区域环境空气质量继续保持在良好状态，达到《环境空气质量标准》一级标准。

【生态环境】 西藏天然草地面积达8511万公顷，现有森林1471.56万公顷，湿地面积652.9万公顷，并拥有世界上独一无二的高原湿地。2013年全区共完成植树造林和封山育林104.4万亩，完成退耕还林11万亩。截至去年底，西藏已建立各类自然保护区47个，各类生态功能保护区22个。

旅游资源

西藏拥有世界文化遗产1处(布达拉宫);国家4A级旅游景区8个(布达拉宫、大昭寺、博物馆、罗布林卡、扎什伦布寺、巴松措、珠峰、桑耶寺),2A级旅游景区2个(然乌湖旅游景区、查杰玛大殿);国家级自然保护区6个(珠穆朗玛自然保护区、羌塘自然保护区、察隅慈巴沟自然保护区、色林错自然保护区、雅江中游河谷自然保护区、雅鲁藏布大峡谷自然保护区);国家地质公园2个(易贡国家地质公园、札达土林国家地质公园);中国优秀旅游城市1座(拉萨市);国家级历史文化名城3座(拉萨、日喀则、江孜);保存完好,管理有序的寺庙1700多座。

【自然风光旅游资源】 西藏现有世界级国家自然保护区3处：珠峰自然保护区、藏北羌塘自然保护区、藏东南雅鲁藏布大峡谷自然保护区；国家级名胜风景区1处：雅砻国家级风景名胜区。自然风光主要有：以喜马拉雅山脉为主的雪山风光区域、藏北羌塘草原为主的草原风光区域、藏东南森林峡谷为主的自然生态风光区域、阿里神山圣湖为主的高原湖光山色风光区域；湖泊类有阿里神山圣湖为代表的高原雪山湖泊，纳木错为代表的草原湖泊和以巴松错为代表的高原森林湖泊等不同类型的湖泊。

【人文旅游资源】 西藏现有1700多座保护完好、管理有序的寺庙，形成了独特的人文景观。主要有以拉萨布达拉宫、大昭寺为代表的藏民族政治、经济、宗教、历史、文化中心人文景观区；以山南雍布拉康、桑耶寺、昌珠寺、藏王墓群为代表的藏文化发祥地人文景观区；以日喀则扎什伦布寺、萨迦寺为代表的后藏宗教文化人文景观区；以藏北“古格王朝古都遗址”为主的文物古迹人文景观区；以昌都康区文化为代表的“茶马古道”历史文化人文景观区等。

行政区划

西藏自治区是中华人民共和国的五个自治区之一，是一个以藏族为主的民族自治区。西藏现行的行政区划分为1个地级市，6个地区和74个县（市、区）。其中，拉萨市辖7个县和1个县级城关区；林芝地区辖7个县，行署设在八一镇；昌都地区辖11个县，行署设在昌都镇；山南地区辖12个县，行署设在泽当镇；日喀则地区辖17个县和1个县级市，行署设在日喀则市；那曲地区辖11个县，行署设在那曲镇；阿里地区辖7个县，行署设在狮泉河镇。拉萨市是西藏自治区首府所在地，是全区政治、经济、文化的中心。

人口和民族

【人口】 2013年，西藏全区总人口为312.04万(其中男性人口为158.83万人，女性人口为153.21万人)。出生率为15.77‰，死亡率为5.39‰，自然增长率为10.38‰。

【民族】 西藏是藏民族的发源地和聚居区，藏族遍布西藏各地，是西藏自治区人口最多的民族。除藏族外，西藏还有汉族、回族、门巴族、珞巴族、纳西族、蒙古族、怒族、傈僳族、土族、独龙族、满族、白族、布依族、维吾尔族、苗族、彝族、壮族及未识别民族成份的夏尔巴人、僜人。

自然资源

【地热资源】 西藏的地热蕴藏量居全国第一位。三江（怒江、金沙江、澜沧江）构造带、雅鲁藏布江断裂带和那曲至尼木断裂带均为水热活动的最有利地区，已发现温泉、沸泉、间歇喷泉、热水河、放热地面等各种形迹的地热显示区600多处，估算总热流量为每秒55万大卡，相当于标准煤约240万吨／年所释放的热量。当雄县境内的羊八井地热田是目前中国最大的高温湿蒸气热田，也是世界已获开发利用的大型地热田之一。

【光照资源】 西藏太阳能辐射强，光能丰富，西藏的太阳年总辐射值达140~200千卡/平方厘米，是中国东部沿海地区的1倍以上。西藏丰富的光照资源，补偿了由于高海拔所引起的气温低的不足，使西藏许多农作物的分布上限成为世界同类作物分布的最高限。青稞、春小麦分别在海拔4750米和4400米的高度种植成功。另外，充足的光照和日照时间，使作物的光合作用强化，而较大的昼夜温差，可使作物夜间的呼吸作用微弱，有利于农作物的有机质的积累。因此，西藏又成为全国小麦和青稞的高产区之一。太阳能的开发利用，对于改善西藏的能源构成，缓和能源紧张状况具有重要的意义。

【水资源】 西藏的水资源相当丰富，据统计，全区水资源总量4482亿立方米（不含地下水），按全区人口和耕地计算，人均占有水量和亩均占有水量均居全国首位。西藏各河流径流量大小相当悬殊，雅鲁藏布江是区内最大的河流，平均年径流量仅次于长江、珠江、黑龙江，居全国第四位。西藏的年径流深度从藏东南向藏西北递减。西藏的广大农区雨量较少，春播、冬播都要进行灌溉，灌溉是保证农作物稳产、高产的基本条件，而西藏充足的水资源（特别是外流区）为西藏农业的稳定发展创造了极为有利的条件。西藏南部和东南部河流水量充沛，河床大，蕴藏着极为丰富的水力资源。西藏的水能资源理论蕴藏量为2.01亿千瓦，占全国水能理论蕴藏量的15.83%。其中可开发的水能资源为5660万千瓦，占全国可开发的水能资源的17.1%。居全国首位。雅鲁藏布江是西藏水能资源最丰富的一条河流，理论蕴藏量为1.13亿千瓦，占全区理论水能蕴藏量的56.22%，其中可开发量为4837.14万千瓦，占全区可开发量的80.96%。特别是雅鲁藏布江的峡谷地形很多适合建筑水坝，拦洪蓄水。

【风力资源】 西藏是全国大风（≥8级或17米/秒）最多的地区之一。高原地区年平均大风日数多达100~150天，最多可达200天，比同纬度中国东部地区（5~25天）多4~30倍，是全国大风日数最多、范围最大的地区。小型风力发电机具有移动方便的特点，风能对流动性大的牧区是最合适的能源类型。随着风能进一步开发利用，草场的大量牛粪就可作为有机肥料，增加地力，促进牧草的生长，推动牧业生产的良性发展。

【森林资源】 西藏多类型原始森林是青藏高原乃至全国森林资源的重要组成部分。林地面积1783.64万公顷，全区森林覆盖率为11.98%。西藏森林分布很不均匀，绝大部分森林分布在藏东南地区，活立木总蓄量22.88亿立方米，居全国第一位，藏东南林区是全国第二大林区—西南林区的主要组成部分之一。西藏森林植被组成部分古老、特有种类多。成林树种属西藏和喜马拉雅特有种的就有14种和3个变种，如西藏红豆杉、林芝云杉、墨脱冷杉、察隅冷杉、长叶云杉、喜马拉雅红杉、西藏冷杉、喜马拉雅长叶松、乔松、巨柏、西藏柏木、垂枝柏等。西藏森林资源大部分保持完好，具有很高的科研价值和良好的生态、社会、经济效益。

【植物资源】 西藏高原生态环境复杂多样，为各类植物的生存提供了有利的条件，是一个巨大的植物王国。全区有野生植物9600多种，其中855种为西藏特有，高等植物6600多种，其中苔藓植物700余种，蕨类和种子植物5700余种。食用菌有松茸等415种，药用菌有灵芝等238种。农作物方面，全区有青稞、小麦、玉米、油菜、豆类等品种及约20个科、110余种的蔬菜。

【动物资源】 全区有野生脊椎动物795种(其中125种为国家重点保护野生动物，占全国重点保护野生动物种类的三分之一以上，196种为西藏特有)，其中哺乳动物类145种，鸟类492种(其中22种为西藏特有)，爬行类55种，两栖类45种，鱼类58种；有昆虫近3759种、水生浮游动物760多种。全区大中型野生动物数量居全国第一位，藏羚羊数量占世界上整个种群数量的80%以上，黑颈鹤越冬数量占世界上整个种群数量的80%，野牦牛数量占世界上整个种群数量的78%。

【矿产资源】 西藏已发现矿种102种，矿床（点）、矿化点3000余处，有查明矿产资源储量的矿种41种。铬、铜的保有资源储量居全国第一位，铬铁矿产量约占全国产量的80%，铜的资源潜力达3000万吨以上。金、铅、锌、铁、锂等矿种也有良好找矿前景，已发现一批大中型矿床。藏东有色金属开发基地、藏中有色金属开发基地、藏中铬铁矿开发基地、藏西盐湖资源开发基地也已经初具规模，全区八个整装勘查区勘查工作有序推进。

【草地资源】 作为中国五大牧区之一，西藏拥有8207万公顷草原，其中可利用草地7077万公顷。畜牧业是西藏主要的产业，占全自治区国民收入的1/3强。西藏草场分为8个大类，16个亚类，38个主要草场型。高山草甸草场是西藏面积最大、质量较好的草场，是区内草场中的一个主要类型。主要分布在那曲地区东部，昌都与拉萨地区北部，山南地区南部，日喀则地区北部和西部以及阿里地区西部山体中、上部位也有一定数量。约占西藏面积1/2的藏北草原是西藏主要的草原，面积约为60万平方千米，当地人称为“羌塘”。

自然灾害

雪灾 1月17–19日，强降雪和大风天气导致阿里地区普兰县中学食堂铁棚、部分蔬菜大棚及车棚倒塌，积雪结冰造成219国道马攸拉路段、207省道及札达县境内大部分乡村道路中断。

2月，阿里地区和南部边缘地区出现强降雪天气，导致多地发生雪灾。阿里地区普兰、札达、噶尔、日土、革吉、措勤县7374头（只、匹）牲畜死亡。219国道马攸木至日土路段,普兰、扎达、日土三县道路积雪结冰,交通受阻。日喀则聂拉木县城水电供应中断,318国道聂拉木至樟木路段发生雪崩，交通受阻；昂仁县切热乡、桑桑镇牲畜死亡164只（匹）；帕里镇电站供电中断。亚东至堆纳、帕里路段道路封闭。山南地区措美县雪热村21头（只）牲畜死亡,经济损失达15000元；洛扎县一幼儿园阳光棚倒塌，1间房屋、1座木桥、一奶渣晒棚、21座温室、68座沼气棚不同程度受损。牲畜死亡65头（只）；泽当至错那公路封闭近40小时，县乡村公路及村居道路受阻;县城及勒布四乡供电全部中断，积雪压塌民房4间，倒塌暖圈2处、温室15座，牦牛死亡4头；浪坡乡肖站放牧点移动基站中断。

6月，强降雪导致阿里地区扎达县6乡1镇受灾，部分牧场房屋和帐篷被损坏；压倒树木3927棵，损坏果树2930棵。

8月，降雪天气导致日喀则地区江孜县热龙乡112.3公顷农田受灾；9月，江孜县龙马乡出现降雪天气,造成该乡60公顷农田受灾,其中绝收2.33公顷。

10月13日，日喀则地区南部出现大到暴雨（雪）天气，造成南部高海拔地方积雪达到40～70厘米，使部分路段交通一度中断，珠峰大本营86名游客滞留，定日县曲塘乡5名游客被困，帕里供电中断。

洪涝、泥石流　6月，山南地区隆子县受灾农田0.14公顷，损坏房屋1间；乃东县农作物受灾9.26公顷，其中绝收2.7公顷，损坏房屋14间，牲畜死亡74只，4处水渠淤堵，长度为600米，直接经济损失约9.28万元；浪卡子县农作物受灾面积35.6公顷，冲毁公路80米、防洪坝104米、水渠120米，直接经济损失达31.2万元；贡嘎县农田受灾44.6公顷，绝收14.5公顷，受损房屋26间，牲畜死亡162只，冲毁道路3500米、防洪坝1170米、水渠1200米，塌方导致1辆面包车受损，2人受伤，直接经济损失达64.37万元。日喀则地区南木林县农作物受灾11.2公顷，其中绝收8.2公顷；牲畜死亡22只。昌都地区洛隆县农田受灾1.47公顷；损坏房屋4间，倒塌围墙5米；冲毁公路2公里、木桥2座；死亡牲畜1头。

7月，林芝地区波密县17户123人受灾；冲毁渠道200米;八盖公路约30多处路基出现不同程度塌方,八盖至日卡村交通中断；冲毁六根电杆、2座吊桥以及3座通往牧场的桥梁；数辆摩托车被冲走；国道318线玉普乡境内发生多处塌方，塌方量约为2万多立方米，交通中断，滞留过往车辆50余台，200多人。山南地区泽当镇出现短时强降水，引发贡布山部分沟壑出现山洪，导致个别路段积水，部分民房进水。隆子县受灾农田11.19公顷，绝收3.3公顷；牲畜死亡256只；房屋受损128间，其中倒塌26间，一万多公斤青稞被雨水浸泡；受损畜圈21个、打麦场13个、车库6间，直接经济损失117万元。贡嘎县农田受灾37.5公顷；冲毁防洪坝1650。直接经济损失59.92万元。拉萨市当雄县16户111人受灾；牲畜死亡2300头（匹、只）；冲毁3根电线地基、乡村道路5公里、草场67公顷；大约11万块青砖被埋，砖厂直接经济损失达25.3万元。日喀则地区江孜县受灾农田46.26公顷；牲畜死亡4只，冲走10只；冲毁防洪堤坝250米、道路100余米；淹没林地6.67公顷；1户村民房屋被损，其中1间倒塌。那曲地区嘉黎县忠玉乡6人失踪；损毁民房42户、活动室1间。上尼乌2个村庄房屋几乎荡平；乡政府至上尼乌村的道路基本被冲毁。

8月，阿里地区日土县104户500余人受灾;受损房屋86间，羊圈4个；淹没农田0.17公顷;三所学校1740平方米建筑漏雨、112余米围墙开裂;冲毁0.99公里主干渠、多处国道及乡村公路;扎普电站5根电线杆倒塌;德汝电站副坝出现裂缝。经济损失约440多万元。山南地区错那县一台拖拉机被损坏，装载的商品全部被冲走，直接经济损失3.05万元。

9月，日喀则地区江孜县农作物受灾面积60公顷，绝收2.33公顷。

雷电、冰雹　2013年夏季，雷电导致山南地区隆子县3人死亡、2人受伤；加查县死亡1人；桑日县死亡1人；拉萨市墨竹工卡县2人受伤；那曲地区班戈县1人死亡，1人受伤。

冰雹天气导致山南地区贡嘎县34户178人受灾，受损房屋11间；农田受灾33.94公顷；牲畜死亡52只（头），直接经济损失达54.3万元；曲松县5.3公顷农田受灾，直接经济损失4万元；措美县牲畜死亡75只；日喀则地区江孜县47.36公顷农田受灾；聂拉木县38.69公顷农作物受灾,其中绝收6.8公顷。

风灾　1月，西藏自治区大部气温偏高，降水偏少，部分地方出现大风、浮尘天气。14日浮尘导致拉萨贡嘎机场多个航班返航或延误。7日大风导致亚东县7间房屋被损坏。11日江孜县日星乡擦布村一牧民因局地大风摔死。2月7日，日喀则地区定日县白坝村一羊圈被大风吹倒，死亡4只羊，6只受伤。

其它灾害　5月22～24日，昌都地区丁青县出现连续性降水天气，累计降水量为11毫米，因连续降水天气和前期高山积雪较厚，加之气温突然回升，24日11时该县甘岩乡布堆村虫草采集点发生雪崩，造成2人死亡。

西藏自治区经济社会发展情况

2013年，是我区实施“十二五”规划的关键之年，自治区党委、政府团结带领全区各族人民，认真贯彻党的十八大精神，深入贯彻落实科学发展观，贯彻落实习近平总书记系列重要讲话精神，坚持稳中求进的工作总基调，统筹推进，稳增长、调结构、促改革、惠民生，全区经济呈现了整体平稳、稳中加快、快中提质的良好发展势头。

一、综 合

初步核算，2013年，实现全区生产总值（GDP）807.67亿元，按可比价格计算，比上年增长12.1%。其中：第一产业增加值86.82亿元，增长3.8%；第二产业增加值292.92亿元，增长20.0%；第三产业增加值427.93亿元，增长8.7%。人均地区生产总值26068元，增长10.5%。

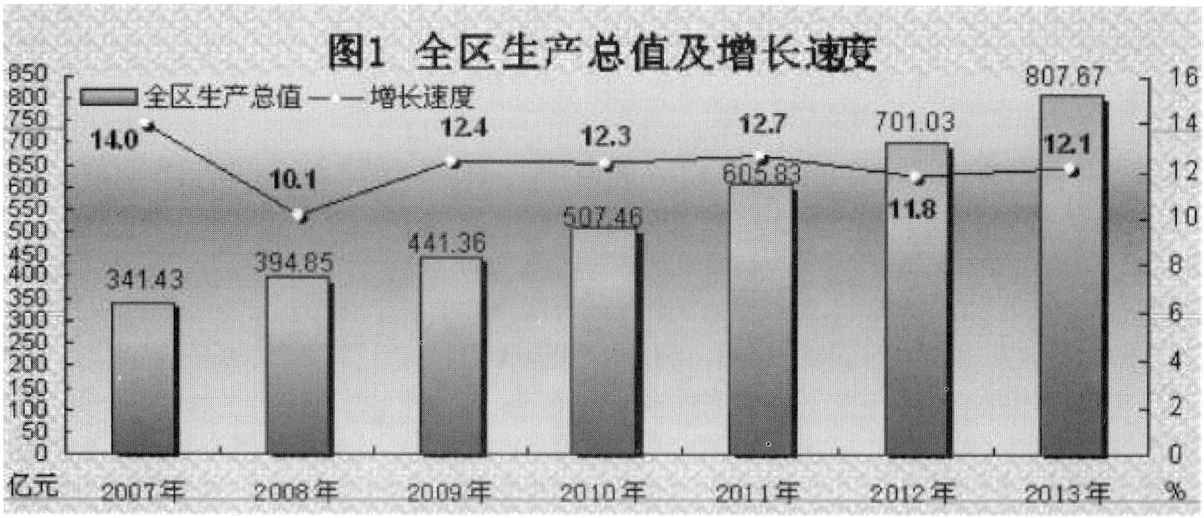

在全区生产总值中，第一、二、三产业增加值所占比重分别为10.7%、36.3%、53.0%，与上年相比，第一产业比重下降0.8个百分点，第二产业提高1.9个百分点，第三产业下降0.9个百分点。

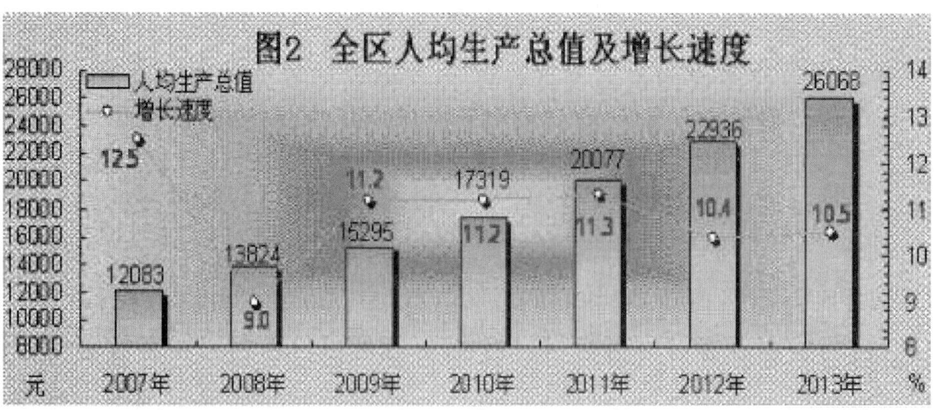

图3

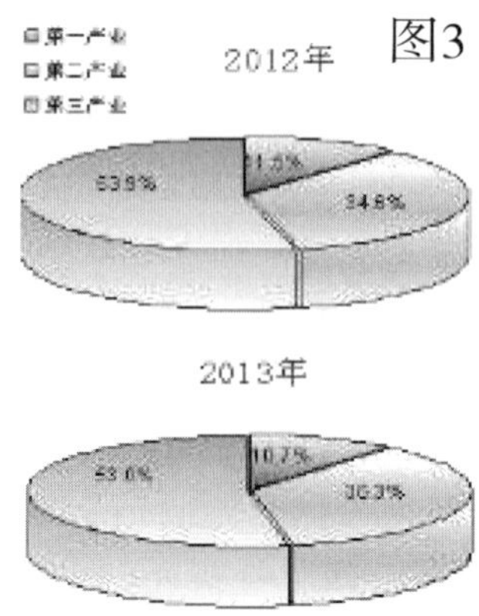

全区居民消费价格总水平比上年上涨3.6%。其中：城市上涨3.5%，农村上涨3.6%。服务项目价格上涨2.7%，消费品价格上涨3.8%。从居民消费价格构成大类看，食品类、烟酒类、衣着类、家庭设备用品及维修服务类、医疗保健及个人用品类、交通和通讯类、娱乐教育文化用品及服务类和居住类，分别比上年上涨7.7%、0.2%、2.2%、0.5%、0.2%、0.4%、1.4%和2.5%。商品零售价格上涨3.0%。农业生产资料价格上涨1.8%。工业品出厂价格下降0.3%。

表1 消费价格变化情况

上年=100

年份	2007	2008	2009	2010	2011	2012	2013
居民消费价格指数	103.4	105.7	101.4	102.2	105.0	103.5	103.6
城市	102.9	105.7	101.5	102.2	105.2	103.6	103.5
农村	104.2	105.7	101.3	102.2	104.7	103.4	103.6
服务项目价格指数	103.7	102.6	101.0	101.5	104.3	102.0	102.7
消费品价格指数	103.3	106.4	101.5	102.3	105.2	103.9	103.8
食品	106.6	112.1	103.9	104.5	109.1	106.9	107.7
烟酒及用品	102.5	102.3	101.9	101.1	102.7	101.5	100.2
衣着	102.0	103.1	101.6	102.1	102.8	104.3	102.2
家庭设备用品及维修服务	100.0	102.3	99.3	100.6	101.9	101.5	100.5
医疗保健及个人用品	100.1	102.7	101.4	101.2	102.8	100.9	100.2
交通和通信	100.6	101.3	97.0	99.8	102.2	101.2	100.4
娱乐教育文化用品及服务	100.2	99.0	99.1	99.7	100.7	100.3	101.4
居住	107.1	106.6	100.0	102.8	106.3	101.4	102.5
商品零售价格指数	101.7	103.9	99.5	101.0	103.7	102.9	103.0
城市	101.3	104.1	99.5	101.0	103.9	103.1	103.3
农村	102.5	103.5	99.6	101.0	103.3	102.5	102.5
农业生产资料价格指数	101.1	103.2	99.1	100.6	102.6	101.6	101.5

二、农牧业

全年农作物种植面积248.57千公顷，比上年增加4.62千公顷。其中：青稞面积123.85千公顷，比上年增加5.59公顷；小麦面积37.81千公顷，增加0.08千公顷；油菜籽面积24.33千公顷，增加0.44千公顷；蔬菜面积23.86千公顷，增加0.14千公顷。全年实现粮食总产量96.15万吨，比上年增长1.3%；油菜籽6.34万吨，增长0.6%；蔬菜66.99万吨，增长2.2%。年末牲畜存栏总数1948.31万头（只、匹），比上年末减少108万头（只、匹）。其中：牛598.86万头，减少26.06万头；羊1272.42万只，减少80.04万只。全年猪牛羊肉产量达29.21万吨，比上年增长0.9%；奶类产量32.52万吨，增长2.6%。

全区居民消费价格总水平比上年上涨3.6%。其中：城市上涨3.5%，农村上涨3.6%。服务项目价格上涨2.7%，消费品价格上涨3.8%。从居民消费价格构成大类看，食品类、烟酒类、衣着类、家庭设备用品及维修服务类、医疗保健及个人用品类、交通和通讯类、娱乐教育文化用品及服务类和居住类，分别比上年上涨7.7%、0.2%、2.2%、0.5%、0.2%、0.4%、1.4%和2.5%。商品零售价格上涨3.0%。农业生产资料价格上涨1.8%。工业品出厂价格下降0.3%。

三、工业和建筑业

全年全部工业实现增加值61.16亿元，比上年增长12.2%。规模以上工业企业实现增加值45.83亿元，比上年增长12.2%。其中：轻工业实现增加值13.38亿元，增长7.5%；重工业实现增加值32.45亿元，增长14.5%。国有及国有控股企业全年实现增加值22.32亿元，比上年增长2.9%。按登记注册类型分，国有企业实现增加值14.43亿元，增长5.8%；集体企业实现增加值0.67亿元，增长11.7%；股份制企业实现增加值24.07亿元，增长18.5%；外商及港澳台企业实现增加值2.87亿元，增长5.0%；其他经济类型企业实现增加值3.79亿元，增长6.9%。

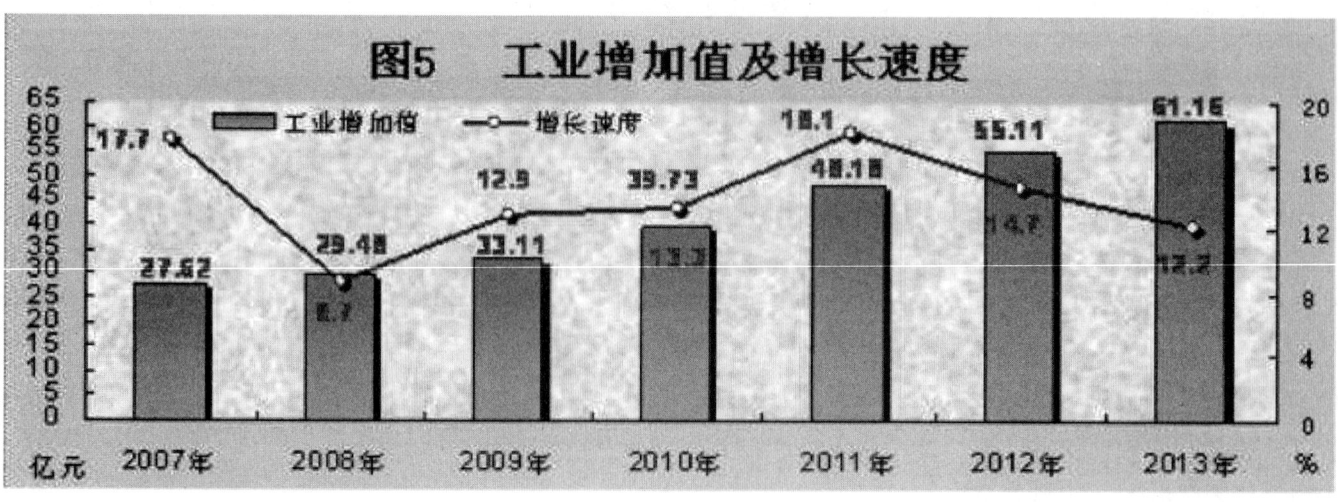

全年规模以上工业企业实现利润总额13.07亿元，比上年增长3.4%。其中：外商及港澳台企业实现利润1.53亿元，增长59.5%；其他经济类型企业实现利润2.15亿元，增长21.0%；集体企业实现利润0.27亿元，增长22.9%；股份制企业实现利润13.80亿元，增长53.1%。规模以上工业企业产品销售率102.2%。

全年规模以上工业企业完成水泥产量295.82万吨，比上年增长3.2%；发电量22.01亿千瓦时，增长10.8%；啤酒17.29万吨，下降1.3%；中成药（藏医药）1685吨，增长25.2%；自来水11279万吨，下降2.2%；瓶（罐）装饮用水8.01万吨，下降8.6%；铬矿石13.29万吨，增长45.2%。

全年建筑业实现增加值231.76亿元，比上年增长24.2%。

四、固定资产投资

全年全社会完成固定资产投资总额918.48亿元，比上年增长29.4%。其中：民间投资229.74亿元，增长4.9%。

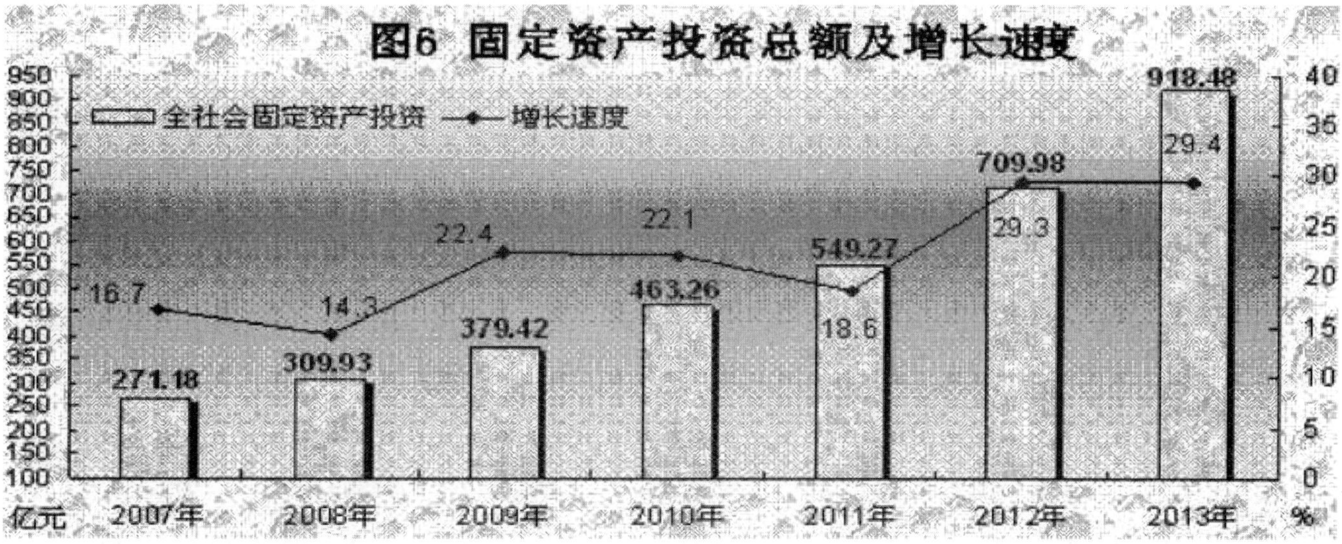

按产业分：第一产业48.60亿元，比上年增长51.7%；第二产业286.32亿元，增长28.5%；第三产业583.57亿元，增长28.2%。按经济类型分：国有经济完成投资671.80亿元，比上年增长42.0%；集体经济完成投资8.19亿元，下降44.4%；其他各种经济类型完成投资207.45亿元，增长9.1%；个体经济完成投资31.04亿元，下降3.1%。按城乡分：城镇完成投资755.54亿元，比上年增长24.5%；农村完成投资162.94亿元，增长58.1%。

在城镇固定资产投资中，农、林、牧、渔业投资完成30.62亿元，增长36.4%；采矿业投资完成56.53亿元，增长37.3%；制造业投资完成42.22亿元，下降2.0%；电力、燃气及水的生产和供应业投资完成152.21亿元，增长77.6%；交通运输、仓储和邮政业投资完成128.67亿元，下降2.7%；信息传输、计算机服务和软件业投资完成4.14亿元，下降68.3%；批发和零售业投资完成15.51亿元，增长5.9%；住宿和餐饮业投资完成25.33亿元，增长1.5%；金融业投资完成9.27亿元，增长2.6倍；房地产业投资完成49.56亿元，增长1.8倍；租赁和商务服务业投资完成9.01亿元，下降11.0%；科学研究和技术服务业投资完成8.43亿元，增长2.3倍；水利、环境和公共设施管理业投资完成74.24亿元，增长64.9%；居民服务、修理和其他服务业投资完成4.37亿元，下降10.9%；教育投资完成28.43亿元，增长44.6%；卫生和社会工作投资完成7.44亿元，下降12.7%；文化、体育和娱乐业投资完成21.72亿元，增长52.4%；公共管理、社会保障和社会组织投资完成78.16亿元，增长8.5%。

全年房地产开发投资9.68亿元，比上年增长40.8%。房地产开发施工房屋面积57.70万平方米，比上年增长21.9%；竣工房屋面积18.09万平方米，增长96.1%；商品房销售面积25.40万平方米，增长12.9%。

五、国内贸易

全年社会消费品零售总额293.22亿元，比上年增长15.1%。分地域看，城镇消费品零售额246.15亿元，增长16.2%；乡村消费品零售额47.07亿元，增长9.8%。分行业看，批发和零售业零售额245.34亿元，增长15.6%；住宿和餐饮业零售额47.88亿元，增长13.0%。

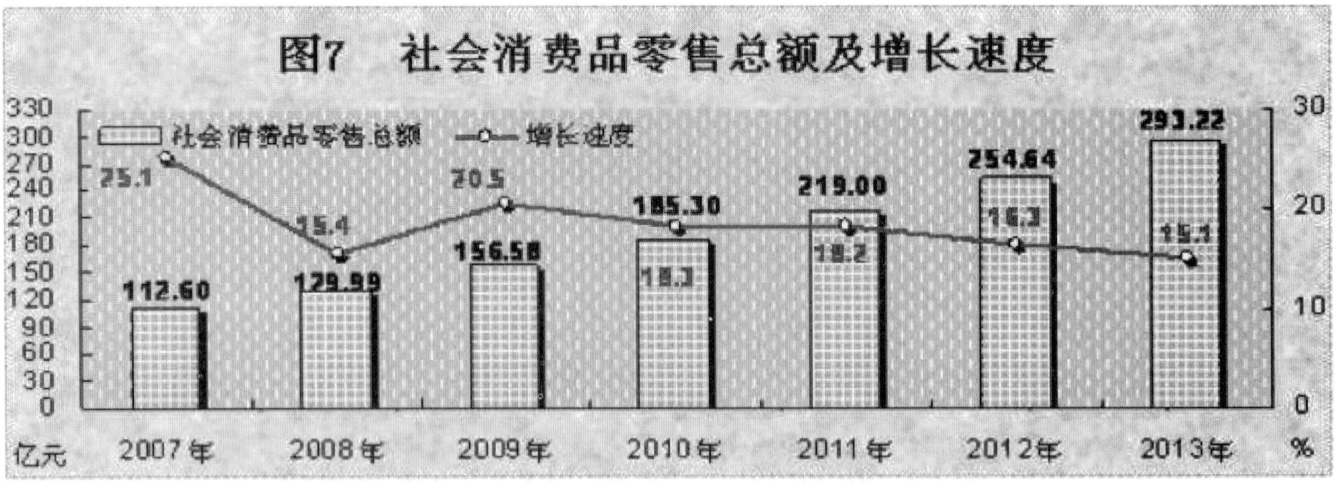

在限额以上批发和零售业零售额中，增长较快的有：石油及制品类增长17.7%，中西药类增长18.1%，化妆品类增长17.0%，服装、鞋帽、针纺织品类增长21.9%。

六、对外贸易

全年进出口总额331939万美元，比上年下降3.1%。其中：出口总额326905万美元，下降2.6%；进口总额5034万美元，下降27%。

在进出口贸易中，边境小额贸易实现进出口总额192389万美元，比上年增长14.1%，占进出口贸易总额的57.9%。其中：出口191396万美元，增长14.1%；进口993万美元，增长9.2%。

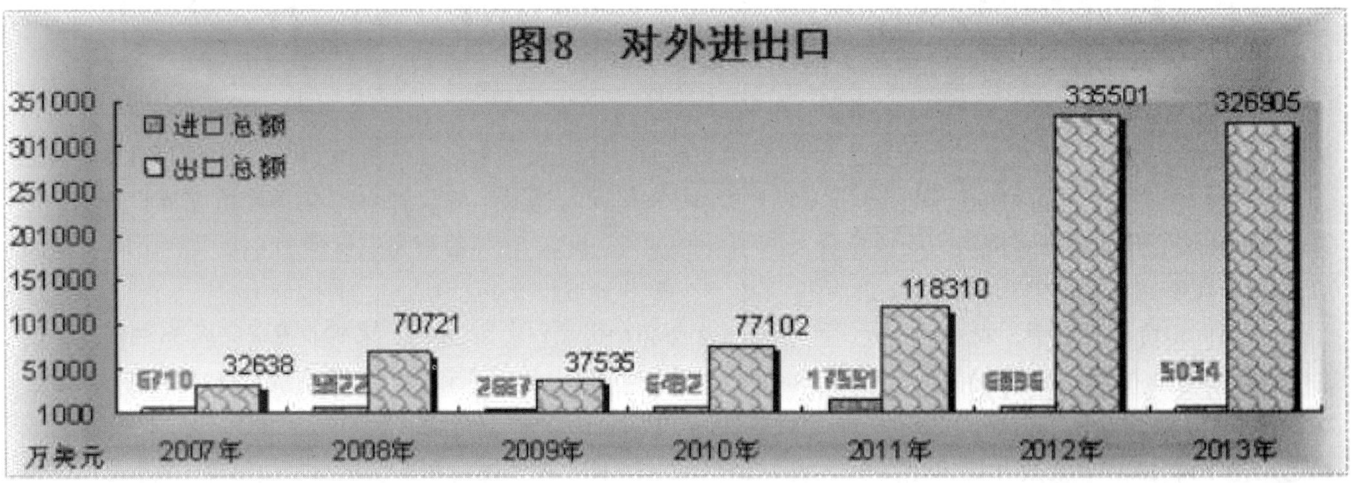

全年对亚洲进出口260238万美元，比上年下降2.3%；对欧洲进出口29037万美元，下降3.9%；对北美洲进出口23875万美元，增长6.8%；对大洋洲进出口1973万美元，下降10.7%。

全年合同利用外商直接投资10190万美元，实际利用外商直接投资10111万美元，全年审批利用外商直接投资项目9家。

七、交通、邮电和旅游

全年完成货运量1328.07万吨，比上年增长16.1%。其中：公路运输完成1240万吨，增长19.0%；铁路运输完成70.92万吨，下降16.2%；航空运输完成2.24万吨，增长36%；管道运输完成14.91万吨，下降5.3%。全年客运总量4735.77万人次，增长16.8%，其中：公路运输完成4358万人次，增长16.6%；铁路运输完成101.88万人次，增长10.7%；航空运输完成275.89万人次，增长24.4%。

年末公路总通车里程70951公里，比上年增加5393公里，其中：有铺装路面总里程10614公里，增加1718公里。

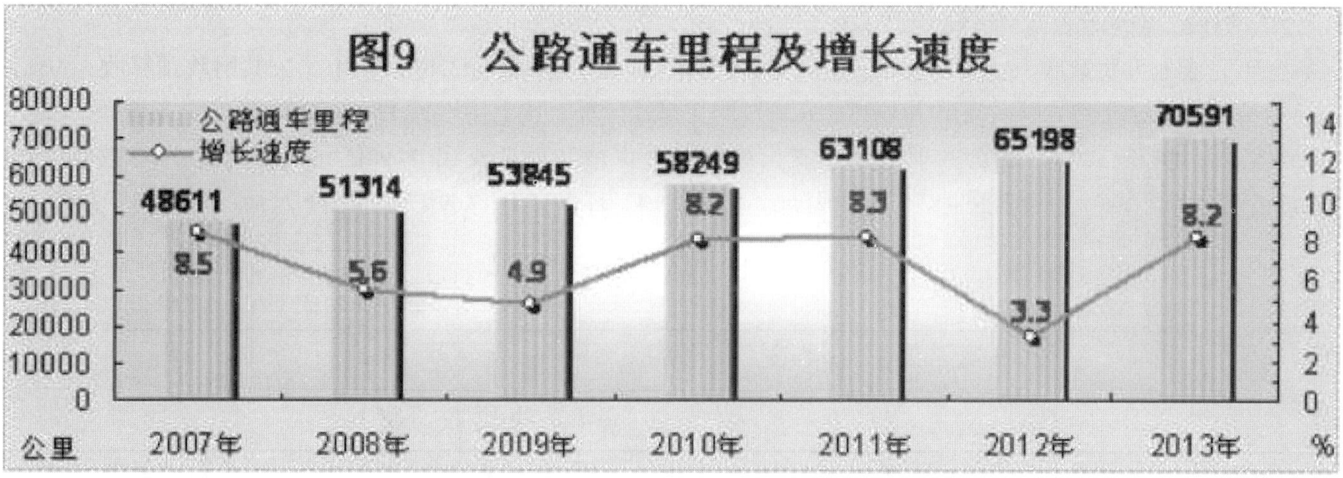

图9 公路通车里程及增长速度

全年完成邮电业务总量 40.95亿元，比上年增长 18.0%。其中：邮政业务总量 1.51亿元，增长 5.7%；电信业务总量 39.08亿元，增长 18.5%。年末局用交换机总容量 133.3万门。年末固定电话用户 40万户，其中：城市电话用户 39万户，乡村电话用户 1万户。新增移动电话交换机 33万门，总容量达 374万门。新增移动电话用户 30.12万户，年末达到 265.6万户。年末全区固定及移动电话用户总数达到 305.6万户，比上年末增加 29.6万户。电话普及率达到 100部 /百人。

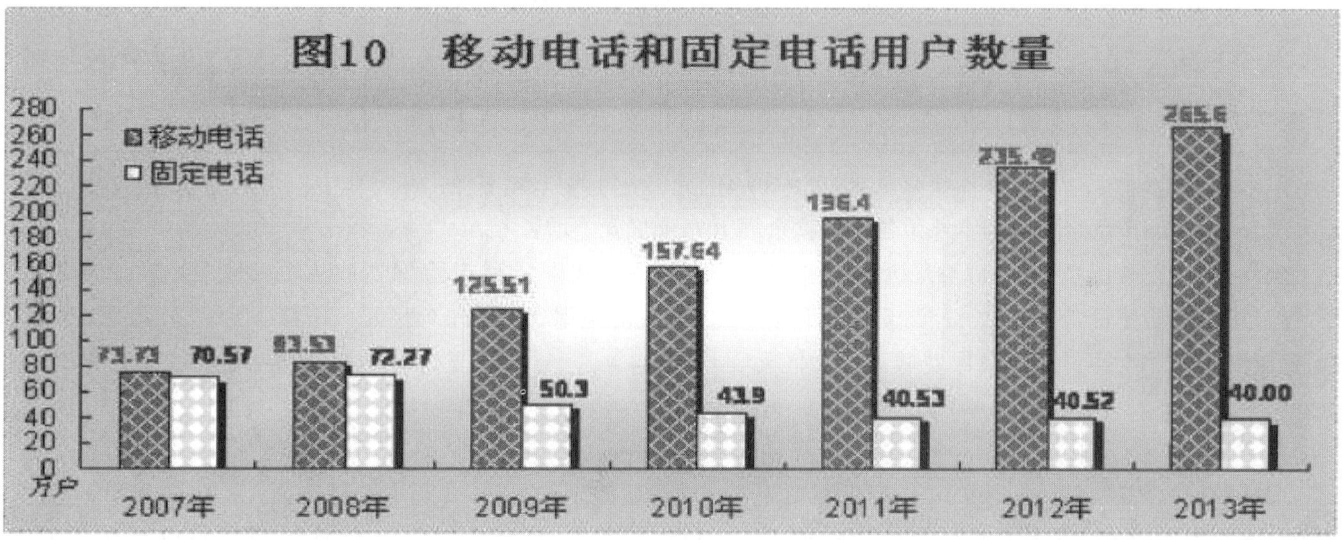

图10 移动电话和固定电话用户数量

全年接待国内外旅游者 1291.06万人次，比上年增长 22.0%。其中：接待国内旅游者 1268.74万人次，增长 22.1%；接待入境旅游者 22.32万人次，增长 14.5%。旅游总收入 165.18亿元，增长 30.6%；旅游外汇收入 12786万美元，增长 21.0%。

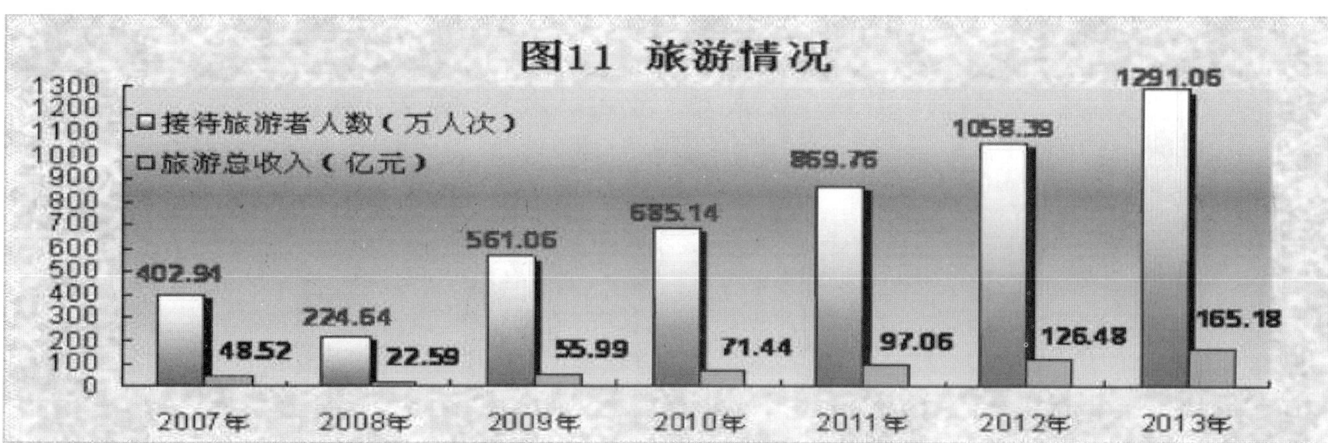

图11 旅游情况

八、财政、金融和保险

全年完成地方财政收入 110.40亿元，按同比口径计算，比上年增长 15.4%。其中：公共财政预算收入 95亿元，增长 9.7%。全年地方财政支出 1047.13亿元，按同比口径计算，比上年增长 12.6%。其中：公共财政预算支出 1014.31亿元，增长 12.0%。在公共财政预算支出中，社会保障和就业支出 77.98亿元，增长 25.5%；教育支出 109.15亿元，增长 19.0%；医疗卫生支出 39.30亿元，增长 9.8%；环保支出 17.69亿元，下降 24.5%。

表2 地方财政收入和支出情况

单位：亿元

	地方财政收入	#各项税收	地方财政支出
2007年	23.14	11.68	279.36
2008年	28.59	15.19	384.02
2009年	30.91	18.48	471.13
2010年	42.47	25.25	562.58
2011年	64.53	45.83	775.68
2012年	95.71	70.07	929.74
2013年	110.4	71.54	1014.31

年末全部金融机构本外币各项存款余额 2500.94亿元，比上年末增长 21.7%。其中：个人储蓄存款 496.30亿元，增长 22.7%。全部金融机构本外币各项贷款余额 1076.96亿元，增长 62.1%。

全年保险公司保费收入 11.43亿元，比上年增长 19.9%。其中：财产险保费收入 7.96亿元，比上年增长 22.2%，其中机动车辆险保费收入 5.22亿元，增长 22.7%；人寿险保费收入 0.94亿元，下降 4.2%;意外险保费收入 1.41亿元，增长 11.3%；健康险保费收入 1.12亿元，增长 44.9%。全年共支付各类赔款 5.60亿元，比上年增长 38.3%。

九、教育、科学技术

全区普通高等教育院校 6所，年内招生 9921人，其中：研究生 517人，普通本专科 9404人；在校生 34806人，其中：研究生 1244人，普通本专科 33562人；毕业生 9413人，其中：研究生 274人，普通本专科 9139人。中等职业学校 9所，招生 6471人，在校生 17491人，毕业生 6412人。中学 124所，其中：高级中学 25所，完全中学 4所，初级中学 95所，高中招生 19648人，在校生 53092人，毕业生 19734人；初中招生 42446人，在校生 126117人，毕业生 43729人。小学 841所，招生 51567人，在校生 294799人，毕业生 46118人。特殊学校招生 164人，在校生 539人。年末幼儿园在园幼儿 73405人，比上年增加 11910人。全区小学学龄儿童入学率达 99.59%，比上年提高 1.9个百分点。

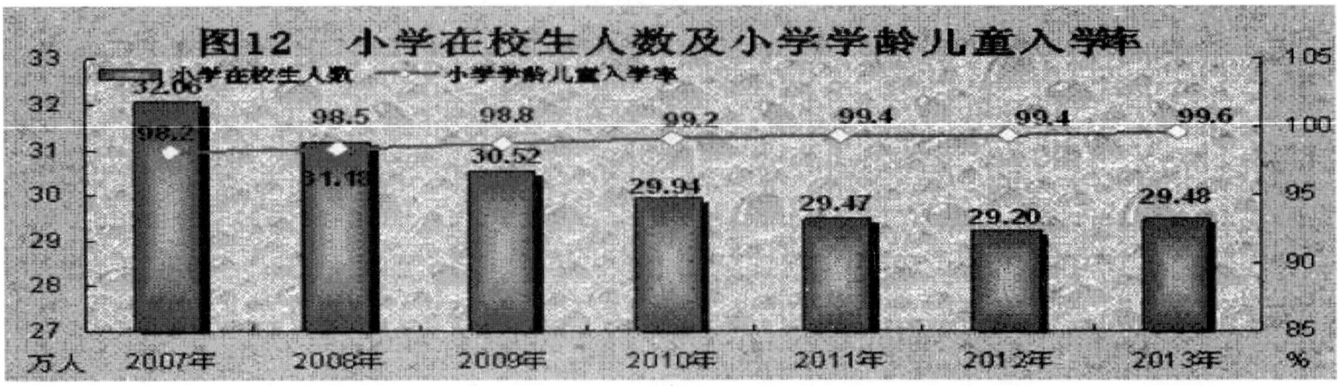

图12 小学在校生人数及小学学龄儿童入学率

2013年西藏气象系统共有218个自动气象站，其中：有人值守气象台站39个，无人值守气象站179个。天气雷达站4个，其中：多普勒雷达站4个，数字化雷达站2部。

十、文化、卫生和体育

年末全区共有电视台2座，广播电视台6座，广播电台1座。广播、电视人口综合覆盖率分别达94.38%和95.51%。出版报纸206882千印张，期刊出版2022.5千册，图书1525万册。

年末全区共有卫生机构1412个，其中：医院106所、卫生院676个，疾病预防控制中心（卫生防治机构）82个，妇幼保健院、所、站54个。实有病床床位10964张，其中：医院7223张。卫生技术人员11615人，其中：执业/执业（助理）医师5160人。每千人病床数和卫生技术人员数分别达到了3.54张和3.74人。

表3 卫生机构床位数和技术人员数

单位：张、人

	床位数	技术人员数	每千人拥有床位数	每千人技术人员数
2007年	7127	8535	2.51	3.02
2008年	8765	9435	3.05	3.29
2009年	8553	10047	2.95	3.47
2010年	8838	9983	3.02	3.44
2011年	9642	10664	3.17	3.52
2012年	9850	13600	3.28	4.53
2013年	10964	11615	3.54	3.74

年末全区共有健身路径器材445套、农民体育健身工程1000个。我区运动员在国际国内各种竞技体育比赛中共取得金牌15枚、银牌15枚、铜牌12枚。本年度认证社会体育指导员261人，其中：一级体育指导员79人；二级体育指导员44人；三级体育指导员138人。全年销售体育彩票2.95亿元，筹集体育彩票公益金7283万元。

十一、人口、人民生活和社会保障

根据人口抽样调查资料推算，年末全区常住人口总数为312.04万人，比上年净增加4.42万人。其中城镇人口73.99万人，占总人口的23.71%；乡村人口238.05万人，占总人口的76.29%。人口出生率为15.77‰，死亡率为5.39‰，自然增长率为10.38‰。

全区城镇居民人均可支配收入达20023元，比上年增长11.1%；农牧民人均纯收入6578元，增长15.0%。通过推进新农村建设、实施安居工程，年末已有46.03万户、230万农牧民住上了宽敞明亮的新房。2013年年末城镇居民人均居住面积42.81平方米，农牧民人均居住面积达到30.51平方米。

2013年西藏气象系统共有218个自动气象站，其中：有人值守气象台站39个，无人值守气象站179个。天气雷达站4个，其中：多普勒雷达站4个，数字化雷达站2部。

十、文化、卫生和体育

年末全区共有电视台2座，广播电视台6座，广播电台1座。广播、电视人口综合覆盖率分别达94.38%和95.51%。出版报纸206882千印张，期刊出版2022.5千册，图书1525万册。

年末全区共有卫生机构1412个，其中：医院106所、卫生院676个，疾病预防控制中心（卫生防治机构）82个，妇幼保健院、所、站54个。实有病床床位10964张，其中：医院7223张。卫生技术人员11615人，其中：执业/执业（助理）医师5160人。每千人病床数和卫生技术人员数分别达到了3.54张和3.74人。

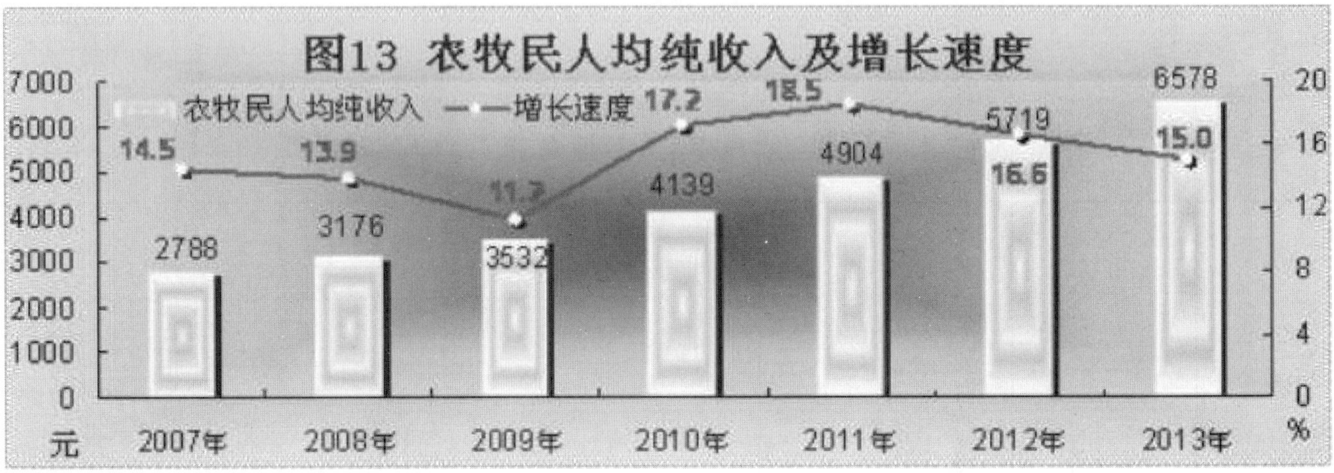

图13 农牧民人均纯收入及增长速度

到2013年底，全区参加企业职工基本养老保险人数为13.83万人，城镇居民社会养老保险人数为7.44万人（含寺庙僧尼2.46万人），新农保人数为130.54万人，工伤保险人数为14.55万人，失业保险人数为11.70万人，生育保险人数为18.46万人；全区参加城镇职工基本医疗保险人数为28.30万人，参加居民基本医疗保险人数为24.07万人。

全区城镇居民共有49920人享受政府最低生活保障，发放低保救助金19219.7万元。农村居民有32.9万人享受政府最低生活保障，发放低保救助金28147.7万元。年末全区各类社会福利机构共有263个，公办儿童福利院8所，民办儿童福利院2所，集中收养988人；供养五保户7983人。全年销售社会福利彩票4.27亿元，筹集社会福利公益金1.28亿元。

十二、矿产资源、安全生产

2013年度全年新发现矿产15处，有6种矿新增储量，实施地质勘探项目205项，经费投入5.1亿元，完成了钻探实物工作量35000米。

全年共发生各类安全事故847起，比上年下降8%；死亡315人，下降12%；直接财产损失1467.54万元。亿元GDP生产安全事故死亡率0.39，比去年同期相比下降12%；工矿商贸十万从业人员生产安全事故死亡率为2.3，比去年同期相比上升109%。道路交通万车死亡率9.7，比去年同期相比下降21%。

注：

1．本公报数据均为初步统计数，正式数据以《西藏统计年鉴—2014》为准。

2．对外贸易、交通、邮电、旅游、财政、金融、保险、教育、科技、气象、环保、文化、卫生、体育、社会福利和保障、资源、安全生产方面的数据均由自治区有关部门提供。

3． GDP、各产业增加值绝对数按现价计算，增长速度按可比价计算。

西藏年鉴
TIBET YEARBOOK
2014

第二篇 政治

中国共产党西藏自治区委员会

【中共西藏自治区第八届委员会第四次全体会议】 中共西藏自治区第八届委员会第四次全体会议于6月9日在拉萨召开。

会议审议通过了《中共西藏自治区委员会关于深入贯彻落实习近平总书记参加十二届全国人大一次会议西藏代表团审议时重要讲话精神，推进跨越式发展和长治久安的意见》。

自治区党委常委会主持会议，自治区党委书记陈全国讲话。

自治区领导白玛赤林、洛桑江村、吴英杰、金书波、齐扎拉、罗布顿珠、梁田庚出席。

区党委委员、候补委员出席会议。

区党委常务副书记吴英杰就《中共西藏自治区委员会关于深入贯彻落实习近平总书记参加十二届全国人大一次会议西藏代表团审议时重要讲话精神，推进跨越式发展和长治久安的意见（讨论稿）》向全会作了说明。

会议期间，与会同志以饱满的政治热情和高度负责的态度，就深入贯彻落实习近平总书记参加十二届全国人大一次会议西藏代表团审议时的重要讲话精神，贯彻落实俞正声主席在中央西藏工作协调小组会议上的讲话要求，推进西藏跨越式发展和长治久安进行了认真讨论。

会议全面回顾了全区今年以来的工作。会议指出，今年以来，在以习近平同志为总书记的党中央坚强领导下，自治区党委、政府团结带领全区广大干部群众，高举中国特色社会主义伟大旗帜，以邓小平理论、“三个代表”重要思想、科学发展观为指导，认真贯彻落实党的十八大和十八届一中、二中全会精神，贯彻落实习近平总书记在十二届全国人大一次会议西藏代表团审议时的重要讲话等一系列重要讲话精神，贯彻落实俞正声主席等中央领导同志的重要批示和指示精神，紧紧围绕党中央明确的“一个中心”、“两件大事”、“四个确保”，奋力推进跨越式发展和长治久安，各项工作取得了新的成绩。

会议强调，深入学习、全面贯彻习近平总书记参加十二届全国人大一次会议西藏代表团审议时的重要讲话精神，是全区各级党组织和广大党员干部当前和今后一个时期的重要政治任务，要把握精神实质、做到入脑入心，切实把思想和行动统一到中央的决策部署上来。要深刻把握总书记关于“治国必治边、治边先稳藏”的重要战略思想，深刻把握总书记扎实有力推进跨越式发展、坚持不懈保障和改善民生、坚定不移巩固和发展民族团结、毫不动摇做好长治久安基础工作、加强干部队伍建设的重要指示，深入学习领会俞正声主席在中央西藏工作协调小组会议上的重要讲话精神，奋力推进西藏跨越式发展，努力实现西藏持续稳定、长期稳定、全面稳定。

会议要求，要以习近平总书记重要讲话精神为指导，努力开创西藏跨越式发展和长治久安的新局面。

一要着力推进经济又好又快发展。处理好发展与稳定、速度与效益、项目拉动与培育新兴产业、发展与环境、推进城镇化与建设新农村、正常运转与过紧日子、政府调控与市场机制、发展与改革等8个关系，发挥政策优势，抓好项目建设，强化基础设施，发展特色产业，壮大民营经济，深化改革开放，稳妥推进城镇化，不断提高经济发展的质量和效益。

二要着力维护社会和谐稳定。进一步强化维稳意识，牢固树立稳定压倒一切的思想、长期作战的思想；要强化维稳措施，把维稳工作与群众工作结合起来、与基础工作结合起来、与制度建设结合起来，逐步转入常态化的维稳状态，干部驻村工作要“做实”，干部驻寺工作要“做细”，网格化管理要“织密”，重点地区、“两边一线”管控要“到位”，矛盾纠纷排查调处要“及时”；要强化维稳机制，确保遇有突发事件，及时发现、迅速处置；要强化维稳责任，坚守岗位、恪尽职守，同时继续加大明查暗访力度。

三要着力加强民族团结。全面贯彻党的民族政策，推动各民族之间交往交流交融。继续深入实施好民族团结宣传教育，开展好民族团结进步创建活动，加强境外藏胞工作，最大限度地壮大爱国统一战线。

四要着力促进宗教和睦。全面贯彻党的宗教工作基本方针和国家管理宗教事务的法律法规，制定实施自治区宗教事务条例，进一步完善利寺惠僧措施，做好爱国爱教宣传服务下乡工作，开展好和谐模范寺庙、爱国守法先进僧尼创建评选，办好西藏佛学院分院，建立编制内僧尼补充机制，促进藏传佛教与社会主义社会相适应，确保宗教和睦、佛事和顺、寺庙和谐。

五要着力保障改善民生。改善农牧区条件，实施好城镇安居工程和拉萨供暖工程，努力扩大就业，着力稳控物价，完善社保体系，优先发展教育，强化医疗保障，促进文化惠民，推进扶贫开发，抓好安全生产，努力让各族群众过上更加幸福美好的生活。

六要着力保护生态环境。加快实施生态安全保护屏障与建设规划，强化重点生态保护，提高环境监测能力，发展循环经济，不搞高污染、高排放、高耗能产业项目，切实保护好雪域高原的山山水水、一草一木，努力构建生态安全屏障。

七要着力抓好党建工作。强化理想信念教育，建设高素质干部队伍，加强基层基础工作，实施人才强区战略，为稳藏兴藏提供有力保障。

八要着力开展群众路线教育实践活动。按照中央的统一部署，紧密结合西藏实际，高度重视、积极准备，精心组织、分步实施，认真开展好以为民、务实、清廉为主题的群众路线教育实践活动，提高做好新形势下群众工作的能力，保持党同人民群众的血肉联系。

会议指出，干部作风关系党风政风，关系工作成败。全区各级党组织和广大党员干部特别是领导干部，一定要坚定政治立场、服从服务大局，弘扬求真务实精神、大兴求真务实之风，进一步在“严、细、深、实”上下功夫。严，就是要严明纪律、严格要求，对中央的部署和自治区的要求，带头高度负责、坚决执行，要敢于担当、敢于负责，绝不能坐而论道、患得患失；细，就是要细化责任、细化措施，决不能浮在面上、大而化之，层层喊口号、层层提要求，就是不落实；深，就是要深入群众、深入实际，建立各级领导干部联系点制度并长期坚持，联乡、联村、联寺庙、联“双联户”，进村入户、结对认亲，直接听取群众的意见，直接面对群众提出的问题，及时解决群众的实际困难，决不能躲群众、怕群众、不接触群众；实，就是要实事求是、实干苦干，踏石留印、抓铁有痕，锲而不舍、一抓到底，确保各项工作任务落到实处、取得实效。

会议号召，让我们更加紧密地团结在以习近平同志为总书记的党中央周围，高举中国特色社会主义伟大旗帜，以邓小平理论、“三个代表”重要思想、科学发展观为指导，开拓进取、攻坚克难，求真务实、真抓实干，圆满完成全年目标任务，以推动科学发展、努力实现社会大局持续稳定、长期稳定、全面稳定的实际成效，让党中央放心，让全区各族人民满意。

区纪委委员，不是区党委委员、候补委员和区纪委委员的自治区党员省级干部，各地市、区（中）直单位主要负责同志，区人大、政协各专委会，区党委各巡视组，西藏军区政治部，空军拉萨指挥所负责同志列席会议。

【中共西藏自治区第八届委员会第五次全体会议】 中共西藏自治区第八届委员会第五次全体会议于12月30日在拉萨举行。

会议审议通过了《中共西藏自治区委员会关于贯彻〈中共中央关于全面深化改革若干重大问题的决定〉的实施意见》。

自治区党委常委会主持会议，自治区党委书记陈全国讲话。

自治区领导洛桑江村、吴英杰、邓小刚、刁国新、公保扎西、齐扎拉、罗布顿珠、董云虎、梁田庚、多托、丁业现、王瑞连等出席会议。

区党委委员、候补委员出席会议。

会议期间，与会同志就深入贯彻落实党的十八大和十八届三中全会精神，贯彻落实习近平总书记系列重要讲话精神，全面深化各项改革，推进西藏跨越式发展和长治久安进行了认真讨论。

会议全面总结了全区今年以来的工作。会议指出，今年以来，以开展党的群众路线教育实践活动、迎接党的十八届三中全会召开为契机，在以习近平同志为总书记的党中央的坚强领导下，自治区党委、政府团结带领全区广大党员干部和各族人民，高举中国特色社会主义伟大旗帜，以邓小平理论、“三个代表”重要思想、科学发展观为指导，认真学习贯彻党的十八大和十八届二中、三中全会精神，贯彻落实习近平总书记系列重要讲话和关于西藏工作的一系列重要指示精神、特别是“治国必治边、治边先稳藏”的重要战略思想，贯彻落实俞正声主席“依法治藏、长期建藏”的指示要求，紧紧围绕“一个中心、两件大事、四个确保”，千方百计抓发展、全力以赴保稳定、尽心竭力惠民生，经济发展和各项社会事业取得新进步，社会大局持续和谐稳定，民族团结巩固发展，宗教和睦佛事和顺，生态环境保持良好，党的建设不断加强，思想作风明显改进，在推进跨越式发展和长治久安的道路上迈出了坚实的步伐。全区上下团结奋进的好局面、发展稳定的好形势，为全面深化改革奠定了良好基础、创造了有利条件。

会议强调，党的十八届三中全会是在我国改革开放重要关头召开的一次具有全局性、战略性的重要会议。要以习近平总书记系列重要讲话精神为引领，充分认识新形势下全面深化改革的重大意义。全面深化改革，是顺应世界大势、大踏步赶上时代步伐的重要法宝，是坚持发展中国特色社会主义、实现中华民族伟大复兴的关键一招，是推进西藏跨越式发展和长治久安的必由之路。全区各级党政组织和全体党员干部必须站在战略全局的高度，把学习贯彻十八届三中全会精神作为当前和今后一个时期的首要政治任务，充分认识新形势下全面深化改革的极端重要性，牢固树立进取意识、机遇意识、责任意识，切实增强使命感和紧迫感，坚决把思想和行动统一到习近平总书记的重要讲话精神上来，统一到党中央关于全面深化改革的重大部署上来。

会议要求，要以习近平总书记系列重要讲话精神为指导，准确把握中央全面深化改革的重大部署。深刻把握全面深化改革的总体目标、指导思想、基本原则、重大论断、科学部署和一系列新理念、新思路、新举措，认真学习、深刻领会、准确把握，真正使中央精神内化于心、外化于行，武装头脑、指导实践。

会议强调，要以贯彻落实习近平总书记系列重要讲话精神为动力，努力开创西藏全面深化改革的新局面。

一要紧紧围绕使市场在资源配置中起决定性作用，深化经济体制改革。要巩固一个根基。坚持和完善以公有制为主体、多种所有制经济共同发展的基本经济制度，毫不动摇巩固和发展公有制经济，毫不动摇鼓励、支持、引导非公有制经济大发展快发展，大力发展混合所有制经济，巩固社会主义市场经济体制根基。要完善一个体系。发挥市场在资源配置中的决定性作用，以提高资源效率公平性为重点，逐步建立现代市场体系。建立自治区产业发展指导目录，鼓励各类企业投资兴业。推进工商注册制度便利化，推进水、电、气、交通等资源性产品价格改革，完善城乡流通体系，健全金融市场体系，深化科技体制改革，建立城乡统一的建设用地市场。要推动一个转变。全面深化行政体制改革，推动政府职能转变。精简行政审批事项，深化政府机构改革，推进投资体制改革，推进财税体制改革。要健全一个机制。坚持以农村土地制度改革为重点，健全城乡发展一体化体制机制。稳定和完善农村土地、草场承包关系并保持长期不变，创新农牧业经营方式；大力推进农牧业产业化经营；增加农牧民财产性收入；建立城镇化和新农村建设协调推进机制，推进城乡公共服务均等化。要构建一个格局。完善援藏机制，形成开放型经济格局。加强国内区域合作，扩大境外开放合作，扩大沿边开放，大力发展园区经济。

二要紧紧围绕坚持党的领导、人民当家作主、依法治国有机统一，深化民主法治制度改革。要加强民主政治制度建设，坚持和完善人民代表大会制度、中国共产党领导的多党合作和政治协商制度、民族区域自治制度、基层群众自治制度，完善境外藏胞工作机制、巩固扩大爱国统一战线。要大力推进法治西藏建设，切实维护宪法法律权威，建立完善权责统一、权威高效的行政执法体制，广泛深入开展法制宣传教育。要强化权力运行制约和监督体系，推行地方各级政府及其工作部门权力清单制度，完善纪律检查工作双重领导体制，加强和改进巡视工作，健全反腐败领导体制和工作机制，切实把权力关进制度的笼子里。要健全改进作风常态化制度，全面落实中央“八项规定”、《党政机关厉行节约反对浪费条例》和区党委“约法十章”、“九项要求”，巩固群众路线教育实践活动成果，推进作风建设具体化、制度化。

三要紧紧围绕保障和改善民生、促进社会和谐稳定，深化社会治理体系改革。一方面，着力推进社会事业改革创新。深化教育领域改革，健全促进就业创业机制，改革完善收入分配制度，要进一步健全社会保障体系，深化医药卫生体制改革，健全扶贫开发体制机制。一方面，着力推进社会治理体制创新。创新乡村治理模式，加强和创新寺庙管理，深入推进城镇网格化管理，巩固和发展各民族团结，强化社会治安综合治理，建立健全维稳长效机制，努力实现西藏持续稳定、长期稳定、全面稳定。

四要紧紧围绕维护意识形态领域安全、建设特色文化强区，深化文化体制机制改革。要确保意识形态安全，坚持正确的政治方向，坚持牢固树立社会主义核心价值观，坚持用理想信念引领人、用中国梦凝聚人、用“老西藏精神”激励人，健全正面宣传引导机制、突发事件应对机制，加强涉藏外宣工作。要完善公共文化服务，深入实施文化惠民工程。要健全文化市场体系，培育文化娱乐市场、演艺市场、艺术品市场、出版发行市场、版权交易市场，逐步建立权威的藏民族文化艺术产品标准体系。要保护民族传统文化，实施文物保护维修、非物质文化遗产保护、古籍保护工程，建立健全文化遗产保护和传承机制，加强文化遗产保护开发。

五要紧紧围绕保护生态环境、建设美丽西藏，深化生态文明制度改革。要严管理，严把生态环境关、产业政策关、资源消耗关，禁止“三高”项目进西藏，严控资源开发，探索建立国家公园体制，完善集体林权制度改革；要建机制，开展自然资源确权，实施主体功能区制度，建立资源有偿使用补偿机制；要重建设，修订完善生态安全屏障保护与建设规划、延伸至2030年，加强大江大河源头区、草原、湿地、天然林以及生物多样性保护；要强责任，健全生态环境保护属地管理体制，建立生态环境保护与财政转移支付挂钩的奖惩机制，完善生态环境保护考核办法，建立生态环境损害责任终身追究制。切实保护好雪域高原的一草一木、山山水水，保护好“世界上最后一方净土”。

六要紧紧围绕保持先进性纯洁性、提高执政能力和领导水平，深化党的建设制度改革。要深化干部人事制度改革，完善干部考核评价制度、防止唯GDP论英雄，改进民主推荐、民主测评办法，调整竞争性选拔干部方式，健全优秀年轻干部培养选拔机制，加大干部交流力度，推进公务员分类改革，坚决防止唯票取人、唯分取人。要完善留住用好人才机制，坚持用事业留人、用感情留人、用适当的待遇留人，切实关心各类人才的学习、工作、生活、健康和成长进步，健全人才向基层流动、向艰苦地区和岗位流动、在一线创业的激励机制，大力推进“雪域英才”建设工程。要创新基层党的建设工作，重视加强基层党组织和基层政权建设，实现党建工作全覆盖；加大选派机关干部、复退军人、大学生村官到村（居委会）任职力度，选好配强村（居委会）“两委”班子；在严格标准、保证质量的前提下，做好农牧区、高校学生、企业生产一线、反分裂斗争和维稳一线等方面的党员发展工作，充分发挥各级党组织的战斗堡垒作用，充分发挥各类群团组织的桥梁纽带作用，夯实党在西藏的执政基础。

会议强调，贯彻落实好全会精神、全面推进我区各项改革，要正确处理好五个关系。

一要正确处理好贯彻中央部署与结合西藏实际的关系。涉及全局的重大改革举措，一定要与中央保持高度一致、在中央统一领导下进行，确保中央的决策部署不折不扣地贯彻落实。同时，要紧密结合西藏发展稳定的实际去审视谋划、研究部署改革，使制定出台的各项改革措施充分体现西藏特点、符合西藏区情。

二要正确处理好整体推进与重点突破的关系。必须树立全局眼光和战略思维，统筹规划、科学安排，努力做到各项改革相互促进、良性互动、协同配合，产生共振效果、获取整体效益。同时，必须坚持一切从实际出发，搞好分类指导、区分轻重缓急，切实抓好主要矛盾和矛盾的主要方面，突出抓好经济发展、社会稳定、民生改善、生态文明等重点领域的改革。

三要正确处理好稳妥审慎与大胆创新的关系。一方面，要解放思想、积极探索，勇于涉深水险滩、敢于啃硬骨头，对中央明确部署、条件成熟、目前需要推开的改革，迅速行动起来，大胆闯、坚决破、坚决改。一方面，必须积极稳妥、审慎从事，科学把握改革的重点环节、优先顺序、主攻方向。

四要正确处理好立足当前与着眼长远的关系。立足当前，就是要着重推出一些方向明、见效快、惠民生、受欢迎的改革措施，使各族人民感受到改革带来的新变化，享受到改革发展稳定的成果。要着眼长远，瞄准到2020年同全国一道全面建成小康社会的奋斗目标，以中央《决定》精神为指导，谋划好我区全面深化改革的路线图，着力解决涉及西藏发展稳定大局和各族群众根本利益的体制机制问题。

五要正确处理好加强党的领导与尊重人民主体地位的关系。加强和改善党的领导是全面深化改革取得成功的根本保证，要切实发挥好党委总揽全局、协调各方的领导核心作用，牢牢把握正确的改革方向，牢牢掌握改革的领导权和主动权。尊重人民的主体地位是我们全面深化改革的力量源泉，要坚持以人为本，做到改革为了人民、改革依靠人民、改革成果由人民共享。坚持问政于民、问需于民、问计于民，充分调动各族群众参与改革的积极性、主动性、创造性，形成深化改革、稳藏兴藏的强大力量。

会议号召，让我们更加紧密地团结在以习近平同志为总书记的党中央周围，高举中国特色社会主义伟大旗帜，以邓小平理论、“三个代表”重要思想、科学发展观为指导，深入学习贯彻党的十八大和十八届二中、三中全会精神，贯彻落实习近平总书记系列重要讲话精神，解放思想、开拓进取，大胆探索、勇于创新，为建设富裕和谐幸福法治文明美丽社会主义新西藏，全面建成小康社会、实现中华民族伟大复兴的中国梦作出新的更大贡献！

区纪委委员，我区党的十八大代表中部分基层同志，不是区党委委员、候补委员和区纪委委员的自治区党员省级干部，各地市、区（中）直单位主要负责同志，区人大、政协各专委会和区党委巡视组、巡视办党员负责同志，西藏军区政治部、空军拉萨指挥所负责同志列席会议。

自治区人民代表大会常务委员会

【坚定政治方向】 一是坚持党的领导。把自觉坚持和依靠党委领导摆在人大及其常委会行使职权的首要位置，把人大工作放在区党委工作大局中来谋划和推进，坚决贯彻落实中央和区党委的各项决策部署，坚持重大情况和问题以及重要工作安排及时向区党委请示汇报，坚持党管干部原则与人大依法任免的有机统一，确保党的主张经过法定程序成为国家意志和人民意愿，确保党组织推荐的人选经过法定程序成为地方国家政权机关的领导人员。2013年，共任免国家机关工作人员330人（次）。二是践行群众路线。把群众路线作为治边稳藏、人大履职的生命线和根本工作路线，深入开展教育实践活动，切实做到规定动作不走样、自选动作有特色，协调解决40余件群众关注的困难和问题，强化正风肃纪、健全长效机制，取得了重要的实践成果、制度成果和理论成果。坚持以人为本、一心为民，把群众关心的热点难点问题作为人大工作的重要内容，把关注民生、维护民利落实到各个环节，认真解决好为谁立法、替谁监督、靠谁行权的问题，加强民主立法、促进民生改善、发挥代表作用，着力把人大密切联系群众的优势发挥好、把人大及其常委会作为人民当家作主权力机关的作用发挥好。三是推进依法治藏。把坚持依法治国基本方略、维护宪法和法律权威，作为人大及其常委会的重要任务。紧紧抓住推进依法治藏、建设法治西藏的重大问题，依法行使立法、监督、决定、任免等职权，制定并落实五年立法规划和年度立法工作计划、监督工作计划，紧紧围绕与全国一道全面建成小康社会的宏伟目标来谋划和推进立法工作、加强和改进监督工作。去年共审议11件法规草案、通过9件，开展了31项监督工作，为推动经济社会发展、促进和谐稳定做出了积极贡献。

【加强重点立法】 常委会修改地方性法规8件、初审2件，审查批准1件，对10件规范性文件进行备案审查，充分发挥立法的引领和推动作用。完成全国人大6件法律草案征求意见工作。一是科学制定立法规划。充分认识立法工作面临的新形势，准确把握推进跨越式发展和长治久安对立法工作的新要求，深入分析各方面立法需求，紧紧围绕“一个中心”“两件大事”“四个确保”，明确立法工作指导思想、目标任务、工作要求和落实措施，区别轻重缓急、突出立法重点，科学编制本届人大常委会五年立法规划，确定39件立法项目，提高立法规划的科学性、合理性，努力使立法进程同我区改革发展稳定进程相适应，通过立法保障自治区各项重大决策部署的贯彻落实。二是加强重点领域立法。围绕促进经济社会发展，修订水法实施办法、水土保持法实施办法，进一步完善水资源规划、利用、保护和水土流失预防、治理、监督等方面的规定，有利于保护和合理利用资源，改善生态环境，促进经济社会可持续发展；审查批准拉萨市老城区保护条例，把老城区的保护、利用、管理工作纳入法制化轨道；对非物质文化遗产法实施办法、无线电管理条例两件法规草案进行了初审。围绕保障和改善民生，修订残疾人保障法实施办法，完善残疾人政治、文化、教育、就业、社保和提供无障碍环境等方面的制度规定，增强地方特色和可操作性，有利于维护残疾人合法权益，发展残疾人事业，保障残疾人平等地充分参与社会生活，共享物质文化成果。围绕促进依法行政、简政放权，修订政府规章设定罚款限额的规定，提高罚款限额标准，规范行政处罚行为，促进依法行政；适应精简和调整行政审批事项的需要，对环境保护条例、建筑市场管理条例、文化市场管理条例和档案法实施办法中，有关登记、备案、许可等内容进行修正，减少和规范行政审批，促进市场配置资源决定性作用的进一步发挥。三是努力提高立法质量。进一步完善人大主导、部门起草、专家论证、群众参与的立法工作机制，深入开展立法调研、评估、咨询、论证工作，提前介入、把握重点、解决难点，对有较大争议的内容和不同意见，反复研究协商，协调利益关系，突出地方特色，提高法规的可行性。合理规范权力与责任、权利与义务，防止和克服部门利益法制化倾向。聘请咨询委员，实行立法机关与专家学者的有机结合。正式启动对道路交通安全条例的立法后评估工作。坚持问法于民，拓展人民有序参与立法途径，畅通民意表达渠道，围绕法规草案中的重点难点问题，组织有关方面深入讨论，认真研究吸纳人民群众、人大代表对法规草案的意见，积极回应社会关切，使立法更好地体现广大人民群众的意愿。一年来，共召开立法座谈会50余次、专家论证会10余次，充分体现了民意诉求。

【增强监督实效】 听取审议有关报告10个，对9部法律法规实施情况进行执法检查，开展专题调研11项，开展“中华环保世纪行—西藏行”活动，推动区党委重大决策部署的贯彻落实，维护人民根本利益。一是促进富裕西藏建设。坚持贯彻主题主线，着力推动科学发展。听取审议计划、预算执行情况报告、审计工作报告和全口径预算管理改革情况的报告，调整预算变化，要求认真落实国家宏观调控政策、加快转变经济发展方式、促进产业结构转型升级，深化公共财政预算管理、提高财政资金使用效益，努力实现经济增长速度、质量和效益有机统一。针对“十二五”规划实施和中期评估中发现的问题，要求充分激发市场活力，强化科技创新，优化发展环境，发挥项目效益，发展特色产业，圆满完成规划纲要确定的各项目标任务。对旅游条例进行执法检查，强调统筹推进旅游发展、全力推进特色品牌工作、协调推进旅游环境建设，促进旅游市场持续健康发展，把旅游资源优势转化为经济优势。对全区实施西部大开发战略情况和去年前三季度经济运行情况进行调研，就抓住战略机遇，用好优惠政策，注重发挥比较优势，提高经济增长质量，以及积极争取国家投资，确保物价基本稳定，提升居民消费能力，扶持中小微企业等方面，提出意见和建议，推动经济发展。二是促进和谐西藏建设。坚持稳定压倒一切，着力维护和谐稳定。对保守国家秘密法进行执法检查，要求不断加大宣传教育，深刻认识西藏严峻的反分裂斗争形势对保密工作的新要求，切实增强保密意识、危机意识，建强队伍，加强督查，提高防范能力，严防窃密事件发生，确保党和国家秘密绝对安全，切实维护国家安全和利益。对全区“惠僧利寺”政策落实情况和寺庙“六五”普法工作情况进行调研，强调认真落实“惠僧利寺”政策，深入推进寺庙“六五”普法工作，依法管理寺庙，探索长效机制，促进藏传佛教与社会主义社会相适应。三是促进幸福西藏建设。坚持人民利益至上，着力保障改善民生。听取审议我区城镇居民医疗保险、农牧区医疗保障、社会救助工作情况的报告，对社会保障工作进行调研，针对政策宣传、经办力量、投入标准、救助范围等方面存在的困难和问题，强调要加大宣传力度，加强队伍建设，完善政策措施，提升保障水平，增进人民福祉，使发展成果更多更公平地惠及全体人民。对义务教育法及实施办法进行执法检查，针对“三包”经费落实、教育资源配置、师资力量建设、学生素质教育等方面存在的困难和问题，要求建立健全经费保障机制，建设高素质和相对稳定的教师队伍，稳步推进义务教育均衡发展，办好人民满意的教育，更好地服务全区经济社会发展。四是促进法治西藏建设。坚持推进民主法制，着力加强民主政治。提出贯彻落实十八届三中全会精神的调研意见，进一步推进科学立法、严格执法、公正司法、全民守法进程。听取审议全区民族工作情况的报告，指出要牢固树立“三个离不开”思想，坚持富民兴藏、保障改善民生，加强民族团结、维护和谐稳定，不断夯实民族团结进步的思想基础、物质基础、社会基础、群众基础。对民族区域自治法在我区的贯彻实施情况进行调研，要求加强对民族区域自治法的学习宣传、完善配套法规、推进西藏特点城镇化建设和加快跨越式发展、维护社会稳定、提升社会事业和公共服务水平，全面落实民族区域自治制度。五是促进文明西藏建设。坚持推动文化发展，着力保护历史文化。对文物保护法及文物保护条例进行执法检查，充分肯定富有成效的文物保护工作，针对有关法律法规宣传不够深入、“五纳入”工作发展不够平衡、安全消防设施隐患大、专业人员严重缺乏等问题，对认真落实“保护为主、抢救第一、合理利用、加强管理”原则提出具体建议，依法保护传承好、管理利用好具有西藏特点的宝贵文化遗产，加快建设重要的中华民族特色文化保护地。对我区人口较少民族非物质文化遗产保护情况进行调研，要求加大保护经费投入、加强普查挖掘申报、健全保护传承机制、建设保护传承基地，把历史悠久、底蕴深厚、风格独特的民族文化发扬光大，实现保护与发展双赢。六是促进美丽西藏建设。坚持加强生态保护，着力建设生态文明。深入开展以“保护生态环境、建设美丽西藏”为主题的中华环保世纪行——西藏行活动，广泛宣传国家和自治区有关环保法律法规政策，实地检查矿产资源开发利用中环保措施落实情况，经济技术开发区、工业园区履行环境影响评价情况，以及生活垃圾填埋场和污水处理厂项目建设运营管理、自治区政府环境安全大排查挂牌督办企业（项目）整改落实等情况，当场提出的60多条意见建议基本解决，加强舆论监督、强化跟踪报道；常委会审议要求切实抓好跟踪督办，认真落实环保责任制，严格奖惩制度，强化基础设施，加强环保力量。对湿地保护条例、气象法及气象条例进行执法检查，要求健全湿地保护管理机构、完善生态效益补偿机制、重视科技支撑作用，实现人与自然和谐相处；加大气象基础设施投入力度、增强气象防灾减灾能力，为经济建设、社会发展和人民生活提供更好的气象服务。七是不断增强监督实效。为增强报告建议的针对性，在开展执法检查和专题调研时，科学合理选择调研地点，采取多种方式方法，准确把握真实情况，结合实际深入分析，起草高质量的执法检查报告和专题调研报告，提出针对性强的意见建议。为增强审议意见的操作性，常委会会议一结束，及时归纳整理可操作、能落实的审议意见共11件，经主任会议研究后转政府办理。政府高度重视，认真整改、推进工作，并书面反馈研究处理情况。为增强跟踪监督的实效性，将执法检查报告、专题调研报告，印发有关部门参考。对监督工作中发现的问题、提出的建议，常委会有关部门持续跟进，积极推动问题解决，切实增强监督实效，建立健全解决问题的长效机制。

【保障代表依法履职】 一是坚持尊重代表主体地位，增强建议办理实效。自治区十届人大一次会议代表提出的301件建议、批评和意见，有关方面已在规定时限内办理答复完毕，代表建议所提问题已经解决或计划解决的占总数的82.3%，实施高海拔地区学校校舍保暖工程、无电地区电力建设、加强人代会期间计划和财政审议等一批建议的办理工作取得明显成效。承办单位注重加强与代表的联系，邀请代表参加座谈会和专题调研，共同研究办理方案。赴区内外对未识别族群身份登记信息和权利保护的建议办理工作，进行深入调研，提出针对性操作性强的意见建议。常委会选择社会关注的60件建议作为重点建议进行检查，强化督办落实。二是坚持为代表服务的思想，提高服务保障水平。进一步完善常委会组成人员联系基层人大代表，人大代表联系选举单位和选民制度。为保障代表的知情权，及时向代表寄送人大期刊、有关资料，使人大代表及时了解人大常委会和“一府两院”的工作，为代表行使职权创造条件，进一步拓宽代表知情知政渠道。在区内外先后举办3期培训班和组织学习考察活动，近270名人大代表和人大干部参加，重点学习代表履职、人大工作等知识，有力提高了人大代表、人大干部的履职能力。三是坚持密切与代表的联系，扩大代表活动参与。围绕非公企业发展和供暖工程、食品安全等群众关注的热点问题，组织代表开展12次调研和视察，形成10余篇报告，所提建议得到较好落实。强化代表小组建设，指导代表小组围绕常委会工作安排就地就近开展活动，充分听取代表小组对常委会工作的意见建议。扩大代表对常委会及专工委工作的参与，每次常委会会议邀请自治区人大代表、县级人大常委会主任列席人数分别从2名增加到10名，50多名代表参加执法检查和专工委活动，充分吸纳代表建议，以此促进常委会工作质量的不断提高。

【促进社会和谐稳定】 一是积极做好维稳工作。按照区党委部署，常委会部分领导深入有关地区和寺庙，采取实地检查、明查暗访、座谈交流等方式，认真检查各项维稳措施落实情况，提出整改要求，做好维稳督导。指导人大机关选派27名干部进村驻寺和担任村党支部第一书记，深入基层、贴近群众，以开展平安乡村建设、“先进双联户”创建评选为抓手，认真落实各项维稳措施，把各类安全隐患消除在萌芽状态，为促进基层发展稳定发挥了积极作用。强化干部职工责任意识、安全意识，确保人大机关和谐稳定。二是认真做好信访工作。贯彻落实信访条例，健全制度、细化措施，强化督办、提高质量。全年共受理群众来信来访32批（件）、93人（次），深入分析、综合研判信访件中反映的突出问题，提出办理建议，并加强对重要信访件的转交督办，促进问题解决，妥善化解矛盾，增进社会和谐。三是扎实做好外事工作。坚持服务国家总体外交、服务西藏发展稳定原则，积极开展涉藏外事工作。一年来，组织5批次出访美国、加拿大、比利时、法国等7个国家，围绕正面宣传西藏和深入揭批达赖两项主要任务，大力宣传西藏经济社会发展的巨大成就和各族人民当家作主的伟大实践，坚决回击西方敌对势力和达赖集团的污蔑和攻击，挤压达赖集团的国际活动空间，为社会主义新西藏建设营造了有利外部环境。

【提高履职尽责能力】 一是着力提高学习能力。通过理论中心组、专题讲座、学习辅导等形式，深入学习中国特色社会主义理论体系、党的十八大、十八届三中全会精神和习近平总书记系列重要讲话精神，联系实际深入思考，围绕履职学以致用，不断增强坚定不移走中国特色社会主义政治发展道路的自觉性和坚定性，不断增强坚持和完善人民代表大会制度的自觉性和坚定性，不断增强运用法治思维和法治方式促进发展稳定的自觉性和坚定性。二是着力提高研究能力。围绕全区工作大局，深入研究在走有中国特色、西藏特点发展路子，推进跨越式发展和长治久安的伟大进程中，如何发挥人大应有作用；围绕人大依法履职，深入研究如何提高立法质量、增强监督实效、发挥代表作用；围绕教育实践活动，深入思考如何改进工作作风、密切联系群众、建立长效机制，广纳群言、广集民智，实现好维护好发展好各族人民根本利益，共形成调研报告、研讨文章50余件。三是着力提高统筹能力。正确处理监督与支持的关系，主动加强与“一府两院”的联系，切实加强与职能部门、专家学者、人大代表和社会力量的沟通，密切常委会办事机构与各专工委联系，建立联席会议制度，广泛凝聚工作合力。积极争取全国人大在业务、培训等方面的帮助支持，重视对基层人大工作的指导，共同推进民主法制建设向前发展。进一步加强与兄弟省（区、市）人大的交流交往，圆满举办西南地区人大财经工作座谈会。四是着力提高执行能力。坚持民主集中制原则，依照法定程序，通过会议形式，集体行使职权、集体决定问题，充分发扬民主，严格依法办事，注重集思广益，狠抓工作落实。制定或修改了主任会议议事规则、调研工作意见及“三会”工作程序等，进一步规范议事程序、提高议事效率，不断提高工作规范化水平。自治区人大各专工委依法履职，地（市）县人大积极配合，既顺利完成了人大工作任务，又促进了当地经济社会发展。自治区人大机关以深入开展群众路线教育实践活动为抓手，切实加强思想建设、组织建设、作风建设和能力建设，为自治区人大及其常委会依法履职当好参谋助手、搞好服务保障。

自治区人民政府

【概况】 2013年，全区生产总值达到802亿元、增长12.5%。第一产业增加值86.44亿元，增长3.4%；第二产业增加值287.23亿元，增长18.9%；第三产业增加值428.5亿元，增长10.6%。经济运行呈现“一稳、两快、三大、四优”的特点。一稳。经济继续保持12%以上增长，物价控制在3.5%以内，城镇登记失业率控制在2.5%以内，主要指标合理运行。两快。城乡居民收入连续四个季度保持两位数增长，城镇居民可支配收入达20192元，农牧民人均纯收入达6520元，分别增长11%和14%、高出计划目标3和1个百分点。三大。国家投资力度大、财政支出规模大、信贷投放总量大，“十二五”累计落实国家投资1084.9亿元，全年财政支出突破1000亿元，各项贷款余额突破1000亿元。四优。发展思路、民生政策、产业结构、环境条件不断优化。区党委、政府进一步明确了“六对抓手”、“六动措施”和“三条底线”，启动了六大专项规划编制；三次产业结构优化为10.8：35.8：53.4，一产比重下降0.7个百分点、二产比重提高1.3个百分点；环境条件进一步改善。

【农牧业和基础设施】 农牧业形势持续向。青稞种植面积180万亩，全区粮食总产96万吨，超过计划目标1万吨。油菜6.9万吨、蔬菜80万吨，增长9.5%和21.9%；肉类32万吨、奶36万吨，增长10.5%、13.6%，畜牧业占农牧业总产值比重达到50%以上。安排优质青稞生产基地25万亩，示范推广“藏青2000”新品种10.6万亩，改良黄牛17.5万头。自治区级农牧业产业化龙头企业总产值21.2亿元、增长10.4%，产业化经营率达到36.5%。

基础设施建设取得新进展。主动作为、积极争取，狠抓项目前期工作和落地。完成全社会固定资产投资910亿元、增长28%，落实国家投资380亿元、增长30%，“226”项目开工建设188个，“十二五”项目方案中期评估预计增加中央预算内投资102亿元。青藏铁路格拉段扩容改造工程加快推进，拉日铁路完成铺轨，拉林铁路完成可研报批。墨脱公路全线通车，国道219线西藏段实现黑色化，拉林高等级公路拉萨至墨竹工卡、八一至工布江达段全面开工建设，纳金大桥建成通车，新增通油路县3个、通油路乡镇18个。5条机场专用公路建设前期工作基本完成。拉洛水利枢纽及配套灌区准备工程开工，旁多水利枢纽工程首台机组发电，藏中10万千瓦并网光伏电站建成发电，拉萨LNG液化气站和西藏末端装卸油料库建成，阿里应急电源建成投入使用，川藏联网工程开工建设，藏木、果多、觉巴水电站和阿里并网光伏电站扎实推进，雅砻水库、尼洋河综合治理工程开工建设，加查、大古、苏洼龙电站准备工程启动，主要河流水电规划工作全面展开。主电网和无电地区电力建设完成投资40亿元，全区电力总装机容量128万千瓦。民航通航城市29个，航线增至48条；昌都邦达机场飞行区改造、那曲机场新建工程前期工作进展顺利。全区市政设施建设完成投资38.7亿元，拉萨老城区改造完成，市区供暖基本实现全覆盖；昌都镇旧城改造及新区建设加快推进；那曲镇供暖、给排水、污水处理等市政工程全面开工。

【特色产业和生态文明建设】 工业经济平稳运。落实补助资金近2亿元，实施产业扶持项目42个。斯弄多铅锌矿开采工程、砂生槐深加工基地等28个项目竣工投产。青稞和小麦深加工系列产品开发等9个项目完工。藏青工业园总体规划编制完成，部分园区道路建设开始启动，一批企业确认入园并完成项目可行性分析报告，估算投资120亿元。预计，全区发电量26亿千瓦时、调入电量7.5亿千瓦时、全社会用电量33.5亿千瓦时。受季节性缺电影响，工业生产增速有所放缓，全区实现工业增加值62亿元，增长13.4%。

以旅游业为龙头的服务业加快发。全年接待游客1290万人次，实现旅游总收入165亿元，分别增长21.9%和30.4%。拉萨国际旅游城市、林芝生态旅游大地区加快发展，鲁朗国际旅游小镇开发顺利。预计全年公路完成客运量4358万人次、货运总量1240万吨，分别增长16.6%、19%;铁路客运量219.9万人次、货运量405.2万吨，分别增长10%、15.8%；航空旅客吞吐量273万人次、货邮吞吐量2.2万吨，分别增长23.1%、33.3%。推进农超对接，新建农家店1400个、乡镇商贸服务中心40个，社会消费品零售总额完成289亿元，增长16%。

生态环境保护力度不断加大。加快实施西藏国家生态安全屏障保护与建设规划，累计落实投资48.2亿元。落实林业投资17亿元，育林造林104万亩。林芝国家级生态地区创建工作取得重大进展，305个村被评为自治区级生态村，28个乡镇被评为自治区级生态乡镇。颁布了生态环境保护监督管理和矿产资源勘查开发监督管理办法。建成自治区医废处置中心和泽当镇污水处理厂，开工建设日喀则市、八一镇、那曲镇、狮泉河镇污水处理厂。设立总额7400万元的奖励资金，建立环境保护奖惩机制。严格环境准入，坚决控制“三高”行业，淘汰落后水泥产能20万吨，8家节能低碳行动企业通过自治区节能考评，单位生产总值能耗和主要污染物排放控制在国家核定范围内。落实建设美丽西藏意见，兑现草原生态保护补助奖励和森林生态效益补偿金等28.3亿元，落实主体功能区生态转移支付9亿元。拉萨市创建国家环境保护模范城市通过预评估。

【民生改善和基本公共服务】 民生持续改善 落实利民惠民“十件实事”，提高18项民生补助标准，基本完成农牧民安居工程建设任务，46.03万户、230万农牧民全部住上安全适用新房，“八到农家”工程有序推进，新增解决23.1万农牧民和5.13万农村学校师生饮水安全问题，提前完成“十二五”规划农牧民饮水安全任务。基本解决无电人口和村级公共场所、学校、寺庙、道班用电问题。累计建成25万户农牧民户用沼气池，100余万农牧民用上清洁能源。新增农村公路通车里程5288公里，全区99.7%乡镇、97.4%建制村和90.3%寺庙通公路，50.7%乡镇通沥青（水泥）路。乡镇通邮率、通光缆率和通宽带率分别达到94.6%、97.5%和100%。完成1000个行政村人居环境建设。实施扶贫开发项目2025个，减少扶贫对象12.8万人，扶贫对象占农牧区总人口比例下降到18.7%，扶贫对象和农发区群众人均纯收入增幅高于全区平均水平。

教育事业优先发展。双语教育工作加快推进，落实中央预算内资金2.2亿元，新建209所双语幼儿园。改扩建高级中学10所，新建改扩建校舍30余万平方米；落实中等职业学校建设资金1.6亿元，新建3所中等职业技术学校、校舍5万余平方米；新建中小学太阳能澡堂63个；落实115所边远艰苦地区学校教师周转宿舍建设资金1.9亿元，新建教师宿舍1465套。全年落实资金13.81亿元，“三包”及助学金标准提高到年生均2700元，惠及学生52万余人。落实农牧区义务教育学生营养改善计划资金1.25亿元，惠及学生21万人，达到100%。乃东、曲水县通过义务教育均衡发展国家督导评估验收，农牧民子女高考招生比例增至60%。西藏大学正式确定为博士学位授权单位。学前教育毛入园率达到51.98%，小学入学率达到99.59%，初中毛入学率达到98.75%，高中阶段毛入学率达到72.23%，全区劳动人口人均受教育年限达8.4年。

医疗保障水平进一步提升。认真落实卫生惠民工程，农牧区医疗制度持续保持全覆盖，农牧民个人参加筹资达96.23%，政府补助标准从2012年人均300元提高到340元；启动出生缺陷一级干预试点，孕产妇住院分娩率达到81%；累计筛查救治先心病患儿2039人；完成白内障复明手术1404例；完成278万城乡居民和在编僧尼免费健康体检。投入2亿多元，启动自治区高原生命科学研究所、自治区藏医院住院北楼改扩建、全科医生临床培养基地等建设项目，自治区第三人民医院建成投入使用，新建88所标准化乡镇卫生院、29个县急救中心。投入2.6亿元，为各级医疗卫生机构购置急需医疗设备，为40个县卫生服务中心配备急救车，30个县卫生局配备巡回医疗车等。累计培训乡（镇）卫生人员3049名，平均每个乡（镇）达到4人以上。培训村卫生人员11099名，平均每村达到2名以上。

科技文化体育事业加快发展。安排资金1.7亿元，支持自治区级应用技术研发工作。示范推广“藏青2000”新品种增产青稞6000多吨，亩增产26.5公斤；“金牦牛”项目平均每头产肉量提高28%。首次颁布102种藏药材质量标准，600余部珍稀藏医药文献实现数字化。9家企业被认定为国家级高新技术企业，65个乡镇建立科普活动站，建成589个信息资源共享工程。安排那曲、山南和日喀则地区图书馆建设项目，65个县级和边境口岸新华书店发行网点建设陆续开工。百幅唐卡工程、百种藏汉文对照惠民图画书、大型实景剧《文成公主》等文化产品深受好评，26个文化艺术项目获得国家奖项。广播电视综合覆盖率分别达94.4%、95.5%。重点文物保护工程进展顺利，新增20处全国重点文物保护单位，非物质文化遗产保护得到加强。体育事业实现重大突破，在十二届全运会上取得优异成绩。

社会保障力度加大。实现新增就业2.8万人，1.4万名西藏籍高校应届毕业生实现全就业；动态消除零就业家庭。开办各类技能培训班600多期，培训3万多人次，2.5万人实现技能就业；援藏省市、企业提供就业岗位5345个，1500多名西藏籍高校毕业生到区外就业；农牧区富余劳动力转移就业45万余人次、劳务收入19 亿元。全区各项社会保险参保248.9万人次，征缴社保基金31.31亿元、兑现各项社会保险待遇28.2亿元。企业基本养老金提高到月人均3018元；新型农村社会养老保险基础养老金提高到月人均105元；城镇职工、居民基本医疗年度最高支付限额分别提高到30万元、20万元；城镇居民基本医疗保险财政补助标准提高到300元，人均增加40元，政策范围内住院费用支付比例达到75%以上。最低生活保障标准城镇居民提高到月人均440元、农牧民提高到年人均1750元。建设9个儿童福利院、新增床位4477张；新建五保供养机构23个和地市儿童福利院5个，农牧区五保户供养标准提高到每人每年2600元，集中供养孤儿基本生活保障标准达到月人均1200元。实施城镇保障房建设4.3万套。改造国有工矿棚户区1300户。昌都“8·12”地震、那曲嘉黎水灾等恢复重建工作加快推进。

【财政金融和物价调控】 财政金融平稳运行。公共财政预算收入95亿元、增长18.6%，预算支出超过1000亿元、增长12%。实现税收140亿元。中小企业贷款余额达436亿元，支持“三农”发展信贷投入163亿元，支持特色农牧业、旅游业、民族手工业、藏药业等项目信贷投入25亿元，扶贫贴息贷款70亿元。各项贷款余额突破1000亿元，存贷差进一步缩小。全年保费收入10.2亿元，赔付金额3.99亿元。

市场物价保持平稳。加强农产品生产供应，投资7540万元，建成高效日光温室1676栋，构建市场保障供应长效机制。提高价格调控能力，安排资金809.9万元，适时投放平价牛肉1820吨，有效平抑了市场物价。通过市场价格调控联席会议平台，进一步协商完善价格应急协调机制，认真落实社会救助和保障标准与物价上涨挂钩联动机制，落实困难群众临时物价补贴4420余万元。以居民生活必需品和重要生产资料为重点，加强价格监测分析和成本调查。

【改革开放和对口支援】 改革开放不断推进。继续深化重点领域改革，大力简政放权，区（中）直部门审批项目减少60%，自治区审批项目调整69%，自治区自设审批项目仅保留9项。扎实推进农村土地承包经营权确权登记，启动8个县农电代管改革试点，积极开展自治区级农牧民专业合作经济组织认定工作，农牧民专业合作经济组织发展到1850个。开展“营改增”试点。医药卫生体制改革全面推进，药品总体价格平均降幅达15%。出台深化自治区国有商贸企业改革的意见，加快企业集团组建和上市。边境口岸基础设施建设加快推进，边境贸易增长16%左右，外贸进出口总额30亿美元。非公经济市场主体达12.8万户，从业人员62万人，分别增长7.8%、11.9%，上缴税收达135.5亿元。与国家开发银行、建设银行、民生银行等10家金融机构签订战略框架合作协议。房地产市场活跃，商品房销售额增长57.4%。

对口支援和招商引资成效明显完成援藏干部第六、七批交接。经济、技术、人才、就业援藏力度进一步加大，援藏项目和资金管理逐步规范。完成对口援藏项目384个，落实资金17.7亿元。“中国光彩事业西藏行”招商引资活动签约项目238个。全区招商引资落地项目65个、资金225亿元。

【强基惠民和维稳举措】 强基惠民深入人心 第二批创先争优强基惠民活动成效明显，切实为广大群众办好事、解难事，投入资金32.2亿元，实施项目9316个，深受广大农牧民群众欢迎。

维护稳定基础更加坚实。全面落实维稳十项措施，安排资金28亿元，加强公检法司安和边防、消防基础设施建设。深入推进城镇网格化管理，落实手机、固定电话、互联网实名登记制度，联户平安、联户增收先进“双联户”创建活动成效明显。妥善调处化解各类矛盾纠纷，深入开展社会综合治理，群众安全感、幸福感明显增强。

中国人民政治协商会议西藏自治区委员会

【政协第十届西藏自治区委员会常务委员会第一次会议】 1月22日至27日，自治区政协十届一次会议在拉萨召开。审议通过了政协第九届西藏自治区委员会常务委员会工作报告的决议；审议通过了政协第九届西藏自治区委员会常务委员会提案工作报告的决议；审议通过了政协第十届西藏自治区委员会第一次会议提案审查委员会关于政协十届一次会议提案审查情况的报告；审议通过政协第十届西藏自治区委员会第一次会议政治决议。

【政协第十届西藏自治区委员会常务委员会第二次会议】 4月23日，政协第十届西藏自治区委员会常务委员会第二次会议在拉萨召开。会议传达并分组学习了习近平总书记在参加十二届全国人大一次会议西藏代表团审议时的重要讲话精神、全国两会精神和区党委书记陈全国关于深入学习领会习近平总书记重要讲话的指示精神。

【政协第十届西藏自治区委员会常务委员会第三次会议】 6月24日，政协第十届自治区委员会常务委员会第三次会议在拉萨召开，传达贯彻区党委八届四次全委会议精神。与会常委在讨论中一致表示，完全拥护区八届四次全委会作出的各项决定。大家认真学习领会区党委八届四次全委会议重要精神，紧密联系自己的思想、工作和推进我区跨越式发展和长治久安的实际，畅所欲言，热烈讨论，大家对习近平总书记的重要讲话和区党委八届四次全委会议精神有了深刻理解和准确把握，统一了思想，提高了认识。

【政协第十届西藏自治区委员会常务委员会第四次会议】 9月30日，政协第十届西藏自治区委员会常务委员会第四次会议在拉萨召开。会议期间，与会同志认真学习了习近平总书记、俞正声主席以及陈全国书记的讲话精神，紧密联系自己的思想、工作和推进我区跨越式发展和长治久安的实际，统一了思想，提高了认识，并就如何更好地发挥政协优势和委员的主体作用，围绕中心，服务大局，推动建设富裕和谐幸福法治文明美丽西藏目标的实现，提出了许多很好的意见建议。

会议还听取和审议通过了人事事项、通过了《政协西藏自治区委员会省级干部联系界别的意见》、通报了西藏自治区党的群众路线教育实践活动开展情况。

【提案委员会】 政协十届一次会议共收到提案491件，立案472件。其中党委系统办理的58件、政府系统办理的410件、政协办公厅办理的4件。截止10月20日，立案的全部提案均由提案承办单位办理答复完毕，委员满意率为96.5%。主要做法和经验：一是全会前向自治区政协委员及自治区政协各参加单位寄送《给委员的一封信》，《九届五次会议提案目录》等相关材料，鼓励和动员政协委员及政协各参加单位撰写“精品”提案。二是在全会前认真学习《提案工作条例》、《提案审查工作细则》，研究提高提案审查质量的问题，明确提案审查质量及审查工作责任。三是全会期间，配合提案委员会认真审查提案，对于存在疑点的提案，通过集体讨论集体审查，提案存在不足可经过修改立案的，坚持尊重提案者民主权利的原则，帮助提案者修改提案，对于不予立案的提案实事求是地向提案人说明原因。四是及时编印《重点提案选编》呈送自治区党委、政府领导、自治区政协主席会议和各专委会参阅。9月23日，参加全国政协提案办理协商工作座谈会，提交了《把协商贯穿政协提案工作始终》的交流材料，总结介绍经验和做法。9月24日，会同自治区组织部编办主要领导赴山南地区政协，召开委员座谈会，督促提案办理答复满意情况，赴错那县勒布办事处，了解提案者对答复落实情况的满意度，慰问部分政协委员。

【民族和宗教委员会】 针对换届之后专委会领导班子成员和界别委员的思想工作实际，印发专委会工作手册，组织界别委员学习政治理论和党的民族宗教工作政策及业务知识，提高履职能力。6月，利用10天的时间，以“加强和创新寺庙管理”为课题，深入阿里地区7县15座寺庙，查看寺庙“九有”、文物保护和寺庙防火等工作开展情况。7月，深入到西藏佛学院视察，形成了《关于对西藏佛学院开展视察的报告》，提出了“开展适应西藏佛学院教学的教材研究和编纂工作”等建议。8月中旬，协同全国政协民族和宗教委员会赴藏调研组，深入到昌都地区类乌齐查杰玛寺、昌都强巴林寺，对该地区加强和创新寺庙管理工作进行了调研。组织爱国宗教界人士，深入七地市寺庙广泛开展以宣传党的政策、阐释藏传佛教教义教规相结合的“爱国爱教宣传服务下乡”活动，在阿里地区共开展集中宣讲9次，为促进宗教和睦、佛事和顺、寺庙和谐发挥了积极作用。

【社会法制外事委员会】 加强自身学习，围绕党和政府的中心工作和社会热点难点问题，积极开展调研视察，认真建言献策，探索创新工作方法。积极参加政协机关开展党的群众路线教育实践活动，深刻查找问题，进行对照检查和整改落实，同时，积极参加了“进村入户、结对认亲交朋友”活动。4月18日，召开2013年第一次工作要点情况通报会，通报工作情况，向新任领导班子及委员介绍了委员会工作职责，征求了委员们对专委会工作要点的意见建议。5月，会联同区工商局、区工商联组成的调研组，深入部分民营企业进行调研，并形成调研报告上报区党委。6月，以“社会网格化管理工作开展情况”为课题，深入那曲、昌都两地14个县开展了为期14天的调研，提出了九条建议。9月，组成联合调研组先后深入山南地区浪卡子、洛扎、扎囊和那曲地区聂荣、安多、嘉黎，共6个县、13个乡（镇）、9个村，以及4座尼古寺等进行了调研，形成了《关于推动妇女发展维护妇女权益的调研报告》。8月20日，本专委会参加了西部十二省（市、区）政协第十六次社会和法制工作座谈会。11月4日至6日，参加了由全国政协举办的全国政协港澳台侨工作研讨班。12月上旬，参加了全国政协社会和法制委员会工作座谈会。9月，接待了安徽省政协社会法制委员会考察团一行在拉萨、山南、林芝的考察。按照惯例邀请尼泊尔驻拉萨总领事馆主要官员旁听了政协十届一次全委会开幕会。西藏自治区政协代表团成功访问印度、尼泊尔。

【文史资料学习委员会】 根据政协机关党组的统一安排，组织干部全程参加区政协机关组织开展的党的群众路线教育实践活动，按照“照镜子、正衣冠、洗洗澡、治治病”总要求，对照“四风”、“两问题”、“两弱项”等方面存在的问题，通过开展大家提、自己找、集体议、互相帮、群众评等方式，认真开展对照检查，立查立纠立改，并深入开展“进村入户结对交朋友”活动。在教育实践活动期间，建立和完善了《会议制度》、《办公室工作职责》、《文件管理办法》、《印章管理办法》、《文史资料编审出版流程》、《稿酬等管理办法》、《公用设备管理办法》等七项规章制度。举办了为期三天的新任委员培训班，完成了对324名新任委员的集中培训工作。在筹备培训期间，全国政协副主席、区政协主席帕巴拉·格列朗杰在百忙之中亲自过问培训工作，给予悉心指导。公保扎西、梁田庚同志亲自出席开班式并作重要讲话，高扬同志为新任委员作专题辅导报告。同时，邀请老领导、老委员、专家学者和有关专委会领导授课，培训内容涉及政协知识总论、提案、文史、调研视察等方面。5月中旬，参加全国暨地方政协文史工作研讨会，向全国政协文史委汇报全区文史资料工作开展情况，衔接有关事宜，并接受了编撰《藏族百年实录》的任务。6月中旬，赴云南省政协文史委学习考察《少数民族百年实录》编撰经验，起草我区《藏族百年实录》编撰方案并已送审。完成汉文版《藏族风俗一百例》、《邦达仓史料》和《日喀则主要寺庙简史》出版任务，完成藏文版《藏历算法珍宝之库》和区政协原副主席徐洪森同志《回忆录》手稿整理编辑工作。完成《西藏文史资料选辑》（合订本）第1—3卷的再版和新版第4卷的前期工作。下半年分赴拉萨、日喀则、山南、林芝等四个地市及14个县级政协进行专题调研视察。

【科教文卫体委员会】 4月，召开2013年工作情况通报会，就涉及科技、教育、文化、卫生、体育等领域的问题与全体委员进行了深入探讨，并对新任领导班子及新任委员介绍了委员会工作职责、任务分工。5月，前往全国政协学习取经，汇报工作。6月，深入西藏职业技术学院、区藏医学院、拉萨市曲水县、西藏藏药厂等单位和企业，开展了为期15天的调研，形成《西藏自治区职业教育情况调研报告》，提出4条建议意见。6月至10月，对山南、拉萨、林芝、那曲和日喀则五地（市）科技工作情况开展实地考察和调研，先后考察调研了21个县（市）、68个乡镇、30余企业、6个园区，走访农牧户83户，累计召开座谈会28次，形成《全面推进科技工作是我区面临的重大紧迫任务》的调研报告，提出四条建议。8月1日，组织界别委员对考生投档、联络、录取、监察、宣传、信息等小组的工作流程进行了视察。参加了由全国政协组织的北戴河、延安两地干部培训班。

【人口经济资源环境委员会】 积极参加群众路线教育实践活动，学习相关文件精神，按照“四句话”的总要求，认真查摆“四风”、“两问题”、“两弱项”，切实整改。吉隆口岸建设专题调研，认真分析研究吉隆口岸的历史、现状和当前建设中存在的主要困难和问题，探索解决办法，提出了加快建设的九条意见，形成调研报告。农牧业现代化专题调研，围绕增加农牧民收入、加快推进我区现代农牧业发展等全面建设小康社会中的难点、热点问题，邀请发改委、农牧科学院、西藏大学农经院等单位的专家学者组成调研组，先后深入全区六地市十二个县调查了解农牧业经济发展现状，在此基础上分别形成了4个分报告、4份情况介绍和1份综合调研报告。组织、联络专家学者和管理人才围绕全区经济社会发展中的全局性、综合性、前瞻性问题深入开展调查研究。抓住“十二五”规划纲要中期评估这个重大事项，组织经济界、工商界、农牧界的20名政协委员参与评估，写出调研报告20份。围绕“十二五”规划纲要中期评估这个重大事项，组织政协委员和相关部门开展专题协商，有6名区政协委员分别就增加农牧民收入和加快市场体系、公路交通、环境保护、世界旅游目的地建设，以及金融业支持西藏产业发展等，涉及全区经济社会发展中的重大问题提出了意见建议。向全国政协提交了《关于设立西藏吉隆口岸边境经济合作区》的提案，得到国家交通部、商务部的重视。

自治区纪检（监察）工作

【概况】 2013年，全区纪检监察机关认真贯彻落实党的十八大和十八届二中、三中全会精神，认真学习习近平总书记系列讲话精神，认真贯彻落实中央纪委和区党委的决策部署，强化执纪监督，查办违纪案件，治理腐败现象，完善预防措施，党风廉政建设和反腐败斗争取得新的成效。

【严肃政治纪律】 把维护和执行政治纪律作为首要任务。在重大节日和敏感时段，重申“十个决不允许”等政治纪律要求；下发《关于严禁党员和国家公职人员出境参加达赖集团“时轮金刚大法会”的通知》，提前督促各级党政组织加强对党员干部和公职人员的教育监督和管理，严禁党员、国家公职人员及其子女亲属出境参加达赖集团“法会”或以各种形式捐助达赖集团“法会”。加强对执行政治纪律情况的监督检查，严肃查处违反政治纪律行为，对个别参与“萨嘎达瓦”宗教活动的党员干部作出了处理。开展对维稳十项措施贯彻落实情况的监督检查，对42名失职渎职人员进行了责任追究，维护了政治纪律的严肃性。

【落实八项规定，着力纠正“四风”】 把落实中央八项规定及区党委“约法十章”、“九项要求”作为执纪监督的重点，制定《西藏自治区贯彻落实中央八项规定和区党委“约法十章”精神监督检查办法》，公布举报电话；以重大节假日为节点，下发通知，对党员干部廉洁自律提出要求，严禁公款送年货节礼、公款吃喝、公车私用等行为；联合有关部门开展大范围明查暗访，对存在公款吃喝浪费现象的19家单位责令限期整改，对公务接待次数较多、金额较大的7家单位主管领导进行约谈，整治公车私用行为378起，对个别参与赌博、大操大办收敛钱财的党员领导干部进行了处理。开展党政机关楼堂馆所建设专项检查，停止全区各级党政机关及事业单位新建、扩建、购置楼堂馆所，对已获批、尚未开工的项目也一律叫停。2013年，自治区本级“三公”经费支出比年初预算减少29.48%；公务接待费用同比下降26.33%；取消出国（境）考察团组42批、141人次，因公出国（境）费用同比下降36.96%。

把开展创先争优强基础惠民生活动作为改进干部作风的重要抓手，认真履行牵头抓总职责，加强组织协调、监督指导，有序开展第二第三批干部驻村工作，以驻村干部作风的转变促进党风政风和社会风气的持续好转。认真落实区党委关于在全区驻村工作队中先行开展党的群众路线教育实践活动的决策部署，组织第二批驻村工作队认真开展教育实践活动，着力解决驻村工作队中存在的漂浮懒散、乱许愿、瞎指挥、包办代替等突出问题。要求并督促各派出单位和驻在地方党政组织加强对驻村干部的教育监督和管理，使他们更好地在基层一线接受锻炼，弘扬“老西藏精神”和艰苦奋斗、不怕牺牲的优良作风，扎实推进“五项任务”，尽心竭力为群众办实事、做好事、解难事，树立党员干部的良好形象。要求并督促各派出单位主要领导经常深入驻村点，加强调查研究，帮助解决群众生产生活中的问题；派出单位机关干部深入驻村点开展“结对认亲交朋友”活动，建立起机关干部与群众密切联系的桥梁和纽带。要求并督促各驻村工作队把加强驻在村（居）基层组织建设和作风建设作为重点，因地制宜，采取各种行之有效的措施，整治发生在群众身边的腐败现象和不正之风，促进了基层党政组织和党员干部作风的转变，净化了城乡基层的社风民风。

【加大办案力度】 加强和改进查办案件工作。区纪委增设了2个纪检监察室，建立了专门办案场所，充实了办案工作力量。做好信访举报受理工作，畅通举报渠道，拓宽线索来源。对2002年以来掌握的反映问题线索进行全面清理，摸清底数。加强案件监督管理，严格审核、谨慎使用“两规”措施，强化办案安全。制定出台《委厅机关办案奖励办法（试行）》。严肃查处违纪违法行为。2013年，全区纪检监察机关共受理信访举报658件（次），函询104人，谈话206人，了结处理230人；立案116件，结案142件（含遗留件），给予党纪政纪处分205人；移送司法机关5人，挽回经济损失861.62万元。

治理发生在群众身边的不正之风和腐败问题。巩固公车问题专项治理成果，对瞒报、漏报的违规车辆予以收缴；清理警车和专段号牌180副，收回军车牌照24副；深化工程建设领域突出问题专项治理，推进项目信息平台和诚信体系建设，查处违法违规的招投标行为；整治高考“移民”和报考资格造假问题。查处医药购销和医疗服务中的不正之风案11起，涉案金额206万余元；查处挤占、截留、挪用和骗取惠民专项资金案9起；查处强农惠农政策执行中侵害群众利益问题5起，涉案金额328万元。

【预防腐败】 强化领导责任，落实党风廉政建设责任制。制定下发2013年区直机关反腐倡廉工作部署分工意见，明确各牵头单位和配合单位的任务。督促各单位对落实责任制进行自查，推行第一责任人述责报告工作。成立自治区预防腐败局，调整充实自治区惩治和预防腐败体系建设领导小组。

加强对权力运行的制约和监督，促进领导干部廉洁从政。制定出台《关于加强廉政风险防控机制建设的实施意见》等一批制度。完成党风廉政建设有关党内法规和规范性文件第一阶段清理工作。认真落实领导干部廉洁从政各项规定。开展新任领导干部任前廉政谈话2717人（次）。加强和改进巡视监督，完成对3个地区及其12个县、3个区直单位的巡视，对2012年巡视的8个县和4个区直单位、3所高校完成回访，向区党委提出工作建议3条，向被巡视地区、单位反馈整改意见建议179条。加大简政放权力度，精简调整行政审批项目，区（中）直部门行政审批项目由833项减到331项，精简60%；自治区自设审批项目由29项减到9项，精简69%；下放区（中）直部门行政审批项目管理权限125项，推动了政府职能转变，提高了行政审批效率。

加强基层党风廉政建设。落实《农村基层干部廉洁履行职责若干规定（试行）》，建立健全党务村务公开制度。加强对惠民资金落实情况的监督检查，推行“惠民资金一卡通”。规范“三资”管理，建立完善“村财乡管村用”制度。完善村务监督制度，联合下发《关于进一步加强村（居）民委员会民主监督工作的意见》，全区3986个村（居）建立了村务监督机构，扩大了基层民主。加强对国有企业领导人员廉洁从业情况的监督检查，规范职务消费，保障职工权益。扎实推进校园廉洁文化建设，高校党风廉政建设迈出新步伐。

【队伍建设】 认真贯彻落实八项规定。制定《区纪委常委会密切联系群众改进工作作风实施细则》，加强和改进调查研究，大力精简会议和文件，改进新闻报道，规范接待和车辆管理。全年，委厅机关会务活动同比下降30%；取消部门文号10种，发文数量同比下降20%；“三公”经费同比下降10%。开展会员卡专项清退工作，全区所有纪检监察干部做到了零持有。

扎实开展党的群众路线教育实践活动，常委会班子成员率先垂范，以上率下，带动机关干部职工全员参与，狠抓学习教育，认真查摆问题，以整风精神开展批评和自我批评，落实整改任务，“四风”、“两问题”方面存在的突出问题得到有效解决。选派56名干部参加第二、三批驻村工作。开展“结对认亲交朋友”活动，实现机关干部职工和联系对象“两个全覆盖”。

转职能，聚焦中心任务。对委厅机关内设机构进行了第一轮整合，在原有机构数不变的情况下，新建2个纪检监察室，办案人员编制增加到40个，占委厅机关总编制的35%。转作风，打造过硬队伍。选派245名干部到区内外参加业务培训，提高干部能力素质；加强干部选拔任用工作，选调优秀年轻干部充实纪检监察干部队伍。

自治区组织（编办）工作

【党的群众路线教育实践活动】 精心组织实施。按照中央和区党委的统一部署，积极履行教育实践活动组织者、推动者职责，从部（办）机关抽调11名、相关单位抽调70余名优秀干部组建领导小组办公室和督导组，每个组都有区党委组织部（编办）干部参加。扎实开展前期调研，认真研究制定实施意见和方案，组织73个区直党政机关、事业单位和党的组织关系在藏的中直单位开展第一批教育实践活动，并在那曲地区比如县开展了以“坚持群众路线、构建和谐比如”为主题的第二批教育实践活动试点。与区党委活动办一道，共同完成区党委常委班子和自治区人大、政府、政协党组教育实践活动的相关工作。加强与领导小组各成员单位的沟通联系，在领导同志联系点、督导组开展工作、部门专题民主生活会、先进典型宣传等方面加强协调、搞好服务，选派部（办）机关干部参加各单位各部门民主生活会133人次，组织全区十八大代表、十二届全国人大代表、政协委员及八届区党委委员、候补委员参加有关单位民主生活会17人次，以好的作风主动作为，推动活动健康有序开展。

狠抓活动关键环节。按照“照镜子、正衣冠、洗洗澡、治治病”的总要求，组织第一批单位扎实搞好教育实践活动。在学习教育、听取意见环节，组织党员干部认真学习中国特色社会主义理论体系、习近平总书记系列重要讲话精神特别是“治国必治边、治边先稳藏”的重要战略思想、俞正声主席“依法治藏、长期建藏”的指示要求，进一步坚定共产主义信仰和中国特色社会主义道路自信、理论自信、制度自信，采取灵活多样的形式，注重全方位、多领域听取各方面意见建议；在查摆问题、开展批评环节，开展谈心谈话近8万次，查找出“四风”、“两问题”方面的突出问题1594条，73个单位520名领导干部参加专题民主生活会，相互提出批评意见3781条，1147个党支部、13823名党员干部参加了专题组织生活会；在整改落实、建章立制环节，着力解决群众反映强烈的10个方面突出问题，清查处理超编、超标违规配备公务车辆270辆，整治涉嫌公车私用行为246起，清理违规占用周转房300多套，自治区本级“三公经费”支出同比减少1804.1万元、下降12.15%，发文、会议同比缩减20.7%、26.8%以上，出国、出境考察人数同比下降18.45%、9.02%，普遍建立了理论学习、坚守岗位、联系群众等10项制度，作风建设长效机制不断健全，取得了群众满意的实际成效。

突出实践特色。把中央部署要求与西藏实际紧密结合起来，创新活动载体，组织开展“为了谁、我是谁、依靠谁”群众路线大讨论、弘扬“老西藏精神”教育、“民族团结党员先锋行”、“领导干部进村入户、结对认亲交朋友”四项活动，深化干部驻村、干部驻寺、城镇网格化管理、“先进双联户”创建评选四项工作，自治区省级领导干部每人联系1县、1村、1个重点寺庙，全区5299名党员干部与11115户贫困群众结对认亲，走访慰问42831人次，发放慰问金823.7万元，办实事好事6339件，干部作风明显改善。

【选拔党和人民需要的好干部】 扎实做好换届工作。严格落实发扬民主、推进改革、严肃纪律三项关键举措，扎实做好自治区人大、政府、政协换届工作，顺利实现了中央和区党委人事安排意图。认真做好推选全区十二届全国人大代表和全国政协委员工作。统筹做好自治区群团组织换届指导和人事安排工作。

不断增强领导班子功能。按照新时期“好干部”标准，坚持德才兼备、以德为先，大力选拔政治立场坚定、同党和人民一条心的干部，注重选拔使用长期在艰苦边远地区和维稳一线、驻村驻寺的优秀干部。调整充实地厅级领导班子50多个，提拔使用74人，平职调整73人；提拔使用 3750名优秀驻村驻寺干部，占驻村驻寺干部的13%；加强县级党政正职队伍建设，调整充实县委书记、县长43名；加强后备干部队伍建设，建立4000多名地厅级、县处级后备干部储备。加强驻藏中直单位领导班子协管工作，协助完成22家53名干部的调整交流工作，积极推进区管国有企业领导人员管理科学化、制度化、规范化建设，对14户95名区管一级国有企业领导人员进行了年度综合考评。

注重拓宽干部渠道。从内地公开选调19名优秀县委书记（县长）担任地（市）行署副专员（副市长），从重点高校引进57名优秀毕业生赴藏工作；继续实施“转业军人扎根基层”计划，招录 3000名驻藏部队退役士兵到基层工作。

切实强化干部监督。落实“党要管党、从严治党”方针，严肃换届纪律，实现了“零上访、零举报、零违纪”；建立健全干部经常性管理监督机制，扎实推进“一报告两评议”、领导干部报告个人有关事项和干部选拔任用情况专项检查，重点加强地县党政“一把手”和执法执纪、管人管钱管物关键岗位干部的监督；认真做好党政主要领导经济责任审计工作；充分发挥群众来信来访和“12380”电话、网站“三位一体”举报平台作用，受理各类举报70件；会同相关部门做好维稳专项督导和巡视工作，促进维稳责任落实。

【教育培训】 坚持开展理想信念教育。把党员干部理想信念教育摆在更加突出位置，贯穿于干部教育培训全过程。分级分类举办党的十八大精神专题培训班（研讨班）182期，培训各级各类干部1.5万余人次；举办两期地厅级领导干部学习贯彻习近平总书记系列重要讲话精神研讨班，培训地厅级以上领导干部200人，并通过远程教育同步培训县处级干部700余人；积极开展十八届三中全会精神培训，培训1500余人次，组织宣讲2万余人次。

大规模培训干部。紧扣服务全区发展稳定中心任务，深化以反分裂斗争为核心内容的思想政治教育，着力强化党性教育，全面推进能力培训和知识更新，调训各级各类干部2.74万余人次。突出领导干部重点培训，选调4000余名县处级以上领导干部参加中央党校等国家级干部培训机构各类班次学习，选派40名干部到中央国家机关和内地省市挂职锻炼；加强岗位培训，培训人大新任代表、政协新任委员、新录用乡镇公务员、基层维稳骨干等7600余人次。注重基层干部培训，统筹协调区内外优质培训资源培训基层干部1.1万余人次，开展基层干部“双语”培训2000余人次，组织200名村（居）党支部书记（村主任）赴内地培训考察，依托各级党校和有关培训基地，充分发挥对口支援优势，培训村级组织负责人8000余名，基本完成了村级组织负责人轮训一遍的任务。

【援藏工作】 不断改进干部人才援藏工作。认真做好第六批第七批援藏干部轮换交接工作，改进援藏干部担任县委书记办法，援藏县委书记由第六批的46名减少至第七批的20名，不再选派援藏县委书记的县改派正县级援藏县委常务副书记。第六批援藏干部中有1人调藏工作，38人转为第七批援藏干部，第七批援藏干部达到1200名，党政干部和专业技术人员分别增加34名、140名，增长4.23%、65.73%。大力推进就业援藏，帮助1300多名西藏籍高校毕业生在内地就业。着力加强卫生援藏，安排457名先天性心脏病患儿到内地医治。

不断提高援藏干部教育管理服务水平。认真做好第六批援藏干部期满考核和第七批援藏干部年度考核工作，召开首届“优秀援藏干部表彰大会”，第六批236名优秀援藏干部受到了表彰。举办第七批援藏干部领队和县委书记培训班，继续办好援藏干部课堂暨中国少数民族史（藏族历史）研究生课程进修班。进一步加强援藏干部和人才管理，成立中央国家机关、中央企业援藏干部自我管理小组。组织开展援藏干部“党日活动”和学藏语活动。推进援藏干部精细化管理，建立援藏干部信息管理系统。严格请销假制度，保持了较高的在藏率在岗率。

【机构编制工作】 稳步推进政府职能转变和机构改革工作。召开政府职能转变和机构改革部署电视电话会议、相关部门负责人座谈会，举办政府职能转变和机构改革业务培训班，培训近290人。研究制定《西藏自治区人民政府职能转变和机构改革方案》，及时启动政府职能转变和机构改革工作。

积极开展行政审批职责划转及改革工作。调整行政审批制度改革工作牵头单位，推进行政审批制度改革与中央地方政府职能转变和机构改革相衔接，取消下放部分行政审批项目，开展行政审批项目目录摸底调研。

稳步实施事业单位分类改革工作。研究制定事业单位分类目录，做好模拟分类，与93.68%的事业单位达成一致意见。进一步做好事业单位分类改革试点和事业单位清理规范工作，整合撤销部分职能划转或减弱的事业单位，核减收回部分事业编制。

优化机构编制资源配置。认真贯彻落实区党委书记陈全国同志重要批示精神，将有限的编制资源向基层一线和维稳工作部门倾斜，及时分配下达7610名第一批乡镇事业编制、2400名地县机动事业编制和1596名政法专项编制。调整加强政法部门工作力量，在拉萨、日喀则、昌都、阿里的重点路段增设了14个一级公安检查站。在为全区寺庙管理机构下达3416名行政编制的基础上再增加583名机关事业编制，确保区党委、政府关于加强和创新寺庙管理工作的用编需求。

自治区宣传思想工作

【强化科学理论工作】 理论学习制度化。2013年，区党委理论学习中心组围绕学习习近平总书记系列重要讲话、党的十八届二中、三中全会精神、中国梦、党的群众路线、西方宪政民主等专题进行集中学习10余次。推进学习型党组织建设，通过龙头带动、协调联动、读书促动、检查推动，组织广大党员干部采取干部轮训、集体学习、专题辅导、理论研讨等方式，认真学习党的十八大和十八届三中全会精神，学习习近平总书记系列重要讲话特别是“治国必治边、治边先稳藏”的重要战略思想和俞正声主席“依法治藏、长期建藏”的重要指示，学习区党委八届三次、四次全委会精神，做到有计划、有考勤、有资料、有笔记、有体会。据统计，各级党委（党组）集体学习平均达12次以上，实现了党员干部理论学习经常化制度化。

理论宣讲接地气。抽调专门人员、组织精干力量，组成38人的自治区宣讲团深入7地（市），在全国率先启动学习习近平总书记系列重要讲话精神宣讲工作。以电视电话会议形式，举办十八届三中全会中央宣讲团西藏专题报告会、中国梦专题辅导报告会等，每场报告会都开到乡镇一级，共有近10万名基层党员干部聆听全国知名专家学者专题辅导报告，规模之大、覆盖之广前所未有。深化“万名干部进农家宣讲党的十八大”活动，首次组建农牧民宣讲员队伍，让群众讲、讲群众，共宣讲200余场次，听众达4万余人次，制作发放藏汉文宣讲挂图2万套，面向基层的宣讲工作取得新突破。探索形成“专家学者讲理论、党员干部讲政策、农牧民群众讲身边事”的立体宣讲体系，建立起3000人的自治区宣讲人才库。据统计，全年组织各类宣讲团（组）730个，开展宣讲15000余场次，直接听众达300余万人次，发放资料7万余册，实现了宣讲全覆盖。

宣传普及声势大。精心组织“学习贯彻十八大”大型主题采访和学习贯彻十八届三中全会精神系列采访报道，共开设“十八大精神在高原”等30余个专题专栏，160余个专版，刊播各类稿件13200余篇，发稿量连创重大主题报道新记录。持续开展“中国梦·西藏故事”大型采访报道，组织各级各类新闻媒体开辟10余个专题专栏，刊发新闻报道2000余篇，采取新闻报道、评论言论、先进典型宣传、专题访谈等形式，进一步凝聚各族群众同心共筑中国梦西藏篇章的正能量。组织开展“五月的鲜花·放飞中国梦”、《盛世赞歌》大型征文等各类活动200余场次，举办报告会3000余场次，放映爱国主义教育影片1000余场次，刊播各类公益广告1000余篇。拍摄5集《中国梦·我的梦》宣讲专题纪录片，推出《梦想人物——西藏访谈》等17种主题出版物，做到了见人、见物、见精神。

研究阐释有突破。精心组织申报国家社科基金项目，2013年西藏区申报获批的国家社科基金项目再创历史新高，全区共有36个课题获得国家社科基金项目立项，立项率高达34.28%，高出全国平均水平近21个百分点。紧紧围绕区党委治藏稳藏兴藏强藏的创新举措，开展社科理论研究工作，确定2013年度自治区哲学社会科学专项资金项目立项课题51个，同比增长30.7%。

【坚持弘扬主旋律】 新闻策划有力有效。定期围绕新闻报道的主题、内容、形式、方式和时机，精心开展新闻策划，全年先后围绕群众路线教育实践活动、创建先进“双联户”（联户平安、联户增收）、藏传佛教文化讲堂、保障和改善民生十件实事等召开12次自治区新闻报道策划会，进一步增强了新闻报道的针对性实效性。

传播能力建设步伐加快。建立西藏电视台藏语节目专家指导委员会，全面改进藏语卫视节目内容，增加面向基层的藏语节目。西藏电视台7地（市）记者站挂牌成立，西藏日报7地（市）记者站建设积极推进，西藏日报印刷厂和分印点加快建设。推出面向基层农牧民群众和寺庙僧尼的移动视频客户端和藏语手机报。中央电视台驻西藏记者站藏东南报道点挂牌成立。西藏日报获得全国百强报纸称号，西藏人民出版社被评为“第三届中国出版政府奖先进出版单位”。

中央媒体报道西藏数量再创新高。全年中央驻藏媒体刊发正面宣传西藏稿件2.84万余篇，在去年增长42.4%的基础上再增长42%。其中，人民日报采发2326篇，同比增长27%；新华社采发11467篇，同比增长43%，内参125篇，同比增长41%，其中29篇得到中央领导同志批示51次，同比分别增长45%和62%；中央人民广播电台采发1753条，同比增长86%；中央电视台采发615条，同比增长15%，央视《新闻联播》平均每月播出西藏新闻5.5条。

各项把关措施全面落实。坚持政治家办报、办刊、办台、办新闻网站，进一步完善采编播、印制校、审核把关、安全刊播、新闻报道阅评等各类制度100余项。严格落实奖惩问责监督制度，表彰奖励一批为正面宣传西藏作出突出贡献的单位和个人，对因把关不严造成严重影响的单位和个人依规依纪进行严肃处理。举办全区新闻单位负责人专题培训班，开展敌情警示教育，提高政治敏锐性和政治把关能力。

创新社会管理的宣传报道大张旗鼓。组织各级各类媒体大力宣传区党委创先争优强基础惠民生、寺庙创新管理、城镇网格化管理、依法依规管理宗教事务、民族团结进步创建活动、反自焚专项斗争活动等重大政策举措，形成全社会理解支持参与创新社会管理、维护社会稳定的浓厚氛围。特别是围绕自治区开展的“先进双联户”创建评选工作，深入宣传开展“先进双联户”创建评选是区党委践行群众路线、尊重群众首创精神、创新乡村管理模式、夯实城乡发展稳定根基的重大举措，引导基层群众共创和谐平安、共同致富增收、共建美好家园。

群众路线教育的宣传报道广泛深入。组织区内主要媒体在重要版面、重要时段开设“群众路线在西藏的实践”等专题专栏30余个，刊播各类新闻报道3500余篇，大力宣传群众路线教育实践活动的重大意义、进展情况、成功做法、先进经验。

经济社会发展成就的宣传报道声势浩大。主动设置议题，围绕经济社会发展、社会保障、环境保护、文化保护、扶贫开发等热点问题，精心组织近40场新闻发布会。

民生宣传入脑入心。出版发行西藏区第一本理论热点面对面读物——《西藏十大惠民举措明白书》10万册，组织区内主要媒体逐一进行解读，使各族群众更深地感受党和政府的关怀和温暖。

重大突发事件和社会热点的舆论引导积极有效。针对“3·29”山体滑坡、“8·12”昌都地震、通麦大桥垮塌等重大自然灾害，立即启动应急预案，快速应对、果断处置，第一时间发出权威声音，最大限度地降低负面舆论影响，为救灾处置工作提供了强有力的舆论支持。

【网上舆情工作】 一是互联网监管机构和阵地建设全面加强。成立中共西藏自治区互联网工作委员会，全面推动全区网络系统党组织建设，在全国率先实现省级党委对互联网的统筹管理。区地县三级互联网信息办公室全部组建完成，互联网宣传管理机构和力量进一步得到充实。西藏互联网信息管控指挥中心项目建设取得重大进展，已完成国家发改委国家投资项目评审中心专家评估。藏语文信息监测和分析项目纳入自治区重点科技项目，并启动前期研究。中国西藏新闻网、中国西藏之声网完成改版升级，中国西藏新闻网正式列入全国第六批可供网站转载新闻的新闻单位名单。首次召开自治区微博客工作交流座谈会，推动各级党政部门积极办好政务微博，鼓励传统媒体开办法人微博，全区共开设官方认证法人微博41个，“拉萨发布”在人民网、新华网微博平台落户。

二是网络信息内容管控措施有效。深入推进电话、互联网用户真实身份登记工作，确保全区固定电话、手机、网络真实身份登记覆盖面达到100%。建立各网站舆情自审自纠和报告制度，形成了对不良信息及时报告、处置的机制。各级网信办7×24小时值班制度和每日舆情零报告制度有效坚持，信息内容监控种类和范围进一步扩大，基本做到了重大信息及时发现、不良信息及时删除、有害信息及时处置。编发《网络舆情应急处理情况简报》88期，《国内涉藏舆情专报》45期，《境外网上涉藏舆情专报》245期，常规监测境外涉藏网站1319家，封堵境外涉藏反动网站407家，删除境内网上有害信息10余万条，有效改善网络舆论环境。特别是围绕电视剧《西藏秘密》、拉萨老城区改造、通麦大桥垮塌、尼洋河水变黑、"藏独"反宣渗透、直贡寺天葬等网上舆情事件，及时进行封堵删，有效遏制了负面舆论炒作。

三是网上正面舆论不断壮大。中国西藏新闻网、中国西藏之声网共开设《贯彻十八大——开局之年看落实》等专题专栏80余个，累计发稿9万余篇。新华网、人民网、经济网等中央重点新闻网站西藏频道累计发布稿件3万余篇次，成为海内外涉藏网站新闻信息的重要来源。加快组建区地县三级网评中心，依托各级党（团）组织和广大党（团）员，抓紧建立一支政治可靠、善用网言网语、10000人左右的专兼职网评员队伍。充分发挥现有的网评员作用，就社会热点和群众关心的问题开展正面引导，组织7200多人次发帖、转帖、跟帖13万余条。

【文化事业发展】 "十二五"重点文化建设项目全面落地。543个乡镇综合文化站和39个民间艺术团排练场、7地（市）文化信息资源共享工程扎实推进，日喀则、山南、那曲地区图书馆开工建设；新闻出版"东风工程"完成80%的项目建设任务，65个县级及边境口岸新华书店发行网点基本建成，73辆流动售书车配送到县；8.4万户广播电视"户户通"工程，广播电视进寺庙工作全部完成，广播电视综合人口覆盖率分别达94.4%和95.5%，同比均提高1个百分点。西藏综合艺术中心进入项目概念方案设计招投标阶段，西藏民族文字出版基地招标开工。

"五下乡"活动广泛开展。增加法律和爱国爱教宣传服务两方面内容，将文化、科技、卫生"三下乡"活动扩展为"五下乡"活动，共发放各类宣传资料17万余份，开展文艺演出145场，播放爱国主义影片1783场，受益群众达37.8万人。

群众文化生活更加丰富。推进文化"四千工程"，全区专业文艺团体和县民间艺术团下乡演出1200余场，观众达150万人次，公共文化设施免费开展文化活动1.2万场，受益群众200余万人次，均创历史之最。启动农家（寺庙）书屋出版物补充更新工作，推出10个方面100种藏汉文对照图画书109万余册。新成立16支县民间艺术团，全区县民间艺术团总数达67支。广播、电影、电视译制量分别达1万小时、80部、1600多集1300小时，均超额完成任务。萨嘎县综合文化活动中心等9个单位获中宣部、文化部授予的全国服务农民、服务基层先进单位。林芝地区国家公共文化示范区顺利通过国家验收，山南地区成功申报第二批国家公共文化示范区。

文化招商成果喜人。组团参加第九届深圳"文博会"，李长春、刘奇葆、胡春华等中央领导先后专程到西藏馆参观指导；共签订文化产业项目9个，签约资金达9.6亿多元，同比增长20%；荣获优秀组织奖和优秀展示奖。争取"中国光彩事业"文化产业项目资金21.5亿元，已完成2个项目签约，投资达5.7亿元。文化产业项目顺利实施。大型实景演出《文成公主》好评如潮，成为西藏区文化旅游的一张靓丽名片。投资4700万元的大型原生态歌舞剧《寻找香巴拉》和投资700万元的大型歌舞剧《雅鲁藏布情》等文化产品成功推出。西藏出版文化产业园区入驻企业达17家，注册资金1.2亿元。文化发展环境不断优化。确定11个文化产业扶持项目，扶持1470万元。全区文化市场审批项目合并、取消和下放率达60%以上；新闻出版系统精简调整行政审批项目25项，调整率达50%。西藏文化发展促进会正式成立，成为推动文化发展的重要力量。

首个"百幅唐卡工程"创作完成。坚持推进唐卡艺术创新发展，举全区美术界之力、汇集国内一流唐卡艺术家参与，创作完成"西藏和平解放60年百幅唐卡"重大创新性主题工程，达到了出成果、出精品、出人才的目标，受到国内外的广泛好评。

精品力作华章纷呈。完善《自治区文艺创作扶持与奖励暂行办法》，扶持项目23个，政策导向作用进一步凸显。组建西藏广播影视制作中心，拍摄制作《西藏天空》、《门巴将军》等10余部影视剧，电影《驻藏大臣》批准立项，《西藏秘密》在央视播出并创下西藏题材电视剧收视率新记录。《影印藏医药珍本古籍》等10种出版项目获国家出版基金资助，《西藏历史文化一百问》等81种出版项目获国家民文出版专项资金资助，创国家资助项目新高。

文化活动日益活跃。成功举办第六届中国西藏珠穆朗玛摄影大展、全区第二届专业电视舞蹈大赛、全区曲艺大赛、韩书力进藏40年绘画展、巴玛扎西水墨画展等大型文化活动20多个。首次参展海峡两岸图书交易会，展出的273种图书、82种音像制品销售一空。

作品获奖再创新高。30余部作品获全国性奖项，同比增长50%。《魅力西藏》、《解放，解放！》分获第十届"文华奖"优秀剧目奖和剧目奖；折嘎《新旧变化》获第五届全国少数民族曲艺展演一等奖，音乐剧《燃烧的雪原》获中国戏剧奖；原生态舞蹈《定日诺谐》《萨嘎甲谐》获国家级非物质文化遗产民族民间舞蹈展演特别荣誉奖；歌曲《珠穆朗玛的故乡——西藏》获第十一届中国西部民歌（花儿）歌会金奖；《国旗阿妈啦》荣获北京第二届微电影大赛征集评选活动纪录片类一等奖；纪录片《雪域军魂》获第四届中华优秀出版物奖，《藏族传统手工宝典》获国家出版基金优秀项目；《西藏自治区藏药材标准》获第二十一届中国西部地区优秀科技图书奖一等奖，《从象雄走来》、《解放昌都·1950》分获第15届北方15省市优秀文艺图书奖一、二等奖。

名家新秀不断涌现。韩书力画作《高瞻图》获卢浮宫国际美术展银奖，这是我区画家近年来获得的重要国际美术奖项；班典旺久获国家戏剧表演最高奖—"梅花奖"，在我区尚属首次；扎西拉宗获第十一届中国西部民歌（花儿）歌会金奖；次仁央宗获第十五届全国青年歌手电视大奖赛民族唱法第四名，系唯一获奖的少数民族选手；次仁桑珠获首届"《争奇斗艳》——2013蒙藏维回朝彝壮冠军歌手争霸赛"亚军。

打击防范专项整治行动战果显著。召开全区文物保护和打击防范文物犯罪专项整治行动电视电话会议，全面部署专项行动，共检查文保单位110多处，责令整改6处，为20多处文保单位配备消防设施；破获文物被盗案8起，追回被盗文物9件、古经书若干，形成了强有力的震慑效应。为全区246处野外文保单位聘请专门管理人员。在全区所有寺管会成立文保机构或明确文保责任机构、责任人，确保寺庙文物安全。文物保护工程进展顺利。20处文物点被列入第七批全国重点文物保护单位，文物国保单位升至55处。总投资10.1亿元的"十二五"46项重点文物保护项目全面启动。清政府驻藏大臣衙门旧址陈列馆修缮保护工程、根敦群培纪念馆竣工并对外开放。"非遗"工作稳步推进。命名第四批自治区级"非遗"代表性项目101个，2名国家级"非遗"传承人荣获"第二届中华非物质文化遗产传承人薪传奖"。成功举办第二届藏戏大赛暨藏戏展演活动及首届全国藏戏学术研讨会。

【对外宣传工作】 对外学术文化交流力度加大。成功接待印度、尼泊尔、德国、法国等10个国家6批26名外国记者来藏访问。选派7批12名政府官员、藏学家等赴日本、澳大利亚、英国等10多个国家开展学术交流和友好访问；派出5个团组97人赴泰国、尼泊尔、台湾、澳门等国家和地区开展文化交流。成功举办"2013德国·中国西藏文化周"，开展了"魅力西藏"歌舞演出、"雪域风采"图片及唐卡展览等一系列文化交流活动，中央政治局常委、全国政协主席俞正声同志致信祝贺。

利用外媒正面宣传西藏效果明显。研究制定西藏区《关于贯彻〈关于深化"中国梦"的对外宣传工作的意见〉的实施意见》。以"中国梦"和"六个西藏"为主题，加大与海外媒体的合作力度，把西藏各族人民同心共筑中国梦的风采展示出来。在《华盛顿邮报》刊发以"文明西藏"、"美丽西藏"、"富裕西藏"、"和谐西藏"、"法治西藏"为主题的5期西藏专版，在美国《侨报》等11家海外华文媒体刊发包括"缤纷西藏·中国梦"专题的报道396期，在尼泊尔主流媒体刊发以拉萨老城区保护、西藏生态环境保护、唐卡艺术传承人等为题材的8期西藏专版，打破了我在国际舆论场上"有理无处说"、"有理说不出去"的被动局面，进一步增进国际社会对西藏真实情况的了解和认知。

外宣基础工作进一步夯实。实施外宣"精品工程"，按照"西藏故事，世界表达"的要求，完成2013年度《西藏故事》——《唐卡》等4部系列外宣纪录片，筹备拍摄微电影《守望布达拉》。承办"第四期全国涉藏外宣人才培训班"，54个驻外使领馆的55名外交官参加培训。协助国新办撰写发表《西藏的发展与进步》白皮书，并广泛组织学习宣传。5地区新闻发布中心及13个边境外宣点等“十二五”项目建设顺利推进。

自治区统一战线工作

【巩固共同思想政治基础】 加大宣讲力度、扩大覆盖面。第一时间组织全区统战系统党员干部深入学习十八届三中全会和区党委八届五次全委会精神，将会议主要精神和主要领导讲话翻译成藏文传达提纲，与各族各界代表人士通报并座谈。结合寺庙法制宣传主题教育活动，编写广大僧尼听得懂、记得住、能理解的藏汉文宣传册子，让十八大和十八届三中全会精神进寺庙。在爱国爱教宣传服务下乡活动中融入中央和自治区重要会议、重要文件精神的内容，教育引导僧尼和信教群众。通过深入学习宣传党的路线方针政策，各族各界人士不断增强了对中国特色社会主义的道路自信、理论自信、制度自信，更加坚定了维护祖国统一和民族团结、维护西藏和谐稳定局面、积极投身全面深化改革事业的信心和决心。

制定贯彻落实意见。根据十八届三中全会和区党委八届五次全委会精神，从统战民宗工作服务改革发展稳定的职能定位出发，研究制定了西藏统战民宗系统贯彻落实全面深化改革要求的实施意见，着眼依法管理宗教事务、维护宗教领域和谐稳定，发展民族团结进步事业，促进非公经济健康发展和非公人士健康成长，推进社会主义协商民主广泛多层制度化发展，加强党外代表人士队伍建设，扩大境外爱国藏胞统一战线等重点工作，为西藏改革发展稳定凝心聚力。

【确保宗教领域和谐稳定】 始终把寺庙维稳作为重中之重。加大对全区寺管会工作的协调指导力度，下发电报，派督导组、暗访组，强化落实寺庙维稳措施，确保敏感时段各寺庙和谐稳定。及时召开专题会，在重要时段研究部署重点寺庙、重点人员的管控措施，确保不自焚、不出事。继续严格执行寺庙“属地管理、分级负责”原则，制定出台《关于在全区寺庙实施僧尼联保服务管理工作的试行意见》，建立完善寺庙僧尼联保服务管理制度。地方党政主要负责人增强第一责任人意识，强化属地寺庙内外安防措施，确保维稳措施全覆盖，并主动对宗教工作进行年终述职。全力配合政法部门开展反自焚专项斗争，组织发挥好宗教界爱国人士在维护社会稳定工作中的积极作用，有力批驳十四世达赖集团煽动自焚的歪理邪说，有效引导广大信众坚决抵制祸国乱教的不法行为，取得反自焚斗争的阶段性胜利。对重点寺庙和人员采取针对性管理措施，建立省级领导干部联系全区重点寺庙制度，省级领导同志多次深入联系点调研督导工作，协调解决困难和问题。落实对寺庙清退人员等宗教领域重点人员的地县乡村户“五级”管控帮教措施。继续完善与青、川等毗邻省区的宗教工作协调机制。在区党委专项工作中发挥重要作用。统战、民宗多位班子成员和十几名处级干部长期在重点地区和情况复杂寺庙参与专项整治工作，教育转化寺庙僧尼，团结引导信教群众，维护了正常宗教秩序，有力回击了十四世达赖集团宗教渗透。

干部驻寺工作继续深化。为驻寺干部解决编制7277个，其中2012年落实了3861个事业编制，2013年落实了中编办批复的3416个行政编制。制定出台了自治区《驻寺干部管理办法（试行）》、《进一步加强驻村驻寺干部管理的意见》和《2013-2014年全区驻寺干部轮训规划》，对驻寺干部的日常管理、培训、选拔和使用等环节进行了严格规范，两年来累计培训驻寺干部2900余人（次），表彰优秀驻寺干部2563人（次）、优秀宗教工作干部200人，提拔重用了一批驻寺干部。研究出台《关于对僧尼较少寺庙和有寺无僧寺庙实行片区管理的意见（暂行）》。惠寺惠僧政策更加广泛深入落实。“六个一”活动深入开展，除少数偏远寺庙外基本实现了寺庙“九有”全覆盖，积极推进寺庙文化建设，组织力量编写了《西藏自治区僧尼学汉语专用教材（试用）》，深受寺庙僧尼和驻寺干部欢迎，干部做教师，僧人做学生，寺庙学文化、学科普氛围越来越浓厚。全面落实了在编僧尼一系列社会保障待遇，在全区45座百人以上寺庙统一修建养老院并纳入自治区“十二五”规划中期调整项目。加大寺庙文物保护力度，将全区寺庙僧舍维修纳入保障性住房建设规划，按人均5000元标准测算寺庙僧舍维修改造补助专项资金。继续广泛深入开展和谐模范寺庙暨爱国守法先进僧尼创建评选活动，2013年区、地、县三级共表彰和谐模范寺庙1522座（次）、爱国守法先进僧尼62209人（次）、先进寺管会1151个（次），发放奖金1.27亿元。“百名高僧大德培养工程”稳步实施，制定了细化培养方案，落实了具体培养对象，力争用十年时间培养100名爱国爱教的藏传佛教活佛等高僧大德，造就一支政治上靠得住、宗教上有造诣、品德上能服众的藏传佛教高层代表人士队伍，成为促进藏传佛教与社会主义社会相适应的骨干力量。全面深化藏传佛教教规教义阐释，组织高僧巡回宣讲，在电视、报纸上发表反对自焚、珍惜生命讲座，出版宣传手册，揭露十四世达赖集团祸藏乱教的本质。举办了全区首届藏传佛教新阐释研讨暨优秀论文评奖会。扎实开展爱国爱教宣传服务下乡活动，组织高僧宣讲团深入偏远乡村1400余座寺庙，开展民族宗教政策宣讲及讲经传法活动2000余场（次），在满足广大群众信教需求的同时，主动引导、争取被十四世达赖集团渗透影响的寺庙僧尼，开创了用宗教办法解决宗教问题的新局面。

依法维护藏传佛教正常秩序。加强对全区宗教佛事活动统一管理，制定完善管理宗教事务的配套法规。会同民宗部门严格审批大型宗教活动，提早部署传统宗教节庆期间的维稳工作，确保传统宗教活动正常有序。研究制定了自治区藏传佛教《民俗类宗教活动人员管理办法》、《修行人员管理办法》、《寺庙僧尼请销假管理规定》等，加快制订《西藏自治区藏传佛教事务条例》，为建立藏传佛教事务长效管理机制提供制度保障。严格落实寺庙数量和规模、僧尼定员数、宗教活动“三个不增加”。制定出台全区《藏传佛教寺庙定员僧尼吸收补充办法（暂行）》，坚持“定编定员、总量控制、留有余地”原则，并率先在拉萨市进行新僧补充试点。严格传统宗教活动管理与审批，加强对出境参加“法会”人员、境外回流僧尼管控，对外出学经人员调查摸底，集中清理整顿社会流动从事宗教活动人员。牢牢掌握藏传佛教活佛转世、学衔授予、僧尼学经等工作。按照《藏传佛教活佛转世管理办法实施细则》，顺利圆满完成一批活佛的批准、寻访、认定、坐床工作，转世活佛数量多、主动管理的力度大，挫败了数起十四世达赖集团插手图谋，有效地改变了活佛转世的状况。积极研究制定《西藏佛学院学衔授予办法（试行）》，65人获得“格西拉让巴”传统学衔。寺庙僧尼学经逐步纳入正规渠道，明确今后全区寺庙缺编补充僧尼必须由佛学院及其分院输送推荐。规范管理其他宗教事务，有效治理宗教环境。加强伊斯兰教、天主教事务管理，对全区首批20名伊斯兰教教职人员进行资格认定考试，报请中国伊协同意认定并颁发证书。配合公安部门防范和制止基督教地下传教活动。坚决抵御和防范校园宗教渗透，配合教育部门营造健康向上的校园环境。

【促进民族团结】 建立健全民族团结宣传教育和创建表彰工作机制。深入开展9月“民族团结进步月”宣传教育活动，大力宣传“三个离不开”观念，让民族团结观念深入乡村社区、机关学校、军营、寺庙，不断增强各族各界群众的“四个认同”。按照《开展民族团结进步模范评选表彰活动的意见》，自治区隆重召开2013年全区民族团结进步表彰大会，拿出1000万元对在推动民族团结进步事业中涌现出的150个模范集体和210名进行了表彰，区、地、县三级共表彰模范集体1042个、模范个人1048名。召开全区首届民族团结模范家庭座谈会，表彰模范家庭56户。

继续实施“兴边富民”行动，扶持人口较少民族发展。在自治区“十二五”规划中积极争取少数民族发展项目资金11.37亿元，资金投入以每年20%速度递增，分别用于边境地区和人口较少民族地区的住房、人居环境整治、特色产业发展、实用技术培训等项目。2013年安排资金4.29亿元，落实项目840个，其中，边境地区和区内人口较少民族地区基础设施、教科文卫、生产发展、实用技术培训等安排资金近2.84亿元，安排建设项目550个；安排腹心地区基础设施建设等1.22亿元，建设项目290个；安排边境地区村容村貌和人居环境整治资金0.22亿元。

【推动非公经济发展】 加大优惠激励政策落实力度。对加强和改进新时期工商联工作的意见、推进非公经济跨越式发展的意见等文件落实情况进行深入督查，结合十八届三中全会全面深化改革的要求，协助政府进一步破除体制机制障碍，引导非公经济适应调整优化产业结构的需要，有力促进了非公经济的大发展、快发展。2013年全区非公经济市场主体达12.3万户，注册资本574.35亿元，从业人员52.4万人，上缴税收121.76亿元，占全区总量的91.8%。非公企业加入工商联的积极性不断高涨，目前全区工商联会员达3373家，成立商会、行业协会16家。

组织“中国光彩事业西藏行”活动。与全国工商联共同组织首届“中国光彩事业西藏行”大型招商引资活动，吸引全国30省市300余家著名民营企业、600多位企业界嘉宾参加，达成意向及落地项目131个，投资总额近2400亿元，并为西藏公益事业筹集善款6900万元。

鼓励、支持、引导非公经济发展。指导筹备全区第二次非公经济发展大会，协调各方、主动争取和出台优惠政策，支持帮助非公企业加快发展，组织民营企业家到经济发达地区参观学习，开阔眼界，洽谈合作，开发特色产业。

健全非公党建工作体系，为非公经济和非公人士健康成长提供保障。自治区非公经济组织党工委成立以来，七地市非公党工委已实现全覆盖，县级非公党工委组建工作正在逐步推进，全区自上而下的非公党建工作体系初步形成。目前，全区非公党组织已达305个，党员6600余名，规模以上非公企业一对一派驻党建指导员300名，以党建促发展。认真开展全区非公经济人士理想信念教育实践活动，有力增强了他们对中国特色社会主义制度的信念、对党和政府的信任、对企业发展的信心。

【发挥党外代表人士作用】 畅通党外代表人士知情和参政渠道。通过召开党外人士座谈会、情况通报会、交流协商会等，向各族各界代表人士及时通报中央和自治区重要会议精神、宣传党的政策主张。区党委重大决策部署酝酿阶段，及时向他们征求意见建议；重大工作进度和成效，及时通报情况；对他们的意见建议，在实际工作中予以吸收和采纳，有效拓宽了参政议政渠道和途径。十届自治区政协一次大会胜利召开，委员名额在九届486名的基础上新增了129名，历史性地达到615名，新增党外委员重点向民族宗教界爱国人士等倾斜。圆满完成400多名新任区政协委员培训工作。推荐的十一世班禅额尔德尼确吉杰布、桑顶多吉帕姆德庆曲珍、珠康土登克珠三位党外人士顺利当选十二届全国政协常委。指导筹办佛协西藏分会第十届代表大会，较大幅度增加理事、常务理事和副会长职数，积极调动党外代表人士发挥作用。

细化同党外代表人士联系交友措施。在实施“三百工程”（即着力培养100名政治上靠得住、宗教上有造诣、品德上能服众的宗教界爱国人士，100名在科教文卫等领域有较大影响、贡献突出的党外知识分子，100名有经营头脑、经济实力、发展潜力的非公经济领军人物）中，区党委统战部、宗教办处级以上干部每人联系3-6名“三百工程”对象，部务会班子带头联系联络，并以文件形式对联络内容、频度、效果提出了明确要求。做好党外政协委员尤其是新进第十届政协党外委员的沟通联络工作，鼓励他们为西藏发展稳定建言献策。

加强党外代表人士培养平台建设。2013年西藏社会主义学院共举办21期培训班，培训1451人次，学员涵盖驻寺干部、统战民宗干部、宗教界代表人士、非公党务工作者和党外干部等。继续办好西藏佛学院，第二批学制班顺利开学，全年举办四期培训班，培训学员1040名（僧人930名，尼姑110名）。制定出台《办好西藏佛学院分院的意见》，依托和谐模范寺庙，已在5地市的6座重点寺庙挂牌成立6所西藏佛学院分院，佛学院坚持政治培训和提高宗教造诣结合，通过制定规范的教学大纲，建立科学的教学、修行体系和学衔制度，确立了在我区藏传佛教领域的权威和主导地位。规划指导西藏社院改扩建和七地市社院项目建设、西藏佛学院三期工程建设。

【境外藏胞工作】 规范和加强藏胞管理和接待工作。落实全区境外藏胞工作会议和文件精神，以争取人心为目标，以分化瓦解为主线，积极利用境外藏胞回国探访时机做好团结争取工作。

加大“走出去、请进来”工作力度，最大限度地发展壮大境外爱国力量。组织赴尼泊尔、瑞士等慰问演出和文化交流活动，接待海外侨领赴藏考察团一行，有效宣传了社会主义新西藏发展变化和文化保护成就。注重以乡情为纽带争取人心，重点接待有代表性的爱国友好藏胞回国探访，使他们亲身感受西藏发展的可喜成就，由衷地站在客观公正的立场驳斥十四世达赖集团的肆意歪曲。继续充实自治区归国藏胞接待委员会和归国藏胞接待站工作力量、加强境外藏胞工作专网等建设。妥善处理了阿贡活佛遇害事件。

发挥自治区侨联在归侨侨眷中的桥梁纽带作用。自治区侨联2012年正式成立以来，注重发挥回国定居藏胞的政治影响作用，在对他们进行政治安排、了解思想动态、关心工作学习生活、协调解决问题方面做了大量卓有成效的工作。6月，成功召开自治区第一次归侨侨眷代表大会，明确了今后一个时期的主要工作任务，选举产生了领导班子，在机构、人员、班子到位后各项工作有序开展。

【其他工作】 对台工作稳步推进。2013年台办审批办理入藏台胞1042批2.78万余人次，审批联系我区前往台湾地区考察团组20个112人，接待台湾团组15个76人。通过两岸互动交流增进了解和共识，进一步挤压了达赖集团在台活动空间。

理论研究水平提升。围绕热点难点问题，组织30余个工作组深入基层调研，编写了一批参考价值高的文章，对达赖集团采取“自焚”等暴力手段急于求独作出预警，受到区党委重视。

专项工作扎实稳固。做好十一世班禅在藏活动安排，成立专门工作班子，妥善安排49天在藏活动，严格落实了区党委“绝对安全、绝对健康、绝对不出任何问题”的要求，有效扩大十一世班禅的宗教和社会影响，实现了中央满意、西藏各族各界满意、班禅一行满意、社会反映较好的目标。与有关部门通力合作，做好了数名专项工作对象进藏接待管理工作、手术治疗等工作。

信息宣传力度增强。完善统战信息工作机制，加强信息员队伍建设，扩展畅通信息报送渠道，信息采用分保持全区前10名。在西藏电视台、西藏日报社开设“西藏统一战线”专栏，不断加大统战宣传力度。

自治区政法工作

【概况】 2013年，全区各级党委政法委和政法各部门深入贯彻中央和区党委、政府的一系列决策部署，全面落实年初全区维护稳定工作会议和政法维稳综治工作会议的部署要求，坚持抓早、抓小、抓快、抓好，强基固本、争取人心，下好先手棋、打好主动仗，反分裂斗争和维护社会稳定工作取得重大胜利，加强和创新社会管理工作深入推进，政法维稳综治各项业务工作再上台阶，确保了持续稳定、全面稳定、全年稳定。

【完善工作机制】 按照区党委统一部署，进一步调整充实了各级维护稳定工作领导小组（办公室）和维稳指挥部领导力量，进一步健全了党政军警民协调联动机制、领导干部维稳分包机制、维稳能力建设保障机制、应急处置机制、舆论引导机制、乡村政权建设机制、维稳工作督查机制、维稳责任追究机制等，为确保全区社会大局和谐稳定提供了强有力保障。针对十四世达赖集团的分裂破坏活动，研究制定《关于严密防范和妥善处置规模性自焚的实施意见》、《西藏自治区零散成品油销售管理办法》和《关于在全区加油站点派驻安全监管员的工作方案》，抓好信息情报工作，做好做实应急预案，管住汽油等易燃易爆物品源头；针对各类大型民俗宗教节庆活动，严肃政治纪律、加强公共管理，综合施策、齐抓共管，严防公共安全事故和政治破坏行为，确保活动现场秩序井然、节日期间欢乐祥和，为经济社会发展创造了安定祥和的社会环境。

【加强防范控制】 一是严密全局管控。强化“环拉萨、进出藏、出入境”三道防线，全区县以上重点城镇、重点寺庙、边境口岸全部安装了视频监控，初步构建起空中有监控、道路有卡口、路面有巡逻、社区有管控的防控格局。二是突出防控重点。始终坚持拱卫拉萨安全，高度关注昌都、那曲、日喀则等重点地区，对布宫广场、大昭寺广场等中心城镇复杂敏感区域、人员密集场所和重要旅游景点严格落实安检措施，强化针对性管控，消除现实威胁。三是管牢“两边一线”。在藏区边界，一方面为邻省藏区进藏人员提供方便、热情、周到的服务，一方面严防不法人员、危险物品进入西藏；在青藏铁路沿线，强化巡防力量，增加护路联防队员，配备必要的装备和服装，24小时昼夜值班巡逻，确保青藏铁路西藏段绝对安全。四是加强社会治安综合治理。始终保持对严重刑事犯罪特别是分裂破坏活动的高压态势，严厉打击黑恶势力、社会团伙，打击煽动聚集闹事等违法活动；深入开展消防安全大检查、安全生产大检查、互联网安全整治和危爆物品安全大检查大整治专项行动，有效维护了公共安全；成立涉稳重点人信息化动态查控中心，协调公安部和四省藏区公安机关将四省藏区重点人员、僧尼信息纳入我区大情报平台，对各类涉稳重点人落实属地管控措施，实行全时盯防、个案管控、动态监管、联保帮教，对“法轮功”、“全能神”等邪教组织习练人员加大教育转化、回访帮教力度。

【平安西藏建设】 一是深化城镇网格化管理。以便民服务、维稳处突为主要职能，充分发挥便民警务站的作用。不断深化网格化管理内涵，将城镇社区网格化服务管理模式推广到各地区中心城市，拓展延伸到社区、寺庙、村民组、居民区，形成了群防群治、反对分裂、维护稳定、共创和谐的工作格局。二是深入开展“先进双联户”创建评选活动。认真贯彻落实区党委的决策部署，深入推进“双联户”服务管理及“先进双联户”创建评选活动，形成了以“联户平安、联户增收”为主要内容的服务管理模式，并延伸拓展到各类学校、企业、寺庙，实现了全区“双联户”服务管理工作全覆盖，“社情民意一传到顶、政策措施一通到底”的工作体系初步建成，区、地、县、乡、村五级评选表彰工作圆满完成，形成了共创平安和谐、共同增收致富、共建美好家园的良好氛围。三是以干部驻寺常态化为主要内容，以维护藏传佛教基本秩序为主要目标，深入开展平安和谐寺庙创建活动，全面落实教育、管理、服务三项职能，寺庙管理服务水平全面提升。四是切实抓好矛盾纠纷排查调处。制定《关于建立健全重大决策社会稳定风险评估的实施意见》，健全完善人民调解、行政调解、司法调解联动的“大调解”工作体系和机制，深入开展“民声大走访、矛盾大调处、隐患大整治”活动，在矛盾纠纷多发领域建立了行业性、专业性调解组织，把各类矛盾纠纷隐患化解在基层，消除在萌芽状态。同时，认真贯彻落实中央政法委等六部门纪念毛泽东同志批示“枫桥经验”50周年大会精神，对学习借鉴“枫桥经验”，加强和创新群众工作，最大限度地预防和化解社会矛盾进行了研究部署。五是强化流动人口服务管理。建立完善居住证管理制度，积极稳妥地推进四省藏区进藏人员“一卡通”管理制度，完成“一卡通”系统建设并投入使用。六是确保意识形态领域安全。全面实施网络、手机、固定电话、微博实名制。区党委专门成立了自治区网络管理工作委员会，切实加强了对全区网络管理工作的统筹指导。七是持续深化基层平安创建工作。不断深化平安医院、平安学校、平安家庭、平安寺庙等基层平安创建活动，以基层平安促进大局平安。不断完善动态管理长效机制、平安创建“摘授牌”制度，建立年终平安创建综合管理档案，以机制健全确保取得实效。

【政法队伍建设】 一是深入开展以“练内功、强素质、树形象”为主题的全区政法队伍素质建设年活动。继续深化社会主义法治理念和政法干警核心价值观教育，对全区政法队伍纪律作风进行集中教育整顿，出重拳、下猛药，正警风、肃警纪，集中解决政法队伍存在的突出问题，全面加强政法队伍的思想政治、素质能力和纪律作风建设，进一步提升了政法队伍的职业化、专业化、正规化水平。二是切实加强基层基础建设。扎实组织推进政法系统信息化建设，认真开展基础调研，社会管理数据中心、视频图像数据中心、司法行政系统信息化建设等重点项目已完成总体方案设计并经特聘专家评审论证。检察机关建成了符合国家分级保护规范的侦查指挥中心、GPS车辆定位系统，提升了科技强检和后勤保障能力。三是强化政法维稳综治干部培训管理。认真落实《2012-2016年西藏自治区政法干警教育培训规划》，进一步加大政法干部队伍教育培训力度，对所有新进干警分期分批开展了不少于一个月的集中教育培训。特别是区党委政法委积极协调配合国家行政学院、区党委组织部、区党委党校举办了“西藏社会稳定研讨班”、“第二期西藏政法系统领导干部应急处变能力培训班”、“第二期西藏政法系统领导干部加强和创新社会管理专题研讨班”。同时，严格执行政法维稳系统领导干部外出报批制度，进一步加强外出报批管理，对领导干部在岗、离岗情况实行动态管理。四是扎实推进政法委自身建设。结合开展区党委政法委机关党的群众路线教育实践活动，统筹加强各级党委政法委建设，认真查摆解决政法机关在“四风”、“两问题”上存在的突出问题，进一步加强制度、作风、勤政廉政建设，做好各项规章制度的立改废工作，广大政法干警的理想信念进一步坚定，精神面貌进一步提振，工作作风进一步转变，公正廉洁执法水平进一步提高。

自治区党校(行政学院)工作

【提升服务大局水平】 一是认真学习贯彻党的十八大及中央和区党委一系列会议精神。全年理论中心组集中学习30余次，校领导作报告10余次，安排专家辅导10余次。二是深入开展了党的群众路线教育实践活动，严格落实中央八项规定精神、自治区党委“约法十章”和“九项要求”，认真查摆在“四风”“两问题”方面存在的突出问题，成功召开了校委专题民主生活会。开展了“进村入户、结对认亲交朋友”活动，安排18名县处级以上领导干部前往昌都江达县深入驻村联系点，与农牧民群众同吃同住同劳动，全校44名县处以上干部结对帮扶贫困群众88户，发放慰问金4.4万元。挤出40万元资金，修建了占地1300平米的车库，解决教职工停车难的问题；争取资金305万元，在校园教工生活区、学员生活区、办公区和主干道等安装监控设备，积极营造安定和谐的校园环境。三是强基惠民活动扎实开展，第二批驻村工作队圆满完成任务，共计落实项目资金240多万元。四是切实开展党风廉政教育。严格落实党风廉政建设责任制，深入开展党性党风党纪教育，坚持把廉政教育纳入学员入学教育和教学内容。西藏党员干部廉政教育基地接待参观团队87个，2949人次。五是抓好理论宣讲工作。校院专家学者40余人次在各类媒体解读党的十八大、十八届三中全会精神，30余人次深入党政机关、企事业单位和基层积极开展宣讲230余场次，受众达26000余人次。

【培训工作】 一是顺利完成办班任务。全年区党委批准办班20个，实际办班39个，共培训干部2752人次，培训量比去年增加1216人次。其中，计划内班次18个，培训干部1504人次；计划外班次21个，培训学员1248人次。另外通过远程VPN系统开展远程培训，共计培训干部1500余人次。二是办好重点班次。围绕区党委、政府的工作重点，举办了全区地厅级干部学习贯彻党的十八大精神研讨班、第七批援藏干部领队、县市委书记和公选地市政府副职培训班、地厅级干部学习贯彻习近平总书记系列重要讲话精神研讨班等重点班次，充分发挥了党校干部教育培训主渠道作用。三是继续深化教学改革。及时将党的十八大精神和习近平总书记系列重要讲话精神内容纳入课程体系，围绕党的十八大精神，推出“学习宣传贯彻党的十八大精神”、“党的十八大的重大意义和历史贡献”、“坚持和发展中国特色社会主义”、“全面建成小康社会的战略部署”、“贯彻落实“五位一体”总布局”、“努力建设‘六个西藏’”等新专题；围绕学习贯彻习近平总书记系列重要讲话精神，推出“深刻领会关于坚定理想信念的重要论述”、“深刻领会关于实现中华民族伟大复兴中国梦的重要论述”等新专题。全年校内外共有77名专兼职教师承担了448个专题的教学任务。教学方式不断创新，广泛采用菜单式、自主选学、案例式、互动式以及结构化小组讨论、项目教学、拓展训练、情景模拟等方法，教学的针对性进一步增强。

教学管理不断完善，坚持新专题试讲和集体备课制度，实行教学质量评估制度，不断打磨优秀专题，认真开展新专题开发、精品课程评选、优秀讲稿选编等工作，不断夯实教学的基础工作。四是开放办学不断深化。坚持“走出去”、“请进来”，组织中青班、乡镇党委书记培训班等主体班次赴中国浦东干部学院、山东潍坊市委党校等国内知名干部院校及沿海先进发地区开展异地培训，组织有关班次赴达孜工业园、拉萨经济技术开发区等进行现场教学。五是继续推进“领导干部上讲台”制度，共邀请中央党校、国家行政学院、北京大学6位专家学者来校授课11次，邀请区内有关部门领导和专家学者授课30余次，提高了培训的实效性和针对性；加强教学基地建设，积极与拉萨市委组织部协调联系，共建现场教学基地10余个，教育培训空间进一步拓展。六是抓好研究生教育。录取2013级在职职研究生360人，在校研究生达750人；2010年在级研究生129人顺利通过论文答辩，研究生教学质量和社会影响稳步提升。七是严格学员管理。坚持以人为本，加强党性锻炼，狠抓学风建设，做好学员的学习、生活和组织管理，在每期班次中成立学员党支部，根据不同的班次类型选派不同的班主任，200人以上的大班配备双班主任，结合班次特点开展入学教育，把党性教育和廉政教育贯穿到学员管理工作始终，努力提升学员管理水平。

【科研工作】 一是课题申报再创新高。组织申报国家社科基金课题5项，其中《风险管理视角下的西藏流动僧尼服务与管理机制研究》、《西藏地区加强党的纯洁性建设的实践与基本经验研究》、《藏文高僧传解读模式初探》、《西藏全面贯彻党的宗教工作基本方针研究》4项立项。组织申报西藏自治区哲学社会科学专项资金项目21项，立项9项。组织申报国家民委民族问题研究项目5项，其中《西藏民族关系现状、问题及对策研究》立项。组织申报全国行政学院合作课题5项，全部立项。正式设立校级重点课题，批准立项9项。二是研究成果不断丰富。全年共发表理论文章80余篇，牛治富副校长撰写的《西藏社会的四个跨越》一文被《中国西藏》全文转载，《中国共产党治国理政稳藏兴藏方略的新概括新发展》一文入选全国党校系统学习习近平总书记系列讲话研讨会，孙向军副校长撰写的《政治伦理何以可能—关于“政治的善”的三个基本问题》一文发表在《哲学研究》。组织召开了“深入学习贯彻习近平总书记系列重要讲话精神理论研讨会”、“全区党校系统纪念毛泽东同志诞辰120周年理论研讨会”。《中国共产党指导思想的又一次与时俱进》等3篇论文入选“全区学习贯彻党的十八大精神理论研讨会”，《西藏宗教立法研究》被评为中国法学会西部法治论坛优秀论文，2名教师参加“全区中国梦理论研讨会”。三是期刊质量稳步提升。《西藏发展论坛》出版6期，发表文章90篇约60万字。

【队伍建设】 一是加强干部队伍建设。严格按照干部选拔任用条例，选拔交流处级干部15名，科级干部25名，调入3名工作人员。注重培养选拔优秀年轻干部，实现了干部队伍年龄结构优化。开展干部管理权限下放自查检查工作，得到检查组充分肯定。3名同志分别被评为“全区优秀援藏干部”、2013年“全区民族团结进步模范个人”、2013年区直机关“优秀党务工作者”。二是推进师资队伍建设。组织召开全区党校系统职称评审会议，通过1名教授，1名副教授、8名高级讲师、7名讲师的任职资格。1名教授荣获国务院政府特殊津贴，1名教师荣获全区宣传文化系统“五个一批”人才，3名教师荣获全区科学技术带头人。推选30多名同志参加中央党校、国家行政学院等干部院校培训和“西藏少数民族专业技术人才特殊培养计划”；选派全区党校系统6名同志参加中央党校代培研究生的学习；选派2名同志赴意大利学习考察；筹备全区行政学院系统赴美国培训团。三是做好教职工的管理和服务。认真做好工资福利、档案管理、公务员信息采集和完善、事业单位分类改革等工作。积极做好老干部工作，接待离退休干部职工来访40余人次，解决实际问题10余件。四是加强机关党建工作。吸收2名同志为中共预备党员，发展2名同志为入党积极分子，3名同志按期转正。建立了141名在职党员和46名退休党员信息库。

【改善办学条件】 启动了投资2650.39万元的教职工周转房、旧办公楼改造，新建水泵房、大门及附属设施工程，已完成招投标前期工作。维修了三栋讲师楼，投资190.8万元。总投资1555万元的供暖工程开工建设；实施校院节能路灯更新工程，总投资84万元。完成所有教职工周转房及学员宿舍屋面防水维修。积极为校院争取区直机关周转房，有效解决职工住房难、住房差的问题。加强信息化工作，推动全区党校系统资源共建共享，利用VPN远程访问及视频教学会议系统全面开展各类教学工作。中国西部开发远程学习网西藏远程学习中心被国家发改委西部司、国家信息中心评选为“2012-2013年度优秀远程培训中心”。新图书馆正式启用，与自治区图书馆签订西藏地方文献图书联合采购协议，丰富馆藏资源。

自治区党史研究（地方志）工作

【概况】 2013年，西藏自治区党委党史研究室（地方志办公室）以邓小平理论、“三个代表”重要思想和科学发展观为指导，深入学习贯彻落实党的十八大、十八届三中全会、区党委八届四次全委会精神，以及全国党史研究室主任会议、全国地方志办公室主任会议精神，紧紧围绕区党委中心工作，以存史、教化、资政为根本任务，以深入开展党的群众路线教育实践活动为动力，以深化创先争优强基惠民活动为抓手，努力克服人员紧缺还要抽调骨干力量完成外援任务的困难，扎实推进各项工作，顺利完成了史志工作各项任务。

【党史研究工作】 编写了《西藏党史资政材料汇编（人物）》上、下册。《西藏党史资政材料汇编（人物）》上册编写工作于3月19日启动，4月28日结束，历时41天。成立了以区党委常委、秘书长王瑞连为组长的专项编写小组，区党委副秘书长孙勇多次主持会议进行专题研究，制定了工作方案和全书编写提纲。上册共20余万字，收录图片40张。8月25日，正式启动了下册编写工作。下册共22万余字，收录图片45幅。《西藏党史资政材料汇编（人物）》（上下册）完成后，受到了区党委主要领导的表扬和肯定。

完成《中央领导同志关于民族宗教工作文献资料汇编》。该《汇编》选录了中央领导同志关于西藏工作的指示、讲话、谈话、电报、文件、新闻报道等80篇，汇编成册，共45万字。该项工作得到了区党委主要领导的肯定。

全力做好纪念习仲勋同志诞辰100周年系列图书征订发送工作。向中央党史出版社订购《习仲勋文集》、《习仲勋画册》、《习仲勋纪念文集》、《红旗漫卷西北高原—缅怀习仲勋在西北》、《习仲勋主政广东》等5种图书各500套，并及时向自治区省级领导、七地（市）、西藏军区、武警西藏总队、区（中）直各单位一一发送。

落实中央党史研究室下达的各项任务。多方收集整理全区红色旅游信息和资料，经过认真加工整理，于1月10日向中央党史研究室上报了《西藏红色旅游概况》、《西藏红色历史概况》、《西藏拉萨、日喀则、山南红色旅游信息》、《西藏旅游景点推荐及美食、特产介绍》、《西藏革命遗址遗迹统计表》、《西藏旅游电子图》、《江孜抗英遗址图片》；7月初撰写了《以资政育人为中心，切实发挥党史研究的重要作用》的经验交流材料，并上报中央党史研究室；根据中央党史研究室要求，及时拟定《科学发展，成就辉煌—从党的十七大到十八大（西藏篇）》编写大纲，并以函的形式，向全区各地（市）、区（中）直各单位征集相关素材，9月底集中业务骨干组建编写组，突击进行撰稿，按时完成了专题文稿并及时上报。共9个专题，13万余字；

深入推进党史课题研究。完成《中国共产党西藏历史图志》收尾工作。对1万余幅图片一一进行检查、归类、复制、备份；续编《西藏党史、地方志工作大事记1982-2013》。面向全区广泛征集党史资料，进一步充实相关内容。目前，已完成初稿，进入修改补充阶段；编写出版了《领导干部论学习历史—党史资政材料汇编（一）》；拟定了《关于西藏党史学科建设的思考》撰写提纲，并着手做好前期准备工作；完成了《西藏和平解放与执行协议的历史纪录》编撰工作。全书共16个专题，约120万字，分上下册；做好《西藏革命史》再版工作。在尊重原书的基础上，对原书认真进行核实修改和补充完善，增补珍贵历史图片133幅，进一步丰富了《西藏革命史》的内容，以图文并茂的形式再现了当年西藏各族人民在中国共产党领导下不断取得革命、建设伟大胜利的恢宏历程。该书即将由西藏人民出版社出版发行；着手编写《科学发展，成就辉煌—从党的十七大到十八大》自编本。目前，已形成40余万字书稿送西藏人民出版社编辑样书。

扎实开展党史宣传教育。为纪念毛泽东同志诞辰120周年，由汪德军主任和杨付静副主任分别撰写的《毛泽东统战理论在西藏的实践》、《毛泽东与和平解放西藏战略决策》入选全国党史界纪念毛泽东同志诞辰120周年学术研讨会。举办了“纪念毛泽东同志诞辰120周年征文活动”，面向全区征集毛泽东同志关于西藏工作思想、经验、贡献的论文，共征集到34篇。同时，在《西藏党史资料》第三期开辟了纪念毛泽东诞辰120周年专栏，将《西藏党史资料》第四期设为专刊，专门刊发纪念征文；在王其梅同志诞辰100周年之际，积极配合有关部门在昌都地区筹办纪念活动，撰写了《功在西藏，风范长存》的纪念文章，年前将在《西藏日报》刊发；为纪念区党委原副书记周仁山同志诞辰100周年，署名党岩撰写了《为西藏革命和建设鞠躬尽瘁的忠诚战士—纪念周仁山同志诞辰100周年》，在征求其亲属意见后，进一步查阅相关文件资料，及时进行了修改，并在《西藏日报》（2013年2月16日第三版）刊登；撰写了《老西藏精神内涵与时代意义》，入选纪念中国共产党成立90周年弘扬革命精神理论研讨会论文集《中国共产党革命精神研究》，并被有关网站陆续转载；以讲授党课的方式广泛开展党史宣传教育。汪德军主任、杨付静副主任等室领导，应区党校、区公安厅政治部、拉萨市、拉萨市委组织部、工商银行西藏分行的邀请，先后为第七批援藏县委书记，全区各县公安局局长，拉萨市各县委、县府干部职工，工商银行党员干部等讲授党课6次，广泛宣传了西藏党史的特点、规律及经验；编发《党史工作简讯》3期，及时反映全区党史工作开展情况、取得的成绩，进一步加强了党史宣传工作。

多方收集党史资料。2月6日，采访了“老西藏精神”传承人、候选人、区党委办公厅原机关党委书记云登扎西同志，了解和收集“老西藏精神”的形成、继承和发展等相关资料，并对录音资料进行了整理，形成了“老西藏精神”先进材料，把口述史转化为声音和文字的形式永久保存；5月29日，看望慰问了进藏女兵、十八军老战士娜喜同志，进一步了解和收集十八军进藏、建藏等相关历史；向各地（市）征集党史工作资料，补充完善了2011年—2013年西藏自治区及各地（市）党史大事记。

大力加强交流合作。1.加大与内地兄弟党史部门的交流协作。一是2月25日，根据中共武汉市委党史研究室《关于商请征集杨松同志在西藏任职有关资料的函》，帮助武汉市委党史研究室到区党委组织部档案室查阅区党委原副书记杨松同志在西藏工作期间的任职情况，及时提供给武汉市委党史研究室。二是6月24日至25日，应新疆生产建设兵团党史研究室的请求，协助新疆党史研究室工作组到区档案馆、西藏军区等查阅了20世纪60年代新疆生产建设兵团抽调2035人组成援藏建制团到西藏波密地区支援建设等历史档案资料，并于6月27日至29日派人陪同新疆党史研究室主任刘和鸣一行到林芝调研有关新疆生产建设兵团1963年至

1969年援建波密县易贡农垦团历史档案资料。2.加强与区（中）直各部门单位的沟通配合。一是按照“全区深入开展新旧西藏对比宣传教育工作领导小组第一次会议”要求，多方收集整理并提供新旧西藏对比资料。二是积极参与区党委宣传部组织的《习近平总书记重要论述摘编》编写工作。三是应区党委宣传部宣教处的要求，认真审读《山南烈士陵园纪念馆布展方案》，从6个方面提出修改意见21条，具体修改240余处。四是向区党委宣传部理论处提供“老西藏精神”先进典型有关材料。五是审读了《中共西藏自治区委员会、西藏自治区人民政府、西藏军区关于加强新形势下国防教育的实施意见（征求意见稿）》，结合实际提出了修改建议。六是参加自治区自然博物馆建设项目专家评审会，对其进行了评审。七是按照瑞连常委的指示，为清代驻藏大臣衙门专题陈列馆搜集、整理、提供相关图文资料，室领导先后3次到实地查看布展内容，并从框架结构、逻辑关系、内容组织、标点格式、文字内容等方面提出了26条具体修改意见，切实做好指导和协调工作。3.强化对基层党史部门的业务指导。应日喀则党史研究室要求，完成了对《中国共产党日喀则历史大事记》的审读、修改工作。

本职业务理论研究取得重要成果。在本职业务理论学术研究中，推出了一系列精品佳作，2013年荣获了多个奖项。《中国共产党西藏历史图志》获“全国党史部门党史优秀成果奖”著作类一等奖；《六十年的历史伟业—中国共产党领导西藏革命和建设的历史综述》获“全国党史部门党史优秀成果奖”资政成果类一等奖；《执政中国·西藏卷》获“全国党史部门党史优秀成果奖”资政成果类二等奖；《新中国的西藏60年》获“全国党史部门党史优秀成果奖”著作类三等奖；与区电视台联合拍摄的十八大献礼电视片《光辉的历程》获“党的十八大广播电视宣传优秀纪录片奖”；《不能忘却的纪念》一文获“全国党史部门党史优秀成果奖”资政成果类二等奖；《简论毛泽东思想对十七条协议的指导意义》获“全国党史部门党史优秀成果奖”论文类一等奖；《党领导西藏革命和建设的丰功伟绩》获“全国党史部门党史优秀成果奖”论文类一等奖；《社会主义市场经济体制在西藏的初步建立并逐步完善的历史过程》获“全国党史部门党史优秀成果奖”论文类二等奖；《民族区域自治制度与西藏社会的发展进步》获“全国党史部门党史优秀成果奖”论文类三等奖。

加紧筹建中国共产党西藏历史纪念馆。加大中国共产党西藏历史纪念馆筹建工作力度，多次召开主任办公会议进行研究安排，并狠抓落实。及时起草上报了《关于中国共产党西藏历史纪念馆项目建设工作方案的请示》，就项目工程领导小组、基建小组、布展小组、保障小组等职能小组提出了明确具体的意见和建议，起草制定了《中国共产党西藏历史纪念馆项目建设工作领导小组办公室制度手册》。向中央办公厅上报了《中共西藏自治区委员会办公厅、西藏自治区人民政府办公厅关于请求批准建设“中国共产党西藏历史纪念馆”的请示》（藏委厅〔2013〕3号）及《中国共产党西藏历史纪念馆相关背景材料汇总》，中央办公厅的回复函对建馆总体方案没有原则上的意见，对相关背景具体材料提出了指导性、针对性和可操作性较强的修改意见。根据区党委领导的指示精神和中办的修改意见，对背景资料有关文字、图片进行校对、修改、调整和补充，并再次上报中央办公厅审批。目前，各项前期工作正在进行中。

谭冠三陈列室布展工作。多方收集谭冠三将军相关图片、文档、资料、物件等，认真编写谭冠三陈列室相关文字材料，协调翻译室对陈列室藏文内容进行核对。目前，已与布展公司签订合同，正在制作展墙实体。同时，向区党委宣传部申报了“西藏自治区爱国主义教育基地”和“西藏自治区国防教育基地”，并加大沟通协调力度，届时将按程序授牌。

【地方志工作】 认真做好志稿审查工作。一是严格审查。先后对《拉孜县志》（约50余万字）、《定结县志》（约60余万字）、《亚东县志》（约40余万字）、《聂拉木县志》（约60余万字）、《萨嘎县志》（约60余万字）、《康马县志》（约40余万字）进行验收前把关审定，对涉及内容进行梳理、调整、核实，并提出规范化修改意见。5月12日对《墨脱县志》（约80万字）进行终审，从政治、史实、体例、文风等方面对志稿提出了指导性意见，为志稿进一步修改完善提供了有力指导。二是严格验收。分别组织召开《朗县志》（约70余万字）、《定结县志》（约60余万字）、《聂拉木县志》（约100万字）和《萨嘎县志》（约60万字）、《拉孜县志》（50多万字）验收会议，邀请专家学者对志稿进行把关审查，并以正式文件形式下发《验收意见》，对志稿各章节中存在的具体问题提出具体修改意见和建议，有效地确保了志书质量。参加并指导《察隅县志》（70万字）复审工作，顺利经过复审。

切实做好志稿总编工作。组织专家学者先后对《噶尔县志》、《类乌齐县志》、《亚东县志》、《朗县志》、《定结县志》、《聂拉木县志》、《隆子县志》和《西藏自治区志·检察志》等8部志稿进行了总编，总编字数360余万，使志稿在政治、史实、体例、文风等各方面均达到出版要求。

扎实做好志书出版印刷工作。全年出版发行了《达孜县志》、《错那县志》、《定日县志》、《噶尔县志》和《亚东县志》5部志书，总字数约400余万字。

强化对修志工作的督促指导。针对全区三级志书编修进度不一、推进不平衡等实际，切实加大对志书编修工作督促检查力度。先后6次深入拉萨、林芝等地（市）和区民宗委、区工商联等相关部门进行督导，要求各承编单位集中人力、物力和时间，细化工作方案，将责任落实到人，切实加快编修进度。同时，针对志稿存在的问题，从政治、史实、体例、文风等各方面提出具体修改意见，为确保志书质量提供保障。

大力加强方志干部培训。5月16日至18日，邀请北京市地方志办公室干部为拉萨市7县1区的方志工作人员举办了为期3天的地方志编修和年鉴编撰知识培训班，进一步提高了基层方志工作人员的业务能力和水平；6月13日至20日，选派2名地方志办公室干部参加中指组在北京举办的全国各省市方志系统工作人员口述史地方志业务专题培训班；8月1日至7日，组织区、地、县三级地方志部门7名干部，应邀参加广东省地方志干部培训班。

注重与区外方志机构的交流。与云南省地方志系统赴藏考察团在拉萨召开座谈会，交流修志情况，达成加强藏滇地方志工作交流与合作相关意向；应邀出席中指组在拉萨举办的全国地方志交流会，并就如何开展地方志工作交流发言。

认真完成中指组交办的任务。及时统计并上报了2012年方志成果统计；完成了《中国地方志年鉴2012年（西藏部分）》文稿编写上报工作，约3.2万字；编写上报了《方志百科全书（西藏部分）》等。

【期刊编发工作】 把《西藏党史资料》、《西藏地方志》作为推进史志工作的重要载体，多方征集相关文章资料，严把质量关，精挑细选、深读细究、逐一校对、精心编辑，及时印刷出版，在史志宣传教育和交流经验等方面发挥了重要作用。全年共编辑发行《西藏党史资料》4期、《西藏地方志》4期，刊登文章140余篇，65万余字，选用图片40余张。向兄弟省（市、区）、区（中）直各单位、各地（市）以及老干部等发送刊物11000余册。

【党的群众路线教育实践活动】 全区第一批党的群众路线教育实践活动开展以来，党研室（方志办）严格按照区党委统一部署，结合实际，加强领导、周密安排、精心组织、认真实施，及时成立活动领导小组及其办公室，研究制定实施方案，指派专人负责抓落实。活动中，坚持把学习教育贯穿活动始终，采取多种方式，认真学习规定篇目和自选内容，打牢了教育实践活动的思想基础。按照区党委办公厅安排，积极组织干部职工参加“领导干部进村入户、结对认亲交朋友”活动，与农牧民同吃同住同劳动，进一步密切了干群关系。面向各地（市）党研室（方志办）、区（中）直相关单位、区党委办公厅各处室广泛征求意见建议，共征求到意见建议12条。认真进行对照检查，室主要领导亲自主持起草和审改室班子对照检查材料，处级以上党员干部自己动手撰写对照检查材料，几易其稿，反复修改，做到参照检查像、准、真。认真召开专题组织生活会，充分发扬民主，严肃开展批评和自我批评。有针对性地制定了整改方案，具体明确整改内容、整改目标、整改措施和整改时限，并狠抓整改措施的落实。党研室（方志办）教育实践活动取得了预期的成效。

【强基惠民】 根据区党委办公厅关于强基惠民活动的统一部署，先后安排4批8人次到江孜县、申扎县、比如县开展干部驻村工作。在年度评比中，党研室（方志办）干部所在的申扎县卡乡4村工作队、江孜县杂益村工作队分别被评为地区级、县级先进驻村工作队，尚拥军、范晓燕、刘小莉等同志分别被评为自治区级、地区级、县级先进个人。为进一步总结推广驻村工作经验，汪德军主任以驻村工作为主题，撰写了《苦中有作为激情干事业》一文，并在《新西藏》上刊发。

自治区审判工作

【概况】 2013年，全区法院系统共受理各类案件25186件，审执结24088件，同比分别上升2.5%、1.06%，综合结案率为95.64%。其中，由各级法院直接受理的民事、行政、执行等案件22207件，占全部案件的88.17%。

【反对分裂保稳定】 2013年，全区法院系统始终把反对分裂、维护稳定放在各项工作首位，以严打整治专项行动、打击非法组织专项行动和集中清理专案活动为抓手，对十四世达赖集团、境内外敌对势力制造的各种分裂破坏活动和危害国家安全的犯罪行为，坚持旗帜鲜明、重拳出击、露头就打，彰显了审判机关在反分裂斗争这一重大原则问题上的根本立场和鲜明态度。

准确把握社会治安形势和违法犯罪特点，依法严厉打击杀人、抢劫、绑架、强奸等严重暴力犯罪和有组织犯罪、黑恶势力犯罪、多发性侵财犯罪，共审结刑事案件1104件，判处罪犯1320人；坚持罪刑法定和罪责刑相适应，严格执行《人民法院量刑指导意见》，认真落实宽严相济刑事政策，对340名违法犯罪情节轻微、危害不大的被告人依法判处缓刑、拘役、管制等较轻刑罚；建立减刑假释案件联席会议制度，严格审核，依法对1685名确有悔罪表现、不致再次危害社会的罪犯予以减刑假释；加大刑事附带民事案件调处力度，充分保护刑事被害人及其家属合法权益。

扎实开展涉诉信访积案专项清理活动，妥善处理群众来信来访1175件（次）；在司法审判领域创造性地贯彻区党委十项维稳措施，主动参与“先进双联户”创建活动和巡逻护路、边境防控、寺庙教育、重点人员帮教、社会管理创新等各项工作。

【增进和谐促发展】 按照加快转变经济发展方式、促进产业结构转型升级的要求，充分发挥民商事审判在促进经济社会发展、维护社会公平正义等方面的职能作用，审结民商事案件15766件，结案标的9.74亿元。依法平等保护市场主体合法权益，审结各类合同纠纷4204件；服务城镇化建设，依法审理和化解土地征收补偿、农田水利建设、农产品生产流通、土地承包流转等涉农纠纷351件；依法打击金融诈骗、制假售假、非法集资、走私等扰乱社会经济秩序的犯罪，审结案件46件；调处矿产资源、旅游市场、民间借贷、消费品流通等领域引发的纠纷730件；全面加强知识产权司法保护，审结专利、商标、著作权、反不正当竞争等知识产权案件12件。

扎实开展行政审判和国家赔偿工作，监督支持行政机关依法行政，保护行政相对人的合法权益，共审理行政、国家赔偿案件36件；找准为大局服务的方向，加强司法应对，积极建言献策，向有关部门提出司法意见、建议48份，推动依法解决经济社会发展中的深层次问题。

【司法为民】 坚持人民利益至上，积极探索司法为民新方法、新途径，充分发挥车载流动法庭广覆盖、宽服务、机动快捷的优势，全年累计行程26万余公里，巡回办案4000余件，开展法制宣传1500余场（次），发放法制宣传资料11万余份，受教育群众19万余人（次），得到了区党委、最高法院、各族群众的充分肯定和高度评价。

采取优先立案、优先审理、优先执行的办法，审结抚养、赡养、继承等婚姻家庭案件2310件；审结拖欠农民工工资、工伤赔偿、劳动争议、道路交通、人身损害赔偿等案件1030件；审结就业、教育、医疗、卫生、社会保障等民生案件830件；将调解贯穿立案、审理、执行、申诉、信访全过程，把化解社会矛盾纠纷、构建和谐社会关系，作为坚持和发展“枫桥经验”的有效途径，全区法院民商事案件调撤率达70%，诉前调处矛盾纠纷8922件，指导民间调解2992件，把大量矛盾纠纷化解在诉讼之前、法庭之外。为1307名生活确有困难的当事人缓、减、免交诉讼费2675万元，为145名当事人申请落实救助金316.47万元；以设立妇女维权合议庭、少年法庭等人文关爱服务，将看似生硬、冰冷、无情的法律转化为温馨、温情、温暖的人间大爱，诠释了中国特色社会主义司法制度的无比优越性。

充分发挥执行联动威慑机制作用，促使被执行人执行生效法律裁判，最大限度消除“法律白条”，受理执行案件3295件，执结2505件，执结标的3.9亿元，全区26个法院荣获最高法院“无执行积案先进法院”称号；加强社会征信体系建设，首次公布37名失信被执行人，依法限制被执行人注册公司、融资、投资、置产、高消费；扎实开展党政机关执行人民法院生效判决、裁定专项清理活动，我区涉党政机关4起执行案件全部执结，执结标的397.86万元。

【强基固本】 扎实开展党的群众路线教育实践活动，组织“贯彻群众路线、坚持司法为民”专题讨论，“改进司法作风、规范司法行为”专项治理和“加强司法作风制度建设”专项检查，深入查找和整改“四风”、“两问题”的具体表现与症结所在，研究制定整改措施27条，修订完善规章制度23项；把进一步深化创先争优强基础惠民生活动，作为坚持司法为民、践行群众路线、锻炼培养干部的重要抓手和平台，认真落实“五项任务”，扎实开展“结对认亲交朋友”活动，抽调439名干警进驻168个行政村，协调落实短平快项目145个，投资2713.32万元，自筹、协调有关部门落实资金5030.34万元，办实事2035件，惠及群众7.75万人。

加强基层基础建设，落实“十二五”规划审判业务用房和乡镇人民法庭建设项目；协助财政统筹落实中央转移支付办案、装备补助2.1亿元，中、基层法院经费保障水平、维稳能力进一步增强。加大受援力度，主动汇报衔接，到位援藏资金近1000万元。

【司法公开】 2013年，共邀请各级人大代表、政协委员视察法院200余人（次），旁听案件审理500余人（次），办理意见建议20余件（次），主动向各级人大常委会报告工作100余次；依法接受检察机关的法律监督，妥善审理抗诉案件8件，依法改判3件；认真落实最高法院司法六公开的要求，启动审判流程公开、裁判文书公开、执行信息公开三大平台建设，自觉将审判权的行使置于社会公众的监督之下。

按照全国人大常委会的要求，全面推进人民陪审员制度落实，制定出台了《关于加强人民陪审员工作的指导意见》，人民陪审员参与案件审理826人（次），新增选人民陪审员288人，充分保障各族群众对司法审判工作的知情权、参与权、监督权、表达权。

自治区检察工作

【维护稳定】 一是综合运用检察职能维护稳定。积极参加敏感时段和重点部位值班备勤工作，全区检察干警在岗率保持在98%以上。积极参与守边护路，先后投入检力40000人次，对500公里铁路沿线、25个口岸（边境通道）、65个油气站、100座寺庙进行管护，三级检察院班子成员深入维稳一线“跑面”督导维稳工作937人次。全区检察机关有2367人参与和支持城镇网格化和农村（居委会）“先进双联户”建设，有效促进了社会面和谐稳定。二是积极参与驻村工作。全区检察机关进驻210个行政村，对19950户91000余名群众进行面对面服务。在促进驻村经济发展中，科学规划、合理布局，解决基础设施和公共服务项目344个，筹集资金7000余万元，帮助老百姓办实事974件。在维护驻村社会稳定中，实现了“四零一降”，即所驻村危安案件发案率为零、非法出入境人员为零、群体性事件为零、越级上访为零，刑事治安案件和各种矛盾纠纷显著下降。在建强驻村“两委”班子中，对班子建设、议事规则、村务公开等提出建议580余条，培养和发展基层入党积极分子、党员1500余名。进村入户进行感党恩教育、新旧西藏对比教育和法制宣传教育，受教育群众达20余万人次。在驻村工作中，全区检察机关涌现出59个先进集体和157名先进个人。

【法律监督】 全年依法批捕各类刑事犯罪嫌疑人1125人，提起公诉1457人。依法决定不捕不诉385人，追捕追诉41人。依法对法院生效判决提出抗诉，法院改判、发回重审或调解结案率达66.7%。依法向法院、公安、司法行政等部门发出检察建议107件。依法监督减刑、缓刑、假释、监外执行1133人，深入监管场所对提审、会见、监管、看守以及收押、释放、执行等环节开展执法检查2331人次。

【预防职务犯罪】 一是积极推进查办职务犯罪工作。全区检察机关认真贯彻中央和区党委、高检院关于反腐倡廉的决策部署，积极发挥检察机关在反腐败斗争中的职能作用。立案侦查各类职务犯罪嫌疑人39人，提起公诉16人，为国家挽回经济损失1400余万元。突出查办职务犯罪大案要案，查办要案人数同比上升了150%。加强初查工作，强化侦、捕、诉协作配合和监督制约机制，严格执行讯问职务犯罪嫌疑人全程同步录音录像、逮捕职务犯罪嫌疑人报上一级检察院审查决定制度，努力做到办案数量、质量、效率、规范和安全的有机统一。二是不断深化职务犯罪预防工作。通过办案开展个案预防，根据发案单位存在的问题，及时发出有针对性的检察建议，促使发案单位进一步完善制度、加强管理、堵塞漏洞。以点带面开展行业和系统预防，与发改、财政、建设、卫生、交通等重点部门和行业共同建立健全预防机制，注意总结带有行业特点的职务犯罪发案规律，制定有针对性的防范措施。结合重点工程开展专项预防，对“拉林公路”、“拉日铁路”等重点工程项目在实施之前和全过程中开展同步预防，努力实现工程优质、干部优秀的预防效果。三是积极开展专项监督工作。认真落实高检院专项工作部署，积极开展查办和预防发生在群众身边、损害群众利益职务犯罪专项工作，切实维护了广大农牧民群众切身利益；积极开展治理商业贿赂专项活动，既注重打击索贿、受贿犯罪，又注重查办行贿犯罪，为构建公平竞争、合法经营、廉洁高效的社会主义市场经济秩序作出了积极贡献；积极开展依法清理纠正久押不决案件专项行动和罪犯交付执行与留所服刑人员专项检查活动，进一步规范了监管秩序，依法保障了人权。

【社会法治进程】 一是探索接受监督的新措施。实行刑事申诉、民行监督案件公开审查制度，建立健全人大代表、政协委员对检察工作意见建议专项办理机制，邀请人大代表、政协委员视察检察工作。不断深化人民监督员制度改革，强化检察机关办理职务犯罪案件外部监督制约。二是探索履行检察职能的新方法。积极配合有关部门开展对重点地区和重点部位的集中整治，深挖各类不稳定因素背后的经济、政治根源，建立检察一体化专案办理与移送机制。扎实推进案件管理制度改革，统一案件入口和出口，建立了统一受案、全程管理、动态监督、案后评查、综合考评的执法办案管理新机制。三是探索队伍管理的新机制。将每人每月所做的工作科学测评为相应分值，作为考核依据。解决了机关管理工作中存在的“定性考核多、定量考核少”、“干多干少一个样”的问题。

【队伍建设】 一是切实在政治理论学习上下功夫。重点学习领会习近平总书记关于法治建设、西藏工作的系列新思想新论断新要求和党的十八届三中全会关于全面深化改革的新理论新观点新举措，全区检察人员的进取意识、机遇意识、责任意识进一步增强。二是切实在深入开展群众路线教育实践活动上下功夫。活动开展以来，区检院组织学习讨论30次，征求意见建议768条，开展批评与自我批评858人次，提出整改措施44条。区检院党组班子成员和处级干部带头对照检查、带头自我批评、带头作出承诺、带头立改立行，使教育活动抓住了重点、抓住了关键、触到了痛处、改到了实处。三是切实在加强基层基础建设上下功夫。积极争取中央政法专项资金1.6亿元，加强基层基础设施、技术装备和信息化建设，建成了全区检察机关的数据存储中心、大要案指挥中心、统一业务应用系统数据交换中心，积极推行网上办公办案，提高科技强检水平。大力开展教育培训工作，全年共举办各类培训班100余期，培训各类检察人员5000余人次，有5人被评为全国优秀公诉人、全国侦查监督业务能手，司法考试通过率达36%，同比上升10%。四是切实在受援工作上下功夫。先后选派77名业务骨干到援藏省市检察机关跟班学习，邀请46名专家能手赴藏开展个案指导，合作举办研究生学历教育108人，争取援藏资金2622万元，为进一步推动西藏检察事业全面发展注入了新的活力。

自治区公安工作

【概况】 2013年，公安厅党委坚持从全区稳定发展的大局出发，更新理念、拓展思路，以“基础大加强、素质大提高、执法大规范、科技大应用、作风大转变”为工作目标，深入贯彻落实“治国必治边、治边先稳藏”、“依法治藏、长期建藏”战略思想和自治区各项维稳重大措施，大力推进平安西藏建设，确保了全区社会局势持续稳定、长期稳定、全面稳定。

【各敏感节点维稳】 各级公安机关主动完善维稳方案预案，细化维稳工作措施，适时组织反恐处突拉动演练，加班加点、连续作战，全警动员、全力以赴投入维稳实战，圆满完成了“三大节日”、全国全区“两会”、3月敏感期、“色拉崩坚”、“萨嘎达瓦”、“塔尔钦佛事活动”、“雪顿节”、“燃灯节”、党的十八届三中全会等敏感节点的安保工作任务。

【治安工作】 全区公安机关坚持严打、严防、严管、严治相结合，标本兼治，推进严格规范执法，不断提高各族人民群众的安全感。一是严厉打击刑事犯罪。深入开展了命案侦办、打盗抢保民安、打击文物犯罪、造谣传谣、严打拐卖妇女儿童犯罪、打黑除恶、打击整治非法调查类违法犯罪、网上追逃等行动，共立各类刑事案件2250起，破1820起。二是加强治安案件查处工作。扎实开展了大检查大整治、冬季专项整治、夏秋社会治安整治、整治非法贩卖管制器具仿真枪违法犯罪、严格油气安全管理、打击盗抢破坏三电违法犯罪、安全生产专项整治、整治食品药品安全、护校安园、2013年涉考专项整治、打四黑除四害等专项行动，不断规范治安案件受理查处，共查处治安案件4736起，结案4071起；查处行政案件40502起，结案33674起。三是狠抓经济犯罪查处。结合“打假、打传、打击整治发票”违法犯罪专项行动，狠抓各类经济犯罪案件侦破工作，共立破坏社会主义市场经济秩序犯罪案件473起，破案137起。四是大力侦办毒品犯罪。组织开展了“扫毒害、保平安”禁毒严打整治专项行动、“肃毒害、创平安”禁毒百日攻坚会战，共破获毒品案件185起，缴获毒品20.5公斤，缴获易制毒化学品644.56公斤。五是全面打击行业领域违法犯罪。铁路公安机关立刑事案件11起，破2起，移交6起；查处治安案件11起；查获危险品3.2万余件。民航公安机关受理查处治安案件363起，查获各类违禁品399件，保障航班2.5万余架次。森林公安机关立刑事案件13起，破12起，受理治安案件10起，查处10起，受理行政案件50起，查处49起。海关缉私局立案查处刑事案件2起，查获穿山甲鳞片139.75千克；易制毒化学品麻黄碱110.56千克；查处行政案件34起。

【行政管理】 全区公安机关积极推进行政管理改革，坚持服务为先，大力改进和规范行政执法。一是加强流动人口管理服务。积极在拉萨、日喀则、昌都三地市试行流动人口居住证管理制度，开展西藏自治区居住证受理、制发、查验试点工作。三地市已发放居住证4.9万余张。二是优化常住人口管理服务。积极稳妥、规范有序地开展户籍制度改革，妥善解决生态搬迁、城镇化建设、人口适度集聚过程中的户籍登记管理问题，先后出台了“限时办结”、高考学生绿色通道、减免贫困户费用等办理身份证、农牧民群众办理驾证考试科目题库藏文翻译和语音录制、消防“一次告知”和“简化审批手续”等便民利民措施，切实为群众办实事、办好事、解难事，构建和谐警民关系。三是加强道路交通安全管理。积极开展道路交通安全隐患排查、货车违法行为排查整治、道路交通安全大检查、道路交通安全监管联合整治等专项行动，共查处各类道路交通违法行为236020起，全区共发生道路交通事故708起，死亡271人，伤837人。没有发生群死群伤重特大交通事故。四是创新消防安全管理。全面完成防火灭火、应急救援、为民助民、农牧区和寺庙消防安全任务，保持了连续12年没有发生重特大和群死群伤恶性火灾。全区共发生火灾111起，死亡4人。五是提升出入境管理服务。受理公民因私出国（境）申请573件，批准签发344件，办理外国人旅行证3593件29179人。

【基础工作】 一是深化对口援藏工作。通过主动沟通和协调，内地省市公安机关进一步加大了资金、项目建设、智力援藏等援藏工作力度。二是深入开展群众工作。大力推进民警驻村，全区公安机关派出驻村工作队帮助群众解决困难8552个，完成建设项目292个，落实资金8484万余元，召开村“两委”会议5142次，召开党员代表大会2835次、群众座谈会4305次，开展各类宣传4220次。三是全面开展矛盾纠纷排查化解。认真办理来信来访，共办理群众来信来访148件314人次，妥善解决信访问题112件。

【队伍建设】 一是大力推进队伍思想政治建设。公安厅党委紧密结合公安工作和公安队伍建设实际，扎实开展了以“为民务实清廉”为主要内容的党的群众路线教育实践活动，开展了“学雷锋树新风”、深化中国梦主题宣传教育、“我推荐、我评议身边好人”和全区公安系统文艺汇演等活动，组织全区公安系统“金盾之光”书法美术摄影大赛暨作品展活动，进一步扩大政治建警、文化育警成果。二是大力推进民警教育培训。加强与内地省市公安机关和警察院校交流合作，深化素质强警，积极开展民警学历教育、业务知识技能培训、教学交流、知识讲座、挂职锻炼等工作，组织新招录民警参加专科和专升本学历教育。三是大力推进机关党务和作风建设。全区公安机关共有6名民警荣立个人二等功，117个集体、390名个人受到公安部、自治区、公安厅表彰。深入学习贯彻中央“八项规定”、区党委“约法十章”、公安部“十项规定”、“五条禁令”、“三项纪律”和公安厅“十二项规定”，取消和调整审批项目16项，保留39项，精简率为70%。四是大力推进公安警务督察。今年以来，各级公安督察部门开展督察11077次，督促整改2491件（次），发督察文书535份，提出督察建议942条。受理侵害公安民警正当执法权益案（事）件9起，依法保护民警15人、处理违法人员15人。

自治区司法行政工作

【维护稳定】 2013年，社区矫正工作全面推开，各级司法行政机关认真履行法定职责，坚持依法、严格、科学、文明管理,加强对管制、缓刑、暂予监外执行、假释等4类社区矫正对象的监督管理，全年没有发生脱管、漏管和重新违法犯罪等安全管理问题。

【推进监狱、劳教（戒毒）场所平安建设】 全区各监所牢固树立安全稳定“首位意识”，坚持监管工作“首要标准”，狠抓安全稳定工作机制和各项制度措施落实，深入开展安全隐患排查整治，定期召开狱情分析研判会，及时研究解决监管改造工作中存在的问题、困难和隐患，确保了监所持续安全稳定。深入开展教育质量年活动，全区服刑人员脱盲率达到应脱盲人数的100%，教育改造质量进一步提高。加强监区（中队）蛇腹型刀刺网和金属隔离网墙的建设，有效提升了监所物防能力。加强刑释解教人员衔接协调工作，实现了刑释解教人员无缝对接。加快推进监狱体制改革工作，在资产清理、遗留问题解决、公司组建等方面做了大量工作。

切实做好废止劳教制度相关工作。根据司法部的要求，自治区劳教局、各劳教所及时加挂了“戒毒管理局”、“强制隔离戒毒所”牌子，并积极组织基层干警赴内地省区市调研学习，为强制隔离戒毒工作顺利开展打下良好基础。

【人民调解、安置帮教】 加强人民调解组织建设，完善调解工作机制，广泛开展矛盾纠纷“大排查、大调处”活动，全年共排查矛盾纠纷3813件，调解成功率为95%。进一步加强安置帮教网络建设和过渡性安置帮教基地建设，全年共衔接刑释解教人员745人，安置678人，安置率达91%；帮教715人，帮教率达96%，重新违法犯罪率控制在3%以下。

【社区矫正】 认真研究起草《关于在全区推进社区矫正工作的请示》，提出了明确的工作要求和意见。区司法厅与区高级法院、区检察院、公安厅联合印发了《西藏自治区社区矫正实施办法》，进一步加强社区矫正职能部门的联动管理，加强和规范社区矫正衔接、监管和督查工作。区司法厅还制定了《西藏自治区社区矫正工作方案》并呈报区党委政法委。区司法厅设立社区矫正局已获得自治区机构编制委员会批复同意。成功举办了全区社区矫正工作江孜现场培训班，取得了良好效果。各地市也先后举办社区矫正培训10次，参训人员达300余人次，为全区社区矫正工作打下良好基础。

【法律援助和法律服务】 2013年，全区新批准设立律师事务所4家；新增发律师执业证书18本。进一步加强对律师办理涉法涉诉、重大群体性、敏感性案件的指导，研究制定了《西藏自治区律师办理重大敏感案件的若干规定》。2013年，全区律师共办理各类案件2251件，咨询和代写法律文书2473件，担任机关和企事业单位法律顾问592家；公证机关共办理各类公证9764件，涉及财产标的额近23亿元。进一步深化法律援助便民服务工作。继续推进“1+1”法律援助志愿者活动，认真研究起草《关于加快解决全区县域没有律师问题的工作方案》，着力解决我区县域律师缺乏问题。

2013年，全区法律援助机构共办理法援案件2854件，避免和挽回经济损失6000余万元；接待咨询14000余人次，有效引导公众理性表达利益诉求。司法鉴定质量和公信力进一步提升，鉴定意见采信率达100%。进一步加强立法项目的协调，将自治区《司法鉴定条例》、《法律援助条例》确定为一类立法项目。

【普法工作】 认真开展“六五”普法中期督查，查阅档案材料、学习笔记15470余份，培训普法骨干660人次。扎实推进“法律七进”工作，抓好重点对象的法制宣传教育，成功举办领导干部法制专题讲座，发放《领导干部学法用法读本》1990余册。积极协调，筹集资金40万元编印藏汉双语版《农牧民法律知识读本》。顺利完成全区县处级以上领导干部法律知识考试，参加考试的领导干部共计8338人，及格率达到99%。全年各级普法机构共开展法制宣传教育活动4500余场次，发放各类宣传资料660万余份（册），法制宣传教育创新了形式、丰富了内容、扩大了影响、取得了实效。

【基层基础建设】 监狱、劳教（戒毒）所改扩建项目有序推进。拉萨监狱改扩建项目、堆龙劳教（戒毒）所改扩建项目均已完成80％工程量；昌都劳教（戒毒）所改扩建项目完成90％工程量；新建曲水监狱隔离监舍已完工；自治区监狱、日喀则劳教（戒毒）所改扩建已完成初步设计并通过发改委评审，新建病犯监狱已完成可行性研究报告并通过发改委评审，波密监狱改扩建正在落实建设用地；昌都监狱二期、阿里劳教（戒毒）所改扩建已完成初步设计工作。司法业务用房、乡镇司法所建设项目进展有序。拉萨市司法局和那曲地区司法处业务用房已开工建设，14个县司法局业务用房建设项目已完工；220个重点乡镇司法所建设项目通过垫资已完成113个，其余107个项目也已完成前期工作。信息化建设项目已完成可研论证，并向区发改委报送了可行性研究报告。特别是日喀则地区司法处立足自身、多方协调，完成了辖区内204个乡镇司法所机构设置工作，将司法行政工作触角和网络延伸到了乡镇、街道办事处，为全区司法行政系统加强基层基础建设起到了示范引领作用，提供了宝贵经验。

自治区总工会

【概况】 2013年，自治区总工会以“当好主力军、建功‘十二五’、和谐建西藏”为主题，动员各族职工为西藏改革发展稳定大局服务。全区167家企业、743个班组，15078名职工参加技能竞赛活动，上报自治区职工创新技术成果29项，向全国申报5项，其中《混凝土骨料预冷预热一体化装置》和《西藏县级气象综合服务平台》两项获得优秀奖；会同自治区工商联联合下发《加强非公企业工会工作的通知》，规范非公企业建会工作。年内，全区新建工会组织383家，发展会员27328人；继续组织实施“要约行动”，全区工资协商建制企业数已达1035家，覆盖职工9.4万人，建制率达到77%。；大力开展培训促就业活动，针对6000余名困难职工家庭子女、困难农（牧）民工，举办126期农机具维修、水电工、木工、民族手工艺等培训班，实现就业、灵活就业5800余人；主动维护职工安全健康权益，组织185家企业、1800个班组、3.3万名职工参加“安康杯”竞赛。为全区630家基层工会购置劳动保护业务用书。培训工会劳动保护安全监督员47人。积极参与西藏华泰龙矿业开发有限公司“3.29”地质灾害救援；全区建立职工书屋107家，投入资金314万元，丰富职工业余文化生活。下发《2013年厂务公开民主管理通知》，明确目标任务，细化实施方案，在山西省太原市举办首期西藏工会民主管理培训班，培训各级工会干部26人。帮扶困难职工取得新进展。全年投入帮扶资金4211.52万元，帮扶困难职工2.4万人次。

【总工会召开八届六次全委（扩大）会议】 2月21日在拉萨召开。自治区政协副主席、区总工会主席洛桑久美主持会议，自治区总工会党组书记、常务副主席祁维国作了题为《深入学习贯彻党的十八大精神团结带领各族职工为实现我区经济社会跨越式发展和长治久安再立新功》的工作报告。洛桑久美与七地（市）工会主要领导签订了《2013年工会目标任务书》全区七地市工会负责人、区(中)直产业(系统)工会、各机关工会的负责人和部分企事业单位工会的负责同志约160人参加了会议。

【自治区主席洛桑江村率领自治区慰问总团集中看望慰问农牧民工】 1月30日下午，区党委副书记、自治区主席洛桑江村率领自治区慰问总团在区总工会机关集中看望慰问农牧民工代表并作重要讲话。洛桑江村主席代表区党委、政府和陈全国书记向农牧民工代表并通过他们向全区40多万农牧民工致以节日的慰问与祝福。集中慰问仪式由自治区政协原副主席央金主持，活动共发放5.1万元慰问品。

【召开动员大会启动党的群众路线教育实践活动】 7月23日下午，自治区总工会系统召开党的群众路线教育实践活动动员大会，认真学习贯彻习近平总书记等中央领导同志重要讲话精神，贯彻落实自治区关于在全区深入开展党的群众路线教育实践活动的意见和要求，对区总工会系统教育实践活动进行动员和部署。

【传达学习贯彻全国总工会十五届执委会第七次全体会议精神】 3月7日，自治区总工会召开全体干部职工及下属单位负责人大会，专题学习贯彻全总十五届执行委员会第七次全体会议精神。自治区政协副主席、区总工会主席洛桑久美就贯彻落实好会议精神提出明确要求，区总工会党组书记、常务副主席祁维国主持会议。会上，传达学习了十八届中央书记处第二次办公会议、王兆国同志的重要讲话、陈豪同志代表全总十五届执委会主席团所作的工作报告、李世明同志代表全总十五届经审委员会作的经审工作报告、《关于召开中国工会第十六次全国代表大会的决议》，通报了有关人事事项。

【习近平总书记在西藏代表团上的重要讲话精神】 3月12日，自治区总工会召开全体干部职工及下属单位负责人大会，专题学习贯彻习近平总书记在十二届全国人大一次会议西藏代表团全体会议上的讲话精神。区总工会党组书记、常务副主席祁维国主持会议，并就贯彻落实好会议精神提出明确要求。

【开展"三八"关爱单亲女职工走访慰问活动】 3月6日上午，区政协副主席、区总工会主席洛桑久美和区总工会党组书记、常务副主席祁维国，分别率慰问组前往拉萨饭店、广宇站务中心、团结新村等地，开展"关爱单亲女职工"慰问活动。共慰问了企业的18户困难单亲女职工，发放慰问金16200元。

【推进职工优秀技术创新成果预选工作】 自治区总工会下发了《关于推荐全区职工优秀技术创新成果的通知》（藏工字〔2013〕39号），对有关工作进行了提前安排部署，并要求相关单位进行预推荐，对推荐范围和对象、推荐条件，推荐程序等提出了具体要求，并强调推荐的职工创新成果要体现西藏的地方特点。

【西藏工会第15个农民工就业培训基地开展特色培训】 西藏工会第15个农民工就业培训基地即拉萨蓝翔技能培训学校在拉萨举办了农民工酒店服务技能培训班。本次培训采取理论与实践相结合的方式，历时三个月，分三期对200名学员进行以礼仪、保洁、就餐服务等为主要内容的专业技能培训。本次培训的所有学员将100%实现就业。

【召开"学习十八大党员在行动机关展新貌"活动动员大会】 自治区总工会党组书记、常务副主席祁维国主持大会并就开展好活动推动系统党建及工会各项工作进行了强调部署。

【扎实开展劳模工作】 西藏工会劳模工作不断完善，影响不断增强，在服务党政大局、发挥劳模作用等方面取得了实效。一是完善工作机制，契合新时期西藏工作的需要。制订《全国劳动模范和先进工作者荣誉金发放管理办法》，修订《西藏自治区劳模推荐评选管理办法》，并对以往有关劳模推荐评选管理的相关制度进行了整理修订完善，使推荐评选条件符合新形势下西藏工作的需要，推荐评选标准更能体现西藏建设所取得的成就，推荐评选程序更加严格明确。二是重视劳模教育，发挥劳模引领示范作用。每年定期组织学习、实地参观考察、听专题报告会、召开重要节庆假日座谈会、参加大型活动等，向劳模介绍西藏最新发展情况，及时了解劳模的思想动态。同时重视和加强对劳模的爱国主义教育、民族团结教育和感党恩教育，注重发挥他们在少数民族边疆地区的民族团结示范作用，发挥他们在高海拔艰苦地区工作的先锋模范作用，发挥他们在社会主义新西藏建设活动中的模范带头作用。三是积极争取资金，解决劳模实际困难。积极协调有关部门支持，自治区财政设立自治区本级劳模荣誉金并列入年度财政预算，将自治区劳模和全国五一劳动奖章纳入到享受劳模荣誉金的范围，扩大劳模荣誉金覆盖面，切实增强劳模荣誉感。在完善劳模推荐评选、服务管理工作机制的同时，注重劳模工作的人性化，通过争取更多劳模疗休养资金，满足劳模延长赴内地疗休养时间的需要。

【传达贯彻全国总工会领导指示精神】 中华全国总工会副主席、书记处书记张鸣起同志赴藏指导工会工作，听取自治区总工会工作情况汇报，就进一步做好西藏工会工作发表了重要讲话。为切实贯彻落实好张鸣起副主席重要指示精神，自治区总工会召开专题会议传达贯彻。

【自治区政协副主席、区总工会主席洛桑久美一行赴驻村点开展慰问调研活动】 五一前夕，自治区政协副主席、区总工会主席洛桑久美率区总工会慰问调研组，深入自治区总工会驻那曲尼玛县文部乡南居委会、日喀则昂仁县措麦乡、江孜县重孜乡康庆村，开展以“进行一次慰问、开展一次调研、明确一项任务、落实一个项目、体验一次生活”为主题的“五个一”创先争优强基惠民慰问调研活动。走访慰问10户贫困户和“三老”家庭，3个驻村工作队及2座寺庙，发放慰问金2.5万元。调研组还实地考察了区总工会投资90万元、拟建的“南居委会综合服务中心”项目。

【区总工会在西藏华泰龙矿业开发公司举行职工劳动保护及职业病防治知识讲座】 自治区总工会副巡视员原成刚带领有关工作人员深入企业一线、积极宣传劳动保护法律法规，并于8月27日在西藏华泰龙矿业开发有限公司举办了职工劳动保护及职业病防治知识讲座。

【自治区总工会举办全区工会干部培训班】 9月2日至9日，举办了为期8天的全区工会干部培训班，取得了满意的效果。培训班学员来自各地市、县（区）工会、区（中）直产业系统工会以及国有企业、非公企业工会共132人，其中地市、县（区）工会干部78人，占总人数的59.09%，非公企业工会干部14人，占总人数的10.61%，县级工会干部64人，占全区县市区总数的86.49%。本次培训班除邀请了全国总工会法律工作部部长郭军、自治区党校教授、自治区人社厅相关处室领导、自治区法律援助中心律师授课外，还安排了自治区总工会各部室业务负责同志就相关的业务知识进行了有针对性地讲授，面对面地进行交流、提出具体要求；先后两次分别安排到国有企业和非公企业中进行实地参观考察学习。此次培训班是在西藏工会九大闭幕后举办的首次活动，是贯彻落实西藏工会九大精神的具体体现，也是践行全总“两个普遍”和党的群众路线教育实践活动的具体行动，为提高全区工会干部素质起到了积极作用。

【自治区总工会赴那曲地区、青藏公路中开展慰问、送医送药、送法律活动】 9月5日至9月16日，自治区总工会党组书记、常务副主席祁维国带队，区总工会党组成员、副主席边巴次仁及相关部室工作人员参加，率7名藏西医专家、14万元药品及慰问资金，行程3000余公里赴那曲地区、青藏公路养护段和驻村点开展慰问、送医送药、送法律等系列活动。祁维国书记和边巴次仁副主席亲切看望一线职工。此次活动，共慰问困难职工89人，发放慰问金6.87万元

（撰稿：刘治立）

共青团西藏自治区委员会

【概况】 2013年全区各级团组织在区党委和团中央的正确领导下，把握共青团工作的根本性问题，紧扣提高团的吸引力和凝聚力、扩大团的工作有效覆盖面两大战略性课题，围绕为党做好新形势下青年群众工作这一根本职能，团结带领全区各族青年坚定信念、勇担使命、团结拼搏、奋发进取，积极投身推进跨越式发展和长治久安的伟大实践，为实现中华民族伟大复兴中国梦贡献力量。

【青少年理想信念教育】 启动并深入推进“中国梦·青春行”主题教育实践活动，广泛开展青少年爱国主义、民族团结和反分裂斗争教育，扎实推进青少年励志教育，大力开展青少年道德实践活动，全年累计开展各类宣传教育活动2450余场次，覆盖青少年34万余人次。突出骨干培训和引领作用，大力实施青年马克思主义者培养工程，培训优秀团学干部、青年理论工作者、大学生骨干3000余人。以“各族青少年民族团结进步”为主题，组织400余名青年致富带头人、优秀青年学生、非公企业人士、藏传佛教青年代表人士到区外参观考察、学习交流，深入开展“触摸家乡变化 倾听党的声音”内地西藏班学生民族团结教育和藏汉文化宣传活动，积极促进各族青少

年交往交流交融。在西藏电视台、西藏日报、西藏广播电台开设“青春牵手新西藏”专栏，制作播出青少年励志专题片，建立西藏青年移动阅读平台，举办“中国梦·西藏梦”手机视频原创大赛，覆盖青少年35万余人次。自治区青少年活动中心竣工启用，各项活动开展有声有色，实践育人功能发挥显著。

【围绕中心，组织动员青年服务大局作出新贡献】 深化青春建功新农村行动，努力把青年农牧民党团员培养成致富能手，把致富能手培养成党团员，把党团员致富能手培养成村后备干部。扎实开展青年职业技术大赛、青年文明号集体服务质量展示、青年安全生产示范岗等活动，引导青年立足岗位创先争优。大力扶持青年就业创业，不断深化青年志愿者行动，共青团对口扶贫等工作，引导青年深入基层创业建功。深入推进“保护母亲河行动—高原绿色希望工程”，动员2万余名青少年积极参与生态环保实践。组织动员246名团干部赴116个行政村开展强基惠民活动，据不完全统计，区地两级团组织落实帮扶资金3237万元。

【服务青少年成长】 募集社会捐款1000万元，获得团中央青创会支持500万元，积极申请政府配套资金，为筹建西藏农牧民青年创业就业基金奠定了良好基础。争取落实各类培训经费500余万元，大力开展共青团青年农牧民技能培训项目，培训3410人，实现转移就业447人。深入推进共青团青年就业创业见习基地建设，提供见习岗位800余个。联合金融机构为127名青年农牧民发放贷款366万元，带动创业就业人数122人。实施中小学素质拓展计划、“成才杯”大学生创业计划，推荐上报14件作品参加全国“挑战杯”竞赛决赛。募集爱心资金1017万元，资助各类学生近2000余人，援建希望小学2所，配套升级希望小学附属设施7所，培训希望小学教师44人。成功举办“同心共筑中国梦 青春建功新西藏”全区第三届大学生校园文化艺术节，5000余名在校大学生参与。深化开展“共青团关爱农民工子女志愿服务行动”，结对帮扶3125名农民工子女。打造“迎高考 促成长”心理咨询志愿行活动，组织41名高校心理学专业志愿者深入6地市20所高中为近3000名高三学生答疑解惑、释放压力。专题开展共青团“倾听日”活动，深入开展“共青团与人大代表、政协委员面对面”、“青春与法同行—青少年法律大课堂”等活动，扎实做好青少年权益维护工作。

【基层基础工作】 团的县级委员会不断健全，推动13个团县委机构单设。持续推进乡镇（街道）团组织格局创新工作，新建乡镇实体化“大团委”直属团组织1151个，新建农牧民专业合作组织团组织138个。新增非公企业团组织45家,有效覆盖青年8791人。团区委直接支持基层团组织，在专项工作、项目建设、配发团务用品、编发藏汉双语工作指导手册等方面投入经费400万元。全区692个乡镇（街道）每年各2万元共1384万元共青团工作经费纳入自治区财政预算。以促进规范化运行和提升活力为重点，以提供工作菜单等形式，明确乡镇团委和直属团组织的工作内容。学校共青团基础性地位进一步加强，学校团组织建设进一步完善，高校维稳联席会议机制作用发挥较好，学生服务、社团管理进一步规范。确定首批少先队活动课试点学校23所，每周1小时少先队活动课落实到中小学课表；推动6地市完成总辅导员设置；有序推进少先队二级学科建设，协调西藏大学、西藏民族学院开设“少年儿童组织与思想意识教育”研究生专业。

【团干部队伍建设】 坚持聚焦“四风”“两问题”，着力解决存在的突出问题，扎实开展好党的群众路线教育实践活动，机关有了新气象，干部有了新收获，团的事业有了新发展。全年团区委机关发文同比减少20%，各类会议同比减少50%，各类公务接待费同比下降23.34%，三公经费支出同比下降13.89%。通过抓思想、改作风、强班子、带队伍等举措，大规模开展团干部分级分类培训，推动各级团干部下基层、接地气、受锻炼，全区广大团干部理想信念进一步坚定，作风得到进一步锤炼，做群众工作的能力水平得到进一步提升。全年落实培训资金100多万元，举办各类培训班23期，培训团干部和少先队辅导员1582人。

【其他事业】 青联建设不断加强，学联工作扎实推进，青年报社的舆论导向作用明显增强，青年社会组织工作进一步加强。

自治区妇女联合会

【凝聚和谐稳定的社会局面贡献智慧力量】 紧紧抓住西藏妇女九大召开契机和各种节点，联合召开各族各界妇女纪念西藏百万农奴解放54周年座谈会，开通中国西藏妇女网，充分利用西藏妇女网、《西藏妇女》、《妇工通讯》等妇联宣传阵地，充分发挥全区3000多家基层“妇女之家”的宣传作用，深化党的十八大、十八届三中全会以及自治区系列重要会议精神的学习宣传和“我与中国梦”等主题宣传教育，深化“感党恩”教育，大力宣传我区妇女事业发展的新成就，引导广大妇女群众牢固树立共同理想信念，听党话、颂党恩、跟党走。深化尼姑教育培训工作。在对全区尼姑寺庙教育培训成效调研摸底和回访的基础上，结合我区实际制定了全区尼姑培训中长期规划，举办两期尼姑培训班，对来自全区50座寺庙的72名尼姑进行培训，并组织赴区内外参观考察，增强参训尼姑爱国爱教、遵纪守法意识，团结宗教界妇女代表人士。启动妇女及妇联组织进网格入双联户工作。联合区党委组织部下发《关于推进妇女组织进入网格和双联户积极参与社区服务管理工作的通知》，明确工作具体目标、任务和要求。支持日喀则地区妇联对女格长、女户长和尼姑联保体进行培训，在拉萨和日喀则试点推进妇女及妇联组织进网格入双联户，在驻村点配合做好“双联户”工作，为维护和发展和谐稳定的社会局面作贡献。

【组织妇女为推动西藏经济发展作出贡献】 大力实施“巾帼建功行动”。表彰50名自治区城乡妇女“岗位建功”先进集体（个人），向全国妇联推荐27名2012 年度全国城乡妇女岗位建功先进集体（个人），联合区总工会、人社厅、人行、中国银联西藏分公司等举办自治区首届“银联杯”商业服务行业收银员职业技能比赛，营造争先进、学先进的良好风气，鼓励和带动行业妇女立足本职创造新业绩。筹备成立西藏自治区女企业家协会，组织市县村妇联干部、部分女企业家代表等赴四川省汶川县银杏乡羌绣基地、郫县安靖镇蜀绣基地、青神县竹编基地考察学习，推动居家就业创业工作的交流,推进我区城乡妇女居家创业就业。拓展农牧民妇女技能培训方式，积极申报农牧民技能培训项目，培训人数达320人的7个培训项目获批。投入资金16万元，联合拉萨、那曲两地妇联分别举办了传统藏香制作和藏餐烹饪技术技能培训班，70名贫困妇女及家庭直接受益，间接受惠人数达350人。联合举办“全国妇联、区地妇联城乡妇女发展业务知识培训”，林芝地区各单位妇委会、妇联干部及农村妇女代表90多人参加培训。继续实施好妇女小额担保贷款财政贴息政策，力推在阿里、林芝相继启动小额贷款工作，截止目前全区累计发放妇女小额贷款近800万元，为城乡妇女创业就业提供资金支持。创建拉萨市曲水县瓜果蔬菜基地、山南乃东县禽类养殖基地“全国现代农业科技示范基地”，并发挥示范带动作用，帮助妇女创业就业。广泛开展“三八绿色工程”、“共建美丽家园行动”等主题实践活动，做好拉萨市林岗村、岗巴县铁布公村“全国三八绿色基地”的创建工作，协调区林业厅拟创建一批自治区级三八林，鼓励支持妇女向生态产业、循环经济进军，引导妇女增强环保意识，投身环保行动，为生态西藏建设作出了积极贡献。

【宣传西藏妇女的发展与进步】 召开西藏自治区妇女第九次代表大会，陈全国、宋秀岩、白玛赤林、梁田庚、王瑞连、德吉等自治区和全国妇联领导出席，全区近300名各行各业代表参加了会议，会议客观全面地总结了过去五年的工作，对今后的工作进行了安排部署，会议规格高、规模大，引起了强烈反响。协调西藏主流新闻媒体和中央派驻媒体对西藏妇女第九次代表大会盛况及会前、会中、会后进行了全面的宣传报道。在《西藏日报》上刊登了《天高任鸟飞 海阔凭鱼跃》和《巾帼展风采 共创新辉煌》专版；协调西藏电视台制作《格桑花绽放》电视专题片和西藏妇女工作综述上、下集，并在《今日西藏》栏目和西藏新闻联播中播出；协调西藏人民广播电台制播《高原半边天 共筑中国梦》广播专题栏目，播出宣传妇联新闻10

条，区妇联主席江措拉姆、区教育厅、卫生厅、拉萨市妇联相关负责人做客《新闻早世界》，畅谈西藏妇女在参政、教育、卫生等领域取得的巨大成就。同时利用参加中国妇女十一大的机会，向全国妇女姐妹宣传今日西藏妇女新面貌。加强信息报送工作。研究制定了加强信息工作办法（试行），指定专人负责，层层落实信息分管领导和信息员，力推信息工作，截止目前，上报区党委、政府信息和信息采用得分名列前茅。上报全国妇联信息和被采用率较往年也有明显提高。全国妇联《妇工要情》、中国妇女报、中国妇女网、中国西藏妇女网、西藏日报等刊物和载体上共登载反映各级妇联工作动态的信息近百份。

【推动两规实施，促进妇女事业全面发展】 协调西藏人民广播电台继续在藏语广播专题《格桑梅朵》栏目中开设《西藏妇女》专栏，协调拉萨市人民医院、城关区人民法院、畜科所等单位选派专业人员就妇女儿童身心健康、法律保障以及种植、养殖技术等内容在广播电台进行录播。推动两规稳步实施。向宋秀岩同志汇报两规实施情况，得到了肯定和指导。联合自治区统计局召开妇儿工委2013年联络员会议，对2012年工作进行全面总结，对2013年重点工作进行了安排部署。举办全区妇女儿童发展规划培训班，对国家级示范县和部分地市妇儿工委主任、妇联主席进行培训，为自治区下一步开展两规工作打下良好的基础。正式启动林芝地区波密县和日喀则地区江孜县实施妇女儿童发展纲要国家级示范县创建工作，支持国家级、自治区级示范县率先突破两纲重点目标，切实发挥示范带动作用。推动成立妇儿工委组成督导组，赴日喀则、林芝等地进行中期评估，有效把握两规实施进程。

【丰富维权手段，保护妇女儿童合法权益】 联合开展“三八”妇女维权周活动，协调西藏人民广播电台在藏语广播专题《格桑梅朵》栏目中进行了为期一个月的妇女儿童维权法律知识普及，向有关单位争取青少年和儿童法律知识读本等宣传资料1100余本，印制藏汉两种文字的《婚姻法》和《未成年人保护法》，面向广大基层妇女宣传维权知识，提高了她们的维权意识和能力。构建社会化维权网络。在拉萨市110便民警务站创建全区首批“妇女儿童维权服务岗”，各岗建章立制，明确工作职责，接待来访来电案件36件，取得了初步成效。协调司法系统，推动在法院建立妇女儿童维权合议庭，充实维权力量。在日喀则试点推行信访代理制，健全信访网络，把维权服务落实到基层，送到妇女群众身边。

【拓展服务关爱途径，为妇女儿童谋福祉】 抓住各行业节庆点，服务行业妇女，扩大影响、拓展领域。抓住“三八”节走进尼木县、墨竹工卡县等农牧区看望慰问贫困妇女同志、寺庙尼姑、女工作队员；抓住5.12护士节表彰卫生系统医护人员；抓住儿童节看望障碍儿童和贫困学生；抓住记者节慰问新闻界女性工作者；抓住建党节看望离退休老党员老干部；抓住教师节慰问学校教职员工等等。与区体育局、区直机关工委联合举办全区首届“珠峰杯”女子乒乓球比赛，区直单位23支队伍、100多名运动员参加比赛，反响热烈良好。联合区邮政公司、区移动公司共同启动了“母亲邮包”公益慈善项目，开通了捐赠公益号“10699988”，惠及7地市6385个贫困母亲，我会也荣获全国妇联中国妇女发展基金会“2012 –2013年度‘母亲邮包’项目优秀实施奖”。做好“贫困地区儿童营养改善试点项目”的争取协调工作，我区拉萨、日喀则、山南、昌都4地市的17个县成为项目试点县。承办2013年度“恒爱行动”全国启动仪式，自治区副主席、政府妇女儿童工作委员会主任德吉同志出席启动仪式并致辞，出席仪式领导向爱心父母代表发放爱心毛线并向儿童福利院儿童发放了价值2万元的学习用品、体育用品及食品。各地（市）妇联和区直机关妇工委结合驻村工作，组织爱心妈妈们为贫困孤残儿童编织爱心毛衣。继续推动“两癌”免费检查，联合自治区卫生厅举办农村妇女“两癌”检查项目启动仪式暨技术培训班，安排部署我区农村妇女宫颈癌、乳腺癌检查项目实施工作，并对卫生系统的专业技术人员进行了业务培训，向37名贫困两癌妇女转发了每人一万元的两癌救助专项基金。继续推进“春蕾计划”。向中国儿基会申报了尼木县麻江乡小学和塔荣镇林岗村幼儿园两个建设项目，目前麻江乡小学建设项目现已立项并已拨前期款25万元。争取空军支持，为我区434名大中小学资助14.46万元的学习费用，向仁布县仁布乡“蓝天春蕾”小学捐赠价值12万元的电教设备，争取武警官兵为贡嘎县江塘镇小学捐建15万元的春蕾图书室，为孩子们的学习成长创造了良好的环境。组织我区拉萨、日喀则、林芝三地共12名蓝天春蕾教师赴北京参加2013年蓝天春蕾教师培训班。开展庆“六一”活动。联合自治区教育厅、文明办、团区委印发《关于庆祝2013年“六一”国际儿童节的联合通知》，以“做一个有道德的人”为主题，启动全区广泛开展社会主义核心价值体系和“中国梦”学习教育等“六一”庆祝活动。投入价值23.35万元的物资，为儿童送去党的温暖和社会各界的关爱，并通过新闻媒体呼吁全社会关心、关爱、关注少年儿童，为他们创造良好的社会环境。组织拉萨、山南、那曲3名学生赴京参加“学习雷锋好少年”夏令营活动，参观了祖国的大好河山、人文古迹和科技展馆，感受到祖国大家庭的温暖，加深了对雷锋精神的理解。

自治区文学艺术界联合会

【理论研究】 文艺理论评论工作有了新的推进，发挥了推动文艺创作繁荣、推动优秀作品广泛传播的积极作用。党组、主席团在《西藏日报》发表了题为《把好导向自觉担当 努力推动西藏文艺事业大发展大繁荣》和《努力推动西藏文艺事业实现更大繁荣发展》的学习体会文章，文联党组、主席团领导创作的散文《叶巴的灯光》和《幸福永驻》分获《盛世赞歌》——学习贯彻党的十八大精神有奖征文活动一、三等奖。完成中国文联调研课题《西藏文艺理论评论工作现状及对策建议》，完成自治区党委宣传部调研课题《为人民抒写 为时代放歌——党的十六大以来西藏文艺工作的回顾与展望》、《努力培育高层次文艺人才，为我区文化事业发展提供坚强人才保障》、《文艺家协会工作、文艺领军人才培养、重大题材文艺创作体制机制调研》和《西藏文联文艺家协会工作情况的调查》。

【文学创作】 完成中国作家协会主编的汉译藏《短篇小说卷》、《散文卷》翻译、校对、审校、出版发行工作。

创作出版长篇历史小说《金城公主》，完成长篇报告文学《系在金沙江畔的魂》的创作任务。

完成《中国新时期少数民族文学作品集·藏族文学卷》选编、编纂。

组织编撰《西藏当代文学史》。

联系中国作协组织全国知名作家撰写大型报告文学《千年一梦》。

【美术创作】 8月，西藏和平解放60周年“百幅唐卡”作品完成，在西藏博物馆举行新唐卡创作作品内部汇报展，并成立新唐卡画册编委会。

韩书力、边巴多吉、拉巴次仁、平措扎西、次仁旺加等同志接受文化部组织的“中华文明历史创作题材”《八思巴》、《格萨尔》创作任务。

组织推荐西藏4位艺术家的美术作品参加国际双年展。

编著西藏唐卡艺术家夏鲁·旺堆的传记《从僧僮到画师》。

组织作品参加中央统战部主办的“和美西藏画展”。

【书法创作】 组织书法作品参加“上海书法艺术节中国当代书法名家精品展”、“踏着伟人的足迹——纪念毛泽东诞辰120周年巡回书画展”、“第二届羊欣奖全国书法作品展”、“翰墨滨海——百名中国书协理事书法精品展”、“中国当代著名书画家百人作品展”。

【摄影创作】 配合中央统战部中国西藏网采风团前往林芝、山南、日喀则等地进行采风创作。与日喀则地区拉孜县委合作，举办“美丽日喀则西部”大型摄影创作活动。

【民间文艺创作】 由大丹增负责的《中国故事集成·西藏卷》、德庆卓嘎负责的《中国歌谣集成·西藏卷》、才旦多吉负责的《中国谚语集成·西藏卷》藏文卷本集成工作全部完成，由张宗显负责编纂的《西藏民俗志》通过复审。

【影视创作】 完成电视剧《大爱无敌》、《一家人不说两家话》、《雪豹》、《文化站长》、《铁梨花》、《医者仁心》、《北京爱情故事》、《小小飞虎队》、《西藏秘密》等剧目的译制工作，译制并播出《中美外交大揭秘》、

《行走西藏》、《中国珍稀物种》《抗日战争》、《狂野非洲》等专题片。

由《国旗阿妈啦》改编的电影《国旗阿妈》拍摄完成。

【西藏艺术团赴澳门参加《澳门基本法》颁布20周年纪念演出】 3月23日，受中央人民政府驻澳门联络办文化教育部、澳门基本法推广协会邀请，西藏文联组成了以中国文联原副主席、自治区政协原副主席、国家一级演员才旦卓玛为团长，由自治区藏剧团、自治区歌舞团等42人组成的西藏艺术团赴澳门参加庆祝演出活动。在澳门期间，艺术团为澳门政经界人士、教师学生和社会各界进行3场演出。此项活动对于进一步加强澳门特别行政区与西藏的文化交流与互动，增进澳门同胞对西藏的认识与了解，宣传和介绍西藏优秀的民族文化都具有积极意义。

【“澳门美术协会青委美术作品展暨第九届澳门．辽宁．西藏三地摄影联展”在西藏博物馆开展】 6月10日，由西藏文联、澳门基金会主办的“澳门美术协会青委美术作品展暨第九届澳门．辽宁．西藏三地摄影联展”在西藏博物馆开展。展览展出了60余幅澳门美术协会青委艺术家在内地或海外采风、进修后新近完成的绘画作品和120余幅澳门综艺摄影会、辽宁新闻摄影学会、西藏摄影家协会的摄影作品。

【“文化中国·知名华人书画家西藏行”采风团与韩书力等著名艺术家开展交流互动活动】 8月20日、21日，受国务院侨办邀请，来自美国、加拿大、法国、澳大利亚、日本、新西兰等国的12位海外知名华人书画家与西藏著名书画家、作家在拉萨开展文化讲座、笔会交流互动活动。党组书记沈开运同志与采风团团员和西藏部分艺术家进行座谈，希望海外艺术家和我区艺术家通过交流活动，切磋技艺、共同促进，让更多的海外华侨、外国友人通过艺术的桥梁沟通心灵，通过西藏题材书画作品向往西藏、认识西藏、了解西藏、热爱西藏。

【作家协会】 白玛娜珍、次央、平措扎西藏的选题列为中国作协重点扶持项目，吉米平阶反映驻村生活的长篇小说列为中国作协定点深入生活的重点支持选题。

选送史映红、尼玛次仁参加第十九届、第二十一届鲁迅文学院高级研讨班学习，选派鹰萨·罗布次仁、张文捷等4位青年作家参加全国青年作家创作会议，发展西藏作家会员5名，其中，劳稔麦朵作为网络作者被破例吸收。

和宁夏作协采风团进行文学交流和座谈。

组织召开自治区重点扶持作品《金城公主》研讨会。

【美术家协会】 12月23日，西藏美术家协会召开第五次代表大会，近70名美术家代表出席大会。大会听取并审议了协会第四届主席团工作报告、审议通过了协会章程修改草案。自治区党委常委、宣传部长董云虎常委要求全区美术工作者，要始终坚持正确的政治方向，始终坚持以人民为中心的创作导向，始终坚持崇尚美、传播美，始终坚持德艺双馨的价值取向。会议选出产生了由30人组成的美协理事会和10人组成的新一届主席团。韩书力当选新一届美术家协会主席，扎西次仁等9人当选副主席，边巴当选秘书长，拉巴次仁当选副秘书长。

邀请西藏著名唐卡艺术家嘎青·阿顿在日喀则对全区唐卡画家讲解唐卡艺术度量经及历史。

接待中国美术家协会分党组书记、副主席吴长江等赴藏文化考察团6次，扶持民间画家15人次。

【书法家协会】 12月24日，西藏书法家协会召开第四次代表大会，近60名书法家代表与会，大会听取并审议了协会第三届主席团工作报告，审议通过了协会章程修改草案，选举产生了由30人组成的书协理事会和10人组成的新一届主席团。杨双举当选新一届书法家协会主席，边罗等12人当选副主席，江村当选副秘书长，聘请巴珠为名誉主席。

组织西藏20多名中国书法家协会会员及西藏书法家协会会员举办“迎新春、展书风”书法笔会。

在昌都地区八宿县叶巴村为驻在村学校辅导藏文书法知识。

组织书法家为四川雅安庐山地震灾区捐赠书法作品20余幅。

发展中国书法家协会会员4名，西藏书法家协会会员25名。

【摄影家协会】 12月25日，西藏摄影家协会召开第五次代表大会，64名摄影家代表与会。大会听取并审议了协会第四届主席团工作报告，审议通过了协会章程修改草案，选举产生了由39人组成的摄协理事会和12人组成的新一届主席团。旺久多吉继续当选新一届摄影家协会主席，阿旺洛桑等11从当选副主席，阿旺洛桑当选秘书长、普布次仁当选副秘书长。

参与“秘境林芝旅游摄影大赛”活动并为其作品进行评选。

西藏摄影家协会会员王伟涛摄影作品《荡秋千》荣获第八届美国《国家地理》全球摄影大赛“华夏典藏奖”和中国赛区二等奖。

【音乐家协会】 12月24日，西藏音乐家协会召开第五次代表大会，近58名音乐家代表与会，大会听取和审议了第四届协会主席团工作报告，讨论和修改了协会章程，选举产生了由43人组成的音协理事会和11人组成的新一届主席团。美郎多吉当选新一届音乐家协会主席，德西梅朵等10人当选副主席，多吉欧珠当选秘书长。

积极筹备音乐家协会主席美朗多吉的个人音乐作品《献给母亲的歌》专场音乐晚会。

向第九届中国音乐金钟奖推荐流行组歌手和组合歌手。

【舞蹈家协会】 12月25日，西藏舞蹈家协会召开第五次代表大会，近70名舞蹈家代表与会。大会听取并审议了协会第五届主席团工作报告，审议通过了协会章程修改草案，选举产生了由41人组成的舞协理事会和15人组成的新一届主席团。丹增贡布当选新一届舞蹈家协会主席，白芨等14人当选副主席，洛金当选秘书长。

西藏远大农民工艺术团表演的“甲谐”入围第七届全国电视舞蹈大赛决赛。

【戏剧家协会】 12月20日，西藏戏剧家协会召开第五次代表大会，近50名戏剧家代表与会。大会听取并审议了协会第四届主席团工作报告，审议通过了协会章程的修改草案，选举产生了由30人组成的剧协理事会和8人组成的新一届主席团。强巴云丹当选为西藏戏剧家协会主席，扎西顿珠等7人当选副主席，郭杰当选秘书长。

选派西藏青年编剧尼玛顿珠参加中国文联第二期全国中青年编剧高级研修班。

发展西藏戏剧家协会会员7名。

【曲艺家协会】 12月26日，西藏曲艺家协会召开第五次代表大会，53名戏剧家代表与会。大会听取并审议了协会第四届主席团工作报告，审议通过了协会章程修改草案，选举产生了由26人组成的剧协理事会和6人组成的新一届主席团。平措扎西当选为西藏戏剧家协会主席，金巴洛珠等5人当选副主席，聘请土登为名誉主席，聘请牛群、姜昆为西藏曲艺家协会顾问。归桑朗杰当选副秘书长。

发展西藏曲艺家协会会员36名。

【民间文艺家协会】 12月27，西藏民间文艺家协会召开第五次代表大会，西藏65名民间文艺家代表与会。大会听取并审议协会第四届主席团工作报告，审议通过了协会章程修改草案，选举产生了由43人组成的民协理事和11人组成的新一届主席团。图嘎当选新一届民间文艺家协会主席，克珠群佩等10人当选为副主席，克珠群佩当选秘书长，聘请才旦多吉为名誉主席。

西藏唐卡艺术传习基地暨西藏唐卡画院正式挂牌，西藏民间文艺家协会会员、著名勉唐派唐卡大师罗布斯达聘任院长。

与《西藏商报》联合采访西藏民间工艺专版文章60余版，宣传推介自治区民间工艺和艺人成就。

【影视家协会】 12月26日，西藏影视艺术家协会召开第三次代表大会。西藏51名影视艺术家代表参会。大会听取和审议了第二届影视艺术家协会主席团所作的工作报告，讨论和修改了协会章程修改草案，选举产生了新一届协会领导班子。由25人组成协会理事，王跃华当选为主席，吴兴元等9人为副主席，杨年华当选为协会秘书长，聘请韩辉为名誉主席。

纪录片《国旗阿妈啦》荣获第十二届（2010—2013年度）河北省文艺振兴奖“作品奖”。

由报告文学《国旗阿妈啦》改编的电影《卓玛美朵》，通过中国百部电影专家论证会，列入2012年中国文学艺术发展专项基金资助项目、中国电影家协会“12·5”百部农村电影工程项目以及列入国家广电总局扶持项目。

根据报告文学《国旗阿妈啦》改编的纪录片《国旗阿妈啦》，在中央电视台十频道《讲述》栏目直播。

引进中国传媒大学和浙江广播电视学院等播音主持专业4名应届毕业生。

【文艺期刊】 由西藏文联主办的西藏文艺期刊《西藏文艺》(藏文)、《西藏文学》（汉文）、《邦锦梅朵》（藏文）、《西藏人文地理》（汉文）和内刊《西藏文联通讯》五个文艺期刊始终坚持“把握方向、办出特色、提高质量、扩大发行”的办刊宗旨，牢牢把握社会主义先进文化的前进方向，传播和谐理念，培育和谐精神，营造和谐氛围，回应时代呼唤，注重把好政治关、质量关和效益关，根据读者群的变化在办刊内容和形式上积极进行探索，受到广大读者欢迎。《西藏文学》第三期刊登的阿郎的小说《酥油花》等作品被《小说选刊》选载，《西藏文艺》推出“西藏新旧对比”和“鲁院第三届党员优秀作品”专栏，《邦锦梅朵》编辑部推出创刊三十周年“刊庆专栏”。

自治区工商业联合会（总商会）

【概况】 2013年，全区共有各级工商联、商（协）会组织、88个，其中：自治区级工商联（商会）1个；地市级工商联（商会）7个；县级工商联（商会）53个（含山南地区乃东县商会）；异地商会7个，协会11个，其他9个。全区工商联会员企业达到3823家，比2012年增加672家，增长21.3%，其中：直属会员企业达到236家，比2012年增加73家，增长44.8%。

【非公有制经济发展】 一是非公有制经济占据西藏市场主体地位。2013年，全区市场主体达到12.8万户，占全区各类市场主体的95.4%，同比增长7.8%，注册资本436.67亿元；从业人数63.4万人，同比增长11.9%。2013年，西藏非公经济实现社会消费品零售总额214.5亿元，占全社会消费品零售总额的75%。二是产业分布广泛，经营领域不断拓展。自治区非公有制经济几乎涉及到国民经济的各个行业，但是主要分布在建筑业、采矿业、特色产品加工业和传统第三产业，新型行业涉足较少。个体工商户主要分布在批零贸易业、餐饮业、娱乐服务业、交通运输业、医药医疗行业等几个传统行业，所占比重超过90%；民营企业主要分布在医药行业、百货贸易业、建筑业、采矿业、房地产业、交通运输业、食饮品加工业、中介行业、物流行业等。西藏非公有制经济主要分布在劳动密集型的、适合小微企业生存和发展的第三产业。三是非公有制企业规模不断发展壮大。2013年，全区营业收入上亿元的非公有制企业有70余户，注册资本上亿元的非公有制企业有120余家。近年来，1533家资金雄厚、竞争能力强、市场占有率高的知名企业入驻拉萨经济开发区、柳梧新区、达孜、堆龙工业园区，壮大了我区经济实力，成为我区经济发展主体、产业主体、税收主体和投资主体。全区共有11家上市公司，其中非公有制控股企业8家。四是非公有制企业科技意识、品牌意识不断强化。2013年，共认定国家级高新技术企业27家，46家创新型企业中被认定为高新技术企业5家，非公有制企业获得全国工商联科技进步一等奖3项、二等奖4项、三等奖6项；非公有制企业拥有自治区著名商标53件，中国驰名商标9件。五是非公有制经济成为西藏税收的主要贡献者。2013年，全区非公有制经济税收135.5亿元，占全区税收部门组织收入的91.8%。六是非公有制经济成为经济结构调整的生力军。2013年，非公有制经济投资占全社会固定资产投资比重超过30%。非公有制经济投资领域不断拓宽，由过去的单一投资领域逐步向交通运输业、采矿业、水电业、房地产业、藏医藏药业、土特产行业、城市建设等行业发展。

【助推非公有制经济持续快速发展】 一是深入调查研究，积极建言献策。2013年，区工商联组成多个调研组先后10余次分别深入到七地市的100多家企业，下发调查问卷400多份，掌握了大量第一手资料，形成了多篇高质量、有价值的参考材料，为党委、政府的决策部署提供了参考。二是加强沟通协作，拓宽发展渠道。通过加强与金融部门的沟通协调，促成自治区政府与民生银行战略合作协议的签订，民生银行在拉萨设立分支机构；区工商联与中国进出口银行成都分行签订战略合作协议，中国进出口银行成都分行在拉萨设立分支机构；区工信厅、区工商联与国家开发银行签订了助推非公有制经济发展的战略合作协议。三是落实扶持资金，支持企业发展。目前，全区七个地（市）均已建立非公有制经济扶持发展资金。其中，拉萨市资金额度为500万、日喀则400万、山南1500万元、林芝400万元、昌都300万元、那曲300万元。自治区财政厅、工商联设立的非公有制经济发展专项资金，近两年落实扶持资金近2亿元。四是加强沟通交流，搭建合作平台。2013年，通过与海南省工商联、黑龙江省工商联、河北省工商联等20多个考察组及内地企业家进行对接；赴17个对口援藏省市开展招商引资工作；组织全区非公企业到台湾进行了考察学习活动，并签订了合作协议；组织了16名区内企业家前往广东、浙江、福建3省进行考察学习。五是加强协调联系，建立工作机制。召开了区工商联与政府各综合部门座谈会和金融部门与非公企业助推非公有制经济发展恳谈会，既向政府部门反馈了在企业在生产经营过程中存在的困难和问题及提出的意见建议，又向非公企业宣传了政策，初步建立了工作机制。

【非公有制经济组织党建、工会工作】 一是基层组织不断健全。全区7地市已经全部成立了非公党工委，10个县（区）成立了非公党工委，全区非公党工委共有专（兼）职工作人员27人，自上而下的非公党建工作体系初步形成。二是党的基层组织覆盖面不断提高。2013年，全区非公经济党组织达316个（其中企业党组织184个），比2012年增加132个，增长71.74%，党组织覆盖面进一步扩大。全区非公经济组织中党员总数达6694名，比2012年增加2281名，增加51.69%。三是建设“党员服务站”。研究制定《关于在全区推广建立非公经济组织党员服务站的意见》，指导西藏宏绩集团等将原党员活动室升级改造为党员服务站。申请50万元专项资金，在规模以上企业、商（协）会中确定100家建立党组织的单位推广党员服务站建设，充分发挥党务政策咨询、党建理论传播、岗位信息咨询、党员活动场所、党内业务办理、困难党员职工帮扶、党员志愿者服务、社情民意受理等“八个方面职能”作用，逐步形成硬件设施不断完善、规章制度比较健全、职能作用充分发挥的党员服务站网络。四是非公有制企业工会团建妇联工作稳步推进。2013年，非公有制企业已建工会组织105家，工会会员8000人，其中2013年新建工会组织9家，新入会员2347人，建立团组织8家、妇女组织6家。近年来，共推荐产生全国工商联表彰的“关爱员工优秀企业家”9名，“热爱企业优秀员工”9名；2013年，推荐新建“职工书屋”建设单位8家，3家非公企业工会被评为“全国优秀职工之家”，西藏自治区工商联被全国常务公开协调领导小组授予“全国推动常务公开民主管理先进单位”。

【非公有制经济人士政治安排工作】 2013年，全区非公有制经济代表人士中担任党的十八大代表1人，担任全国政协委员3人，担任自治区人大代表13人，自治区政协常委7人，自治区政协委员44人；非公有制经济人士荣获全国劳动模范9名，自治区级劳动模范62名，全国“五·一”劳动奖章获得者14名。

【中国光彩事业西藏行活动】 “中国光彩事业西藏行”活动于2013年8月在拉萨举行。此次活动为西藏公益事业筹集善款6900万元，西藏自治区人民政府与中国民生银行签署了战略合作协议，组织了101家区内民营企业举办特色产品展示，组织七地市与企业家进行了深度对接洽谈。本次活动吸引了内地30个省市300余家知名民营企业、600多位企业界嘉宾和领导参加，其中不乏全国民企500强和世界500强企业。截止2013年底，实现落地项目66个，总投资210亿元。

【非公有制经济人士理想信念教育实践活动】 围绕教育实践活动主题，开展“十大特色”活动。一是举行两次以“中国梦”为主题的演讲报告会；二是开展一次专题大调研，区工商联领导班子成员分别带队，组成专题调研组，先后深入七地市和40余家企业和商会实地调研，发现企业在生产经营方面存在的问题和困难，帮助企业解决困难，积极维护企业权益，撰写了多篇调研报告；三是组织开展了以“新藏商·中国梦·我的梦”为主题的大演讲活动；四是开展“干部下民企”活动，全区共选派了300名党建指导员深入非公企业开展党建指导工作。相继建立了30多家企业党群组织，为企业办实事、办好事达200多件；五是在非公有制企业中开展了“健全用工机制、构建和谐劳动关系”专项调研督查；六是组织30家企业负责人召开协调会，撰写了《区工商联构建和谐劳动关系的调研报告》和六份《构建和谐劳动关系典型材料》；七是召开了全区非公有制经济代表人士理想信念教育实践活动座谈会，提升了广大非公有制经济人士参与理想信念教育实践活动的热情和信念；八是开展爱国主义教育，组织非公有制经济人士参观“新旧西藏对比展”、观看了《农奴》、《复兴之路》等优秀爱国影视作品；九是相继组织召开了区工商联与政府综合部门座谈会、金融部门与民营企业家助推非公有制经济发展融资座谈会；十是开展了2013年度非公有制经济人士“感恩行动”，筹集款物折合人民币102万元，慰问了专题工作组、驻寺工作队、便民警务站、公安干警、爱国僧尼，并开展了义演活动。

【强基惠民工作】 共派出两个驻村工作队。工作队始终严格按照区党委、政府的“五项”任务要求，做了大量卓有成效的工作。一是加强基层基础工作，“留下一支永远不走的工作队”。指导村党支部组织党员过组织生活和开展“三会一课”活动，帮助规范学习制度，使村党支部党建工作更加规范、有序。指导村党支部培养、发展党员。二是强化“稳定是第一责任”意识，落实维稳责任，确保一方平安。实现了“三无”、“三不出”目标。三是加强时事政治和惠民政策宣传教育。做到入脑、入心，人人皆知。四是加强了对两个驻村各项工作的宣传报道工作，在门户网站开辟了“区工商联开展创先争优强基础惠民生活动专题宣传栏”，适时更新了工作动态内容达70余条；在西藏日报、拉萨晚报和中国西藏新闻网刊登发表了5起驻村稿件；在会机关大厅安装LED局屏和制作设计了7期内容涵盖领导关怀、调研指导、项目建设、办实事好事等驻村宣传展板；同时编写上报工作信息89期；起草活动领导小组文件5篇。五是为民办实事成效显著。2013年，2个驻村工作队在全国工商联、自治区相关部门及企业的大力支持和援助下，共协调近200万资金，用于为群众办实事、办好事。进一步改善了群众的生产生活条件。六是动员会员企业积极参与并做出了突出贡献。宏发公司、力泰公司、福建商会等多家企业共筹集款物50万元对杆吉村进行扶贫帮扶。西藏阜康医院派出医疗队赴杆吉村开展义诊，送医送药上门，共为70余名村民进行了义诊，为长期生病的村民提出了恢复健康的系统治疗方案，发放药品折合人民币2万余元。

中国佛教协会西藏分会

【构建和谐西藏】 2013年,自治区两级佛协组织和广大佛协理事牢固树立和谐发展的理念，充分发挥联系面广，位置相对特殊等独特优势，把促进宗教领域和谐作为佛协各项工作的出发点和落脚点，广泛联系僧尼和信教群众，积极畅通寺庙僧尼和信教群众利益表达渠道，在协调关系、理顺情绪、化解矛盾，协助党委政府正确及时处理好人民内部矛盾方面做了大量卓有成效的工作，最大限度地减少了不和谐因素，尤其是在基层佛协理事积极协助当地党委、政府处理虫草采集纠纷、草场边界纠纷、宅基地纠纷、邻里纠纷等各类矛盾纠纷中发挥了重要作用，有力促进了各民族和各教派之间的和睦相处，在全社会营造了融洽和谐的社会氛围，最广泛最充分地调动了一切积极因素，为和谐社会建设注入了强大力量。

【桥梁纽带作用】 根据工作实际，本会正副会长、党组班子成员、正副秘书长等领导和干部组成四个工作组，深入七地市10多个县和30多座寺庙调研，了解存在的问题。珠康会长在拉萨市藏传佛教寺庙宗教教职人员主题教育专题培训班上，为238名寺管会主任、常务副主任、堪布、经师以及桑耶寺90名僧人，山南地区12个县寺庙僧尼、驻寺干部，利用视频做了题为《学习和弘扬藏传佛教历代高僧大德“爱国爱教、遵规守法、弃恶扬善、崇尚和谐、祈求和平”》的专题讲座。珠康会长、副会长穷仓·洛桑强巴等宗教界人士先后深入拉萨市部分县、那曲地区安多县、比如县的25座寺庙和58座拉康、日追、770多名僧尼和90多名寺管会干部中进行了《积极推动宗教与社会主义社会相适应》专题讲座，各位高僧活佛引用藏传佛教经典，通俗易懂的宗教言语讲述了凡是信仰、学习、闻思修佛者，都要心怀大慈大悲、弃恶扬善、珍惜生命之道理，教育引导僧尼和信众要珍爱生命、遵规守法、潜心修佛。活动反映强烈，成效显著，提高了广大僧尼规范自己行为的自觉性，增强了为宗教和谐、社会稳定作出了积极性贡献。我会还组织工作组深入山南、日喀则、那曲等地市部分县和寺庙，开展中共西藏自治区委员会办公厅、区政府办公厅下发的《关于新形势下佛协工作的意见》（藏党办发〔2013〕1号）文件精神在各地市落实情况和"五下乡"爱国爱教服务下乡活动开展情况进行了调研，听取各地市统战、民宗、佛协等部门意见的基础上提出了对自治区宗教任务重、维稳任务重的45个县先组建佛协机构和加强7地市佛协组织的请示，提出了建议，为党委、政府决策提供依据。

【强基惠民和党的群众路线教育实践活动】 根据全局工作需要，积极抽派干部骨干力量参加"创先争优强基惠民"活动。为索县热布村的和谐稳定、民生改善和村级组织建设等方面做出了积极贡献。并圆满完成了第二批、第三批驻村工作队的交接轮换工作。同时，积极开展党的群众路线教育实践活动，在整个教育活动中，不论是党组班子、县处级干部，还是宗教界人士和一般干部职工都认真贯彻落实区党委教育实践活动领导小组办公室和区党委第二督导组的有关要求，尽职尽责、兢兢业业，全身心地投入到活动当中，极大地促进了活动效果的落实，以实际行动建设为民务实清廉的机关作出努力。

【积极开展友好往来】 年初应尼泊尔友好人士的邀请，副会长直贡琼仓·洛桑强巴在党组书记才仁桑珠的陪同下前往尼泊尔，向尼泊尔三座寺庙进行开光并开展了相关佛事活动。对此，全国政协主席俞正声同志作出了"办的很好"的重要批示。为团结争取更多境外藏胞心向祖国，扩大境内藏传佛教活佛在群众中的影响，为涉藏外交大局工作作出了贡献。按照区党委统战部的安排，接待了以中国佛教协会副会长、上海佛教协会会长、上海玉佛禅寺方丈觉醒法师为团长的"慈爱·吉祥之旅"参访团，玉佛禅寺对西藏盲校、孤儿院工作给予了极大的帮助和支持，促进了两地佛教文化的交流，进一步谱写了藏沪佛教界友好往来的新篇章。同时积极做好了班禅大师调研时的各项工作，并组织常务理事和宗教界代表人士召开座谈会，珠康会长代表佛协西藏分会向班禅大师汇报了佛协组织近10年来所开展的工作，得到了班禅大师的充分肯定。通过对外交往加深了了解，增进了友谊，发挥了佛协在涉藏外宣工作中的积极作用。

【做好活佛转世和学位考评工作】 坚持按佛协《章程》办事，依法指导、开展各项宗教活动，进行各大教派显密宗的传法、护法、弘法，按照《藏传佛教活佛转世管理办法》和自治区《关于做好藏传佛教新转世活佛培养教育和管理工作的意见》，协助统战、民宗部门圆满完成第五世德珠·江白格桑活佛和夏绒布寺第八世绒布曲吉·洛桑顿珠活佛的转世灵童寻访、认定、坐床、受戒等整个工作。2013年，积极协助做好了7位新转世灵童的坐床工作，并参加坐床典礼等相关活动。主动配合西藏佛学院做好经师推荐等工作，圆满完成今年藏传佛教学经僧人晋升格西拉让巴学位预考工作及格西拉让巴学位立宗答辩和颁证仪式。截至目前，共64名僧人获得格西拉让巴学位并建立资料库，按照《西藏自治区藏传佛教活动场所经师资格评定和聘任办法》的规定，为进一步推进格西拉让巴晋升的公开、公平、公正，在寺庙推荐的基础上，对7名经师进行了严格政审、全面考核后聘任为格西拉让巴学位晋升考评经师。积极做好2013年中国藏语系高级佛学院第十一届高级学衔班招生考试等相关工作。还积极参加那曲地区孝登寺、桑耶寺、札伦寺、萨迦寺、热拉永忠林寺的西藏佛学院分院揭牌仪式。

【佛协第十届一次理事会筹备工作】 根据协会《章程》规定，2013年是佛协西藏分会换届之年，目前会议相关筹备工作正加紧、稳妥、有序开展，且第十届常务理事、理事推荐工作，按照有关程序正在全区全面铺开，换届会议相关材料的准备工作也在紧张开展中，确保佛协西藏分会第十届一次理事会圆满、成功召开。

【藏民族优秀文化传承和发扬】 按时编辑、出版发行了《西藏佛教》。并向有关地区寺庙书屋赠送了《西藏佛教》刊物，为积极宣传党的民族宗教政策，传承和弘扬博大精深的佛教文化起到了重要作用。同时，不断推进佛协印经院工作，加强和提高了《甘珠尔》印经质量，向信教群众提供高质量、内容健康、廉价的经书，保证了信教群众的信仰需求。为保护和传承藏民族优秀文化，积极开展抢救纳塘版《丹珠尔》大藏经木刻板制作工作，进一步提高印经、刻板、校对、夹经板的质量。纳塘版《丹珠尔》大藏经共有225部、76648板；截至目前，已刻制完成71187板，还剩

5461板，预计2015年全部完成。

【驻村工作】 县处级以上领导干部分三批先后进驻联系点，深入进村入户开展“结对认亲交朋友”活动，驻索县热布村工作队，围绕加强基层组织、维护社会稳定、寻找致富门路、进行感恩教育、办实事解难事积极开展工作，用8万元为全村81户建立温室蔬菜大棚，为五保户和低保户送去了25000元慰问金。在开展群众路线教育实践活动中结对认亲工作组，共筹89000元为全村81户发放了生活用品及慰问金，筹集25万元购置采石设备组建采石队，我会驻村点23名村民与二村村民一起边学技术边开采石材，两村共售出了140辆车石材。截止2013年10月总售量达28000块石头，总收入238000元，用10万元为两村采石场购置装载机，切实为广大群众解决实际困难，密切了党群干群关系。

自治区残疾人联合会

【完善各类保障残疾人权益的政策法规】 完成《西藏自治区实施〈中华人民共和国残疾人保障法〉办法（草案）》修订工作，该法案已经自治区十届人大常委会第六次会议审议通过，并于2014年1月1日起实施；积极与相关部门协调，出台了《西藏自治区残疾人就业保障金征收、使用管理办法》；起草了《西藏自治区贯彻〈农村残疾人扶贫纲要（2011–2020年）〉实施办法》，目前，自治区政府正在审核当中；起草了《西藏自治区盲人保健按摩行业管理办法（草案）》、《西藏自治区残疾人创业小额担保财政贴息贷款实施意见》等相关管理规章制度，目前正积极征求相关部门意见。

【学习贯彻党的群众路线教育实践活动】 强基础惠民生工作。投资50万元为定结县确布乡克阿村村民修建自来水工程，投资46万元修建牲畜暖棚工程。结合党的群众路线教育实践活动，区残联积极开展领导干部走村入户、结对认亲交朋友活动，共结对帮扶20户，并发放慰问金21000元；56名普通党员共结对帮扶56户，发放慰问金28200元。区残联为该乡22户贫困户发放糌粑2.5吨、砖茶22条，送去牛肉、蔬菜、糖果等生活食品，捐赠衣物200余件，总价值3万余元。

【开展各项业务工作】 康复工作。自治区残疾人康复服务中心全年开展各类康复训练达21120人次；赴18个县开展残疾人筛查、辅助器具适配工作，筛查残疾人13080人，配发辅助器具3377件；为339名肢体残疾人装配了假肢器具，康复训练率达100%；为200名盲人进行定向行走训练，并配发康复用品用具；全年为760名贫困白内障患者免费实施了手术；实施了2例人工耳蜗植入手术。积极衔接卫生等部门，为自治区新加1家“七彩梦矫治手术”定点医院；新建社区康复站11个，598名残疾人在社区康复站接受康复服务；完成了残疾预防随报试点城市（拉萨市）的延伸工作。派出5名康复管理员参加了中国残联组织的系统培训；在区内开展2期社区康复协调员培训，参训人员38人次。

教育工作。在拉萨市、日喀则地区、那曲地区特殊学校开展“彩票公益金助学项目”，对30名学前教育残疾学生每人给予3000元的资助。积极向中国残联申请8万元资金，为全区特殊教育师资培训工作提供有力保障。2013年，全区有4名盲人考上了大学，其中两名考上区外大学，区残联奖励每名学生5000元，同时为两名区外就读的大学生提供了一次性前往学校机票，并积极与深圳余彭年慈善基金会协调，将这4名盲人大学生纳入资助范围。

就业工作。举办2期全区残疾人按比例就业和残疾人就业保障金征收、使用、管理工作培训班，培训150余人；输送我区17名盲人赴北京按摩中心学习盲人保健按摩；扶持25名残疾人实现了自主创业，并为每人购买了价值5000元的相关设备及原材料。积极开展以“就业帮扶、真情相助”为主题的就业援助月活动，全年职业登记169人次，职业指导167人次，职业介绍89人次；举办残疾人专场招聘会13次，83名残疾人实现就业；开展入户调查及“送温暖”活动，慰问贫困残疾人失业人员64人，送去慰问金42000元，发放宣传政策资料4000份；大力开展各类残疾人职业技能培训，全年培训残疾人160人。完成残疾人就业基础数据录入工作，已实名制录入16571人，基本覆盖全区大多数地区，覆盖率从

2012年的19.2%上升到78%。

扶贫工作。根据《中国残联彩票公益金农村贫困残疾人危房改造“阳光安居工程”项目实施方案》要求，完成2013年度贫困残疾人危房改造任务250户，落实中央财政补贴资金150万元；积极开展“万村千乡市场工程”助残扶贫项目，2013年度新安置21名农村残疾人或家庭成员就业，新增帮扶10户农村残疾人家庭创办村级店。

居家托养工作。完成2009年-2012年“阳光家园计划”居家托养项目相关数据的汇总和系统录入，下发《西藏自治区“阳光家园计划”——智力、精神和重度残疾人托养服务项目实施方案》，对2013年度“阳光家园计划”项目的任务进行分解，并落实资金404万元，6733人受益。

组织联络工作。积极组织开展“三大节日”和各残疾人节日慰问活动，慰问贫困残疾人、企业困难职工、特殊教育工作者及江曲麻风病村残疾人患者等，发放慰问金、慰问品折合人民币50万元。加快第二代残疾人证办理工作。截止2013年底，全区已核发第二代残疾证62065本，比2012年增加核发12841本，另有7037人的残疾人证正在审核办理之中。

维权工作。全年接待和处理残疾人及其亲属来访9人次，解答了残疾人提出的各项问题，办结率100%；为来访残疾人解决资金2000余元和各类辅助器具。根据中国残联的相关工作要求，制定《西藏自治区贫困残疾人家庭无障碍改造项目实施方案》，向各地市下达改造任务200户，每户资金3500元。确定了2013年残疾人机动轮椅车燃油补贴人数2348人，根据中央财政每人每年260元、地方财政每人每年120元的标准，落实燃油补贴89.23万元。

文化体育工作。组团参加第八届全国残疾人文艺汇演（甘肃赛区），在4大类比赛节目中，获得2个二等奖、1个三等奖、1个团体三等奖的优异成绩；向中国残联宣文部推荐6名我区残疾人优秀艺术人才，完成16名残疾人运动员注册工作；积极开展第二十三次全国助残日活动，发放各类宣传资料近2万份，协调自治区领导走访慰问3户贫困残疾人，发放慰问金3000元；与自治区广播电台合作，在《新闻早世界》栏目以采访的形式播出自治区近年来残疾人工作取得的成就，进一步营造全社会关心、关注残疾人的氛围。

信息化建设和事业统计工作。利用残联门户网站和残联微博等电子信息手段，公开发布信息62条，在各类新闻媒体上积极刊登关于残疾人工作的新闻报道67篇；组织开展1期信息统计员培训班，培训16人。在各地（市）残联和各驻村工作队的协助下，在全区5451个行政村开展《西藏自治区残疾人基本信息调查表》统计工作。

【积极为残疾人创造良好的生活环境，加大残疾人基础服务设施建设的投资】 2013年开工建设的“十二五”期间中央投资的残疾人综合服务设施项目有：拉萨市残疾人托养服务中心，建筑面积1893.13平方米，总投资1485万元；山南地区残疾人托养中心，建筑面积4600平方米，总投资1140万元；那曲地区残疾人综合服务中心，建筑面积4579.2平方米，总投资1403.42万元；阿里地区残疾人综合服务中心，建筑面积4000平方米，总投资1200万元。同时，根据《2012-2015年中央专项彩票公益金支持西藏社会公益事业建设项目管理办法》，区残联在2012-2013年度共设立26个县级残疾人综合康复服务基础设施项目，总投资9880万元（其中包括1300万元设备购置款）。目前，各项目正有序建设。

【各类受援和交流工作】 向中国残联申请解决区残联职工住房资金600万元，目前已到位300万元。与中国扶贫基金会合作签署援助约定项目，争取资金27.2万元，用于改善盲校各项条件；与太阳雨公益基金签署援助协议，为日喀则边雄盲人培训中心建设投资90万元的音乐教室；做好“三星爱之光”和“彭年光明行动”等项目的受援工作。

【涉外项目】 与国际助残组织合作实施的《残疾人康复服务第四期项目》和与德国助盲组织合作实施的《第四期助盲项目》，经自治区政府批准，续签第五期合作项目。协调和陪同涉外项目合作专家前往昌都、日喀则等地开展假肢、社区康复等培训工作。经区残联与区外侨办推荐，德国助盲组织项目专家迈克詹姆斯伯兰特荣获2013年度西藏自治区“珠峰友谊奖”和国务院“友谊奖”，并接受了《人民日报》专访。

（撰稿：白江波）

西藏年鉴
TIBET YEARBOOK
2014

第三篇
军事

西藏军区

【西藏军区召开党代表会议】 7月1日，全区党员逐级推选出的党代表共187人出席会议，选举军区出席成都军区第十一次党代表大会代表。会议认真传达学习了关于出席成都军区第十一次党代表大会代表选举工作的通知，听取了军区出席成都军区第十一次党代表大会代表候选人产生情况的报告。在各代表团充分酝酿的基础上，全体与会代表投票选举产生了83名军区出席成都军区第十一次党代表大会代表，代表条件、比例结构、产生程序符合成都军区要求，合法有效。会议指出，此次军区出席成都军区党代表大会代表选举顺利成功，关键在于全体代表认真贯彻党章，坚决执行军区党委决策指示，正确行使民主权利，以实际行动落实讲政治、顾大局、守纪律要求，体现了坚强的党性观念和过硬的思想作风，是一次发扬民主、团结共进的会议，是一次凝聚力量、鼓劲加油的会议。

【西藏自治区党委书记、军区党委第一书记陈全国看望慰问77546部队官兵】 7月30日，自治区党委书记、西藏军区党委第一书记陈全国，自治区党委副书记、自治区主席洛桑江村，自治区党委常务副书记吴英杰看望慰问77546部队官兵。陈全国书记代表自治区党委、政府和全区各族人民向77546部队官兵表示节日的问候，并赠送慰问金。陈书记指出，军区部队是一支英雄的部队，进藏60多年来，为国家安全和西南边陲稳定建立了不可磨灭的功勋，为西藏繁荣发展和西藏人民幸福安康作出了重大贡献。希望广大官兵时刻牢记习主席关于国防和军队建设一系列重要指示，坚决听从党中央、中央军委和习主席指挥，为捍卫国家领土主权安全和西藏发展稳定再立新功。

【自治区省军级领导参观军区军史馆】 7月18日，为配合搞好自治区党委党的群众路线教育实践活动，自治区党委书记、军区党委第一书记陈全国率自治区党委、人大、政府、政协，自治区高级人民法院、人民检察院，自治区公安边防总队、消防大队共25名省级领导参观军区军史馆。通过参观学习党史军史，回顾革命先烈丰功伟绩，进一步了解人民解放军进军西藏、解放西藏、保卫西藏、发展西藏作出的历史性贡献，领悟雪域军民牺牲奉献、披荆斩棘的伟大精神。参观结束后，大家纷纷表示：要做老西藏精神的传人，当西藏跨越式发展的先锋；要进一步深化对习总书记“治国必治边、治边先稳藏”战略思想的认识和理解，积极主动投身党的群众路线教育实践活动，以教育实践活动的丰硕成果向党和人民交出一份满意答卷。

【举办“强军梦我的梦”主题演讲活动】 6月28日，经各单位推荐、军区政治部遴选，10名官兵紧紧围绕“强军梦我的梦”这一主题，紧密结合自身工作、生活和思想实际，从不同侧面、不同层次畅谈体会感悟，展示了我区官兵敢于有梦、勇于追梦、勤于圆梦的动人风采，增强了对强军梦的思想共识、情感认同和行动自觉，检验了“强军梦官兵梦”专题教育的成效。

【军区部署党委机关党的群众路线教育实践活动】 7月10日，军区对党的群众路线教育实践活动进行了安排部署，军区党委机关教育实践活动从7月初开始至年底前结束，着力抓好动员部署、学习教育、民主生活会、专项整治、实践活动和健全制度6个环节。军区刁政委作动员讲话，指出：一是要统一思想认识，在充分认清重大意义中强化政治自觉，在充分认清作风建设形势中保持清醒头脑，在充分认清军区部队特点中增强紧迫意识；二是要把握目标要求，围绕军委提出的“四个进一步”的目标，把握好“照镜子、正衣冠、洗洗澡、治治病”的要求、“为民务实清廉”的要求和“三个着眼”“三个见到成效”的要求；三是要突出解决问题，全程贯彻整风精神，着力解决“四风”问题，坚持真抓实改，坚持标本兼治，坚持内外结合；四是要加强组织领导，各级要高度重视，大事大抓，搞好科学统筹，加强检查督导，促进工作落实，确保教育实践活动取得实效。

【抢险救灾】 3月29日，西藏拉萨墨竹工卡县华泰龙矿业公司甲玛矿区发生山体滑坡后，军区坚决贯彻习主席和军委总部首长决策指示，组织西藏军区1700名官兵和民兵预备役人员投入抢险救援，在平均海拔4600米的山体滑坡地域，全力展开人员搜救、道路抢修、医疗救护、防疫消毒等工作，会同地方、武警救援力量共挖掘遇难者遗体66具，部队整修道路12余公里，运送土石方5万余立方，后送遇难者遗体9具，抢修装备90余台次，医疗巡诊6800余人次，防疫消毒2100余万平方米，保障地方救援人员就餐2300余人次。8月12日，军区部队参加昌都左贡县地震出动官兵119人、民兵278人、各型车辆17台，累计抢修道路35公里，挖填土石方4314方，医疗巡诊659人，发放救灾物资2.3吨，转移受灾民众12246人。

【民兵预备役部队参建参治作用明显】 广泛开展“一兵稳一户、一排稳一村、一连稳一乡”活动，确保了基层乡村的安全稳定，特别是在重大节日、重要活动和重点敏感时期，组织民兵配合公安、武警及边防部队遂行安保任务和封控边境。先后组织民兵3856人（次），深入乡、村、街道、居委会和学校，广泛开展科技扶贫、助教助学活动；成建制组织民兵2000余人，参与地方基础设施建设、灾后重建及生态环境保护等。积极组织民兵参加抗击雪灾、泥石流、地震等自然灾害行动。3月29日，墨竹工卡县山体塌方灾害发生后，该县第一时间紧急动员、组织民兵应急分队赴现场展开救援，先后出动120余人次挖运土石20方、搭建帐篷7顶、挖排水沟3公里，积极参与维护现场秩序、抢修道路，深入走访慰问驻地群众，为驻地群众巡诊131人次；8月12日，昌都地区发生6.1级地震后，左贡县和芒康县立即组织民兵100余人驰援灾区，搭建帐篷40余顶，撤除危房10余栋，抢收大米、青稞等6000余斤，有效保护了国家和人民群众生命财产安全。

【国防教育工作】 自治区出台了《关于加强新形势下国防教育工作的意见》；坚持把国防教育纳入党校教学培训计划，纳入各级干部岗前培训和考核内容，各级领导干部国防意识不断强化；利用组织整顿、军事训练和执行重大任务等时机，狠抓民兵预备役人员思想政治教育，战斗精神不断强化；积极推进国防教育进学校，定期组织国防形势报告、参观国防教育基地、国防教育图片展等活动，青少年学生国防观念进一步增强；建成了“中国西藏国防教育网”，为国防教育工作提供新的平台和资源。

【促成成都七中与成都八一学校、清华大学附中与拉萨八一学校联合办学事宜】 始终把军人子女教育作为凝聚军心、稳定队伍、提高部队战斗力的一项重要任务来抓，协调自治区教育厅出台《西藏自治区军人子女教育优待实施细则》，并在两级军区党委首长的关怀下，多方努力、积极协调，促成成都七中与成都八一学校、清华大学附中与拉萨八一学校联合办学事宜，为军区部队官兵子女接受优质教育奠定了坚实基础。

【老干部管理服务工作】 持续抓好老干部党组织建设，及时健全党支部，严格组织生活制度，定期邀请地方党校教授上党课，指导干休所编印《理论知识读本》和《主题教育资料汇编》分发老干部学习；定期对老干部进行走访，重大节日慰问全体离退休干部、困难遗孀；协助驻川办事处组织老干部参观四川省博物馆、建川博物馆、西部第一村，适时开展摄影、书法展，使老干部在感受科学发展的巨大成就中筑牢“离休不离志，退休不褪色”的革命意志。

【扎实开展“坚定信念、铸牢军魂”主题教育】 按照覆盖全员、贯穿全年的要求，分上、下半年两个阶段组织开展了教育活动。上半年，在精心抓好教育试点的基础上，抓好了“高举伟大旗帜，坚定三个自信”、“坚信党的领导，实现强国强军梦”、“强化军魂意识，确保三个绝对”、“弘扬优良传统，振奋革命精神”、“牢记肩负职责，忠实履行使命”共5个专题的学习教育。着力抓好“强军梦·官兵梦”教育活动，以电视会议形式组织军区“强军梦、我的梦”主题演讲活动，在全区官兵中引起强烈反响，取得良好效果。下半年，在抓好教育试点的基础上，指导部队围绕“强化战斗精神、提高打赢能力”抓好战斗精神培育，有力促进了军区部队军事斗争准备各项任务的圆满完成。

【医德医风专项教育整顿活动】 为进一步加强军区医疗卫生服务质量和卫生行业作风建设，11月至12月，西藏军区组织开展了医德医风专项教育整顿活动。活动以党的十八大精神和深入贯彻执行党的群众路线教育实践活动为指导，督促全区各级各类医疗卫生机构务必要以患者为中心，以伤病员满意度为出发点和落脚点，着力提升医疗服务水平，持续改进医疗质量，大力弘扬高尚职业道德，进一步解决医疗卫生服务和行业作风中存在的突出问题，切实解决伤病员反映强烈的突出问题，进一步改善就诊患者感受，保障人民群众健康权益，以实际行动促进社会和谐和部队稳定。

【第三周期军队医院对口支援西部地区县医院工作】 为认真贯彻落实党中央、中央军委和习主席决策指示，按照军队参加和支援西部大开发工作部署，西藏军区医疗机构结合藏区实际，坚持走军民融合式发展路子，充分发挥军队优质卫生资源作用，从扶持学科建设、培育骨干人才、提高诊疗能力、实施远程服务、加强管理指导、深化科研协作、援助设备器械和参与爱心活动8个方面着手，为保障人民健康、促进民族团结、维护和谐稳定、推进西藏地区卫生事业发展作出贡献。6月，军区总医院与当雄县人民医院、洛扎县人民医院，解放军115医院与墨脱县人民医院签署帮带协议。

武警西藏总队

【概况】 2013年，西藏总队党委认真学习贯彻党的十八大、十八届三中全会精神和习主席建军治军重要思想，紧紧围绕强军目标和总部首长为总队提出的“两个走在前列”要求，牢牢把握“两前两重”“五个考验”的特殊队情，大力加强部队思想政治建设、党的建设、能力建设、基层建设和风气建设，圆满完成以执勤处突维稳为中心的各项任务，高标准实现“两个确保”。被武警部队表彰为连续三年“三无”单位、七个支队被表彰为连续五年“三无”单位，拉萨军事检察院被最高人民检察院授予第五届“全国先进基层检察院”称号。

【思想政治工作扎实有效】 认真学习贯彻党的十八大、十八届三中全会精神和习主席建军治军重要思想，扎实抓好强军目标学习、主题教育实践和学习郭毅力同志“爱高原、尽职责、作奉献”教育活动，积极推进弘扬老西藏精神干部践行标准落实；综合运用宣传教育、表彰奖励、解难帮困等措施手段，跟进做好任务中政治工作；着眼高原部队和官兵实际创新方法载体，先进军事文化、拥政爱民、心理法律服务、经常性思想工作富有成效，确保部队高度稳定统一。

【履行使命任务出色圆满】 深入贯彻武警部队中心工作集训精神，切实加强中心工作的领导和指导，及时召开党委议中心会议，成立方向指挥组加强一线指挥；以执勤目标清理调整为重点，以“四增四查”为抓手，狠抓隐患治理、正规执勤和重要目标反恐防袭准备，下大力推进42号文件落实；以“考、比、拉”为主要形式大抓军事训练，逐步推开机动部（分）队跨区驻训、对抗演练等实战化训练，核心军事能力持续提升，训风演风考风进一步务实；抓实战备工作和反恐力量建设，圆满完成敏感期维稳备勤、那曲驻训维稳、重要目标警卫和昌都左贡、墨竹工卡抢险救援等重大任务。

【基层全面建设稳步推进】 认真贯彻武警党委1号文件精神，以“三个一线”建设为关键，精心组织按纲指导网上集训、基层干部《纲要》轮训和机关干部当兵蹲连住班；广泛开展支部班子岗位练兵活动，全面推进考察帮建和联建联创工作；坚持各类物资经费向基层倾斜，扎实推进引智工程、配套设施建设和重大工程论证规划，建设基础进一步牢固；紧贴那曲驻训维稳实际，重视动中散中变中抓建，部队建设在动态条件下有新发展进步；深入开展条令法规学习、正规化达标考评、安全大检查，牵引和推动基层建设。那曲支队被武警部队评为“基层建设标兵支队”。

【风气建设效益实在明显】 从严落实上级改进作风要求，制定出台十条措施规定；坚持把群众路线教育实践活动作为首抓大事，先后5次召开领导小组会议推进活动深入和问题解决，官兵反映的245条意见建议逐一答复、跟进落实；常委专题对照检查会敢于刀口向内，直指问题、不走形式；扎实开展

"纠四风、树正气"教育整顿，唯真较真治"五超"，特别是在士官选取、干部考核选用上采取的一系列硬措施，部队反响良好，风气持续向好。

【习近平慰问】 1月29日16时，中共中央总书记、国家主席、中央军委主席习近平，通过武警部队作战指挥三级网查勤系统，检查慰问那曲支队青藏铁路无人区巡逻执勤官兵。详细询问青藏铁路无人区巡逻组勤模式、哨兵巡逻途中生活保障、当地气候等情况，高度赞扬执勤官兵克服高寒缺氧、条件恶劣等种种困难，积极扎根高原奉献青春、立足岗位建功立业的无私奉献精神。要求广大官兵切实坚定政治立场，牢固树立大局意识、使命意识、责任意识，不负重托，大力培育战斗精神，忠实履行职责使命，为维护国家安全和西藏社会持续稳定再立新功。

【俞正声视察】 8月2日，中共中央政治局常委、全国政协主席、中央西藏工作协调小组组长俞正声视察总队机关。接见总队机关、驻拉萨部队团以上干部和机关直属分队官兵代表，听取总队情况介绍，通过三级网查看社会面监控、固定目标执勤等情况，并与驻守在海拔4500米阿里高原的官兵视频通话，了解官兵工作生活情况。

【郭声琨视察】 10月15日，国务委员、公安部部长兼武警部队第一政治委员郭声琨视察总队机关。接见总队机关和驻拉萨武警部队团以上干部，听取总队基本情况和指挥中心指挥控制区功能汇报，与执行堵截任务的阿里支队驻训分队官兵视频通话，并看望慰问布达拉宫广场维稳执勤分队。

【杜金才视察】 6月1日，总政治部副主任杜金才率考核组对总队司令员郭毅力、政治委员汪象华进行考核。先后观看了西藏总队基本情况录像，对郭毅力、汪象华的德、能、勤、绩、廉、体进行民主测评和谈话了解。

【王建平检查指导】 7月15日至17日，武警部队司令员王建平深入总队检查指导工作。先后听取总队党委工作汇报、参加郭毅力同志追悼会、深入区域训练基地、总队医院指导工作看望慰问官兵，并就加强部队全面建设作出重要指示。

【陈全国看望慰问】 1月30日，自治区党委书记陈全国亲切看望慰问拉萨市支队一大队官兵。陈书记代表自治区党委、政府和全区人民向总队官兵为促进西藏发展、社会进步、和谐稳定、民族团结做出的突出贡献表示衷心感谢，希望总队官兵在新的一年里牢记习近平总书记视察武警部队时的重要指示和嘱托，建设听党指挥、能打胜仗、作风优良的现代化武装警察部队，确保以执勤和处突为中心的各项任务圆满完成，确保部队高度集中统一和安全稳定，为西藏的全面稳定、持续稳定、长期稳定做出新的更大贡献。

11月29日，自治区党委书记陈全国等领导看望慰问拉萨市支队一大队退役士兵，并与他们深情话别、合影留念。

【执勤安保】 1月22日至29日，总队担负了自治区"两会"期间代表住地警卫、会场警卫（守卫）、城市武装巡逻、机动处突和反恐任务。

2月6日至7日，总队担负色拉寺"色拉崩坚"佛事活动安保任务。

5月10日至6月9日，总队担负"萨嘎达瓦"宗教活动维稳执勤任务。

5月25日至6月12日，总队担负那曲地区比如县虫草采挖期间维稳执勤任务、达塘乡聚众上访、扎拉乡耐仲村挡峰拉山虫草采集点群体性冲突事件的驻守震慑、武装巡逻、机动处突等任务。

8月1日至6日，总队担负中共中央政治局常委、全国政协主席俞正声赴藏调研期间临时警卫勤务。

8月6日至12日，总队担负拉萨雪顿节17个项目110场次活动安保任务。

8月27日至10月14日，总队担负全国政协常委、中国佛教协会副会长第十一世班禅额尔德尼·确吉杰布在藏闭关修行、社会调研和佛事活动期间临时警卫勤务。

【抢险救灾】 3月29日凌晨6时许，中国黄金集团位于墨竹工卡县扎西岗乡的甲玛矿区发生大面积山体滑坡。总队前指率百余名兵力，大型工程机械105台和各类车辆75台，奋战9昼夜，挖掘遇难者遗体36具，清理土石方164万余方，搭建、拆除帐篷59顶，搬运救援物资1200余件（套），清理掩埋垃圾2.3吨，维修乡村公路45公里，清理积雪路段20公里，维护加宽便道1.5公里，河道改线6公里，开挖边沟5公里。

8月12日5时23分，昌都地区左贡县仁果乡发生里氏6.1级地震。

总队驻灾区部队昼夜连续施工，及时修复塌方路段，向灾区运送赈灾物资270余吨，搭建帐篷50余顶，抢通乡村公路120余公里，清理塌方点90余处、塌方体2.2万余立方米，清理危房200余间，转移受灾群众500余人，挽回群众财产损失50余万元，向灾区捐款20余万元。

【机动大队竞赛式对抗驻训】 5月6日至6月24日，总队依托区域训练基地组织8个机动大队、1个机动中队进行竞赛式对抗驻训，磨合部队远程投送、野战管理、协同配合、任务抓建、综合保障等体系能力，检验部队“快速而准确的信息通联力、机动到位力、指挥决断力、人装结合力、综合保障力”。

【宣传学习郭毅力同志】 7月10日，总队司令员郭毅力在赴内蒙古区域训练基地参加武警部队军事训练集训，途经成都办事处检查指导工作期间，突发心脏病，经全力抢救无效，因公殉职，终年56岁。郭毅力同志逝世后，人民日报、新华社、《求是》杂志、解放军报、中央电视台、西藏日报等多家媒体对他的感人事迹进行集中报道。12月，总队广泛开展学习郭毅力同志“爱高原、尽职责、作奉献”教育活动，组织全体官兵收听收看广播、电视、报刊、杂志，深入学习郭毅力同志崇高精神，通过撰写心得体会和决心书，开展群众性大讨论，引导官兵扎根高原、戍边卫国、无私奉献，为西藏和平稳定和长治久安贡献力量。

【宣布命令】 9月23日，总队召开宣布命令大会。武警部队副政委王长河宣读国务院、中央军委命令：西藏总队政治委员汪象华任武警部队政治部副主任、青海总队司令员宋宝善任西藏总队司令员、江西总队政治委员唐晓任西藏总队政治委员。

【党委议中心】 工作10月24日，总队党委在十八届三中全会即将召开、班子成员新老交替、使命任务繁重、部队建设转型的特殊背景下，召开议中心工作会议。会议深入分析当前中心工作面临严峻复杂形势，指出抓中心保中心存在的突出问题，提出明确要求，对做好当前中心工作作出明确部署，并结合实际研究制定《总队党委议中心规则》《进一步加强中心工作的措施》，从制度机制上确保党委对中心工作的规范领导、坚强领导。

【那曲维稳】 8月以来，总队根据自治区要求出动兵力，参与自治区在那曲地区开展的依法打击非法组织和重点人专项行动，维护了西藏的和谐稳定，受到习主席、中央领导、军委和总部首长及自治区党委政府的充分肯定。

西藏公安边防总队

【维护边境和口岸稳定】 严格执行常态非常态下维稳部署,结合不同时期维稳形势,屯警一线,严密防控。在全国和自治区“两会”、3月敏感期、“萨嘎达瓦”和党的十八届三中全会等敏感时段,在重点方向设立前进指挥所,保持重兵压境态势。全面启用维稳防控和应急处突机制,强化边境设伏、设卡堵截工作,始终保持高度的戒备状态，大力提升应急处突能力。完成机动支队组建和机动大队构建工作,完善执勤部队驻训机制,与解放军边防部队积极开展联勤联控,与尼泊尔警方开展边境联合巡逻,有效消除了各类涉稳苗头和隐患。

【深化爱民固边战略】 扎实开展“大走访”活动,全区部队共走访群众8.1万户29.37万人次,贫困户5216户、孤寡老人2601人次、残疾人1586人次,送去慰问品、慰问金20余万元,举办各类讲座350余次,分发宣传资料9800余份。创建爱民固边模范村137个,占边境辖区行政村总数的40%。119个模范村两委班子建设得到加强,248个模范村实现了刑事和治安案件零发案的目标,6个集体、22名个人受到公安部、公安部边防管理局和自治区表彰。积极开展强基惠民活动和爱民固边战略联创联建,帮助315个行政村完善村两委制度,推出“民情档案”、“竹编合作社”等实用工程,受到自治区党委陈全国书记批示肯定。

【提高边检服务水平】 推进边检提服工作常态化,开展落实《提服三年规划》冲刺攻坚活动,出台落实边检长效机制21条具体措施。落实口岸维稳风险评估机制,健全边检等级管控安保体系。检查出入境人员104万人次、交通运输工具2.8万辆(架)次,进出边境管理区人员100万人次、车辆25万台次。加大边检站职业文化建设,形成聂拉木、亚东、普兰边检站职业文化建设特色品牌。组织边检业务交流活动,派出2人赴香港入境事务处交流学习,同职业制边检站进行交流学习2次。不断提升各边检站梅沙系统、生命探测仪等软硬件应用水平,边检各项建设逐步与全国接轨。

【信息化建设】 自治区党委陈全国书记亲自出面协调国家有关部委,争取国家发改委建设资金2.48亿元,建设中尼边境重点通外山口监控系统和一线基础设施。总队党委高度重视,成立工作专班,定期听取汇报,定期研究督导。工作专班克服一线高寒缺氧、道路不通、运输困难、施工难度大等困难,不分昼夜抢赶工期,开挖积雪,修筑便道,铺设光纤、高压线907公里,向一线山口运送设备物资千余吨。建成部队通信调度系统,为各单位配备一批单兵图传、短波基地、车载台等设备,为941名业务民警和法制监督员的数字证书授权,开通140个单位的“警务综合信息系统”，初步实现部局、总队和支队三级指挥体系综合运用,在全国边防部队率先发展。

【“三个规范化”建设】 以“素质建设年”为抓手,制定完善总队“三个规范化”建设实施方案、机关(基层)正规化管理检查验收标准,落实“一点一图一方案”要求,督促各单位抓好“三个规范化”建设示范选点工作。以落实新编制为契机,充实加强一线执法执勤力量,顺利完成机动支队、文工团和总队医院组建。开展以“学条令、抓管理、促规范、保安全”为主题的条令学习月活动、士官作风纪律教育整顿和“百日安全竞赛”活动,突出解决影响部队安全的“短板”问题。坚持每月对部队安全形势进行分析、每季度进行安全工作讲评,组织下基层督导、视频督察72次,查找问题隐患250余项,部队保持基本稳定。完成《边境防控法律手册》、《标准化执法管理手册》编写和22个执法单位功能区改造,“执勤五小件、科技三小件”、警务鹰等科技设备基本在一线执法单位普及。

【政治工作】 深入学习贯彻十八大精神,举办“专家授课月”讲座5场,召开机关处以上干部研讨会2次,部署开展2次主题教育活动、1次主题征文活动。扎实开展党的群众路线教育实践活动,制定《领导干部联系服务基层工作意见》、《总队党委关于加强和改进作风建设十五项规定》。各级党组织相继召开专题民主生活会,137名支队级以上机关干部深入基层调研360余次,与基层官兵、驻村驻寺工作队、辖区群众面对面座谈475次,走访驻地单位400余家,收集各类意见建议500余条。大力培树喜马拉雅卫士精神,1人荣获全国“三八红旗手”称号,2人荣获第九届“西藏青年五四奖章”,1个集体被评为全区“五四红旗团支部”,6个集体、8名个人分别荣获自治区民族团结进步先进集体和个人,1人被授予“全国特级优秀人民警察”。

西藏公安消防总队

【依靠主体，落实责任】 自治区政府以考核性标准、强制性措施分解落实2013年消防工作任务，三级党政领导主持召开消防会议260余次，投入2.36亿元强化消防事业建设，挂牌督办45个重大火灾隐患。各职能部门落实责任。工商、质监、住建、安监、规划、文物等行业系统组织查改火灾隐患1.2万多处，查处16个批次326件假冒伪劣消防产品，拆除违章搭建简易临时建筑3万多平方米。公安机关主管和消防专业部门联勤联动。落实“全警消防”，分专业、常态化、战役式检查单位12.8万家次，整改火患4.25万多处，查封247家，责令“三停”289家。社会单位加强管理。全区3.27万余家社会单位自查自改火灾隐患2.3万处，2692 家重点单位强化消防安全“四个能力”建设、落实户籍化管理措施，组建100支格桑花消防宣传队常态化宣传消防常识，全年消防安全重点单位实现了“零火灾”。广大群众积极参与，举报查处消防违法违规行为4320起，努力做到不违规、不违章、不造成火灾隐患、不引发火灾事故。

【立足区情，创新管理】 一是高效应对消防安全“五大风险”。科学研判、准确评估全区县城以上老城区消防安全、寺庙消防安全、边境口岸灭火救援、地质灾害救援、油气领域安全等“五大风险”，落实针对性应对措施，确保了拉萨市老城区、全区寺庙消防安全，高效参与救援“8.12”藏东方向地震灾害应急救援，排查涉油涉气单位场所1.6万家次，督改隐患1.3万处，有效降低易燃易爆品安全风险。二是发挥优势实施分类区网格化消防安全管理。分“四个类区”依托驻村（居委会）、驻寺工作队、派出所和便民警务站全覆盖、全天候执勤在岗的优势，把火灾防控触角有效延伸到最基层。三是专业化清剿源头火患取得实效。制定发布“七个专业”火患排查整治标准；督促413个新建工程配全建筑消防设施，督改生产企业设施设备火灾隐患261处，清理埋压、圈占、遮挡消火栓539个。

【加大投入，夯实基础】 一是倾斜加大经费投入。全年区、地、县三级政府投入消防业务经费10338.48万元，同比增长15.24%。昌都、阿里、拉萨、林芝投入消防经费同比分别增长94.7%、80.6%、50.9%、46.1%，进一步强化了消防部队勤务保障。二是加强消防基础设施建设。投入2242万元，购置消防车10辆、装备器材7806件套。全区新建消火栓200个、维修保养377个，新建取水码头2个。投入2.07亿元启动15个、完成10个“十二五”西藏消防部队基本建设规划项目。三是加强多种形式消防队伍建设。全区招录消防辅警员、消防文员218人，林芝地区成立巴松措、雅鲁藏布大峡谷、鲁朗林海等旅游景区专兼职消防队伍，配备了消防器材装备。

【不负使命，履职尽责】 一是发挥维稳处突机动队作用，严密落实消防维稳措施，投入警力3.3万人次、车辆5989辆次，实现了各重大节庆、重要会议、敏感节点、民俗宗教活动和要害部位、国计民生工程的消防安全万无一失。二是发挥应急救援突击队作用，高效完成“3.29”拉萨甲玛矿区特大山体滑坡灾害救援、“10.5”中铁七局建桥工地工人被困救援等急难险重任务197起，抢救疏散遇险群众1779人。三是发挥防火灭火专业队作用，创新实施“战法、训法、管法和战斗编成”一体化，高效稳妥处置“3.5”拉萨木材市场火灾、林芝“9.14”毛纺厂火灾等117起火灾，抢救疏散被困人员322人，保护财产价值6.9亿多元。四是发挥便民利民服务队作用，常态化开展警民共建共保活动，开展义务诊疗56次，义务清扫垃圾320余吨，植树30余万株。五是发挥农牧区和寺庙社会工作队作用，推动37处重点文物保护单位消防安全设施列入国家改造计划；9个驻村工作队投入400余万元为群众办实事解难事。六是边境口岸消防安全环境得到改善。全力清剿4个国家级边境口岸商贸区、仓储区火灾隐患，严格按照法律法规和有关协议落实好跨国境火灾扑救机制，确保了边境口岸消防安全。

西藏公安厅警卫局

【警卫勤务】 2013年，警卫局共完成警卫勤务389批次（其中一级勤务1批次，二级勤务57批次，三级勤务3批次，重要会议35批次，重大活动24批次，其他勤务269批次），派出警力5015人次，派出警车878台次。先后完成中央政治局常委、全国政协主席俞正声赴藏调研；十一世班禅赴藏从事佛事活动；国家部委工作组和自治区领导现场指挥3.29山体滑坡灾害救援工作；美国驻华大使骆家辉一行赴藏考察；全国政协副主席帕巴拉·格列朗杰及全国人大副委员长向巴平措、原全国人大副委员长热地在藏考察调研，以及政协第十届西藏自治区委员会第一次会议和人大第十届西藏自治区委员会第一次会议等重要会议、重大活动的安全警卫任务。

【队伍建设】 进一步强化领导班子和干部队伍建设，全面提高部队凝聚力、战斗力。一是加强学习，提高决策能力。局党委制定理论中心组学习计划，充实学习内容，常抓不懈，坚持理论学习制度化、推动理论学习实践化。二是落实制度，坚持民主集中制。凡涉及重大决策制定、重大任务部署、干部任免、资金动用等事项，坚持局党委会议或局长办公会议讨论研究决定，不搞“一言堂”和个人专断。三是坚持以德选人，树立正确的用人导向。始终坚持德才兼备、以德为先的用人原则，真正给想干事的人以机会，给能干事的人以舞台，给干成事的人以激励。四是积极开展党的群众路线教育实践活动。按照区党委的决策部署和“照镜子、正衣冠、洗洗澡、治治病”的总要求，紧紧围绕保持和发展党的先进性和纯洁性，积极开展了党的群众路线集中教育活动，部队创造力、凝聚力、战斗力有了较大的提升。

【纪律作风】 加大反腐倡廉力度，完善纪检力量建设，按照《2013年党风廉政建设和反腐败工作要点》，结合西藏警卫工作实际，局领导与部门领导、部门领导与本部门干部层层签定《2013年警卫局党风廉政建设责任书》、《五条禁令警令状》和《三项纪律》保证书，完善了我局《团以上干部廉政档案》、《西藏警卫局正营职以下干部综合考评实施办法》，实现了对全局官兵全方位、常态化的监督。

【业务训练】 开展法律、法规和时事政策教育，进行警卫业务培训，组织官兵学习重要精神、部队条令条例和警卫业务知识。教育官兵树立宗旨意识，坚定理想信念，恪尽职守，积极探索提高警卫业务水平、改进警卫形式的方式方法，以提高我局官兵的业务素质和战斗力。开展以射击、搏击、队列、体能、藏语和警卫业务等为主要内容的军事业务训练，不断规范、加强日常训练，坚持早、中、晚操课，突出重点科目，切实提高参训官兵的军事素质和警卫业务技能，进一步提高警卫执勤能力和水平。

【强基惠民】 2013年，驻村工作队争取各项资金180余万元，为驻村点村民修建水塘、扩建水渠、安装自来水等，解决了村民农作物灌溉和人畜饮水问题。孔培村驻村队为村民从上海神威实业有限公司争取10万余元的资金支持，切村驻村队联系内地爱心企业为村民无偿量身定做羽绒服、裤子和电热毯，折合人民币20余万元。同时，继续开展了以“感党恩、算富帐、要稳定、求发展”为主题的宣传教活动，保证敏感期，宗教节日等敏感节点的稳定，受到广大村民的拥护和支持。

武警西藏森林总队

【概况】 中国人民武装警察部队西藏自治区森林总队（简称武警西藏森林总队），组建于2002年10月10日，正师级。担负森林防火、灭火，保卫森林资源，依法执行国家赋予的维护社会稳定和处置突发事件任务。总队下辖2个支队、3个直属大队、1个教导队，总队设司、政、后三个部门，编制员额1000人。机关驻址：西藏自治区拉萨市江苏大道。

【思想政治建设】 坚持首位首抓，突出理论武装，深入学习贯彻党的十八大、十八届三中全会精神和强军目标，分6个专题对习主席视察武警部队时的讲话进行了辅导宣讲；狠抓主题教育集中辅导和小课串讲，组织了“在雪域高原铸起绿色丰碑”诗歌朗诵会和“读好书、当好兵”演讲比赛，两名同志被指挥部表彰为优秀“四会”政治教员；开展了“深知兵、真爱兵”、扶贫帮困、“帮支部、评党员”、“强基惠民”和建设“绿色卫士林”等活动；在中央级媒体刊稿400余篇，新兵第一课教育做法被中央13台报道，较好地发挥了政治工作服务保证功能。

【现代化建设扎实推进】 以“五个转变”为牵引，研究制定了《“四种力量”建设发展规划》和《两个创新实施计划》，完成了全总队一体化指挥管理信息平台建设、三级网扩容和网络加密机安装，在两级机关安装了高清会议和哨位集成系统。到消防总队参观见学，借鉴抢险救援经验方法，力量体系建设有序推进。

【遂行任务能力有效提升】 制定《战备工作规范八条措施》，整治战备工作18个突出问题；探索“四化”训练路子，组织实兵实装演练，开展新兵入伍、单兵专业、首长机关和“两化”等训练，举办了军事法规和教练员等“五个集训”，组织了建制中队比武和百名训练尖子大排名，设立6万元训练奖励经费，深入推动“考比拉”活动；新兵教育训练成绩优异。动用兵力4000余人次，圆满完成了以防火灭火为中心的多样化任务，特别是“千里机动防火大宣传”活动影响较大，效果明显。

【部队管理进一步正规】 着眼部队正规化管理和安全稳定，狠抓条令条例学习和经常性法规常识教育，严格落实形势分析、季度讲评等制度，持续规范“四个秩序”，组织3个波次的正规化达标检查验收；落实“三月敏感期20条管控措施”和战士工资卡、身份证、手机联管等措施；深入开展“车辆专项整顿”、安全隐患排查活动；坚持查岗查勤、查值班干部和“三人小组”快反能力，突出“五个重点”问题治理，提高了部队正规化管理水平，总队连续六年安全无事故。

【基层建设基础逐步夯实】 认真落实《实施办法》，制定了总队《年度基层建设规划》和《党委常委分片包队、定点帮建实施计划》；广泛开展“《纲要》学习月”和“三学”活动，组织军政主官《纲要》集训和两级机关按纲指导培训；审查讲评“两个计划”制定情况，规范按纲建队形势分析，讲评按纲抓建情况；两级党委机关深入基层蹲点调研、帮建指导、检查考评，安排29名干部蹲连当兵，机关指导水平和基层自建能力不断增强。

【后勤保障效益明显增强】 修订后勤保障方案，狠抓战地救护、野战宿营、野外炊事、快运抢修训练落实，积极拓展警民融合式应急保障路子；认真规范财经管理秩序，精细管理营产营具，严格落实伙食管理制度，因地制宜发展“两业”生产，年纯收益达13万余元；落实疾病防控措施，定期组织官兵体检、发放高原保健药品，解决了总队机关、拉萨和那曲大队取暖问题，后勤综合保障效益不断增强。

【班子领导水平日益提高】 扎实开展了“学习贯彻党章、弘扬优良作风”和党纪条规学习教育活动，召开专题民主生活会；党委班子调整后，集中组织学习教育；认真贯彻民主集中制，严格按照原则、程序议事决策，班子的凝聚力不断增强。历史遗留的3名退休老干部顺利移交，清退8名机关超配公勤人员，清查17台超标车辆，整改8套超面积办公用房，与往年相比行政消耗性费用下降15%，会议费下降46%。

【警民共建】 1月24日，在藏历新年即将到来之际，森林总队寇先敏副政委带着总队官兵对“民族团结和谐村”藏族同胞的深情厚谊，前往拉萨市蔡公堂乡次角林村走访慰问困难群众，拉萨市民政局副局长拉姆卓玛陪同慰问。

10月29日，政治部李京东副主任带赵明坤科长到共建村——拉萨市城关区蔡公堂乡次角林村，表彰第三季度优秀共产党员，并为每人发放1000元奖金。

第四篇

经济社会事业

自治区发展和改革工作

【概况】 2013年，全区生产总值达到807.67亿元，增长12.1%。全社会完成固定资产投资总额918.48亿元，增长29.4%。社会消费品零售总额293.22亿元，增长15.1%。地方财政收入110.40亿元，增长15.4%。城镇居民人均可支配收入20023元，增长11.1%。农牧民人均纯收入6578元，增长15.0%。全区居民消费价格总水平比上年上涨3.6%。

【农牧业和基础设施建设】 农牧业形势持续向好。青稞种植面积180万亩，全区粮食总产量96.15万吨，增长1.3%。油菜6.34万吨、蔬菜66.99万吨，增长0.6%和2.2%；肉类29.21万吨、奶32.52万吨，增长0.9%、2.6%，畜牧业占农牧业总产值比重达到50%以上。安排优质青稞生产基地25万亩，改良黄牛17.5万头。自治区级农牧业产业化龙头企业总产值21.2亿元、增长10.4%，产业化经营率达到36.5%。基础设施建设取得新进展。主动作为、积极争取，狠抓项目前期工作和落地。完成全社会固定资产投资918.48亿元、增长29.4%，落实国家投资380亿元、增长30%，“236”项目开工建设188个。青藏铁路格拉段扩容改造工程加快推进，拉日铁路完成铺轨，拉林铁路完成可研报批。墨脱公路全线通车，国道219线西藏段实现黑色化，拉林高等级公路拉萨至墨竹工卡、八一至工布江达段全面开工建设，纳金大桥建成通车，新增通油路县3个、通油路乡镇18个。5条机场专用公路建设前期工作基本完成。拉洛水利枢纽及配套灌区准备工程开工，旁多水利枢纽工程首台机组发电，藏中10万千瓦并网光伏电站建成发电，拉萨LNG液化气站和西藏末端装卸油料库建成，阿里应急电源建成投入使用，川藏联网工程开工建设，藏木、果多、觉巴水电站和阿里并网光伏电站扎实推进，雅砻水库、尼洋河综合治理工程开工建设，加查、大古、苏洼龙电站准备工程启动，主要河流水电规划工作全面展开。主电网和无电地区电力建设完成投资40亿元，全区电力总装机容量128万千瓦。民航通航城市29个，航线增至48条；昌都邦达机场飞行区改造、那曲机场新建工程前期工作进展顺利。全区市政设施建设完成投资38.7亿元，拉萨老城区改造完成，市区供暖基本实现全覆盖；昌都镇旧城改造及新区建设加快推进；那曲镇供暖、给排水、污水处理等市政工程全面开工。

【特色产业和生态文明建设】 工业经济平稳运行。落实补助资金近2亿元，实施产业扶持项目42个。斯弄多铅锌矿开采工程、砂生槐深加工基地等28个项目竣工投产。青稞和小麦深加工系列产品开发等9个项目完工。藏青工业园总体规划编制完成，部分园区道路建设开始启动，一批企业确认入园并完成项目可行性分析报告，估算投资120亿元。全区发电量29.14亿千瓦时，增长11.2%。受季节性缺电影响，工业生产增速有所放缓，全区实现工业增加值61.16亿元，增长12.2%。以旅游业为龙头的服务业加快发展。全年接待游客1291.06万人次，实现旅游总收入165.18亿元，分别增长22.0%和30.6%。拉萨国际旅游城市、林芝生态旅游大地区加快发展，鲁朗国际旅游小镇开发顺利。全年公路完成客运量4358万人次、货运量1240万吨，分别增长16.6%、19.0%;铁路客运量101.88万人次、货运量70.92万吨，分别增长10.7%、–16.2%；航空旅客吞吐量275.89万人次、货邮吞吐量2.24万吨，分别增长24.4%、35.8%。推进农超对接，新建农家店1400个、乡镇商贸服务中心40个，社会消费品零售总额完成293.22亿元，增长15.1%。生态环境保护力度不断加大。加快实施西藏国家生态安全屏障保护与建设规划，累计落实投资48.2亿元。落实林业投资17亿元，育林造林104万亩。林芝国家级生态地区创建工作取得重大进展，305个村被评为自治区级生态村，28个乡镇被评为自治区级生态乡镇。颁布了生态环境保护监督管理和矿产资源勘查开发监督管理办法。建成自治区医废处置中心和泽当镇污水处理厂，开工建设日喀则市、八一镇、那曲镇、狮泉河镇污水处理厂。设立总额7400万元的奖励资金，建立环境保护奖惩机制。严格环境准入，坚决控制“三高”行业，淘汰落后水泥产能20万吨，

8家节能低碳行动企业通过自治区节能考评，单位生产总值能耗和主要污染物排放控制在国家核定范围内。落实建设美丽西藏意见，兑现草原生态保护补助奖励和森林生态效益补偿金等28.3亿元，落实主体功能区生态转移支付9亿元。拉萨市创建国家环境保护模范城市通过预评估。

【民生改善和基本公共服务】 民生持续改善。落实利民惠民“十件实事”，提高18项民生补助标准，基本完成农牧民安居工程建设任务，46.03万户、230万农牧民全部住上安全适用新房，“八到农家”工程有序推进，新增解决23.1万农牧民和5.13万农村学校师生饮水安全问题，提前完成“十二五”规划农牧民饮水安全任务。基本解决无电人口和村级公共场所、学校、寺庙、道班用电问题。累计建成25万户农牧民户用沼气池，100余万农牧民用上清洁能源。新增农村公路通车里程5288公里，全区99.7%乡镇、97.4%建制村和90.3%寺庙通公路，50.7%乡镇通沥青（水泥）路。乡镇通邮率、通光缆率和通宽带率分别达到94.6%、97.5%和100%。完成1000个行政村人居环境建设。实施扶贫开发项目2025个，减少扶贫对象12.8万人，扶贫对象占农牧区总人口比例下降到18.7%，扶贫对象和农发区群众人均纯收入增幅高于全区平均水平。教育事业优先发展。双语教育工作加快推进，落实中央预算内资金2.2亿元，新建209所双语幼儿园。改扩建高级中学10所，新建改扩建校舍30余万平方米；落实中等职业学校建设资金1.6亿元，新建3所中等职业技术学校、校舍5万余平方米；新建中小学太阳能澡堂63个；落实115所边远艰苦地区学校教师周转宿舍建设资金1.9亿元，新建教师宿舍1465套。全年落实资金13.81亿元，“三包”及助学金标准提高到年生均2700元，惠及学生52万余人。落实农牧区义务教育学生营养改善计划资金1.25亿元，惠及学生21万人，达到100%。乃东、曲水县通过义务教育均衡发展国家督导评估验收，农牧民子女高考招生比例增至60%。学前教育毛入园率达到51.98%，小学入学率达到99.59%，初中毛入学率达到98.75%，高中阶段毛入学率达到72.23%，全区劳动人口人均受教育年限达8.4年。医疗保障水平进一步提升。认真落实卫生惠民工程，农牧区医疗制度持续保持全覆盖，农牧民个人参加筹资达96.23%，政府补助标准从2012年人均300元提高到340元。投入2亿多元，启动自治区高原生命科学研究所、自治区藏医院住院北楼改扩建、全科医生临床培养基地等建设项目，自治区第三人民医院建成投入使用，新建88所标准化乡镇卫生院、29个县急救中心。投入2.6亿元，为各级医疗卫生机构购置急需医疗设备，为40个县卫生服务中心配备急救车，30个县卫生局配备巡回医疗车等。科技文化事业加快发展。安排资金1.7亿元，支持自治区级应用技术研发工作。示范推广“藏青2000”新品种亩增产26.5公斤；“金牦牛”项目平均每头产肉量提高28%。首次颁布102种藏药材质量标准，600余部珍稀藏医药文献实现数字化。9家企业被认定为国家级高新技术企业，65个乡镇建立科普活动站，建成589个信息资源共享工程。安排那曲、山南和日喀则地区图书馆建设项目，65个县级和边境口岸新华书店发行网点建设陆续开工。广播电视综合覆盖率分别达94.38%、95.51%。重点文物保护工程进展顺利，新增20处全国重点文物保护单位，非物质文化遗产保护得到加强。社会保障力度加大。实现新增就业2.8万人，1.4万名西藏籍高校应届毕业生实现全就业；动态消除零就业家庭。援藏省市、企业提供就业岗位5345个，1500多名西藏籍高校毕业生到区外就业；农牧区富余劳动力转移就业45万余人次、劳务收入19亿元。全区各项社会保险参保248.9万人次，征缴社保基金31.31亿元、兑现各项社会保险待遇28.2亿元。企业基本养老金提高到月人均3018元；新型农村社会养老保险基础养老金提高到月人均105元；城镇职工、居民基本医疗年度最高支付限额分别提高到30万元、20万元；城镇居民基本医疗保险财政补助标准提高到300元，人均增加40元，政策范围内住院费用支付比例达到75%以上。最低生活保障标准城镇居民提高到月人均440元、农牧民提高到年人均1750元。建设9个儿童福利院、新增床位4477张；新建五保供养机构23个和地市儿童福利院5个，农牧区五保户供养标准提高到每人每年2600元，集中供养孤儿基本生活保障标准达到月人均1200元。实施城镇保障房建设4.3万套。改造国有工矿棚户区1300户。昌都“8·12”地震、那曲嘉黎水灾等恢复重建工作加快推进。

【财政金融和物价调控】 财政金融平稳运行。公共财政预算收入95亿元、增长9.7%，预算支出超过

1000亿元、增长12%。中小企业贷款余额达436亿元，支持“三农”发展信贷投入163亿元，支持特色农牧业、旅游业、民族手工业、藏药业等项目信贷投入25亿元，扶贫贴息贷款70亿元。各项贷款余额突破1000亿元，存贷差进一步缩小。全年保费收入10.2亿元，赔付金额3.99亿元。市场物价保持平稳。加强农产品生产供应，投资7540万元，建成高效日光温室1676栋，构建市场保障供应长效机制。提高价格调控能力，安排资金809.9万元，适时投放平价牛肉1820吨，有效平抑了市场物价。通过市场价格调控联席会议平台，进一步协商完善价格应急协调机制，认真落实社会救助和保障标准与物价上涨挂钩联动机制，落实困难群众临时物价补贴4420余万元。以居民生活必需品和重要生产资料为重点，加强价格监测分析和成本调查。

【改革开放和对口支援】 改革开放不断推进。继续深化重点领域改革，大力简政放权，区（中）直部门审批项目减少60%，自治区审批项目调整69%，自治区自设审批项目仅保留9项。扎实推进农村土地承包经营权确权登记，启动8个县农电代管改革试点，积极开展自治区级农牧民专业合作经济组织认定工作，农牧民专业合作经济组织发展到1850个。开展“营改增”试点。医药卫生体制改革全面推进，药品总体价格平均降幅达15%。出台深化自治区国有商贸企业改革的意见，加快企业集团组建和上市。边境口岸基础设施建设加快推进，边境贸易增长14.1%，外贸进出口总额33.19亿美元。非公经济市场主体达12.8万户，从业人员62万人，分别增长7.8%、11.9%，上缴税收达135.5亿元。与国家开发银行、建设银行、民生银行等10家金融机构签订战略框架合作协议。房地产市场活跃，商品房销售额增长57.4%。对口支援和招商引资成效明显。完成援藏干部第六、七批交接。经济、技术、人才、就业援藏力度进一步加大，援藏项目和资金管理逐步规范。完成对口援藏项目384个，落实资金17.7亿元。“中国光彩事业西藏行”招商引资活动签约项目238个。全区招商引资落地项目65个、资金225亿元。

自治区粮食工作

【抓收购、保供给、稳粮价】 各地严格执行“五要五不准”收购守则，积极开展粮食收购，掌握粮源，促进种粮农民增收。青稞最低收购价提高到3.00元/公斤，为保护种粮农民利益提供政策保障。积极开展粮食产销合作，首次落实国家政策性移库小麦，市场粮源充裕，供应正常，价格基本稳定。认真做好全社会粮食流通统计，加强粮食市场监测、供求形势分析预测。完成了2012年度自治区储备粮轮换任务，组织粮食库存检查、收购市场专项检查和安全生产检查，加强市场监管，维护了粮食流通正常秩序。组织开展了食品安全、爱粮节粮、放心粮油等宣传活动。

【启动实施“粮安工程”】 编制完成全区“粮安工程”建设规划。完成国家粮食局下达的日喀则地区3000套科学储粮仓建设任务，编制了35个粮食主产县农户科学储粮专项建设方案。完成2012年度边远易灾乡镇粮食仓库仓储设施维修改造工作，落实自治区财政厅、发展改革委专项资金，用于粮库建设和维修改造。争取财政部“危仓老库”维修改造资金23万元。完成了国家粮食局下达的150万元自治区粮食质量监测中心仪器设备配置，成立了昌都、那曲、阿里3个地区粮食质量监测站，开展了青稞储存周期专项研究。

【放心粮油工程】 根据《西藏自治区人民政府办公厅关于放心粮油工程建设的实施意见》，成立了放心粮油工程指导小组，启动了我区放心粮油工程建设工作，拉萨试点初步完成，共建设1个自治区放心粮油配送中心，5个放心粮油示范店。2013年销售放心粮油928万公斤，经营品种达135个，试点工作实现了开局好、起步好、效益好。

【国有粮食企业改革】 2013年4月，《西藏金谷粮食产业集团有限责任公司组建方案》经自治区政府批复同意。相继完成了集团公司组建、子公司改制、职工安置方案制定上报等工作。各地市继续推进以内部制度改革为重点的改革工作，努力提高经济效益。国有粮食企业政策性粮食财务挂账占用银行贷款部分从企业剥离上划到自治区粮食局集中管理，政策性粮食贷款逐步得到落实。

【协调力度】　截至2013年底，共落实援藏资金1952万元；国家粮食局援助基层粮食部门电脑、打印机各55台。区内国有粮食企业与29个内地粮食企业建立了长期稳定的粮食购销合作关系，全区国有粮食企业代理国内粮油知名品牌29个。累计61名人员到国家和对口援藏省市参加培训和挂职，中组部选派1名援藏干部到日喀则地区粮食局援藏。

【作风建设】　通过深入开展党的群众路线教育实践活动，局直系统“四风”、“两问题”得到有效解决，党员干部思想认识水平进一步提高，党群干群关系进一步密切。紧紧围绕粮食收购、放心粮油工程和农户科学储粮专项建设三项民生工程，创新活动载体，组织开展粮食收购、青稞最低收购价、储备粮管理等专项调研。实践活动中，组织局机关全体党员干部和局属单位县处级以上干部与62户村民及2户局属单位困难职工结成对子，三次深入结对户。加大粮食干部培训力度，200余人次参与培训。

自治区教育工作

【概况】　2013年，全区有各级各类学校1598所，教学点496个，在校学生总数达60.02万人。学前教育毛入园率达到51.98%，小学入学率达到99.59%，初中毛入学率达到98.75%，高中阶段毛入学率达到72.23%，高等教育毛入学率达到27.71%。全区人均受教育年限达到8.4年，青壮年文盲率下降到0.63%。

综合管理

【党的群众路线教育实践活动】按照中央和区党委的部署要求，教育厅机关和区内各高校按照“照镜子、正衣冠、洗洗澡、治治病”的总要求，紧扣为民务实清廉主题，推进教育实践活动稳步扎实开展，收到了良好成效。一是加强制度建设。建立或修订完善各类制度39项，基本形成了一套内容科学、运行有效的机关作风建设制度体系。二是认真贯彻落实中央“八项规定”、自治区“约法十章”和“九项要求”，三公经费同比下降12.11%，会议经费较上年减少20%以上，发文数量同比下降6%。三是以“领导干部进村入户、结对认亲交朋友”活动为载体，住农家屋、和教师谈、吃学生餐，结对174户，发放“结对认亲交朋友结对卡”500余册、“民族团结结对卡”1500余册，厅机关县处级以上领导干部自掏腰包14万多元为群众办实事解难事，并争取资金30万元，对结对户中上高中、大学的子女予以资助，赢得了各族群众的普遍赞誉。四是以“创先争优强基础惠民生”活动为载体，各驻村工作队紧紧围绕“建强基层组织、维护社会稳定、寻找致富门路、进行感恩教育、办实事解难事”这五项工作任务，扎扎实实解决基层各族人民最关心、最直接、最现实的利益问题，密切了党同各族群众的血肉联系，增长了驻村干部的基层工作能力。

【教育投入与支出】　全年教育经费投入达到118.2亿元，增长20%。落实重点项目建设资金12.39亿元，完成64所中小学太阳能澡堂建设，完成1465套艰苦边远地区教师周转宿舍建设。加快实施教育信息化建设。实施“教学点数字教育资源全覆盖”项目，完成408个教学点优质资源接收设备项目；启动实施了“三通两平台”建设，即实施“宽带网络校校通，推进优质资源班班通，网络学习空间人人通”，启动省级教育数据中心和共享服务平台建设；建设104间中小学多媒体计算机教室；为全区37所中小学配备了488套多媒体交互式电子白板，满足教师运用信息化手段开展课堂教学的需要；全区约40%的义务教育学校仪器设备得到补充更新。

【教育惠民政策】　积极落实各项教育惠民政策，大力促进教育公平。一是落实各类资助资金18.91亿元，资助师生103万人次，覆盖学前到研究生阶段教育。二是从2013年秋季学期起“三包”及助学金再次提标200元达到年生均2700元，全年落实资金13.81亿元，惠及学生52万余人。三是在全区全面推行农牧区义务教育学生营养改善计划，落实资金1.25亿元，惠及学生21万人。四是进一步提高中小学教师公用经费标准，在2012年标准上增长100元，达到年人均3900元。

【德育和思想政治工作】 把社会主义核心价值观教育融入国民教育全过程，紧紧围绕“培养什么人、为谁培养人、怎样培养人”的目标任务统筹规划，落实立德树人根本任务。一是深入推进十八大精神进教材、进课堂、进学生头脑，广泛开展“道路自信、理论自信、制度自信”教育和“爱学习、爱劳动、爱祖国”教育。二是重视校园文化建设，在所有学校开展“我的中国梦”主题教育活动，发出“青春智慧献高原，同心共筑中国梦”倡议，认真开展创建节约型校园和“光盘行动”计划。三是坚持不懈开展爱国主义、社会主义、民族团结和反分裂斗争教育，开展西藏百万农奴解放54周年纪念活动，深化新旧西藏对比宣传教育，不断增进“四个认同”，唱响主旋律。四是加强校园网络和社团管理，积极营造良好校园环境和舆论氛围。

【学校安全稳定工作】 一是及时调整充实教育系统突发事件应急处置领导小组，建立了部门联席会议协调机制、联合行动机制、定期整治机制和部门汇报制度，把学校安全工作纳入教育系统年终考核，做到工作有计划、有部署、有检查、有总结。二是与各处室、直属单位、七地（市）教育行政部门和七所高校签订了安全稳定工作目标责任书，严格执行“一岗双责”和维稳责任追究制，全年全时段严格落实领导24小时带班，教师、干部和门卫值班制度。三是以“三月维稳工作”和反自焚斗争为重点，从细微处入手、从基础工作入手、从日常管理入手，做到了环环相扣、无缝链接，从课堂教学、课外活动、日常管理、后勤保障、制度落实、政策效应等方面全面加强，使安全维稳工作的各项措施从应急变成常态。四是突出学校教育特点和阶段性特征，在毕业生就业指导服务、各类考试招生工作、内地西藏班学生返藏、夏季传染病防治和自然灾害防范等方面制订专项预案，加强工作；五是加强了维稳舆情研判和督查工作，教育工委、教育厅定期召开工委会议传达学习自治区维稳部署和安排，分析研判教育维稳形势和特点，有重点地安排维稳工作，并加强明察暗访工作力度，督促各项维稳工作安排落到实处。六是主动加强与政法、公安部门的联系，经常性地开展法制宣传教育，提高师生公民意识和法制观念，净化校园及周边环境，努力预防和减少青少年犯罪事件的发生。七是加强全区义务教育阶段学校校园电子监控系统建设，通过中央和自治区两级投入1200多万元，对全区495所义务教育阶段中小学和幼儿园安装了校园监控设备，实行全天候、全方位管理，进一步增强了学校安全防范能力。八是深入推进“平安校园”“平安单位”创建、“打非治违”专项行动，开展安全生产大检查、大治理和专项整治工作，认真检查事故易发的重点区域、重点场所、重点部位、关键环节，确保了教育系统和谐稳定。

【师资队伍建设】 全年共招录、引进教师2770名，落实“三区”人才支持计划教师专项计划，各对口援藏省（市）选派73名教师到我区支教。安排国培和区培计划10080人和1340人，首次实施了“国培计划”送培下乡。成功举办全区首届初中教师教学大赛，比赛分藏文、汉语（语文）、数学和英语四个学科同时进行，加强了区内外教师交流学习，促进了教师专业发展。选派165名校长参加农村校长助力工程培训；确定城关区为教师网络研修社区建设试点单位；投入800万元加强教工之家建设。实施“园丁关爱行动计划”，拨出150万元资助了150名家庭经济困难教师。330名教师和教育工作者获得自治区“优秀教师”等荣誉称号、1名教师获得全国“2013年最美乡村教师”、1名教师获中央电视台“感动中国”2013年度人物、2名教师被评为全国师德标兵、13名教师被评为自治区特级教师。

【考试招生】 教育考试招生管理的现代化、信息化水平进一步提高。认真组织实施国家教育考试标准化考点建设项目，全面完成了1个自治区级指挥平台、9个地市级指挥平台建设和9个保密室建设，完成了9个考区、25个考点880个考场的国家教育考试标准化考点建设。形成了集网络视频巡查系统、应急指挥系统、作弊防控系统、身份认证系统、考务综合管理系统于一体的综合服务系统。

各类考试工作顺利完成。18949人报名参加普通高考，高校录取13289人，其中文史类5641

人、理工类6553人，对口高职803人。区外院校录取新生6336人，区内院校录取新生6953人。农牧民子女占录取新生总数的66%。落实区内高校跨省招生计划2913名。34450人报名参加普通中专（高中）考试，录取新生25841人；区内高校研究生招生532名。

【就业指导与服务】 2013年，全区共有高校毕业生14379人，通过基层公务员和基层事业单位专业技术人员招录、专场招聘会等形式，95%以上的毕业生顺利实现就业。

一是加强就业援藏工作力度。2013年，17个援藏省市先后举办不同规模的高校毕业生专场招聘会十余场，提供岗位数5700个，17家中央企业招收2013届西藏籍高校毕业生近100名。二是拓宽区内就业渠道。区内所属高校举办大型招聘会2场，提供岗位数量1343个。

【教育信息化工作】 现代远程教育“三种模式”和电视“班班通”基本覆盖全区中小学校，实现校园内各种信息系统的互通互连和数据共享。截至2013年底，全区小学已建成光盘播放点1763个、卫星教学收视点766套、多媒体教室161间、配备计算机10650台，每百名学生拥有计算机3.5台，小学计算机教室556间，建设计算机教室学校覆盖率达64%。初中建成卫星教学收视系统97套、多媒体教室571间、校园网7个，配备计算机5600台，每百名学生拥有计算机4.25台，建成中小学计算机网络教室360间，建成计算机教室学校覆盖率达95%。高中建成卫星收视系统9套，多媒体教室831间，校园网7个，配备计算机3750台，建成计算机教室72间，每百名学生拥有计算机9.3台，建设计算机教室学校覆盖率达100%。

【教育受援和内地办学】 进一步调整办学层次和学校布局，开办内地西藏初中班的学校17所，高中学校14所（含5所完中），内地中职班44所，招收内地西藏班学生的内地高校增加到170多所。积极推进内地西藏班与当地学生合校混班工作，招收援藏干部子女的内地西藏初中班基本实行了混班教学。

积极推行信息化管理，开发了内地西藏初高中学生学籍管理系统和远程报名、填志愿及录取系统，实现了初高中学生网上报名、填志愿及局域网录取，全年共完成了2282名内地西藏班（校）高校招生计划（本科院校2214名、专科院校68名）、4300名内地西藏高中班（校）招生计划（重点散插班2200名、普通高中2100名）、1540名内地西藏初中班（校）招生计划和654名内地中职班招生计划。

积极推进内地西藏高中班学制改革，从2013年秋季开始，内地西藏班普通高中学制由三年改为四年，增加一年预科学习；与广东省达成在珠海市第四中学举办西藏班的共识，积极开展珠海西藏班2014年开班的筹备工作。

加强内地班管理，选派了70名藏文教师赴内地西藏初、高中班任教、10名管理教师到散插班学校协助开展学生教育管理工作、65名管理教师到内地西藏中职班学校协助开展学生教育管理工作，开展了内地西藏班藏文教师及藏语文课开设情况摸底调研工作，组织开展了内地西藏班藏语文教师和内地中职班管理人员培训。

基础教育

【概况】 2013年，基础教育以促进基本公共教育服务均等化为目标，以推进县域义务教育均衡发展为重点，统筹城乡义务教育资源均衡配置，规范办学行为、加强教学管理，进一步扩大优质教育资源覆盖面。

【学前教育加快发展】 抓住发展学前双语教育这个关键，着手解决农牧区幼儿“有学上”、城镇幼儿“入园难”问题，提高保教水平，加快发展农牧区和城镇学前双语幼儿园建设。一是下达新建276所双语幼儿园。二是认真贯彻《3-6岁儿童学习与发展指南》，组织60名教师参加省级培训，开展“学前教育三年行动计划网络巡展”，继续加强对国家教育体制改革试点项目——山南地区学前双语教育改革试点工作的指导。三是加强学前双语教育，在学前教育阶段，着重培养藏汉双语听说能力。四是加大学前双语教师的配备工作，妥善处理区内外中职幼教专业毕业生聘用就业问题，充实到学前双语教师岗位，同时着手制订完善幼教师资的培养、上岗、管理、培训、进退留转等方面的制度。截至2013年底，全区共有学前幼儿园613所，在园幼儿7.34万人，学前教育三年毛入园率达51.98%。

【义务教育均衡发展】 抓住巩固提高义务教育这个关键，大力推进学校标准化建设，新建校舍30余万平方米，办学条件进一步改善，全面提高普及水平，促进义务教育均衡发展。深化双语教育课程体系和分层目标教学建设，在小学阶段，强化藏语文、汉语文、数学和行为习惯养成教育；在初、高中阶段，重视汉语文、藏语文、数学和思想品德四门基础骨干课程教学，加强藏语文课程教学与其它学科教育的衔接。按照自治区推进县域内义务教育基本均衡发展规划时间表和路线图，合理为中小学配置教学仪器设备，教学仪器设备配置水平进一步提高。开展义务教育均衡发展评估验收县专题培训，促进“迎评县”学校管理科学、教学规范、制度健全。曲水、乃东两县顺利通过义务教育均衡发展国家督导评估验收。组织开展义务教育阶段学校“减负万里行”活动，切实减轻中小学生课业负担。截至2013年底，全区共有小学841所，初级中学95所，完全中学6所，教学点496个。全区小学、初中在校生分别为29.5万人、12.6万人，毛入学率分别为99.59%、98.75%；巩固率分别为91.86%、88.41%。

【高中教育内涵发展】　以培养学生创新精神和实践能力为重点，稳步推进新课程改革，全面落实课程方案，着力提高普通高中学生综合素质，促进学生全面而有个性的发展。5月中旬在林芝地区召开了全区普通高中教育教学工作研讨会，10月份完成了10所普通高中的办学水平评估，进一步推动高中教育规范发展、内涵发展、特色发展。研究制定了《西藏自治区中小学生学籍信息管理系统建设工作方案》，并作了全面部署，积极做好全区中小学生学籍信息管理系统建设工作。截至2013年底，全区共有普通高中29所（包括6所完全中学），在校生53092人，高中阶段毛入学率达72.23%。

【特殊教育同步发展】　重视新建特殊教育学校的办学、业务指导；重视特教师资成长。9月选派日喀则地区特殊教育学校校长前往北京参加第七期“全国特殊教育学校校长研修班”学习。开展好“全国助残日”活动。5月19日开展了以“关心贫困残疾人，支持残疾人事业”为主题的残疾人就学、就业、资助等方面的宣传咨询活动，取得了良好的社会效果。截至2013年底，拉萨、山南、昌都、日喀则和那曲五地市各建有1所特殊教育学校，在校生539人，教职工161人，其中专任教师136人。

职业教育与成人教育

【概况】　截至2013年底，全区共有中等职业学校9所，开设11个专业大类41个专业，在校生17491人；教职工总数807人，其中专任教师690人，专业课教师238人（含双师型），外聘兼职教师37人。县级职教中心74所。内地12个省（市）的44所国家级重点中职学校举办内地西藏中职班，开设14个专业大类38个专业，在校生4596人。

【办学条件进一步改善】　全区中等职业学校新建校舍5万余平方米，拉萨第一、第二中等职业学校和阿里地区中等职业学校批准建设，中等职业技术学校达到9所。制定下发了《自治区教育厅关于加快发展职业教育的意见》，提出改革职业教育办学体制，明确了职业教育办学方向和发展目标。认真开展第一批国家中等职业教育改革发展示范学校建设，对日喀则和山南2所中等职业学校进行了省级检查验收，着力夯实两所受检学校的发展基础，增强综合实力，提高办学水平。

【做好中职生就业指导与服务】按照“面向市场、自主择业、双向选择”的原则，建立中等职业学校毕业生就业服务信息网络平台和工作机制，加强与企业和人才劳务市场的紧密联系，广泛收集市场需求信息，为毕业生提供准确、快捷的就业信息服务和就业指导。在西藏自治区人力资源与社会保障厅网站公布适合中职毕业生就业的招聘岗位7500余个。各级各类职业学校以就业为导向、以服务为宗旨，拓展了职业学校的服务面和发展渠道，拓展了中职毕业生的就业面。

【推进职业教育教学改革创新】继续实施职业学校教师素质提高计划自治区级培训项目，249名骨干教师分别参加工艺美术、计算机应用技术、植物生产技术、旅游管理与服务、汽车运用与维修、职业技术教育学等专业培训。结合我区农牧业、旅游服务业以及青藏铁路建设对技能型人才的需求，加快建设畜牧兽医、计算机、电工电子、铁路运输、建筑、旅游等重点专业，改革创新教学内容、教学方法和评价体系，加强教学管理，全面提高教学质量。

【抓好农牧民培训工作】　紧紧围绕“国家技能型人才培养培训工程”、“国家农村劳动力转移培训工程”、“农村实用人才培训工程”和“成人继续教育和再就业培训工程”的“四大工程”，加强农牧民培训工作，继续组织实施好农村劳动力转移培训、农村实用技术培训。2013年，开展累计30000人次的各类职业教育培训。

【民办教育】 全区民办教育已涵盖学前教育、基础教育、职业培训等多种模式。截至2013年底，全区共有76所民办教育机构，其中学前教育类48所、小学1所、中学3所，非学历职业培训类机构24所。有各类民办学校在校生14013人、专业教师897名。

高等教育

【概况】 2013年，高等教育抓住“稳定规模，优化结构，内涵发展，提高质量”这个关键，引导高校科学定位、特色办学、提升内涵、提高质量，促进高校教学、科研协调发展，努力提升高等教育服务经济社会发展的能力。截至2013年底，全区共有普通本专科学校6所，其中本科3所、高职高专院校3所。普通本专科在校生33562人（其中普通本科生21388人、高职高专学生12174人），在校研究生1244人，高等教育毛入学率达到27.71%。办学层次涵盖研究生、普通本科生教育、职业教育、远程教育和继续教育。目前开设本科专业142个，专科专业132个，覆盖12个学科门类，其中自治区级重点学科40个、自治区级以上优势（特色）专业21个，重点专业、特色优势专业分别占开设学科（专业）的14%、7%；理工科专业113个，占所开设本专科专业的44%；有15个一级学科、46个二级学科（专业）和3个专业学位招收硕士研究生；有3个学科招收博士研究生。全区高校共有教职工3715人，其中专任教师3107人。

【加强高校学科学位建设】 西藏大学民族学、中国语言文学、生态学3个一级学科获得博士学位授予权，新增6个学士学位授予专业，建设50个教学实验室、1个教育信息化试点专项并进一步加强了国家级重点学科、国家级重点（培育）学科建设。

【实施高等学校创新能力提升计划】 认定并大力建设“西藏信息化协同创新中心”、“西藏特色农牧资源研发协同创新中心”和“西藏民族文化传承发展协同创新中心”等3个自治区级“2011协同创新中心”。设立大学生创新实验计划400项，其中100项申报国家级大学生创新创业训练计划项目；开展了高校教师专业实践实战能力提高计划，立项项目200项；高校教改项目新立项50项。西藏民族学院基础医学教学实验室被确定为国家级实验教学示范中心，西藏大学临床技能综合培训中心、西藏藏医学院药学实践教育基地成为教育部“本科教学工程”大学生校外实践教育基地。

【筹建西藏国际登山旅游学院】 协调自治区体育局、旅游局、西藏大学，拟在西藏大学成立国际登山旅游学院，形成了《关于在西藏大学成立国际登山旅游学院的初步方案》。

自治区科技工作

【概况】 2013年，区科技厅紧紧围绕自治区党委、政府各项工作部署和“十二五”时期科技发展规划确定的目标，创新思路、优化布局、转变作风、强化落实，较好地完成了各项任务，全区科技工作的战略地位进一步提升，科技创新能力进一步增强，科技支撑引领经济社会发展的作用进一步凸显。全年安排自治区级应用技术研究与开发资金1.7亿元，争取国家资金1.19亿元，40个县（市、区）通过国家科技进步县（市）考核，33项重大科研成果获得自治区级科技进步奖，全区科技事业发展势头良好。

【农牧业科技创新】 以青稞产业等重大科技专项为抓手，在日喀则、山南、林芝和昌都等5地市30个县市示范推广“藏青2000”新品种10.6万亩，亩均增产26.5公斤，累计增产280.9万公斤，纯收益2388.6万元；编制完成的《“藏青2000”生产技术规程》、《青稞原种生产技术操作规程》等技术规范，为“藏青2000”大面积的推广提供了重要支撑；完成青稞全基因测序和遗传图谱绘制，挖掘1680个功能基因；开展“品比13”等6个青稞新品种示范推广近4万亩，实施农作物新品种及其良法配套技术示范22.7万亩，增产效果良好，推广前景巨大。加大马铃薯优质品种的示范推广和机械化种植示范力度，在南木林县建立1000亩机械化种植示范基地，扶持企业示范建立马铃薯精淀粉、水晶粉丝和营养粉的生产线，探索农区增收致富的新渠道。开展畜禽良种扩繁与高效养殖技术示范，那曲县、聂荣县和当雄县等地的牦牛高效养殖及育肥基地建设，提高产肉量27.7%，育肥出栏牦牛达1.16万头，户均增收1万元以上。

加大对青稞、牦牛、优良牧草新品种的培育，全年申请审定和认定各类作物新品系17个。野生牧草驯化、牧草新品种引种试验及种子繁育基地建设项目，筛选出优异性状育种材料10余种。开展饲草新品种及其高产栽培技术示范2.9万亩。帕里牦牛和斯布牦牛选育基地初具规模，高产奶牛规模化养殖、绒山羊本品种选育、拉萨白鸡等新品种选育取得新进展。这些科技成果为我区农牧业大发展和经济结构调整打下了良好基础。

【企业技术创新】 大力扶持和培育高新技术企业和科技型中小企业，促进我区藏医药、绿色食饮品等特色优势产业规模化发展。研究草拟了《关于全面提升企业技术创新能力的意见》。一批高新技术企业迅速成长，9家企业被认定为国家级高新技术企业，我区高新技术企业规模达到22家，2013年产值达33.6亿元，利税3.2亿元，比2012年分别增长11%和10.8%。高新技术企业正在发展成为我区新的经济增长点。科技型中小企业创新基金运行良好，西藏（成都）科技企业孵化器服务能力进一步提升，累计孵化企业46家，毕业落藏企业达到20家。加大对特色优势产业共性技术研发的支持力度，藏毯用植物及天然矿物颜料工艺等技术攻关取得突破；藏红花、黑木耳、灵芝等特色资源规模化种植技术的成功研发，提高了种植产业化程度；开发青稞红曲啤酒、人参果酸奶、荞麦等系列特色产品；600余部珍稀藏医药文献实现数字化，首次颁布102种地方藏药材质量标准，填补了空白；濒危藏药材翼首草规模化种植、拉萨河谷药用植物引种试验、珍稀濒危植物繁殖研究与示范等项目的实施，有力支撑了藏药产业的发展。知识产权工作取得新进展。2013年全区申请专利203件，授权121件，其中发明专利授权44件。全社会知识产权创造、保护、管理、运用能力不断提升，尊重知识产权的氛围正在形成。积极协调国家知识产权局专利局在拉萨设立代办处。

【科技惠民】 积极实施“无电地区电力规划建设项目”和金太阳科技工程，投资4亿多元，实现项目总装机容量8310.08KW，成功解决阿里地区和那曲地区尼玛县、双湖县、申扎县、巴青县及拉萨市尼木县无电地区2.6万户11万人的用电问题，有力地改善了农牧民生产生活条件。支撑西藏生态安全屏障保护与建设，依托院区合作机制，会同中科院在我区实施的“西藏生态环境变化监测系统建设及综合评估”、“西藏樟木口岸滑坡勘查评估与综合防治方案”和“促进农牧民增收的西藏农牧结合技术体系构建与示范”三大任务进展顺利。高原特色基础研究取得新进展。开展高原性红细胞增多症、器质性胃肠疾病等基础研究。加强交通旅游、食品安全、气象、水利、农村信息化等领域的技术攻关，取得了“拉日铁路高岩温隧道施工爆破关键技术研究”等一批重要科技成果。深入农牧区基层一线开展“创先争优强基惠民送科技行动”，投入资金1500万元，实施种植、养殖、特色产业发展等项目，覆盖全区7地（市）近100个村，为“强基惠民”工作向纵深发展提供科技支撑。科学普及工作有声有色，开展“五下乡”、科技活动周等活动，全年开展科普宣传活动68次，发放科普宣传资料8万余册（份），通过宣传，我区各级干部群众的科普意识不断增强。

【科技公共服务】 大力推进技术创新平台建设，积极推进拉萨国家级农业科技园区扩园工作，依托园区创新平台，重点开展了蔬菜示范种植、奶牛高效养殖、园艺育种攻关，经济效益显著。日喀则农业科技园区升级工作进展顺利，园区建设总体规划和实施方案已上报自治区政府；那曲高新技术产业园区升格为国家级高新技术产业园区建设方案已上报国家相关部委；拉萨市积极申报国家级创新型城市和“十城万盏”半导体照明应用示范城市；推动与中科院等科研机构联合建设高原真菌、高寒生态学与生物多样性、藏医药与高原生物等重点实验室，提升了我区生物特色资源保护开发研究能力。

加强区域特色农牧业科技成果转化基地建设，建成了一批高产奶牛、彭波半细毛羊、藏丹参、天麻、藏红花等科技成果转化示范基地，在促进当地经济发展中发挥了辐射和带动作用。西藏自然科学博物馆建设稳步推进，完成基本建设投资3.4亿元，完成整体基建工程总量的80%，展陈工作有序推进。正在建设的博物馆太阳能建筑一体化兆瓦级光伏电站及拉萨米级天文望远镜均系全国首例。西藏种质资源库建设、西藏（拉萨）科技企业孵化器建设工程前期筹备工作进展顺利。

【科技管理制度】 研究制定《西藏自治区科技计划项目管理办法》、《西藏自治区科技重大专项管理办法》等5项规定，在优化资源配置、促进协同创新、强化绩效管理、加强监督检查等方面提出一系列新措施，探索建立既与国家层面接轨又符合西藏实际的科技计划体系。积极推进科研项目和资金管理改革，会同自治区财政厅修订《西藏自治区应用技术研究与开发资金管理办法》，将进一步完善资助方式、明确资助范围、细化预算管理、加强经费监管、提高使用效益。改革科技奖励制度，完善激励机制，启动修订《西藏自治区科学技术奖励办法》及其实施细则。

【科技人才队伍建设】 支持高层次科技人才承担重大科技任务、科技专项计划，在重点领域确定一批创新团队和学科带头人。向国家推荐中青年科技创新领军人才14名、科技创新创业人才7名、重点领域创新团队1个、创新人才培养示范基地1个。加强科技管理人才队伍建设，举办科技兴藏人才建设培训、县市科技局长培训、知识产权培训、科技项目管理培训等。大力发展壮大农牧民科技特派员队伍，新发展农牧民科技特派员2600名，全区农牧民科技特派员已达到4566名，覆盖82%的行政村。积极推动农牧民科技特派员创业致富，山南地区的“氆氇编织工艺培训”和昌都地区的“辣椒及其产品种植技术服务”项目在国家科技特派员创业服务项目支持下，既使科技特派员创业致富，又带动了当地农牧民群众增收。

自治区工业和信息化工作

【概况】 2013年，全区工业增加值完成61.16亿元，增长12.2%，其中规模以上工业完成增加值45.83亿元，增长12.2%。规模以上工业企业新增11户，达到75户。工业固定资产投资完成286.32亿元，增长28.5%。

【工业发展】 重点项目建设进展顺利。“226项目”中涉及我厅的18个重点工业和信息化项目（共83个子项）累计完成投资142亿元，其中2013年完成投资50.2亿元。83个子项中，竣工投产28个，基本竣工9个，在建31个，开展前期工作15个。积极争取资金扶持。落实2013年度国家各类专项资金扶持项目70余个、补助资金8800余万元。落实自治区产业与企业改革发展资金项目10个、补助资金1.39亿元。藏青工业园建设取得突破性进展。藏青两省区签订了合作框架协议。可行性论证报告、总体规划和控制性详细规划已经自治区政府审定。工信部与自治区政府在北京成功召开了藏青工业园情况说明会。园区管理委员会、投资公司组建完成，部分基础设施破土动工。一批企业签订入园协议，初步估算“十二五”期间计划投资120多亿元。工业园区集聚效益初显。2013年，工业园区实现工业增加值20.09亿元，创造税收48.35亿元，解决就业1.22万人。

【行业管理】 严格执行产业政策和行业准入制度，审查办理矿产项目预核准14个，批复初步设计4个。分解下达并督导企业完成锑、钼稀有金属指令性计划。扎实推进昌都、日喀则高新雪莲新型干法水泥生产线建设。加强中药材生产扶持项目跟踪管理。评选产生了第一批25名自治区级工艺美术大师。藏缘青稞酒业等4家企业纳入国家品牌培育试点。切实加强工业运行监测分析和要素保障。按季度公布全区工业经济运行情况。圆满组织完成春运工作。扎实开展企业减负。组织产运企业对接座谈。审核下发了藏中电网2013年有序用电方案。着力推进节能减排和淘汰落后产能。开展资源综合利用认定和“节能产品惠民工程”第二、三批推广信息核查。淘汰落后水泥产能20万吨，落实中央财政奖励资金306万元。高度重视工业安全生产和民爆行业管理。组织开展了民爆行业“百日安全生产专项整治”、危爆物品安全大整治专项行动和“安全生产月”活动。会同工信部督查组提出民爆安全隐患22条，督导企业认真整改。换发了民爆企业生产、销售和安全生产许可证，对民爆仓库改造项目进行技术审查。引进企业扩大民爆产能。

【非公有制经济和中小微企业】截至2013年底，全区非公经济实体达12.88万户，增长8%；吸纳就业人数62.8万人，增长11.9%。形成扶持合力。与区工商联、国家开发银行西藏分行分别签订关于共同推进非公有制经济跨越式发展、培育壮大中小企业合作备忘录和合作框架协议，与西藏银监局、区工商联、区银行业协会等共同举办“西藏自治区银行业支持小微企业发展金融服务银企对接会”。组织参加了第十届国际中小企业博览会。加大资金扶持。落实2013年国家中小企业发展专项资金3980万元。正在积极组织申报2014年度自治区中小企业发展专项资金项目。加强公共服务体系建设。组建了自治区中小微企业（民营企业）发展服务中心。新备案2家担保机构。全区11家担保机构新增担保余额2.8亿元，新增用户49户。强化政策落实，起草了《西藏自治区人民政府关于落实<国务院关于进一步支持小型微型企业健康发展的意见>的实施意见》(代拟稿)。汇编了支持非公经济和中小微企业发展的政策文件。

【信息化建设和两化融合】统筹协调信息化建设。组织召开了自治区信息化领导小组第一次会议。成立自治区国防动员委员会信息动员办公室。建立了通信行业推动信息化联席工作制度、区直相关部门联合推动电子商务发展工作机制和全区信息网络安全检查工作机制。《西藏自治区信息化促进条例》列入自治区十一届人大常委会五年立法计划。加快推进重点领域信息化。电子政务一期工程即将开工建设。电子商务工程进入专家咨询和深入论证阶段。农村综合信息服务平台功能进一步完善，已建成1300个农村综合信息服务站。自治区工程建设领域项目信息公开和诚信体系建设（二期）前期工作扎实推进。厅机关门户网站正式运行。大力培育本地信息产业。西藏柯尔、金采两家企业获得国家计算机信息系统集成四级资质，我区计算机系统集成企业实现零突破。扎实推动“两化”融合。召开“两化”融合发展与信息消费扩大内需研讨会，开展信息化及两化融合评估调研，完成了《西藏自治区两化融合研究报告》课题。申报国家两化融合专项资金项目7个、申请补助资金3500万元。狠抓信息安全。召开全区首次信息网络系统安全检查暨培训会，深入开展了信息安全检查。

【无线电管理】加强无线电管理体制机制建设。新设立自治区无线电管理局和六地区无线电管理局。《西藏自治区无线电管理条例》有望尽早出台。强化频率、台站管理。新指配频率40个（对），下达设台批复20余份，办理无线电台站执照2370个。做好无线电监测保障。开展樟木口岸边境线、那曲机场拟选址、拉日铁路沿线拟建GSM—R基站电磁环境测试。查处无线电干扰事件10起。开展无线电考试保障62场（次）。加强无线电安全保障。圆满完成重要敏感时段、重要敏感期的无线电监听监测和管控保障任务。

自治区民族宗教事务工作

【民族团结进步事业】2013年，区民宗委进一步深化民族团结宣传教育，指导、组织开展民族团结进步创建活动，促进民族关系和谐融洽，深入实施兴边富民行动“十二五”规划和扶持人口较少民族“十二五”发展规划，推动边境地区和人口较少民族聚居区经济社会加快发展。一是扎实开展民族团结宣传教育活动。积极搭建活动平台，丰富活动内容，创新活动形式，加强指导协调，以“西藏百万农奴解放纪念日”、“民族团结月”和民族团结进步模范评选表彰活动为抓手，充分发挥民族团结进步教育基地、民族团结进步示范单位的带动作用，以召开座谈会、报告会、街道宣传、理论学习、演讲比赛、发展历程图片展等方式，不断丰富并创新民族团结宣传教育活动，大力推进民族团结教育进机关、进乡村、进社区、进学校、进企业、进部队、进寺庙“七进”活动，使各族干部群众牢固树立“三个离不开”的思想，增强维护民族团结、祖国统一的自觉性和责任感。举办“西藏百万农奴解放54周年各族各界座谈会”，热情讴歌社会主义伟大祖国，畅谈新西藏发展进步；举办民族团结专题文物展，展出文物66件（组），参观者5万余人次；以民族团结为主题，在全区范围内悬挂横幅，张贴标语，在区内主要电台滚动播出民族团结宣传教育片，报道先进典型事迹，社会反响良好。组织自治区、地（市）、县（市、区）民族团结进步模范代表赴内地参观考察。各级各部门通过检查党的民族政策执行情况和召开联谊会、悬挂标语、横幅等方式，积极推动民族团结宣传教育经常化，进一步唱响民族团结时代主旋律，努力营造民族团结良好社会氛围。二是以评选表彰为载体，推动民族团结进步创建活动广泛开展，起草制定了《西藏自治区民族团结进步模范评选表彰办法》，指导各地（市）、县（市、区）按照“模范代表要突出基层性、广泛性、典型性”的原则要求，采取会议动员、征求意见、公示和自下而上、自上而下，上下互动、逐级评选审核的方式做好全区民族团结进步模范集体、个人和首届“民族团结模范家庭”的推荐、评选工作，认真做好2013年全区民族团结进步模范表彰大会筹备事宜。5月份召开的西藏自治区民族团结进步模范表彰大会，表彰模范集体150个、模范个人210名，自治区党委书记陈全国同志出席会议并作重要讲话。完成“民族团结模范家庭”推荐评选工作，12月初召开了西藏自治区首届民族团结模范家庭座谈会，评选表彰模范家庭56户。7月份完成了全区9个民族团结进步创建试点单位工作开展情况检查验收，以点带面，推动民族团结进步创建活动在全区广泛深入持久开展，取得了较好的成效。向国家民委申报拉萨市为“全国民族团结进步示范市”。三是深入实施兴边富民行动。紧紧抓住中央第五次西藏工作座谈会、中央西藏工作协调小组会议和全国民委系统对口支援西藏新疆工作会议召开的重大机遇，深入实施《西藏自治区兴边富民行动“十二五”发展规划》，《扶持人口较少民族“十二五”发展规划》。坚持科学发展、统筹安排，着力解决群众出行难、饮水难、住房难、上学难、就医难等突出问题，充分发挥兴边富民行动和人口较少民族发展资金项目“拾遗补缺、灶小火旺”作用，使每个项目都成为促进发展的催化剂、加强团结的广播站、维护稳定的宣传栏，进一步为各族群众办实事、办好事。扎实开展民贸民品定点生产企业2013年贷款贴息摸底调研和技改项目贷款贴息审核立项工作。四是坚持抓好少数民族干部队伍人才培训培养。研究制定地（市）、县（市、区）民宗干部、民族乡干部培训、计划，精心准备授课内容，共举办1期民族干部培训班、1期民宗系统全国保密普查工作暨办文工作培训班、1期民族乡干部培训班、1期少数民族县处级干部培训班。对全区各级民宗部门的民族干部和9个民族乡的人大主席、乡长、副乡长共计160余人（次）进行了培训。

【宗教事务管理】 全面贯彻落实党的宗教工作基本方针和国家管理宗教事务的法律法规，深入贯彻落实《中共西藏自治区委员会、西藏自治区人民政府关于加强和创新寺庙管理的决定》，依法保护正常宗教活动，维护藏传佛教正常秩序，维护广大僧尼、信教群众的合法权益，确保了全区宗教和睦、佛事和顺、寺庙和谐。一是依法加强藏传佛教事务管理。从严审批大型宗教活动，加强大型宗教活动审批督查。全年共审批大型宗教活动34场（次）；严把藏传佛教活佛转世审批关，切实加强转世灵童认定坐床后的监督指导和培养工作；制定全区宗教工作基础数据信息库方案，协调联系区公安厅、拉萨市统战、民宗及三大寺管委会等相关单位稳妥开展前期准备工作；藏传佛教教义教规阐释工作正式启动，全区共上报53篇新阐释论文，经筛选确定了36篇；积极配合相关部门，加快寺庙“九有”、“六建”、“六个一”、“两保一低”及免费体检等一系列利寺惠僧政策的落实；在拉萨大昭寺圆满完成2013年度格西拉让巴立宗颁证仪式，在甘丹寺成功举行2014年格西拉让巴夏季预考活动。二是宗教活动场所得到保护修缮。积极与区发改委沟通协调，将僧舍修缮建设纳入保障性住房建设计划，按在编僧尼人均5000元的标准落实僧舍维修资金，努力改善广大僧尼居住修行条件。实施了《西藏自治区“十二五”期间宗教活动场所保护修缮规划》；落实全区重点寺庙维修补助资金1000万元，对110座爱国爱教、遵纪守法寺庙进行了维修。三是有序推进藏传佛教寺庙定员僧尼吸收补充工作，全区459座寺庙共吸收补充1000名僧尼。各地市加强对定员僧尼吸收补充人员入寺前的培训教育，分期分批对僧尼集中进行政策法规、宗教教义方面的系统培训，确保了拟吸收补充人员政治思想及遵纪守法意识得到明显提高。四是社会流动从事宗教活动人员服务管理进一步加强。经区党委、政府批准，召开了全区社会流动从事宗教活动人员清理整顿工作现场会议暨表彰大会，对涌现出来的32个先进集体和52名先进个人进行了表彰。完成拉萨、山南、林芝、日喀则、阿里等地市民间从事传统宗教活动人员的界定、信息采集、政审考核相关工作。五是伊斯兰教管理工作不断引向深入。切实加强与国家宗教事务局联系和沟通，争取到16名朝觐名额，圆满完成朝觐工作；完成外来穆斯林私设宗教活动点、拉萨清真寺牛羊屠宰场有关情况的调研，形成了调研报告，其中《西藏伊斯兰教非法宗教活动对民族关系的影响》调研报告已上报国家宗教局；强化了对伊斯兰教、天主教大型宗教活动的审批管理，全区依法登记在册的伊斯兰教、天主教宗教活动基本情况已统计汇总；积极与区宗教办沟通协调，将伊斯兰教、天主教等宗教活动场所和宗教教职人员纳入全区爱国守法先进典型评选表彰范围；完成了伊斯兰教教职人员考核认定备案工作总结，相关情况报告已上报自治区人民政府；对全区伊斯兰教、天主教教职人员“两保一低”情况进行了汇总统计。六是加强宗教干部和宗教界代表人士的培养。研究制定地（市）、县（市、区）宗教干部培训计划，精心准备授课内容，努力造就一支政治上靠得住、宗教上有造诣、品德上能服众的藏传佛教高层代表人士队伍和宗教干部队伍。新建佛学院分院9所。先后在拉萨、山南、那曲举办8期全区宗教界人士及僧尼培训班，参训人员达540余人（次）；举办7期驻寺干部培训班，参训人数达670余人（次）；举办2期50人以上寺庙寺管会僧尼成员培训班，参训人员93人。七是进一步加强宗教事务配套法规制度建设。制定出台了《西藏自治区藏传佛教寺庙定员僧尼吸收补充暂行办法》《西藏自治区藏传佛教寺庙僧尼请销假管理规定》等规章制度；联合区党委统战部下发了《关于僧尼较少寺庙和有寺无僧的宗教活动场所实行片区管理的办法（暂行）》《关于办好西藏佛学院分院的意见》等，为依法管理宗教事务和建立宗教事务管理长效机制提供制度保障。八是做好藏传佛教外事外宣工作。

【对口支援西藏新疆工作会议】 2013年8月12日至15日，由国家民委主办，西藏自治区民宗委承办的全国民委系统对口支援西藏新疆工作会议在西藏林芝地区召开。此次会议的召开，得到了自治区领导的高度重视，在区、地两级民宗部门的密切配合下，会议取得圆满成功，达到了预期目的。全国政协副主席、国家民委主任王正伟同志亲临会议并作了重要讲话，中央统战部、国家民委有关领导和相关司局主要负责同志，西藏、新疆自治区和新疆建设兵团有关领导，以及对口支援西藏新疆的北京、天津、上海、山东、广东、河北等22个省、市民（宗）委领导和经济处长共130余人参加了会议。此次会议的召开，明确了对口支援方向，确定了对口支援关系，建立了联络联系机制，落实了援藏资金，为进一步推进各省、市民（宗）委（厅、局）对口支援西藏民族工作奠定了坚实的基础。

【党的群众路线教育实践活动】 区民宗委从7月中旬开始，利用半年时间深入开展了党的群众路线教育实践活动，取得了明显成效。一是学习效果明显。在教育实践活动中，按照《区民宗委开展教育实践活动日程安排》，以开展专题学习研讨交流等方式，深入学习了《党章》、党的十八大报告、第五次西藏工作座谈会精神、习近平总书记系列重要讲话精神、教育实践活动三本学习资料等，民宗委领导班子成员和处级党员干部集中学习达7次以上，个人自学时间超过40小时以上；委领导班子成员及处级党员干部个人记录学习笔记均在1万字以上，普通党员干部学习笔记均在5000字以上。二是查摆问题全面。在深入学习、提高认识的基础上，委领导班子、各处室先后采取召开座谈会、个别访谈、专题研讨、集中调研、发放征求意见函、登门拜访、设立意见箱等方式，广泛征求民族宗教界人士和群众意见建议。委领导班子先后发放《征求意见函》38份、召开征求意见建议座谈会2次，登门拜访4次，征求到委党员干部、民族宗教界代表人士及服务对象各种意见建议13条；查摆出区民宗委存在的突出问题10个，委党组先后召开党组会议4次，安排部署和督促检查13条意见、10个突出问题和“五种现象”的整改；各处室、党支部也在适当范围内通过发放征求意见表、上门走访相关部门的相关处室征求意见等办法广泛征求了意见建议。三是自我剖析深刻。按照中央、区党委有关撰写对照检查材料的规定要求，严格对照检查材料的撰写、审核把关。委党组书记亲自主持起草委领导班子对照检查材料，班子成员及委其他党员干部都自己动手撰写个人对照检查材料；委党组书记对班子成员个人对照检查材料进行认真审改，审改次数均在5次以上。委机关13份集体对照检查材料和70余份个人对照检查材料都针对班子和个人在“四风”、“两问题”、“五种现象”存在的突出问题，从理想信念、宗旨意识、党性修养、政治纪律方面深入剖析了产生问题的根源、找准了症结，透过现象看本质，挖根溯源，触动思想、触及灵魂，明确努力方向，具有较强的针对性和可操作性。四是活动载体扎实有效。结合区民宗委实际，在抓好自治区提出的“四开展四深化”的同时，创新活动载体，开展了改进工作作风活动、深化宗教事务管理、深化民族团结工作，制定了10项载体活动具体实施方案，明确了载体活动责任处室，各项活动做到了有安排、有检查、有督促、有落实。在开展民族团结党员先锋行活动和改进工作作风活动中，以不同民族党员之间结对帮扶形式，确立了20名民族团结党员“先锋岗”、10名改进工作作风“示范岗”，明确了岗位标准、制定了评选表彰办法；在开展领导干部进村入户结对认亲交朋友活动中，区民宗委机关处级以上党员干部分四批、由委领导带队深入驻在村向困难群众嘘寒问暖，与群众结对认亲72对，发放各种慰问金4万余元，制定了《区民宗委双联户户长职责》、《区民宗委先进双联户标准》、《区民宗委先进“双联户”评选表彰办法》，建立了深化先进“双联户”创建评选长效机制。做到了规定动作不走样，自选动作有特色。

自治区民政工作

【全区第八次民政会议】 2013年上半年，成功召开了西藏自治区第八次民政会议，印发了《中共西藏自治区委员会西藏自治区人民政府关于加快推进民政事业发展的意见》，确定了“力争到2020年，实现基本民生保障水平与经济社会发展水平相适应，全区民政事业发展主要指标达到全国平均水平。”的发展目标，提出了加快实施五保集中供养工程、孤儿集中收养工程、社区服务设施建设工程、防灾物资储备建设工程等4项民政重点工程建设任务。

【五保集中供养和孤儿集中收养】 召开了自治区人民政府第七次常务会议进行研究，制定印发了《西藏自治区人民政府关于全面推进五保集中供养和孤儿集中收养工作的意见》（藏政发【2013】59号）（以下简称《意见》），提出了“到2016年，实现有意愿集中供养的五保对象在县以上供养机构供养率达到100%，到2015年，实现孤儿在政府主办的地（市）以上儿童福利院集中收养率达到100%”的目标，并明确了全区五保集中供养和孤儿集中收养建设项目以及项目的建设标准、内容和资金安排，共确定2013年到2016年全区五保集中供养和孤儿集中收养建设资金194080万元，其中2013年建设23个五保供养机构和5个地（市）儿童福利院总投资87304万元。

【社会救助】 及时调整城乡低保及五保供养标准。从2013年1月起，城市居民最低生活保障标准由2012年每人每月400元提高到440元；农村居民最低生活保障标准由2012年每人每年1600元提高到1750元；农牧区五保供养标准由2012年每人每年2400元提高到2600元。

积极完善社会救助各项政策。为了贯彻落实《国务院关于进一步加强和改进最低生活保障工作的意见》（国发[2012]45号）精神，进一步规范和完善城乡居民最低生活保障制度，草拟了《西藏自治区人民政府关于进一步加强和改进城乡居民最低生活保障工作的意见》（代拟稿）和《西藏自治区城乡居民最低生活保障实施办法》（代拟稿）。目前，《意见》已于2013年7月30日经自治区人民政府专题会议研究通过，正在呈报主席审批过程当中，待政府出台后，将起草的《西藏自治区城乡居民最低生活保障实施办法》（代拟稿）上报自治区人民政府办公厅审定、出台。为继续深化和完善城乡医疗救助制度，草拟了《关于进一步做好城乡医疗救助工作的通知》和《关于开展重特大疾病医疗救助工作的实施意见》。

积极开展社会救助调研工作。积极参与了由自治区人民政府牵头，自治区扶贫办、财政厅、民政厅、农工办、残联、统计局等部门组成的调研组，深入到拉萨市、日喀则地区、林芝地区、山南地区、昌都地区、那曲地区，对特殊贫困人口集中供养工作进行了专题调研，并根据调研的情况形成了专题报告上报自治区人民政府，就民政部门涉及的五保户集中供养工作存在的问题、困难提出了意见建议。为贯彻落实《国务院关于进一步加强和改进最低生活保障工作的意见》（国发[2012]45号）和全国民政工作会议暨全国社会救助工作会议精神，在全区全面建立城市居民家庭经济收入核查制度，推行医疗救助“一站式”即时结算工作，由自治区财政厅安排专项经费，自治区民政厅牵头、联合自治区编办、财政厅等部门组成考察组，于2013年5月，先后赴广西壮族自治区和云南省进行了为期10天考察，根据考察的情况形成了专题报告，为做好居民家庭经济状况核对和医疗救助“一站式”即时结算工作奠定了良好的基础。

积极加强社会救助能力建设。根据《国务院关于进一步加强和改进最低保障工作的意见》（国发[2012]45号）精神，起草了《关于申请解决自治区申请救助居民家庭经济状况核对指导中心机构和人员编制的请示》，于2013年5月21日厅党组审定后呈报自治区编委，并作了多次沟通衔接。7月23日，自治区编委向我厅下发了《关于设立西藏自治区救助居民家庭经济状况核对指导中心的批复》，同意设立西藏自治区申请救助居民家庭经济状况核对指导中心，属自治区民政厅管理的正县级事业机构，核定事业编制数为10名，其中县级领导职数2名，经费来源为财政全额拨款。

积极推进农村五保供养服务机构建设。积极参与了农村五保供养服务机构建设前期准备工作，摸清了现有乡镇敬老院基本情况和五保户人数、分布情况，为厅里决策提供了依据。同时，根据《民政部关于印发〈农村五保供养服务机构等级评定暂行办法〉的通知》精神，起草了《西藏自治区乡镇敬老院星级评定办法》（试行），并结合实际情况，制定了《西藏自治区星级敬老院评定标准》。

积极落实各项社会救助资金。年初向各地（市）一次性预拨了2013年度城乡低保补助资金32135.26万元（城市低保资金11948.88万元、农村低保资金20186.38万元）；向各地（市）下拨了城乡低保保障标准和五保供养标准的提标资金3971.36万元；认真落实“三大节日”困难群众一次性慰问金发放工作，向396467人发放一次性慰问金14926.41万元（城市低保对象和城市优抚对象每人900元、农牧区低保对象和农牧区五保供养对象每人300元）；向各地（市）下拨了2012年度1855名高校特困生资助金473.6万元；落实了396056名困难群体2013年5—6月份物价补贴资金1471.39万元；下拨城镇医疗救助资金2644万元，农村医疗救助资金3557万元；落实了143名昌都地区散居在拉萨的已治愈麻风病人生活补助资金75.51万元。

【自然灾害应急救助】 积极开展灾害应急救助工作。截至10月8日，主要发生了地震、雪、山体滑坡、洪涝、风雹等自然灾害，造成67个县41.796万人受灾，转移安置3.26万人，因灾死亡86人，失踪28人，农作物受灾面积1.26万公顷，绝收0.16万公顷，倒塌和严重损坏房屋6.95万间，一般损坏房屋9.65万间，倒塌温室0.0136万座，受损温室0.0351万座，死亡牲畜31.68万头（只、匹），因山体滑坡受阻车辆2368台，短期受阻人数6235人。灾害还造成部分交通、水利、通信、电力等基础设施受损严重，直接经济损失37.07亿元。

一是立即启动了民政厅自然灾害应急救助预案，启动三级应急响应2次，四级应急响应3次，自治区救灾物资储备中心3次进入四级应急响应。两次成立了防抗灾工作领导小组，先后7次赴拉萨、日喀则、阿里、那曲、昌都等地灾区，现场调查了解受灾情况，指导灾害应急救助工作，以实际行动体现了民政为民的工作理念。二是通过各种渠道掌握研判灾情，下发了《关于切实做好当前暴风雪灾害应对工作的紧急通知》、《关于做好自然灾害信息报送的通知》、《关于进一步做好新灾应对工作的通知》等通知，严格执行24小时值班和灾情日报告制度，编制灾情信息快报60期（自治区政务信息采纳6期，中央采纳2期），并上报了民政部和自治区党委、政府。先后3次组织工作组赴京向民政和部赴藏工作组专题汇报了灾情以及灾区存在的困难，共争取自然灾害生活补助资金8000万元以及价值6124万元的救灾物资。进入汛期后，与水利、农牧、气象等部门每周开展一次灾情预测、受灾情况会商，并对灾情数据统一使用、共享达成了基本意见。三是及时调拨救灾款物。共向灾区下达自然灾害生活救助资金15749.1万元，用于灾害应急、转移安置群众生活安排、家属抚慰、灾后重建等。自治区及各级民政部门累计向灾区紧急调拨救灾帐篷10636顶、毛毯2400床、折叠床6168个、电筒（应急灯）3632个、棉被51950床、棉褥16050床、棉衣裤45352套、棉大衣18482件、棉帽5000顶、雨衣4048件、雨（胶）鞋6865双、棉胶鞋7442双、绒衣库8600套、睡袋1000个、火炉5000个、粮食（方便食品）296吨、矿泉水19386箱、手套3400双、发电机45台等救灾物资。四是妥善处理善后。“3·29”山体滑坡地质灾害发生后，主动与民政部、四川、青海、甘肃、云南、新疆等省区民政部门联系，就现场立碑、家属抚慰等相关政策进行了咨询，及时掌握第一手资料，为自治区制定相关政策和科学决策提供了依据。成立了由自治区民政厅、卫生厅、公安厅以及拉萨市人民政府、华泰龙公司组成的遗体善后处理组，制定了《“3·29”地质灾害遗体善后处理工作方案》，共整理遇难者遗体62具，与遇难者家属签订火化遗体委托书60份，已火化遗体60具、安排天葬2具，接待遇难者家属300多人次，整个善后工作共支出80多万元。在完善各项法律手续的基础上，将遇难人员抚慰金6102.09万元分别转拨有关省市，并及时监督抚慰金发放和落实情况。共接收上海、北京市人民政府捐赠资金200万元。

切实保障受灾群众基本生活。先后两次下达2012年和2013年冬春受灾群众自然灾害生活救助资金13800万元，发放救助卡3.24万张，共救助受灾群众46.38万人。制定了《冬春受灾群众生活救助实施方案》，编制了《受灾群众生活救助花名册》，同时加大了人员、资金发放的审核、审批、公示力度，接受社会监督。在冬春期间，组成专门工作组赴日喀则、山南、拉萨等地就冬春受灾群众生活安排情况进行了督导。为做好2014年度冬春受灾群众生活救助工作，向民政部上报了关于申请2014年自然灾害生活救助资金的报告，共申请救灾资金3.425亿元。

积极加强救灾物资储备能力建设。向民政部申请调拨了救灾棉被51500床、棉大衣30000件、帐篷11018顶、折叠床13000个、睡袋3000个、火炉10000个、厕所帐篷500顶。制定了6500万元的救灾物资采购专项规划，积极争取自治区财政安排了1500万元用于救灾物资采购，并通过公招采购了价值1325万元的救灾物资。向各地区代储点下达救灾物资储备管理费用720万元。中央拉萨救灾物资储备库已进入正式委托初设评审阶段，总投资约6642.2万元，总建筑面积8785平方米。16个新建县级救灾物资储备库全部竣工，下达152个乡镇救灾仓库建设资金8208万元，目前，已竣工的19个，开工28个，完成主体的12个，未开工的93个。42个避难场所，已建1个，完成规划39个，在建2个。向自治区发改委申报了7个县、346个多灾易灾乡（镇）、30个区域性救灾物资储备仓库建设工程项目建议书，总建筑面积17.88万平方米，总投资6.036亿元。

积极应对四川芦山地震。受四川芦山“4·20”地震影响，地震造成我区昌运集团公司306户678人干部职工受灾。为规范向四川芦山灾区捐赠活动，下发了《关于支持四川芦山灾区抗震抢险救灾有关工作的通知》。累计接收社会各界人士捐款2442.1622万元，接收（达氏集团）西藏珠峰冰川水资源开发有限公司捐赠物资折款60万元，向昌都地区下拨600万元，专项用于昌都运输公司灾后救助。捐赠资金已向社会公示并全部转交四川省民政厅。

积极完善灾害救助政策。对原《西藏自治区自然灾害救助工作分级管理规定》和《西藏自治区自然灾害应急救助预案》进行修订，草拟了《西藏自治区自然灾害生活救灾资金管理办法》，参与了《自治区地震应急预案》、《自治区防洪应急预案》《自治区通信应急预案》等预案的修订工作，山南等地县完成了本级自然灾害应急救助预案的修订工作。制定了基层民政部门救灾装备建设目录，明确了民政救灾装备基本配置推荐标准。印发了《关于进一步加强自然灾害信息报送管理工作的通知》等通知，对进一步提高灾情信息报送质量、时效提出了要求。

积极开展防灾减灾宣传。为做好2013年“防灾减灾日”宣传工作，结合活动主题，草拟了《关于做好2013年“防灾减灾日”有关工作的通知》，集中举办了“防灾减灾日”宣传一条街等一系列内容丰富、通俗易懂、群众喜闻乐见的防灾减灾宣传活动。全区共散发宣传单12万张，宣传手册5.6万余册，宣传挂图3.7万余张，防灾减灾音像制品1634个，制作宣传图片栏1651幅，出动宣传车6台，接受社会各界咨询2100余人次。自治区红十字会、民营阜康医院、西藏军区总医院等单位还开展了现场义诊、健康咨询等活动。林芝、拉萨、昌都、日喀则等地在中小学校、社区开展了防灾减灾主题教育活动，共组织中小学校学生、社区群众开展避灾应急演练25次，4500余人参加。开展了对地震、地质灾害区域隐患的排查工作，召开了全区地质灾害防治工作电视电话会议，派出7个工作组赴各地市地震带、地质灾害风险隐患区，对重点区区域内的城乡基层社区民房、学校、医院、工矿、企事业单位等存在安全隐患进行了全面细致排查和严格治理，并制订了防范处置预案。开展了全国综合减灾示范社区创建活动，向民政部推荐了3个社区作为全国综合减灾示范社区。

积极扶持乡村经济实体。共审查各地上报村（居）办经济实体项目报告290个，项目总投资7427.25万元，申请国家投资自筹6009.79万元。项目主要涉及综合经济实体、养殖业、种植业、粮油（沙石）加工业等。经过审核，共确定村办经济实体项目121个，下达资金2000万元，其中：种植项目9个，投资150万元，养殖项目25个，投资425万元，加工项目49个，投资790万元，综合经济项目38个，投资635万元。

【退役士兵和军休人员安置】 2012年冬季退役士兵和军休人员接收安置工作圆满完成。根据《中华人民共和国兵役法》、《国务院、中央军委关于2012年冬季士兵退出现役工作的通知》（国发[2012]56号）和《民政部、总参谋部关于做好2012年冬季符合政府安排工作条件退役士兵移交安置工作的通知》（民发[2013]27号）精神，向自治区人民政府呈报了《西藏自治区人民政府关于认真做好2012年冬季退役士兵接收安置工作的通知》（代拟稿），对203名退役士兵和各地上报的符合安置条件的67名农村籍退役士兵的档案进行了接收审查，2013年自治区本级退役士兵接收安置工作圆满完成，安置率达100%。根据民政部办公厅、总参谋部军务部、总政治部干部部《关于2013年度军队离退休干部、退休士官安置去向审定工作的通知》（政干发[2013]186号），下达审定安置去向计划38人，完成了2013年军队移交政府安置的离退休干部职工的接收工作。为160多人新办、换、变更了伤残证书。

安置优抚政策进一步完善。为进一步做好退役士兵安置工作，草拟了《西藏自治区退役士兵安置条例实施细则》初稿，并征求了相关单位和部队的意见。为做好军休人员安置和服务管理工作，草拟了《西藏自治区党委组织部、党委老干部局、区民政厅、人力资源和社会保障厅关于进一步加强军队离休退休干部和无军籍退休退职职工安置和服务管理工作的意见》（代拟稿），并已送相关单位征求意见。

双拥慰问活动蓬勃开展。“三大节日”期间，全区共慰问驻军部队511个，慰问驻军部队伤病员963人，优抚对象和困难户7712户，召开军政座谈会150余次，落实慰问资金1007.57万元。在“八一”建军节期间，取得了较好的成效。在厦门举办了“爱我西藏”双拥摄影展，进一步巩固和加深了两地双拥文化。

烈士褒扬工作顺利进行。会同财政部门上报了零散烈士陵园项目建设材料，并上报了《关于落实<中共中央办公厅国务院办公厅关于进一步加强烈士纪念工作的意见>的情况报告》及《关于拉萨及昌都烈士陵园的请示》。

【社会福利和社会事务】 对全区社会力量兴办儿童福利机构进行了深入调研和安全检查，提出了整改意见。收集了7个地（市）“壹基金”温暖包的发放情况，与北京师范大学公益慈善研究院共同对该项目进行了督导检查。落实发放了艾滋病影响儿童基本生活费。筹备召开全区领导干部“助孤”基金管理委员会第一次会议，报请政府调整了管理委员会领导成员，分配了孤儿基本生活费提标资金。西藏儿童福利院新建项目在完善第一期工程装饰、管网等总平的基础上，实施了绿化、道路硬化、电照等项目，第一期工程项目基本完工。调整了“十二五”中期规划，对“两孤两院”建设进行了前期规划，开展了福利院集中收养人数，孤儿分布情况核查工作和五保户供养对象集中在县以上，孤儿集中在地区以上测算工作。开展了流浪乞讨人员专项救助活动，共分配2013年流浪乞讨人员救助资金640万元。在“3·29”山体滑坡地质灾害遗体善后处理组的领导下，开展了“3·29”地质灾害遇难人员善后处理各项工作。对全区60岁以上老年人口进行了统计，建立了我区老年人口数据库。免费为60岁以上老年人办理优待证294本，为80岁以上老年人办理寿星证35本。

【基层群众自治制度完善】 基层群众自治制度进一步完善。为进一步健全村（居）民自治制度，加强和创新城乡基层社会管理，与自治区纪委、组织部等十一家单位联合印发了《关于进一步加强村（居）民委员会民主监督工作的意见》（藏民发【2013】72号），要求到2016年全区基本实现村（居）民主监督制度完善、民主评议有效、经济责任审计规范的目标。完成了《西藏自治区村民委员会选举办法》（修订草案）和起草说明的起草上报工作。向自治区组织和政权组起草上报了我厅贯彻落实《关于西藏落实<关于西藏和四省藏区基层组织和政权建设专题调研报告>任务分解方案》情况和下一步工作打算报告。

城乡社区建设积极推进。在全区209个城市社区普遍建立了社区党支部、社区居民代表大会、社区居委会等社区组织，社区党组织和社区居委会实现了全覆盖，无缝隙。从大中专毕业生中招聘社区专职工作者875人到社区挂职。把教育、就业、医疗、环卫、社会保障、社会救助等纳入网格化服务管理平台，开展了“一站式”服务工作。开展了社区“双联户”创建活动。下达社区建设资金2500万元，建设了8个城镇（街道）社区服务中心，26个城市社区服务站。下达中央预算内资金400万元，建设了1个中心，5个城市社区服务站；计划下达中央归集彩票公益金6800万元，建设9个城镇（街道）社区服务中心，26个城市社区服务站，83个农村综合服务中心。对昌都、拉萨、林芝等部分社区服务项目的功能设计进行了审核和整合建设。向民政部上报了《关于解决西藏城乡社区综合服务设施建设项目资金的请示》，申请解决社区服务设施建设项目资金。将拉萨市达孜县11个村作为农村社区建设试点单位并进行了评估验收，并在评估验收合格的基础上部署了农村社区建设实验县全覆盖工作。下发了《关于开展第二次全国和谐社区建设示范单位创建活动的通知》（藏民发[2013]175号），各地市分别对和谐社区建设工作进行了全面自查，分数达到80分以上的将作为全国和谐社区示范单位推荐单位，公示后向民政部申报。印发了《关于进一步加强社区建设宣传工作通知》，根据《民政部办公厅关于做好“中国特色社区建设理论与实践创新丛书”编辑出版工作的通知》，将拉萨市城关区社区建设的创新经验作为西藏部分入选丛书，并专门成立了编委会，聘请西藏大学的有关专家组织撰稿，目前，初稿已经完成。

村民自治工作扎实开展。深入推进村务公开民主管理，及时调整充实了自治区村务公开协调机构，进一步明确了成员单位的工作职责，形成了党委政府统一领导、相关部门共同参与、民政部门组织协调的领导和工作机制，建立健全了村规民约，村民自治章程，村民代表会议制度以及村务公开，村干部任期、离任审计制度等，使全区村务公开民主管理工作逐步走上了制度化规范化轨道。积极开展全区建立村务监督委员会试点工作，印发了《关于开展建立村务监督委员会试点工作的通知》，为试点单位解决工作经费9万元。目前，试点工作正在有序开展。

婚姻登记工作有序进行。根据民政部《婚姻登记机关登记评定工作的通知》（民发[2011]100号）和《婚姻登记机关登记评定标准》，认真开展了婚姻登记机关等级评定工作，向民政部报请评审拉萨市城关区婚姻登记处为自治区国家3A婚姻登记机关。共办理涉外婚姻登记5对。

【行政区划】 行政区划工作稳步开展。根据自治区人民政府批转《日喀则地区行署关于恢复吉隆县萨勒乡建制的请示》（日署发[2013]3号）和自治区人民政府第5次常务会议精神，同意恢复设立萨勒乡。截止目前，全区共有544个乡。全区《政区大典》（西藏分卷）的编纂工作进展顺利，目前，除阿里地区编纂工作尚未完成，需进一步补充完善外，其它地区均已按时上报。根据自治区昌都工作会议精神，对昌都地区丁青、芒康、江达、左贡和昌都5个县的行政区划调整事宜进行专题调研，按照“慎重稳妥，科学合理，实事求是，便于管理”的原则，在征求当地干部群众意见的基础上拟定了科学合理的调整方案。

地名工作顺利推进。圆满完成了第二次地名普查试点工作任务，共采集11大类54小类地名50501条，新增地名占全部地名的44.70%，地名平均覆盖率达80%以上，标绘成果图934幅。设置地名标志1123个。完成了拉萨至日喀则铁路沿线各站站名及隧道名称命名工作，确定了沿线13个车站和29座隧道的标准藏语名称。下发了《关于进一步加强全区地名管理的通知》。开展了全区7地（市）53个县第二次全国地名普查各项基础准备工作，并对所需普查经费进行预测上报。

【界线管理长效机制完善】 省级和县级行政区域界线第三轮联合

检查工作顺利完成。根据政府【2010】24号精神，下发了《加快完成第三轮县级行政区域界线联检工作的通知》，圆满完成了全区县级行政区域界线第三轮联合检查工作并及时对2012年的勘界工作做了总结，同时拟定了2013年勘界工作计划。根据民政部全国勘界办公室《关于做好第三轮省级行政区域界线联合检查工作的通知》（民函[2012]400号）精神，向政府呈报了《关于召开藏川两省区行政区域界线第三轮联检会议的请示》，申请了藏川省界行政区域界线联检经费，成功召开了两次藏川线两省区行政区域界线第三轮联合检查联席会议，制定并签署了藏川边界第三轮联合检查工作实施方案，与四川省共同完成了西藏自治区与四川省行政区域界线的第三轮联合检查工作。并对联检成果进行了抽查，对联检资料成果进行了汇总。

界线管理长效机制进一步完善。进一步完善和充实了各地（市）与自治区、各地（市）与各县之间签订的边界管理责任书，完成了西藏自治区2012年度平安边界创建工作的考核自评工作，进一步建立和完善了界线管理的长效工作机制，及时妥善处置了那曲地区与青海省之间的边界矛盾纠纷，及时消除了边界地区存在的不稳定因素。及时向自治区十届人大一次会议代表回复了所提建议。参与了自治区农牧厅2013年对各地、县虫草采集管理的检查工作。完成了尼玛县与双湖县行政区域界线的勘定工作和成果资料及验收工作。

自治区财政工作

【概况】 2013年，西藏自治区公共财政预算总财力11,348,103万元，比年初预算增加3,608,692万元，增长46.6%，比变更预算财力增加1,136,976万元，增长11.1%。其中：地方公共财政预算收入完成950,010万元，为预算的148.1%，增长18.6%。公共财政预算支出完成10,143,103万元，比上年决算支出增加1,089,719万元，增长12%。上解支出3,067万元。收支相抵并扣除结转下年支出1,200,619万元后，当年实现净结余1,314万元，其中自治区净结余1,314万元。实现了收支平衡，略有结余。

【基础设施建设】 统筹地方财力、中央补助和地方政府债券资金，支持交通、水利、电力、保障性住房等基础设施建设，全年财政基建投资突破200亿元，创历史新高，项目带动和投资拉动作用进一步增强。落实基建垫款114,000万元，为无电地区电力建设暨农网改造升级、旁多水利枢纽工程等重点项目建设加快实施提供支持。落实公路建设及养护资金765,167万元，促进全区交通事业跨越式发展，深化公路养护体制改革，交通路网通行能力显著提升，墨脱作为最后通公路的县正式纳入全国公路交通版图。落实资金393,447万元，支持全区10289套周转房、7200套廉租房、24512套公共租赁住房建设和11066户棚户区改造。落实资金142,250万元，推进拉萨市城市供暖工程实施和建筑节能改造，促进资源节约型、环境友好性社会建设。落实资金32,809万元，实施37个中小河流域专项治理和6个病险水库除险加固项目。落实资金71,500万元，在40个县实施小型农田（牧区）水利和专项水利工程建设，支持防汛抗旱，确保农牧业生产安全。

【扶持特色优势产业发展】 落实产业发展资金42,237万元，支持地热勘查、国家级整装勘查、地质矿产资源调查等找矿突破行动实施，推进西藏世界旅游目的地建设，扶持地方优势特色产业发展，促进经济结构调整，提升经济增长内生动力。科学配置各项财税政策和资金，落实资金10,332万元，批复42个中小企业发展资金项目和33个非公经济发展项目。落实资金7,760万元，支持国有企业改革与发展，促进国有经济布局调整，引导国有企业提升竞争力，推动国有企业的可持续发展和良性循环。落实资金86,661万元，对西藏电力有限公司的燃油发电进行亏损补贴，同时，采取国有资本经营预算逐级注资方式，解决电网户表改造资金22亿元，电力短缺现状得到很大程度改善。加快推进农村市场工程建设，促进城乡消费齐头并进。落实资金12,989万元，支持西藏民航事业发展。大力支持口岸建设和出口产品基地建设，提升自产产品出口能力，全区进出口贸易总额达到30亿美元。

【生态文明建设】 落实资金210,981万元，在全区74个县继续实施草原生态保护奖励机制，草场禁牧及草畜平衡面积达8.94亿亩。落实资金72,170万元，实施森林生态效益补偿机制，加大退耕还林和"天保工程"支持力度，实施退耕还林25万亩，重点公益林、天然林保护面积分别达到15203万亩、1915万亩。落实资金42,240万元，实施21.67万亩重点区域造林，支持林业有害生物防治、动植物保护、防沙治沙、森林防火等。落实资金6,000万元，开展水生态、湿地保护试点工作，保持水环境及生物多样性。支持"金太阳"工程实施，完成总投资123,200万元，建设独立光伏电站62座，装机50.78兆瓦，发放户用光伏系统183609套；落实资金9,381万元，对321座"送电到乡"独立光伏电站进行搬迁、修复和扩容改造。落实环境保护专项资金26,773万元，完善城乡环境保护基础设施，有效控制污染源，开展饮用水水源地保护。

【新农村建设】 落实资金87,487万元，完成52035户农牧民安居工程建设任务，全区46.03万户230万农牧民全部住上安全适用的房屋，农牧民安居工程圆满收官。落实资金104,850万元，完成1000个行政村的人居环境建设和环境综合整治工作，"美丽乡村"建设取得新进展。落实资金15,000万元，开展500个边境地区自然村（村民小组）组织活动场所建设。落实资金30,105万元，解决农村居民和学校师生饮水安全问题，新增安全饮水人口28.65万人。

【农牧民持续增收】 落实资金62,953万元，支持农业高产创建，提升农业机械化水平，配方施肥和高产创建示范面积分别达到30万亩和100万亩；进一步提高农作物和牲畜良种补贴标准，青稞良种推广补贴达到每亩20元，改良黄牛（奶牛）补贴标准达到每头150元，农作物良种推广面积达249万亩，牲畜良种推广13.2万头；加大农牧民技能培训力度，培训农牧民6.1万人次。落实资金17,322万元，用于农牧业病虫害和牲畜动物疫病防治及农牧业救灾，村级动物防疫员补助达到每月300元。2013年全区粮食总产量达到96万吨，农牧民人均纯收入达到6,520元，财政对农牧民群众的直接、间接补贴近2,200元。

【推进农牧业特色产业发展】 落实资金20,207万元，实施158个农业科技成果转化和技术推广项目。支持农牧业优势特色产业发展，落实资金45,400万元，扶持特色种养、劳动力转移项目53个，以青稞、牦牛为主导产业的现代农业项目22个，建设农业产业化及菜篮子项目42个。落实资金5,202万元，实施农村公益性项目104个。

【完善城乡社会保障体系】 全区社会保障和就业支出782,270万元，同口径比较（下同），比上年增长19.4%。完善社会保险体系，全面落实在编僧尼参加社会保险待遇，城镇居民基本医疗保险财政补助标准达到每人每年300元，新型农村社会养老保险、企业退休人员养老保险基础养老金待遇分别达到月人均105元、3,018元，全区各项社会保险参保人数达到248.9万人次，待遇支出达到34亿元，社会保险政策运行平稳。完善城乡社会救助体系，进一步提高城乡最低生活保障制度标准，分别达到每月440元和每年1,750元，快速启动五保集中供养和孤儿集中收养工程，适时启动社会救助和保障标准与物价上涨挂钩联动机制，支持残疾人居家托养计划和残疾人就业。落实资金18,413万元，继续为低收入群体发放"三大节日"一次性生活补贴，确保低收入群体基本生活。支持自然灾害救助工作，落实资金112,211万元，支持昌都、那曲等地灾后恢复重建工作，确保受灾群众转移安置期间基本生活。做好优抚安置工作资金保障，确保各类优抚对象、退役士兵的基本生活。建立老干部特困帮扶机制，有效解决特困离退休干部生活困难，支持离退休党支部建设。实施积极的就业政策，支持就业援藏工作，鼓励多渠道多形式就业，落实资金130,737万元，确保西藏籍应届高校毕业生实现全部就业和"零就业"家庭动态消除，新增政府购买公益性岗位7000个，累计达到27000个，及时足额兑现公益性岗位补贴资金和社会保险缴费补贴，对吸纳高校毕业生就业的企业进行奖励。落实彩票公益金70,611万元，支持社会福利、公共体育、残疾人事业发展。

【教育事业优先发展】 全区教育支出1,081,441万元，比上年增长14.5%。进一步提高"三包"经费保障标准，达到年生均2,700元，全区“三包”经费总量达到137,895万元，惠及52万农牧民子女及城镇困难家庭学生，占学前和中小学在校生总人数的95%。落实资金37,528万元，继续实施学前至高中阶段15年免费教育政策和高校师范及农牧林水地矿专业免学费政策。落实资金12,510万元，实施营养改善计划，惠及20.85万农村义务教育学生。落实资金70,000万元，支持中小学校舍维修改造，改善基础教育办学条件，实施132所学校食堂改造和64所中小学太阳能澡堂建设。加快职业教育发展，落实资金9,206万元，支持县级职教中心实训基地建设。支持高校发展，落实资金36,522万元，提升高校综合办学实力。落实资金4,310万元，加快实施教育国培计划，进一步提高教师双语教育教学能力。

【积极推进医药卫生体制改革】 全区医疗卫生支出395,858万元，比上年增长9.6%。进一步提高补助标准，农牧区医疗制度、人均基本公共卫生服务经费和村医岗位补贴标准分别达到340元/年、35元/年和300元/月。全面落实城乡居民暨在编僧尼免费健康体检政策。加大重大公共卫生专项投入，支持儿童先心病免费救治、疾病预防控制、妇幼卫生保健及卫生技术人员培训等工作。落实资金5,261万元，进一步改善村级卫生室设施设备条件，提高村卫生室服务能力。落实资金9,973万元，建立覆盖全区城乡居民的大额医疗费补充商业保险和人身意外伤害保险机制，有效提高城乡居民医疗保障能力。落实计生事业费9,374万元，全面推进免费优生健康检查试点工作，启动出生缺陷干预试点工程，促进优生优育。

【促进文化大发展大繁荣】 全区文化体育与传媒支出237,398万元，比上年增长18.7%。落实文化产业发展资金5,900万元，安排文化产业项目14个，重点支持《金珠玛米》、《昌都解放》等影视作品制作、艺术推介中心和民族手工艺发展。加快构建覆盖全区的公共文化服务体系，落实资金17,742万元，扶持精品文艺创作，支持非物质文化遗产保护，加快基层文化及文化设施建设，“百幅唐卡工程”、《魅力西藏》、大型实景剧《文成公主》、话剧《解放解放》等文化产品受到广泛好评。支持广电传媒事业发展与改革，落实资金32,452万元，继续实施西新工程、广播电视无线覆盖、农村电影场次补贴政策，广播电视综合覆盖率分别达到94.4%和95.5%。加大文物保护工作力度，落实文物保护资金23,271万元，实施了扎唐寺、卡诺遗址、藏王墓等国家级文物保护和夏扎庄园、色拉寺等27个自治区级重点文物单位维修项目。

【推动科技事业发展】 全区科学技术支出43,190万元，比上年增长17.7%。落实资金22,209万元，支持实施科技富民强县工程和基层科普行动计划，积极推进科技示范县和农牧区科技成果转化示范基地建设，科技促动增产增收的作用明显增强。落实资金2,726万元，用于乡镇科普活动站、科普画廊等科学普及项目，继续实施科技特派员生活补助政策，科技普及活动进一步深入。

【促进社会和谐稳定】 完善维护稳定经费保障机制。以开展党的群众路线教育实践活动为契机，落实资金157,000万元，继续支持“创先争优、强基惠民”活动开展，加强基层社会管理和服务能力，夯实党在基层的执政基础。落实资金156,588万元，保障政法部门及武警部队办案业务经费和维稳专项支出，提高政法干警装备配备和待遇水平，建立辅警员工资动态增长机制，支持政法部门信息化建设，化解政法机关基础设施建设债务。支持创新寺庙管理，落实资金17,864万元，强化驻寺办公机构能力建设，及时兑现和谐模范寺庙暨爱国守法先进僧尼和民族团结表彰经费。落实资金14,665万元，实施寺庙僧尼宿舍维修改造工程，完善寺庙公共服务，改善广大僧尼生活、学习、修行环境。落实资金11,299万元，保障青藏铁路护路联防工作和安全畅通运营。落实资金5,000万元，支持建立“联户平安、联户增收”的基层社会管理工作机制，为“先进双联户”表彰提供经费保障。落实资金2,985万元，支持村（居）党支部第一书记开展工作。不断提高干部职工待遇，落实西藏特殊津补贴163,886万元，高海拔地区折算工龄补贴65,604万元，按月住房补贴90,302万元，将党中央、国务院的关心及时落实到干部职工。

【推进扶贫和农业综合开发】 落实扶贫开发资金172,532万元，安排扶贫项目2,694个，开展194个乡镇的整乡推进、产业扶贫、兴边富民、以工代赈等扶贫工作，预计全年扶贫对象由2012年底的58.3万人减少到45.5万人，扶贫对象占农牧区总人口的比例由23.97%下降到

18.73%。落实农业综合开发投资50,404万元，实施土地治理项目40个，产业化经营项目41个。落实资金12,572万元，支持开展高标准基本农田建设和土地开发整理项目建设。

【切实缓解基层政府财政压力】 坚持财力向基层倾斜，全年新增对下均衡性转移支付204,186万元，县级基本财力保障资金40,000万元，重点生态功能区转移支付90,700万元。进一步加大基层政权建设投入力度，落实资金20,800万元，改善基层干部工作生活条件。落实资金40,000万元，支持地（市）所在城镇美化、绿化、亮化工作，进一步提升重点城镇提供公共服务水平和吸纳就业能力。落实资金37,555万元，完善边境地区优惠政策，支持边境地区稳定发展。

【稳步实施财税体制改革】 完善自治区对下转移支付制度，建立县级基本财力保障和重点生态功能区补偿机制。深化预算管理制度改革，推动项目滚动管理，实现预算在线下发任务、实时编报审核预算、及时通讯交流。完善预算绩效管理制度，预算支出绩效评价工作不断推进。积极推进财政预决算公开，自治区本级10家预算单位开展了试点工作。加强债务管理，严格防控债务风险。牢固树立过紧日子的思想，严格执行中央“八项规定”和自治区“约法十章”，大力压缩一般性支出，大幅度压缩“三公”经费。深化国库集中支付制度改革，稳步推进财税库银横向联网，规范财政专户管理，国库单一账户体系和预算执行动态监控机制进一步健全。全面推进公务卡制度改革，公务卡发行量和结算规模不断增加。激活存量资金，加大结余资金统筹力度。全面清理财税优惠政策，落实结构性减税政策，完成资源税从量定额向从价定率征收，稳步推进营改增试点工作，取消132项行政事业性收费。规范招商引资行为，确保全区经济健康有序发展。规范资产管理，建立部门资产配置、使用、更新和报废的跟踪机制。强化财政投资评审功能，完善内部监督管理制度，认真履行代行中央财政监督管理职能，财政监督实现内外兼修、纵横联动。

自治区人力资源和社会保障工作

【就业形势总体稳定】 2013年，实现城镇新增就业2.8万人，城镇登记失业率控制在2.5 %以内，继续实现动态消除零就业家庭的目标。全区15260名高校毕业生实现就业，其中1.4万余名高校毕业生通过公开考录公职岗位实现就业，实现西藏自治区党委、政府提出的“西藏籍应届高校毕业生全就业、往届毕业生基本就业”目标。通过网络招聘、举办专场招聘会等形式，积极推进就业援藏工作，全年对口支援省市、中央企业提供就业岗位5239个，1500多名西藏籍高校毕业生实现到区外就业，同比增长15.38%。高度重视中职班毕业生就业工作，1650名内地中职班毕业生实现就业。发挥公益性岗位托底安置作用，2013年，自治区新增购买公益性岗位7000个，全部用于基层所需。认真做好就业援助工作，扎实开展以“送政策、送服务、送岗位、送技能”为主题的“四送工程”。农牧区劳动力转移就业45万人、90万人次，劳务收入突破19亿元。加快建立培训就业一体化机制，全区共开办各类技能培训班600多期，培训劳动者3万多人次，其中有2.5万人实现技能就业，培训就业率达到80%。

【社会保险体系】 2013年，西藏各项社会保险参保总人数达到248.89万人次。其中：企业职工基本养老保险13.83万人、城镇居民社会养老保险7.44万人、城镇职工基本医疗保险28.3万人、城镇居民基本医疗保险24.07万人、失业保险11.7万人、工伤保险14.55万人、生育保险18.46万人、新农保130.54万人。按照国家统一部署，连续第9次调整企业退休职工基本养老金，调整后月人均达3018元。新农保月基础养老金由90元调整到105元。城镇居民社会养老保险月基础养老金标准达到120元。城镇居民基本医疗保险财政补助标准提高到年人均300元，政策范围内住院费用支付比例达到75%以上。城镇职工和城镇居民基本医疗保险年度最高支付限额分别提高到30万元、20万元（其中：含大额医疗费商业补充保险最高支付的22万元和14万元）。首次对工伤职工的长期待遇进行调整，调整后月人均伤残津贴达2149.56元，月人均供养亲属抚恤金达1036.27元。调整提高失业保险金标准，月人均达704元。基金征缴和监管力度不断加大，继续加强专项检查，规范基金收支流程，确保了社保基金安全、平稳运行。2013年，共清理回收历年欠缴的各项社会保险费1065万元，征缴社保基金31.31亿元，兑现各项社会保险待遇30.49亿元。

【人才工作扎实开展】 符合西藏实际的人才队伍建设政策体系基本形成。专业技术人才队伍建设进一步加强，大力实施西藏自治区专业技术人才知识更新工程，培训2500余名专业技术人员。完成100名自治区学术技术带头人选拔认定工作，做好12名百千万人才工程国家级候选人及2名"国家特支计划"百千万人才工程领军人才候选人选拔工作。第一批西藏少数民族特培工作圆满完成，共培养业务骨干600人。确认了776名专业技术人员高级专业技术职务任职资格。积极申报西藏大学为"国家级专业技术人员继续教育基地"并获批准。稳步推进职称制度改革，修订水利工程等5个系列高级职称评审细则，开展全国职称外语等40多项、3.5万余科次的专业技术人员资格考试。首次开展机关事业单位工人技师等级考试工作，技能鉴定人数突破1万人。人才引进和引智工作扎实开展，制定引智经费管理办法。从区外引进近千名急需紧缺人才。申报4个出国（境）培训项目，实施3项引进外国专家项目和2项示范推广项目。

【公务员队伍管理规范】 一是公务员队伍建设的基础性工作不断加强。扎实做好覆盖区、地、县三级的公务员管理信息系统建设基础性工作。扎实开展公务员年度考核工作，考核率为99.6%。对考核为基本称职、不称职的47人做出处理。培训各类公务员1.6万人次。评选推荐省部级以上先进集体30个，先进个人35名。西藏自治区公务员局被中组部、人社部和国家公务员局评为"公务员统计全优报表单位"。二是公务员考试录用工作有序开展。进一步完善公务员考试录用制度，严格实行"凡进必考"和公开、平等、竞争、择优原则开展考录工作。2013年，先后圆满完成了2批高校毕业生公开考录、中央和区直机关公开考录、基层政法机关定向考录、从驻藏部队拟退役士兵中考录乡镇公务员和基层公安机关人民警察工作。据统计，参考人数达3万多人次，计划录用1.5万余人，实际录用近1.4万人。

【人事制度改革、军转安置】 2013年，西藏共有506家事业单位推行聘用制度，约占全区事业单位总数的11.47%，2.65万人签订了聘用合同，约占事业单位工作人员总数的31.26%。事业单位岗位设置管理工作平稳推进，进一步强化事业单位人事管理信息数据库的实名制管理。做好部分事业单位公开招聘和选调工作。加强事业单位工作人员年度考核，考核率为99.59%。顺利完成19名计划分配军转干部和750名自主择业军转干部培训、安置工作，按时足额发放自主择业军转干部退役金。积极推进自主择业军转干部适应性培训和管理服务工作。切实做好企业军转干部走访慰问、解困维稳工作，发放维稳解困金63.40万元。

【工资收入分配制度】 一是工资福利政策落实力度加大。及时完成西藏机关事业单位折算工龄补贴增资兑现工作，月人均增资440元。调整西藏特殊津贴补贴标准，月人均增资428元。二是企业工资收入分配工作得到加强。督促用工单位严格执行我区最低工资标准，切实发挥最低工资保障低收入群体基本生活的作用。以国有企业和建立工会的非公企业、私营企业、改制国有控股企业为重点，以规范协商程序和提高协商效果为核心，推进我区企业工资集体协商工作。

【劳动关系和谐稳定】 劳动关系三方协调机制进一步完善。着力推进农牧民工劳动合同签订工作，签订率达93.7%。开展劳动合同签订、工资支付等合法权益维护和法律援助工作，涉及4179名劳动者。深入推进我区企业工资集体协商工作，督促用工单位严格执行我区最低工资标准。劳动争议仲裁机构实体化建设有序推进，完善仲裁调解制度和办案程序，全区已有200余家企业建立和完善调解组织。劳动监察力度进一步加大，切实加强日常执法和各项专项执法检查。全年共检查用人单位1.3万户，涉及劳动者10.28万人，责令支付工资及赔偿金1425.93万元，督促企业补缴社会保险费133.1万元。2013年，各级劳动监察、调解仲裁部门共受理举报投诉、劳动人事争议案件1600多件，涉案金额7600余万元，结案率为98%，用人单位和劳动者双方的合法权益得到有效维护。加强了外国人在藏就业管理。

【重点项目建设】 全区74个就业和社会保障基础服务设施项目已有67个下达投资，落实资金3.14亿元，其中，已完工项目18个，已开工项目21个。45个社区项目已有2个下达投资计划，落实资金140万元。2个地市级人力资源市场项目落实投资2115万元，其中拉萨市完成主体工程。

【系统自身建设】 教育实践活动中，组织厅系统党员干部与198户村民结成对子，个人捐资17万余元，两次深入村民家中，为民办好事实事200余件，达到了干部受教育、群众得实惠的目标。将“创先争优强基础惠民生”活动不断推向深入，协调落实资金900余万元，实施项目60多个，受到了驻村所在地党委、政府和群众的一致好评，被自治区和日喀则地区评为优秀组织单位，5个驻村工作队、17名驻村队员被评为先进集体和个人。加大人社干部培训力度，全年共培训600人余次。积极推进依法行政，精简下放16项行政审批事项。加强党风廉政建设，严格各项考试工作、社保基金、就业专项资金的管理，有效防范业务领域廉政风险。认真贯彻执行中央“八项规定”和自治区“约法十章”，切实转变工作作风。2013年，全厅会议同比减少30%，发文同比减少20%，厅系统“三公经费”支出同比下降8%。

自治区国土资源管理工作

【土地资源管理】 截止到2013年底，西藏全区土地总面积为12022万公顷。其中农用地10079.7万公顷，占全区土地总面积的83.8%，耕地551.7万亩，占农用地面积的0.44%，其中基本农田465万亩，园地0.158万公顷，林地面积1602.8万公顷，草地8432.9万公顷；城镇村及工矿用地9.5万公顷，交通运输用地6.9万公顷，水域及水利设施用地694万公顷；其他用地1231万公顷。

【地籍管理】 扎实推进地籍管理工作。完成了2012年度土地变更调查，有效保证了全区各类土地数据的真实性和现势性，为各级政府宏观决策提供了依据。完成了第二次土地调查成果移交，开展了宗地统一代码编制工作，启动了土地登记信息动态监管查询系统建设，农村宅基地确权登记发证工作顺利进行。

【耕地保护与土地利用】 实行最严格的土地管理制度。全面落实土地用途管制制度，执行土地利用规划计划。全面推行各级政府履行耕地保护的第一责任制度，国土资源管理部门全力以赴，促进了耕地保护共同责任的落实。坚持和完善最严格的耕地保护制度，加强耕地保护目标责任检查，全区耕地保有量仍然保持551.7万亩（其中基本农田465万亩）。加强土地监管，在对全区土地利用管理情况进行深入调研的基础上，向自治区政府呈报了《西藏自治区土地审批和监管工作管理办法》。改善耕地质量，投资1.26亿元，建设5.5万亩高标准基本农田，整治土地0.43万亩，编制了“一江三河”地区土地整治重大工程可研报告。完善征地补偿制度，提高征地补偿标准，配合用地单位积极探索多种安置途径，及时足额支付补偿安置费用，确保了被征地农牧民生活水平不降低，长远生计有保障。

保障发展取得新成效。一是安排土地利用计划指标2.95万亩，比上年增加了0.7万亩。二是58个项目建设用地通过预（初）审，涉及用地5.25万亩。三是供应国有建设用地1.63万亩，其中新增建设用地0.96万亩，土地出让成交价款7.95亿元。

加强土地市场建设，为地方经济社会发展服务。通过引入市场竞争机制，充分发挥市场对土地资源配置的基础性作用。不断规范完善土地市场建设，在继续规范经营性用地招标拍卖和挂牌出让的同时，大力推进工业用地招标拍卖挂牌出让制度，切实加强对土地市场的监管，为地方经济社会发展提供保障。

【矿产资源概况】 截至到2013年底，全区已发现矿种102种，矿床（点）、矿化点3000余处，有查明矿产资源储量的矿种41种。铬、铜的保有资源储量居全国第一位，铬铁矿产量约占全国产量的80%，铜的资源潜力达3000万吨以上。金、铅、锌、铁、锂等矿种也有良好找矿前景，已发现一批大中型矿床。藏东有色金属开发基地、藏中有色金属开发基地、藏中铬铁矿开发基地、藏西盐湖资源开发基地也已经初具规模，全区八个整装勘查区勘查工作有序推进。

【地质找矿】 找矿成果显著，整装勘查、青藏专项、老矿山找矿和矿产资源潜力评价项目取得可喜成绩，找矿突破战略行动第一阶段（2011—2013年）任务超额完成，累计投入38.72亿元，探获铜资源量1320万吨、铅锌660万吨、钼72万吨、钾盐5900万吨、硼1635万吨、锂1462万吨、三氧化钨15万吨、金34吨以上，新增铬铁矿石量170万吨，还发现和勘查评价了一批重要的矿产地，圈定了大量的物化探异常和一批重要的找矿靶区，新发现矿（化）点100余处，提交新发现矿产地大型6处，中型19处，小型24处。组织完成了西藏3处地热显示区地球物理勘查和12处饮用天然矿泉水水源地调查评价工作，为优化西藏能源结构及推进矿业权招、拍、挂试点工作提供了丰富的基础地质资料。

【矿政管理】 严格探矿权、采矿权管理。按照自治区人民政府制定的《整顿和规范矿产资源开发秩序期间探矿权采矿权申请审查报批的暂行规定》，进一步严格探矿权采矿权申请审批程序和审批权限、合理有序地开展了探矿权采矿权审批登记工作。年度依法注销探矿权21个，新设青藏专项探矿权15个，全区有效探矿权952个、采矿权231个（其中砂石料采矿权128个）。

【地质环境情况】 全区74个县（市、区）均有地质灾害发育，地质灾害类型以泥石流、崩塌和滑坡为主。截止到2013年底，已发现地质灾害隐患点共计9552处，其中：崩塌（含不稳定斜坡）2614处、滑坡1550处、泥石流5298处，其他（地裂缝等）90处；受地质灾害威胁的群众29.17万人，潜在经济损失92.17亿元。2013年由于极端气候导致西藏全年共发生地质灾害138起，比2012年增加79起，其中泥石流78起，崩塌47起，滑坡13起，特大1期，大型1起，小型136起，直接经济损失达1.66亿元。

【地质灾害防治情况】 编制了年度地质灾害防治方案，及时开展了全区地质灾害巡检巡查。协助中科院完成了樟木口岸地质灾害综合防治预可研工作，并积极主动请示自治区党委、政府会同国土资源部、中科院联合报告国务院申请立项，目前已被国家发改委列入“十二五”支持西藏经济社会发展规划新增项目。联合发改、财政、住建等部门对受地震危害及地质灾害隐患威胁严重区域的28个县进行了综合考察，对危险性大的151处地质灾害进行了调研，形成了《西藏城镇、村庄及各类建设项目受地震地质灾害隐患威胁的综合考察报告》，为系统开展防治工作提供了依据。积极开展了墨竹工卡县“3·29”滑坡地质灾害调查、昌都“8·12”地震灾区次生地质灾害隐患排查。完成了亚东“9·18”地震次生地质灾害应急治理工程。年度成功预报地质灾害11起，避免人员伤亡1080人，避免直接经济损失3980万元。

【国土资源执法监察】 全面加强国土资源执法监察工作，始终保持高压态势，克服各种困难，对全区国土资源领域进行执法监察，发现问题及时查处。2013年度严肃查处违法案件3件，其中土地违法案件1件，矿产违法案件2件，均依法进行了处理。认真开展卫片执法检查工作，对违法用地较多的个别县（市）政府主要负责人进行了约谈，起到了警示作用，对违法用地进行了查处整改。

【国土资源基础工作】 强化基础，不断提升服务保障能力。一是加强国土资源规划工作，发布实施了《西藏自治区土地整治规划（2011–2015年）》，编制完成了《西藏自治区地热资源勘查与开发利用规划（2013–2030年）》，完成了“十二五”国土资源规划中期评估。拉萨市土地利用总体规划已报国务院审批，林芝地区土地利用总体规划已报自治区政府审批，其他地区的规划正在修改完善中。二是测绘保障服务能力显著增强，全面推进重点地区基础测绘重大项目的实施，及时启动全区第一次全国地理国情普查工作，为经济发展和社会稳定提供了有效的测绘地理信息保障服务。三是坚持简政放权，分批次逐步精简行政审批事项，取消11项，合并减少1项，下放3项，占原审批项目的60%。四是信息化建设持续推进，政府信息公开不断加强。

【援藏工作】 中央实施对口援藏工作20年。20年来，国土资源部认真贯彻落实中央对口支援西藏的战略决策，站在讲政治、讲大局的高度，高度重视西藏的工作，对西藏国土资源事业的发展给予了特殊关心和有力支持，以加强业务建设、能力建设和队伍建设为援藏核心内容，通过人才、资金、项目、技术、设备等多种援助方式，把援藏任务作为一项常态工作，“只做加法，不做减法”，同时，积极探索创新，狠抓工作落实，在全系统的共同努力下，援藏工作取得了显著成效，国土资源事业各方面取得了丰硕成果。

自治区环境保护工作

【科学发展实现新作为】 2013年，自治区环保厅加快重大项目环评审批进度。协调环保部，审批了驱龙铜多金属矿采选、拉洛水利枢纽、贡嘎机场航管楼迁建、西藏昌都电网与四川电网联网输变电工程和多布水电站工程环评；邀请环保部调研组对雅鲁藏布江中游流域进行考察，协调推进水电规划环评审查；加强自然保护区建设。向国家上报了色林错和芒康滇金丝猴国家级自然保护区调整申请。经协调，芒康滇金丝猴国家级自然保护区调整已通过国家级自然保护区评审委员会审查；加大重点生态功能区转移支付力度。做好申请国家进一步加大西藏重点生态功能区转移支付力度的基础性工作，会同有关部门，积极向国家部委汇报，力争将西藏涉及的禁止开发区域全部纳入补偿范围。

【优化经济增长】 一是简政放权促进环保审批改革。按照简政放权工作要求，对环境保护行政审批事项进行全面清理，清理后环境保护审批事项由32项减少到16项。修订了《西藏自治区环境保护厅委托地（市）环境保护局审批环境影响评价文件的建设项目目录》，再次下放了审批权限，将12个类别、80类项目环评文件审批权限下放给地市环保部门，提高了环评审批效率。全区共审批环评文件2058件，其中，自治区审批278件。二是做好规划环境影响评价工作。对需开展规划环评的规划目录进行了梳理，组织对自治区“十二五”时期矿产业发展规划等4个规划环评进行了审查，为建材和矿产资源开发项目的顺利推进奠定基础。三是协调做好重点项目前期工作。就拉林铁路、拉林公路选线穿越雅江中游黑颈鹤国家级和工布自治区级自然保护区、姐德秀国家森林公园等事宜进行衔接协调，选派专人协助开展藏青工业园区建设前期工作。四是严格落实环保“一票否决”。否决了涉及自然保护区的阿里地区日土县贾昆布锌铜矿和革吉县赛登铜铅锌矿预查项目、西藏中材祁连山水泥有限公司120万吨新型干法水泥生产线选址，优化了纳木错景区游客集散中心选址。

【项目进展】 一是加大衔接协调力度。协调环保部召开了“十二五”全国环保系统对口援藏规划中期调度会，先后四次赴京协调，争取国家在政策、项目、人才等方面的支持。二是做好“十二五”规划项目中期调整工作。修订了《拉鲁湿地国家级自然保护区规划》，编制了拉鲁湿地国家级自然保护区三期工程项目建议书，协调将其纳入自治区“十二五”规划中期调整方案，“十二五”计划安排投资1亿元。三是认真实施环保项目。全年共落实各类项目资金1.4亿元，组织实施了2012年纳木错生态环境保护试点工程等项目；完成羊卓雍措生态环境保护项目前期工作，参加了国家竞争性立项；完成了拉萨周边湿地和拉萨河源头生态功能保护区初步设计等工作。四是狠抓项目工作。召开环境保护项目工作会议，按照建设美丽西藏目标要求，积极推进项目前期工作和环境保护项目库建设。

【环境治理】 始终坚持为民宗旨，狠抓事关民生的环境问题，努力消除环境安全隐患，切实保障环境安全。一是环境安全大排查专项行动取得实效。2013年5月，从全区环保部门抽调288人成立7个排查组和3个监测组，深入72个县（市、区）对矿产资源开发、重点工业企业等8大领域430余个企业（项目）进行了地毯式排查，摸清了家底。对存在突出环境问题的82家企业（项目）提请自治区人民政府作出了关闭或挂牌督办限期整改的决定。截止年底，65家已完成关闭或限期整改任务。二是加强重点领域环境监察。对交通、水电、旅游、矿产等重大建设项目实施了生态环境监察工作，开展了以拉萨市为重点的城镇周边采石采砂集中整治。三是严格矿产资源开发环境监管。15家选矿企业达到规范化建设要求。对西藏林周夕瑞德公司等40家矿产资源开发企业派驻了环境监察员。四是加大行政处罚力度。对违法排污和破坏生态的行为进行了立案查处，共处罚款173.4万元。五是做好环境信访工作。全年共受理并办结群众来信来访和“12369”环保举报热线投诉202件（次），办结率100%。全区共征收排污费1645万元。

【美丽西藏建设】 一是扎实抓好生态创建工作。全年共命名了28个“自治区级生态乡镇”和334个“自治区级生态村”。二是加强了生态安全屏障监测与绩效评估。制定了《西藏生态安全屏障生态监测实施方案》，完成了申扎生态监测站建设，开展了自治区生态监测中心和山南、林芝生态监测站前期工作。开展了西藏生态安全屏障建设成效评估。三是生态环境调查与评价工作取得积极进展。完成了西藏生态系统格局、环境质量评估与图集整理等生态环境十年遥感调查评估。编制了自治区生物多样性保护与战略行动计划。

【污染防治】 一是污染减排工作不断深入。起草上报了《西藏自治区人民政府关于实施〈大气污染防治行动计划〉的意见》；制定了《西藏自治区“十二五”主要污染物总量减排考核办法》，落实污染减排工作责任与措施，2013年全区主要污染物排放总量控制目标顺利实现；联合自治区公安、商务等单位制定《西藏自治区油气污染治理工作方案》，拉萨市开展了机动车尾气排放超标专项治理；安排专项资金实施了西藏华钰扎西康矿山涌水综合处理和林周财胜矿业公司尾矿库闭库重金属污染防治工程。二是切实保障饮水安全。实施了24个饮用水水源地环境保护工程，对11个项目进行了专项验收。开展了典型区域地下水基础环境状况调查评估，通过环保部验收。三是医废危废处置设施建设进展顺利。山南地区医废处置中心已投入试运营，自治区危废处置中心、林芝和昌都地区医废处置中心完成建设，阿里、那曲和日喀则地区医废处置中心正抓紧建设。四是环境综合整治取得成效。将78个行政村环境综合整治项目列入国家项目库，525个行政村环境综合整治项目纳入2014年度自治区项目库。各地市继续深入开展“白色垃圾”、饮食油烟治理、燃煤锅炉改造、噪声扰民整治和施工扬尘治理等工作。

【环境管理】 一是强化环保竣工验收。完成了藏木水电站“三通一平”等146个工程竣工环保验收。开展了拉日铁路沿线生态恢复工作，加强了拉林高等级公路建设环保监管。二是推行建设项目环境监理制度。下发了《关于开展重点建设项目环境监理工作的通知》，明确在全区水电、矿产资源开发和水利、交通等重点项目建设实施环境监理制度，切实加强建设项目施工阶段和生产全过程的环境管理。三是实行“黑名单”制度和区域、企业限批。对整改工作监督不力致使多数矿产资源开发企业整改工作进展缓慢的那曲地区，实行涉矿项目区域限批；对未完成规划环境影响评价的日喀则市经济技术开发区，实行入园项目限批；将自治区人民政府挂牌督办的31家矿产资源开发企业列入“黑名单”，实行企业限批。四是辐射环境处于安全监管状态。为165家单位核（换）发《辐射安全许可证》，放射源、射线装置发证率达到100%，全区79枚密封放射源和940台（套）射线装置均处于安全监管状态。全区辐射环境质量处于天然本底范围内。自治区辐射环境监督站首次通过国家级计量认证。

【环境监测与科研工作】 一是拉萨市与全国74个重点城市同步开展了PM2.5监测及信息发布工作。二是对全区矿产资源开发、国控和区控重点工业企业等污染物排放情况及饮用水水源地环境质量状况开展了监督性监测。三是首次组织开展了74个县（市、区）县城地表水和大气环境质量监测工作,布设监测站点258个（环境空气监测点位84个、地表水监测断面174个），获得监测数据4000余个，为下一步环境保护全面考核奠定基础。四是确定了生态环境质量监测点位（断面），按时完成了国家重点生态功能区县域生态环境质量考核工作。五是完成了林周、墨竹工卡县城生活污水人工湿地处理试点示范工程前期工作，组织开展县城生活污水湿地处理技术研究，积极探索低成本、易维护的高原城镇生活污水处理新模式。完成了森林、草地、水能等碳汇效益研究与评估工作，形成《西藏碳汇经济发展研究报告》。

自治区住房和城乡建设工作

【住房保障工作】　一是4.3万套（户）保障房项目全面开工，2012年度结转续建项目全面完工,完成投资约24亿元。兑现租赁住房补贴资金4282万元。区直一、二期周转房完成分户验收，进入入住前的相关准备工作，并制定了《区直机关事业单位第一、二期周转房分配方案》，待政府审定后分配入住。区直机关事业单位三期周转房工程A区一、二号楼土建工程于7月29日动工建设，完成一号楼地上两层、二号楼地上三层的主体浇灌工作。二是编制了机关事业单位2013－2015年周转房建设规划、2013-2017年棚户区改造规划。完成“十二五”规划项目中期评估,积极争取加大保障房建设投资，提前超额完成“十二五”保障房建设任务。住房保障覆盖面逐步扩大，准入、退出机制基本建立，申请审核程序进一步规范，分配更加公开透明、公正公平。三是区审计厅完成对全区保障性住房建设管理的跟踪审计，对发现的问题逐一进行核查和限期整改落实，提升了保障性住房建设管理水平。四是建立了全区公有房屋统计制度，认真组织开展清理违规占用周转房、党政机关停止新建楼堂馆所和清理办公用房专项工作，全区共清退违规占用周转房1063套。五是补发兑现全区机关事业单位干部职工2004—2012年按月住房补贴资金总额的30%，兑付2013年按月住房补贴。拉萨、昌都等地市周转房管理改革试点工作稳慎推进。六是“十二五”以来配合落实17.3亿元资金，对22.3万户农房进行抗震加固和节能改造。七是全区住房公积金最高贷款额度提高到50万元，制定并经政府批准出台了在非公企业推行住房公积金制度的意见。全区18万人缴存住房公积金，累计归集165亿元，同比增长25%；累计发放贷款63亿元，同比增长24%，资金运行安全平稳。

【城乡基础设施建设】　一是178个“十二五”城镇基础设施项目已完工30项，在建68项，其他均已完成前期工作待审核下达投资。其中：那曲地区所在地“三项”基础设施建设项目于2013年8月全面开工建设；拉萨纳金大桥项目9月建成通车；拉萨市北环城路和日喀则环城路完成各项前期工作，报国家发改委审批。二是拉萨市老城区改造工程全面完成，山南、日喀则等地区历史文化名镇、风景名胜区保护性建设项目进展顺利。三是拉萨市老城区18000户电采暖工程建设全面完成，315个居民小区和公建单位供暖工程建设加快推进，拉萨市城区基本实现供暖全覆盖。丁青县供暖工程作为全区第一个县城集中供热项目，已建成并投入使用。四是认真做好传统村落、特色旅游村庄和美丽宜居村庄申报工作。筛选申报国家级传统村落22个、特色旅游村1个、美丽宜居村庄6个；国家批准命名国家级传统村落6个。会同区财政厅、文化厅制定了《西藏自治区<关于加强传统村落保护发展工作的指导意见>的工作方案》,明确了指导思想、基本原则、工作任务和保障措施，组建成立了西藏自治区传统村落保护发展领导小组和专家指导委员会，建立了制度支撑和技术保障。同时积极会商协调解决规划编制经费，启动了传统村落保护发展规划的编制工作。五是积极推进村镇建设。扎实推进新农村建设试点，全面指导实施《吞达村新农村建设规划》，随着博物馆、古庄园恢复、服务中心及相关配套建设的陆续实施，吞达村的自然风貌和历史文化魅力不断凸显，发展前景看好。编制了《仁布县康雄乡新农村建设规划》并组织实施，随着开发建设不断深入，康雄乡将会成为我区新农村建设的又一个新亮点。

【城乡规划和建设管理工作】　一是经国务院同意，2013年6月26日住房城乡建设部正式批准实施《西藏自治区城镇体系规划（2012-2020年）》，明确了自治区城镇体系的空间布局。二是拉萨市、泽当镇、各县城总体规划修编工作加快推进，完成贡嘎等42个县城总体规划修编工作。拉萨、那曲等5个地市所在地城镇控制性详细规划和拉萨市八廓街等3个历史文化名镇、街区保护规划，唐古拉山—怒江源、念青唐古拉山—纳木措2个国家级风景名胜区总体规划编制工作全面完成，日喀则市、江孜县历史文化名城保护规划通过审批，启动了土林—古格国家级风景名胜区总体规划编制工作。三是加大对《西藏自治区城乡规划条例》

的贯彻与规划执行情况的监督，住房城乡建设部派驻了拉萨规划督察特派员，开展了对拉萨规划卫星检查，各地在规划编制中积极推进公众参与、科学决策，提高规划编制水平。四是拉萨、林芝被列入国家智慧城市试点名单；拉萨市推进“六城同创”，完善数字城管平台建设和高效运营，国家级园林城市创建成绩显著；拉萨市完成了北京园博会的各项参展工作，取得了良好社会效益；各地市坚持“疏堵结合，执法为民”原则，积极开展城管综合执法，整治“脏、乱、差”，推进美化、绿化、亮化，打造美丽城镇、宜居城镇，其中：拉萨市水质监测合格率为100%，完成了13条主要路段的路灯节能改造工作，城市亮灯率达59%以上，城镇垃圾无害化处理达98%以上。五是认真开展城镇化课题研究，取得初步成果，形成《因地制宜推进西藏新型城镇化课题研究报告》。

【建筑业发展】 一是全区新增各类执业资格人员1215人，新增岗位资格人员5737人，新增取得职业资格农牧民266人，建筑企业和从业人员规模逐步壮大。二是以“西藏建筑市场综合服务平台”为依托，初步实现了各级住房城乡建设部门的纵向联动和建筑市场与施工现场“两场”联动。在一定程度上遏制了企业出借资质、转包等违法行为。三是建筑市场动态监管力度不断加大，清理“空壳”施工企业23家、监理企业4家，查处在资质申报（备案）中弄虚作假企业3家并计入不良记录。截止年底，在我区注册备案的各类建筑企业共2079家（其中区内注册建筑企业1512家，区外备案建筑企业567家，本地企业中包括农牧民建筑施工队1049家）。四是全区53家招投标代理机构为1695个项目提供了招投标服务，各级住房城乡建设部门加强对招标各个环节的监督，努力维护工程交易公开、公正、公平的秩序。

【工程质量安全监管】 一是为2100多个项目办理了规划选址意见书；对882个项目进行了施工图审查，从设计源头上把好质量关；对400多个项目进行了巡查、检查，提出规范项目管理、强化质量监管、落实安全生产措施的意见建议2760余条；对543名工程造价人员进行了业务培训，为项目建设提供准确造价信息服务。二是全区房屋市政工程质监项目1228个、面积629.5万㎡，覆盖率达99%。全区房屋市政工程一次性验收合格率达98%以上，工程质量总体稳中有升。三是2013年全区建筑领域生产安全态势平稳，发生安全生产事故6起，事故起数和死亡人数均控制在指标范围内。四是审查批准自治区级建筑工法5项，推进西藏传统民居抗震性能研究。

【房地产业逐步回暖】 一是全区完成房地产开发投资8.48亿元，较2012年增长33.97%，商品房销售面积22.39万平方米，实现销售额8.97亿元，销售面积与销售额同比增长14.33%和38.88%，实现“双增长”。二是拉萨市房地产信息系统建成开通试运行，日喀则市房地产信息系统建设进展顺利。全区169人取得房屋登记官资格。县级住房城乡建设部门全面开展城镇房屋权属登记发证工作。三是全区130多个小区实行物业管理，物业覆盖率达85%，先后有5个小区荣获中国房协“广厦奖”。

【专项工作】 一是各级住房城乡建设部门派出220名干部，围绕落实“五项任务”，继续扎实开展强基惠民驻村工作，投入资金1353万元，帮助群众解决了237个问题，着力增强农牧区自我发展能力。二是昌都“8·12”地震发生后立即启动应急预案，开展灾害评估、受损房屋鉴定，为抗震救灾和恢复重建提供了第一手基础数据；编制和完善了灾后重建规划。三是深入推行建筑工程施工人员意外伤害保险和农牧民工工资保证金制度，全年各级住房城乡建设部门接待上访民工429批次9532人次，协调解决了被拖欠的工资11197万元，保障了务工人员合法权益，维护了社会和谐稳定。

自治区交通运输工作

【概况】　2013年，全区公路总里程70591.219公里，路网密度5.75公里/百平方公里；全年完成公路客运量4358万人、旅客周转量27.6亿人公里，货运量1240万吨、货物周转量32.1亿吨公里。（目前全区尚无内河航道、港口、码头，相关信息暂无）。

【基础建设】　全年完成公路交通基础设施投资120.8亿元，增长19.5%，公路交通基础设施投资占西藏自治区固定资产投资的13.3%，是拉动西藏经济增长的重要引擎。新增公路里程5392.747公里，新增桥梁883座/17401.04延米、隧道1道/250米。全面启动“强基惠民小康路”战略，不断加强农村公路建设，完成投资61亿元，占全区公路建设投资总额的50%以上，新增农村公路里程5288.23公里。167个建制村通公路，18个乡（镇）、135个建制村通沥青（水泥）路，320座寺庙通砂石路，106座寺庙通沥青（水泥）路。拉萨市7县1区的65个乡镇（含8个街道办事处）通沥青水泥路，通畅率100%，261个建制村中223个建制村（含35个居委会）通沥青水泥路，38个建制村通达。拉萨市农村公路总里程2962.1公里，通达通畅率均居全区第1位。

【综合运输】　公路客运量增长16.55%，旅客周转量增长18.91%，公路货运量增长19.00%，货物周转量增长15.51%。新建、改扩建客货运站场建设项目6个，大力扶持农村客运发展，新开通农村客运班线13条。全区客运站67个，投入运营50个，使用率75%。进一步理顺各级道路水路运输管理机构职能，加强运力组织调配，圆满完成春运和黄金周等重要时段客货运输保障，全年未发生旅客长时间滞留现象。

，旅客周转量增长18.91%，公路货运量增长19.00%，货物周转量增长15.51%。新建、改扩建客货运站场建设项目6个，大力扶持农村客运发展，新开通农村客运班线13条。全区客运站67个，投入运营50个，使用率75%。进一步理顺各级道路水路运输管理机构职能，加强运力组织调配，圆满完成春运和黄金周等重要时段客货运输保障，全年未发生旅客长时间滞留现象。

【行业管理】　一是逐步健全建管养相协调、事权和财权相匹配的公路管理体制机制。完成《西藏自治区公路养护管理2013—2017年规划》编制和2977名一线补员人员审核，开展全区14585公里新规划省道的外业普查和全区83座公路桥梁详细检测，全面更新国省道电子地图。二是规范加强公路养护管理工作。全区国省干线公路油路优良路率66.15%，MQI值72.5，砂土路优良路率56.5%；农村公路县道铺装路优良路率57.93%，MQI值63，砂土路优良路率43.13%；专用公路、乡道、村道铺装路优良路率46.2%，砂土路优良路率30.10%。三是路政执法工作有效加强。调整28个项目收费标准，涉路9项行政审批许可事项简化合并为5项，推进路政管理工作规范化，有效遏制超限超载行为，查处危害公路路产路权案件275起，立案率和破案率均100%，依法拆除违章建筑18处，拆除非公路标志53块，制止违章建筑57起，检测货运车辆3507台次，查处超限车辆2007台次，卸载4341吨，办理不可解体货物超限运输行政许可36000件，护送重特大超限运输车辆75台次。

【科技与信息化】　一是及时发布公路阻断信息，继续通过交通运输厅门户网站、西藏公路网、12360出行服务热线和交通广播频道、电视、报纸等渠道发布公路出行信息，及时、准确向社会公众发布公路施工、因灾中断、交通管制、绕行路线等出行信息，引导公路使用者合理安排出行日程。二是联合西藏人民广播电台、自治区气象局，在公路出行服务信息发布领域开展合作，依托双方的资源优势，扩大服务覆盖范围，实现资源共享、优势互补、便民利民的预期目的。三是科学组织养护施工，统一规范养护作业区提示牌及设置标准，有效避免不规范作业和养护施工影响正常交通，同时养护职工自身安全得到了保障。四是进一步规范标志标识牌的使用工作，筹资160余万元增设和更新公路标识标牌，确保公路指示标识牌内容真实、数据准确、导向明确，外观标准统一。

【安全与应急】　一是坚决守住安全生产“红线”，坚持把安全生产作为加强交通运输公共服务能力建设的重心，把生命高于一切的理念贯穿于交通运输服务全过程。研究制定企业安全生产“三色”管理办法，深入开展交通运输安全隐患排查治理，全区首次进行水上交通应急救援演练，提高突发事件的应急反应和处置能力。着力在层级责任、源头治理、消除隐患、突出重点方面下功夫，减少一般安全事故，杜绝重特大安全责任事故发生，事故起数、死亡人数实现双下降，水上交通无安全事故，交通运输安全形势进一步好转，交通运输厅被评为2013年全区安全生产先进单位。二是有效应对公路突发事件，应急处置能力明显提高。圆满完成日喀则、山南、阿里地区暴风雪灾害道路抢通和墨竹工卡县扎西岗乡泽日山3·29山体自然滑坡事故应急救援，5天修通通麦人行便桥，35天恢复汽车便桥，17天抢通忠义乡水毁道路，41天抢通易贡至八盖乡人行道路。完成阿里、那曲、日喀则3个地区储备中心建设的选址、征地等工作。建立应急人员为第一梯队、养护职工为第二梯队、养护企业为第三梯队的应急保障队伍，实现国省干线公路全覆盖。

【投资融资】　加快创新融资模式步伐，扎实做好融资工作，积极争取国家开发银行和西藏银行贷款筹措公路建设资金，落实贷款88亿元，确保拉林高等级公路阶段性建设资金落地，实现了通过银行贷款加快公路建设的重大尝试。为实现交通运输“三通三覆盖，两降两提升”小康托底指标，利用农业银行西藏分行115亿元扶贫贴息贷款，全额用于今后3年全区农村公路建设，以缓解农村公路建设资金压力，不断探索农村公路建设融资新渠道。

【改革举措】　一是顶层设计全面推进。坚持规划先行、深入调研，优化交通运输跨越式发展方案，形成“强化干线公路骨架，优化农村公路网络，改善边防公路状况，提升通达通畅水平”的总体思路。国家发展改革委出台《国家公路网2013—2030年规划》，全区普通国道总里程由5618公里调增为14629公里。完成《西藏自治区国家公路网线位2013—2030年规划》，确定4728公里国家高速公路展望线和普通国道的具体线位、走向及主要控制点。组织专家制定西藏公路建设地方技术政策。编制《西藏自治区省道网规划（送审稿）》，提出“8快9纵3横20联”省道布局，省道规划总里程由6338公里调增为18018公里，公路交通发展思路与规划布局进一步完善。二是前期工作取得突破性进展。以抓重点、破难点为核心，研究提出加强和规范全区公路建设前期工作的政策措施，加大与国家部委的对口协调、主动衔接、同步对接工作力度。国家发改委主持召开拉萨至林芝高等级公路建设方案专题研讨会，取得初步共识。杨传堂部长与洛桑江村主席会谈，形成专题会议纪要，原则同意全区交通跨越式发展思路，明确拉萨至林芝高等级公路等3个规划内项目列入“十二五”调规，贡嘎等3个机场专用公路列入“十二五”预备项目。国家发改委、交通运输部专项评审拉林高等级公路，形成“全线按一级公路技术标准统一设计审批、分段实施”的专家审查意见。2013年国家批复项目18个，批复总投资101亿元，全年落实投资87.25亿元。三是深入推进强基惠民和“结对认亲交朋友”活动。建立结对认亲关系户383户，16名干部担任村“第一书记”，领导干部进村入户171人，捐款18万多元，为联系户办实事53件，帮助墨脱县背崩乡做好“三件好事”。

【发展特点】　在重点项目和跨越式项目建设中，严把工程质量关，强化质量监管手段，做到全过程质量检测、全过程跟踪审计、全过程监督检查，新建续建项目质量稳步提升，项目监督覆盖面、工程合格率、优良率达到既定指标。拉萨至林芝高等级公路开工建设，掀起了我区公路交通跨越式发展新高潮。国道318线川藏公路102滑坡群、通麦至105道班病害整治突破施工技术难点。墨脱公路全面建成通车，结束墨脱县和全国县级城市不通公路的历史，标志全国实现县县通公路。国道219线新藏公路经过十余年陆续建设，全线贯通沥青路面。

自治区交通综合执法工作

【概况】 2013年，全区共出动执法人员45184人次，检查车辆498600台次，查处违法违章25851起，治理非法营运车辆693台次，查处假营运证、假资格证213本；纠正超限超载车辆3215台，共卸载货物4941.2吨；全区共受理投诉电话418次，全区受理来访举报156起，来信投诉7起，答复群众咨询电话2541起，投诉反馈率达100%。

【信息化执法建设】 2013年总队全面铺开使用了综合执法系统，推行电子文书，为一线执法人员配备了现场执法视音频记录仪和40部手持机。执法总队基本实现了公文处理自动化，各检测站视频监控实时化，客运车辆检查信息采集数字化，交通执法工作的科技含量和工作效能进一步提高。

【道路运输市场管理】 针对全区交通运输市场突出问题，总队分别开展了交通运输系统“打非治违”、道路客运安全年、道路危险化学品槽罐（油罐）特种车辆专项整治等专项整治行动，活动期间总队认真履行交通运输市场动态监管和保护公路职责，加大了对非法营运车辆和超限运输车辆的管控，确保了旅客出行安全和道路安全畅通。

一是拉萨支队加强了对“两客一危”车辆的检查力度，检查“两客一危”车辆GPS安装情况，对未按照要求安装GPS的车辆进行登记和安全告知，目前全区“两客一危”车辆GPS安装率达90%以上。

二是日喀则、阿里支队认真做好交通服务工作。2013年2月份，318国道定日至樟木段、219国道普兰段普降大到暴雪，拉孜大队和阿里支队8公里检查站迅速启动应急预案，实时公布天气情况，及时劝返客运车辆，妥善安置司乘人员，确保了客运安全。

三是针对辖区各县非法客运较多问题，山南支队加强了与运管、公安交警等有关部门的合作，共同治理交通运输安全问题，收效显著。

四是那曲、格尔木支队加强对春节期间出藏客运包车的检查力度，严厉打击非法营运、超载运营、超时驾驶等违法行为，及时消除安全隐患，确保了旅客出行安全。

五是林芝地区波密县通麦大桥断通以来，林芝、昌都支队抽派执法人员在通麦大桥两侧设卡，劝返、疏导人员和车辆。同时向拉萨支队堆龙检测站、那曲支队嘉德检测站和昌都支队类乌齐检测站增加执法力量，加大对非法超限运输车辆和非法营运车辆的检查力度，确保了317国道的畅通。

六是针对林芝地区运输木料的实际情况，拉萨、林芝支队加强宣传力度，营造良好的源头治超氛围，充分发挥墨竹工卡、工布江达超限检测站地理位置优势，劝返前往林芝地区的六轴空车，并与驾驶员签订《拒绝超限运输承诺书》。2013年8月份，拉萨、林芝支队共处理超限运输车辆206台，共卸载1773.2吨木料。

七是认真部署道路危险化学品槽罐（油罐）特种车辆整治工作。结合我区危险化学品运输实际，总队制定了专项整治工作方案，成立专项整治工作领导小组，专项整治期间，执法总队会同运管、安监、公安等相关部门依托超限检测站对运输汽柴油、液化气的罐车和槽车进行逐一排查，共检查槽罐（油罐）车1501台，处理整改27台，排除安全隐患7起，走访危化品运输经营企业7家，遏制了危化品运输车辆的违法势头，有效预防了危化品安全事故的发生，保障了我区危化品运输市场稳定。

【基础设施建设】 在区交通运输厅、财政厅的大力支持下，执法总队争取资金改善了一线执法人员的工作生活条件。

为嘉德、曲水、乃吉沟检测站安装更新了地磅；为嘉德、工布江达检测站安装了太阳能路灯，保证了治超工作的正常开展。投入13.5万元为昌都支队三个检测站并配备了3台水车，解决了职工吃水难的问题；投入90万元为阿里支队维修了办公楼和职工住宿楼；完成了林芝、昌都支队搬迁工作；根据林芝工布映象二期工程《拆迁赔补偿协议》，用赔偿的1000万元为林芝支队新建了办公楼和住宿楼。

【党的群众路线教育活动】 执法总队党委及时安排部署总队党的群众路线教育实践活动，总队及时召开专题民主生活会，认真查摆

“四风”、“两问题”，深刻对照剖析原因，坚持立学立行、边查边改。在“领导干部进村入户、结对认亲交朋友”活动中，总队党委4位班子成员和驻村点8户困难家庭结成帮扶对子，积极开展共建活动。活动开展以来，总队领导支付生活费7800元，并为困难家庭解决了青稞、大米、面粉等生活必需品。2013年执法总队深入开展“强基础、惠民生”活动，结合行业特色，总队各驻村工作队积极争取资金，为群众解决了出行难、灌溉难等实际问题。日喀则支队驻日喀则市年木乡普奴村工作队积极争取资金190多万元，为普奴村修建了一条1.7公里长的幸福路、小康路。山南支队驻加查县洛林乡雪姆村工作队积极申报项目，争取资金170多万元，完成了农田灌溉水渠的修复工程和通村公路工程。总队驻昌都县工作队已完成了近400万元的三个村修路和防洪坝打包立项招标工作，完成了50万元的塔玛村水毁工程维修。执法总队强基惠民工作队得到了自治区人民政府、日喀则、昌都地区地委行署的充分肯定和高度评价，赢得了老百姓的信任和认可。五个驻村工作队获得了地区级先进驻村（居）工作队2个、县级先进驻村（居）工作队3个，李建伟等4名同志获得了自治区先进驻村工作队队员称号，执法总队被昌都县授予优秀组织奖。总队工会工作深入开展，卓有成效，更好的发挥了桥梁和纽带作用。一是做好三大节日的送温暖工作，慰问退休老同志和困难职工家庭；二是组织为突发重病的困难职工和驻村点困难老党员捐款，共捐款84980元，2013年西藏交通综合执法总队工会被中华全国总工会授予了“模范职工之家”称号，那曲支队荣获全国公路系统“模范职工之家”称号。

【党建工作】 一是明确责任，执法总队与各支队层层签定了廉政建设目标责任书，加大了源头拒腐防变的工作力度，做好了财务管理和有价票证的监管工作。二是坚持按法律程序和业务程序办事。严肃查处“收人情费、放人情车”，“吃、拿、卡、要”等不廉政行为。三是强化督查考核。总队纪委充分发挥组织协调和监督检查职能，定期召开社会监督员会议，评议行风，征求意见，落实整改，并将各支队落实党风廉政建设责任制纳入日常考核范围，进行量化细化，形成了日常成绩与年终考核相结合的长效考核机制。四是加强党务干部培训工作。2013年全区9名党支部书记和17名党务工作者参加了培训，党建工作科学化水平进一步提高。

自治区公路管理工作

【概况】 2013年，西藏公路管理局组织了新规划省道公路的普查工作，完成了14580公里外业数据的采集和录入，摸清了全区国、省公路网基本情况，为全公路网规划科学调整奠定了基础；开展了全区公路桥梁检测工作，行程13000余公里，对全区83座桥梁进行了详细检测，确保了公路桥梁的安全运营；强化公路小修保养工作，全区国省干线公路油路优良路率66.15%，MQI值72.5，砂土路优良路率56.5%；农村公路县道铺装路优良路率57.93%，MQI值63，砂土路优良路率43.13%；专用公路、乡道、村道铺装路优良路率46.2%，砂土路优良路率30.10%；完成了年初下达的公路路况指标。

【应急保障】 一是抢险保通工作做到了有条不紊。应急工作的安排部署做到了适度超前，及时补充储备了应急物资，公路巡查频率不断加强，有效应对了公路突发事件，保障了国省干线和重要经济干线公路的畅通；二是应急处置能力明显提高。圆满完成日喀则、山南、阿里地区暴风雪灾害道路抢通、墨竹工卡县扎西岗乡泽日山3.29山体自然滑坡事故应急救援、通麦汽车便桥垮塌抢通、易贡至八盖乡多处和那曲境内忠义乡水毁抢通、昌都左贡县地震抢险救灾等应急工作任务；三是公路应急保障体系建设得到全面加强。完成了阿里、那曲、日喀则三个地区的储备中心建设的选址、征地等工作，应急物资储备更为充足和完善；四是应急保障队伍初步建立。通过整合资源，建立起了应急人员为第一梯队、养护职工为第二梯队、养护企业为第三梯队的应急保障队伍，实现了国省干线公路的全覆盖。

【养护工程建设】 实施了省道204线日喀则至江孜、国道317线妥坝至昌都、国道109线格尔木至拉萨、省道307线曲水大桥至卡如拉山、国道318线色季拉山段路面大中修工程，完成投资10612余万元，恢复了原有公路的技术等级，提升了公路服务能力。

【路政执法】 一是制定了《西藏自治区超限运输许可程序公示》、《关于调整西藏自治区公路路产占用损坏赔（补）偿收费项目及收费标准的通知》，调整了28个项目的收费标准，对涉路九项行政审批许可事项简化合并为五项，推进了路政管理工作的规范化；二是从公路防护设施管理、标志标牌管理、公路建筑控制区、平交道口管理、公路绿化美化等五个方面入手开展专项治理工作，坚决制止和查处了损毁破坏公路的行为；三是联合执法总队等单位实施超限超载源头治理工作，在省道和重点桥梁增设3处临时治超检测点，有效遏制了超限超载行为；四是加大了案件查办力度。2013年共查处危害公路路产路权案件275起，立案275起，破案275起，立案率和破案率均为100%，依法拆除违章建筑18处，拆除非公路标志53块，制止违章建筑57起，检测货运车辆3507台次，查处超限车辆2007台次，卸载4340吨，办理不可解体货物超限运输行政许可36000件，护送重特大超限运输车辆75台次。

拉萨火车站

【概况】 拉萨站于2006年2月成立。管辖拉萨至乌玛塘10个站，里程195公里。其中，拉萨站是青藏铁路的终点站，为一等客运站，承担进藏旅客到发任务；拉萨西站技术性质为区段站，业务性质为货运站，承担进藏物资到发和列车解编任务；其他8个站技术性质为区段站，业务性质当雄站为货运站，其余站为非营业站。年末固定资产171686万元。2013年，圆满完成春运、暑运、军事运输、国家领导人视察等重点任务和专运任务。6月货运业务划归拉萨货运中心。1～6月，发送货物32.1万吨，完成年计划108万吨的29.7%；全年发送旅客104万人，超额完成年计划96万人8.3%；运输总收入71800.73万元，完成年计划75310万元的95.3%。与上年同比，旅客发送和运输收入分别增长13%、8%。

【车站安全管理】 以车站"网、报、栏"为载体，围绕安全生产、春运、暑运等重点工作开展宣传教育，引导全员树立主人翁意识。扎实开展调车、施工、交通等安全专项整治，确定整治内容、时间节点、方法措施，进一步完善和细化各项安全管理制度，严格落实作业标准和安全盯控，督促各项制度落到实处。总结安全风险管理经验，进一步修订完善安全风险管理办法，制定《干部值班及盯控作业重点制度》《包保干部工作制度》，落实干部值班和日常检查，加强现场作业指导和对车间工作的检查、考核，消除安全隐患。开展"四比四争当"和"五转变五做到"主题活动，每月评选服务明星、安全标兵、诚信使者和技术能手，宣传车站历年先进个人事迹，营造学先进、比先进、赶先进的浓厚氛围。注重职工队伍素质建设，组织干部职工参加公司、车站举办的学习培训班，促使干部职工掌握新知识、新业务和新设备技能，提升队伍整体素质。抓实施工组织配合，落实公司《营业线施工安全管理办法实施细则》要求，明确每处施工均由班子成员盯控，负责落实各项施工作业安全卡控规定，组织召开施工会，把好施工安全配合关，确保施工安全。开展"安全生产大检查""安康杯""安全生产月"活动，成立领导小组，细化方案，通过各种形式的宣传教育，激发职工自觉参与活动的热情，树立"安全第一"的思想意识，把规范自己的行为、落实安全生产的责任转变为日常作业中的自觉行动，夯实安全基础。全力做好反恐维稳工作，严把旅客进站、"三品"查堵、重点岗位出入登记，落实站区巡视制度，确保拉萨铁路地区安全稳定。至年末，车站实现无一切责任铁路行车事故2078天。

【路风管理】 年内，依据公司路风工作要点，结合实际，安排车站路风工作，加强重点岗位、人员的培训和新轮换调入人员的岗前路风路誉教育，路风知识考试不合格者、未签订《路风责任承诺书》者不得上岗。加强与新闻媒体的沟通联系，了解热点、掌握动态。聘请西藏自治区党委、区政府、区人大、区纠风办等路外8名路风监督员，每季召开一次座谈会，认真听取监督员提出的意见建议，制定整改措施，抓好落实。10月，参加西藏自治区举行的行风热线活动，宣传铁路便民利民措施，掌握社会各界对铁路的评价，认真分析群众提出的问题，及时整改回复。

【“五彩哈达”特色服务】 发挥“五彩哈达旅客服务中心”品牌效应，继续开展以“诚信服务、热情服务、精细服务、洁净服务和便捷服务”为主要内容的“五彩哈达”特色服务，进一步形成以困难救助、便民服务、出行咨询、青藏铁路文化宣传为主的全方位服务，“小推车”免费服务延伸至出站广场，使初到高原及高原反应的旅客体会到贴心的服务。为进一步打造“五彩哈达”服务品牌，车站党委推出“耐心、爱心、细心、顺心”服务理念，先后通过开辟绿色通道、亲情服务、赠送小礼品等形式，为西藏自治区14批636名先心病患儿乘坐火车前往北京、武汉等地救治提供优质服务。年内，车站帮助困难旅客417人次，救助患病旅客123人次，收到表扬信11封、锦旗5面。

【卫生保障】 针对高原环境，坚持“预防为主、防治结合”和“谁用人、谁保障”原则，突出“安康、安心、安全、塑形”，全面落实各项卫生保障措施，安排职工高原健康体检4批332人次，并建立职工健康档案，体检结果录入职工健康系统，定期向职工发放抗高原反应药品，增强职工高原自我保护意识和卫生防疫知识，实现职工高原病零死亡、鼠疫零传播、患病旅客得到及时救治的卫生保障目标。执行格拉段职工定期轮换规定，对到轮换期职工及时轮换，对临时出现身体不适应高原工作条件的职工，向公司主管部门反应，及时调换，年内职工定期轮休24次，组织54人次到内地富氧地区疗休养。

【职工培训】 加强干部职工业务技能培训，委外培训32期67人次，自办班培训8期626人次。针对新入路职工年龄小、思想活跃、约束力差的特点，实施“加速融入”行动，大力开展形势任务、职业道德教育，铁路行车、客货运等基础知识培训和考试，加强岗位工作实践锻炼，为今后工作打好基础。针对工人轮换频繁，轮换职工业务素质起点不一的现状，重点对职工强化理论知识及实践培训，提高其综合素质。

【党支部建设】 依照统一、简化、实用的原则，规范党支部“一本、一簿、一档、一帐”基础资料，重点对党员保安全作用发挥、和服务质量情况、思想动态、党内“五亮、五比、五评”制度及党支部政治工作一体化考核等分析、统计。同时，按照“基础管理规范、党建氛围浓厚”的要求，加强党支部阵地建设，统一上墙揭挂党支部综合显示板，设置党内事务公示栏，党员包保设备、岗区标牌，规范党员活动室等阵地，营造党建工作氛围。站党委以党内“四比四争当”、“五转变五做到”活动为依托，制定“五彩哈达”党内品牌考核体系，考核内容纳入“四优”共产党员考核册，使业绩考核与党内品牌创建考核相联挂。运用创先争优活动的有效做法和成功经验，规范党支部“三会一课”、党内活动等，修订“四优”党员、“四强”党支部动态考核册，制定党内保安全、安全责任追究，党支部政治工作一体化考核等实施办法，发挥党支部凝聚力、战斗力和党员先锋模范作用。

【创先争优】 开展“旅客满意、货主满意”主题实践活动，树立“以服务为宗旨，待旅客如亲人”理念，巩固和发展“服务旅客创先争优”活动成果。坚持提升服务理念与提高服务标准相结合，重点做好形势宣传和立标、贯标、树标工作，利用车站“创先争优简报”、“五彩哈达周报”，广泛宣传开展“两满意”活动的重要意义，把车站客运服务环境、服务水平、服务质量与社会的期望向职工讲清说明，把广大旅客最关切、最期盼、最不满意的突出问题查清摸实，立足整改，标树形象，从而使职工真正做到思想上尊重旅客、感情上贴近旅客、服务上感动旅客。完善标准。比照《车站行车工作细则》，制定值班员、助理值班员、调车组、客运员等岗位一班、一次作业标准，并用图文形式上墙揭挂，要求职工按规章、按标准作业。坚持完善硬件设施与提升服务软件水平相结合，组织召开站区保洁、快运、公安、武警负责人员参加的协调会，统一规范服务旅客、创先争优达到的软硬件标准，提出具体要求。组织职工开展公共服务礼仪、岗位服务技能、安全管理知识、“英藏汉”三语、旅游常识、高原病常识等培训、考试，加大对客运职工电话、网络购票业务的学习培训。坚持扩大品牌辐射与载体有效带动相结合，发挥“五彩哈达”服务品牌和爱国主义教育基地作用，通过印制邀请函、宣传册，采取主动邀请和接受参观等方式，同自治区寺管会、大专院校、中小学校共建教育基地，组织中外游客、藏区僧尼同胞、在校学生参观拉萨站，接受爱国主义教育，使“五彩哈达”温馨服务成为铁路对外优质服务和民族团结的窗口。坚持服务旅客与解决职工实际问题相结合，车站以发放问卷调查的形式，广泛征求旅客意见，认真梳理旅客提出的问题，制定整改措施解决。针对旅客掌握票额信息不准确的情况，利用售票大厅综合显示屏及时更新和公布票额情况，广播室随时播放剩余票额等信息，减少旅客排队等待时间，并加强与媒体的合作，通过电视、报纸、网站等载体公布票额信息。客流高峰期，车站与公安部门加强联系，发挥客运、公安、安检人员三位一体作用，灵活调整安检时间和安检口设置，方便旅客进站并保证安检工作正常有序。同时，根据旅客需求，拓展服务项目，为旅客提供一次性雨具、旅游住宿咨询等服务，在软席候车室增加书报品类，播放电视节目、提供青藏线沿途风景手册等，旅客对车站的满意度进一步提高。

【荣誉】 年内，车站获西藏自治区委员会“拉萨市巩固全国文明城市创建成果先进单位”、“自治区‘扫黄打非’先进集体”，获西藏自治区“安全生产优秀单位”“文明单位”称号，被公司授予“优秀领导班子”“优秀基层党委”称号。

自治区水利工作

【概况】 2013年，西藏自治区各级水利部门坚持抓项目、搞建设、保发展，西藏自治区“226项目”涉水16个项目中，拉洛水利枢纽启动准备工程，其它15个项目全部落地，共落实投资91.81亿元，占“十二五”规划总投资79.04%。2013年全区完成投资46亿元，水利厅被评为自治区落实国家投资先进单位。全年续建新建301个项目，旁多水利枢纽首台机组发电；吉隆口岸电站、措勤电站投入运行；22座重点小型病险水库完成除险加固，增加有效库容488万立方米；澎波灌区、雅砻水库开工建设，江北灌区、尼洋河综合治理与保护等项目顺利推进；小型农田水利重点县和小农水专项县实现全覆盖；全年解决28.23万人饮水安全问题，规划内农村饮水安全建设任务顺利完成；牧区饲草料灌溉试点顺利开展，效果明显。全年新增解决和改善3.84万人用电问题，新增和改善灌溉面积30万亩，治理中小河流220余公里和水土流失面积62平方公里。

【水利政策与法规】 《西藏自治区实施<中华人民共和国水法>办法》、《西藏自治区实施<中华人民共和国水土保持法>办法》于2013年10月1日颁布施行。“西藏自治区水资源保障生态奖励补偿”试点工作于2013年正式启动。2013年12月召开《西藏自治区水资源保障生态奖励补偿方案》（初稿）咨询会议，目前实施方案和两个试点县的方案正在完善中，力争年底前报政府批复实施。下发《自治区水利厅关于简政放权进一步取消调整行政审批项目的报告》（藏水字〔2013〕61号），对列入《西藏自治区行政审批项目目录》中水利系统25项行政审批项目进行了管理层级的清理及下放，从已发生审批业务的22项中下放了12项，达到60%。分别在3月份的“法制宣传日”、“中国水周”和6月份“节能减排”等一系列集中宣传时期，以多形式、多层面、多角度开展了水法律法规、科普知识、节水经验等内容丰富的主题宣传活动。施行《西藏自治区实施<中华人民共和国水法>办法》和《西藏自治区实施<中华人民共和国水土保持法>办法》之际，组织全区各地（市）、县（市）同步开展主题宣传活动，区水利厅以电视、广播、报纸等媒体为主要载体，采取印制单行本、发放宣传单、悬挂宣传横幅、播放宣传广播、召开专题座谈会、报纸专栏征文、有奖知识问答、播放LED宣传片等多种形式广泛开展了两部法规的宣贯工作。

【水资源管理】 拟定了《西藏自治区实行最严格水资源管理制度考核办法》，开展七地（市）、74个县用水总量控制、用水效率控制和水功能区限制纳污“三条红线”指标分解工作。通过与各部门沟通和宣传，建设项目水资源论证工作有了较大推进，目前我区工矿企业、水力发电（小水电除外）均陆续在办理取水许可审批。《西藏自治区重要江河湖泊水功能区纳污能力核定和分阶段限排总量方案》成果已上报政府待批；《西藏自治区水资源保护规划》按要求进度积极推进。2013年12月20日，西藏自治区第一个城乡水务一体化管理体制改革试点——尼木县水务局正式挂牌成立，标志着西藏水利在水务管理体制改革上迈出了实质性的步伐。

【水利规划】 流域综合规划。怒江、澜沧江、金沙江3条流域综合规划已通过水利部组织的技术审查，雅鲁藏布江流域综合规划通过水利部组织的技术审查。启动了44条重要河流的流域综合规划编制工作。

专项规划。开展《西藏自治区水中长期供求规划》、《西藏自治区灌溉发展规划》和《西藏自治区水资源保护规划》3项专项规划。其中《西藏自治区水中长期供求规划》完成初稿编制，《西藏自治区灌溉发展规划》和《西藏自治区水资源保护规划》满足规划任务书和工作大纲进度要求。

【前期工作】 全年安排审查项目共223项，完成项目可研报告或初设报告审查意见的项目共188项，拉洛水利枢纽及配套灌区工程，雅砻、恰央水库已通过中国国际咨询评估审查。

【基本建设】 完成投资46.23亿元，实现了较2012年略有增长的目标。共开工301个项目，其中续建83个，新开工218个,完工186个。旁多水利枢纽首台机组发电；吉隆口岸电站、措勤电站投入运行；22座重点小型病险水库完成除险加固，增加有效库容488万立方米；澎波灌区、雅砻水库开工建设，江北灌区、尼洋河综合治理与保护等项目顺利推进；小型农田水利重点县和小农水专项县实现全覆盖；全年解决28.23万人饮水安全问题，规划内农村饮水安全建设任务顺利完成；牧区饲草料灌溉试点顺利开展，效果明显。全年新增解决和改善3.84万人用电问题，新增和改善灌溉面积30万亩，治理中小河流220余公里和水土流失面积62平方公里。

【灾情】 2013年西藏自治区降水时空分布不均，主要江河来水量属平水年份，未发生全流域性的大洪水，但受局部气候及6月下旬以来的集中性降雨影响，致使部分江河及其支流出现险情、灾情，且山洪、泥石流等灾害频发。2014年西藏自治区受灾县（市、区）共64个，受灾乡（镇）279个，受灾人口9.589万人，倒塌房屋977间，死亡3人，失踪6人，直接经济损失约4.81亿元。

【防汛抗旱】 坚持以防为主、超前谋划、主动作为，严格落实防汛抗旱行政首长负责制，层层签订责任书，及时组织防汛会商，深入灾区指导工作，组织军警民抢险救灾。妥善处置昌都“8.12”地震、嘉黎县冰湖溃决、尼木县山体滑坡以及札达等县局地强降雨洪涝灾害，圆满完成国际报汛任务。全年共争取国家特大防汛经费5000万元、乡村堤防补助资金2000万元，基本建成52个县山洪灾害预警系统，建设乡村堤防86公里，最大限度减轻了灾害损失。

【农田水利】 2013年共解决23.5万农牧民和5.15万农村师生饮水安全问题，完成投资3.01亿元，全面解决了规划内农村饮水安全问题。新增和改善灌溉面积32万亩，新增牧区节水灌溉面积7.6万亩。新开工建设10个重点灌区节水配套改造项目；新增小农水重点县14个，新增牧区水利试点重点县11个，新增小型农田水利专项县14个，安排下达小农水补助资金4.62亿元。续建小农水重点县10个，完成投资1.28亿元（国家补助资金）。建设内容主要是灌区田间配套和末级渠系改造。深化小型农田水利建设新机制改革，大力发展农民用水户协会，2013年全区农民用水户协会总数达到1140家。

【水土保持】 2013年投资3417万元，完成3个水土保持综合治理项目，治理面积61.58平方公里。编制完成《西藏自治区水土保持生态效益补偿机制专项研究报告》及《西藏自治区水土保持生态效益补偿机制的实施意见》。开展了50个自治区审批项目的现场监督检查。开展了阿里、山南地区水保监测分站、12个县站、10个水文监测点和“一江两河”土壤侵蚀数据库建设。完成西藏自治区水土保持监测网络工程第二期(第一批、第二批)工程的竣工验收。实施了曲水县茶巴朗小流域水土流失综合治理示范工程。

【水文工作】 完成4个水文站改造、56处水位站、599个雨量站、

8处水情信息中心站、1处应急机动测验队、11处水质站及林芝水文巡测基地建设。中小河流水文监测系统（2012-2013年度）和阿里水质分中心建设工程顺利推进，13处水文站及2处水文巡测基地已建设完毕，投入试运行。开工建设了波密、奴下水文站轻便缆道、排隆水文站非接触式水位计、江孜水文站浮制子式水位计、札达水文站迁建、水文局应急仓库等项目。编发水情通报20余份，水情简报120余份，编发手机短信1500多条，报送信息量达36余万字组。成功开展了林芝墨脱、那曲嘉黎县忠义乡冰湖溃决灾情调查工作。重新对西藏自治区水质监测断面进行复核，全区水质监测站点数量从61处提高到76处，水功能区监测覆盖率由60%提高到89%，二级水功能区监测实现全覆盖。全面启动《西藏自治区水资源保护规划》工作。完成了2012年《水资源公报》、《西藏自治区地表水资源质量年报》。

【城乡供水】 西藏自治区城市饮用水水源地项目“十二五”时期总投资2.0亿。根据投资计划列入“西藏自治区饮用水水源地安全保障规划工程中央预算内基本建设项目十二五投资计划表”共计28个城镇饮用水水源地建设项目。其中拉萨市1个（尼木县）；日喀则地区6个（康马县、聂拉木县、定结县、岗巴县、萨迦县、昂仁县）；山南地区2个（浪卡子县、贡嘎县）；林芝地区2个（墨脱县、工布江达县）；昌都地区8个（边坝县已在建，察雅县、芒康县、左贡县、类乌齐县、丁青县、八宿县、昌都县）；那曲地区1个（聂荣县）；阿里地区7个（普兰县、札达县、措勤县、噶尔县、日土县、改则县、革吉县）和西藏自治区饮用水水源地监控指挥中心建设1个。以上项目中，除昌都地区边坝县城饮用水源地工程正在建设外，有20项已全部完成前期工作，其余7项正在开展前期。完成前期工作的项目中有19项共计1.0815亿元国家已立项并安排投资。

【农村水电】 2013年中央计划内项目25项，批复投资66738.34万元，全部开工建设，完工项目14个，完成投资43585.83万元，完成装机7587kw。解决和改善了35733人的用电问题，其中新建电站解决了32633人，线路延伸和局域网解决了3100人。农电体制改革取得重大进展，西藏电力公司代管网内58个县的农村水电，协调出台《西藏自治区农村水电管理体制改革实施方案》，启动网外15个县农村小水电管理体制改革的深化工作，自治区水利厅代管网内15县农电的试点工作积极推进，完成了吉隆及普兰2县的试点工作。

【建设管理】 加强和规范了水利工程建设管理工作，除财政补助资金建设项目外，水利项目已全部进入区、地两级工程建设交易中心。进一步建立健全了“项目法人负总责，工程监理控制，设计、施工保证，政府强制监督”的水利工程建设管理机制，强化了对在建中小型水利工程建设市场主体单位的监管工作，确保了工程建设质量、生产安全和投资效益。严把水利建设市场准入关，推进诚信体系建设。积极探索水利工程建设领域市场主体诚信机制建设，不断推进水利工程建设领域信用环境优化。加大了对工程投标合同履约情况监督检查力度，认真落实了水利工程建设市场主体单位不良行为记录和惩戒措施。印发了《西藏自治区中小型水利工程建设项目法人管理办法》、《西藏自治区中小型水利水电工程建设项目验收管理办法》。对《水利项目招标投标方案报批表填报和审核工作的管理规定》、《水利工程建设项目开工申请表的填报与审核工作管理规定》进行了修订。印发执行《西藏中小型水利工程建设监督管理暂行办法》。出台了《西藏自治区小型水库安全运行管理办法》，按照“先建机制后建工程”的原则，对中央财政补助中西部地区、贫困地区公益性水利工程维修养护资金优先安排给已组建了管理机构、落实了管理人员的工程。规范了工程竣工验收工作，出台了《西藏自治区中小型水利水电工程建设项目验收管理办法》。按照简政放权的要求，对投资5000万元以下、技术要求不高、施工工艺相对简单的项目，全部由地（市）水利局主持竣工验收。

【工程质量与安全生产】 成立了西藏自治区水利厅安全生产领导小组。印发《2013年西藏水利安全生产工作方案》、《2013年西藏水利安全生产计划》、《西藏自治区水利厅集中开展2013年安全生产领域“打非治违”专项行动实施方案》等综合和专项安全生产计划。开展“安全生产月”、安全生产大检查、水利安全生产领域“打非治违”专项行动等活动。全年派出12批次各类检查组，分赴全区七地（市），对已建、在建水利工程进行安全生产抽查，共抽查各类水利工程项目337个，填写监督记录卡

78份，下发限期整改通知单57份，提出整改意见165条。连续5年被西藏自治区评为安全生产先进单位。

【水利科技】 完成了《西藏水环境承载能力研究》、《西藏水资源承载能力研究》课题。完成2013年度中央分成水资源费地方承担项目实施方案编制及资金申请工作。对2012年度中央分成水资源费地方承担项目进行了验收上报。

【水利教育】 上报了《西藏自治区水利工程系列高级专业技术职务任职资格评审细则》，组织开展了年度水利工程系列中级专业技术职称评审工作，共评审32名工程师、10名高级工程师；推荐上报了2名少数民族特殊培养人选；推荐了1名自治区学术技术带头人、1名水利部5151部级工程候选人，编制完成水利工程系列职称业务考试复习大纲，组织完成了2013年水利工程系列专业技术人员高、中、初级职称业务出题、考试、评卷等工作，全区共有80人参考。完成了工人技能等级考核工作，共有43人通过了相应级别的技能鉴定，有27人取得技师资格。通过党校培训、举办培训班等各种渠道，加强干部教育培训，共举行各类培训班13期，培训各类人员706人次。

【水利援藏】 2013年8月，水利部在藏召开了第六次水利援藏工作会议，陈雷部长等部领导亲自赴藏参会。各对口援藏单位好中选优，选派了新一批援藏干部，顺利完成水利援藏干部换届工作。2013年水利部机关及各对口单位先后为西藏自治区举办各类培训班13个，培训1000多人次，接受干部挂职学习54人次，签订意向性援助协议5个，落实意向性资金1746万元，为西藏水利改革发展提供了重要的支撑和保障。

（撰稿：李晓宇）

西藏旁多水利枢纽管理局

【概况】 西藏旁多水利枢纽工程（以下简称“旁多工程”）是国家西部大开发十周年确定的23个重点项目之一，是西藏自治区“十一五”重点水利建设项目，也是西藏在建的规模最大的水利枢纽工程。旁多工程地处拉萨河流域中游，坝址位于西藏自治区林周县旁多乡下游约1.5公里，距拉萨市直线距离63公里。工程以灌溉、发电为主，兼顾防洪和供水，水库总库容12.3亿立方米，控制流域面积16370平方公里，占拉萨河流域面积的49.8%。工程控制灌溉面积65.28万亩，水电厂装设四台四万千瓦机组，总装机容量16万千瓦，多年设计平均发电量5.99亿千瓦时。

【工程进展】 旁多水利枢纽主体工程2013年10月11日，工程实现下闸蓄水运用，2013年12月10日，首台机组正式并网发电，标志着旁多水利枢纽由此全面进入到生产与建设同步开展的崭新阶段，工程建设开始对西藏经济社会的跨越式发展发挥效益。

截至2013年底，旁多工程大坝坝体已填筑至4090m高程；大坝基础处理工程防渗墙施工全部完成；泄洪兼导流洞于2011年10月26日顺利过流，开始实施出口二期改造工程；泄洪洞已全部完成，具备挡水和过流条件；发电厂房系统主体工程已全部完成，开始实施装修和消缺；机电设备安装工程首台机组及厂内公用部分机电设备安装已调试完毕，其它几台机组开始进行安装调试；灌溉输水洞TBM设备于2013年6月10日开始掘进，Ⅰ标段进口810m已全部完工，事故检修闸门及弧形工作闸门已安装调试。Ⅱ标段TBM掘进1068m。III标段出口段完成开挖1785m。

【工程效益】 旁多工程四台机组全部投产发电后，将有效缓解藏中电网缺电局面，同时大大提高青藏电网运行的稳定性和可靠性；工程投入正常运行后，将满足下游受益区65.28万亩土地灌溉用水需求，增加粮食产量25.488万吨；提高下游受益区两岸县、乡、村防洪标准10–20年；每年为拉萨市提供工业用水0.85亿立方米，供水保证率由现在的83%提高到99%。同时兼具生态保护、旅游等效益。

西藏拉洛水利枢纽及灌区管理局

【概况】 拉洛水利枢纽及配套灌区工程是国务院第161次常务委员会审议通过的《“十二五”支持西藏经济社会发展建设项目规划方案》重点骨干工程之一。

拉洛水利枢纽及配套灌区工程位于西藏自治区日喀则地区的日喀则市、萨迦县境内，是雅鲁藏布江右岸一级支流夏布曲干流中游上的控制性工程，工程主要任务为灌溉，兼顾供水、发电和防洪，并促进改善区域生态环境。

该工程由枢纽工程和配套灌区工程组成，枢纽为大（2）型水利工程，水库总库容2.965亿m3，枢纽工程包括大坝、泄洪建筑物、德罗引水隧洞，德罗电站和拉洛电站。大坝为沥青混凝土心墙土石坝，最大坝高62.70m，德罗引水隧洞长7536.16m，德罗电站装机40MW，利用灌溉引水流量及水头发电，拉洛坝后式电站装机2MW，主要利用水库下泄生态流量发电，合计装机容量42MW，年发电量8711万KWh。配套灌区由申格孜、扯休、曲美、聂日雄四大灌区组成，灌区内农田、草地、林地面积共53.17万亩，设计灌溉面积45.39万亩。灌区多年平均引水量1.44亿m3,设计灌溉引水流量19.40m3/s，加大引水流量23.40m3/s，总干渠长41.806km，分干渠总长116.723km。总干渠、分干渠上共布置754座交叉建筑物。

【工程效益】 该工程是《夏布曲流域综合规划》水资源优化配置的控制性工程，具有供水、灌溉、防洪、发电等综合功能，可彻底解决日喀则地区四大旱区水资源短缺问题，为灌区内45.39万亩土地提供水源保障，并为扶贫开发和生态建设创造条件，还可为藏中电网提供电力支持，并提高下游重要乡镇的防洪能力，减少水土流失，具有显著的社会效益和经济效益，对西藏经济社会跨越式发展具有重大意义。

西藏满拉水利枢纽管理局

【概况】 满拉水利枢纽管理局于1997年1月30日批准成立，属纯公益性水利工程管理单位，县级建制，负责满拉水库、满拉水电厂和冲巴湖水库的运行管理工作。

满拉水利枢纽工程是“八五”期间国家62个援藏项目中投资规模最大、综合效益最为显著的项目，是年楚河流域农业综合开发的骨干工程，工程以灌溉、发电为主，兼有防洪、水土保持、水利旅游等综合效益的大型水利枢纽工程。工程地处年楚河上游江孜县龙马乡境内，距下游日喀则市118公里，距江孜县城28公里。枢纽工程由粘土心墙堆石坝、泄洪洞、引水发电系统、厂区枢纽、尾水渠和观测设施等组成。

西藏满拉水电厂是满拉水利枢纽管理局下属国有企业，企业注册资金为11764万元，满拉水电厂总装机容量4×5兆瓦，设计年发电量0.61亿度。自1999年12月、2000年5月、7月满拉水电厂机组先后正式并上网发电投入运行。

满拉水库正常蓄水位时相应库容为1.55×108 m³，兴利库容0.872×108 m³，工程等级为二等，工程规模为大（Ⅱ）型。

冲巴湖水库位于年楚河上游康马县萨玛达乡境内，工程于1986年建设并投入使用，2001-2003年除险加固后交予管理局负责管理运行。水库正常蓄水位时相应库容为6.61×108 m³，兴利库容1.13×108 m³，工程等级为二等，工程规模为大(Ⅱ)型。工程以灌溉为主，兼有防洪、水产养殖等综合效益，距日喀则市176公里，距康马县43公里。工程由主、副坝、输水系统和泄洪系统等组成。

【蓄水、供水、防洪安全】 依托水库水情自动测报系统，加强水库运行管理，全年共收集、发布水情信息3万余次；按照《满拉、冲巴湖水库联合调度方案》，合理调配水资源，充分发挥枢纽工程的优势。两座水库全年供水7.2亿m³，确保了水库下游"三县一区"（江孜县、白朗县、康马县、桑珠子区）23个乡（镇），171个行政村，近10万人的生产生活用水安全，为保灌面积近60万亩农田、林草地提供灌溉用水需求。为农牧业增产丰收、生态环境改善奠定了坚实的基础。同时，保证了年楚河干流防洪安全。

【人事管理】　管理局逐步实现了事企分开，完成了局机关、满拉水电厂二级班子的人事调整工作；按照现代企业管理模式，完成电厂二级机构的改革，落实"三定"方案，逐步理顺人事、行政、工程建设等档案管理工作。通过人才引进，局机关公招1名、电厂招录4名大学生；落实公益性岗位5名、合同制工人2名，缓解了人员紧缺的局面。

【精神文明建设】　满拉水电厂荣获自治区安全生产委员会表彰的《全区2012年度安全生产先进企业》。局党委为进一步提高广大干部职工文明行为，开展了文明礼仪实践活动，一定程度地提高了职工综合素质和行为举止，树立了单位的良好形象，职工整体面貌焕然一新。

【受援工作】　根据全国水利援藏工作会议的安排部署，按照"十二五"援藏规划，全年落实援藏项目3项，总投资281万元。

自治区农牧工作

【概况】　2013年，西藏各级农牧部门扎实推进现代农牧业进程，使全区农牧业保持了良好的发展势头。全年生产粮食96.15万吨以上（青稞66万吨）、油菜6.34万吨、蔬菜66.99万吨，分别比上年增长1.3%、0.6%和2.2%；生产肉29.21万吨、奶32.52万吨，采集冬虫夏草53700.65公斤，分别比上年增长0.9%、2.6%、50%；农牧民人均纯收入达6578元，比上年增长15%。

创新思路，统筹推进全区农牧业工作。区农牧厅先后组织召开了全区农牧业工作会议、种植业工作现场会、农区黄牛改良座谈会、全区农牧局长座谈会等会议，对农牧业各项工作进行了全面部署，对今后一个时期工作进行了具体安排。全区各级农牧部门认真贯彻落实自治区的安排部署，区、地（市）、县层层签订目标责任书，进一步细化工作任务、强化工作措施，深入基层加强对农牧业生产、重大项目建设、防抗灾工作等执行情况的监督检查，及时了解和掌握农牧业生产一线的情况，保障了各项涉农优惠政策和农牧业生产措施的全面落实。

【种植业发展】　一是落实播种面积。全区共播种农作物372.41万亩（含复种15.61万亩），增加4.56万亩。其中粮食作物245.42万亩、占总播的66%、增加5.42万亩；经济作物77.87万亩、占总播的21%、减少1.27万亩；其它作物49.12万亩、占总播的13%。粮食作物中，青稞面积增加16万亩达到180万亩；经济作物中，蔬菜面积增加0.75万亩达到38.17万亩（高效日光温室和大棚面积4.58万亩），从面积上确保了粮食、蔬菜等重要农产品供给。二是狠抓科技推动。完成机耕178.8万亩、机播173万亩、机收144.3万亩；实施测土配方施肥示范30万亩、粮油高产创建示范100万亩；建立稳固的各级麦类作物和油菜良种繁育基地12.8万亩；粮食作物主导品种推广面积达193万亩、青稞新品种"藏青2000"示范推广10.6万亩；农作物病虫害统防统治和8个蔬菜生产标准园建设示范工作初现成效。三是加大扶持力度。强农惠农政策全面落实，补贴标准进一步提高、补贴范围进一步扩大，青稞良种补贴标准由每亩15元提高到20元、粮食直补由每亩15元提高到30元、农资综合补贴由每亩15元提高到27.87元、年补贴化肥由4.8万吨增加到5.8万吨等等。四是保障农资供给。及时调运春播生产用种3.7万吨、各类农药978.3吨。

【畜牧业发展】　一是完善畜牧

良种补贴政策。制定了《西藏自治区2013年牲畜良种补贴实施方案》，投入国家资金2960万元、自治区配套资金1350万元，继续兑现牲畜良种补贴，并提高了奶牛补贴标准。二是推进黄牛改良步伐。认真研究制定畜牧业大发展的相关政策措施，编写了《2013年—2020年西藏农区黄牛改良工作方案》，对2013年和今后一个时期我区黄牛改良工作做了统筹安排。三是推进畜禽标准化规模养殖示范创建活动。制定出台了省级创建考核办法，确定自治区级畜禽标准化规模养殖示范场3个；落实国家投资600万元，推动建设畜牧（渔业）良种养殖场3个。四是强化草原生态保护工作。完成了2012年草原生态保护补助奖励机制工作自治区级终验，年内下达2012年中央财政奖励资金20.1亿元和自治区投入经费1.7亿元，两项合计约21.8亿元。同时，投资3.27亿元实施退牧还草工程建设，投资6.43亿元实施生态安全屏障建设项目；有序推进了第二次草原普查、基本草原划定、草原资源与生态监测、草原防火和鼠虫防治等工作。五是狠抓重大动物疫病防控。针对2013年以来我区重大动物疫病疫情多发频发的严峻形势，及时落实各项防控措施、调拨疫苗和消毒药品，坚持依法依规、科学处置疫情，确保了疫情迅速、果断处置。全年共向各地下拨疫情防控经费211万元、紧急调拨货值500余万元的防控应急物资，并将牲畜驱虫药生产经费由450万元增加到900万元，为疫情防控和处置提供了有力保障。六是加强冬虫夏草采集管理。全区有6个地（市）38个县开展了冬虫夏草采集活动，预计2013年全区冬虫夏草产量为53700.65公斤，比去年增产50%。

【项目拉动】　一是狠抓项目资金衔接工作。在积极衔接落实2013年农牧业基本建设项目中央投资的同时，提早启动2014年16个农牧业基本建设项目的前期工作，预计申请中央预算内投资8亿元。二是促进特色农牧业产业发展。衔接落实了农牧业特色产业项目国家投资和自治区财政资金；编制了《西藏高原重要特色农产品基地建设规划》，预计争取投资25.46亿元。三是推动现代农牧业发展进程。曲水县才纳乡和白朗县嘎东镇2个国家级现代农业示范区、拉萨市林周县和山南地区桑布日2个现代农牧业示范基地、“一江三河”现代农牧业示范基地、尼洋河国家级可持续发展试验区等建设工作扎实推进。四是狠抓项目监督管理。开展农牧业基本建设项目督导检查工作，严格执行项目建设进度月报制，督促各地（市）在确保项目建设质量的前提下加快项目建设进度，逐步在全区形成了项目建设“票子管帽子”的新格局。

【农业产业化经营】　一是加大资金扶持力度。安排项目资金2000万元、贴息贷款1000余万元，重点扶持自治区级（含国家级）农业产业化经营龙头企业24家。二是狠抓招商引资。2013年“中国光彩事业西藏行”活动中共签约农牧业和特色产业项目18个，总投资25.94亿元。其中，正式签约项目8个、9.21亿元，意向签约项目10个、16.73亿元。三是完善利益联结机制。积极开展自治区级农牧民专业合作经济组织认定工作，农牧民专业合作经济组织（已注册）发展到1850家；依托“公司+协会+农户”模式，加强企业与农村集体经济组织以及农牧民的合作，形成稳定的产供销关系、利益共享和风险共担共同体。四是调整农牧业经济结构。开展乡镇企业、农畜产品加工业、农牧民专业合作组织、一村一品相关工作，已有3个村获国家农业部“一村一品示范村镇”认定。另外，申报2个县为全国休闲农业与乡村旅游示范县、5个乡（镇、村）为全国休闲农业与乡村旅游示范点。五是增强农产品市场竞争力。引导涉农企业加强产品营销网络建设，参加第十一届中国国际农产品交易会等；组织涉农企业管理体系认证、中国驰名商标、自治区著名商标认证工作审查，并拟订了鼓励措施，积极打造高原特色农产品品牌。

【农牧业现代化过程】　一是强化基层技术力量。依托基层农技推广体系改革与建设补助项目，建立示范基地58个，培育科技示范户4740户，辐射带动9.5万人，举办项目技术指导员培训21期、培训1272人，并组织20名基层技术骨干参加了全国“万名农技骨干人才”培训；投入国家资金和整合涉农部门资金共计5180万元，实施了74个乡镇基层农技推广体系建设。二是提高农牧民综合素质。继续加强农牧民培训，预计全年培训农牧民15万人次；开展了农村实用人才带头人示范培训，共培训七地（市）基层村支部书记、村长、致富带头人以及优秀大学生村官200人，并在在3个县开展了农村实用人才认定试点工作。开展6个美丽乡村建设项目和16个美丽乡村典型人物申报工作，展示了全区新农村和新型农民的风采。三是加强技术指导。抓住农牧业生产的关键时期，组织农牧业技术人员下乡蹲点服务，把实用增产技术送到农牧民手中，落实到田间地头，有效提高了技术的到位率和普及率。四是加快农机化步伐。全年农机购置补贴规模18000万元，比2012年增加1000万元。继续提高补贴比例，备案登记的农机化合作组织补贴比例高达50%，极大的调动了群众积极性，群众配套22200万元新购置各类农机3.77万台（套），受益农户2.58万户。预计到年底，全区农业机械总动力可达510万千瓦，比去年增长2.1%。五是推进户用沼气建设。全区今年新开工完成“一池三改一棚”沼气配套建设3万座，完成大中型沼气工程2个、养殖小区联户沼气整合工程2个。

【监管工作】 一是推进农资打假和农产品质量安全专项治理行动。共出动执法检查人员1374人次，检查农资经营主体329家、农产品生产经营企业90家，整治农产品生产重点区域14个。从农产品质量安全例行抽检结果看，农畜水产品合格率分别达97%、99%和90%；从重大节日前期抽查结果看，农畜产品合格率均达100%。二是开展“放心农资下乡进村宣传周”活动。全区各级农牧部门累计出动916人次，发放藏汉双语宣传画（单）7.85万余份、光盘等110余张，举办咨询培训37场次、2.6万余人次；展销优质农资22.6吨、农机600余台（套）。另外，扎实开展了食品安全宣传周活动。三是开展“三品一标”工作。协调中国绿色食品发展中心和农产品质量安全中心，在拉萨为我区专题举办“三品一标”培训1期、培训人员97人；全年共认定无公害农产品生产基地3家、无公害农产品7个，通过绿色食品认证（续展）产品4个，通过地理标志认证产品3个。

【农牧业防灾抗灾能力】 据统计，2013全区各类自然灾害对农牧业生产造成直接经济损失达21347万元，间接经济损失约3852万元。区、地、县三级农牧系统共向灾区调运饲料3600吨，最大限度降低了灾害损失，确保了农牧业生产安全。为加强高寒牧区防抗灾基础能力，整合中央财政拨付的2011年、2012年度草原生态保护补助奖励机制绩效考评资金16700万元和自治区财政预算内投资4000万元，在6个地（市）45个县建设牲畜暖棚圈188.32万平方米，惠及9416户，并进一步加大人工种草力度，切实提高了全区高寒牧区畜牧业防抗灾能力。

【农牧区改革和信息化工作】 一是继续抓好草场承包工作。按照《关于进一步巩固草场承包工作成果的通知》要求，制定《草场承包界桩设置管理工作方案》、为70个县落实草场承包界桩经费1841.5万元，进一步巩固了草场承包工作成果。二是寻求发展对策。开展了“强农惠农富农政策执行情况‘回头看’活动”、“加快农牧民增收问题课题研究”、“西藏自治区城镇化发展规划（2013-2020年）课题研究”等调研工作，就如何完善政策提出了建议。三是探索土地流转机制。积极与农业部协调，在曲水县全国农村改革试验区努力推动土地承包经营权确权登记颁证工作，取得了较好成效。四是抓好信息化工作。做好了农产品价格信息采集上报、农牧业经济运行数据统计等工作；完成了全国农业农村信息化示范基地项目申报工作；金农工程一期（西藏自治区建设部分）通过终验，农牧业信息化程度进一步提高。

自治区林业工作

【概况】 2013年，西藏林业全年到位林业生态建设和保护资金17亿元，带动农牧民增收7.16亿元，实现林业系统生产总值21.8亿元。

【造林绿化】 完成造林绿化任务104.4万亩，占年度计划102.7万亩的101.66%。其中人工造林45.8万亩，占年度计划44.1万亩的103.85%；封山育林58.6万亩，占年度计划58.6万亩的100%。森林抚育31.8万亩，占国家下达年度任务36.8万亩的86.41%（受8.12地震影响，芒康县5万亩未完成）。

【林政资源管理】 严格森林采伐限额制度，下达年度木材生产计划119.17万立方米，占“十二五”期间年森林采伐限额210万立方米的56.7%，其中：商品材采伐计划

16.87万立方米，林区非商品材采伐计划102.3万立方米，竹子51万根；实际生产木材104.08万立方米，占年度计划的87.34%。通过逐级核实统计，下达安居工程木材供应量22.19万立方米，比计划供应量减少17.93万立方米，减少44.7%;实际供应安居工程木材19.11万立方米，占供应量的86.12%。完成全区65个县（市、区）县级林地保护利用规划的编制完善和审查备案工作。审核、审批占用征收林地项目53宗，审核、审批面积548.72公顷，收取森林植被恢复费4673.11万元。查处林业行政案件226起，查处率为100%。编制《西藏自治区2013年林业系统法制宣传教育工作要点》，积极开展“深化‘法律七进’服务科学发展”法制宣传教育主题活动，得到自治区“六五”普法中期督导检查组的高度评价。对林业系统最初申报的33项行政审批（含1项非行政审批）事项，采取取消、调整、合并、下放管理层级，确定为现有的自治区级行政审批事项3个，地、县级行政审批事项5个，县级非行政许可事项1个，确保了行政审批项目精简调整工作及时落实到位。

【生物多样性】 实施雅鲁藏布大峡谷三期、珠峰二期、色林错二期3个自然保护区基础设施建设工程，桑桑、玛旁雍错、然乌湖、昂拉错-马尔下错、麦地卡、班公错6个湿地保护工程，雅江中游保护区、年楚河、多庆错3个湿地补助项目，雅江中游、大峡谷、珠峰保护区敏感区域3个远程监测监控项目和4个濒危物种救护繁育项目。色林错国家级自然保护区功能区调整方案通过国家林业局评审，芒康滇金丝猴国家级自然保护区范围和功能区调整通过环保部初审。保护区管护能力进一步增强，协议管护员增加到900人，同比增长39.5%；管护资金增加到690.31万元，同比增长25.5%。落实2013年度野生动物肇事补偿资金自治区级财政预拨资金3321.59万元，完成2012年度补偿资金的审核工作。启动4000万元自治区财政湿地保护补助奖励试点工作。请示自治区人民政府同意，以自治区人民政府办公厅名义先后下发了《关于依法加强猎捕、出售、收购、运输、经营利用陆生野生动物及其产品管理的通知》（藏政办发〔2013〕46号）和《关于依法加强采集、运输、加工、经营利用重点保护野生植物及其产品的通知》（藏政办发〔2013〕47号），进一步规范了野生动植物管理。协助自治区人大常委会完成《西藏自治区湿地保护条例》执法检查。

【退耕还林】 完成退耕还林工程配套荒山荒地造林4万亩，封山育林7万亩，总投资1690万元。完成巩固退耕还林成果专项规划建设项目基本口粮田7000亩，后续产业建设人工饲草地3973亩、畜禽棚舍36790平方米、特色林果489.2亩，退耕农牧民技能培训9063户，补植补造2.17万亩；完成中央专项投资2609万元，中央预算内投资420万元。安排下达全区退耕还林工程粮食和生活补助及完善政策补助资金3602万元。

【防沙治沙】 实施2012年度西藏生态安全屏障保护与建设规划防沙治沙工程40万亩，完成中央预算内投资8019万元；下达2013年防沙治沙任务封沙育草16924公顷，砾石压沙13093公顷，草方格8570公顷，挡沙堤4.26公里，城镇居民点沙害治理2500公顷，机械固沙130公顷，总投资12000万元；申报2014年防沙治沙任务封沙育草10376公顷，砾石压沙13902公顷，草方格15245公顷，城镇居民点沙害治理2400公顷，申请投资12000万元。在调查摸底的基础上，组织开展西藏自治区2011年—2020年防沙治沙规划编制工作，规划总任务408万亩，主要建设内容包括封沙育草、封沙育林、农田防护林、防风固沙林、工程治沙等。根据国家林业局关于沙化土地封禁保护补助试点项目申报相关要求，开展沙化土地封禁保护补助试点项目调查、规划、申报工作，在全区沙化土地较重范围内选取噶尔县作为国家沙化土地封禁保护补助试点项目县，项目分两年实施（2013年—2014年），总投资2000万元（已下达2013年度建设资金1000万元），工程主要建设内容包括封禁基础设施建设、监管能力建设和固沙压沙及人工促进自然修复建设等。申报2013年度自治区防沙治沙财政专项资金项目11个，项目建设总面积2.76万亩，总投资2739万元。

【防控林业灾害】 在全区范围内开展为期一个月的“天网行动”，出动警力364人次，车辆161台次，开展普法教育15次，清查整治古玩城、花鸟市场等35处，清理取缔小摊点、小档口、小店面、小柜台等10个，办理各类案件12起,处理违法犯罪人员9人、收缴野生动物9头（只）、野生动物皮张80张、藏羚羊绒50斤，涉案财物共计160万元。协助青海省森林公安局成功破获一起特大出售珍贵濒危野生动物案件。在区公安厅技侦部门的大力协助下，成功破获一起特别重大收购、运输藏羚羊毛、绒案，收缴藏羚羊毛、绒605.4斤，抓获犯罪嫌疑人1人，此案已移送检察机关。有效开展H7N9禽流感病毒各项防控工作，实施野鸟采样445份；加强日常监测防控工作，消除监测盲区，建立非保护区、非公益林范围野生动物分布区监测工作机制，新增协议监测员76人，落实监测经费50万元；监测发现野生动物非正常死亡499只（羽）。开展阿里雪灾动物灾害拯救工作。自2012年秋季进入防火期以来，全区仅发生1起一般森林火灾，创造了我区森林防火工作有统计数据以来的历史最好水平。完成林业有害生物防治任务413.86万亩，其中，虫害防治面积200.36万亩，病害防治面积123.71万亩，鼠（兔）害防治面积89.79万亩；办理《植物检疫要求书》202份，《出省植物检疫证》30份。

【工程项目管理】 到位林业生态保护与建设资金17亿元，各项工程开复工情况良好。在做好在建项目的同时，根据国家投资意向和上报项目的要求，积极主动加强与国家林业局和自治区发改、财政等部门的沟通衔接，并且根据项目的自身差异、投资渠道、投资额度等的不同，选择不同的设计单位，以保证可行性研究报告的质量和水平，确保项目的储备量和项目、资金的到位率。上报2013年林业固定资产中央政府投资项目森林防火综合治理工程可行性研究报告7个；完成2014年防护林体系、防沙治沙、湿地保护与恢复、林木种苗工程、天然林保护工程（封山育林）、退耕还林荒山荒地造林和拉萨周边防护林工程建设经费和森林生态效益补偿基金、退耕还林钱粮补贴、森林抚育、自然保护区补助、造林补贴、湿地保护补助、林业科技推广示范、森林公安转移支付等项目经费的申报工作和贫困林场补助资金、石油价格补贴2014年度资金申请工作；编制完成2013年农业综合开发林业生态和名优经济林示范项目实施计划6个。完成部分林业竣工项目的检查验收和“十二五”规划建设林业项目中期评估。

自治区商务工作

【概况】 2013年，全区社会消费品零售总额实现286亿元，同比增长15.1%；进出口贸易总额实现33.19亿美元，同比下降3.1%，其中边境贸易总额19.24亿美元，同比增长14.08%；边民互市贸易额7.2亿元人民币，同比增长10.8%；全年合同利用外资新增1.02亿美元，实际利用外资新增1.01亿美元。

【整资源、抓项目】 一是加强项目管理。成立项目办，建立项目库，当年入库项目578个，投资总额134亿元。二是整合内贸结余资金。会同区财政厅出台《关于2013年整合资金重点支持项目有关事项的通知》，明确了流通领域19个重点支持项目。三是整合外经贸发展专项资金。会同区财政厅形成了《外经贸发展专项资金管理办法》，加大了外经贸区域协调发展促进资金、中小企业国际市场开拓资金和外贸公共服务平台资金统筹使用力度。四是积极筹建“南亚商品城”。起草了《关于在拉萨市建设南亚商品城的请示》上报自治区政府。

【建体系、促流通】 一是启动了《西藏自治区城乡商业网点规划》、《西藏农牧区市场体系建设规划》编制工作。二是推进农牧区现代流通网络建设。全年投入4800万元，新建或改造“万村千乡”农家店1400个，配送中心69个，乡镇商贸服务中心20个，农家店县、乡、行政村覆盖率分别达到100%、97.37%和94.08%。三是“农超对接”试点工程启动。制定了以拉萨和日喀则作为试点的“农超对接”试点方案并付诸实施。四是新农村现代流通服务网络工程稳步推进。全年落实工程项目资金1119万元，同比增长3倍，初步建立以县城供销社为依托，乡镇、村网点为脉络的农牧区经营格局。五是现代流通服务业加快发展。引导拉萨百货、百益百货、圣美家超市率先开展网上电子商务交易；建立“西藏特色农产品电子商务平台”，缓解了农牧民“买难卖难”

问题。“家政服务工程”积极推进。免费培训3000余名城镇下岗职工和农牧民，就业率达95%以上。拉萨市家政服务网络中心加盟企业超过300家；投资1930万元的日喀则市家政服务体系建设项目投入运营。累计投资2300万元，在我区建成的包括1个集散市场、2个分拣中心、66个社区绿化回收网点的再生资源回收体系整体发展平稳。以展促销效果明显。通过举办拉萨雪顿节、日喀则珠峰文化节、山南物资交易会和那曲虫草节等特色展会，拉动了消费强劲增长。再生资源回收体系初步建成。

【稳市场、抑物价】 一是生活必需品数据监测体系日臻完善。生活必需品监测体系已覆盖14家大型流通企业，共涉及17类53种商品。二是扩大国家级储备规模。成功增加4200吨冻猪肉、200吨冻牛肉、300吨冻羊肉国家级储备。三是投放储备平抑市场价格作用明显。针对去年年底老百姓“吃肉难、吃肉贵”问题，分别投放牛肉910吨、冻牦牛肉400吨，投放价格较市场价格低22%。四是建立健全生活必需品储备机制。从储备的品种、规模和布局入手，完善自治区副食品储备工作方案，储备管理的科学性、系统性和长期性得到加强。五是碘盐配送力度加大。完成全年配送农牧民食用碘盐13823吨任务；投资2917万元建设的林芝、山南、日喀则三地碘盐配送中心和拉萨配送中心成品库项目稳步推进。

【加大市场整治力度】 一是协调开展打击侵权假冒、生猪私屠滥宰等专项行动取得成效。利用“3.15”、“5.15”等时机，出动执法人员2万多人次，查处各类侵权假冒案件9千多件，涉嫌金额超过300万元，罚没物品5900多件，捣毁制假售假窝点40多个。二是深入开展大型零售企业违规收费自查自纠工作，引导企业落实明码标价。三是出台了《西藏自治区零散成品油销售审批管理办法》，创建了“一卡通”管理模式，成品油市场监经营秩序得到规范。，四是生猪屠宰场（点）升级改造力度加大，投入550万元对生猪定点屠宰企业进行标准化升级改造。

【优化三外发展环境】 一是会同区财政厅出台《西藏自治区贸易促进奖励资金管理暂行办法》，鼓励和引导扩大自产产品出口和边贸出口倾斜，良性奖励机制逐步形成。二是围绕建设南亚贸易陆路大通道的总体目标，口岸基础设施不断完善。编制完成《西藏自治区口岸总体规划》和《吉隆口岸中长期发展规划》，吉隆口岸跨境经济合作区前期论证工作全面完成。三是建设基地和边贸市场，培育西藏外贸新优势。组织拉萨家用纺织品（藏毯）基地赴商务部参加评审，荣膺国家级基地称号；落实山南玉麦、阿里扎西岗典角和楚鲁松杰三个边贸市场建设项目资金600万元。四是跟踪服务，优化外资经营环境。做好拉萨啤酒、瑞吉酒店、香格里拉酒店、天圆矿业等重点外资项目的跟踪管理，在外方人员进藏、增资等变更事项上做好审批服务工作。五是积极引导，加快推动自治区企业“走出去”。会同区财政厅出台《西藏自治区对外投资合作专项资金管理办法实施细则》；借助国家援尼项目培育我区对外经济技术合作骨干龙头企业。六是加强援助，促进藏尼经贸发展。完成援尼10所学校勘察设计任务；组织开展吉隆口岸尼方一侧旱码头项目的可行性考察。

【提升商贸发展质量】 一是在加德满都成功召开了中国西藏与尼泊尔经贸协调委员会第4次会议。成功推动2013年我国对原产于尼泊尔的7831个税目商品实行“零关税”政策，较2010年增加2619个。二是在日喀则成功举办第十四届中国西藏—尼泊尔经贸洽谈会，184家企业参展，参展商品300余种，签订贸易合同或意向共计3893万美元，较2009年洽谈会增长86.54%。三是组织企业区外参展。全年组织参加19个展会，签订产品销售协议金额1.34亿元人民币，签订引资项目合同5个，合同金额12.5亿元。四是组织企业国外参展。在英国举办的中国品牌商品欧洲展上，拉萨皮革、优格仓藏香、金哈达羊绒、刚坚茶叶等品牌特色产品第一次直接面对欧洲的销售商和消费者。五是抓好“中国光彩事业西藏行活动”签约项目落实工作。

自治区文化工作

【公共文化设施网络不断健全】 2013年，全区543个乡镇综合文化站和39个县民间艺术团排练场所建设项目投资超额下达，总额达5.5亿元。382个乡镇综合文化站和7个县民间艺术团排练场建设项目竣工。下达城市公共文化设施建设项目投资4525万元，那曲、山南地区图书馆完成主体工程，区地市图书馆、群艺馆改扩建前期工作基本完成，区地市博物馆建设前期工作进展顺利。新安排了384个乡镇文化站、33支县民间艺术团和6个地区专业文艺团体设备采购和维修改造项目。全区各地市县通过各种途径，建成文化广场1616个。

【免费开放不断推进】 制定出台了《西藏自治区公共文化服务设施免费开放工作准则》，开展了全区免费开放督导，表彰奖励和宣传推广了一批先进经验和典型。萨嘎县综合文化活动中心、当雄县民间艺术团、拉萨市俄杰塘社区文化中心、山南雅砻民族文艺有限责任公司演出队等4个单位被中宣部、文化部等授予全国服务农民、服务基层先进单位。全年各级公共文化设施开展免费开放活动近1万场次，受益人数达到310万人次。

【文化下乡】 向基层捐赠各类图书3万余册、优秀剧（节）目光盘20多万张。配合新旧西藏对比教育活动，举办了《新旧西藏对比展》，同时制作413个展板和1200张光盘，赠送到全区各级各类学校。全区专业文艺团体和县民间艺术团下乡演出近3000场次，新创作节目突破1000个，创历史新高。

【群众文化活动】 举办了“移动杯”全区民歌大赛、“甘露杯”全区曲艺大赛和“畅想中国梦喜迎国庆节”全区干部职工书法美术摄影大赛等活动。各地（市）和县开展的群众性、常态化品牌文化活动达到90个，全区乡村文艺演出队全年开展自娱性文艺演出8400余场。拉萨市开展“幸福拉萨规范舞”学跳活动3000余场次，参与人数达到300余万人次。

【示范创建取得初步成果】 林芝地区示范区创建工作通过国家验收，成为区内首个国家级公共文化服务体系示范区，为西藏公共文化服务体系建设提供了有益思路和经验。山南地区获得第二批示范区创建资格，江孜县“基层群众自办文艺团队建设机制”、昌都地区“公共图书馆服务拓展与创新机制”获得示范项目创建资格。山南地区制定出台了创建规划，全面启动了创建工作。群众文艺作品和公共文化服务创新项目获得广泛认可。在第十六届“群星奖”决赛中，区群艺馆、拉萨市、日喀则地区选送的舞蹈《舞动雅江》、《大地之舞》、《酥油情》、《查琼拉》和藏戏片段《卓瓦桑姆》等5个节目获作品类“群星奖”。自治区图书馆拉萨便民警务站“便民书窗”服务网点，林芝地区民族特色群众广场文化活动，自治区群艺馆全区性示范性群众文艺汇演机制，日喀则地区珠峰文化旅游节等4个项目获项目类“群星奖”，两名同志获“群文之星”荣誉称号，创造了历史上最好成绩。拉萨市群众文艺作品《阿谐》荣获全国电视舞蹈大赛金奖。

【文艺创作成果】 2013年，把打造和提升文艺精品，开展优秀剧节目演出作为推进文艺精品战略的重要途径，有效提升了西藏文化在全国的影响力。对文艺创作的引导不断加大。紧紧围绕社会主义核心价值体系、“中国梦”、“六个西藏”建设等重大主题，深入开展了采风、创作和演出活动，文艺作品的政治和思想导向得到不断彰显。文艺创作成果突出。全区共有55个项目和个人荣获省部级以上奖励。与中央民族乐团联手打造推出了2013年新年音乐会《西藏春天》，并赴成都等9个城市巡演。大型民族歌舞《魅力西藏》获第十届中国艺术节“文华优秀剧目奖”，话剧《解放，解放！》继获得国家舞台艺术精品工程奖之后，再获第十届中国艺术节“文华剧目奖”和第七届全国优秀话剧展演“优秀展演奖”。成功举办了第二届全区专业电视舞蹈大赛，新推出优秀作品35个。传统藏戏《白玛文巴》改编舞台剧并与观众见面，完成《诺桑王子》创编工作。地市专业文艺团体在全区性重大文化艺术活动和区域性品牌活动中，创作和推出了一大批优秀舞台文艺作品。文艺人才不断涌现。区藏剧团班典旺久摘得第26届中国戏剧“梅花奖”，区话剧团阿旺仁青获第十五届“华表奖”优秀新人男演员奖，区歌舞团次仁央宗获第十五届全国青年歌手电视大赛民族唱法第四名。桑丹、扎西次旺、刘一澜、卓玛、次仁拉宗等同志在全国文艺创作和演出比赛中获优异成绩。

【文化遗产保护】 文化遗产保护长效机制建设不断加强，文物、非物质文化遗产和古籍保护工作得到积极推进，在中华民族特色文化保护地建设上迈出了新步伐。文物保护再创新绩。一批重点文物保护维修项目顺利开工，国家级和自治区级重点文物保护单位数量得到进一步增加，文物保护名录体系和保护工作机制不断完善。野外文物看管人员得到落实，全区文物安全得到进一步加强，文物展示和利用手段不断提高。文博单位接待服务能力和水平得到不断提升。非遗保护成果显著。全年安排保护专项资金3000多万元。新命名101个自治区级项目，总数升至323项。全年新增传习展示基地83处，总数达到113处。开展了第二批国家级生产性保护示范基地，第四批国家级项目、保护利用设施建设储备项目等申报工作。开展了第三批自治区级传承人申报和藏医药申报联合国“人类非物质文化遗产代表作”工作。2名传承人荣获传承人“薪传奖”。成功举办了全区第二届藏戏大赛暨全国藏戏学术研讨会和“西藏非物质文化遗产手工技艺精品展”等系列展示活动。“西藏唐卡画院”、“藏戏艺术展示厅”正式挂牌并对外开放，成为西藏非遗保护的重要展示窗口和交流平台。《西藏自治区实施<中华人民共和国非物质文化遗产法>办法》顺利通过一审，有望2014年上半年出台。昌都地区启动了数据库建设，并列入全国非遗数字化保护工程试点。林芝、那曲地区投入大量人力物力，开展了文化资源系列丛书的编撰工作。古籍普查有效推进。自治区政府颁布了《关于加强我区古籍普查保护工作的通知》，成立了古籍保护专家委员会。基本完成了林芝、山南、拉萨面上普查和第五批国家珍贵古籍申报工作。启动了那曲、阿里普查目录编撰工作，出版了一批普查和保护成果图书。布达拉宫等4个单位列入全国古籍重点保护单位名录，124部古籍列入第四批全国珍贵古籍名录。那曲和阿里地区高度重视古籍普查工作，积极投入人力物力财力，率先完成了全面普查任务，为推进全区古籍普查工作做出了重要贡献，得到了文化部和全国古籍保护中心的高度评价。

【文化产业发展】 积极发挥文化行政部门在助推文化产业发展中的职能作用，强化措施和手段，促进了文化产业发展。文化企业不断壮大。新批准成立近200家文化企业，批准公布了9家文化产业示范基地和1家示范园区，自治区级示范基地和园区达到17家。服务平台不断完善。组织文化企业参加了北京文化创意产业博览会，现场交易额达到600多万元，创历史新高。举办了第三届西藏唐卡艺术博览会，销售额近272万元。参与“中国光彩事业西藏行”等招商引资活动，实现文化产业引资7亿元。完成了《藏羌彝文化产业走廊—西藏自治区专项规划》的编制上报和第一批自治区级示范基地年度目标考核工作。重点项目有效推动。拉萨市文化旅游创意园区建设和《文成公主》投放市场取得突出成果，日喀则江洛康萨产业园等地域性文化产业项目建设全面启动。林芝地区《寻找香巴拉》、山南地区《雅鲁藏布情》等演艺产品投放旅游市场获得初步成果。林芝地区立足特色文化资源，制定和实施文化产业整体发展规划，开展了系列特色文化产品的研发、推广等工作。文化市场监管有效。开展了文化市场审批项目专项清理，加大了网络市场、歌舞娱乐场所和经营性演出活动的监管力度，确保了文化市场绝对安全。

【文化交流】 加强和改进“走出去”与“请进来”工作，有效宣传了西藏文化保护与发展成果，增进了西藏各族人民对中华文化的认同。全年对外文化交流共组团7批165人次，圆满完成了“泰国·2013年欢乐春节”、“德国·西藏文化周”、“澳门·内地春节习俗展演”等文化交流活动。邀请天津、重庆、山东、陕西省市文化志愿者在我区开展了展览、培训、捐赠、演出、采风等活动19场。

【人才队伍建设】 把加强队伍建设作为实现文化繁荣发展的重要前提，适应文化发展的专兼职队伍逐步形成。党建工作成效明显，“三个培养”成绩显著，各级领导班子得到进一步加强，凝聚力、战斗力明显增强。新批准成立了16支民间艺术团，全区民间艺术团达到67支。全区乡村业余文艺队达到

2446支，演员人数达到4万余人。林芝、山南、拉萨等地落实了乡镇文化站人员编制，全区乡镇文化站管理人员达到1802名，部分县解决了县综合文化活动中心和民间艺术团事业编制。日喀则、山南地区率先一次性地将18个县民间艺术团演员纳入了公益性岗位，解决了演员的后顾之忧，有效稳定了队伍，为全区起到了示范作用。全年在区内外举办了全区性培训班近20期，受训人员达到1000多人。

自治区文物工作

【概况】 2013年，严格执行《文物保护法》，正确把握文物工作方针，紧密结合党的群众路线教育实践活动，深入贯彻落实党的十八大、十八届三中全会和习近平总书记一系列重要讲话精神，依法保护，依法管理各项工作取得显著成绩。

【领导关怀】 2013年4月初，中央政治局常委、全国政协主席俞正声、国务委员、公安部长郭声琨等中央领导分别就西藏文物保护工作作出重要批示。陈全国、白玛赤林、洛桑江村、邓小刚公保扎西、董云虎、甲热·洛桑丹增等自治区主要领导也就做好文物保护工作多次做出重要批示、指示。2013年，是自治区党委、政府对文物工作安排部署最实的一年。2013年4月9日，陈全国书记主持召开第44次区党委常委会，专门研究文物安全工作。4月12日，自治区党委、政府召开电视电话会议，全面安排部署严厉打击文物犯罪专项行动。4月5日，自治区副主席甲热·洛桑丹增主持召开政府专题会议，传达中央领导和自治区领导批示精神，研究加强文物安全管理特别是野外文物看管工作，部署落实领导批示。

【文物保护】 2013年，公安部、国家文物局派出联合工作组进藏，实地考察了阿里地区札达县文物安全工作，对加强西藏文物安全工作提出了具体要求。联合自治区公安厅在全区范围内开展了打击整治文物犯罪专项行动，一批犯罪分子被绳之以法，追回文物13件，取得了明显成效。

以区党委、政府名义召开了全区文物安全工作专题会议，与区财政厅联合下发了《关于开展野外文物点保护管理工作的通知》，将全区246处野外文物保护单位纳入统一管理，出台了《西藏自治区野外文物保护单位看管人员管理办法（试行）》，实现了我区各级文物保护单位管理无空白、工作无盲区。与区统战部门协商，明确寺庙管理机构文物保护职责，并成立了相应的机构。切实加强了对野外文物和寺庙文物的管理和保护。联合旅游执法部门对日喀则等地区及重点边境县110多处文物保护单位进行检查和调研，对破坏文物保护单位风貌和管理模式不符合法律法规要求的单位进行现场整改。配合自治区人大常委会，利用2个多月时间，深入拉萨、山南、日喀则等地9个县27个文物保护单位进行了文物执法检查，特别是拉萨市高度重视，文物执法力度大，成效明显，依法纠正了一批违规违法历史遗留问题。启动了布达拉宫雷电灾害防御基础工作。联合消防等部门开展了自治区级以上文物保护单位大检查。据初步统计，2013年全区各级文物主管部门累计组成50多批、200多人次文物安全专项检查组深入全区各级文物单位实地开展文物安防、消防和施工现场安全大检查；累计筹措资金483余万元，用于加强基层文物单位的安防、消防工程建设；布达拉宫雪城、罗布林卡、西藏博物馆推广应用分布式文物古建筑高压喷雾灭火系统试点工作进展顺利。2013年自治区人民政府授予区文物局“全区消防安全先进集体”荣誉。2013年，我区20处文物点被列入第七批全国重点文物保护单位，181处文物点被列入第六批自治区级文物保护单位。至此，我区全国重点文物保护单位数量升至55处，自治区级文物保护单位数量升至391处。各地市文物“四有”工作和市县级文物保护单位审核公布工作有序推进。

2013年10月，邀请国家文物局“文物保护科技援藏”调研组进藏，了解西藏自治区文物保护科技的基本现状、存在的问题，召开了“文物保护科技援藏座谈会”。为贯彻落实会议精神，委托上海博物馆、浙江丝绸博物馆等国家文物保护科研基地安排有关专家进藏开展前期工作，共同编制文物科技保护技术方案。

【文物保护工程】 “十二五”期间文物保护项目数量创历史新高，达到了46个，资金投入创历史新高，达到10.9亿元，46个项目相关工作进展顺利，其中小昭寺安消防配套工程，亚东古驿站、党校工委礼堂、聂唐卓玛拉康保护维修工程、强巴林寺等5个项目已竣工，敏竹林寺等24个项目开工建设，开工率比去年同期增长了42%；哲蚌寺配套工程等7个项目正在组织招标；白居寺等7个项目已上报相关单位进行审批；乃宁曲德寺等3个项目正在开展编制保护规划及方案工作。截止目前，累计下达资金4.4亿元，资金到位率比去年同期增长60%。；累计完成投资3.2亿元，比去年同期增长72%，提前完成了自治区政府年初确定的投资任务。组织实施了达隆寺等10个抢救性项目，总投资3254.97万元，项目进展顺利；同时积极争取2013年专项补助经费7670万元，创历史新高。2013年自治区财政厅下达全区5处抢救性项目经费2436.93万元。为确保“十三五”期间全区文物保护项目能够科学、有序的开展，及早部署各地市文物局积极开展项目的前期储备工作。目前“十三五”项目储备库共筛选文物保护项目125个，所需资金25亿元。

【考古、鉴定工作】 2013年是开展文物调查、考古发掘及考古研究等科研项目最多的一年，共计开展项目33项，其中自主开展及与国内科研机构、大学院校合作开展项目18项、开展国家社科基金研究项目2项、开展配合国家大型基本建设中的文物保护工作13项，取得一系列重要研究成果，得到了国家文物局及国内外文物保护、藏学研究等学术界的一致好评。成立专门的第一次可移动文物普查工作组织领导机构和办事机构，举办了全区可移动文物普查指导员和技术骨干培训班，从区直文博单位挑选29名业务骨干组建了普查文物认定专家库，积极落实前期启动经费61万元，我区的可移动文物普查工作全面启动。对收缴的324件文物进行了鉴定、建档工作；对涉案文物进行了26起专家司法鉴定；组织鉴定专家赴拉萨墨竹工卡县、昌都丁青县拉托寺对1816文物进行了鉴定；布达拉宫管理处、西藏博物馆完成1951件文物建档工作，布达拉宫管理处完成了1100多平方米的殿堂和回廊的壁画拍摄、题记抄录工作；2013年西藏博物馆共征集民俗藏品50件（组），接受捐赠464件，接收海关移交的罚没文物225件，进一步充实了馆藏品。

【文物展陈宣传】 组成考察组赴内地相关博物馆学习考察建设、管理的先进经验和理念，取得了很好的效果。邀请西南设计院的专家，结合西藏博物馆的馆藏文物量和实际需求，正在编制改扩建项目方案。全力支持西藏牦牛博物馆建设。全区首家民间博物馆——墨竹工卡县兵器博物馆基本建成。作为“十二五”项目的地（市）博物馆建设顺利推进。举办了《雪域瑰宝》等十余个内容丰富的展览。拉萨市八廓街老城区的清代驻藏大臣衙门旧址陈列馆、根顿群培专题馆顺利开馆，展览引起了强烈的反响，目前参观人数多达38万多人次；认真组织开展了“文化遗产日”宣传咨询活动，进一步提升了全民的文物保护意识。组织开展了以“记忆+创造力=社会变革”为主题的“国际博物馆日”宣传咨询活动，举办了社会各界参加的“唐卡保护座谈会”，取得了良好效果；以加强基础设施建设、提升讲解人员水平、增强服务能力、树立窗口形象为突破口，接待工作安全平稳。截止目前，共接待179.51万人次，同比增长20.48%，是接待人数最高的一年。

【队伍建设】 按照区党委和文化厅党组的统一安排部署，扎实开展党的群众路线教育实践活动，认真查摆“四风”、“两问题”，结合实际，制定整改方案，加强制度建设，切实提升了文物工作的全局意识、服务意识，牢固树立了群众观念，转变了工作作风。由局领导班子成员带队分别赴七地市17县，100多个文物点进行调研，在现场解决存在的突出问题及困难。第二批驻村以来，认真完成“五项任务”，全力支持村党支部第一书记全面履职。同时，文物系统党员干部赴驻村点走访群众463人次，与基层群众结对子144户，筹集资金253.1万元，帮助解决问题28项。区、地、县三级文物管理机构和区直文博事业单位的建制和人员编制得到进一步增强。自治区编委特批了布达拉宫、罗布林卡管理处殿堂管理科，配备了专职人员；区直文博单位相继成立了党委、安排了专职书记，极大地提升了我区文物保护管理的整体实力。在认真组织开展干部培训的同时，深入开展“三个培养”活动，全面提升现有干部队伍整体素质和能力，积极引进专业人才，切实加强了干部队伍建设。

自治区卫生工作

【农牧民医疗保障】 2013年1月1日，新修订的《西藏自治区农牧区医疗管理办法》颁布施行。《办法》调整提高了参加个人筹资和未参加个人筹资的农牧民在乡（镇）卫生院、县（市、区）定点医疗机构住院费用的报销比例。将先心病、糖尿病、肺心病等20种重大疾病纳入农牧区医疗大病特殊门诊疾病范畴。新生儿出生当年自动享受农牧区医疗政策。农牧区医疗制度持续保持全覆盖，参加个人筹资的农牧民达96.23%，政府补助标准从人均300元提高到340元，农牧民大病报销补偿最高限额达6万元。扩大了农牧区定点医疗机构范围，驻藏部队、公安及非公立医疗机构按程序可申请成为农牧区医疗定点机构，农牧民群众看病就医选择范围更广、更方便、快捷。

2013年，自治区按人均5元标准为全区农牧民投保1150万元，继续实施农牧民大病补充商业医疗保险，农牧民住院费用和特殊病种大额医疗费用超过农牧区医疗报销补偿最高支付限额的部分，区人保财险西藏分公司100%给予赔付，最高可达7万元。年内共理赔150起，金额492.26万元。

【卫生惠民工程】 继续实施城乡居民暨在编僧尼免费健康体检、儿童先心病免费救治以及白内障复明手术重大卫生惠民工程。2013年对2575884名城乡居民和27331名在编僧尼实施了健康体检，完成率达99.2%和100%；累计初筛和复查儿童1117049人次，确诊先心病患儿2597人，基本完成儿童先心病救治任务；实施白内障复明手术1404人。

【卫生队伍和项目建设】 2013年，自治区政府印发了《西藏自治区卫生人力发展规划（2013—2020）》，确定了今后一个时期加强卫生人才队伍工作的指导思想、目标任务和具体措施。着力提升卫生人员服务能力水平，为基层医疗卫生机构公开招录专业技术人员845名，乡（镇）卫生人员达3049名，平均每个乡（镇）达4名以上。村卫生人员达11099名，与去年相比增加了4000余名，平均每村达2名以上，待遇从人均200元/月，提高到人均300元/月，基层卫生人才队伍得到了加强。

国家和自治区下达投资2.8亿元，启动了自治区高原生命科学研究所，食品安全风险监测体系，第三人民医院周转房，全科医生临床培养基地项目建设。实施了88个乡（镇）卫生院、2个社区卫生服务中心标准化、29个县级急救体系、浪卡子和桑日县医院藏医部和6个县疾控中心项目建设。区第三人民医院竣工投入使用。区藏医院改扩建和国家中医（民族医）临床研究基地第一期建设项目进展顺利。自治区儿童医院（自治区妇幼保健院）完成用地选址，前期工作扎实推进。

国家下达资金1.8亿元和1.4亿元，实施了县级医院能力、县级妇幼保健和综合医院儿科能力建设项目，为自治区级医疗机构和74个县（市、口岸）卫生服务中心配置了DR、全自动生化检测仪、彩超等医疗设备。为县乡级配备急救车、巡回医疗车和流动服务车118辆。自治区安排资金2000万元为昌都、阿里各配备一组应急流动医院车辆和设备。全区医疗卫生服务体系得到进一步完善。

【医改工作】 一是在政府办基层医疗机构和行政村卫生室全面实施基本药物制度，取消药品加成，实行药品零差率销售，药品总体价格平均降幅达15%，农牧民就医药品费用支出明显降低。出台了《西藏自治区医疗服务项目价格》，调整了医疗服务项目，规范了医疗服务价格管理。二是基本公共卫生服务项目稳步实施，建立城乡居民健康档案257.6万份；通过电台、报纸、电视台等媒介大力开展健康知识进学校、进家庭、进企业、进人群聚集地的“四进”活动，城市居民健康知识知晓率和卫生行为形成率分别达85%和68%，农村居民达50%和30%。慢性非传染性疾病综合防控示范区创建工作在拉萨市城关区和林芝、日喀则地区启动实施。0—6岁儿童健康管理、孕产妇健康管理、老年人健康管理、Ⅱ型糖尿病患者健康管理、重症精神疾病患者管理等工作稳步推进。三是重大公共卫生服务项目取得积极成效，为15岁以下儿童补种乙肝疫苗工作和农牧区改厕工作提前超额完成；农牧区妇女孕前期和孕早期补服叶酸8700人；农村妇女乳腺癌、宫颈癌筛查项目县由4个扩大到13个，共筛查农牧区妇女1.7万人（次）。四是妇幼工作得到加强。自治区政府印发了《关于进一步推进全区妇幼卫生工作的指导意见》，明确了今后一个时期我区妇幼卫生事业发展的指导思想、目标任务和政策措施。农牧区孕产妇住院分娩报销补偿政策得到全面落实，住院分娩补助发放人数达26390人次，补助金额503.3余万元。发放叶酸19084人/次。孕产妇和婴幼儿死亡率从2012年的176.12/10万和24.84‰，下降到了2013年的154.51/10万和19.97‰，住院分娩率从73.31%，提到到了82.33%。通过为住院分娩的孕产妇购买了孕期疾病和新生儿疾病医疗保险，在17个县实施贫困地区儿童营养改善试点项目，采购营养包507万包,向1.3万余名6个月至2岁的婴幼儿发放等工作，进一步保障妇女儿童健康权益。五是卫生应急能力不断提高。组建成立了西藏自治区国家突发急性传染病防控队，队伍建设按40人规模组建，中央财政共投入专项资金1503万元，配置了包括应急指挥平台、P2实验室监测平台、采样防疫平台、后勤保障平台等9台车辆及个人携行装备。健全完善了自治区级卫生应急专家库。圆满完成了阿里、日喀则持续大范围强降雪、墨竹工卡县“3.29”特大地质灾害、嘉黎县忠玉乡洪灾和昌都左贡地震等突发公共事件卫生应急工作，有效处置了那曲等地发生的6起食物中毒事件，累计出动医疗卫生技术人员400余人次，发放药品和卫生应急物资达300余万元。六是食品安全与卫生监督能力不断提高，基层卫生监督协管员达1273人，覆盖所有乡（镇）。为自治区级食品安全风险监测机构配备价值520万元的6种设备。完成1390万元的食品安全与卫生监督检验设备采购前期工作。切实加大经常性卫生监督执法工作力度，监督检查公共场所8818户次，供水单位424户次，医疗卫生机构和采供血机构542户次，学校643户次，合格率均在95%以上。大力开展专项监督检查，日供水量千吨以上集中式供水水厂、学校自建供水设施和居民住宅区二次供水监督检查覆盖率达100%；医疗机构医疗废物处置、放射诊疗和医疗广告监督检查覆盖85%以上，整改医疗机构13家；整顿医疗秩序、打击非法行医专项行动持续开展。

【藏医药事业发展】 不断加强藏医药能力建设，组织申报民族医院能力建设项目10项；《农村医疗机构藏医药特色优势重点专科建设项目》9项；临床重点专科建设项目3项和名老藏医药专家传承工作室建设项目5项。4项“重大新药创制”科技专项通过国家评审。藏医药重点学科、重点专科、国医大师工作室、名老专家工作室、适宜技术推广平台建设和师承教育等重点专科项目全面实施。开展了基层藏医藏药情况调研和藏医药产业课题调研以及西藏中（藏）药资源普查工作，制定《西藏自治区藏医药服务体系建设项目总体方案》，启动实施基层藏医药服务能力提升工程。积极推进藏医药规范化管理工作，制订《藏医特色疗法操作规程》、《县级藏医医院建设标准》、《乡卫生院藏医科建设标准》，起草了《十二五期间藏医药标准体系框架目录》，出版了《藏医适宜技术手册》、《藏医护理操作规程》。重视藏医人才培养工作，171名师承人员取得了《藏医学师承出师证》。10名指导老师和20名继承人被纳入国家第五批师承教育项目。

【外事交流】 世界卫生组织西太区主任申英秀一行，对西藏自治区基层卫生工作开展情况作了考察，充分肯定了西藏区的工作。中澳西藏卫生能力建设项目和美国—加拿大赛瓦基金会西藏视觉项目稳步实施。派员赴新加坡执行了中新中医药协议任务；参加了WHO在澳门召开的传统医学战略2013—2014全球发布会暨高层会议，大力宣传介绍西藏区藏医药事业发展取得的成就。

【党的群众路线教育实践活动】 根据党中央和自治区党委部署要求，在全系统深入开展党的群众路线教育实践活动，圆满地完成了教育实践活动各项“规定动作”，并结合行业实际，创造性地开展了形式多样的“自选动作”。在教育实践活动中80余名领导干部开展进村入户、结对认亲交朋友活动，选派60余名藏、西医和卫生防疫专业技术人员分两批赴那曲比如县开展巡回医疗，卫生系统党的群众路线教育实践活动取得阶段性成效。

自治区食品药品监督管理工作

【概况】 2013年，全区已基本建成由同级卫生部门管理的自治区、7地（市）、74个县三级食品药品监管体制。自治区食品药品监督管理局设办公室（政策法规处）、食品许可处（保化处）、食品安全监管处、药品注册处、医疗器械监管处、药品安全监管处6个内设机构和4个直属事业单位：自治区藏药审评认证中心、自治区食品药品检验所（自治区医疗器械检测中心）、自治区食品药品稽查局和自治区药品不良反应监测中心（自治区药物滥用不良反应监测中心）。全区现有药品生产企业21家、批发企业41家、零售企业341家；医疗器械生产企业2家、经营企业271家；保健食品生产企业17家、经营企业300家；化妆品生产企业3家；餐饮服务单位17691家。

【食品药品打假治劣】 截至2013年底，全区食品药品违法立案99起，总涉及金额200余万元；公开监督销毁过期失效药品118个品种，货值80余万元。尤其在保健食品打“四非”、药品领域“两打两建”、餐饮服务食品安全整治等工作中，充分发挥与公安、质监、工商等部门的联动作用，深挖各类违法违法行为线索，加大查处力度，消除了易诱发食品药品安全事件的各种不安全、不稳定因素，防范了食品药品安全事故的发生。

【食品药品抽验检验】 完成药品国家评价性抽验2个品种，279批次，完成监督抽验59个品种，67批次。完成医疗器械抽样5个品种，42批次。完成餐饮服务抽验9个品种，4900个项目。向地方财政申请专项经费103万元，用于保健食品、化妆品监督抽验工作，共完成保健食品23个品种和化妆品19个品种的监督抽验。2013年，自治区食品药品检验所按照国家药品计划抽验业务工作会议安排，完成了本级抽验任务，出具检验报告896批。

【食品药品安全示范县创建】 4月18日，国家食品药品监管总局正式授予我区堆龙德庆县和乃东县“首批国家餐饮服务食品安全示范县”称号，同时，自治区食品药品监督管理局确定了自治区级5个食品安全示范县和7个药品安全示范县。在自治区政府的组织协调下，地方财政拨付专项经费700万元，用于示范县建设。5月底，自治区食品药品监督管理局分别在堆龙德庆县和乃东县举行了国家餐饮服务食品安全示范县挂牌仪式。

【食品药品产业发展】 截止2013年底，全区有4家药品生产企业通过新版GMP认证，并获得生产许可证；4家药品批发企业通过新版GSP认证。完成2个新药品种技术审查工作，受理238个医疗机构制剂注册申请，完成技术审查228个品种。加强藏药标准体系建设，颁布实施《西藏自治区藏药材标准》（第一、二册）和《地方药材标准批件》，出台《西藏自治区医疗机构藏（中）药制剂质量标准技术指导原则》，向自治区科技厅提交《西藏自治区藏药材炮制规范》（藏汉文对照版）。加强政策研究，赴区外调研民族药监管情况，提出促进藏药产业发展意见。开展冬虫夏草用于保健食品试点调研和申报工作，争取适当的政策支持，为发展我区冬虫夏草特色保健食品奠定基础。

【食品药品专项整治】 保健食品打“四非”专项整治。据统计，全区共出动执法人员近一千余人次，累计检查保健食品经营企业566家（次）、生产企业10家。对8家存在违法行为的经营企业进行了立案查处，没收违法产品并处罚金共计15余万元。对国家食品药品监督管理总局曝光的12个保健食品违法广告和13种假冒保健食品进行了清查。自治区食品药品检验所和七地（市）食品药品监管局配备了总价值108万元的保健食品快检设备，开展了对减肥、壮阳、降压类保健食品的初步筛查工作。

药品领域“两打两建”专项行动。截止2013年底，全区共检查药品生产企业21家，药品批发企业39家，零售药店341家，诊所170家。其中，责令198家零售药店限期整改；停产整顿1家药品生产企业；立案3起，涉案金额70余万元。推进实施全区药品电子监管工作。制定工作方案，开展对实施药品电子监管企业的检查指导工作，全区18家药品生产企业、40家药品批发企业和340家零售药店已实施药品电子监管。

打击网上非法售药专项行动。以治疗肿瘤、糖尿病、高血压等病症的药品为重点，主动对200余个各类网站、贴吧中的售药信息进行排查，对我区批准的7家取得资质的互联网药品信息服务网站进行全面监督检查，发现并查处了两起网上非法售药行为。

餐饮服务食品安全整治。在餐饮服务环节开展了肉及肉制品、食品非法添加、学校食堂食品安全等专项治理，共检查餐馆、小吃店、学校食堂、工地食堂等餐饮服务单位11870家，查处无证经营单位102家。深入推进量化分级管理工作。截止2013年底，全区已评定餐饮服务单位10027家，其中优秀等级504家，良好等级5019家，一般等级4504家。强化学校食堂食品安全监管。于2013年10月中旬在山南地区举办了学校食堂餐饮服务食品安全现场观摩及经验交流会。

医疗器械专项整治。开展小型医用吸氧器专项检查。下发了《关于规范小型医用吸氧器管理的通知》，对1354家生产经营小型医用吸氧器单位进行了检查，取缔了239家销售不合格小型医用吸氧器单位。开展无菌和植入类医疗器械监督检查。对全区经营心脏起搏器、人工晶体、骨钉等植（介）入医疗器械企业加大监管力度，责令问题较多企业限期整改。加强流感防控医疗器械监管。对防护口罩、防护服等防控H7N9流感有关医疗器械开展拉网式检查，共检查医疗经营企业101家，医疗机构21家，诊所等112家，未发现违法违规行为。做好二、三类医疗器械经营许可指导工作。研究制定了《西藏自治区医疗企业经营企业（批发、零售）许可证检查验收标准》，指导各地（市）局加强二、三类医疗器械经营许可审批和日常监管。

【“十二五”重点建设项目】 自治区食品药品检验所、自治区藏药审评认证中心和自治区药品不良反应监测中心业务用房建设项目是自治区“十二五”时期重点建设项目。2013年底自治区食品药品检验所业务用房主体工程已完工，预计2014年8月投入使用。自治区藏药审评认证中心和自治区药品不良反应监测中心业务用房建设用地已解决，正在开展前期工作。

【信息化建设】 2013年6月7日，国家食品药品监管总局“十二五”期间援藏项目——西藏自治区食品药品监督管理局网络中心机房、门户网站建设项目通过验收并交付西藏自治区食品药品监督管理局使用。

【行政审批制度改革】 取消了9项无审批业务事项，梳理出6项初审事项，下放了6项行政许可事项，完成了自治区规定的调整和下放达到60%的工作目标。

【监管业务知识培训】 为进一步加强我区药品、医疗器械安全监管队伍建设，提高药品GMP、GSP检查员业务水平和医疗器械监管能力，2013年5月3日，由自治区食品药品监督管理局承办的首期新版药品GMP检查员资格培训班在拉萨开班，全区食品药品监管系统共计60余人参加了为期7天的培训。6月7日，组织开展了全区医疗器械监管培训，主要对医疗器械日常监管、经营许可证管理办法、二、三类医疗器械经营企业检查验收标准等内容进行专题培训。9月5日，举办了全区药品生产企业关键岗位人员新版GMP专题培训。9月27日，组织开展全区GSP认证检查员培训，提高了学员的认证检查能力和水平，取得了预期效果。

【创先争优强基惠民活动】 自治区食品药品监督管理局三个驻村工作队紧贴实际，依靠群众，深入调研，扎实开展工作。帮助落实巴嘎村牧场道路维修资金20万元；洛木村人居环境建设项目资金35万元；洛木村措果、布树、次柱三座吊桥维修资金75万元。2013年底，第三批驻村工作队进驻开展工作，完成了总投资16余万元的两个驻村点人居环境改造项目。同时，按照自治区有关要求，组派了2名优秀干部赴昌都地区贡觉县任村党委第一书记。

(撰稿：雷有军)

自治区人口和计生工作

【免费孕前优生健康检查】 2013年，实施免费孕前优生健康检查的项目县拓展到了34个，占74个县（市、区）的46%，年度参检目标夫妇7903对、15806人。自治区级通过举办专题培训、开展专项督导、强化基础保障和进行定期通报等措施，凝聚力量、推动工作。各项目县认真组织调查摸底，积极开展宣传教育，配齐配强服务设备和技术人员，全年共检查了15384人，占任务的97.3%，筛出高风险人群511人，占参检人数的3.3%。参加了全国第四、五次免费孕前优生健康检查检验质量室间质评活动。

【出生缺陷一级干预项目试点】 结合西藏出生缺陷率高的实际，在全区6个地市、9个县启动了出生缺陷一级干预项目试点，确定了3000对目标人群。各级人口计生部门将这一重大民生工程摆上重要位置，加强督导，狠抓落实。自治区人口计生委成立了出生缺陷一级干预项目领导小组，调整充实了技术专家组，保障了经费落实，制定了《西藏自治区出生缺陷一级干预项目试点工作方案》，印发了《西藏自治区出生缺陷一级干预项目技术服务指南（试行）》，与四川省人口计生委签订了项目《合作协议》，建立了中长期技术指导、人员交流和培训机制，依托华西医大和四川计生技术力量，逐步提升出生缺陷干预能力、技术水平。为了深入推进项目工作开展，于11月份召开了专家评估会议。项目形成了专家评估报告，总结了工作经验，分析了存在问题，拟出了对策建议。各地也高度重视，采取多种措施，积极解决技术人员不足、设备落后等问题，确保了工作目标的顺利完成。截止12月31日，9个试点县完成检查建档2921对，5201人，占总任务数的86.7%。

【人口信息化建设】 2013年在9个县99个乡（镇、街道）498个村（居）开展了以创新全员人口信息采集机制、提高人口采集效率为突破口的移动智能终端全员人口信息采集试点工作，实现了自治区、地（市）、县、乡、村五级联通。截止年底，西藏全员人口信息系统录入人口基础数据293万多条，育龄妇女信息录入73万多条。实现了当年调研、当年开发、当年对接、当年应用的跨越式发展目标。

【宣传教育】 一是认真组织谋划，与西藏日报、西藏人民广播电台、拉萨晚报和《政风行风热线》加强协作，不断拓宽了宣传渠道；二是大力开发宣教品，制作了图文并茂、内容丰富的藏汉双语宣教折页3.4万张、海报7万张、实物宣传品12种，进一步创新了宣传载体；三是落实经费保障，不断加大宣教工作投入力度；四是丰富宣教形式，利用各类重要活动发放宣传资料、避孕节育药具，开展政策咨询、义诊服务活动16次。

【流动人口服务管理】 2013年流动人口总数29.69万人，较去年同期略有下降。其中：男性18.65万人；女性11.02万人。跨省流入人口在本地出生总数112人。2013年的统计工作按截点时间及时汇总上报，并首次完成个案数据的分析上报；继续巩固和完善“一盘棋”工作，完成自治区级流动人口服务管理信息系统功能调整改造工作，执行季度通报全区PADIS流动人口子系统应用及全员流动人口录入情况制度；顺利完成2013年流动人口动态监测调查工作，一是与中国人民大学人口与发展研究中心合作开展的《西藏自治区流动人口动态监测数据分析研究》课题，认真整理了2010年、2011年、2012年监测数据及关于流动人口方面的政策法规、工作经验，课题已顺利结题。二是完成2013年流动人口动态监测工作，4000人的流动人口动态监测样本量已全部按照国家要求完成，完成率达到100%；流动人口计划生育基本公共服务均等化工作正有序推进。拉萨市作为流动人口卫生计生基本公共服务均等化国家试点地区，目前，拉萨市设立流动人口免费孕前优生健康检查免费服务点2处，设立以乡（镇）街道办事处为单位的免费领取避孕药具和宣传册点116处，2013年为流动人口育龄妇女免费开具孕（环）情检测证明247人次，流动人口生殖健康夜校召开知识讲座3期，下发流动人口计划生育《婚育证明》催办通知单15077份，为流动人口办理《流动人口婚育证明》35本，办理流动人口第一胎生育证9本，全部通过国家PADIS系统反馈户籍地；完成了西藏自治区流动人口计划生育服务管理“十二五”中期评估工作，开展了自治区级流动人口管理信息系统操作培训。

【人口发展战略研究】 根据《西藏自治区“十二五”时期国民经济和社会发展纲要》、《西藏自治区“十二五”时期人口与发展规划》及自治区边境工作会议精神，促进边境地区人口发展，开展了西藏边境地区人口发展战略课题研究工作，成立了由自治区政府分管主席为组长，24个相关部门为成员单位的“西藏人口发展战略研究与规划工作领导小组”。并委托中国人口与发展研究中心承担西藏边境地区人口发展战略研究课题研究工作。11月20日，自治区人民政府召开边境地区人口发展战略研究评审会，顺利通过评审。

【落实各项惠民措施】 一是认真落实“两项制度”，开展摸底调查，细化实施方案，严格资格确认、资金管理、资金发放和社会监督四个环节，做到不重、不错、不漏，确保资金足额发放到位。2013年，确认“一孩双女户困难家庭扶助制度”受助对象31068人，落实资金2982.528万元；“特殊子女家庭特别扶助制度”受助对象5285人，落实资金838.77万元。二是推进创建幸福家庭活动。为10000户农牧区优生优育家庭办理了意外伤害保险。中国人口福利基金会向林芝地区朗县中学捐赠服装3225件，总价值达50万元。推进“光彩·西藏和四省藏区健康促进工程”，为2940名农牧民群众进行了免费义诊，同时，将580张“全家福”照片及补助发放到各项目县农牧民手中。三是推进“幸福工程-救助贫困母亲”项目。在协会活动日期间，开展送药义诊活动，为城关区夺底乡贫困母亲免费发放计划生育药具和常用药40余种，慰问金5000元，总价值达3万余元。四是坚持依法行政，将《生育证》、《独生子证》的审批权限下放到了县级人口计生行政部门，制定了《西藏自治区方便群众办理一孩生育证及流动人口婚育证明的工作规则》。拉萨市城关区两岛办事处被国家卫计委授予“第二批全国人口和计划生育依法行政示范乡镇(街道)”荣誉称号。

【强化人员培训】 全年举办了12期培训班，参训人员达810人次。同时，注重技术骨干培养，组织各级管理干部和检验人员17人参加国家层面的专题培训，选送了20名县级专技人员赴二甲以上医疗机构进修学习，优化了人才队伍的结构和素质。

【开展主题教育实践活动】 在米林县里龙乡开展了“光明行动”免费义诊活动，就诊群众达300余人，并为19名白内障患者实施了复明手术；以领导干部进村入户结对认亲为契机，深入基层调查研究总计497天，开展专项督导9次，自掏腰包发放慰问金27548元；借助行业优势，进村入户送健康，在巴青县贡日乡为940名群众做了基础体检和计生服务，发放了价值10万元的药品。

【人口主要数据】 据自治区统计局数据，2013年末，西藏全区总人口为312.04万，出生率为15.77‰，自然增长率为10.38‰，死亡率为5.39‰。

自治区审计工作

【审计成果】 2013年，全区审计机关共对298个单位或项目进行了审计，查出了一批数额较大的违法违规问题资金，处理应上缴财政资金数亿元，移交案件线索4件，发布审计结果公告11篇，提出审计意见与建议近400条，推动建立健全制度130多项。这些工作富有成效，为推动我区跨越式发展和长治久安发挥了积极的作用。

【财政预算执行审计】 对自治区本级财政管理、区高法等预算执行部门、发展与改革委政府性投资计划执行、拉萨至机场公路等重点投资项目进行审计或审计调查，向自治区人民政府和自治区人大常委会分别提交了审计结果报告和审计工作报告，从体制机制制度层面揭示和反映问题，提出意见和建议，引起了自治区有关领导和有关部门的高度重视，有效服务于经济管理和经济决策。审计中既关注财政资金使用效益、效率和效果，又关注社会效益和生态效益，揭示和反映违法违规、损失浪费等问题，为促进中央和自治区宏观调控政策措施的落实到位发挥了建设性作用。

【社会保障和专项资金审计】 着力监督检查民生项目和民生资金的建设管理情况，维护人民群众的根本利益。对城镇保障性安居工程建设情况进行跟踪审计，重点关注了任务分解完成、资金筹集管理使用、工程建设管理、保障性住房的分配运行情况和各项配套政策执行情况；对自治区本级住房公积金筹集、管理情况进行审计，提出了促进住房公积金管理制度不断完善的意见与建议；同时，对教育、科技、卫生等专项资金进行审计，促进规范财政资金更好地用于改善民生和社会事业发展，发挥了惠民政策保基本、兜底线的重要作用，维护了人民群众利益和社会和谐稳定。

【农业与资源环境审计】 着力监督检查资源环保政策的贯彻执行情况，服务经济社会可持续发展战略。对地质矿产、环境保护监管部门，中央森林生态效益补偿基金、个别地区土地出让金和土地开发整理资金进行重点审计，揭露和查处了多领、截留、滞留森林生态补偿基金，坐收坐支、违规减免土地出让金等违法违规问题，促进进一步加强了对财政专项资金（基金）的管理，使其更好地发挥应有的经济社会效能；专题反映了近5年来生态环境保护项目和资金审计情况，得到自治区领导重要批示，有关部门积极整改，推进环境保护政策和制度不断改进完善。同时，重点关注道路、桥梁、水电等工程建设项目对生态环境的影响，全力维护环境安全，努力推进生态建设，切实保护碧水蓝天。

【企业审计】 着力监督检查会计信息的真实性和国有资产运营情况，促进企业科学发展。围绕“质量、责任、绩效”的目标，按照“摸家底、强管理、促安全”的思路，对11户商贸企业和154家中小企业发展资金、产业与企业改革发展资金及有关政策落实情况进行审计调查，揭露了损益不实、资金使用效益不高、项目和资金审批程序不规范等问题，通过揭露查处问题、提出意见建议，对维护会计秩序、加强企业管理、防控重大风险、创新机制制度、确保资产安全，发挥了积极作用。同时解决了中小企业落实资金难问题，加大了企业的支持力度。

【经济责任审计】 着力强化对权力运行的监督与制约，促进领导干部依法行政。受组织部门委托，对全区67名各级各类领导干部进行了经济责任审计，审计中重点关注了贯彻执行国家宏观经济政策、落实上级重大经济部署、政府性资金收支管理、重大经济事项决策与执行、经济管理制度建立健全等方面的情况；着眼于经济责任审计规范化建设，积极探索与创新经济责任审计工作的方式和方法，针对领导干部在履行经济责任中存在的突出问题，提出了审计意见建议，为组织人事部门加强干部监督管理提供了重要依据，促进了领导干部守法守纪、守规尽责。

【审计机关自身建设】 以班子队伍建设为关键，以和谐稳定为基础，以质量、技术为保障，以制度、廉政为制约，不断推动审计事业科学发展。加强审计机关领导班子和干部队伍建设，提高了领导干部把握大局和审计队伍依法从审、依法行政的能力；把维护社会和谐稳定作为审计机关的重要政治责任，圆满实现了“三不出”工作目标；认真开展审计项目审理、质量检查和审计结果整改落实检查等工作，召开审计理论研究暨审计信息化建设座谈会，扎实推进审计理论研究，提升审计信息化建设水平，保障能力明显增强；严格执行审计纪律“八不准”和有关廉政规定，完善审计业务和机关行政管理制度，形成了按制度办事、用制度管人的良好风气。

自治区外事侨务工作

【概况】 2013年，西藏外事侨务办公室深入贯彻落实党的十八大、中央第五次西藏工作座谈会、中央周边外交工作座谈会精神，以及中央“八项规定”和自治区党委“约法十章”、“九项要求”，深入贯彻落实习近平总书记系列重要讲话精神、特别是“治国必治边、治边先稳藏”的重要战略思想和“努力实现西藏持续稳定、长期稳定、全面稳定”的重要指示，贯彻落实俞正声主席“依法治藏、长期建藏、争取人心、夯实基础”的指示要求，紧密配合国家总体外交，有序推进涉藏外事工作，扎实开展党的群众路线教育实践活动，各项工作取得了明显成效。

【加强外事统筹规划】 2013年，共接待访藏外宾团组共201批507人次，其中重要团组有：美国驻华大使骆家辉、新西兰驻华大使伍开文、丹麦议长吕克托夫特、澳大利亚驻华大使孙芳安、加拿大驻华大使赵朴、欧盟人权事务特别代表兰普里尼季斯、哈萨克斯坦总统办公厅主任卡里姆·马西莫夫、尼政府内阁首席秘书鲍迪亚等。

严格规范因公出国（境）管理工作。全年因公出国团组136批441人次，其中省级领导因公出国6批6人次。加大对港澳工作的力度，全年审核审批因公赴港澳的团组共69批223人次。

【深化与周边国家的友好往来】

着力巩固并深化中尼两国传统友谊，积极开展与尼泊尔在政治、经济、文化、旅游、警务等领域的务实交流合作。推动自治区副主席孟德利率政府代表团和艺术团访尼，区党委常委、拉萨市委书记齐扎拉率团访问加德满都市，并向其援赠100台笔记本电脑、100套太阳能设备等物资。邀请尼青年代表团、妇女代表团访问我区，进一步深化双边合作。扎实落实全区援尼项目，顺利完成本年度援尼北部地区物资工作。为尼政府经我境内向尼北部地区运送物资提供借道运输便利，向尼边境地区灾民提供人道主义救援。制定新一轮援尼工作方案。修建热索桥、经拉青拉山口连接尼廓尔喀县与我区吉隆县道路等基础设施建设项目，推进援尼驻拉萨总领事馆馆舍改扩建工程、援建尼北部地区十所学校勘察工作。推动西藏大学每年接收尼五名公派留学生就学，以及积极协助尼泊尔侨民获取拉萨市老城区改造搬迁补偿等。

稳妥开展对印度工作。及时妥善处理边境地区涉外案件，促印释放被其扣留的亚东边民。大力推进与印民间友好往来，做好印度香客朝圣接待管理工作，着力改善印香客吃住行条件，全年共接待印官方香客1批54人次，民间香客650批17908人次。

【开展边境管理工作】 及时掌握边境地区形势，密切配合开展边界联检工作。大力推进沿边适度开放和跨境合作，注重提高边民边界事务意识和法律意识，服务边境地区发展稳定。充分利用中尼边境地方官员会晤机制，加强与尼泊尔地方政府的交流合作。组织相关部门，全面对中尼边界19棵界桩进行实地调研，对相关界桩重树、维护及部分界河护岸工作提出具体意见上报外交部，逐步实施部分项目。

【拓展民间对外交流合作】 提升拉萨市同尼泊尔加德满都市的交流合作水平，推进林芝地区与尼泊尔博克拉市、日喀则市与尼泊尔巴尼帕市、拉萨市与玻利维亚波多西市的友好往来。同斯里兰卡北中省、日本和歌山县、韩国庆尚南道等进行多次沟通及正面接触商谈，与韩国庆尚南道建立省际友好关系进入实质推进阶段。积极推动山南地区同尼泊尔巴德岗市结好。主动参与在德国、尼泊尔、泰国等地举办的“中国西藏文化周”、“尼泊尔—中国友谊周”、“欢乐春节”、“喜迎藏历新年”、“尼中民间关系论坛”等活动，展示藏民族文化魅力，宣介西藏发展变化。

【推动侨务工作稳步发展】 依照国家《侨务工作发展纲要》，结合西藏侨务工作实际，制定《涉藏侨务工作规划》；积极协调落实各地（市）外办组建侨务机构，开展侨情调研，推动全区侨情数据库建立。积极开展侨务品牌活动，协调各方争取在全区实施“应善良福利基金会”资助贫困大学生奖学金项目、“邓慕莲教学楼”、“马背上的电视——点亮藏区新生活”，及与暨南大学在卫生、教育领域开展合作项目，实施好“侨爱工程——陈沙立先生救护生命万里行”、“侨爱工程——送温暖医疗队”在我区开展巡回义诊以及“侨资企业西部行—海外华商藏区行”等活动。

【健全外事管理制度】 以学习贯彻中央“八项规定”及自治区党委“约法十章”、“九项要求”为契机，不断完善外事管理制度。研究出台《西藏自治区国际合作项目中方雇员管理办法（试行）》（西藏自治区人民政府令第118号），进一步规范和加强非政府组织中方雇员的管理，做到有法可依、有章可循。修订出版《制度管理汇编》，坚持依靠制度管权管人管事。积极探索加强因公出国管理的新办法，出台《关于进一步规范因公出国（境）团组内部报批审批程序的通知》等一系列规范性文件；修订《西藏自治区省级人员因公临时出国细则》、《西藏自治区地（厅）级及以下人员因公临时出国管理办法》，进一步简化出国（境）确认件及批件操作手续，制定实施更改出国和赴港澳确认件及批件文号、取消因公电子护照和赴港澳通行证收费等。

【加强能力建设】 精简完善外事工作领导小组，加强对全区外事工作的集中统一领导；完善基层外事体制建设。建立健全各类涉外工作协调机制，全面提升统筹协调、归口管理全区涉外事务的能力。

强化外事侨务队伍建设，优化人才结构，择优考录和补充优秀人才。注重业务能力培训，举办新进人员培训及考试，加强因公出国（境）专项办事员培训，推动外事课程进党校和行政学院，选派青年干部参加“强基础惠民生”活动等，全面提升外事侨务干部的综合素质。

【扎实开展党的群众路线教育实践活动】 结合涉藏外事工作实际，召开党组专题民主生活会，积极查找办领导班子和成员在“四风”、“两问题”等方面存在的薄弱环节和突出问题，制定切实可行整改措施。在全办范围内广泛开展理想信念、党性党风党纪和道德品行教育，开展“为了谁、依靠谁、我是谁”的群众路线大讨论，开展领导干部“进村入户、结对认亲交朋友”活动，做到沉下心、扑下身，深入农牧民群众家中，为民做实事、办好事、见成效，改作风、求实效、创实绩。

【获得荣誉】 区外侨办荣获自治区级“平安单位”；驻吉隆县乃村工作队荣获自治区“创先争优强基础惠民生”活动“自治区级先进驻村（居）工作队”；荣获吉隆县“创先争优强基础惠民生”活动“优秀组织单位”；驻吉隆县吉普村工作队荣获吉隆县“创先争优强基础惠民生”活动“先进驻村工作队”。

自治区国有资产监管工作

【概况】 2013年，自治区国有企业资产总额562.13亿元、所有者权益256.72亿元，分别比2012年增长41.02%、31.24%；实现营业收入107.44亿元、利润总额10.42亿元、上缴税金8.59亿元，分别比2012年增长14.05%、15.52%、14.68%。其中，区国资委出资企业实现营业收入43.88亿元、利润总额5.31亿元、上缴税金4.28亿元，按同口径计算，分别增长13.08%、16.38%和11.47%；企业职工年人均收入4.91万元，同比增长13.08%，较好地完成了年度预期目标和任务。

【国有企业改革】 各地市、区直企业主管部门和国有企业，认真组织实施《西藏自治区“十二五”时期国有企业改革和发展规划》，修编企业发展战略和实施企业发展规划及年度计划。企业公司制股份制改革取得积极进展，国有经济布局结构进一步优化。区国资委制定出台《关于深化自治区国有商贸企业改革的意见》，区直国有商贸企业改革取得突破进展，西藏金利物流有限公司注册成立。日喀则地区医药公司与哈尔滨誉衡药业重组合作项目取得积极进展。那曲地区引入战略投资者对地区综合市场进行重组，组建了地区贡桑百货大楼商贸有限公司。积极向国务院国资委援藏工作协调小组办公室汇报衔接，编制印发了《中央企业支持西藏经济社会发展总体规划》，形成加强央地合作基础制度，中央企业国有资本经营预算支持西藏城乡电网改造和中国电建人才援助西藏天路工程启动，中央企业对口援藏、接收应届大学生就业等工作不断深化。积极实施资本证券化战略，推进高争民爆、江南矿业公司股改上市和西藏天路再融资等前期工作。区国资委部分企业股权划转国盛控股公司，国有资本投资和运营公司授信、融资工作成效明显。在拉萨市政府大力支持下，完成出资企业252.73万平方米土地作价投资（入股）工作，正在谋划相关商业开发事宜。积极推进实体产业和金融资本结合，设立行业投资公司、产业创业基金和企业集团财务公司研究论证等工作有序推进。积极汇报衔接开展农行股改剥离的我区不良金融债务处置工作，基本化解了我区国有企业历史债务问题。努力争取专项扶持资金，解决了部分困难企业职工房改补助资金和欠缴社会保险金等问题。

【重点项目建设】 2013年，昌都、拉萨新型干法水泥生产线建设项目前期工作扎实开展，日喀则高新雪莲水泥生产线技改搬迁项目进入主体施工阶段。尼木厅宫铜矿采扩建工程及5000吨电解铜建设项目完成炸药库建设工程、低品位复杂铜矿超高温古细菌连续搅拌浸出工业实验取得阶段性成效。完成扎布耶盐湖“结晶池防渗专项”工程和电热减压蒸发法制备高纯度碳酸锂精矿中试。藏医药新药研发及产业化等项目前期进展顺利。高争水泥公司二期工程通过环保监测评价考核验收，余热发电和粉磨系统技改项目投入试运行，每年节能收益2000余万元。林芝地区察隅农场砂糖橘种植等一批地区重点项目建成并发挥较好效益。日喀则地区投资2.5亿元的“藏文化主题街”项目即将全面建成。

【企业经营管理】 采取有力措施，突出管理提升、科技创新、转型升级，在逆境中寻求突破，在挑战中抢抓机遇，在困难中开拓进取，企业经营和管理水平进一步提高，盈利能力和风险管控能力不断增强。西藏矿业通过灵活的销售策略和加强管理，有效提升了企业盈利能力。拉萨皮革公司“高效益牦牛技术集成及牦牛新产品开发”科技项目先后获得国家轻工联合会科技进步奖、国家科技部科技创新促进奖。汽工贸公司巩固现有市场，全面开展二级网点促销，开拓农牧区市场。甘露藏药大力实施以文化、专卖、医院为一体的营销模式，取得良好效益。阿里地区外贸总公司走畜产品深加工之路，延伸产品链，提升附加值，有力促进了地区羊绒产业发展和经济增长。

不断加强企业领导班子建设和人才队伍建设。做好区管一级企业领导班子及成员的年度考核工作，调整充实了甘露藏药等企业领导班子。实施全区国资系统干部教育培训项目34个，落实培训经费965万元。选派第三批2名机关干部和5名企业高管分别到国务院国资委、中央企业挂职锻炼。在厦门国家会计学院举办西藏国企高管财务培训班，培训企业高管、财务主管52人。高争集团通过请专家授课和走出去考察学习，提高管理和技术水平。西藏天路通过订单委培、校企合作等形式，加强人才队伍建设。拉萨饭店、西藏宾馆、西藏大厦以专题技能培训等形式，提高员工服务水平。

【国资监管】 积极推进国资监管制度体系建设。《关于推进西藏自治区经营性国有资产集中统一监管的意见》、《关于加强西藏自治区国家出资企业国有资产产权管理工作的指导意见》、《西藏自治区企业国有资产产权转让管理暂行办法》等规范性文件研究制定工作有序推进。林芝地区积极探索地直国有企业分类划级管理，已完成《林芝地区国有企业分类划级管理暂行办法》和《林芝地区国有企业领导人员管理暂行办法》起草工作。

加强国资监管基础管理工作。基本建成覆盖全区的国有企业产权登记系统，实现网上办理业务和权属重新登记。区国资委在依法认真厘清监管事项的基础上，深入研究规范企业重大事项管理办法。加强财务管理和统计评价工作，建立了以资产负债率为核心的债务风险评估监测体系，指导企业建立健全内部风险防范机制。昌都地区积极开展外派监事工作，对监管企业的生产经营、重大事项决策、财务报表等进行监督。完善企业经营业绩考核制度，将安全生产、节能减排工作纳入企业负责人薪酬管理，大力推进“六位一体”安全生产综合管理体系建设。山南地区加大企业负责人考核力度，在做好各项经济效益指标考核的同时，首次将党建、维护稳定、安全生产、环境保护等纳入企业负责人考核内容。拉萨市国资委强力推行企务公开，要求企业有关“三重一大”事项必须征求职工意见，切实保障职工的知情权、建议权和监督权。全面落实安全生产主体责任，强化安全生产制度和措施，深入排查管理隐患和盲区，全年无重特大安全生产事故发生。甘露藏药被中华总工会和国家安监总局授予“安康杯优胜企业和优秀组织奖”。

【维护稳定】 区国资委着力解决职工住房困难问题，合作建房工作有序开展，申请廉租住房40套和住房租赁补贴12.9万元，落实困难企业职工房改资金356.22万元和城镇棚户区改造项目补助资金4890万元。多方筹措资金，支付矿业开发总公司和兴贸实业公司欠缴社会保险费用193万元，解决拉萨商业大厦拖欠职工12年的部分工资和退休安置费582万元，垫付物资运销公司、藏北金萨公司和西藏火柴厂三家政策性破产企业职工安置费用849万元等，妥善解决了一批与职工切身利益息息相关的历史遗留问题。扎实有效开展扶贫助困活动，慰问困难职工800余户，资助困难学生25名，累计发放慰问金（购物券）、困难职工救助、助学金等70余万元。

自治区工商行政管理工作

【概况】 2013年，全区各类市场主体达到13.44万户，注册资本（金）突破千亿，达到1295.9亿元，同比分别增长8.07%、47.89%。一是非公有制经济势头强劲。全区非公有制经济实现了量的突破、质的提升，市场主体发展到12.85万户，注册资本（金）695.05亿元，吸纳社会就业63.44万余人，同比分别增长8.24%、59.49%、13.06%。非公经济已占到全区市场主体的95.55%，上缴税收占全区的91.49%。二是特色优势产业蓬勃发展。旅游业、藏医药业等支柱产业达到2514家，注册资本245.51亿元。企业实力明显增强，西藏花霖投资、荣恩科技、海涵交通等企业集团相继成立，中国长江三峡集团、民生银行落户西藏，融资租赁等新兴行业呈现良好发展态势；全区注册资金上亿元的企业达到186家。拉萨经济技术开发区、达孜工业园区、青藏铁路那曲物流中心、柳梧新区共入驻企业1652户。三是商标战略开创新局面。自治区工商局代政府起草了《西藏自治区人民政府关于加快推进实施商标战略的意见》，自治区政府印发全区执行，商标工作上升为政府行为，纳入自治区工作大局，为加大商标培育保护力度提供了坚强政策支持。“北草地”通过中国驰名商标认定，“奇圣”等21件商标被评定为自治区第七批著名商标。全区注册商标已达3573件，同比增长11.7%；其中驰名商标10件、著名商标66件、地理标志商标6件。四是服务新农村建设成效明显。全区已登记注册农牧民专业合作社1895户，出资总额13.41亿元，同比分别增长93.36%、74.92%。注册涉农商标1465件。深入开展“红盾护农”行动，农机农资打假取得新成效。五是非公党建工作进一步加强。非公党建工作和非公经济党组织实现全覆盖，党组织和党员作用发挥充分，为非公经济发展提供了组织保障，全系统共选派党建指导员291人，建立党建联系点294个，新建非公党组织51个，发展党员239人，培养入党积极分子342人。全区共有非公经济党组织316个，党员6694人。

【市场秩序】 共查处各类经济违法违章案件5725件，案值1991.94万元，罚没款775万元。一是竞争执法工作再上新台阶。严厉打击不正当竞争、“傍名牌”、商业贿赂等违法行为，查处不正当竞争案件198件。维护意识形态领域安全，查缴盗版及“藏独”等反动音像制品和出版物14235张（册），删除网络有害信息及图片12000余条（张）,查缴非法地面卫星接收设施177套。二是商标广告执法力度进一步加大。开展商标专用权保护专项行动，查处商标侵权案件88件、虚假违法广告案件120件。立案查处西藏电视台、拉萨电视台、《西藏商报》和《拉萨晚报》发布虚假违法广告的行为，责令停播135条,行政处罚14.7万元。三是打击传销工作扎实有力。立案查处了山南隆子县农牧民到广西桂林参与传销案件，教育劝返农牧民23人，移送公安处理3人。结合强基惠民驻村活动，深入开展传销危害宣传活动120余次，发放宣传资料5万余份，发布打传公益短信覆盖人群达300万人次。建立“无传销社区、学校、乡镇”218个，聘任打传联络员450人，对曾参与传销的777人建立档案，建立健全长效机制。四是市场准入严格规范。开展企业网上年检，网上年检率达86%；围绕易燃易爆、采矿业和娱乐业等重点行业领域，严审前置许可审批，查处企业违法案件112件，清理前置许可无效企业200余户；查处无照经营案件1508件。五是法治建设有力推进。建立了工商执法与公安、检察院等部门刑事司法衔接配合工作机制和联席会议制度。区局管理的行政审批事项由18项减为7项，减少比例达62%。开展法律“七进”活动，举办法制宣传活动196次，发放宣传资料10.6万份。

【消费维权】 消费维权执法体系建设有力推进，大力推动12315“五进”工作和“一会两站”建设，建立12315维权联络站（点）1217个，聘请维权联络员和志愿者1960名，基本实现了乡镇和重点商场、市场、企业的全覆盖。受理消费者申诉举报2726件、查处侵害消费者权益案件1903件，为消费者挽回经济损失272万元。以新修订的《消费者权益保护法》实施为契机，举办培训班，加大宣传力度，提升消费维权能力。

【食品安全】 围绕季节性、节日性食品，加大巡查力度，开展专项整治，确保食品安全。严把流通环节食品进货关、销售关、退市关，全面落实索证索票、质量承诺、进货台账制度，建立健全长效监管机制。共查处食品违法案件788件，案值138.72万元，罚没金额132.74万元；发放食品流通许可证1.78万户，创建食品安全示范店464户；食品快速检测6000余批次，食品抽检500余批次，合格率99%以上。

【干部队伍和基层基础建设】 一是干部队伍建设成效显著。制定了《科级干部管理和选拔任用工作办法》，提任交流了189名科级干部，招录了36名高校毕业生充实到基层一线。培训干部890人次，其中选派137名干部参加了总局举办的培训班。反腐倡廉教育继续加强，廉政文化建设不断深化，制定了全系统纪检监察干部2013——2016年培训规划、《西藏自治区工商行政管理系统廉洁从政暂行规定》，健全专兼职纪检监察员队伍，反腐倡廉体制机制进一步完善，政风行风建设深入推进。二是基层基础建设进展顺利。投资4591万元的11个“十二五”建设项目部分已竣工验收，29个新建或维修改造项目完成立项，投资4031.7万元的21个基层工商局（所）改扩建项目全部开工建设，投入600万元采购的30台执法车辆已配备到位。三是信息化建设成效明显。完成了工商业务专网扩容项目，推进了OA办公软件操作应用，配发了310台3G移动执法终端，网上办公、网上执法不断拓展。四是对口援藏工作取得新进展。国家工商总局第六批和各援藏省市工商局第二批援藏干部完成轮换，各对口援藏省市工商局落实援藏资金500万元。国家工商总局召开全国工商系统对口支援工作会议，援助力度进一步加大。

【驻村工作】 全区各级工商机关选派215名干部入驻23个村（居）委会，选派三名干部担任昌都察雅县村党支部第一书记。围绕强基惠民“五项任务”，制定维稳方案68项，协助村（居）两委班子成立295个联保小组、覆盖村（居）民群众4067户；排查化解矛盾纠纷128起，妥善处理牲畜疫情、刑事犯罪等突发事件25起。走访群众6270余户、26186人次，开展感党恩教育150余次；开展慰问5068人次，发放慰问款物70余万元；办实事好事315件，协调落实项目54个、投入资金867.62万元，有效解决了群众就医就学、通水通电等困难。

【协会工作】 各级个私协会、消费者协会、广告协会围绕中心任务，充分发挥职能作用，在非公党建、行业自律、社会服务等方面，积极探索，取得了良好的成绩。

自治区质量技术监督工作

【质量管理】　组织开展全区质量管理、特种设备安全监察、检验检测工作专题调研，积极探索加强质量工作的新思路、新举措，进一步明确了努力方向。组织起草自治区政府质量奖评审管理办法、评审细则和自治区质量工作考核办法，报自治区政府审定后实施。坚持质量安全状况分析报告制度，定期形成产品质量、食品安全状况分析报告，为各级领导决策提供参考。

【质量兴地（市）活动】　七地（市）局坚持重心下移，注重工作实效，狠抓年度计划的部署和落实，质量振兴工作全面铺开。山南局积极筹备设立雅砻质量奖，举办县级干部质量振兴战略培训班，推动全地区12县全面启动质量兴县工作。林芝局推动行署组织开展林芝名牌评选工作，且将名牌评选及奖励经费纳入财政预算。日喀则局与南木林、江孜等县签订了助推县域特色产业发展合作备忘录，积极服务县域经济发展。

【质量诚信建设】　组织48家企业签署《质量诚信承诺书》，推选6家重点企业试点发布《企业质量信用报告》，引导企业建立质量诚信自律机制。召开全区质量信用AAA级企业表彰暨质量管理经验交流会，评选出13家自治区质量信用AAA级企业，企业诚信意识普遍提高。

【质量提升活动】　全系统深入开展“提升质量、服务企业”活动，组织质量管理专家和技术人员60余人次，深入到110多家企业开展质量问诊服务，指导和帮助企业建立健全质量控制体系。昌都、山南、日喀则等地区局推动重点企业开展QC小组活动，引导企业采用先进的质量管理方法。拉萨市局通过树立质量管理标杆企业，积极发挥示范带动作用，企业质量管理水平明显提升。

【工业产品质量风险排查】　以涉及人体健康安全以及公共安全的重点产品和获证企业为重点，全面排查产品质量风险，严格检查企业标准执行、原材料把关、从业人员状况、质量控制等情况，严厉查处无标生产、偷工减料等违法行为，未发现重大产品质量隐患。加强监督抽查工作，共抽查8大类工业产品585个批次样品，合格率为81.2%。

【生产领域食品安全监管】　加强食品企业主体责任落实情况监督检查，依法注销6家企业的7个食品生产许可证。坚持每月开展食品监督抽查，共抽检22大类781个批次样品，合格率达96.54%，同比提高4个百分点。对乳制品、肉制品、糌粑、食用油等12类重点食品实施风险监测，抽样369个，问题检出率为1.63%。

【特种设备安全监察】　按照“全覆盖、零容忍、严执法、重实效”的总体要求，全面治理特种设备安全隐患，严厉打击非法违法和违规违章使用特种设备行为。重点加大对涉及公共安全的电梯、气瓶、压力容器、起重机械、游乐设施以及矿山井上在用特种设备的安全检查力度，消除了一批安全隐患。大力推动特种设备安全进社区、进校园、进机关，落实使用单位主体责任，保障了特种设备的安全运行。加大检验力度，全年检查特种设备4200多台（套），排除安全隐患354处。

【执法打假工作】　组织开展了食品、农资、建材等专项执法打假行动，共出动执法人员7032人（次），检查生产经营单位2300多家（次），查处案件52起，查获假冒伪劣货值近18万元。积极动员全社会参与质量监督，日喀则、昌都等地区选聘人大代表、政协委员作为质量安全特邀监督员，质量安全社会监督机制不断完善。

【标准化工作】　认真开展标准制修订工作，立项起草藏青稞、藏香、扎囊氆氇等10项地方标准，新发布西藏山羊、牦牛品种等7项地方标准，累计发布实施地方标准84项。第七批5个国家级农业标准化示范区通过国家标准委目标考核。芒康有机酿酒葡萄种植、隆子黑青稞种植、贡嘎昌果红土豆种植等10个标准化示范区获批为第八批国家级农业标准化示范区项目。积极推动8家重点企业创建“标准化良好行为企业”。昌都、日喀则、山南、那曲等地区局紧紧围绕特色优势资源做文章，积极开展了索多西辣椒、岗巴羊等地理标志产品申报工作，加强那曲冬虫夏草、扎囊氆氇等地理标志产品后续管理，地理标志产品保护工作成效明显。

【计量工作】 强化计量检定机构管理，完成昌都、林芝、山南地区法定计量检定机构考核工作，授权西藏电力科学院开展电表计量检定工作。深化计量惠民行动，狠抓与老百姓生活密切相关、涉及公平交易计量器具的监管，强化周期检定工作，全年强制检定计量器具6513台（件），定检率达到90%。为拉萨市供暖工程、拉日铁路、藏木水电站等项目积极提供计量检定服务。推进诚信计量行动，评选了17家“西藏自治区诚信计量示范加油站”。强化能源计量工作，督促重点企业进一步完善了能源计量器具和管理制度。

【认证认可工作】 严格评审程序和标准，完成9家实验室资质认定工作。开展管理体系获证组织专项检查，检查质量管理体系获证组织46家、食品农产品获证企业24家，相关管理体系运行良好。加强检验机构监督管理，组织开展了食品和岩矿检验能力比对工作，促进了检验质量的提升。

【检验检测工作】 结合产业发展需求，配置了一批涉及电线电缆、金属材料、家用电器、防水卷材等方面的检测设备，工业产品检测能力得到增强。加强质检技术机构内部管理，努力为企业和社会提供质量检验服务，自治区产品质量监督检验所、计量测试所、特种设备检测所全年累计检验量达12200多个（台、件），为保障质量安全提供了有力的技术支撑。

【党的群众路线教育活动】 精心部署开展党的群众路线教育实践活动，深入查摆“四风”“两问题”，组织党员干部“进村入户结对认亲交朋友”，进一步密切了党群干群关系。深化强基惠民驻村工作，协调落实帮扶资金70多万元，发放慰问金8万多元，完成第二、三批驻村工作队员的轮换交接工作，选派2名优秀干部到联系点担任村支部第一书记。

（撰稿：王军辉）

自治区广播电影电视工作

【主题教育活动宣传报道】 2013年，西藏人民广播电台、西藏电视台推出了《党的群众路线在西藏的实践》、《强基础惠民生干部在基层》等专栏，开辟了《驻村夜话》、《走基层蹲点日记》等节目栏目，全程跟踪报道全区教育实践活动开展情况。电台把藏汉语《政风行风热线》节目作为教育实践活动重要载体，特别是藏语广播首次走出直播间，把焦点放在群众身上，实现了藏语广播户外直播零突破。自治区电影公司深入开展群众路线教育实践活动主题影片放映和“创先争优强基惠民”活动电影巡回展映，共放映展映了《农奴》、《建党伟业》、《雪域天路》等100多部影片，300余场次，观映人数达6万余人次。电视台特别策划了《大城小事》系列报道，全面报道了区党委政府在教育实践活动中转变工作作风、践行群众路线，为民办实事办好事的生活实践。中国西藏之声网开辟专栏进一步加强了对教育实践活动和驻村工作的宣传力度。

【重大会议宣传报道】 在十八届三中全会报道中，两台制作藏汉语专题节目，重点阐述《中共中央关于全面深化改革若干重大问题的决定》的思想内涵和重要观点，突出报道各地各部门学习贯彻全会精神的有力举措。在全国全区“两会”宣传报道中，两台开办了《来自全国两会的报道》、《两会视线》等10多个专栏和系列报道，深入解读“两会”精神，深入报道两会关注民生、重视民生、保障民生、改善民生的具体内容，播发各类稿件500多篇，同时首次派出藏语新闻报道组，参与“两会”藏语专题节目的采访拍摄及后期制作，实现了藏语新闻报道的新突破。在区党委八届四次全委会宣传报道中，以成就性宣传报道为重点，两台开办了《农牧专栏》、《重点工程专栏》、《回眸精彩聚力前行》、《2013民生步伐》等多个藏汉语栏目，频率频道联合、台网互动，播发各类稿件1.4万多条（次），全面盘点了一系列掷地有声的惠民政策贯彻落实情况，深入宣传了区党委政府抓好农牧民安居工程、实施拉萨市区供暖工程、推进社会治安网格化管理、推进寺庙“六个一”和“九有”工作等方面取得的重大成果，充分展现了西藏经济发展的巨大变化，社会事业取得的巨大进步。

【反分裂斗争宣传报道】 2013年，电台、电影公司、电视台以新闻报道、专题节目、电影、访谈等多种形式深入开展“老西藏精神”、“学雷锋活动”专题报道，采制播发了《古稀老人话今昔》、《昔日乞丐村、今日新农村》、《“全家福”里话幸福》等10多期专题专栏专版，集中展映展播了《农奴泪》、《天路盛开格桑花》等40多部广播影视剧，电台、电视台《新旧西藏对比》全年播出360多期专稿，以大量文献资料和翻身农奴的亲身经历，用事实、数据有力驳斥了达赖集团的种种谎言，揭露了达赖集团的分裂本质和险恶用心，筑牢了反对分裂、维护团结稳定的思想基础。

【重大突发公共事件】 “3.29”拉萨墨竹工卡县境内山体滑坡、“4.20”四川雅安芦山地震、“8.12”昌都地震等自然灾害发生后，第一时间组织报道组深入现场，开展采访报道工作，及时发布准确信息，正确引导社会舆论。

【节日宣传报道】 “三大节日”期间，两台认真做好自治区领导走基层、送温暖，看望慰问各行各业、各族各界干部群众等相关活动的新闻报道。推出民生报道《节日市场火》、《坚守奉献》、《温情关怀》、《欢喜过大年》、《新春走基层》等栏目，为全区营造了喜庆、热烈、祥和的节日氛围。特别是2013年藏历水龙新年电视联欢晚会，主题鲜明、特色浓郁、阵容强大、精彩纷呈，在湖南卫视、吉林卫视等多个国内频道播出，成为2013年西藏文化艺术战线上的开幕大戏。各地（市）圆满完成了拉萨雪顿节、珠峰文化节、那曲赛马节、雅砻文化节、林芝桃花节等地方性节日的宣传报道，充分展示了各地的民俗风情。

【立台理念】 两台始终把新闻宣传放在首位，在工作布局、资源配置、人才资金、后勤保障等各方面给予倾斜。电台推出大型新闻直播活动《直播西藏》，邀请中央人民广播电台中国之声著名节目主持人郭静、中央电视台著名主持人敬一丹作为直播节目特邀主持人，提升了西藏广播影响力。电视台完成了藏汉语新闻演播室视音频设备升级改造工程，提升了新闻节目可视性、时效性、鲜活性，在《西藏新闻联播》中推出了《走进墨脱》等55个专栏。广播电视新闻节目质量不断提高，上传中央三台稿件不断增加、采用率逐年提升。电台全年向中国之声、中广网、民族之声、国际台上传稿件500多篇，采用300多篇，同比去年分别增长了15%和20%，向央广上传藏语频率1000多小时。电视台全年累计播发新闻稿件近1万条，上送央视新闻500多篇，采用100篇，分别是去年的2.8倍和2.5倍。

【广播电视】 两台继续以品牌节目为重点，着力打造精品节目，稳步提高广播电视节目质量。电台着力推出了《面对面》、《财富一点通》、《阅读西藏》、《空中便民警务站》等一大批新品牌节目；根据国外听众习惯，着力打造了《圣地西藏》品牌节目，在英语节目中设置“今日新闻”、“西藏旅游”、“西藏故事”、“目击西藏”和“音乐香巴拉”5档固定栏目，深受国外听众喜爱。电视台着力推出了《行在拉萨》、《娱在拉萨》等系列节目，全年播出特色化节目《西藏诱惑》674期。

【影视创作】 围绕党的十八大，拍摄制作以爱党、爱国、爱社会主义，促进民族团结、维护和谐稳定为主题，讴歌新西藏、新发展、新变化、新生活的广播影视作品，不断丰富了各族人民群众的文化生活。电台创作了《一群追梦人》、《幸福》两部藏语广播剧，电视台深挖西藏民间传说、民间故事、长篇史诗故事等具有鲜明特色的素材题材，制作完成《格萨尔王传奇》、《阿古登巴》两部原创动漫样片。影视制作中心完成了《唐蕃古道》、《布达拉宫》等4部作品的创作生产，《美丽新西藏》、《神奇藏医药》等6部作品的前期拍摄，《西藏今昔》初审和《嘉措的格桑花》等电影前期立项工作。

【广播影视节目译制】 围绕不断满足广大农牧民群众精神文化生活新需求，不断加大广播影视节目译制力度，全年完成了《热登家的期盼》、《吉祥晨曲》、《行走西藏》、《抗日战争》、《孔子》、《放映路上》、《关爱留守儿童》等一大批特别节目、专题片、广播剧、影视剧、科教片的译制任务。全年电台节目译制总量保持1万小时以上，电影公司译制电影80部，电视台译制电视剧1600集、译制节目1300小时以上。

【广播电视户户通工程】 积极申请区政府财政提前垫资实施了“十二五”规划中农牧区8.4万户广播电视“户户通”工程项目建设。完成了未列入“十二五”规划新增7.5万户实现广播电视“户户通”工程建设项目方案编制工作，形成了专题报告，正在协调落实中。

【全面完成广播影视进寺庙覆盖建设】 在2012年底全区971座通电寺庙和816座未通电寺庙实现了广播电视舍舍通、寺寺通的基础上，今年完成了罗布林卡、布达拉宫有线数字广播电视覆盖工程项目建设，标志着全区广播影视进寺庙覆盖建设任务全部完成。同时积极争取为816座未通电寺庙增配2套太阳能数字电视接收设备，确保全区寺庙广播电视长期通、优质通、全面通。目前，区财政厅已同意解决1套接收设备和电视机，能源部分需协调区发改委解决，项目建设正在协调落实中。

【电影放映】 全年农牧区公益放映13.4万场次，观影人数达1500万人次。积极组织开展电影进寺庙、进机关、进学校、进部队、进驻村点等巡回放映活动和群众路线主题影片放映活动，全年巡回放映11.5万场次，观众达1064万人次；放映《焦裕禄》等群众路线教育主题影片121场次，观影干部职工达1.4万人次。进一步推进城镇数字影院建设，完成了拉萨电影院改造工程建设项目，加强与院线公司联系，确保了乐百隆影城片源，全年放映6000余场，观众近300万人次，预计票房毛收入1000万元左右。

自治区新闻出版工作

【概况】 2013年，全区新闻出版战线着力提升新闻出版产品生产供给传播能力，积极稳妥推进体制机制改革，切实维护新闻出版领域绝对安全，各项工作取得了新成绩。全区新闻出版业总产出达到8.95亿元，同比增长12%，实现增加值达到2.87亿元，同比增长5.1%。

【系列主题出版】 以宣传中国梦为主题，精心组织推出了《梦想人物—西藏访谈》、《2013年西藏理论热点问题》、《老西藏精神解读》等系列学习宣传贯彻党的十八大精神、体现社会主义核心价值观和中国梦宣传教育的主题出版物，其中《我所认识的共产党》列入国家出版基金资助的深入学习宣传贯彻党的十八大精神主题出版项目。围绕新旧西藏对比宣传教育推出的《藏族老人口述西藏史》等38种主题出版物，反响大、效果好。组织各级各类报刊推出“中国梦·我的梦”和新旧西藏对比宣传教育系列专题专栏专版，大力营造凝心聚力的良好舆论氛围。

【新闻出版产品创作】 着眼提升农牧民思想政治和科学文化素质，丰富农牧民精神文化生活，精心组织实施百种藏汉文对照惠民图画书出版项目，推出的图书得到自治区领导的充分肯定和农牧民群众的广泛欢迎。组织推出的《藏汉史集》等13种藏文精品力作，翻译出版发行的《祖国大家庭的56个民族》等13种优秀出版物，丰富了藏语文出版产品，增进了各民族间文化交流交融。《影印藏医药珍本古籍》等10种出版项目获2013年国家出版基金资助，《西藏历史文化一百问》等81种出版项目获2013年国家民文出版专项资金资助，国家资助项目创历年来新高，资助总额达2470.19万元。《雪域军魂》等20种优秀出版物荣获全国及区域性奖项，特别是西藏人民出版社出版的《藏传佛教坛城度量彩绘图集》和《如意藤诠注（藏文）》分别获得第三届中国出版政府奖装帧设计奖、图书提名奖，西藏日报荣获2013年全国“百强报刊”。全年出版各类藏汉文图书1077种1820万册，同比增长15.7%、14.9%；出版报纸7594万份、出版期刊208万册，同比增长7.2%、22.4%；出版音像电子产品95种20万盘，同比增长90%、102%，藏文类出版物占出版总量的70%以上。

【“东风工程”和转型升级】 新闻出版“东风工程”完成80%的项目建设任务，西藏日报社、《新西藏》杂志、地市级党报采编信息化建设以及西藏人民出版社、西藏藏文古籍出版社编辑信息化建设项目的完成，进一步加快了新闻出版与科技的融合，有力推动党报党刊和出版社的转型升级。73辆县级新华书店流动售书车的配送到位和65个县级及边境口岸新华书店发行网点的建设，使覆盖区、地、县三级的发行网络基本形成。地级党报印刷业务用房建设及设备购置项目的实施，将彻底改变地级党报印刷瓶颈，解决《西藏日报》在地区没有分印点的问题。西藏军区印刷厂顺利通过国家绿色印刷认证，全区绿色印刷认证企业达到3家，部分中小学教科书实现绿色印刷，印刷业转型升级迈出实质性步伐，为建设重要的国家生态安全屏障作出了积极贡献。稳妥有序推进西藏人民出版总社组建工作和自治区新华书店转企改制，积极探索西藏新华印刷厂建立现代企业制度。西藏人民出版社、《西藏研究》编辑部获第三届中国出版政府奖先进出版单位奖。积极推进西藏出版文化产业园建设，入园企业达到17家，注册资金1.2亿元。组织行业单位参加第23届书博会、首届中国（武汉）刊博会等展会，拉萨市作为主宾城市参加第11届北京国际图书节。全年本版图书销售额预计达到2637万码洋，同比增长11%；预计发行图书3075万册，实现图书销售码洋1.98亿元，同比增长11.9%、4.2%；印刷复制业总产出预计达到4.02亿元，同比增长10.7%；报纸预计完成23.77万千印张、同比增长28.5%，期刊预计完成1.36万千印张，同比增长24.8%。

【公共服务体系建设】 以百种藏汉文对照惠民图画书和新旧西藏对比宣传教育系列主题出版物首发为契机，组织开展免费赠阅下基层活动，真心实意为基层和农牧民群众办实事，使农牧民群众享受到丰富的精神文化生活。结合“五下乡”组织开展图书下乡、公益捐赠、让利展销等活动，向社会大众捐赠价值193.7万码洋的优秀出版物。为农牧区义务教育阶段学生免费赠送《新华字典》42.3万册，做到人手一册。协调江苏可一文化产业集团向各大寺院及佛学院等相关单位捐赠《频伽精舍校刊大藏经》100部，码洋1000万元。大力实施全民阅读工程，以学生放寒暑假为契机，组织开展“小手拉大手”阅读活动，让农牧区学生带领家长在假期阅读一本好书。以农家书屋寺庙书屋为平台，组织开展“驻村干部带群众阅读”和“驻寺干部与僧尼同学习”活动，推动全民阅读活动深入开展。

【新闻出版行政管理】 积极推进行政审批制度改革，自治区新闻出版局精简调整行政审批项目29项，精简调整率达到63%，承接国家新闻出版广电总局下放行政审批项目4项，做到了简政放权和加强宏观管理的有效统一。认真落实区党委政府《关于在党的群众路线教育实践活动中边学边查边改着力解决十个方面突出问题的通知》精神，认真开展党政机关报刊散滥现象整治工作，重点清理整顿连续性内部资料出版物，取缔16种、停办18种、限期整改15种。组建出版选题审定专家委员会、出版物审读专家组。积极争取国家新闻出版广电总局在西藏设立国家出版产品质量监督检测中心藏语文分中心。开展“3·15”质检活动，西藏2家单位2名个人获国家新闻出版广电总局表彰。完成地市、县级机关软件正版化检查整改任务，更换操作系统和办公软件34027套，软件正版化工作得到国家推进使用正版软件工作部际联席会议督导组和领导的充分肯定和表扬。

【打击非法出版物和网上“扫黄打非”】 全年共收缴非法违禁出版物及宣传品73万余件，删除网络有害信息13万余条，查办案件85起。西藏“扫黄打非”战线2个集体和4名个人受到了全国“扫黄打非”工作小组表彰。

自治区体育工作

【群众体育】 以贯彻落实《西藏自治区全民健身实施计划（2011-2015年）》为重点，加大督导力度，推动各级政府进一步落实“三纳入”工作要求。以普及第九套广播体操、发展传统体育运动为重点，利用“全民健身日”、节假日等时间节点，组织开展全民健身展示、传统体育比赛、体育下基层、西部业余围棋联赛、全国青少年棋牌夏令营、中学生登山夏令营等一系列全民健身活动，各地、各单位、各系统全民健身活动丰富多彩，吸引了众多群众加入全民健身行列，带动了体育人口持续增长。以改善城乡健身条件为重点，加强1000个村级农牧民健身工程建设，发放价值1000多万元的体育健身器材。创建国家级青少年体育俱乐部6个、青少年户外营地1个、社区体育俱乐部4个，培养各级社会体育指导员311名，全民健身志愿服务广泛开展。

【参赛成绩刷新历史】 全力以赴备战和参加第十二届全国运动会，西藏区运动员在第十二届全运会上获得金牌1枚、银牌1枚，实现了运动成绩和精神文明双丰收，创造了西藏区参加全运会的最好成绩。2013年，在国内国际各个赛场上，西洛卓玛、边巴次仁、格桑平措、边巴扎西、扎西、仁青拉姆等优秀运动员保持良好发挥，索朗德吉、达珍、多布杰、米觉尼玛等后起之秀开始崭露头角，共获得亚洲冠军3个，全国冠军11个、亚军10个、季军5个，全国青少年冠军2个、亚军3个、季军5个。阿里地区重点业余体校成立，完善了西藏区业余训练布局。“3+2”办学模式深化，体教结合加强。

【登山品牌】 举办“全国攀岩邀请赛暨全国攀岩分站赛”“第二届登山论坛”和“首届高山摄影作品暨油画展”等系列活动，纪念了人类首次登顶珠峰60周年，提升了西藏区登山运动的知名度和影响力。探索登山运动与旅游业融合发展路径，第11届西藏登山大会吸引多位奥运冠军、世界冠军和文艺界明星参加，品牌价值和规模效应日益显现，登山运动的综合服务能力和辐射带动能力增强。加强登山服务能力和高山救援能力建设，为各类登山活动提供了有力保障。

【体育产业】 大力开发体彩市场，体彩销量保持上升势头，全年累计达到2.95亿元，同比增长11.1%，筹集公益金7283万元，实现了销售业绩和公益形象双丰收。积极拓展客源市场，严格审批和安全管理，加强团队接待服务能力建设，接待国外登山团队73支、628人次，取得了较好经济社会效益。举办了海峡两岸“穿越喜马拉雅徒步”活动，开展了漂流等极限挑战活动前期勘察论证工作，自治区游泳馆完成试运行。

【发展条件】 加大资金争取整合力度，大力推进体育基础设施建设，年度开工建设总投资达3.62亿元。拉萨综合健身馆、曲松县全民健身活动中心建成；拉萨健身竞赛训练场、日喀则地区体育馆改扩建工程、日喀则市全民健身活动中心、贡嘎县全民健身活动中心等项目开工建设；林芝高原训练基地等项目前期工作扎实推进。

【体育科研快速起步】 “西藏不同海拔地区体质监测评价指标的研究”等3个科研课题结题，“增氧功对提高人体抗缺氧能力研究”和“民族锅庄舞的创编与研究”在全区推广。《西藏自治区国民体质监测报告（2000—2010年）》出版发行，国民体质数据库得到完善。开展国民体质监测1200余人次，为倡导科学锻炼、合理饮食，提高城乡居民身体素质、健康水平提供了科学依据和指导。

【文化建设】 以开展党的群众路线教育实践活动和纪念人类首次登顶珠峰60周年为契机，以《西藏体育》杂志、西藏体育网和出版《逐梦云端，超越巅峰》登山专题邮册为载体，深入挖掘了以“不畏艰险、顽强拼搏、团结协作、勇攀高峰、祖国至上”为核心的“西藏登山精神”的时代内涵。以全民健身运动、参加第十二届全运会为重点，大力加强体育宣传，在各类媒体上刊发100多条体育消息和专题报道，提升了体育的社会影响力和公众关注度。

自治区安全生产监管工作

【“三个全面下降”和“三个明显好转”】 全区各级党委政府认真落实监管责任和属地责任，把安全生产工作与当地经济发展同时部署，同时落实，同时检查，同时考核，各部门齐抓共管形成合力，全区安全生产实现了“三个全面下降”：一是事故总量全面下降。全区共发生各类事故860起、死亡315人，同比分别下降7%和12%。二是较、重大事故全面下降。2013年全区共发生各类较大事故18起、死亡65人，同比分别下降36%和36%，未发生重大安全生产事故。三是主要考核指标全面下降。全区各类事故死亡人数占自治区安委会下达的总指标450人的70%，其中生产经营性事故死亡人数占国务院安委会下达的总指标274人50%；各地（市）和道路交通、火灾、工矿商贸等重点行业领域事故（含生产经营性事故）死亡人数均未突破控制指标。在国务院安委会办公室公布的各省（市、区）控制指标排名中名列第一，受到了国务院安委会办公室的通报表扬.

“三个明显好转”：一是重点行业领域安全生产形势明显好转。道路交通事故起数略有上升，但死亡人数下降13%，火灾事故起数和死亡人数同比下降，铁路交通、水上交通、农业机械等行业（领域）未发生人员死亡事故。二是大部分地区安全生产形势明显好转。8个统计单位中，昌都、阿里林芝、山南、日喀则5个地区事故死亡人数均实现同比下降。三是重要时段安全生产形势明显好转。“三大节日”、“两会”、十八届三中全会期间等重要时段、敏感节点全区安全生产形势平稳。

【落实监管责任】 抓好国务院安委会下达自治区2013年安全生产各项工作目标任务分解落实，对7地（市）、20家区中（直）单位安全生产目标责任书考核内容进行了细化，明确了指标，明确了任务。在总结以往考核基础上，进一步完善了考核制度，制定了《2013年西藏自治区安全生产工作责任目标考核评分实施细则》，把安全生产“一岗双责”制度、企业安全生产标准化建设等工作列入年度安全生产目标责任考评内容，把安全生产大检查、“打非治违”专项行动和重点行业领域专项整治工作列入地（市）政府的综合绩效考评。严格落实季度通报、挂牌督办、约谈诫勉、综合督查、考核奖惩、责任追究、一票否决等制度，形成了一级抓一级、一级促一级，一级对一级负责的安全生产责任制格局。落实安全生产情况通报制度、事故查处督办制度、重大隐患挂牌督办制度，做到每季度把各地（市）安全生产形势和控制指标执行情况及时通报给地（市）、县（市、区）两级党委、政府的主要领导、分管领导和区安委会成员单位，对安全生产形势严峻的地（市）和行业主管部门及时发出预警通知，强化日常监控跟踪。

【安全生产大检查】 自治区安办制定下发了《全区2013年集中开展安全生产领域“打非治违”专项行动方案》，从3月至9月，分四个阶段以道路交通、非煤矿山、水上交通、建筑施工、危险化学品、民用爆炸物品、消防、特种设备等8个行业（领域）为重点，深入开展“打非治违”专项行动，共查处各种非法违法行为163339起，对各类违法违规违章行为保持高压严打态势。根据国务院安办统一部署，按照“全覆盖、零容忍、严执法、重实效”的总体要求，自治区安办制定印发了全区安全生产大检查工作方案，明确大检查目标要求、方法步骤、重点任务和保障措施，从6月至9月历时三个月，分三个阶段，在全区范围内和所有行业领域、生产经营单位，开展安全生产大检查活动。并成立了由18家单位、36名人员组成的7个督导检查组，实行组长负责制，深入全区七地（市）、县（市、区）、乡镇、村和行业领域及企业，全面传达学习中央、自治区领导同志关于安全生产的重要指示批示精神和中央、自治区关于安全生产的一系列重要文件会议精神，全程跟踪指导检查和督促指导各地（市）安全生产大检查工作，7个督导组分片包干、一督到底，善始善终。为确保大检查活动有序有力开展，区安委会先后下发两次通知，对相关工作进行了进一步的细化和强调部署，要求各地（市）、各部门和单位对前一阶段安全生产大检查情况开展“回头看”，对检查中发现的安全隐患和问题，制表列出清单，建立台账，并跟踪落实整改，坚决做到不留死角、不走过场；对国务院安委会第十五督导组和国家安全监管总局第七专项检查组查出的隐患强化跟踪督办。整个大检查活动期间，全区共组织出动各类检查、督导组3562余个，出动各类检查人员83245人次，检查各类生产经营单位和人员密集场所等58950家次，共排查各类安全隐患55155处，投入整改资金7000多万元，已整改落实51327处，整改率达93%，查处各类违法违规行为163339起，停产停业整顿146家，关闭取缔105家，行政拘留96人，罚款100余万元。由于各级党委、政府高度重视，工作扎实，措施得力，检查深入，治理到位，大检查明显取得成效，受到了国务院安委会第十五督查组和国家安全监管总局第七专项督查组的充分肯定和表扬。

【安全生产专项整治】 一是开展道路交通领域专项整治。根据国务院安全生产工作会议和全区安全生产工作会议精神，自治区、各地（市）开展“大排查、大教育、大整治”货车违法行为专项整治行动、“道路客运安全年”和道路交通综合监管专项整治等活动，加大“两客一危”车辆和校车安全隐患排查力度，对发现的“三超一疲劳”等严重交通违法违规行为重拳出击、大力整治。各行业监管部门协作配合，对公交运营单位进行清查整治，及时整改存在的问题，消除安全隐患。结合自治区道路状况，研究制定道路交通安全设施建设方案，完成了道路智能卡口及区间测速建设规划前期可行性研究报告和全区农用拖拉机调查摸底工作。加大对道路交通事故的调查处理，根据国家和自治区有关规定，对全区所有较大道路交通事故调查处理情况进行挂牌督办，对道路交通安全形势严峻的地（市）及时发布预警通知，通过全区上下共同努力，道路交通事故死亡人数与2012年相比下降13%。二是推进矿山专项整治。依法取缔、关闭、整合不具备安全条件、破坏生态、污染环境的各类小矿山5家。加大对地下矿井生产环境治理，制定了《金属非金属地下矿山防中毒窒息专项整治工作方案》，先后组织各地（市）安全监管局11次深入地下矿井进行督导检查，防范中毒窒息生产安全事故发生。加大对尾矿库安全专项整治，会同自治区发改、工信、国土、环保等部门联合下发了《西藏自治区深入开展尾矿库综合治理行动实施方案》。对存在证照不齐、未批先建等问题相对突出、安全设计不符合规范的全区27家矿山企业进行了跟踪调查，并按照“区别对待、分级负责”的原则严格落实各项整改要求，坚决消除安全隐患。加强矿山采掘施工和地质勘探安全监管，对区外采掘施工、地质勘探企业备案8家、办理安全生产许可证3家，组织了对《非煤矿山外包工程安全管理暂行办法》（总局62号令）的宣贯、培训。三是抓好危险化学品专项整治。受理、完成80家危险化学品生产、经营单位安全生产许可证的申领、换证工作，并将5类危险化学品经营许可行政审批权下放到各地（市）。对逾期不换证，非法经营的拉萨市8家烟花爆竹企业给予停业整顿。组织开展餐饮场所燃气安全整治，共排查存在安全隐患餐饮场所2300余家，整治2256家、停业整顿23家、提请关闭21家。开展油（气）库领域安全整治，对中石油铁路接卸库未批先建责令停产整顿并重新设计，对中石化铁路接卸库责令停产整顿、限期履行相关手续。严格落实政府117号令关于零散成品油销售有关制度，并开展了全区性的安全检查和治理。组织开展了危险化学槽罐（油罐）特种车辆专项检查整治工作，规范危化槽罐（油罐）监管。四是开展消防火灾安全专项整治。开展“除火患、保平安”冬春专项行动及自治区“油气领域”消防安全专项整治行动工作。制定下发《消防安全大排查大整治“3456”行动方案》，共检查单位52104家（次），发现火灾隐患29985处，督促整改29531处，下发责令改正通知书19191份，责令“三停”单位188家，罚款146万余元，确保了连续13年无重大火灾事故发生。五是开展建筑施工专项整治。成立了西藏自治区房屋建筑市政工程施工安全生产专项整治工作领导小组，制定了《西藏自治区建筑施工领域安全生产隐患排查治理工作方案》，共检查房屋市政工程992个、项目2130项，排查隐患143项，发放整改通知书71份，下发停工整改通知书12份。开展对起重机械排查整治，下发了《西藏自治区安全生产委员会关于深化房屋建筑和市政工程施工起重机械脚手架等坍塌事故专项整治工作方案》，检测起重机械183台，合格率达94%。

【职业健康监管】 结合自治区实际，制定了《西藏自治区安全监管局职业健康监督管理2013年工作要点》。一是理顺职责。根据国家安监总局和自治区有关通知要求，划清了职业健康监管职责，并与计生委、人社厅、工会等部门沟通形成共识。截止年底，全区各地（市）安监局与计生、人社、工会明确了各自工作职责，顺利完成了相关工作的衔接。二是做好职业病危害项目申报工作。为做好此项工作，监管人员加强对职业病预防相关法律法规和规定的学习，掌握职业病危害项目电子申报操作规程和秩序。并赴各地（市）重点企业现场指导演示，发放各种资料2万余本（册），截止2013年底，全区已有400多家企业通过了网上申报。三是抓好宣传和培训工作。采取以培代宣的方式，广泛普及职业健康预防和职业卫生知识，在相关报刊上宣传职业健康监管工作。开办了全区第一期全区各事业单位职业健康专题培训班，培训单位负责人和职业安监人员290余人。到区直和中央企业和单位开展宣传培训30多场（次），参加人员3000多人。

【队伍建设】 进一步加强强基惠民、创先争优工作。选派12名干部分赴拉萨市堆龙德庆县乃琼村和那曲地区嘉黎县藏比乡开展驻村工作。2013年，两支工作组共为村（牧）民办实事20余件，为农牧民解决生产生活问题筹措各项资金228万元，得了农牧民的赞同。那曲藏比乡工作组被自治区评为强基惠民先进组织单位，区安监局被那曲地委、行署评为强基惠民先进组织单位。

开展党的群众路线教育实践活动。全局5名厅级领导，17名县处级干部分别到驻村点与农牧民同吃、同住、同劳动，为农牧民办实事10余件，捐助2.4万元。

（撰稿：吴林）

自治区统计（调查）工作

【统计调查业务】 重大国情国力调查顺利开展。2013年，按照《国务院关于开展第三次全国经济普查的通知》和《西藏自治区关于开展第三次全国经济普查的通知》要求，第三次全国经济普查圆满完成了机构组建、经费落实、方案制定、人员选调、业务培训、普查试点、行政区划核实、普查电子地图绘制、物资筹备、单位核查等各项工作。

专项调查和统计监测工作取得实效。圆满完成了2013年自治区文明办和拉萨市文明办委托的拉萨市城市文明程度指数测评工作。先后开展了组织工作满意度、群众安全感、服务业重点企业、纳税人满意度、全国烟草消费情况等多项专项调查。扎实开展了妇女儿童、农村贫困、农民工、退耕还林（还草）、主要畜禽和全面建设小康社会进程等多项统计监测工作。

【统计调查服务】 经济形势分析成绩显著。采取统计分析、统计课题研究与报告等多种形式，向自治区党委、政府和有关部门报送各类统计资料和信息。局、总队报送的《西藏中小微企业融资问题研究》、《西藏物价持续走高的成因分析》、《2013年前三季度我区经济运行形势分析及四季度工作建议》等统计专题分析，得到自治区领导的高度重视，并分别做出重要批示。局、总队提供的《西藏城镇化发展探析》一文被中共中央办公厅采用。

积极开展统计调查研究。一是加大专项调查、专题研究力度。先后组织了消费市场情况调研、农产品价格变动情况专题调研。先后参加了全区特殊贫困人口集中供养专题调研、全区耕地保护目标责任考核验收、草原生态保护奖励机制工作调研等。二是加大统计课题研究力度。组织完成了《西藏自治区八次党代会对全面建成小康社会的影响》等12个课题研究。通过开展统计课题研究，为自治区各级党政领导准确判断经济形势提供了决策参考。

【统计调查改革】 企业一套表改革和联网直报工作进展顺利。以提高统计数据质量为核心，紧紧围绕“巩固提高、深化拓展”的要求，扎实推进“一套表”改革。按照“专业负责，协同作战”的原则，进一步强化分级负责的数据责任制度，加强对统计数据趋势性和关联性的审核，努力保障和提高联网直报数据质量。

统计方法制度改革稳步推进。紧跟国家统计改革的步伐，稳步推进城乡一体化住户调查改革。按照国家统计局的统一部署和总体方案要求，开展了文化与相关产业法人单位核查认定工作。联合自治区有关部门制订了《关于西藏加强应对气候变化统计工作的意见》，初步建立应对气候变化统计指标体系。积极完善统计调查制度建设，组织人员对西藏特点产品体系进行研究，加快建立符合西藏特点的统计指标体系。

统计数据质量管理进一步加强。强化各专业间的沟通与协调，加大对各专业和部门数据的审核、评估和监控力度，建立数据质量监督检查的长效机制，确保统计数据及时、客观、准确反映我区经济社会发展实际。按照国家企业一套表改革要求，大力推行企业联网直报，严格遵守国家统计局的“四条红线”，坚持不入库、不出数，加大对企业的监督检查力度，减少对统计数据的中间干扰。加强对数据的审核和评估工作，完善审核方法，加大审核力度，多渠道对报表数据进行审核评估。

【法制建设】 继续完善统计法律法规。为贯彻执行《西藏自治区实施<中华人民共和国统计法>办法》，根据国家和自治区现有的有关统计法律法规，结合自治区统计调查工作实际，对《实施办法》的司法解释和《西藏自治区统计行政执法人员资格认定及证件管理暂行办法》进行了修改完善。同时，在认真学习兄弟省(市、区)先进经验的基础上，分析自治区统计执法工作的现实情况，制订符合实际的执法流程和规范文书。

加强统计法律法规培训。为提高干部职工学习统计法、钻研统计调查业务知识的积极性，举办了以6个党支部为单位的统计法律法规知识竞赛，增强了干部职工在实践中运用统计法律法规的能力。邀请自治区人民政府法制办人员利用视频方式对全区220多名行政执法人员进行了行政法规培训。积极与自治区人民政府法制办沟通协调，基本达成“统计调查工作即是统计执法工作”的全员执法共识。

【“两项活动”取得成效】 党的群众路线教育实践活动扎实开展。按照自治区党委和国家统计局党组的安排部署，局、总队扎实开展党的群众路线教育实践活动。一是抓好思想发动。从统计调查工作出发，制定实施方案，落实“规定动作”，创新“自选内容”，充分调动党员干部开展教育实践活动的积极性和主动性。二是抓好学习教育。组织党员干部参加专题辅导，集中观看爱国主义影片和反腐倡廉教育片及苏东剧变内部教育片，集体参观西藏军区军史馆、新旧西藏对比展、清政府驻藏大臣衙门旧址，开展“为了谁、依靠谁、我是谁”群众路线大讨论活动，学习研读中央规定篇目，做读书笔记、写心得体会，结合实际，深入思考，切实增强了党员干部的群众观点和宗旨意识。三是抓好对照检查。坚持开门搞活动，广泛征求意见，认真查摆问题。采取召开座谈会、结对认亲、民主评议、进村入户等多种形式，广泛征求干部群众对“四风”“两问题”方面的意见建议，边学边查边改，以实际行动取信于民。

创先争优强基础惠民生活动成果丰硕。2013年，第二批驻村工作队员紧紧围绕“五项任务”积极开展工作，共协调和落实资金800余万元，实施项目10个；协调落实生产生活设施建设资金270余万元；举办实用技术培训班5期，受训群众600余人次；举办党员培训班3期，培训党员80余人次；为群众办实事好事200余件；发放慰问物资折合价值15余万元；组织劳务输出300余人次。2013年11月局、总队派驻亚来村工作队被评为自治区级先进驻村工作队。

自治区旅游工作

【概况】 2013年全区旅游产业在区党委、政府的坚强领导下，在国家旅游局的关怀指导下，在各有关部门的支持配合下，在全区旅游行政主管部门和旅游行业的不懈努力下，紧紧围绕自治区党委、政府的中心工作和大局，围绕全区旅游工作会议确定的目标任务，按照“特色、高端、精品”的发展原则，不断升华“世界屋脊、神奇西藏”主题形象，攻艰克难、真抓实干，稳中求进，各项工作取得了新成效，实现了新突破，为建设重要的世界旅游目的地迈出了坚实步伐。

【旅游业发展成效】 旅游经济再创新高。据统计，2013年全区累计接待国内外游客1291万人次，同比增长22%，实现旅游总收入165.18亿元，同比增长30.6%。

产业规模逐步壮大。全区星级饭店（宾馆）达到242家；星级家庭旅馆达到698家；A级景区达到76处，其中布达拉宫、大昭寺为国家5A级景区；旅行社达到149家；全区旅游经济就业总人数达到29.67万人，全行业固定资产接近200亿元，接待能力显著增强。

旅游产品不断丰富。随着拉萨古城改造工程、《文成公主》实景剧、林芝《寻找香巴拉》舞剧等一批新项目、新产品的推出以及各地（市）纷纷加大对节庆品牌的推广力度，加快推进了旅游与文化的融合发展，区内旅游产品内涵不断丰富，旅游产品吸引物、选择面、消费点得到有效提升，旅游吸引力进一步增强。

产业功能继续释放。各旅游企业积极采取走出区门开办分社、区内设立门市部等措施，瞄准客源终端市场，为游客提供了更加灵活、多样的地接服务；高端饭店入住率通过服务创新、拓宽经营渠道等措施止跌回稳；“西藏人游西藏”自助游保持了良好的增长势头；入境旅游市场稳步回升；区内经济型酒店、家庭旅馆、藏家宴等特色产品备受青睐，旅游富民惠民的产业功能得到进一步释放。

市场运行健康有序。2013年以来全区旅游系统结合《中华人民共和国旅游法》的颁布实施，采取学习、宣传贯彻同市场整顿相紧密结合，启动了为期4个月的旅游市场专项整治执法大检查，创下了自治区旅游市场整治活动持续时间最长、整治面最广、整治力度最强、成效最显著的记录。。

【项目建设】 一是按照自治区“十二五”规划项目推进工作的总体要求，制定倒计时工作计划，进一步明确责任主体、工作任务、时限要求。截至2013年底，已完成“十二五”规划项目投资1个；已下达投资计划项目7个；已完成前期工作并通过评审的项目为20个；二是全面启动拉萨国际旅游城市、林芝生态旅游大区建设规划制定工作；三是完成中国光彩事业西藏行旅游项目筛选及上报工作，全区共计汇总上报光彩事业旅游项目170个，涉及资金1339.16亿元；正式签约2个项目、涉及投资55.5亿元；四是加快全区21个边境县旅游规划编制工作，已完成15个边境县旅游规划编制及评审工作。

【行业监管】 一是进一步健全自治区旅游市场进入、退出机制。二是加大了对旅游市场的监管力度，按照全覆盖、零容忍的原则，全年共组织执法检查251次，累计执法170天，出动执法人员1859人次，检查旅游企业997家次、旅游团队1121个、导游人员1109人次，有效净化了我区旅游市场，树立了我区良好的旅游目的地形象，受到了国家旅游局的充分肯定和社会的认同。同时，适时组织举办专题执法培训，全区旅游执法人员规范执法，文明执法能力得到进一步提升。

【品牌推介】 围绕“观山寻海”年度宣传主题，成功策划推出了“人类登顶珠峰60周年纪念之旅”、“珠穆朗玛号旅游专列”等一系列产品，得到市场积极回应；通过“冬游西藏享受阳光”主题推介，采取加强与航空、交通部门的合作等方式,有力地推进了我区旅游四季全面发展；有力开展了媒体及旅行商赴藏考察和宣传报道工作，成功举办了我区第五届西藏旅游形象大使总决赛，进一步扩大了我区旅游产品营销推介的深度和广度，为世界更好的了解西藏、认识西藏起到了积极的促进作用。

【乡村旅游迈】 通过在在重点旅游县、主要旅游线路沿线、旅游景区（点）周边等旅游资源富集区域，大力发展以农家乐、藏家乐、家访点为代表的乡村旅游产品和项目，让城镇居民和农牧区群众依托旅游发展，吃上旅游饭，发上旅游财。截至2013年底，从事旅游接待服务的农牧民达到1.4万余户，5.8万余人；实现旅游服务收入4.1亿元，户均收入2.93万元，人均收入0.7万元。

【课题转化】 为进一步加快旅游产业发展步伐，全力推动建设重要的世界旅游目的地工作，争取在政策、资金和项目等方面得到国家的优先支持，认真起草并反复修改完善了《关于进一步加快推进“建设重要的世界旅游目的地”的意见（代拟稿）》，并上报政府；结合建设重要的世界旅游目的地相关工作，进一步强化政策研究，全面系统地梳理了我区旅游业发展中亟待国家及自治区层面协调解决的有关问题。

【制度建设】 一是深入贯彻落实“国务院关于贯彻落实《中华人民共和国旅游法》电视电话会议”精神，采取学习、宣传同贯彻落实紧密结合的办法，认真开展了《中华人民共和国旅游法》的学习宣传工作。二是以《中华人民共和国旅游法》的颁布为契机，结合《西藏自治区旅游条例》的贯彻落实情况，在自治区人大常委会精心组织下，对各地（市）在《条例》执行过程中存在的有关问题、难点进行了调研，并对我区现行《条例》与《旅游法》不相适应的条款进行了认真梳理，为下一步修订、完善我区地方性旅游法规奠定了基础。三是围绕行业标准化建设起草制定了《导游员IC卡制证及年审流程》、《旅行社等级申请及评定流程》、《旅行社设立的条件和申请程序》、《旅游景区申请与评定流程》、《旅游星级饭店评审权限和评定规程》5个规范办法。

自治区人民防空工作

【人防各项业务工作】 根据2013年全区“十二五”人防建设项目调整工作暨政府工作要点第97项重点工作要求，西藏人防已基本完成了应急指挥所、基本指挥所和机动指挥所三位一体化建设任务。区人防办全面下放国家投资的人防工程建设专项经费，促成拉萨市、日喀则地区、林芝地区人防系统基本指挥所建设有序展开。

全面督促检查三地（市）人防工程建设质量，促使人防工程保质保量完成，努力打造人防建设样板工程，真正做到了让党委、政府放心，让人民群众满意。在全区深入开展了人防工程普查建档工作。

2013年，自治区人防办通过无线与有线相结合、短波与卫星相结合，大力推动警报报知手段建设，逐步增添人民防空警报器材。在全区范围调整增设了相当数量防空警报器材，确保达到了主城区警报覆盖率95％。

认真开展人防宣传教育工作，全区人防系统分别于“七·七”、“九·一八”和“九·二一”在日喀则、林芝、拉萨试鸣防空警报，影响广泛、效果明显、达到要求。并与区教育厅、20所中小学校联合举行“三防”知识教育座谈会，发放人防知识教材5000余套。同时，在林芝地区人防办内设立全区首个“国防教育基地”，面向社会各界广泛宣传防空袭知识和防灾减灾常识，基本达到国家人防办关于人防“五进”（进机关、进社区、进企业、进学校、进网络）要求。

【党的群众路线教育实践活动】 根据区党委教育实践活动《实施方案》的部署要求，全办自上而下全面铺开党的群众路线教育实践活动，以整风的精神，对“四风”、“两问题”进行深刻剖析。先后两次征集干部群众意见建议共17项，汇总归纳为11条整改措施，并公诸于众、付诸实施。区人防办党组成员根据征求到的意见建议，结合开展工作的实际，认真撰写党组和个人对照检查材料。2013年，通过全面开展群众路线教育实践活动，全办精简35％以上的会议，减少发文30％，减少5％的公务车辆运行费用，减少接待经费8.54万元，减少会议经费12.15万元，党的群众路线教育实践活动初见成效。

【维护社会稳定】 深入揭批十四世达赖集团“三性”分裂本质和“中间道路”的反动图谋，切实站稳政治立场，时刻紧绷维稳这根弦，随时保持头脑清醒，旗帜鲜明地按照中央、区党委的决策部署履职尽责，强化干部职工“三个离不开”、“团结稳定是福、分裂动乱是祸”思想教育，扎扎实实抓好维稳各项工作，坚持24小时零报告制度，完善应急措施及方案，调整充实“护院队、消防队、联防队”，夯实“红袖标”工程，筑牢思想防线和与分裂势力作斗争的铜墙铁壁，坚定不移地为西藏长治久安贡献应有力量。

【强基惠民驻村工作】 2013年，在区人防办党组的倡导下，各处（中心）和驻村工作队联手跑项目、筹资金，深入开展为民务实各项工作，为驻村点争取到水渠项目、草场改良项目、卫星电视接收系统80套等，资金争取额超百万元，为当地农牧民群众办实事解难事30余件。

自治区人民政府驻北京办事处

【接待服务】 2013年，将简化接待与无微不至结合起来，切实发挥接待处和三家企业合力，增强“一日无为、三日不安”的责任意识，增强不留空白点、盲区和缝隙的细节意识，发扬“五加二、白加黑”的连续作战精神，为自治区省级和地（厅）级领导在京开展政务活动提供接待保障，为自治区干部群众在京各项接待需求提供力所能及的服务。认真做好区内赴京参会团队、出国考察、内地西藏班学生在京中转接待工作，做好飞机票、火车票订购工作。

【医疗协调联络】 积极拓展医疗资源，所联系的医院从首都重点医院拓展到部分专科医院，于6月、9月分别组织首都知名医院医疗专家进藏考察，开展巡诊、义诊活动，进一步增进了交流协作。坚持有需必应、有交必办，拓宽服务对象。攻艰克难，协调多家医院专家对急重症患者进行会诊，协调急救、医院、航空等部门，为特殊病人提供救护车接机、“担架乘机”等服务。本着人性化、亲情化原则，为病人领取检验报告，购买并寄送药品，垫付医疗费，提供营养餐等。

【经济信息联络工作】 促成北京华育助学基金会对拉萨市家庭经济困难学生资助项目，协助北京中科招商投资管理集团公司与拉萨市经济技术开发区建立联系。与北京公园管理局联合开展“心悦拉萨”—2013香山昭庙藏文化推广主题活动，联系协调区文化厅、区文联、华熙集团举办“云中藏歌”活动。及时采编报送政务信息和门户网站信息，做好自治区领导在京重要活动和有关涉藏新闻报道工作。及时更新完善“魅力西藏”展厅资料，培训讲解员，完成20批360人次的讲解任务，切实发挥办事处“窗口”作用。

【离退休人员服务工作】 坚持“耐心重情”原则，认真落实离退休人员政治待遇和生活待遇，组织离退休人员学习中央和自治区有关文件精神。加强同有关业务主管部门联系，安置退休人员12人。落实正厅级和教授级退休人员A类医疗待遇，组织西坝河安置点和干休所离退休人员体检，组织6名离退休人员赴云南进行健康疗养。对安置在北京地区的离退休人员实行“三必访”，即“住院必访、重大节假日必访、有特殊困难必访”。

【维护稳定】 坚持稳定压倒一切思想，细化落实《进京非正常上访人员劝返处置工作预案》，加强与中央、北京市、自治区信访部门联系协调，扎实做好我区进京非正常上访人员稳控劝返工作。为及时处理突发事件，完成紧急任务，成立办事处应急工作队。严格执行24小时值班带班制度，做好消防隐患检查、保密教育和安全生产等工作，把事关维稳的各项工作做深、做细、做实，实现了“三不出”目标。

【企业服务经营工作】 根据自治区领导批示精神，结合服务保障工作需要，调整所属三家企业的职能定位和接待工作侧重。三家企业认真贯彻落实领导批示精神，积极应对各种困难和挑战。

【党的群众路线教育实践活动】 按照区党委关于教育实践活动部署要求，办事处党委高度重视，成立党的群众路线教育实践活动领导小组，制定活动实施方案，召开动员大会进行思想发动，认真学习必读篇目，广泛听取意见建议，认真查摆存在的突出问题，坦诚开展批评和自我批评，全面进行整改，修改完善规章制度。通过教育实践活动的开展，办事处广大党员干部党性修养、群众观点和公仆意识进一步增强，作风进一步改进，服务保障能力和水平进一步提高，达到了预期效果。

【创先争优强基惠民活动】 办事处党委认真贯彻区党委部署要求，大力支持2个驻村工作队紧紧围绕“建强基层组织、维护社会稳定、寻找致富门路、进行感恩教育、办实事解难事”五项任务开展工作，大力宣传党的十八大和十八届二中、三中全会精神以及自治区各种重要会议精神，宣传党的民族宗教政策，宣传党的各项富民惠民政策。结合“3·28”百万农奴解放纪念日和有关重要节假日，开展新旧西藏对比和感恩教育活动。及时传达上级有关维稳工作会议精神，落实各项维稳措施，切实维护社会和谐稳定。积极协调区直有关部门落实道路建设、饮用水工程和防抗灾项目等工程项目资金，组织实施合作社和藏鸡养殖基地建设，推进吉定村、卡嘎村经济社会发展。

自治区人民政府驻成都办事处

【接待服务】 2013年，成功努力提高接待服务工作的水平和质量，通过建立健全《办事处接待服务工作管理规定》、《成都顺江苑服务管理办法》、《成都西藏饭店重大事项管理暂行办法》等制度，进一步理顺了接待服务管理，规范了接待程序；加强与机场、航空公司、四川省和成都市相关部门的沟通协调，密切了关系，进一步畅通了接待服务渠道；通过维修、改造机关接待服务楼，规范创新服务方式，改善了服务环境，完善了服务功能；通过对接待服务人员进行综合培训，增强了服务意识，提高了接待服务水平。圆满完成了自治区全国“两会”代表、中央督导组、援藏干部轮换、糖酒会、西博会、农博会等524个团队的接待服务工作。全年共接待区内外各族干部群众43万人次，其中国家级和省部级领导同志7116人次。

【离退休干部职工服务管理】 认真贯彻落实离退休干部职工各项政治和生活待遇政策，认真执行老干部学习制度、“三会一课”制度和重大节日生病住院看望慰问制度，全年共组织各种活动80余次，各类学习会、文件传达会60余次，看望慰问老干部、老职工600余人次，发放养老金1376万元。深入调研，耐心细致征求离退休老同志意见建议，下决心解决了离退休干部职工反映的一些实际困难，对双流干休所的住房进行了安全检测，对环境卫生进行了整治，增添了部分文体活动用品，调整落实了离退休老同志的支部活动经费，发放一次性丧葬费、抚恤金23万元，收取失业保险金58万元，领取失业保险金9702元；认真做好6186名跨省安置离退休老同志的服务管理工作，配合区党委老干局认真做好全区老干部跨省安置工作会的筹备、会务和接待工作；认真做好老同志信访接待工作，全年共接访老同志450余人次，妥善有效解决了部分老同志的诉求反映，疏导了情绪，确保了稳定。

【医疗保健服务】 进一步加强与华西医院的沟通协调，统一了合作办院是援藏工作的思想认识，巩固密切了与华西医院的关系。加强与四川省、成都市各级医疗机构的协调沟通，保证了省部级领导同志和地厅级领导干部就诊“绿色通道”的畅通，为各族干部群众体检就医提供了更加方便快捷的服务，先后为2386名（其中省部级领导683人次）各族干部群众在成都体检就医提供了通畅便捷的服务。全年接诊患者88823人次，实施手术7158台，实现医疗收入25025.72万元。

【经营管理】 积极稳妥做好成都西藏饭店的接收、管理工作，加强对各宾馆、饭店、接待楼的服务管理和经营扶持，以服务区内外各族干部群众为目标，以打造西藏地域文化特色为亮点。西藏饭店全年实现营业收入7679万元，上缴税金565万元。天驰接待服务中心、天湖宾馆、圣地阳光宾馆合计实现营业收入3461.81万元，上缴税金325.16万元。

【信息调研】 邀请政府办公厅信息负责人对办事处系统50余名信息员进行系统业务培训。全年共向党办、政办及其门户网站报送各类信息4838条，采用量居内地各办事处前列，为区党委、政府科学决策提供了服务参考。

【强基惠民】 投入、协调、争取各项资金近1亿元，完成各类项目10多个，为各族群众免费义诊1700人次，在驻地集中培训基层乡村医师20名，择优向西藏成办医院送培村医9名（其中4名已经结业回村），邀请组织15名华西医疗专家进藏为日喀则地区谢通门县323名农牧民群众提供了免费医疗服务。以解决群众最迫切、最实际的问题，增加群众现金收入为突破口，积极争取到达孜公路通达项目建设。

【顺江苑基地建设】 狠抓顺江苑工程质量、进度和施工安全，高效优质完成了顺江苑工程建设、装修、改造、绿化等工作；克服困难，全力做好开办试运行工作，较好地落实了要确保顺江苑于2014年春节前投入运行的重要指示要求。

自治区人民政府驻西安办事处

【经济联络】 一是认真贯彻落实自治区关于加强内地办事处招商引资和经济联络工作的意见，主动协调陕西中非集团在藏投资建养猪场、有关单位在西安开设藏医门诊部等工作。二是充分利用第十七届中西部贸易洽谈会、陕西省组织的相关活动，宣传西藏，引导内地企业到西藏投资发展。三是积极收集和报送了有参考价值的政治、经济、科技和有关政策等信息3500条，考核分达到了自治区要求的标准，提供了驻地和内地其它省、市、区经济社会发展的新情况、新经验，为区党委、政府决策提供了参考依据。

【离退休老同志服务管理】 全部完成了自治区老干局和人社厅下达的28人跨省安置任务，落实离退休老同志生活费、医疗费9271万元；完成了离退休干部职工的高海拔工龄补贴核算发放工作和76户的房补核发工作。全年走访慰问743人，向383名老工人发放一次性慰问金30.64万元，及时到病房看望慰问安置在西安及周边地区的住院老同志，送去党和政府的关怀。帮助88名老工伤人员重新认定工伤待遇，并及时发放了工伤补助金。

【公务接待】 一是为全区干部职工在西安出差休假、开会学习、办事就医提供较为满意的服务。全年共接待贵宾241人次，地厅级领导300人次。同时，为进一步改进服务质量，增加一辆车和2名司机以提升接待服务能力。二是办理了8张ETC证，降低了车辆过桥、走高速等通行费；协调中石油办理加油卡，施行一车一卡制，从制度上规范燃油的使用，有效降低了车辆燃料费。三是认真贯彻落实《党政机关厉行节约反对浪费条例》，压缩接待规模，规范公务接待，全年公务接待费用较去年同比下降了6.8%。

【创先争优强基惠民活动】 一是与拉孜县曲玛乡政府和村委班子制定了《西安办事处驻达布、昌达村驻村工作方案》和《拉孜县曲玛乡达布、昌达村2013年发展规划》，确定了农村饮水安全、藏鸡养殖等10个项目，为达布、昌达2村的发展作了规划。二是建强基层组织，培养入党积极分子6名；推进三个培养工程，培养了索朗等多名致富能手和致富带头人；组建村民治安巡逻队；深入开展“进村入户，结对认亲朋友”活动，23名县处级以上干部共结对认亲交朋友48户，自费5万多元帮村民解决困难。三是各驻村工作队的10万元经费全部用于为村民办实事；申请落实村级公路修建、奶牛养殖等短平快项目204万元；自筹资金购置拖拉机等17.66万元的资金落实到位。

自治区人民政府驻上海办事处

【概况】 2013年，沪办被上海市人民政府合作交流办公室评为“2011–2012年度（第五届）上海市合作交流系统文明单位”，被上海市社会管理综合治理委员会评为“上海市平安示范单位”，驻山南雪玛村工作队被区党委、区人民政府评为“创先争优强基础惠民生先进驻村（居）工作队”。

【创先争优强基惠民活动】 共与16户群众结成了朋友，送去慰问金8000元，购买慰问品约4000元，召开座谈会1次，走访慰问群众85人次，办好事实事18件次，征求到意见建议11条。为所驻村争取落实了道路建设等资金近102万元；修建沪边公路两侧太阳能路灯、修建暖圈10座，共投入85万元；争取上海企业家资助所驻村子女上学、困难户救助等资金近6.9万元；邀请雪玛村农牧民群众代表及部分干部代表11人来上海学习参观;争取上海企业家陈凤英等人为雪玛村困难群众捐助被子、衣物等；联系上海民航中专等单位为边巴乡小学捐助运动服、图书和运动器材价值约3万元。

【离退休人员管理服务和跨省安置】 认真落实各项待遇，扎实做好具体工作；送去真情和关爱，感受组织的温暖；做好跨省安置工作，2013年共安置干部工人8人；做好老同志病重、病故的后续工作；做好来信来访工作。

【党的群众路线教育实践活动】 截止2013年12月20日，共有2个支部，13名党员干部参加了教育实践活动，其中地级干部3人，占沪办地级干部总人数的100%；县处级干部7人，占沪办县处级干部总人数的100%（1人驻村）；一般党员干部5人，占沪办一般党员干部83%（2人驻村，1人休产假）；普通干部1人，占沪办普通干部的100%。

【信息编制报送和经济联络工作】 一是积极参与“中国光彩事业西藏行”活动，主动参与拉萨市和上海市合作交流办举办的相关活动；积极为相关企业牵线搭桥，提供相应平台，先后为西藏藏泉酒业在华东地区设立销售代理公司，为西藏金牦牛科技药业公司、浙江湖州药业有限公司、上海水盟实业公司、上海东圣集团等单位提供创业咨询服务,为西藏农副产品到上海展出牵线搭桥；三是积极争取区内相关部门提供优惠政策，宣传西藏企业及各类经济技术开发区的优惠条件，为区内部门招商引资铺桥搭线，2013年共争取到区发改委、拉萨市达孜县工业开发区、拉萨柳梧新区、拉萨经济技术开发区、林芝地区、山南地区等单位和部门提供的优惠政策，及时在沪办网站上发布，及时宣传了西藏的优惠政策，为内地企业家认识西藏、了解西藏搭建了一个较好的平台。

【“双服务”创建工作】 积极参与市合作交流办举办的各类培训、学习活动，2013年重点参加了党建工作、嘉定区举办的旅游推介会、上海自贸区建设相关会议、“双服务”创建活动等；认真完成市合作交流办交办的各项工作任务；协助上海市远大医院做好西藏阿里、日喀则两地区先心病患儿来上海治疗及协助购买返程火车票等事宜；帮助西藏干部、农牧民群众来上海治病联系医院等；帮助西藏来沪经商、务工人员处理各类纠纷；协助上海相关部门做好经济普查工作。认真搞好区内来沪公出、就学、就医、休假、治病等干部职工的接待工作。

自治区人民政府驻格尔木办事处

【概况】 2013全年共接待大型工作组5次，接待各级各类人员280多人次。

【维护基地社会和谐稳定】 格办党委进一步加强对“三大节日”、3月敏感期、“7·5”敏感节点等期间维稳措施的落实，持续确保了基地“三不出”。

【基地开发建设】 一是为使格尔木西藏基地为全区跨越式发展和长治久安再创新绩，为藏青工业园区建设顺利开展做好后勤保障，为确保基地土地资源不再流失，为基地资产保值增值和现有基础设施条件的有效利用，为基地企业走出困境和大批失业、待业人员顺利就业，经格办和基地单位认真研究，并邀请相关专家论证，向自治区政府上报了《格尔木西藏基地建设和发展的规划意见》、《西藏驻格尔木基地开发建设控制性规划》、《西藏驻格尔木基地开发建设方案意见的报告》等。该《规划意见》拟利用自治区交通运输厅格尔木运输公司、自治区惠通集团格尔木公司、基地南库区等地块分别建设西藏驻格尔木物流中心、经济适用房、保障性住房、西藏驻格尔木星级宾馆、商品房住宅小区、藏青工业园区管委会办公、生活区储备用地、藏青工业园区管委会下属局、委、办的办公生活区等八个功能区。该请示得到了自治区领导的重视和肯定。二是全力支持、配合藏青工业园区工作。格办党委根据实际向自治区人民政府申请了24套职工周转房，先后解决了筹建办办公、会议用房22间、职工周转房6套，扩充职工食堂就用餐面积210多平方米，调整增加食堂炊事人员3人，投入10余万元新购置炊事机具、锅炉房取暖设备9台（套）。解决了园区筹建办工作人员办公、住宿、就餐等问题，同时还承担了工业园区项目客户的接待用餐和服务。并积极与格尔木市委、市政府协调，以低于同行三分之一的价格在最短时间内完成了园区地形测绘工作。三是由格办牵头，自治区交通厅、农牧厅、国资委、粮食局共11人组成的工作组对各厅（局）所属14家企业的人员和债务债权情况进行了摸底调研，为确保调研数据准确，格办三次对基地企业人数、债务、债权等进行了调研统计，并将摸底调研情况及时上报，得到了自治区政府的肯定和重视。

四是格办班子领导和相关部门与格尔木市国土局等单位进行了座谈，详细了解和掌握了基地待开发土地的评估和变性费用，向格尔木市政府去函协调相关费用（《关于申请闲置土地开发减免土地出让金的函》），为基地下一步开发做好了各项准备工作。

五是格办教育、医疗、就业、社会保障等工作取得明显成效。2013年格办中学高考升学率为90%，中考升学率为100%，并有多名自己培养的学生先后考入上海复旦大学、北京公安大学深造。医院先后组织近名职工群众进行了医疗体检，并做好了建档、建卡等相关工作；基地基本养老保险、医疗保险、失业保险、工伤保险、劳动就业和培训等工作进一步完善，保险覆盖面进一步扩大，为弱势群体解决了实际困难。

【信访工作】 截止2013年11月30日，格办共接待和办理群众来信来访3件8人次。

【信息报送】 以藏青工业园区和基地开发建设、西部大开发、西部兄弟省市发展动态、青藏铁路、公路和基地的和谐稳定发展为主要内容，收集上报了大量的政务和经济类信息。截止目前，共编发《格尔木信息》219期计6958条信息。

自治区社会科学院

【科研项目】 一是承担各类课题77项，其中，国家社科基金课题14项（新增课题4项，往年接续课题10项），自治区哲学社会科学专项资金课题3项（新增课题1项，往年接续课题2项），横向委托（合作）重大课题5项（新增课题3项，往年接续课题2项），院所两级课题53项（新增课题35项，往年接续课题9项，常项9项）。《外国人眼中的西藏》、《西藏各族人民跟党走的历史选择和现实必然》、《西藏自治区志·社科志》、《东嘎·洛桑赤列学术思想研究》等课题有序进行。二是全院共发表理论文章、调研报告和论文130余篇，出版专编译论著等20余部，院科研信息交流内刊《科研视窗》发行6期，《西部五省区涉藏问题通讯》出版11期，院门户网站刊发各类学术动态稿件百余篇，西藏藏文古籍出版社出版“雪域文库”系列丛书等各类图书60余种。《西藏研究》参加了“2013中国（武汉）期刊交易博览会，展出了学术特色和优势。三是自治区哲学社会科学专项资金委托项目《西藏自治区哲学社会科学研究规划（2014–2020）》已完成待结项，与拉萨琅赛建设实业有限公司合作出版的《历代班禅大师传记》丛书前期编撰工作圆满完成。院级重大课题《保护和整理出版萨迦寺所藏典籍》项目进展顺利，已完成30万字的目录撰写、制作《萨迦寺典籍图片资料》画册1册、扫描经典400函并制作成了光盘，《西藏宗教事务管理读本》、《老西藏精神通俗读物》顺利完成即将结项出版，《中国西藏发展报告：西藏蓝皮书》、《西藏农村发展报告：西藏绿皮书》、《中国特色社会主义理论体系通俗读物》、《时政歌谣与红色民歌搜集与整理》、《西藏对伟大祖国的贡献》、《西藏旧法典汇编》、《西藏宗教源流》等进展顺利。四是西藏社科院农村观察点在山南乃东克松村居委会顺利挂牌。正式启动了自治区重大文化工程《格萨尔》桑珠艺人说唱本藏译汉工作；完成了贝叶经研究所的正式挂牌；组织了《中国周边海洋问题的现状与前瞻》报告会（中国社科院边疆史地研究中心书记李国强）、《贝叶经保护和管理》等6期高原社科论坛活动。

【外宣交流】 一是配合“走出去”的大外宣工作，自治区政协副主席、社科院院长白玛朗杰率藏学家代表团，参加了国务院新闻办、自治区政府举办的“2013德国·中国西藏文化周”活动，接受了德国《图片报》、《新德意志报》等媒体的采访，与德国各界就藏文化、藏医学和藏传佛教的保护、发展与传承进行了深入交流。二是院党委书记车明怀随自治区副主席孟德利率领的政府代表团出访尼泊尔，王春焕研究员年内率团出访尼泊尔学术界，进一步加强了与尼学术界的交流与联系。院主要领导及专家积极参与国务院新闻办《西藏的发展与进步》白皮书撰稿，及时组织专家学者学习座谈会，并踊跃接受中央各大媒体、西藏媒体访坛、在人民日报、光明日报、西藏日报发表自己的观点、受到了中央外宣办的书面表扬和感谢。三是结合西藏社会稳定、意识形态等有关重大问题进行专题研究，并在社科院《要情》推出17期文章，其中，《十三世达赖喇嘛发布“水牛年文告”的背景因素、心理矛盾及逐渐醒悟的历史真相》、《日加铁路建设对中国南亚地缘的影响》、《夺取国际藏学讲坛话语权的思考》、《关于比如县社会历史状况的思考和现实治理的建议》、《尼泊尔与我国南亚战略、印度洋战略之分析（一）》、《认真贯彻全区宣传思想工作会议精神，强化意识形态领域的反分裂斗争》等，不但反映了专家学者的研究成果，同时结合了社会关注的热点内容，得到自治区党委领导、中央统战部和自治区有关部门及领导的高度重视，有些获区党委领导的重要批示并被中央办公厅《每日汇报》转载。

【学术合作】 一是精简会议形式推进研讨成果。在山南地区成功举办“建设文化强区（省）与构建美丽西藏学术研讨会”，研讨会共有来自中国社科院及内地相关对口援藏省份及西部涉藏四省份和区内有关部门的专家学者70余人参加，并收到中国社科院及湖南、湖北、安徽、广东、福建、陕西、青海、甘肃、四川、云南、山东等11个省市和我区6个单位提交的近50篇学术论文，引起了区内外学术机构的高度重视。二是推进科研服务社会的工作。接受新华社、中央电视台、光明日报、经济日报、环球时报、西藏日报、西藏电视台、西藏人民广播电台等新闻媒体采访30余人次。受区外科研机构和高校及自治区与拉萨市有关单位邀请进行学术讲座和理论宣讲40余场次。三是参加国家社科基金项目评审、自治区哲学社会科学专项资金项目评审、自治区首届曲艺大赛评审、自治区旅游形象大使决赛评审、自治区非物质文化遗产项目评审、自治区人大专家咨询组征求意见会、布达拉宫周边环境保护概念及景观设计讨论会及其他各类项目咨询、评估、论证、评审会等50余人次。四是强化区内外、国内外学术交流。我院作为成员单位与西藏民族学院合作进行的“2011协同创新中心”工作进展顺利。接待中国社科院亚太与全球战略研究院、吉林省人民政府调查研究室、台湾蒙藏委员会等来访数十人次。赴内地参加全国社科联第十四次学会工作会议、全国社科院院长座谈会、中国-南亚智库论坛、7-17世纪西藏历史与考古、宗教与艺术国际学术研讨会、第二届社会管理论坛、全国《格萨尔》学术研讨会等30余人次。五是接待英国剑桥大学、美国英语协会等专家学者来访10余人次。根据国务院新闻办和自治区外办等安排出访德国、瑞士、奥地利、意大利、蒙古、尼泊尔等国及台湾等地区进行学术交流和访问20余人次。

【规范科研管理制度】 一是启动哲学社会科学创新体系建设项目。进行院《工作手册》科研管理规章制度修订工作。改革院级课题及经费管理办法，设立院所2级课题及院领导牵头重大课题，分立4个研究类别、6种课题类型、8类成果形式，给予研究所所级课题立结项和经费使用充分的自主权，大力调动研究所和科研人员的积极性。同时，积极探索研究所召开学术会议、科研人员参加学术会议及其他会议管理办法。二是广泛征求和吸纳社会各界和有关单位及专家学者对课题指南的意见，为下一步规范全院科研规划，规范院学者文库及各类课题征集、申报、立项、经费资助、中期评审、结项、成果备案及社会推广与转化流程，开展了院内科研工作调研；聘任院内外26位专家学者为院2013-2014年度项目评审专家，编印《国家社科基金项目申报成功案列借鉴》配发各所。三是完善院科研成果鉴定、公布,科研人员考核及相关科研项目配套资助与奖励机制。严格学术秘书工作制度。进一步改进《要情》、《科研视窗》、《西部五省区涉藏问题通讯》的征稿、编辑、发行等工作方法。五是进一步改进横向委托课题管理办法。积极探索制定学术著作出版、印刷及稿费、编辑费、校对费、输入排版费、专家审读费等发放标准。积极探索制定科研人员参加各类会议、接受媒体采访、进行课题调研所涉车辆使用办法和相关科研辅助工作的补助标准。

自治区农牧科学院

【概况】 2013年，自治区农牧科学院进一步明确农牧科技功能定位，调整优化重点工作任务，强化项目责任主体和实施责任，扎实推进农牧科技创新与成果转化应用。全年组织申报各类项目276项，落实项目200项，资金达17698.35万元，其中：科技项目191项，资金达11988.79万元；创新平台与基本建设项目9项，资金达5709.56万元，分别比去年增长9.32%和1.57倍，项目数量与资金总量均创历史新高。紧紧围绕“推进农牧业现代化、增加农牧民收入”的核心任务，加大了农牧业种业科技创新和成果转化力度，申报审定和认定各类作物新品系17个，实施农作物新品种及其良法配套技术示范22.7万亩，开展饲草新品种及其高产栽培技术示范2.9万亩，实施畜禽良种扩繁与高效养殖技术示范5.02万头（只），科技项目实施和技术服务取得直接经济效益1.7亿元。

农作物育种攻关取得重要进展。申报审定和认定青稞、小麦、油菜、荞麦等7个作物新品系11个；完成了青稞全基因组测序和遗传图谱绘制，挖掘出1680个功能基因，初步构建了青稞核心种质库。

特色畜禽本品种选育有力推进。牦牛选育组群1435头，建立了相对稳定的选育基地；绒山羊本品种选育组群1656只；拉萨白鸡形成基础群2015只，生产性能测定全面展开，加速了品种审定进程；启动了黄牛良种选育攻关。

园艺作物新品种选育力度加大。筛选出一批园艺作物优异种质资源，选育和引进筛选出园艺新品种51个。进一步加强了大白菜、大萝卜、核桃等6个新品种申报认定工作。驯化栽培了野生猴头菇、灵芝、鸡腿菇等5个新品系。进一步扩大了野生灵芝、黑木耳等特色菌类繁育规模，累计繁殖各类蔬菜良种30多万公斤。

“藏青2000”新品种示范推广达到预期目标。同自治区农牧厅在5地（市）30个县（市）实施“藏青2000”新品种示范10.6万亩，培训农牧民12046人，培训技术骨干106人。“藏青2000”青稞新品种与大田主栽品种藏青320相比，平均每亩增产53斤，累计增产青稞561.8万斤，青稞增产、秸秆增效和良种节本等纯收益达2388.6万元，增产增收效果明显。

农作物新品种示范推广增产增效明显。大力实施青稞产业科技重大专项，开展春青稞“品比13”、冬青稞03-04891、藏青690、冬青17号等青稞新品种（系）大面积试验示范1.2万亩，平均增产10%以上。示范推广藏青690、冬青17号、藏冬25、藏春951、藏油11号等农作物新品种2.7万亩，平均增产11.5%；在达孜、林周、墨竹工卡等县实施青稞、小麦、油菜等农作物高产高效栽培技术示范2.55万亩，普遍增产15%以上。

畜禽良种扩繁与高效养殖技术集成应用效果显著。加快实施金牦牛科技工程等重点项目，实施人工种草4500亩，改良天然草场3000余亩，建立示范户140户，育肥牦牛2050余头，头均新增产值700元以上，增效显著。着重开展了畜禽良种扩繁与高效养殖技术集成与示范推广，其中拉萨白鸡扩繁5220只，彭波半细毛扩繁和示范推广8150只，种羊扩繁210只；肉羊杂交后代繁育1550只，绒山羊扩繁34250只，促进增收效果明显，深受农牧民欢迎。

饲草品种及其配套栽培技术示范效果显著。引进饲用玉米、饲用高粱、饲用燕麦、小黑麦草等高产、优质饲草作物新品种，累计示范2.7万亩，为农区畜牧业发展提供优良饲草新品种。高寒草地补播披碱草和早熟禾等2000亩。

园艺新品种及其高产栽培技术示范彰显成效。集成示范了蔬菜雾培、岩棉栽培、自然沙培、立体栽培、有机生态型（无土）栽培、嫁接育苗等10多项高效种植技术。示范推广青薯9号、藏白1号、藏萝卜等蔬菜新品种11620亩，普遍增产17%以上，开展了设施蔬菜生产技术指导，规模达6230亩，平均增产9%。示范推广优质桃等果树新品种。在加查建立核桃标准化技术示范基地300亩。积极探索非耕地土地资源高效利用技术模式，为加快发展我区现代设施园艺产业提供技术支撑。

农畜产品质量安全控制技术示范效果显著。从全区七地（市）抽取1020个蔬菜、水果、食用菌和水产品样品，开展了质量安全监测和监督检查；完成了78份绿色食品抽查及认证监测；结合“优质青稞全程质量控制高产保优生产标准体系建设及示范”项目实施，编制了《“藏青2000”生产技术规程》、《青稞原种生产技术操作规程》等10个地方标准，加快构建青稞全程质量控制技术标准体系。检测西藏主要农田土壤养分样品1000多份，初步探明了西藏主要农田土壤养分变化机理与规律，为科学施肥、提高作物产量提供了理论依据。

【科技产业发展】 充分利用技术基础，加强与相关企业合作，开发了“青稞红曲酒”、“青稞酥”、“黑青稞荞麦籽粒茶”、“牦牛人参果酸奶”、“九丰牌舔砖饲料”等特色产品。组织编写了“西藏金银花产业发展规划”，已通过自治区农牧厅组织的专家评审，为加快发展西藏金银花产业奠定了基础。经过大量调研与咨询，西藏山地农业科技开发公司与西藏珠峰实业有限公司签署了资产重组框架协议，重点强化了“雅谷都”红景天饮料生产经营与管理。进一步加强西藏圣科种业生产设备改造和经营管理，年加工农作物原（良）种达1000万斤以上。依托相关技术成果，与企业合作建成了蜂蜜加工车间，积极打造西藏高原纯天然蜂蜜品牌产品。

自治区地质矿产勘查工作

【概况】 2013年，区地勘局共完成各类地质项目314项，总经费5.55亿元。其中青藏专项项目48个，经费1.55亿元；危机矿山项目2个，经费1365万元；区财政专项项目2个,经费330万元；局、队筹资项目45个，经费3200万元；科技部、国土资源部和地调局科研项目4个，经费328.5万元；合作地质勘查项目23个，经费1.1亿元；商业地质勘查项目190个,经费2.38亿元。完成钻探17万米、槽探5万立方米、1:5万区域地质调查7674平方千米、1:25万区域地化测量3.32万平方千米。

青藏专项项目实现新成效。矿产远景调查项目新发现矿体及矿化体36处，部分显示较好的找矿潜力，圈定了一批有找矿远景的化探异常及找矿靶区；在矿产勘查项目中近10个有色及盐湖矿区扩大了资源量，新发现铬铁矿（化）体43处，为铬铁矿找矿提供了重要依据；区域化探项目在藏西北地区圈定化探异常78处，异常查证发现铜、铅、锌、锑、铁等矿（化）点24处；区调项目发现多金属矿（化）点31处，发现一些重要的古生物化石，获取了一批重要的岩浆岩测年数据，为基础地质研究提供了重要证据。

自筹资金普查、预查项目展现新成绩。新发现矿（化）体15处，为开展进一步勘查提供了重要依据。其中龙荣地区多金属矿、革吉县松当结勒多金属矿、丁玛日铜多金属矿、措勤县脱勒铅矿、安多县里裁、布玛浪那铅锌矿、贡觉县打浪卡铅矿、达孜县巴嘎雪铜矿等成为新发现矿产地；安多县纳茸铜多金属矿勘查取得重要进展，新发现厚度达12米的铜金矿体，矿床规模有望达中型；康马县地热资源评价项目，探求了可供开发利用的地热资源。

危机矿山勘查项目取得新突破。在罗布莎、香卡山开展的两个勘查项目成果突出。其中在罗布莎接替资源区施工11个钻孔，6个孔见矿，单孔最大见矿厚度40米，初步估算铬铁矿资源量32.5万吨；在香卡山矿区施工7个钻孔，2个孔见矿，一定程度上缓解了老矿山接替资源危机，为下步勘查工作提供了重要依据。

合作勘查项目再上新水平。改则县拿若矿区及荣那矿区新增铜资源量均分别超过100万吨；多不杂矿区矿体规模得到扩大；多不杂西矿区资源量达大型；革吉县嘎拉勒矿区金资源量超过20吨，有望成为西藏首个大型岩金矿床；墨竹工卡县玛雄朗矿区见12米厚致密块状铅锌矿体，巴洛矿区新发现铅锌矿体20处；昂仁县朱诺铜矿工程控制程度提高，并增加了资源量；班戈县布且拉矿区圈定铜金矿体9处。

科研项目达到新高度。西藏矿产资源潜力评价成果报告被全国项目办评定为优秀级，对全区优势矿产勘查部署和成矿规律研究具有重要指导意义；西藏大型矿床成矿专属性研究项目，在矿床的构造定位、成因类型及叠加矿化特征等方面研究有重大进展；西藏自治区矿山开发遥感调查项目，建立了遥感基础图像库，为全区矿产开发的跟踪和监控提供了重要平台。区地勘局还与中国地质科学院签订了《科技发展战略合作协议》和《中国地质科学院拉萨博士后科研工作站协议书》,对推动青藏高原地学研究工作具有积极意义；参与的西藏多龙矿集区发现超大型浅成低温热液铜金矿床项目获中国地质学会2013年度十大地质科技进展奖。《西藏班公湖—怒江成矿带西段铜多金属资源调查报告》和《地质矿产调查全流程数字化理论、技术方法与软件平台项目》获2013年度中国地质调查成果一等奖，《青藏高原地地球化学勘查方法技术研究》获二等奖。地质五队获“2013年中国百强地质队”称号。

【经济运行能力增强】 推进合作勘查开发步伐，多龙矿集区勘查工作有序开展，取得重大找矿突破;南木林县浦桑果项目矿山建设整体推进，各项工作已进入到矿山建设相关手续办理中。同时,优选优质矿权积极支持区内国有企业。

充分发挥地质勘查技术优势，主动服务于地方经济建设。承担了公路勘察、矿山勘测、工业与民用建筑勘测、环境调查、灾害评估等水工环项目，不断拓宽服务领域，树立了好的口碑。

2013年区地勘局实现经济总收入11.94亿元，地质经济保持了12%以上的增长速度。职工收入有所提高。全局资产总量达20.50亿元。上缴各类税金4900余万元。同时，在地质勘查工作中，聘用农牧民季节工6300人次，支付民工工资6200余万元。

【成果共享】 区地勘局19个驻村工作队的82名驻村队员和扶贫工作组认真落实自治区强基惠民“五项任务”及扶贫工作任务，积极为所在村和农牧民群众办实事、办好事。共落实各类帮扶资金1622.68万元，其中，各派驻单位自筹资金771.96万元（含地勘局党委11个扶贫项目经费384.26万元），22个短平快项目建设经费592万元。区地勘局荣获了自治区级驻村工作优秀组织单位奖，5个驻村工作队获自治区级先进驻村（居）工作队，13名驻村队员获自治区级先进驻村（居）工作队员。

努力改善全局干部职工各项待遇。积极筹措资金开展了职工周转房维修、附属配套建设等基础设施建设，局属单位生产生活条件和环境大大改善。高度重视离退休管理工作，落实“两项”待遇，发放2023名离退休人员经费1.47亿元，节日慰问金124.79万元，遗属慰问金34.95万元；及时处理退休干部职工住院医疗费报销、来信来访来电、善后等大量繁杂工作，投入86万元改善了退休基地基础设施，安装了监控设备、健身器材，改造更换了上下管道等，营造文明和谐的小区环境。积极开展以“温暖职工心贴心，服务职工在基层”为主题的送温暖活动，为局系统421户困难职工发放送温暖慰问金37.89万元。根据政策，及时提高了遗属的生活补助费。同时，各基层工会自筹资金向局系统困难遗属送去节日慰问金21.42万元。为29户46名低收入家庭申请到租赁住房租金补贴14.08万元；32名重病患者获救助金25.6万元；申请到12户困难家庭子女“金秋助学”资金3万元。

自治区扶贫（农业综合开发）工作

【概况】 2013年，扶贫开发呈现出“投资规模大，群众受益广，开发效益好”的特点。投资规模大，年度完成财政扶贫资金14.83亿元，超过“笆　晃”灞时期中央财政专项扶贫资金的总和，较上年增加3.81亿元，增长38.7%。群众受益广，整乡推进、到户帮扶、产业扶贫等专项扶贫项目覆盖农牧民群众12.8万户、57万人。开发效益好，低收入群众收入增长幅度高于全区平均水平，贫困发生率由2012年的23.4%下降到2013年的18.3%。

2013年，农业综合开发呈现出“建设标准高、产业支撑新”的特点。建设标准高，严格按照“田地平整肥沃、水利设施配套、田间道路畅通、林网建设适宜、科技先进适用、优质高产高效”的总体要求开展高标准农田建设。产业支撑新，积极探索实践“一县一特，两化一园”建设，在粮食主产区和有条件地区稳步推进了龙头企业带动发展，着力培育县域特色明显、竞争力强的优势产业，着力推进现代农牧业发展。

【扶贫开发工作】 全年累计安排扶贫专项资金14.83亿元，其中：中央财政扶贫发展资金10.25亿元，自治区财政扶贫资金3.41亿元，地（市）、县（市、区）财政扶贫资金1.17亿元。扶贫开发瞄准扶贫对象，大力实施整乡推进扶贫、贫困户安居工程、到户帮扶、产业扶贫、扶贫培训、面上扶贫六大工程，审批实施了扶贫开发项目2060个。年度工作突出了“六个着力”。

加强行业部门协调。与区党委农工办、民政厅、统计局、残联等部门合作，开展完成了“全区特殊贫困人口集中供养”专题调研;与发改委合作，编制完成了《西藏自治区区域发展与扶贫攻坚规划（2011—2020年）》；与农牧厅、林业厅、旅游局合作，编制完成了《西藏自治区产业扶贫规划（2013—2020）》；与中国人民银行拉萨中心支行、区财政厅、中国银监会西藏监管局合作，自治区下发了《关于项目扶贫贴息贷款使用管理的意见》（藏政办发[2013]78号）。加强与自治区强基惠民办的联系，在深入开展“扶贫农发小康直通车行动”的基础上，把定点扶贫与驻村帮扶有机结合，实现了行政村定点帮扶的全覆盖，累计定点帮扶12.5亿元。援藏扶贫纳入“四位一体”的大扶贫格局，援藏资金项目向贫困地区倾斜，落实援藏扶贫项目88个，投资1.55亿元。区内外社会组织、各类企业和个人积极参与扶贫开发事业，广泛开展“帮扶群众、回报社会、奉献爱心”活动，12家民营企业和商会投资72万多元。

加强贫困人口动态管理。按照“瞄准对象，突出重点，有进有退，动态管理”的原则，完成了全区2300元以下低收入人口的建档立卡工作，建立了贫困户电子档案管理系统，及时更新了年度进退扶贫对象信息。坚持“工作到村、扶贫到户”的原则，实行差别化扶持政策，全年扶贫项目到户帮扶9.8万户、45万人。

加强基础设施建设。建设完成贫困户安居工程7277户，2011—2013年累计完成贫困户安居2.2万户，如期完成了全区贫困户安居工程建设任务。84条溜索改桥工程全部竣工并投入使用，改善了0.7万户、4.02万人的出行难题，告别了溜索时代。组织实施了189个乡镇整乡推进扶贫，安排落实整乡推进扶贫项目590个。完成改造中低产田6.23万亩，新建蔬菜温室大棚1834座，修建农田、草场水渠1041公里，新增水塘库容42.5万立方米，改善农田草场灌溉35万亩，修建乡村道路1460公里、桥涵2.6公里。

加强贫困群众技能培训。继续把扶贫培训作为扶贫开发的重点，安排扶贫培训资金1489.33万元，举办贫困群众就业技能和先进实用技术培训班176期，培训1.06万人次;举办基层扶贫干部培训班18期，培训1000人次。积极探索“院校办班、教育发证、社保就业、扶贫补助”的新型培训试点，在昌都地区职业技校成功举办了贫困家庭“两后生”学历培训班1期，培训40人。

搭建扶贫开发平台。产业扶贫严格执行中央“两个70%”的原则（每个片区县70%以上的财政专项扶贫资金要集中用于产业发展，其中直接用于支持扶贫对象参与产业发展的资金要争取达到70%）,资金向产业扶贫集中，安排产业扶贫项目1300多个，投资6.9亿元，购置农牧业机械4764台（套）、扶持畜禽38.93万头（只、羽），扶持农牧民专业合作组织183个。安排互助资金2000万元，支持贫困村、贫困户创业发展。

开展扶贫绩效考核。制定出台了《西藏自治区扶贫开发绩效考核办法》，在全面完成地（市）、县（市、区）扶贫开发项目年度检查验收工作的基础上，根据国务院扶贫办和自治区扶贫开发领导小组的安排，对自治区57家区（中）直单位，7地（市）和58个县（市、区）2012年度扶贫开发工作进行了考核评估，评定自治区扶贫工作先进单位11家，地（市）、县（市、区）A、B级单位18个，下拨奖励资金3105万元。全区扶贫资金绩效国家考核等级为B级，奖励资金1100万元；全区扶贫开发工作国家考核评为B级。

年度扶贫开发取得了新进展，按照2300元的扶贫标准，全区低收入人口由2012年的58.5万人下降到2013年的45.7万人，减少贫困人口12.8万人。

【农业综合开发工作】 农业综合开发安排资金6.01亿元，其中：中央财政资金3.32亿元，自治区财政资金1.66亿元，农发区群众自筹及劳务折资1.03亿元。实施农业综合开发区31个，其中：国家级农业综合开发区26个，自治区级农业综合开发区5个。农业综合开发工作突出了“三个积极推进”。

积极推进高标准农田建设。2013年，全区完成土地治理总面积48.81万亩，其中高标准农田建设18.31万亩，草场综合治理30.5万亩，实现了农发区新增土地875亩，新增和改善灌溉面积18.1万亩，节水灌溉面积4.93万亩，农田林网5.26万亩，机耕面积5.95万亩，控制水土流失6.73平方公里。

积极推进现代农业发展。2013年，累计推广示范面积18.31万亩，16个农发区示范推广“藏青2000”3.6万亩，优质良种种植面积1.96万亩，黄牛改良6.4万头，扶持建设1个省级蔬菜生产基地，建设蔬菜温室大棚316亩；举办农牧民先进适用技术培训6.05万人次，农发区科技贡献率达到45%以上。大力实施产业化经营，不断延伸农畜产品产业链条，扶持产业化经营项目36个，受益群众3.64万人。

积极推进发展方式转变。曲水县农业综合开发区积极探索现代农业示范区建设，加快特色农畜产品种、养、加一体化建设；芒康县农业综合开发区实施土地流转2000亩，规模发展葡萄产业。先后组织了3个工作组，赴国家农发办汇报衔接工作；组织了2个考察团，赴内地省区学习考察交流；组织了7个工作组，对每个农发区进行了全面检查验收。开展了农发资金和项目管理自评，绩效评价总分90.1分。

农业综合开发实现了农发区新增粮食924.96万公斤，油料107.62万公斤，干草2130.7万公斤，优质饲料851.5万公斤，蔬菜391.15万公斤，项目区农牧民人均纯收入高于全区平均水平。

西藏大学

【概况】 西藏大学是西藏自治区所属的综合性大学，"211工程"重点建设大学，西藏自治区人民政府与教育部共建高校。办学历史可追溯到1951年的中国人民解放军进藏部队藏文干部训练班，历经西藏军区干部学校、西藏地方干部学校、西藏行政干部学校、西藏师范学校、西藏师范学院等发展阶段。1985年7月，成立西藏大学。1999年以来，西藏自治区艺术学校、西藏医学高等专科学校和西藏民族学院医疗系、西藏自治区财经学校先后并入西藏大学。2001年9月，西藏农牧学院与西藏大学合并，校名仍为西藏大学。

西藏大学拉萨校本部现有新校区、老校区、医学院校区和财经学院校区四个校区，占地面积1400亩。设有文学院、理学院、工学院、医学院、艺术学院、旅游与外语学院、政法学院、师范学院、经济与管理学院、财经学院、中央电大西藏学院、继续教育学院、思想政治理论教学部和留学生部14个学院（部）。

有民族学、中国语言文学、生态学3个博士学位授权一级学科，中国少数民族语言文学（藏语言文学）、藏语言文字学、藏语计算语言学、中国古代文学、中国少数民族史、中国少数民族艺术（藏族美术）、中国少数民族艺术（藏族音乐）、中国少数民族经济（西藏经济）、高原生态系统与群落生态学、高原生物多样性与资源利用、高原生态修复与可持续发展、高原生态安全评价与自然保护区管理12个二级学科；民族学、教育学、中国语言文学、计算机科学与技术、音乐与舞蹈学、美术学、生物学7个硕士学位授权一级学科及30个硕士学位授权二级学科和教育硕士、艺术硕士2个专业硕士学位授权点。有47个本科专业，涵盖经济学、法学、教育学、文学、历史学、理学、工学、医学、管理学、艺术学10个学科门类。教学科研仪器设备总值1.52亿元，图书总藏量80万册，校园网是CERNET西藏主节点。普通本专科在校生9236人，硕士研究生491人，留学生28人。教职工1124，其中专任教师801人，具有硕士研究生学历的教师391人，比例为48.8%，博士研究生学历的教师39人；具有正副教授职称的教师321人，比例为40.1%。有"双聘院士"1人，"长江学者"特聘教授1人，中国工程院院士增选有效候选人2人，"国家杰出青年基金"获得者1人，"国家级教学名师"1人，入选人事部"百千万人才工程"国家级人选2人，享受政府特殊津贴专家10人，入选教育部"新世纪优秀人才支持计划"5人，初步形成了一支多民族结合、相对稳定、素质较高的师资队伍。有国家级重点学科1个——中国少数民族语言文学（藏语言文学），14个自治区级重点学科；教育部人文社会科学重点研究基地1个——西藏大学·四川大学中国藏学研究所，教育部工程研究中心1个——藏文信息技术工程研究中心，教育部重点实验室1个——羊八井宇宙线开放实验室，国家级信息技术实验教学示范中心1个——信息技术实验教学示范中心，中国科学院和自治区共建重点实验室1个——那曲生态环境综合观测研究站，自治区高等学校重点实验室11个。

【学科建设】 推进学科专业建设上水平，"211工程"重点建设三期项目通过国家验收，获批为博士学位授予单位，填补了西藏高等教育没有博士授权点的空白。

【师资队伍建设】 加大人才培养与引进工作力度，引进4名博士、11名硕士，16名教师攻读博士、硕士学位，调入23名教职工，43名教师晋升高级专业技术职务，选派39人参加各类短期、中期培训班。加快高层次人才队伍建设，2名教授入选2013年国家“百千万人才工程”，5人获自治区级“优秀教师”荣誉称号，1人获自治区级“优秀教育工作者”荣誉称号，2人获“高校思想政治教育优秀工作者”荣誉称号，完成了2013年“国家特支计划”百千万工程领军人才和“百千万人才工程”国家级人选推荐工作。加强师德师风建设，制订了《西藏大学关于进一步加强师德师风建设的意见》，进一步强化师德建设工作，加强对新进教师岗前培训，树立良好的教师职业道德。

【科研工作】　加大科研工作力度，获批科研项目100余项，经费3000余万元，立项西藏大学青年科研培育基金项目36项，《西藏古乐谱研究》《甘丹颇章时期西藏地方史综论——以十三世达赖喇嘛新政改革为中心》分获教育部第六届高等学校科学研究优秀成果二等奖和三等奖，《西藏大学学报》（社会科学版）入选第二批国家社科基金学术期刊资助。

【教学工作】　创新人才培养模式，启动了“法学专业人才培养实验班”的招生培养工作，筹备“行政管理文科创新实验班”和“计算机科学与技术理科创新实验班”。积极开展教学研究工作，获批自治区高等学校教改项目8项，立项校级教改项目18项；获批50个自治区高等院校教师实践实战能力提高计划项目和10个自治区高校教学实验室建设项目，经费总额达250万元；出版特色教材4部；首次举行专业英语四级、八级考试和首届师范生教学技能比赛。加强学生创新创业能力培养工作，按照俞正声主席视察西藏大学时的重要指示精神，组建了西藏大学工程应用技术学院；获批40个国家大学生创新创业计划项目、60个自治区大学生创新性实验训练计划项目，申报的区人民医院临床技能培训中心被批准为国家级大学生校外实践教育基地。成人教育健康发展，获批为人社部专业技术人员继续教育基地。

【学生工作】　在学生宿舍区建立了学工队伍信息公示栏，搭建了学生工作领导与普通同学沟通交流的平台。加强辅导员队伍建设，制定了《西藏大学辅导员能力提升计划》《西藏大学辅导员考核办法》等制度，出台了《西藏大学聘用免试研究生担任专职辅导员的管理办法（试行）》，选拔聘用免试研究生担任专职辅导员，开展了“最美辅导员、最美班主任”评选活动；以“一帮一”活动等形式，开展“学风建设引领工程”，建立以“专业教师明方向、学术活动造氛围、优秀学生树榜样”的“三位一体”导学体系。完善学生管理相关规章制度，修改完善了《西藏大学学生德智体综合量化考评表》《西藏大学学生工作考评办法》等制度。完善学生资助体系，发放各类奖助学金2000多万元，拓宽资助渠道，与蒙牛集团签订合作协议，设立了“老牛英才奖助学金”；为170多名学生完成了学费、国家助学贷款代偿工作，代偿金额达140多万元；设立117个勤工助学岗位，发放金额15万元；为8728名在校生办理了居民城镇医疗保险，为263名学生成功申请了国家助学贷款110万元。加强招生与就业工作，完成了2689人次的职业技能鉴定考试工作，圆满完成了2800多本专科学生、研究生的招生录取工作，积极开展就业政策宣传和创业教育，2013届毕业生就业率达到93%。

【受援工作】　在以北京大学为组长单位的新一轮对口支援高校团队的支持指导下，学校正式获批为博士学位授予单位，民族学、中国语言文学、生态学获批成为博士学位一级授权学科；在中央财经大学的帮助指导下，学校顺利完成金融综合模拟实验室的申报工作，获批建设经费175万元；在国家开放大学的帮助下，学校中央电大西藏学院在校本部、山南和日喀则学习中心分别建设了云教室，价值80余万元；组织召开了2013年新一轮高校团队对口支援西藏大学年度例会，与对口支援高校团队认真讨论了《西藏大学聘请新一轮对口支援高校高端师资协议》和《新一轮对口支援高校团队与西藏大学关于“7+1”研究生培养基地合作的实施意见》，就尽快启动博士研究生培养和“7+1”研究生培养基地相关工作、聘请对口支援高校高端师资为西藏大学博导、探索对口支援视野下人才培养的新模式，以及如何进一步加大支援合作力度，达成了广泛共识；完成第七批援藏干部的工作交接和轮换，接受对口支援高校10名援藏干部、31名教师赴我校从事教学科研和管理工作，选派了8名干部、7名教师赴对口支援高校挂职学习，并推荐3名教师到对口支援高校做访问学者，从北京大学、武汉大学聘请了包含3名院士在内9名客座教授；加强本科生、研究生联合培养工作，共有33名研究生、105名本科生赴对口支援高校学习，对口支援高校团队还接收我校27名推免研究生；与西南交通大学进行科研项目联合申报，获国家级课题2项、自治区级课题2项；与武汉大学进行科研项目联合申报，获自治区教育厅重点课题1项；举办“西藏大学2013学术周·院士讲堂”。

西藏大学农牧学院

【学科和专业建设】 2013年，西藏大学农牧学院生态学博士学位授权点已获国务院学位委员会批准，形成了完备的多层次高等教育人才培养体系。内设研究生处，开展了办学指导思想、办学定位修订等顶层设计工作，申报5个专业硕士学位授权点。中西部高校综合实力提升计划2013年获批2730万元，用于森林培育、动物医学、理化测试中心、学科带头人培养、数字化校园等重点项目建设。教育厅奖补资金项目2013年获批2498万元，用于校内外实习基地和高原水电工程科研创新平台、特色农牧业创新平台2个科研创新平台，以及西藏高原森林生态教育部重点实验室建设。高原水利发电中心有序建设。修订完善各学科2013—2020年发展规划。4位专家入选教育部教学指导委员会专业委员会，7位专家被评为自治区级学术技术带头人。停办生物工程本科专业，现有本科专业36个、专科专业22个（农学类15个、工学类11个、理学类5个、管理学类5个）。

【教育管理改革】 质量工程进一步推进，立项建设自治区教改项目12项、课程建设20项，校级教学研究项目6项，校级精品课程4项，校级教学团队1项，校级特色专业建设1项。获批大学生创新实验计划项目国家级20项、自治区级60项、自治区高校教师专业实践实战能力提高计划项目40项，经费90万元。教学奖励力度和覆盖面进一步加大。

【增强办学活力】 成功引进博士（博士后）、硕士12人，引进、招录本科毕业生4人，调入职工2人；公开招录24名本科生。选派教职员工60人次外出学习培训，推荐6名教师在职攻读博士、硕士学位。学院共有教职工578人，专任教师359人中教授、副教授、研究员、副研究员、高级实验师151人；博士28人、硕士179人。

【科学研究和社会服务】 51个课题获得国家、自治区立项资助，在研项目141项，累计到位经费2339.41万元，比2012年增加了90%以上。2项科研成果分获自治区科学技术二等奖、三等奖，1项科研成果通过成果鉴定。教师公开发表中文核心及以上论文115篇，3篇被SCI收录，4篇被EI收录。出版专著7部。“西藏特色农牧资源研发协同创新中心”被认定为自治区级“2011协同创新中心”，并给予500万元经费进行培育建设，2个研究团队被自治区教育厅批准，分别资助30万元；启动校级科研团队建设，申报了科技部、教育部、教育厅科研团队。积极推进了科技园区建设工作。利用专业优势和科技人才资源，在科技培训、规划设计、建材检测、技术指导、科技示范、第八届中国花卉博览会会西藏展区设计布展等社会服务方面做了大量工作。大力推进强基惠民送科技活动，实施驻村项目6项、新申请驻村项目4项，总投资149万元。承办了各类实用技术培训、综合培训7班次，培训人员420人次。

【学生管理、共青团和招生就业】 热心服务学生，成效明显。2013年，11人次外出培训学习，召开了学生工作经验交流会，立项资助7项学生工作研究基金新课题。坚持落实教育惠民政策和“奖贷助补减免”资助体系，按时发放免费教育生活补助，为学生384人次发放国家助学贷款、国家助学金及各类奖助学金、困难补助等113.48万元，校内表彰和学生勤工助学奖励资助学生1284人次，发放45.04万元。圆满完成招生计划，办学规模进一步扩大，现有全日制学生近5700人，成人函授学生774人。强化就业指导服务，推进毕业生就业，与华能等国有企业推进“订单式”培养，2013年就业形势喜人，平均就业率达90%以上。

【基础设施建设和后勤保障】自治区发改委批复院西藏大学农牧学院“十二五”建设剩余项目总投资4461.89万元，已到位2329万元，即将开工建设。积极争取国家投资590万元，用于高原水利发电中心、高原特色园艺技术实训示范基地建设，协调对口支援经费13万元用于道路与桥梁实验室Ⅱ建设。电站扩容增效改造工程初步设计已通过有关部门评审，并报国家水利部。投资120多万元的校园监控设施项目已投入使用。384.256万元中职区平房宿舍维修改造工程、479.02万元体育场维修工程有序实施，洛桑江村主席视察时核拨600万元专项资金，用于修建专家楼，解决高层次人才引进瓶颈，学院还在改善办公条件、修缮师生宿舍、为学生修建自行车雨棚、加强校园绿化美化、丰富银行通讯服务等方面做了大量工作。投入100万元校园绿化美化专项经费，移栽及新栽乔木300余株、灌木7万余株，种植草坪5万平方米，校园绿化、美化工作稳步推进。图书馆馆藏资源进一步丰富，纸本图书超过39万册（超过6万种），电子图书超过97万种，能供使用的图书资源总量超过200万册（种），为“第二课堂”作用充分发挥提供了有力保障。启动数字化校园信息平台和应用系统建设，完成13个子系统的初步操作培训，已正式投入试运行。

【开放式办学】　武汉大学援助建成“水电工程数值仿真实验室”、“计算机图形教学中心”、“高原水力发电实验室”。中国农业大学支援实验室设备2台，签订本科生联合培养协议并正式执行。与河海大学签署了“十二五”期间对口支援工作框架协议。各对口支援高校接收我院教师攻读学位、进修学习、研究生短期访学，选派教师支教、专家学术交流、不同层面互访频繁。举办学术报告31场次，承办6次国内或区域性高规格学术会议，首次面向学生开展了“生态文明建设”科普讲坛。设立国家开放大学西藏学院林芝教学中心。国家有关部委、自治区及有关部门先后到校检查指导工作。国际合作与外教工作进一步推进。

西藏职业技术学院

【概况】　西藏职业技术学院是于2005年7月经自治区人民政府批准，在原西藏自治区农牧学校和西藏自治区综合中专学校的基础上合并组建而成。2006年9月正式挂牌，隶属自治区教育厅。学院现有两个校区（西、北）和一个综合实训中心，校园占地面积632亩，校舍建筑面积11.7万平方米。馆藏纸质图书40余万册，校内实验实训室88个，校外实习基地58个。教育部、财政部网络教育数字化学习资源中心典型应用示范点、西藏职业教育研究所，西藏自治区国家职业技能鉴定一所和全区职教师资培训中心设在我院。学院现开设31个专科专业、3个本科专业，涵盖了农林、畜牧、电力、建筑、电子信息、商务财经、旅游服务、艺术八大专业类别，基本覆盖了西藏经济社会发展的主要方面。有国家级示范性重点建设专业4个，自治区级重点建设专业5个和2个提升专业服务产业发展能力建设项目专业，2个自治区级人才培养模式改革试点专业，1个自治区级特色专业。现有全日制在校生5184人，成人继续教育学员近800人，教职工378人。其中，专任教师285人，副教授以上职称占27%，讲师占43%，研究生及以上学历人占24%。拥有“双师”素质教师占42%，自治区级优秀教学团队2个，国家优秀教师2人，自治区级学科带头人3人，自治区高校教学名师1人，自治区优秀教师和教学能手7人。从行业企业聘请专业技术人员和能工巧匠作担任兼职教师90余名。

学院组建以来，紧紧抓住国家大力发展职业教育的历史机遇，全面贯彻党的教育方针，紧紧围绕西藏“提升一产、壮大二产、做强三产”经济发展战略要求，不断深化管理体制、办学模式和教学改革，使学院在短时间内实现了从中职到高职办学模式和管理体制的转型，特别是通过迎评促建工作和国家示范院校建设项目的实施，极大地改善了学院办学条件，加快了内涵建设步伐，办学实力和人才培养质量显著提升，教学管理水平明显提高，办学特色初步形成，呈现了良好的发展局面。2008年，学院被国家教育部、财政部确定为国家100所示范性高等职业院校。2009年10月，顺利通过高职高专院校人才培养工作水平评估。2011年6月，学院通过了示范校建设项目国家级验收。

【教学工作】 围绕“人才培养质量得到显著提升”这一目标要求，学院召开了首届教学工作会议和实践教学工作会议，回顾了过去5年教学工作，规划了未来5年的教学发展蓝图，全力推进教学改革与建设工程，为学院全面提升人才培养质量，开创教育教学工作的新局面奠定了基础。

配合新型课程体系的建设，与企业合作开发了40门课程教材，组织专业教师编制特色教材16本，修订自编教材、讲义、实训手册（指导书）130余套，建成自治区级精品课程5门、院级精品课程20门；积极推行课程项目化设计，逐步开展了以“能力目标”“任务训练”“学生主体”为主线的课程项目化改造。

【招生就业】 2013年，学院秋季招生实际录取人数1403人，完成招生计划的77.09%，招生范围涵盖了河南、湖南、山西、河北、贵州、内蒙古六省区，进一步改善了生源结构。在就业工作上，目前1630名2013届毕业生中已有758名同学顺利实现就业，一次性就业率达到46.5%。

【师资建设】 2013年，学院组织实施了“教师教学能力培训工程、教师梯队培养工程、双师素质教师培养工程、高层次教师培养工程、教师素质提升工程”等五大师资队伍建设措施，整体提升了师资队伍建设水平。目前，硕士以上学历教师达到69人，占专任教师总数的20%；高职称教师占专任教师总数的20%。先后选派了112名教师参加区内外各类培训，选派2名教师到国外参加相关培训，共计投入培训经费40多万元。

【成人教育】 全年实际完成联合办学专升本招生436人；完成了毕业生信息采集、档案归档等工作；举办道路运输从业人员资格培训728余人，完成农牧厅劳动力转移培训960余人；完成我院1551名毕业生的职业技能鉴定工作，鉴定合格人数为1381名，合格率为89%。

【学院管理】 学院坚持以强化学生管理和人事制度改革为重点，不断创新管理方式，理顺工作机制，提高管理水平，办学活力进一步激发。结合实际，对学生深入持久地开展爱国主义教育、反分裂斗争教育、民族团结教育等各种教育活动。进一步完善党政干部考核制度，加强干部选拔任用监督工作，做好后备干部选拔推荐和选拔工作。做好公益性岗位申报工作，修订完善了《公益性岗位管理办法》。

不断加强内部管理、规范工作，提高办事效率。进一步加强了安全保密工作和院务公开、信息公开、党务公开工作。全年未发生一起泄密事故，通过校园网、公示栏、CRP系统等多种形式对公开各类信息6900余条。加强预算管理，强化预算约束，促进财物平稳运行，确保财物资金使用与管理规范、安全、有效；加强资产管理。规范政府采购项目特别是重大采购项目的招投标工作，推进资产管理标准化、规范化建设。

切实改善师生饮食环境，投资101万元对两个校区食堂及饭卡售饭系统进行改造。扎实做好日常维护维修工作，投资50余万改善学生住宿条件，投资10余万元对教职工周转房进行维修。进一步加强车辆管理，提高了驾驶员的安全意识。2013年未发生一起交通事故。

【信息化建设】 2013年，对CRP系统进行了全面升级，解决了之前遇到的各种问题，使系统更加稳定、实用。强化对设备、网络的监管机制，保障学院网络的正常运行。加强网络安全监管，安排专业人员对学院网络进行了24小时监控，确保学院网络安全。

【交流合作】 2013年6所对口支援单位，共向我院派遣援藏干部和教师10人，为我院培训干部和教师15人，向我院捐赠各类图书资料24300册，援建项目5个，援建规模280平方米，投入资金333万元。进一步加强与全国各高职院校间的交流学习与合作。在宁波职业技术学院的帮助下，我院全面开展了“教师职教能力测试”，在四川商务职业学院的帮助下，我院进一步加强了物流专业建设。

【党建工作】 学院坚持以强基惠民活动、核心价值观教育活动和基层组织建设年活动为载体，充分发挥党建工作的导向功能和保障作用，着力突出维稳工作，有力促进了和谐校园建设。

围绕“五好”标准，学院对各党总支、党支部进行了“考核定级”和督查工作，完善了院系两级党组织机构，现在全院有9个党总支和28个党支部，增强了组织覆盖率。学院党委始终坚持把维稳作为工作核心、重中之重，紧紧依靠广大师生员工，把维稳工作融入到学院每项具体工作之中，确保了全年校园和谐稳定。

拉萨师范高等专科学校

【概况】 2013年，拉萨师范高等专科围绕“人才培养、科学研究、社会服务和文化传承创新”现代大学的职能，突出科学发展、特色发展、内涵发展一个主题，强化提升人才培养质量、创新教育发展模式一条主线，努力实现师资队伍水平、人才培养质量、科研服务能力、学校管理水平四个方面的明显提升。拉萨师范高等专科学校占地面积205亩，共有正式在编教职工232人，全日制在校学生2740人。

【党建工作】 推进学习型党组织建设，加强领导班子思想建设。制定了《党风廉政建设责任书》，层层落实责任、层层实行责任追究制；加强教职工思想政治教育。坚持每周一党员党支部学习、每周三全校教职工政治学习制度；加强基层党组织建设，加大业余党校培养力度；扎实开展基层组织建设年活动、创先争优强基础惠民生活动、学雷锋活动、“八看、一算账、一揭批、四增强”主题教育活动、“爱国、团结、和谐、发展、文明”核心价值观教育活动、宣传和弘扬“老西藏精神”活动、“三关爱”活动和民族团结先锋活动，取得了较为显著的成效。

【爱国主义教育与民族团结教育】 拉萨师范高等专科学校始终将爱国主义教育、民族团结教育、反分裂斗争教育作为做好全校思想政治工作的重点，坚持每周一党员党支部学习、每周三全校教职工政治学习制度，对党员干部和教职员工进行思想政治教育，推动广大教职员工进一步增强了政治意识、大局意识、责任意识和社会主义法制意识，坚定了爱党、爱国、爱社会主义、反对分裂的立场，有力地维护了学校的安全稳定。

【维护稳定】 按照大事不出、中事不出、小事也不出的维稳目标，扎实开展内部安全保卫工作、综合治理工作和维稳工作。多次召开维稳工作会议，研究部署维稳工作。进一步完善并与各部门签订了《学校目标管理责任书》和《综合治理责任书》。定期、不定期对学校常住人口和流动人口进行摸底排查，登记造册，做到了底数清、情况明。对校园网络，由专职网络管理员进行管理，坚决杜绝不良信息的传播。加强保密工作和档案规范管理工作。严格执行24小时轮流值班、带班制度，实行校园内24小时保卫巡逻制度，对学生宿舍、食堂、锅炉房、水塔、实验室、教室、图书馆等重点部位，加强巡逻、排查。增强保卫力量，聘请保安2人。加强对食品安全、饭菜价格稳定、宿舍、教室安全、交通安全的监督和管理。认真完成了国家级平安校园创建优秀成果奖申报工作。经过全校师生的共同努力，学校安全稳定。

【校园文化建设】 开展富有特色的主题月教育活动。主要有：4月份，开展“形势政策教育月”活动；5月份，开展“法制教育月”活动；6月份，开展“师德教育月”活动；7月份，开展“爱国卫生月”活动；8月份，开展“文明用语月”活动；9月份，开展“民族团结月”活动；10月份，开展“教学大比武月”活动；11月份，开展“才艺、技能展示月”活动。

2013年学校共投入29万元，用于校园文化硬件建设。在校园主干道制作永久性宣传栏28块，在各教学楼、宿舍楼楼道内安装了镜框、张贴了名人名言，在各班级内张贴了中国地图、世界地图，制作了光荣榜边框，统一为各教学楼、办公楼界定了名称、安装了标贴，添置了校内路段指示标识，从而凸显品味，突出特色，在全校范围内营造了文化校园氛围。

【科研成果】 高度重视科研，提升科研能力和水平。每月编发一期《科研信息》，传播学术动态。举办科研讲座和学术沙龙，促进教师间的学习和交流。编印了《教师科研指导手册》，帮助教师掌握科研政策，明确学术规范，传播科研方法。完成省部级科研课题5项，校级科研课题20项，立项校级科研课题12项。广大教师在权威期刊发表论文2篇，在核心期刊发表论文14篇，发表省级论文14篇，出版著作1部。

【师资队伍建设】 加强师资队伍建设。进一步拓宽人才引进渠道和形式，通过培养、引进、双聘（不求所有、但求所用）等途径，加快高层次人才队伍建设，努力造就一支师德高尚、业务精湛、结构合理、充满活力的高素质专业化师资队伍。举办拉萨师专第三届教学大比武活动，评出一等奖1人、二等奖2人、三等奖3人。

【“外力助校”战略】 认真落实、实施《新一轮高校对口支援拉萨师专协议》，采取“请进来、走出去”的方式，密切同东北师范大学、苏州大学、首都师范大学、南京师范大学四所对口支援高校联系，于7月中旬在拉萨师专召开对口支援工作年度会，进一步洽谈对口支援事宜，推动我校在师资队伍建设、人才培养、科研服务和管理上取得新发展。

稳步推进与丹麦哥本哈根大学的交流合作。于年初，选派3人赴丹麦哥本哈根大学进一步洽谈形成性研究和第三期合作相关事宜。于9月，选派4名数学教师和5名英语教师分赴北京、上海同丹麦哥本哈根大学开展数学教学、英语教学项目交流合作，取得了较为显著的成果。

【后勤服务】 积极努力，多方筹措资金，用于基础设施建设，不断改善办学条件。在校园300亩预留地上征得土地40亩，用于明年兴建教职工周转房。兴建完成了江苏省援建交钥匙工程大学生活动中心，并已交接使用。在新校区，栽种了树木，种植了草坪，绿化、美化了校园。维修了第一教学楼、第二教学楼、第9栋学生公寓，铺设了大学生活动中心前广场石板路面，兴建了校训石文化景观、乒乓球馆、新校区主干道水泥路、体育系学生实训基地、学校行政仓库、排球场1个、篮球场1个，增容了学校变压器。学校面貌发生了巨大变化，校园变得更加整洁、舒适、美丽。

自治区人民医院

【概况】 2013年，医疗业务量继续大幅增长，门急诊量首次突破50万人次，达到54.78万人次（增长14.83％），其中急诊7.36万人次（增长21.64%）；留观11.40万人次（减少6.16%），体检10303人次（增长9.36%），入院16336人次（增长8.10%），出院15793人次（增长8.07%），手术6415例（增长16.68%）。实际开放病床653张，病床使用率89.3%（按编制病床500张计算则为116.70%），平均住院日13.8天（缩短0.4天），医疗资源利用率继续提高。

急救中心全年救治3.81万人次，急诊留观5.72万人次，抢救1.23万人次，急救出诊2585次，其中长途急救96次，向其他医院转诊861人次，救护车还空跑近200次。干部保健门诊接诊保健对象9461人次，承担重大保健任务56项。妇幼保健业务量继续增长，全年接诊57599人次，预防接种43543人次，入托体检3468人次，产妇和新生儿访视3290人次。

【行业作风建设】 高度重视党的基层组织建设。确定入党积极分子10人，发展预备党员15人，转为正式党员7人，全院党员总数达到468人。

在群众路线教育实践活动中，不断完善服务设施和服务项目，优化人力配置和服务流程，努力方便群众就医；召开了7场征求意见座谈会，收集群众意见44条，其中39条已经整改落实。在党风廉政建设活动中，两次组织职工参观廉政教育基地，邀请检察官举办廉政警示教育讲座，医生与患者签订“医患廉洁协议书”。

大力促进全员强化服务意识。响应“无假日医院”号召，教育和引导全体医务人员无私奉献，确保满足节假日期间患者就医需求。在新的医院信息系统启用后，从行后部门抽调党员加强门诊服务，开通了门诊藏汉双语叫号系统。针对我院医保病人较多的实际，科学设置医保服务窗口，制作医保药品分类目录，极大地方便了参保患者。

据统计，全院拒收红包9人次共11050元，收到锦旗和感谢信、受到各级各类表彰共92次，拾金不昧3次。

【医疗质量和医疗安全管理】通过实施国家临床重点专科建设提升诊疗水平和服务能力。利用重点专科培训资金安排7名医生、18名护士赴内地专科进修，选派3批共51名护理人员赴四川省人民医院考察培训，两次邀请该院护理专家来院指导。

严格落实首诊负责制、三级医师查房制度、交接班制度等各项核心制度。继续开展抗菌药物临床应用专项整治活动，做好处方点评、病历抽查及抗菌药物使用情况监测，住院病人抗菌药物使用率控制在55.87%（国家标准为不超过60%）。

加强医院感染控制管理。特别重视医院感染重点科室监管，坚持做好医院感染控制指标监测。对68例医院感染病例及时查清原因，积极有效控制，避免了扩散流行。

加大业务技能培训力度。年初开展了自治区应急流动医院首次野外实战演练。2月份开展了应急医疗救治队伍的急救技能强化培训，3月份开展了全院医务人员心肺复苏技能培训、考核、竞赛活动，在岗人员参与率和合格率均达到100%。

【护理服务】 坚持抓好护理培训工作。在大量选派护理人员赴内地考察培训的同时，开展了全院护理技能大赛，成立全院护理基础操作培训小组，加强了全院护士在岗培训工作。

进一步建立健全护理质量管理制度。在开展“优质护理服务示范工程”活动中，编印或修订了《护理应急预案与流程》、《专科护理常规》、《护理制度与职责》等。按照业务科室绩效考核总体要求，建立了较为完善的护理质量考核指标体系。

大胆改革护理管理模式。病房护理管理模式由原来的“护士长-责任组长-责任护士”改为“护士长-责任护士”，减少中间环节，提高管理效率。明确责任护士平均负责病床数，由年资高、能力强的护士负责危重患者。实现了住院患者腕带识别管理。

加强门诊输液中心管理。针对输液中心易发差错、纠纷的实际，加强和规范了患者用药管理，消除了患者带药离院的安全隐患。

【科研教学和卫生援藏】 科研学术方面。申报2013年度国家自然科学基金项目1项和自治区科研项目8项，与中国医科院北京协和医院、输血所合作申报课题2项，与中国医大合作开展课题1项，国家自然科学基金科研项目结题3项，获自治区科技奖二、三等奖各1项。获省部级以上科研立项6项，其中《西藏地区主要慢性高原病的综合防治研究》获国家科技支撑计划立项，课题资助总额达451万元，成为建院以来层次最高、资助总额最大的科研项目。开展了新技术14项。全院发表论文166篇，推出了一期《西藏科技》杂志我院专辑。向学术团体、专业机构、专业期刊推荐兼职专家35人。

教学培训方面。完成2012～2013学年临床教学任务，完成西藏大学和西藏民院161名医学生实习任务，安排区外高校的计划外实习生32名，安排西藏大学课间见习1648人次，接收下级医院进修人员67人。华西远程继续医学教育开课30次，安排院内专家举办全院讲座16次、讲课17次，各科室开展科内讲课643次。组织43人参加全区高层卫生管理能力建设培训班，安排116人次赴内地参加研讨会或培训班，选送76人赴内地进修。

卫生援藏方面。与中国医科院/北京协和医学院就高原医学研究生培养、在藏设立高原医学硕士点达成了共识，实现了2014年开始招生。肿瘤科与北京肿瘤医院达成了对口支援协议，心脏外科恢复工作在北京阜外医院对口支援下进展顺利，已专门派出医生4人、护士6人赴该院进修培训。与四川大学华西口腔医院共建的“口腔诊疗中心”、与上海交大附属新华医院共建的“听力障碍诊治中心”和“头颈外科诊治中心”在我院挂牌成立。在四川大学华西妇儿医院大力支持下，继续抓好先心病患儿免费救治工作，顺利完成了两批共50名患儿的免费手术治疗。

促进全区学术交流方面。切实发挥本院众多学术团体作用，举办了全区儿科医师危重症技术培训学术会议、全区基层护士专科护理培训班、自治区消化学会第四次年会暨第一届内镜超声论坛、2013年首届珠峰高原医学论坛、西藏第五届肾脏病学术研讨会，协办了“风湿免疫西藏行”公益活动，成立了中国医师协会风湿免疫科医师分会西藏委员会。

【为卫生事业发展做贡献】 高度重视基层医院对口支援工作。对口支援对象包括边坝、班戈、隆子、江孜等县医院及樟木口岸医院。医院主要领导亲自带队调研，与当地政府及卫生局、受援医院沟通衔接，选派专家指导基层医院加强和规范管理，提升技术水平和服务能力，更好地服务当地广大群众。

发挥本院7个国家临床重点专科建设单位对全区的辐射、带动作用。组织我院管理专家和重点专科专家先后赴山南、日喀则、那曲免费举办培训班，大力培训地、县两级卫生人员，受到当地广泛好评。

坚持为下级医院提供医疗、保健、急救技术支援，大力支持基层卫生人才培养。全年安排专家院外会诊53人次。接收基层进修人员50人。

【服务全区发展和稳定大局】 一是全院县处级以上领导深入农牧区，与农牧民“认亲结对交朋友”，为10户农牧民解决实际困难。二是在强基惠民驻村工作中充分发挥行业优势服务当地群众。为3个驻村工作队配备了车辆，为驻村及派驻村第一支部书记自筹投入经费115万元，落实强基惠民活动专项资金64万元，争取经费98万元实施了5个帮扶项目，同时努力满足当地群众医疗服务需求，赢得了当地政府和群众普遍好评。由于驻村工作成绩突出，4个驻村工作队和11名队员获得先进表彰。三是积极响应自治区党委、政府号召为民办实事。认真开展儿童先心病救治、白内障复明、唇腭裂治疗及居民、在编僧尼、驻村干部健康体检等。开展各类免费义诊活动7次，参加各类宣传服务活动3次。四是积极承担应急医疗任务。做好甲玛矿区山体滑坡医疗救援工作，敏感时段做好应急准备工作。全年免费救治900多人次，减免费用96.5万元。五是积极配合自治区人民政府64号文件的实施，切实抓好机关事业单位申请提前退休或离岗休养人员的医学证明出具工作。

【安全生产和后勤保障】 全院建筑面积已达11万平方米，全年用电量达826万度，用水量达71万吨，安全生产和后勤保障工作压力前所未有。

安全生产方面。常年坚持以医疗安全和消防安全为重点，同时抓好治安安全、交通安全、食品安全及有毒有害物资管理。自筹资金实施了治安电子监控系统二期工程，基本实现了医疗区治安电子监控室内外全覆盖。

总务处全年物资出库8.6万件，工勤人员下科室12289人次，车辆安全行驶17.8万公里，处理医疗垃圾9.7吨、生活垃圾1340吨，清洗床单设施48.9万件。设备科依法依规进行医疗设备和医用耗材管理，努力做好设备维保工作和耗材、氧气供应，为临床一线提供了有力保障。

援助西藏发展基金会

【概况】 2013年，援助西藏发展基金会共筹集落实资金1206万元，落实项目39个。

【援藏扶贫项目】 一是光明工程筹集落实资金644万多元，落实项目8个，1074名白内障患者重见光明。2013年援藏西藏发展基金会拉萨光明眼科康复诊疗院再次申请到了95万元“中央财政支持社会组织参与社会服务项目”白内障复明手术项目的资金，为了用好这笔资金，诊疗院坚持院内日常诊治和院外下乡手术相结合。全年诊疗院组织医疗队分别赴拉萨市林周县，尼木县、曲水县、当雄县、那曲地区比如县、林芝地区工布江达县等开展复明手术活动，共筛查了2031名眼疾患者，对其中的257名白内障患者实施了免费复明手术，并发放药品、眼镜等，1774名其他眼疾患者接受了对症治疗和检查。在诊疗院内共为11696名患者进行了门诊检查和治疗，其中3620名常见病患者得到了免费检查和治疗，为1074名白内障患者进行了免费手术，使他们重见光明，得到了群众的高度赞扬。

二是育人工程筹集资金100万多元，落实项目7个。经认真筛选，“育人工程”项目办将加拿大文化更新发展研究会去年年底所捐的5.2万元“情系藏族学子助学金”发放到了40个家庭困难的高中生手中。还向宋庆龄基金会“丰田助学金”推荐了17名家庭困难的高中学生，宋庆龄基金会将最终从这些学生中筛选出符合他们资助条件的学生。

7月，与老牛基金会成功签订

了关于奖助我区优秀贫困师范生的合作协议----“老牛英才奖助学金——援藏基金会·藏大师范类学生项目”捐赠协议，老牛基金会向该项目捐赠300万元作为本金用于保本理财，每年用其收益奖励、资助25名在西藏大学就读的品学兼优、家庭困难的师范类学生。在确保老牛基金会捐助的300万理财本金安全的情况下，与西藏大学签订了“老牛英才奖助学金”项目实施协议。

三是公益工程筹集落实资金72万多元，落实项目11个。参与管理的杰素丹珍保育院的建设和管理工作在拉萨市堆龙德庆县民政局的有力配合以及外方爱心人士的支持下，各项工作有条不紊地进行着。在本会的大力协助下，保育院争取到了400万元的拆迁补偿费。社会爱心人士陶桃女士及其朋友们通过本会先后两次为该保育院捐赠了价值18360元的牛奶、大米、褥子等日常生活用品，还为两名保育员和在区外读书的孩子们发放了4900元的慰问金。

根据拉萨市政府集中供养孤儿的有关规定，本会“公益工程”项目办与曲水县民政局共同完成了南木保育院划归拉萨市保育院的工作及各项善后事务的处理工作，并将该保育院剩余粮食及其它生活物品一次性捐赠给了南木村的困难群众，对保育院工作人员也做了妥善安置。

本会四川办事处积极参加“4.20”雅安芦山抗震救灾工作，联合友好组织为灾区捐赠了170余万元的现金及物资。还与可可西里国家自然保护区管理局签订了帮助该局管理维护其网站的协议。兴业全球基金公司向川办捐赠了4台价值2万元的办公电脑。本会北京办公室成功接收国际慈善家联合会和南方一制鞋企业捐赠的492双不同款式的女士皮鞋。经本会外联部联络，区外一企业给本会捐赠了60箱价值约1.3万元的饼干，御祥堂捐了400盒价值约1.2万元的薰衣草软膏。

四是阳光工程筹集落实资金390万多元，落实项目13个。在“爱我西藏支援西藏”阳光工程北京活动办的有力协调下，国家烟草专卖局、中国烟草总公司向本会阳光工程捐赠善款500万元，给日喀则地区定日县曲当乡小学、克玛乡南果小学、克玛乡小学、绒辖乡小学、曲当乡扎小学、盆吉乡小学、昂仁县阿木雄乡小学、切热乡小学、如萨乡小学、孔隆乡小学、贡久布乡小学、措迈乡小学、萨嘎县达吉林乡小学共13所偏远乡级中心小学修建光伏电站。此外，还向日喀则地区定日县中学、萨嘎县中学、昂仁县多白乡完小、昂仁县日吾其乡完小、仁布县中学5所基层中小学配备了教学用微机250台。

【驻村工作】　筹措资金10.5万元为久贡村的127户群众每户配送了一套手动牛奶分离器，为该村的5个作业组各购买一台柴油磨糌粑机。积极联系爱心机构，为所驻村陆续筹集到总价值近10万元的衣物、鞋子、书包等。花15万元为久贡村修建了乡村道路，方便了牧民群众的转场放牧。为该村申请到了27万元的打井资金和25万元的为贫困户添置牲畜的资金。

自治区税务工作

【概况】　2013年西藏共组织各项收入148.6亿元，同比下降3.5%，减收5.5亿元，剔除海关代征增值税和消费税0.8亿元，由税务部门组织收入147.8亿元,同比下降3.7%，减收5.7亿元，完成西藏自治区人民政府安排给西藏税务系统年度计划的96.3%。剔除一次性不可比收入26.2亿元，全区税务部门组织收入121.6亿元，按同口径对比，同比增长29.2%，增收27.5亿元。

【税收收入特点】　自1991年以来首次出现负增长，剔除不可比因素税收弹性仍处于较高水平。2013年，西藏税务部门组织收入未延续近几年持续高增长的势头，个人所得税同比减收30.8亿元，影响了总体税收的走势，继1991年同比下降1%后，首次出现负增长。2007年以来，全区税收弹性（税收收入增长率/GDP现价增长率）处于较高水平。2013年全区GDP（地区生产总值）预计达802亿元，可比价增长12.5%，现价增长14.4%，2013年税收弹性出现畸低值，为-0.26。按剔除一次性不可比因素同口径来看，全区税务部门组织收入同比增长29.2%，税收弹性为2.03，仍处于较高的水平；货物和劳务税增长快，增值税规模回归第一。2013年全区货物和劳务税总规模达72.8亿元，同比增长29.4%，增收16.5亿元，增值税、消费税、营业税、车辆购置税同比分别增长26.5%、19.8%、35.2%、24.2%。增值税收入规模时隔两年后回归到第一的位置，其收入规模及增收额均创历史新高，2013年全区入库增值税38.9亿元，为各税中规模最大，同比增收8.1亿元，增收额度为各税中最大；月度间组织收入波动较大，四季度各月收入较高。2013年全区税务部门月均组织收入12.3亿元，10月份组织收入达18.9亿元，是2月份组织收入总额的3倍，月度间组织收入差异较大。第二、四季度各月组织收入均大于10亿元，四季度各月收入均高于年度月平均值；八家征收单位超额完成年度计划，十一个县级征收单位税收破亿元。2013年，全区九家征收单位中有八家超额完成了年度税收计划，其中山南、昌都组织收入超税收计划的50%以上，同比增长均超过60%。组织收入规模位居前两位的是拉萨经济技术开发区和拉萨市，分别实现税收37.9亿元和37.8亿元。全区税收过亿元的县级征收单位达11个，比去年增加3个，11个税收过亿县共实现税收25亿元，占总体税收的16.9%，比上年提高2.7个百分点；第三产业税收占比创新高，批发和零售业增幅高。2013年，全区第三、第二、第一产业分别实现税收111.9亿元、35.8亿元、0.1亿元，第三产业税收占总体税收的75.7%，比去年提高4.2个百分点。各行业中，批发和零售业税收规模最大，实现税收51.8亿元，同比增长42.8%，增收15.5亿元。建筑业、金融业、采矿业、房地产业分别实现税收19.7亿元、7.3亿元、7.2亿元、4亿元，同比分别增长26.7%、56%、10.9%、65%，四大行业增收总额9亿元。租赁和商务服务业是同比减收最大的行业，全年实现税收31.4亿元，同比下降51.8%，减收33.7亿元。制造业实现税收7.8亿元，同比下降0.7%，减收0.1亿元；国有、集体经济税收稳步增长，非公经济税收比重有所回落。2013年，全区国有企业实现税收9.2亿元，同比增长16.5%，增收1.3亿元；集体企业实现税收2.9亿元，同比增长2.9%，增收0.1亿元；非公经济实现税收135.7亿元，占总体税收的比重为91.8%，比上年回落1.2个百分点，其中外资企业实现税收6.6亿元，同比增长34.7%，增收1.7亿元。

【税收收入分析】 2012年西藏招商引资企业股权转让一次性税源抬高了同期税收基数，是2013年税收同比下降的直接原因。2012年，西藏招商引资企业缴纳股权转让所得等一次性税收达59.5亿元，剔除此因素，2012年全区税务部门组织收入为94.1亿元。2013年，全区此类一次性税收收入为26.2亿元，剔除后同口径对比，2013年全区税务部门组织收入比上年同期增长29.2%；经济持续稳定增长推动税收发展。2013年，西藏全区GDP预计达802亿元，可比价增长12.5%，比全国高出4.8个百分点，经济发展持续稳定增长。全区固定资产投资预计达910亿元，同比增长28%，社会消费品零售总额预计达289亿元，同比增长16%。投资、消费的快速增长推动增值税、营业税大幅增收，批发和零售业、建筑业、房地产业等相关行业税收增长势头强劲，税收规模均创历史新高，增长幅度较大；西藏税务系统进一步加强税收管理，不断改进和提升纳税服务水平，促进主体税种增长。2013年，全区税务系统认真落实年初各项工作安排和部署，坚持依法治税，进一步加强税收管理，积极推进税收专业化管理，不断改进和提升纳税服务水平：一是积极拓展信息化技术手段，大力推广财税库银横向联网、POS机刷卡缴税等申报纳税方式，方便了纳税人，减轻了纳税人的纳税成本。2013年通过横向联网系统扣税62909笔，入库税款52.2亿元，占全部税收的35.3%。二是大着力推广税控收款机，以有奖发票促进消费者索票护税意识，堵塞征管漏洞。截至2013年底全区已有19404户纳税人使用税控收款机，全区发票兑奖累计202.8万人次，累计兑奖金额达2304万元。三是进一步加强企业所得税汇算清缴工作，2013年全区汇算清缴补缴企业所得税3.6亿元，同比增长24.1%。四是拓宽纳税服务方式，不断改进和提升纳税服务水平。12366纳税服务热线逐步为更多纳税人所接受，2013年度12366呼叫中心共接听受理咨询电话9135个，办结率100%，通过12366平台发送涉税短信835730条，回复门户网站涉税问题87条。五是进一步加大税务稽查力度，严厉打击涉税违法犯罪活动，全区共入库查补各项税款2.8亿元，同比增长47.4%；积极落实各项税收优惠政策，重点做好营业税改征增值税各项工作。2013年，全区税务系统进一步加强税收优惠政策落实的监督检查和效应分析，坚定不移地贯彻落实结构性减免和各项税收优惠政策，认真执行暂免征收部分小微企业增值税和营业税等税收政策，规范减免税审批管理，简化审批程序，全年共办理促进资源综合利用、高新技术产业发展等税收优惠减免25.67亿元，其中2422户小微企业享受暂免增值税和营业税2669.89万元；截至12月底全区共有3155户纳税人纳入“营改增”试点范围，试点纳税人减税额60.03万元；全年共办理出口货物退（免、抵）税2238万元。

【税收法治】 加强依法行政教育培训及法制宣传工作，树立税务干部法治理念，进一步提升税务干部的依法行政能力。大力开展政策调研、分析、梳理及完善工作，把好政策关口，认真贯彻落实各项税收优惠政策，有力促进地方经济建设跨越式发展。全面提升税务系统依法行政水平，建立依法行政考核及示范单位创建工作体系，确保依法履行职权，税收行政行为更加规范。进一步规范行政执法行为，夯实法治基础性工作，深入推进行政审批制度改革，清理税务行政审批项目，严格执行国家关于取消和下放审批项目的系列决定措施，加强监督检查及后续管理；加强税收规范性文件的制定管理，严格按照规定开展规范性文件的起草、审核、决定、公布、备案等工作，文件审查率、备案率、公告率均达到100%；坚持重大税务案件集体审理制度，进一步强化程序、完善流程、明晰职责，有效防范执法风险，2013年经集体审理的重大案件11件，结案率达到100%；约束和规范税务行政处罚裁量权，完善对税收执法权的监督制约，加大执法督察力度，严格执法过错追究，税收执法不断趋向严格、规范、公正、文明。强化税收执法监督，建立健全有关救济措施，保障纳税人合法权益。

【纳税服务】 提升纳税服务理念，规范纳税服务管理，拓展纳税服务方式，丰富税收宣传内容，加强纳税人权益保护。完善纳税服务工作制度，开展标准化、规范化建设，规范纳税服务行为。全面推行办税服务厅规范化建设，整合优化服务资源，积极探索建设全职能办税服务窗口，推行办税服务厅公共管理系统。推进包括电话申报在内的多元化申报方式，增设办税服务网点，设置排队叫号机，开展“学习雷锋、耀我税徽”雷锋岗导税活动，简并报表资料，简化办税程序，减轻纳税人办税负担。积极推进办税服务厅、税务网站和12366纳税服务热线平台建设，12366纳税服务热线发送宣传短信112万余条，受理涉税咨询、投诉等13526人次。委托第三方开展纳税人满意度调查。加强注册税务师行业监管，注税行业发展更加规范。深入开展税收宣传和税收政策服务，实施政府信息公开，西藏纳税百强排行榜新闻发布会、“税收·发展·民生”座谈会等活动深受纳税人欢迎。

【税收征管】 转变管理观念，强化税源管理，树立风险管理理念，确立信息管税思路，创新管理方式，夯实征管基础工作，不断提高税收征管质量与效率。认真落实“两个减负”，进一步改进和优化纳税服务工作，2013年1月1日起在拉萨市区各税源管理单位增设5个办税服务网点，有效解决拉萨市区办税服务网点少、纳税人办理涉税事项多头跑、排长队问题；落实普通发票、增值税专用发票、增值税普通发票自2013年1月1日起免收发票工本费；实现网上办税平台建设，网上报税系统的成功上线运行，为纳税人提供了一个全天候、24小时受理纳税申报业务的平台，为纳税人带来了实实在在的便利。加强普通发票管理，科学设置票种和式样，大力推行有奖发票，开展发票抽奖，自推行有奖发票以来，全区共有1962566人次共计兑付奖励资金22406492元；开展普通发票真伪鉴别工作，打击制售、使用假发票行为，鉴定假票率高达99%，为打击制售、使用假发票提供了有力支持；完善发票代开办法，推广应用税控收款机，建立发票查询系统，构建以票控税管理模式。通过票表比对，提取纳税申报异常数据1.3万余条，差异金额达32.7亿元，已查补税款1.1亿元，有效防止税款流失。税收征管信息化管理机制，制定了信息化项目建设管理办法和工作的意见，规范项目建设，确保项目建设协调、顺畅、有序地开展，为切实加强全区税收信息化建设全面、快速、协调发展，打下了坚实基础。不断完善税收综合管理系统，实现数据省级集中，开展数据清理，建立数据质量监控指标，拓展信息资源增值利用。构建财税库银横向联网缴税系统，不断丰富系统功能，推出POS刷卡缴税系统，纳入横向联网的户数 1919 户，刷卡缴税47255笔，入库税款168453800元，实现税款申报、刷卡、缴款、入库同步完成，为纳税人提供了方便、快捷的纳税缴税途径，在保障税款安全的基础上，提高了税款资金的征缴效率，同时规范了征缴程序和业务操作。根据营改增政策变动，及时完成业务需求的编写、测试工作，为营改增工作的顺利开展提供了大量的数据、业务、技术准备和支撑，确保了“营改增”各项工作顺利开展。

【大企业税收管理】 建立定点联系大企业制度、落实企业风险管理，经过近几年的摸索和实践，对大企业开展全流程税收风险管理已形成基本的模式，即风险评估、风险自查、现场审计、反馈提高等环节。2013年度根据工作安排，开展对大唐集团、中国工商银行、中国烟草总公司在藏分支机构的风险管理工作，通过企业自查、抽取电子帐簿、填写工作底稿、开展风险评估和初审等工作，已检查应补缴税金及附加227.5万元，已发现新的涉税风险点16处。

通过对大唐等3户企业开展税收风险管理工作，组建风险管理工作团队，使资源达到最高的配置，发挥其团队内部各成员的最大优势，解决了区、地两级税务机关各大企业职能部门人员短缺问题，达到优势互补，并按职责提供一一对应的个性化服务局面。

【国际税收管理】 树立非居民企业税源植于居民企业的管理理念，加大非居民税收管理力度，开展非居民税收分类管理，开展非居民企业转让股权、取得股息所得调研，完善非居民管理体系，研究跨境税源分布规律，识别并及时控制跨境税源风险，规范跨境纳税人投资、经营、财产类所得的税源监控。2013年全区共征收非居民企业所得税税款2905.45万元，同比增长122%。

进一步做好税收协定执行工作，完善税收协定执行的审批、备案和统计，加强协定待遇的监管，落实税收协定的执行和优惠待遇，同时防范套取协定优惠或滥用协定等避税行为。做好“走出去”税收服务与管理工作，加强境外所得管理，完善企业境外所得的确认和征税、境外税收抵免、境外投资等“走出去”企业的具体管理措施。积极开展反避税工作。积极参加举办反避税、特别纳税调整、大企业专业化管理、非居民税收、税收协定等培训,提升业务能力。

【税务稽查】 组织实施税收专项检查、专项整治和区域治理工作，整顿和规范税收秩序。重点开展了对成品油购销企业、资本交易项目、办理电子和服装及家具类产品出口退（免）税企业、房地产业和建筑安装业、采矿选矿、高收入者个人所得税、金融业、旅游业、烟草、服务业等行业的税收专项检查工作。运用税收综合征管系统数据平台及日常征管资料，查处一批涉税案件。2013年，各级税务稽查部门检查纳税户92户，查补入库各项税款4045万元,有效地堵塞了漏洞，促进了税收征管工作。

【政务管理】 履行“参谋助手、信息反馈、督促检查、协调综合”职能，坚持服务领导、服务机关、服务基层，充分发挥参谋助手作用，围绕税收工作重点、热点和难点，开展综合调研和专题调研，深入挖掘和及时报送信息，信息工作质量和水平大步提高。开展“税法进市场、进机关、进学校、进军营、进农村、进牧区”活动，建立税收宣传教育基地。加强工作落实情况的督促检查和实地督查，确保各项举措顺利实施。逐步实现档案管理的规范化、制度化和现代化。加强信息安全和保密工作，制定相关保密制度，编印信息安全和保密工作学习材料，举办保密知识专题讲座，开展安全保密检查工作。执行各项信访规定，进一步规范信访工作程序。加强政府信息公开工作，规范政务公开内容，拓宽政务公开渠道，完善西藏国税门户网站功能。

【税收科研】 更加注重以科学精神指引税收实践，在各项工作中努力培养创新精神、奉献精神、止于至善精神，平等精神和协作精神，推动税收科研和税收工作向科学化、理性化发展。积极参与国家税务总局、中国税务学会、国际税收研究会、西藏自治区税务学会、西藏自治区国际税收研究会等单位2013年重点课题组织科研工作。提高内部刊物《西藏税务》质量，完善税收科研成果交流平台。

拉萨海关

【概况】 2013年，西藏外贸进出口总值达33.19亿美元，同比增长3.07%。拉萨海关全年监管进出口货物17.8万吨，货值20.53亿美元，分别增长1.84%和12.30%。监管进出境运输工具2.55万辆（架），减少8.93%，监管出入境人员19.59万人次，增长24.25%。全年税收实际入库1.01亿元，增长44.12%，继1996年之后，再次突破亿元。

【打私】 认真贯彻落实全国打私工作座谈会精神，深化反走私综合治理，牵头召开了自治区打击走私工作会议，联合自治区13家单位开展打击走私专项斗争和联合行动。完善打私机构建设，狮泉河海关缉私分局挂牌运行。巩固“国门之盾”行动战果，开展“绿篱”、“眼镜蛇”、“缉枪治爆”等专项行动，立案侦查刑事案件2起，案值18.17万元，查获穿山甲鳞片139.75千克、易制毒化学品麻黄碱110.56千克。立案查处行政案件41起，同比增长28.13%，案值218.68万元。知识产权保护工作有力有为，全年查获侵权案件116起，涉案总值88.2万元，罚没侵权货物7.9万件。

【维稳安保】 统筹履行“五位一体”的把关和服务职能，加大快件、货运、旅检渠道的监管力度，严防国际敌对势力和达赖反动集团的思想文化渗透和分裂破坏活动，全年查获各类违禁品9500余件。牵头联合地方执法部门，积极开展对重点口岸的边境巡查行动，积极协助地方政府和口岸管理部门开展边境防控工作，防止不法分子“闯关”滋事。加强与口岸地方党政和各职能部门通力合作、联合行动，进一步巩固各方在情报交流、协作办案和联合打私等方面的协作基础。加强与尼泊尔海关在维稳情报交换、边境安全协查方面的合作，不断健全耳聪目明、协调顺畅的缉私、维稳工作机制。认真落实自治区各项维稳工作部署，优化完善维稳工作机制、制度，严格落实7×24小时值带班制度、督促检查制度、“零报告”制度和巡逻制度，定期进行安全检查，确保关区安全稳定。实行驻村工作队队长、扶贫工作组组长和派任村党支部第一书记负责制，切实加强村情、民情分析，组织村“两委”、党员、民兵成立护村巡逻联防队，实现所在村全年平安稳定。

【业务效能】 通关监管效能有新的提高。自2013年6月启动通关作业无纸化改革以来，审核无纸化通关出口报关单1075份，占同期出口报关单量的39.44%。深化区域通关业务改革，将“属地申报、口岸验放”通关模式适用范围由A类及以上企业拓展至B类生产型企业。税收征管质量有新的提高。面对外部经济形势严峻复杂、关区税源不稳定等各种困难，着重在商品归类、价格审核、原产地审核和减免税管理等方面加大工作力度，强化税收分析监控，狠抓税收征管质量，实现审价补税51.72万元，增长117.07%。全年税收大幅增长，自1996年以来首次突破亿元大关，圆满完成了年度税收任务。法制建设有新的提高。加强权力运行和监督制度建设，对关区46个权力类别、268项权力、775个权力行为开展关区清权确权工作。积极分析解决归类不一致等问题，执法统一性建设深入推进。综合监管水平有新的提高。高资信企业便利通关措施有效落实，企业守法诚信体系建设深入推进。积极探索关区特色风险管理工作模式，风险布控有效率达47.34%。成功引入社会中介机构参与对企业的稽查工作。

【服务地方经济社会发展】 以服务地方发展为己任，找准海关与地方经济社会发展的契合点，服务质量和水平不断提高。积极推动署区合作，全力促进西藏发展。主动加强与自治区职能部门的沟通联系，积极征求意见建议，草拟了《海关总署 西藏自治区人民政府关于支持西藏经济社会跨越式发展合作备忘录（征求意见稿）》，经反复修改，征求意见，总署与自治区就备忘录文本基本达成一致意见。适应西藏发展需要，全面落实服务措施。主动做好减免税服务，全年审批减免税货物总值1.4亿美元，减免税款1.5亿元人民币，分别增长59.59%和79.52%。落实对尼产品“零关税”待遇，审核原产地证书152份，涉及进口货物1728.2吨，减免税款933.11万元。协调天津海关完成西藏航空公司3架飞机进口转关工作，助推西藏航空事业发展壮大。积极发挥统计优势，全力辅助地方决策。发挥统计分析监测预警作用，各类信息、简报被自治区政府采用排名居在区中直单位首位。针对西藏外贸一般贸易超常规增长的异常动态进行监测预警，报送相关建议材料12篇，得到了自治区政府主要领导、总署领导高度重视，推动西藏自治区修订外贸奖励办法，西藏宏观经济调控取得明显成效。积极加强实际调研，为藏发展建言献策。为促进边民互市贸易健康有序发展，广泛征求相关部门意见建议，起草《西藏自治区边民互市贸易管理办法》。邀请自治区全国人大代表和政协委员上门调研座谈，在密切与自治区全国人大代表和政协委员的联系沟通的同时，积极为促进西藏外向型经济发展建言献策。扎实开展强基惠民、扶贫帮困等工作。拉萨海关全年派驻2批24人赴3个村开展驻村工作，发放物资价值200余万元。根据自治区关于加强基层基础建设的统一安排，派出2名科级干部到日喀则地区2个村担任为期3年的村党支部第一书记。组织机关处级以上干部与17户贫困户“结对认亲”，并捐助4万余元的物资。开展驻村工作队“一帮一”结对子活动，捐助物资30万元。6名驻村队员分别被评为自治区、地（市）、县级先进队员，拉萨海关驻嘎琼村工作队被评为县级先进工作队。全面做好对聂拉木县琐作乡的定点扶贫工作，捐赠价值17万元的挖掘机，2012年投资的2个扶贫项目已见收益。向自治区红十字会转交4批用于社会公益事业的罚没侵权货物35684件。加强中尼国际交流合作，双边贸易额大幅提升。密切与尼泊尔相关执法部门的交流合作，第二十六轮中尼边境海关会晤圆满完成。积极促进中尼客运直通车业务发展，取消了企业担保金，提出符合西藏实际的海关监管模式。为7批尼方借道运输货物和中尼经贸洽谈会参展物资提供便捷高效的通关监管服务。全面推动藏毯、藏药等民族特色产业发展，促进西藏文化走向世界。2013年，西藏对尼贸易发展迅速，贸易值达19.42亿美元，同比增长13.77%。

西藏出入境检验检疫工作

【概况】 2013年共检验检疫货物1697批次，货值1.94亿美元，与2012年相比，批次和货值分别下降39.76%、19.79%。其中出境1265批/1.59亿美元，批次和货值分别下降47.4%、30.68%；入境432批/0.36亿美元，与2012年相比，批次与货值分别增长4.85%、169.96%。2013年出入境货物通关2030批/2.14亿美元，与2012年相比，批次和货值分别下降32.29%、15.13%。其中出境1607批/1.83亿美元，与2012年相比，批次和货值分别下降38.03%、22.55%；入境423批/0.3亿美元，与2012年相比，批次和货值分别增长4.44%、104.88%。2013年共检出不合格出境货物6批次、货值9.6万美元，与2012年相比分别下降70%和79.76%。批次不合格率为0.47%、货值不合格率为0.06%，主要不合格货物为服装和鞋靴类产品。

【抓质量】 大力宣传质量强国梦想，提升全民质量意识，主动向自治区党委政府和口岸管理部门报告检验检疫工作动态，扩大宣传面，提升影响力。以《质量发展纲要》的宣贯为抓手，引导企业牢固树立“诚信至上、以质取胜”理念。局机关质量管理体系运行平稳，基本实现真建、真用、真查。按照“平稳过渡、控制风险”的原则，顺利实施调整后法检目录产品的检验检疫工作，大幅减轻了企业负担。以重点敏感商品和边贸小食品为重点，及时对存在的质量安全风险进行整治。全年共查获假冒伪劣商品货值约60万元。开展了对边民互市贸易进出境无标签食品化妆品抽采样和质量安全监测工作，共投入采样费11万余元，样品检测费20万元，是历年来资金投入最多、抽取样品最齐、检测项目最全的一次。

【保安全】 对出口生姜、大蒜等高风险农副产品进行重点监管，严格监管流程，加大送检力度，保障出口农副产品的质量安全。加强口岸卫生检疫监管工作，严防人感染H7N9禽流感等疫情疫病传入传出。樟木口岸、拉萨机场口岸卫生检疫核心能力建设顺利通过国家预验收，基本形成符合质检总局和自治区要求，适应西藏口岸实际的重大疫情疫病防控体系以及有效应对突发事件的快速反应和处置机制。严防外来有害生物传入，全年共截获禁止进境动植物产品2971批次，截获各类检疫性有害生物136批，发现检疫性有害生物5种，其中2种为西藏首次截获。

【促发展】 积极探索符合西藏口岸边境贸易实际的检验监管工作模式，切实把国务院和总局关于支持对外贸易发展的减负、提速、增效等政策措施落到实处。组织召开检企座谈会，加强沟通交流，搭建检企互动平台，实现了电子远程报检，全年电子远程报检1579批，货值1.76亿美元，电子申报批次占总批次的86.8%。出台促进外贸增长八项承诺，严格落实“5+2”、“24小时预约报检”服务承诺，做到随到随检，及时出证。为区内企业免费培训实验室检测人员7人，为企业制订标准，提供免费技术咨询17次，为区内执法部门提供检测技术信息咨询13次，为地区食品企业技术人员授课3次，参训人员120多人。

【强质检】 大力推进队伍建设，充分利用干部援藏、人才援藏的优势，加快本局专业技术人才队伍建设。派员分赴中央党校、质检总局、北京大学以及内地兄弟局进修培训、学习取经，进一步提高干部职工理论水平和业务技术。大力推进业务建设，努力拓展检测领域，积极开展科研、制标工作。承担全区食品行业技术人员的培训工作。全年参加能力验证8次12个项目。共接收检验样品4300多批，涉及检验项目3万多项，检出不合格商品252批。大力推进基础建设，樟木局综合实验楼、亚东办事处综合实验楼及职工倒班宿舍等项目建设全面推进，局机关办公楼、职工周转房的燃气管网、集中供暖工程项目顺利实施，吉隆、林芝两地检验检疫机构建设用地也基本落实。

【驻村工作】 深入开展创先争优强基础惠民生活动。2013年，全局共派出5批驻村工作队，共计45名驻村队员，与基层群众同吃、同住、同劳动、同学习，全年实施惠民项目5个，落实项目资金约55万元。

（撰稿：郭雄）

自治区烟草专卖工作

【概况】 西藏自治区烟草公司组建于1998年1月，西藏自治区烟草专卖局成立于1998年 1月，实行合署办公。2001年1月，西藏自治区烟草公司正式上划中国烟草总公司。下辖拉萨市、日喀则地区、山南地区、林芝地区、昌都地区、那曲地区、阿里地区等7个地（市）级烟草专卖局（公司），其中，那曲地区烟草专卖局（公司）体制尚未上划。自治区局（公司）机关设办公室（外事办公室）、综合计划处（经济运行处、科技处）、专卖监督管理处（专卖稽查总队）、内部专卖管理监督处、政策法规与体制改革处、财务管理处、审计处、人事劳资处、纪检监察处、思想政治工作处（与机关党委、工会合署办公）、安全保卫处、物流管理处等12个职能处室，营销中心（销售管理处）、经济信息中心、机关服务中心、整顿规范办公室、离退休人员管理办公室等5个专业部门以及驻京办、驻蓉办、驻沪办3个临时驻外机构。2013年全区烟草行业拥有总资产(年末值)14.32亿元，其中，固定资产（年末净值）3.28亿元、流动资产9.47亿元，资产负债率15.04%。截至2013年底，西藏自治区全行业共有从业人员783人（不包括那曲地区）。

【专卖管理】 卷烟打假。从收集线索、追溯根源、销售终端上解决制假贩假等问题，通过频繁拉网式普查和无规律的突击检查，提高重点整治区域检查频率，点面结合，分步推进，查处违法经营卷烟行为。2013年共查处涉烟案件219起，查获卷烟286.8万支，案值163.5万元，抓获涉案嫌疑人9人，依法批捕1人、刑拘1人。

严格规范。切实抓好“六个严禁、一个严控”，坚决防止“天价烟”出现反弹。坚持“应招尽招、真招实招”，严格执行《烟草企业采购管理规定》制定全区系统采购管理办法，进一步规范了物资、服务采购管理；完善招标决策机制、严格招标工作程序、强化招标管理；分别对拉萨、日喀则、山南、林芝和昌都5个地（市）局开展了许可证管理专项检查，严格按审批程序执行，依法依规办理行政许可，进一步规范了许可证管理秩序。

【经济效益】 2013年，自治区烟草行业实现销售收入27.93亿元，同比增长19.61%。实现卷烟税利5.95亿元，同比增长30.01%，其中实现卷烟利润2.39亿元，同比增长39.77%，公司三项费用率为11.05%。

【卷烟经营】 卷烟销售。2013年，自治区烟草商业系统共销售卷烟49.4亿支（9.88万箱），同比增长9.78%。其中，一类烟14.3亿支（2.87万箱），同比增长27.70%；二类烟3亿支（0.6万箱），同比增长7.28%；三类烟17.45亿支（3.5万箱），同比增长12.73%；四类烟10.5亿支（2.1万箱），同比下降4.56%；五类烟3.9亿支（0.78万箱），同比下降11.36%；国外烟（含雪茄烟）0.3亿支（0.06万箱），同比增长7.14%。

销售前三位的卷烟品牌是云烟、白沙、芙蓉王；销量分别为：15.2亿支（3.04万箱）、6.6亿支（1.32万箱）、3.3亿支（0.6万箱）。

卷烟结构。重点骨干品牌实现较快发展，2013年单箱销售额3.34万元，同比增长9.66%，重点品牌销量、销售收入比重分别为77.99%和93.46%，同比增长3.4个和2.83个百分点。

品牌培育。加强了品牌定位、宣传、维护工作的管理，进一步完善了卷烟品牌营销管理规范，从之前的上百个品牌规格中保留了88个有市场、有潜力的规格并签订协议。继续沿用“进一退一”的机制，健全了品牌引进、品牌推出、品牌维护等机制，实现品牌营销管理的流程化、标准化和规范化。全年在销的26个重点品牌，全区实现销量76959箱，占总销量的77.99%，同比增加9652箱，上升14.34%；销售收入30.87亿元，占总销售额的93.46%，同比增加5.68亿元，增长22.57%；单箱销售收入40108元，同比增长7.2%。

网上订货。广泛推广“新商盟”网上订货，按照“客户自愿、统一规范、稳步推进”的原则，加大了对网上订货的宣传力度和技能培训指导，对有意向参加网上订货的客户，及时协调寻找解决的方法。做到“成熟一户发展一户、入网一户成功一户”。

终端建设。不断完善销售网络及物流配送体系，截止到2013年底，完成了4个地市卷烟物流配送中心建设改造工作，累计建设完成并投入使用的县级网点15个、在建网点4个、租赁经营网点10个；建设完成并投入使用品牌店14个。

【企业管理】 财务管理工作。切实加强行业资产管理，全面进行了固定资产清理，建立了实物台账，做到账实一致；凡是中央、国家局、自治区要求不能开支，坚决不开支；以加强预算管理和资产资金监管为重点，严格对业务招待、工程投资等五项重点费用的预算编制和过程监控，预算管控水平不断提高。

贯标与对标工作。在全区行业全面开展企业管理创一流活动，深入开展对标工作，推进重点城市拉萨市局（公司）对标活动，充分发挥目标引领作用；切实加强标准在基层和现场的落实检查，促进体系建设和各项业务管理工作融合。

信息化建设。坚持从实际需求出发，本着“科学、节约、够用、用足”的原则，依托行业重点工程，着力完善和提升电子政务、电子商务、管理决策三大应用体系。截止到2013年底，已基本完成了人力资源、专卖内管、财务信息化建设。电子政务系统已全面启动，预计2014年上半年投入使用。

安全生产管理。开展不稳定因素排查，制定计划并组织实施系统的安全培训和应急演练。牢固树立安全发展理念，狠抓安全责任意识教育，认真整改国家局安全检查组提出的意见，加强安全隐患排查和防火、交通安全专项整治，切实防范和坚决遏制了各类安全事故的发生。

【政工人事工作】 职工教育培训。2013年，全系统共组织技能鉴定培训2期，对208名员工开展了2个批次、3个等级的鉴定工作。区局（公司）共举办各类培训班25期。自主培训行业员工903人次，累计培训天数84天，其中处级以上领导304人次；全行业共参加国家局等外派培训167人次，参训人数128人，其中处级以上领导54人次。专门举办了领导干部能力提升培训班，安排42名各级领导干部赴浦东干部学院参加培训，取得很好效果。

干部队伍建设。严格贯彻《党政领导干部选拔任用工作条例》，将敢于负责、敢于担当、作风过硬的干部选拔到管理岗位上来，经过民主推荐，提拔任用正处级干部4名，副处级3名，调研员2名，副调研员3名；实行部分副处级干部岗位竞聘，经过资格审查、笔试、竞聘演讲及单一竞聘岗位民主测评，9名优秀科级干部脱颖而出，走上副处级岗位；轮岗交流处级干部4名。根据需要，通过笔试、面试先后录用51名应届毕业生，改变了队伍的年龄结构、素质结构。

党风廉政建设。认真组织学习《党员领导干部廉洁从政若干准则》和《国有企业领导人员廉洁从业若干规定》等各项反腐倡廉制度及规定；围绕落实中央“八项规定”、和国家局党组“九条要求”，修改完善了区局（公司）党委“七项规定”为“十项规定”，改进调查研究，精简会议活动，简化公务接待，抓住重要时间节、点下大力气纠正迎送往来、请客送礼、铺张浪费等不良风气。

收入分配管理。加强了对地（市）局（公司）工资发放总额的调控，对全区工资总额使用进行监督，通过工资发放审批、劳资月报等报表情况进行实时控制，做好全年度的工资总额预算管理工作，严格控制工资总额发放项目；通过核对2009年—2011年度工资发放软件及财务快报数据，完成了3个年度工资总额发放自查工作；结合行业市场营销、基础管理、专卖内管、安全保卫等实际情况，制定了《西藏烟草行业地（市）级局（公司）领导工作业绩考核细则，通过业绩考核兑现年薪；规范了住房公积金和企业年金的缴费标准，对2011年、2012年全区企业年金缴费标准进行了调整。

【创先争优强基惠民活动】 始终将创先争优强基惠民活动作为一项重大政治任务和大事来抓，同时作为企业履行社会责任和为区党委分忧解难的重要平台。2013年，全区行业16个工作队64个队员不负区党委、局党委的重托，克服生活，工作上的诸多困难，急农牧民之所急，想农牧民之所想，帮农牧民之所需，作了大量群众期盼已久的事，受到了农牧民群众高度称赞和衷心拥戴。2013年，区局（公司）累计投入强基惠民资金563余万元，完成惠民项目69项。全区行业有5个工作队被自治区、地区和县评为先进驻村工作队，30名驻村队员评为先进个人。

【群众路线教育实践活动】 开展时间：7月9日，召开党委专题会，研究部署开展党的群众路线教育实践活动安排；7月23日召开动员大会，宣布实施方案。2014年1月第一批结束；主要内容：党委班子坚持以为民务实清廉为重要内容，以处级以上领导干部为重点，聚焦“四风”，按照“照镜子、正衣冠、洗洗澡、治治病”的总要求，坚持高标准、严要求，深入学习教育，广泛听取意见，认真查摆问题，开展批评与自我批评，狠抓整改落实，建立长效机制。整改情况：采取有效措施规范公积金缴存、企业年金和治理文山会海、超标车、超标办公用房等专项整治。比如：对已退出领导岗位的老领导办公用房及时做工作进行了腾退；对区局北京办事处的办公用房进行清理，清理出的房间将解决区局人员去京办事的临时住宿；认真研究制度的“废、改、立”工作，共修订完善制度9项，制定制度5项。征求到领导班子和领导干部“四风”方面的意见建议45条，搞好活动的意见建议6条，针对梳理出的意见和剖析处的问题认真制定了10个方面整改措施。取得成效：组织开展班子成员讲党课活动3次；听取《中国梦》、《中印边境形势斗争》等专题辅导3次；集中观看《苏联亡党亡国20年祭—俄罗斯人在诉说》、《焦裕录》、《建党伟业》等主题教育影片6场；全体党员共撰写心得和体会文章62篇，各支部交流研讨2次，中心组交流研讨1次；完善了《干部考核实施办法》，修订了《员工考勤制度》，对处级在岗情况进行考勤，对“软、懒、散”的领导班子进行整顿；完善了《会议管理制度》、《公文审批制度》，制定了《机关会议费管理实施细则》；减少文件数量，压缩文件篇幅，提高文件质量；完善领导班子联系点制度和基层调研制度；规范住房公积金、企业年金，整治超标配备公车、多占办公用房等；封存停用共计10辆超标配备车辆；清理退出领导岗位办公用房近130平米，清理腾退多占办公用房面积近240平米。2013年，会议同比减少25%，会议费用下降49.08%，业务接待费用下降56.06%，取消3个出国考察团，作风之变带动发展之变。

【所属地（市）级局(公司)】 拉萨市烟草专卖局(公司) 拉萨市烟草

专卖局成立于1998年1月，成立之初，将拉萨市烟草专卖局并入自治区烟草专卖局，作为区局专卖处负责拉萨市七县一区专卖打假工作的一个部门。西藏自治区烟草公司拉萨市公司2012年6月经国家局批复成立，自此实行合署办公，2013年独立核算。主要负责拉萨市七县一区（当雄、堆龙德庆、曲水、墨竹工卡、达孜、尼木、林周、城关区）的卷烟营销和烟草专卖管理。2013年全年在职职工177人。

制定了《卷烟物流配送中心配送线路优化调整方案》，科学合理调整配送线路，将拉萨市七县一区划分为五大配送区域，有效整合了资源，提高了客户服务水平，提高了客户盈利率，加大了中小零售客户的满意度。

日喀则地区烟草专卖局(公司) 日喀则地区烟草专卖局、西藏自治区烟草公司日喀则地区公司成立于1998年1月，2003年12月国家局批复同意上划，2004 年7月1日完成上划。下设江孜县、拉孜县、定日县、樟木口岸（聂拉木县）、萨嘎县5个县级营销网点，1个城区配送中心。2013年全年在职员工123人。

深化干部人事制度改革，分两批开展了副科级岗位、科员级岗位竞聘上岗工作。充分吸取贵州、重庆、宁夏兄弟单位的经验做法，明确了竞聘上岗的组织领导、实施步骤、工作细则等，并提交职代会讨论通过。通过各个环节严格把关，有9名副科级、21名科员级干部走上新的工作岗位，确实让干得好的考得好、作风实的出得来，体现了区局党委“岗位靠竞争”、“干部能上能下”、“以好的作风选人、选作风好的人”的干部人事工作总体要求。

山南地区烟草专卖局(公司) 山南地区烟草专卖局、西藏自治区烟草公司山南地区公司成立于1998年1月，2004年4月国家局批复同意山南烟草体制上划，2004年7月完成上划。下辖贡嘎县、浪卡子县、加查县、洛扎县、隆子县等5个县直属网点及泽当镇一个零售门市。共有从业人员110人。

采取与零售户自愿签订协议的方式，通过对协议户的销售情况进行跟踪，从遵纪守法、经营水平、业务配合等方面进行考核，采取季度评定、集中授牌和上门授牌的方式，授予零售户“卷烟零售示范店”。通过开展零售户终端建设工作，提升了品牌培育度，实现了与零售户双赢的目标。

林芝地区烟草专卖局（公司） 林芝地区烟草专卖局、西藏自治区烟草公司林芝地区公司成立于1996年11月，2004年7月体制上划，下辖工布江达县、波密县、朗县、察隅县等4个县级营销网点，共有从业人员86人。

加大“532、461”品牌培育力度，提升档次，拉动消费，提高效益；运用“新商盟”和“135”工作法，有效地制定了品牌长远控制机制，确保紧俏品牌合理限量，按照3+x品牌布局模式，以“532”、“461”品牌为重点骨干品牌基础，其他品牌为过渡辅助，制定长远规划，以稳定市场为主体，做到卷烟供应稍紧平衡，税率稳步增长，销量结构同步提升。

昌都地区烟草专卖局（公司） 昌都地区烟草专卖局、西藏自治区烟草公司昌都地区公司成立于1998年9月，2003年12月国家局批复同意体制上划，2004年7月完成上划。下辖江达、芒康、丁青、洛隆、边坝、类乌齐、八宿7个直属网点和1个城区配送中心。共有从业人员89人。

严格按照国家局关于价格及“天价烟”治理的有关文件要求，积极开展卷烟市场价格治理工作。与零售户签订承诺书，严格执行“一物一码一价”和明码标价销售的规定，对高价位卷烟货源投放及客户布局情况进行检查，规范零售户日常销售行为，严防“天价烟”价格反弹。

阿里地区烟草专卖局（公司） 阿里地区烟草专卖局、西藏自治区烟草公司阿里地区公司1999年从地区商贸公司分离组建，2007年7月国家局批复同意阿里烟草体制上划。下辖改则县、普兰县、扎达县3个县级网点和狮泉河镇（行署所在地）1个直属营销网点。

8月起，开始与邮政储蓄银行合作，开通专用于卷烟送货结算的电子结算数据业务，全面开展电子结算卡应用试点，截止到12月，使用电子结算的零售户达到161家，成功率100%，实现161家零售户统一电子扣款。

【获奖情况】 西藏自治区烟草专卖局专卖管理处荣获全国卷烟打假工作成绩突出集体；

普罗布（拉萨市局城关稽查分局负责人）、索朗扎西（日喀则局稽查支队副支队长）荣获全国卷烟打假工作成绩突出个人。

中国民航西藏自治区管理工作

【概况】 2013年，民航西藏区局紧紧围绕“安全、发展、民生、稳定”中心工作，坚持“民航服务西藏”工作宗旨，共保障航班起降2.6万架次，完成旅客吞吐量275.9万人次，货邮吞吐量2.2万吨，同比增长23.4%、24.4%、36.0%，运输生产连续实现两位数增长。

【安全工作】 实现了拉萨贡嘎机场进离场分离、拉萨–林芝、拉萨–北京航线截弯取直，成都–拉萨航线不同高度层双向放行间隔由7分钟缩短至5分钟，进一步提升了航线利用率；全面实现区内机场RNP–AR单一运行，安全裕度、航班正点率显著提高；下大力气开展鸟击防范工作，在人员、资金、设施设备上加大投入，区内机场鸟击航空器事件得到有效遏制；加强FOD治理和不停航施工管理，严格做好净空及电磁环境保护，全力保障机场供电安全，运行环境进一步改善；紧急高效圆满地完成昌都邦达机场跑道抢修，受到自治区党委政府的高度肯定。

完成昌都、阿里、日喀则机场安全审计复审；加强监察员资质能力建设，强化以FSOP监察平台为依托的安全监管机制，加强对区内营运航空公司特别是基地航空公司的监管；开展前瞻性风险预测，坚持重大隐患挂牌督办制度，不断完善安全风险管理机制，逐步实现日常监管常态化、行业监管规范化、区内监管同步化。

开展“平安机场建设”专项行动，强化安保措施，加强形势研判，适时调整安保响应等级，确保机场空防安全态势平稳；有针对性地组织公安、安检、护卫开展全方位集训，空防安全防范能力进一步提升；加强应急管理，完善应急处置协调联动机制，实现了应急处置演练由策划式向实战化转变，全年共开展多层次、多形式的综合应急演练12次、单项演练58次。

【基础设施建设】 2013年，民航上级部门下达立项批复15个，批复资金2.21亿元，区局自筹资金审批项目30个，自筹投资3260万元。主要用于安全保障和民生改善，其中涉及安全生产1.02亿元,涉及民生改善1.51亿元。

积极推进“十二五”重点项目建设，完成“十二五”规划中期调整，增加投资21亿元，其中，拉萨贡嘎机场航站区改扩建工程调增20亿元，林芝米林机场航站区改扩建工程调增1亿元。林芝机场航站区改扩建工程、拉萨贡嘎机场航管楼迁建工程，已完成可研评审；拉萨贡嘎机场航站区改扩建工程预可研报告编制已完成；那曲机场新建工程场址选址报告已上报民航局；积极协调国家各有关部委、军方及地方政府，全力推动昌都邦达机场飞行区改造工程。

积极推进民生项目建设，拉萨贡嘎机场职工值勤用房工程开工建设,地基处理已经完成，投资300万元的阿里机场职工活动中心已建成投入使用；昌都、林芝、阿里职工值勤用房工程获立项批复，初步设计正在开展；拉萨、林芝供暖工程方案优化积极开展。

【企业经营管理】 不断完善企业管理机制，大力开展财务整顿，强化内部管控，推进规范化建设，加强“小金库”专项治理，完成民航财务三期上线，财务管理能力有效提升。整合非航项目资源，完成柳梧酒店、航空酒店、日喀则酒店、阿里酒店经营外包，年租赁费用529万元；完成空港公司改制，强化内部管理，拓宽增收渠道，严格成本控制，实现了收入效益双丰收；佰翔天厨公司加强经营管理，配餐航线达41条，拉萨机场出港航班配餐市场占有率达89.1%。

完善机构设置，成立民航行业特有工种第二十二职业技能鉴定站，首次自主开展安检专业职业技能鉴定；加强人力资源管理，试点推行绩效考核，建立健全员工激励机制；全面落实《西藏民航人才培养和人才交流会会议纪要》精神，组织开展专业技术人才交流，完成了援藏干部轮换；以强化人员资质能力建设为依托，开展332项，涉及3058人次的各类培训，人才储备实力不断增强。稳步提高员工工资福利待遇，制定下发《海拔4000米以上航站员工调动工作暂行办法》、《民航西藏区局5级（含）

以下员工岗位晋升管理办法》等规定，利民惠民措施进一步落实。

不断改善服务质量，加大服务设施设备投入，开展岗位练兵及技能比武，创新服务方式方法；认真落实区局服务质量监督检查管理办法，加大窗口单位服务监督检查力度，完善航班大面积延误应急处置预案，航班正常放行率97%，妥善处理航空旅客投诉，未发生一起有效投诉；加强内部服务管理，后勤服务保障能力进一步提高。

【党群工作】 组织召开区局第五次党代会、职代会，明确了今后的党群工作目标；开展党务干部培训，基层党组织建设进一步加强；积极开展党员民主评议和“创先争优”活动，完成两批次驻村队员的轮换和驻村（居）党支部第一书记人员选拔工作；全面推进党风廉政建设，构建惩防体系，启动“廉政风险防控”工作，反腐倡廉形势平稳；深入开展“安康杯”竞赛、“班组建设”活动，员工安全意识和安全生产责任感进一步增强；坚持“以人为本，关注民生”理念，增设拉萨机场一线员工就餐点，有效解决旺季高峰时段员工就餐问题；启动职工关爱互助，制定印发《民航西藏区局职工关爱互助基金章程》、《民航西藏区局职工关爱互助基金管理办法》，募集关爱基金20.9万余元，为帮扶困难职工创新了保障方式；充分发挥文体协会作用，开展丰富多彩的文体活动，进一步增强了企业凝聚力和向心力。

切实转变工作作风，严格落实中央八项规定，印发了《区局党委落实中央八项规定的具体措施》、《区局接待管理办法》和《区局车辆管理办法》，行政接待审批流程更加规范，行政接待费用较去年降低43%，公务用车运行费用降低13%。深入开展群众路线教育实践活动，党员领导干部围绕“四风”认真查摆剖析，开好专题民主生活会，严肃开展批评与自我批评，党群干群关系更加紧密，为民服务宗旨意识进一步增强；关注群众切身利益，顺应群众期盼，积极推进房改相关工作；深入开展以局领导带队、相关职能部门参与的基层调研，做好机关与生产一线的双向交流，切实解决基层单位实际需求；扎实开展“改进机关作风、提高工作效率”活动，机关“庸、懒、散”和推诿扯皮现象明显改善。

自治区防震减灾工作

【监测预报】 强化台站运维，保障预测和速报，推进全区台站维修及观测环境改造项目建设。全区地震台网技术系统运行率达到97%，有人值守台站仪器运转率达到96%，无人值守台站仪器运转率达到83%。我区台网共监测到区内地震2754次，其中5.0级以上地震6次，4.0–4.9级地震48次，3.0–3.9级地震176次，3.0级以下地震2524次，为开展地震预测和实现地震速报奠定基础。8.12昌都6.1级地震后，立即开展现场监测，为震后趋势判断提供了科学决策依据。

强化速报工作，服务政府和社会。截止到10月31日，完成地震速报84次（其中4级以上地震39次）。及时准确的速报很好地服务了自治区党委、政府领导的决策，对消除群众的恐慌情绪，稳定社会生产和生活秩序起到积极的作用。8.12昌都6.1级地震前震发生后，我们第一时间报告自治区党委政府，通报了昌都地区各级政府，为实现6.1级地震人员零死亡立下第一功。

强化预测工作，实现新的突破。坚持地震预测取得新的突破。坚持周月年会商及特殊情况加密会商制度，努力开展地震预测探测，并取得新的突破。2013年西藏最大的8.12昌都6.1级地震就发生在我们划定的6级地震重点地区。地震发生后，又积极协调中国地震局地震预测所等有关单位加密地震会商，为自治区党委、政府组织指挥地震应急救援和震害重建提供了准确的余震趋势意见。

【震害防御】 加强抗震设防要求管理，服务西藏经济建设。通过有效协调工程建设单位、地震安全性评价从业单位，积极争取中国地震局支持，包括自治区督办的拉林铁路在内的40多个重大建设项目，开展了地震安全性评价工作，履行了行政许可手续，很好地服务了我区经济建设，得到自治区领导的肯定。

加强制度建设，规范工程地震安全性评价行为。《西藏自治区地震安全性评价收费管理实施办法》（以下简称《实施办法》），已于2013年5月15日起实施，《实施办法》的的出台，进一步完善我区防震减灾政策。

完善行政审批事项，更好服务经济社会建设。根据自治区要求，将其中一项行政许可事项以委托型下放给符合条件的地市地震局。对保留的2项许可事项流程进行了梳理，大大简化了流程和材料要求，地震行政审批事项进一步理顺，行政效能和公共管理服务质量进一步提高。

震害评估快速科学，服务恢复重建有理有据。8.12昌都6.1级地震发生后，我们先后完成《西藏自治区昌都地区左贡县、芒康县交界6.1级地震烈度图》，《2013年8月12日西藏自治区昌都地区左贡、芒康县交界6.1级地震灾害直接损失评估报告》，为灾区恢复重建科学规划提供了科学依据。

拓展宣传教育，努力提高全民防震减灾意识和能力。利用“5.12”防灾减灾日等有利时段，深入学校、社区、农村、企业、单位、广场，开展群众喜闻乐见的防震减灾宣传活动已成为常态。为丰富我区防震减灾科普宣传材料，会同中国老科学技术工作者协会地震分会、西藏自治区科学技术协会开展了《防震减灾天天看》科普画册制作工作。为强化干部防震减灾教育，在日喀则地区举办了首届干部防震减灾知识讲座。在搞好对群众科普的同时，进一步加强了对干部宣传教育。

加强调研指导，努力推动地方提升防震减灾工作能力。多位局领导分别深入阿里、那曲、日喀则、林芝、山南、昌都等地区开展防震减灾工作调研，对当地防震减灾工作进行指导。针对地方防震减灾工作实际，为进一步发挥地方地震部门的力量，开创地市防震减灾新局面，印发了《关于进一步加强各地市防震减灾工作的指导意见》、《西藏自治区地震安全示范社区管理办法》。

【应急救援】 快速高效，夺取8.12地震应急救援胜利。一是防范到位，创造“零死亡”奇迹。敏锐把握8.12昌都6.1级地震前震信息，及时上报自治区党委、政府，通报昌都地区各级政府，并提出适当的处置意见，使震前安全防范措施到位，创造了西藏6级地震人员“零死亡”的奇迹。二是依托预案，紧急处置果断有序。6.1级主震发生后，立即建议各级政府立即启动相应预案，全面开展地震应急救援各项工作。立即启动局内地震应急Ⅱ级响应，第一时间派出现场工作队赶赴地震灾区核查灾情，为中国地震局、自治区党委、政府组织应急救援提供第一手材料。三是科学可行，建议建言发挥积极作用。在应对地震的各个阶段，我们向各级党委政府提出一系列意见和建议，得到高度重视，并在主震前科学组织避险，主震后紧急救援、灾民安置、恢复重建中加以落实，为夺取抗震救灾的胜利发挥积极作用。四是及时客观，信息通报稳定人心。震后，通过新华社、人民日报、中新社、西藏电视台、西藏日报等中央驻藏媒体和自治区内各新闻媒体，及时准确地向社会发布地震信息，起到了稳定社会、安抚群众、消除地震谣言的重要作用。

根据国家统一部署，《西藏自治区地震应急预案》修订工作接近尾声，待政府常务会议审议。年初还印发了《西藏自治区地震局2013年度地震应急准备工作方案》和《西藏自治区地震局地震应急工作流程》，为高效有序应对8.12昌都6.1级地震奠定坚实基础。

积极推动《西藏自治区人民政府办公厅关于成立自治区抗震救灾指挥部和建立自治区防震减灾工作联席会议制度的通知》（藏政办发〔2013〕41号）出台，成立了西藏自治区抗震救灾指挥部，建立了防震减灾工作联席会议制度。进一步健全防震减灾工作体制和机制，提高了自治区应对破坏性地震的应急指挥能力和各部门协同开展防震减灾的能力。

组织20名自治区地震救援队队员赴北京参加省级地震救援队技术骨干培训，3名自治区地震救援队队员赴新加坡参加地震救援国际教官培训。中国地震局拨专款建设西藏灾情探测小飞机。

【重点项目】 “十二五”防震减灾重点项目之一的藏东南地震监测中心建设项目顺利开展。

日喀则市活动断层探测与地震危险性评价项目完成任务过半。项目建设主要野外工作全面铺开，深地震反射、浅层人工地震勘探、电阻率CT探测、断层气探测、条带状大比例尺填图等分项目工作基本完成。

背景场项目基建完成。中国地震背景场探测西藏分项狮泉河形变、重力山洞部分基础建设工作完成。

社服工程年度计划完成。按照国家地震社会服务工程项目进度和建设内容的安排，中国地震局社会服务工程西藏分项年度建设任务完成。

自治区气象工作

【概况】 2013年平均气温为5.0℃，较常年偏高0.3℃，属正常年。大部分地区冬季气温偏高，为区域性暖冬，而狮泉河、普兰受连续降雪天气的影响，出现了局地性冷冬。春季和秋季大部分地区气温正常，夏季气温偏高。年内全区有4个站月平均气温创历史同期新高或持平，狮泉河站2月平均气温创历史同期新低。西藏平均年降水量为487.0毫米，较常年偏多26.9毫米。普兰年降水量创历史新高。冬季降水空间分布不均，阿里地区西南部以及聂拉木、隆子降水偏多1～2倍，拉萨、泽当、浪卡子、贡嘎、加查冬季基本无降水；春季和秋季大部分地区降水正常或偏多；夏季降水基本正常。年内12个站点月降水量创历史新高。西藏大部分地区年日照时数正常或偏少。年内不同区域出现了雪灾、洪涝、泥石流、冰雹、雷电、风灾等灾害性天气，给农牧业生产、交通运输及人民生命财产造成一定影响。

【气温】 2013年西藏各地年平均气温为-1.7～12.5℃，与常年相比，泽当偏低0.7℃；那曲地区大部、洛隆、类乌齐、米林、墨竹工卡、改则偏高0.5℃以上，其中改则偏高1.3℃；其它地区气温正常。狮泉河、改则、米林、错那月平均气温在不同月份创历史同期新高或持平。

【降水量】 西藏各地年降水量为111.0～842.3毫米，与常年相比，阿里地区、拉萨、贡嘎偏多3～9成，其它各地降水量正常。普兰年降水量为294.8毫米，超过本站历史最高值（265.1毫米/1975年）。拉萨、狮泉河、普兰等12个站月降水量创历史同期极值。

【日照】 西藏各地年日照时数为1616～3395小时，与常年相比，昌都地区大部、林芝地区东南部、拉萨、尼木、泽当、隆子、定日、加查、安多偏多31～272小时，其中泽当、尼木、安多、类乌齐、波密、察隅偏多100小时以上；申扎、索县、拉孜、浪卡子及帕里正常；其它各地偏少39～233小时，其中狮泉河、普兰、墨竹工卡、比如、贡嘎、嘉黎、南木林、班戈及当雄偏少100小时以上。

【雪灾】 1月17-19日，强降雪和大风天气导致阿里地区普兰县中学食堂铁棚、部分蔬菜大棚及车棚倒塌，积雪结冰造成219国道马攸拉路段、207省道及札达县境内大部分乡村道路中断。

2月，阿里地区和南部边缘地区出现强降雪天气，导致多地发生雪灾。阿里地区普兰、札达、噶尔、日土、革吉、措勤县7374头（只、匹）牲畜死亡。219国道马攸木至日土路段,普兰、扎达、日土三县道路积雪结冰,交通受阻。日喀则聂拉木县城水电供应中断,318国道聂拉木至樟木路段发生雪崩，交通受阻；昂仁县切热乡、桑桑镇牲畜死亡164只（匹）；帕里镇电站供电中断。亚东至堆纳、帕里路段道路封闭。山南地区措美县雪热村21头（只）牲畜死亡,经济损失达15000元；洛扎县一幼儿园阳光棚倒塌，1间房屋、1座木桥、一奶渣晒棚、21座温室、68座沼气棚不同程度受损。牲畜死亡65头（只）；泽当至错那公路封闭近40小时，县乡村公路及村居道路受阻;县城及勒布四乡供电全部中断，积雪压塌民房4间，倒塌暖圈2处、温室15座，牦牛死亡4头；浪坡乡肖站放牧点移动基站中断。

6月，强降雪导致阿里地区扎达县6乡1镇受灾，部分牧场房屋和帐篷被损坏；压倒树木3927棵，损坏果树2930棵。

8月，降雪天气导致日喀则地区江孜县热龙乡112.3公顷农田受灾；9月，江孜县龙马乡出现降雪天气,造成该乡60公顷农田受灾,其中绝收2.33公顷。

10月13日，日喀则地区南部出现大到暴雨（雪）天气，造成南部高海拔地方积雪达到40～70厘米，使部分路段交通一度中断，珠峰大本营86名游客滞留，定日县曲塘乡5名游客被困，帕里供电中断。

【洪涝、泥石流】 6月，山南地区隆子县受灾农田0.14公顷，损坏房屋1间；乃东县农作物受灾9.26公顷，其中绝收2.7公顷，损坏房屋14间，牲畜死亡74只，4处水渠淤堵，长度为600米，直接经济损失约9.28万元；浪卡子县农作物受灾面积35.6公顷，冲毁公路80米、防洪坝104米、水渠120米，直接经济损失达31.2万元；贡嘎县农田受灾44.6公顷，绝收14.5公顷，受损房屋26间，牲畜死亡162只，冲毁道路3500米、防洪坝1170米、水渠1200米，塌方导致1辆面包车受损，2人受伤，直接经济损失达64.37万元。日喀则地区南木林县农作物受灾11.2公顷，其中绝收8.2公顷；牲畜死亡22只。昌都地区洛隆县农田受灾1.47公顷；损坏房屋4间，倒塌围墙5米；冲毁公路2公里、木桥2座；死亡牲畜1头。

7月，林芝地区波密县17户123人受灾；冲毁渠道200米;八盖公路约30多处路基出现不同程度塌方,八盖至日卡村交通中断；冲毁六根电杆、2座吊桥以及3座通往牧场的桥梁；数辆摩托车被冲走；国道318线玉普乡境内发生多处塌方，塌方量约为2万多立方米，交通中断，滞留过往车辆50余台，200多人。山南地区泽当镇出现短时强降水，引发贡布山部分沟壑出现山洪，导致个别路段积水，部分民房进水。隆子县受灾农田11.19公顷，绝收3.3公顷；牲畜死亡256只；房屋受损128间，其中倒塌26间，一万多公斤青稞被雨水浸泡；受损畜圈21个、打麦场13个、车库6间，直接经济损失117万元。贡嘎县农田受灾37.5公顷；冲毁防洪坝1650。直接经济损失59.92万元。拉萨市当雄县16户111人受灾；牲畜死亡2300头（匹、只）；冲毁3根电线地基、乡村道路5公里、草场67公顷；大约11万块青砖被埋，砖厂直接经济损失达25.3万元。日喀则地区江孜县受灾农田46.26公顷；牲畜死亡4只，冲走10只；冲毁防洪堤坝250米、道路100余米；淹没林地6.67公顷；1户村民房屋被损，其中1间倒塌。那曲地区嘉黎县忠玉乡6人失踪；损毁民房42户、活动室1间。上尼乌2个村庄房屋几乎荡平；乡政府至上尼乌村的道路基本被冲毁。

8月，阿里地区日土县104户500余人受灾;受损房屋86间，羊圈4个;淹没农田0.17公顷;三所学校1740平方米建筑漏雨、112余米围墙开裂;冲毁0.99公里主干渠、多处国道及乡村公路;扎普电站5根电线杆倒塌;德汝电站副坝出现裂缝。经济损失约440多万元。山南地区错那县一台拖拉机被损坏，装载的商品全部被冲走，直接经济损失3.05万元。

9月，日喀则地区江孜县农作物受灾面积60公顷，绝收2.33公顷。

【雷电、冰雹】 2013年夏季，雷电导致山南地区隆子县3人死亡、2人受伤；加查县死亡1人；桑日县死亡1人；拉萨市墨竹工卡县2人受伤；那曲地区班戈县1人死亡，1人受伤。

冰雹天气导致山南地区贡嘎县34户178人受灾，受损房屋11间；农田受灾33.94公顷；牲畜死亡52只（头），直接经济损失达54.3万元；曲松县5.3公顷农田受灾，直接经济损失4万元；措美县牲畜死亡75只；日喀则地区江孜县47.36公顷农田受灾；聂拉木县38.69公顷农作物受灾,其中绝收6.8公顷。

【风灾】 1月，全区大部气温偏高，降水偏少，部分地方出现大风、浮尘天气。14日浮尘导致拉萨贡嘎机场多个航班返航或延误。7日大风导致亚东县7间房屋被损坏。11日江孜县日星乡擦布村一牧民因局地大风摔死。2月7日，日喀则地区定日县白坝村一羊圈被大风吹倒，死亡4只羊，6只受伤。

【其它灾害】 5月22～24日，昌都地区丁青县出现连续性降水天气，累计降水量为11毫米，因连续降水天气和前期高山积雪较厚，加之气温突然回升，24日11时该县甘岩乡布堆村虫草采集点发生雪崩，造成2人死亡。

【维稳工作】 安全生产和维护稳定工作做到了“三不出”。全年各维稳安全信息电话上报工作无一遗漏，无离岗、脱岗现象发生，未出现任何安全事故。

【气象服务】 2013年1–2月藏西南暴雪和汛期强降水等“三性”天气预报预测准确，服务及时。有力保障了“3.29”拉萨墨竹工卡县山体滑坡地质灾害、那曲嘉黎县冰湖溃决灾害和“8.12”昌都地震灾害等政府抗灾救灾工作。围绕生态安全屏障建设，开展了拉萨市空气质量预报和各地森林火险预报，气候监测评估以及草原、湖泊、森林等生态系统变化卫星遥感定量化监测评估服务、草原生态保护补助奖励机制工作效果评估等工作，发布了首期《西藏气候变化与生态环境监测公报》。围绕高原特色农产品基地建设，为青稞、冬虫夏草生产和现代设施农业等提供了特色气象服务。全年共报送各类决策服务材料700多份，发布预警信号7次。

【应对气候变化能力建设】 着力强化"政府主导、部门联动、社会参与"的气象灾害防御体系建设，初步形成了区、地、县、乡、村五级，具有西藏特色的气象防灾减灾体系框架。依托省部合作，分批新建35个县气象局，目前已完成总体建设规划和第一批10个新建县气象局的选址、土地征用、项目立项和人员招录等工作；依托乡镇农牧综合服务中心建设，用3至5年建设694个乡镇气象信息服务站，已启动了第一批74个站的建设；依托"先进双联户"创建评选活动，把联户长培养成兼职气象信息员，实现了村级全覆盖。各级党委、政府出台支持气象工作的政策性文件65份；作为西藏自治区人大、政府工作组成员，到6地市调研指导基层气象防灾减灾、次生气象灾害防治、气象为农服务等工作；联合西藏自治区党委组织部、中国气象局干部培训学院在北京举办了首届西藏防灾减灾县长培训班；各级地方财政投入力度加大；部分地、县将气象工作纳入了目标考核；加强与国土、水利、民政、农牧、交通等部门的合作联动，新与4家单位、2个院校签署了合作协议；与有关部门召开专题联席会议13次。气象科普工作得到加强。7个地市、25个县成立了气象防灾减灾指挥部；自治区、各地市及7个县出台了气象灾害防御规划；29个县出台了气象灾害应急预案；协同联动开展了应急演练。

【气象业务与现代化建设】 建成了全国首个无人自动气候站和全区首个交通气象站等，综合气象观测站总数达到了218个。建成了3套应急移动指挥系统和4套移动观测通信系统。建成了西藏气象数据信息共享平台、全区数据传输实时监控系统和装备运行监控平台。完成了区地（市）网络提速、视频会商系统升级改造和5个国家级台站北斗卫星通信备份系统。建成了5个地（市）级移动计量检定系统。完善了青藏高原短时临近预报预警系统，开发了大城市精细化气象要素预报业务平台，实现了多模式降水预报产品的业务化集成和MEOFIS系统的改进。完成了山洪地质灾害和中小河流风险预警服务系统建设，与国土部门联合开展了地质灾害风险预报。开展了29个县山洪地质灾害风险普查。完成了西藏气候业务内网的本地化建设，CIPAS、FODAS等气候预测与灾害评估业务系统实现了本地化应用。建立了干旱综合监测系统、西藏地区极端气候事件监测业务系统、月内重要过程趋势预测系统、西藏气候预测产品检验评估系统，优化了气候预测会商流程。

【科技创新和人才培养】 强孟加拉湾热带风暴、高原暴风雪天气、积雪数据集和布达拉宫古建筑雷电灾害防御等特色领域的科技创新工作。参与并启动中国气象局第三次青藏高原大气科学试验，在阿里、那曲开展探空、云物理观测和边界层观测等试验工作。完成了阿里狮泉河大气科学野外试验基础建设。主持国家自然基金项目6项、国家发改委项目1项、行业专项3项、中国气象局项目4项、自治区科技厅项目5项；发表科研论文51篇，获西藏自治区科技进步三等奖1项。出版了《西藏气候》。大力培养四支队伍。组建了高原天气、气候变化和高原卫星遥感三支区级创新团队。加强了干部培训工作。1人被评为中国气象局首批科技领军人才，1人获得全国五一劳动奖，1人获得"全国气象工作先进工作者"，10人被聘任为"首席预报员"。竞争选拔了4位副处级干部。引进大气科学相关专业学生35名，其中研究生3名。完成了西藏气象系统第六、七批援藏干部的轮换。完成了第二、三批驻村工作队的轮换和村支部第一书记的选配工作。建立了新毕业学生到基层实习锻炼的长效机制。

【基层气象工作】 建立"西藏自治区气象局领导联系包抓"制度，启动"基层基础建设年"专项活动，着力改变基层基础工作薄弱的现状。以县级气象机构综合改革为抓手，强化基层公共气象服务和气象社会管理职能，制定了县级一体化综合气象业务平台架构，开展了18个县气象局综合气象业务平台和14个县气象局公共气象服务平台建设。出台了《基层气象部门基础设施建设规划指导意见》，着手修订完善了7个地（市）气象局、32个县气象局总体规划。整合项目，统筹资金，启动了2个地区气象局和17个县气象局的基础设施建设。完成了西藏39个站地面气象观测业务调整，基础业务质量保持稳定。

（撰稿：陈慧）

自治区通信业管理工作

【概况】 2013年，全区电信业务总量累计完成39.08亿元，同比增长24.1%；电信主营业务收入累计完成34.57亿元，同比增长21.3%；电话用户数达到305.6万户，普及率为99.3部/百人，其中3G用户数为96.4万户；互联网用户数达到202.7万户，普及率为67.5%。

【基础设施建设】 完成了665个乡镇（含边境乡镇90个）通光缆，乡镇通光缆率为97.5%，全区光缆线路长度达到7.48万公里。实现了全区所有乡镇所在地100%通固定电话任务，保障了乡镇党委、政府固定电话使用需求。完成了905个行政村通宽带建设任务，累计实现3231个行政村通宽带，行政村通宽带率为61.41%。完成了301座寺庙通电话任务，累计完成1577座寺庙通电话，寺庙通电话率为89.1%。完成了145个行政村的网络优化工作。完成固定资产投资18.05亿元，占计划投资总数的108.8%，其中完成重点工程项目投资14亿元，超额完成本年度计划投资10亿元的目标。专用通信实现了区域内专用红网、专用普网及专用宽带普网的全覆盖。圆满完成网络信息安全西藏分中心综合机房楼的搬迁工作，并实现各系统的正常运行和各业务的顺利开展。

【共建共享】 制订了《西藏自治区电信基础设施共建共享工作监督管理办法》和《西藏自治区电信基础设施共建共享考核办法》，建立了各地区共建共享协调工作小组，完善了共建共享管理系统。协调实现了拉日铁路等重点项目的电信基础设施共建共享。全年节约资金近5千万元。

【宽带快速推进】 积极推进“宽带西藏”建设，制定了专项行动方案和指导意见。联合区住建部门严格贯彻落实光纤到户国家标准。新增FTTH覆盖家庭3万户，达到18.9万户；新增固定宽带接入互联网用户3.2万户，达到19.1万户。新增3G基站1600个，新增WLAN接入点5000个。新增3G用户49.6万户，新增905个行政村通宽带，新增110所农村地区中小学校宽带接入。

【市场准入管理】 全年累计完成增值电信业务备案申请企业168家。完成了3家基础电信运营企业、13家本地增值电信企业和1950家跨地区增值电信企业的电信业务经营许可证的年检工作。完善互联网网站备案管理，开展了虚假备案整治工作，全区网站备案主体数为925个，备案网站数为1334个。严格入藏通信建设企业资质审核，加强了通信建设市场招投标监督工作。

【市场竞争秩序和谐】 将行业自律、公司协调、政府监管相结合，采取多种措施遏制不规范的市场竞争行为。每季度定期召开规范电信市场协调会。2013年，组织力量通过明察暗访等方式开展大规模专项电信市场检查5次，发现违规行为4次，通过及时约谈，责令整改，市场竞争秩序得到进一步规范。

【真实身份登记提高】 以完善制度、完备系统、组织培训、自查整改、严厉追责“五个环节”为抓手，组织开展第二阶段电话用户真实身份登记工作，建立了一系列制度，同时对落实情况进行实地明察暗访和全面自查，区移动公司和联通公司建成照片实名留存系统，区电信公司相关系统也在积极推进中。我区的电话真实身份登记工作始终走在全国前列，为其他省（自治区、直辖市）提供了好的借鉴经验。

【通信保障】 圆满完成了各类节日、敏感节点和自然灾害期间的应急通信保障、重要通信保障、特殊通信保障、专用通信保障任务120余次。由于成绩突出，我局通信保障处被授予第八届全国“人民满意的公务员集体”荣誉称号，也是全国通信系统唯一获此项殊荣的单位，为此，工业和信息化部党的群众路线教育实践活动领导小组办公室专门下发了通知，号召全国通信系统学习。网络信息安全西藏分中心荣获了国家中心2013年度“专项工作优秀成绩奖”。

【网络信息安全】 完成了2013年网络与信息安全考核工作。对西藏电信网和互联网开展信息安全网络评估和监督检查，全年共监测木马、僵尸受控主机数量4421个、控制服务器数量18台；感染飞客、蠕虫病毒的主机数量5690个；网站被植入后门的数量56个。监测手机短信上亿条，封堵有害短信33万多条。积极拓展网络安全地方服务与合作，及时向有关单位通报情况，并促使有效整改，做到监测抓重点、通报广范围、处置有成效。

【互联互通】 加强网间互联互通通信质量监督管理，通过监测系统定期查看企业网间通信质量情况，及时发现、处理系统故障；认真做好日常维护，保障了节假日和重要时期的网间通信畅通。加强电信运营企业的沟通协调，适时组织召开互联互通专项工作会议，推进综合关口局建设，优化网间互联结构，实现了各企业网间互联互通双路由、双节点的保护要求。

【行业纠风建设】 利用“3.15消费者权益保护日”、“5.17电信日”，组织电信企业集中大力宣传行风建设情况，扩大用户放心消费的知晓度。组织各电信企业参加了“政风行风热线”双语节目，接受用户咨询和投诉，得到了广大群众的充分认可和区纠风办的高度肯定。去年全区通信行业共受理投诉2万多件，做到了“一对一”回访，用户对投诉处理结果基本满意。全年受理垃圾短信举报工单500余起，进行垃圾短信处置850万条。

“电信日”，组织电信企业集中大力宣传行风建设情况，扩大用户放心消费的知晓度。组织各电信企业参加了“政风行风热线”双语节目，接受用户咨询和投诉，得到了广大群众的充分认可和区纠风办的高度肯定。去年全区通信行业共受理投诉2万多件，做到了“一对一”回访，用户对投诉处理结果基本满意。全年受理垃圾短信举报工单500余起，进行垃圾短信处置850万条。

【服务企业发展】 积极协调自治区政府及相关部门支持通信业发展，确保了2013年农牧区通信发展专项资金拨款到位，有助于解决电信普遍服务和通信企业承担的重要项目运营成本亏损补贴。协调推动对区内各电信运营企业实行特殊的考核制度，给各电信企业创造了良好的发展机遇。推动普遍服务补偿基金落实，协调政府制定加快通信业发展的意见。推动政府研究出台《西藏自治区通信设施保护办法》。协调各企业集团解决寺庙通电话问题。

【教育实践活动】 我们坚持以作风建设为核心，问题整改为重点，制度建设为根本，开展党的群众路线教育实践活动，不断提升服务行业、促进发展的能力，结合提出的意见建议，深入调研，积极解决实实在在的困难和问题，助推行业发展。同时继续全力抓好强基惠民工作，实施由全员参与的结对帮扶活动，深入结对家庭，切实帮助解决实际问题。

中国人民银行拉萨中心支行

【概况】 2013年，全区金融机构人民币各项存款余额2500亿元，同比增长22%，存款增量创历史新高。人民币各项贷款余额首次突破千亿大关，达1076亿元，同比增长62%；增速全国第一，高于全区GDP增速近50个百分点；全年累计发放贷款1294.44亿元，同比增长18.89%。信贷结构进一步优化。中小微企业贷款余额同比增长122%，涉农贷款余额同比增长70%；全年累计发放中小微企业贷款300亿元，累计发放涉农贷款124亿元。中小微企业贷款和涉农贷款两项主要指标均实现“两个不低于”目标，有力支持了实体经济发展。切实做好民生金融。丰富和完善扶贫贴息贷款政策，在全国，西藏扶贫贴息贷款政策范围最广，支持力度最大。截至年末，扶贫贴息贷款同比增长146%，增速居各类贷款之首，促进了农牧民增产增收和脱贫致富。着力推进跨境人民币结算工作，实现了首笔资本项下跨境人民币结算业务。2013年，全区银行累计办理跨境人民币结算业务89亿元，同期增长17.8 %。

【金融运行平稳】 建立西藏金融稳定监测分析系统，定期评估西藏经济金融运行稳定状况，提高了金融风险监测的系统化和科学化水平。严格执行重大事项报告制度和金融风险提示通报制度。积极推进与西藏证监局的证券期货监管合作，签订关于加强证券期货监管合作、共同维护金融稳定的备忘录，推动建立金融监管信息共享和工作协调长效机制。继续推进“两管理、两综合”工作。对全区8家银行业金融机构2012年执行人民银行相关政策规定等情况进行综合评价。辖区各中支对全区23家商业银行分支机构同步开展综合执法现场检查工作，加强对金融市场、支付结算、人民币收付、国库、征信等领域的监督检查，规范了金融机构行为，维护了金融市场秩序。健全日常管理工作机制，严格落实重大事项报告制度，做好金融机构开业管理和日常管理工作。辖区金融风险总体可控，金融业盈利状态良好，金融运行平稳。

【金融服务与外汇管理】 深化货物贸易外汇管理制度改革，配合外管总局顺利推广服务贸易外汇管理改革和资本项目简政放权工作。扎实做好各项便利化改革政策实施，为外向型经济主体营造了良好的经营环境和宽松的管理环境。截至年末，全区跨境收付总额达18.1亿美元，同比增长2.8%，跨境收付顺差额15.3亿美元，同比增长18.6%，结售汇达3.9亿美元，同比下降17%。人民银行拉萨中心支行、外汇管理局西藏分局正式加入“西藏自治区对尼泊尔交流与合作联系会议机制”。全区金融机构与尼泊尔央行已探索性地开展了一些工作。中行西藏分行与尼方磋商在尼泊尔成立分支机构事宜；银联西藏分公司已与尼泊尔有关商业银行成功接洽，于2014年4月在尼泊尔境内发行银联标准卡。

金融法制和金融消费权益保护工作有序推进。法制宣传工作受到全国普法办肯定。加强金融消费投诉平台建设，加强与金融系统、自治区政府相关职能部门的沟通协调，金融消费维权警示、信息共享、宣传教育等工作有新成效。

金融统计和研究工作稳步推进。强化金融统计制度执行力，进一步提高了金融统计数据的真实性和时效性。加大区域特色调查研究力度，积极参与地方发展战略及重大区域规划制定与实施，多篇调研报告获得自治区党委、政府领导批示肯定，有力推动了相关工作开展。

支付环境建设成效明显。二代支付系统成功推广上线，支付清算系统安全稳定运行。加强银行卡推广和市场建设，开展创建银行卡刷卡无障碍示范街活动。大力改善农牧区支付服务环境。全年全区共建立助农取款服务点1212个，填补空白乡镇258个，实现金融服务覆盖97.5%的金融盲点乡镇。

科技保障能力不断加强。加强行业管理，积极推动金融集成电路卡（IC卡）各项工作，辖区金融机构信息管理水平不断提高。切实做好网络和信息系统技术保障和运行维护,确保各系统安全稳定运行。

货币发行管理持续改进。建立小面额现金兑换长效机制，向社会公众提供残损人民币、小面额零钞兑换、反假货币宣传服务，受到社会公众好评。推进发行库管理规范化、标准化建设，多层次、全方位对全辖发行库进行安全管理自查、检查和交叉检查，全区各级发行库无差错、无事故、无案件。

社会信用体系建设不断深入。信用报告在西藏的运用范围不断扩大，在非银行领域运用也显著增强。推动建立西藏自治区社会信用体系建设联席会议制度，并组织召开第一次会议，研究制定了西藏社会信用体系建设工作规划。

国库管理与服务效能进一步提升。积极扩大国库业务系统覆盖面，财税库银横向联网系统全面实现西藏所有地市及地市所在县覆盖。积极创新推广银行卡刷卡缴税业务，实现向林芝地区推广。积极探索向代理县支库推广国库会计核算系统，在林芝地区试点上线运行。2014年1月3日起正式上收农行区分行营业部代理的拉萨市中心支库。

反洗钱工作有力开展。开展对辖内除农发行以外的7家银行业金融机构风险评估工作。建立重点区域恐怖融资资金监测机制，开展相关资金监测工作。与公安部门签署《西藏自治区资金查控协作机制》，推进反恐融资合作工作深层次、全方位开展。

中国银行业监督管理委员会西藏监管工作

【概况】 2013年，西藏金融机构资产总额为2653.24亿元,同比增加482.99亿元,增长22.26%，资产质量持续向好，不良贷款余额7.77亿元，不良贷款率为0.73%。各项存款平稳增长，存款增量再创历史新高，存款余额2500.94亿元，同比增加446.28亿元，增长21.72%。各项贷款首次突破千亿大关，增速居全国第一，贷款余额1076.58亿元，同比增加412.27亿元，增长62.06%。盈利能力显著提高，实现利润30.74亿元，同比增盈16.05亿元，增长109.26%。贷款投向重点突出，结构进一步优化，支持实体经济发展的能力进一步增强。2013年末，短期贷款同比增加132.36亿元，增长104.2%；中小微企业贷款余额439.20亿元，较年初增加245.37亿元，同比增长126.59%。涉农贷款余额150.06亿元，较年初增加61.51亿元，同比增长69.45%，涉农和中小微企业贷款均实现“两个不低于”目标。扶贫贴息贷款余额76.74亿元，较年初增加45.54亿元，同比增长145.93%，增速居各类贷款之首。

【监管工作】 2013年，结合监管资源和银行业机构的实际情况，西藏银监局对监管架构进行调整，增设法人监管处加强对法人机构的监管，完善了监管工作流程。强化市场准入，深化高管、机构和业务的行政许可和持续监管；改进非现场监管手段，增强风险监测的科学性、前瞻性；提升现场检查质量，组织人员学习银监局版EAST系统，加强对现场检查的过程评价及后评价，促进了现场检查制度化、规范化。

【机构体系有效完善】 2013年11月29日,西藏首家村镇银行—林芝民生村镇银行股份有限公司成立。2013年12月19日，民生银行拉萨分行正式挂牌,成为西藏银行业市场中首家全国性股份制商业银行。西藏的银行业机构体系得到进一步完善，已形成国有商业银行为主体，政策性银行及其他银行业金融机构并存、分工协作、互为补充的多元化、多层次的西藏银行业机构体系。

【基层金融服务】 银行业机构布局进一步完善，国有银行设立地区级分支机构进展顺利，中行设立昌都支行，建行成立拉萨东城支行、阿里分行得到筹建批复，工行拉萨色拉路支行已开业。民生银行拉萨分行、林芝民生村镇银行等5家机构完成筹建开业。西藏首家法人银行西藏银行分支机构的设立有序推进，贡嘎县支行已开业，日喀则分行、林芝分行、墨竹工卡县支行正在筹建。组织开展金融消费者宣传教育和“送金融知识下乡活动”，加大金融普惠力度，指导农行西藏分行设立了1030个惠农通金融服务点，极大地方便了农牧民群众小额取款、转账、查询等基础金融服务。

【支持实体经济发展】 积极指导银行业协会发挥行业协会职能，引导银行业金融机构加强协作配合，发放银团贷款，增大信贷投放量。2013年，8家银行就2个项目进行了银团贷款签约，签约金额48.66亿元，对此自治区党委政府给予高度肯定。截至2013年12月末，全辖银团贷款余额为318.6亿元，积极落实了中央和银监会关于支持实体经济发展的要求，切实加大了对西藏经济跨越式发展的支持。

【民生领域金融支持进一步加大】 积极引导银行业金融机构加大个人消费信贷，进一步加大对安居工程、供暖工程等民生领域信贷支持力度，推动信贷资金更多投向民生领域。积极指导银行业机构争取政策，推动总行与自治区政府达成合作事项，其中5家银行总行已与自治区政府签订战略合作协议，拟定于今后的几年对自治区政府提供总额3500亿元人民币的意向性融资支持。

【县域和农牧区的信贷支持力度得到加强】 积极引导各银行业机构加大对农牧区基础设施、农业产业化、农牧区商品流通等重点领域和薄弱环节的支持力度。截止2013年末，涉农贷款余额150.06亿元，较年初增加61.51亿元，同比增长69.45%，受益贷款农户35万余户。

【小微企业金融服务】 为推动小微企业金融服务工作深入开展，出台了《银行业支持西藏小微企业及非公有制经济跨越式发展的指导意见》，督促银行业金融机构积极开展小企业专营机构建设，全区成立了12家“小企业金融服务中心”，配备了专职人员，通过采取放宽准入条件、创新审批流程、开辟绿色通道、完善考核激励机制等具体措施培育中小企业280家。组织召开了10余场小微企业信贷服务工作会、经验推广现场会、银企对接会，推动银行业金融机构与小微企业融资签约30多笔，金额近4亿元。2013年末，小微企业贷款余额191.89亿元，较年初增加89.52亿元,增长87.45%，极大地缓解了全区小微企业融资难问题。

中国证券监督管理委员会西藏监管工作

【开展教育实践活动】 中国证监会的群众路线教育实践活动动员大会召开后，西藏监管局按照教育实践活动的相关要求，精心组织学习10余次、广泛征求意见12条、普遍开展谈心32次，及时召开了专题民主生活会，制定了相关整改方案，并切实落实各项部署，集中精力解决突出问题，让广大干部群众和市场主体切实感受到了教育实践活动的成效。

【履行监管职责】 认真做好包括定期报告和临时公告等信息披露审核及核查、股价异动监控、媒体质疑监管、现场检查及持续监管、信访举报等各项日常监管工作。建立了舆情监测和快速反应机制；制定了上市公司风险评价管理办法和信息统计分析制度；引进了计算机检查手段。强化对上市公司的现场检查，共对辖区9家上市公司实施了18家次现场检查，检查率达到180%。推动上市公司再融资，梅花集团募集资金25亿元，西藏城投再融资工作也在稳步推进。积极开展西藏珠峰的风险处置，公司现已被撤销退市风险警示，启动重大资产重组的相关工作。对涉嫌违法违规的西藏天路进行了立案调查，督促公司及时进行了整改。对西藏旅游在现场检查中出现的问题，积极采取有效措施，切实保护了投资者的利益。

积极支持辖区证券经营期货机构合规发展和自主创新。支持辖区证券公司借入次级债（5亿元人民币）；鼓励证券公司创新发展，新增常规业务1项、创新业务2项；引进1家期货营业部，填补了辖区无期货机构的空白，新设了1家证券营业部，正在筹建1家证券营业部；开展信息系统安全运行自查，确保交易、清算、财务等系统安全稳定运行。同时，进一步加强对中介机构的监管，促进主体归位尽责。

2013年完成自立自办案件1起，协查案件3起，结案率100%。及时高效地查办了该局成立以来的第一起案件，对辖区上市公司起到了很好的警示作用。以此为契机，召开了“西藏自治区资本市场诚信建设年”活动启动大会，将2013年和2014年定为“诚信建设年”，全力营造出了一个“以诚信为荣、以欺诈为耻”的良好氛围。

【投保投教工作】 组织开展了2次证券期货投资者调查摸底工作；组织开展了3场监管部门、自律组织、行业机构和投资者的现场座谈会；设立了机构监管咨询专线，并向投资者公示；联合多家交易所、中国证券业协会等会管单位组织了“走进西藏证券期货论坛”、“西藏自治区资本市场培训”等政策宣讲和投教系列活动，活动覆盖了拉萨、日喀则、昌都和林芝地区；结合“12.4”普法教育活动，开展法制宣传教育；协调当地新闻媒体持续做好投保投教内容的宣传教育工作。还要求辖区各证券期货经营机构：在营业场所滚动播放投教公益广告片；在投保投教宣传栏张贴宣传材料；为投资者提供免费的入市基础知识培训；利用短信推送平台不定时向投资者发送投资提醒短信，提醒股市风险。

【“打非”、“整非”】 为切实做好“打非”、“整非”工作，西藏监管局坚持“预防为主、打防结合，建立健全打非整非长效工作机制”的工作思路，加大监控力度，加强协作监管。督促辖区自律组织在报刊等媒体上刊登区内合法证券经营机构名录，并刊登相关证券法律知识；要求辖区证券经营机构在营业场所播放“整非”典型案例Flash动画，开设“整非”咨询柜台。结合12386社会公益服务热线和信访投诉，切实做到及时发现、及时制止、及时处置。

【市场培育】 为进一步拓展资本市场的覆盖面，西藏监管局分赴拉萨市经济技术开发区、日喀则、昌都和林芝地区进行了调研。与相关部门进行了座谈，就资本市场服务地方经济发展以及培训地方上市后备资源等事项达成了深层次的合作意向。经过努力，辖区拟上市群体进一步壮大，目前已达到11家。其中，华钰矿业已进入辅导验收阶段，金采科技和高争民爆等公司的辅导工作取得了新进展。

【综合监管】 为进一步完善综合监管协作体系，加强了与会系统、会管单位的联系，形成了业务处对应会相关部门、交易所的系统内监管协作体系。经积极协调，促成自治区常务副主席拜访中国证监会，并与证监会就建立长效合作机制等达成共识。为充分发挥自治区打防内幕交易协作机制的作用，西藏监管局在加强与区公安厅、纪委、国资委等“自治区推进资本市场改革与发展领导小组”成员单位监管协作的基础上，与公安厅、人行、银监局分别签订了《关于打击证券期货违法犯罪执法协作备忘录》、《关于加强证券期货监管合作、共同维护金融稳定的备忘录》和《关于加强证券期货监管协作备忘录》，综合监管体系不断完善。

【党风廉政建设】 在中国证券会纪委的指导下，西藏监管局坚持以“教育为先、制度为本、重在管理、严肃法纪”四个重点内容为主，落实“一岗双责”，将党风廉政建设和反腐败工作寓于各项监管工作中。结合辖区证券监管实际，注重从源头上推进惩防体系建设，建立健全了教育、制度、监督并重的惩治和预防腐败体系，积极开展反腐倡廉工作，加强监督制约，进一步加强和改进党风廉政建设。一是采取多种形式，深入开展党风廉政教育，努力提高教育效果。二是认真落实党风廉政建设责任制，从源头上预防腐败问题和不良行为的发生。三是强化廉洁从政的监督监察，切实转变

【强基惠民驻村工作】 按照自治区党委关于开展创先争优强基惠民活动的要求，西藏监管局组建了驻村工作队，进驻那曲地区巴青县岗切乡16村开展强基惠民各项工作：大力宣传“十八大”精神；全力做好维稳工作；走村入户宣传党恩教育。为切实解决村牧民实际困难，协调区移动公司为村里建设了通讯信号基站；协调自治区交通运输厅申报援建了“达曲松多”简易公路；筹措了15吨牲畜过冬紧缺的饲料；修建了“牧家书屋”和“文化站”；筹集资金修缮了村内道路，改善村牧民出行状况。

中国保险监督委员会西藏监管工作

【概况】 2013年，西藏保险业实现保费收入11.43亿元，同比增长19.86%。保险密度为366.33元，保险深度为1.42%。西藏共有各级保险机构43家。省级分公司6家，其中，财产险公司5家，较2010年增加2家；人身险公司1家。各级保险分支机构37家，较2010年增加21家，其中，中心支公司16家、支公司2家、营业部1家、营销服务部18家。保险从业人员1939人，较2010年增长36.55%，其中高管人数50人，营销员人数1075人。

2013年，西藏共有各类保险专业中介机构5家，员工113人，其中代理机构3家，经纪机构1家，公估机构1家。保险兼业代理机构220家，营销人员总数577人，其中银行类131家，邮政类27家，车商类41家，其它类21家。中介渠道实现保费10868.6万元，占全区保费总

收入的9.5%。

2013年，西藏保险业继续保持快速稳健发展的态势，分业务看，财产险业务累计实现保费收入7.96亿元，同比增长22.17%；寿险业务9380.07万元，同比下降4.23%；健康险业务1.12亿元，同比增长44.86%；意外险业务1.41亿元，同比增长11.25%。

2013年，西藏保险业为社会提供风险保障8028.32亿元，赔付支出累计5.6亿元，同比增长38.2%。其中，财产险业务赔款支出4.02亿元，同比增长19.83%；人身险业务赔付支出1.57亿元，同比增长127.06%。2013年，覆盖全区各类人员的意外险体系、大病补充医疗保险体系和政策性涉农保险体系发挥了巨大的保障作用，西藏山体滑坡、地震等自然灾害频发，各类道路交通事故和工程意外等造成的人身财产损失较往年也有所增加，保险业赔付支出快速增长，对社会的经济补偿能力显著提升，在服务地方经济发展、保障和改善民生、参与社会管理等方面得到了自治区政府和社会各界的高度肯定。

【保险市场体系建设】 西藏保险业围绕全区经济社会发展战略，在不断拓宽保险服务领域的同时，促进保险业自身的健康发展。一是积极为改善民生、社会保障体系建设、社会管理等提供服务。逐步建立了符合当地实际的涵盖城镇职工、城镇居民、农牧民的大病补充医疗保险体系，建立了覆盖所有西藏户籍人员和援藏干部的人身意外伤害保险体系，建立了涵盖全区所有农牧民的政策性农业保险体系，开展了众多为旅游、交通、大型工程项目保驾护航的保险业务。二是积极为西藏经济社会发展引进长期、稳定的资金支持。根据保险资金运用机制改革的新情况，西藏保监局主动与相关保险总公司协调推介西藏，争取他们把保险资金投入到西藏，开展基础设施建设，参与城镇化建设，促进西藏跨越式发展。三是推动西藏财产保险法人机构设立。西藏保监局按照自治区党委安排，与保监会相关部门协调，争取对西藏保险法人机构设立的支持；主动为参与法人机构设立工作的股东方提供政策咨询和工作指导。

【维护保险市场稳定】 西藏保监局认真履行监管职责，严防系统性区域性市场风险，有效促进了行业的健康有序发展。一是严控农业保险领域操作风险。由于西藏地区金融发展水平极为落后，广大农牧区的群众没有条件和能力使用银行账户或借记卡，我局结合西藏各地驻村工作队和协保员的力量，督查赔付到户、到人。二是组织公司开展基层机构负责人风险排查。从个人经历、道德品行等可能存在问题的领域，对全省所有基层机构负责人进行排查，严格按照职场公示、基层走访、逐人谈话、核查资料的程序逐项摸底，力求根除因选人用人不当带来的风险。三是加强监管合作。积极与自治区党委、政府进行汇报协调，充分利用“一行三局”的联席会议制度和自治区公安厅的合作机制，及时处理发现的洗钱、集体退保等风险苗头。

【保护消费者权益工作】 西藏保监局紧紧围绕消费者权益保护工作，强化四方面工作，营造和谐的市场氛围。一是持续推进解决销售误导和理赔难问题。虽然我区受宗教文化和政治环境的影响，销售误导和理赔难等现象较少，少数由于地理条件和特殊气候引起的延迟赔付问题，基本在经过与客户沟通后，都能得到消费者的谅解。对销售误导和理赔难问题保持持续关注，坚决杜绝此类现象发生。二是完善信访工作制度机制。加强与保险机构的沟通联系，进一步巩固了协调联动的大信访工作格局，全年无信访投诉。三是推进保险纠纷快速处理。结合全区“属地管理、分级负责”的原则，进一步强化网格化管理措施，要求保险公司进一步做好理赔工作，优化理赔服务流程，减少不必要的手续，切实杜绝因理赔服务问题产生客户纠纷，确保保险业的稳定。四是普及农牧民群众的保险知识。以全国保险公众宣传日活动为契机，引导保险行业充分运用平面和立体、传统和现代的媒体，形成多层次、多角度的宣传格局。组织力量编写出了通俗易懂、藏汉双语的保险知识读本，免费赠送给全区各行政村。向全区各级党政机关主要负责人、分管领导和自治区相关部门免费赠送2014年度全年《中国保险报》。年底，在《中国保险报》、《西藏日报》、《拉萨晚报》等主流媒体进行了大篇幅宣传，让西藏各族人民更全面的了解西藏保险业和西藏保险监管情况。

【差异化市场监管】 西藏保监局从西藏的实际出发，不断改革创新，切实保护消费者的权益，着力构建和谐的市场环境。一是积极争取支持。根据保监会与自治区签订的战略合作备忘录的指示精神，积极走访在藏各保险机构的总公司，希望他们更加重视在西藏的业务，争取与自治区政府签订战略合作协议，对在藏分公司实行差异化管理。2013年，共有人保、太保两家机构的集团总公司与自治区人民政府签订了相关协议。二是推进监管政策差异化。针对西藏保险业所处的历史方位，着力于促进发展、壮大行业实力；在高管任职资格、代理人条件等方面放宽学历要求；在产品创新、销售渠道等方面争取保监会相关部门的支持；在机构设置、服务创新方面不断适应特殊区情的需要。三是推进保险纠纷快速处理。结合西藏“属地管理、分级负责”的原则，要求保险公司进一步做好理赔工作，“快出、快处、快撤、快赔、快息”，提高理赔工作效率，绝不允许惜赔、拖赔、无理拒赔，防范可能引发的群体性事件等维稳风险。

自治区邮政公司工作

【概况】 2013年，全区邮政共完成收入4.87亿元，比增41%。其中：邮政企业收入2.01亿元，比增12.69%，完成集团公司预算105.56%，全国排名第三，人均劳产率10.56万元，比增13%；邮储银行业务收入2.31亿元，比增122.44%，完成预算及增幅均居全国排名第一；速递物流公司业务收入5561万元，比增10.21 %，预算完成情况全国排名第五位。2013年，共销售理财产品2.38亿元（2012年仅18万元），代金业务累计完成收入6392.83万元，比增10.87%，高于全国平均水平。速递物流业务按照“自营+代理”的协同发展模式，加大统一宣传力度，积极探索和寻找收入增长点、加强揽投队伍建设、落实激励及优惠政策，逐步推进一体化地区网格化管理，开通了阿里、林芝、昌都等多条出口航空邮路。自营与代理形成合力，提升了发展速度及服务水平。全年实现代理资费收入5163万元，增幅居全国第一。

【邮政服务工作】 乡邮工作稳步推进，为企业的发展探索了新模式。一是正式确立了各级组织管理机构，在深入调研的基础上对全区乡邮工作进行全面整改。全年新增农村邮路69条，优化农村投递段道116条，解决了部分地区党报党刊投递不到位的问题，缩小了全区乡邮普遍服务差距，稳定了乡邮通信服务质量。二是核定乡邮基础数据，测算乡邮成本资源配置标准，并在拉萨、那曲等地区试行。三是提出了以整合资源分级运营为主要方式，搭建邮政便民综合服务平台为核心内容的全新乡邮网点运营思路，先后与电信、移动、烟草、保险等企业，达成了全面资源引入和业务代办的共识，为后续网点运营工作奠定了基础。四是“寻找最美邮递员”、世界邮政日同走乡邮路活动得到人民网、新华网、西藏电视台、西藏日报等主流媒体广泛宣传，西藏邮政普遍服务和基层邮递员的奉献精神在社会各界引起强烈反响。

服务水平与质量稳中有升。通过狠抓售后服务，强化监督检查、开展交叉互检等措施，较好地履行了普遍服务和特殊服务义务，提升了服务质量与水平。邮件生产作业计划合格率达到100%，时限达标率及计划执行率均达到98%以上，用户满意度90.84分，同比略有上升。同时，积极推进助农取款项目，截止到2013年底，全区已布放助农取款点22处，进一步改善了金融服务空白乡镇支付环境。

【企业管理】 计划财务管控力度不断加大，为企业良性发展奠定了基础。以利润为导向,通过合理配置、盘活闲置资产，加强资金资产管理，确保了各项财务收支数据的真实性、合规性。开展报刊业务发展情况专题调研分析，对2012年西藏邮政投入产出状况进行调查，为业务发展及企业决策提供了参考。计划建设基础管理工作有效提升，启动了“十二五”规划中期评估，将三年滚动规划与当年的投资计划有效衔接，明确将投资项目纳入规划进行动态管理；对建设项目和集中采购进行后评估，公开选聘采购、招标代理等第三方合作单位，强化了项目管控，努力提升投资效益。

人力资源管理不断深化，为企业快速发展增添了活力。继续加强队伍建设，优化用工结构，规范用工管理，解决了部分重点业务发展的增员需求。全年新招录大学生78名，从优秀劳务派遣人员中招录合同制B类员工30人；广泛开展业务培训工作，全年共举办各类培训班

83期，集中培训人数达到810人次，远程学习培训覆盖率达到100%；聘任了区公司级兼职内训师12名，持证上岗率稳步提高；加强了人工成本配置管理，积极推动以效益为导向的绩效考核激励约束机制。

审计工作力度不断加大，为企业健康发展筑起了防护墙。以促进企业财务收支真实性、完整性，反映经营成果为重点，进一步加大审计力度，全年共实施审计62项，提出审计意见或建议17条；审减建设项目金额88.44万元，在加强合规经营、规范权力运行，提高财税风险防范意识等方面发挥了积极作用。

【支撑能力建设】 基础能力建设不断加强。全年完成固定资产投资建设项目18个，总投资5700万元。昌都邮区中心局综合楼等一批区公司重点直管项目有序推进，解决了柳梧新区三宗土地历史遗留问题；安防异地值守系统一期工程在拉萨、林芝、山南局上线，该项目技术达到国家标准，居于全区金融系统安防设施领先位置。

网络支撑能力建设不断增强。2013年总投资460余万元更新邮运及投递车辆，深入推进网络流程优化与改造；全面推行了“二码合一”散件化处理和网运系统集中分拣到段局工作改革；加密邮运班期，调整出口标准特快邮件分拣封发关系、优化干线网路组织、规范教辅类分发处理流程，改革军包收寄与处理工作，开展全程时限管控以及限时分拣工作，邮件处理效率和时限明显提高，网路运行效率与效益得到进一步提升。山南局利用社会运力，尝试二干邮路外包；综合利用邮政运输资源，在全区率先开展县-乡烟草配送，覆盖全地区12县82个乡镇，有效带动商务汇款业务发展，在整合运输资源、提高综合收益方面走在了全区前列。

邮政信息网支撑能力进一步提升。以推动信息化进程为目标，开展信息化规划，实施资源整合，持续推进安全等级保护工作，优化完善信息网安全运行，完成重点信息化工程建设；在全国率先实现速递前置省集中模式；通过实施高清视频会议系统工程在地市局实现双运营商线路备份；开展数据提取及分析，为企业各方面工作提供了强有力的支撑。

【精神文明建设】 全区各级邮政单位先后荣获全国五一巾帼标兵岗、全国模范职工小家（2个）、自治区模范职工书屋（2个）、西藏自治区民族团结进步模范集体以及全国邮政用户满意企业等共12个省部级以上（含省部级）奖项，精神文明建设硕果累累。

国家开发银行西藏自治区分行

【概况】 截至2013年12月31日，国家开发银行西藏自治区分行各项贷款余额42.55亿元，较年初增加17.6亿元，增长70.54%；新增规划储备347.49亿元，贷款承诺88.52亿元，贷款发放25.81亿元；本息回收率连续9个季度保持100%；不良贷款率由年初的0.06%下降为0.04%，连续9个季度控制在1%以内；资产收益率ROA 为0.08%，达到历史最好水平；全年实现净利润349.65万元。

【推进西藏交通超常规发展】 “公路交通是自治区巩固国防、稳定边疆、发展经济、保障民生、促进团结的生命线和政治线”，结合自治区财政和项目实际情况以及总行和地方监管部门的要求，总分行联动创新融资模式，加大对国道318线林芝至拉萨段公路改造工程项目开发力度，与自治区发改委、财政厅、交通厅、人民银行和银监局等部门积极运用开发性金融理论破解西藏公路交通超常规发展困境，创新工作模式和融资模式，助推西藏公路交通超常规发展，承诺45亿元，实现发放首笔贷款5亿元，开创了分行公路交通领域重大项目工作新局面，以拉林公路为突破，支持西藏公路交通超常规发展，推进西藏自治区城镇化建设。

【扶持自治区特色优势产业】 2013年分行主动出击，加大了对水电、矿业、旅游等重点项目的推进力度，牢牢把握了一大批全局性、战略性项目的融资主动权。一是牵头组建华能澜沧江果多电站20亿元及华泰龙铜矿二期40亿元等重大项目的银团贷款，积极发挥了分行在重大项目领域的牵头协调作用，并发放6.12亿元支持矿业产业发展，发放6.03亿元支持电力建设；二是发放0.6亿元支持西藏旅游阿里神山圣湖旅游开发区一期工程项目，推进西藏世界旅游目的地建设；三是发放0.44亿元支持西藏航空购买飞机，推动西藏航空进一步增强服务能力。

【促进小康社会同步建设】 2013年，分行领导多次赴青海、阿里、昌都、日喀则等地深入调研，结合西藏实际情况，注重研究思路、搭建机制，积极推进西藏与全国同步建成小康社会。一是分别与山南和阿里两地地区行署签订了《规划合作框架协议》和《开发性金融合作备忘录》，推动了阿里地区建立了开发性金融合作领导小组和合作办，以应急贷款和中小企业为突破，奠定了开发性金融县域合作的基础；二是发放水利贷款2.5亿元，推进拉萨河综合治理，增强防洪灌溉功能，实现了水利贷款的突破；三是发放小微企业贷款0.42亿元，支持拉萨市再生资源集散市场等项目建设，并编制《拉萨市城关区亿鑫废旧回收有限公司战略发展规划》，推动西藏自治区生态环境保护建设和环保产业落地相关工作；四是发放助学贷款315万元，助力728名学子实现大学梦；五是发放1.1亿元支持文化产业发展，推动拉萨之窗文化建设等项目建成。

【发挥规划引领业务作用】 区分行2013年规划工作结合西藏实际，运用规划先行的业务发展模式，与自治区多层面规划合作，充分发挥规划服务分行业务发展的作用。在区域规划方面，分别与自治区和山南、阿里合作编制区域规划，包括《西藏自治区“十二五”系统性融资规划》和多项地区性开发性金融合作备忘录，全方位推进区域规划合作，同时作为全区唯一一家金融机构与发改委合作编制《西藏自治区城镇化发展规划》和《西藏自治区对内对外开发开放规划》，促进西藏与内地的联系与经济交流。在行业规划方面，与自治区交通厅合作编制《西藏自治区公路交通超常规发展系统性融资规划》，探讨西藏公路交通超常规发展的投融资方案；编制《西藏自治区矿产行业系统性融资规划》促进西藏建设“我国重要的战略资源储备基地”和支持西藏矿产业的合理有序开发；编制《西藏自治区环保产业系统性融资规划》，促进自治区环保产业发展和推动自治区环保产业向公益性、企业性发展。在战略客户规划方面，针对重点企业编制企业战略发展规划，充分发挥分行对成长性企业“融资+融智”的扶持作用。在业务发展规划方面，对分行“十二五”业务发展规划修编进行部署和研究，进一步明确了分行的业务发展定位、思路和目标，提出分行重点服务战略支持领域、模式措施和综合营销等，明确发展方向。

【风险防范】 一是深化全面风险文化建设。成立专项工作领导小组，制定工作方案，通过风险文化培训、行领导风险管理专题讲座、强化内控制度建设，建立信用评级操作规程和信用评级委员会工作规程等制度，多渠道推进风险文化建设。二是优化业务流程，切实提高风险防范水平。查找流程操作中风险管理节点上存在的薄弱点、优化业务流程，对风险管理条线的职能定位、岗位设置、工作内容进行梳理，对6个主要业务系统梳理16项改进事项，通过整改提高风险防范水平。三是将授信管理、合同管理和信贷管理全面贯穿风险防范过程。通过评审主动参与和回头看，提升评审参与度和准确性，注重首日到账率管理做好本息回收，将法律风险防控延伸前移，贯穿合同谈判审查和贷后管理，业务发展各环节共同强化风险防范。四是加强重点行业、重点客户风险监控，成功回收尚德太阳能发电项目全部本息，确保分行本息回收率100%。五是进一步加大反洗钱工作力度。印发《反洗钱管理办法》和《大额交易和可疑交易报告实施细则》等制度，通过组织开展“反洗钱宣传月”活动增强全员反洗钱工作意识，积极开展洗钱风险排查工作，包括洗钱黑名单筛查、洗钱风险排查、大额可疑交易识别报送、客户身份识别等开展全面排查，排除风险隐患。六是完善监管沟通，营造良好外部监管环境。建立分行与监管部门高层联席制度，2013年组织行长和副行长联系11次，并通过“请进来、走出去”的互动机制，互相开展培训讲座加深理解，营造了良好的外部监管环境。

【综合营销】 在财务顾问方面，推动与企业财务顾问业务合作，实现150万元财务顾问收费，全年实现154万元中间业务收入，填补了分行在此领域的空白。在资金筹集方面，吸收分行第一笔财政资金5亿元，并通过资金头寸管理增加拆借收入2000万元。非金融企业债融资方面，积极探索发展思路，向主管部门报送了《西藏非金融企业债券融资突破的工作方案》，得到了主管部门的认可，为下一步推动相关业务奠定基础。

【信贷基础管理】 通过加强信贷综合管理、重点领域风险防控、授信评审基础管理、加强信贷队伍建设等措施，不断夯实信贷管理基础。一是通过经营计划、规模调度、信贷自查、加强资金支付的材料审查，并对资金支付环节进行动态监控，提升分行信贷管理水平。二是提高合同审查效率和审查质量，加强项目法律风险的判断和控制，强化合同和资产质量分类的精细化管理，全力确保信贷资产安全实施抵质押物的差异化管理，着力在资产质量、本息回收、不良化解等方面下功夫。三是制定分行规章制度管理办法，梳理了分行成立以来的所有制度，使建章立制工作顺利开展，确保各项业务有章可循，为分行风险防范提供了较完整的制度保障。四是加强外聘律师管理，建立多层次、专业化的签约律师库，增强对分行业务和创新业务的法律支持能力，通过出具信贷与非信贷类法律意见和办理抵质押登记等事项的转授权手续，保障了分行业务的顺利开展。五是通过联合监督检查延伸，将监察工作延伸至项目一线，通过监察机制推动信贷基础管理进一步完善。

【完善管理】 2013年分行内部管理进一步加强。在财务管理方面，从基础工作入手，不断完善细化财会管理工作流程，强化财务风险控制，重新明确经济事项审批流程和节点，完善报销流程，推动建立了经济和财务事项审批分离制度；以财务预算管理为中心，以费用精细化管理为抓手，以财务分析报告为载体，提升分行费用预算使用效能；强化与税务局的协调沟通，强化税务管理水平，充分利用税收优惠政策节税500多万元。在绩效考核方面，进一步完善绩效考核工作机制，探索研究并制定适合分行实际的渐进式绩效考核工作方案，强化考核引领业务发展、内部管理和人才队伍建设的杠杆效应。在IT建设方面，完成了分行新址办公大楼中心机房的建设和验收工作，并完成与自治区财政厅的财政专线、与人行拉萨中心支行的银行间邮件互联系统及二代支付系统上线保障工作，确保分行各项业务顺利进行。在办公管理方面，通过严格公文规范和审核推进“三化”建设；重点推进档案规范化管理，完成之前年度信贷档案和文书档案的归档工作，并及时启动档案电子化进程；通过督办增强分行重点工作推进力度和强化执行力。在行政事务管理方面，积极贯彻落实降本增效措施，强化费用控制，压缩一般性支出，各项成本费用得到有效控制；制定行政后勤管理各项工作措施，分行搬迁新址后行政管理水平显著提升。

【党建工作】 在完善基层组织建设方面，加强党支部建设和党课教育，组织和发展新党员充实党员队伍，增补团委委员进一步增强团组织青年生力军作用。在发挥工会和共青团作用方面，开展“中国梦”主题教育活动增强青年员工历史使命感和奋斗精神；组织形式多样爱国主义教育和拓展训练活动，增强青年员工凝聚力。在人力资源管理方面，围绕“人才引进、选人调配、日常管理”三个重点进一步突出人力资源管理和干部队伍建设。在驻村工作方面，拓宽发展思路，先后与规划局、专家委、宁波分行和西藏银监局党支部、西藏国资公司党支部和阿里地区革吉县雄巴乡党委开展了结对共建活动，捐赠电脑、书籍、衣物等，彰显社会责任。

【获奖情况】 西藏分行荣获阿里地区创先争优强基础惠民生活动“优秀组织单位”，由中共阿里地区委员会、阿里地区行署颁发；

崔晓峰，男，汉，荣获2013年全区金融工作先进个人，由西藏自治区人民政府颁发；

杨佩铭，男，汉，荣获2013年全区金融工作先进个人，由西藏自治区人民政府颁发；

董乾乾，男，汉，荣获自治区创先争优强基础惠民生活动“先进驻村（居）工作队员”，由中共西藏自治区委员会、西藏自治区人民政府颁发；

李涛，男，汉，荣获阿里地区创先争优强基础惠民生活动“先进驻村（居）工作队员”，由中共阿里地区委员会、阿里地区行署颁发。

中国农业发展银行西藏自治区分行

【概况】 2013年分行各项贷款余额5.17亿元；各项存款余额2.9亿元，各项工作取得新成效，农发行在西藏的知名度、影响力迅速提升。

【做好粮油收购工作】 一是解决粮食“老账”问题。2013年3月，分行主导并制定了相关制度办法，与区财政厅等8部门组成的工作组，对全区国有粮食购销企业1992年4月1日至2005年9月30日期间因执行政策性业务产生并经区政府清理认定的国有粮食企业政策性粮食财务挂账及实际占用贷款进行核实，及时发放粮油贷款3.23亿元，完成了65家国有粮食企业政策性财务挂账的剥离和管理，解决了多年来自治区想解决而未能解决的“老账”问题，为全区粮食企业改革发展、轻装上阵打下了坚实基础。二是保证中央、地方两级粮食储备资金供应。完善两级粮油储备体系，及时发放中央储备粮贷款、粮食最低价收购贷款。牵头制定自治区储备粮管理办法和统贷统还办法，发放区级储备粮油贷款，用于自治区储备小麦、青稞、大米、菜籽油。三是保证青稞收购资金供应。在对全区青稞种植面积、长势、收成、商品量等情况进行调查摸底的基础上，及时发放贷款，支持企业收购青稞，一举扭转了粮食企业多年来在收购旺季因无收购贷款、必须向财政借钱收购的艰难局面。四是保证储备肉资金供应。针对藏区冬季牛羊肉供应减少、价格存在潜在上涨风险的规律性状况，及时发放牛羊肉贷款，用于从区外调运、储备冻胴体羊、冻牦牛肉，并适时投放市场，保障了牛羊肉市场供应，平抑了市场物价，得到了群众的广泛称赞。

【客户营销和项目储备】 一是围绕农牧民集中居住抓营销。完成拉萨市城市建设投资经营有限公司农牧民集中安置房建设项目的调查评审，计划投放贷款19亿元，项目完成后可解决7000户农牧民的集中居住问题。二是围绕公路交通抓营销。与区交通厅达成农村公路建设金融合作意向协议，起草了《农业政策性金融支持西藏农村公路建设方案》。三是围绕市场流通抓营销。重点营销的西藏中和旅游投资有限公司大型农牧副产品交易市场项目，现已完成了可研编制，待完成立项、规划、建设、环评等相关手续后，我行将发放贷款9亿元予以支持。项目建成后将进一步促进拉萨市农副产品、民族手工业品市场的繁荣和发展。四是围绕水利建设抓营销。加强了与国电、华电、华能西藏公司等国有大型水电集团公司的沟通，形成了《农发行信贷支持西藏水电资源开发调查报告》，掌握了西藏水电资源概况和2020年前西藏水电开发各流域规划，密切了银企关系，初步达成了农发行大力支持西藏水电开发的贷款意向。

【存款组织工作】 截至12月末，各项存款余额2.9亿元，开户企业达77户，较年初增加61户，增幅381%。

【合规管理】 一是加强和完善制度建设。在深入学习掌握中国农业发展银行总行相关制度的基础上，结合西藏具体实际，制定出各项规章制度100余个，涵盖了党委、行政、信贷、财务、企业文化、后勤、维稳等各方面，形成了具有西藏特色的管理制度体系，逐步实现了制度办法对业务工作每个环节、内部管理每个细节、工作岗位每个行为的全覆盖，实现了由经验管理到制度管理、文化管理的转变，形成了“制度管人、流程办事”的制度文化，规范了机关秩序和员工行为，全行各项基础工作得到有效夯实。二是加强信贷管理基础工作，有效防控信贷风险。在业务发展的同时，稳重求进、讲求效率，既注重贷款调查质量，又注重贷后管理工作，切实加强过程管理、风险防范，确保信贷管理相关制度办法执行到位。三是加强信息科技建设。全行综合办公平台、CM2006业务系统，与人行、银监等部门的支付结算系统及监管报表系统等全面顺畅运作。

【思想政治教育和业务技能培训】 一是加强对员工的思想政治教育。重点开展了党的宗旨和党的纪律教育，树立和表彰先进，充分发挥党员先锋模范作用。把爱国主义教育、反分裂教育、维护稳定和农发行核心价值体系作为全行思想政治工作的重要内容，确保了员工时刻听党话、感党恩、跟党走，为农发行改革发展做贡献。二是提高员工操作技能。坚持以考促学，将通过银行业从业资格考试或中国农业发展银行总行专业上岗考试作为业务岗位聘任的必要条件,并制定和坚持了行领导每月授课、部门负责人定期开展培训和员工每周三个晚上的“学习夜”制度，现全行员工已基本解决了应知应会的问题，所有员工在本职岗位上都基本能独立进行业务操作。

【维护稳定】　一是强化组织领导。成立维稳工作领导小组，将维稳工作摆上重要议事日程，层层签订维稳责任书，缴纳责任金，落实维稳责任，真正做到了“看好自己的门，管好自己的人，办好自己的事”。二是强化维稳措施。制定和完善了维护稳定和政务值班制度以及应急预案，添置了电话、传真、监控、安全器材、消防器材等设施设备，实行24小时值班，定期检查维稳值班记录簿和交班记录簿。三是强化维稳教育。对自治区党委、政府领导的讲话、指示精神，第一时间传达到全体员工，教育员工要与自治区党委、政府同心同德、同心同向、同心同行；要求员工将维稳相关精神及时传导给自己的父母亲人，鼓励父母亲人要听党话、感党恩、跟党走，倍加珍惜和自觉维护和谐稳定的生活环境。四是强化员工管理。经常和员工交心谈心，始终注意了解和掌握员工思想动态；班子成员与员工同吃同住同甘共苦，方便员工之间相互照应，并在八小时以外每天坚持电话了解员工状况，确保员工安全。

中国工商银行西藏自治区分行

【概况】　2013年，工商银行西藏分行在自治区党委政府的领导和关心下，以服务区域发展为己任，按照“民生先动、项目带动、金融撬动、市场推动、创新驱动、环境促动”的总要求，一丝不苟落实维稳举措、持续加大贷款投放力度、着力强化金融服务创新、全面高效加强队伍建设，为全区经济社会跨越式发展和长治久安做出了积极努力和贡献。

【维稳工作】　该行始终牢固树立维稳是第一责任和首要任务的思想，紧紧守住“思想、制度、措施、责任追究”四道防线，全年继续保持实现了自治区党委提出的“大事不出、中事不出、力争小事也不出”维稳工作目标，被拉萨市委政府授予“平安单位”荣誉称号，系两个获奖中直单位之一。

【各项贷款快速增长】　以服务和支持区域经济社会发展为己任，扎实推进借势营销发展战略，不断加大贷款投放力度。年末，各项贷款余额131.1亿元，较年初增加48亿元（其中压缩票据占款6亿元，贷款实际增加54亿元），增长57.7%；林芝支行开业仅一年，贷款余额达到41.2亿元，同业占比位居第一。全部存款余额95.4亿元，较年初增加39.6亿元。余额存贷比137.4%，增量存贷比121.2%。

【支持重点项目】　该行着眼区情，立足行情，围绕自治区“十二五”规划提出的加快完善综合交通运输体系、大力建设综合能源体系、大力改善水利基础设施建设、有序发展优势矿产业等指导意见，从点上切入、在线上延伸、向面上拓展，贷款投放领域现已涉列铁路及公路施工、火电及水电建设、青藏电力“天路”建设、矿产资源开发、旅游项目、城市建设、商贸流通等领域。截止2013年末，向青藏直流联网工程贷款21.35亿元，向拉日铁路建设项目贷款26.66亿元，向拉林公路建设项目贷款23.95亿元，向拉萨东嘎电厂贷款6.4亿元，向拉萨天利矿业发放并购贷款2.36亿元，向玉龙铜矿贷款5.94亿元，向拉萨圣地天堂洲际酒店项目贷款2亿元，向桑日10兆瓦光伏发电项目贷款1.6亿元等，为经济发展作出了积极努力。

【金融服务】　立足提速发展新阶段，分行党委带领全行员工，进一步统一思想、转变观念，抢抓机遇、创新服务，形成了“实施一个战略、发挥两大优势、锁定三赢目标、突出四大板块、落实五项举措”的特色借势营销发展战略；形成了行内分层营销、兄弟行间联动服务网络、总行“一站式”审批的特色营销模式；形成了寻找切入点、满足差异化需求、制定国库现金管理组合存款服务方案的特色财政金融服务；形成了围绕重点客户、重点项目，提供综合解决方案，拓展融资领域的特色施工金融服务；形成了着力为央企援建火电、央企水电建设、央企太阳能开发和国家投资电网提供全方位立体服务的特色电力金融服务；形成了跟进有序开发优势矿产资源，支持大型中央矿产企业并购、重组、组合融资的特色矿产金融服务。

【差异化管理】 根据中央对西藏工作的指导意见，自治区党委、政府的总体工作部署，以及监管部门的要求，区分行积极向总行请示汇报，总行下发《西藏自治区信贷政策》，在优先安排信贷规模、保障信贷资金供给、优先安排审查审批、调整信贷准入标准、创新信贷服务模式、适当扩大授信审批权限等方面给予大力支持。2013年初以来，区分行继续争取总行在优先安排信贷规模、保障信贷资金供给、优先安排审查审批等方面给予大力支持，截止年末，区分行贷款大于存款可用资金60亿元，由总行全额支持。

【内控管理】 深入开展“完善内部控制100个重要风险环节(点)专项治理活动”，召开动员部署大会，印发实施方案，认真组织自查自纠，严肃整改落实。在全行范围内组织开展制度梳理工作，扎实开展操作风险管理、信息安全管理、运营风险事件排查等专项检查，堵塞管理漏洞，排除风险隐患。同时加大违规责任认定和处罚力度，落实对无差错网点和员工的奖励，不断健全内控激励约束机制。员工内控合规意识进一步强化，突出薄弱问题进一步整改，风险管理力度进一步增强，内控管理水平进一步提升，贷款质量持续保持优良，实现了总行内控评价“一级”的目标。

【队伍建设】 深入组织开展了党的群众路线教育实践活动，使党员干部思想进一步提高、作风进一步转变、党群干群关系进一步密切。为加快落实人才发展战略，拓宽员工职业发展空间，实现员工与分行同进步、共发展，分行制定并实施《西藏分行员工职业发展管理办法（暂行）》、《西藏分行资深、高级（客户）经理职务管理办法（暂行）》，全年共完成89人次工资晋档升级，5名部门正副总经理、68名经理级序列、12名柜员级序列的聘任工作，新选任和系统内公开招聘正副总经理和高级经理16人。为满足分行长远发展需要，开始着手对属地化员工进行强化培养，制定并实施《西藏分行选派属地化员工到内地行交流锻炼管理（暂行）办法》，选派1名属地化员工到总行、3名属地化员工到四川分行进行为期半年到一年的交流培训。为业务发展注入了新生力量，2013年9月校园招聘7名大学生，10月系统内招聘26名新员工，目前全行员工队伍总数达到139人。由于区分行服务实体经济有力，优质文明服务和行业作风建设良好，被自治区党委政府授予“群众满意单位”的荣誉称号，系全区三个获奖单位之一。林芝支行被总行授予“第八届中国工商银行精神文明建设工作先进单位”荣誉称号，分行营业部被总行授予“第八届中国工商银行文明单位”荣誉称号。

【社会形象】 一是积极争取总行与自治区政府签定了《全面战略合作协议》，为履行国有大型商业银行社会责任提升层次、明确方向、丰富内涵。二是持续加大贷款投放力度，贷款增速、存贷比均处同业前列。三是积极为自治区创收增收，在当地缴纳的各项税收由2012年的1394万元增加到2013年的2669万元。四是不断延伸服务网络，在2012年完成林芝支行筹建开业工作基础上，2013年12月在拉萨成立色拉路支行，不断为服务区域经济发展做出更大的努力。五是强基础惠民生驻村工作扎实开展，有序完成驻村工作由阿里地区札达县曲松乡楚鲁松杰村调整为革吉县森布村的衔接工作，高度重视并认真完成选派村党支部第一书记到江孜县日星乡吹美村赴任。六是切实履行社会责任，向区卫生厅捐款100万元用于村级示范卫生室建设，向驻村所在地捐款40万元用于村委会等基础设施建设。

中国农业银行西藏自治区分行

【概况】 2013年农行西藏分行坚持以科学发展观为统领，有效贯彻落实农总行党委、自治区党委政府决策部署，各项工作取得了显著成效，经营实力显著增强，经营效益明显提高，内部改革持续深化，资产质量不断改善，服务功能更加健全，市场形象和竞争力明显提升。截至2013年底，全行各项存款、贷款、中间业务收入分别突破900亿、300亿、1.5亿元大关。

【主体业务发展】 突出抓好客户基础建设。召开对公客户群建设工作专题会议，出台2013–2017年对公营销目标客户群建设的实施意见和2013年重点客户联动营销实施方案等，进一步加强客户基础建设。着力构建三级核心客户群，明确重点客户营销的任务、措施和责任，实施顶层营销、团队营销和方案营销等多种营销方式，重点向目标客户推广“1+N+X”产品组合，渗透各类产品，提高客户满意度和收益率。同时，进一步完善产品计价考核办法，下发了重点客户跟单计价奖励办法，进一步增强了全行上下抓好营销工作的主动性和积极性。

强力抓好对公业务营销工作。一是加强汇报协调，圆满促成自治区人民政府与总行签订新一轮全面战略合作协议。加强同业合作，先后与西藏银行、国开行西藏分行等金融机构签订了框架合作协议，与邮储银行西藏分行签订了代理现金收付业务。二是开展对公人民币结算账户营销竞赛等活动。三是采取分层直管、高层互动、日常走访等措施，积极做好对对公客户营销。积极开展“第二届小微企业金融服务宣传月”活动，认真运行在全区银行业中率先成立的8家小企业专营机构平台，同西藏财信等三家融资性担保公司签署了《银担合作协议》，在重点推广银担合作贷款、小企业简式快速贷款等基础上，研发了仓储共管质押贷款等新产品，切实加强中小微企业金融支持力度。四是加大对重点项目、重点客户的投融资财务顾问力度。

抓好零售业务发展工作。一是组织开展“春天行动”、“激情仲夏”、“赢在金秋”等大型主题营销活动以及“金融IC卡进校园”等专项营销活动，深挖资金源头，个人存款快速发展。二是试点开办部队保障房项目个人住房贷款、个人商业物业抵押贷款、异地房抵贷等个贷新产品，逐步推广网贷系统，个人资产业务发展迅猛。除日喀则和阿里以外的5家二级分行全面深入推进个贷集中经营工作。三是完成了2014–2015年网点布局规划，修订了网点建设进度绩效考核办法和网点标准化建设项目竣工（结）决算流程，对林芝、那曲、山南等二级分行开展网点标准化建设现场督导检查和调研工作。四是努力提升电子银行品牌知名度与美誉度，持续开展“e时代赢精彩”电子银行综合营销活动，电子银行客户数、渠道分流率、业务收入及全行中间业务收入占比等多项指标创历史新高。

【“三农”工作】 根据党和国家及自治区党委、政府对农行全力支持“三农”发展的总体要求，连续第9个年头制定实施关于做好金融服务“三农”工作专题意见，并实施“三农”业务专项考核实施细则，建立了“三农”金融工作联系和督导机制，确保“三农”工作取得实效。截至12月底，全年涉农贷款同比多投放386,756万元，较年初增长47.28%。

做好农户金融服务工作。积极响应自治区的号召，新出台了《农行西藏分行关于做好农牧区“双联户”金融服务工作的意见》，各级行以小额信用贷款授信额度的提高为契机，加大农牧户贷款投放力度。全年累计发放农牧户到户贷款767,776万元，较年初增长33.38%。农牧户贷款证发证面98.79%，使用率达到97.92%。

认真开展信贷扶贫和民生金融服务工作。一是着力扩大扶贫贷款受益面。研究制定了扩大扶贫贴息贷款受益面的相关意见。根据自治区有关规定，及时制定了《农行西藏分行扶贫贴息贷款发放与管理实施细则》，首次把扶贫贴息贷款扩大到全区除小康户外的所有农牧户，使扶贫贷款超常规增长。二是积极做好民生金融服务工作。召开全区农行农牧民财政补助资金代理业务现场会议，加强与各级人社、财政、卫生、农牧、林业等部门的合作，不断拓宽财政直补、“新农保”、“草场补贴”等业务代理范围。

大力支持农牧区特色产业发展。按照走特色强区之路的要求，积极支持特色农畜产品、高原特色食品、特色藏药、青稞、牦牛、绒山羊、藏猪藏鸡等农牧业产业化企业，推进特色农牧业发展壮大。加强与总行、区粮食局、财政、区农发行等相关部门的沟通协调，积极解决粮食贷款中的有关问题和代理农发行业务遗留问题。开办了城乡妇女小额担保贷款财政贴息、农村青年创业小额贷款等新业务。

推进“三农”重点工程和金融成边工作。一是认真落实金穗“惠农通”工程实施方案，加大资源投入和工程巡检力度，全方位构建以惠农卡为载体，以电子渠道为平台，以“双百市场”和“万村千乡市场”为助推，以流动服务为补充的“惠农通”工程体系。“惠农通”工程覆盖面和有效点占比较年初分别提升30%和10%，开通助农取款服务点1419个，布放POS机948台，开通智付通471台。在县以下农村地区（不含县城）布放电子机具共1419台，覆盖全区行政村1086个，覆盖率达20.67%，实现了广大农牧民足不出村、享受公共基础金融服务。二是根据总行农村产业金融“千百工程”相关要求，积极介入我区交通基础设施、农网改造、生态保护、精品旅游业、大型水利枢纽工程、优势矿产业、文化教育等行业项目，做好曲水国家级农村综合改革试验区的配套金融服务工作。三是继续对列入总行级的3家重点县域支行给予各项资源支持，制定下发了关于加快发展重点县域支行指导意见，年内遴选15家作为一级分行重点县域支行，并明确了一系列资源配置政策。四是在成功开展信用乡（镇）、村建设的基础上，制定下发了《农行西藏分行信用县评定管理办法》，年内首批开展了6个信用县的试点评定工作，形成了县、乡（镇）、村三级信用评定体系，构建起了完整的县域金融生态环境建设图谱。到年底，新评定信用乡（镇）52个，信用村924个，目前全区共有信贷信用乡（镇）303个、信用村3138个，有效地促进了农牧区金融生态环境建设。五是作为西藏最大的商业银行，牢固树立大局观念，主动增强政治意识和社会责任，把“金融成边”作为一项重要工作来抓。通过切实落实并加强宣传中央赋予的各项优惠金融政策，在边境地区增设物理网点、强化金融产品创新推广、加强流动金融服务，主动为边民提供优质高效的金融服务；同时积极在边境地区分支机构开设“绿色通道”，以“三卡一户”为重点，向部队客户提供存取款、结算、汇款等优先服务和贵宾服务，为西藏边境线上国防建设和政权巩固及长治久安做出了积极的贡献。

【党建、队伍和企业文化建设】 加强党建工作。一是加强党的思想建设和组织建设。年内组织11次党委中心组学习，先后学习了党的十八大、全国及自治区两会和总行重要决策部署，以及中国梦、群众路线、十八届三中全会精神等学习资料，进一步加强了党委班子的思想建设、能力建设。认真落实消除党员空白点方案，到年底，全行党员空白网点由2012年末的98个减少到7个，全年共发展新党员131名。二是深入开展党的群众路线教育实践活动。在总行督导组的有力指导下，推出西藏分行四项特色实践活动，深入扎实开展党的群众路线教育实践活动，取得了干部转作风、群众得实惠、金融服务上水平的成效。特别是针对查摆出的问题，围绕18项68条措施，制定了反对“四风”的整改方案和整改任务书，清理废止和宣布失效109份规范性文件，建立完善了所有议事机构的职能及议事规则，制定实施反对“四风”的20项制度建设计划，突出七项重点开展专项治理工作。同时，坚持立行立改，认真落实上述整改措施，先后制定了加强和改进机关作风建设的实施意见、关于“加强人文关怀 关爱基层员工”的实施意见、爱心基金管理实施细则。出台了限时办结、精减文件、会议管理、改进调研等四项实施细则，提倡讲短话、写短文、开短会，坚持勤俭办行。三是狠抓党风廉政建设和反腐倡廉工作，根据中央、自治区、总行有关规定，出台了关于进一步改进作风密切联系基层的20条规定，层层签订党风廉政建设责任书，深入开展“三项专项治理”活动，出台党员领导干部和员工行为禁止性规定，确保了行风清明、干部清正。

加强队伍建设工作。一是大力培养使用干部，开展区分行一般员工、部门内设单元经理（高级员师）公开竞聘工作，首次召开大学生员工座谈会，推进100名县域青年英才培养工程，协助总行做好援藏干部定期轮换及我行业务骨干出藏跟班学习工作。二是下发关于进一步加强员工教育培训工作的意见，组织开展了“处级干部十八大精神”及“领导力提升”培训。年内组织全辖开展了376个培训项目，参训人员达7728人，完全实现了全员轮训一遍的目标，切实提高全行员工专业技能和综合素质。

加强企业文化建设。深入开展中国梦宣传教育活动，还作为全国农行系统两个一级分行的代表在总行中国梦教育活动推进会上以“创新金融服务建设美丽西藏”为题作了经验交流发言。狠抓企业文化和“老西藏精神”等宣传教育，实施院内文化长廊建设，加大品牌传播推广力度，户外广告首次渗透到偏远地区分行。年内荣获中国企业文化协会“改革开放35周年企业文化竞争力优秀单位”称号。组织出台职业技能竞赛激励管理办法等，开展了中国梦演讲比赛和柜台业务技术比赛活动等，进一步提高了队伍的战斗力和凝聚力。积极配合自治区开展强基惠民驻村活动，全行2个单位、3个驻村队、11名员工荣获自治区表彰奖励。

中国银行西藏自治区分行

【概况】 2013年，中国银行西藏自治区分行本外币资产余额561.91亿元，较2012年增加166.48亿元，本外币资产余额是2009年末的3.63倍；负债余额553.2亿元，较2012年增加162.04亿元，本外币负债余额是2009年末的3.62倍。人民币核心存款余额突破500亿大关，达521.54亿元，较2012年增加163.15亿元，增幅45.52%，四大行市场份额24.03%，较2012年提升3.71个百分点；人民币贷款余额224.60亿元，较2012年增加106.12亿元，增幅89.57%，四大行市场份额24.31%，较2012年提升4.08个百分点。信贷不良余额1438万元，不良率0.06%，较年初下降0.08个百分点，资产质量领先系统及当地同业，其中，公司贷款继续保持零不良，零售贷款不良率0.51%。国际结算和跨境人民币业务四大行市场份额保持在90%以上。

【机制变革】 2013年，中国银行总行实施内生动力机制改革，西藏区分行及时研究新政策新变化，探索经营管理新模式。一是制定费用配置办法、重点业务人事费用配置方案等11项重点政策措施，强化收支预算管理，促进核心业务增长。二是简化指标考核设置，增加各机构自我运用政策的空间。三是不断完善资源配置模式，提升费用使用效率。

【产品创新】 2013年，中行区分行加大产品开发推广力度，信息科技基础支撑能力不断提升。落地投产招标通、票据回购、卡贷通、手机移动支付等42个产品；特色业务开发平台成果初步显现，有效支持招标通、代收水费系统等上线运行；电子银行业务快速发展，企业网银交易客户数、手机银行交易客户数、企业网银交易金额、B2B类客户数、B2C支付用户支付交易数均发展迅速。

【风险内控】 2013年，中行区分行坚持业务发展、风险管控两手抓，实现协调可持续发展。一是强化全程风险管控和主动风险管理，持续保持了公司类零不良，个金类低不良的良好态势。二是切实加强反洗钱工作，注重反洗钱人才建设和制度建设，反洗钱工作连续四年获全区第一名。三是积极履行稽核职能，服务战略实施和业务转型，网点现场检查率达80%以上。

【作风建设】 2013年，中行区分行真抓实抓党的群众路线教育实践活动。一是严格贯彻落实中央“八项规定”和中国银行总行21条实施细则等要求，加强监督检查，形成了全行上下遵守规定、勤俭办行的良好风尚。二是转作风，更好的服务基层。结合整改“四风”，分行后线部门加强沟通、优化流程、提升专业水平。普通凭证、贵金属集中保管配送、物资配送、全辖机房集中监控等后线集中项目落地实施。三是对一线普遍反映的问题，进行集中调研、反馈和优化，真正实现一线与二线联动，促进良性循环。

【队伍建设】 2013年，中行区分行持续优化人才配置，加强队伍建设。一是拓宽员工尤其是基层员工职业发展空间。实施柜员等级评定，激发一线员工工作热情。优化网点人员结构，2013年新增职位主要配置到二级分行及以下机构。二是继续强化员工培训，通过“请进来”等方式，全行各层级员工都接受了不同形式的培训，员工队伍思想素质不断提高。三是充实专业序列人才队伍，强化专业序列人才建设，开展各类后备人才的选拔与培训工作。

【党建工作】 2013年，中行区分行紧密结合区域特点和员工实际，贯穿全年继续深入开展“幸福中行，快乐员工”文化品牌创建活动，推动解决31件实事，涉及客户健康、职工住房、员工子女上学、员工就餐等方面，改善了办公环境和员工福利，有力提升了员工的幸福感和归属感，提升了向心力、凝聚力。同时积极践行社会责任，继续认真履行驻村职责，2013年有3个工作队被评为先进集体。

(撰稿：杨轩、董正刚、张艳波)

中国建设银行西藏自治区分行

【概况】 2013年，西藏分行紧抓历史机遇，深入学习贯彻十八大精神，认真贯彻落实总行各项工作部署，继续深化各项改革、夯实发展基础、提升管理水平、加快业务发展，努力提升综合竞争力，全面完成了全年各项目标任务。

【主要业务经营指标】 存款。一般性存款余额593.97亿元，比上年新增107.96亿元，完成计划的144%。

贷款。各项贷款余额243.38亿元，比年初新增81.94亿元，增幅50.75%。

中间业务。实现中间业务净收入8820万元，比去年同期增长1183万元，增幅15.49%，完成全年计划的98.39%。

经营利润。实现税前利润11.33亿元，同比增长2.67亿元，增幅30.79%，完成全年计划的128.74%；实现经济增加值6.76亿元，完成全年计划的131.99%。

资产质量。2013年，分行不良贷款额为1.23亿元，较年初减少0.56亿元,贷款不良率0.51%，较年初下降0.6个百分点，资产质量持续优化。

【与自治区政府签订战略合作协议】 为深入贯彻党的十八大和中央第五次西藏工作座谈会、西部大开发工作会议精神，深化与西藏自治区政府的战略合作关系，7月17日，总行张建国行长专程赴藏与西藏自治区政府洛桑江村主席签订战略合作协议，双方围绕西藏自治区未来五至十年经济社会发展战略目标，以互利互惠为基础，在探索多样化合作模式以建立紧密稳定的银政合作关系，加强规划领域合作以实现互利共赢、共同发展方面达成了基本共识。

【负债业务和资产业务】 负债业务方面。机构类存款增长较好，今年取得的成绩较为突出：实现机构类一般性存款333.84亿元，较年初增长80.11亿元，计划完成率205.40%；

资产业务方面。截至2013年底，全年累计发放对公非贴贷款135.57亿元，对公非贴贷款新增98.16亿元，创下历年资产业务发展最好水平。个贷方面扭转了往年发展不济的态势，超计划完成任务，全年新增2.66亿元，其中个人住房贷款当年累计发放额达4.8亿元，放款额为近三年最多，住房贷款市场和新增占比均居同业领先地位。

【营业网点建设】 自总行开展营业网点综合化建设以来，建行区分行深刻领会总行相关文件精神，按照总行“一行一策”的政策指引，从岗位优化、业务流程优化、营销体系建设等方面入手，全面推进营业网点综合化建设。一是高度重视、精心组织，做深做实各项上线基础工作。二是全力抓好各项培训，组织了CCBS系统操作能力提升、网点综合型业务人员培养、支行负责人网点综合化建设等培训，累计培训500人（次）以上，柜员轮训率达到100%。三是本着“一行一策”的原则，采取逐一分批分步骤上线推广的方式，先后对拉萨城区单点支行、网点支行、各二级分行推广上线。截止年底，完成全行29个网点的推广上线工作。

【抓好“新一代核心系统”上线，推进IT转型】 “新一代”核心系统建设是对我分行现有信息技术架构体系的全面重建，根据总行关于实施“新一代核心系统建设”项目的安排部署，10月15日，“新一代”第一期在试点网点成功上线，至10月26日，全行29个网点全部实现新一代一期上线功能，提前完成总行要求。业务测试、排队叫号机升级完成率等指标排在全国前列。

【对公授信经营能力】 按照总行关于风险体制改革和信贷机制调整的总体思路，建行区分行高度重视，成立了授信流程调整优化推进工作小组，研究制定分行推进方案，全力推动分行授信流程调整优化工作。

【业务快速增长】 一是加强客户基础。持续开展客户拓展年活动，进一步夯实客户基础。二是加强产品基础。对公产品中资金结算产品较往年有所突破，单位人民币结算卡、对公通兑、电子回单柜、对公一户通等均超计划200%以上完成；个人产品普遍增势较好，借记卡新增发卡13.29万张，创中收达3023万元，是目前全行中收最高产品；三是加强渠道基础。物理网点建设快速推进，新设阿里分行、拉萨东城区支行2个分支行，新设娘热路、团结新村、冲吉路、原林芝广场分理处等4个自助银行；自助渠道收益提升，自助设备柜面业务替代率66.22%，本年实现收益1107万元，首次突破千万元大关。

【安全稳定运营】 一是推进内控合规体系化建设。成立了内控合规团队，初步建立起分行内控合规组织体系；制定了分行内部控制体系建设三年规划，明确了未来三年内控体系建设的指导思想、建设目标、主要任务和工作措施；开展了一级分行内部内控评价工作，筛选分行评价点471个，从内部控制设计和运行有效性两个方面对全行各级机构开展内控评价，初步建立了分行内控评价体系。二是加大力度清收存量不良。通过制定清收盘活化险方案，加快推进中小企业不良贷款处置进度，创新不良个贷经营模式等方式，全年累计清收不良贷款0.56亿元，不良额1.23亿元，低于总行控制额0.76亿元，近三年纯新发放贷款不良率为0，我分行资产质量持续优化。三是严控案件风险，抓好维稳工作。开展“抓基层强管理防案件”专项治理及“百日行动”活动，深入排查了重点领域风险隐患，加强了问题整改，有效防范了各类案件风险，全年未发生任何案件事故。按照自治区党委政府要求，做好法定节日期间、重要敏感时段的安全防范工作，积极预防各类刑事治安案件和安全事故，有效维护全行正常的经营秩序和单位人员、财产的安全，保持了全行的安全与稳定。

【群众路线教育实践活动】 切实按照中央、自治区党委和总行党委的相关要求，按照“照镜子，正衣冠，洗洗澡，治治病”的总要求，在全行范围深入开展党的群众路线教育实践活动，同时做好总行巡视工作组莅临西藏区分行检查指导工作。一是抓好学习教育，广泛听取意见。组织党员尤其是领导干部集中学习了党的十八大、党章、习近平总书记的一系列重要讲话精神，认真开展“为了谁，依靠谁，我是谁”的专题大讨论，广泛听取了基层员工和客户群体的意见和建议。二是深入查摆问题，开展批评。认真查摆了“四风”问题和制约全行改革发展转型的重大问题，各级分行党委和基层党组织严格按照相关要求开好专题民主生活会和组织生活会。三是紧抓整改落实，建章立制。坚持边学边查边改，紧密结合“个人客户服务年”活动，不断提升服务质量，改善客户体验；持续加强制度建设，出台了车辆管理、接待费、会议费和招待费相关管理办法；大力整治机关作风和“文山会海”现象，厉行节俭，严格控制费用支出，避免舌尖、车轮上的浪费。会议费与去年同期相比下降23.2%；招待费与去年同期相比下降20%。

（撰稿：雷勇）

西藏银行股份有限公司

【基本情况】 西藏银行从2010年6月开始筹备，经过一年多的时间，于2011年12月30日获得金融许可证和企业法人营业执照，2012年5月22日正式对外营业。

西藏银行是全区第一家新成立的地方性法人银行，经营宗旨是立足西藏、面向全国，服务西藏经济社会发展，致力于提高区内金融服务水平，建立基本覆盖区内城乡的金融服务网络，逐步缓解区内中小企业“贷款难”和银行“难贷款”的问题，改善农牧区金融服务，为农牧区经济发展、农牧民增收提供金融支持，促进西藏实现跨越式发展和长治久安。

【业务发展】 西藏银行通过不断完善公司治理，强化内控建设，加大市场拓展，加强基础管理，提高资产质量，各项业务取得了长足发展。截至2013年12月末，全行资产总额达164.62亿元，比年初增加82.42亿元；各项存款余额145.02亿元，比年初增加79.08亿元；各项贷款余额88.18亿元，比年初增加44.92亿元。

【机构建设】 截至2013年12月末，西藏银行共有机构2个。其中总行1个，位于拉萨市民族北路7—1号；县级支行1个，位于山南地区贡嘎县甲竹林镇机场综合服务楼1–2层。2013年6月28日，西藏银行山南地区贡嘎县支行隆重开业，标志着西藏银行第一家分支机构正式营业。日喀则分行、林芝分行、墨竹工卡县支行各项筹备筹建工作稳步推进。

【内控管理】 通过全行上下共同努力，截至12月末，全行风险和内控管理继续保持“零不良、零案件、零事故”。

【战略规划】 聘请北京融标发展规划咨询公司制定西藏银行5年发展战略规划，通过反复交流沟通，多次研讨，该行使命、愿景、目标等逐步清晰，5年战略规划工作即将完成。

【党建工作】 充分发挥党委的核心领导作用。认真贯彻落实中央、区党委的各项方针政策和决策部署；坚持党委中心组理论学习制度，坚持党的民主集中制原则，对事关西藏银行改革、发展、稳定的重大问题进行集体决策；重视发挥党支部、工会、女工委、共青团的作用，开展丰富多彩的群体活动；加强党性党风和廉政教育，认真贯彻落实中央“八项规定”和区党委“约法十章”、“九项要求”，坚持勤俭办事，在营销、采购、用车等环节上严格要求，严格管理。

【公司治理】 加强公司治理，重视发挥“三会一层”的职能作用，按有关章程及时召开了董事会、股东会，审议重大事项，听取董事、股东关于西藏银行改革发展的意见建议。

【维稳工作】 高度重视维稳工作，认真贯彻落实区党委的决策部署，狠抓责任落实，加强值班工作。严格执行24小时值班制度和领导带班制度，确保了随时岗上有人；健全了单位内部联防队，充实了相应的安防设备，进一步完善相应预案。加强监控值班工作，不定时进行查岗和调取监控数据，确保监控人员24小时在岗并履行职责，对检查中发现的漏洞及时进行调整，杜绝重大事故及案件的发生。及时传达贯彻上级文件精神，积极开展员工的反分裂教育，要求员工做到不传谣、不信谣，积极参与全区的维稳工作，实现了全行“三不出”的责任目标。

【驻村工作】 根据区党委部署，该行派出优秀员工组成了驻村工作队批进驻那曲地区香茂乡宗热格村，结合该村实际开展强基惠民一系列工作，并实现顺利轮换。围绕中心工作，强化培养全村党员党性意识，教育宣传牧民群众“感党恩、听党话、跟党走”；考察论证村公路、酸奶门市和人畜饮水工程改造等项目；邀请优秀医疗队进村就医；举办帮助维护稳定平安和谐的社会环境宣讲会；对守护铁路值班进行巡查；帮助解决子女就业，提高困难家庭经济收入；帮助贫困家庭，发放物资和现金。

中国民生银行拉萨分行

【基本情况】 中国民生银行股份有限公司于1996年1月12日在北京成立，是中国大陆第一家由民间资本设立的全国性商业银行，2013年4月15日入藏开始筹备。中国民生银行拉萨分行作为西藏目前唯一一家全国性股份制商业银行，于2013年7月11日获得银监会批筹，于2013年12月19日获得西藏银监局开业批复，当日办结《金融许可证》、《营业执照》、《组织机构代码证》和《税务登记证》，于2013年12月25日获得人行拉萨中心支行金融管理与服务体系的准入许可，最终于2013年12月26日对外试营业。拉萨分行从批筹到开门营业仅160余天，创造了系统内一级分行筹建速度的最快纪录。

拉萨分行当前班子成员5人，下设5个职能部门和3个行业金融部，对外营业机构为分行营业部。分行第一家支行---拉萨经济技术开发区支行已获得西藏银监局开业批复。分行员工共计130人（不含派遣），其中：选调员工54人，社招员工76人；藏族员工31人，占比23.8%;硕士研究生26人，占比20%，大学本科92人，占比70.8%，大专生12人，占比9.2%。全行平均年龄30岁。

【办行理念】 结合总行的发展战略要求，确定了拉萨分行办行的总体思路：在传统业务领域坐拥一席之地，在新兴业务领域争创先锋，把拉萨分行办成“一支军队、一所学校、一个家庭”，打造一流理念、一流文化、一流团队、一流服务、一流效益、一流品牌的一流银行。

【拓展公司、零售业务市场】 围绕自治区财政类负债业务，开展针对性营销。在各家商业银行激烈拼抢的情况下，拉萨分行成功营销21亿元财政存款入行。分行优化零售组织架构，利用“商贷通”和消费贷款两个抓手，资产带动负债，在只有一个营业机构的情况下储蓄存款达亿元，零售金融资产过10亿元。

强力聚焦、深耕细作“八廓商圈”，做成、做好、做精小微金融。通过深度调研“八廓商圈”，确定将商圈内虫草及土特产、工艺美术品、服装百货三个行业作为小微优先开发重点行业，培育小微商户内生增长力。

做不一样的小区金融。以区级、市级优质行政事业单位、大型国有企业、分行已开发的重点公司类授信客户等在编员工为突破口，对其进行消费信贷、家庭综合消费贷款、住房按揭贷款等综合开发，迅速扩大分行优质客户群。

【扩大基础客户群】 研判客户经济活动，将专业化管理和客户资源整合贯彻到工作的全流程中去，同客户沟通时在信任上下功夫，建立完善的信任机制，调整获客的理念、思路、方式和方法，切实“急客户所急”，做好综合服务，真正获客，建立一个稳定的基础客户群。

【风险管理】 作为一家新分行，始终将风险管理视作生命线，严抓风险防控和管理。一是从人员编制上一步到位，风险团队阵容整齐，全是熟悉民生文化的员工，100%的持证上岗；二是夯实全面风险管理基础，建立、健全全面风险管理的组织体系,从岗位设置、流程控制、制度体系三方面加强全流程服务与管控。推行“痕迹化管理”，对检查、整改、后督等各环节实时记录并落实责任，建立风险管理委员会的管理权威。倡导并推行“风险端”与“市场端”结成分行发展的共同体，助推业务发展。三是全面加强信贷管理基础工作，定期开展业务“回头看”活动。四是强化风险意识，培育合规文化。分行将合规文化教育视为我们的一项持续、常态化的工作，常抓不懈。

【抓服务，树口碑】 分行党委提出要把拉萨分行的服务打造成为西藏金融业一道亮丽的风景线。作为分行目前唯一的对外营业窗口——营业部，在人员新、经验少的情况下，广开思路，勇于创新，在总行召开的第四次服务管理会上，拉萨分行以软件服务满分、客户投诉最少、投诉处理效率最高、投诉处理质量最好获得总行肯定。

中国人民财产保险股份有限公司西藏分公司

【概况】 2013年，西藏人保保费收入突破8亿元；机构由成立之初的一个省级分公司发展到目前遍布全区7个地（市）26个分支机构，从业人员逾800人。

【大额医疗补充保险】 2013年1月我司与自治区卫生厅正式签署了2013年度农牧民大额补充医疗保险，在农牧区医疗制度6万元支付限额以上提供7万元的保险保障，并按照100%的比例进行赔付。完成了2013年西藏自治区农牧民以及城镇居民大额补充医疗保险藏汉双语宣传服务手册的编写工作，并向全区各县农牧区医疗制度经办机构进行发放。

【政策性涉农保险】 积极开展涉农保险业务，初步构建了涉农保险保障体系，进一步提升了保险行业服务于社会主义新农村建设的广度和深度。目前，我区政策性涉农保险已拥有种植业、养殖业、能繁母猪、农房、农用机动车辆和农牧民大病补充医疗保险共计6个险种，基本实现了对农牧区重要生产、生活领域的覆盖，为西藏自治区“新农村”建设积极提供保险保障，起到了为各族群众生产生活保驾护航的作用。2013年7月5日，那曲地区嘉黎县忠玉乡境内发生雪崩，积雪冲入湖泊造成湖堤决口，引起严重的山洪灾害，西藏人保赔付330.08万元，为当地群众在第一时间恢复生产生活提供了坚实的资金保障，切实让他们享受到了政策性涉农保险的极大优惠。每次在现场赔付会上，农牧民群众都会打出“感谢共产党！”“感谢人民政府！”等标语、横幅，开创了“政府得民心、农民得实惠、公司得发展”三方共赢局面。

【强基惠民活动】 2013年，西藏人保积极响应自治党委、政府“强基础、惠民生”号召，克服业务发展压力大，人员紧缺等诸多困难，共组织8个驻村工作队，先后派遣36名员工，为老百姓宣传党的富民政策、民族宗教政策，进行普法教育，力所能及为老百姓办实事。

截至目前，西藏人保共拿出1000余万元保障各工作队正常开展工作。其中，260万余元用于为当地老百姓修建人畜便利桥、修建磨面房和温室菜棚、购置相关设备、为经济困难群众看病、为特困户发放慰问金、购置生活用品等实事上；460万元用于支付驻村工作队的各种成本，并额外捐资300万元为全区2万余名强基惠民工作人员提供保险保障。

【勇担社会责任】 2013年8月12日，昌都地区左贡县与芒康县交界处发生6.1级地震，余震频繁、破坏性大。灾情发生后，西藏人保先后派出5个查勘小组前往灾区查勘、协助救灾但由于受灾面积大（总受灾面积为10.8万平方公里，最严重受灾区域面积为2.3万平方公里），震区地处澜沧江及怒江流域，山高谷深，交通极为不便；农险人员克服余震频繁，出险数据频繁变化等困难，组织散落在各村的协保员圆满完成了查勘工作。理赔中充分考虑西藏的特殊区情，按照“就高不就低”原则，赔付金额达8651.64万元；并捐款105万元支持灾区重建。

【获奖情况】 1.人保财险日喀则分公司获颁“高校毕业生就业见习国家级示范单位”，2013年，人力资源和社会保障部（国家级）；

2.人保财险日喀则分公司总经理索旺获得“西藏自治区金融工作先进个人”称号；

3.人保财险日喀则分公司员工扎西获得“自治区级先进工作队员”称号。

安邦财产保险股份有限公司西藏分公司

【概况】 安邦财产保险股份有限公司西藏分公司于2006年3月正式成立，目前所辖机构有山南中心支公司、林芝中心支公司、日喀则中心支公司、阿里中心支公司，另在拉萨车管所及那曲车管所设立出单点，从业人员100余人，截止年底，累计保费收入17621.48万元，保险金额450亿余元，累计赔款支出7696.92万元，为西藏跨越式发展和长治久安提供了有力支撑。

作为西藏保险市场第二家商业保险公司，“金融报国、实干兴邦”是安邦保险矢志不移的目标，我们一直秉承“一个客户，综合服务”的服务理念和“客户第一、速度第一”的业务方针，按照总公司发展战略方针和规范经营的要求，安邦保险在做好传统保险的基础上将大力扶持政府的重点实施目标：关系国计民生的重点工程；基础设施工程；各类有融资需求的小微企业；三农问题等，为地方政府提供“一揽子”金融解决方案的同时也可以根据西藏地方产业特色开发相应的金融产品和提供相应的综合金融解决方案，带动安邦在各地的保险业务的发展，充分发挥综合运营的平台化优势，整合多种资源，致力于为客户提供更专业、更全面、更多层次的全方位金融服务。

【科技创新 助力服务】 2013年安邦保险重磅推出了理赔管家APP、微信理赔、移动营销等一系列科技创新的特色服务。安邦车险客户安装“安邦理赔管家”APP手机软件后，遇到小额简易案件（责任明确，预估损失金额5000元以内）时，通过软件中的“自助理赔”，按照软件中的人性化引导工具进行现场自助拍照并上传，上传的照片及资料提交合格后，最快10分钟能完成定损赔付流程赔款到账，轻松实现现场自助理赔。“微信理赔”系统是继“安邦理赔管家”APP之后的又一款自助理赔神器，只要用微信扫一扫安邦保险的二维码或在微信里搜索经过认证“安邦保险”添加关注即可通过该系统实现小额简易案件的快速理赔。目前，许多安邦保险的车险客户已通过安邦“微信理赔”系统完成了多起车险自助理赔，其中，上线不久就有客户用时30分钟处理完成一笔案件，这在使用微信理赔的车险案件中，目前尚处行业领先水平。安邦移动营销系统不但能完成全流程出单，还可以实现精准的销售管理、团队管理、日常办公等全部内容，摆脱了对时间和地点的约束，随时随地可以为客户提供专业高效的综合服务。

【公益活动】 开展自治区创先争优强基础惠民生驻村活动，安排工作人员在日喀则地区定日县尼辖乡宗措村、亚白村两个驻村点长期驻村，帮助当地农牧民解决日常生产、生活等问题，并举行“驻村心连心”送温暖活动，为两个驻村点的群众送上粮油、团体人身意外伤害保险以及藏鸡养殖扶持资金等，藏鸡养殖资金为尼辖乡藏鸡蛋产业发展注入强大动力，预计每个家庭人均收入将增加3000元以上。

中国太平洋财产保险股份有限公司西藏分公司

【概况】 中国太平洋财产保险股份有限公司（以下简称“太平洋产险”）是中国太平洋保险（集团）股份有限公司（以下简称“中国太平洋保险”）旗下的专业子公司，为客户提供全面的财产保险产品和服务。

太平洋产险承保人民币和外币的各种财产保险、短期健康保险和意外伤害保险业务。公司承保业务涉及航空航天、电力能源、石油化工、基础建设以及金融贸易、船舶汽车、机械设备、电子通讯、仓储物流、纺织烟草、科技创新等各行各业、各个领域。在全国拥有41家分公司，2200余家中心支公司、支公司、营业部和营销服务部，以及包括万余名销售代表在内的直销团队。太平洋产险秉承“诚信天下、稳健一生、追求卓越”的核心价值观，实施以客户需求为导向的战略转型，坚持推动和实现可持续的价值增长，开拓进取，锐意创新，积极为客户提供风险保障服务。自2011年起，公司持续获得国际信用评估机构穆迪授予的A1保险财务实力评级，评级展望为稳定。

中国太平洋保险集团先后在上海证交所和香港联交所成功上市。近年来分别入选美国《财富》、《福布斯》和英国《金融时报》世界500强企业。面向未来，中国太平洋保险以客户需求为导向，强化创新驱动和差异化发展，着力提升综合竞争力，推动和实现可持续的价值增长，向“在你身边的一流保险金融服务集团”的目标迈进。

中国太平洋财产保险股份有限公司西藏分公司于2013年9月12日在西藏自治区首府拉萨市隆重开业,这标志着太平洋产险在我国大陆省级行政区域的机构布局全面完成，意义非凡而深远。截止2013年底，公司实现保费收入218万元。

【重大活动】 2013年9月12日，在开业仪式上，西藏自治区人民政府与中国太平洋保险（集团）股份有限公司签订战略合作协议，并向西藏自治区进行了捐赠：一是向高原牧区牧民捐赠绿色节能照明设备5000台；二是向驻藏全体武警官兵捐赠保险金额为3.4亿元的人身意外伤害保险；三是向拉萨市2000名环卫工人捐赠保险金额4000万元的人身意外伤害保险。同时，中国太平洋保险（集团）股份有限公司与西藏自治区人民政府达成协议，拟无偿捐赠2000万元，在阿里地区援建儿童福利院一处。

阳光财产保险股份有限公司西藏分公司

【基本情况】 阳光保险集团股份有限公司是中国500强企业、中国服务业100强企业，目前旗下拥有阳光财产保险股份有限公司、阳光人寿保险股份有限公司、阳光资产管理股份有限公司等多家专业子公司。依托集团优势，以人文、科技为驱动，阳光保险集团有效整合旗下保险和投资资源，持续研发满足客户需求的产品，不断升级以“闪赔”、“直赔”为特色的服务，着力打造强大的市场拓展能力、卓越的客户服务能力、杰出的风险管控能力和专业的资产管理能力，实现了健康、持续、快速的发展——成立3年跻身国内七大保险集团，5年跻身中国企业500强，7年成为集产、寿险和资产管理于一身的保险金融集团，9年进军医疗产业。

阳光财产保险成立于2005年7月，是主要经营财产保险业务的全国性保险公司。阳光产险成立以来，连续多年刷新国内新设保险公司年度保费规模的历史纪录，实现了又好又快的发展，目前已有36家分公司开业运营，三四级分支机构7000余家，服务网络实现全国覆盖，累计为4000多万名客户提供了保险保障，阳光保险解决12余万个就业岗位。

【概况】 阳光财产保险股份有

限公司西藏分公司成立于2011年7月28日，是阳光财产保险股份有限公司旗下子公司，自公司成立至今，公司始终坚持客户至上、依法合规的经营理念,坚持“让我们的服务成为客户选择阳光保险公司的理由”的服务理念。公司致力于打造一支技能过硬、素养良好的员工队伍；建立健全一个理念超前、遵纪守法、心系广大客户的运营体系；构建一张组织健全、服务完善的覆盖西藏全区域的保险网络，为推进西藏经济社会发展和西藏保险业跨越式发展而努力奋斗。

中国石油西藏销售工作

【概况】 中国石油天然气股份有限公司西藏销售分公司（以下简称公司）总部设在西藏自治区拉萨市北京中路71号，下辖7个地区公司（拉萨、日喀则、山南、昌都、那曲、阿里、林芝）、1个专业经销公司（液化气经销公司）1个直属油库（七二五油库）和2个驻外机构（成都采调处、格尔木公司）。拥有成品油储存库8座，液化气储存库1座，加油站113座。2013年底员工总数1647人，其中合同化用工1159人，市场化用工488人，藏族和其他少数民族1097人。

【主要经营指标】 2013年成品油销售73.2万吨，完成预算的121.9%，同比增幅15.6%。零售成品油66万吨，同比增幅13.3%，零售比例90.3%。

【资源调运】 2013年购进成品油73.7万吨，完成率105%，以增强盈利能力为目标，全区90#汽油实现了整体退市，高标号汽油比重86.3%。逐步建立与零售相互补充的营销体系，召开业务经理和大客户座谈会，推进“双低站”治理，开展小站承包，实施并站管理，坚持油卡非互动，日喀则、拉萨等公司加大实名卡推广力度。

【网络建设】 2013年完成投资2亿元，拉萨铁路接卸油库实现投产试运营，成功开发拉萨白淀1号等7座加油站，新增投运6座加油站和1座橇装加油设施，改扩建日喀则汇丰等6座加油站，新增销量2.7万吨。实施加油站改造维修项目32个，完成拉萨当雄、昌都油库的生活区改造，进一步解决了加油站安全隐患、周转房维修及饮水难的问题。成立网络开发领导小组，召开全区网络开发工作会议，完善“十二五”后三年和“十三五”发展规划，加快推进拉萨、山南、林芝、阿里等地区网点布局，进一步增强了项目拉动发展的共识和合力。加强项目全过程管控，建立制度，健全流程，推进表单化管理，实现了质量、工期的平稳受控。

【精细化管理】 推进公司信息化建设，成立信息化领导小组，召开信息化工作会议，32座加油站实现非油单轨运行，6座油库配送一卡通系统推广上线，5座加油站安装高清视频监控设备，金马加油站试点实施车辆识别系统，加油站辅助管理软件加快组织开发，油品计量和损耗管理持续深化，电子公文、集中报销等实现移动办公，17名专职系统管理员全方位开展运维，信息化水平又向前迈进了一大步。首次召开财务工作会议，出台授权管理办法，明确总会计师职责，促进企业管理向纵深推进。强化内控体系执行，归类分析106项问题并明确整改责任，审查、签订各类合同236份，加大审计和效能监察力度，风险管理水平持续增强。实施退职、兼岗、辅助业务外包及创新加油站管理方式等组合措施，用工总量同比减少37人，人均零售量同比提高16.3%。

【安全维稳】 2013年层层落实安全环保工作责任，开展安全经验分享60场次，上报120项安全事件，安全教育培训192人次，923名员工持证上岗，整改各类安全隐患385项，组织各类应急演练85场次，分级强化安全生产检查、巡查和抽查，安全环保管理能力、风险识别能力和操作技能水平不断增强，有力保障了正常的生产经营。积极参与“反自焚”专项斗争，严格执行自治区117号政府令，完善经营管理和安全维稳长效机制工作方案，出台安全维稳事件事故责任追究办法，累计划拨维稳专项经费181万元，深入开展“反自焚、保稳定”主题教育，创造性地派驻安全维稳专员，集中全力突破实名IC卡的研制和推广，逐步打通两级机关应急信息沟通渠道，积极组织突发事件第一时间的应对处置，强化维稳措施落实的督导检查，加大违规违纪行为的问责力度，有力保证了中心工作的开展，切实维护了西藏社会稳定。

【队伍建设】 以提高履职能力为关键，大力强化两级班子建设，完善学习教育、选人用人、述职述廉等制度，举办两期干部思想政治理论培训班和1期党委书记培训班，集中组织二级单位经理、书记到云南学习交流，交任务，压担子，干部队伍的综合素质持续增强。以增强技术管理能力为重点，坚持教育培训和学历升级相结合，强化培训考试考核，累计培训785人次，4人通过中级会计师技术资格考试，13名中层领导干部学历实现了升级。同时，积极开展对口业务交流，四川销售派人进藏50余人次，开展指导交流32批次，有效支持了公司信息化和规范化的进步。以提高操作技能为基础，深入开展全员劳动竞赛，两次组织加油站四个工种和信息操作岗位技能竞赛，公司获得板块劳动竞赛流动红旗6面，功德林加油站、阿里狮泉河油库、拉萨林周县加油站、日喀则东郊加油站分别荣获全国“五．一”巾帼示范岗和全国“安康杯”竞赛优胜班组荣誉称号。

【党的群众路线教育实践活动】 扎实开展党的群众路线教育实践活动，集中组织11次理论学习，发放2000余册学习资料，观看10部主题教育影片，深入基层收集意见和建议111项，党员领导干部群众观点和为民意识进一步增强。班子成员及与部门负责人之间开展谈心177人次，相互提出意见和建议47条，认真撰写对照检查材料，坦诚开展批评与自我批评，进一步明确了整改方向。坚持边学边查边改，率先在区（中）直单位开展党建“联述联评联考”，计划修订密切联系群众方面制度10项，新建制度37项；全年会议总数同比减幅5%，发文同比减幅4%，庆典、纪念等活动仪式减幅67%，“三公”经费同比减幅42.98%；强化干部教育管理，全年未发生一起违纪违规案件，反对“四风”收到了实实在在的成效，获得了集团公司第八督导组“西藏公司教育实践活动走在了西南11家单位前列”的高度评价。

【民生工程】 持续加强和改善民生，拉萨雪域花园顺利实现交房，44座加油站富氧工程已实施完成，核拨二级单位食堂补助94万元，调高市场化用工误餐费标准至16元/天，增加加油站员工人均200元实名加油补贴，离退休人员医疗保险门诊标准依年龄增加500-1000元，节日补贴标准合同化用工同比提高1600元/年，市场化用工同比提高800元/年。争取集团公司临时地区补贴政策，人均增加收入551元。编制公司三年民生工程规划，达孜、墨竹工卡等加油站铁皮房可在今年内解决。认真履行社会责任，主动向区党委、政府汇报工作，代表集团公司向双湖撤区建县捐赠100万元，全力应对局部地区暴风雪、昌都左贡地震、林芝通麦大桥垮塌等突发情况下的市场保供，及时完成那曲比如县羊秀乡撬装加油设施安装，超前谋划阿里、墨脱等边远地区建站，分批实施加油站藏文包装，基层生活条件进一步改善。

【强基惠民活动】 西藏销售公司充分发挥企业优势，履行三大责任，推动强基惠民活动取得实实在在的成效，2013年被授予了自治区创先争优强基惠民活动优秀组织单位荣誉称号。捐助资金600万元，为自治区2万多名驻村干部购买人身和医疗保险；利用驻村工作队优势，将定点扶贫工作和强基惠民活动有机结合，对所属扶贫点投入扶贫资金109万元，新建4座人畜简易桥和13座安居房，向保吉乡政府捐赠一辆工作用车和10台办公电脑，充分体现了对当地经济的支持和农牧民群众的关心；公司及所属单位为15个驻村点村委会、村民捐赠各类物资、工作经费35万元，办公桌椅100余件，两年来投入各类资金共计800余万元，实实在在为农牧民群众办好事实事。为驻村捐赠图书3000余册，书架20个，建立15个农家书屋，极大的丰富了农牧民的文化生活。公司领导先后五次慰问驻村工作队，进乡村访农家，听民意问民生、办实事送关怀，累计为54名驻村工作队员送去慰问金、慰问物资、发放生活补贴、配备工作和生活设备、修缮房屋、新建发电房等共计投入550万元。连续3年派出16个工作队扎实开展强基惠民活动，受到了当地农牧民群众的普遍赞誉，获得了自治区“强基惠民先进单位”荣誉称号。

中国电信集团公司西藏公司工作

【概况】 2013年，中国电信西藏公司以服务能力和保障能力双领先推动规模和效益双提升为主线，紧紧围绕移动业务一个核心，突出渠道、流量、信息化应用三大重点，强化维系、网络、终端三大保障，继续加大通信基础设施建设，全面实施宽带提速工程，助力西藏城乡信息化建设协调发展，持续推进战略转型和服务经济社会信息化，着力提升企业核心竞争力和价值创造力，为迎接4G时代的来临打下了坚实基础。

【网络运营】 2013年2月26日，国家工业和信息化部组织召开“宽带中国”2013专项行动动员部署电视电话会议，部署2013年“宽带中国”工作任务。会议提出，2013年全国将新增固定宽带接入互联网用户超过2500万户，新增3G用户1亿户。会议要求实施部省联动，充分发挥政府引导作用和市场主体作用，激发各地各企业积极性，优化宽带发展环境，加快网络升级演进，统筹有线无线发展，推动应用普及深化，强化产业协同并进，改善用户上网体验，不断增强宽带支撑经济社会发展的关键作用。

为响应“宽带中国”战略部署，西藏公司再次上路，紧追“宽带中国”步伐，持续加大通信基础设施建设的投入，扩大西藏农牧区网络覆盖，全力支持西藏通信发展。

2013年，西藏公司继续推进实施“村村通”、移动网优、宽带通信、应急通信、边境覆盖、出藏一级干线光缆六项重点项目，不断改善西藏广大农牧区通信条件，支撑业务发展和服务西藏社会能力稳步增强。截止2013年底，中国电信西藏公司网络基站达到2387个，行政村通宽带数达1625个，校通宽带数达470个，WIFI达到4439套，农村市场占比达91%，基础通信能力得到明显提升。

不断做大做强渠道。全年西藏公司实体渠道网点数达到1035个，全渠道移动用户发展同比提升29.6%。在移动终端方面，随着天翼合约礼包上市，iPhone5S/5C、三星NOTE3、天翼首款定制藏汉双语智能手机的先后发布，移动规模发展得到强力支撑，全年移动用户净增进一步提升，全区智能机用户快速增长，完成年度目标的189%，3G手机用户活跃率达85.3%，移动业务规模发展实现新突破。同时，固网业务稳定发展，收入同比增长4.7%，有效支持了自治区电子政务内网统一网络平台及加密视频会议系统等信息化项目建设，林芝林则村成为“无线宽带第一村”、墨脱开通首个“政府总机”、昌都首个县级数字电视系统全面建成。

在做强渠道、流量、信息化应用同时，西藏公司也实现了规模效益的双突破。数据显示，2013年西藏公司完成年度预算目标的103.73%，同比增长18.62%，集团排名第七；全业务收入市场份额达到32.04%，提升1.03个百分点，集团排名第五；移动过网用户份额提升4.28个百分点，达到24.45%，集团排名第一；资本性支出完成年度预算目标的99.95%，同比增长3.08%；用户综合服务满意度77.2分，在区内行业排名第二。

【管理效率】 2013年，西藏公司始终把握关键环节，关注用户感知，下大力实现了管理效率和服务能力的新突破。为提高管理效率，西藏公司狠抓移动、宽带双网质量，强化核心网安全防护，持续保持了整个网络安全平稳运行。

西藏公司加强了天翼移动网络维护，多频次进行系统优化，集中开展移动网络质量攻坚专项工作，基本形成西藏城区3G三载波连片覆盖、农村高负荷多载波单点覆盖的网络结构，保障了网络流量增长，速率优良率提升了13个百分点，“双零”基站下降10%，西藏全区基站断站率从1.65%下降至0.8%，天翼网络在3G用户体验感知综合测评中保持领先。

西藏公司还持续强化宽带接入

支撑能力，西藏全区宽带用户端口实占率提升了18.3%；加强核心网络防护，实施重点网元、平台深入巡检，组织15县通信机楼、拉那昌、滇藏、拉林昌干线全面巡检，开展核心网络重要网元主备倒换、容灾倒换演练及网络优化工作；集中开展互联网及相关网络安全策略体系建设、结构性安全整改、安全防护检查等工作，从管理和技术方面持续提升网络抗攻击能力；持续推进通信局站供电系统重大隐患的整治，启动骨干传输节点的动环监控改造升级项目，骨干节点通信电源运行安全度提升到96%。

同时，西藏公司IT支撑能力也得到进一步提升。优化全业务激活系统工单流程与网元接口，移动业务3分钟内开通激活达到95%以上，服务前置系统操作处理工单预处理率由年初的30%提升至70%；优化宽带装维闭环流程和“I运维”掌上装维工具，装维人员实时接单处理平均时长下降至8个小时，处理及时率提高到98%。

应急通信能力进一步增强。初步形成了应急通信四级保障体系，不断提升应对各种突发事件的应急通信响应速度和处置能力，保障了各级政府应急通信和应急业务的需要，圆满完成了特殊时期、重要节日、“3.29墨竹工卡县扎西岗乡山体塌陷”、那曲双湖水灾、昌都地震等应急通信保障任务，有效支撑山南、昌都、拉萨7个虫草采挖点的通信需求。

在提升服务能力方面，目前，西藏公司1A服务标准达标率指标顺利完成，达到96.21%；投诉率指标明显下降，全年工信部立案申诉为13件，省内投诉率为0.63‰，均控制在考核范围内；中高端拍照用户保有率为89.9%，优于去年同期；移动用户月均离网率为3.22%，集团排名第七，明显优于往年。

【教育实践活动】 党的群众路线教育实践活动开展以来，西藏公司密切联系基层，关心关爱员工，着力解决员工最关心的问题困难，企业向心力和凝聚力稳步增强。活动中，西藏公司全体干部职工主动学习，认真开展调研，广泛听取意见，切实查摆问题，使活动取得了实实在在的效果，得到了集团公司督导组、自治区纪委领导高度评价。

西藏公司按照活动要求，进一步畅通了员工诉求渠道，领导干部全年三批次下基层实地调研，实现了基层情况、员工困难意见建议多渠道、多批次、多方位的畅通传达。共收集意见建议641条，截止2013年底已解决198条，对需要中长期整改的意见建议，公司专题研究分析、精准定位，确定分七个主要方面制定细化整改措施，做到查摆问题更精准，整改落实更明确。

同时，深入推进反腐倡廉工作，强化惩防体系建设，启动总结提炼西藏公司核心价值观和培育特色企业文化工作。持续开展为员工办实事办好事活动，制定了新一轮基层员工生产生活条件改善提升三年计划，落实员工温暖互助新办法，实施了县（支）局全面维修专项工作，县支局供暖范围扩大到海拔3500米以上地区；年内“六好”县支局创建率达15%以上，广大基层员工更好地享受到了企业改革发展成果；密切关爱员工身心健康，组织了二批次60名优秀员工疗养，成立了西藏公司员工心理健康援助团队并进行了首次培训。

2013年，全区38个单位和38名个人荣获自治区和集团公司级以上表彰，公司的发展得到了社会各界高度关注，受到集团公司、自治区党委和政府的充分肯定。2013年，西藏公司持续保持了快速发展势头，各项经营任务指标完成良好，企业正向着变革持续深化、发展持续提升、凝聚力持续增强的良好态势稳步前行。

【获奖情况】 1月初，中国电信拉萨分公司洛松曲珍荣获“全国城乡妇女岗位建功先进个人”称号。

1月初，工业和信息化部通报表彰在十八大期间网络信息安全和通信保障工作中表现突出的集体和个人，中国电信西藏公司网络运行维护部榜上有名。

2月8日，日喀则地区聂拉木县发生雪灾，导致樟木口岸C网、固网通信全阻。中国电信西藏公司高度重视，集结资源，紧急出动，全力抢修受阻光缆，至2月11日通信全面恢复，得到自治区党委政府的充分肯定。

4月上旬，中国电信拉萨分公司营业员单真曲西获评2012年度“全国用户满意电信服务明星”。

5月下旬，中国电信林芝分公司总经理布次仁被成都军区国防动员委员会授予2012年度“西南国防动员建设十佳工作者”荣誉称号。

8月中旬，李晓华总经理就通信保障和那曲通信建设发展等工作，向自治区党委常务副书记吴英杰，自治区党委常委、那曲地委书记多托作了专题汇报，自治区领导称赞西藏电信可信赖、有担当、靠得住。

11月中旬，区电信工会常务副主席洛布次仁荣获“全国优秀工会工作者”称号，亚东电信局获“全国模范职工小家”称号。

12月上旬，中国电信第三届十大感动人物评选活动揭晓，林芝分公司旦增同志榜上有名，当选中国电信十大感动人物。

中国移动西藏公司工作

【概况】 2013年，中国移动西藏公司自营服务厅达到78个，指定专营店440个，特约代理店3765个，空中营业厅75台；2/3G基站达到4870个，2G载频25923个，3G载波8411个；管道达到442.47公里，光缆达到42696皮长公里；移动用户达到183万户。圆满完成村村通、边境通信、寺庙通信、农村党员远程教育等一系列工程任务，创造性开展了广覆盖工程及农村信息文化站建设。“中国移动在西藏”主题活动、中央党校调研组在藏信息化调研、4G体验网启动仪式等系列影响较大的活动均取得圆满成功。

2013年，公司荣获全国“五一劳动奖状”荣誉称号，另有15个单位和16位先进个人受到地市级以上的表彰。

【网络建设】 通过高原移动人14年来艰苦卓绝的奋斗，中国移动在西藏已累计投资113.1亿元，建成世界海拔最高、覆盖最广、能力最强的网络体系，覆盖西藏七地市、74县（市、区）、1个县级口岸所在地和主要交通干线、重要集镇、边防要地以及各主要旅游景点。特别是实现了青藏铁路沿线、珠穆朗玛峰、世界海拔最高乡—普玛江塘乡、全国人口最少乡—玉麦乡、“高原孤岛”墨脱移动网络覆盖。不断完善和建设西藏农牧区通信基础设施，基本实现了全区“乡乡通”光缆和“村村通”电话，并快步向“乡乡通宽带”、“村村通宽带”迈进，为推进西藏社会主义新农村建设，当地经济社会跨越式发展，提供了优质的通信信息服务保障。

2013年，共计完成新建基站590个、入网载频4905个，完成WLAN热点覆盖258个、新增AP点4372个，新建管道411管程公里、新增光缆10849皮长公里。圆满完成村村通、边境通、寺庙通信、农村党员远程教育等一系列工程任务，创造性开展了广覆盖工程及农村信息文化站建设。实现行政村覆盖率68.91%，交通干线覆盖率32.21%，边境经济作业区覆盖率100%，边境点覆盖率51%，通商口岸覆盖率100%。

圆满完成2012年西藏自治区行政村村通宽带工程（第二批），开通新建站点813个，新建站开通率为99.88%；开通改造站点604个，改造站开通率为99.01%。按照《关于下达2013年“通信村村通”工程任务的通知》，中国移动西藏公司在2013年必须完成700个行政村通宽带的报备任务。在集团公司的统一部署下，截至2013年12月10日，圆满完成701个行政村通宽带任务。宽带进村成为广大群众开阔视野、增长见识的重要平台，有利于广大群众及时、快速了解外界信息，了解党的各项方针政策、相关法律法规，为自治区政府的“强基惠民”工程提供了有力支撑。

稳步推进边境通信工程。边境通商口岸网络覆盖100%；寺庙网络覆盖近50%；边防部队网络覆盖96%以上。

加快推进重点寺庙移动网络覆盖。该工程于2013年9月1日启动，12月13日结束，历时100天，新建基站236个,新建光缆2060公里,让30多个寺庙实现移动通信。

【履行社会责任】 2013年建设远教站点共824个，截至2013年累计建设远教站点共3524个。建设农村综合信息网共5个试点，分布在山南金鲁居委会、克松村、昌都左贡县乌雅村，那曲聂荣县色庆乡28村、那曲县罗玛镇10村。“强基惠民”方面，公司积极响应自治区要求，首次由领导班子成员担任驻村工作队总领队，亲自在阿里等艰苦地区带领驻村。2013年共派遣驻村工作队40人次。

在应急通信保障方面，为全区72个县区配备了卫星电话，2013年共完成墨竹工卡山体滑坡、昌都地震、楚布寺宗教活动和哲蚌寺展佛等重大应急保障任务28次。

2013年，中国移动西藏公司成

功主办和承办了一批具有重要社会影响力的活动，“中国移动在西藏”主题活动、中央党校调研组在藏信息化调研工作、4G体验网启动仪式等均取得圆满成功。在“中国移动在西藏”主题报告会上，西藏自治区党委副书记、人民政府主席洛桑江村在讲话中充分肯定了中国移动对口支援13年的整体贡献，指出长期以来中国移动始终站在讲政治、顾大局的高度，积极响应党中央号召，坚决贯彻落实中央援藏工作方针政策，给予了西藏大力支援。

2013年，奚国华董事长、刘爱力副总裁先后赴藏调研，给予了公司有力的指导和高度的肯定。“神山脚下的夫妻店”其美多吉夫妇先后入选集团公司“最美移动人”和新华社“中国网事·感动2013”年度人物，提升了通信行业整体对外形象。

【“客户为根、服务为本”提升满意度】 牢固树立“客户是基础的基础”的理念，坚持“以客户为导向”的工作原则和“大服务”意识，追求“有价值，可持续”发展及“客户满意”为最终目标，不断为客户提供满意服务。2013年客户规模和份额持续增长，活动客户数达到183.08万户，同比增长10%。

中国移动西藏公司在2013年5月份建立了“客户接待日”活动长效机制。截至2013年12月底，已开展11期活动，全区共计83位地市领导出席了接待活动，接待客户721位，受理客户咨询594例、建议116、投诉133例，有效拉近了企业与客户的距离。

【打造“天上西藏”平台传播藏文化】 搭建“天上西藏”平台，打造藏元素第一内容平台。“天上西藏”项目是中国移动西藏公司在移动互联网战略落地方面的探索和实践。目前，“天上西藏”项目藏元素的图片、视频、音乐、文字等内容的贮备量达到11万，已经建立与音乐基地、动漫基地、游戏基地以及视频基地的市场合作，在各基地合作上线的产品数达到844个。

【信息安全管理】 中国移动西藏公司已建立信息集中监控系统、网页防篡改系统、网站备案系统、可信介质系统、4A管控平台、防病毒等信息安全防护系统，为网络安全稳定运行提供保障。

2013年，信息集中监控系统监控违规垃圾彩信18749条，WAP类疑似违规信息292万条，有效实现互联网与彩信淫秽色情、暴力等不良信息治理，净化网络环境。通过网站防篡改防护系统存在的多种Web问题，保护系统应用免遭数据泄露/网页篡改/网页挂马风险的威胁，为业务系统提供了良好的保障。2013年拦截各类web攻击2万次。

4A管控平台取得显著的成效，目前系统建设已达与全国同步的水平。网站备案监测系统2013年发现未备案网站7个，关键字审计15000多条，网站备案率从65%提升到100%。为加强整个业务网的防病毒能力，有效的抑制病毒在网络内部传播，提高业务系统安全系数，减少安全事故的发生，对业务网应进行防病毒软件的部署，2013年系统共拦截或处理威胁次数2867次，安全防护终端主机98台。

同时重点做好电话用户真实身份登记工作，建设三大支撑系统，数次改造BOSS系统，采购二代身份证识别仪总计606台，更换升级所有营业厅电脑总计684台，共计投入资金2133.6万元，实现新增用户100%实名登记，存量用户实名登记率在集团公司位居前列。

国网西藏电力有限公司工作

【概况】 西藏电网由藏中、阿里、昌都三部分构成，其中藏中电网覆盖拉萨、山南、林芝、日喀则、那曲五个地区。通过±400kV直流和青海电网相联,经由2条220kV和4条110kV双回线连接林芝、日喀则、山南、那曲和拉萨,中部220kV网络形成拉萨—林芝—日喀则环网运行,阿里、昌都地区孤网运行的“一大两小”电网格局。

截至2013年底，西藏电网总装机容量为112.08万kW,比2012年增加7.55万kW,增长率为7.30%。其中水电57.86万kW、占比51.62%，燃油机组39.15万kW、占比34.93%，其余13.45%为光伏、地热等机组。藏中电网装机容量为100万kW，其中水电50.1万kW、占比50.1%，燃油机组34.9万kW (其中 9E燃机为18万 kW)、占比

34.9%，其余15%为光伏、地热等机组。昌都电网装机容量为9.64万kW，其中水电7.12万kW、占比74%。燃油机组2.52万kW、占比26%。阿里电网装机容量为3.368万kW，其中水电.64万kW、占比19.0%，燃油机组1.728万kW、占比51.31%，其余1万kW为光伏机组、0.75万kW为风力发电机组。

【电网建设与发展】 根据国家电网公司总体安排完成《西藏自治区2013年～2020年配电网滚动规划》和《“十二五”西藏电网发展滚动规划(2013年版)》，提前启动“十三五”规划编制工作。根据电网发展需求，完成《藏中电网供需形势分析报告》、《配电自动化》等8个专题报告，完成拉林铁路供电方案、新能源规划和接入等工作。取得藏木、旁多水电站送出工程、藏中100MW光伏电站送出工程及西藏老虎嘴–墨竹工卡–曲哥Ⅱ回220kV输变电工程可研批复。昌都电网与四川电网联网输变电工程、藏中电网220 kV网架输变电工程、藏中四地市110 kV输变电工程完成可研评审并上报。农网项目上报自治区发改委可研请示37份，取得可研批复26项，其中无电地区电力建设项目全部获得可研批复并完成可研交底。

2013年新开工110 kV及以上线路2958km，变电容量89.12万kVA；投产110 kV及以上线路906km，变电容量32.50万kVA；老虎嘴电站220 kV送出，第二通道提前投运，墨竹–拉萨换流站、旁多–拉萨换流站、直墨线π接入墨竹变电站等一批重点工程建成投产，建成西藏首座220 kV墨竹工卡智能变电站，提前完成阿里应急电源建设任务并投入运行。加快无电地区电力建设，主电网覆盖面由40个县增加至45个县。积极支持光伏、风电等新能源建设，“十二五”规划的10万kW光伏全部并网运行，那曲试验风电场顺利投运。城网设计提升评价及招标工作全面完成。大修技改项目实现100%完成目标，52个35kV及以上变电站全部实现无人值班。

严格按照基建管理流程,规范城网及农网35kV工程项目管理。加大督查，规范作业流程和作业行为，推进全过程质量管理工作。采取联合随机检查、质量阶段验收等活动，严格质量通病的防治，实体质量得到稳步提升。山南220kV变电站、藏木送出等工程工艺质量水平显著提升,藏木–山南220kV双回线路工程在国家电网公司2013年西北区域输变电工程项目管理流动红旗竞赛中给予通报表扬,昌都益青乡配电台区获得国家电网公司2013年度“农网百佳工程”。

【经营管理】 争取各项政策，缓解经营压力。推进电价政策调整。推进电力普遍服务补偿机制的建立。加强预算执行控制，以年度预算控制月度预算、月度预算控制资金支付。加强项目预算管理，推动财务参与业务工作的深度，强化工程其他费用专项预算管理。加强预算执行过程控制，建立预算分析通报和财务考核机制。

强化资产管理，提升资产质量。根据国家电网公司要求，完成青藏直流联网工程西藏代建部分的决算编制及上报工作，并通过总部初审。完成总部移交青藏直流工程资产的入账。清理历史遗留打包资产。截止2013年底，已完成藏中四地市110kV输变电工程、藏中电网过渡电源送出工程、应急电源工程决算初稿，完成公司系统114个技改项目的决算编制。加大土地、房屋权证办理工作力度。落实资产保险责任，较好地发挥了资产保险的补偿和保障职能。

强化工程全过程财务管理。理顺工程财务管理界面，完成了110 kV及以上输变电工程财务、在建工程及往来款项移交工作。加强工程全过程财务管理,将工程财务管理向前端业务延伸。完成小型基建项目自查清理工作。

组织开展内控建设调研，根据国家电网公司标准流程，梳理出流程759套，对财务、营销等15类风险信息进行比较分析，整合形成风险基础信息库。部署内控流程标准实施与应用工作，开展内部控制建设自查和自验收工作，完成2013年建设任务。

依法治企工作。配合完成国家电网公司“依法治企”综合专项检查和综合检查工作，对日喀则定日县2010～2013年农网工程专项审计调查工作。配合国家电网公司主多分开“回头看”检查工作。配合区国税局税务检查工作。深化在线稽核，组织开展现场稽核，先后对经研院、日喀则、山南、那曲供电公司等单位开展基建财务专项稽核。落实公司干部管理要求，全面实施经济责任审计，完成了原物流中心、物资公司(招标公司)、沃卡发电公司、昌都供电有限公司、阿里供电有限公司、经济技术研究院离任审计工作以及那曲供电公司任中经济责任审计。加强工程项目专项审计，规范工程管理，截至10月底完成电网建设工程、技改大修工程共33个项目审计。

加强招投标管理，深化物资集约化。实施集中规模招标“两种模式”。将35 kV及以上主要设备材料纳入总部统一组织集中招标范围，物资集中采购率达98%。开展协议库存、超市化采购。将10kV农网物资纳入协议库存采购范围，进行协议库存采购。应用电子商务平台采购功能模块，运用电子商务平台模块开展招标采购业务，提高电子商务平台采购批次覆盖率。

优化运营监控体系，创新监控运作机制。2月成立区级运营监控中心，顶层设计运营监控中心全面监测、运营分析、协调督办、全景展示与数据资产管理发展定位五项核心业务。确立电网运营监控指标体系，形成覆盖国网西藏电力业务部门的3个核心要素、21个关注维度、76个关注点、579项指标(一类指标142项，二类指标437项)、1286项数据需求的指标体系，覆盖电网运营的全过程、全流程，涵盖公司各业务部门和各级运营管理单位及作业单位。

【安全生产】 2013年未发生人身伤亡事件、重大电网和设备事故，未发生信息、消防、交通安全事件。2013年电网频率合格率99.9976%；城市综合电压合格率98.92%；城市供电可靠率99.69%。顺利完成国家电网公司业绩考核指标。

强化电网运行管理。柴拉直流累计向西藏输送电力7.4亿kWh,同比增长13.32%，缓解了藏中电网的供需矛盾。完成柴拉直流大负荷试验。加强继电保护装置运行维护。强化主力发电厂、枢纽变电站、重要线路的安全管理，制定相应的技术措施和事故预案。重视昌都、阿里两个孤立电网安全运行工作，加强各专业指导和督促检查，组织实施阿里应急电源和光伏接入工程建设，有力地保证了两个电网的安全运行和电力有序供应。

加强设备运行维护。完成技改大修项目116项，计划完成率100%。完成9E燃机B级检修和柴拉直流年度检修项目，9E燃机消除设备缺陷67项，大幅度降低9E燃机的故障率。柴拉直流年检，共完成拉萨换流站常规检修项目15475项、消除缺陷46条，在直流线路西藏段新安装鸟刺80774支、消除缺陷420处。组织开展“开关防拒动”等多次专项整治和集中消缺，进行输电线路防雷击、防风偏、防鸟害、树障整治及配电线路“卡脖子”整治。完成2013年防洪度汛、大坝安全度汛和发电厂安全设施标准化建设。

开展安全管理提升活动。贯彻落实管理提升年活动30条重点措施，推进166项重点工作开展。组织对检修等现场进行督查，督促各单位强化现场安全管理，严格落实安全措施。加强基建安全管理，开展“一站八线”等输变电工程安全督查。开展全国第十二个“安全生产月”活动，认真向群众宣传解释电力有关安全知识。开展交通消防安全大检查。组织参加国家电网公司“两票”调考。举办2013年“反违章”劳动竞赛。组织国家电网公司专家对西藏输电网和拉萨城市电网的现场查评工作。

组织开展“大检修”体系建设和安全保障工作调研，编制完成“大检修”体系建设方案和“三集五大”安全保障方案，实现52座变电站撤人或少人值守，顺利通过国家电网公司“大检修”和安全保障专业的专家评估和综合验收。

完成应急救援、保供电工作。完善应急管理体系建设，组织修订完善《国网西藏电力有限公司突发事件总体预案》等19个应急预案和地市公司层面的274个突发事件现场处置预案。加强应急队伍建设，购置基干分队单兵装备，参加国家电网公司应急理论技能培训和应急技能竞赛。开展应急演练活动，共组织应急演练4次、参演人数达168人。完成山南、林芝应急指挥分中心建设，实现与本部应急中心的互联互通。完成十八届三中全会、“两会”和三大节日的供电保障工作，完成“3·29”墨竹工卡县山体滑坡地质灾害应急救援和供电保障任务。

【营销管理】 2013年全年完成售电量25.87亿 kWh,同比增长10.32%;综合线损率13.58%、同比上升0.13个百分点；电费回收再次实现结零目标；95598五项业务实现与国家电网集中管理。构建区级“一部二中心”，市公司层面“一部一中心”的新型营销组织架构，计量器具检定和配送业务实现统一集中运作，中部电网五地市电费核算业务向区级集约，实施业扩报装全过程集中管控，95598五项业务在国家电网客户服务中心集中运营。制定电费风险管控措施，建立健全电费风险预警体系、强化回收责任，大部分地市公司电费回收实现月结月清，当年电费回收率100%。开展稽查主题应用，建立常态的日监控、周通报、月评价工作机制，开展抄表工作质量监控分析、加强零度户治理、分析业扩工单超时限问题、实时在线监控营业窗口服务质量，订正客户档案完善用户信息4858户。开展反窃电工作，实施专变用户防窃电负荷监测系统建设。2013年累计检查各类用户11472户次，查处违约用电窃电案件44户次，查出计量装置故障和其他159户次，补收电量119.069万kWh，补收电费和违约使用电费292.642万元。查出存在安全隐患248起。开展客户档案及台区线路数据治理工作。梳理、完善台区档案信息，共有104个公变台区具备开展线损统计、分析工作。开展采集成功率整改提升工作。截至2013年底，智能电能表接入系统达到6.14万户。组织开展变电站采集建设、用户档案数据清理，完善自动抄表和线损分析模型搭建，自动抄表入账电量比率达到70%，其中42条公共线路和98个公变台区实现采集全覆盖并纳入线损自动统计分析管理。截至2013年底，95598工单接派及时率100%，五项业务处理及时率100%。建立95598业务运营情况周报制，定期通报95598业务运营情况。深化供电服务提升工程，开展供电服务大检查活动。全年累计发现各类供电服务问题295个，已完成整改270个。与运检部建立配网运行和供电服务信息日报机制，营配协同，信息共享；与监察部共同开展供电服务提升工程效能监察活动，组织开展明察暗访5次，及时将结果在系统内进行通报；开展业扩规范工作，新装及增容户数同比增幅108%，供电方案答复及时率达到97.84%，同比提高3.4个百分点；装表接电及时率达到97.75%，同比提高53个百分点。组织人员对重要用户和重要场所的用电安全检查工作，建立健全高危及重要客户联系机制，截止12月31日，共完成保电工作836次。完成中央领导在藏视察、十八届三中全会等期间的供电保障工作。深入推进营销信息化建设，对营销业务系统开展两轮大规模评价分析与完善优化工作，治理功能缺陷300余项，实现业务需求40余项；完成95598呼叫系统改造工作；建设计量生产调度平台，推进计量资产规范管理；基本完成一体化缴费平台建设。开展有序用电能力排查，编制《藏中电网今冬明春有序用电方案》，取得自治区政府的批复；加强与重要用户的沟通协调，签订负荷调控责认书；落实柴拉直流停电检修期间藏中电网有序用电工作方案，有效平抑电网电力缺口。

【农电工作】 加大农网工程建设力度。完成农网投资18.52亿元；新开工110 kV以上线路1477 km、变电容量42.41万Kva；投产110kv及以上线路285.9 km、变电容量2.456万kVA。解决和改善47.27万户、202.3万无电人口的用电问题。加快农电代管工作。根据国家电网公司《关于西藏农电代管有关工作的批复》(国家电网农〔2013〕119号)要求，组织编制《关于西藏自治区国家电网覆盖区域农电代管框架协议》，明确农电代管的原则、经营范围、管理责任和要求，通过自治区人民政府的审查。组织国家电网公司5名帮扶专家分成两组深入到7个地区8个代管试点县，了解县政府、电管机构人员对农电代管的意见，宣传自治区关于农电代管的精神。与农电代管试点县政府达成共识；核查县电管机构人员构成、经营管理等方面的基础数据，编制《农电代管县试点工作方案(总方案)》《农电代管企业规范用工指导意见》《农电代管企业清产核资指导意见》《西藏自治区国家电网覆盖区域县供电有限公司代管协议》等各类文件25个。截至12月30日，8个试点县(墨竹工卡县、堆龙德庆县、南木林县、隆子县、林芝县、聂荣县、察雅县、噶尔县)供电企业全部签订代管协议工作。

【优质服务】 “大营销”组织体系已基本形成，服务资源集中优势初显成效。强化客户服务中心服务监督作用，加强服务过程管控力度，规范95598运营管理和服务。建立基本涵盖供电服务“十项承诺”的关键指标评价体系。加强投诉、举报管理，严格执行客户满意的闭环管理。以95598服务为平台，加强对服务的跟踪管控，建立供电服务日跟踪、周通报、月考核机制。组织开展供电服务提升工程，基本摸清服务短板和瓶颈，及时修订新建部分管理制度。完成95598五项业务集中工作，截至2013年底，系统运行稳定，业务流转畅通。开展营销安全和供电服务大检查，组织排查治理隐患，狠抓用电安全管理。完成十八届三中全会、中央领导在藏视察等重大活动保电任务，截至12月31日，共完成保电工作836次。加强需求侧管理，科学实施负荷管理，在电网特殊时段和迎风度冬期间，实现电力有序供应。

2013年4月24日，政协第十届西藏自治区委员会新任委员培训班在拉萨正式开班

2013年3月3日，中国人民政治协商会议第十二届全国委员会第一次会议在北京人民大会堂开幕，西藏自治区与会人员满怀信心走向会场

2013年1月22日，中国人民政治协商会议第十届西藏自治区委员会第一次会议在拉萨开幕。全国政协副主席、西藏自治区政协主席帕巴拉·格列朗杰主持会议

2013年2月1日，中共八届西藏自治区纪委第三次全体会议在拉萨召开

区党委常委、纪委书记金书波率检查组深入拉日铁路隧道检查工作

自治区纪委监察厅领导在乡村监督检查村务公开事项

自治区党委书记陈全国看望出席政协会议的宗教界代表

自治区党委常委，政协副主席、党组书记，区党委统战部部长公保扎西与结对户进行座谈

2013年度全区和谐模范寺庙暨爱国守法先进僧尼表彰大会

自治区党委统战部常务副部长熊刚毅与驻村工作队共同研究驻村工作思路

2013年 8月2日，中央政治局常委、全国政协主席俞正声到武警西藏总队机关视察，亲切接见总队司令员宋宝善

2013年7月16日，武警部队司令员王建平深入区域训练基地检查指导工作

2013年10月15日，国务委员、公安部部长郭声琨视察武警西藏总队机关，与总队政治委员唐晓亲切交流

2013年7月31日，西藏自治区领导陈全国、洛桑江村、吴英杰、邓小刚深入拉萨市支队一中队看望慰问官兵

武警西藏总队医院医护人员深入对口援建的卡优村卫生所开展义务巡诊活动

2013年10月15日，国务委员、公安部部长郭声琨检查指导西藏消防工作

区公安消防总队总队长高雨祥看望慰问基层消防官兵

自治区党委书记陈全国看望慰问消防官兵

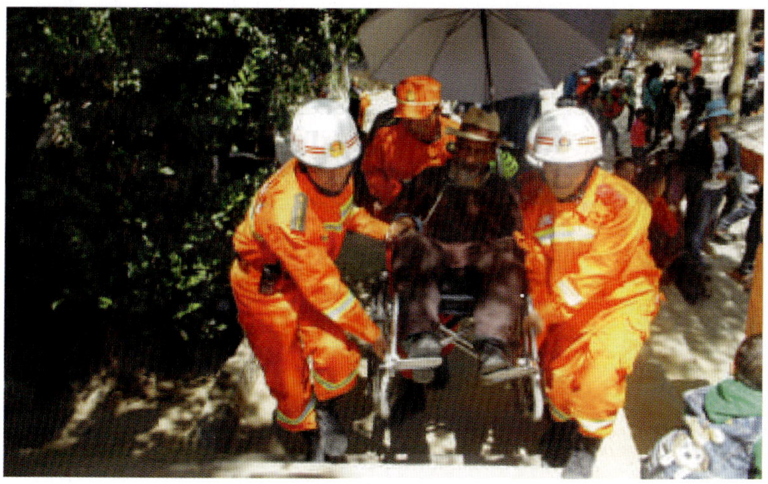

消防官兵帮扶朝佛群众

开展文物古建筑灭火救援演练

2013年6月4日，最高人民法院领导罗东川参加国家法官学院西藏分院 民事双语法官培训开班典礼

2013年2月15日，区高院党组书记、院长索达赴日喀则萨迦、萨嘎两县慰问驻村工作队

2013年全区法院院长会上表彰全区优秀法院、优秀法官

全区法院院长会上索达院长与各中院院长签署2013年三项目标责任书

2013年3月5日，召开区高级人民法院维稳攻坚动员暨誓师大会

2013年1月21日，自治区党委书记陈全国，自治区党委副书记、自治区常务副主席、自治区党委政法委书记邓小刚到区检院视察指导工作，区人民检察院检察长张培中陪同。

区人民检察院检察长张培中与拉萨市分院检察长签订党风廉政建设责任书

区人民检察院检察长张培中为区检察院第三批驻村工作队授旗

区检察院与拉萨海关共同签署《惩治和预防渎职侵权违法犯罪工作联系配合办法》

2013年10月14日,国务委员、公安部部长郭声琨在西藏调研期间，观摩西藏公安厅打击地下组织“缉抢治爆”阶段成果展，自治区党委书记陈全国陪同调研

2013年4月28日，区公安厅机关民警在公安厅办公大楼前举行为四川雅安地震灾区捐款仪式

2013年7月19日，公安厅召开全区公安系统党的群众路线教育活动动电视电话会议

2013年8月2日，区公安厅党委书记、厅长刘江深入基层一线检查指导拉萨雪顿安全保卫工作

2013年11月17日，区公安厅党委理论学习中心组传达学习党的十八届三中全会精神

区公安厅举行第一批县处级领导干部进村入户“结对认亲、交朋友”活动出发仪式

2013年8月23日，区公安厅召开党的群众路线教育实践活动公安英模事迹报告学习会

2013年4月19日，区党委常务副书记吴英杰视察拉萨监狱

2013年5月16日，自治区党委副书记、自治区常务副主席、区党委政法委书记邓小刚在曲水监狱调研

2013年10月12日，司法厅系统党的群众路线教育实践活动演讲比赛在厅礼堂举行

2013年2月27日，全区司法行政工作会议在拉萨召开

2013年7月15日，西藏自治区妇女第九次代表大会开幕

2013年4月10日，由自治区妇联和西藏社会主义学院联合举办的全区第七期骨干尼姑培训班开班

2013年8月13日，由自治区妇联和拉萨市妇联联合举办的传统藏香制作培训班在拉萨市堆龙德庆县海螺藏香厂开班

2013年3月2日，全区首个区直机关“妇女之家”在区政协机关挂牌

自治区政协副主席、工商联主席阿沛·晋源为新入会会员颁证

2013年6月16日，西藏自治区浙江商会在拉萨成立

2013年6月8日，西藏三部门签署备忘录，推进非公经济跨越式发展

2013年度非公经济人士感恩行动捐赠仪式

副厅长陈新强在科技活动周启动仪式上讲话

2013年全区科技工作会议

青稞新品种"藏青2000"示范推广项目（山南片区）通过验收

人工种植灵芝

科技人员现场指导青稞新品种"喜马拉22号"生产技术

西藏自治区主席洛桑江村、青海省省长郝鹏等在藏青工业园选址地调研，自治区工业和信息化厅厅长徐飞陪同

整合资源，培育壮大非公经济中小企业合作签约仪式

厅党组书记格桑平措在民爆企业调研

厅党组书记李震看望慰问那曲地区儿童福利院职工

厅长格桑仁青看望转移安置的受灾群众

为灾区群众搭建被毁桥梁

2013年福彩中心开展助学活动

2013年5月25日，西藏高校毕业生就业政策宣讲大会在西藏民院举行

2013年4月12日，区党委常务副书记吴英杰视察高校毕业生第一批公开考录公务员笔试工作

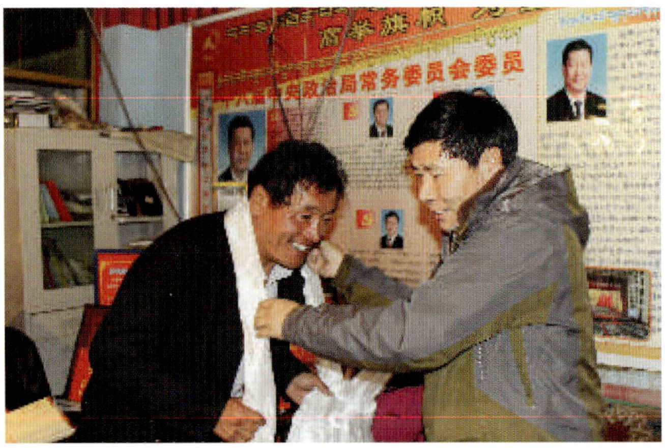

2013年7月31日，厅党组书记边巴扎西慰问村两委班子成员

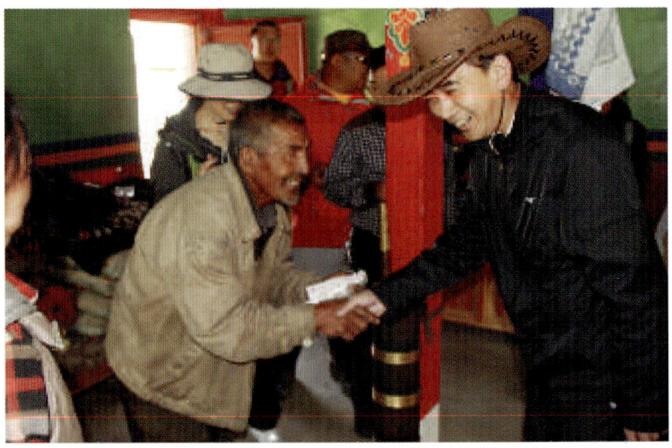

2013年8月14日，厅长马相村在结对认亲活动中看望村民

厅长江白对矿山进行检查调研

监测站-水质COD滴定（环境监测专业技术人员滴定水质化学需氧量）

藏北高寒草原

拉鲁湿地国家级自然保护区夏季

2013年10月31日，西藏自治区党委副书记、自治区主席洛桑江村宣布墨脱公路正式通车

西藏自治区党委副书记、自治区常务副主席、区党委政法委书记邓小刚检查拉萨西郊汽车站

墨脱公路嘎隆拉隧道

国道318线川藏公路业拉山99道拐

自治区交通综合执法总队总队长雷程在那曲支队嘉德超限检测站调研

西藏交通执法林芝支队工布江达大队卸载现场

重温入党誓言

2013年6月30日，车站召开纪念建党92周年表彰会，图为组织车站部分党员代表、职工群众参观车站成果展

2013年10月18日，拉萨站实现安全生产2000天，车站组织召开了表彰暨总结会，对取得安全生产2000天的好成绩进行了总结，表彰了为车站安全生产做出突出贡献的10名安全标兵

2013年11月27日，西藏自治区实验幼儿园100余名儿童参观拉萨站，接受爱路护路教育，图为车站工作人员为孩子们讲解铁路常识

2013年8月14日，水利部第六次援藏工作会议在拉萨召开

微喷节水灌溉技术在当雄县贡塘草场试点

农牧民群众用上了方便充足的电

冰湖除险观测

病险水库除险加固

沥青混凝土心墙实验

防渗墙施工

旁多工程截流

工程大坝填筑

最后一台机组转子起吊

西藏自治区党委副书记、自治区主席洛桑江村听取设计单位汇报

局长刘宏在支部活动会上讲话

拉洛水利枢纽及配套灌区工程奠基仪式

水利厅质监中心领导检查拉洛项目“三通一平”工程建设工作

崭新的拉洛营地

水利厅党组书记李文汉到满拉水利枢纽工程实地指导工作

满拉水电厂机组

满拉水电厂中控室

满拉水库

满拉水电厂发电机层全景

区农牧厅党组书记朱春生调研无公害蔬菜生产情况

区农牧厅厅长次旺多布杰下乡调研

科普宣传

土著鱼类增殖放流现场

展示“黄改”成果

自治区副主席董明俊调研牛羊肉市场保障供应情况

检查万村千乡农家店

尼泊尔动物饲养技术培训班结业典礼

吉隆口岸热索一线口岸检查检验基础设施建设项目开工典礼

践行党的群众路线，赢得群众赞誉

深入开展党的群众路线教育活动（图为区卫生厅党组书记卢彦朝深入农家开展结对认亲交朋友活动）

区卫生厅厅长普布卓玛视察卫生系统“食品安全宣传周”活动现场

西藏自治区开展农牧民及僧尼免费体检工作

又一批先心病儿童赴内地免费治疗

2013年6月7日，国家食品药品监管总局党组成员孙咸泽进藏调研信息化平台援藏项目

2013年8月14日，自治区食品药品监管局在保健食品“打四非”专项行动期间向七地（市）食品药品监管局配发快检设备

2013年7月28日，自治区党委书记陈全国会见来访的哈萨克斯坦总统办公厅主任马西莫夫

西藏自治区庆祝建国64周年招待会

2013年6月18日，自治区党委副书记、区人大常委会主任白玛赤林率全国人大西藏代表团访问加拿大时会见加拿大参议长诺埃尔·金塞拉

2013年7月22日，自治区党委副书记、自治区主席洛桑江村会见来访的世界卫生组织西太区主任申英秀

自治区党委常委、自治区常务副主席丁业现，中国电建集团公司董事长范集湘、党委书记晏志勇出席合作框架协议签字仪式

自治区国资委党委书记次成甲措慰问企业困难职工

自治区国资委主任余和平赴驻村工作点调研

2013年8月29日，国家工商总局副局长马正其视察拉萨市工商局

西藏工商系统创先争优强基惠民总结表彰大会

西藏工商部门集中销毁假冒伪劣产品

执法人员开展冬旱夏草市场检查活动

2013年2月26日，自治区副主席多吉次珠视察质监工作

区质监局传达学习区党委八届三次全委会精神大会

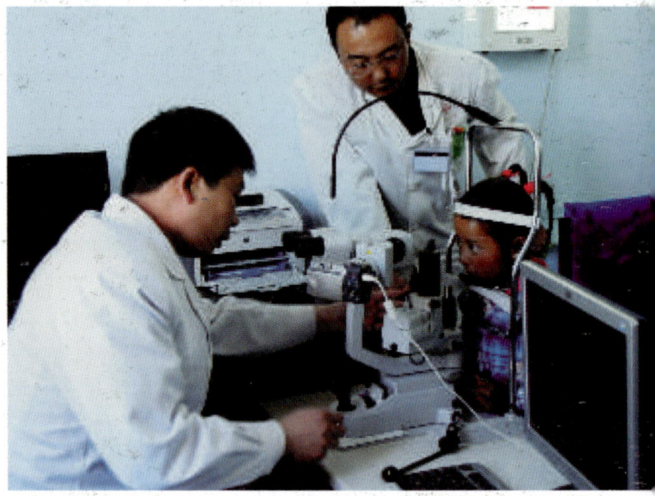

自治区质监局开展计量澄明活动

自治区质监局党委书记次仁罗布慰问退休干部

国家安监总局督查组在藏督查矿山企业

区消防总队组织学校进行消防应急演练

西藏自治区党委副书记、自治区主席洛桑江村等领导在区安监局指导工作

自治区副主席格桑次仁出席安全生产电视电话会议并讲话

区安监局领导在驻村工作点参加生产劳动

2013年3月7日，自治区副主席多吉次珠到区人防办视察

人防队伍“准军事化”训练

领导班子到实地检查指导人防工作

地质工作者在改则盐湖开展工作

充分发挥地质勘查技术优势，主动服务拉林铁路建设

野外开展铜矿勘查工作

2013年3月2日，西藏大学博士学位授予单位立项建设验收汇报会

2013年6月21日，西藏大学与西藏电信共建西藏文化数字媒体技术与工程研究中心战略合作框架协议签字仪式

2013年3月26日，自治区党委常委、区党委宣传部部长董云虎到西藏大学视察指导工作

2013年7月15日，西藏大学2013年学术周开幕

2013年2月27日至3月2日，以北京大学常务副校长吴志攀教授为组长的验收专家组一行到西藏大学农牧学院对生态学一级学科博士学位拟授权学科立项建设工作进行了整体验收

2013年12月6日，由西藏大学农牧学院承办的西藏自治区“移动飞信杯”第三届大学生校园文化艺术节闭幕式暨颁奖晚会在文体馆隆重举行

2013年8月—9月，西藏大学农牧学院圆满完成第八届中国花卉博览会西藏展区设计、布展工作

深入田间地头了解春耕信息

西藏职业技术学院第六届技能大赛

西藏职业技术学院学生荣获第五届全国大学生广告艺术大赛三等奖

2013年高校毕业生专场招聘会

江苏省委常委、组织部部长杨新力，自治区党委常委、组织部部长梁田庚到学校视察

校领导看望当雄县完全小学师生

法治进校园宣传活动

2013年4月19日，自治区党委常委、拉萨市委书记齐扎拉到学校检查工作

2013年1月15日，全区税务工作会议召开

2013年4月10日，举行纳税百强新闻发布会

开展税收宣传进企业活动

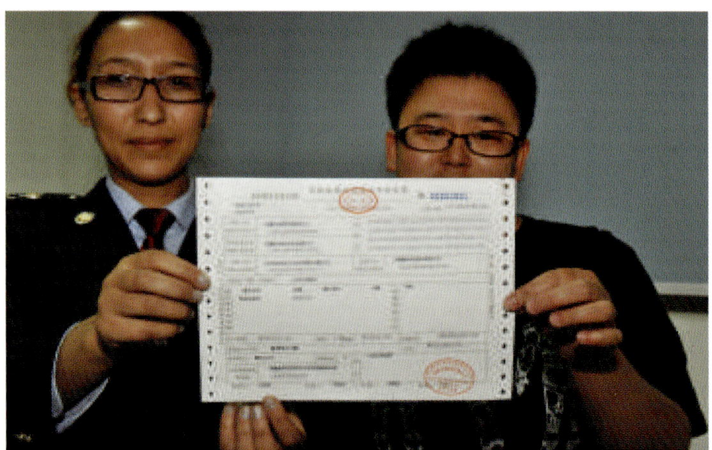

2013年8月1日，西藏与全国同步实现“营改增”试点

2013年9月17日，自治区副主席姜杰在拉萨海关调研

拉萨海关组织全国和自治区人大代表、政协委员到驻邮局办事处调研

狮泉河海关缉私分局揭牌仪式

聂拉木海关关员在货检现场查验货物

2013年9月26日，国家烟草专卖局局长凌成兴（左一）、副局长杨培森（左二）在物流配送中心调研，询问中南海牌卷烟销售情况。

2013年3月14日，拉萨市局稽查支队查获并封存假冒卷烟

2013年2月4日，西藏自治区烟草专卖局（公司）驻昌都地区左贡县扎玉镇吉普村工作队队员走村入户访民情，与农牧民亲切交谈，宣传党的好政策

2013年5月31日，日喀则地区烟草专卖局(公司)团委组织看望地区福利院的残疾儿童，为孩子们送去了粮油、牛奶和文具

2013年5月30日，民航西藏自治区管理局第五次党代会圆满召开

培训基地揭牌

党的群众路线教育实践活动动员大会

民航西藏区局书记白珍检查邦达机场跑道维修工作

2013年6月26日，自治区副主席坚参到狮泉河国家基准气候站观测场参观并同区气象局党组书记王鹏祥书记交流

2013年5月13日，气象科普进校园活动。图为：防雷中心工作人员给学生讲解气象科普知识

2013年3月15日，学生参观气象地面观测仪器

2013年12月4日，西藏保监局党委书记、局长马全平带领监管干部上街开展保险法制宣传

西藏保险业开展“送温暖·献爱心”活动

西藏保险业在阿里地区开展现场赔付工作

2013年5月8日至10日，交通运输部党组成员、国家邮政管理局党组书记、局长马军胜赴西藏就普遍服务和市场监管工作情况进行调研

2013年5月11日，西藏举行“母亲邮包”公益项目活动启动暨捐赠仪式

西藏自治区庆六一“红领巾相约中国梦”主题队日活动暨青少年书信文化活动启动

西藏邮政公司向驻村点捐赠物资

2013年7月30日，国家开发银行西藏分行与山南地区行署举行高层会谈暨《规划合作框架协议》签约仪式

2013年8月24日，国家开发银行西藏分行牵线国家开发银行宁波分行“青春开行”爱心公益基金，启动“爱心开行、情暖阿里”爱心捐助公益活动。

国家开发银行西藏分行项目：国道318线林芝至拉萨段公路改造墨竹工卡至拉萨段工程项目

职工深入学习党的十八届三中全会精神

农发行西藏分行党委书记、行长张勇深入企业调研

农发行西藏分行领导与文体活动获奖人员合影留念

七一建党节举行全体党员入党宣誓仪式

工商银行西藏分行召开全行员工大会，行长彭正江作题为《立足新起点 再加新举措 奋力开创分行健康快速可持续发展新局面》的讲话。

行长彭正江，副行长格桑曲珍、刘永斌欢送2013年第一期驻村工作组赴阿里开展扶贫工作

行长彭正江、副行长刘永斌到分行拟选网点地址进行现场视察和指导

分行参加工商银行西藏金融活动月启动仪式

中国农业银行西藏自治区分行与国家开发银行西藏分行签署全面战略合作协议

中国农业银行西藏自治区分行与阿里地区行政公署签订全面战略合作协议

中国农业银行西藏自治区分行向卡达乡捐赠农业机械

中国农业银行西藏自治区分行与林芝地区行政公署签订全面战略合作协议

2013年8月6日，中国银行与西藏自治区人民政府签署战略合作协议

中国银行西藏区分行小微企业服务宣传

中国银行西藏区分行举办反假知识宣传活动

中国银行西藏区分行支持拉萨特殊教育事业

2013年3月13日，自治区党委常务副书记郝鹏、自治区党委副书记、自治区常务副主席吴英杰等领导到西藏银行，就我区金融业发展情况进行考察调研

自治区政协副主席、西藏银行董事长白玛才旺在拉萨主持召开西藏银行第一届董事会第十次会议

西藏银行党委副书记、行长孙健与农牧民签署个人贷款合同书

西藏银行慰问警务站值班民警

西藏银行召开干部员工大会

西藏银行干部员工积极履行社会责任，为困难群众献爱心

西藏银行举办弘扬老西藏精神主题演讲比赛

西藏银行召开党的群众路线教育实践活动专题民主生活会

中国建设银行党委副书记、行长张建国、副行长赵欢一行到建行西藏分行城西支行视察

2013年7月17日，自治区人民政府与中国建设银行签订战略合作协议

中国建设银行总行巡视组到西藏分行检查指导工作

建行西藏分行召开党的群众路线教育实践活动动员（视频）大会

建行西藏分行开展学雷锋树新风活动为市民讲解金融知识

民生银行拉萨分行党委副书记、副行长马骏(主持工作)向西藏大学捐款“共建民生银行实习、见习基地”基金30万元,西藏大学校长普布次仁接受了捐赠

民生银行拉萨分行党委委员、副行长梁海涛向第七批援藏干部图书馆捐赠价值30万元的图书,区党委组织部对口支援干部处副处长张建桥接受了捐赠

为驻藏部队捐赠图书

中国民生银行股份有限公司拉萨分行开业留念

2013年10月20日，中国人保成立64周年纪念

2013年8月20日，总经理孙国新在山南琼结县拉玉乡措当村与村民亲切交谈

业务培训

银保业务合作启动会

驻村心连心送温暖活动

给驻村点捐赠粮油

2013年9月11日，西藏自治区党委副书记、自治区主席洛桑江村在拉萨会见中国太平洋保险股份有限公司党委书记、董事长高国富

2013年9月12日，自治区人民政府与中国太平洋保险（集团）股份有限公司战略合作框架协议签字暨捐赠仪式在拉萨举行

中国太平洋保险公司党委书记、董事长高国富听取西藏分公司工作汇报

西藏自治区党委常委、自治区常务副主席丁业现与阳光保险集团总裁李科分别代表西藏自治区人民政府和阳光保险集团签署战略合作协议

阳光财产保险股份有限公司西藏自治区分公司总经理张国民在中国银行西藏自治区分行调研

公司客户服务人员热情接待客户

阳光青年志愿者探望藏族老阿妈

2013年10月2日，区党委副书记、自治区常务副主席、自治区党委政法委书记邓小刚到七二五油库调研

2013年4月27日，中国石油集团公司副总经理喻宝才到西藏销售调研

2013年9月6日，中国石油西藏销售公司党员干部参观自治区廉政教育基地

2013年6月2日，中国石油西藏销售公司总经理刘华治到昌都分公司检查工作

2013年7月30日，中国电信西藏公司总经理李晓华在中国电信拉萨分公司东区卖场调研

西藏公司召开二届二次职工代表大会暨2013年度工作会议

中国电信承建数字城管，助力智慧拉萨建设

中国电信“天网”工程护航平安西藏建设

2013拉萨雪顿节期间，中国电信为文成公主主题演艺活动提供通信保障

2013年9月9日，西藏自治区党委书记陈全国会见中国移动通信集团公司董事长奚国华

2013年6月30日，中国移动通信集团公司副总裁刘爱力在珠峰大本营调研网络覆盖情况

2013年4月29日，中国移动西藏公司荣获全国五一劳动奖状

2013年9月11日，国务院国资委派驻集团公司监事会主席国一民在西藏调研期间，看望慰问中国移动“神山脚下的夫妻店”

2013年6月11日，中国移动西藏公司举行“极速雪域 跨越巅峰”4G体验网启动仪式

2013年6月7日，国家电网公司与自治区签署共同推进无电地区电力建设和国家电网覆盖区域农电代管框架协议

2013年2月6日，总经理刘晓明慰问东嘎公司退休困难职工普布次仁

公司二届四次职工代表大会暨2013年工作会议职工文艺晚会在拉萨举行

2013年3月29日，墨竹工卡县扎西岗乡突发山体滑坡。灾害发生后，国网西藏电力公司救援抢险队伍为抢修工作人员工作和住宿帐篷安装照明线路

三峡集团西藏能源投资有限公司

西藏自治区人民政府、中国长江三峡集团公司深化能源经济领域战略合作协议签订仪式

中国长江三峡集团公司（以下简称三峡集团）目前是我国乃至世界最大的水电开发企业，是我国唯一以大型水电开发与运营为主的中央企业，是世界唯一具有滚动开发、运营千万千瓦级流域梯级水电工程经验的水电龙头企业。在水电领域的开发当中，三峡集团创造了超出行业水平的三峡标准，形成了享誉全球的三峡品牌。

三峡集团西藏分公司董事长卢纯（右二）在林芝工程现场深入调研

三峡集团西藏能源投资有限公司（以下简称西藏公司）是三峡集团在西藏自治区注册的全资子公司，是三峡集团在藏资源开发与投资平台，主要负责开展雅鲁藏布江下游水能资源开发前期准备工作及相关投资、西藏地区其它能源开发和投资以及三峡集团批准的其它投资与开发事项。

根据三峡集团与自治区政府签订的《“十二五”电力援藏工作协议》精神，“十二五”期间三峡集团将安排专项资金5000万元用于西藏自治区无电地区的电力建设，2013年已完成支付2000万元，2014年还将完成支付2000万元。这将进一步加快解决西藏自治区无电地区的用电问题，大大改善当地居民的生产生活用电条件。

为改善西藏自治区落后地区的民

生，促进当地人民早日脱贫致富，三峡集团与墨脱县开展了对口援建工作。由三峡集团出资3000万元援建的墨脱县亚东小康示范村项目，工程惠及168户，近千居民受益。第一批建设已全部完工并通过验收，第二批建设也将于2014年底完工。此外，三峡集团还将援助5000万元专项资金用于墨脱县安居工程建设。

为改善林芝地区雅鲁藏布江沿岸地区居民的交通条件，三峡集团积极参与地方通村公路建设，主要包括排龙至金珠曲、荷扎村至拉格、解放桥至阿尼桥通村公路，公路总里程227.1Km。以上公路建成后，将对当地的经济发展将起到积极的带动作用。

三峡集团西藏分公司总经理王琳（左二）在林芝工程现场指导工作

为改善墨脱地区整体的交通现状，三峡集团将积极参与雅江下游永久交通建设，主要包括扎木镇至墨脱公路、墨脱至希让公路、林芝至派镇公路、排龙至金珠曲公路、派镇至墨脱公路。目前，正在积极开展以上公路的各项专题研究工作及规划设计工作。以上公路的建设，将全面提升国家边防交通网的综合保障能力，保障重要战略物资和应急救灾物资运输的及时性和可靠性,对维护边境国防安全具有现实、深远的战略意义。目前，已投入资金近3000万元。

三峡集团西藏分公司在拉萨召开西藏专题工作会议

自治区政府于2013年正式批复同意西藏公司开展白马西路河水电规划工作。西藏公司在墨脱县注册成立了西藏墨脱白马西路河水电开发有限公司，并计划于2014年完成水电规划工作。白马西路河水电的开发，将彻底解决墨脱县的缺电问题，也将为解决雅江下游水电开发前期工作用电提供条件。

为破解雅江开发过程中面临的各项复杂难题，提前做好科研准备，三峡集团于2013年在林芝地区设立了国家工程研究中心，并规划了相应的科研基地。西藏公司计划在“十三五”期间完成基础设施建设，力争早日投入使用。

同时为满足三峡集团在林芝地区的后勤保障需要，提升林芝地区的城市品位和接待能力，西藏公司经与林芝地区协商，合作投资建设林芝后勤保障基地。

自治区教育厅、三峡集团、三峡大学签署定向培养应届高中毕业生协议书签订仪式

三峡集团援建的墨脱县亚东新村（小康示范村）

西藏天路股份有限公司

2013年4月1日，自治区副主席多吉次珠视察公司控股子公司—西藏高争建材股份有限公司

西藏天路股份有限公司（以下简称“公司”）成立于1999年3月29日，公司股票于2001年1月16日在上海证券交易所成功上市，股票简称“西藏天路”、股票代码“600326”。

作为西藏唯一一家以基础设施建设为主业的上市公司，公司具有建设部核准的公路路面、桥梁工程专业承包一级资质，自治区建设厅核准的公路路基、公路工程总承包、市政公用工程施工总承包和房屋建筑工程施工总承包二级资质，铁路工程施工总承包三级资质，2006年4月完成三标一体（QES）管理体系认证。在自治区党委、政府的关心和支持下，凭借着较强的经济技术实力和良好的社会信誉，成立近十五年来，先后承建了100多个公路、市政及房建工程项目。特别是“十一五”期间，承建了61个公路、市政及房建工程项目，其中14项工程为西藏自治区“十一五”188重点工程项目。

西藏天路股份有限公司曾两次成功发行股票，共募集资金6.89亿元，95%以上的募集资金用于区内产业建设。累计投资近5亿元大力支持控股子公司西藏高争建材股份有限公司（以下简称“高争股份”）建设两条水泥生产线，使其成为全区规模最大的建材龙头企业，构建了公司建筑、建材协同经营、共同增长的战略格局。特别是高争“二线”建成后，高争股份经济效益大幅提升，同时以引进专业化管理团队强化企业管理，固化生产流程，进一步提高高争股份的核心竞争力，目前建材业已成为公司重要的利润来源。

根据自治区人民政府专题会议纪要〔2007〕34号确定的“政府主导、市场运作、区内企业控股开发”冲江铜矿的基本原则，公司作为控股方，与自治区地堪局地质二队合作勘查开发位于尼木县境内的冲江及冲江西铜矿，完成了地勘详查报告编写及内部审查工作，并已通过国土资源部专家组的初步评审。这是公司顺应自治区“二产抓重点”经济战略，推动可持续发展的重大举措。

通过近十五年的不懈努力，截止2013年12月31日，公司注册资本达到5.472亿元，公司总资产达到29.17亿元，净资产达到13.34亿元，较组建之初资产总额增长1365.83%、净资产增长1778.87%，分配给股东现金股利1.04亿元，累计实现利润总额7.5159亿元，累计上缴税金8.3456亿元。公司目前有职工1069人，其中退休职工510人，在职职工559人；在职职工中具有研究生学历的5人，本科学历的64人，大专学历的133人，高中专及以下的有355人，高级职称的10人，中级职称的68人，初级职称的103人。

公司自身的不断发展和对经济社会发展所作出的贡献得到了社会的认可。先后荣膺全国“五一”劳动奖状、全国优秀施工企业、全国守合同重信用企业、全国“安康杯”竞赛优胜班组、自治区“十一五”重点建设项目工作突出贡献单位、自治区建设银行“AAA”信用企业等多项国家、自治区级荣誉称号。2009—2012年，连续四年被评为“全区吸纳高校毕业生就业先进集体”；2009年7月，被中央宣传部、国务院国资委评选为2009年度全国十家典型国有企业之一；2012年6月被中组部授予“全国创先争优先进基层党组织”称号；2012年7月被国务院授予“全国就业先进企业”等称号。

2013年3月12日，自治区副主席坚参深入由公司承建的拉萨市拉萨河（城区段）综合整治工程（3#闸）项目施工进行调研

2013年6月17日，公司召开青年员工“中国梦、天路梦、我的梦”主题座谈会

公司将继续以科学发展观统领全局，按照“提升建筑业、做强建材业、发展矿产业”的适度多元发展战略，坚定信心、团结奋斗，进一步增强企业核心竞争力和综合实力，努力实现“发展企业，服务社会，造福西藏”的夙愿，为西藏经济社会跨越式发展和长治久安做出应有的贡献。

公司办公楼

公司参建的拉贡机场高速公路

公司承建的墨脱公路E标段达国大桥

西藏藏药集团股份有限公司

西藏藏药集团是以1994年国家援藏重点工程项目（改扩建工程）为基础组建的股份公司。现为西藏自治区第一家现代剂型及第一家通过国家GMP认证的藏药企业，是国家级农牧产业龙头企业、西藏自治区高新技术企业、新型藏药高技术产业化示范工程单位、国家中医药管理局指定的民族药品定点生产企业。公司凭借西藏得天独厚的自然资源和自身强大的科研实力，成为集藏药研发、藏药材种植及贸易、藏成药产销等为一体的综合性企业，拥有胶囊剂、颗粒剂、口服液等多种剂型。

公司拥有“卓攀林”、“利众院”、“圣雅”三大品牌，生产的十味龙胆花颗粒(胶囊)、六味能消胶囊、大花红景天口服液、八味獐芽菜胶囊、独一味颗粒、宁心宝胶囊等产品是采用藏药经典名方与现代中药制剂技术相结合制成的藏药精品。

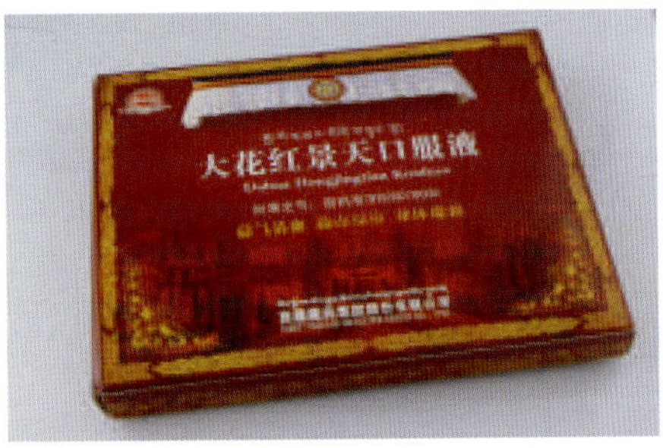

大花红景天口服液

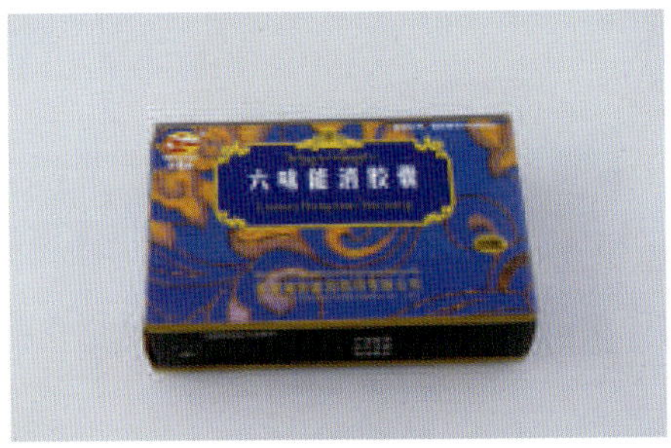

六味能消胶囊

十味龙胆花颗粒

濒危藏药材螃蟹甲产业化生产基地

西藏年鉴
TIBET YEARBOOK
2014

第五篇

地市、县（市、区）

拉萨市

拉萨市

【概况】 2013年，面对复杂多变的国内外发展形势，在市委的坚强领导下，在市人大的有力监督下，认真贯彻落实市委八届三次全会精神，按照自治区对拉萨提出的充分发挥首府城市首位度作用要求,坚持以稳中求快为总基调，以“五大战略”为主要路径，以“四化同步”为重要载体，着力破解发展中的矛盾和问题,全市经济社会发展呈现出增速较快、结构优化、效益提升、民生改善、社会稳定的良好态势，较好地完成了各项目标任务。

【经济发展呈现稳中快进】 经济增长持续领先。全市地区生产总值连续5年保持在12%以上，实现312亿元，增长20% 。

三大需求持续扩大。投资强劲增长。全社会固定资产投资在2012年高基数、区直中直单位投入大幅减少的情况下,实现了32%的增速，创下2005年以来新高，总量达到376.16亿元。前期工作扎实有效，安排经费3127万元，确保柳梧水厂等一批项目前期按期完成并具备报批条件。项目建设取得新进展，坚持“三个一批”项目工作机制,强化项目定期调度，重点项目加快建设，自治区“十二五”规划内拉萨市项目累计完成444个,总投资51.9亿元。旁多水利枢纽工程首台机组正式投产发电，德吉干渠加快建设，开复工水利基础设施项目21项，改善灌溉面积8.66万亩;拉萨至林芝高等级公路加紧建设，柳梧至才纳公路顺利完工，实施交通基础设施项目68项,全年改扩建公路243.7公里;纳金大桥建成通车，扎基东路扎实推进，城市功能不断完善，新增市政道路17条32公里、城市绿化面积19286平方米。建设资金到位较好，国家、自治区资金到位约40亿元,安排市级预算内投资0.8亿元，民生银行在拉落户。工程管理更加规范，制定出台“两个办法”，建立政府性投资项目委托咨询评估机制,重点项目巡礼宣传报道工作成效显著，项目后评价工作稳步推进。消费拉动能力增强。八廓商城、城市百货、苏宁电器、神力时代建成运营，西藏会展中心工程顺利推进，“万村千乡市场工程”提质增效，城乡流通体系不断完善。建成配送中心2个、乡镇商贸中心6个，新建改造直营农家店32个，升级改造信息化农家店120个、“一网多用”示范农家店20个。拉萨百货特色产品购物网上线运营，新能源汽车推广应用前期有序开展。实现社会消费品零售总额150亿元，增长20%，占全区消费品零售总额的51.9%。进出口增幅明显。随着自治区对外贸易政策持续实施，对外贸易保持良好增长态势，进出口贸易总额突破40亿美元。

发展效益持续提升。财政收入快速增长,公共财政预算收入达到50.16亿元，增长46%，占全区公共财政预算收入的52.8%。城乡居民收入稳步增长，城镇居民人均可支配收入达到21427元，增长9.6%;农牧民人均纯收入达到8537元，增长20.45%。

【环境立市战略成效明显】 环境保护与建设力度加大。加快推进“树上山”工程,实施拉萨河流域造林、拉萨市南山山体绿化工程，绿色拉萨”建设迈出新步伐。造林绿化16.7万亩，建成区绿地率32.8%，人均公共绿地面积9.6平方米。“河变湖”稳步推进，拉萨河城区段综合整治3号闸工程建设顺利。深入实施“暖入户”，继续建设好城市供暖工程，建成区供暖实现全覆盖。编制完成《拉萨拉鲁湿地自然保护区总体规划

（2013—2025)》，推进贡嘎机场—拉萨—林芝区域生态修复，整治拉萨—林芝区域城镇周边环境，加强献多自来水厂等饮用水源地保护，开展完成拉鲁湿地和“三渠一河”综合治理，拉萨市顺利通过创建国家环境保护模范城市预评估。

节能减排工作扎实推进。拉萨市节能监察中心正式成立，编制完成《拉萨市“十二五”节能减排工作方案》，坚持固定资产投资节能评估制度，稳步推进循环经济发展，万元GDP能耗实现下降12%目标。规范排污收费制度，组织实施排污申报登记与排污许可月正收337家单位排污费290万元。开展挂牌督办整改落实专项行动，强化机动车尾气监管，检测机动车辆28400台。

发展环境不断创优。扎实开展政务环境、旅游环境、交通环境、建筑环境、市容环境专项整治，营造良好发展环境。加快清理行政审批项目，全面提高政府机关行政效能和服务水平。行政审批精简调整率64.68%。支持非公经济发展，实施市场主体孵化工程，新增非公有制经济组织4608户。

【文化兴市战略加快实施】 文化产业健康发展。蔡公堂艺术观赏村、吞弥岭藏艺文博园、尼木三绝技艺展示区等重点文化产业项目快速推进，中国西藏文化旅游创意园区顺利建设，城乡文化基础不断改善。大型实景剧《文成公主》成功演出，取得良好效果。文化娱乐业、音像制品业、工艺美术、书刊印刷业规模化发展，文化体制改革成效逐步显现。文化经营户1000余家。

公共文化服务水平不断提升。顺利组建拉萨老年艺术团，当雄等5县民间艺术团排练场、48个乡镇文化站加快建设，拉萨市文体中心顺利建成，基本建立形成以公共文化设施为重点的城乡公共文化服务体系，并率先在全区免费开放群艺馆、文化馆。深入开展广场文化、节庆文化、社区文化等文艺演出，努力打造幸福拉萨规范舞群众性文化活动品牌，文化创作成果丰硕，群众文化活动丰富多彩。组织文艺演出活动250余场次，观众达到5万余人次。

文化文物保护力度加大。老城区保护工程如期竣工，清政府驻藏大臣衙门和根敦群培纪念馆对外开放，关帝格萨尔拉康一期维修工程、市“数字文保”一期工程顺利完成，西藏牦牛博物馆三定方案已经确定，藏民族传统文化得到很好的保护与传承。

【产业强市战略协同推进】 农牧业基础地位持续巩固。农牧业投入加大。安排小型农田水利资金790万元，落实农机购置补贴资金1700万元，整合1500栋日光温室建设资金7945万元。农牧业效益提升。扎实推进曲水县农村改革实验区和林周县农业现代化示范区建设，打造蔬菜、奶牛、青稞、牦牛等高原特色农产品生产基地，引进种植玛咖、烟叶并示范推广藏青2000、玉米等新品种，现代农牧业发展迈出坚实步伐。累计发展农牧民合作组织233个，农牧业龙头企业23家，培育对象14家，涉农企业实现销售收入4.4亿元、增长29.4%。开展标准化生产及高产创建活动，深入推进测土配方施肥、良机作业、青稞育种，粮油产量稳中有升。粮食产量17.75万吨，油菜产量1.65万吨，蔬菜产量26.1万吨。加强防疫体系和质量安全检测体系建设，推进牲畜改良，畜牧业健康发展。牲畜出栏率达到41.9%，肉、奶、蛋产量分别达到3.95万吨、4.52万吨、806.4吨。

特色工业经济稳步增长。优势产业快速发展。全面实施“三年倍增”、“规上企业培育计划”行动，大力培育清洁能源等新兴产业，加快发展特色优势工业。规模以上工业增加值32亿元，增长20%；工业销售产值79亿元月增长25%；工业税收5.9亿元，增长30%。园区经济成效凸显。园区工业增加值达到8亿元月增长40%；园区税收54亿元月增长80%。对经济发展的引领和拉动作用逐步增强。研究支持园区发展政策措施，大力扶持发展中小企业和微型企业，6家企业申报产业与企业改革发展资金1.44亿元，落实中小企业专项资金1.04亿元，提供中小企业融资担保1.12亿元。

旅游业蓬勃发展。唐古热振、霍尔康庄园、纳木措等景区景点基础设施项目顺利完工，游步道、停车场等配套条件不断改善，大昭寺升级为5A景区，成功举办中国拉萨雪顿节、第八届纳木措徒步大会、首届户外高峰论坛及首届拉萨秋季登山大会，“冬游拉萨”效果明显。接待国内外游客798.94万人次，增长22.7%；旅游收入82.16亿元，增长25.5%。

【民生安市战略扎实开展】 持续改善居民生产生活条件。25个农村安全供水点和20人寺庙通水工程扎实进行，解决了4904名群众的饮水安全问题。农田水利建设有序推进，市财政计划安排790万元的面上小农水项目今冬明春实施。农业综合开发和扶贫开发进展良好，落实扶贫开发项目198项总投资1.86亿元。保障性住房建设有序推进，新建廉租房964套、公共租赁房4324套、周转房维修改造400套；2013年度城镇低收入住房困难家庭租赁补贴家庭1492户，补贴资金653.31万元。自行车租赁服务试点工程正式启动，全市民生支出达到32亿元，《中国公共服务蓝皮书》报告显示，拉萨市2013年基本公共服务满意度位列全国38个城市之首。

教育优先发展。认真落实教育惠民政策，学前补助、义务至高中阶段农牧民子女“三包”及城镇困难家庭子女助学金标准均提高200元，年生标准达到2700元。实施教育项目123个总投资11.8亿元，市三高科技楼及食堂顺利完工，教育城工程有序推进，办学条件不断改善。积极建设《拉萨教育网》和市级资源平台，扎实开展市三中、市四中、堆龙德庆县丰台小学“三通两平台”项目以及市四高数字化校园试点工作，教育信息化加快发展。大力发展职业教育，成立拉萨市第一、第二中等职业技术学校,结束了我市没有中等职业技术学校的空白。

科技水平逐步提升。全年投入资金2000余万元，实施区市重点科技计划、科技援藏、国家专项和基层科普行动计划等项目45项,取得科技成果10余项，科技对经济和农牧业发展贡献率分别达到39.6%和45.6%,科技特派员达到567人。

卫生事业加快发展。农牧区医疗制度保障水平实现新提高，政府补助标准由2012年的年人均300元提高至2013年的340元，农牧民年累计报销封顶线不低于6万元。20种重特大疾病纳入保险范围，可实现年最高赔付额7万元。妇女儿童健康水平进一步提高，率先在全区提倡孕产妇和婴儿“零死亡”，成立了首个妇幼死亡评审专家组。加快推进医院等级评定工作，市人民医院基本通过自治区三级乙等医院评审。认真落实乡镇卫生院、社区卫生服务中心、村卫生室“零差率”销售政策，减轻了农牧民群众医药负担。

社会保障面不断扩大。千方百计稳定就业，全年培训农牧民2.5万人，新增就业再就业10560人，继续保持城镇零就业家庭动态清零，城镇登记失业率控制在2%以内。城乡社会保险政策体系不断完善，社会保险参保人数39.37万人，提前完成“十二五”预期目标。社会救助力度加大,低保人员低保金、医疗救助金、五保集中供养金分别落实8234万元、3548万元、235.4万元。

【改革开放水平提升】 体制改革进一步深化。深入推进行政管理体制改革，以市民服务中心为平台，加快清理行政审批事项，进一步减政放权，开展完成网上审批准备工作。稳步推进医药卫生体制改革，以改革补偿机制和落实医院自主管理权为切入点，扎实推进城乡居民大病保险、大额医疗费用补助，巩固完善基本药物制度，解决患者看不起病或因病致贫问题。扎实推进国企体制改革，企工委正式挂牌，强化国企监管，国有资本实现增值保值。推进财税体制改革,加大财源税基培植力度，逐步推行营业税改增值税。

开放步伐不断加快。以“中国光彩事业西藏行活动”为契机，创新招商引资机制，举办拉萨秋季婚博会、拉萨首届消费节等重大经贸赛会活动，组织参加西博会等区外知名展会，开放型经济发展水平进一步提升。招商引资实际到位143亿元，增长82.8%。交流合作取得新进展，拉萨市在中欧城市博览会人文历史馆专题展馆的布展上获得较高评价，对外吸引力逐步增强。非公经济发展势头良好，市场主体42756户，注册资金81.7亿元，解决就业15万人。

对口援藏工作深入推进。第六、七批援藏干部顺利交接，北京、江苏两省市援藏“十二五”中期评估工作圆满结束，拉萨市综合展馆正式投入使用，德吉罗布儿童乐园建成营业，建立形成“以干部援藏为龙头，以项目援藏为主，以文化援藏、产业援藏、智力援藏为补充”的援藏工作新格局。落实援藏资金6.05亿元，增长6.7%。

城关区

【基本情况】 城关区位于西藏自治区中部偏东南的雅鲁藏布江支流拉萨河下游段南北两岸，东与达孜县接壤，南与山南地区贡嘎县和扎囊县毗邻，西与堆龙德庆县紧靠，北与林周县相依。城区面积58万平方千米，行政区域东西跨距28千米，南北跨距31千米。下辖4个乡、8个街道办事处、51个村（居）委会，区属总人口6.2183万人。

【概况】 2013年，实现区属地区生产总值（GDP）65亿元，同比增长21.3%；一般公共财政收入6.1亿元，同比增长32.61%；区属社会固定资产投资54.65亿元，同比增长42.4%；社会消费品零售总额50.27亿元，同比增长45.3%；规模以上工业增加值755.6万元，同比增长31.4%；城镇居民可支配收入达到21363元，同比增长9.3%；农牧民人均纯收入11021元，同比增长16.3%；城镇登记失业率控制在2%以内，圆满完成了十一届人大三次会议确定的各项目标任务。第一产业完成0.9亿元，第二产业完成19亿元，第三产业完成45.1亿元，分别同比增长12.3%、20.5%、21.7%，三次产业比重从1.4：12：86.6调整为1.4：29.2：69.4。

【经济建设】 农村经济总收入实现6.3亿元，同比增长9.8%。整合资源和资金，制定了城关区净土产业总体规划和具体实施方案，注资1亿元在全市率先成功注册城关区净土农业发展有限责任公司；扶持涉农合作社24家，涉农企业3家；扶持奶牛养殖户222户，养殖优质改良牛1110头，户均年增收15000–18000元；建设55栋智能温室及两用温棚，项目参与户数73户，户均年增收6000–7000元；争取农发扶贫项目30个，总投资4896万元，项目惠及4个乡、12个行政村，4个街道办事处，7个社区、年收入2300元以下的农牧民群众全部实现脱贫；新建农村人畜饮水点3处，解决2328人的饮水安全问题，实现了农村人畜饮水覆盖率100%的目标。工业销售产值2.3亿元，同比增长23%；工业税收完成379万元，同比增长23%；工业增加值完成7348万元，同比增长25.43%，工业固定资产中间投入完成1.1亿元，同比增长16%。

【城乡建设和管理】 开工建设涉及教育、文化、卫生、住房、清政府驻藏大臣衙门旧址和根敦群培纪念馆修缮工程、净土健康产业发展等民生领域项目119个，总投资19.6亿元。其中：新建项目94个，投资17亿元，占87%；续建项目25个，投资2.6亿元，占13%；竣工交付使用的项目16个，占13.5%；未完工项目103个，占86.5%。特别是拉萨教育城、中国西藏文化旅游创意园区等全市性重大项目服务工作扎实推进。积极开展老城区保护工程协调服务工作，出资564万元对老城区内名胜古迹、危房大院和基础设施进行维修；完成21万平方米的45家公建单位的供暖供气工作；“安居保障工程”和“失地保业工程”稳步实施，稳慎推进棚户区改造前期工作；顺利完成老城区3031个摊位搬迁至八廓商城，进一步提升老城区城市品位。制定出台城关区招商引资奖励制度和促进企业发展扶持办法，采取“请进来、走出去”相结合的方式，洽谈项目39个，落实项目36个，协议资金29.9亿元，实际到位资金13.8亿元，同比增长49.2%。

【旅游产业发展】 2013年，旅游业收入14.2亿元，同比增长14.2%，接待总人数550万人次，同比增长10.3%；服务业收入1.5亿元，同比增长19.4%；贸易业收入492万元，同比增长4.5%；民族手工业产值达到7549.7万元，同比增长3.4%。

【科教文卫事业发展】 本级财政向教育投入1.2亿元，占上年财政收入的25%；积极争取1.8亿元实施教育基础设施建设项目21个，完工7个，学校基础设施条件进一步改善；教育“三包”、城镇幼儿园定额补助、农村义务教育阶段学校营养改善计划等政策全面落实；发放城关区在校大学生奖励资助资金2156万元，惠及大学生4338人次；学校爱国主义教育和民族团结教育扎实开展，学前教育、义务教育、职业教育稳步发展；教育改革稳步推进，教师队伍综合素质不断提升，流动人口子女入学全部保障；校园内外安全措施不断完善。八廓街道等5个街道的综合文化活动站项目全部开工建设，公共文化设施免费开放，群众文化需求基本满足；开展“五下乡、四进社区”活动达40余场次，受益群众7万余人次；大力扶持业余文艺团体，娘热民间艺术团表演的传统藏戏片段荣获第十届中国艺术节戏剧类“群星奖”，城关区政府荣获“拉萨市文艺创作工作先进集体”；文物保护工作扎实开展，投入246.4万元修缮文物场所7处；文化市场和互联网宣传管理不断加强，文化产业蓬勃发展。公共卫生服务扎实开展，年内，报销721人住院费用310.3万元；兑现孕产妇住院分娩奖励资金36.2万元；为902名城镇居民办理医疗保险报销711万元；村医待遇提高到2300元/月；坚持经常开展健康教育和疾病预防工作，人口发展健康有序；建立和完善巡诊服务体系，启动实施了7个社区医疗卫生服务中心，推行农牧民大病住院及住院分娩绿色通道制度和“先诊疗后结算”试点工作；认真开展居民药费审核、结算及门诊特殊病认定等；农牧区医疗管理个人筹资率达100%；圆满完成了47134名城关户籍群众免费健康体检和建立健康档案工作；全年无重大疫情、传染病和食品药品安全事故发生。

【民生事业发展】 新增城镇就业1036人，农牧民劳动力转移就业6138人次；“四业工程”实现群众现金增收1.8亿元；全面提高社会救助标准，发放城镇和农村低保金分别为4131.8万元、263.7万元；按500元/月落实失地群众生活保障金共计557万元；发放城镇低保户肉食补贴和寿星老人、五保供养、残疾人、分散寄养孤儿生活补贴766万元，五保、孤儿按意愿集中供养率达到100%；本级财政为60岁以上新农保和城镇居民养老保险在原有的基础上养老金每年增发480元和960元；寺庙僧尼养老、医保参保率达100%；医疗、生育、失业、工伤和新型农村、城镇居民、企业职工养老保险参保74039人，征缴基金5605万元；新型农村养老保险和城镇居民养老保险系统上线录入工作有序进行；超额、提前完成本年度116.3吨碘盐配送工作。

【民主法治建设】 严格履行“一岗双责”的工作责任，细化36个维稳责任片区工作任务，按照维稳工作奖惩机制落实维稳补贴，全面推进“双联户”工作，组建8225个联保单位、8225名联户代表、1085个居民小组、174个网格、36个维稳责任片区，发放“双联户”代表、居民小组长补助和新增公益性岗位等人员工资6135.4万元。联户代表坚持每天入户走访一次，形成户长日志10万余份，解决各类矛盾纠纷3120余次，帮助群众解决困难1200余次，建立经济联合、集体组织33个，受益群众7000余人，人均增收3243元，“双联户”工作模式成为反对分裂、促进发展、维护稳定的有力举措，荣获自治区“双联户创建工作先进区”称号。本级财政共投入资金2221.4万元用于寺庙建设，其中：投入782.1万元用于寺庙基础设施建设；投入154.9万元用于配套寺庙办公设施；投入636.2万元用于寺庙维修；投入448.2万元用于寺庙温室、供水项目建设；投入200万元用于寺庙合署办公项目建设。全力为寺庙“六建”、“六个一”、“9+5”、“创建平安寺庙”、“两保一低”、“联创联帮”和法制宣传主题教育活动提供坚强保障，全面提升了广大僧尼爱国爱教、遵规守法的意识，夯实了寺庙管理基石。妥善处置完成了“7·27”、“8·27”夺底乡泥石流抢险任务。社会管理综合治理成效显著，受理治安案件794起，查处717起，查处率90.3%；普法宣传300次，参与群众60000人次；建立健全民兵应急处突工作机制，国防力量进一步加强，出动民兵参与抢险救灾、治安巡逻等活动2400人次，发展保障能力不断提高；排查治理各类安全隐患700余处，对蔡公堂乡、纳金乡、夺底乡涉及的27处58个采石、采砂点全部禁采关停；完成了辖区内13家企业职业病危害申报工作；落实县级领导信访包案制度，接待群众来访85批、446人，办结77批、436人，化解率90%。

坚决维护区委的领导核心作用,自觉接受区人大、政协监督，密切联系工会、共青团、妇联、工商联等群团组织，广泛听取社会各界意见、建议。办理人大代表议案、建议、意见79件，政协提案27件；清理村（居）集体资金31.1亿元；清理资产10.5亿元；清理未开发经营性资源耕地459亩，林地327.2公顷，草地308.6公顷，荒山荒坡52.3公顷，水面2.5公顷；收到来信、来电、来访9件，已办结8件，正在办理1件。全面推行经济运行调度机制和并联审批制度，大力开展招商引资项目合同履约等

"三项清查"活动，经济社会发展环境显著改善。主动公开政务信息，制定出台优化《建设项目审批流程暂行办法》、推行投资项目审批代办制等制度，政府行政效能不断提高。认真落实"中央八项规定"、"自治区约法十章"、市委"八项要求"和区委五个方面的"十项规定"，认真学习执行《党政机关厉行勤俭节约反对铺张浪费条例》，严格控制"三公"经费，全年公务接待费同比减少21.1%，营造了风清气正的政务环境。

堆龙德庆县

【基本县情】 堆龙，藏语意为"上谷"，德庆，藏语意为"极乐"。堆龙德庆县地处西藏中南部、雅鲁藏布江中游、拉萨河南拐弯处及其支流堆龙河两岸。全县幅员面积2704.25平方公里，其中耕地面积5545.95公顷；辖7个乡镇、34个行政村、389个自然村，年末总人口48696人，其中农业人口42873人；符合政策生育率85.64%，人口自然增长率4.2‰。全县平均海拔4500米，平均气温4℃，年平均降水量420毫米，年平均无霜期100天左右，年平均日照2839小时，属高原性季风气候。

【概况】 2013年,全县地区生产总值达到20.06亿元，同比增长21.97%；地方公共财政预算收入3.86亿元，增长72.87%；固定资产投资47.25亿元，增长36.32%；社会消费品零售总额5.3亿元，增长29.9%；城镇居民人均可支配收入21988.46元，增长26%；农牧民人均纯收入突破万元大关，达到10007元，增长32.38%。三次产业结构比调整为8：60：32。城市环境质量达标率为98.4%，城市绿化率达31.8%，城区饮用水水源水质达到I类标准。普通中学1所，在校中学生1563人；小学11所，在校生4008人；学龄儿童入学率99.76%。有县城公共图书馆1个、县城文化馆1个、4个乡镇综合文化站正处在建设中、建成3个卫星数字农家书屋。有卫生机构42个，病床位41张，卫生技术人员74人。

【农牧业发展】 全年落实中央、自治区、市各项强农惠农政策补贴2717.23万元，安排本级财政支农和设施农业配套资金900万元，粮油总产量达到5473.74万斤，牲畜年末存栏总数10.86万头（只、匹），农牧业增加值实现8200万元。着力提高农牧业现代化水平，全年实施农牧、科技项目11个，总投资5838.49万元。实施岗德林设施农业、羊达设施农业、标准化生产与高产创建、青稞高标准农田建设、藏红花规模高效种植技术研究与示范等一批辐射作用强、带动作用明显的项目。继续发挥古荣朗孜糌粑等笼头企业在调整产业结构、延伸产业链条、提高经济效益等方面的引领作用。大力推广"支部+合作社+农户"、"能人+合作社+农户"的农牧民专业合作组织模式，年末专业合作社达到38家。大力发展劳务经济，劳务输出7166人次，其中通过"四业工程"向拉萨市重点建设项目推荐就业5347人，实现劳务收入6416.4万元。

【工业经济】 工业投资完成79.18亿元，全年完成工业总产值21.8亿元，增长62.9%；完成工业销售产值21.63亿元，增长62.02%，完成规模以上工业增加值5.2亿元，增长35.6%；实现工业税收3.1亿元，增长79.19%。县工业园区设施不断完善，承载能力进一步增强，投资6879.56万元，完成了自来水厂、管委会周转房、鹤翔路市政工程、110KV变电站等一批基础设施建设项目，落实援藏产业发展专项资金500万元。招商引资全年引进项目28个，总投资20.9亿元，实际到位资金9.6亿元，增长48.5%。品牌效应进一步显现，西藏藏泉酒业有限公司被中华全国总工会授予"全国模范职工之家"、自治区AAA级质量信用单位等荣誉称号，并获得了国家知识产权总局认证的11项产品外包装专利。拉萨山泉饮料有限公司、拉萨吉祥啤酒有限公司等5家企业通过了国家质量管理体系、食品安全管理体系认证。"珠穆拉瑞"、"神水藏药"荣获西藏自治区第七批著名商标，青达陶瓷有限公司、拉萨山泉饮料有限公司被市委、市政府评为全市工业经济发展先进企业。已建成落户在东嘎镇的拉萨市经济技术开发区A区和落户在乃琼镇正在建设中的拉萨经济开发区B区，在地区经济总量中发挥着重要作用，为即将撤县(堆龙德庆)设区（东嘎新区）准备着经济因素和环境条件。

【第三产业】 全年接待国内外游客56.65万人次，增长23%，实现旅游收入1800万元，增长24%。进一步加大旅游宣传推介力度，桑木民俗村被称为“全国休闲农业与乡村旅游示范点”，民族特色浓郁、文化主题鲜明的旅游景区“世界首家青稞文化苑”和“藏医始祖宇妥·云丹贡布纪念馆”项目规划设计方案有序推进。紧抓拉萨市物流园区落户本县的机遇，成立了龙达物流建设管理有限公司，促进仓储、物流集散、商贸信息的发展。扎实推进“万村千乡”市场工程，全年完成112家农超对接，农家店覆盖率100%，将农家店从交通便利、人口相对集中的中心区域向交通困难、人口稀少的偏远地区延伸。

【基础设施】 抓住交通、水利、市政设施等薄弱环节，以完善城镇功能、改善人居环境为重点，大力推进城乡一体化进程，城镇化率达45.28%，增长2.18%。

【项目建设】 完成社会固定资产投资47.25亿元，国家投资、招商引资、民间投资比重为53：35：12。实施基本建设项目176个，完成投资41.1亿元。县级财政为11个重点项目配套资金5660.81万元，完成了经开区B区乃琼村824户群众搬迁安置工程，实现了全区一流农牧民安居小区的目标。完成8座寺庙管委会综合业务用房及楚布寺管委会基础设施等项目。109国道县城段二期工程全面完工，县城“三横三纵”道路框架进一步完善，市政道路实现了绿化、美化、亮化，城市品味和形象大幅提升。乡村道路硬化、旅游景点公厕等一批公共服务设施落实到位。

【新农村建设】 投资5490万元完成了德庆乡邱桑村、马乡朗巴村、羊达乡邦古村等11个行政村通油工程；落实资金100万元，开通客运班车线；投入1132.8万元实施了203户安居工程建设；投入2389.08万元完成了8个自然村人居环境整治、古荣乡楚布沟321户民房统一整治、围墙美化、院墙改造等工作；投入1957.05万元（增加500万元），完成了51项涉及水利、道路、桥梁等群众生产生活急需的为民办实事项目。全年落实扶贫项目12个，总投资1036万元，扶持贫困户786户，户均增收3200元。为保障强基惠民工作开展，县级财政为驻村工作队投入230万元工作经费。

【教育事业】 全年投资教育事业1.17亿元实施了25个教改项目，新建各类教学及辅助用房面积4.35万平方米，新增体育场馆面积1.4万平方米。扎实实施“三包”和“营养改善计划”工作，落实义务教育“三包”经费1200多万元。“两基”成果得到进一步巩固，全县小学毕业生录入内地西藏初中班39人，初中毕业生录入内地西藏高中班45人、录入区内重点高中72人，录取人数和比例均位居七县之首。

【文化事业】 投资484.37万元的县新华书店、县民间艺术团综合楼工程已完成招投标。落实“村村通”广播电视单收站18座，收转站25座，有限电视网4座，电视村锅站8座，有限闭路用户700余户，新增落实“户户通”广播电视工程建设项目650户，完成53座宗教活动场所、494间僧舍和53间集体活动场所的广播电视“舍舍通”安装调试工作，全县电视和广播覆盖率分别达到99%和98%。县民间艺术团演员参加了大型实景历史剧《文成公主》的演出，全县藏戏9人、民间艺术团及非物质文化遗产项目传承人参加全国、区、市文艺演出等，充分展现了具有堆龙特色的优秀民族文化的独特魅力。

【卫生服务】 全年投入2288.94万元，建成了县卫生服务中心和县急救中心；组织47名基层医务工作者开展医护专业技能培训，农牧区“新农村合作医疗”参保率实现100%。投入180万元完成46212人和410名僧尼体检工作；发放救助金35万元，开展了育龄妇女“两癌”筛查及救助工作；投入40余万元支持藏医事业发展，推进了藏医药特色专科建设。

【其它社会事业】 社会保障在拉萨市城镇低保户补助标准的基础上每人每月增补120元，并将低保户家庭子女纳入教育救助范围，在校期间每人每年救助5000元。将五保户集中供养标准从4320元提高到8000元；提高老年人健康补贴及残疾人生活补助标准，全年兑现补贴70.57和170.76万元；发放城镇低保金235.12万元，农村低保金216.68万元，兑现城乡低保一次性价格联动补贴228.4万元，兑现临时救助资金和城乡低保户补贴220.69万元，兑现孤儿生活补贴73.58万元，落实救灾资金65.49万元。完成62套廉租房、92套公租房建设，基本改善了低收入人群的居住条件。生态环境保护力度加大，投入108.1万元，加强雅鲁藏布江流域和拉萨河流域36万亩重点公益林区的管护工作，完成造林绿化3.48万亩。认真落实维护稳定工作，全年先后制定《堆龙德庆县突发事件应急预案》80多项，“县、乡、村、组”四级成功调处各类民间纠纷119件，涉及资金1.95亿元，实现了社会持续稳定，获得“拉萨市2013年度维护社会稳定争先进位先进县”荣誉称号。全年开展安全生产专项检查300余次，排除安全生产隐患150余处，分别荣获“自治区油气领域消防安全专项整治行动先进集体”和“全国食品安全示范县”称号。东嘎镇在全区“先进双联户”创建评选活动中荣获“先进集体”，两个联户单位荣获“先进双联户”荣誉称号；国防动员工作荣获“2013年度自治区国防动员工作先进县”荣誉；进一步巩固全国双拥工作“七连冠”和全区双拥工作“八连冠”成果。

墨竹工卡县

【基本县情】 墨竹工卡，藏语意为“墨竹色青龙王居住的中间白地”。墨竹工卡县位于西藏中部、拉萨河中上游，地理坐标为北纬29° 8′、东经91° 77′。东与林芝地区工布江达县相邻，西靠拉萨市达孜、林周两县，北连那曲地区嘉黎县，南接山南地区乃东县，交通区位优势较为明显，川藏公路（318国道）横穿而过。县域面积5492平方公里，人口5万余人，平均海拔4200米以上，辖7乡1镇40个行政村。墨竹工卡县素有“天边之乡”的美誉，野生动植物资源有黑颈鹤、斑头雁、虫草、雪莲花、红景天等，矿产资源有铜、铅、锌、金、钼、大理石等。境内名胜古迹众多，旅游资源得天德厚，距今850多年历史的直孔替寺闻名国内外，具祛病美容效用的日多温泉、德仲温泉和有财神湖之称的思金拉错等自然景观独具魅力，直孔水磨糌粑、斯布牦牛等农畜产品驰名区内外，以松赞拉康、松赞干布纪念馆、霍尔康庄园、甲桑古道徒步为重点的藏王松赞干布出生地甲玛景区已完成松赞干布纪念馆建设并于2010年8月底对游客开放。

【概况】 2013年，墨竹工卡县地区生产总值完成18.89亿元，同比增长14.2%，其中一产实现增加值2.13亿元，同比增长4.2%，二产实现增加值14.9亿元，同比增长17.8%，三产实现增加值1.86亿元，同比增长10%，三次产业结构调整为11:79:10。税收实现3.85亿元，同比增长28%；一般预算收入完成2.3亿元，同比增长58.31%；农牧民人均纯收入预计达到8188元,同比增长18.5%；社会消费品零售总额达到1.6亿元，同比增长15.94%。人口自然增长率稳控在12.9‰，城镇登记失业率控制在2%以内。

【经济实力增强】 农牧业取得新成效。新建扎西岗乡加尔多村等七处排洪沟，建成唐加乡冲尼村提灌站，完成墨达灌区第四期田间工程，农牧业防抗灾体系更加完善，动植物疫病防治工作扎实开展，农区机械化综合水平达到88%以上。全年粮食产量2.42万吨，年末牲畜存栏21.34万头（只、匹），出栏率达30%以上；蔬菜产量0.3万吨，肉、奶、蛋产量12.16万吨。虫草采集总量达1190.2斤，实现收入1.01亿元。成立县净土健康产业领导小组专题研究分析净土健康产业，科学论证、制定规划，并组建净土健康产业发展有限公司。建成35栋高效日光温室，科技特派员达到86名，专合组织达到40个，斑头雁、藏鸡养殖规模分别达到1万只、3万只，藏青杨育苗基地、藏药材种植基地分别达1900亩、35亩。

工业迈上新台阶。以和谐矿区建设为载体，坚守三条底线，扎实推进工业持续健康发展。华泰龙二期、巨龙矿区矿山道路、隧道以及天仁矿区矿山道路、排洪沟等项目全面开工，农畜产品深加工企业—天牧庄园基本建成，藏药材研发企业—科菲药业实现利税。全县工业投入完成48.03 亿元，同比增长129%；实现工业销售产值14.37亿元，同比增长37%；实现工业增加值10.62亿元，同比增长74.96%；完成工业税收3.526亿元，同比增长60%。涉矿企业吸纳农牧民用工853人。

旅游业蓬勃发展。南京市水晶石科技有限公司帮助制作《墨竹印象》宣传片；投资3700万元建设的甲玛景区霍尔康庄园项目已竣工，投资240万元建设的直孔梯寺配套设施已完成工程的80%，嘎则寺、达普天文历算观测台、雪绒藏布等景点规划设计加快推进。申报甲玛景区4A级、斯布班禅牧场3A级、达普天文历算台2A级取得阶段性进展，待自治区审批。全年接待游客70.14万人次，同比增长23%；实现收入1432.4万元，同比增长27.8%。旅游从业人员达到2785人。

【城乡一体化发展推进】 坚持规划先行，完成县城总体规划修编和七个乡集镇规划编制工作，在西藏各县率先实现规划全覆盖。坚持“积极争取中央、区市投资，引导和鼓励社会投资，用好援藏项目资金”相结合，扎实推进基础设施建设，同时，强化招商引资措施，成功签约久联民爆、凤形耐磨材料、唐加乡光伏电站3个项目。全年实施各类项目197个，完成全社会固定资产投资54.95亿元，同比增长51%；落实援藏资金4650万元，落实招商引资资金47.25亿元，同比增长58.3%。新区综合办公用房完成主体建设，新区自来水厂、县人社大楼投入使用，嘎则大桥建成通车，华泰龙嘎则新区总部基地基本建成，巨龙搬迁新村建设稳步推进，章达村76户群众已搬入安置新村，建成100套公租房和72套县乡级周转房，乡镇业务综合楼投入使用，扎雪乡龙珠岗村等13个人居环境综合整治点面貌焕然一新，门巴乡巴尔卡等11条乡村公路顺利竣工。截至目前全县公路里程累计达到653.62公里，乡镇、行政村通油率分别达100%、65%；安全饮水行政村普及率、人口普及率达100%，电力覆盖率达99%，乡镇通邮率达100%；城镇化人口达到23586余人，城镇化率达到了40.6%。

【社会事业发展】 教改工作稳步推进。继续保持本级财政25%比例投入教育，2013年共投入5772.75万元，实施10所学校改扩建项目，新建4所乡级、21所村级幼儿园。另划拨经费352.92万元用于资助墨竹籍大学生及购买学校生活用车，援藏投入3890万元用于基建项目、学校设备购置及资助特困大学生。小升初考上内地班29人，增加10人；中考升学率99.02%，提高2.42个百分点。

医疗卫生得到提升。投入2043万元建成县医院改扩建项目，投入145.5万元为乡卫生院配备B超机等医疗设备，援藏投入150万元建成县医院放射科、投入200万元实施全县医技改造提升工程；投入300万元成立爱心大病救助基金，为开展“先诊疗、后结算”工作提供资金保障，10名大病患者、71名普通患者受益。免费救治先心病儿童14例，全民体检实现全覆盖。

社会保障全面加强。兑现城乡低保、一次性生活补贴、优抚金、抚恤金、慰问金及医疗救助、孤儿救助等资金1100余万元，支出救灾资金200余万元，五保供养县级补贴月人均由162元提高至450元并实现全覆盖。五大社会保险扩面581人，除工伤保险外参保率均达到100%。“四业工程”稳步推进，全年组织农牧民培训3015人，劳动力转移4389人，促进增收1.96亿元。投入2579.6万元实施农发扶贫项目24个，帮助3920人脱贫。有效应对“3.29”山体滑坡自然灾害，完成斯布村多嘎组集中搬迁。

文体事业不断发展。完成5个乡级文化活动站和甲玛兵器博物馆主体建设，完成唐加寺尼玛拉康抢修工作，组建县艺术团，建成了120个村（小组）广播站，直孔噶举金锦宝串唐卡成功申报吉尼斯世界记录。推进全民健身运动，成功举办首届全民运动会，参与干群近千人。农村电影放映运行良好，共放映电影1997场，观影人数达17万余人次；广播电视人口综合覆盖率达98.9%。妇女儿童、国防动员、通信、金融、气象、工商等各项工作均取得了新成绩。

【环境综合质量】 全年完成植树造林5854亩,造林成活率达到85%以上；兑现退耕还林政策资金、森林生态效益补偿资金2136万元，兑现2012年草原生态补助奖励资金共1083万元；全县森林覆盖率达35%，居拉萨各县（区）之首。强化安全、环保监管，严格执行环境影响评价制度和“三同时”制度，加强拉林高速公路等重点项目环境监察力度，年内4家环保专项挂牌督办企业已全部整改完毕，5家矿山企业完成标准化建设。自治区级生态村创建成效显著，日多乡拉龙村生态村创建已通过自治区初验，国家级生态文明县创建工作全面启动。

【社会和谐稳定】 着力强化维稳

力量，确保了全年“三无”、“三不出”。“双联户”工作成效明显，757个联户单位、757名联户代表全部落实，农牧民群众实现全覆盖；同时，实现“双联户”服务管理与“1+5+X”的网格工作平台对接，进一步完善了县乡村组四级网格体系。建成“人民调解、司法调解、行政调解”三位一体的矛盾纠纷排查调处体系，广大群众合法利益、合理诉求得到有效保障。寺庙“六建”“六个一”全面完成，“九有”“九+五+二”实现全覆盖，寺庙和谐创建活动继续推进，区市县全年共表彰和谐模范寺庙31座、爱国守法僧尼1260人次、优秀驻寺干部86名、优秀寺管会13个。深入推进“六五”普法，有效实施法律援助，扎实开展党的十八大和十八届三中全会精神、国家政策法规、强农惠农政策宣传以及爱国主义教育、民族团结进步教育活动，有力促进了各民族交流交往交融。

当雄县

【基本县情】 当雄，藏语意为“挑选的草场”。当雄县属西藏拉萨市纯牧业县，位于西藏自治区中部，藏南与藏北的交界地带，拉萨市北部，距拉萨市170公里。地理坐标为东经90°45′—91°31′，北纬29°31′—31°04′。北部与班戈县、那曲县接壤，南与林周县、堆龙德庆县交界，东部一隅与嘉黎相连，西南与尼木县毗邻，青藏公路（国道109线）由东向西横贯全境。东北至西南硕长，长185公里，西北至东南狭窄，宽约65公里，其中最窄处约34公里。2013年，全县下辖6乡2个镇，28个行政村。县中学1所，在校生2083人，小学9所，在校生4929人，县中心幼儿园1所，乡级文化站7所、村级文化室28所，文艺演出团体1所。县医院1所，防疫站1所，乡（镇）卫生院7所。2013年全县总户数10758户，总人口50596人，其中牧业人口46153人，城镇人口4443人。全县天然草场总面积69.31万公顷，林地面积6661.20公顷，年鲜草可利用量为6.26万吨。牲畜年末存栏35.09万头（只、匹），比往年下降15.13%;仔畜成活数11.72万头（只、匹），比往年增长1.34%;成畜死亡数973头（只、匹），比往年下降59%;出栏数20.91万头（只、匹），比往年下降13.64%;肉产量8456.21吨，比往年增长2.36%;奶产量1773.12吨，比往年下降60.17%。

【概况】 2013年全县实现地区生产总值8.96亿元，同比增长20.48%。公共财政预算收入1.92亿元，同比增长57.96%。全社会固定资产投资完成15.05亿元，同比增长44.6%。社会消费品零售总额达1.01亿元，同比增长72.81%。城镇居民人均可支配收入14918元，同比增长11%。农牧民人均纯收入达到9347元，同比增长21.11%。城镇登记失业率控制在1.75%以内。

【畜牧业基础设施建设】 总投资1885.7万元，建成高寒两用温棚153栋、为全县264户牧民发放农机具275台（套）、建设纳木湖乡政府防抗灾物资储备库，实施完成当雄县牦牛短期育肥项目、冻精站牦牛选育场、草原监理站业务用房、格达乡格达村种牛引进等项目。

【草原草场承载平衡】 兑现2012年草补资金3567.35万元。实施并完成2012年度人工种草及天然草场改良建设项目，人工种草4500亩，顺利通过市级验收。完成20.38万亩的草原“三灭”工作。

【疫情灾情防控体系】 投入70余万元强化疫情防控工作，有效防控了龙仁乡、羊八井镇和公塘乡的牲畜疫情蔓延，确保了全县畜牧业生产安全。投入20万元用于防汛抗旱工作。投入200万元，在县乡村级储备库储备饲料940吨、兽用盐巴30吨、灭鼠药品等防抗灾物资，基本实现了县乡村三级联动储备。投入150万元购置装载机、挖掘机，用于保障乡村道路畅通，同时有效提高抵御自然灾害能力。投入134.4万元提高了224名乡村兽医人员的待遇。

【牧民专业合作社】 牧民专业合作社发展到34家，累计注册资金3265.61万元，直接参与人员4210人，牧民专业合作社在带动牧民群众增收致富方面的作用更加明显，当雄酸奶、牦牛肉等畜产品的知名度进一步提高。

【旅游产业】 组建当雄县羌塘旅游文化发展有限责任公司。加快实施纳木错景区生态保护升级项目。成功举办第八届纳木错国际旅游徒步大会和国际登山大会，纳木错景区知名度进一步提高。全年共接待国内外游客50万人次，实现门票收入5437万元，同比下降3%。

【旅游生态环境】 投入50.15万元，成立旅游沿线环卫队5个，配备专职清洁工20名，购买清洁车5辆，集中开展旅游沿线和旅游景区“脏、乱、差”现象专项整治。成立纳木错景区打击非法旅游客运车领导小组，投入10万元打击全县非法旅游客运车154辆。扎实开展旅游标示牌社会用字整治规范活动。

【工业发展】 在第十届世界瓶装水大会上，5100矿泉水荣获世界“最佳矿泉水”奖，并顺利投产玻璃瓶生产线。总投资达5.5亿元的羊八井蓝天温泉度假村建设项目取得实质性进展，已完成投入2.48亿元。西藏华钰矿业公司拉屋分公司井下“六大”安全生产系统和新建尾矿库投入运营。全年工业企业累计实现销售产值7.52亿元，同比增长50%；实现工业增加值3.46亿元，同比增长50.43%；上缴税金0.8亿元，同比增长33.34%。

【招商引资】 建立政企联席会议制度，进一步加强与企业的沟通交流，为企业提供更好地投资环境。全年共招商合同项目17个（新建7个、续建10个），协议资金达33.93亿元，实际到位资金8.79亿元，同比增长49.37%。

【项目建设】 成立当雄县项目评审中心，完善规范项目基建领导小组，聘请项目专技人员4名，设立项目前期工作专项经费500万元，扎实有效地做好工程项目质量的管理、项目现场管理、工程进度管理、项目信息资料档案管理等。培育牧民施工队5家，对投资200万元以内项目均由牧民施工队来施工。2013年全县共开复工各类项目135个，总投资13.96亿元。

【援藏工作】 先后实施县城供暖工程和羊八井新农村基础设施建设等5个援藏项目，共投入资金4846万元。

【城乡发展】 上级投入1102.5万元，完成安居工程建设315户，续建2012年沿线提升改造45户。配套资金737.39万元，完成保障性住房建设224套。投入3076.19万元，实施县城亮化、新建农贸市场和检察院附属工程等。投入1000万元，实施公塘乡甲根村、宁中麦灵村等5个点的人居环境及村容村貌整治。投入300万元，实施50户棚户区改造工程。投入4000万元，用于全县中（小）学改扩建，新建乡（镇）幼儿园等11个重点教育项目。为122名城镇低保户发放廉租住房补贴资金37.33万元，分配廉租房96户，入住率达100%，受益人数达408人。

【创模工作】 建立完善“创模”工作长效管理机制，全面提升城市环境和县容县貌，全县城镇化率达12.75%。兑现农村公路养护资金140.45万元，养护里程467.7公里。投入专项资金171.82万元实施县城绿化，种植云杉3200株、沙棘8000株。

【民生事业】 民生调研组深入8个乡（镇）开展民生调研工作，梳理群众意见建议360条，280条已落实解决，进一步拓宽了群众工作路径。干群结对1372对，慰问帮扶贫困群众5600余人次，县级干部深入基层695次，办实事147件，新分配的67名事业编制人员全部派遣到边远乡（镇），为全面开展党的群众路线教育实践活动奠定了坚实的基础。为8乡（镇）投入800万元解决部分事关群众切身利益的民生实事。投入1506.39万元，新建大口井171处、管引9处、机井21处，维修机井16处、管引26处，解决3579户、2.34万人的安全饮水问题。投入50万元，为格达乡、宁中乡等部分村（居）更换、维修变压器和电源线路。投入95万元新建县医院食堂。投入80万元，改善8乡（镇）干部职工生活环境。投入182.48万元助学资金，资助全县601名区内外就读大学生。投入150万元建立“先治疗、后结算”的住院绿色通道，对转院至上一级医院的患者无偿给予2000元的住院押金。对55名赴内地治疗先心病儿童给予5.5万元的生活补助。开展全县560余名离退休干部职工和“三老”人员慰问活动。为进一步调动离退休干部职工服务当地经济发展的热情，投入120万元，先后组织90名离退休干部职工赴兄弟省市开展考察活动2期。建立特困离退休干部职工帮扶专项资金50万元。为全县24名老支部书记解决

32.3万元，用于改善他们的生产生活及居住条件。

【教育事业】 优先发展教育事业，本级财政投入教育资金7982万元，占全年财政收入的41%，实施了县完小等11所学校的改扩建项目。全县小学适龄儿童入学率、巩固率均达到100%；初中入学率、巩固率达98.7%和100%，农村学前两年教育达到65%，城镇学前三年教育达到91.67%，教育“三包”经费和营养改善落实率达100%。

【医疗保障】 投入115万元，改善县医院住院楼的硬件设施及附属工程。全民免费健康体检率达98.78%，孕产妇死亡率为零，婴幼儿死亡率控制在16.2‰，新农合参保率达100%，国家免费孕前优生健康检查率达112%。食品药品专项检查44次，未发生食药安全事故，被评为“全区药品示范县”。

【文化事业】 相继实施完成县广电综合楼主体工程、县新华书店、当曲卡镇乡级综合文化站和县民间艺术团排练场等建设项目。全县共有22家寺庙书屋和28家农家书屋。县民间艺术团先后荣获第五届全国服务农民服务基层文化建设先进集体，拉萨市首届文艺调演舞蹈类一等奖和音乐类二等奖，作品《酥油情》荣获第十届中国艺术节戏剧类“群星奖”。嘎洛寺、多吉林寺等6座古建筑被列入第六批区文物保护单位名录。全年共放映电影1311场次，观看人数达4.51万人次。广播电视覆盖率分别达到98.5%和99.4%。

【社会保障】 解决县敬老院供暖问题，提高孤寡老人伙食标准，推进三县社会福利院合并建设项目前期工作。为5027人发放城乡低保金614.6万元，为361人次发放医疗救助金312.99万元，兑现牧民房屋受损保险费14.23万元，碘盐配送率达100%。完成职业技能培训1721人，成功就业836人。开发就业岗位970个，城镇新增就业人数325人。重点项目劳务输出2627人，转移就业1423人，实现农牧民劳动力转移人数5483人。同时，注重做好人事、监察、税务、工商联、档案、地方志和气象等各项工作，妇女儿童、老年人、残疾人和慈善等社会事业也得到全面发展。

【维稳体系建设】 加快推动“护城河”公安检查站、便民警务站、乡（镇）司法所的基础设施建设。投入75万元，完成县乡村三级“先进双联户”评选表彰活动，当雄县先后被评选为区市级“先进双联户”县。受理化解来访案件23件94人次，成功率100%。化解草场纠纷8件，成功率100%。在宁中乡开展“四同”工作以来，配套各类帮扶解困项目资金219.49万元，为409户困难群众发放了25.63万元的慰问金。投入270.73万元用于解决护路队员生产生活用品、提高护路队员工资待遇及老队员一次性困难补助等，全年共出动护路联防队员24.3万人次，累计巡线里程达39万公里，确保了青藏铁路当雄段的安全畅通。

【安全生产】 开展安全生产专项整治行动45次，发现各类安全隐患107处，下达限期整改通知书26份，停业整顿2家。工矿、商贸领域继续保持“无事故、零死亡”的良性发展态势。

【依法行政】 坚持民主集中制，政府决策机制进一步完善。自觉接受人大及其常委会的法律监督、工作监督和政协民主监督，认真受理人大代表建议和政协委员提案66件，答复率100%。

达孜县

【基本县情】 达孜，藏语意为“虎峰”。达孜县位于西藏自治区中南部，念青唐古拉山东段南侧，拉萨市东北部，属于雅鲁藏布江中游北岸支流拉萨河的中游区域。地跨东经91°81′～91°38′，北纬29°40′～30°01′。东与拉萨市墨竹工卡县相连。南与山南地区扎囊县接壤，西与拉萨市区毗邻，北与拉萨市林周县紧连，川藏公路东西横穿而过。县府驻地德庆镇，海拔3686米，距离首府拉萨25公里。达孜县全县总面积1373平方公里。

达孜县下辖有邦堆乡、雪乡、唐嘎乡、章多乡、塔杰乡和德庆镇共5乡1镇，20个行政村，131个村民小组。全县共有8602户29152人，其中农牧民为6420户共计25971人，占人口总数的89.1%。

【概况】 2013年，达孜县完成地区生产总值9.04亿元，增长12.8%；完成公共财政预算收入1.015亿元，增长84.14%；完成全社会固定资产投资13.42亿元，增长48.3%；完成税收收入2.2亿元，增长77.52%；实现社会消费品零售总额0.88亿元，增长14.3%；实现工业销售收入29.31亿元，增长96.9%；实现工业增加值9.66亿元，增长96.8%；实现农牧民人均纯收入7798元，增长15.5%。

【产业发展】 一是扎实推进“三农”工作，农牧民增收基础不断夯实。全年争取并落实涉农资金3989万元，实施各类涉农项目9个。全面发展现代农业，不断加快农牧业产业化进程。着力推进农业科技示范园建设，建成园区温室1108栋，投资274.5万元，完善了园区基础设施；全面提高农业科技含量，不断加大农业技术推广力度，实施藏青320二级种子田建设4000亩，良种覆盖率达到75%以上，开展高产创建标准化种植4万亩，测土配方1.6万吨，落实农作物播种面积6.9万亩，实现粮食作物产量4803.05万斤,经济作物产量0.34万斤，饲草作物产量0.14万斤；全面开展农发扶贫工作，不断提高农业综合生产能力，全年争取农发扶贫项目30个，项目总投资达3343万元，编制完成《达孜县产业扶贫规划（2013-2020年）》，为农业综合开发科学选项、科学立项提供了依据；全面加快农牧民增收步伐，不断规范农牧民专业合作组织，新发展各类农牧民专业合作组织35家，全县农牧民专业合作组织累计注册资金4791.24万元，吸纳社员1541人，辐射带动农户3445户，增收969.5万元；加快推进净土健康产业发展，完成了《2014年—2020年达孜县净土健康产业发展规划》、《2014年达孜县现代化奶牛养殖基地项目设计方案》和《达孜县净土健康产业发展项目进度、负责人任务分解表》的编制工作，成立了达孜县净土产业投资开发有限公司，注册资金1.5亿元。二是加快推进新型工业化，现代产业体系逐步形成。更加注重产业招商，新签约企业118家，其中超亿元企业6家，协议资金达21.7亿元，掌握招商项目信息200多个。目前，园区拥有规模以上企业8家，市级以上龙头企业5家。强化企业培育，成立西藏昊泰高原富氧工程合作技术研发中心，促进科技资源与园区企业的有效嫁接，致力推动一批高原制氧设备在园区成功孵化；建立中小企业孵化创业中心，以创业带动就业为目标，搭建培育、扶持中小企业发展和壮大的平台；组建自治区科技厅科创中心，为园区科技型企业积蓄充足的技术、资金后劲，推动园区产业快速优化升级。突出产业集聚，初步形成了以屋脊之宝、藏稞食品、天圣医药、华草堂药业等为主体的高原特色食品、药品、饮品业；以优格仓、吞柏古等为主体的民族特色手工业；以藏缘青稞酒业、第三极羊绒、珠峰实业等为主体的农畜产品深加工业；以天威•英利、西藏昊泰等为主体的新能源产业；以木材市场、路安公司等为主体的建材物流业五大产业板块。2013年达孜工业园区税收实现翻番。三是依托环境优势，旅游产业得到快速发展。积极推进旅游基础设施建设，完成查叶巴寺景区2.1公里道路连通工程，景区基础设施得到进一步完善；完成塔杰乡至桑耶寺徒步旅游开发项目前期规划工作，德庆镇白纳村阿古顿巴出生地2A级旅游景区项目正在申报当中。全年接待游客29.89万人次，实现旅游收入838.24万元，同比分别增长23%、31%。

【城乡建设】 一是县城形象进一步提升。邀请镇江市规划设计院修编新一轮县城总体规划，县城规划更加科学合理，“新城区”建设水平将逐步提升。投资842.38万元，对200户棚户区进行改造。投资20余万元，对县城8条和园区4条主干道进行美化亮化。投资13.45万元，对县城市政设施进行维修。达孜县垃圾转运站完成立项，江苏·拉萨展销中心主体完工，扬中路、焦山路建成通车。二是城乡居民生产生活条件进一步改善。27路公交专线正式通车，18条农村客运线路审批手续基本完成，方便了群众出行。完成48套廉租房、72套公租房等保障性住房建设。继续实施农村安全饮水工程，惠及345户1519人。有力推进农牧民安居工程，全年安排365户建设任务，兑现补助资金345万元。投资100万元，加大美丽乡村项目建设。群众生产生活条件得到明显改善。三是生态环境进一步优化。重点加强对318国道、主要街道以及乡村道路的环境整治工作，聘请16名专职环境保护监督人员加大环境监督管理。在主要交通干线、河道、旅游重点路线设立环境保护警示牌11块，充分发挥了宣传环境保护的作用。重点建设生态工程，完成重点区域生态公益林建设、防沙治沙工程造林、防护林工程造林45430亩，项目总投资1199.36万元，落实森林生态效益补偿基金147万元。德庆镇德庆村、白纳村和塔杰乡巴嘎雪村成功创建为自治区级生态村。严格执行“环境影响评价制度”和“三同时”制度，对县城生活污水净化、重点工业企业污染物排放、危险废物依法安全处置、环境保护能力建设等四项达标指标进行建档，筑牢生态安全屏障。

【民生事业】 一是不断健全社保体系。社会保险覆盖面持续扩大，医疗保险、工伤保险、失业保险、生育保险、养老保险参保人数达5906人，新农保参保人数达15462人，参保率95.17%。新增就业人员636人。发放各类低保资金309万元，落实农牧民免费医疗资金900.15万元，兑现特困群众医疗救助及生活救助资金140万元。五保老人供养率达100%，全年投入供养资金123.8万元，有集中供养意愿全部集中供养。二是优先发展教育事业。进一步调整和优化教育结构，着力提高全民受教育程度和综合素质。整合扩大优质教育资源，实行集中办学、规模办学，全面推进教育改革和创新，投资1.4亿多元，开工建设了达孜县中心小学。加大乡村学前教育，新建13所乡村幼儿园并开园招生。全面落实“三包”政策和农村义务教育学生营养改善计划，全年累计发放义务教育“三包”经费1110万元。学校德育工作得到切实加强，中小学在校生巩固率均保持在100%。三是加快推进医药卫生体制改革。进一步完善了大病统筹补充医疗保险运行机制，全面实现医疗费用即时结报，着力推行了“先诊疗、后结算”模式。农牧民医疗政策范围内住院费用报销比例达到85%，个人年内累计报销金额提高到6万元，农牧民个人参加合作医疗筹资率达到100%。卫生惠民工程有序开展，农牧民免费健康体检工作全面完成，体检率达97.1%，免费孕前优生检查工作完成率达105.7%，农牧民基本卫生知识普及率达86%以上。四是文化事业繁荣发展。举办形式新颖多样、内容丰富多彩、群众喜闻乐见的广场文化活动和“五下乡”活动39场。以宣传党的十八大精神、习近平总书记系列重要讲话精神、新旧西藏对比和社会主义核心价值观为主题，将党的惠民政策宣传到千家万户，受益群众达15000余人。继续推进农村电影放映工程，共放映1680场次，活动受益群众达50400余人次。广播电视“村村通”、“户户通”覆盖率达到98%。五是深入实施“四业工程”。投入专项培训经费150万元，培训农牧民5348人，实现劳动力转移1442人，劳务输出9353人，实现劳务收入1.18亿元，增长30.92%。

【援藏工作】 第六批和第七批援藏工作平稳过渡、有效衔接，为新一轮对口支援工作赢得了良好开局。第七批援藏干部以最快的速度适应新的岗位，以最佳的状态投入新的工作，在学习调研的基础上，总结和汲取第六批援藏工作经验，科学谋划达孜新一轮发展的目标和思路。在总体原则上，坚持做到“不翻烧饼，一张蓝图绘到底，一任接着一任干”；在工作目标上，努力建设拉萨“东大门”，争当县（区）发展的排头兵；在发展举措上，坚持把项目建设作为援藏工作的着力点，全面梳理“十二五”援藏项目库，突出“园区”、“民生”两大重点，对2014、2015年援藏项目建设的计划安排作了进一步的优化和调整，确定了达孜县中心小学、国曲路、民族手工艺创业基地、德庆西路、县城总体规划编制等5大项目，总投资达1.34亿元。同时对所有援藏项目落实倒逼推进机制，对援藏资金实行严格管理，抓进度、保质量，确保建成示范工程、民心工程、廉洁工程。

【维稳举措】　一是深入推进反分裂斗争。以“立足现实、着眼长远、合理布局、重在质量”为原则，获取深层次、内幕性、预警性、有价值的情报信息，牢牢掌握反分裂斗争的主动权，圆满完成敏感时期和重要节点维稳防控任务，实现了“三无”、“三不出”目标。二是积极开展“双联户”和网格化服务管理。划分出642个双联单位，推选村里党员、致富带头人、企业负责人作为联户代表，将有限的群众力量激发出无限的社会群防群治动力，筑牢了社会和谐稳定的基层基础，促进了农牧民共同增收致富。构建起覆盖县、乡、村、组四级的管理服务网格，建立了565人的网格员队伍，切实将社会管理工作纳入标准化、规范化、网格化、精细化和科学化的管理轨道。三是依法管理宗教事务。不断巩固“六建”工作，广泛开展“六个一”活动，深入推进“9+5”工程建设，僧尼社会保险实现全覆盖。着力创建和谐模范寺庙及爱国守法先进僧尼评选活动，179名爱国守法先进僧尼、8座和谐模范寺庙受到县级表彰，90名爱国守法先进僧尼、4座和谐模范寺庙受到市级表彰，54名爱国守法先进僧尼、2座和谐模范寺庙受到自治区级表彰。四是积极调处矛盾纠纷。坚持把群众工作摆在突出位置，逐级成立群众工作部，各级信访干部服务群众意识全面提升，一大批信访突出问题得到有效解决。排查矛盾纠纷8起，调处化解8起，调处率100%；受理群众来信来访31件83人次，办结28件，协调解决民工工资及群众损失154.32万元，配合协调解决西藏民康生猪养殖基地遗留信访案件。五是切实加强安全生产。进一步强化安全生产和食品药品安全执法监管，不断完善应急体系建设，全年无较大及重、特大安全事故发生。

【自身建设】　着力加强政府自身建设，坚持科学理政、依法行政、从严治政，大力推进法治政府和服务政府建设。加快推动政府职能转变，政府运行机制体制进一步规范。认真开展政务环境整治，切实加强作风建设，行政效能不断提升。不断强化教育、制度、监督并重的惩治和预防腐败体系建设，广大干部职工责任意识、廉政意识和拒腐防变能力不断增强。严格贯彻落实中央“八项规定”、自治区“约法十章”和市委“八项要求”，各类会议压缩28.5%，各类文件减少50%，“三公”经费支出下降30%，各类会员卡零持有，“小金库”零存在。自觉接受人大法律监督、工作监督和政协民主监督，认真执行人大及其常委会各项决议，主动与政协讨论协商重大事项。办理人大代表建议67件、政协委员提案39件。

曲水县

【基本县情】　曲水，藏语意为“流水沟”。曲水县位于自治区首府拉萨市的西南部。居北纬29.2°～29.5。东经90.4°～90.9°之间，地处雅鲁藏布江和拉萨河交会处，318国道横贯全境，是内地空港至拉萨的重要窗口和门户。全县总面积1624平方公里，耕地面积6.5万亩。全县最高海拔5774米，最低海拔3500米，县城海拔4272.84米。全县辖5乡1镇、17个行政村、133个村民小组。全县常住人口共有35187人，其中农业人口32491人。目前仍是一个典型的以农业为主，牧业为辅的农业县。

【概况】　2013年,全县地区生产总值预计完成7.66亿元，比上年增长22.95%（按现价计算）；全社会固定资产投资完成16.7亿元，增长46.11%；社会消费品零售总额达到1.76亿元，增长25.71%。地方本级财政一般预算收入完成8658万元，增长59.33%；农牧民人均纯收入达到8183元，增长19.66%；城镇居民可支配收入达到16130元，增长8.99%；城镇登记失业率控制在1.17%以内。

【经济发展】　农业经济稳步增长。全面落实强农惠农富农政策，发放各项农业补贴资金518.7万元，新增农机具919台(套)，基本实现了农作机械化。农牧业综合生产能力不断增强，全县粮食产量5022.22万斤；油菜产量404.67万斤；肉奶产量分别达0.35万吨、0.5万吨。科技对农牧业的贡献率进一步提高，推广“藏青2000”新品种0.19万亩，亩均增产39公斤。紧紧抓住全国农村改革试验区和国家级现代农业示范区落地曲水的机遇，按照“一深化、六突破、三推进”的发展思路，扎实有效地开展了农村经营体制改革工作，制定出台了《曲水县示范合作社创建标准和考核评价体系》，成立各类专合社61家，农牧户入社率达到了26%。认真贯彻落实拉萨市委、市政府依托西藏空气、土壤、水资源及文化资源“四不污染”的独特优势，大力发展净土健康产业，结合曲水县区位特点和农牧业发展现状，提出了“一、二、三、四、一”的发展思路，成功试种了葡萄、猴头菇、玛咖、郁金香、烟叶等新兴经济作物；重点规划建设了特色生物药材种植基地、特色生物花卉种植基地、特色生物食用种植基地和特色果蔬种植基地，统筹规划打造机场高速、318国道和拉日铁路沿线经济产业景观带。进一步加强林业工作，全年完成造林面积11500亩，成活率达到85%以上。实施扶贫开发项目38个，完成3374人贫困群众的脱贫工作。不断加大农牧民转移就业培训力度，培训农牧民6578人，实现农牧民转移就业1704人，组织劳务输出3079人次，实现增收3000多万元。第二批强基础惠民生活动投入资金4166.44万元，实施项目123个，有力促进了农牧区的发展稳定。

工业经济快速发展。坚持工业强县战略，严把生态环保底线，做到了破坏生态环境的企业坚决不招，环评不达标的项目坚决不上。2013年全县实现工业总产值11.5亿元，增长42%，完成工业增加值3.5亿元，同比增长42%，实现工业税收1.05亿元，增长94.44%。招商引资工作取得新突破，全年成功签约项目12家，到位资金74875万元，增长42%。加强工业园区建设，园区规划面积达到了12.4平方公里。年内，入园企业和税收均占到了全县总量的80%以上，入驻企业78家。

服务业稳步提升。全年共接待游客17.30万人次，实现旅游收入885万元，分别增长20.98%和25.53%。

基础设施更加完善。2013年，全社会固定资产投资继续保持较快增长，全年开、复工项目204项，总投资20.87亿元,完成投资16.70亿元。其中，续建项目36项，完成总投资3.58亿元，新建项目168项总投资17.29亿元。城乡基础设施建设项目投入加大，总投资1.109亿元，用于基础设施建设项目16项。

财税金融平稳运行。积极组织财政收入，优化财政支出结构，财政收支实现综合平衡，地方本级财政一般预算收入完成8658万元，集中财力保障了重点支出需求，有力支持了社会保障事业的发展和惠民项目、园区建设和城乡建设。2013年全县用于与人民群众直接相关的教育、医疗、卫生、社会保障、文化以及三农等方面的民生支出达到了27041万元，增长42%,占全县总支出的53%。

援藏工作不断深化。新一批对口援藏工作开局良好，全年落实援藏项目5个、资金4803万元。

【社会发展】 就业和社会保障力度加大。认真落实自治区确定的“十件民生实事”，涉及曲水县的10大类15小项的民生实事全部完成。全县各项社会保险参保达到26975人(包括养老保险、医疗保险、新农保、生育保险、失业保险、工伤保险等)，参保率达到了100%。城乡居民最低生活保障标准分别提高到月人均440元和年人均1750元。投入资金1647.65万元，建设城镇保障房168套。全面启动五保集中供养爱心工程，全县188名农村五保老人实现了供养对象，集中供养率达到90%以上，农牧区五保供养标准提高到年人均2600元。

教育事业健康发展。优先发展教育，继续认真落实《曲水县推进教育现代化建设实施方案(2012—2014年)》，不断加大教育投入，全年共投资8775万元，其中县财政投资2032万元，进一步改善了全县中小学的教育教学条件。扎实推进教育体制机制改革，在全区率先通过教育部组织的县域义务教育均衡发展评估验收。不断完善15年教育“三包”政策，年生均补助标准提高到了2700元，奖学金、助学金政策全面落实。

文化事业繁荣进步。积极促进文化大发展，大力实施广播电视“村村通”、“户户通”、文化信息资源共享、县乡村文化馆(站)等文化惠民工程，投资526万元的6个乡镇综合文化站全部建成。群众文化生活日益丰富。广播电视综合覆盖率均达到99.98%。藏语文社会用字规范工作成效明显。非物质文化遗产保护得到加强。2014年，曲水县已有全国文物保护单位1处、自治区级文物保护单位10处。

公共卫生服务持续改善。不断完善基层卫生服务体系，实现了乡乡有卫生院、村村有卫生室的目标。农牧区医疗补助标准从年人均300元提高到340元。完成了33687人的全民体检和6616人先天性心脏病的筛查工作。同时，在北京、江苏两省的大力支持下，2名先天性心脏病人均已完成手术治疗，现正在康复当中。

林周县

【基本县情】 林周，藏语意为天然形成的沃土。林周县位于拉萨市东北，距离市区65公里。全县辖9乡 1镇 ,45个行政村 ,12283户60497人；国土面积4512平方公里，耕地18万亩，天然草场505万亩,人工草场8万亩，水域5.4万亩，是拉萨市7县1区中的第一产粮大县、第二牧业大县。全县南北狭长，跨度达180公里。念青唐古拉山支脉一恰拉山横贯全境，将林周县分割为南北两大部分。北部属拉萨河上游及其源流区域，素有“三河一流”的美称（即热振河、达龙河、乌鲁龙河、拉萨河流域），平均海拔4200米，气候干燥，年平均气温2.9摄氏度，以牧业生产为主。南部地区属拉萨河支流澎波河流域,平均海拔3860米,谷地开阔，气候温和，雨水充沛，年平均气温5.8摄氏度，主产小麦、青稞、油菜、土豆等,是拉萨市的主要粮食生产。

【概况】 2013年，林周县完成生产总值12.47亿元、同比增长22.62%。投资规模稳步扩大，2013年完成全社会固定资产投资13.42亿元、同比增长33.27%。财政收入稳步增长，公共财政预算收入8226万元、同比增长40.4%，公共财政支出5.9亿元、同比增长19%。人民生活阔步提高，农牧民人均纯收入达到8065.72元、同比增长24.25%，社会消费品零售总额达到5783.66万元、同比增长71 %，城镇登记失业率控制在2%以内。

【现代农业】 2013年，全县农作物总播种面积17.03万亩，粮油总产达到13300.18万斤，其中粮食产量12800.14万斤，油菜产量500.04万斤；年末牲畜存栏数253718头（只、匹），出栏率42.4%；肉类总产5923吨，奶类产量3807.4吨，羊毛产量79.3吨，羊绒产量5.18吨，禽蛋产量85.32吨；春、秋两季重大动物疫病防疫免疫率100%。

2013年，完成农牧业基础设施投资21712.7万元，现代农业示范区项目总投资达到1.2亿元。投资1750万元建成350栋高效日光温室，投资1683万元完成澎波半细毛羊、牦牛良种选育及扩繁小区项目建设，启动2000头高产奶牛现代化养殖项目，设施农业基地和设施养殖业基地规模进一步扩大。完成1.1万亩高标准农田建设，示范推广“藏青2000”5000亩，编制净土健康产业发展规划和澎波健康产业园区建设规划。财政支农资金达1.3亿元，兑现草原生态保护补助奖励资金、生态效益补偿基金、农机购置补贴、牲畜良种推广补贴等强农惠农政策性补贴2237.3万元。全年开展农牧民各类实用技术培训惠及农牧民3200多人次，实现劳务输出17274人，其中政府组织劳务输出、转移就业7791人，增收2453.8万元；农牧民群众自发劳务输出9483人，增收8284.9万元。

【经济基础】 2013年，实现工业销售值26800万元，同比增长22.79%；工业税收1765万元，同比增长21.47%；工业投入43920万元，同比增长31.98%。2013年，实现旅游收入2780173元，同比增长8.3%；旅游人数22054人次，同比增长18.8%；参与旅游业经营活动群众达743户2900人，县级财政投入旅游专项资金35万元。年内，全县各类企业达到57家，注册资本达到5.55亿元、同比增长61.33 %；金融机构贷款余额3.4亿元，全年累计发放贷款1.83亿元，移动通信业务总量2850万元，邮政业务收入72万元，金融邮电服务网点覆盖率进一步提高。

2013年，全县在建项目154个，总投资22.93亿元，完成投资13.42亿元，其中续建项目54个、新开工项目100个，能源项目总投资2.25亿元，新建援藏项目总投资达到4722.26万元。旁多水利枢纽工程水库蓄水位达到4076米，首台机组按时并网发电。

【城乡建设】 2013年，县城行政中心区建设和道路、供水、垃圾处理等基础功能完善，项目投资超过1亿元；续建完成总投资1756.4万元的2012年周转房80套、2012年公租房104套；新建完成总投资1024万元的2013年48套廉租房、72套公租房。完成县城东扩区第三期征地143.7亩的勘测定界和征地协调工作，并及时兑现2308895.4元征地补偿费。完成占地1.56平方公里（2340亩）的林周县净土健康产业园区项目区用地选址及勘测定界工作，进一步完善城市功能。区市县三级财政共配套补助资金2200万元，实施11个行政村农村人居环境建设及环境综合整治项目，已完成总工程量的65%。总投资4822.94万元的乡村寺庙道路建设以及游牧民定居配套工程等进展顺利。年内，总投资232.6万建成7个小农水项目，改善8915亩农田灌溉用水问题；中小河流治理项目投资达到5278.21万元，农村安全饮水工程投资312万元。生态环境建设进一步加强，完成造林6407.2亩，开发占补平衡耕地1032.7亩，甘曲水源地保护工程开工在建，环保工作力度进一步加大。

【社会保障】 2013年，县级财政民生支出达到2.67亿元，占总支出的45.25%。教育改革深入推进，总投资1.07亿元改善了县中学、苏州小学和9个乡中心小学办学条件，完成了6所乡村幼儿园建设；"三包"政策及时提标。卫生事业加快发展，投资350万元新建林周县卫生监督所，完成3个乡卫生院改扩建，投资240万元的林周县地方病防治能力项目已开工建设；农牧民合作医疗参合率100%、医疗制度覆盖率达100%，全民免费健康体检率达98.6%；完善了"一孩、双女户"困难家庭扶助制度和独生子女伤残死亡家庭特别扶助制度，营养包项目适龄儿童覆盖率达到95.5%；"先诊疗，后结算"医疗模式成功推开。社会保障水平不断提高，2013年新型农村养老保险参保人数达35398人，征缴基金311.65万元；城镇居民（含僧尼）养老保险参保人数1323人，参保率为99.9%，征缴基金6.77万元。城镇职工医疗保险参保人数2321人，征缴基金793.02万元。城镇居民基本医疗保险参保人数为1976人，征缴基金8.28万元。截止年底，发放36721人养老金709.71万元，落实5818户低保金1005万元，救助301名农村特困群众医疗救助资金150万元，落实72名孤儿生活保障金51.84万元、助孤资金25.56万元。林周县残疾康复中心于7月份正式启动。文化发展再创佳绩，县民间艺术团和阿谐艺术表演团队均荣获全国性大奖，投资1920万元的热振寺文物保护维修工程完成工程量的95%，投资850万元的10个乡镇文化站交付使用；"户户通"新增830户，电影放映980场。"四业"工程成效明显，全县转移就业1720人次、劳务输出7293人和培训5771人；城镇零就业家庭已全部就业，城镇登记失业率控制在2%以内。扶贫工作扎实开展，2013年争取到扶贫项目37个，总投资2850.5万元，均在实施中；完成了林周县2013-2020年产业扶贫规划编制。

【依法治县】 2013年，林周县投入维稳经费1022.2万元，同比增长36.29%。努力做好"扫黄打非"、打击盗窃破坏"三电"、禁毒等工作，深入开展反自焚专项斗争工作，强化了重点区域、敏感地段的安全监控工作，进一步落实实名制加油制度。做好流动人口服务管理，签订治安责任书852份，出租房屋办证率达到100%。扎实开展"双联户"工作，共划分联户单位1048个，推选产生联户代表1048名。扎实开展寺庙"六建"、"9+5"、"一个覆盖"、"一个创建"活动。县政府垫拨资金1600余万元建成23座寺管会，32座寺庙建立了寺庙书屋，37座寺庙通路，35座寺庙通水，38座寺庙全部通电，26座寺庙建立垃圾储放池，17座寺庙培养了一名卫生员，县级财政投入17万余元实现了38座寺庙信息综合管理系统全覆盖。投入经费10万元为僧尼办实事372件，表彰县级和谐模范寺庙20座、先进僧尼728名，兑现奖金75.9万元；表彰市级和谐模范寺庙3座、先进僧尼125名，兑现奖金25万元。2013年，共办理（接待）群众来信来访52批168人次，化解来信来访50批162人，化解率达到96.2%。县、乡两级党政领导共接待群众21批93人，乡镇主要领导接访15起27人次，健全了县、乡、村三级网络矛盾纠纷调处中心，全县调解组织共受理各类矛盾纠纷52件，调处率100%。加强安全生产管理，开展矿山安全隐患排查30余次，确保矿山"零事故"。

【工作作风政府效能】 全面贯彻落实中央"八项规定"、区党委"约法十章"等要求，2013年全县各单位接待费用预算由去年的12%减少到7%；制定出台《林周县县级领导干部联系基层工作制度》，加强领导干部联系基层、联系服务群众力度，广泛开展结对工作，新增结对708对，与结对对象恳谈3680余次。深入开展创先争优强基惠民各项工作，各驻村工作队投入资金2776万元为群众办实事923件，投入经费289万元开展慰问活动2027次，总投资960万元获得批复“短、平、快”项目28个，举办专题宣讲教育899场次，受教育群众达5万余人次，制定村级经济社会发展规划169份，形成村经济社会调研报告121篇。扎实开展党的群众路线教育实践活动，组织广大党员干部600余人次参加群众路线理论学习5次、观看专题电影4场、实地参观5次；深入开展自查自纠，在全县范围内广泛开展意见征求活动，发放四大班子及成员征求意见表，撰写领导班子及成员对照自查自纠材料33份。加快转变政府职能和机构改革，统计整理县级行政审批（包括预审和备案等）123项，需请市级部门下放56项，不建议保留的3项；按照“公开、公平、公正、高效”的原则，进一步明确了审批事项、审批责任、审批权力、审批流程和审批时限，便民服务中心建设加快，推行“一个窗口对外”、“一次性办结”的运行模式，简化便利审批工作流程。

尼木县

【基本县情】 尼木，藏语意为“麦穗”。尼木县地处雅鲁藏布江中游北岸，系前后藏结合部，距拉萨市约140公里，是一个以农业为主的半农半牧县。全县国土面积3275.8平方公里，平均海拔4000米，辖32个行政村，127个自然组，总人口36095人。塔荣镇为县城驻地，海拔3809米。全县辖七乡一镇(包括塔荣镇、吞巴乡、续迈乡、普松乡、帕古乡、麻江乡、卡如乡、尼木乡)，其中农业乡（镇）6个、半农半牧乡1个（帕古乡）、纯牧业乡1个（麻江乡）。矿产业为全县经济支柱产业，藏鸡养殖业为农牧业特色产业。

尼木县属高原温带半干旱季风气候区，四季分明，夏季雨水集中，辐射强，年日照时数2947.2小时。年无霜期100天左右。年降水量324.2毫米。自然灾害主要有干旱、山洪，泥石流，虫灾，霜冻和冰雹。

尼木县矿产资源主要有铜、钼、泥炭等，野生动植物资源主要有豹子、狗熊、猞猁、獐子、黑颈鹤、贝母鸡、野鸡及贝母、虫草、黄连、雪莲等。

【概况】 2013年，尼木县地区生产总值达5.14亿元，同比增长12.4%；地方财政一般预算收入3790万元，同比增长54.12%；社会固定资产投资6.98亿元，同比增长41%；农牧民人均纯收入达到7440元，同比增长15.4%；工业增加值2963.7万元，同比增长4.1%；社会消费品零售总额达到2700万元，同比增长12.5%；城镇化率达到19.33%，同比增长3.66%。

【“三农”工作】 调结构，保增长，农牧业迸发新活力。2013年，全县落实各项强农惠农政策补助319.45万元，粮油播种面积36562.22亩，粮油总产量2806.7万斤，粮经饲比例调整为73.1:14.4:12.5。牲畜存栏127503头（只、匹），仔畜成活率98.2%，成畜死亡率1.2%，出栏率62.4%，猪牛羊肉产量4459.01吨，奶产量3948.44吨，山羊绒产量2.56吨，禽蛋产量95.51吨，牲畜良种覆盖率5.41%。购买良种公牛59头，完成黄牛改良任务3000头。减畜78994.3只绵羊单位，实现草畜平衡4611户,补助资金511.41万元。县财政投入500万元，并整合扶贫水利资金957万元，完成了乌米农业综合开发示范区一期2098亩土地坡改堤和机械化作业。实施重点区域造林1947.2亩，周边造林4300亩，退耕还林配套荒山荒地造林7000亩，人工种草4500亩。完成了普松灌渠、夏曲河、县城防洪堤等水利项目建设。项目征地244.76亩，县财政兑现补偿资金650.21万元；矿山企业兑现草补资金500万元，土地出让金1425.41万元；中国联通公司兑现土地出让金146.15万元。

【优势产业】 2013年，尼木县产业化发展之路进一步加快，有力地拓宽了农牧民群众增收渠道。一是净土健康产业起步良好。为推动我县净土健康产业快速发展，打造县域优势产业，促进产业转型升级，全面提升产业竞争力。2013年底，全面启动净土健康产业发展工作，加大对养殖业、种植业方面的资金投入力度，大力发展藏鸡养殖业。目前，全县共有1500户藏鸡养殖户，养殖藏鸡67856只，年收入约730万元；二是矿产业加速发展。大力扶持有实力的企业参与全县矿产资源的勘探与开发，推进企业技术改革，努力把资源优势转化为经济优势。总投资4.9亿元的厅宫铜矿5000吨电解铜建设项目正在稳步推进；三是旅游品牌初步建立。旅游发展基础不断完善，吞巴乡吞达村荣获“2013年中国最美村镇”传承奖，吞巴旅游景区于6月20日正式营业。投资328万元的如巴湖景区已经完成总工程量的80%。2013年，全县“一日游”游客达到44690人次，同比增长21%；旅游收入达到1985万元，同比增长22%；四是民族手工业拓宽市场。2013年，全县690户2771名农牧民参与了旅游文化产品的制作、销售和家庭旅馆、特色藏餐等旅游服务工作。其中藏香收入达到650万元，经版、经幡收入达到360万元；五是非公经济不断壮大。目前，全县非公企业共21家，注册资金6104.1万元，就业人员848人，年收入达1289万元。2013年，新成立党小组15个，党员77名，进一步推动了非公企业党建工作。

【民生保障】 抓统筹，保民生，社会事业迈上新台阶。一是教育改革稳步推进。县级财政投入教育经费1000万元，占财政收入的26.38%。扎实推进教改工作，顺利完成对县中学、麻江乡完小、续迈乡完小、尼木乡完小标准化建设任务，圆满完成了职业教育整合及招生任务，认真开展贫困大学生资助工作，促进义务教育均衡发展，教育质量和学校管理水平稳步提升；二是医疗卫生惠及百姓。着力加强医疗卫生设施建设，积极推进基层医疗改革。县财政投入177.9万元，实施了11个边远自然村卫生所、县医院藏医文化室、医院局域网、急救中心建设。合作医疗参合率100%，大病补偿金额达654.24万元，1435人次。在全市率先开展了“先诊疗，后结算”医疗服务。为全县僧尼及城乡居民体检29148人，体检率达97.48%。免费为8名“先心病”患儿治疗，免费为210对计划怀孕夫妇进行了孕前健康体检；三是文化事业繁荣发展。2013年，开展党的十八大及十八届三中全会精神宣讲活动170场次、受众3.6万人次，文艺汇演17场。县财政投入63.18万元发展文化、广电事业，申报非物质文化遗产10个。扎实开展电影“六进”活动，共放映电影1697场，观众累计达208471人次。县财政投入14万元对县城有线电视线路进行了改造，广播、电视覆盖率分别达到99.87%、99.86%；四是民政工作扎实开展。财政投入35.57万元供养五保对象161户169人。发放农村低保283.6万元，发放城镇低保168.53万元（含寺庙僧尼），“三大节日”补助32.4万元，发放孤儿基本生活费8.64万元，发放助孤资金4.32万元。县财政投入20.95万元，完成了32户残疾人危房改造，5户残疾人无障碍改造。县财政投入30万元对801个残疾人进行生活补助，投入180万元，完成了10个民政救灾仓库建设。兑现民生补贴资金30万元，发放救灾粮食31.6万斤，折合人民币65.61万元。五是社会保障工作落实到位。各项社会保险参保人数达到24777人，征缴社会保险基金1598.61万元（县财政配套505万元），待遇支出980万元，社保体系日益完善；六是农牧民技能技术培训成效显著。全年共举办各类技能技术培训班17期，共培训4070人。其中，实用技术培训3000人，劳务输出技能培训1010人，创业培训60人。农村富余劳动力转移就业2353人，劳务输出2834人，实现收入6237.27万元。

柳梧新区管委会

【基本情况】 柳梧新区位于拉萨河东南岸，是青藏铁路最重要的火车站——拉萨车站所在地，与拉萨老城区隔河相望，向北通过柳梧大桥，可直接进入拉萨老城区中心，并通过拉贡公路可达贡嘎机场；向东可与川藏公路相连接，到达林芝、昌都等藏东地区，规划面积约为24平方公里，分北、中、南三个组团进行开发建设。

【概况】 2013年，柳梧新区管委会完成市政府下达任务的105%，同比增长25.65%；财政一般预算收入5.28亿元，完成市政府目标任务的100%，同比增长65%；固定资产投资24.17亿元，完成计划目标的105%，同比增长38.59%；招商引资到位资金19.1亿元，完成计划目标的105%，同比增长41.69%。

【固定资产投资】 2013年，共开复工项目69个(含设备购置）总投资72.26亿元，年内完成投资24.17亿元。其中续建项目17个，主要有群众文化体育中心、德吉罗布儿童乐园、柳梧汽车站配套工程、君泰国际、香格里拉大街、海湾路、特警支队2期、飞天酒店、生态景观带2期、拉萨国际总部城、拉萨之窗等；新建项目52个,主要有冈仁国际、德天大厦、西藏银行职工周转房、天知•世界城、中国人寿西藏分公司办公楼、圣地财富广场、西藏博艺苑、世臻凤凰国际酒店、自治区公务员公寓、柳梧大桥守桥部队营房、柳梧交警大队办公楼、民航局物流中心、机场高速检查站、1兆瓦太阳能光热电站及普曲路、桃李街、金山路等市政项目。新区三纵五横的交通主干网络和道路框架已形成,并全部实现了管线入地、雨污分流。学校、医院、酒店、博物馆等一批商业、卫生、文化配套设施部分建成或在建，城市功能日趋完善。

项目前期扎实推进。云中盛景、锦地广场、物流产业园、精品步行街、中南组团隧道、新区自来水厂、柳梧新区医院1期、农贸市场、富达辉商务酒店、晶鑫工贸、南组团生活垃圾转运站、柳梧新区幼儿园等50余个项目正全力推进前期工作。

【招商引资】 通过成立招商工作领导小组，编制招商引资项目库(涉及项目34个,总投资350亿元），积极参加“中国光彩事业西藏行”、深圳项目推荐会、京港洽谈会、兰洽会、西博会等活动，先后8次组织人员赴厦门、成都、深圳、兰州、广西、福建、山东等地上门招商。年内引进了北京智胜投资、香港丰硕、成都万达、万裕实业、中泰投资、兰州大成等一批实力较强的企业。

【柳梧城投】 柳梧城投现有资产9.24亿元，由公司投资建设的“拉萨国际总部城”、“拉萨之窗”、“云中盛景”、“1兆瓦分布式聚光太阳能”等4个项目，总投资15.82亿元。“拉萨国际部总城”实现70%的销售率，“拉萨之窗”实现90%的销售率。吸引了西藏自治区烟草公司、西藏保监局、西藏同信证券、久恒期货、中瑞矿业、神水藏药、平安保险、太平洋保险、安邦保险等30余家企业入驻。

【创先争优强基惠民】 2013年，派驻桑达村、柳梧村两个工作队依托自身优势，始终把人民群众的利益放在第一位，结合当地实际，切实为群众办实事解难事。累计投入为群众办实事资金300余万元,实施了察古沟简易道路、柳梧群众广场、群众就业、寺庙绿化、购置经济林木、庭院经济、农村饮水改扩建，以及组织看望特困户等一大批项目，为两个村经济发展、群众增收发挥了积极作用。

截至2013年底，管委会已解决柳梧村群众就业110余人(其中公益性岗位38人）。柳梧村失地农民人均纯收入从2007年底的3050元提高到2013年底的12000余元，群众拥有车辆从20余辆增加到700余辆,生产生活条件极大改善,就业门路也随新区城市建设发展不断拓宽。

日喀则地区

日喀则地区

【概况】 2013年，实现地区生产总值128.57亿元，同比增长11.4%；实现地方公共财政预算收入7.35亿元，同比增长27.7%；完成全社会固定资产投资106.8亿元，同比增长14.4%；城镇居民人均可支配收入19997元，同比增长10.6%；农牧民人均纯收入首次突破6000元，达到6027元，同比增长16.7%。

【优势特色产业】 转变经济发展方式，调整优化种植业结构，着力建设优质粮油、无公害蔬菜等“十大生产基地”，突出培育了优质青稞、岗巴羊等特色产业，日喀则高原特色农产品基地荣获商务部认定，全年粮油总产达39.34万吨。创新“公司+合作社+农户”发展模式，快速推进农机化，全地区综合机械化作业率达61%。工业突出提质增量，加强仲巴县锂、硼矿和谢通门、昂仁等县铜、铅锌矿以及岗巴县西藏神水、定日县珠峰冰川矿泉水综合开发，总投资87亿元的雄村铜矿项目进入实质建设阶段，高新雪莲水泥生产线开工建设，全地区完成工业产值11亿元。优先发展现代旅游业，围绕“神奇珠峰、神秘后藏、吉祥日喀则”旅游定位，着力打造精品旅游线路，全年实现旅游总收入22.9亿元，同比增长31%。成功举办第十一届珠峰文化旅游节，进一步宣传了日喀则，拓展了世界驰名的“珠峰品牌”。立足人力资源大地区，加强劳务输出，完成劳务输出17.97万人次，实现劳务收入6.34亿元。

【村镇建设】 成功召开亚东县城镇化建设推进会、地区城镇化建设座谈会、地区小城镇建设推进现场会，日喀则、江孜、拉孜、亚东等县（市）城镇化步代加快推进，岗巴、亚东、康马、定结等县小城镇建设成效明显，萨嘎西部驿站和萨迦古城建设重点推进，基本形成了以县城为支点、沿公路干线和部分重点镇为网点的城镇体系，全地区城镇化率达到22.4%，亚东县城镇化率超过了60%。实施了日喀则市区街景改造、市政道路改建、棚户区及巷道改造和新城区建设。加强规划编制，18县（市）城乡总体规划编制工作全部完成，绝大部分县城总体规划已通过自治区审查。成立了地区城乡建设规划委员会，“撤地设市”工作已进入国家层面。

成功召开亚东县城镇化建设推进会、地区城镇化建设座谈会、地区小城镇建设推进现场会，日喀则、江孜、拉孜、亚东等县（市）城镇化步代加快推进，岗巴、亚东、康马、定结等县小城镇建设成效明显，萨嘎西部驿站和萨迦古城建设重点推进，基本形成了以县城为支点、沿公路干线和部分重点镇为网点的城镇体系，全地区城镇化率达到22.4%，亚东县城镇化率超过了60%。实施了日喀则市区街景改造、市政道路改建、棚户区及巷道改造和新城区建设。加强规划编制，18县（市）城乡总体规划编制工作全部完成，绝大部分县城总体规划已通过自治区审查。成立了地区城乡建设规划委员会，“撤地设市”工作已进入国家层面。

【财税金融】 积极推进税制改革，“营改增”试点顺利启动，改革积极效应初步显现。强化矿产企业、基建项目税收征管，做到应收尽收，全年共组织税收收入11.07亿元。扩大招商引资，优化招商服务，完成招商引资项目22个，到位资金10亿元。争取“中国光彩事业西藏行”项目77个，协议资金达200亿元。强化土地整治储备，出台了地区土地整治储备办法，进一步盘活了土地国有资源，拓宽了财源建设渠道。加强珠峰投资公司运营管理，组建珠峰财信担保公司，抓好地区汽车检测中心建设，政府投资主体作用进一步发挥。盘活金融资源，强化金融服务，促使金融机构扩大信贷投放规模，西藏银行分支机构成功落户日喀则并开业运营。

【基础设施】 拉日铁路及配套设施、农村公路通达通畅和寺庙通达工程、吉隆口岸通关恢复进展顺利，病险水库除险加固、农村及寺庙饮水安全工程圆满完成，拉洛水利枢纽、地区人民医院新院区、市区至机场专用公路、G318线至曲宗公路、G318线绕城公路项目有序推进。围绕“十二五”规划中期评估，梳理出135亿元的调整盘子。第六（四）批援藏工作圆满结束，共实施项目500余项、总投资19亿元；第七（五）批援藏工作全面铺开。年楚河水生态橡胶坝工程开工建设，广播电视观光塔、贡觉林湖改扩建等项目即将落地。

【社会事业】 日喀则国家农业科技园区建设全面启动，富民强县项目得到较好落实，科技对经济贡献率进一步提高。召开了义务教育均衡发展大会，地区三高通过自治区标准办学条件验收，幼儿园、小学、初中、高中入学率分别达到65.37%、99.82%、98.18%和68%。顺利通过国家二类城市语言文字评估验收。广播影视进寺庙全部实现，公共文化免费开放工作成效显著，“魅力后藏”书系编纂工作全面启动，安鸿集团投资兴建的五星级大酒店、后藏文化主题街相继完工。农村五保供养机构达37家，集中供养1091人，集中供养率达到53.3%；孤儿集中收养率达到82%。完成农牧民健康体检629646人、在编僧尼健康体检4360人，体检率分别达98.17%、98%；完成儿童先心病筛查89069人、确诊129例、实施手术116例。

【改革开放】 市场经济健康发展，各类市场主体达到24295户、注册资金54.08亿元，其中非公经济主体达到23703户、注册资金36.45亿元。外向型经济加快发展，口岸建设力度不断加大，成功举办第十四届中国西藏—尼泊尔经贸洽谈会，实现全地区外贸直接进出口总额1.88亿美元，同比增长14.9%。

【生态建设】 植树造林取得明显成效，全年完成各类植树造林22.7万亩，其中：重点区域造林3.8万亩，拉萨周边造林1.8万亩、封育4万亩，高原生态安全屏障建设3.4万亩，防沙治沙6.15万亩，雨季造林1.05万亩，义务植树、育苗、退耕还林与荒山荒地造林等其它植树造林和封育2.51万亩。生态环保项目落实步伐加快，森林防火及有害生物防治工程、野生动植物保护与自然保护区、重要湿地保护工程、防护林体系建设工程等8大项林业工程项目加快建设，定结、白朗、吉隆、南木林4县垃圾填埋场及地区医疗废物处理中心项目相继开工，仁布、岗巴2县垃圾填埋场及日喀则、聂拉木、亚东、吉隆4县（市）污水处理和收集系统、雅江源生态功能保护区项目前期工作进展顺利。项目环评和环境监察执法进一步规范，严格按照“生态优先、统筹考虑、适度开发、确保底线”的原则，加强项目环评和环境监察执法，全年共环评项目420个，查处、调解环境违法和污染纠纷8起。

【社会稳定】 创新社会综合治理，强化社会面管控，实施城镇网格化管理，全面推进“双联户”工作，推进便民警务站建设，对复杂区域、重点区域加强防控。深入开展“严打”整治行动，严厉打击各类刑事犯罪。加强流动人口服务管理，全面掌握变化情况。创新寺庙管理，认真落实“六建”、“九有”、“六个一”等利寺惠僧措施，开展和谐模范寺庙暨爱国守法僧尼评选，确保了佛事和顺、寺庙和谐、宗教和睦。着力加强道路交通整治和消防安全管理，深入开展安全生产隐患排查和文化领域执法检查。加大矛盾纠纷排查化解，重视群众来信来访，妥善解决矛盾纠纷。深入推进公正廉洁执法，进一步加大案件执法督察力度，认真组织开展专项执法检查，妥善解决涉法涉诉非正常信访问题。

日喀则市

【基本情况】 日喀则，藏语意为“水土肥美的庄园”。日喀则市地处西藏自治区西南部、喜马拉雅山北麓，雅鲁藏布江及其主要支流年楚河的汇流处，总面积3875平方公里，市区面积24.2平方公里，耕地面积18万余亩，草场面积60多万亩，地形以平原为主，属高原温带半干旱季风气候区，干湿季明显，夏季温和湿润，降水集中，冬季寒冷干燥多风。年日照时数3248小时，年无霜期118天，年降水量420毫米，平均海拔3836米。境内各种资源丰富，矿产资源有煤、金、铬铁等；野生动物资源有岩羊、水獭、黑颈鹤、土豹、雪鸡、雉鸡、白野鸭、猫头鹰等；药用植物资源有虫草、贝母、大黄等。

日喀则市是日喀则地委、行署的所在地，是全地区政治、经济、文化中心。全市辖东嘎乡、聂日雄乡、甲措雄乡、曲布雄乡、曲美乡、纳尔乡、边雄乡、江当乡、年木乡、联乡10个乡和城南、城北2个街道办事处，176个村居（其中10个居委会）。全市常住户籍人口11.3万，其中藏族人口占91%；另外有汉、回、满等13个民族，暂住人口约3.5万人。

【概况】 2013年,全市地区生产总值达到46.1亿元，增长8.5%；财政一般预算收入达8598万元，增长15%；税收收入达到7345万元；农牧民人均纯收入达到8242.33元，增长10.05%；城镇居民可支配收入19997元，增长10.6%。工业总产值达2.58亿元，增长24.9%；社会消费品零售总额达12.39亿元，增长7%。

【“三农”工作】 农牧业提质增效，综合生产能力继续提高。全年落实作物播种面积19.15万亩，其中粮食作物10.92万亩、经济作物5.27万亩、饲草饲料2.96万亩。推广良种15.6万亩，其中“藏青2000”实现平均每亩增产25公斤；投入295万元实施了边雄乡甲瓦村全程农机化工程，打造农机化示范点；实施江南灌区工程建设和加堆水库除险加固工程，同时本级财政预算安排1000万元实施了一大批农田水利基础设施，有效灌溉面积提高到18.04万亩；启动1.6万亩耕地测土配方施肥项目，推动产量的提高。粮油总产达到15253.76万斤，比上年增加147.37万斤；改良黄牛7000头，新生仔畜136133头（头、只、匹）牲畜出栏率达到37.19%以上。

加强引导扶持，特色产业不断壮大。引导甲庆孜农场奶牛良种繁育基地、桑阿林农场藏系绵羊标准化养殖基地和生猪扩繁场及时淘汰老、弱、病、残牲畜，加强繁育优化品种，加快全市牲畜良种改良步伐，带动城郊畜牧业发展；扶持当地有实力的企业、建筑队投资种养业，成功培育了甲措雄乡岗苏家庭农场、曲美乡吉祥养殖场等4个家庭农场；农牧民合作组织发展到88个。雅江源农业科技开发有限公司作为农产品加工企业，年消化鲜薯8万吨，辐射带动农民5000户4.5万人，年总产值达到4670万元，被国家商务部授予“国家级外贸转型升级示范企业”称号；按照“依法、自愿、有偿”实施土地流转，向聂日雄乡“娘麦”现代农业农民专业合作社青稞产业流转土地1050亩，曲美乡切白村引进达热瓦集团发展种草养牛业流转土地1600亩，实现了土地效益最大化。

认真落实强农惠农政策，农牧民生产生活条件显著改善。全年落实粮食直补、良种补贴等资金2000余万元，兑现草补资金732余万元;1657户农牧户住上了安居房,投入2405.8万元实施了23个行政村的人居环境建设；投入495万元解决14个行政村的安全饮水问题；新建了11个乡办文化站，完善充实农家书屋，调整维护有线电视村10个，电视收转站5个；按照2300元的新标准，扶贫对象减少2482人，涉农保险实现全覆盖；投资为1661.9万元对四个乡，六个行政村实施行政村通畅项目，实现行政村通畅率达43%；投资为1441.587万元实施通寺公路项目5个，实现了“寺寺通”；本级财政安排“三农”资金1531.73万元；争取强基惠民“短平快”项目46个，总投资1453万元，着力保障和改善民生。

【基础设施】 主动对接、深化做好项目前期工作，投资4500万元垃圾填埋厂、投资1.09亿元北郊水厂、投资5.9亿元的环城路项目前置工作基本完成。加强项目衔接争取，全年完成固定资产18.38亿元，同比增长25%，其中：农牧林水利投资2.46亿元；交通能源投资9.62亿元；社会发展投资0.8亿元；城市基础设施建设投资5.5亿元。特别是加强重点项目的争取，投资13421.12万元的污水处理厂、投资2454.29万元的江南灌区、投资2407.48万元的城市四大防洪沟整治全面开工建设，极大完善了基础设施。

【城镇建设】 理顺规划管理体制。编制了《日喀则工业园控制性详规》、《火车站周边区域控制性详规》、《历史文化名城保护规划》、《市政排水系统专项规划》、《国、省道沿线环境综合整治规划》等规划，并对应“撤地设市”理顺体制，将城市规划职能划转地区，并积极配合对城市规划区内用地类型与规划用地性质不符的情况进行全面调查、汇总，为新一轮城市总体规划修编提供重要依据。

市政建设全面开展。对中心城区路灯进行全面维修，路灯亮率达90%，老城区太阳能路灯改造工程全面启动，新安装太阳能路灯1022盏；整合项目资金5700万元继续实施巷道改造；本级安排资金400余万元实施扎德路沿线、上海家园等绿化工程；引进社会资金对进城口山坡进行绿化；自筹资金610余万元维修改造12条市政道路、6处路段排水管网；自筹资金1226万元完成了城区10个重要节点亮化；自筹资金95余万元，在节点上对主城区路段安装国旗、中国结、灯笼以及塑造吉祥物等各类造型，烘托节日氛围，美化城市。

市政管理进一步规范。加强城管执法力量，新招录城市协管员25名，提高环卫工人工资、争取社会资金58万元对困难环卫工人进行慰问；投入291万元，购置2辆市政维修特种作业车、2辆垃圾填埋作业车，3辆勾臂垃圾清运车，11辆城管和环卫执法车，15辆社区垃圾清运拖拉机；实施渣土运输车辆密闭运输管理制度，整治渣土撒漏问题；查处违规建筑工地56个和违规渣土运输车辆114辆；开展临街工地、建筑渣土运输、占道经营、流动经营、“门前三包”专项整治；规范城管执法和行政审批程序，制作城管执法文书13份、行政和非行政审批流程11项；全年上交罚没、广告和垃圾处置收费收入138万元；以政府令形式发布《日喀则市城市管理综合执法办法》及《实施细则》等五项法规制度，制定了《日喀则市城市管理工作联系会议》和《日喀则市城市规划建设管理工作例会》制度，确保城市管理行为有法可依。

【改善民生】 重视教育工作。落实本级配套，努力改善办学条件，提升办学水平，开办39所乡村幼儿园，入园率达52%，实现小学适龄儿童入学率99.8%，初中入学率97.96%。

推进文化惠民工程。举办首届社区广场舞和书画比赛巡展，建成11个乡级文化站。

抓好卫生工作。推进农牧区新型合作医疗制度，扩大基本医疗保障覆盖面，逐步提高补助标准和保障水平，农牧民参合达67897人，参合率为99.9%，覆盖率100%，大病统筹报销2010.93万元。

加强就业再就业培训工作。全年实现农村转移就业4.9万人次，收入1.22亿元；完成就业再就业培训15期488人，城镇失业率控制在2.6%，新增城镇就业803人。

积极落实托底保障。兑现城市低保金1624万元，农村低保金602.3953万元；救助农村五保户165人、临时特困户94人，发放资金22.5万元，“五保户”集中供养达到53.3%；缺粮户发放救济粮31万斤，折合人民币65万元，救助灾民和困难群众2561人次；覆盖城乡居民和广大僧尼的社会保障体系全面建立，全市社会养老保险统筹51938人；城镇职工、居民医疗保险统筹19216人，生育保险统筹2603人，失业保险统筹1418人，工伤保险统筹2349人。

【生态建设】 开展人居环境建设与农村环境综合整治，东嘎乡雪冲村和年木乡胡达村申报了自治区级生态村创建项目。完成日喀则城郊湿地生态功能保护区项目建设；地区医废中心项目开工建设；大力抓好拉日铁路等重点建设项目环境监察工作；垃圾填埋场环境安全问题整改进展顺利，通过验收摘牌；工业园环评问题加快整改。完成自然保护区核查工作；植树造林、防沙治沙、天然林保护工程、自然保护区建设和湿地保护工程稳步实施；依法管理土地，实现了保增长，保红线的目标。

【社会稳定】 牢固树立稳定压倒一切的思想，把维护稳定作为硬任务和第一责任，坚持抓早抓小抓快抓好，实现了“三不出”、“三无”工作目标。以开展创先争优强基惠民活动为抓手，完成驻村干部轮换，开展了系列为民办实事活动；以干部驻寺常态化为主要措施，加强寺庙管理，深入开展寺庙法制宣传教育，寺庙“六建”、“六个一”、“九有”等措施全面落实，广大僧尼的中华民族意识、国家意识、法制意识和公民意识不断增强；以便民服务、维稳处突为首要职能，网格化管理深入推进，全市共划分联保单位3131个、大网格322个，做到纵向到底、横向到边全覆盖，推选出自治区级先进“双联户”19户、地区级先进“双联户”86户、市级先进“双联户”298户，我市评为被自治区级“双联户”先进集体；以加强学校管理和青少年思想政治教育为工作重点，努力培养合格的社会主义建设者和接班人；以专项整治为载体，集中开展食品药品、道路交通和消防安全等整治，人民群众生命财产安全得到有力保障。

南木林县

【基本县情】 南木林，藏语意为“胜利”。南木林县位于西藏自治区的中南部，日喀则地区东北部，地处冈底斯山脉东段的河谷地带，雅鲁藏布江中上游北岸。地理坐标介于东经88° 46′—90°，北纬 29° 18′ 57″— 30° 18′ 29″之间。南木林县东与拉萨市的尼木县交界，西与谢通门县相邻，北与那曲地区的申扎、班戈两县接壤，东南仁布县毗邻，南与日喀则市隔江相望。县境东西98公里，南北长110公里，幅员总面积8813平方公里。县城所在地南木林镇位于南木林县的中西部，海拔4020米。截至2013年底，南木林县辖1个镇，16个乡，146个行政村，人口14009户 84475人（其中农牧民79939人）。为西藏第二人口大县；有耕地面积11.84万亩，人均占地1.40亩。

【概况】 2013年，南木林县实现国内生产总值6.14亿元，同比增长8.3%；地方财政一般预算收入1199万元，同比增长13.54%；社会固定资产投资完成3.9亿元，同比增长2.6%；农牧民人均纯收入达到4643元，同比增长26%；实现农村经济总收入4.98亿元，同比增长24.9%；多经收入2.26亿元，同比增长2.4%；粮油总产达4741.8万斤，同比增长2.2%。预计完成公共财政预算支出49527万元，完成预算数33765万元的146.68%，比去年增支7992万元，增长19.42%。人口14009户 84475人（其中农牧民79939人），人口自然增长率控制在10‰以内。

【工业经济】 一是石材开发业规模扩大。南木林县有采石点191个，采石量14500立方米，总收入619.3万元，实现纯利润369.4万元，采石者人均纯收入2300元。二是矿产开发业稳步推进。今年在南木林县登记备案的矿产勘探单位有7家，主要分布在热当、土布加、普当和仁堆等乡镇。土布加浦桑果多金属矿正实施矿点道路、活动板房等基础设施建设。三是民营经济活力增强。南木林县私营企业发展到83家，新增15家；内资企业发展到39家，其中有限责任公司9家；农民专业合作社发展到15个，新增6个；农牧民施工队发展到74支，农牧区经纪人发展到140人，全年交易额达900余万元。四是招商引资工作成效显著。通过外出招商、节会招商和落地招商等方式，成功引进2个项目，协议资金5100万元，实际到位资金2600万元。

【三产业发展】 一是旅游产业快速发展。深度挖掘湘巴藏戏、色吾和热拉宗教文化等旅游资源，已有色吾沟等6个旅游景区被评为国家A级景区；投资400余万元完成了色吾寺基础设施建设和米湘日追等寺庙文物保护工作。全年接待游客6.3万余人，实现旅游收入158万元。二是商贸业提升明显加快。新建“万村千乡”市场工程点41个。南木林县个体工商户发展到1232户，新增个体工商户146户。三是交通运输业蓬勃发展。南木林县开通客运线路7条，客运车29辆，全年客运量达7.2万余人次，货运总量127万余吨。四是劳务经济发展迅速。实现劳务输出3.3万余人次，实现外出务工1.9万余人，创劳务收入1.38亿元，超额完成2013年地区下达的目标任务。五是潍坊宾馆方面。为推进潍坊宾馆市场化经营，提高综合服务能力，目前已与承包方达成初步协议，正就承包资金作进一步洽谈。

【项目建设】 坚持把项目建设作为“抓发展”的关键之举，项目建设取得新成效。一是抓好“十二五”规划项目建设。南木林县“十二五”规划项目库包括262个项目，总投资达77.4亿元，涉及农、林、水、卫和社会稳定等经济社会各个方面。目前，已实施项目14个，总投资7726.6万元；在建项目39个，总投资1.1亿元，进度为85%；待招标项目12个，总投资5815万元；完成前置审批手续，待可研审查项目14个，计划总投资5720万元；未完成前期或未审批项目8个，计划总投资2563.3万元。二是抓好新、续建项目建设。全年新、续建项目129个（包括子项目），其中包括新建项目114个、续建项目10个、改扩建项目5个，计划总投资3.8亿元，已完成投资3.1亿元。

【城乡建设】 一是大力推进城镇化建设。按照“加大投入、完善功能、强化管理、提升品位”的发展思路，着力提升城乡基础设施建设水平，创新城市管理体制机制，成立南木林镇城市管理监察大队。起草了小城镇建设意见，县城总体规划已基本定稿，完成卡孜、艾玛两乡小城镇建设规划初稿。雪麦群众文化广场建设有序推进，力争在明年8月底前竣工。实施县城亮化工程，安装路灯70余盏，总投资70余万元。二是扎实推进新农村建设。完成艾玛乡柳果村新农村建设规划初稿。农牧民安居工程顺利推进，完成1194户农牧民安居工程建设任务，其中民房改造898户、相对贫困户160户、牧民定居142户，建筑总面积18.8万㎡，总投资2081.7万元，使7133名群众住上了安全、适用、美观的新居。同时，投资2092万元实施了索金乡白萨村等20个行政村人居环境综合整治项目建设，人居环境得到有效改善。农村公路通达水平不断提高，投资1760.6万元完成热当乡尼堆村公路、达孜乡日琼至索金乡等8条农村公路建设，总里程45.2公里；投资2127.4万元完成梅日寺、甘丹曲果林寺等10个寺庙公路建设，总里程53公里。安全饮水工程扎实推进，投资544万元和487万元分别解决了27个行政村648户4360人和22座寺庙的饮水安全问题，农牧民生产生活条件进一步改善，新农村建设步伐不断加快。

【社会事业】 坚持协调发展各项社会事业，努力促进社会事业公共服务均等化。全年教育、卫生、文化等社会事业支出1.65亿元，占财政支出的33.4%。一是教育事业优先发展。深化教育优先发展战略，扎实推进义务教育均衡发展，各级各类办学质量进一步提高，县综合高中顺利通过自治区验收，圆满完成教师中高级职称评聘申报工作。目前，南木林县在校生13103人，其中高中在校生1517人；初中在校生3376人（职教班202人），入学率99.5%；小学在校生6833人，入学率100%；幼儿园1377人。全年落实“三包”经费2392.8万元。今年南木林县参加高考255人，上线169人，上线率达66.3%。二是医疗卫生保障能力进一步增强。继续推行农村新型合作医疗制度，新型农村合作医疗应参人数79404人，实参人数78274人；应参户13647户，实参户13529户，人参率和户参率分别达98.6%和99.2%，参保资金达155.2万元。完成农牧民健康体检7.32万人，完成率95%；僧尼体检522人，完成率98%。发放“一孩、双女”补助资金66.7万元。基本药物目录已覆盖17个乡镇及144个村卫生室。进一步建立健全卫生突发事件应急机制，加强地方病、鼠疫等重大传染病的监测和预防。调运碘盐436.9吨，有效预防了因碘盐缺乏引起的各种疾病。三是文化惠民工程深入推进。抓紧编制县五年文化发展规划；加大非物质文化遗产的保护和传承工作，14个乡级文化站、2个村级传习室已全部竣工并投入使用。组织“打黄扫非”专项治理行动11次。地区文化局拨款20万，成立了南木林县民间艺术团，现有农牧民演职人员21名。监察、统计、工商、税务、检疫、人防、物价、气象、地方志、档案等工作取得新进步，妇女儿童、老龄、残疾人等事业取得新进展。

【援藏工作】 一是第四批援藏工作圆满完成。已完成了投资8800万元的潍坊市第四批援藏工作组对口支援南木林县的32个项目，取得了预期的社会效益和经济效益。山东省对口支援西藏规划中期评估工作已顺利通过。二是第五批援藏工作有序开展。潍坊市第五批援藏工作组认真对接调研，对“十二五”规划的32个援藏项目进行了细致梳理，特别是对15个续建援藏项目，单独进行了实地调研和评估，按照山东三年援藏“11255”思路要求，提出了涵盖高原特色产业、职业教育、县城建设、干部与人才培训和新农村与重点小城镇建设五大类新一批援藏项目规划，经过反复征求基层意见，并提交县委常委会研究后，上报中心组共审批五大类10个援建项目，项目资金9200万元，同比增长20.3%。

江孜县

【基本县情】 江孜，藏语意为“胜利顶峰；法王府顶”。江孜县位于西藏自治区南部，日喀则地区东部，雅鲁藏布江中段南侧年楚河上游河谷地带。东起乃钦康桑雪山，西连白朗县，南邻康马县，北接仁布县、日喀则市。全县总面积3800平方公里，平均海拔4100米。县辖18个乡1个镇，152个行政村3个居民委员会，全县总人口7.2万人，城镇规模4.8平方公里。1996年被国务院批准为全国历史文化名城，是著名的“英雄城”，县域内有宗山抗英遗址、白居寺、帕拉庄园、乃钦康桑雪山等旅游景点，也素有“西藏粮仓”、“卡垫之乡”美誉。江孜县是一个以藏族为主体的少数民族地区。除藏族外，还有汉族、回族。广大藏族以信仰藏传佛教为主，其主要教派有格鲁派、噶举派、萨迦派、宁玛派、普鲁派和苯教，共有寺庙32座、在编僧尼374人。

【概况】 2013年,全县生产总值完成13.16亿元，同比增长12%；完成全社会固定资产投资4.92亿元；社会消费品零售总额2.33亿元，同比增长12.70 %；财政收入2256万元，同比增收19.87%；农牧民人均纯收入达到8275元，同比增长11.13%。

【农牧业发展】 农牧业基础地位不断夯实。全县实播面积达16.19万亩，粮油总产量达到1.36亿斤，同比增产457.13万斤，奶类产量3483.75万斤，肉类产量518.91万斤，绵羊毛产量27.2万斤，羊绒产量1.05万斤。种植结构日趋优化，藏青2000、喜拉22号等良种推广扎实推进。建设高标准基本农田1万亩、现代青稞生产基地0.7万亩、青稞生产基地2.1万亩。完成了24个人畜饮水项目、20个行政村人居环境建设和1725户安居工程。实施扶贫开发项目28个，投入资金达1736万元。本级财政配套强基惠民活动资金300万元。争取并实施了“短、平、快”项目38个，有效改善了农牧区生产生活条件，有力促进了农牧区发展稳定。

【基础设施建设】 全年开工项目建设67个，完成国家投资3.31亿元。乡村公路交通规划建设扎实推进，江孜镇至藏改乡柏油路通车，林布寺、重孜寺等6座寺庙道路实现通畅，26座寺庙和7个行政村实现通达。江热至康卓、307省道东郊村岔口至日朗乡柏油路建设前期工作全部完成。水利设施建设稳步推进，完成了斯布沟上、下游治理工程、纳如乡通曲河防洪堤工程，跃进水库除险加固工程。完成了18座寺庙安全饮水项目，全县29座寺庙实现通水，剩余3座寺庙饮水项目正在实施。完成了6个行政村人畜饮水项目。由援藏投资的50个农村高标准饮水安全工程项目前期工作已完成。

【特色产业发展】 立足优势谋划产业布局。2013年，江孜县把现代农业和文化旅游业确定为全县的两个支柱性产业，邀请上海、北京方面的专家，对现代农业示范区和文化旅游产业进行了高标准规划，制定了三年发展计划。同时，组建了江孜年雄农业发展有限公司和江孜县乃钦康桑文化旅游投资有限公司，确定了产业开发经营主体机构及投融资平台，为两个产业的更快更大发展奠定了坚实的基础。

优势产业蓬勃发展。进一步深度挖掘江孜历史文化资源，成功开发了江孜达玛民俗风情园，并初步实现了常态化运作。紫金湿地和藏王宫遗址开发规划前期工作进展顺利。启动了文化旅游产业发展计划编制工作和古城4A级景区规划申报工作。全年接待国内外游客13.75万人次，实现旅游收入2665万元，农牧民直接参与旅游服务业收入达到800万元。完成了红河谷现代农业示范区规划编制评审工作，并已破土动工。江热乡试点栽培西瓜取得了成功，江孜人民吃上了自己种植的西瓜。江热乡食用菌生产、扎西洁白绿色压缩饼干等特色产业生产技术取得成功,并实现了产品上市。对县粮油加工厂生产设备和技术进行了改造升级，既大大提高了该厂生产效率，又实现了产品精加工。日朗红玉石、卡若拉冰川矿泉水开发勘探有序开展，投资洽谈进展顺利。矿业开发管理在体制机制上得到了进一步规范，明确了龙地公司董事会成员单位的职责和义务，理顺了权责利关系。

【生态建设】 全年完成造林2794亩，完成生态安全屏障防护林4000亩，义务植树350亩，成活率达85%。育苗250亩，165万株。实施了曲龙沟水源保护、日朗沟上游水土保持项目。县城垃圾填埋场正式投入使用，县城环卫作业实现第三方托管运营。对县城内的流浪狗进行了集中收养，居民生活环境得到了进一步改善。出台了《江孜县采砂、采石管理暂行办法》，严厉打击无证勘查开采、乱采滥挖等各类违法行为，环境监管力度得到了进一步加强。

【教育事业】 教育事业健康发展。落实本级财政教育配套资金504.1万元，投入非配套资金100万元。基础教育不断巩固，小学适龄儿童入学率达到99.88%以上，巩固率达到100%。初中毛入学率达到99.50%以上，巩固率达到99%以上。幼儿园在园人数达到1350人，学前教育毛入园率达到81.80%以上。继续加强学校基础设施建设力度，实施了部分所学校改扩建和乡村幼儿园建设项目。制定出台了《江孜县教师轮教制度》、《江孜县教师分配制度》，并从县城和周边小学选派18名年轻教师到偏远乡村小学支教，有效促进了全县优质教育资源均衡发展。去年，江孜县教育工作综合评估和中小学教学质量评估均获得了地区第一名。

【文化事业】完成了17个乡镇综合文化活动站项目和宗山抗英遗址修复保护项目。实景史诗剧《江孜印迹》编排工作有序推进。完成了23个村级广播系统建设。农家书屋、寺庙书屋覆盖率实现100%。积极申报“达果米果”非遗项目。完成电影放映2536场次，送戏下乡48场次，送书下乡38次。开展了藏语文社会用字整治工作，藏语文社会用字得到有效规范。

【公共卫生服务】 全年参加农牧区合作医疗人数达64669人，参保率达99.90%，筹集农牧区医疗基金2223.61万元，共落实资金1849.18万元。实现了乡镇卫生院医疗费用核销制度和县人民医院住院费用及时结算制度。完成了城乡居民和核定员额内僧尼免费健康体检任务97.50%。孕产妇住院分娩率达87.90%。完成白内障筛查532例，实施白内障复明手术105例。完成了儿童先心病筛查5735人，确认5人，并得到免费救治。完成了农村妇女“两癌”免费筛查2700人。免费为中小学师生配备眼镜984副。配备了村级卫生设备96套。完成了医技人员学习培训135人次。食品卫生监管得到切实加强，各类传染病得到有效防控，儿童计划免疫有序开展。县人民医院二级甲等医院创建达标通过自治区评审。

【社会保障】 全年农牧民参加新型农村养老保险33163人，征缴金额333.87万元，参保率达98%。发放60岁以上养老金620万元。职工参加基本养老保险476人，统筹金额490.49万元，征缴率达100%。参加失业保险人员1392人，征缴金额242万元，征缴率达100%。参加生育保险2218人，征缴金额52.43万元，征缴率达100%。城镇职工医疗保险参保人数为3101人，统筹金额1784.55万元。争取了农牧民技能培训资金135.9万元,培训农牧民511人次，农牧区劳动力转移就业26646人次，转移就业收入实现1.2亿元。对城乡低保对象进行了重新核查认定。共落实城镇低保资金362.22万元，落实农村低保资金545.24万元。发放五保供养金30.16万元。城乡医疗救助850人次，救助资金213万元。发放一次性教育救助资金达38.23万元。完成152套公租房、80套廉租房和142户棚户区改造，兑现租赁补贴124.85万元。整合资金543.66万元，实施了热龙乡夏雄村（36户）整体搬迁工程。顺利完成了热索乡努康村灾后恢复重建任务。大力支持工青妇等人民团体工作，制定了《江孜县妇女儿童2010–2015发展纲要》，妇女儿童发展规划国家示范县各项工作已启动。

【财源建设】 本级财力水平进一步提升。全年县财政总财力达到61251万元，同比增长27%。本级财政收入实现2256万元，同比增长19.87%。全年县级税收收入实现1934万元,占总税收收入的66.73%。全县非公有制经济主体达1020户、从业人员1653人，上缴税收341.96万元。实施“万村千乡”市场工程，投资54万元建设了54个农家店。

【对口支援】 第七批援藏工作开局良好，进展顺利。围绕基础设施、产业扶持、民生建设等重点领域，编制了《第七批援藏三年援藏项目规划》。积极探索产业和智力援藏新模式，援藏领域不断拓宽，援藏力度不断加大。浦东新区人民医院和县人民医院建立了合作共建关系。实施了骨干教师和农技人员赴沪培训项目。县农牧局与浦东新区农委签订了《农业合作框架协议》，县年雄农业发展有限公司与浦东新区农发集团签订了《战略发展框架协议》。

【社会稳定】 建立健全了各类处突预案和情报信息收集研判机制，加大了社会面的管控力度，进一步深化社会管理综合治理，县城网格化管理扎实推进，驻村驻寺工作和“双联户”创建评选工作有序开展。深入开展扫黄打非，文化市场不断净化。加强信访工作，各类矛盾纠纷得到妥善调处化解。积极开展“六五”普法。成功举办了社区矫正工作现场会。扎实开展食品药品、道路交通、矿点工程和消防安全等专项整治，安全生产大检查成效明显，全年无特重大安全事故，安全生产工作获得了地区一等奖。国防动员、民兵预备役建设和“双拥”工作得到进一步加强。

同时，大力推行政务公开，严格控制了“三公”经费，有效降低了行政运行成本。去年，政府“三公”经费支出1139万元，同比减少239万元，同比减少20.98%。

定日县

【基本县情】 定日，藏语意为“定声小山”。定日县地处东经86° 20′ ~7° 70′，北纬27° 80′ ~29° 10′ 之间。地处喜马拉雅山脉中段北麓珠峰脚下，东邻定结、萨迦两县，西接聂拉木县，北连昂仁县；东北靠拉孜县；南与尼泊尔接壤。定日县国土面积13969.75平方公里，东西长115公里，南北宽152公里。农耕地总面积7054.15公顷，各类天然草场总面积888421.2公顷，森林面积8569公顷，森林覆盖率9.6%。定日县辖1镇20乡。2013年，人口6.2万人，其中有汉族、维吾尔族等少数民族。定日属于高原温带半干旱季风气候区，年平均气温2.8~3.9℃，年降水量为319mm。

定日县矿产资源有铅、锌、锑、钨、煤、石墨、水晶、莹石、白云母、黄石等。

定日县是世界第一高峰珠穆朗玛峰所在地，旅游资源异常丰富。除珠穆朗玛峰外，洛子峰、马卡鲁峰、卓奥友峰都是海拔8000米以上的世界著名山峰。

【概况】 2013年，定日县国内生产总值达51000万元，同比增长11.66%；地方财政一般预算收入3092万元，同比增长14%；农牧民人均纯收入4363.42元，同比增长14.69%；社会消费品零售总额7524万元，同比增长7.99%；完成全社会固定资产投资55590.908万元，同比增长24.59%；旅游收入4090万元，同比增长8.6%。

【农牧区经济发展】 重点推进了乡镇兽防所、乡镇农牧综合服务站规划建设。加大了青稞良种推广力度，加强了青稞标准化建设，措果乡藏青2000良种试点平均每亩增产80斤左右。开展了农业机械化试点工作。实施了“以草定畜”草场承包责任制，及时兑现了草畜平衡奖励资金。加大了短期育肥上市力度。实施扶贫开发项目29个，减少贫困人口从2011年的26096人减少到18167人。第二批强基惠民项目投入1384万元，有力改变了农牧区基础。

【项目建设】 成立了定日县重点项目领导小组及其办公室，强化了对全县项目工作的统筹协调和监督监测及项目前期工作。一是加快了城镇化和重点小城镇建设步伐。组织相关部门负责人前往岗巴、亚东、康马等地考察学习了小城镇建设，成立了定日县城镇化及重点小城镇建设推进委员会及其办公室。启动了白坝、岗嘎、扎西宗、曲当、加措、绒辖等小城镇建设规划编制工作；加快了县城规划修编进程。加强了县城、白坝、岗嘎环境卫生综合整治工作，进行了动迁前期工作，实行了垃圾清运公司托管，成立了城管大队。二是加快了乡村公路建设步伐。完成了12个建制村和18座寺庙的公路通达建设任务。318国道至曲宗公路已完成了招标工作。三是加大了水利水电设施覆盖率。总投资2.5亿元的与藏中电网并网工程竣工并投入运行，结束了我县长期缺电的历史。扎嘎河、澎曲河治理前期调研工作全面完成。其中，扎嘎河治理项目总长9.9公里，总投资1538.97万元，已全部竣工。四是加大了招商引资力度。珠峰冰川矿泉水厂房扩建及设备更新项目进展顺利。岗嘎镇加油站项目和白坝三星级宾馆项目正有序推进。关帝庙（格萨尔拉康）恢复重建和珠峰登山基地建设项目均已进入规划设计阶段。星级宾馆配直升机机场项目已明确投资意向。

【民生工作】 完成了29个行政村环境综合整治工作和50个自然村活动场所建设任务。全年落实城镇低保资金72.12万元，落实农村低保资金956.8万元，落实困难群众救灾救济资金和救助口粮折合人民币65.015万元，落实医疗救助资金25万元。实现五保集中供养124人。流浪乞讨已集中安置74户324人。发放2013年度低收入家庭租赁补贴资金累计39.47万元。

【旅游业】 接待国内外游客8.1万人，同比增长9.5%。农牧民参与旅游业收入1660万元。一是加大宣传促销力度，提升珠峰旅游形象。在主要客源地开展了“冬游珠峰----享受阳光”大型旅游推介活动。二是加快珠峰旅游基础设施建设，旅游应急救援系统不断完善。旅游一体化服务中心投入使用。旅游自驾车营地项目已完成总投资的70%。三是进一步加快珠峰旅游招商引资工作。成立了珠穆朗玛文化旅游投资发展公司和第一家县级旅行分社。四是成功开展了珠峰大本营和珠峰东坡被暴雪围困游客营救工作，受到了区地主要领导和被困游客的高度评价。

【社会事业】 进一步狠抓了“控辍保学”工作，提升巩固了“两基”成果。进一步狠抓了教育经费管理。我县27名“洛谐”舞蹈演员赴京表演并荣获特殊荣誉。组建了县民间艺术团，并为演员解决了公益性岗位。县新华书店、广电大楼、外事楼、民间艺术团排练场所建设进展顺利。有线数字电视光纤改造进入实施阶段。完善了乡镇卫生院及村卫生室规范化建设。开展了适龄儿童及婴幼儿的计划免疫接种和地方病防治教育宣传。

【维护稳定】 按照“控住一条边、把住一个面、稳住三大领域、开展好若干专项行动”的维稳工作思路，狠抓维稳工作，取得了全域全年持续稳定的好成绩。以严防境内人员非法出境参加“法会”和“闯关”、“闹关”等滋事活动为重点，形成了点线面、人防物防技防相结合的防控网，加大了边境防控工作。切实加强了街面化、网格化管理，确保了辖区党政机关驻地、通信机构、金融机构、标志性建筑、重点桥梁涵洞及水、电、气、油供应机构或场所等重点区域安全。做好了重点人员全时盯防、个案管控、动态监控等工作，有效防范了重点人员与境外分裂分子串联滋事或实施“自焚”个人极端行为。深入开展了邻省藏区寺庙学经清退人员、社会流散僧尼、社会流动从事宗教活动人员集中清理整顿。继续狠抓寺庙管理创新工作，保持了宗教领域持续和谐稳定。

【强基惠民】 一是深入宣讲十八大精神。通过走村入户、集中宣讲等形式广泛宣讲十八大精神，组织群众宣讲党的十八大精神1193场次，入户宣讲5600次，撰写十八大学习心得体会1368份，开办专题宣传栏239期；二是建强村级基层组织。开展党员培训、发展党员和党务政务公开加强基层党组织在基层的战斗堡垒作用。截止目前，共培养入党积极分子293名，“短平快”项目投资1384万元，43个项目全部按要求如期完工；三是办实事解难事。通过保障改善民生、扶贫帮困和用好办实事经费等为民办实事，进一步密切党同人民群众的血肉联系。2013年，共完成项目166个，资金1104万。派驻单位落实的项目48个，资金358万元。个人和企业捐款资金19.2万元。工作队成员“结对子”帮扶群众763人。

萨迦县

【基本县情】 萨迦，藏语意为“灰白土”。萨迦县位于喜玛拉雅山北坡，东与日喀则市接壤北与谢通门县隔雅鲁藏布江相望，西北与拉孜县相邻，南与白朗县、定结县相邻。地理坐标为北纬28° 23′~29° 21′，东经87° 40′~89° 00′，全县国土总面积8146平方千米，占日喀则地区总面积的4.6%，占西藏自治区总面积的0.68%。县城驻地萨迦镇位于县境西南部，距日喀则150公里，距拉萨410公里，境内有中尼公路（318国道）从县北部经过，长约30公里，交通便利，优势明显。

萨迦县辖11个乡（镇），107个行政村，其中：查荣、雄玛、吉定、扯休四个乡（镇）为二类区，其余木拉、赛、拉洛、雄麦、麻布加、扎西岗、萨迦镇七个乡镇为三类区，全县共有人口50554人，其中，农牧业人口为9573户46505人。现有耕地面积为7549.8公顷。境内平均海拔为4400米，其中最高处为桑齐日山峰，海拔6131米，最低为夏布曲河出口处，海拔3888米。矿产资源主要有金、铁、铅、铜、云母、石灰岩等。

【概况】 2013年，全县国内生产总值达到5.04亿元，比上年增长16%；人均生产总值达到9186元，比上年增长12%；农村经济总收入达到29901.8万元，比上年增长16%；农牧民人均收入达到4728.2元，比上年增长13.6%；全社会固定资产投资达5.1亿元，比上年增长42.06%；地方财政一般预算收入实现1566万元，比上年增长54%；社会消费品零售总额预计达到6126.89万元，比上年增长16%。各项税收完成1916万元，比上年增长73%；对“三农”的信贷投入力度不断加大,共发放贷款7069万元;全年完成乡镇企业总收入390.8万元；完成多种经营总收入6000.3万元。

【农牧业发展】 全年共完成播种面积11.38万亩，粮、经、饲三元比例为62：31：7；实现机耕、机播各6.8万亩，机械化作业示范面积达3281.2亩，种植业生产机械化水平大幅提高；农作物良种推广面积达到8.1万亩，占全县播种面积的71.18%，粮油总产量达到6022.67万斤，同比增产273.91万斤，粮食单产、油料作物总产均创历史新高。全县适龄母畜18.33万头（只、匹），新生仔畜14.13万头（只、匹），成活13.71万头（只、匹），成活率达97.4%，牲畜死亡0.33万头（只、匹），死亡率控制在0.07%以内。牲畜总增7.35万头（只、匹），增长率达42.9%以上；牲畜出栏12万头（只），出栏率为61.09%。牲畜疫病防控工作取得空前胜利，牲畜疫病免疫密度达到100%。

实施了农牧业续建项目6个，总投资2000多万元；认真落实草畜平衡及草奖资金1041万元，共完成超载减畜25.35万个绵羊单位。农田水利基本设施建设不断加强，共实施了农田水利民生工程14处，总投资达924.33万元。实施了总投资为217万元的6座寺庙通水项目，做好了雪荣灌区和东那灌区项目收尾的同时,实施了萨迦冲曲萨迦镇防洪工程。

【防灾抗灾】 2013年汛期，共计发生灾情13起，县政府在财力有限的情况下，专门划拨20万元作为防汛抗旱资金，共发放防汛铁丝10余吨，编织袋50000余条。同时，县防汛抗旱指挥部严格落实24小时值班制度，及时了解和掌握灾情的发展，保证了领导责任到位、工作措施得力，把灾情损失降到最低限度。全年共完成高炮、火箭炮放炮技能培训28人次，有效防止冰雹等自然灾害的袭击。落实了农保资金107.7万元，共储备饲草饲料1.84万吨，切实提高了农牧业防抗灾能力。

【固定资产投资】 全年开复工项目79个，其中开工项目54个，复工项目25个。萨迦历史文化名镇建设项目有序推进，萨迦古城初具雏形，县城八思巴路改造项目顺利实施，拉洛水利枢纽工程即将开工，高新雪莲水泥厂已开工建设，萨迦大桥至县城公路建设项目已启动规划设计，周转房60套及11个乡（镇）业务用房已全面竣工，完善了萨迦县市政、水利、交通等各个方面基础设施条件，极大地改善了萨迦县发展环境。大力实施了扶贫农发项目，改善了3392户、16339人的生产生活困难，扶贫工作荣获了全区第二名及全地区第一名的优异成绩。同时，全年完成招商引资700万元，“万村千乡”市场工程共完成了33个农家店和29个人居环境整治农家店建设。

【新农村建设】 2013年，萨迦县继续推进以安居乐业为突破口的社会主义新农村建设，共投入资金2819万元，完成农牧民安居工程1100户，受益人口达2336人；投入资金1545.5万元，完成了29个行政村农村人居环境建设和环境综合整治项目。同时统筹推进农村水、电、路、气、讯、广播电视、邮政等基础设施建设，实施了农村能源户用沼气项目782座,782户农牧民用上了清洁沼气能源。

【特色产业】 一是全年完成短期育肥出栏11.03万只（绵羊单位），实现总收入5078.2万元，农牧民人均增收达294元；科技对农牧业的贡献率进一步提高，全年良种繁育改良存栏达57641头（只），肉产量达2194.92吨,奶产量达1924.11吨；藏鸡养殖示范户已达125户，藏鸡养殖数量达到6500只，实现收入约156万元，人均增收950元；共有300座大棚温室，年蔬菜产量达到45.6万公斤，人均增收达860元。二是全年共实现劳务输出31528人次，其中政府组织输出2988人次，能人带动输出4685人次，共实现劳务收入8518.46万元，人均年收入达2701.87元。三是全年共接待游客14.36万人次，销售萨迦唐卡2089幅，销售八思巴真丝哈达163条，旅游业总收入实现1474万元，为萨迦县本级财政增加税收53.62万元。

【惠民政策落实】 全年共落实农村居民最低生活保障对象2059户、7778人最低生活保障金共668.6万元；落实城镇居民最低生活保障对象207户、315人最低生活保障金141.4万元；落实103名僧尼低保金6.4万元，为156名农牧民和企业困难职工子女在读大学生发放资助金24.38万元，兑现新型农村合作医疗资金1455.6万元，救助人数达13.7万人次；集中供养了94名五保户,落实供养费及一次性生活补贴共计24.4万元；为254名寿星老人发放了健康补贴10万元，为64名孤儿发放基本生活补助78.8万元；受灾群众生活得到妥善安置，共安排口粮款180.5万元，累计解决了3159户、15599人次受灾群众生活困难问题，全年未出现一户因灾返贫及缺粮现象；共兑现农村公共服务资金175.42万元，粮食直补资金142.24万元，农资综合补贴199.86万元，农村税费改革资金480.45万元，落实农机具购置补贴450万元。

【教育事业】 全县中小学入学率、巩固率均达到100%, 11名学生考入内地西藏班，84名学生考入重点高中，初中生毕业率达100%，升学率达到90%以上。

【科技推广服务】 全年科技项目实现收入850余万元。新培养和发展科技特派员37名，科技服务“三农”和支撑特色农牧业发展的能力和水平不断提高，农牧区科技普及率达到90%，科技对“三农”贡献率达到42%。

【医疗卫生】 广泛开展城乡居民及在编僧尼免费健康体检，并规范管理了城镇居民健康档案；新型农村合作医疗参合率达100%，食品药品卫生监督检查覆盖率达100%。全县人口出生率为16‰，人口死亡率控制在6.5‰以下，人口自然增长率控制在8.97‰以内，综合节育率达84.45%。全力做好先天性心脏病筛查工作，把10名儿童送到上海进行手术治疗。

【社会保障】 全县城镇职工医疗保险参保1593人，城镇居民医疗保险参保397人，养老保险参保43人，工伤保险参保817人，失业保险参保794人，生育保险参保1328人。农村新型养老保险实现全覆盖，参保人数达29983人，其中60岁以上参保人数为4014人，参保率100%。努力扩大就业、再就业，共培训各类技能人才305人次，积极联系各类用工企业，为全县失业人员和待业青年共谋求岗位52个，共开发公益性岗位140个。

【文化事业】 “村村通”、“寺寺通”工程覆盖率均达100%，“户户通”覆盖率达52%，“舍舍通”覆盖率达100%；继续完善了文化设施，实施了10个乡（镇）文化活动站建设，极大地丰富了农牧民群众的文化生活；文化队伍不断壮大，正式成立了萨迦县民间艺术团，并成功举办了“萨迦县首届八思巴文化节”；成功申报了麻布加乡夏尔巴贡剧、萨迦寺羌姆及吉定镇传统榨油技艺为自治区级非物质文化遗产。

【强基惠民】　第二批各驻村工作队紧紧围绕“五项任务”，顺利完成了全县1213名联保户长、49323名群众的“两册、两簿”登记、录入工作，上报了2013年短、平、快项目64个，总投资2581.24万元，已批复建设项目26个,总投资810万元；共开展政策法规宣讲935场（次），新旧西藏对比教育、爱国主义教育1946场（次）；走访慰问群众441次，慰问人员34473人（次），送去慰问金447.47万元。

【生态建设】　全年共完成义务植树10.5亩，完成重点区域造林350亩，周边造林3000亩，完成封育3000亩，林木成活率平均达到80%以上。为有效改善县城人居环境，今年县财政自筹资金36.2万元，重点对县城环境进行了绿化，并对萨迦寺西边空地进行了综合整治。

拉孜县

【基本县情】　拉孜，藏语意为“神山顶，光明最先照耀之金顶”。拉孜县位于西藏自治区西部，念青唐古拉山的最西端，东西87°24′~88°21′，北纬28°47′~29°37′之间。东连萨迦县，西南接定日县，西靠昂仁县，北邻谢通门县。是一个山地河谷平原区。全县共有户数8515户，总人口49028人。全县东西长约69公里，南北宽98公里，国土面积4360平方公里，耕地11.9万亩，占全县总面积的1.82%。农牧业人口人均耕地面积2.47亩，耕地一般分布在海拔3900—4767M之间，有天然草场482.39万亩，其中能够提供有效利用的草场253.78万亩。

气候：高原奇特多样的地形，受地貌和高空空气环流等诸多因素影响，形成了日照强烈，气温较低，昼夜温差大，干湿季明显。年平均气温6.2℃，最低气温-17.4℃，最高气温25.3℃，年均降雨量296MM，无霜期124天，雨季一般6—9月份，霜冻223天，降雪时间10月底至翌年4月份。年最多风向：西南风（SN）风期11月—次年3月，平均风速3M/S，日照时数2866.5小时，冬季冻土层厚度80CM，解冻时间4月初，降雪厚度2CM轻度。

矿产资源:现已探明的矿产资源有锡、铬、铁、铜、金、朱砂。目前储量均未探明。其中热萨乡的铅锌矿、平措林乡的石材是潜在的优势矿产资源。

【概况】　2013年，全县生产总值6.03亿元，同比增长12.1%；公共财政预算收入1139万元，同比增长13.9%；农牧民人均纯收入5799.78元，同比增长16.2%；社会消费品零售总额达到10962.79万元。

【农牧业基础】　狠抓农业基础设施建设，新建高标准农田23463亩，改造中低产田8500亩，新增或改善农田保灌面积1660.42亩。继续提升农业科技水平，引进推广粮食新品种6000亩、亩均增产5斤，加快推进农业机械化、新增农业机械动力16403.75千瓦、主要农作物综合机械化率达到54%。加快农牧业结构调整步伐，新建温室大棚80座，饲草料种植面积扩大到1.13万亩，积极发展奶牛养殖业、引进优质奶牛88头，建成高寒牧区牲畜暖棚圈200座。去年，粮油总产量4.05万吨、同比基本持平，蔬菜瓜果产量2.72万吨，肉奶产量分别达到1747.74吨和1645.42吨。

【多种经营】　围绕蔬菜瓜果种植、奶牛养殖、民族手工艺等，积极引导农牧民发展多种经营，扶持非农产业，培育经济合作组织，农村经济收入更加多元化。去年，新增农牧民专业合作组织9个，全县农牧民专业合作组织增加到17个，出资总额达到726万元，成员达1401人；输出劳务13717人、创收17838.53万元。

【民生改善】　把扶贫工作作为改善农牧民生活条件的重要抓手，采取整乡推进、到户扶贫、产业帮扶、教育救助等一系列措施，不断加强扶贫工作。认真实施农牧民安居工程和人居环境综合整治工程，改善农牧民群众居住条件。去年，投入扶贫资金1962万元、脱贫2491人，实施农牧民安居工程1506户，14个村人居环境得到改善。

【项目建设】 采取跟踪督促、“专班专人”、统一集中办理前置审批手续、强化合同违约责任等措施，抓紧抓实项目前期工作。强化衔接跑办、组织实施、督促检查等各个环节，有力地推动了项目工作。启动了“十二五”规划项目中期调整与“十三五”规划项目策划与储备工作。去年，共获批国家投资项目121个、投资规模3.37亿元，组织实施续建项目22个、新开工项目113个，第七批援藏项目计划基本敲定、总投资1.5亿元；全年共完成固定资产投资4.1亿元、同比增长32.6%，其中国家投资2.69亿元、同比增长31.3%。

【城镇建设】 《拉孜县县城总体规划（2012–2030年）》获得审批，完成《拉孜县县城及产业园区控制性详细规划》、《拉孜县土地利用总体规划（2005–2020）》和《拉孜县城镇土地定级与基准价评估报告》编制。县城土地清查清理工作全面结束，土地管理进一步加强和规范。协调气象局、公路养护段，实施了沿街面商品房新建工程，完成了老中尼路“街面改造”工程规划设计方案编制并经地区有关部门审查。保险机构和审计机关办公用房分别建成，县城“中心”功能进一步完善。继续抓好县城市政市容和环境卫生管理，努力提升县城形象和软环境。加强重点乡镇建设，以实施“9.18”地震灾后重建项目为契机，统筹各种资金，启动了拉孜镇整体建设。

【交通、水利】 完成了那宁公路等4个交通项目建设，新增通公路里程45.73公里，解决或改善了16座寺庙通车条件。实施各种水利项目38个，水利设施持续改善，解决4145人饮水安全问题，解决或改善14座寺庙饮水条件。

【教育事业】 继续落实教育“三包”等政策和学生营养改善计划，新建幼儿园2所，实施校舍改造项目4个，高中投入使用，适龄儿童入学率巩固在100%，城镇和农牧区幼儿入园率分别达到80%和70%。

【公共卫生】 新农合参合率近99%，农牧民健康体检建档率和产前检查建卡率分别达到98.4%和70%，基本完成先心病儿童筛选救治，基础免疫和扩大免疫接种率分别达到95%和85%，县卫生服务中心“二乙”创建工作扎实推进。在编僧尼健康体检建档工作全面完成。

【文化事业】 建成乡镇文化站9个，实现乡乡有文化活动场所。“寺庙书屋”实现全覆盖，书籍种类多达500多种1500余册。组织民间艺术团和藏刀研发企业参加了深圳国际文博会，成功举办第四届拉孜堆谐文化节暨首届日喀则西部摄影大赛。

【社会保障】 加强组织领导，严格落实政策，健全完善涵盖城乡居民的保险、救助、住房等社会保障体系。高度重视就业再就业工作，严格落实农牧民工工资保证金制度，切实保障农牧民工合法权益。去年，累计发放养老、低保、救助、补贴补助等社会保障资金2129.68万元，新增五保对象集中供养人数39名、集中供养率达到49.4%，建成使用保障房126套，新增城镇就业81人，受理拖欠农民工工资案件7件、追讨农民工工资70余万元。

【防灾减灾安全生产】 积极应对冰雹、泥石流、山洪等自然灾害，及时落实各类救灾补助。严格落实安全生产责任制，深入开展食品药品、道路交通、消防安全、建筑施工等重点领域的安全隐患排查治理工作，安全生产形势明显好转。

【生态环境保护】 坚守生态保护底线，扎实开展各类造林，不折不扣落实各类补助补贴资金，继续实施薪柴替代工程。认真落实自治区环境保护监督管理办法，实行排污收费制度。严格项目准入，执行环保一票否决制。加强环保基础设施建设，县城垃圾填埋场破土动工，县城污水处理厂前期工作进展顺利。去年，完成各类造林0.79万亩，兑现各类生态保护补助奖励与效益补偿资金1833.8万元，建设农村户用沼气池922座。

昂仁县

【基本县情】　昂仁，藏语意为“长沟”，历史上“昂仁”也曾称为“昂惹”、“傲不仁”、“章阿不林”等。昂仁县域介于东经85.76°~87.75°,北纬29°~31°之间,位于日喀则西北部，雅鲁藏布江上游，岗底斯山脉中脊线上，“一江两河”(即雅鲁藏布江、多雄河、梅曲河)流经县域南部。东邻谢通门和拉孜两县，西接措勤和萨嘎两县，南靠聂拉木和定日两县,北依那曲地区尼玛县，县城距日喀则地区行署驻地217公里。县域地势由东向西逐渐抬升，总面积3.96万平方公里，占日喀则地区总面积的21.78%。县内平均海拔4513米，县城驻地海拔4380米，年降雨量400毫米左右，年平均气温4.5度。全县耕地面积7.46万亩，草场面积190.99万公顷，林地面积69957.77公顷。

昂仁县下辖2镇15乡，其中农业乡镇6个，即：卡嘎镇、多白乡、日吾其乡、亚木乡、达局乡、秋窝乡；牧业乡镇11个，即桑桑镇、阿木雄乡、切热乡、如萨乡、孔隆乡、宁果乡、查孜乡、贡久布乡、措迈乡、达若乡、雄巴乡。全县共有185个行政村，485个自然村，总户数11110户，总人口53682人。

【概况】　2013年，全县生产总值完成54194万元，同比增长17%，其中，第一产业完成14461万元，第二产业完成15361万元，第三产业完成24372万元。财政一般预算收入完成1266万元，同比增长24%。完成固定资产投资4.5亿元，同比减少7%。人均GDP达到9954元，同比增长8%。农牧民人均纯收入4767.75元，增长13%。社会消费品零售总额实现0.92亿元，同比增长6.9%。

【农牧业发展】　2013年全县经济作物总产量达到4940.7万斤，同比增长26%；粮、经、饲三元比例调整为79.77:12.19:8.04。全县新生仔畜20.99万头（只、匹），成活18.65万头（只、匹），年末出栏17.03万头（只、匹），存栏56.45万头（只、匹）。

一是加大基础设施建设力度。实施康萨灌区工程和亚宁草场灌溉工程，并加快小型农田水利建设步伐，修复水塘（蓄水池）5座，新建取水枢纽11座、新建渠道26处，新增和改善灌溉面积合计3万余亩，切实改善农牧业生产条件。农村公路工程建设继续取得新突破，新增里程143.373公里，累计总里程达1811.081公里，群众出行难问题基本解决。不断提高农机装备水平，落实360万元农机补贴，新增农机具436台。加强生态绿化建设，完成了29个行政村庄的绿化及环境整治工程，共完成义务植树300亩，重点区域造林1881.9亩，封育工程3000亩和工程造林补植补造约1500亩等，平均成活率在90%以上。二是扎实推进新农村建设。安居工程建设任务1708户，投资3027.9万元，其中民房改造1127户，扶贫点建设180户，游牧民定居建设401户。重点实施3个乡镇29个行政村的人居环境整治项目，总投资3332.7万元，农牧民人居环境得到很大改善。整合资金78.8万元，实施13个行政村村委会改造扩建。投资1048.09万元解决了44座寺庙，412名僧尼以及183名驻寺干部的饮水安全问题。三是以畜牧业发展带动特色经济开发。针对畜牧业发展态势，以市场为导向，成立了西藏桑桑农畜产品开发有限公司，注册了桑桑牌商标，服务体系进一步健全，产业结构进一步优化，畜牧业发展呈现强劲之势。肉产量达3833.9吨，奶制品达4708.26吨。实现短期育肥总数22000个绵羊单位，创经济收入819万元。草原生态保护补助奖励机制工作有效实施，截止目前，已兑现草原保护奖励资金5532.834万元。目前全县共有日吾其乡藏鸡养殖场、孔隆乡白绒山羊养殖、桑桑酥油生产、卡嘎镇民族手工业等农牧民专业合作组织及协会10个，多元发展的格局已初步形成。

【工矿业发展】　实施大矿战略，顺利开展朱诺整装勘察区详查工作，加大对中胜公司的扶持力度，配合企业做好矿业勘探等各项前期工作。继续实施同泰矿业嘎日选矿厂的扶持指导，确保整改工作顺利完成，争取早日运营投产。完成查格拉铅锌矿详查任务，协助西藏华钰矿业公司做好如萨乡选矿厂建设前期工作。目前，全县共有15个矿点实现进点作业。进一步规范了探矿管理，形成了一套完整的矿区矛盾和安全生产预案。研究制定了矿产开发利益共享机制，正确处理了政府、企业（业主）、群众三者间的利益关系。严格按照环境保护法等相关法律法规，保护矿区生态环境平衡。

【项目建设】 2013年，实施十七个乡镇机关业务用房、新华书店、广播影视中心建设工程、巨龙路市政建设工程、县中学改扩建等在建设项目共89 个，总投资4.8亿元，累计完成4.5亿元。惠及7个乡镇、130个行政村、8034余户的农网改造项目已投入使用，制约发展的能源瓶颈将打破。由巨龙矿业捐赠991.58万修建的巨龙市政道路已竣工，以巨龙路为轴心的新区，建设规划了一批设计优、质量高的精品工程和项目，增强了新区承载能力。

【培植财源】 加强税收征管。坚持依法治税理财，严格税收执法，确保应收尽收，不断提高财政收入占生产总值的比重、税收收入占财政收入的比重。狠抓非税收入、零散税收和小税征管，确保纳税收入健康稳定增长。全县完成税收1620万元，同比增长26%。深化财政改革。加大对“三农”和基层的支持力度，积极应对财政职能的转变。优化支出结构。严格支出管理，完善收、支两条线管理办法，完善国有资产管理办法，严格控制一般性支出，集中财力办大事、办实事。加快优势产业项目开发力度，新成立西藏桑桑农畜产品开发有限公司和唐东杰布旅游文化开发有限公司，注册了“桑桑”、“唐东”等8个商标。

【社会稳定】 一是把安全生产始终放在首位。积极开展了矿山检查、成品油市场、交通整治和食品药品市场监管、整顿文化娱乐场所等专项整治行动58次，出动人员、警力1500人次，车辆265余台次，特别针对矿山安全生产、易燃易爆危化品管理、建筑施工、人员密集场所等重点领域，认真排查，强化监管，有效的遏制了各种安全事故的发生。二是社会治安综合治理成效显著。2013年，立案各类刑事案件6起，破获4起；共受理治安案件16起，查处率达100%。三是认真开展“双联户”工作。按照统一要求，制定下发了“双联户”工作“两册十五簿”等各项制度措施，扎实开展“七项基础工作”，科学划分了1391个双联单元，确定了1391名双联户长。通过开展“4+X”组织活动，将“双联户”工作与基层党建、强基惠民活动结合起来，全面落实“四防”举措和“十项任务”，在基层群众中实现了联户增收和联户平安的双重目标。四是寺庙管理日益规范。表彰民族团结集体10 个和先进个人20人，表彰和谐模范寺庙37座、爱国守法先进僧尼291人，落实寺庙“九有”和表彰资金210.3万元。寺庙“六建”、“六个一”、“九有”、“三保一低”等措施全面落实。五是信访管理再登新台阶。2013年，共调处化解各类矛盾纠纷68起。

【民生工作】 一是加快各项社会事业发展。提高教育基础设施建设水平，积极争取资金3476.6万元，实施了县中学改扩建、县职教中心民族手工艺培训中心等基建项目，提升了办学条件。严格落实“三包”政策，加大经费管理力度，全面实施学生营养改善计划；大力发展文化事业，以西藏唐东杰布文化旅游发展有限公司为载体，繁荣县域文化产业发展，打造昂仁特色的文化产业。全面开展全民健身活动。大力开展文化下乡活动，县电影队放映电影共计1962场次，县民间艺术团公益演出56场次；认真开展卫生监督执法、疾病预防控制、合作医疗等各项工作，强化医疗卫生基础设施及医疗诊疗设备建设，提高了卫生服务整体水平；积极探索完善新型农村合作医疗制度，切实减轻群众就医负担，全年，为农牧民群众报销医疗费补偿418万元；积极争取国家资金3755万元，在全县范围内实施了扶贫到户、产业和基建等整乡推进、借畜还畜扶贫项目，4920户贫困户、23269人直接受益。进一步发展妇女儿童、老年人、残疾人等公益事业。做好人事、监察、统计、审计、工商联等各项工作。二是有效落实社会保障措施。2013年新农保、城镇居民养老保险、僧尼参保率分别为93%、57%、89%。抓好城乡低保动态管理，逐步扩大保障范围，严格执行低保标准，做到应保尽保。对全县五保、低保对象进行了重新审核，兑现农保对象、城保对象及五保对象一次性生活补助1208万元。三是全力抓好劳务输出工作。全年实现劳务输出28885人次，实现劳务收入5155万元；开展民族绘画、木工、农机维修、电工等技能培训92人。

【援藏工作】 由山东淄博第六批援藏分组投资建设的县城道路改造工程、广电中心、党员服务中心等援藏项目在改善基础条件的同时，推动了县域经济的发展。2013年6月份，山东淄博第六批、第七批援藏干部顺利对接。

【自身建设】 2013年，昂仁县人民政府自觉接受县人大监督和县政协参政议政，认真落实县十二届人大三次会议交办的议案。密切联系工会、共青团、妇联、工商联等群团组织，广泛听取社会各界意见、建议。加强电子政务建设，主动公开政务信息。全面落实中央"八项规定"、自治区党委"约法十章"和地委、行署关于改进工作作风密切联系群众的实施办法等规章制度，干部作风明显转变，党风廉政建设责任制落到实处，"三公"经费支出会议类经费下降14%、公务接待费下降21%、全县车辆运行所用经费下降9%，深受群众赞誉。

谢通门县

【基本县情】 谢通门，藏语意为"一见则喜"。谢通县位于日喀则地区西北部，雅鲁藏布江北岸，东邻南木林县和日喀则市，北接那曲地区申扎县，西邻昂仁县，南与萨迦县和拉孜县接壤，全县东西长142公里，南北宽106公里，总面积14042.74平方公里，县城距地区行署驻地83公里，平均海拔4200米以上，全县辖1镇18乡、95个行政村、10241户，4.7万人。其中牧区乡有：美巴切勤乡、切琼乡、纳当乡、娘热乡、青都乡、春哲乡、孜许乡、南木切乡、查布乡、措布西乡；农区乡有：卡嘎镇、达那答乡、仁钦则乡、荣玛乡、塔定乡、通门乡、达木夏乡；半农半牧乡有列巴乡、达那普乡。

【概况】 2013年，全县生产总值完成7.2亿元，同比增长15%；县级财政收入1.0368亿元，同比增长51.8%；税收收入2.5亿元，同比增长48.8%；固定资产投资4.6亿元，同比增长73.5%；社会消费品零售总额2811万元，同比增长17.3%；农牧民人均纯收入预计达到5837.83元，同比增长15.8%。

【工矿业发展】 全年进点作业矿企12家、国家项目5个，雄村铜矿生活区项目于6月份顺利举行了开工启动仪式。依托矿产资源开发实现税收2.2441亿元，占到全县税收总额的90%以上；实现本级财政收入8135万元，占到本级财政收入的80%以上。

【农牧业基础】 全县农作物实播面积6.1万亩，粮经饲三元比例为63.0：28.5：8.5，推广"藏青2000"新品种1000亩，建设测土配方施肥田间示范8000亩，实现粮油产量3169.53万斤；新生仔畜114983头（只、匹），完成黄牛冻配改良673头，各类重大动物疫病免疫率达100%，年末牲畜存栏数315066头（只、匹）。达那答乡果蔬基地运转良好，现以每年20万元租金对外承包；卡嘎镇藏土鸡养殖基地存栏藏土鸡1.2万只，通门乡生猪养殖基地完成基建工作。

【商业、旅游工作】 积极推进"万村千乡"市场工程，全县农家店总数达到144家，乡镇及行政村实现全覆盖。民族手工业稳步发展，全年实现藏刀销售收入495万元，皮具销售收入130万元，陶器销售收入20万元。大力推进旅游开发工作，本级财政投入60万元资金，完成《谢通门县旅游总体规划》编制工作，扎西吉培寺、达那土登寺和索布寺确定为国家1A级旅游景点，"一山两寺"旅游基础设施建设基本完工。全年接待游客27160人次，预计实现旅游收入450万元。

【基础设施建设】 城镇化建设有序推进。县城建设工作全面展开，完成县城规划设计工作，明确了2013年–2015年县城建设任务。2013年投入资金1.1亿元，其中本级财政投资6985.396万元，实施了县城新通大道、县综合业务用房等17个项目建设，县城新区初具规模。城市管理工作有效加强，组建了城市管理执法大队和环境卫生清洁队，本级财政投资135万余元，新建了县城停车场，配备清扫设备，县城环境明显改善。达那答乡如贵村新农村示范点已完成110户、8条村内主路及村民健身广场建设任务；全面完成达那答乡规划设计工作，县本级财政投入资金649万元，重点对该村沿街面进行了改造；日谢公路沿线村庄村居环境整治工作有序推进。

基础设施建设实现新突破。项目建设取得新进展，全年开复工项目96个，总投资达6.6亿元，自开工累计完成投资近5.2亿元，竣工项目46个，重点实施了涉及市政基础设施、农牧业生产、交通水利等领域的乡镇政权机关业务用房、列多电站、农饮工程、小农重点县、通寺通村公路、防抗灾物资储备库等建设项目，全县基础设施建设大力推进，发展后劲进一步增强。新一批对口援藏工作开局良好，已初步确定援助项目13个，估算投资达3289万元，项目涉及市政建设、安居房建设、农田水利、文教卫生及社会公益事业等多个领域。

【民生保障】　民生工作扎实有效。坚持把更多资金向民生领域倾斜，本级投入民生资金6978万元，比2012年的5239万元增长了33.2%，占到县财政总收入的67.3%。农牧民安居工程进展顺利，完成1275户建设任务，受益群众5837人，完成10个村人居环境建设。社会保障体系更加健全，全县各险种参保73454人次，累计发放城乡低保资金416.117万元，兑现医疗救助资金54.25万元、教育资助金51.59万元。五保集中供养工作全面启动，对91名贫困孤寡老人进行了集中供养。扶贫开发工作有序推进，实施扶贫项目共计29个，投入资金2154万元。农牧民群众持续增收，新增城镇就业255人，全年完成劳务输出1.7万人次，创收3029.8万元。

社会事业有力推进。教育事业健康发展，本级财政配套教育资金1366万元，增长24.4%；基础教育不断巩固，中小学入学率、巩固率、毕业率均达到100%，内地初高中班共上线31人；投入资金952万元，实施教育基建项目10个，办学条件得到有效改善；对照相关指标要求完成义务教育均衡发展摸底工作。医疗卫生服务持续改善，全县新型农牧区合作医疗参保43527人，参合率99%，住院报销补偿封顶线提高至6万元，完成41845名农牧民及寺庙僧尼健康体检工作。文化事业繁荣进步，14个乡镇文化站已完工并交付使用，全县95个行政村和20座寺庙实现了农家书屋、寺庙书屋全覆盖，县民间艺术团在2013年珠峰文化节参演中获得文艺调演二等奖；“2131”工程扎实推进，全年共播放电影1485场次，观看人数14.04万人次；完成全县文化产业发展现状调查摸底工作，对8类别文化产业进行了统计。科技工作不断进步，荣获全国科技进步考核先进县。全年组织农牧民群众集中科技培训4次，3792人次；争取资金241万元，实施科技项目5个。

生态建设全面加强。全年完成重点区域造林2728.8亩，拉萨周边造林2000亩，拉萨周边封育4000亩，防沙治沙3000亩，绿色通道补栽1万株，林木成活率达85%。顺利完成全县森林资源二类调查工作，进一步加强了野生动植物保护区的建设与管理，兑现各类生态保护资金459.02万元。强化环保监督整治工作，认真组织开展对矿山企业、建筑工地及采砂厂的执法检查，督促企业切实做好环境保护工作。

【党的建设】　扎实开展作风建设。认真贯彻“八项规定”、“约法十章”、“九项要求”、禁酒令等规定，会议文件有效精简，行政效率大幅提升，查处3起违反禁酒令和6起违反会议规定及值班纪律的行为，涉及干部13人；三公经费支出下降9%；公务接待同比减少17万元，减幅7%。

全面加强队伍建设。着眼科级干部队伍结构优化，调整干部135人；积极向上推荐提拔正县级干部1名，副县级干部1名；巩固和加强乡镇党政正职“一藏一汉”配备，95个行政村党支部“第一书记”全部配备；全年共召开理论中心组学习会议24次，培训教育各级各类党员干部5760人次。

不断强化组织建设。深入开展“十星级党员示范户”创评、“村官创业”和荣玛乡吾间村“村矿共建”工作。新发展党员456名，建立完善村规民约、党务、村务、党风廉政建设等各项制度2100余条。在驻村工作队中先行开展党的群众路线教育实践活动，梳理“四风”问题70余条次，与驻村群众“结对认亲”1296人。新建团组织8个，行政村团组织覆盖率达到100%；在非公有制企业中建立工会组织4个；完成所有行政村“妇女之家”挂牌工作任务。成功组建县工商联并正式履职；启动创建“人大代表之家”工作。

白朗县

【基本县情】 白朗,藏语意为“两姓氏名”。白朗县位于喜马拉雅山北侧，冈底斯山山脉南侧。地处西藏自治区西南部，雅鲁藏布江主要支流——年楚河中游，日江公路中段，是自治区粮食主产县、国家级标准化示范县和现代农业示范区、国家科技园区核心区。县城北距日喀则市49公里，南离江孜县43公里，日江公路横穿县城，地处“拉萨—羊卓雍湖—江孜—亚东—白朗—日喀则”独特自然景观的旅游热线上，交通便利。县境南北长121公里，东西宽20公里，总土地面积为2758.99平方公里，现辖11个乡（镇）、111个行政村，全县2013年末总户数7089户，总人口46971人，地势南高北低，平均海拔在4000米以上，县驻地3893米。县域内有大小寺庙22座，其中玛乡吉丁寺和嘎东参卓林寺为自治区重点文物保护单位。白朗县总耕地面积12.78万亩，人均耕地2.7亩;草原畜牧业和农区畜牧业潜力巨大，天然草场350.04万亩，其中可利用草场331.04万亩；矿产资源丰富，已初步探明的矿种有铜、磷、铅、锌、铬铁、泥炭、石灰岩等。

【概况】 2013年，全县生产总值达到6.1亿元，同比增长11.4%，完成年度目标任务的100%。其中，第一产业完成1.98亿元，第二产业完成1.62亿元，第三产业完成2.5亿元，三次产业比例优化为33:27:40；公共财政预算收入完成1131万元，同比增长24.7%，完成年度目标任务的109.91%；税收收入达1296万元，同比增长36%，完成全年目标任务的118%；社会消费品零售总额6862万元，同比增长8%。

【农业生产】 一是调结构。完成作物播种面积12.74万亩，其中粮食播种8.09万亩，经济作物2.67万亩，饲草料1.98万亩，粮经饲三元比例为63:21:16。实施了青稞生产基地项目、高标准农田建设项目和高产创建项目等，推广“藏青2000”4.95万亩，安排“藏青2000”种子田2.2万亩；二是抓增产。通过连续两年实施农牧、农发、国土等土地开发项目，新增耕地3462亩。全年完成土地平整、客土改良2.45万亩，渠系配套68.11公里。农机示范县建设扎实推进，全县机耕面积达到11.7万亩、机播面积达到10.2万亩、机收面积达到8.3万亩，分别占总播面积的92%、85%、65%，同比分别提高了7%、5%、3%，全县农机作业率达80%以上；三是促增收。2013年，全县农村经济总收入实现4.92亿元，同比增长17.6%。农牧民人均纯收入达7253.08元，同比增长19.83%。粮油总产首次突破亿斤大关，达1.0057亿斤，成为全地区第三个粮油总产上亿的县，其中粮食产量达9589.12万斤，“藏青2000”可以对外供种500万斤。

【固定资产投资】 一是打基础。牢固树立“以大项目带动大投入，以大投入培育大产业，以大产业推动大发展”的思想，深入实施项目带动战略。实施了11个乡镇业务用房建设、县城改扩建、垃圾填埋场、县城至曲奴乡道路硬化工程等重点建设项目。筹集项目前期经费490万元，有效确保了重大建设项目的立项及投产；二是保质量。认真贯彻落实项目管理“五项制度”，确保质量和进度。在资金管理上，实行“专户存储、专人管理、专款专用”，确保资金拨付及时、安全。在安全生产管理上，坚持定期和不定期深入施工现场检查，确保了全年无建筑领域安全事故；三是促发展。投资5684.7万元，完成小农重点县等9项重点水利项目。强化农村公路建设，新增硬化路面14.56公里，解决9座寺庙通达问题。2013年，全县开复工项目达82个，完成投资4.02亿元，同比增长18.2%，完成全年目标任务的100.5%，完成地区行署下达任务的445.4%。

【蔬菜产业】 一是抓载体。成功举办了“第三届蔬菜采摘节”。以休闲采摘促进蔬菜销售，全年共接待游客4.8万人次，实现采摘收入95万元，同比分别增长了12.46%和21.87%。“天域绿”商标被评为全区著名商标；二是广覆盖。全年新推广蔬菜品种38个，开办蔬菜培训班14期，参与人次达4150人。解决20名蔬菜种植能手的公益性岗位待遇，派往兄弟县（市）指导蔬菜生产，达到了良好的经济和社会效益；三是增效益。大力实施“农超对接”，引进“旺家福”超市，积极发展订单蔬菜。全年蔬菜产量7513.7万斤，销售收入达到8265.07万元，人均增收1360元，占农牧民人均收入的19.16%。

【畜牧业发展】　一是防灾害。积极动员和组织群众搞好畜牧业防抗灾各项应急准备工作，共筹备防抗灾饲草205万斤、饲料135万斤，成立了34个防抗灾应急工作队；二是促平衡。深入开展草原生态保护补助奖励机制工作，共完成超载减畜任务3.09 万个绵羊单位，兑现补助奖励资金593.8万元。狠抓黄牛改良工作，全年完成黄牛改良6000头，黄牛优良品种率达到92%。深入实施小区化养殖，实现收入85万元。建成“萨福克”标准化羊舍，为发展养殖业提供示范和引导；三是保安全。在周边县市发现动物“W病”后，我县反应及时、行动迅速，捕杀疑似疫病牲畜20头，确保了牧业生产安全有序。2013年，全县牲畜存栏数为22.57万头（只、匹），新生仔畜成活率达83%，成畜死亡率控制在1.26%，牲畜总增率为26.65%，牲畜出栏率为30.2%。

【园区建设】　嘎东镇国家级现代农业示范区，目前整合农牧、农发、国土等部门资金4500万元，带动企业自筹资金430万元，争取国家财政培训经费500万元，争取国家特色产业开发项目资金3000万元；积极做好日喀则国家农业科技园区白朗核心区前期工作，目前已经完成机构设置和人员配备等工作。同时多方筹措项目资金投入园区，投资85万元，实施了娟姗牛养殖小区标准化建设。投资280万元实施了2013年青稞生产基地项目。采取“集中配种育肥，分散农户饲养”的办法，改良绵羊品种“萨福克”340只。投入科技项目215.93万元，实施了特色产业开发和科技培训等项目，为园区建设大规模铺开，奠定了良好基础。

【民营经济发展】　一是抓龙头。大力实施产业化发展项目，投资260万元，实施了奶制品加工续建项目。投资234万元，实施了青稞方便面加工新建项目。龙头企业不断发展壮大，康桑农产品加工厂和旺达食品有限公司等企业全年收购青稞1500万斤，延长了产业链条，增加了附加值；二是重培育。全县民营经济活力增强，各类市场主体健康发展，非公有制经济主体发展到52户，注册资金达7741万元，从业人数1862人。个体工商户登记799户，注册资金896万元，从业人员1821人；三是促销售。各类市场主体运行良好，恰珠编织、奥博藏香、旺丹卡垫、嘎东藏靴等企业，改进了包装、加快了营销步伐。全年各类民营企业累计实现销售收入2210万元，同比增长14%。

【城镇建设】　一是打基础。投资351万元，实施了白朗县日江公路县城段综合整修工程和洛江大街市政改造工程，硬化路面2345平米，安装太阳能路灯88盏，县城环境得到提升。投资援藏资金1431.83万元的市政道路改扩建工程正在加紧实施，该工程主要为延伸工业路，连接文化街东段，进而扩大县城容量；二是抓管理。认真贯彻落实“门前四包”制度，加大对“五乱”现象的整治力度，规范道路保洁、垃圾清运等工作。全年清运垃圾1925吨，规范小商贩摊点26处，有效改善了市容市貌，强化了县城秩序；三是强保障。进一步加大保障性住房的建设力度，建成干部职工周转房168套，至此我县保障性住房建设总量达674套，有效缓解了干部职工住房困难。在廉租房上，做到应保尽保，对不符合条件的及时清退，全年共解决城镇低收入住房困难家庭177户、215人。清退不符合条件入住8户，8人。解除住房公积金黑名单，全年办理贷款业务34件次。

【生态建设】　按照在发展中保护、在保护中发展的思路，狠抓了环境保护工作。一是重保护。以保护年河两岸湿地为主，大力实施绿化、美化家园工程，在洛江镇则嘎联村完成了1000亩重点区域生态公益林作业，造林树木平均成活率达80%。保护和合理利用耕地，完成农村宅基地确权登记和发证工作；二是强治理。清理整顿了3家年河流域采砂企业，及时制定了《白朗县采砂采石和取土管理暂行办法》，通过县人大审议后，及时向社会进行了颁布实施，乱采、乱挖、乱堆、乱放等问题得到有效遏制；三是建屏障。深入实施生态安全屏障防沙治沙工程，在嘎东镇马义村造林200亩，在玛乡吉定村、旺学村造林300亩。开展人居环境建设绿化美化工程，完成植树7000株。

【改善民生】 一是就业和社会保障力度加大。扎实做好政府年初“十项服务”承诺，全年转移劳动力2.2万人次，增收4166万元。新增就业岗位7个，城乡登记失业率控制在2.5%以内；各项社会保险参保人数达到2.8万人次，参保率达到95%以上，对60岁以上老人发放基础养老金473.6万元。完成了1035户农牧民安居工程和13个人居环境建设任务。兑现各类支农惠农补贴4034.86万元。认真开展“双供养”工作，兑现五保户、低保户、民政优抚、医疗救助等各项资金共计561.94万元，全县五保老人由散居供养实现了集中供养。二是扶贫开发成绩显著。投资2326万元，实施了31个面上扶贫项目，其中：9个少数民族发展项目、10个整乡推进项目、1个劳动力转移项目、5个技能培训项目，扶贫开发工作得到区、地认可和表彰。全年共脱贫449户，2094人。三是社会事业健康发展。教育均衡发展工作进展良好，基础设施建设同步推进，“三包”标准提高到年生均二类区2600元、三类区2700元，幼儿园及中小学入学率分别达到45%、98.3%和100%；全年科技培训农牧民2.34万人次，选派科技特派员88名，制定出台了《白朗县科技特派员管理暂行办法》，得到自治区领导的高度评价，并在全地区进行推广；广播影视进寺庙全部实现，建成9个乡镇文化站，解决民间艺术团演员待遇问题，实现公共文化免费开放。藏语文社会用字规范工作成效明显，被授予“全区藏语文社会用字先进集体”。文化遗产保护得到加强，旺丹卡垫入选自治区级非物质文化遗产名录，嘎东藏靴厂被评为自治区文化产业示范基地；完成城乡居民（含僧尼）免费健康体检4.09万人次，兑现农村合作医疗报销资金1332.8万元。实现县卫生服务中心电子信息化建设，顺利通过等级评审。开展了0–18岁儿童先天性心脏病复筛工作，启动实施新一轮妇女儿童发展规划。第三次全国经济普查工作进展顺利，圆满完成了入户调查、数据审核、数据录入等工作。四是金融和通讯业保持平稳发展。2013年末，全县金融机构存款余额为4.08亿元，同比增长6.7%。各项贷款余额1.67亿元，同比增长34%。电信、移动、邮政全年业务收入1790万元，电信用户发展到0.62万户，移动用户发展到1.24万户，3G网络基本覆盖整个县城。

【抓创建、严监管、保稳定】 一是抓创建。认真开展以“联户平安、联户增收”为主题的“双联户”创建工作，创新建立“六下乡”“七入户”“八进村”工作平台，评选县、乡、村三级“先进双联户”1636户。狠抓“强基惠民”驻村工作，帮助理清思路，找准发展路子，发展壮大实体经济23个，办实事710件。基层党建工作围绕党建“20有”、“梯次晋升年”活动、“1+4”工程、“乡村两柜”等工作的落实，各项党建工作台账、制度得到了完善和落实；二是严监管。深入开展城镇网格化管理，发挥便民服务站“八大职能”作用，不断加大接警和出警力度，确保了社会面全时、全面防控。强化安监执法，开展安全生产联合执法8次，整改违规操作138处。强化成品油管理，推行了实名制加油卡，实现一站式服务，全年出具加油小票5万份；三是保稳定。狠抓干部驻寺工作，认真落实“六建”、“九有”“六个一”等措施，为177名僧尼解决了低保，维修改造僧舍163户，维护了宗教领域和谐稳定；认真开展“六五”普法宣传，顺利通过中期普法验收，法制化水平进一步提高；全年办理信访案件8起，办结率为100%，没有发生赴地区、自治区非正常上访事件。加强维稳值班，确保社会局势全面、持续稳定。

【自身建设】 一是转作风。严格执行中央“八项规定”、自治区党委“约法十章”，全县上下厉行节约、减少接待，全年三公经费支出800万元，比上年减少263万元，同比降低24.7%。二是提效能。实施了重点工作倒逼机制，挂牌督办制度和县级领导干部靠前指挥等方式，超额完成年初各项目标任务。主动接受人大的法律监督、工作监督和政协的民主监督，办理人大代表建议意见45件，承办政协委员提案10件，办结率为100%。三是促廉政。全面落实“八个不准”、“九个严禁” 等一系列规定，干部作风明显转变，党风廉政建设责任制落到实处。

仁布县

【基本县情】 仁布，藏语意为“聚宝盆”。仁布县位于西藏自治区南部、日喀则地区东部、雅鲁藏布江中游南岸一带。介于东经89° 45′—90° 22′，北纬29° 02′—29° 30′之间。全县平均海拔3950米，县驻地海拔3780米。东倚山南地区浪卡子县，南邻江孜县，西接日喀则市、南木林县，北与拉萨市尼木县隔江相望。全县东西长66公里、南北宽42.5公里,地扼前后藏的咽喉要道。

仁布县全县面积2124平方公里，耕地面积5.12万亩，林地面积26.79万亩。属于高原山区县，地势东北高、西南低，沟壑纵横，地形险要，山峦起伏，河流密布。雅鲁藏布江从县境西北部穿过，发源于境内那钦康萨雪山的门曲河，自南向北贯穿境内三乡一镇，在仁布乡白林村汇入雅鲁藏布江。仁布县是一个以藏族为主体的少数民族地区，除藏族外，还有汉族、回族、满族、彝族、土家族、布衣族、侗族。仁布县区划分8乡1镇，73个行政村，总人口33943，其中农牧民5562户，31904人。

【概况】 2013年,全县地区生产总值达3.077亿元，同比增长16.64%；社会固定资产实际完成投资34568.5万元，增长31.19%。县级公共财政预算收入达2309万元，增长37.27%；全县农牧民人均收入4417.38元，增长15.73%。

【改善民生】 2013年，全县粮油总产量1881.2万斤，牲畜总数15.8万只，全年牲畜实现产肉786.6吨、产奶2129.9吨，县域农村经济总收入达1.41亿元。成功改造中低产田7000亩，治理缓坡耕地1500亩，大力推广“藏青2000”等高新优良品种种植面积1000亩，积极调运化肥、加强田间指导、提高防灾预警，确保了农业生产保障有力、稳中增收；建成全县首个仁布乡日龙布村全程机械化农业生产千亩基地，顺利完成吴米和详巴人工种草基地项目土地平整与客土改良工作，规模种植区域初具规模；成功争取200万元在工业园生态农业园区实施了50座蔬菜大棚建设项目，投入150万元新建了姆乡详巴绵羊短期育肥项目。

2013年道路交通领域总投资1.2亿元，实施公路项目24个，新增道路通达总里程123.2公里，目前全县乡镇通畅率为66.6%，交通网格建设逐步完善；水利项目完成总投资4973.8万元，新建了5项重点水利工程，顺利建成寺庙饮水安全工程项目，解决了18座寺庙180余名僧尼的安全饮水问题，全面推动小型农田水利重点县建设项目，新增和改善灌溉面积9425亩，农田水利基础设施建设稳步推进；完成了1100亩重点区域造林和1000亩拉萨周边造林任务，完成了7500亩防沙治沙项目，实施了县城、318国道、乡镇道路、村级绿化等相关亮点工程，此外累计投资1100余万元实施了林业生态建设和保护等相关项目，为群众增加现金收入340余万元；扎实推进碧水蓝天、美丽仁布建设，成功申报6个生态村的创建项目，验收合格后每村可获得100万元的生态资金，改善企业生产环境，依法征收排污费共计8.85万，严格监管拉日铁路沿线生态环境保护工作，环境保护和生态效益发展良好。

【项目、园区建设】 2013年全县共实施项目154个，总投资56626.3万元,已完成投资34568.5万元，项目建设在投资规模、效益提高上取得新突破。同时，援藏工作不断深化，第五批对口援藏工作开局良好，9名优秀援藏干部克服困难、深入调研，初步论证了项目7个，预计总投资将达3000万元。工业园区市政基础设施累计投入资金达1.57亿元。

不断完善四个功能区域建设，在物流配送园区，积极配合推进国家投资项目，总投资达1亿元的仁布火车站通站桥梁道路、中心广场、邮政储蓄点、公安派出所等项目已完成招投标，进入施工阶段，车站服务区市政道路和供水接近完工；在旅游商服区，农行、邮政、司法、公安等派出机构和加油站等基础设施建设已经落成，同时，积极推进园区藏玉文化、藏戏文化展示展演平台项目，努力打造环境整洁、特色突出、餐饮优雅、服务周到的旅游商服区；在特色产业园区，通过向上争取项目实施的奴嘎沙大桥通县油路已通车，招商引资选址区域建设三通一平初步完成，现有两家企业达成投资青稞茶、肉联厂的意向，一家拟投资2000万元的矿泉水企业正在前期调研与积极洽谈中；在生态农业园区，县级整合资金978万元实施1370亩荒地开垦项目工作已完成填方平整工作，正在进入客土改良阶段，通过整合现有3000余亩优质耕地，将形成5000亩种植基地的规模。

【城镇建设】 完成了《仁布县城市总体规划》的修编任务，全面实施老区提档升级工程。正式组建了县城管大队，并投入12万元用于城管执法装备购置、执法培训等，有力保障了城管队伍建设的规范化；依托"环卫队"和"城管队"两支主力，调动临街商户、干部群众、建筑队等广泛力量，开展了包括街道小区、交通秩序、县容"十乱"、市政绿化等12项重点内容的综合整治专项行动；整合项目资金提高市政绿化水平，预挖标准树坑近千个，新建绿化带隔离栏约5000米；通过政府引导、企业投劳、单位配合的方式，完成了30处县城主干道的街景改造工作，同时积极协调电力通信部门投入项目资金，实施了县城电力通信线路由"线杆架支"向"地下走线"的改造工程，改变了县城电线乱拉状况。

加快推动城南新区建设步伐。截止2013年底，新区基础建设累计投入资金2593万元，统战、民宗、人社等7处县直机关业务及生活用房基本落成。

强力推进小城镇建设。由县级主要领导带队，组织住建、发改、财政等相关部门深入到有关乡镇、村屯进行现场调研，初步梳理生产发展、市政设施、房屋改造、文教医疗等四大类项目约50余项需重点推进的小城镇建设任务。目前，康雄乡小城镇建设依托区纪委监察厅驻村工作队的大力支持，率先完成了整乡规划，拟投入2800万元用于新建主干街道、供排水、附属设施等工程，并被自治区列入全国重点乡镇基础设施建设目录。查巴乡小城镇建设总规正在进一步完善，小城镇建设依托地震灾后重建工程现已建成部分主干街道，并狠抓地区财政局驻村工作队大力支持的机遇，加快小城镇建设步伐，仁布乡、德吉林镇的小城镇建设也正在积极开展前期工作。

【旅游文化产业】 2013年接待游客69815人次，同比增长8%，实现旅游收入294.6万元，增长7.6%。稳步推进县域旅游发展规划，明确了以雍泽绿观相湖景区综合开发为主线，以强钦寺、卡日圣山、民俗村等优秀民族文化景点为元素，着力打造仁布旅游黄金品牌的总体蓝图。通过积极争取上级扶持资金，投入80万元编制了《仁布县旅游发展总体规划及雍泽绿观相湖、强钦寺、普纳民俗村三大节点规划设计》。

雍泽绿观相湖开发有了突破，地委提出了坚定实施雍泽绿观相湖景区综合开发的重要决策，力争把雍泽绿观相湖建设成西藏著名、全国闻名的拉动西藏区域经济发展的重要景区。目前，规划文本编制已通过初审，景点基建项目已做好前期工作，投入600万元用于游客服务中心、观景台、停车场等建设，仁江路岔口至泽鲁寺硬化道路设计工作已全面完成，预算1700万元的建设资金也在地区交通局帮助下得到解决，宣传推介工作已先行开展。

坚持"外打文化品牌、内强遗产保护"的工作方略。加快文化公共产品服务均等化，全县73个行政村实现"村村通"100%覆盖，18座寺庙236间僧舍广播电视100%覆盖，实现"文化书屋"村村有、寺寺有，建成村级文化活动广场45座实现覆盖率61%；加大文物保护工作，聘请自治区专家开展文物鉴定、建档工作，鉴定出文物466件；加大非物质遗产传承，成功推动玉石雕刻技艺和康雄酥油花制作技艺入选自治区第四批非物质文化遗产名录；以打造文化特色县为突破点筹建了县民间艺术团，现有演员16名，编排形成歌曲、舞蹈等15个成熟剧目，参加文艺演出13次；本着"文化搭台、经贸唱戏"的工作思路，按照市场化运作方式，成功举办了第四届江嘎尔藏戏文化节，进一步传承和弘扬民族优秀文化，加速物资交流，共有113家商户参加了物资展销,总销售额145.64万元。

【民生事业】 社会事业全面发展。巩固提高义务教育，均衡教育有序发展，全年初中入学率控制在95%以上，小学入学率在99%以上，学前"双语"教育快速发展，在园幼儿970人，入园率达70%，居全地区之首，职业教育特色显著，教育质量稳步提升，县中学在地区初中教学质量监测中跃居第八名，内地西藏班升学率有新的突破；2013年全县农牧民合作医疗基金总额达2376万元，全年累计支出

1024万元，确保全年7.7万人次的看病花钱少、看得起、看得好；全县城镇职工居民医疗保险共计1655人，基本实现全覆盖，新型农村养老保险参保率达99.5%，此外，僧尼养老、生育统筹、失业保险、工伤保险等保险基本实现应保尽保；加强城乡住房保障，投入609万元的48套县直周转房和投入253万元的24套乡镇周转房交付使用，投入464万元的86套廉租房投入使用，解决了86户258人低收入群众的住房难问题，此外，投资579万元的公租房和509万元的廉租房正在建设之中。

就业水平大幅提升。加大农牧民技能培训力度，累计投入300万元，组织农牧民群众参加科技种植、驾驶技能、工艺制作、特色产业技能培训5000人次；加强农牧区剩余劳动力转移引导，共转移劳力1.84万人次，创收约8700万元；强化群众劳资纠纷维权工作，受理劳资纠纷共236件，涉及金额825.5万元，结案率100%；通过项目扶持、管理扶持、市场扶持等多种方式，加大乡村集体经济发展扶持力度，其中德吉林镇的棚菜种植、查巴乡的石材加工、普松乡的亚德清油、康雄乡的酥油花制作等乡镇经济独具特色，发展良好。

严格落实政策资金，农牧民生产生活得实惠。全年完成农牧民安居工程投资3988.35万元，受益人数3314人，落实人居环境建设和环境综合整治项目资金587万元；投入1378万元实施的25个扶贫开发项目通过区地两级审核；顺利完成减畜任务、草原保护工作，获得了270万元的2012年减畜补助资金和240万元的草场绩效奖励补助项目资金；争取到270万元农机购置补贴资金落实到300户家庭；发放上一年野生动物肇事补贴资金151万元，落实上一年林业管护补偿基金66.7万元；兑现计划生育“一孩双女”奖励扶助资金约42万元，帮扶对象412人；落实民政救灾、低保、五保等社会保障资金1370余万元惠及9200人。

【社会稳定】 县财政多投入了100多万元用于公安局基础设施建设和完善设施设备；进一步细化完善了15类49种应急处突工作机制，开展了6次大型反自焚演练和1次调动150名警力的大型综合处突演练；坚持科学调配警力，全年累计动用警力3600人次，警车220台次，武警470人次，消防130人次，群防群治力量3.42万人次；切洼乡公安一级检查站正式建成并投入运行，累计盘查124.5万人次，盘查车辆42.1万辆，检查物品45.2万件，劝返三无人员280名，审查四省藏区人员7386名并劝返1827名，审查新疆籍人员1193名并劝返129名。

开展各类违法犯罪严打行动，公安机关破获积案1起、办结治安案件23起，安监部门排查安全隐患89处，商务部门严格加油“三证”审批并签批销售204万升油品，文化部门开展文化市场检查5次；健全矛盾排查调处机制，拉日铁路沿线排查矛盾纠纷11起，涉及金额344.9万元，已化解5件，办理群众来信来访10批124人次，办结率达100%，信访工作获得地区通报表扬；强化双联户的创建，确保基层网格管理无缝，全县849个联保单位有效发挥治安巡逻、安全检查、听取民情、宣讲法制、调解矛盾等职责，共排查调节矛盾纠纷156起，排查安全隐患25处。

认真贯彻执行党的民族宗教政策，推动民族宗教工作再上新台阶。严格执行僧尼请销假制度和传统佛事活动审批制度，确保僧尼监管到位和佛事活动有序开展；深入开展和谐寺庙先进僧尼创评，共评选出县级和谐模范寺庙12座，爱国守法先进僧尼230人/次，先进寺管会7个，优秀驻寺干部25名，兑现奖金64.6万元；加强寺庙基础建设投入，全县寺庙“九有”、“六个一”、“六建”工程覆盖率达95%，为配套利用好自治区下拨的86万元在编僧尼僧舍维修资金，本级财政按照1:1的标准划拨86万元用于僧舍维修；完善寺庙僧尼社会保障体系，把符合低保条件的177名宗教教职人员纳入城乡最低生活保障(B类)、农村医疗保险、社会养老保险范畴，并为186名宗教教职人员进行了脏器功能、三大常规等免费健康体检；召开了民族团结进步模范表彰大会，评选出县级模范集体11个，模范个人17名，兑现资金12.2万元，有力的推进民族团结，构建了社会主义和谐社会。

【强基惠民】 狠抓强基惠民工作，全县各级驻村工作队共帮助驻点村理清发展思路433条，解决民生突出问题395件，发展集体经济组织28个，累计落实550个项目，涉及资金5158.39万元，创造了“发展快、群众赞”的好实绩。

康马县

【基本县情】 康马，藏语意为“红房子”。康马县地处西藏自治区南部、日喀则地区东南部，地属高原温带半干旱季风气候区，是一个典型的以高山牧业为主的半农半牧边境县。境外与不丹王国迦莎宗接壤，边境线长78公里，境内与亚东、白朗、江孜、浪卡子四县相邻。县域内山大沟深，高山占全县总面积的一半以上，全县东西长约100公里，南北宽约60公里，总面积约7000平方公里，平均海拔4300米。县政府驻地康马镇距日喀则市135公里，省道204线（日亚公路）纵贯全县中部，在我县境内总长约110公里，是通往亚东仁青岗边贸市场的必经之路。

全县辖8乡1镇、47个村民委员会、115个村民小组，2012年末总人口22318人。耕地面积4.7万亩，可利用草场面积757万亩，农作物主要以青稞、油菜为主；境内石材资源丰富，花岗岩储量10亿立方米以上。

【概况】 2013年,全县生产总值完成2.9亿元，增长10.13%。其中，第一产业7184万元，增长3.4%；第二产业5214万元，增长12%；第三产业16602万元，增长12.71%。县级财政收入650万元，增长42.54%。农村经济总收入1.68亿元，增长15.9%。工业总产值890万元，增长9.07%。社会消费品零售总额4190万元，增长13%。农牧民人均纯收入6002元，增长12.35%。

【项目建设】 全年新建、续建项目77个，累计完成投资2.01亿元，同比增长4.05%。涅如堆乡曲藏村至日果村公路、拉吉寺等5座寺庙道路和嘎拉乡门康拉康、改拉康寺庙公路工程顺利完成，农牧区交通条件进一步改善，农牧民群众出行更加便捷。丁琼堂草场灌溉、嘎拉乡饲草饲料基地灌溉工程全部完工，农牧基础设施进一步加强。10座寺庙饮水工程、17个农村饮水安全工程和县城水源地工程全部完成，广大群众喝上了干净的水、放心的水。县城排水工程、县城垃圾填埋场、9个乡镇综合文化站、少岗公安一级检查站等一批市政项目竣工投入使用，公共服务设施进一步加强。

【农牧基础】 全年粮油总产达到2219.97万斤，增产177.03万斤；牲畜存栏18.51万头（只、匹），出栏10.12万头（只、匹）。不断优化农牧业产业结构，粮经饲比例调整为71.33:19.33:9.34，较往年有所改善。全面落实强农惠农优惠政策，兑现各类补贴1979.17万元。47个行政村道路硬化、文化广场、排水（污）渠、沟塘整治全部完成，农牧区人居环境进一步改善。

【城镇化建设】 整合投入资金452万元，顺利完成琼桂村硬化、绿化、亮化工程建设，在全地区树立了小城镇建设整村推进的一面旗帜。成功召开康马镇城镇化建设项目设计方案研讨会，在坚持“以路改水”总基调的前提下，初步确定了北大荒路大庆路延伸、康马河改道等4个项目建设方案，计划总投资达4382万元。

【特色产业发展】 积极融入“岗巴羊经济圈”，全年岗巴系列羊短期育肥出栏2.07万个绵羊单位，完成纯收入639.52万元。康如雄章酥油、冲巴湖藏鸡蛋、“嘎姆古日”糌粑分别实现销售收入390万元、75万元、10.5万元。艾旺寺等4个景区（景点）宣传牌立牌工作顺利完成，乃宁曲德寺游客服务中心、罗布水塘整治项目明年有望完工。成功举办第二十届涅如边贸会，完成交易额248.67万元。擦多温泉打井勘测工作正式启动，项目总投资达600万元。抢抓日喀则火车站硬化建设的有利契机，实现石材订单大量增加，全年完成石材销售收入420万元，增收190万元。

【非公有制经济】 市场经济活力增强，各类市场主体健康发展，非公有制经济主体发展到64户，实现营业收入1946万元。其中规模以上企业1家，营业收入527.8万元；农牧民专业合作社24家，营业收入578.8万元；私营企业（小型施工队）39家，业务收入839.4万元。

【生态建设】 草原生态保护补助奖励机制工作扎实推进，禁牧70万亩，实施草畜平衡面积

614.09万亩，以优异成绩顺利通过区地两级验收。完成义务植树48亩、工程造林8000亩、人居环境植树1.6万株、人工种草6500亩。公益林管护面积达到3360亩。开展“限塑”专项行动，查处没收劣质塑料袋1万余个。完成3家采石采砂点、35家个体工商户排污费征收6.04万元。康马镇朗达村自治区级生态文明村创建上报工作顺利完成。修巴岗金水源地实地调查和环境安全隐患排查取得实效。县城水源地保护项目进展顺利，总投资达到66.75万元。

【就业再就业】 积极申报、完成招录公益性岗位22个。向自治区、地区输送培训15人，全部实现就业。开展农牧民群众驾驶员技能培训班2期，培训学员103人。全县城镇新增就业16人，城镇登记失业率控制在1.5%以内。完成劳务输出2.73万人次，实现收入3737万元。

【扶贫社保】 扶贫帮困力度明显加大。实施扶贫项目16个，其中整乡推进项目4个、扶贫项目12个；累计完成投资1133万元，其中国家投资820万元，群众自筹313万元。顺利完成“两项制度”更新工作，全县2300元以下低收入人口由2613户6686人减少到1732户5364人。

社会保障水平明显提高。兑现城乡低保资金95.37万元；发放农村五保、优抚对象和孤儿生活补助金19.31万元。落实城镇职工、居民医疗报销58.1万元，兑现城乡居民社会养老保险金350.69万元。

【教育事业】 学前“双语”教育扎实推进，全县幼儿园发展到19所，适龄儿童入园人数588人，入园率80.22%。中小学入学率分别达到99.71%、100%。“三大考试”顺利完成。大力推进义务教育均衡发展，顺利完成24名教师交流工作。教育惠民政策落实扎实，全年兑现“三包”经费868.92万元、营养改善资金90.45万元。

【科技事业】 积极争取申报科技项目8个，其中地区6个、自治区1个、国家1个。南尼乡楚嘎村农牧民养猪基地、少岗乡少岗村农牧民蔬菜温室基地建设、优质奶牛引种示范与推广（康马县黄牛改良）项目顺利完成，康马县高标准蔬菜温室、克列村优质奶牛引种示范及推广、科技富民强县项目 (奶牛改良与高效养殖示范) 项目前期工作已经完成、上报待批。完成科技培训活动11次，培训人数达7200人次。积极开展“双联户联学联教”活动，培养乡镇科技致富带头人5名、科技明白人56人。发放联学联教宣传册6000余份。

【文化事业】 文物保护取得重大成果，“嘎拉谐钦”被评定为第四批自治区级非物质文化遗产。文化惠民工程扎实实施，47个行政村农家书屋、1个寺庙书屋全面开放；县综合文化活动中心免费开放，接待干部群众800人次；完成公益性电影放映1680余场。康马民间艺术团工作成绩喜人，知名度进一步提升。圆满完成地区第十一届珠峰文化旅游节演出任务，获得集体第一名。开展各类公益性演出56场次，其中赴黑龙江省、山东省专场慰问演出14场次。创作《一家人》、《日喀则之最》等11部作品，其中获奖作品5部（自治区级2部、地区级3部）。

【卫生事业】 全县新农合参合人数达到20110人，参合率100%。“八苗”接种工作扎实开展，接种率100%。开展人口计生宣传活动7次，发放宣传资料700余份，受益群众560余人次。兑现三项扶助资金22.56万元。完成在编僧尼和农牧民群众19179人健康体检，体检率达97.26%。累计筛查儿童先心病3051人，确诊4人，送往内地免费治疗4人。完成农牧民妇女免费孕检147人、两癌项目筛查588人。

【民主法制建设】 人大监督职能有效发挥。圆满完成十二届人大三次会议人大代表77条建议、意见的转办、督办。举行人大常委会会议7次，听取和审议县政府及单位工作报告5项。开展视察、检查和调查2次；备案审查规范性文件进行3件，通过2件；作出决议、决定4项，提出审议意见12项。依法任免国家机关工作人员8人次。代表工作进一步加强，顺利完成全县10个“人大代表之家”规范化建设和46个“人大代表小组”创建工作；组织代表赴林芝地区、山南地区进行调研考察，代表履职能力和水平得到进一步提高。

政协参政议政职能切实履行。成功召开县政协一届二次会议，向十二届人大三次会议提交提案25件，立案20件。建立健全政协常委会议制度、政协委员制度、政协委员学习制度等各项规章制度，确保了政协工作依法开展。建立县乡政协委员联络机制，落实了14名农牧民委员补助资金95813元。切实加强委员培训，选派6名委员参加区、地两级政协组织的新任政协委员培训；完成新当选县级委员集中培训40人，参训率达到80%。

政法工作不断加强。严厉打击违法犯罪。全年发生治安案件2起，行政拘留3人，罚款2人；刑事案件2起，侦破2起，破案率100%。加强审判执法。全年受理各类案件28件，审结28件。其中民事案件12件，结案12件，调解结案11件，调解率达85%；受理县检察院依法提起公诉刑事案件3起，审结3起，结案率达100%；执行案件13件，执结13件，执结率达100%，执结标达262305元。加强法律监督。全年受理公安机关提请批准逮捕案件1件1人，提前介入1件1人，经审查依法批准逮捕1件1人；受理审查起诉案件3件3人，依法提起公诉3件3人，提出量刑建议3起，要求提供法庭证据意见书1次，提出建议使用简易程序1次；审查法院已经发生法律效力的民事判决书1份、调解书6份；对看守所进行安全检查57次，提出口头建议38次。加强司法行政服务管理。受理法律援助案件10起，成功结案10起；调处民间纠纷13起，调解成功率100%；回访帮教刑释解教人员9名，扶助资金1.2万元；深入开展“六五”普法工作，研究制定普法制度104条，督促制作机关普法学习园地76个，发放普法书籍3000余本，法宣面积达2万余人次。

群团工作得到提升。通过“金秋助学”活动资助了137名困难职工子女。新吸收工会会员275人，其中年轻农民工会员184人。“青年文明号”创建活动取得新成绩，嘎拉边防检查站被评为第十三批地区级青年文明号单位。组织农牧民妇女编织技术培训87人，实现收入46500元。争取资金4.73万元，实现47个行政村“妇女之家”全覆盖。

定结县

【基本县情】 定结，藏语意为“水底长出”。定结县位于西藏自治区西南部，喜马拉雅山北麓，东连岗巴县，西临定日县，北靠萨迦县，南与尼泊尔和印度锡金毗邻。总面积7566平方公里，平均海拔4300米。边境线长达176公里，共有17个界桩，21个通外山口。有1个国家二级通商口岸—日屋边贸市场。全县辖3镇7乡70个行政村，5682户22286人，其中农牧民3927户18573人，属自治区级贫困县。经济结构以半农半牧为主，耕地面积4万余亩，主产青稞、油菜、土豆、豌豆等作物；草场面积528万余亩，饲养牦牛、犏牛、绵羊等牲畜；林地面积44万亩，有11万亩连片湿地。气候属高原内陆季风性气候，日照充足、紫外线强、昼夜温差大、干燥少雨、多大风，年平均气温2℃。多年平均年降水量236.2毫米，年蒸发量2500毫米左右，无霜期短100天左右，年日照时间3326小时，最大冻土深度1.4米左右。

【概况】 2013年,全县实现生产总值25905万元，增长15.94%；固定资产投资17209万元，增长35.14%；财政收入557万元，增长18.76%；农村经济总量实现11630.85万元，工业总产值584.16万元;边贸总额达2500万元，同比增长19.05%；社会消费品零售总额4687万元；农村居民人均纯收入4383元，增长15.35%。

【项目建设】 2013年全县开复工项目65个，其中续建项目20个、新建项目45个，总投资3.43亿元，完成投资1.72亿元，增长35.14%，是地区下达目标的1.35倍。基层政权建设进一步强化，服务能力显著提升。投入1422.92万元用于乡镇办公、村委活动场所等基础设施改善。

【城乡建设】 按照“一城两镇”优先发展总思路，县城主体功能不断完善。在吉林省长春市城乡规划设计院的帮助下，县城总体规划编制工作已完成并通过自治区住建厅审查。全县“十二五”规划市政建设通过审查，总投资约3.16亿元，包括县城供水等10个项目。县城水源地保护工作进展顺利，投入59.29万元建设了八一林卡场地围栏。日屋镇和陈塘镇打造外贸强镇、旅游名镇工作成果显著，两镇“美丽宜居小镇”申报通过自治区审核，两镇及琼孜乡重点镇推荐通过地区审核，日屋镇小城镇规划已通过地区初审。“一城两镇”辐射带动作用突显，落实611.15万元实施10个村的人居环境综合整治工程，完成农村公路建设投资1776.89万元，建成道路134.71公里。完成农村沼气建设850户，为不通电的2128户安装了太阳能光伏户用系统，成功申报江嘎、牧、那当三个村为自治区级生态村。

【经济发展】 日屋口岸管委会正式成立，使口岸管理和边贸发展更加科学化、规范化、制度化。县城农畜产品交易市场竣工，“万村千乡”农家店基本覆盖70个行政村。积极参加“光彩事业西藏行招商引资工作会”、“2013中国西藏—尼泊尔经贸洽谈会”、“第三届后藏物交会”等活动，并取得良好效果。县工商业联合会正式成立，有力促进了非公经济的发展，全县个体经营户达到403户、从业人员887人、注册资金1221.13万元，比上年分别增长23%、27%、38%。私营企业达到19家，雇员人数435人，注册资金2160万元，比上年分别增长36%、41%、61%。全县已成立11户农牧民专业合作社，出资531.94万元，比上年分别增长83%、112%，农牧区经纪人达到31人，增长11%。

旅游宣传力度进一步增强，旅游经济发展活力不断绽放。文章“喜马拉雅深处的绿色海洋—定结陈塘”在《假日旅游杂志》刊登。在5·19中国旅游日提出“夏尔巴故里、生态定结”、“后藏湿地王国、夏尔巴文化之乡”等生动鲜明的特色宣传口号。积极参加珠峰文化旅游节，“记忆陈塘”旅游歌曲首次传唱。西藏电视台《风情栏目》全面报道陈塘自然景观、民风民俗、美食文化，影响力不断扩大，知名度不断提高。投入110万元实施将军墓、羌姆石窟、曲秀唐嘎湖等景区道路建设，编制了《定结县旅游总体发展规划》。全年旅游人数达到1.21万人次，旅游收入624万元。

【“三农”工作】 农业生产形势整体较好。实现粮油总产1333.66万斤，蔬菜产量263.9万斤。投入23万元开展良种推广工作，推广面积达到2.68万亩。落实国家农机补贴政策资金300万元，新增各类农机411台（套）。落实农田水利、农村饮水、农村水电、防灾减灾等各类建设维修资金4710.75万元，其中重点工程包括2013年重点县小型农田水利工程875.4万元、吉龙普节水灌溉区工程2134.22万元、山洪灾害非工程措施项目投资724.35万元、农村安全饮水工程投资207万元。畜牧业生产持续稳定。全年牲畜出栏81669头（只、匹），年末牲畜存栏229624头（只、匹），基本完成草畜平衡目标，预计畜牧业人均增加收入1705.35元。草原生态保护补助奖励工作深入推进，全年兑现各类奖励补助资金859.52万元。

农牧区扶贫攻坚力度加强，扶贫成效显著。全年落实扶贫项目27个，总投资1773万元，开展了一大批关系农牧民群众生产生活大计的基础工作，使1288户6267人受益，使460户1794人实现脱贫致富。编制投资6.63亿元的《2013—2020年定结县产业扶贫规划》通过了区地两级规划审查。同时，实施兴边富民项目33个，总投资2378万元，使30个村1978户13818人受益。

生态保护工程进展顺利。全年完成植树造林13440亩，其中重点区域造林1460亩、拉萨及周边地区造林1000亩、封育3500亩、退耕还林荒山荒地造林2000亩、封育5000亩、义务植树480亩。群众参与植树造林13098人次，创收72.36万元。全年兑现林业补偿补助资金897.91万元。

【社会事业】 2013年就业形势进一步向好，实现劳务输出5748人，转移劳动力1.7万人次，实现收入2097.5万元，纯收入1468.25万元。社会保障体系不断完善，新型农村养老保险参保11375人（含僧尼26人）。医疗、工伤、生育、失业等保险参保人数明显增多。农民工合法权益得到有效保障，成功调解劳动争议案件10件，追缴工资124万余元。社会救助设施进一步完善，救助标准进一步提高，全年落实低保和各类救助补贴资金1029.1万元，五保集中供养率达到54.2%。安居工程稳步推进，建成周转房、廉租房88套。

社会事业全面进步。一是教学条件稳步改善、经费足额保障落实。乡镇小学食堂陆续投入使用，总投资2696万元的乡镇幼儿园、教职工周转房、学校生活设施等项目全面开工。县政府还专门投入150万元用于教育基础设施建设和教学保障。全县小学适龄儿童入学率达到100%，初中入学率达到99.86%，学前适龄儿童受教育人数达到398人。全年落实教育“三包”经费2910.51万元，落实农村义务教育学生营养改善计划补助资金86.52万元。二是群众就医条件明显改观，医疗惠民政策全面落实。投入85.78万元为九个乡镇卫生院改善了医疗设施。全年兑现各项医疗惠民资金99.97万元。全民健康体检工程建档率达到99.8%，僧尼免费体检建档率达到100%，免疫接种率达到98%。完成1685名儿童先心病复筛，确诊并治愈3名儿童。县人民医院顺利通过“县级一甲医院”等级评审。三是文化事业扎实推进、发展基础明显改善。县广电中心楼全面竣工，琼孜乡等七个乡镇文化站陆续交付使用，县新华书店和日屋口岸新华书店投入使用，县民间艺术团正式成立，文化活动中心免费开放。陈塘镇夏尔巴原生态歌舞传承人成功申报国家级传承人。鸡爪谷酒酿造技术成功列入自治区级非物质文化遗产名录。四是科技工作取得新进展。全年申报科技项目10个，立项3个。油葵、玉米、花生试种项目通过地区验收。科技特派员制度进一步健全，确立了59名农牧民科技特派员。

强基惠民活动深入开展，和谐乡村、美丽乡村加快建设。全年落实“短平快”项目21个，落实资金609万元；为民办实事经费落实项目135个，投入资金190万元；各派驻单位落实项目92个，落实资金180万元；个人企业筹资59.74万元；解决实事难事1069件；开展慰问、送医药、送卫生等活动落实资金55万元。

【援藏工作】 2013年已规划确定7个项目，总投资3898万元。目前由援藏投入1400万元、县配套600万元的萨尔乡普贵村整村推进建设前期设计规划工作正在稳步推进，预计5月份开工建设，届时，普贵村的建成将大力推进定结县城镇化和新农村建设。同时，援藏投入1000万元的日屋路和县城综合整治、投资500万元的夏尔巴文化陈列馆以及投资200万元的科技示范园区等项目也在顺利推进。项目建成后，将会为定结县萨陈交通主干线沿线经济带的创建与发展提供强有力的支撑。

仲巴县

【基本县情】 仲巴，藏语意为“野牛之地”。仲巴县地处日喀则地区最西端，喜马拉雅山以北，马泉河两岸，西衔阿里普兰县，北靠阿里革吉县、改则县，东邻阿里措勤县和日喀则地区萨嘎县，南与尼泊尔接壤，雅鲁藏布江发源于仲巴县的杰玛雍宗冰川。全县国土面积为4.59万平方公里，约占日喀则地区总面积的1/4，境内平均海拔在5000米以上，县城驻地海拔4772米。边境线长357公里，占全地区边境线长的1/4，历史上形成5个边贸互市点和23个对外通道，共计20个界桩，依次为13号界桩至32号界桩。县城距自治区首府拉萨910公里，距日喀则市632公里。全县下辖13个乡镇58个行政村，6081户,总人口23612人，其中牧业5394户。

【概况】 2013年,全县完成生产总值4.27亿元，同比增长10%；财政收入2297万元，同比增长23%；牧民人均纯收入达6947元，同比增长10.6%；产业结构进一步优化，三产比例调整为38:22:40。

【产业发展】 畜牧业基础地位不断夯实，全县年末牲畜存栏57.38万头（只、匹），出栏19.23万头（只、匹），新生仔畜24.67万头（只、匹），成活18.95万头（只、匹），成活率达77%，成畜死亡4.55万头（只、匹），死亡率控制在7.4%以内。兑现草畜平衡奖励及禁牧补助资金6903.6万元。矿产业平稳运行，2013年共完成6008吨锂矿生产和7.65万吨硼矿的开采，实现财政收入1341.12万元,实现税收2066.85万元，增收436.82万元，增幅达26.8%。兑现地方经济补偿费192万元。边贸业规模日趋成熟壮大，边贸进出口总额达13375万元，出口活畜12.8万头（只、匹），出口额达9765万元。旅游业带动效益明显增强，2013年共接待国内外游客4.8万人次，实现旅游总收入319.39万元，同比增长0.15%。金融业持续健康发展，全县非公有制经济发展到356户，注册资金总额达2035.8万元。金融机构各项存款余额达36949万元，比上年同期增加721万元；贷款余额6432万元，同比增加2008万元。

【民生事业】 认真落实地区191项重点工作任务，努力使改革发展的成果惠及广大牧民群众。全年新增就业岗位61个，失业率控制在2%，劳务输出4219人次，实现劳务收入632.9万元，全年共发放基础养老金168.72万元，新农保参保率达90%。积极开展劳动维权行动，涉及劳动者234人，签订合同60份，缴纳农牧民工工资保障金546万元，调解劳资纠纷12起。社会保障体系逐步完善，社会保险覆盖面进一步扩大，五保供养标准进一步提高，共发放城乡居民最低生活保障金373.8万元，医疗救助金20.65万元，五保户供养金38.5万元，孤儿基本生活补助33.48万元,寿星老人生活补助金5.28万元,优抚对象生活补助88.48万元,低收入群体住房补贴29.98万元，发放三大节日慰问金132.87万元。

【基础设施建设】 2013年实施各类项目64个，累计完成固定资产投资3.04亿元，县广播影视中心、县城新华书店、县就业和社会保障服务中心、隆嘎尔乡隆青多勒至仁多乡公路等项目建设，将有效改善全县生产生活条件。第五批援藏干部到位后，积极开展项目调研和项目前期规划工作，现已初步拟定了6400万元援藏项目，涉及帕羊小城镇建设、县城生态园建设和农村转牧道等一大批惠民利民项目。

【城镇化建设】 积极开展帕羊小城镇规划建设工作，先后投入2000余万元，修建了帕羊镇中心大道、畜产品集散中心、垃圾填埋场等基础配套设施。按照“统一规划、统一建造”的原则，在219国道沿线对85户民房进行统一改建，现已初步完成13户民房建设，剩余户数将在2014年内全部完工。

【公共服务水平】 2013年共委派牧民科技特派员44名，举办各类型科技培训2次，争取富民强县科技项目2项，落实资金280万元，13个乡镇科普活动室建成并投入使用，科技贡献率进一步提高。三包经费足额落实，教学条件进一步改善，师资水平进一步提升，小学、初中适龄儿童入学率分别达99.16%、99%。雅江源民间文化艺术团及时组建，招募群众演员26名。广播影视进寺庙工程有序推进，全县广播、电视人口综合覆盖率分别达88.86%和86.27%，公共文化免费开放工作成效显著。完成城乡居民健康体检21315人次，在编僧尼健康体检72人次，累计筛查儿童先心病2792人，县政府安排资金9万元，完成了12名儿童先心病救治工作，合作医疗覆盖率达100%，县卫生服务中心门诊大楼建成并投入使用。

【自身建设】 认真履行政府职能，积极推进法治型政府、高效性政府、服务型政府和廉洁型政府建设进程。坚决贯彻落实中央“八项规定”、区党委“约法十章”和地委实施办法，严格控制三公经费，2013年，支出接待费386.4万元，同比减少34%；车辆运行维护费1062.28万元，同比减少9%。依法接受人大、政协监督，认真办理人大代表、政协委员意见建议134件，办复率达100%。不断转变政府职能，注重加强社会管理和公共服务，加大政府工作督促检查力度，公共服务水平和政府行政效能进一步提高。

亚东县

【基本县情】 亚东，藏语意为“旋谷、急流的深谷”。亚东县地处北纬27° 03'～28° 18'、东经87° 55'～89° 02'，东面与不丹接壤，西、南面与印度锡金邦毗邻，北面与境内的康马、岗巴、白朗三县相邻，边境线长达290公里，通外山口（通道）45处，为典型边境县。县域总体呈北宽南窄，北高南低的阶梯形地貌，全县总面积4240平方公里，平均海拔3400米。亚东县有森林55万余亩，灌木60万余亩，天然草场1000万余亩，耕地1.18万亩。

亚东县辖5乡2镇，25个村(居)，67个自然村。2013年底总人口12950人，其中藏族人口占98%以上。亚东县距日喀则市区300公里，距拉萨480公里。县城驻地距边境一线的乃堆拉山口31公里,有亚乃公路相连。由乃堆拉山口出境，距印度锡金邦首府甘托克仅48公里，均有良好的公路相连。

【概况】 2013年，全县完成生产总值3.81亿元，比上年增长9.71%；全社会固定资产投资达

4.40亿元；社会消费品零售总额1.059亿元，增长59%；边境互市贸易额1.16亿元（进口8400万元，出口3200万元），增长18.7%；公共财政预算收入4043万元，增长12.3%；农村经济总收入1.049亿元，增长15%；农牧民人均纯收入6404.7元，增长20.85%；城镇登记失业率控制在2.5%以内。

【农牧业发展】　一是狠抓基础设施建设。完成投资2695.07万元，维修加固了古汝水库，充分利用农闲时期，改造中低产田2000亩，治理坡耕地500亩，维修水渠67条、水塘10座，农田水利设施修缮率达100%。二是狠抓为农服务。下派科技特派员50名，及时调运化肥208吨，农用地膜2吨，农药2吨；落实农机购置补贴330万元，新购置农机具491台，惠及491户群众，服务保障得到加强。三是充实防抗灾体系。调整充实了县乡防抗灾工作领导小组，做到县有指挥协调系统，乡（镇）有落实机构，村（居）有突击队，防抗灾工作机构已达8个，成员114人，应急抢险工作更加扎实。维修完成牲畜棚圈374座，新建牲畜棚圈56座，储备青饲料632万斤，麦麸7.8万斤，油饼12万斤，畜牧业抗风险能力显著提升。四是狠抓为牧服务。及时派驻兽医人员，加强接羔育幼工作，新生仔畜2.8013万头（只、匹），成活2.6612万头（只、匹），成活率95%，比去年提高了3.4个百分点。春秋两季动物免疫密度达100%，“O”、“A”型口蹄疫免疫率达100%，实现了全县无大的疫情。牲畜出栏2.9598万头（只、匹），肉产量达180.2万斤，奶产量达197.9万斤，毛绒产量达12.2万斤。五是坚持良种战略。完成风选种子26.08万斤，调运土豆良种39.7万斤；完成春耕春播面积1.34万亩，粮、经、饲比例调整为44:21:35，其中播种粮食作物5900亩，经济作物2800亩，青饲料4700亩。粮油产量278.64万斤，比2012年增长9.9%；蔬菜产量278.09万斤，比2012年增长7.2%;青饲料产量652.56万斤，比2012年增长13.4%。六是狠抓强农惠农政策落实。全年举办农村户用沼气等农牧民适用技能培训2300人次；投资296.26万元，建成了559口农村户用沼气并投入使用；为2818户群众兑现草原生态保护补助奖励金877.07万元，群众从中得到了实惠。

【基础设施建设】　全年实施各类大项目57个，总投资达4.40亿元。投资5100多万元，实施了地质灾害治理工程。投资1222万元，实施了通寺公路、下亚东乡多夏公路等7个交通项目。完成投资2347万元，建成了200套干部职工周转房、廉租房。投资850万元，实施了寺庙饮水安全、灾后自来水入户、山洪灾害综合治理等项目，保障了群众生活用水，增强了防汛减灾能力。电力建设取得明显进展，县二级电站开始试运行，一、二期农网改造完成，农电覆盖面不断扩大，冬季和枯水期供电更加稳定。继续实施以亚东鲑鱼养殖、亚东木耳人工种植、帕里牦牛原种场建设等为重点的产业拓展项目，逐步形成了新的经济增长点。援藏工作顺利推进，圆满完成了上海市第六、第七批援藏干部轮换交接，第七批对口支援干部经过实地调研，制定了3年援藏计划，计划援建项目14个，总投资达1.3亿元。

【招商引资】　2014年，西藏乐华、西藏复星等4家知名企业在亚东县落户创业，本级财政实得收入1800万元。

【边贸旅游】　全年接待游客2.5698万人次，比2012年增长41.6%，实现收入456.8万元，增长15.9%。投资99万元，维修边贸设施，为如期开关奠定了较好基础。加强商户培训，全年培训人员1450人次，提高了边民交易水平。亚东仁青岗边贸市场管委会正式挂牌成立并投入运行，边境互市贸易的管理、服务水平有了新提升。边检、工商、公安、检验检疫等部门靠前服务，“一站式”办证制度得到落实，有效缩短了办证周期，全年办理各类证件651份，使更多边民参与互市贸易。全年实现边民互市贸易总额1.16亿元(其中，进口8400万元,出口3200万元)，同比增长18.7%；其中，仁青岗边贸市场实现边贸额8682.95万元，同比增长23%。启动了仁青岗边贸市场二期建设，切马村搬迁、群众安置工作有序推进。

【特色产业】　亚东鲑鱼、亚东木耳、帕里牦牛等农产品地理标志商标注册工作有序推进，其中亚东木耳地理标志商标注册已获得国家农业部批准，帕里牦牛被列入国家保护名录，亚东鲑国家级种质资源保护区获得批准。立足野生亚东木耳市场大、利润高、效益好的优势，广泛吸纳群众参与，扩大了亚东木耳人工种植规模，带动了群众创收。投入154万元，完成了帕里牦牛原种场二期建设。加强对亚东鲑鱼孵化、养殖的扶持，创新推广亚东鲑鱼经营管理经验，探索农牧民参与养殖的新模式，不断提高亚东鲑鱼的产量和效益。抓好经济林推广，2013年试种毛竹10亩，苹果、核桃、金桔、红枣等果树554亩，生长较好。

【财政保障】 加强财源点、税源点建设，力促财政增收。完成本级财政一般预算收入4043万元，比2012年增加443万元，增长12.3%。按照收支两条线的原则，严格落实财政制度，强化监督管理，缩减“三公”开支，优化支出结构，财政保障能力显著增强。全年财政一般预算支出3.0972亿元，完成预算的147.5%。认真贯彻落实中央“八项规定”、自治区“约法十章”、“九项要求”，“三公”开支大幅度下降。全年“三公”经费总支出为922万元,同比下降7.15%。

【民生和社会保障】 始终坚持教育优先。投资1500万元，实施了亚东完小校舍的灾后重建；投资1215万元，启动了5个乡镇幼儿园建设；投资770万元，完成了7个村级幼儿园建设。培训教职工86人次，5名教师通过了职称评审。本级财政投入教育720万元，落实“三包”、“两免一补”、“营养补贴”等教育经费453.3万元，惠及1455名学生。教育教学质量逐步提高，素质教育方针得到全面贯彻，小学入学率保持100%，初中入学率提高到99.41%。

不断发展卫生事业。农牧区合作医疗制度参加人数达10608人、参加率达97.6%，建立家庭账户10608册、建账率达100%，人均筹资340元，总筹资393.41万元。各级免费医疗经费应到位369.24万元，实际到位372.22万元，超额0.8%。全年医疗报销金额达232.1万元。为152名孕产妇提供了保健服务，孕产妇叶酸服用率达63%。逐步健全农牧民和在编僧尼健康档案，建档率达95.41%；完成农牧民健康体检10328人，比例达到95.1%；完成在编僧尼健康体检34人，实现了全覆盖。复查先心病504例，筛选出疑似病例2例；亚东县被列为孕前免费检查县，全县孕前检查率达97.1%，完成了地区下达的指标；加强重大疫病监控预防，计划免疫接种率不断提高。认真落实“一孩双女户”、独生子女伤残等扶助政策，落实计划生育政策及经费，依法出具《出生医学证》194张，人口自然增长率为5.3‰。加强食品药品监管，查办药品案件1件，吊销《餐饮服务许可证》5个，责令停业整顿4家，查处不合格食品120斤，促进了食品药品消费安全。

持续推进文化惠民。强化文物鉴定与保护，推进对狮子舞、孔雀舞等传统非物质文化的挖掘与弘扬，积极筹建民间艺术团和日喀则博物馆亚东展区，推进文化繁荣。深入“扫黄打非”，净化文化环境，营造积极健康的文艺土壤。推进文化“五下乡”工程，提高电影工作人员、电视台值班人员的待遇，激发工作积极性，改善广播电视传输质量，继续抓好“西新工程”、“户户通、寺寺通”工程和“2131”工程。发放电视接收设备9套，升级、维修直播卫星机顶盖盒16套，改造、更换线路3500米，全年放映电影1760余场次，观看人数近9.8万人次。

努力加强社会保障。城乡居民养老保险参保人数达7397人、征缴基金76.19万元；为1033名60岁以上老年人发放养老金135万元，城乡居民养老保险覆盖率达100%。城镇居民养老保险参保人数达2228人，完成上级指标的105.8%。农村社会养老保险参保人数5169人，完成上级指标的103.3%。发放城镇居民基础养老金48万元，发放农村基础养老金87万元。县社会福利院成功启用，推进了老年人集中供养事业。为全县城乡低保户和“五保户”建起了电子档案，按照应保尽保的原则，落实低保户救助金370万元，元旦、春节、藏历新年期间给城乡低保户发放一次性生活补助94万元。发放医疗救助金65万元，救助大病人数达189人。发放一次性教育资助金11.2万元，帮扶了50名家庭困难的高校学生。落实“五保户”社会福利救助金25.5万元、孤儿救助金5.3万元。落实“9·18”地震受灾群众过渡期生活救助金367万元，保障了454户、1281名群众的基本生活。调运口粮6.555万斤，帮助亚东“10·13”强降雪受灾群众温暖过冬。继续推进“兴边富民”战略，编制了2013年至2020年产业扶贫规划，争取扶贫资金1127万元，实施扶贫项目16个，建立农村扶贫互助社6个，培训农牧民100余人次。投入资金26万余元，开展了以亚东木耳种植等为品牌的实用技能培训195人次。逐步建立农牧民工工资保证金制度，劳动合同签订率保持

90%以上；全年实现劳务输出11725人次，收入2482.1万元，超额完成了地区指标；注重消灭“零就业家庭”，应届高校毕业生实现全部就业；城镇居民登记失业率控制在2.5%以内。完成了200套干部职工周转房和廉租房（其中干部职工周转房144套，廉租房56套），并实施完善了廉租房的附属配套设施，提高了干部群众住房保障能力。认真研究办理人大代表建议（意见）、政协委员提案94件，解决了一大批热点、难点问题。

【生态建设】 2013年,破获非法买卖珍贵、濒危野生动物制品案件1起，抓获犯罪嫌疑人3人；组织全县军警民义务植树10亩，完成重点区域造林554亩，种植各类景观树10公里，补植补造防护林5250亩，完成封山育林1万亩、森林抚育2万亩。兑现森林生态效益补偿金469万元，封山育林资金110万元，重点区域造林资金56万元。落实草原禁牧轮牧休牧政策，兑现草原保护补助奖励金877.05万元，扩大了草场生态保护面积。加大了环境执法、督查力度，开展综合执法80余次，依法监管挖沙、采石行业，叫停环境违规违法行为。推进项目环评工作，落实项目建设环保准入。加强生活排污、阿桑垃圾填埋场、医疗废物等管理，完成了县城污水处理场建设的前期工作，推进生活垃圾、废水科学处理进程。申报落实了778万元的灾后环境治理恢复资金，完成了27个饮用水源点保护摸底，投入30万元对亚东河道的生活垃圾进行了集中清理。积极创建生态村，生态文明建设得到了推进。

吉隆县

【基本县情】 吉隆，藏语意为“舒适村，快乐村”。吉隆县位于日喀则地区西南部,距离日喀则市490公里，东与聂拉木县交界,北与萨嘎县相邻,南与尼泊尔接壤,边境线长162公里。全县国土面积9300平方公里,耕地面积1.8万亩,林地面积194万多亩，森林面积45.9万亩。现辖4乡2镇41个村（居）委会,总人口1.5万余人。全县地势北高南底，县城驻地海拔4200米，吉隆镇海拔2950米。

吉隆口岸位于县城南部78公里处，距离中尼边境热索村23.5公里，是西藏历史上对尼泊尔最大的陆路通商口岸之一，素有“商道”、“官道”、“战道”之称，有过悠久的对外贸易历史。

【概况】 2013年,全县国内地区生产总值完成32798万元，同比增长14.5%；县级一般预算收入完成7119万元（其中政府组织收入1084万元，招商引资收入6035万元），同比增长899.86%；农牧民人均纯收入达到6015元，同比增长31.8%；全社会固定资产投资完成59731万元，同比增长64.6%。全县经济社会呈现出跨越式发展的强劲态势。

【农牧业基础】 2013年，全县农作物播种面积18354.89亩，粮油产量达1063万斤，同比增长0.5%。不断推进特色产业开发，推广良种5350亩、茶树500亩、人参30亩。年末牲畜存栏122979头（只、匹），牲畜出栏64973头（只、匹），出栏率为49%。仔畜成活率为87%，死亡率控制在2.1%。绵羊短期育肥7300只，实现收入438万元。兑现草原生态保护补助奖励资金1129.53万元，新建牲畜暖棚圈260个，新建折巴乡防抗灾物资储备库1个和吉隆镇粮库1座，投入防抗灾资金522万元。制定出台了《关于加强和规范冬虫夏草采集管理办法》，进一步规范了虫草采集秩序，虫草产量达290斤，产值达2030万元。

【项目建设】 2013年，口岸医院、口岸电站等17个续建项目全部竣工，完成固定资产投资3.5亿元。新争取项目61个，落实固定资产投资58285万元，其中：新开工建设了农贸市场、口岸公安局等项目32个、总投资37652万元；农贸市场、卫生服务中心等23个项目竣工，实际完成固定资产投资24731万元；完成招投标项目16个、总投资7485万元；下达概算批复项目13个、总投资13148万元。

实施强基惠民项目17个，总投资487万元。吉林省第四批援藏工作组累计投入援藏资金1960万，同时，争取自治区、地区资金1233万元，完成项目13个，有力地推动了全县经济社会发展。第五批援藏干部到县以后，迅速深入基层，扎实开展了工作调研和项目论证工作，各项工作有序推进，保持了援藏工作的连续性和稳定性。

【旅游业】 积极推进《全县旅游发展总体规划》的编制工作，并经过了初审。投资698万元，实施了佩枯湖旅游景区开发建设项目，投资98.1万元完成了第二批农牧民家庭旅馆扶持项目，投资57万打造了吉隆荞麦酒坊。吉甫峡谷、帕巴寺被评定为国家级3A级景区。加大了旅游宣传推介力度，在上海等地参加旅游推介会7次，制作新版吉隆旅游手册5000册。协助自治区旅游局完成了世界旅游目的地纪录片的宣传拍摄工作。赴云南、四川对旅游产业发展进行了学习考察，为推动全县文化旅游大发展积累了经验。2013年，共接待游客1.47万人次，实现旅游收入380万元。

【城乡建设】 《吉隆县城总体规划》已通过自治区住建厅审批，《吉隆镇总体规划》已引起区地两级政府的高度重视，相关部门正抓紧落实各项工作。认真贯彻落实地区城镇化建设现场会议精神，大力推进美丽乡村建设，投资2550万元的供排水工程正在实施，投资1876万元的垃圾填埋场建设项目已接近尾声，县城基础功能逐步得到改善。投资992.07万元完成了140户灾后重建建设任务，投资1250万元完成了达曼村、冲色村、萨勒村灾后基础设施建设，投资1786.36万元完成了17个村人居环境整治工作，投资660万元完成了22个边境村组活动场所建设，群众生产生活条件进一步改善。

【口岸工作】 及时成立了吉隆口岸管委会，有力地推进了口岸建设与发展的各项工作。投资8062万元，实施了“一关两检”项目建设。完成了口岸扩大开放区域方案并通过了自治区审核。完成了总投资8000万元的国际边贸市场前期工作。制定了《吉隆口岸边境贸易发展实施意见》和《吉隆口岸边贸市场管理办法（暂行）》。着力提升民间贸易的规模和层次，提高边贸互市效益。2013年，全县边贸总额完成1.53亿元，同比增长9.75%。

【民生事业】 口岸电站投入使用，基本解决了除贡当乡以外的其他乡镇用电问题。投资257.1万元，解决了5座寺庙和7个村的饮水安全问题。投资4071.31万元，建设保障性住房310套，其中竣工投入使用142套，新开工建设168套。投资1144万元，实施了宗嘎村萨溶桥等23个兴边富民项目。组织劳务输出7331人次，实现劳务收入1392.09万元。实现就业再就业181人，开发各类公益性岗位115个。城乡社会保障体系进一步健全，各项社会保险应保尽保。受理劳动争议案件16件，结案率达100%，追回民工工资209.37万元。兑现城镇、农村低保金290.86万元。集中供养五保人员40人，供养率达53.3%。落实医疗救助、边民补贴、种粮直补等各类惠民资金2594.83万元。关心低收入职工，将临时工、机关企业合同工工资统一提高到1000元。全面完成了全县地名普查登记工作。

【社会事业】 县级财政投入142.4万元，用于支持教育事业发展。全面推进义务教育均衡发展，全县中小学入学率和巩固率分别达到99.5%和100%，81.08%和99.63%。医疗卫生保障能力进一步增强，全县农牧民合作医疗参合率达100%，住院分娩率达88.75%，农牧民及僧尼体检建档率达100%，人口自然增长率控制在6.49‰。选派了5名医护人员到吉林松原市进修学习。深入推进文化惠民工程，米拉日巴传说等五项名录已纳入自治区级非遗保护项目，曲德寺等3个寺庙书屋投入使用，新建了折巴、贡当、差那三个乡文化站，开展文艺下乡38场次，放映电影1105场次。

【生态建设】 落实森林生态效益补偿资金579万元。加大植树造林力度，全年投资61.36万元，人工造林666亩，经济林种植420亩，红豆杉扦插育苗1万株，培育松树幼苗10.5万株。强化森林防火责任落实，实现了森防“三无目标”。加大了涉林案件查处和打击力度，林业行政案件综合查处率达95%以上。加强环境执法监察力度，对吉热公路、口岸电站、乡村公路等项目施工单位进行了环境执法监察，确保了生态环境的持续好转。

【社会稳定】 认真贯彻落实自治区“十项”维稳措施，实施军警民联防联控，打击非法出入境活动，保持了边境一线的和谐安宁。积极推进城市网格化管理，加强对重点人员管控和帮教工作，治安案件和刑事案件共发生23起。积极开展双边会晤，与尼泊尔会晤9次，投入90万元对尼泊尔进行援助，促进了双边合作。大力推进寺庙“六个一”、“九有”、“一教育”、“一评选”“一覆盖”等工作，保持了寺庙的持续稳定。高度重视信访工作，全面排查和化解矛盾纠纷，办结信访案件4件，办结率达到100%。建立健全安全生产监管体系，完善工作预案，开展安全生产执法检查和隐患排查24次，排查隐患129处。深入开展“六五”普法工作，普法工作成效明显。今年，投资76万元，对5座寺庙和僧舍进行了维修。投资112万元，改善了政法维稳部门工作条件。

聂拉木县

【基本县情】 聂拉木，藏语意为“颈道”。聂拉木县地处祖国西南边陲，喜马拉雅山脉与拉轨岗日山脉之间，是西藏自治区边境县之一。东、北、西三面分别与定日、昂仁、萨嘎、吉隆四县交接，南与尼泊尔毗邻。边境线长153公里，边境通道33个，有全区最大的国家一级陆路通商口岸——樟木口岸。县城海拔3987米，距日喀则地区443公里，距拉萨780公里，318国道纵贯3乡2镇。全县幅员面积7903平方公里，其中耕地面积2.2万亩，林地面积12.69万亩，草场面积733万亩。辖5乡2镇44个行政村、总人口1.9万人。

【概况】 2013年，全县生产总值达4.8亿元，同比增长11.4%，其中，第一产业完成11320万元，同比增长18.5%;第二产业完成3570万元，同比增长17.1%；第三产业完成33110万元，同比增长8.6%。社会消费品零售总额实现15390万元，同比增长2.7%。农牧民人均纯收入达6610元，增长12.9%。2013年，全县财政一般预算收入完成992万元。

【做优一产】 一是大力实施科技支农。狠抓以科技推广为中心的良种、良畜推广、有害生物防控等工作，继续引进、扩大藏青“320”、“22”优质青稞和拉孜系列油菜籽种植面积。2013年，全县农作物播种面积为24228.9亩，其中粮食作物播种面积16228.9亩，经济作物播种面积5646亩，其中油菜2625亩，蔬菜面积3021亩（包括土豆2899亩）青饲料1654亩，粮、经、饲三元种植比例为67:23:10，土豆出口达2.4万斤。加大疫病防治力度，牲畜五号病防治注射密度达100%。全力做好接羔育幼工作，全县新产仔总数76536只，成活数69274只，成活率90.51%，预计年末活羊出口达16200余只，牲畜存栏171799头（只、匹）。二是积极推动特色产业建设。认真抓好人工种草、沼气等特色产业项目建设，全县人工种草项目总投资90万元，计划种草4000亩，目前已全部完成。同时，在乃龙村、宗塔村、聂拉木镇试种桑叶树饲草饲料20亩。总投资216万元，已建设完成沼气452座。

【做大二产】 一是做好项目开复工建设。2013年，共组织实施项目77个，其中续建项目29个，年内完成投资21429.74万元，目前完成投资15548.09万元；新开工项目48个，总投资13072.69万元，目前完成投资6029.35万元。樟木镇迪斯岗至雪布岗公路硬化、波曲河桥梁等一批重点工程进展顺利。二是加大能源开发力度。针对聂拉木县丰富的水能资源，县政府欲建设波曲河三级电站，很多有实力的开发企业对此都有很强的意向性，不少企业已到县境内进行了实地考察和洽谈，初步意向性投资高达20亿元，总装机容量20万千瓦，是聂拉木县水电总装机容量的50倍之多。目前，投资2.475亿的曲乡水电站及聂拉木县局域网工程各项前期工作正在积极衔接当中，有望明年年初开工建设。三是进一步规范了企业及合作组织管理。不断加大对县神猴公司、农电公司、沙石厂等企业的扶持力度，对砂石厂等合作组织进行了清理、整顿，出台了《聂拉木县砂石采挖管理办法》等一系列措施，规范了企业管理。

【做强三产】 一是着力培育旅游业。借助地区“打造旅游精品，重点建设、宣传、推介‘一峰三线两口岸’旅游路线和打造拉孜、萨迦、樟木等3个旅游城镇”的有利时机，进一步加大了旅游宣传力度，增加了旅游设施建设资金投入，全县旅游总体规划更加完善，希夏邦玛峰、波绒草原、佩枯错、米拉热巴修行洞等具代表性的旅游景点潜力逐步显现。此外，县城至樟木友谊桥路段列为国家4A级旅游景点的计划正在积极申报当中。2013年，累计接待国内外游客96974人次（其中接待国内游客70333人次，国外及入境游客26641人次），旅游收入达938.5万元，同比增长33.1%，创历史新高。香客行李运输收入达216万元，希夏邦马峰检查站门票收入118万元。二是大力发展边贸业。按照自治区提出的“稳步提升樟木口岸”要求，从改善投资软硬环境入手，积极推进口岸边贸发展。2013年，组织实施了樟木第一停车场二期工程、樟木滑坡治理等项目，通过以上各项目的实施，樟木口岸的环境进一步得到改善，为更好地发展边境贸易奠定了良好的基础。截至年底，樟木口岸边民互市贸易量为5842.69吨，贸易值为5997.77万元，同比分别增长56.9%和27.1%；进出口货物达11.15万吨，同比增长18.1%，进出口货物总值为9.99万美元，同比增长27.1%，其中进口贸易值为2288.44万美元，出口9.76亿美元。三是大力扶持手工业。按照市场需求，对挂毯、卡垫、民族服装、旅游纪念品加工等生产企业在政策和资金上给予重点扶持。把用工需求与就业培训相结合，突出加强特色培训和对口培训，开展有组织的劳务输入输出，截至年底，劳务输出达15720人次，完成全年目标任务的87%，同比增长114%；输出各类劳动技能人员7982人，超额完成全年目标任务；创收3165.5万余元，完成全年目标任务的93%，同比增长92%。

【做广财源】 一是收支情况。2013年，地方财政一般预算收入完成992万元，完成年初预算1387万元的72%,完成收入任务1441万元的69%，同比增长101万元，增长11%，其中税收收入完成527万元，非税收入完成465万元，同比增加103万元，增长28%；财政总支出为14339万元，比去年同期减少234万元，下降1.6%，完成年初预算21403万元的67%。完成土地收入21.13万元，完成砂石资源补偿费18.5万元。二是财政改革稳步推进。在保证机关正常运转的基础上，采取有效措施大力压缩行政成本支出，调整一般性项目支出，集中财力充分保障民生，重点向发展旅游业、投资拉动、扩大内需等经济发展项目倾斜，侧重提高对民生领域的投入，教育、社会保障和就业、医疗卫生支出增幅均超过同期一般性预算。

【做实民生】一是新农村建设扎实推进。计划实施总投资1042万元的人居环境整治硬化路面及村民广场19座，正在开工建设当中；计划实施总投资476万元的边境地区自然村新建村级活动场所工程17座，正在开工建设当中；2012年重建家园项目2个村（居），共62户，（其中，亚来乡如加村18户，樟木镇立新居委会44户），现已实施完成。二是科教事业投资力度不断加大。积极采取教改控辍、扶贫控辍、管理控辍和依法控辍等多种措施，加大控辍保学力度，全县小学入学率达到100 %，巩固率100%，初中入学率达到97.6%，巩固率98.5%。进一步加强教育基础设施建设，投资110万元的亚来乡教工宿舍工程和93万元的波绒乡小学学生食堂改扩建工程，现已完成验收并投入使用，投资182万元的波绒乡中心小学附属幼儿园工程，现已完成主体验收，预计年底完成竣工验收工作。三是医疗卫生工作成绩突出。在全国范围内出现H7N9禽流感疫情期间，加强疫病防控，严格落实禽流感防控措施，保障辖区公共卫生安全。2013年，全县范围内未出现疫病疫情。农牧民合作医疗筹资工作进展顺利，全县参合人数达15664人，共筹资金288460元。基层医疗条件不断改善，2013年开展白内障手术51例，康复51例，筛查出唇裂患儿1名，筛查先心病患儿1697人，确诊1人。为2513名农牧民群众和108名僧尼免费进行了健康检查，并建立了档案。四是文化广电事业蓬勃发展。扎实推进“2131”工程和“户户通”工程。全县广播电视覆盖率达到98%，户户通覆盖率达到89%，完成全县44个行政村的农家书屋，17座寺庙书屋和1个部队书屋建设,17座寺庙“舍舍通”已完成全覆盖。为边远农牧民群众放映影片1120场次，观众人数达7万余人次。继续做大做强“乃龙甲谐”、“樟木夏尔巴舞”等文化产业，乃龙“甲谐”正在申报为自治区级非物质文化遗产名录；“樟木夏尔巴舞”正在申报国家级非物质遗产名录。五是农牧区基础设施建设步伐加快。总投资800万元的小型农田水利建设工程和总投资311万元的亚来乡通布水库除险加固工程正在紧张施工；总投资320万元的聂拉木县2013年寺庙安全饮水工程和总投资182万元的波绒乡夏嘎草场灌溉工程各项前期准备工作已经完成，待上级批复后即可施工。2013年，共建设农村公路项目15个，建设里程为51.4999公里，总投资为5439.33万元，积极组织实施农村公路养护工作，共计养护农村公路430公里，兑现农村公路养护补助资金60.9002万元，确保了农村公路的安全畅通。六是扶贫开发工作再上新台阶。2013年，共落实扶贫项目22个，总投资达到1451万元，资金到位率达到100%。七是社会保障体系不断完善。认真做好社会保险、失业保险和医疗保险工作。2013年，全县城镇职工医疗保险参保单位73个，参保人数1338人，完成全年目标任务的104%，缴费总额为4318620.19元，完成全年目标任务的76%。城镇职工医保报销57人（其中清户12人），报销支出共379089.95元；城镇居民医保报销13人，报销支出121956.89元；新型农村养老保险适龄参保人数为8254人，实际参保人数为6337人，参保率77%，完成全年目标任务的72%。共发放基础养老金622900元，发放率达100%；城镇居民养老保险适龄参保人数为538人（其中僧尼112人，僧尼参保率100%），实际参保人数为466人，参保率达87%，完成全年目标任务的75%；基本养老保险参保人数为267人，缴存保险费135728元。八是安全生产势态平稳。认真落实安全生产目标责任制，年初与各乡镇、各生产经营单位签定《安全生产目标责任书》，签定率达100%，2013年，开展安全生产宣传教育6次，发放宣传单800余份，组织安全生产检查5次，及时处理各类安全隐患10多处，下发安全整改通知书16份，有效避免了安全事故的发生。九是加强生态保护建设。加大对天然林资源的保护力度和植树造林工作，共完成重点区域生态公益林建设工程2778亩，完成县政府大院及7000余米主要干道的绿化美化工程，实施了4000亩的封山育林工程，完成4乡1镇19个行政村公共场所、庭院、村内道路等周边沿线绿化美化工作，全县造林任务完成率达到100%，成活率达到85%以上。林地面积同比上期增加46170.151公顷，增幅61.05%，森林覆盖率已达到12.9%，同比增加0.15%。加大森林防火宣传和巡山力度，共开展3次森林防火宣传活动，组织森林公安巡山50多次，组织护林员巡山400余人次，有效防止森林火灾和滥砍滥伐事件的发生。十是稳步推进城镇化建设。按照“高起点、高标准、高质量”的原则，对2011年-2030年县城规划和樟木镇总体规划进行了修编，并通过了住房和城乡建设厅专家组的审查，现已根据审查的意见进行了修改并上报住建厅；聂拉木县城风貌改造规划已完成，并在县长办公会和县委常委会上顺利通过。进一步加强城镇卫生管理，加强对环保公司垃圾运营和环境卫生工作情况的监督检查，对检查中发现的问题及时下发整改通知，并限期整改，确保全县城镇干净整洁。十一是强基惠民工作深入开展。2013年，各驻村工作队上报县政府共计11个项目，投入资金313.8万元，各项目已全部动工。自治区已批复项目5个，总资金171.2万元，已全部竣工；地区已批复项目10个，总资金291万元，已全部完成竣工；各驻村工作队自筹项目15个，总资金1334.05万元，已全部动工。2013年，44个村已实现强基惠民项目全覆盖。各驻村工作队为民办实事好事400余件，投入资金1000余万元；帮助群众解决就业100人；开展送科技、送技术、送卫生等活动100次，投入资金20余万元。

萨嘎县

【基本县情】 萨嘎，藏语意为“可爱的地方”。萨嘎县位于喜马拉雅山北麓，冈底斯山脉以南，雅江上游。地处北纬28°.80′～29°.80′、东经84°～86.3°之间，东与昂仁县、西与仲巴县、北与措勤县、东南与聂拉木县、吉隆县为邻，西南与尼泊尔接壤，边境线长约105公里。全县平均海拔在4600米以上，最低海拔4300米，最高海拔7095米，县人民政府驻地加加镇海拔4513米。全县总面积约为1.24万平方公里，境内219国道贯穿全县东西，县城驻地加加镇距日喀则市约450公里，距拉萨市约720公里，是往来拉萨和阿里的重要节点，具有重要的政治、经济、军事和交通地位。

萨嘎县下辖7乡1镇，即昌果乡、拉藏乡、如角乡、达吉岭乡、雄如乡、旦嘎乡、夏如乡和加加镇

（其中雄如乡、拉藏乡、昌果乡为边境乡），共38个村委会。全县总人口为15385人，其中，县城人口约为3000人（含流动人口）。

【概况】 2013年,全县生产总值完成2.49亿元，同比增长18.1%；实现地方财政收入681万元，同比增长38.9%，农牧民人均纯收入达到4870元，同比增长11.6%。

【优势产业】 大力发展特色农牧业，稳步推进农业结构调整，推广优质青稞良种3700亩，增长15%；实现粮食产量1277吨。新生仔畜8.7万头（只、匹），成活率90.3 %；牲畜出栏9.3万头（只、匹），出栏率达到43%；牲畜存栏19.8万头（只、匹），牲畜短期育肥6013个绵羊单位；兑现2012年草奖资金2967万元，比上年增长3.8%。大力发展旅游服务业，全年共接待国内外游客5.2万人次，总收入达到560万元，同比分别增长6%和73%。活跃农牧区消费市场，目前各类市场主体发展到714户，注册资金达8109.5万元，同比分别增长16.9%和23.7%；全县实现消费品零售总额8098万元，同比增长22.9%。对外贸易进出口总额实现1.2亿元，同比增长9.1%。立足“一乡一品”，培育发展乡村集体经济，极大的推动了群众脱贫致富步伐。

【驿站建设】 把打造“西部驿站”作为政府工作的重点，通过一年来卓有成效的工作，城镇面貌得到较大改善。规划方面，完善了《萨嘎县县城总体规划》，编制完成了县城控制性详细规划、概念性城市规划、旅游发展总体规划及旅游节点规划设计等4个规划，为西部驿站建设描绘了蓝图、指明了方向。市政建设方面，开工实施了格桑路、德吉路和双拥路市政道路建设工程，完成了县城电网改造项目，稳步推进县文化礼堂、文化广场和加布河治理项目。

【基础设施建设】 通过与上级部门和对口援藏省市的沟通衔接，全年共实施工程项目45个，其中新建项目41个，续建项目4个，全社会固定资产总投资3.5亿元，完成投资2.7亿元。加快推进重点项目建设，县党政综合办公楼和驻日喀则办事处全面竣工并投入使用，完成了县后勤服务中心项目，县乡基层政权业务用房、干部职工周转房、廉租房、公租房建设进展顺利。一大批水利、农牧、交通、教育等项目上马实施，改善了农牧区基础设施条件，推动了县域经济的快速发展。

【社会事业】 教育制度不断完善，基础设施进一步加强，教育水平稳步提升。医疗制度改革全面推进，基层医疗卫生服务体系逐步健全，完成12560人免费体检工作，完成3653名儿童先心病筛查工作，确诊17例。加大富余劳动力转移就业力度，实现劳务输出4920人，实现劳务收入1091万元；为城镇低保对象发放低保金249万元，为农村低保对象发放低保金273万元，为五保户对象发放五保金40.8万元；城乡居民和寺庙僧尼养老保险参保率达100%，发放养老金108万元；农牧区医疗制度参筹率达到100%。加强基层文化设施建设，2013年县文化活动中心被评为全国“服务农民、服务基层”文化建设先进集体，我县被授予“全区文化先进县”的荣誉称号。实施扶贫开发项目34个，减少贫困人口1734人。圆满完成了第四五批援藏轮换工作，制定了第五批援藏工作计划。

【生态建设】 扎实推进环保项目建设，县城垃圾填埋场项目开工实施，加布河治理项目扎实推进。全年植树造林610亩，落实森林生态效益补偿资金348万元、陆生野生动物肇事补偿资金192万元。完成了林业二类资源调查工作，摸清了萨嘎县森林资源家底。

【社会稳定】 深入开展驻村工作，实施短平快项目26个，总投资529.2万元，有力促进了农牧区发展稳定。扎实推进驻寺工作，深入开展寺庙法制宣传教育，积极引导宗教与社会主义社会相适应，确保了农牧区稳定。着力强化流动人口管理，强化打击整治专项行动，提高社会管理水平。扎实开展“双联户”工作，推进“群防群治、共保平安”工作有序开展。增强和谐因素，着力发展和谐劳动关系，妥善处理人民内部矛盾。加强安全生产，推动了安全监管重点领域“双下降”。

【民主法制】 自觉接受人大、政协的监督，办理人大代表议案、意见建议24件，政协委员提案28件。严格执行工作问责、跟踪问效制度，不断完善抓落实的长效机制，推动各项工作高效有序开展。深入开展法制宣传教育，扎实推进依法治理，萨嘎县被全国普法办授予“六五”普法中期先进县的荣誉称号。加强基层民主建设，进一步巩固了政务、村务公开成果。严格执行中央“八项规定”等一系列规章制度，着力解决“四风”问题，全年公务接待费比上年减少了75万元，下降57%；公务用车费比上年减少了10万元，下降1.8%。

【改善农牧区基础条件】 加快推进农牧民安居工程和“八到农家”工程，力争年内再使371户住进安全适用的房屋，完成19个村人居环境综合整治任务。投资294万元，新建库郁寺、布扎寺、奴贡寺、土庆寺等4条通寺公路。投资278万元，解决拉亚村、旦嘎村和17个草组3184人的饮水问题。如角电站二期项目实施后，将解决拉藏乡、如角乡、达吉岭乡3个乡1018户5000多人的用电问题。实现乡镇邮政网点全覆盖。加大碘盐推广力度，确保碘盐使用覆盖率达100%以上。

【增加群众现金收入】 落实国家强农惠农政策，及时向群众兑现政策补贴。加强农牧民群众的实用技能培训，探索建立乡镇企业，组织引导农牧区富余劳动力向劳务市场、非农牧行业转移，拓宽群众增收渠道。力争年内建立5个初具雏形的专业经济合作组织，组织实用技术培训500人次、劳务输出6200人次，使农牧民真正成为投资主体、经营主体和受益主体。

【教育事业】 力争使小学适龄儿童入学率达到99.88%，中学入学率达到99.5%。狠抓师资队伍建设，提高教学质量。严格落实“三包”政策，从2013年秋季学期起每生每学年补助标准提高到2800元。大力发展特殊教育，办好学前双语教育，积极发展职业教育。各乡镇一把手为教育工作第一责任人，各级干部要把教育作为大事来抓，动员全民力量全力发展教育。

【公共卫生服务】 扎实推进医疗卫生体制改革，完善县乡村三级公共卫生和基本医疗服务体系，提高农牧区基本医疗等公共卫生服务均等化水平。加快建设地方病防治所和急救中心。提高村医待遇，将村医基本报酬由每人每月200元提高到300元。继续开展食品、药品安全监督检查专项行动，做好突发性公共卫生事件应对工作。完善计划生育服务体系，最大限度地降低孕产妇、5岁以下儿童死亡率和出生缺陷率。

【社会保障】 健全社会保障体系，新型农村养老保险基础养老金财政补助标准由90元提高到105元；农牧民医疗财政补助标准由300元提高到340元；城镇居民医疗保险财政补助标准由260元提高到300元；城市、农村居民最低生活保障标准分别提高到月人均440元、年人均1750元，农村五保供养标准提高到年人均2600元。加强就业再就业培训，实现农牧民转移就业4500人次，动态消除“零就业”家庭。做好退役士兵安置和拥军优属工作，增进军政军民团结。推进扶贫工作向纵深发展，2013年投资900万元，同步实施6个乡整乡推进扶贫开发项目，力争脱贫481户1634人。做好保障性住房建设和分配工作，力争更多的群众能住进新房。

岗巴县

【基本县情】 岗巴，藏语意为“雪山附近”。岗巴县位于西藏南部，是一个以牧业为主且伴有少量农业的高寒边境县。南与印度锡金邦接壤，边境线长达97公里，县城离边境最近处仅有25公里，通外山口共17处。全县平均海拔在4700米以上，总面积为4203平方公里，其中耕地面积2.25万亩，草场面积555.7万亩。全县辖有4乡1镇、29个村委会。2013年底全县总人口11238人，其中农牧区人口2223户、9772人。全县共有党组织67个，党员1238名，其中农牧民党员700名。

【概况】 2013年，全县经济总量达19830.03万元，同比增长10.9%；完成社会固定资产投资17519.19万元，同比增长21.43%；财政总收入达601万元，同比增长20%；完成税收842万元，同比增长21.9%；农牧民人均纯收入达5905元，同比增长15%，全县建设项目98个，总投资25180.85万元。其中续建项目20个，总投资4800.82万元；新建项目78个，总投资20380.03万元。

【项目拉动】 岗巴县电力局域网并入藏中电网工程开工建设，昌龙电站与杰龙电站并网成功。曲岗公路投入使用，岗巴镇至县城公路开工，曲岗公路岔口至直克乡公路勘探设计完成并通过交通厅立项审查。叶如藏布龙中乡防洪工程复工，姑曲藏布孔玛乡防洪工程、县城饮用水水源地建设工程、旁当错冰湖治理工程通过地区审查，日喀则地区“十二五”重点水源工程恰央水库有望年内立项批复。县城垃圾填埋场项目自治区发改委概批中。县城供暖项目和污水处理厂项目纳入了自治区“十二五”中期新增项目规划；引进日喀则萨拉建筑有限公司在岗巴注册，日地太阳能公司拟在我县新建1座装机容量2mw光伏电站。市场活力增强，上半年，全县新登记个体工商户38户、私营企业3户、农牧民专业合作社2户，注册资金546.81万元；认真落实项目法人责任制、项目行政领导责任制、监理制、合同制、招投标制。在按规定预留两个10%分别作为民工工资保障金、工程维修金的基础上，严格按工程进度拨款，以拨款控制工程质量。并在项目拨款申请单上增加县人社局关于劳资纠纷意见，有效减少了劳资纠纷。调整充实了县基建领导小组，定期、不定期组织开展工程监督巡视工作。开展了工程建设领域人大代表、政协委员视察与工程勘察设计质量专项治理活动。全面推行了甲方驻场代表制度，各项目部门统筹协调向各工地派出懂施工、会监管的专业技术人员常驻施工现场，进行全程监督。大力扶持本地农牧民施工队。2013年30%的扶贫开发项目、66%的兴边富民项目，100%的民房改造项目与小型农田水利项目的由本地农牧民施工队承建，承建项目投资近1500万元。

【产业推动】 2013年，全县粮油总产量达710万斤，新生仔畜存活率达98.35%，牲畜存栏总数286967头（只、匹）。围绕岗巴羊开发、岗巴雪鸡蛋养殖开发、群众生活改善，实施直克乡种植业结构调整示范乡建设，推广青稞新品种，大幅提升了饲草、土豆种植比例。实施以释放劳动力为目的的昌龙乡玉雄自然村纯合作社模式试点，以破解扩大生产与草场减畜间矛盾为目的孔玛乡乃庆村、岗巴镇门德村合作社+农户模式试点，以变散养为圈养、变集中出栏为常年出栏的直克乡2个村代工育肥模式为内容的经济体制改革试点，岗巴雪鸡蛋养殖初具规模，岗巴雪鸡蛋在群众增收中发挥了积极作用。O型“W”病疫情得到有效控制；继续把曲登尼玛矿泉水开发做为岗巴县矿泉水开发的主攻方向，探寻新的政府与企业合作开发模式，运用市场手段，加大招商引资，提高企业实力，扩大产能、打响品牌、拓展市场，严格税收与资源费的征收，促进企业与政府、社会“三赢”。就加快矿泉水开发，确定了曲登尼玛公司2015年及2020年的发展目标；围绕“康体神水体验游”的岗巴旅游品牌，坚持从“水”上做文章，着力开发曲登尼玛风景名胜区、龙中温泉、孔玛温泉等特色旅游资源。目前，曲登尼玛自治区级风景名胜区总体规划已通过地区住建局审查，报自治区住建厅审查中；县城总体规划修编已通过地区审查，自治区有关部门审查中。自筹资金500万元对县城街景进行了改造。新建公厕8座，推进环境整治工作。组建了县城管执法大队，撤除了街面垃圾箱，实行了垃圾定时巡回收集，县城环境得到净化。以曲岗公路沿线的龙中乡、孔玛乡为当前重点，坚持规划先行，找准定位，加大基础设施建设，大力发展优势非农产业，促进产业与人口的适度集中，提高城镇化水平。各乡镇发展特色基本定位，岗巴镇定位为以服务县城经济社会发展为核心，昌龙乡定位为以特色旅游为核心，龙中乡定位为以温泉旅游为核心、直克乡定位为以岗巴种羊繁育为核心、孔玛乡定位为以畜产品加工为核心。围绕与全区同步全面建成小康社会这个目标，在做好灾后重建与农牧民安居工程收尾工作的基础上，紧密结合八到农家工程、农村人居环境综合整治与建设工程，继续多方筹资实施民房升级改造工程，力争到2015年让全县农牧民群众都住上民族风情浓郁、美观、安全、实用、舒适的砖混结构住房。每户政府补助4万元，实施了125户小城镇建设房屋改造。提前谋划实施明年计划实施的房屋改造工作，继续采用政府补助为主、群众自有资金为辅的方式计划筹资1亿元，在2015年10月份前完成全县的1234户小城镇建设房屋改造。

【民生促动】 召开教育专题会议，提出教育发展目标：中小学适龄青少年、儿童入学率必须持续保持100%；2014年起本级财政对教育的投入增加至22%；2015年，全县农牧区学前儿童入园率达到80%，力争通过10至15年的努力，实现全县“户均一个大学生”目标。设立岗巴县育才教育基金，每年向社会筹资用于表彰成绩突出的教育工作者、学生，资助教师参加培训；以巩固新型农村合作医疗为基本，进一步加大医疗技术人员培训与奖惩力度，努力提高医技与服务水平，注重优生优育、保健预防。新农合参合率、筹资率均达到100%。贫困地区婴幼儿营养改善试点项目营养包全部发放到位，出生缺陷干预项目试点、0–18岁儿童先心病复查，城乡居民、在编僧尼健康体检工作有效开展；坚持社会保险与社会救助，扶贫开发与最低生活保障、五保户供养，劳动培训与转移就业、再就业的有序衔接，全力保障贫困群众与弱势群体的基本权益。认真落实“两提高一统筹”，实施了孔玛乡、龙中乡整乡推进扶贫项目，面上扶贫与扶贫奖励项目，争取2013年第一批“兴边富民”项目，启动2013－2020年产业扶贫规划编制工作；科普与技术推广继续深入，选派科技特派员，积极引进推广优良品种。实施植树造林450亩，成活率达70%以上，新建38亩苗圃1个。“昌龙谐钦”、“岗姆冲”成功申报为自治区级非物质文化遗产。户户通工程建设进一步推进，预计年底覆盖面可达85%。岗巴县政府门户网站正紧张筹建当中，创作了岗巴县歌《天边的岗巴》、驻村工作队之歌《欢迎来到咱们农庄》、纪检之歌《有一个道理不用讲》。

山南地区

山南地区

【概况】　2013年，山南地区坚持以科学发展观为统领，按照建设“六个模范区”和“七个山南”的要求，坚定不移抓发展，尽心竭力惠民生，全力以赴保稳定，经济社会保持了跨越式发展的良好势头。地区生产总值、固定资产投资、财政收入、社会消费品零售总额、农牧民人均纯收入、城镇居民人均可支配收入分别完成86.61亿元、107亿元、7.93亿元、29.17亿元、7099元、19106元，同比分别增长12.4%、23.4%、31.5%、14.4%、17.2%、12.1%。三次产业比重调整为5.9:51.9:42.2，“二三一”产业格局进一步巩固。

【打牢发展基础】　高度重视并扎实做好重大基础工作，切实打牢长远发展的根基。细化目标任务，扎实推进“六个模范区”建设。召开了地区能源、“三推进”、项目调度和储备等会议，协助自治区召开了全区黄牛改良、食品安全、林业、信访等现场会和建设文化强区与构建美丽西藏学术研讨会。制定了建设工业强地、文化强地、生态强地的实施意见以及推进建筑建材业和企业发展的实施方案。编制了地区工业园区发展总体规划、产业扶贫规划和统筹城乡发展示范区规划。出台了加强受援工作、援藏干部人才和短期援藏专业技术人员管理的意见和办法。完成了“十二五”规划中期评估。启动了“十三五”项目库建设。与民航西藏区局、国开行西藏分行签订了合作协议。出台了金融促进地方发展的“一个意见两个办法”。强化了统计调度分析和重大工作调研，为科学决策提供了依据。

【项目建设】　“重大工程推进年”活动成效明显。藏木水电站、江北公路、江北灌区、农网改造升级等重点项目有序实施。形成了工作专班衔接项目、地级领导督导项目、贷款垫资建设项目等好经验好做法。国家、招商、援藏、民间投资分别完成76.85亿元、14.7亿元、1.45亿元、14亿元，分别增长27%、增长71.5%、下降59.5%、增长14.4%。

【产业发展】 实施了“产业突破年”活动。农牧业喜获丰收，粮油总产16.5万吨，改良黄牛4.5万头以上。扎实做好特色农牧业产业品牌商标“三推进”工作，打造了优质青稞、红土豆、禽类养殖三个特色产业。实施了“工业强地”战略。藏中能源基地和“四个矿业基地”加快建设，建筑建材业稳步发展。规模以上工业增加值9.47亿元，增长9.7%，总量和增速分别位居全区前列。成功举办了雅砻文化节和物资交流会。接待游客165.9万人次、创收6.1亿元，增长18.7%、29.8%。

【统筹城乡】 实施了一批城镇建设项目，实施了城镇绿化、城乡路灯等设施托管运营。打造了1个统筹城乡示范点、3个生态文明小康示范村、4个基层政权示范点。完成了5789户安居工程、3000户建筑节能示范工程、252户无能力建房贫困户安居工程、49个农村人居环境综合整治工程、144个边境县自然村活动场所建设。

【改革开放】 完成了农村宅基地确权登记和集体林权试点改革。启动了地区公交改革。深化了国企改革，完成了山南宾馆改制。推进了医药卫生体制改革。确定了七五批援藏项目资金盘子。招商引资到位资金24.7亿元，增长71.5%。各项存款余额196.25亿元、贷款余额168.52亿元，分别增长60%、200%。私营企业数量和注册资金增长62%、145%。完成进出口贸易总额1341万美元，增长28.9%。扎实推进了对外交流与合作。

【社会稳定】 认真落实自治区“十个方面”维稳措施和地区维护稳定十条规定。创新方法和举措，扎实开展了强基惠民活动、千名干部下基层为民服务实践活动、城镇网格化管理、“先进双联户”创建评选、寺庙管理、边境管控、矛盾纠纷排查化解、打击专项整治和重点时段维稳工作。建立了乡（镇）机关、村居“两委”、寺管会、便民警务站日常工作和重点人员管理5个“十个一”工作法以及四级信访接待日活动等制度。

【生态环境建设】 大力实施“生态强地”战略，加快推进“生态美好模范区”建设，坚守了生态保护底线。完成植树造林13.3万亩，封山育林16.8万亩，造林绿化工作走在全区前列。建成千亩人工造林示范区2个、千亩林果示范区1个，森林覆盖率提高到18.4%。建设了泽当污水处理厂、12县垃圾填埋场和6县集中式饮用水源地保护等项目。生活垃圾和医疗废物处置走在全区前列。主要污染物排放总量控制在自治区下达的指标范围内。开展了金鲁居委会国家级生态示范村和39个自治区级生态村的创建。

【有序的建设环境】 安全生产事故起数和死亡人数分别下降8.4%、40.6%。深入开展了建设环境整治和矿产资源勘查开发秩序整顿活动。扎实推进了廉政建设、纠风、行风评议、公车治理和简政放权等工作，清理整顿了楼堂馆所建设，“三公”经费减少37.4%。审计工作不断加强。市场和食品药品执法监管力度加大。

【公共服务】 出台了学校安全管理办法，乃东县义务教育均衡发展通过国家验收，落实资助资金1210万元使两年来3385名考上大学的农牧民子女全部入学。新建了74个村卫生室，完成了全民健康体检，免费救治先心病患儿40名、唇腭裂患儿7名、白内障患者217名，孕产妇和婴儿死亡率分别下降了34.74／10万、18.65‰。实施了“文化强地”战略，启动了国家公共文化服务体系示范区创建工作，新增国家级和自治区级文物保护单位4处、45处，新批自治区非遗保护项目17个，广播电视覆盖率达到88.8%、96.5%。藏语文工作不断加强。开展了国家科技进步考核迎检工作，科技对农牧业的贡献率达到43%。

【民生保障】 实施了职业技能培训“百千万”工程，输出劳务9万人、创收4.1亿元。动态消除了“零就业”家庭，山南籍应届大学毕业生全部就业，城镇登记失业率控制在2.1%以内。五大保险参保率均达到97%以上。建成保障性住房5320套。

【弱势群体关爱工程推进】 城乡低保实现了应保尽保。五保集中供养和孤儿集中收养分别达53.3%、20%。残障人康复就业稳步推进。贫困人口减少1.9万人，错那县列入农业综合开发县，地区连续两年被评为全区唯一的地区级A级扶贫开发先进单位。

乃东县

【基本县情】 乃东县位于念青唐古拉山南麓与喜马拉雅山北侧的雅鲁藏布江中游地段。东临桑日、曲松县，南接隆子、措美县，西与琼结、扎囊县毗邻，北连墨竹工卡县。南北最长94.4公里，东西最宽47.5公里。全县总面积2208.85平方公里，其中耕地面积63586.8亩。雅鲁藏布江由西向东横贯县内，全县地势中部低，南、北高，平均海拔3600米。

乃东县属于独特的高原温带半干旱大陆性季风气候，气温偏低，四季不分明，长冬无夏，春秋相连，每年11月至次年4月为冬季，5月至10月为春秋季。气温日变化大，年变化小，常年平均气温8.2℃，最热月是6、7月，平均气温15.4℃；最冷月是1月，平均气温-0.9℃。年平均降水量410.5毫米，年蒸发量可达2640.3毫米，太阳辐射强烈，日照时间长，立体气候显著。

地形地貌复杂，山地众多，谷地开阔，地貌表现为高山与宽谷的混合型。山地面积1883.1平方公里，占全县总幅员面积的85.3%。谷地面积284.3平方公里，占全县总幅员面积的12.9%，境内谷地为南北延伸的宽谷。

乃东县隶属西藏山南地区行政公署，县政府驻地泽当镇，亦为山南地区政治、经济、文化、交通中心。县辖泽当镇、昌珠镇、结巴乡、索珠乡、颇章乡、多颇章乡和亚堆乡5乡2镇，47个村（居）委会。截止2014年全县共有8万人，其中农牧民9363户、约3.7万人。

【概况】 2013年，全县实现生产总值31.3亿元（含地直），完成计划的103.3%，同比增长15.7%；完成固定资产投资9.74亿元，完成计划的102.5%，同比增长50%；完成财政收入7802万元，完成计划的126.3%，同比增长47.8%；完成税收1.1亿元，完成计划的100%，同比增长50.5%；实现农牧民人均纯收入8562元，完成计划的100%，同比增长17%，其中现金收入6849元；完成社会消费品零售总额23.74亿元（含地直），完成计划的100.45%，同比增长18.65%。1—11月份，居民储蓄存款余额13亿元，发放三农贷款1.6亿元，对促进农牧区经济发展发挥了重要作用。

【产业发展】 一是积极巩固提升一产。预计一产实现生产总值9010万元，同比增长5%；特色产业加快发展，粮经饲结构调整为60：27：13，“白青稞、红土豆、禽类养殖、奶产品加工、绿色蔬菜”五大特色板块基地稳步推进，种植优质青稞1.67万亩、红土豆2500亩、完成禽类养殖193万只；“三推进”工作成效明显，成功注册了“藏地圣田”商标，总投资3925万元的青稞加工基地建成投产；农业生产能力实现新提升，投资3448.4万元，建成高标准农田1万亩、开发整理土地550亩、新建蔬菜温室347座、完成黄牛改良8027头，高质量承办了全区黄牛改良现场会各项观摩活动，成功扑灭了结涉W病疫情，实现粮油产量2.87万吨、同比增长12.7%。二是全力培育壮大二产。二产实现生产总值8.2亿元，同比增长27%；国合联营、泽当哗矶、乃东藏毯等工业企业运行良好，鲁琼工业园区建设进展顺利，结巴产城一体示范区启动规划，努日铜矿进入开发程序，协和太阳能、雪域冰川矿泉水、加气砖生产线等项目全面推进，“新能源、新建材、民族手工业、矿产业”四大新型工业基地逐步形成。三是努力做大做强三产。三产实现生产总值22.2亿元、同比增长17%，其中旅游综合收入496.57万元、同比增长42.63%，接待游客7.48万人、同比增长25.25%；投资1.25余亿元的昌珠统筹城乡示范点和门中岗生态文明小康示范点形象进度分别达65%、100%，以藏源文化为特色的现代旅游业快速推进；非公经济迅速发展，注册私营企业69家、同比增长41%，注册个体工商户4011户、同比增长43.4%，非公经济注册资金4.36亿元。克服巨大的维稳压力圆满承办了第33届雅砻物资交流会，实现销售总额2.98亿元；成功将闲置三年的商住楼门面房和泽当镇老政府出租，年收入租金200余万元，有效盘活了国有资产。

【项目建设】 制定出台了《乃东县人民政府关于深入实施“项目拉动”战略的意见》，研究下发了《关于加快推进2013年下半年实施项目任务分解的通知》和《关于建立完善项目定期督查通报制度的通知》，进一步调整充实了项目督查力量，成立了项目督查领导小组和三个督查工作组，每周对项目进度、质量达标、“五制”管理、资金落实、存在问题等情况进行全面督查和通报；全年计划实施项目185个，项目总投资22.45亿元，完工项目138个，着重推进了雅砻水库、华新水泥产业链、青稞加工基地等重点项目建设，全年农牧民实现项目增收1.5亿元；全年完成招商引资项目4.018亿元，占计划任务的115%，有力夯实了乃东的发展基础；为了大力节约项目用地、努力控制失地人口，县政府积极采取衔接协调、项目整合和资产置换、改造盘活、集约利用等措施，在今年实施的近2亿元的项目建设中没有征用一寸土地，有力保护了土地资源。

【援藏工作】 第六批援藏工作队大力实施“干部援藏、项目援藏、产业援藏、社会援藏、人才援藏”五大工程，重点支持农牧区基础设施、公共服务设施、特色产业基地等民生建设，有力促进了汉藏交往、交流、交融。第七批援藏工作队继续秉承前六批援藏干部的优良传统，大力发扬老西藏精神，深入开展调研工作，详细制定援藏规划，提前启动重点援藏项目，继续探索科学援藏新模式，全力促进援藏工作向纵深发展。

【社会稳定】 建立完善了党委领导、政府负责、社会协同、公众参与的社会管理新机制，不断深化“创先争优强基惠民、加强和创新寺庙管理、加强和创新社会管理”三项活动，全面建立群防群控网络，深入开展驻村驻寺、三级接访、矛盾纠纷排查调处工作，实现了社会局势“持续稳定、全面稳定、长期稳定”。

深入创新社会管理。大力开展了综治宣传、治安专项整治、三调联动、流动人口管理和重点人员管控、治安防控体系建设、德育建设、平安创建、“双联户”服务管理、四个专项整治等十余项工作，建材运输领域专项整治行动取得阶段性成果；投入668.6万元开展了公安四级网络和公安一级检查站建设，计划投资2400万元推进泽当城区社会服务管理网格化建设，目前本级财政投入100万余元完成了基本信息收集、办公场所建设和办公设施配备等工作，天网、地网和专网建设正在落实之中。

加强创新寺庙管理。投资590万元，全面加强寺管会和寺庙（拉康）的建设与管理，清理整顿社会流动从事宗教活动人员，深入推进寺庙“六建”工作、“六个一”活动和“九有”工程，积极为僧尼办好事、做实事；认真开展寺庙法制宣传主题教育、和谐模范寺庙暨爱国守法先进僧尼评选活动，在编僧尼“三险一保障”和健康体检覆盖率均达100%。

大力推进强基惠民。通过财政安排、项目投入、驻村工作队争取和千名干部下乡等多种渠道，累计投入资金4425余万元，为群众办实事、办好事、解难事740件，实施短、平、快等民生项目101个；大力开展感恩教育、政策宣传、技能培训和慰问活动，发放国旗、四代领导像、惠民政策手册各3.77万面（张）；健全各类处突预案229项，组建群防组织171个，赞堂居委会荣获地区“十星级模范村”称号，有效夯实了维稳根基；选派184名机关干部组成第三批46个驻村工作队，驻村轮换工作顺利完成。

积极促进社会和谐。严格落实归口处理、领导包案责任制和矛盾纠纷工作报告、三级接访日制度，充分发挥人民调解、行政调解、司法调解联动工作机制和“双联户”职责作用，泽当居委会被确定为全区四级信访接访现场会观摩点并在大会上作了交流发言。“联户长”成功调解邻里纠纷86起、成功率100%，赞堂居委会创造性制定了“双联户公约”，将“讲诚信、讲互助、讲礼貌、讲卫生、讲公平、讲孝道、讲忠诚”共“七讲”内容纳入道德约束范畴，共同遵守；全年接待群众来访17件，办结率100%；法院受理各类案件240件，结案率91.67%、调解率86.95%；检察院作出批捕决定和起诉决定案件共60件94人，逮捕准确率和有罪判决率均达100%，并深入查办和预防职务犯罪；截止11月份，共开展治安隐患排查120余次，公安局共立刑事案件59起、破案率77%，受理治安案件48起、查处率100%；大力加强安全生产教育和隐患排查整治，解决消防大（中）队营区附属工程及办公设备购置资金220余万元,全年发生各类安全生产事故6起、火灾7起，死亡3人、受伤6人，直接经济损失69.88万元，事故起数下降57.1%、死亡人数占控制指标的60%。

【民生工程】 2013年落实民生资金2亿余元，全力改善民生民利，消除人均收入2300元以下的贫困人口446户、1814人。一是加快完善城乡基础设施。累计投入8800余万元，完成安居工程1338户、无能力建房21户，解决了“三房”建设、住房补贴等遗留资金，实施了金鲁全国生态文明示范村建设项目、4条通村公路项目、结巴东路和昌珠与琼结东路贯通工程、结莎棚户区改造和卡多、色康、桑嘎等5个村居基层政权建设等项目，在支那村完成客土改良800亩，有效改善了该村多年土质恶化问题、受到群众高度评价，二是高度重视生态文明。着力加强生态家园建设，完成植树造林1.27万亩、封山育林1.1万亩，高水平完成了西藏《政风行风》大型户外节目直播任务，在宣传乃东乃至山南林业工作取得的优异成绩和林业惠民政策落实成效等方面引起了巨大反响；本级财政投入321万元，开展了金鲁生态社区、扎西多卡生态寺庙、昌珠和泽当完小生态学校、机关办公区和生活一区生态机关建设；大力实施城镇噪声、施工扬尘、医疗废物、清洁乡村整治行动，积极开展联合执法、环境整治、水源保护、企业准入和禁白工作，环境监管水平不断提升。三是统筹推进社会事业。2013年本级财政安排各类教育经费1856万元，全力推进义务教育均衡发展，通过全县人民的共同努力，于6月底和10月下旬顺利通过了自治区、国家均衡发展督导评估认定，资助农村大学生278名，实施了白板教室、班班通、宽带网络校校通工程，城乡学前幼儿入园率达96%以上，小学入学率、初高中毛入学率和青壮年非文盲率均达100%，内涵式发展取得新成效，教育强基工程全面推进。大力实施科技引领工程，紧紧围绕特色产业和种养基地开展技术培训，科技对经济增长的贡献率达40%。深入推进文化体制改革，广播、电视、图书等公共服务设施覆盖城乡，民间艺术团得到充实加强，“雅砻金秋”展演活动荣获地区突出贡献奖。积极加强公共卫生服务体系建设，全年投入卫生事业经费1641.7万元，大力开展首批国家餐饮服务食品安全示范县、全民健康体检等工作，农牧区医疗制度覆盖率和健康体检率均达100%，孕产妇死亡率151.7/10万，免费治疗先心病患儿3名，各类卫生管理服务全面加强。四是大力加强社会保障和劳动就业。新农保参保率达98%，城镇居民七大保险征缴率达100%；全县完成各类技能及引导性培训5600余人，利用去年公益性岗位指标在乡镇驾驶员、民间艺术团等岗位安置失地农牧民就业16人，成功实现西藏内地中职班毕业生就业97人、就业率达89%，城镇登记失业率控制在1%，妇儿工作进一步得到加强；实现劳务输出1.37万人、创收1.6亿元，兑现各类民生补助资金3200余万元，最低生活保障实现应保尽保；选择“就医快、环境静、光照足、交通便、朝佛近”的“五佳”位置，投资2858万元开工了五保户集中供养项目，将为五保老人提供一个十分方便舒适的养老环境。

扎囊县

【基本县情】 扎囊县地处雅江中游，平均海拔3620米，幅员面积2173平方公里，耕地保有面积9.42万亩。是交通便利县，距拉萨市103公里，距泽当镇45公里，101省道和江北油路横穿县境，泽贡快速通道和拉林铁路已列入“十三五”规划，建成后将进一步提升交通便利功能；是人口大县，辖三乡两镇，62个村（居），总人口3.9万人；是旅游大县，拥有“AAAA”、“AAA”和“AA”级景区各1处，以及众多的特色旅游景点；是维稳大县，共有19座寺庙（不含桑耶寺）、5个宗教活动点、4处修行区，在编僧尼212名（不含桑耶寺），外来修行人员众多，维稳工作压力巨大。

【概况】 2013年，全县实现地区生产总值46659万元，同比增长14%；完成全社会固定资产投资65527万元，同比增长31.63%；完成税收收入1635万元，同比增长34.24%；完成财政收入1510万元，同比增长30.85%；实现社会消费品零售总额4873万元，同比增长17.99%；实现农牧民人均纯收入

6590万元，同比增长17.30%。

【经济发展】 扎囊县坚持走农业产业化发展道路，实施了扎囊2012年度农业综合开发项目、测土配方施肥项目、粮油高产创建项目、良种繁育基地建设项目、2013年度吉汝乡农业综合开发土地治理项目、扎其桑耶生产油菜基地项目；申报了2013年阿扎乡农业综合开发土地治理增量项目。扩建了全县五个乡（镇）兽医站，配套购置防疫改良设备74台（套）。积极开展动物疫病防治工作，全年未发生任何重大动物疫病，“W”病O型、牛A型、高致病性禽流感等免疫率均达到了100%。

项目建设。2013年，扎囊县抢抓机遇，立足打基础、利长远，开工和建成了一批提升城镇服务功能、保护脆弱生态环境、改善群众生产生活条件、缓解群众实际困难的优质项目，有效促进了扎囊各项事业的健康发展。全年实施建设项目55个（含子项目和续建项目），预计完成投资65527万元，同比增长31.63%。江北油路、雅江特大桥、五保集中供养中心（社会福利院）等重大项目正在加紧施工建设。同时，严格落实将项目投资总量的15%交由农牧民实施的要求，农牧民参与实施的项目投资达9979万元。

工业企业。立足资源、区位、特色产业等优势，按照“突出重点，兼顾一般，集中打造，合力推动”的要求，着力培育阳光氆氇厂、手工家纺科技开发有限公司（盛世藏绒）、扎其虱雕工艺农民合作社、敏珠林寺藏香厂等民族手工业企业。按照“一园多区、主业突出、特色鲜明、协调发展”的定位，加快了扎囊县民族手工业园区的企业入驻工作，目前，已有涉及氆氇、卡垫、藏香、牦牛绒、藏刀、唐卡、木雕、农畜产品加工等企业准备入驻。

招商引资。全面营造“政策最佳、效率最高、服务最优、态度最好”的招商环境，与东气集团签订了意向性风光储项目协议，与广东瑞德兴阳光伏科技有限公司签署了高倍聚光太阳能发电项目框架协议，与西藏碧雪晴优旅游文化发展公司签署了朗赛林庄园开发框架性协议，全年招商引资完成3100万元。

旅游发展。立足“AAAA”、“AAA”和“AA”级景区及众多特色旅游景点，以结构调整和产业升级为主线，以规划为先导，本级财政每年投入旅游发展专项资金15万元用于旅游宣传与基础设施配套建设，实现了“安全、秩序、质量、效益”目标。2013年，共接待游客32.7万人次，同比增加5.1%；实现旅游收入4406万元，比去年增长1.2%。

非公经济。2013年，全县个体工商户数量达845户，同比增加86户，增长11.3%；从业人员2253人，同比增长27.5%；注册资金1896.8万元，同比增长11.2%；县农行完成存款7919万元、贷款完成3260万元。非公有制经济迅速发展，为经济发展起到了积极的助推作用。

【社会事业】 就学入学保障有力。城镇学前三年适龄幼儿入园率达100%。农村学前两年适龄幼儿入园率达95%。小学适龄儿童入学率、巩固率均达100%。初中入学巩固率达100%。助学工作有序推进。目前，正在开展2013年符合资助条件的283名大学生的学费原始票据收集工作。

卫生事业。“两降一升”和疾病防控工作扎实推进。新型农牧区合作医疗工作进展顺利，参合率达99.45%。城乡居民（寺庙僧尼）健康体检和儿童先心病筛查工作圆满完成，体检率达99.99%，经湖南省专家确诊1例，现已完成手术返藏。

就业再就业。注重劳务输出，预计全年实现劳务输出14023人，创收5218.72万元。注重技能培训，先后完成了家具制作、绘画、编织、农机具维修、农业科技应用、汽车修理等技能培训20期3635人。注重再就业，全年共办理《城镇就业失业登记证》38人，其中32人实现就业。

社会保险。积极完成社会保险扩面任务。企业职工养老保险、工伤保险、失业保险、城镇职工基本医疗保险、生育保险、城镇居民医疗保险等险种的参保率均达100%。城镇居民养老保险参保率达99%，其中，297名在编持证僧尼（含桑耶寺）参加城镇居民养老保险，参保率达100%。新型农村社会养老保险参保率达99%。

文化事业。积极繁荣文化事业，在区内外打响了“扎囊果谐”文化品牌。扎实开展“文化、科技、卫生、法律和爱国爱教宣传服务”五下乡文化惠民活动，全年电影放映1690场，同时，县民间艺术团深入乡镇、村、建筑工地开展文艺演出31场（次），得到广大干群和建筑工人的一致好评，受益群众达1.8万人（次）。加强“村村通”工程建设，实现了100%的行政村通电视或广播。

民政工作。城乡低保工作扎实。及时足额发放城乡低保资金，发放农村低保户全年保障金364.1316万元；发放城镇低保户全年保障金99.959万元，有效地保障了城乡低保群众的基本生活。农村五保集中供养工作开展顺利。发放了全年五保供养金87.62万元。集中安排供养173人，分别入住1个县级集中供养机构和11个村级集中供养机构。县五保集中供养中心（社会福利院）已开工建设，项目投资3400余万元。残联工作有序开展。成立了残疾人联合会，建立健全了残疾人基本数据库。

新农村建设。扎囊县德吉新村生态文明小康示范村建设工作在地委行署的高度重视下，按照"统筹规划、布局合理、功能完善、特色突出"的总体要求，于5月中旬正式开工建设，包括民房建设工程180户及村委会、卫生室、幼儿园等附属设施，项目财政评审预算总投资达8803.63万元。目前，除道路完成工程量的45%外，其余已完成总工程的90%以上，预计明年5月全面竣工，届时，德吉新村将达到"生活富裕、乡风文明、村容整洁、管理民主"，成为山南地区乃至全区新农村建设的标杆工程。2013年，为5个重点行政村人居环境建设环境综合整治工程投入资金523万元，已经全部完成建设任务。完成安居工程700户，占年度安居任务的90%。

水利设施。投资887万元的扎囊河防洪工程已完工，投资1630万元的扎其河防洪工程处于实施阶段。同时，做好了江北灌区阿扎章达村水库、桑耶东干水库、桑耶西干水库的工程建设，3座水库工程处于实施阶段，预计完成投资6700余万元。目前，已在开展前期工作的计划外水利项目有扎囊河防洪工程（二期）、农发中型灌区节水配套改造项目、乡镇抗旱应急水源地雪拉水库工程、重点县项目等，涉及投资6500余万元。

扶贫工作。完成扶贫开发项目18个，项目建设涵盖小型农田水利、粮油加工、温室大棚、氆氇编织、借畜还畜等方面，累计国家投资835万元，完成到户帮扶贫困群众397户2207人，年度脱贫298户1121人；实施了扎囊县2013年已批复扶贫项目包括整乡推进扶贫开发项目和第一、二、三批财政专项扶贫开发项目22个，总投资1422万元；成功完成2012年扶贫考核自治区A级奖励资金200万的4个项目申报工作。

交通工作。积极对全县36条乡村公路进行保通、养护，养护总里程达140余公里，呈现公路养护水平显著提高，道路运输四项指标显著增长，交通安全生产形势总体平稳的良好态势。

【安全生产】 全年共发生各类安全生产事故2起，造成2人死亡，工矿商贸领域未发生安全生产事故，未发生重特大安全事故，总体形势趋于稳定好转。

【援藏工作】 扎囊县第六批援藏工作队投资1630万元先后援建了扎其一小师生宿舍楼、扎囊县卫生综合楼、扎囊县城综合治理建设，阿扎、乃果、桑耶新农村建设项目、羊嘎村排污工程和县城市政路建设工程；援藏力量有力促进了全面各项工作的快速发展。

贡嘎县

【基本县情】　贡嘎县位于西藏自治区山南地区西北部，地处北纬29° 00′ ～ 29° 30′ 、东经90° 30′ ～91° 15′ 之间，东邻扎囊县，西南与浪卡子县接壤，北面与拉萨市的曲水县、堆龙德庆县相连，全县东西长73.5公里,南北最宽处为61.5公里，呈长条形，总幅员面积2283.84平方公里。平均海拔3750米。地形地貌以高山和谷地为主，其余部分为小湖盆地等，地质构造复杂。县委、县政府驻地吉雄镇。全县辖5镇3乡，41个行政村。2013年，全县总人口50002人。

贡嘎县属高原温带半干旱季风气候区。气候四季不分明，无霜期短，年均142天左右。年平均气温8.6℃，极端最高气温30.2℃，极端最低气温-17.0℃，气温年较差小，日较差大。年降水量小，年平均降水量391.8毫米集中在6月至9月。日照时间长，年平均日照时数为3171小时，在山南地区属于最高值，日照百分率达73%。常见的自然灾害有干旱、风灾、霜冻、冰雹、洪水和农作物病虫害。

贡嘎县野生动植物资源丰富，有高等植物72科225属427种，野生脊椎动物23目52科212种,其中，国家和自治区一级重点保护野生动物8种，二级重点保护野生动物22种。矿藏资源有花岗石、石灰石、磁铁、铜等。

【概况】　2013年，全县生产总值完成72451万元，同比增长10.9%；财政收入完成6388万元，同比增长17.4%；税收收入完成3869万元，同比增长45.7 %；全社会固定资产投资总额完成93935万元,同比增长8.9%；社会消费品零售总额完成5780万元，同比增长19.8%；农牧民人均纯收入完成7325元，同比增长17.4%。

【农牧业发展】　一是常规农牧业发展迅速。全年生产粮食2.92万吨，油菜籽0.14万吨，肉类0.25万吨,奶类0.38万吨,蔬菜1.09万吨，超额完成年初计划；全年创建高标准化示范基地2.4万亩、二级种子田0.24万亩、种植昌果红土豆5000亩、青稞5万亩、推广藏青2000新品种0.22万亩。全年新生仔畜7.94万头，成活7.55万头，成活率达到95.09%，出栏率达到36.5%，成畜死亡率1.4%，完成年初计划；黄牛改良目标任务6500头，实际完成冻配6518头，超额完成任务；全县禽类养殖规模达到32万只（藏土鸡2万只，鸭30万只）；春季、秋季重大动物疫病免疫密度均达到100%，全年未发生重大疫情。二是农牧业项目建设有序推进。2012年现代农业青稞生产基地建设项目已通过地区现场验收。截至目前，已完成土地治理2万亩，增施有机肥5.6万立方米，新修机耕道22.54公里，临时提灌设施配套完善；持续推进优质青稞生产基地建设项目，已完成土地治理8333亩，建成两座500立方米的堆沤池，修建机耕道3000米；农业综合开发和扶贫项目进展顺利，完成投资5141万元；着力抓好贡嘎县生态安全屏障保护人工种草与天然草场建设项目，全年共种植紫花苜蓿0.5万亩，已通过地区初验；稳步推进基层农技推广体系改革与建设项目，投资100万元建设3个示范基地，目前已完成品种筛选和基层农技人员培训，并培育了160户示范户。三是农牧业发展后劲显著增强。认真落实耕地保护责任制，在甲竹林、吉雄、昌果新开发耕地1650亩，在岗堆镇实施万亩高标准基本农田改造，全县耕地总量、质量显著提高；认真落实草原保护措施，全县牧草地面积282万亩，全年兑现完成542.59万元草补资金；大力推进“三秋”工作，全县共调运秋播化肥471吨，秋翻2万亩，秋播2.2万亩，复种1.5万亩。

【项目建设】　一是项目建设工作有序开展始终把项目争取、项目建设、以及项目管理作为促进全县经济又好又快发展的重要举措。全年累计开复工项目142个。有序推进5万千瓦太阳能光热发电项目前期工作，完成县城污水处理厂及配套管网工程等一批大型项目的可研初设等工作，协调配合泽贡快速通道和拉林铁路项目；新、续建杰德秀镇防洪工程、贡嘎县江南灌区吉雄子灌区节水配套等9个水利项目，涉及资金17357.21万元。新、续建江北公路、岗东油路等10个公路项目，总投资10097.52万元；实施各类教育项目19个，总投资3211万元。完成贡嘎公安二级检查站建设，现已投入使用。正在实施贡嘎县五保集中供养中心建设项目，总投资4803万元。完成2013年重点区域生态公益林建设项目，总投资1712万。确定第七批援藏项目11个，预计投入资金5200万元，2014年初开始项目建设。二是项目管理确保质量。始终严格按照项目建设基本程序，加强对施工单位的工程施工管理、资金管理、合同履约管理，切实保证工程质量万无一失。积极开展地材开采销售运输和建筑领域不良行为整治专项行动，采取有力措施全面整顿和规范地材销售及运输市场秩序，严厉打击违法违规现象。三是项目增收落实有力。农牧民广泛参与项目建设，积极落实项目投资的15%交由农牧民施工队的惠民增收政策，安居工程及人居环境整治项目全部由我县农牧民施工队完成。25个农牧民施工队参与到全县项目建设中，据不完全统计，全年交由农牧民施工队的项目涉及资金15196.83万元。

【发展面貌】 一是生态文明小康示范村建设进展顺利。项目总投资4000.3万元，完成投入3773万元，占总投资的94.3%,除综合楼、商品房、卫生室、幼儿园外，其余项目全部交由农牧民施工队实施。年底66户居民将实现全部入户居住。二是安居项目及无能力建设任务全面完成。全部完成地区下达1206户安居工程建设任务；自筹资金450万元，完成75户无能力建房户建设任务；分别投入452.16万元、231.84万元对红星村新老区和岗堆镇普努村、普雄村进行了人居环境整治。三是环境综合整治成效明显。全年共投入环境卫生经费131万元，结合安居工程、环境绿化、植树造林等工作开展环境卫生专项行动，狠抓101省道沿线环境卫生综合整治，全县建筑垃圾堆放点建成使用，机场周边垃圾清理成效明显。积极创建四个自治区级生态村（吉雄社区、红星社区、扎庆社区和刘琼村），现已通过自治区级验收并公告。四是非公有制经济加快发展。全年新增各类专业非公经济实体23家，全县非公经济实体达到1069家，非公经济占GDP的比重不断提高，吸纳就业能力不断加强。五是招商旅游力度加大。投入招商引资资金30万元，全年共完成招商引资7457万元，增加1457万元，完成年初计划的124.28%。全年接待旅游人数25万人次，创收783万元。完成陇巴民俗文化村、陇巴旅游产品研发基地建设等重点项目。

【社会事业】 一是城镇功能不断完善。县城总体规划已通过自治区人民政府审定，县城详细规划预计于2014年6月完成。2012年第一期周转房、2012年第二批县直乡镇周转房已全部完工并投入使用，2013年新建48套廉租房、100套公租房主体已完工，累计完成投资2580万元。二是科技工作明显提升。统一安排科技科普及培训经费85万元。全县50名科技特派员实行“动态管理”，考核合格率达95%以上，科技对农牧业的贡献率达到50%。三是教育水平稳步提高。全年共投入教育事业经费1088万元。资助农牧民子女上大学322人，建成学前双语幼儿园17所，在园人数1128人，入园率达到80%。小学适龄儿童入学率99.91%、巩固率99.93%。初中入学率99.95%、巩固率99.12%。全县文盲率0.82%，低于1%的控制水平。全县所有学校未发生交通、食品、消防、群体伤害等各类安全责任事故。四是文化事业迅速发展。全年文化产业实现产值1166.2万元，文化产业占生产总值的比重不断增加。新闻节目被地区、自治区媒体采用状况良好。文化惠民活动深入开展，民间艺术团演出66场次，观众人数达6万余人次。放映电影2246场次，观众人数达到33.84万人次。五是卫生事业扎实推进。全县孕产妇死亡率为125.9/10万，孕产妇的住院分娩率达到86%，五岁以下儿童死亡率为27.71‰。合作医疗参合率达到90%，完成僧尼健康体检386人，完成城乡居民免费健康体检50487人，完成免费孕前健康检查450对。未发生甲类传染病，乙丙类传染病发生85例，发病率为168.36／10万，未出现死亡病例。11个村级卫生室建成并投入使用。六是社会保障及就业覆盖城乡。全县五大保险参保人数6343人，金额1154.51万元，参保率达到100%。新型农村养老保险参保人数24759人，涉及资金216.61万元，参保率达到100%。全年共发放低保资金1080.6万元，做到了及时、足额发放。五保集中供养管理规范、制度健全，现有9个集中供养场所，集中供养人数216人，集中供养入住率达52.3%。全年实现782户，2646人脱贫致富。七是今冬明春群众生产生活及防抗灾工作准备充分。积造农家肥6万吨，新修、维修暖棚圈3412座，储备牲畜越冬饲草料7814.6吨，清油350.1吨，盐巴391.4吨。组织农牧民群众修复水毁工程29处、新修支渠15公里、疏浚河道42公里、清淤沟渠96公里。各类救灾物资储备充足。八是生态环境持续良好。积极推进人工植树造林、退牧还草、防沙治沙等生态工程，全年完成重点区域生态公益林建设项目造林1.17万亩，完成防沙治沙4.5万亩。植树造林平均成活率达85%、保存率达80%，全部完成了地区下达的指标任务。九是安全生产形势不断优化。全年共开展各类安全生产专项检查12次。截至目前，共发生各类安全生产事故4起、死亡5人，死亡人数占控制指标的83%，工矿商贸领域未发生伤亡事故。十是依法行政能力全面提升。政府自身建设不断加强，全面推进依法行政，政务公开加快推进，纪检监察部门全年共受理信访举报5件，立案调查2件。自觉接受人大依法监督和政协民主监督。办理人大代表建议意见18件，办复率达到100%。实行政府集中采购，全年节约资金80万元，节约率达11.6%。

桑日县

【基本县情】 桑日属山南地区五个沿江县之一，是湖南省岳阳市对口援助县，全县国土面积2634平方公里，辖3乡1镇42个村（居），总人口1.7万人。全县共有干部职工及教师894名（其中教师203名），有基层党组织80个、党员1953名，共有l7座寺庙（有编有僧寺庙10座，有编无僧寺庙4座，无编无僧寺庙3座），僧尼62人，10座寺庙成立了寺庙管理委员会，驻寺干部33名。县域内有华新水泥（西藏）有限公司，中电投、中广核、保利协鑫、无锡尚德10兆瓦光伏电站等招商引资企业，二产逐步成为全县支柱产业。

【概况】 2013年，生产总值完成7.82亿元，同比增长11.7%;全社会固定资产投资完成9.208亿元，同比增长11.7%；税收收入完成1.588亿元，同比增长17.4%；本级财政收入完成6546万元，同比增长24.1%；社会消费品零售总额完成5500万元，同比增长20.1%；农牧民人均纯收入达到7800元，同比增长18.2%。在上年经济总量、增量高位运行的基础上，主要经济指标均实现了两位数增长，圆满完成了在十二届人大二次会议上提出的目标。

【产业发展】 一产持续稳固。粮油产量达1629.5万斤，各类牲畜存栏9.29万头（只、匹），出栏3.65万头（只、匹），出栏率39.2%。新生仔畜2.43万头（只、匹），成活率97.4%。实施黄牛改良2625头。动物疫病防控实现“零疫情”。争取投资6000余万元，实施万亩现代青稞示范基地、万亩高效农田、胜天灌区、农业综合开发县等项目建设，新增土地1165亩、灌溉面积5116亩，改造中低产田6353亩。本级支农资金达到1000万元，其中投入500万元实施高标准、高规格重点农田网围栏建设4.2万米，保护农田6550亩，受益群众5662 人。全年实现农业增加值3308万元，同比持平。二产稳中求进。华新水泥产销量达到118万吨，实现产值7.65亿元。尚德、中广核、中电投和保利协鑫四家光伏电站累计发电6077万度，预计实现产值6989万元。沃卡电站全年发电1.2亿度，实现产值1842万元。第二产业实现增加值6.33亿元，同比增长10.6%。三产充满活力。全年本级财政投入旅游专项资金70万元，举办达古景区开园徒步游活动，启动旅游宣传画册制作，新开办农（牧）家乐3家，实施鲁定林卡品位提升工程。接待游客4.7万人次，实现旅游收入149.2万元，同比分别增加12.17%、15.7%。邮政、通讯、金融等服务业健康发展。年末金融机构各项存、贷款余额为4.38亿元、2.74亿元，同比增长38%、134%。第三产业实现增加值1.14亿元，同比增长20.5%。

【基础设施】 全年落实投资2.14亿元，实施县法院审判业务用房、乡镇政权业务用房，县扶贫就业楼，136套周转房、120套公租房、县机关政权业务用房等市政建设项目28个，新增建筑面积3.75万平方米。加快交通设施建设，年内完成交通项目投资5000余万元，丹萨梯寺通寺公路，布谷囊公路，达嘎桥和柳桥建设完工。比巴、扎巴通村水泥路开工建设。加桑公路一期通过验收。新建公路通车里程32.7公里。全力做好拉林铁路建设协调、服务工作。推动能源项目建设，投资6530万元的110变电站投入使用，四家光伏电站并网发电；总投资4.5亿元的220变电站、藏木电站输配电线路桑日段项目建设进展顺利。达古、巴玉、街需水电站前期工作有序推进。加快水利设施建设，争取4223万元实施胜天灌区、农村安全饮水工程、小型农田水利重点县等项目，新修水渠64.16公里，新增水塘1.6万立方，安全饮水实现基本覆盖。加快现代通讯建设，争取570万元新建移动基站2个、电信基站6个，惠及群众4000余人。同时，本级财政投入城乡基础设施配套资金1064万元，实施桑鲁嘉园附属，县城美化亮化，三乡一镇政权业务用房附属工程等项目建设，城乡功能不断完善。

【新农村建设】 继续加快推进安居工程、人居环境整治及“八到农家”工程，完成518户安居住房及7个行政村人居环境整治。已累计实施安居工程建设3895户，38个行政村人居环境整治，惠及群众1.4万人。全年本级财政投入资金533万元，实施桑日镇雪巴村“民生改善模范区”示范村建设，恢复“马鹿杯”农田水利建设，新建巴孜、叶琼村等4座桥梁，增期乡贡德林区域至卡乃村、以及绒乡部分村输电线路改造等工程，农牧民生活环境焕然一新。

【寺庙管理】 争取投资237万元进行恰嘎曲德寺维修工程，启动卡玛当寺、曲龙和曲桑寺维修。本级财政投入资金329万元，完成丹萨梯寺等4座寺管会附属配套工程，新建增期寺、恰嘎曲德寺僧舍及真措拉康驻寺干部业务用房，完成曲龙寺输电线路改造，实施曲龙、恰嘎曲德寺管会“温馨工程”建设，并为寺管会工作人员配备电视机及信号接收器。为加强和创新寺庙管理工作提供了助力。

【深化改革】 继续狠抓草原生态保护补助奖励机制工作，兑现资金321.65万元。加强与对口援藏省市的交流，投资2870万元的第六批援藏项目全部投入使用，确定总投资6210万元的9个第七批援藏项目。大力推进招商引资，总投资3.98亿元的中广核光伏电站二期20兆瓦工程动工，县域光伏能源容量达到60兆瓦。实施基建项目财政评审51个，送审资金6823万元，审减资金822万元。全面启动第三次全国经济普查工作。促进非公经济发展，大力支持县工商联成立，全县个体工商户达到533户，注册资本846.9万元。私营企业达到56家，非公经济占全县市场主体的94.1%。

【植树造林】 全年完成造林2.3万亩，植树48万株，成活率达到95%以上，落实林业项目资金3003万元。配备护林人员598名，兑现生态效益补偿基金448.5万元。启动贡德林马鹿自然保护区国家级申报工作，抓实森林防火，全年实现“零火灾”。同时，本级财政投入木本产业发展资金100万元，完善核桃基地、葡萄基地基础设施，成活率达到90%以上，木本产业试点取得阶段性成果。

【城乡环境】 大力开展美化、净化为重点的环境综合专项整治。总投资1650万元的县城生活垃圾填埋厂项目开工。严格落实企业、项目环境影响评价制度。加强自治区级生态村创建，绒乡江塘、冲达、程巴村获评自治区级生态村。本级财政投入95万元，划定县城人行横道、停车位，新增节能路灯30盏，规范县城临街店铺招牌，城乡面貌气象一新。

【土地管理】 严格土地预审和建设用地报批程序。投入80余万元完成3370户农牧民宅基地确权登记发证工作。加大土地复垦措施，新开荒土地968亩，耕地总面积保持在5.13万亩，基本农田保持在4.47万亩。

【教育环境】 全年中学入学率稳定在99.8%，小学入学率达到100%，学前双语幼儿入园率达到82.46%。92名农牧民在校大学生享受资助资金45.17万元。争取投资847万元实施增期乡希小附属幼儿园等9个项目，覆盖全县8所学校，受益师生达1141名。全年本级教育支出达到4172万元，其中本级教育配套资金1055万元，本级地方教育附加收入投入252.82万元，用于校园附属工程建设、电子白板“班班通”试点、学生交通补助、购买校车、改善教学设备等方面，桑日镇二小新校舍投入使用。全县各学校办学条件明显改善，为义务教育均衡发展提供了保障。

【文化惠民】 全县广播电视人口覆盖率达到97.5%，42个农家书屋、13座寺庙书屋正常开放。投资60万元的县新华书店完工。播映数字电影1687场次。本级财政投入文化事业经费530万元，促进县民间艺术团发展，启动努卡、雪巴“数字电视进农户工程”，升级县电视台节目播出设备，开展“文化、科技、卫生、法律、爱国爱教”五下乡活动，组织县民间艺术团巡演58场。同时，加强文化执法活动，严格规范藏语文社会用字。干部群众精神文化生活不断丰富。

【卫生服务】 农村合作医疗参合率达99.94%，农牧民健康体检、在编僧尼体检率均达到100%，全年无突发公共卫生事件及传染病死亡病例。农牧民孕产妇住院分娩率达88.7%，同比增长13.2%。完成儿童先心病筛查2264人，4名患儿到内地接受手术并康复。着力加强食品药品安全监管，保障了群众饮食用药安全。基本公共卫生服务均等化水平得到提升。

【社会保障】 全县城镇登记失业率控制在1.6%以内。完成91名高校毕业生分配，安置公益性岗位46人。开展科技培训、技能培训12期，培训986人。新型农村社会养老保险参保率达98%，五大保险参保率达到100%。实现在编僧尼社会养老保险、医疗保险全覆盖。全年兑现城乡低保资金185万元、农牧区特困医疗救助资金114万元。农村五保户集中供养率达到53%。落实残疾人各类生活补助金37万元。本级财政投入残疾人生活补助资金28万元，819名残疾人受惠。县产业扶贫规划通过自治区审查，全年落实总投资2287万元的扶贫开发项目22个，减少贫困人员1080人。本级财政投入193万元，在县城和泽当设立了退休干部活动中心，组织40名老干部外出学习观摩，丰富了老年人的晚年生活。

【促进增收】 严格落实各类强农惠农政策资金5000余万元，不折不扣落实“项目投资总量15%交由农牧民实施”的要求，全年交由农牧民实施的项目资金达1.75亿元，占项目投资总量的19%。规范冬虫夏草采集交易管理，全县总采集量达279公斤。全年劳务输出1.17万人次，实现劳务收入2910万元。同时，本级财政民生资金投入达到3000余万元，继续实施“十道保障线”等惠民举措，受惠群众1.3万人。发展成果共享不断深化。

【社会局势】 全年维稳经费投入达500余万元，着力强化维稳工作，构建维护稳定长效机制。积极支持驻县部队建设，抓好国防动员和民兵预备役工作。本级财政投入资金432万元，支持强基惠民驻村活动和为民服务实践活动，实施为民办实事项目138个。全面贯彻管理宗教事务的法律法规，召开和谐模范寺庙爱国守法先进僧尼表彰大会。狠抓安全生产工作，开展安全执法检查162次，排查整治各类隐患65个。本级财政投入70 万元配备消防抢险救援车，全方位做好消防预防处突。全力开展社会治安综合治理，深化四级领导接访制度，深入推进双联户工作。调处各类矛盾纠纷51件。侦破8起刑事案件，发案率下降12.5%。成功举行维稳处突实战大演练。大力支持法院、检察院工作。全县社会局势实现持续、长期、全面稳定。

琼结县

【基本县情】 琼结县地处西藏南部、雅鲁藏布江中游南岸的琼结河谷地带，琼结河横贯南北，县城距地区行署驻地泽当28公里，全县总版图面积1030平方公里，总耕地面积2.73万亩，草场面积137.63万亩，林地总面积27.264万亩，总人口1.87万人，辖1镇3乡20个行政村,是一个以农为主农牧结合的河谷农区县。

【概况】 2013年全县生产总值达到28950万元,同比增长22.6%；完成固定资产投资45120万元，同比增长32.8%；完成社会消费品零售总额2930万元，同比增长21.6%；完成税收收入1300万元，同比增长12%；完成财政收入1200万元，同比增长20%；完成农牧民人均纯收入7150元，同比增长19.5%。

【农牧业发展】 全县粮经饲比例由57:26:17调整为58：26：16。全年粮食产量为11180吨，同比增长0.6%；种植青饲玉米1200亩，总产量达960万斤，实现产值144万元。全县牲畜存栏达71325头（只、匹），新生仔畜21250头（只、匹），成畜死亡率控制在1.03%以内，牲畜出栏率达37%。顺利实施了总投资2303万元的现代农业示范建设项目，示范推广了“藏青2000”4660亩，在下水乡唐布齐村组建了现代农业合作社，开展了土地经营权流转试点工作，入社户达241户。优质青稞、青饲玉米、加麻土豆、藏鸡养殖、短期育肥等农牧业特色产业稳步发展。矿泉水、农副产品深加工等特色优势产业加快发展。实施了总投资105万元的下水乡借畜还畜项目，实施了总投资1212万元《琼结镇仲堆藏鸡养殖项目》、《加麻乡扎西村新型集体合作养殖奶牛场》等19个面上扶贫开发项目，促进了农牧民增收。

【基础设施建设】 全年新建31.67公里水渠和493座配套渠系建筑物，完成了总投资359.59万元的琼结县山洪灾害防治县级非工程措施建设项目，完成了2013年小农重点县建设项目、琼结县琼果沟小流域综合治理工程项目等5个重点项目的前期工作；新建交通项目6个，总投资达3000余万元，完成农村公路养护147.366公里。继续实施安居工程建设，完成安居工程建设391户；安全饮水工程、干部职工周转房、廉租房、寺庙“六个一”、“九有”等一大批民生项目相继实施并发挥效益。着力加强生态环境建设，全年共完成重点区域造林1408亩，防护林体系建设工程10500亩，防沙治沙工程4005亩，森林覆盖率达到17.82%；深入开展“美丽琼结、美化家园”活动，实施了103.01万元的拉玉乡强吉村农村人居环境整治工程，完成了总投资160万元的琼结镇雪居委会棚户区改造项目的前期工作，全县人居环境综合整治率达85%。

【招商引资】 琼结县始终把招商引资工作摆在突出的位置，大力宣传我县投资环境，不断改善基础设施建设，提高服务能力，努力形成投资洼地。经过多方努力，2013年我县与西藏尼洋河风光带旅游开发有限公司签订了总投资1.53亿元的琼结县旅游合作开发经营项目投资协议，与湖北丰华能源有限公司，签订了总投资7亿元的琼结县光伏电站建设项目协议。

【旅游发展】 全县旅游开发项目稳步推进。通过积极沟通洽谈，与西藏尼洋河风光带旅游开发有限公司正式签订了旅游开发项目协议书。目前，该项目的规划初审、用地审批、房屋拆迁等前期工作已顺利完成；投资3916万元的藏王墓至昌珠镇旅游公路也在紧张实施中。文化宣传力度不断加大，充分利用现有的文化资源，积极配合《西藏发现》纪录片摄制组完成了对藏王墓、青瓦达孜宫等旅游景点及久河卓舞、奔堆白面藏戏等非物质文化遗产的拍摄工作。紧扣“食、住、行、游、购、娱”六要素，积极提高我县的旅游接待能力和服务水平。2013年，全县共接待国内外游客11.01万人次，同比增长12%，实现旅游收入51万元，同比增长23%。

【保障和改善民生】 基础教育和素质教育长足发展，中、小学适龄儿童入学率、在校生巩固率均达到了100%；全面实行学前双语教育，学前两年、三年儿童毛入园率分别达到95%、65%;全年教育教学质量有较大提升，有8名学生考到内地西藏班，教育工作排名从以往全地区靠后提高到2013年的第3名。社会保障工作不断推进，农村新型合作医疗保险、城乡居民社会养老保险、寺庙在编僧尼医疗和养老保险实现全覆盖，农牧民、僧尼、学生和城镇居民免费健康体检、孕产妇和儿童保健工作得到进一步加强，全县农牧民群众健康档案建档率达100%。积极促进农牧民群众增收，城镇登记失业率控制在3%以内，及时兑现农机购置补贴、农村低保户的低保资金和五保户供养资金等各类惠农资金达2827.7万元。实施了总投资65.7万元的寺庙“温馨工程”。文化事业取得较大发展，广播电视综合覆盖率达到95%以上，20个农家书屋和7个寺庙书屋全面建成；久河卓舞、奔堆白面藏戏等非物质文化遗产保护交流力度不断加大，久河卓舞、“堆巴谐钦”和“奔堆白面藏戏”成功参加各类文艺汇演，取得较好成绩。群众广场文化活动顺利启动，新华书店建设项目顺利竣工并交付使用，极大地丰富了干部群众的精神文化生活。

【受援工作】 在深入调研、广泛征求意见的基础上，第七批援藏干部全面总结前六批援藏工作经验，科学制定了“坚持两个倾斜，注重三个结合，发挥四个作用，共建五大工程”的“二三四五”援藏工作思路，实施全方位、深层次、多领域的对口支援。立足琼结实际，选准选好县城整体功能提升、村居环境综合整治、村级卫生建设、五保户集中供养等援藏项目9个，计划投资3700，项目援藏实现新突破。成功引进湖北丰华能源有限公司、西藏尼洋河风光带旅游开发有限公司，并签订投资开发合同，援藏招商力度不断加大。协调落实环保、国土、卫生、住建等领域14名襄阳市专业技术人才进藏开展工作，人才援藏成果显著。成功争取襄阳市卫生局和市第一人民医院资金35万元，拟建成琼结县卫生服务中心与襄阳市第一人民医院远程诊疗服务系统，提高琼结卫生服务中心诊疗能力，实现农牧民群众重大疾病不出县，卫生援藏力度不断加大。积极探索内地县（市、区）对口援助琼结县4个乡镇的模式，确定襄阳宜城市对口援助琼结镇、襄阳南漳县对口援助加麻乡、襄阳襄城区对口援助拉玉乡、襄阳谷城县对口援助下水乡，各县（市、区）每年向琼结县对口援助乡镇提供50—100万元援助资金，帮助解决基层发展稳定问题，援藏层面不断拓宽。

【维护社会和谐稳定】　以强基础惠民生、千名干部下基层等活动为契机，深入开展新旧对比、感党恩教育等活动，全年共开展宣讲200余场次，发放宣传资料4600余份，参与群众达4.1万余人次，宣传覆盖率达100%。认真做好信访工作，在县、乡、村（居）设立领导干部信访接待室，配齐配强信访专（兼）职干部，全年共开展108次三级领导干部信访接待日活动，参与干部群众累计达1000余人次，信访办结率达100%。强化防范措施，深入开展打非治违专项行动，不断加强和创新寺庙管理工作，稳步推动寺庙“六建”、“六个一”活动和“九有”工程，在全地区率先实施了“双联户”社会综合管理，得到了自治区和地区主要领导的高度评价。扎实做好安全生产工作，不断加强安全生产监督检查和专项整治，全年未发生一起重特大安全生产事故。2013年，琼结县再次荣获“国家级平安建设先进县”称号。

曲松县

【基本县情】　曲松，藏语意为“三条河”（即色布河、江扎河、贡布河三条河穿流而过），位于喜马拉雅山北侧，雅鲁藏布江中游南岸，行政区划属于山南地区。这里文化底蕴深厚、资源丰富，县城土林环绕、风景独特，自然风光与人文景观遥相呼应，素有中国铬都、法王故里、红色歌谣传唱之乡等美誉。其东部与加查县、朗县接壤，南部与隆子县相连，西部与乃东县毗邻，北部与桑日县交界。全县平均海拔4200米，县城所在地海拔3987米，全县国土面积1967平方公里，其中耕地2.5万亩、林地4.35万亩、草场250万亩。农作物主要有青稞、小麦、油菜等，牲畜养殖主要有牦牛、绵羊、骡马等。

曲松县属高原温带半干旱季风气候区，冬、春两季多大风、沙尘，年平均气温5.3℃，无霜期在110天左右，年平均降雨量470毫米，全年平均日照时数达2774小时。曲松县城距行署所在地泽当镇60公里，距贡嘎机场150公里，距拉萨210公里。

全县现辖3乡2镇，21个行政村，141个自然村，总人口5386户16960人，有藏、汉、门巴、洛巴等民族，其中藏族占90%。

境内矿产资源丰富，罗布莎矿是目前全国最大的铬铁矿勘查和开发基地，累计探明储量为600万吨。此外还有花岗岩、沙金、岩金、矿泉水、金刚石、柯石英、多金属矿、铁旦和新矿物等矿产资源。

【概况】　2013年，完成地区生产总值4.37亿元，增长7.7%；全社会固定资产投资4.38亿元，增长15%；财政收入3173万元，增长17%；社会消费品零售总额3400万元，增长19%。

【产业发展增强】　全年播种面积2.49万亩，预计粮油产量分别达7225.46吨、991.84吨。牲畜出栏率、成畜死亡率、仔畜成活率分别达42.6%、0.2%、97.6%，牲畜免疫密度达100%，全年未发生重大动物疫情。突出特色农牧业，安排专项资金实施“一乡一品”打造工程，农牧业产业化经营逐步实现，为经济转型提供了基础支持。朱麦莎经济林示范基地栽种桃树等经济苗木4200余株，群众直接受益23万余元。矿产勘探开发工作有序开展，两家规模以上企业累计投入3818万元，探明矿脉最高厚度50.2米，山发工贸四期工程探明铬铁矿储量5.8万吨，为延长矿山服务年限打下坚实基础。“三大矿区”二期工程界定报告初步完成，“雅砻神水”矿泉水企业投产运营进入最后专家评审阶段。县工业园区详规编制已完成初稿，待地区评审。积极扶持以贡堆村藏毯编织厂为代表的民族手工业发展，增加了经济转型渠道。曲松旅游发展总规和“一主两翼”景区控制详规通过终审，拉加里王宫景区被评为国家AAA级旅游景区。加大旅游资金投入、对外宣传、招商开发力度，积极与林芝大峡谷旅游开发公司洽谈合作事宜，为经济转型增添了活力。全年接待游客3.3万人次，实现旅游收入132万元，分别增长45%、34.8%。非公有制经济逐步扩大，新增非公经济体66户，增长12.5%；累计注册商标13件。

【农牧民增收】 县政府坚持每月召开项目督办会，每半年召开项目调度会，全面安排部署项目建设工作。科学谋划储备交通、水利、民生等领域项目，认真带领相关部门积极向上争取。特别是资金投入大、带动力强的项目，主要领导亲自挂帅，积极向自治区、地区有关领导和部门汇报衔接，确保了县变电站整体搬迁及农网升级改造、雅鲁藏布江大桥、增嘎水库、曲松河下游整治工程等一批重大项目挤入“十二五”规划中期评估或“十三五”规划。“十二五”项目前期工作全部完成，“十三五”规划项目已编制上报。第六批援藏项目顺利通过上级审核验收，第七批6个援藏项目明年可开工实施。积极与东贝集团洽谈投资光伏产业事宜。全年实施基建项目117个，完成投资3.6亿元。100%交由当地农牧民实施项目43个，完成投资1.03亿元，占全年基建项目总投资的28.5%。项目促进农牧民增收3000余元，占农牧民人均纯收入的42.6%。

【加强建设，整治环境，统筹发展】 县城总体规划通过自治区终审，县城控制性详规和4个乡（镇）总规、详规编制工作全面启动。县城供水工程、曲松河整治工程、统筹城乡建设、曲松民俗旅游文化村等城乡统筹项目规划编制完成，部分项目已开工建设。建成保障性住房216套，房屋周边硬化、绿化、亮化和给排水等基础建设完备。措堆村委会标准化建设有序实施，完成175户农牧民安居工程和3个行政村农村环境综合整治工程，2户无能力建房贫困户已入住新房，农牧民危房重建（改造）摸底调查工作全面完成。认真实施“八到农家”工程，农村人畜安全饮水问题得到有效解决，电力人口覆盖率96%，通村公路率100%，行政村通电话率100%，乡（镇）通邮率100%，广播电视覆盖率96.3%，农家书屋、寺庙书屋覆盖率100%，农村环境全面改善。起草完成县城管理办法，进一步理顺了乡（镇）和部门在城镇管理方面的关系，形成了以干部群众为主体，政府引导服务为基础的管理格局。召开专题会议安排生态环境保护工作，为11个行政村修建水泥垃圾池，8次组织开展白色垃圾清理活动，对辖区环境进行综合整治，水源点和矿山环境得到有效保护，下洛村等6个行政村被评为自治区级生态村。加大植树造林、封山育林建设和管理力度，苗木成活率达92%、保存率达100%，生态环境持续良好。

【社会事业】 全年在教育、文化、卫生、就业、社会保障方面累计投入资金7222万元（不含1000万元民生资金在这些方面的投入），其中本级财政投入1623.4万元，极大提升了政府公共服务水平。义务教育均衡发展全面启动，资助138名农牧民子女上大学，落实资金32.4175万元；学前双语教育入园率达100%，小学适龄儿童入学率和巩固率达100%，初中毛入学率达106%、巩固率为100%，文盲率控制在1%以内。加大非物质文化遗产保护和公共文化设施建设，成功申报堆随果谐为自治区级非物质文化遗产，县综合文化活动中心、乡（镇）文化站建设工程及电影“五进”[13]活动扎实推进，县民间艺术团自创节目在雅砻文化节上引起社会各界广泛赞誉；投入55万元制作曲松文化旅游宣传歌碟，CD制作预计在2014年藏历新年前完成。投资310万元建设3个乡（镇）卫生院和3个村卫生室，三级医疗卫生服务体系逐步健全，实现“一村一医”的配备标准，部分村还实现“一村两医”的配备格局；进一步巩固“两降一升”成果，住院分娩率为90.58%，婴儿死亡率为17.94‰，无孕产妇死亡；全民健康体检常态化，城乡居民体检率达100%；新农合参合率达97.23%；先心病患儿得到有效救治，疾病预防控制体系逐步完善，食品药品安全得到有效保障。全年新增就业198人，城镇登记失业率控制在2.1%以内；农牧区剩余劳动力转移就业5284人、创收3385.57万元，分别增长76.4%、74.1%。居民“五险”参保率均达100%，享受城镇低保154人、农村低保1383人，五保集中供养入住率达65.2%，残疾人事业健康发展，民政工作走在全地区前列，干部群众住房紧张问题基本得到解决，社会保障体系基本健全。

【思想建设】 认真落实习近平总书记“治国必治边、治边先稳藏”的治藏方略和俞正声主席“依法治藏、长期建藏”及在藏考察期间的一系列重要指示精神，深入开展揭批十四世达赖集团反动本质、新旧西藏对比等主题活动，以深刻实事教育干部群众感党恩、听党话、跟党走。加强对维稳工作的组织领导，本级财政安排119万元维稳专项经费和“先进双联户”创建评选工作经费，细化安排各敏感节点、时段维稳工作，确保了组织领导到位、工作部署到位、资金落实到位。创造性开展藏传佛教与社会主义社会“五个相适应”活动，进一步深化巩固“六建”和“九有”、“六个一”等利寺惠僧成果，积极开展创建“平安和谐寺庙”活动，全年表彰和谐模范寺庙8座次、爱国守法先进僧尼55人次，兑现表彰资金8.2万元。扎实做好驻村、驻寺、驻加油站工作，提升网格化服务管理水平，深入开展“先进双联户”创建评选和“三级信访接待日”活动，强化矛盾纠纷排查调处工作，加强对重点人员、重点区域、重点目标的管控，社会管理水平不断提升，社会局势保持持续稳定、长期稳定、全面稳定。

【自身建设】 坚持依法行政，在县委领导下，自觉接受县人大及其常委会的法律监督和工作监督、人民政协的民主监督和社会各界的舆论监督，虚心听取他们的意见建议，全年办理人大代表建议、政协委员提案分别为52件、23件，办复率均达100%，代表满意度分别为98%、96%。西藏珠穆朗玛律师事务所在协助政府处理一些复杂问题，推进政府依法办事方面发挥了有效作用，增强了政府法治化水平。加大政府各项规章制度的落实力度，规范政府建设进一步巩固。

措美县

【基本县情】 措美，藏语意为“湖之下游”，地处西藏南部，喜马拉雅山北麓，是一个以牧为主、农牧结合的牧业县。县政府驻措美镇当许村，离泽当130公里，距拉萨300公里，海拔4242米，全县总面积4549平方公里，其中耕地总面积1.53万亩，草场总面积631万亩，下辖2乡（乃西乡、古堆乡）2镇（哲古镇、措美镇）16个村（居）委会91个自然村，4779户14864人，其中农牧业人口13198人，在山南地区12个县中属于地域相对较大、人口相对较少的高寒偏远县。

县境内野生动植物品种繁多，有黑颈鹤、野驴、盘羊、黄羊、獐子、狐狸、豹子等几百种野生动物和冬虫夏草、贝母、雪莲花、当归、黄连等300多种药用植物，自行研制的藏药临床疗效很好，一定程度上缓解了医药消费紧张，深受群众信赖；矿产资源主要有锑矿、铅锌矿等12种矿藏；古堆藏獒在全区乃至全国都非常有名；有着浪漫爱情寓意的“扎扎服饰”被列入“国家级非物资文化遗产”；哲古湖风景区被评委国家AA级风景区；由宁玛派伏藏大师阿达·娘·尼玛维色始建，在藏传佛教后宏期有“藏南朝圣古道第一刹”之称的玛悟觉寺随着公路等基础设施的不断改善，吸引了区内外大量游客前来朝圣。

【概况】 2013年，全县生产总值预计完成20218万元，同比增长16.7%。其中，第一产业2231万元；第二产业8103万元；第三产业9884万元。本级财政收入预计完成1000万元，同比增长20.7%。全社会固定资产投资完成35692万元，同比增长27.7%。全县社会消费品零售总额完成3921万元，同比增长21%。农牧民人均纯收入预计完成6380.3元，同比增长18.92%。

【农牧业工作】 2013年，该县实现农林牧渔业总产值预计完成3682万元，同比增长4%。粮经饲比例为67:14:19，2013年粮食产量预计达到3383.9吨，同比增长10.5%；蔬菜产量预计达2801吨，同比增长0.16%；油菜产量412吨，同比增长1.7 %。新生仔畜84629头（只、匹），成活率91.36%；成畜死亡1351头（只），死亡率控制在1.5%以内，出栏率达到45.48%以上。生态建设与保护继续得到加强，完成草场承包536.3万亩，发放草场补助奖励资金1425.7万元，人均发放1080元。加强化肥、农药等农用物资调运工作，调运化肥175吨，其中二铵37吨、尿素138吨；调运农药5.17吨，到位率100%。狠抓重大动物疫病防控工作，我县共完成“W”病免疫192191头（只、匹），禽流感免疫7896羽，免疫率分别达到100%。2013年地区下达造林任务1150亩，完成率100%，并顺利通过上级业务部门验收，经过后续管理，成活率在85%以上，保存面达到100%。

【固定资产投资】 措美县始终把投资拉动作为带动经济发展的重要支撑，认真做好县城、哲古旅游、扎扎村整体搬迁等规划，并按照规划要求不断推进项目建设，努力改善基础设施条件，促进全县经济社会跨越式发展。2013年，我县预计完成投资35692万元，同比增长31.75%。其中：国家投资预计完成19367万元；援藏投资预计完成540万元；招商引资预计完成3810万元；民间投资预计完成11979万元。古堆油路、县级机关业务用房、法院审判业务用房、2013年廉租房、2013年公租房、安居工程项目、寺庙通路通水等一大批关系国计民生的重大项目得以实施，极大缓解了制约我县经济社会发展的瓶颈，城乡面貌发生了翻天覆地的变化，为全县经济社会的跨越式发展奠定了坚实的基础，并取得了山南地区项目建设第一名的历史最好成绩。

【安居工程进展顺利】 2013年上级下达的农牧民安居工程建设任务是400户，其中：新增户39户（贫困户），纳入“十一五”期间整修361户，已全部完工。总投资为1263万元，其中自治区补助78万元，群众投劳1180万元，银行贷款5万元。同时，卡珠村总投资302.4万元的42户危房搬迁户主体已全部完成。其中上级补助105万元，县安居办补助105万元，群众自筹92.4万元；2014年确定搬迁户63户和配套公共服务设施，总投资1233.6万元，其中民房建设453.6万元，公共设施建设投入780万元，预计明年年底前卡珠村105户搬迁户全部搬迁。

【农牧民增收】 结合县情实际，加大就业培训工作，拓宽就业渠道，共争取培训项目8个，培训资金70.8万元。组织劳务输出4284人，创收2891.88万元。

【消费市场旺盛】 以扩大内需、繁荣市场、富裕群众为出发点，积极实施家电家俱下乡工作，进一步繁荣消费市场。预计实现社会消费品零售总额3819万元，同比增长18.24%。

洛扎县

【基本县情】 “洛扎”一词在藏语中是“南方悬崖”之意，是中粮集团对口援助县。洛扎县外与不丹王国接壤，东北、东南以及北面分别与措美县、错那县、浪卡子县相邻。距山南地区354公里，离拉萨310公里，是山南地区最偏远的一个县。县境内最高海拔7538米、最低海拔2310米，总面积5031平方公里，其中，耕地面积3.2万亩、草场面积333万亩、森林面积135万亩。全县辖2镇5乡、26个村（居）民委员会、100个村（居）民小组，有边境乡（镇）6个、边境村（居）民委员会21个。截至2013年底，全县共有6305户20460人。

洛扎县境内水力、矿产、林业、野生动植物和旅游等资源十分丰富。其中，野生动植物资源中有国家一级保护动物雪豹、棕尾虹雉和国家一级保护植物红豆杉等。“赛卡古托”粉丝、洛扎清油等洛扎土特产在区内享有一定的知名度。

【概况】 2013年，全县生产总值达到29846万元，同比增长10.4%，一、二、三产分别达到3980万元、14795万元、11071万元、分别增长1.9%、18.3%、4.4%；社会固定资产投资完成52079万元，同比增长24%；社会消费品零售总额完成5780万元，同比增长18.2%；税收完成1031万元，本级财政收入完成1281万元，同比增长27.2%；农牧民人均纯收入达到6830元，同比增长17%。

【产业经济发展】 农业上，共投入涉农资金3000余万元，新建和改建优质农田5000余亩，完成作物播种面积3.17万亩，有计划地将粮经饲比例调整到76:20:4，实现粮食产量9600吨，油菜籽产量884吨。依托农业片区建设，实施了扎日乡5000亩青稞标准化生产基地建设和1万亩油豌基地种植，探索了农业集约化发展，与农户签订了280吨的油豌“订单”农业，建立起企业与农户间的利益联结机制。开展了洛扎粉丝厂改扩建前期工作和扎日清油加工厂技术改造工作，逐步走出了一条“龙头企业＋基地＋农户”的经营模式道路。牧业上，实现减畜42717个绵羊单位，实现牲畜平衡3394户，完成黄牛改良1414头，完成接糕育幼26537头（只、匹），牲畜出栏29870头。水能产业发展上，完成朗扎电站建设，并着手进行了拉郊电站临时施工用地、生活用地等前期建设准备工作，雄曲流域梯级电站建设有序推进。旅游片区建设上，评估考察和收集整理了古碉楼群、《拉康俗人羌姆》等一批物质和非物质文化遗产项目，注重将文化融入旅游，提升旅游内涵，随着拉隆寺旅游公厕、拉康重点小城镇建设等项目的实施，旅游基础设施不完善，通过《西藏风情》栏目展示了洛扎特色旅游文化魅力。2013年，全县接待旅客5.8万余人次，创收261.5万元。

【基础设施】 2013年，全县开复工建设项目109个，完成固定资产投资52079万元，其中：新建项目95个，续建项目14个，分别完成国家投资36320万元，援藏投资949万元，民间投资11810万元，招商引资3000万元。实现乡村公路通达率达到90%以上，电力人口覆盖率达到97%以上，农村安全用水达到95%以上，进一步解决了群众出行难、用电难等问题。启动了边巴乡等4个乡镇规划修编工作；完成了扎日村委会等4个村居委会的人居环境综合整治项目、52户无能力建房贫困户建房工作和43个边境村小组活动场所建设；开展了868户农村危房建筑节能改造示范工程和3个自治区级生态村建设。全面实施了以“禁白”活动为重点的环境综合整治工作，城乡环境进一步改善。

【开放水平】 受援工作上，加强与援建单位沟通协调，中粮集团第四和第五批援藏干部顺利交接；不断深化受援工作，使援藏资金向改善民生、改善农牧区群众生产生活条件和发展特色产业等方向投入，2013年中粮集团共投入援藏资金1100余万元，完成了干部职工之家主体工程、42座温室大棚等项目，开工建设了县城失地群众产业综合楼，受援工作成效显著。招商引资上，加强了与三川控股有限公司的合作，注册了成立山南三川电站管理有限公司和三川贸易有限公司，完成招商引资3000万元。边境贸易上，在保障边境稳定的前提下开展边贸互市贸易，三个边贸会和季节边贸互市成交额达到620.8万元。

【金融支持】 完善金融服务体系，为金融服务空白乡拉郊乡安装移动助农取款POS机一台，实现了全县金融服务全覆盖。进一步加强了与金融机构的合作，由金融机构代理新农保服务、三老资金和各类补贴等民生资金发放工作，提高惠民政策落实效率。金融服务“三农”和产业发展作用进一步突显，积极投放农户小额贷款和农村经营性小额贷款，截至2013年底，全县各项存款余额53491万元，同比增长18.16%，各项贷款金额9485万元，同比增长45.27%，其中，涉农贷款8077万元，同比增长31.98%，实现了县域经济社会与金融业相互促进、共同发展。

【民生福祉】 优先发展教育事业，继续巩固“两基”教育成果，中小学生入学率达到100%，幼儿入园率达到85%，安排98万元解决全县113名大学生上学难问题。加快推进文化事业发展，建成6个乡镇综合文化站项目，实施了县城有线数字电视升级改造和县文化活动中心图书阅览室改扩建工作，送文艺下乡68场次、送电影下乡2046场次；完成第三次全国文物普查点名录登记83处，公布县级文物保护单位35处，古碉楼群、《拉康俗人羌姆》等一批物质和非物质文化遗产列入国家、自治区保护名录。医疗服务水平不断提升，实现孕产妇死亡率为零，婴幼儿死亡率较2012年度下降了68个千分点，控制在50‰以内；完成18718名农牧民群众健康体检和建档工作，群众合作医疗参与率达100%，兑现群众医疗费用488.42万元。社会保障扎实有效，新型农村社会养老保险参保率达100%，实现应保尽保；继续落实20万元县城失地农牧民保障金，发放社会救助资金578.83万元，困难群众基本生活得到保障。就业增收成效显著，通过购买公益性岗位等积极的就业政策，实现新增城镇就业195人，城镇失业率控制在了1.8%以内；以技能培训、劳务输出、引导群众参与项目建设为重点，认真落实各项增收政策，使农牧民人均纯收入达到6830元。

【强基惠民】 着力强基固本，帮助各村（居）发展农牧民入党积极分子390人，发展新党员199名，进一步壮大了基层组织队伍；帮助建立健全了村务公开、党务公开、民主监督机制等各类规章制度188条，促进基层组织规范化、制度化建设。维护平安稳定，妥善化解和处理各类矛盾纠纷41件，协助村（居）“两委”做好重点领域、人员管控52人次，帮助建立健全农牧区维稳工作机制87条。帮助脱贫致富，帮助村(居)理清发展思路95条，找准发展路子68个，制定、完善、实施经济社会发展规划75项，通过积极争取、自筹资金等途径，解决短、平、快项目203个，落实资金2770万余元。开展感恩教育，通过观看电影、送戏下乡、文艺表演、组织展览等群众喜闻乐见的形式，开展爱国主义教育活动151场，举办新旧对比展175次，法律宣讲173场，制作专题宣传栏72处。大力排忧解难，投入208万余元慰问农牧民群众82次，筹措帮扶资金34万余元，大力开展了送政策、送卫生、送技术、送信息活动138场（次）；累计投入培训资金17.5万余元，帮助917名农牧民群众增长了技能。

【社会稳定】 严格落实“一线堵、二线控、三线防”的措施，成功破获了3.04非法偷越国边境和10.4企图非法偷越国边境等两起案件，实现了边境一线安全稳定。认真开展先进“双联户”创建评选工作，充分发挥6个便民警务站作用，实现社会网格化管理。严格落实“四包一”、“三包一”管控责任机制，深入开展反自焚正面宣传教育，着力开展寺庙“温馨工程”，不断引导广大僧尼爱国、爱教。进一步加强安全隐患排查工作和巡检工作，实现零死亡目标。积极采取定点接访、重点约访、专题接访、带问下访和领导包访等方式，妥善解决群众来信来访21件，实现边境社会局势和谐稳定。

加查县

【基本县情】 加查县位于西藏自治区东南部，系山南地区东大门，属多河流峡谷地带，县境东与朗县交界，北与工布江达县接壤，西与桑日、曲松两县相连，南与隆子县毗邻，东西跨度88.2公里，南北距离102.2公里，全县国土面积4646平方公里，森林覆盖面积14万公顷，草场面积19万公顷，总耕地面积2.3万亩。全县平均海拔4000米左右，属高原温带半湿润半干旱气候。县城位于雅鲁藏布江中下游南岸，海拔3240米，八邛公路（306省道）由城区南侧穿过，西距山南地区行署所在地泽当镇107公里，距自治区首府拉萨市250公里，距朗县73公里。全县辖5乡2镇，77个行政村，总人口6938户21937人，其中农村人口5730户19795人。

【概况】 2013年，全县生产总值、固定资产投资、社会消费品零售总额、地方财政收入、税收收入和农村居民人均纯收入分别完成8.82亿元、23.37亿元、1.54亿元、6481万元、7394万元和8815元，同比分别增长28.3%、36.7%、27.5%、17%、91.4%和22%，各项指标均在十二县中名列前茅。

【基础不断巩固】 高质量完成“十二五”规划项目前置手续办理和中期评估。加快推进项目立县战略，全年实施各类固定资产投资项目79个，完成投资23.37亿元，其中国家投资21.5亿元、援藏投资557万元、招商引资8286万元、民间投资9800万元。扎实开展藏木电站、朗加油路、农网改造、通乡油路等在建项目和加查电站、冷达电站、街需电站、拉林铁路加查段等拟建项目协调服务工作。旅游服务接待中心、多功能文化活动中心、县城给水工程、乡镇综合业务用房等一大批项目有序推进。积极争取“兴边富民”资金530万元，落实项目13个。

【发展能力提升】　继续实施产业结构战略性调整，三次产业比重由2012年的7:75:18调整为2013年的7:74:19。农牧业喜获丰收，粮油总产量8563吨，蓝莓特色产业扩种至120亩。科学有效地处置了安绕镇扎雪村牛A型口蹄疫疫情，无害化处理牲畜488头。实施优良核桃果园基地29.8亩，核桃产业规模发展到1.5万亩41.38万株。加大对中小企业扶持力度，投入350万元无偿扶持加查石锅加工厂、神湖藏家宴、利民建筑公司等经济实体发展壮大。邦布岩金矿进入投产试运营，完成产值8446万元，成为加查历史上第一个规模以上工业企业。旅游产业发展迅猛，全年接待游客4.05万人次，实现综合收入1133万元，同比分别增长33%和42%。

【发展步伐加快】　推进“现代化新型县城”建设，投入1490万元实施了文成路、8条主干街道绿化、综合文化广场、机关大院等亮化和管网改造建设。配齐了144套新建县直周转房相关设施，投入1967万元新建成176套保障性住房，干部职工住房难问题得到了根本缓解。完成了668户安居工程、24个农村人居环境综合整治以及35户无能力建房工作任务。5019户18220人实现了安全饮水。农牧区用电人口基本实现全覆盖。新建移动信号和光缆基站6座，行政村通讯覆盖率达100%，广播电视覆盖率达92%，所有乡镇和85%的行政村通邮。大力开展环境综合治理和城市风貌整治，完成义务植树和重点区域公益林建设2206亩，城乡生态建设与环境保护协调推进。

【发展成果丰富】　2013年，通过本级财政落实各类支农惠农资金达2012.26万元，社会主义大家庭的优越性进一步显现。累计投入1100多万元，大力推进学校规范化建设，认真落实控辍保学责任制，农牧区学前两年入园率和城镇学前三年入园率分别达97%和100%。全民免费体检推广普及，一村一医目标基本实现，孕产妇住院分娩率达88.5%。新建7个乡（镇）综合文化站，成功组建77个农家书屋和16个寺庙（拉康）书屋，行政村农家书屋和有常驻僧尼的寺庙书屋实现全覆盖。培养科技特派员45名，科技明白人行政村覆盖率达100%。城乡养老保险及在编僧尼养老、医疗保险实现全覆盖。五保集中供养率达50%以上。积极引导农牧民参与项目建设和多种经营，实现劳务输出6180人，创收3320万元。加快推进扶贫开发进程，投如2431万元实施扶贫项目30个，全年人均收入2300元以下的贫困人口减少1242人。

【发展领域拓宽】　草场承包经营制度、草原生态保护补助奖励机制、农村宅基地确权登记工作扎实推进。财政支出结构不断优化，结构性减税政策全面落实。招商引资工作整体推进，招商引资到位资金8286万元，同比增长240%。全年洽谈项目5个，正式签约项目2个，招商企业累计上缴税收1488万元。非公有制经济活力迸发，全年共登记注册个体工商户1447户，注册资金5526万元，同比分别增长11%、29%。积极做好受援工作，圆满完成了湖北宜昌市二、三批援藏干部轮换交接工作，衔接明确了新一轮援藏两大类七个项目，安排资金3700万元。

【发展成效凸显】　加强和创新社会管理，严厉打击各类犯罪活动，刑事案件侦破率、矛盾纠纷调处化解率和治安案件查处率分别达92%、96%和100%。创新开展深化干部下访群众工作，推行联动联排联处工作机制。安全生产事故起数和死亡人数分别下降80%和40%。扎实开展创先争优强基惠民、千名干部下基层为民服务实践活动，深入开展先进“双联户”创建评选活动，积极做好“六五”普法和“法律七进”活动。突出虫草采集管理工作，共劝返外来及无证采集人员203人。寺庙“六建”、“六个一”和“九有”工作同步推进。扎实开展廉政建设、公车治理和简政放权等工作，接待费用开支同比下降近15%。

隆子县

【基本县情】 隆子县位于西藏南部，山南地区南部偏西，喜马拉雅山东段北麓。全县境域面积10566平方公里，实控面积8165平方公里，辖2镇9乡、80个行政村、445个自然村，总人口3.6万人，居住有藏族、汉族、珞巴族等十几个民族。农牧民人口10359户3.2万人。有耕地4.85万亩，是全区35个粮食主产县之一。可利用草场612.86万亩。林业用地总面积17.51万公顷，森林面积5.02万公顷，森林覆盖率26.65%。资源丰富有冬虫夏草、贝母、红景天、雪莲花、当归、党参等野生植物资源和岩金、铅、锌、锑、水晶、石棉等矿产资源。有丰富的水资源、太阳能资源和风力资源。有吾金扎布溶洞、达瓜西热神山、措嘎湖山色等自然景观，扎日风景区是第一批自治区级风景名胜区。有禄东赞、达波拉杰故居遗址和独特的寺庙建筑、风格各异的壁画艺术等人文景观。

【概况】 2013年，全县生产总值完成6.67亿元，增长14.2%；全社会固定资产投资完成7.55亿元；县本级财政收入完成4313万元，增长17%；社会消费品零售总额完成6800万元，增长21%；农牧民人均纯收入完成6541元，增长17.9%。

【农牧业丰产丰收】 县本级财政投入支农资金300万元。今年粮经饲比例调整为60:18:22。全县粮食种植面积4.55万亩。调运春播化肥691.8吨，调运农药37.9吨。积造农家肥8万吨。种子精选率、包衣率均达到100%。开展农牧业实用技术培训812人次。落实农机具购置补贴200.07万元、农作物良种补贴33.85万元、粮食直补和综合直补151.3万元。落实地区和县小型农田水利建设补助资金299万元。安排防汛抗旱专项资金33万元储备各种物资。总投资3872万元的农业综合开发项目基本完工。由于政策好、人努力、天帮忙，农牧业生产再获丰收，预计粮食总产1.77万吨，增长4.2%；油菜总产1040吨，增长4%。建设防抗灾饲草料基地500亩，新修维修牲畜暖棚圈603座。县级储备防抗灾饲草料70万斤。春秋两季牲畜免疫注射21.29万头（只、匹），免疫密度100%。新生仔畜7.74万头（只、匹），成活率95%；成畜死亡804头，死亡率0.4%。兑现草原生态保护补助奖励资金1106.25万元。结合草补工作，出栏牲畜62412头（只、匹），出栏率33%。乡镇兽防站改扩建、县级农业技术推广站、热荣乡农牧业防抗灾物资储备库、农村户用沼气等8个农牧项目全部竣工。

【新农村建设】 积极争取投资向农牧区倾斜，推进新农村建设。强基惠民渠道争取资金6841万元用于农村基础设施建设。在做好热荣乡“7·18”洪涝灾害救灾工作的同时，借助上级政策支持，整合资金340万元实施15户灾后恢复重建和相关项目，把它打造成为隆子县新农村建设的示范点、亮点。总投资2027.2万元的32个扶贫项目全部完工。县本级财政安排的400万元重点扶贫项目基本完工。县本级财政投资161.6万元的日当镇加洛村村居活动场所标准化示范点建设项目完工。总投资1285万元9个农村人居环境建设和环境综合整治项目、27个边境自然村组织活动场所建设项目全部完工。全面完成2户无能力建房贫困户的建房工作。投资148.2万元的494户农村危房改造试点建筑节能示范工作进展顺利。落实资金1614万元实施16个“兴边富民”项目。扎实抓好斗玉珞巴生态文明小康示范点建设的前期工作。安排资金61万元抓紧开展日当镇和扎日乡小城镇规划。

【农牧民收入持续增长】 认真落实工程项目投资15%交由农牧民实施的措施，积极扶持有资质、有信誉、有实力的农牧民施工队。据不完全统计，项目建设带动农牧民增收13171.68万元，占国家投资的23%以上。组织劳务输出13150人，创收5210万元。采集虫草1320斤，创收7260万元，带动农牧民人均增收2244元。组织农牧民转移就业培训1310人，培训合格率92%。落实惠民政策资金6409.32万元，开立民生资金账户90823户。按照农牧民人口32345人计算，项目建设、劳务输出、虫草采集、惠民政策分别带动农牧民人均增收4072元、1610元、2244元和1981元。

【加大项目调度力度】 把项目建设摆在更加突出的位置，先后三次召开项目建设调度会议，及时研究和解决问题，整合力量，加快项目建设进度。全年新建、续建项目109个，总投资14.89亿元，全社会固定资产投资完成7.5548亿元，超额完成年初计划，其中国家投资33292万元、民间投资7682万元、招商引资13938万元。安排1700万元在地区和县里进行土地储备。

【基础设施条件不断改善】 投入资金64万元对人畜饮水安全工程进行维修。总投资44万元的“大地之爱·母亲水窖”项目竣工，解决283人、1804头牲畜的饮水问题。投入资金479.8万元对3座电站进行维修。总投资1557.96万元的曲松电站和克木电站及线路延伸工程投入使用。总投资1.85亿元的17个交通项目，日当沙琼桥等11个项目完工，帮其至形琼普张四级砂石路完成50%的工程量、日当至热荣四级油路完成50%的工程量、准巴至斗玉四级油路完成60%的工程量、加玉至错那觉拉公路完成63%的工程量。县城供水工程、雄哲南路改扩建工程、干部职工食堂、县级政权综合业务用房、财源楼、乡镇政权业务用房、卫生监督所和地方病防治所、列麦乡卫生院改扩建、广电中心、新华书店、48套廉租房、64套周转房、120套公租房、以村级幼儿园为重点的18个教育项目等一大批项目竣工投入使用，进一步改善发展条件。

【工矿产业带动明显】 工业总产值完成41893万元，同比增长37%，其中华钰公司完成产值41500万元，铅产量13332吨、锌产量12486吨。扎实推进扎西康矿产资源整装勘查。成功解决雪沙乡查拉普、日当镇塔新村探矿纠纷，妥善处理矿石运输车队超限运输问题，确保阳光公司、隆鑫公司、华钰公司正常开展工作。依法处理扎西康矿山两起安全生产事故。成立矿产资源开发管理工作领导小组，整合各部门职能，进一步规范矿产资源开发秩序。

【特色产业规模扩大】 投资2070万元在隆子、日当两镇建立青稞原料基地，完成6000亩原料基地、800亩黑青稞种子基地建设；加玉乡青稞加工基地土建工程基本完工；申报隆子黑青稞农产品地理标志认证、农产品无公害认证及普通地理标志商标注册，完成成品外包装设计，成立隆子黑青稞种植专业合作社和门户网站。县本级财政安排20万元专项资金，完成黄改冻配6736头，配种率103%，其中复配216头，复配率3.1%。新生犊牛5581头，成活率95%。出售改良牛1763头，创收740.46万元。

【第三产业发展迅速】 非公经济市场主体发展到939户，比去年增加45户。开展6次食品安全检查活动，查处食品安全案件21起。接待游客18663人次，创收303.8万元，分别增长15.4%和18.3%。扎日乡边贸市场竣工投入使用。完成碘盐销售188吨，增长1.5%。成功举办“隆子县聂雄物资文化交流会”，参会商户386家，比上届物交会增加87家，交易总额2080万元，比上届物交会增长42.8%。

【持续做大财政蛋糕】 各项税收完成7200.64万元，增长3.55%，其中增值税3382万元、营业税1503万元，县级收入3645.95万元。向农牧民运输人员退税63.49万元。税控机纳税户补税47.21万元。加强企业所得税汇算清缴工作，查补税款12.57万元。实施政府采购818.5万元。截止11月底，农行隆子县支行各项存款余额66788万元，比年初增加9028万元，增长15.63%；各项贷款余额9803万元，比年初增加2179万元，增长28.58%。发放《农牧户贷款证》8032张，发放涉农贷款4998万元。为乡镇、村安排900万元，重点解决饮水、屋顶改造、防洪堤坝、公务车辆更新、基层政权建设等问题。全面启动才麦农场、国营牧场改革工作。

【社会事业长足发展】 县本级财政投入教育经费737.2万元。在此基础上，教师节期间再安排4.21万元慰问经费，安排5.11万元组织县内退休人员到区内旅游。全县4796名学生享受“三包”政策，落实经费1134.73万元；2293名学生享受“农村学生营养改善”政策，落实资金123.82万元。按照山南地区资助农牧民子女上大学的政策，向2012年和2013年的208名学生落实学费61万元，兑现路费10.66万元。学前“双语”幼儿一年毛入园率达84%。小学适龄儿童入学率和巩固率均达100%。初中入学率100%、巩固率99.8%。科技事业投入达935万元，占全县生产总值的1.3%。安排文化产业发展资金111万元。落实民间艺术团组建、培训、运转、排练场所建设等经费336万元。安排近200万元支持电视台办自办节目。投入资金24万元对县城有线电视线路进行光缆改造。组织开展各类文艺演出230余场次。放映电影1832场次。开展各类文化执法检查35次。县本级财政投入资金11.55万元购买国旗2.1万面。深入开展以“中国梦·隆子梦”为主题的四下乡活动。总投资556万元的23个村卫生室建设项目现已完工投入使用。对218名医生进行业务培训。农牧区免费医疗资金到位1092.89万元，落实农牧民大病统筹报销补偿金778.92万元、门诊补偿352.57万元。兑现2012年农牧区“一孩双女”和特殊子女伤残死亡扶助资金63.74万元。孕产妇住院分娩383人，住院分娩率85.11%，落实奖励补助金11.92万元。全面完成城乡居民和在编僧尼免费健康体检工作。深入开展藏语文社会用字规范工作。

【民生民利继续改善】 落实“三大节日”慰问金149.36万元。工会慰问困难职工4.86万元。发放2012年至2013年冬春期间自然灾害生活补助资金88.78万元。落实城镇和农村低保243.12万元。落实城乡医疗救助金132.94万元，救助605人。新增五保户41名，全县五保户达到269名，集中供养率达到52.3%，落实供养资金29.38万元。县本级财政预算安排城乡困难群众临时生活救助资金提高到10万元，救助23人，兑现资金7.11万元。总投资324万元的6个乡镇救灾物资储备库完成90%的工程量。新型农村养老保险、城镇居民养老保险参保率均达98%。开展就业再就业培训158人。城镇新增就业125人。城镇登记失业率1.9%。处理劳资纠纷6件，追回劳动报酬49.26万元。发放廉租住房租赁补贴8.87万元。千名干部下基层为民服务实践活动中为群众办实事269件。湖南常德第七批援藏安排资金4200万元。

错那县

【基本县情】 错那县位于西藏自治区南部，喜马拉雅山脉东南，东接印占洛隅地区，西邻不丹，南与印度接壤。全县总面积34979平方公里，包括印占“麦克马洪线”以南的门隅地区，现实际控制面积约10094平方公里。全县平均海拔4400米，县城所在地海拔4380米，年平均气温-0.6℃，极端最低气温-37℃，全年无霜期仅有42天，自然条件十分恶劣，是西藏自治区典型的边境高寒县之一。

全县下辖9乡1镇，其中门巴民族乡4个，占西藏自治区较少民族乡镇的近二分之一。全县共有24个村居、55个村民小组，总人口15899人（其中农牧业人口13661人）。居住着藏、汉、门巴、回等民族。错那县属半农半牧县，现有耕地2.25万亩，草场527.89万亩，森林126.94万亩。

【概况】 2013年，全县生产总值、固定资产投资、本级财政收入、社会消费品零售总额、农牧民人均纯收入分别完成35619万元、52967万元、1280万元、5496万元、5991元，同比分别增长14.1%、4.6%、28%、22.2%、18.9%。存贷款余额分别为37595万元、8215万元。完成税收收入2214万元，同比增长53%。完成财政支出2.9亿元，全年新增财政转移支付2599万元，增长36.93%。

【产业发展】 2013年，全县一产、二产、三产产值分别完成1998万元、17415万元、16206万元，同比增长4.9%、15.6%、13.8%。农牧业生产形势平稳。全年粮油总产量4562吨；新生仔畜34251头（只、匹），成活32214头（只、匹），成活率94.1%；出栏牲畜32594头（只、匹），出栏率32.8%；改良黄牛1131头；新开垦茶田1000余亩，播种602亩，完成所有茶田网围栏建设，添置了茶叶加工设备，开展了茶叶加工培训，完成了新包装设计和地理标志认证工作，与西藏朗赛经贸有限公司合作，加强了勒布茶叶市场化运营，“门隅佛芽·玉罗冈吉”品牌茶叶成功上市。按照觉拉丰收坝规划设计，完成土地开垦3000余亩，初步形成“田成方、林成网、路相连、渠贯通、旱能浇、涝能排”的现代农业开发格局。组建了卡达藏刀协会，注册了产品商标，加强了包装设计和宣传工作。基巴乡荞麦藏白酒加工厂、荞麦枕头加工厂、贡日乡藏野猪养殖基地、觉拉乡藏鸡养殖基地、觉拉乡罗堆村页岩加工厂等一批特色产业项目正有序推进。顺利完成勒布沟小城镇规划评审工作，勒布沟自治区级风景名胜区规划和旅游规划初步完成，旅游基础设施建设力度加大。全年共接待游客8886人次，创收519.805万元,同比分别增长63%、57.3%。累计注册个体工商户556户，注册资金13819万元；注册私营企业26户，注册资金5616万元；登记注册内资企业24家，注册资金达3279.53万元，非公经济持续发展。

【投资消费】　本级财政拿出100多万元作为项目前期经费，组建了工作专班，有力地推动了项目工作。全年开复工项目82个，完成投资52967万元，同比增长4.6%。通过积极衔接协调，被列入“自治区级五年期农业综合开发县”和“自治区级三年期兴边富民特色产业试点县”，总投资将分别达到5000万元、2400万元。2013年，完成招商引资1624万元，同比增长27.3%。全面落实了一系列促消费和惠民政策，落实各项惠民资金3685.41万元。

【城乡环境】　投资2025万元实施了7个村人居环境综合整治、22个边境村民小组活动场所建设、58户弱势群体危房改造。建成县乡干部职工周转房60套、公租房96套、廉租房48套，实施了周转房给排水和屋顶改造工程，干部群众居住条件切实改善。村（居）移动、电信覆盖率分别达到85%、100%。新建渠道25.793公里，疏浚河道2公里，维修加固防洪堤3.9公里，安全饮水覆盖率达到100%。新建农村公路3条，建设里程28.934公里，改建里程177.288公里，农村基础设施条件进一步改善。乡镇通邮率达到100%，广播、电视覆盖率分别达到90%、95%。

【受援工作】　积极开展受援协调工作，受援工作成绩突出。援藏医生王志芳同志被推荐为“感动山南十大人物”候选人。

【民生民利】　始终坚持把保障和改善民生作为一切工作的出发点和落脚点，大力开展了“民生改善年活动”，公共服务水平和民生保障水平实现“双提升”。一是公共服务水平不断提升。本级财政对教育的投入力度不断加大，投入资金318万元，占到财政收入的31.8%。教育基础设施进一步完善，设立了教学质量奖，教育质量不断提高，全县适龄儿童入学率和巩固率继续保持100%，学前双语教育入园率85.6%。文物保护工作成效明显。县民间艺术团组建完成，管理运行良好，下乡演出达到40场次。二是民生保障水平不断提升。全力实施了弱势群体危房改造、提高健康寿星和残疾人保障范围、维修干部职工周转房、建设干部职工食堂、提高干部职工住房公积金比例、增加乡镇基层一线干部职工的生活补贴、发放退休人员内地考察费等“十件实事”，累计投入资金662.6万元。完成地热资源勘探数据收集、整理和分析工作，数据分析显示县城基本具备了供暖条件。动态消除“零就业家庭”，城镇失业率控制在2.1%以内。新型农村养老保险、城镇居民养老保险、僧尼养老保险参保率分别达到100%、98%、100%。

【政府建设】　按照政府建设相关要求不断推进自身建设，积极开展了“作风建设年”和“财税管理年”活动，政府工作力度“双加大”。一是改革创新力度大。加强了政府自身建设，不断提高行政效率和工作水平，为经济社会协调发展创造了良好的行政环境。制定出台了《政府议事规则》，政府日常工作行为更加规范，行政效率更加高效。“乡财县管、村财乡管”工作扎实开展。县人民医院医疗财务制度改革顺利实施，县人民医院管理运营更加规范。制定出台了《错那县专项资金管理办法》，健全了财务管理制度，规范了政府“三公开支”。政府投资公司组建完成，搭建了对外合作和融资的平台，规范了政府对外投资行为。完善了非税收入的管理，加强了税源监控。进一步加强了后勤接待管理，后勤接待工作实现了规范化、制度化和节约化。二是监督管理力度大。加强了政府部门工作监督管理，政府部门工作落实更加有力。积极开展了“五比五看五评选活动”，对过去存在的一些不依法行政的行为坚决给予改正。组织政府各职能部门工作人员学习了《行政许可法》等政策法规，切实提高了依法行政和为民服务水平。大力推进诚信体系建设，健全相关制度，认真履行政府承诺，不断提高政府公信力和诚信度。

浪卡子县

【基本县情】 浪卡子县地处喜马拉雅山中段北麓，处前后藏交界地，东与山南地区的措美、扎朗、贡嘎县相连；南与洛扎县交界；西与日喀则地区康马、江孜、仁布县毗邻；北与拉萨市的尼木县、曲水县隔江相望，与不丹王国接壤。浪卡子县是以牧为主、以农为辅的边境高寒县，有25公里的边境线，是全区离自治区首府拉萨最近的边境县，距拉萨164公里，距泽当217公里。全县辖8乡2镇、98个行政村、175个村民小组、7549户、36188人。全县平均海拔达4500米以上，普玛江塘乡政府所在地5373米，是全世界海拔最高的乡镇。全县国土面积8500平方公里，其中总耕地面积3.87万亩，草场面积680万亩，水域面积1054平方公里。

县内旅游资源丰富，拥有西藏三大“圣湖”之一的羊卓雍措，面积638平方公里，蕴藏有近3亿公斤的高原无鳞鱼和裂腹鱼，素有“西藏鱼库”之称。野生动植物种类繁多，诸如野驴、豹、黑颈鹤、水獭和贝母、麻黄、雪莲花、龙胆等。

【概况】 2013年，全县生产总值完成38160万元，同比增长9%；全社会固定资产投资完成48519万元，同比减少7%；财政收入完成1852万元，同比增长17%；社会消费品零售总额完成6585万元，同比增长16.2%；农牧民人均纯收入完成6616元，同比增长23%。

【农牧业发展】 农牧林业生产总值完成7211万元，同比增长8.7%。粮食、油菜产量分别达到7830吨、751吨。年末牲畜出栏率达34.7%，存栏33.89万头（只、匹），完成年度减畜任务3.1万头（只、匹）。重大动物疫病防控工作扎实推进，新生仔畜10.13万头（只、匹），成活率93.6%。成畜死亡率控制在1.4%以内。黄牛改良冻配3902头，完成目标任务的100%。肉类产量2817.99吨，奶类产量9981.77吨，毛类产量245.8吨。

【旅游业凸显】 编制完成了《浪卡子县旅游发展总体规划》，积极筹划扎玛龙民族旅游特色村建设，全面实施羊湖景区周边环境综合整治工作，加大旅游执法力度，净化旅游市场，杜绝强买强卖和尾随兜售行为。成功举办了2013环羊湖自行车体验游活动，羊湖旅游知名度进一步提升。全年共接待国内外游客23.02万人次，实现旅游收入937.2万元，上缴利税25万元、租赁金160万元，群众直接参与旅游服务180人，收益130余万元。招商引资投资完成1190万元。

【非公产业蓬勃发展】 2013年新增个人独资企业22户，注册资金1253.98万元，分别比去年增长91.7%、99.9%；新增个体工商户47户，注册资金431.07万元，分别比去年增长7.7%、29.4%；新增农牧民专业合作组织38家，注册资金1341.5万元，比去年分别增长345.5%、331.2%。在去年扶持的基础上，张达乡综合企业、苏格卡垫厂等乡镇企业规模不断扩大，生产技术改造升级，成为冬闲时节吸纳就业的主要目的地，年产值达675万元，吸纳就业218人。

【基础设施】 2013年，全县开复工项目共计76个，总投资97355万元，完成投资48519万元，完成年度目标的81%。大力改善交通条件，全年新开工通乡油路项目220公里，解决15452名群众的“出行难”问题；投入113万元养护农村公路970公里。加大水利设施建设，认真贯彻落实“中央1号文件”精神，一大批农田水利基础设施顺利实施，农牧基础水利设施维修工程全面启动，朗杰塘灌区项目顺利推进。中央追加小型农田水利建设补助资金项目、中央公益性水利工程养护资金项目和自治区特大防汛资金项目全面完成。县城水源地建设工程和农牧区6个村庄安全饮水工程有效实施，实现了县城全天供水，解决了县城及周边村庄的饮水问题。加强城镇基础设施建设，县城道路硬化及配套设施建设稳步推进。加大保障性住房建设力度，建设周转房74套，总建筑面积4300平方米；在建公租房、廉租房144套、总建筑面积6240平方米，主体工程已完工。新农村建设工作稳步推进，县财政配套125.5万元，曲增村65户危房重建和25户计划内无能力户建房顺利推进；4个边境村组织活动场所建设顺利实施，8个村（居）人居环境建设和环境综合整治工程顺利完成。县城及羊湖周边生态环境综合整治工作有序推进。县城供暖工程及污水处理收集系统工程已列入议事日程，正在积极衔接汇报当中。

【民生改善】 全面落实中央和区、地、县四级惠民政策，及时足额兑现政策性惠民资金5103.54万元。社会保障体系不断完善。年初预算防抗灾资金60万元，投资38.2万元建设人工影响天气标准化作业点。城乡居民社会养老保险全面推进，在编僧尼参保率达到100%，年满60周岁老人基础养老金全额发放；农牧区医疗体制改革不断完善，全县参加农牧区合作医疗人数达到34259人，参加率达99.4 %，覆盖率100%；工伤、失业、生育保险和城镇居民、僧尼医疗保险深入推进；种养殖、房屋、农机具等各类社会保险全面推广。就业再就业工作成效明显。全县实现农牧区富余劳动力转移就业7975人，劳务创收3190万元；培训推介32名城镇失业青年走上工作岗位，安置32名公益性岗位，内地中职班36人毕业生实现就业，城镇登记失业率控制在2.1%以内。社会救助体系进一步完善，将扶贫户、五保户、低保户等全部纳入保障范围，兑现城乡低保金451.84万元。

【社会事业】 一是优先发展教育。加快教育教学设施建设，学校食堂、教学楼、实验室和幼儿园等硬件设施不断改善。加大控辍保学力度，县、乡、村三级层层签订目标责任书。实现学前双语教育入园率85%以上，小学入学率100%，初中毛入学率达到116.21%。兑现“三包”经费1456.52万元，兑现率100%。落实农牧区义务教育阶段学生营养改善经费87.42万元。大学生救助政策全面实施，兑现补助资金24万元，受益125人；扫盲工作深入开展，文盲率控制在1%以内。深化教育安全维稳工作，学院及周边环境进一步净化。牢固树立科技是第一生产力的理念，加大科技创新扶持力度，科技对经济社会发展贡献率逐步攀升。二是发展卫生事业。加快改造卫生基础设施，医疗卫生服务能力进一步提升；配齐配强了医疗设备和卫生工作人员，基本实现了“一村两医”的目标；全面实施并完成了城乡居民及在编僧尼免费健康体检和建档工作，完成率达100%；筛查确诊50例先心病患儿，37名具备手术指征的得到救治；计生工作持续加强，全面落实孕妇住院分娩补助政策，安排降低孕产妇和婴幼儿死亡率奖励补助金9.2万元，进一步提高了住院分娩率，实现了孕产妇和婴幼儿死亡“双下降”。食品药品安全监管进一步加强，成功列入自治区级药品示范县。

【文化事业】 文化基础设施不断改善，文化广播影视功能不断完善，覆盖面、使用率不断提高，推动了农牧区文化娱乐的快速发展。农家、寺庙书屋和综合文化活动站等公共文化活动场所免费开放，作用明显；文化下乡活动深入开展，城乡社会文化活动日益丰富。文化市场监管力度进一步加强，监管体系不断完善，文化市场健康有序发展。文物保护工作逐步规范，投入保护经费5万元开展了全面、系统的抢救和保护工作，打隆塔林曲德寺保护维修工作顺利实施；非物质文化遗产保护工作全面推进，“卡热卓舞”和“普玛江塘孔丝”被批准为自治区级非物质文化遗产；“羊卓姜谐”、“曲括子巴藏戏”等非物质文化遗产演出反响强烈，深受喜爱。

【援藏工作】 第四批援藏任务全面完成，投资额超过6000万元。第四、第五批援藏工作顺利交接。第五批援藏工作队迅速进入工作角色，熟悉基本情况，制定援藏工作规划，筹划援藏项目，投资预计超6700万元，涉及城乡建设、旅游设施、社会事业等方面，部分项目已完成前期工作。

【生态保护】 坚持环保优先、生态立县的发展理念，加强生态环境保护建设。制定《浪卡子县生态美好模范区建设实施方案》，出台了《浪卡子县湖泊保护管理暂行办法》，羊湖及周边生态环境保护工程全面启动。生态村创建工作稳步推进，浪卡子居委会、白地村被命名为自治区级生态村；退牧还草、优质饲草料基地建设工作稳步推进，年度减畜任务顺利完成，落实草原补助奖励资金1321万元。完成植树造林4000亩，防沙治沙、天然林保护工程、野生动物自然保护区建设和湿地保护工程稳步推进，天然林面积从78万亩增加到96万亩；重点项目建设环境保护不断规范，饮用水水源环境保护和水土保持不断加强。严格执行环境影响评价制度，环评规划大力推进。地质灾害预测预警防治工作不断加强；狠抓环境污染治理，环保专项行动深入开展，环境保护执法监管力度加大，依法管理土地，实现了保增长、保红线的目标。

林芝地区

林芝地区

【概况】 2013年，林芝地区生产总值完成81.83亿元，可比增长12.3%；固定资产投资首次突破百亿元大关，同比增长32.8%；地方公共财政预算收入完成6.67亿元，同比增长17.7%；农牧民人均纯收入达到8612元，同比增长14.9%，其中现金收入达到7360元，同比增长16.3%。

【基础设施建设】 涉及林芝的“226”项目落实投资77.6亿元，占规划“十二五”总投资的30%。全年完成国家投资58.5亿元，同比增长54.8%；完成社会投资37.45亿元，同比增长33%。全地区新增公路里程134.9公里，八一大桥建成通车，国道102滑坡群、通麦至105段整治工程进展顺利，拉林铁路、机场快速通道前期准备工作就绪，交通瓶颈正逐步被打破。八一镇福清河两岸景观带、森林湿地公园建设、香港路改造基本完成，城市民族特色更加浓郁。完成农牧民安居工程2765户，完成农村人居环境建设和环境综合整治114个村。耕地灌溉面积达19.2万亩，灌溉率达到68%。实施扶贫项目233个，总投资1.39亿元。完成国家投资1.22亿元，建设保障性住房1580套。第二批创先争优强基惠民活动实施短平快项目177个，落实国家投资4952万元。第六批援藏项目竣工218个，完成投资14.71亿元。

【特色产业】 落实“产业建设年”目标要求，大力发展特色优势产业。生态旅游发展良好，全年接待国内外游客249.6万人次，实现旅游收入22.3亿元，分别增长9%和20%。建成色季拉山观景台和游客服务中心，举办第十一届桃花节、第九届雅鲁藏布大峡谷文化旅游节，增开林芝至上海往返航线，大峡谷入口处景区被列为全区首个国家级服务业标准化试点项目。水电开发有序推进，小流域水电开发规划全面启动，老虎嘴至墨竹工卡第二回220千伏输电线路等项目建设进展顺利，全年发电量5.8亿千瓦时，同比增长14.6%。农牧业特色产业渐成规模，14家地区级龙头企业固定资产达1.4亿元，年产值4412万元；藏猪养殖规模超过30.5万头，新种植核桃3.42万亩。加大农副产品商标、地理标志商标扶持培育和引导力度，成立第一家商标事务所。藏医药业方兴未艾，种植天麻、灵芝等藏药材4831亩，生产中成药1400吨，分别增长18.1%和26.6%；完成81个藏药制剂品种申报工作，取得医疗机构制剂许可证。

【社会事业】 教育事业蒸蒸日上，“两基”成果不断巩固提高，适龄儿童入学和初中毛入学率均达到99.9%，建成21所乡（镇）附设幼儿园和村级幼儿园，修建200余个交互式教学终端教室。工布江达、米林两县顺利通过国家三类语言文字评估验收，藏语文社会用字进一步规范。卫生事业持续发展，卫生基础设施进一步改善，国家卫生城市创建步伐进一步加快；加强三级卫生网络建设，村医补助提高到每月300元，农牧民免费医疗提高到每年340元；认真落实在编僧尼和城镇居民免费健康体检、儿童先心病救治等惠民政策，各族群众健康水平显著提高。文化广电工作扎实推进，率先在全区实现地县新闻电视节目同步播出，地区广播电视台综合广播试播，广播电视覆盖率分别达到96.84%和96.45%；工布民歌、强曲节等5类10个项目列入自治区第四批非物质文化遗产代表作名录，新增国家级文化保护单位1处，自治区文物保护单位21处，大型民族特色演艺节目《寻找香巴拉》进入常态演出。科技工作得到加强，地区投入科技经费254万元，同比增长27%，科技对农牧业贡献率为40%。城乡社会保障体系进一步健全，五大类八大险种保障水平持续提升；开发就业岗位

2439个，城镇登记失业率控制在2.3%以内；开展农牧民就业培训9154人，实现转移就业6.1万人次。

【改革开放】 成立交通实业有限责任公司，10家国资监管企业拥有资产总额8.05亿元，年实现营业收入5690万元，上缴税金1821万元。建立银政联席会议制度，金融机构各项存款余额145.88亿元，增长20.6%，各项贷款余额76.51亿元，增长238.17%，金融服务经济成效进一步显现。全年招商引资到位资金28亿元，同比增长18%；民间投资到位资金9.45亿元，同比增长113.8%。编制申报“中国光彩事业西藏行”招商引资项目计划，签订意向协议投资50亿元。社会消费品零售总额完成20.5亿元，同比增长12.6%。加大价格监督检查力度，物价指数控制在3.5%以内。

【生态建设】 全力推进西藏高原国家生态安全屏障和国家生态地区建设，编制完成《林芝生态地区建设规划实施方案》，生态乡（镇）、生态村创建步伐加快。实施重点区域造林、退耕还林、生态公益林、自然保护区和滨河大道绿化等工程，完成植树造林11.77万亩，超额完成年度目标。发放生态效益补偿金1.44亿元，兑现草原生态保护补助奖励资金4701.5万元。强化森林防火，全年仅发生1起一般性森林火灾，同比减少3起。

【平安创建】 认真落实重大节日和敏感日期工作制度，实行24小时值班、领导带班制度，实现了“三不出”和“三无”目标。开通运行社会管理信息平台，切实加强网格化管理，全地区共划分网格704个，配备网格管理员2863人，实现了网格管理全覆盖。成功调处各类矛盾纠纷553起，成功化解各类信访案件106件。落实“兴边富民”资金6750万元，实施项目123个。强化安全生产，实现事故起数和死亡人数“双下降”目标。加强军政军民团结，国防和军队建设进一步增强，人防意识逐步提高。

林芝县

【基本县情】 林芝，藏语意为“娘氏家庭的宝座或太阳的宝座”。林芝县地处青藏高原念青唐古拉山东南麓，天河雅鲁藏布与工布人的母亲河尼洋河在此相汇，平均海拔3000米。川藏公路318国道和306省道横贯全县，距首府拉萨400公里，距西南中心城市成都1700公里，距林芝机场约50公里。全县区域面积10238平方公里，下辖4镇3乡，分别是八一镇、林芝镇、鲁朗镇、百巴镇、布久乡、米瑞乡和更章门巴民族乡，有67个行政村，2个居民社区，134个自然村。总人口6.7万余人，其中农牧民1.7万人，以藏族为主体，聚居着藏、汉、回、门巴（780人）、珞巴（150人）等十多个民族和僜人。八一镇是林芝地区政治、经济、文化的中心，也是林芝地区行政公署和林芝县政府驻地。

【概况】 2013年，全县国内生产总值达到39.99亿元，比增10.38%；财政收入达到8877万元，增加2989万元，比增50.76%；农村经济总收入达到3.2亿元，比增15%；农牧民人均纯收入达10268元，比增15.7%，其中，现金收入达7495元，比增15.88 %。

【产业发展】 在发展特色产业上，安排配套支农资金189.4万元，大力实施特色产业发展。2013年，全县蔬菜种植面积已达7500余亩，藏猪养殖量达到5万余头，藏鸡养殖规模达到1.2万余只，特色水果种植面积达6千余亩。2013年，把鲁朗国际旅游小镇作为广东重点援藏项目，自2012年3月31日奠基以来，已吸引保利集团、恒大集团、珠江投资等著名大企业和广东中旅、西藏雅鲁藏布旅游开发有限公司等共同投资开发,2013年四家企业共计投资为2.1亿元。2013年，全县新建旅游基础设施项目8个，续建项目2个，配套投入资金1931.65万元，全县各景区（点）接待游客达到120万人次，同比增长37.9%，预计实现旅游总收入7.2亿元，同比增长18%。

【民生改善】 2013年公共财政进一步向民生倾斜，民生支出达到1.43亿元，占公共财政预算支出的

39%。一是加强了科技培训力度。全年共投入培训资金27.9万元，以提升理论知识讲座、实地参观、经验交流和深入乡村进行实地培训等形式，举办了50期培训班，累计培训农牧区劳动力1.06万人次，使农牧民真正在科技中受益。二是教育事业蓬勃发展。积极落实教育经费1177.6万元，占上年财政收入的20%。争取项目资金2270万元，新建了百巴镇附属幼儿园，改扩建了县中学、八一镇小学、布久乡小学、更章乡小学四所学校附属工程，加快推进了全县教育均衡发展步伐。为进一步改善学前教育条件，新建一所县幼儿园，同时安排援藏资金500万元，用于新建幼儿园教师周转宿舍。三是卫生事业发展迅速。加大医疗卫生工作力度，全面落实医药卫生体制改革，加强对农牧区医疗制度资金监管，完善制度，简化手续，财政对农牧民个人补贴资金从原来的300元提高到340元，乡、县、地区及以上的常规住院报销比例分别为90%、85%、70%，报销比例在往年基础上分别提高了10%。住院报销封顶线也从原来的12000元提高到60000元，实行县、乡医疗机构农牧民住院即时接报制度，全面完成全民免费体检和儿童先天性心脏病的筛查及救治工作。完成对全县城乡居民暨在编僧尼进行健康体检及建档工作，体检率为98.2%，建档率达100%。将村医待遇每月提高100元，改善当地群众就医难、看病贵的问题。四是民政事业稳步推进。进一步做好城乡特困群众优抚对象大病救助，完善救助程序和方法，有效解决困难群众治病难问题，设立爱心慈善基金，积极开展社会捐助和助残，助学、助孤等活动。全县防灾减灾体系逐步健全，修改完善《林芝县救灾应急预案》。及时发放冬令春荒救济粮，共发放救济粮（面粉）9.85万斤，有效解决了全县缺粮户缺粮问题。五是社会保障体系日趋完善。城乡低保工作稳步实施，全年共发放城镇低保金112万元，发放农村低保金97万元，一次性生活补贴45.93万元，物价补贴15.43万元，使356户1087人受益；发放五保户一次性生活补助资金6.42万元，临时价格补贴资金3.82万元。全年征收“五险”社保费预计1385万元，全县城乡居民参加养老保险760人，共征缴养老保险金预计达到48.39万元，享受待遇129人。新型农村养老保险参保人员10689人，共征缴养老保险金91.9万元，参保率达98%。实施五保户集中供养，安排援藏资金375万元，用于新建五保户集中供养点。六是劳动力转移就业规模扩大。全年免费培训农村劳动力1.12万人，新增农村劳动力转移就业4223人，积极拓宽农牧民劳动力就业渠道，做好农牧民劳动力转移就业工作，在农牧林、道路交通、旅游环保等基建项目中，有计划地安排和组织农牧民劳动力实现转移就业8420人次，收入达1910万元。城镇新增就业119人，城镇失业人员再就业110人，城镇登记失业率控制在2%以内，完成了城镇登记失业率控制在2.5%以内的目标，零就业家庭保持了动态清零。七是惠民政策全面实施。全年共发放粮种补贴及农资综合补贴130万元，大型农机具购机补贴金为257.2万元，其中国家补贴资金200万元，地、县配套资金各28.6万元。目前已兑现农机补贴资金212.2万元，预留45万元作为购买大型玉米收割机补贴资金。八是为群众解忧难力度加大。全年落实为民办实事资金700万元，积极落实年初承诺的关于加强学前教育，加大群众脱贫致富的帮扶力度，实施教育奖励和困难家庭资助机制等全县人民群众所关心、所急需的十件实事，有力促进了全县的和谐与发展。国防动员、妇女儿童、残疾人、双拥等工作取得新成绩；税务、工商、信贷、电信、邮政等工作取得新进步。

【文化事业】 认真落实中央、自治区和地区关于支持文化发展政策，按照财政收入的2个1%设立了文化事业和文化产业发展专项资金。一是文化基础设施建设得到进一步完善，公共文化服务体系得到进一步健全。落实县综合文化中心免费开发开放资金20万元，民间艺术团补助资金40万元；乡（镇）综合文化站内部设施购置资金40万元；争取到农牧区基层文化建设专项经费245万元。为全县7个乡镇配备了23名文化干事。文化阵地建设形成规模，全县67个行政村已建成村级综合文化活动场所，其中5个行政村已建立村级信息资源共享室。国家总投资180万元县级新华书店建设项目于2013年7月完成建设任务。积极发挥文化活动中心综合效益，县文化活动中心内部各项功能正在正常运行中，常年为广大干部群众提供免费服务。二是社会事业发展得到进一步推进，广播电视行政管理工作得到进一步完善。对县电视台进行了人事调整，解决了电视台台长及副台长编制，组织机构已健全。全年播出新闻1820条，上送地区电视台150余条，滚动播出各类宣传标语100余条。在专题片拍摄方面，完成专题节目66期，正在制作3期节目。广播电视“村村通”、“户户通”、

“舍舍通”工程覆盖率保持在92.7%和98.8%。三是文化遗产挖掘和保护得到进一步提高。在原有的非遗保护项目的基础上积极申报我县非遗项目，并投入一定资金建立了林芝县非遗传习所，截止目前，培养出项目传承人3名，生产出200余件工布藏族服饰。林芝镇真巴村为“林芝藏族服饰传习基地”并予以挂牌。积极申报项目传承人，按时地放传承人补助资金。为林芝县非物质文化遗产保护工作打下坚实的基础。

【生态建设】 全年安排落实生态规划专项资金30万元，国家级生态村创建经费24万元。一是加强环境监管。与各乡镇、各单位、各个重点企业签订了《环境卫生目标责任书》，深入开展“限塑”活动、交通沿线环境整治、旅游景区环境综合整治、乡镇环境综合整治等，重点开展了排污申报登记和饮用水源地监管，有效保护了环境。二是扎实开展生态创建与保护。全面开展城乡环境卫生大整治，完成了47个行政村的自治区级生态村考核，自治区级生态村考核达标率与去年同期相比增长95%，并积极筹备最后1个申报村的自治区级生态村复审，待该村顺利通过复审验收，林芝县6个乡镇的自治区级生态乡镇前期准备工作将全部就绪，按照《方案》要求进入自治区级生态乡镇和国家级生态村的申报阶段，并完成了16个村庄规划设计工作。三是造林绿化成效显著。坚持生态建设和保护并行，继续重点开展营造林工作，切实抓好造林项目的实施和后续管理。全县共义务植树约11.3万株，2690余亩，重点区域生态公益林建设工程造林面积9723.3亩，迹地更新总造林2300亩。四是草原生态保护扎实有效。在完成2012年草场承包基础上，开展了2012年草场承包整改工作（模糊图整改）及草奖数据统计整理工作，2013年共兑现2012年度草原生态保护补助奖励机制补助资金560.5万元，已全部兑现到户。农牧民保护生态意识得到全面提升，草原生态环境得到进一步保护。五是林政管理工作进一步加强。深入开展“春季行动”、森林防火隐患大排查、清山、巡山、木材市场清理大整顿行动，组建了森林防火突击队和义务消防队，积极解救和保护野生动植物资源。

【基层建设】 一是坚持服务大局，推动了科学发展。全年各驻村（居）工作队及派出单位，多方协调，积极争取，为广大农牧民群众落实项目85个，投入资金1291.86万元，涵盖基础设施、农田、水利、交通等各方面。广泛征求发展经济和管理社会的良策，和村（居）“两委”班子一道积极化解和妥善处理各类矛盾119件，梳理存在问题和困难172件，已解决问题和困难94件，征求意见建议198条，梳理汇总67条。二是坚持以人为本，促进了社会和谐。2013年，各工作队组织村（居）“两委”学习224次，入户宣讲学习达14787人次，入户率达100%；深入田间地头、农家院落、寺庙、拉康等场所，积极协同司法、信访、农牧等部门，开展反分裂斗争教育259次，开展“四观两论”教育活动117次，开展法制宣传教育70场次、科普教育59场次，播放爱国教育片82场次，发放各类宣传资料1.5万余份，受教育群众达9397人次；开展党的方针政策宣讲会502场次，发放悬挂领袖像11376张，开展新旧西藏对比活动572次，参加群众达13926人次，群众受教育面达100%。三是坚持为民服务，促进了民生改善。2013年，工作队帮助各村（居）理清工作发展思路255条，建立健全专业经济合作组织和集体经济38个。帮助所驻村（居）解决民生方面的突出问题158件，为群众办实事解难事472件，投入资金1142.9万元；开展送科技、送技术、送卫生、送信息、送服务活动167次，投入资金40.76万元。四是坚持改革创新，夯实了基层基础。坚持中心工作与基层组织建设的深度融合，密切联系驻在村（居）实际，以强基惠民活动为统领，以党的群众路线教育实践活动为抓手，使基层党组织的凝聚力、战斗力、创造力和党员队伍的活力显著增强。2013年，各工作队深入开展“三帮一带”等活动形成长效机制，克服重“惠民”轻“强基”不足，帮助村（居）“两委”班子激活主体、增强活力，帮助健全完善党务村务规章制度393条，村规民约266条，培养入党积极分子361人，发展新党员184人，使全县基层党组织的凝聚力、战斗力、创造力和党员队伍的活力进一步增强。在寺庙管理创新工作中，各工作组全面贯彻落实党的宗教工作基本方针和国家、自治区管理宗教事务的法律法规，切实维护藏传佛教正常秩序。一是扎实推进寺庙“六建”、“六个一”和“九有”工作。认真总结工作经验，有效解决存在的问题，确保“六建”各项政策措施无漏洞、全覆盖。以“关心关爱广大僧尼，健全寺庙僧尼管理制度，切实解决僧尼实际困难”为抓手，把“六个一”活动引向深入，充分调动起广大僧尼爱党爱国、热爱社会主义制度的积极性和反对分裂、维护稳定的自觉性与主动性。扎实推进寺庙“九有”工作，在完成四位领袖像、国旗、报纸、广播电视、电影、书屋进寺庙的基础上，着力解决通水、通电、通路等问题。二是加强宗教领域的维稳工作。牢固树立全局观念、战略思维和长远眼光，做好宗教领域矛盾排查调处工作，及时掌握预警性信息、内幕性情报，不断完善常态和非常态下寺庙维稳机制，加大寺庙消防隐患排查和督促检查力度，严格落实寺庙各项规章制度，确保寺庙和谐稳定。三是加强寺庙教育引导工作。深入开展寺庙法制宣传教育，建立健全僧尼教育常态机制，详细制定寺庙法宣工作方案，使教育更加深入，更具针对性，进一步增强了僧尼中华民族意识、国家意识、法制意识、公民意识，自觉做到爱国爱教、遵纪守法。

【援藏工作】 2013年是援藏工作承上启下之年、也是关键之年。一是科学谋划援藏项目。经过深入调研、充分酝酿、反复讨论，确定了“以科学发展观为指导，实施‘一产上水平、二产抓重点、三产大发展’的经济发展战略，以带动县域经济长期平稳较快发展和社会和谐稳定为目的，以关注民生、倾斜基层、发展产业、富民优先、强化造血、突出重点，加快转变经济发展方式为主线，突出旅游和农牧两大产业，强基层，惠民生，抓产业，促发展，带动经济增长，全力推进林芝县经济社会可持续发展，为提前全面建成小康社会奠定基础”的新一轮援藏项目建设的指导思想。二是全力推进重点项目。针对鲁朗国际旅游小镇项目作为广东重点援藏项目的实际，第六批、七批援藏干部顺利交接后，我们举全县之力，将鲁朗国际旅游小镇建设资金单列，及时调整充实鲁朗现场工程指挥办公室，为鲁朗国际旅游小镇2015年全面建成奠定了坚实的物质基础。目前，鲁朗国际旅游小镇已完成了设计、评审、招投标等工作，项目已全面开工建设。三是扎实推进援藏项目建设。林芝县以对口援助为契机，通过主动与广东省委、省政府和社会各界协调沟通，积极争取援藏项目，全年投资1.15亿元，完成年度计划的192.15%，2013年是第六、七两批援藏工作交接年，第七批工作组到位后，积极谋划今后三年援藏项目规划，通过工作组的积极争取，第七批援藏资金由“十二五”规划的15944万元提升至20000万元。其中，2014年度计划投资6161万元，2015年计划投资6654万元，2016年计划投资7185万元。四是积极引进造血项目。为增强发展后劲，培育新的经济增长点。经第七批援藏工作组多方沟通联系，林芝县已与深圳东阳光集团、东莞圣茵公司、东莞华美食品有限公司三家公司接洽。其中东阳光集团与林芝县初步达成了虫草野生抚育投资意向协议，拟建立虫草野生抚育基地2000亩、科研基地100亩。东莞圣茵公司拟在林芝县注册上市，主要实施重金属回收项目。东莞华美食品有限公司拟在林芝县投资高原特产农副产品深加工项目，目前合作的具体事宜正在协商。2013年11月19日，县政府工作组到东阳光集团实地考察后，与该集团签订了合作协议书，3到5年拟计划总投资20亿元以上。预计项目实施后五年内可实现税收5000万元。五是积极争取对口外援。主动加强与韶关、东莞、惠州等市委、市政府和社会各界协调沟通，邀请派出单位的领导和社会各界前来参观考察。从总盘子外额外争取到4个小康示范村建设资金820万元。六是拓宽援藏领域。不断拓展援藏内涵和方式，使智力援藏与干部援藏、项目援藏有机结合，从输血型向造血型转变。积极与广东有关部门协调沟通，建立了干部对口学习交流机制，卫生、教育人才选派对接机制。设立2000万元援藏发展基金，从每年300万元收益中解决乡镇、村办公经费不足问题。

工布江达县

【基本县情】 工布江达，藏语意为“凹地大谷口”。工布江达县地处西藏自治区东南部，念青唐古拉山南麓，雅鲁藏布江以北，东邻波密、林芝县，南接米林、加查、桑日县，西连墨竹工卡县，北至嘉黎县。全县东西长180公里，南北宽71公里，总面积12886平方公里，其中耕地面积5.4万亩，林地面积65.57万公顷，草场面积17.2万亩。全县辖6乡3镇，79个行政村。总人口约3万人，农牧民人口2.7万人，有藏、汉、回、门巴、珞巴、僜人等多个民族，藏族占全县总人口的

94%。全县共有基层党组织129个，党员2490人，干部1055人。

【概况】 2013年，全县生产总值完成11.3亿元，比增21.3%；财政收入完成6239万元，比增14.77%；固定资产投资完成8.2亿元，比增12.3%；农牧民人均纯收入达9200元，比增15.5%；现金收入完成6380元，比增15%。获得“全国文化惠民工程宣传工作先进单位”“全区规范藏语文社会用字工作先进集体”“林芝地区安全生产工作先进县”等70项国家级、自治区级和地区级荣誉。

【产业建设】 旅游业快速发展。投资2103万元，实施巴松措景区停车场、游步道、甲噶东赞景区游客中心、太昭游客餐厅等工程，成功举办“第三届西藏林芝松茸美食文化节暨工布江达县第八届巴松措工布民俗文化旅游节”；发展了5个旅游乡镇、7个旅游特色村、72家家庭旅馆；全县共接待游客52万人次，旅游总收入5209万元，比增20%,群众参与旅游业增收达573万元，占旅游总收入的10.9%。农牧业规模壮大。全县藏猪养殖规模达到12.66万头、牦牛养殖达到10.33万头、蔬菜大棚达到590座；销售加工藏猪肉800吨、牦牛肉1350吨、菜籽油842吨、菌类产品19吨；投资1800万元,实施13个农牧产业项目，在4个乡镇试种新品种玉米361亩；成功引进上市公司雏鹰集团和西藏自治区重点企业升阳农牧科技开发有限公司入驻。矿产业增收明显。全县共有采矿企业3家、探矿企业16家，新设置探矿权19个，整装勘查顺利推进，2013年，矿产业实现产值5800万元、财税收入230万元，带动群众增收246万元。

【城乡建设】 完成项目投资2.64亿元（国家投资2.47亿元、财政收益预算内投资1608万元、援藏投资125万元），新建、续建项目112个，全面加强城乡建设。制定了小康示范村建设和城镇建设实施方案，实施14个村人居环境整治工程，完成安居工程建设任务341户；开工建设11个农村公路项目，维修农村公路152公里，新增里程107公里，全县实现乡乡通油路；实施了小型农田水利专项建设、农牧区输电线路工程、农村安全饮水工程等一批民生水利、电力项目，使全县98.6%的自然村通电，85.5%的自然村通水；实施新农村消防三年规划，2013年首批完善14个人居环境整治村消防设施，新配备消防车一台；新建6个乡镇邮政所，实现乡邮政网点全覆盖；积极配合拉林公路建设，完成规划红线范围内建筑拆迁、土地征用等各项统计工作，妥善协调施工方、群众、商户等各方关系，即保障了群众利益，又确保了拉林高等级公路顺利开工。顺利推进县城总体规划修编工作，县城水源地保护、松多集镇改造等一批城镇建设重点工程顺利实施，城镇功能不断完善。

【援藏工作】 第六批22项总投资4888万元的援藏项目全面完成，为全县经济社会发展奠定了坚实基础。第七批援藏工作队秉承“科学、无私”的援藏精神，通过“转观念、正风气、抓落实”大调研活动，确立了“围绕发展和稳定两件大事，注重民生和基层‘两个倾斜’，人才援藏、智力援藏、项目援藏和感情援藏‘四援并重’，着力破解人才匮乏、基础薄弱、观念制约、机制阻碍‘四道障碍’，助推工布江达观念转变、机制创新、干部成长、产业形成‘四大成效’”的援藏工作思路，编制了7大类总投资6157万元的援藏项目（两个倾斜达到84%），并先行开展了项目前期、走访慰问、下乡巡诊等工作，实现了工作的良好开局。

【农牧民增收】 认真贯彻落实中央和自治区各项强农惠农政策，加强特色产业建设和多种经营收入，重点抓好虫草资源采集管理，广泛开展农牧民科技培训，提高群众组织化水平，通过一系列有效措施，使农牧民群众增收渠道不断拓宽，思想观念不断更新，致富能力不断增强。全年共实施扶贫项目48个，完成投资2597万元，实现1000名群众脱贫；共为群众兑现各类补贴4890万元，组织开展农牧民科技培训8030人次，转移农村富余劳动力9300人次，转移就业收入突破4100万元，农牧民人均纯收入迈上9000元新台阶，全县万元村达到20个。

【投资环境优化】 进一步完善和落实鼓励支持非公有制经济发展的各项政策措施，帮助中小企业盘活资金，共为中小企业免税、减税183万元，全县各类企业达到53家，注册资金2亿元，新增企业12家，净增注册资金5460万元。大力开展金融惠农支农活动，为农牧民发放贷款9936万元；积极参加“厦洽会”“林洽会”，招商引资签约项目10个，完成投资4.45亿元；民间投资项目累计到位资金1.28亿元，比增11.3%。

【生态建设】 编制《工布江达县生态县建设规划》，草原生态保护补助奖励机制、中央森林生态效益补偿金、工布自然保护区建设、红杉良种采种繁育基地等项目稳步实施，完成投资和发放补偿资金4639万元。全年实施义务植树造林360亩、重点区域造林1561亩、森林抚育2万亩，森林覆盖率达到31.97%，重点公益林管护经验在全区得到推广。扎实推进生态创建工作，51个行政村获得“西藏自治区级生态村”称号,7个乡镇获得“西藏自治区生态乡镇”称号；规划环评和项目环评不断加强，关闭西藏锦华矿业开发有限公司金达镇钼矿浮选厂，出台《工布江达县河道采砂管理暂行办法》，生态环境持续良好。

【社会事业】 教育水平进一步提高。全年投入教育经费1087.2万元，积极推进义务教育均衡发展，突出抓好控辍保学、师资队伍建设和办学条件改善等工作，落实“三包经费”1339.6万元，中、小学入学率达到98%以上；完成巴河、错高幼儿园和5所乡镇小学食堂改扩建工程，新建乡镇“双语”幼儿园4所，新建乡镇小学教师宿舍1850㎡，国家三类城市语言文字工作顺利通过自治区评估验收，成为林芝地区首个以高分通过验收的县。文化事业进一步发展。投资403万元，改扩建县文化活动中心、县电视台演播室，新建新区LED显示屏；投资260万加强基层文化建设，乡镇文化站实现全覆盖，广播、电视覆盖率分别达到98.42%和98.67%；创建新农村新文化示范点6个，放映农村电影4000余场次，成立村级民俗表演队17个，组织演出68场；藏香猪烹饪技艺、林芝民居营造技艺被列为自治区非物质文化遗产，错高“梗舞”传承人被列为自治区非物质文化遗产传承人。卫生服务进一步改善。严格落实农牧区医疗补贴提标工作，累计划拨医疗基金976万元，报销补偿资金397万元；疾病防控水平进一步提高，疫苗接种率达到95%以上，保护性灭獭面积380公顷，举办鼠疫防控应急演练活动；继续加强妇幼保健、优生优育工作，全县孕产妇住院分娩率达到89%，婴幼儿死亡率控制在35‰以内；为289户“一孩双女户”发放补助金27.7万元，为68户“西藏特殊子女”家庭发放补助金10.6万元，城乡居民和在编僧尼免费体检工作全面完成。就业和社会保障工作进一步推进。新增城镇就业135人，城镇登记失业率控制在2.5%以内，五大保险缴费率达到100%；社会福利院（五保集中供养中心）开工建设，70%五保户（155人）实现集中供养，落实五保户供养金57.46万元；累计发放新农保基础养老金222.9万元，落实城镇低保金94.7万元、农村低保金53.7万元；新建廉租房72套、公租房120套、周转房64套；投入97万元，开办林芝地区职教驾驶学校工布江达县分校，有效解决农牧民群众考驾照难问题，14人经过培训取得驾驶证；投资107万元，实施西部三乡镇供暖工程；投资500万元，设立工布江达县城乡困难群众大病救助专项基金和贫困生助学基金，为100名贫困学生发放救助金30万元，为648名城乡居民发放救助医疗资金74.7万元，为456名困难群众发放临时救助金40.09万元；投入50万元，积极支援那曲地区嘉黎县忠义乡抗洪救灾。

【自身建设】 自觉接受人大、政协监督，全年办理人大代表建议和政协委员提案98件，办复率达到100%。密切联系工会、共青团、妇联等群团组织，广泛听取社会各界意见、建议。不断提高政府行政效能，加强应急管理，强化行政效能监察，狠抓审计监督和财政监管。加强县一站式服务中心规范化管理，将35项审批和服务事项集中办理，政府工作规范、高效运转。县财政投入资金443万元，全力支持开展强基惠民活动，落实资金4900余万元，为民办实事733件，干群关系进一步密切。切实贯彻落实中央“八项规定”和自治区“约法十章”，廉政建设落到实处，干部作风明显转变。

米林县

【基本县情】 米林，藏语意为“药洲”。米林县位于西藏自治区东南部，林芝地区西南部，地处雅鲁藏布江中下游，与印占区接壤，是一个边境县。县城距林芝地区行署所在地八一镇72公里。全县平均海拔3700米，县城所在地2950米。于1959年建县，全县辖5乡3镇，沿岗派公路和306省道东西分布。共66个行政村和1个居民社区。2013年全县总人口2.3万人，其中农牧民人口1.7万人，主要居住有藏、汉、珞巴、门巴、回等9个民族。米林县是一个以农业为主、牧业为辅的半农半牧县，现有耕地4.6万亩，主要种植青稞、小麦、油菜、玉米等农作物，草场面积15万公顷，林地面积46万公顷。境内有丰富的旅游文化资源，有世界闻名的“第一大峡谷”雅鲁藏布大峡谷，有《中国国家地理》杂志评选为“中国最美山峰”的南迦巴瓦峰，有“藏医药发祥地”圣地南伊沟，有中国极少数民族珞巴族和门巴族聚居村，还有丰富的水利资源和最原始的森林资源，生态良好，环境优美。

【概况】 2013年,全县完成生产总值9.9亿元，可比增长14.2%；财政收入5200万元，同比增长19.76%；农牧民人均纯收入10232元，同比增长16.5%，其中现金收入7840元，同比增长13.7%。全县“万元村”达到35个，其中新增17个。全社会消费品零售总额1.21亿元，同比增长15.8%。全县经济社会保持了跨越式发展的良好态势,先后获得了自治区民族团结进步模范集体、义务教育均衡发展示范县等荣誉称号，连续六年蝉联全国双拥模范县。

【农牧业发展】 扎实开展农牧业种养殖，全年农作物播种面积4.6万亩，粮油总产量达到10264.78吨。牲畜存栏12.78万头（只、匹），出栏3.57万头（只、匹），出栏率达到28.5%，全年肉产量1323吨。投入资金940.6万元，实施了万亩优质水果基地有机肥积造、菌草灵芝高原培育生产基地等项目，新建优质水果基地500亩，发展犏奶牛养殖100余头，推广种植藏耳30万袋，灵芝菌5万袋，菌草200余亩。大力扶持专业合作组织和龙头企业发展，全县共组建农牧民专业合作组织64个，成功引进河南雏鹰集团投资建设10万头藏香猪养殖基地，已完成32座猪舍建设。西藏圣核农业科技股份有限公司投资建设的6000亩核桃种植基地已完成树苗种植。帮助南迦巴瓦食品有限公司将产品出口韩国，创收700余万元，带动农牧民增收200万元。扎实推进藏医药产业发展，制定完成了藏医药生命科技园区规划，成功注册了“药洲”品牌，藏医药博物馆建设已经完成设计工作。实施了藏药材种植基地建设，推广种植藏木香、棱子芹等藏药材496亩，并不断扩大藏医药的普及和使用范围，为全县8个乡镇卫生院配备了专业藏医，设立了藏医专科门诊。截止目前，全县共建成藏香猪养殖基地10个，藏猪扩繁场2个，规模化养羊场12个，犏奶牛养殖基地17个，藏鸡养殖繁育基地2个；建成优质水果产业带1万亩；种植蔬菜4000亩，玉米6500亩，藏药材496亩，形成了“四区一带三基地”的产业布局，年带动农牧民增收4000余万元。

【旅游业发展】 不断加大旅游宣传力度，投入援藏资金200万元拍摄了旅游宣传微电影，成功举办了“西藏米林第七届黄牡丹文化旅游节”。积极参加厦门9.8投洽会等招商节会，组织人员前往广东、杭州等城市开展旅游推介活动。加大旅游产业投入，完成了《米林县生态旅游总体规划修编》，投入资金280万元实施了珞巴民俗旅游村改造和派镇大渡卡民俗村建设，全面完成总投资1300余万元的旅游服务中心、游客驿站等项目建设，引导大峡谷旅游公司建成了喜马拉雅·大峡谷酒店。着力提升农牧民及旅游服务人员的专业技能，先后举办旅游培训班2次，培训人数300余人次。按照规范化、标准化要求发展农家乐、家庭旅馆39家，引导439户1518人参与旅游服务，带动收入568.2万元，同比增长11.2%。严格落实旅游惠民资金，督促大峡谷、南伊沟两大旅游公司兑现了2012年旅游惠民基金248.4万元。不断加强旅游行业管理，制定出台了《米林县核心景区摊位管理制度》等规定，集中开展了旅游市场专项整治活动，严厉打击私拉乱载等违法行为。全年旅游接待人数达到46万人次，实现旅游收入1.115亿元，分别较去年增长1.3%和11.7%。

【项目建设】 全年主要开工建设项目199个，其中：续建项目54个，新开工项目145个。完成全社会固定资产投资13.44亿元，同比增长64.5%。其中：国家投资6.725亿元；援藏投资0.017亿元；社会投资6.7亿元。岗米公路、派镇小集镇等重大项目顺利实施。总投资7798万元的厦门市第四批援藏项目建设全面完成，厦门市第五批援藏项目计划投资9823万元，目前规划已通过地区审核。在项目实施中，严格执行各项程序规定，加强日常监督管理，严把项目质量关，认真落实重点项目责任制，对重点项目均安排县级领导跟踪落实，确保了项目建设保质保量完成。

【招商引资】 全年新推招商项目23个，涉及藏医药开发、生态旅游等多个方面，先后组织县招商引资服务领导小组前往北京、山东、湖南、安徽等地开展招商引资回访和商务推介活动，与北京、四川等24家公司进行了投资商洽，达成意向协议7个，协议资金4.7亿元。成功引进了西藏墨竹工卡罗布工贸责任有限公司等多家企业。全年招商引资到位资金5.2亿元，完成目标任务的100%。加强项目跟踪落实，督促招商引资重点项目金·查尔顿工布庄园五星级酒店完成主体建设，预计2014年9月进入试营业。

【援藏工作】 圆满完成厦门市第四、五批援藏工作交接，第五批援藏队员主动转变角色，迅速融入工作，实现了援藏工作良好开局。认真开展援藏项目工作，在深入调研的基础上，制定完成了总投资9823万元的援藏项目规划，坚持援藏资金向农牧区倾斜的原则，将70%以上的资金投入到基层农牧区。小康示范村建设、厦门广场改造、滨江支路建设、南伊水源地保护等四个提前实施项目将在年底前完成前期工作，明年年初进入实施阶段。不断完善各项规章制度，加强援藏工作队管理。立足工作岗位，进行队内职责分工，加强相互协作配合，使队内的工作职责更加明确，配合更加密切。制定完善了援藏资金管理办法、队员请销假等制度，明确了各项生活和财经纪律，使援藏工作队的管理更加科学规范。

【社会事业】 优先发展教育事业。认真落实教育工作领导责任制，不断加大教育事业投入力度，全年完成教育事业发展支出6122万元，同比增长13.3%。强化教育基础设施建设，落实资金1780.2万元实施了10所校园亮化，县中学宿舍楼新建，派镇、里龙小学学生食堂等项目建设。不断健全完善学前教学体系，新增学前班6个，吸纳学生447人。争取国家投资1262万元新建7个乡镇中心幼儿园，目前项目已进入招标阶段。积极推进平安校园建设，安排专项资金15万元加强学校德育室建设，不断强化在校学生的思想宣传教育，确保校园完全稳定。继续巩固提高“两基”成果，全县小学适龄儿童入学率和巩固率分别达到99.85%、100%，初中入学率和巩固率分别达到99.61%、100%。不断强化职业教育，全年共吸纳47名学生接受职业教育，其中37名学生实现就业。充分发挥教育基金作用，全年发放助学金20万元，帮助贫困学生132人。

文化事业取得新突破。注册成立了自治区首家县级画院—林芝画院，并成功举办了林芝画院首届书画展。投入资金1100余万元，实施了文化艺术中心改造、乡镇文化站建设、县影视中心楼建设等项目，不断完善基层文化服务设施。认真实施广播电视“户户通”、农村电影放映等文化惠民工程，全县乡镇文化站、电影放映队、村文化室、城乡广播、电视覆盖率均达100%。大力培育扶持农牧民文艺队，成立了全县首个县级农牧民文艺演出队，组建了8个乡村级文艺演出队，并投入资金20余万元为文艺队更换和添置演出设备。大力开展非遗项目申报和保护工作，成功将亚久嘎巴、藏药加持仪式等4个县级非遗项目申报为自治区级非遗项目。截止目前，全县共成功申报国家级非遗项目2个，自治区级10个，县级4个。不断加大文化遗产保护力度，对全县各类文物建筑进行了全面的安全隐患排查，确保文物安全。同时，认真组织开展了文字语言三类城市创建活动，并顺利通过自治区验收。

医疗卫生体系不断完善。大力推进新型农牧区医疗制度，全县覆盖率达到100%，参合率达到98.3%。扎实开展重大传染病和地方病防治工作，针对鼠疫防治开办了10期鼠防知识培训班，对420名基层医疗服务人员、村干部等进行了培训。认真开展免疫规划单苗接种和疫苗查漏补种工作，完成了5–15岁儿童麻腮风疫和0–4岁儿童麻疹疫苗接种工作，接种率均达99%，完成疫苗查漏补种53人。扎实开展城乡居民健康体检工作，体检人数20621人，体检率达到95%以上。加强公共卫生应急机制建设，修订完善了《米林县突发公共卫生应急预案》，建立了应对各类突发事件应急救治小分队。严格落实食品药品监管机制，成功创建国家级药品安全示范县。强化基层医疗基础设施建设，投资1000万元完成县医院住院大楼建设，里龙乡、丹娘乡卫生院改扩建项目完成前期准备工作。加强卫生医疗队伍建设，为全县66个行政村配备了132名村医，争取厦门市选派2名专技人员前来米林县开展援助工作，协调解放军101医院选派3名技术人员对县医院进行技术指导，并选派10名医护人员前往区内外参观学习。

城乡建设深入推进。着力提升县城城市品位，完成了《米林县县城总体规划修编（2012–2030）》，并通过自治区专家委员会评审。对县城实施了绿化、美化、亮化工程，县城商业街建设全面完成，幸福小区开发完成了土地拍卖和规划工作，预计两年内将完成整体建设。扎实推进新农村建设，投入资金5.43亿元实施了3769户农牧民安居房、8个小康示范村和14个村人居环境整治建设。不断改善农牧区基础设施条件，投入资金3093万元完成了墨朗至达林公路改建、扎绕危桥改造、卧龙真多村、丹娘措那村和派镇达乃村村道硬化等道路交通项目。投入资金473.8万元实施了农村安全饮水工程，有效解决了3371名群众的安全饮水问题。投入资金1061.5万元对米林镇、南伊乡等5个乡镇18个村实施了小型农田水利设施建设，有效改善农田灌溉面积1.36万亩。争取资金330.7万元建成了三座微型水电站，为角木那、阿拉塘等三个村配备了111套光伏发电设备，彻底解决了146户671名农牧民群众用电难的问题。扎实推进农牧区扶贫开发工程，争取扶贫项目31个，总投资额达到1573.6万元。申报农发项目2个，总投资额2009万元，对扎绕乡实施了整乡推进工程。

生态保护力度不断加大。大力开展生态创建工作，及时成立了生态创建工作领导小组，编制完成了《米林县生态建设总体规划》和7个乡镇的《生态乡镇建设规划》，全县47个行政村和1个居委会被评为自治区级生态村，顺利完成自治区级生态村创建工作。同时，全面启动了生态乡镇创建工作。大力开展植树造林，完成义务植树623.8亩，重点区域造林3011.4亩，2012年度退耕还林配套荒山荒地造林2000亩。实施了高原生态安全屏障建设防沙治沙项目5400亩，迹地更新1000亩。严格落实林业禁伐制度，集中力量打击盗伐、无证运输等违法行为。全年共查处林业案件108起，挽回经济损失40余万元。不断加强环境卫生监管，制定出台了《2013年米林县环境卫生综合整治工作方案》和《2013年米林县乡镇环境卫生综合整治星级评分标准》，每月定期检查各乡镇环境卫生综合整治情况，开展卫生星级评定活动。严格落实水源地保护制度，争取援藏资金实施南伊水源地保护续建工程，进一步强化水源地保护力度。

社会保障体系不断健全。积极推进零就业家庭和困难群体的就业帮扶工作，开办就业再就业和农牧民转移就业培训班11期，培训人数542人次，实现就业再就业285人次，实现农牧区劳动力转移就业8351人次，创收1900万元。实现城镇新增就业人员213人，城镇登记失业率控制在2.3%以内，年内新增“零就业家庭”实现动态销零。不断扩大五大社会保险覆盖面和参保率，基本养老保险参保人数达到323人，完成目标任务的102%，征缴基金300.12万元；失业保险参保人数达到652人，完成目标任务的109%，征缴基金86.59万元；城镇职工基本医疗保险参保人数达到2158人，完成目标任务的117%，征缴基金886.72万元；城镇居民基本医疗保险参保人数达到890人，完成目标任务的103%，征缴基金32.04万元；工伤保险累计参保人数达到763人，完成目标任务的100%，征缴基金16.87万元；生育保险参保人数达到1847人，完成目标任务的108%，征缴基金30.82万元；城镇居民社会养老保险参保人数达到354人，完成目标任务的100%，征缴基金25.6万元；新型农村社会养老保险累计参保人数达到10391人，完成目标任务的103%，征缴基金86.6万元。不断加大困难群众救助力度，全年共发放冬令春荒救济粮24万斤，临时救助资金10.55万元。增加储备棉被、粮食等救灾物资价值49万元，有力保障了受灾困难群众的基本生活。

【社会稳定】 大力开展寺庙法制宣传教育。开展宣传活动10余次，受教育僧尼及群众3550余人次。加大寺庙管理创新力度，及时对驻寺特派员进行了调整充实，严格落实寺庙“九有”、“六个一”等工作要求，投入资金2109万元加强寺庙基础设施建设，全面完成13名在编僧尼健康体检工作，并将在编僧尼全部纳入医疗养老保险体系。认真开展流散僧尼清理，及时将5名流散僧尼清理出米林县。

扎实开展“双联户”服务管理

工作。及时成立“双联户”服务管理工作领导小组，制定出台了《米林县开展“双联户”服务管理工作实施方案》，将全县6384户群众划分为714个联户单位，选举产生了714位联户户长，并层层签订了“双联户”工作责任书，签订率达到100%。针对工作中的实际困难，县财政划拨8万元服务管理工作专项经费，有效保障了此项工作的顺利开展。同时，为有效激发“双联户”户长工作的积极性，我们还建立了户长激励制度，将表现优秀的户长，优先推选为乡（镇）和村后备干部。在“双联户”服务管理工作中，米林县获得了地区级先进双联户22户，优秀气象信息员1人，先进集体2个。持续推进社会管理综合治理工作，充分发挥村“两委”和驻村工作队的作用，深入开展矛盾纠纷排查。全年共成功排查调处各类矛盾纠纷62起。加强案件侦破力度，全年发生各类刑事案件12起,成功破获10起,破案率达到83.3%；发生治安案件9起,成功查处9起。

安全生产工作深入开展。加强交通安全专项整治，严厉查处酒后驾车等违章行为，纠正各类违章行为300余人次；强化森防工作，与乡（镇）、村层层签订森防责任书，组织80名乡（镇）、村级监管员对重点林区实施不间断巡逻管控，有效消除森防安全隐患；深入开展消防、施工安全大检查，消除安全隐患43处（点），有效杜绝了重大火灾和施工安全事故发生；全面加强消防安全教育培训，开展现场培训3次，培训人数330余人次；强化虫草管理，在虫草采集主产区设立了6个检查点，检查过往人员5万余人次。出动车辆2365台次，人员3726人次，开展清山行动32次，清理劝返外来越界采挖人员3280人次，妥善处理矛盾纠纷2起，实现了虫草采集工作安全有序进行。

【强基惠民】 顺利完成第二、三批驻村工作队轮换，进一步加大第三批驻村工作力度，安排9名县级领导带队开展驻村工作。在第二批驻村工作中，落实资金688万元完成第一批16个“短平快”项目建设，第二批19个“短平快”项目总投资480万元，目前已经完成前期准备工作。在为民办实事经费中落实并完成项目123个，投资585.7万元。组织各级驻村工作队积极开展“三帮一带”活动，帮助村“两委”理清发展思路，制定发展规划125个。强化农牧民思想宣传教育，组织开展反分裂斗争宣讲121场，放映爱国主义电影142场次，开展新旧西藏对比展览67场次，有效夯实了维护稳定群众基础。不断强化群众致富增收技能，开展惠民富民政策宣讲289场，举办实用技能培训58次，组织群众劳务输出3710人次，促进群众增收109.9万元。全县共7个驻村工作队，34名驻村队员获得自治区级先进，5个单位获得自治区优秀派驻单位。8个驻村工作队，33名驻村队员获得地区级先进，3个单位获得地区优秀派驻单位。

墨脱县

【基本县情】 墨脱，藏语意为“花朵”。墨脱县位于西藏东南部，雅鲁藏布江下游，与林芝米林县、波密县、察隅县接壤，总面积3.4万平方公里，边境线长262.5公里；全县地势北高南低，从海拔7782米的南迦巴瓦峰下降到海拔200米的巴昔卡，平均海拔1200米；属典型的立体气候区，植被呈垂直分布，森林覆盖率达78.5%以上；县域动植物资源丰富，有“世界动植物博物馆”、“世界生物基因库”之美誉；自然地理独特，风景优美，生态旅游资源丰富，被誉为“西藏的西双版纳”。

墨脱县下辖7乡1镇（其中包括1个珞巴民族乡）46个行政村，主要居民为门巴族、珞巴族、藏族，此外，还有部分汉族及其他少数民族（苗族、满族、侗族、彝族等）。目前，全县总人口12315人，农业人口9812人。

【概况】 2013年，全县实现国内生产总值约3.5亿元，完成目标的106%，比上年增长34.6%。全社会固定资产投资达到约8.97亿元，完成目标的108.04%，增长53.6%。其中：国家投资完成7.24亿元，完成目标的106.5%；社会投资完成1.66亿元（其中：民间投资完成5102万元，完成目标的102.04%；招商引资完成1.15亿元，完成目标的120.8%）；援藏投资累计完成702万元，完成目标的140.4%。农牧民人均纯收入实现

6412.13元，完成目标的103.4%，增长31.5%；农牧民现金收入实现4233.08元，增长23.4%；本级财政累计税收收入达到4599万元（含总部经济税收2787万元），减少44%（原因是总部经济的减少）；县本级财政收入1812万元，完成目标的100.38%，增长237%；全社会消费品零售总额达到2551万元，增长15.6%；县粮油产量为5031吨。

2013年有7家企业落户墨脱县，注册到位资金1.15亿元，完成目标的120.81%，现共有落户企业15家。全年招商引资企业缴纳税收7940.88万元，同比减少42.6%。

2013年，金融机构各项存款余额46327万元，各项贷款余额7606万元。

【项目建设】 全年开复工项目90项，截至2013年底，完成墨脱县广播电视台、新华书店、县卫生服务中心、高科技果蔬基地等33个项目，正在实施的有帮辛公路、县统办楼、墨脱村和亚东村民房改造等大小57个项目。同时地区支持墨脱发展项目总计28个，总投资1.2亿元，有效推动了全县经济社会的加快发展。

【基础建设】 道路交通方面。2013年，总投资1亿元的背崩边防公路已接近完工，预计在2014年初交工；续建的帮辛公路目前已基本完工；总投资3.08亿元的格林边防公路，地东边防公路，德兴乡、达木乡油路工程等10个交通建设项目均已开工。目前，全县公路里程为270.13公里（含扎墨公路），比上年增加里程10.94公里。全县公路通乡率为75%、通村率为46%，通乡率、通村率分别比上年提高12%和5%。通过不懈努力，墨脱公路历史上首次实现全年通车。

水利电力方面。2013年，新建续建项目分别为总投资1702万元的嘎弄曲达木乡防洪工程；总投资178万元的小型农田水利工程；投资415万元的果果塘灌区工程；投资438万元的当木荣灌区工程；投资1249万元的墨脱县微型电站工程；投资881万元的甘登电站工程；完成总投资200万元的2013年水毁水利设施维修工程；总投资330万元的2013年农村安全饮水工程（建成后将解决2250人的安全用水问题）；投资92万元的新建面积为280平方米的水利技术服务站；投资202万元的2013年寺庙安全饮水工程；投资60万元，用于2013年多卡村堰塞湖、荷扎防洪堤的特大防汛资金已下达；总投资1000万元，小型农田水利专项县工程资金已下达（解决3个乡镇12个行政村2560亩稻田的灌溉用水困难）；完成投资90万元的农田水利建设项目（建设2个乡镇5.8公里水渠）；总投资910万元的县城饮用水水源地建设工程（概算批复已经下达，正在招投标）。截至2013年底，全县农村通电率为69%，通水率为76%。

国土资源方面。全年投资245.80万元，为建设征用土地143.24亩。

三房建设方面。完成总投资1452.6万元的2012年干部、政法干警周转房建设（建筑总面积4461.84平方，共74套，解决94名干部、干警住房问题）；总投资5328.89万元的2012年第一、二批干部周转房、2012年及2013年廉租房和2013年公租房正在实施中（总面积15237.16平方，共280套），建成后将解决干部住房紧张问题。

【特色产业】 特色农牧业方面。投资24万元补种茶苗30万株（成活率在90%以上），投资25万余元在格当、背崩等4个村试种茶叶10亩，试种茶苗5万余株（目前全县茶叶种植面积达110亩）；投资400万元的200亩茶叶种植基地已开工建设；投资约132万余元，在原有香蕉种植面积1500亩基础上，新种香蕉1000亩，新增45000株；投资76万元在格当、达木等5个乡镇种植苹果、油桃等果树苗9000株；正在实施投资127万元的德兴村新建香蕉储运库项目和投资8万元的农业科技园试种石斛3000株。2013年初在县财力十分紧张的情况下，县政府拿出100万元作为农牧特色产业扶持资金,其中：投资48.5万元赴四川、云南考察调研茶叶、石斛生产及市场销售，并引进不同品种进行试种,投入13.13万元解决疫病防控期间工作经费及消毒检查工作经费,投入38万元用于在建项目50座温室大棚的引水设施；投入专项资金32万元，出动人员678人次成功清除牛“W”疫病。

生态旅游方面。全年接待游客6.26万人次，实现旅游总收入1377.64万元。大力建设旅游服务项目，改善景区景点基础设施条件，完成投资40万元的背崩乡、德兴乡农家乐建设（总建筑面积达800平方），总投资73.38万元的县内多处大型广告牌安装（52K、米日村、亚东、背崩）；投资3万元的《寻访秘境莲花墨脱》旅游宣传小册制作；投资13.2万元的农家旅社标识牌制作和墨脱县旅游资讯网站建设；投资6.35万元开展农牧民旅游技能培训；投资1085.2万元的背崩、80K自驾游营地项目建设；投资1090.78万元的背崩乡游客服务中心和拉格、汗密游客服务站项目建设；开展《西藏墨脱定制旅游开发控制专项规划》初稿评审工作；松林口门票收费标准与米林县政府达成共识并签订合同，该门票墨脱县占80%、米林县占20%；投资654.42万元的仁青崩景区升级建设；投资6万元对县域内旅游资源和徒步、自驾游沿线景点进行专项普查（现已普查到白玛措姆前竹海、西荣沟景区等待开发的景点景区）；2013年9月23日至27日成功举办墨脱首届徒步旅游文化节。

为切实提高墨脱自身产品知名度和提升市场占有率，2013年投入13万元买回了六枚商标（即墨脱石锅、嘎瓦龙天池、布裙湖、仁青崩、白玛岗和神秘的白玛岗），积极推动墨脱产品的对外销售进程，为墨脱各类产品逐步走向规模化、产业化、市场化打下了基础。

门珞特色文化方面。投资750万元用于县莲花阁内部装修和两名解说员培训工作，于11月份正式对外开放，成为了展示门巴珞巴特色文化和民风民俗的重要平台。投入33.01万元对门珞文化遗产进行普查。通过与上级部门的积极沟通,墨脱县民间艺术团已获自治区批准成立，并每年安排20万元的专项经费用于艺术团的发展建设。截至目前，全县共有6支乡村文艺队伍，举办各类文艺汇演66场次，极大的丰富了干部群众业余文化生活。

【“三农”方面】 新农村建设方面。投资51.18万元完成总面积390559.3㎡的6个乡（德兴、达木、格当、帮辛、加热萨、甘登）地形测绘工作；完成约投资90万元的6个乡总体规划；完成累计投资1992.8万元的2012年16个行政村人居环境建设和环境综合整治工作（受益群众达380户、2340人）；投资2.17亿元开展为期三年的农牧民安居工程建设工作（2012年为412户，2013年为910户），工程惠及全县1850户农牧民群众，目前已完成了325户的农房改造任务；投资221万元完成13个村级道路硬化建设。水、电、路、气、讯、广播电视、邮政、优美环境“八到农家”工程有序推进，取得了阶段性成效。

【社会事业】 教育事业取得新突破。一是继续实施义务教育，努力实现“控辍保学”目标。目前，墨脱县现有学校12所（其中：县中学1所，小学8所，幼儿园1所和新增的两个教学点）。现有教师216人、在校生1975人（其中：县中学629人，小学1068人，幼儿园278人）。全县初中生毛入学率达120.3%、巩固率达98%，小学生入学率达99.8%、巩固率达98%。二是教育项目建设取得新进展。完成总投资246.9万元的县中学塑胶跑道和县完小操场及塑胶跑道运动场所建设；投资720万元的县完小和背崩乡教师周转房建设；投资567万元的德兴、背崩两个乡小学附属幼儿园和80K幼儿园完成评审工作；预计投资2626万元的8个项目（含食堂打包项目7个，浴室打包项目5个）已完成初步设计工作；投资106万元维修校舍8栋。三是稳步推进贫困生资助制度。落实开维集团资助大学生77人金额23万元，“幸福莲花奖学计划”资助高中生共计1.7万元。四是完成6月份的“两考”各项工作，墨脱县3名学生首次考上内地西藏初中班，创造了墨脱县的历史。五是校舍更新淘汰改造项目提上日程，2013年墨脱县通过上级下达的11项教育项目的建设，将在下一步工作中初步消除14栋的校舍淘汰更新，并已向上级部门申报解决另外22栋校舍更新淘汰，以尽快消除威胁我县师生安全的隐患。六是严格落实教职工激励机制，根据教职工所在乡镇条件及工作年限分别给予每月200元、400元、600元和800元不等的补贴，并根据小考、中考的成绩，给予考试成绩优秀的学校和授课老师500元和2000元不等的奖励，有效提高了全县各中小学教师职工的教学热情。

城乡医疗条件不断改善。一是为确保全县城乡患病农牧民群众及时得到较好的医疗救治，墨脱县不断加快城乡医疗基础设施建设，总投资160.08万元的县卫生监督所和急救中心整合修建项目即将开工；总投资200.15万元的德兴乡、格当乡卫生院改扩建项目已开工建设；2013年西藏自治区县能力建设林芝地区分配墨脱县的价值372.7万元的医疗设备已全部到位；从自治区接回价值49万元的巡回医疗车2辆。二是2013年墨脱县参加农牧区医疗制度1910户，9593人，参合率为100%(农民个人筹资标准为20元／人／年，农牧民医疗财政补助标准由300元提高到340元)。门诊家庭账户补偿核销金额为41.26万元;大病统筹医疗基金报销补偿237.35万元。三是疫病防控工作顺利推进。以预防控制艾滋、结核、鼠疫、疟疾等疾病为主，积极开展了多元化、立体化的疫病防控及地方病防治工作。四是充分利用社会各界力量，增添县卫生服务中心及各乡（镇）卫生院办公设备和医疗设备，并受赠广药集团赠送的价值

200万元的药品及王老吉凉茶。五是选派系统专业技术人员参加各类培训56人次，完成39名村医的培训工作，有效提升了医务人员的医疗水平。六是积极开展巡回医疗活动，共组织开展义诊20次，就诊干部群众6000余人次，免费发放价值约10.6万元的药品。七是完成全县26名在编僧尼免费健康体检工作，体检率100%。八是投资78.11万元完成城乡居民健康体检10622人，完成整体进度的95.8%。

就业和社会保障水平大幅提升。2013年新成立农牧民施工队4家（现共有6家），新注册农牧民专业合作社4家。举办建设施工技能、手工编织技术、汽车修理技术、重型机械操作技能等就业培训11项，培训人数321人，培训后就业率达到65%，实现劳动力转移就业510人次；完成新增24个公益性岗位。社会保障不断推进，元旦、春节、藏历新年期间，为全县五保户、城乡低保户和优抚对象发放一次性慰问金35.64万元，增长40.8%；年初以来，向城镇低保26户48人发放低保金11.52万元，向农村低保234户950人发放低保金49.57万元；向弱势群体发放救助金34.71万元，增长23.88%，救助贫困学生39人、因病致贫5人、因灾致贫1人、孤儿18人、贫困群众8人和五保户4人。完成全县职工收缴各类保险金约139.68万元,参保人数达2997人，参保率100%；僧尼参加养老保险27人，收缴金额1100元。已发放城镇和农村低保金分别为17.57万元（共26户、48人）、69.94万元（共234户、950人）。全县城镇新增就业102人（公益性行列24人，军转安排2人，大学生就业23人，辅警招录23人，培训计划推荐就业18人，自主择业方式就业12人）。全县劳动力就业转移约2500人，7000余人次。社会福利事业取得新成效，完成总投资200万元，建筑面积682.5㎡的墨脱县社会福利中心（现有37人达成意向入住，占全县五保户数的50%）。完成总投资67万元的墨脱镇敬老院建设。总投资1900万元,其中援藏投资1400万元的用于全县五保户及孤寡老人集中供养的墨脱县敬老院已完成前期工作，准备进行招标程序。引导农牧民群众积极参加新型农村社会养老保险制度，目前参保人数达4553人，征缴养老保险费49.56万元，将为符合待遇领取的653人发放7.18万元养老保险费。

【生态建设】 重点公益林自2005年开始实施，现有面积为603.28万亩，在区、地两级和相关部门的大力支持和努力争取下，现每年补偿资金为4.75元/亩，共计补偿资金为2865.56万元/年。（2012年自治区增加墨脱县每亩1.75元的补偿资金1055.74万元和2013年中央森林生态效益补偿基金管护费1620.58万元，共兑现2174.35万元）。退耕还林工程共5000亩，按230元/亩补偿，共计补偿资金为115万元/年；享受补偿人员涉及墨脱镇、德兴乡、背崩乡、达木乡等4个乡镇的17个村，退耕户共1095户5077人。积极推进林业项目建设，加快经济发展步伐。完成自治区林业厅直接安排墨脱县的5个森林火险预警监测点的设备安装；完成投资48万元的巩固退耕还林后续产业格当村、下布龙村猪舍项目；完成投资80万元的52k林业检查站办公楼。投资108万元的52k林业综合检查站住宿房（已于2014年1月完成验收）；投资270万元的雅鲁藏布大峡谷三期基础设施建设项目。

【安全生产】 安监、工商、公安、消防、卫生等多部门展开多次联合检查工作，参加检查人员1000余人次，检查危险化学品经营单位2家、烟花爆竹销售单位5家。检查建筑工地240余处、查处安全隐患13处，完成安全隐患治理13处，提出整改意见8项，通过复查，基本按照要求完成整改，整改率100%。

【援藏工作】 第六批福建漳州援墨工作队援墨工作圆满完成。“闽六援”援墨工作队紧抓援墨项目建设与资金落实，完成投资115.6万元的德兴乡硬化公路配套资金等项目21个，累计投资790.03万元。

第七批广东援墨工作已投入到墨脱建设当中。根据计划，第七批援墨项目建设期限为三年，援建资金2亿元，分七大项，共计21个援建项目。并将加强人才交流，提高干部素质，响应广东“智力援藏”理念。

波密县

【基本县情】 波密，藏语意为“祖先”。波密县位于西藏东南部，林芝地区东部，是第一代藏王聂赤赞普的出生地，全县国土面积1.7万平方公里，距八一镇234公里，距首府拉萨636公里，距西南中心城市成都1506公里；东达八宿、察隅、成都，南接墨脱，西通八一、拉萨，北邻洛隆、边坝，是318国道川藏线上的交通枢纽和商贸重镇；全县平均海拔3300米，县城驻地海拔2720米，素来享有“藏王故里”、“冰川之乡”、“绿海明珠”、“高原氧吧”等美誉。

波密县下辖3镇7乡，84个村委会1个居委会，人口 34430人，其中：农牧民25056人，城镇人口9374人，流动人口9000余人；全县党组织165个，党员3328名，其中农牧民党员2394人；干部职工1131人，县处级31人；全县共有“万元村”22个，已建小康示范村7个，人居环境整治村61个。有各类中小学校13所，其中初级中学1所，在校生1474人；小学12所，在校生3241人，共有在编教职工418人。全县有19个宗教活动场所，僧尼128人，持证98人。波密县境内自然资源丰富，有砂金、铁矿等矿产资源40余种，国家保护的野生动物80余种，有云杉、冷杉等植物资源400余种，活立木蓄积量1.15亿立方米，波密天麻、松茸在区内外享有盛名。旅游资源独具特色，拥有全国最美冰川之一米堆冰川，全国最美原始森林之一岗云杉林，以及易贡国家地质公园、嘎朗王宫遗址等一大批享誉全国的景区景点。

【概况】 2013年，波密县地区生产总值完成121034万元，同比增长 16%；固定资产投资完成167986万元，同比增长56.1%，其中：国家投资完成124246万元，同比增长85%；财政收入完成5633万元，同比增长15%；农牧民人均纯收入达到9530元，同比增长14.5%。先后荣获全国平安建设先进县、全国文联优秀集体、实施“中国妇女儿童发展纲要”国家级示范县、西藏自治区餐饮服务食品安全示范县等多项荣誉。

【产业发展】 “提升一产”的战略部署，加大对农牧业的扶持力度。全面落实各项强农惠农资金8966万元，县级配套1350万元。种植业方面：农作物播种面积7万亩，其中，春播面积3.42万亩，冬播面积3.58万亩；粮油总产量1.83万吨；建立良种繁育良田5643亩；易贡油菜种植面积2436亩，年产值243.84万元；易贡辣椒种植500亩，年产值187.5万元；种子基地规模达5436亩，生产能力达到1768.6吨。养殖业方面：各类牲畜存栏数103974头（匹、只），新生仔畜8527头，成活率达98%；奶产量3827.7吨，肉产量1712吨，家禽存栏4225羽；犏奶牛养殖规模达8000头，年产值1609.3万元；蜜蜂养殖规模1690桶，年产值137.7万元。其他产业方面：灵芝菌种植面积达1.2万平方米，年产值180万元；丹参种植面积扩至2000亩，年产值1800万元；虫草产量276.8斤，预计收入2214万元；柴胡种植面积达160亩，年产值96万元；波棱瓜种植120亩，年产值38.4万元。

【项目建设】 始终坚持项目带动，在抓机遇、上项目上狠下功夫，努力构建水电能源、道路交通、现代通讯体系。开工建设各类项目168项，其中新建118项，续建50项。水电能源方面：波堆水电站成功截流，累计完成投资2.7亿元，完成工程进度的58%；巴玉防洪堤累计完成投资1408万元，完成工程进度的70%；争取投资1350万元建成小型农田水利重点县工程；总投资2450万元的无电人口用电工程建设完工；新建水渠13条，总长49公里，建设渠系建筑物428处，恢复灌溉面积1万余亩，改善灌溉面积9100亩，解决了27个村1.2万人的灌溉引水问题；开工建设了县城二期防洪堤、米麦防洪堤；总投资1760万元的多吉、康玉、八盖线路延伸等工程进展顺利；落实投资1840万元建成多松灌区，灌溉面积7030亩。道路交通方面：国道318线102道班整治工程完成投资1.7亿元，完成总工程进度的80%；通麦至105道班改扩建工程完成投资4亿元，完成工程进度的60%；争取投资5100多万元建成多松油路；及时修复倾多亚龙沟水毁道路；建成海定村道路硬化、塔鲁村村道等项目。环境整治方面：完成投资3046万元，实施9个乡（镇）24个农村人居环境建设和环境综合整治工程；争取投资520万元建成县城南岸排水工程；落实投资800万元建成环城北路市政工程;落实投资366万元建成5个以工代赈项目。现代通信方面:争取投资500万元建成全县3G网络，实现3G网络全覆盖；投资220万元建成县城11个光交箱及管道。基层政权方面：争取投资701万元建成8个乡镇综合文化站；落实投资1393万元建成县级政权机关综合业务用房、就业和社会保障服务中心、雅鲁藏布大峡谷国家级自然保护区波密分局工程、统战民宗业务用房和县卫生监督所；投资2287万元的180套周转房正在加紧建设，已建成94套；投资1320万元建成玉普、松宗等乡镇政权业务用房；各级驻村工作队落实资金2800万元，实施“短、平、快”项目120个。

【增收举措】 2013年，波密县在深入调研、征求意见、充分论证的基础上，作出了加快推进“两产业一平台”建设的战略部署，安排876万元倾斜投入“两产业一平台”建设，其中：安排500万元作为波密县藏利天麻产业开发有限责任公司启动资金，开工建设了智能数控麻种及箭麻育种温室；天麻种植面积突破11万平方米，覆盖6乡镇29个村1053户，产量达58.2万斤，产值2328万元；新开发了虫草、天麻、灵芝系列糌粑和“天麻含片”、“活性冰干天麻”产品；“波密天麻”成功注册为西藏自治区第七批著名商标。对朗秋冰川开发进行了前期调研，岗云杉林景区与有关企业签署框架协议，建成游客服务中心；成功举办了林芝地区第九届雅鲁藏布大峡谷文化旅游节波密分会场暨岗云杉林徒步游活动。全年接待游客18.95万人次，实现旅游收入6000多万元，分别同比增长26%、27%。旅游引导下的城镇化建设平台有序搭建，城市配套设施逐步完善，新购206个环保垃圾箱配备于县城主街道；依法责令停建违章建筑2处，并对县城区域内的12处违规违章建筑予以拆除和改造。

【社会事业】 始终坚持把人民群众利益放在最高位置，把更多财力向民生领域倾斜，县级配套1562万元用于保障和改善民生。加大教育投入力度，县级配套980万元改善教育教学条件；争取投资4136万元修建了教学楼、食堂、澡堂等；发放“三包”经费1282万元，发放率100%；中小学在校生4896人，初中毛入学率100%，巩固率99%，小学适龄儿童入学率100%，巩固率99.7%；设立了18.5万元的波密县爱心助困教育专项资金，为首批39名学生进行了资助。文化惠民工程扎实推进，波密县原生态歌舞“波卓”参演了2014年西藏藏历新年晚会，向全区展示了波密各族干部群众的良好风貌。开展各类文化活动400多场次，促进文化资源全民共享。农牧区医疗制度全覆盖，实现每个行政村有2名村医。兑现“一孩双女”困难户家庭补助资金358户68.7万元；兑现特殊子女“特别扶助”家庭补助资金47人14.8万元。动态管理城乡低保，发放城乡低保金406.7万元；为65名孤儿发放基本生活费46.8万元，为209名五保供养对象发放五保金54.3万元；投资592万元的五保集中供养项目开工建设，集中供养105人；城乡医疗救助302人次，共支出医疗救助资金80.8万元；争取投资2302万元实施扶贫项目30个，5719人受益，1589人脱贫。动态消除零就业家庭，城镇登记失业率控制在2.5%以内。“五大保险、八大险种”参保人数达23204人次，征缴金额达1517万元；落实培训经费240万元，培训4370人次；实现农牧民转移就业9692人次；调处农牧民劳资纠纷20起，涉及金额272万元；落实投资60万元，维修改造多东寺等12座寺庙僧舍。

【生态建设】 按照《西藏生态环境保护监督管理办法》，波密县加大监管力度，群众生态环保意识和自觉性明显增强，落实生态环保县级配套资金138万元。全年完成植树造林12255亩，其中：义务植树500余亩；投资327.37万元进行荒山荒地造林9000亩；重点区域造林2755.2亩，种植各类苗木14.93万株，迹地更新1000亩；组织清林、清山50余次，开展林业严打专项整治行动，没收红豆杉菜板70块，柏木7方，为国家挽回损失17万元；加大对“白色污染”的整治力度，开展各类检查20余次，没收一次性塑料制品2万个，发送宣传单1.2万份、画册4315份，悬挂大型横幅26条，开展生态建设系列讲座3次，受教育群众3.5万人次。建立健全生态乡（镇）、生态村创建工作领导机构，成立县、乡、村三级生态建设领导小组，编制完成了《波密生态县建设规划》，落实生态创建专项经费32万元，完成8个乡镇58个行政村的自治区级生态乡（镇）、生态村创建工作；投入115万元完善县城垃圾填埋场基础设施。为群众兑现生态公益林管护资金1737万元；草原生态保护补助奖励机制工作通过自治区终验，656万草原生态保护补助奖励资金全部兑现到户。

【改革开放】 2013年，波密县充分发挥对口支援优势，向改革要动力，向开放要活力，不断增强自我积累、自我发展的能力。顺利完成了第六、第七批援藏工作交接，第七批受援工作全面展开，援藏干部迅速进入工作角色，深入实地调研，确立了投资2亿元的总盘子，涉及农牧区基础设施、产业发展、市政建设、生态环保、社会事业等7大类18项，大部分资金向农牧区、基层倾斜，全方位惠及群众。全年完成招商引资2.16亿元，民间投资1.5亿元；社会消费品零售总额达1.3亿元，同比增长17%。招商引资项目顺康大厦、旺氏大酒店、三峡宾馆等进展顺利；推出招商引资项目10个，涉及林下资源、基础设施、藏医药业等多个领域。参加了第21届广州博览会，与广东客商签订了150万元的波密天麻及200万元的松茸销售意向协议。全年招商引资续建项目资金到位率达到64.5%，新建项目资金到位率达到63%，新签约项目履约率达到80%。全年落实援藏投资7132.2万元，建成县群艺馆、扎木路主街道民族特色化改造工程等援藏项目。

【自身建设】 始终坚持把“统揽全局，科学作为；解放思想，团结作为；牢记宗旨，务实作为；自强不息，激情作为；艰苦奋斗，奉献作为”当作衡量工作落实、转变作风的根本标准，切实加强政府自身建设，坚决执行中央关于改进工作作风、密切联系群众的“八项规定”及区党委提出的“约法十章”、“九项要求”，树立了清正廉洁形象，赢得了群众信任支持。“三公”经费支出减少15%，会议、文件数量大幅减少。深化政务公开，实施绩效管理，不断加强学习型、服务型、效能型、法治型、廉洁型政府建设。大兴求真务实之风，脚踏实地、埋头苦干，广泛征求社会各界意见，认真办理人大代表建议73件，政协委员提案20件，办复率100%。注重行业监察和财政监督；群众监督和政府决策相结合的决策机制不断完善，科学民主决策成为政府工作规范。

察隅县

【基本县情】 察隅，藏语意为“人居住地”。察隅县地处西藏东南部，属喜马拉雅山脉和横断山脉交汇的高山峡谷区，与印度、缅甸接壤，与区内外6县毗邻，北与波密县、昌都地区八宿县、左贡县相邻，西与墨脱县相接，东西长约250千米，南北宽约180千米，距八一镇537公里，距拉萨934公里。全县总面积31659平方公里（实控面积19200平方公里），辖3乡3镇、96个行政村和1个居委会，总人口28257人（其中农牧民24852人）。全县耕地面积40014.6亩，年均粮食播种面积粮食5.28万亩。

【概况】 2013年，察隅县国民生产总值完成5.95亿元，同比增长31%，完成指标任务的110%；固定资产投资预计完成13.25亿元，同比增长80.3%，完成指标任务的116%；财政收入预计达到2506万元，同比增长15.3%，完成指标任务的101%；农牧民人均纯收入预计达到5960元，同比增长16.6%，完成指标任务的104%；社会消费品零售总额预计达到8950万元，同比增长22.2%；全县粮油总产量预计达18966吨，比去年略有增长。

【项目建设】 全年共开工建设项目127个（其中续建项目47个，新建项目80个）。察隅县城垃圾填埋场、日东水电站、县城民族特色化改造等续建项目全部完工，县城旅游服务中心等48个新建项目顺利完工。积极提升项目管理服务能力，强化项目各环节工作特别是项目前期工作，加强项目施工质量监管，进一步规范了项目验收交接程序及后期使用管理；研究设立了察隅县项目服务中心，负责项目设计规划、成果预审评审等业务，全县项目工作水平不断提升。抓好援藏项目建设，第六批援藏28个项目全部完成，积极衔接启动第七批援藏工作，初步确定2014–2016年建设6大类20个项目，总投资约2亿元。抓好地区财政支持项目建设，申报的三批41个项目全部立项，已下达批复并开工建设39个，下达投资1.19亿元，目前已完成投资1.1亿元。

【产业建设】 抓好地区“产业

建设年”机遇，积极争取产业项目，不断壮大产业规模，提升产业效益。特色农牧业方面，共计投入1680万元，新增花生种植1200亩，集中推广优质水稻228亩，新增辣椒、鸡爪谷等250余亩，试种油茶609亩，新建蔬菜大棚116座；投入882.4万元，对花生加工厂、桐油加工厂和粮油加工厂进行改扩建，并引进先进加工设备，极大提高了特色农产品生产加工能力。同时，积极试种铁皮石斛、天麻等高附加值产品。预计今年特色农牧业整体增收710余万元，较去年增加16.4%；水电能源业方面，研究成立了轰东、俄美、松塔电站等3个水电资源开发协调办公室和菠罗电站建设工程协调办公室，主动加强与大唐等水电开发公司和相关部门沟通联系，提高服务管理协调能力，确保重大水电开发项目前期工作进展顺利。旅游业方面，全年接待游客1.7万人次，同比增长53%，实现旅游收入880余万元，同比增长65%。

【基础设施】　城镇建设方面，编制完成了《西藏自治区察隅县城市总体规划（2012–2030）》、《西藏林芝地区察隅县沙通坝新区修建性详细规划》、《西藏林芝地区察隅县察瓦龙乡旅游小镇修建性详细规划》等，县城民族特色化改造及4个小集镇建设顺利竣工，积极加快市政改造，城镇面貌和公共服务条件快速改善。道路交通方面，全年新开工18个交通项目，包括12个村道项目、4个通寺道路、2个县乡公路，总投资7.1亿元，预计到年底完成7个，全县通公路行政村达到92.71%；县城至沙玛边防公路改建工程进展顺利，上、下察隅镇通乡油路工程正式开工；全年养护农村公路370.5公里。电力方面，无电地区微型水电站工程顺利完成，共建设11座微型电站，解决光伏照明设备1272套，全县群众生活用电问题得到基本解决；日东电站、古拉乡沙堆电站建设完成并投入使用，果达电站、县城局域网前期工作等进展顺利。农田水利方面，农田水利重点县项目和2012年农村安全饮水工程水毁修复工作顺利完成，投入73万元对卡地、沙玛等6个村安全饮水工程进行维修；加大防洪及山洪治理力度；顺利完成全国第一次水利普查工作。通讯设施方面，对县城内周转房和廉租房实施了光纤入户改造工程；在偏远村庄建设移动、电信基站26座，全县手机信号行政村覆盖率达90%以上，通讯条件得到极大改善。新农村建设方面，顺利完成“家容家貌”整治和“两类村”建设，完成投资5743.4万元；2013年30个人居环境综合整治工程和20个村级活动场所建设项目已顺利完成。

【社会民生事业】　落实各项惠民政策，研究制定了各项惠民政策资金落实期限表，加大督导和监管力度，确保各项强农惠农资金及时足额发放到群众手中。教育方面，落实好教育“三包”、学生营养餐计划等政策，共发放资金342.55万元；县财政投入教育专项经费525万元，占上年度财政收入的24%；投入各类助学资金81.5万元，奖励183名大学生，资助213名贫困在校学生；今年我县小学应届毕业生中有14人考上内地西藏初中班，比去年增加75%，中学应届毕业生中有16人考上内地西藏高中班，居全地区第一；大力发展学前教育，通过援藏途径争取投资700余万元新建下察隅镇光明幼儿园，抓好6个国家投资幼儿园项目建设。医疗卫生方面，以免费医疗为基础的农牧区医疗制度得到落实。县卫生服务中心全年门诊接诊2.36万人次；全年大病统筹报销1192人次，报销金额559万元；积极改善医疗条件，加快上、下察隅镇卫生院标准化建设，县卫生监督所和急救中心即将开工；全年培训县乡卫生系统人员102人次，通过援藏途径引进内地医疗专家7名；对城乡居民、僧尼进行了免费体检；积极加强地方病传染病防治工作，大力推进食品药品安全工程。文化事业方面，总投资880万元，建成5个乡镇综合文化站，县新华书店、县广播影视中心进展顺利；成功创建地区级“新农村新文化示范村”9个，10个农家书屋被地区纳入“农家书屋提升工程；大力实施“西新工程”、“五下乡”活动，全年共为群众放映电影50余部，1200余场，新组建农牧民文艺表演队10支，开展广场文化活动16场；加强非物质文化和优秀传统民俗文化的传承保护，启动实施“六个一”工程，提高全社会文化保护意识。加强社会保障体系建设，累计支出各类救助资金260万元，共救助735人；全年兑现五保、低保资金303.89万元；积极推进五保集中供养，抓好集中供养项目建设；养老保险、职工医疗保险、失业保险、工伤保险、生育保险等险种参保率和征缴率均比去年有较大幅度提升，基本实现应保尽保；积极促进社会就业，开展劳动力技能培训13次，培训641人次，实现农村富余劳动力转移3200人，实现收入1145万元；城镇就业再就业116人，城镇登记失业率为2.8%；加强劳务市场监管，维护劳动者合法权益。抓好保障性住房建设，干部周转房、公租房、廉租房项目建设顺利，安排低收入群众62户入住廉租房。加大扶贫工作力度，共实施扶贫项目28个，投资1322万元，完成后可实现1100多贫困人口脱贫。加强防灾减灾工作，大力宣传普及地质、气象等灾害预防和应急救灾知识，开展了地质灾害隐患排查专项行动；发放救灾资金65万元，加强救灾物资储备，投入59.5万元购置11万斤应急储备粮食，充实了各储备点救灾物资；加快推进察瓦龙乡布巴村地质灾害搬迁工作，迁入地前期建设正在积极推进。生态环境建设和保护力度不断加大，完成义务植树245亩、迹地更新造林700亩，实施重点区域造林6912亩、森林生态抚育项目3万亩；强化了林政管理，建设了古玉乡、察瓦龙乡木材综合检查站；加强了林地保护利用规划，加强慈巴沟自然保护区建设；完成了吉太沟等三个水源地保护项目；66个行政村成功创建自治区级生态村；投入25万元启动了竹瓦根等5个乡镇环境保护规划编制工作。

【安全生产】 2013年察隅县未发生安全生产事故。交通安全方面，开展了“双下降”专项整治、“十八大”期间道路交通百日大整治、道路客运隐患整治、“打非治违”专项行动等，投入警力1980人次，警车380台次，依法查处各类交通违法违规行为600余起；工程建设方面，对各建设施工场地开展安全大检查10余次，强化了安全规范施工，增强了违规处罚力度。消防、森防方面，先后开展了“除火患、保平安”冬春专项行动、油气领域消防安全专项整治、“大排查、大整治”火灾隐患专项行动等活动，共开展12次消防安全大检查，查处整改隐患58处；加强农村防火能力建设，购置配发540余万元的消防、森防设备；开展14次成品油气市场专项检查，对120多家生产经营单位进行排查，查处整改隐患120处。

朗县

【基本县情】 朗，藏语意为“显现”。朗县位于喜马拉雅山北麓，雅鲁藏布江中下游，隶属林芝地区管辖，地域面积4200平方公里，县政府驻地朗村距拉萨420公里，距八一镇240公里。全县辖6个乡镇（包括金东乡、洞嘎镇、朗镇、拉多乡、仲达镇、登木乡），51个行政村1个居委会，136个自然村，1.6万余人。属典型的高山峡谷地貌，雅江流域小气候条件优越，平均海拔3700米，昼夜温差大，日照强，年均日照2512小时，年平均气温11.2度。现有耕地面积2万余亩，草场面积1200平方公里，森林面积367平方公里，适宜种植小麦、青稞、土豆、辣椒等农作物和核桃、苹果、葡萄、花椒、藏冬桃等经济林木；旅游景点有国家级文物保护单位列山考古遗址公园，自治区级文物保护单位冲康庄园、巴尔曲德寺、朗敦庄园等，另外拉多藏湖、沿江巨柏等景点均具有较大开发价值的生态、旅游观光地。

【概况】 2013年，全县实现国内生产总值3.9亿元，同比增长15%；农牧民人均纯收入8700元/人，同比增长14%；财政收入1156万元，同比增长15%；社会消费品零售总额6861万元，同比增长20%；工业产值1104万元，同比增长2.4%。

【四个基础】 农业工作。积极推行技术承包制度和科技特派员入户工程，加强农村技术服务工作，保证了今年良种覆盖率达93%，种子精选率达100%，包衣率达94%；完成农用物资调运工作，调运农药20吨、化肥350吨、种子277.55吨，农家肥8810吨，地膜4吨，确保春耕秋播顺利进行；20163亩农作物播种工作顺利完成，圆满完成地区下达的农业生产任务，已完成秋收工作，粮油产量6530吨。

牧业工作。严格按照“六不漏”要求，完成111723头（匹、只）牲畜疫苗注射工作，免疫密度达100%；接羔育幼及抗灾保畜工作有效进行，仔畜成活率达98%；设立了重大动物疫情监测点，严防严控动物疫病。

虫草管理工作。完成“一书一图一细则一协议两方案”，设立虫草卡点4处，安排10队48人进行巡山清山工作，解决纠纷3起，劝退外来人员11人。

草原补助奖励机制工作。顺利通过自治区验收，兑现2012年草原生态保护补助奖励资金319.09万元，人均增收219元。

【四类项目】 国家投资项目。共开复工项目56项，总投资68002.82万元，其中：续建项目35项，新建项目21项，预计全年完成投资48598.82万元。其中：交通项目6个，完成投资1.104亿元，朗加公路朗县境预计10月中旬完工；水利项目12个，完成投资3027.71万元，县110KV输变电线路项目顺利实施，并提前接入藏中电网，乡镇通电率100%、行政村通电率100%、自然村通电率100%；

援藏项目。目前涉及援藏项目6项，总投资601万元，已全部完成；

招商引资项目。续建15个，新建8个，目前到位资金7376.4万元，完成地区下达任务9600万元的76.8%，预计能够完成全年任务；

民间投资项目。共5个，目前到位资金6445万元，完成地区下达9000万元任务的71.6%，预计能够完成全年任务。

【四大产业】 “两椒两桃”方面。全县新增核桃15095亩，核桃总面积达34670亩；种植辣椒2280亩（含复播），较2012年增加380亩，同比增加18.75%，预计产量达3420吨，产值1368万元；新增花椒27亩、藏冬桃30亩，全县累计藏冬桃总面积达2650亩，花椒总面积达725亩。

特色加工业方面。全年累计注册农牧民经济合作社13家，其中藏玉加工效益凸显，预计生产大型雕刻品13件、小型工艺品1360余件，估算产值在250万元左右，通过在县城团结路农牧局办公楼出租房设立玉石成品专卖店，向过往客商推销大、小玉石雕刻成品461件，实现销售产值73万元。藏香、藏纸加工技术日臻成熟，藏毯加工被纳入发展计划。

生态旅游业方面。冲康庄园景区已开工建设；雅江巨柏、拉多藏湖、工字荣原始森林等景区开发前期工作顺利推进；完成金东乡列村旅游示范村建设项目申报工作；巴尔曲德寺藏香旅游纪念品研发项目顺利纳入地区旅游纪念品研发项目；基本通过《朗县旅游发展行动纲要》，正进一步进行完善；完成《朗县旅游手册》、《魅力朗县宣传册》、纤维布旅游示意图编辑及制作；检查各场所、各部位共计561块牌匾，并完成14块问题牌匾的整改工作；“朗县游”新浪微博顺利开通，积极利用网络媒体等各种平台，通过发放宣传册、“世界屋脊神奇西藏”等活动，大力宣传景区景点及人文历史，全县旅游景点知名度不断提升。全年接待游客13000人次，同比增长27.3%；实现收入325万元，同比增长59.1%。

藏医藏药业方面。县藏医科开设了藏医药浴、按摩、烤电、放血、针灸等理疗项目；六乡镇卫生院藏医门诊设置率达100%，藏药品种平均达80种；举办两期藏医药专业知识培训班，20人参加培训；全年县藏医科门诊量达8050人次，住院量达260人次。

【五项工程】 教育事业方面。教育重点项目顺利推进，完工项目4个，总投资675.17万元，乡镇附设幼儿园顺利推进；投资30万元完成2所小学食堂改造；完成乡镇各学校“交互式”教学终端建设，优质教育资源进一步普及和共享；成功举办冬季长跑比赛、教师篮球赛等活动，第九套广播体操和新版眼睛保健操、“阳光体育锻炼一小时”实现常态化；开展“中国梦·我的梦”、“学习雷锋、日行一善”等系列主题教育活动，德育工作成效显著；指派专人进行蹲点，全力开展“控辍保学”工作，小学巩固率达99.5%，中学巩固率达99%；制定《朗县教师教学奖惩办法（试行）》，教师工作主动性和积极性明显提升，教学质量显著提高，2013年朗县县考取西藏内地初中班11人，内地中职班38人；通过出县考察、参加培训、教学比赛等方式进一步提升了师资水平；县义务教育均衡发展工作全面启动，成立了领导小组，制定了工作方案。

文化事业方面。积极组织文化活动，在重大节庆日组织开展了4场文艺汇演活动，参观人数达2000余人次。6月7日起，认真组织了群众性广场文化活动，参加群众达9000余人次；联合开展文物普查工作，共普查寺庙文物197件，古籍21部；切实做好广播电视播出工作，共放映电影1385场次，观看人数达51000余人次，完成全年计划任务的70%。三是开展文化执法检查29次，出动78人次对音像出租、网吧、朗玛厅等134家次娱乐场所进行检查，责令整改娱乐场所6家，收缴盗版光盘30张。

卫生事业方面。农牧区医疗制度覆盖率达100%，个人筹资率达98.4%，大病统筹报销达260万元；国家基本药物制度全面实施，兑现补助资金40.39万元；县人民医院配备了x光机、放射、检验、

B超等医疗设备；完成城乡居民免费健康体检，参检人数14542人，体检率达95%，参检僧尼62名，体检率达87%。6名先心病儿童赴闽治疗，并已完全康复；鼠疫防控工作有序有力有效开展；有效处置手足口病和水痘疫情，　全县无其他重大传染病暴发流行；“一孩双女”、“特殊子女”奖励扶助工作顺利完成，兑现资金共计23.5万元；完成“三大扶助对象”确认工作，其中“一孩双女”扶助对象198人，“特殊子女家庭”扶助对象39人，“半边户”扶助对象4户。食品、药品和卫生监管执法工作有效推进。

新农村建设方面。完成7个小康示范村确定工作，7个人居环境建设进展顺利，预计年底完工；277户安居工程现已完成236户，剩余任务预计年底完工；家电家具下乡补贴收尾工作进展顺利，应兑现补贴424.19万元，现兑现补贴158.71万元，剩余资金待地区下拨后兑现。

社会保障方面。开展农牧民和城镇失业人员技能培训5期，培训170人，新增就业61人，实现农牧民转移就业7585人次，就业收入2360万元；顺利完成全年城乡居民养老保险参保征缴任务；受理解决劳动争议投诉案件15起，结案率达100%；设立县、乡、村三级自然灾害监测员，提高自然灾害防御力；医疗救助175人次，发放资金47.27万元；筹集14.2769万元善款支持四川雅安；完成拉多乡、金东乡救灾物资储备库建设；完成烈士陵园一、二期改造工程，投资40万元。

【三大任务】　造林绿化方面。完成植树造林4570亩，防沙治沙840亩，绿化290亩，补植补造270亩；林政管理工作进一步加强，全年共查处无证运输木材6起，涉案木材92方，挽回经济损失128800元；成功申报2013年病虫害防治项目；正在规划“两江四河”造林绿化工程。

环境保护方面。朗村饮用水源地保护工程顺利动工，奶布沟水源地保护工程已完成工程量的80%；完成《关于进一步加强朗县环境保护的意见》，明确了“1234”环保工作思路；《朗县2009-2020年生态县建设规划》定稿；34个自治区级生态村创建工作顺利通过自治区技术考核组验收；全县5个生态乡镇创建工作顺利开展，县政府投入经费25万元，初步完成《生态乡镇建设规划》（征求意见稿）；按照洛桑江村主席“三条红线”和四个“绝不能”指示精神，全力整治整合全县砂石矿，生态环境和安全生产明显改善；完成环评批复办理17项，涉及金额1868.29万元。

集约用地方面。完成宅基地外业地籍调查和权属调查，内业资料整理、图形编辑、地籍信息录入、汇总、核实等工作；县土地定级与城镇基准地价工作已完成；完成全县15个可疑图斑用地报件上报工作；从严控制非农建设占用耕地，基本农田保护面积达16572.4亩，保护率达82.7%；全县17处地质灾害点的群防群测预警机制建设顺利推进。

【社会稳定】　严格执行一线指挥部县级领导带班制度，带班值班累计达273人次；成立了朗县涉稳重点人员管控工作领导小组，对全县27名涉稳重点人员管控工作到位，建档率、管控率达100%；金东、仲达公安检查站认真落实“四个必查”，“护城河”、“过滤网”作用明显，共检查过往车辆19450余次，过往人员38680余人；出动警力3780人次，车辆650台次，“3·10”等敏感节点维稳工作圆满完成；深入推进寺庙“9+6”工程，完成《巴尔曲德寺第十世活佛寻访认定资料汇编》等工作，对全县10所宗教73户僧舍维修进行登记和申报；以“法律八进”为载体，开展爱国主义和法制宣传教育活动103场次，干部、群众、僧尼法制意识进一步提升；深入开展“清网行动”、“护校安园”等14种专项整治行动，开展处置突发事件应急演练5次，大规模武装巡逻19次，各类违法犯罪活动被有效遏制；深入推进矛盾纠纷排查调处工作，累计排查化解矛盾纠纷27起，社会治安持续稳定。

昌都地区

昌都地区

【概况】　2013年，昌都地区全面贯彻落实党的十八大精神，深入贯彻落实习近平总书记“治国必治边、治边先稳藏”的战略思想和全国政协俞正声主席“依法治藏、长期建藏”的重要指示，认真贯彻落实区党委八届三次、四次全会和中央、自治区经济工作会议以及自治区昌都工作会议的一系列决策部署，按照“一产上水平、二产抓重点、三产大发展”的要求，坚持“稳中求更快”的发展总基调，大力实施“强工重镇、带动两翼、东西发展、创建基地”发展战略，突出投资拉动、项目带动、开放牵动、创新驱动，扎实推进“六个昌都”建设，全地区经济社会保持良好的发展态势。

【经济发展】　2013年，昌都地区经济发展总体呈现出基础更稳、速度更快、效益更好、质量更高、结构更优的特点。全地区生产总值完成104.5亿元，首次突破百亿大关，增长12.3%；固定资产投资123亿元，增长39.5%；地方财政一般预算收入7.5亿元，增长49.5%；农牧民人均纯收入5900元，其中，现金收入4656元，增长18.9%;社会消费品零售总额25.63亿元，增长15.5%；城镇居民可支配收入17370元，增长11.4%。金融机构存款140亿元，同比增长13.7%，贷款余额80亿元，同比增长102%。

【基础设施建设】　按照“十二五”规划项目“五年任务三年完成”的要求，抓住昌都工作会议项目投资扶持倾斜和“十二五”中期评估机遇，交通、水利、能源、通信等基础设施建设取得重大突破。一是交通基础设施建设取得新突破。国道318线海通沟至东达山改造工程竣工，国道214、317线过境公路西大桥至生格村段、国道317线类乌齐至丁青段改建工程开工建设，矮拉山隧道通过审查并下达投资批复，省道303线夏雅至洛隆公路改建项目预计年底建成，洛隆至边坝段改建工程正在加紧建设，邦达机场快速通道控制性工程计划年内开工，察芒公路已提交自治区审查，邦达机场飞行区改造工程竣工投运，开工建设通村公路102条、通寺公路371条，全年交通项目建设预计完成投资23.59亿元。二是水利基础设施建设取得新突破。着眼于区域防洪、节水灌溉、水源保护、生态保持和可持续发展，全面启动了“三江”21条河流流域规划工作，藏曲等6条河流规划设计资料已完成，八宿县冷曲河流域开发治理工作全面启动，开工建设边坝等8县城市饮用水源地建设，左贡中林卡若巴灌区、十字卡灌区，八宿萨漠通灌区、瓦达灌区，芒康莽措灌区建设推进顺利，新增灌区面积9.5万亩；开工建设昌都镇昂曲河、扎曲河前三段防洪堤和昌都县生格村段防洪堤工程，全面组织实施江达等5县县城防洪工程，八宿县林卡乡冷曲河防洪堤等中小河流治理工程及山洪灾害非工程措施推进顺利。全年水利投资预计完成12亿元。三是能源基础设施建设取得新突破。继续实施无电地区电力工程建设，全面开工建设巴登、岗色、绕金等5座电站，加快实施洛隆县一二级电站、芒康西曲河电站等13个电站线路延伸和局域网工程，农村无电地区电力规划前期工作取得重大进展，全年解决10万人的用电问题；成立川藏联网工程建设领导小组，认真做好宣传教育、服务保障、协调配合、优化环境等工作，确保了工程顺利开工建设。四是通信基础设施建设取得新突破。新建无线基站96座，解决了60个行政村、18座寺庙的通信问题，基本实现了国省道沿线全覆盖。

【产业发展】 一是坚持一产上水平，农牧业基础地位不断巩固。农牧业产值完成29.5亿元，同比增长6.4%。完成农作物播种面积63.4万亩，其中粮食作物播种面积57万亩，良种覆盖率达到88%，粮食总产达17.76万吨，完成中低产田改造7.22万亩，落实高产创建示范面积30万亩，示范推广“藏青2000”新品种7000亩；新生仔畜共计88.6万头（只、匹），年末牲畜存栏量可达305万头（只、匹），综合出栏率达到30%，迅速有效地控制了芒康县重大动物疫情。11县2012年度草原生态保护补助奖励机制工作顺利通过自治区终验，兑现各类奖补资金共计1.79亿元。虫草产量达17891公斤，创收23亿元；乡镇企业实现产值1.94亿元，多种经营收入8.91亿元，劳务输出31万人次，创收5.54亿元。加快推进高原特色农畜产品基地建设，制定出台了《关于加快发展昌都地区特色农牧业产业的实施意见》，安排财政资金3000万元支持特色农牧业发展，落实特色产业项目资金7.53亿元，加大对芒康藏葡萄酒、八宿荞麦酒、洛隆糌粑等加工（生产）产业和蔬菜生产基地建设的扶持力度，种植葡萄6000亩、荞麦1.6万亩，种植核桃、花椒等经济林木1.5万亩，种植藏药材5000亩，新建11县一期蔬菜生产基地高效日光温室大棚800座，80个农牧民专业合作组织实现收入4573万元，13家农牧业产业化经营龙头企业实现产值2344万元。二是坚持二产抓重点，优势资源开发工作加快推进。全力推进“三江”水资源开发进程，金沙江上游川藏段7个电站取得国家“路条”，苏洼龙、叶巴滩、拉哇电站预可研报告通过审查，苏洼龙电站库区实物指标调查工作基本完成；澜沧江如美、古水电站获得国家开展前期工作“路条”，侧格、约龙、卡贡、古学、如美电站预可研工作基本完成，果多电站正在加紧建设，觉巴电站计划年内实现一期截流；怒江干流梯级电站预可研勘察设计工作快速推进，水电开发报告已经完成。汪排电站、边坝电站进入主体工程建设阶段，新荣电站已通过自治区初审，玉曲河水电开发有序推进。全年“三江”水电资源开发完成投资14亿元。加快藏东有色金属产业基地建设，完成了全地区矿产资源总体规划和藏东有色金属产业基地规划编制工作，全地区矿权设置方案通过国土资源厅评审。全年五大板块投入18.2亿元，实现产值8.4亿元，上缴税收1.13亿元。玉龙铜矿完成投资12.5亿元，一期尾矿、36万吨/年硫化矿浮选系统建成调试成功投产，搅拌浸出冶炼系统年内建成，二期工程全面启动；昂青银多金属矿完成投资8000万元，探明银金属资源量806吨；卡玛多镁矿完成投资8000万元，轻烧氧化镁点火试炉成功，调试生产500吨；煤炭资源板块完成投资1.027亿元；铁矿石整合矿权2处，达成意向协议5处，试销售铁矿22.6万吨，实现税收2760万元；非金属矿产资源开发逐步规范，通过招商引资对八宿县王排、洛隆县俄西花岗岩进行开发，日生产石料700余平方米；完成了高争水泥厂石灰岩矿价款评估和采矿权出让；矿产资源勘查投入全年完成3.5亿元，青藏专项等四个项目投入3140万元，加多岭富铁矿被国家列入找矿突破战略行动项目。三是坚持三产大发展，旅游及服务业快速发展。按照建设藏东“三江”流域精品旅游区的要求，大力培育“三江流域”、“茶马古道”、“康巴文化”、“红色旅游”四大旅游品牌，自驾车营地项目一标段克色自驾车营地主体工程、类乌齐县国道214段景观大道建设顺利竣工，《昌都地区旅游发展总体规划修编》、《然乌湖·来古冰川国家公园总体规划》通过自治区评审，边坝县三色湖景区、然乌湖·来古冰川国家公园重点节点修建性详规方案编制完毕，《八宿县然乌湖·来古冰川国家公园环湖藏家乐提升项目一期工程》初步设计已编制完成，美玉草原旅游基础设施建设项目全面开工，芒康县南部旅游景区项目已下达投资概算，《318景观大道总体规划》已报自治区旅游局审查。全年接待区内外游客85万人次，实现旅游收入5.6亿元，同比增长18.4%和16%。同时，大力拓展物流、商贸、电子、通信、酒店、餐饮等服务业，积极引导农牧区富余劳动力进城从事家政、家电、休闲等服务行业，建成“万村千乡”配送中心1个、乡镇商贸中心4个、村级农家店576个。

【城镇化建设】 昌都地区总体规划编制工作全面完成，以规划为龙头，按照经营城市，以城建城、以城养城的理念，积极筹措国家、企业、社会资金60多亿元，大力实施昌都镇新一轮旧城改造、新区开发和基础设施建设工作，旧城改造工作按计划有序推进。回迁安置工作全面启动且进展顺利，新区的产业规划和园区规划已经编制完成，招商引资优惠政策已经制定；全面启动了达茵卡、生格村片区的市政基础设施建设工作，完成了加卡工业园区土地评估和部分征地实物指标调查工作，已经与多家企业签订了入驻意向协议。城市基础设施建设步伐明显加快，胜利街下穿隧道、解放广场、明珠公园、西大桥等工程已顺利竣工，昌都自来水厂、昌都自来水厂俄洛分厂等工程将于年底建成，胜利桥、滨江路等工程正在加紧建设。保障性住房建设有序推进，扎曲花园小区、昂曲花园小区、澜沧江花园小区将于年底建成并交付使用，邦达小区、达茵卡小区等项目正在按计划抓紧实施。完成了贡觉、察雅、江达等县60个重点乡镇的规划编制工作，启动了14个新农村示范点建设。以旧城改造、新区开发、基础设施建设为抓手的城乡建设工作已经成为推动昌都经济社会快速发展的一个重要引擎。

【社会事业】 一是优先发展教育事业。加大投入力度，财政安排专项资金1亿元用于发展教育事业。加强基础设施建设，新建95所乡镇小学附设幼儿园、地区爱心幼儿园、77所幼小一体化学校、地区四高，对43所小学和4所初级中学进行了改扩建，地区特殊教育学校、职业技术学校、教师培训中心等教育项目建设进展顺利。全年落实“三包”及助学经费2.68亿元。狠抓控辍保学，学前两年入学率达到44%，小学适龄儿童入学率达到87.2%，初中入学率达到48.1%，高中入学率达到31.1%。教育教学质量稳步提高，“三大考试”录取率继续呈上升势头，高考录取率达74.1%。扩大优质教育资源覆盖面，升格2所村教学点为乡完小，新建3所村完小、25所村教学点，洛隆、类乌齐两县义务教育均衡发展通过初评。二是文化事业繁荣发展。财政安排1000万元专项资金支持文化事业发展。11县新华书店、文化活动中心以及135个乡镇文化站、地区图书馆预计年内建成投入使用，地区博物馆、地区群众艺术馆、7县民间艺术团排练场正在加紧实施。选派了60名优秀学生赴天津艺术院校进行委培，康巴文化艺术团随中央统战部成功赴尼泊尔出访演出，举办第七届毗邻地区康巴文化旅游艺术节。完成了9县有线数字电视整体转换建设，组装完成广播电视“户户通”直播卫星设备15000户（套），寺庙“舍舍通”新增接收机633台、彩电1416台，开工建设昌都地区广播影视综合大楼。加强文物保护工作，完成了丁青米杰拉章、洛隆硕督寺维修保护工作，开工建设察雅仁达摩崖造像、昌都解委会旧址、萨王府、盐井古盐田、卡若遗址、小恩达遗址等文物保护项目。三是医疗卫生事业得到加强。安排财政专项资金1000万元支持卫生事业发展。11县卫生监督所和地方病防治所、10县急救站建成投入使用，开工建设111所乡镇卫生院，地区人民医院、藏医院改扩建项目一期工程正在紧张建设。农牧区医疗实现全覆盖。完成农牧民健康体检44万余人、僧尼健康体检11864人，完成白内障复明手术筛查670例、施行手术166例，筛查儿童先心病168203人、实施救助治疗87例。四是社会保障制度不断健全。新型农村社会养老保险、城镇居民社会养老保险（含寺庙僧尼）实现全覆盖，企业职工基本养老保险、城镇职工基本医疗保险、城镇居民基本医疗保险、失业保险、生育保险等各险种参保率不断提升。提高五保供养标准，启动实施了昌都、丁青等6县五保集中供养和昌都地区第一儿童福利院项目建设，转移收养孤儿460人。全年落实民政资金2.2亿元。五是民生不断改善。整合资金69亿元，实施民生项目142个。建成农牧民安居工程10830户，实施了14个新农村示范点建设，对240个行政村进行人居环境与环境综合整治，解决了557个行政村、357座寺庙3.6万人的安全饮水问题，新增用电人口10万人。以动态消除零就业家庭为目标，实现城镇新增就业3500人，城镇登记失业率为2.07%；开发就业再就业岗位3700个，应届大学生基本实现就业，117名中职班毕业生实现就业；开展军旅式培训55期，培训农牧民11826人，转移就业5166人，创收2900万元。六是扶贫农发工作稳步推进。完成了《西藏昌都地区产业扶贫规划（2013—2020）》编制工作。争取资金2.2亿元，实施农发、扶贫项目332个。面上扶贫项目开工建设145个，163个整乡推进扶贫开发项目进展顺利，建成贫困户安居工程1300户，实施了芒康、江达、洛隆三县农发土地治理，完成土地治理1.4万亩，建成民生水磨坊330座，稳定解决了7600户3.8万人的脱贫和发展问题。

【开放交流】 2013年，共签约招商引资项目65个，签订协议资金20.3亿元，落地到位资金6.7亿元；内资企业达433户，注册资金207890万元；私营企业达480户，雇工6576人，注册资金9.3亿元，同比增长22.13%、23.54%、35.28%；个体工商户达12421户，从业人员31419人，注册资金6.6亿元；申请注册商标10枚。促进对外贸易发展，全年创汇150万美元。加强对口援藏工作，圆满完成了第六批、第七批援藏干部轮换工作，完成援藏投资2.1亿元，建设援藏项目72个。

【生态建设和环境保护】 狠抓天然林保护工程，共完成公益林建设3.3万亩，封山育林2.9万亩。培育苗圃1500亩，完成重点区域造林6.3万亩，退耕还林荒山荒地造林7000亩、封山育林1.3万亩，四旁义务植树6600亩，环周一线生态屏障工程1020亩。完成高原生态安全屏障防护林体系建设2.4万亩，实施中幼林抚育面积19万亩。加大自然保护区建设力度，类乌齐马鹿国家级自然保护区三期建设项目可研报告通过审批，芒康县滇金丝猴国家级自然保护区管理局二期工程建设竣工并通过验收，完成然乌湖湿地保护与恢复建设项目总体规划。全面落实森林生态效益补偿机制，兑现生态效益补偿管护资金1.42亿元。加大项目环境保护工作，完成区、地环境安全大排查挂牌督办限期整改企业（项目）60家；严格执行项目环境影响评价“第一审批权”制度，建设领域环境保护工作不断加强，资源开发、重点项目建设环境影响评价、评审率达100%。

【“8·12地震抗灾工作”】 “8·12”地震发生后，昌都地区全力开展抢险救灾，创造了地震史上6·1级地震无人员伤亡的奇迹。妥善安排了灾区受灾群众过冬、过渡安置，做到了灾区群众有房住、有饭吃、有衣穿、有被子盖、有水喝、有病能治和有学上，灾后重建工作紧张有序地推进。

【维稳工作】 围绕坚决打赢反自焚斗争，严格落实自治区维稳十项措施，强化维稳意识，健全维稳机制，落实维稳责任，牢牢把握反分裂斗争的主动权，社会局势保持持续稳定、长期稳定、全面稳定。一是加强社会管理，制定了《关于创新社会管理进一步落实区党委各项维稳措施深化长治久安工作的意见》，出台了《昌都地区零散成品油销售管理办法》，实行“双卡”加油和责任连带追究制，加强外来人员的管理，扎实推进“双联户”活动，共组建14473个联户单位，参与家庭12.95万余户，基本覆盖了全部城乡居民。截止10月初，共侦破预谋自焚案件2起，抓获嫌疑人2人。二是强化寺庙管理。深入推进寺庙“六建”、“六个一”、“九有”工程和“两险一保”工作，扎实开展和谐寺庙爱国守法先进僧尼评选表彰、僧尼健康体检活动，引导宗教与社会主义协调发展。同时，加强对各类非法认定“活佛”、境外回流寺庙人员、东西回流人员、拉萨“3·14”遣返和非罪处理人员、寺庙清理劝退人员、串联煽动人员、非法出境参加达赖“法会”人员等重点人员的摸排和管理管控，确保重点人员始终处于有效管控之下。三是开展重点区域专项治理，深入开展“排雷除瘤挖根强基”行动，对江达德登乡、左贡县美玉乡、贡觉县三岩片区集中进行教育整顿治理，依法取缔美玉乡雪行政村曲扎自然村“龙日学校”，成功侦破了“2·11”案件，挖出了格寺、果果寺“保护母语协会”非法组织。四是集中开展专项整治活动。立命案23起，破26起（含积案5起）；破“两抢一盗”8起，破案率100%；抓获网上在逃人员30人；成功侦破类乌齐“4·09”文物盗窃案；收缴各类非法枪支344支、仿真枪125支、子弹3079发、炸药723.2公斤、雷管776枚、管制刀具2081把；破获毒品案7起，抓获犯罪嫌疑人11人。五是突出安全生产工作。加大排查整治力度，道路交通、矿山、建筑施工、危化品、消防、特种设备等经营性领域未发生致人死亡事故，安全生产事故起数和死亡人数实现“双下降”。六是加强信访和矛盾纠纷排查调处工作。截至10月初，共接待群众来信来访来电51批（件）、262人次，办结39批（件），办结率达到76.5%；排查各类信访突出问题160件，办结90件，办结率达56%；建立“信访包案”制度，加大对未办结信访问题的督办落实力度。

昌都县

【基本县情】 昌都，藏语意为“水汇合口处”。昌都县位于西藏东部，昌都地区的中北部，东与西藏江达、贡觉两县相邻；南与察雅、八宿两县接壤；西与类乌齐县交界；北与青海省襄谦、玉树两县毗邻。全县幅员面积1.06万平方公里，北部山脉最高海拔5460米，南部最低海拔3100米，县境平均海拔3500米。南北最长距离为145公里，东西最宽距离为90公里，川藏公路北线317国道和滇藏公路214国道在昌都交汇，并连通318国道和303国道，有通往成都、拉萨、昆明、西宁的陆地通道，空中航班可直达成都和拉萨。全县辖3镇12乡、158个村委会和9个居委会，总人口13.7万人，其中农业人口8.9万人，居住有藏、汉、回、苗、纳西、门巴等民族。全县在编宗教活动场所53个，在编僧尼1770人；学校33所（其中初中1所，幼儿园3所，中心小学15所，村级完小14所），学生总人数为6620人。境内有新石器时期的“卡若遗址”、“小恩达遗址”，建于十五世纪中叶的康区最大的藏传佛教格鲁派（黄教）寺庙——强巴林寺等丰富的人文旅游资源。“昌都县嘎玛乡民族手工艺”被国家文化部命名为“中国民间文化艺术之乡”，民族手工艺金属工艺锻造、唐卡绘画、石刻、雕刻等技艺享誉区内外。全县拥有耕地8.7万亩；草场963.8万亩，可利用草场面积567.77万亩；林地面积62.8万公顷，森林蓄积量0.39亿立方米，林下资源、药用植物达数百种；县域内水能蕴藏量1.5亿千瓦以上；有铜、煤、铅、砷、钼、锌等多种矿物极富开采价值。

【概况】 2013年，昌都县生产总值完成35.02亿元，同比增长24%，其中：第一产业完成2.63亿元；第二产业完成13.9亿元；第三产业完成18.48亿元。固定资产投资完成21亿元，同比增长56%；财政收入完成1.0288亿元，首度突破1个亿，同比增长96%；农牧民人均纯收入达到6880元，其中现金收入4880元，同比增长16.7%；城镇居民可支配收入完成16340元，同比增长8.7%。全面实现了昌都县十一届人大三次会议确定的年度目标任务。

【农牧区基础设施】 2013年完成农村（寺庙）公路项目49个，道路交通建设总里程430.944公里，乡（镇）、村（居委会）公路通达率为100%；加强农村饮水安全和水利工程建设，解决和改善了1万余名群众的生活用水问题，增加和改善灌溉面积10124亩；积极协调电力部门，最大限度解决农牧民用电问题。2013年全县通电户数达到11538户、通电人口为63630人，通电率达80%。完成22个村居改造维修工程，11个乡镇的基层政权服务用房正在建设中，基层基础设施不断完善。

【产业建设】 2013年粮食总产量达3917万斤，油菜产量79万斤，饲料作物产量1902万斤；经济作物产量2008万斤；蔬菜种植面积达到1929亩，蔬菜总产量达964.5万公斤，总产值3858万元。年末牲畜存栏数达36万头（只、匹），新生仔畜11.5万头（只、匹），成活率达到97.5%，牲畜总增率28.5%，牲畜综合出栏率达到33.6%，完成肉产量1.18万吨。总投资33亿元的果多电站建设及库区人口搬迁安置工作有序推进，2013年完成投资7亿元。拉多包买和面达哇了格矿探矿进展顺利，妥坝昂青及夺盖拉煤矿进入实质采矿阶段；玉龙二期尾矿库征地工作按计划实施；较好的贯彻执行了地区矿业大会精神。旅游业作为开辟新的经济增长点的重要任务加以规划设计；完成了若巴温泉钻井水质、水量检测工作，积极为开发若巴温泉创造了条件；配合地区完成第七届藏、川、青、滇毗邻地区康巴文化旅游艺术节相关工作；全年接待旅游人数21.1万人次，实现旅游收入3203.2万元。

【旧城改造】 2013年，完成旧城改造和新区建设拆迁667户，拆迁面积达到14.4万平方米，征地1560.3亩，仅城关镇达瓦村和生格村兑现征地拆迁费1.49亿元，2013年旧城改造及新区基础设施建设投入达40亿元，一座崭新的昌都镇悄然屹立在藏东大地。总投资1.6亿元的昌都镇俄洛水厂项目进展顺利；县政府整体搬迁到生格村的各项工作有序推进。制定出台了《昌都城市规划区生活垃圾处理费征收管理办法（试行）》、《昌都城市规划区建筑垃圾管理办法（试行）》、《昌都城市规划区洗车场管理办法（试行）》等规章制度，全年下达违章建筑拆除通知163份，拆除违章建筑134起，市政执法处理案件86起，罚款6万元，整顿市政违章23件，较好的治理了脏、乱、差现象，建立起了城市管理和维护的长效机制。

【民生保障】 一是全面落实自治区十件实事和地区“十二项”民生工程。1542户7710名群众喜迁新居，22个村的农村人居环境建设和环境得到整治，30座民生水磨坊建设完成并投入使用，实施了如意等6个乡的卫生院改扩建项目和7个乡镇的敬老院建设，12个乡镇文化站建设顺利推进，成立和配备158个“农家书屋”和52座寺庙的“寺庙书屋”，完成16826户农户和1282座僧舍的广播电视工程建设任务，广播电视“村村通”和寺庙“舍舍通”工程覆盖率进一步扩大。全年有77个项目共8786.07万元投资项目交由农牧民施工队实施，扶持农牧民工程施工队43个，仅农牧民施工队就解决农村剩余劳动力就业2000余人，结合热血青年爱国成才创业工程举办职业技能培训班7期，实现农牧区富余劳动力累计转移就业1.2万人次，创收3497万元。同时在砂石运输、材料预制、外出务工等方面加大组织引导力度，为群众增收致富打开思路，拓宽渠道。

二是坚持教育优先发展。以昌都县三年教育发展规划纲要为目标，加大了教育投入力度，2013年全年投入教育资金1.08亿元。学校布局逐步趋于合理，基础设施明显改观，教育质量明显提升，良好的教风、校风、学风正在形成，广大农牧民群众对于教育的信心和满意度逐步增强，教育的普惠性和均衡性彰显明显。在2013年，小升初内地西藏班考试中我县名列全地区第一，中考及统考都获得全地区第三的好成绩。

三是社会保障能力得到提升。全年为503户1049人落实城镇低保457万元；为8446人发放农村低保739万元；大力提高五保供养水平，共为754名五保供养对象发放五保供养金196.04万元；有效推进城乡医疗救助和临时救助，支出医疗救助金525.5万元。13981户7万余人办理了《农牧区家庭医疗账户本》，账本使用率达到100%。全年农牧民医疗补助资金3260万元，其中为4920名农牧民按规定从大病统筹医疗资金中报销医药费1931.15万元，兑现率达100%。

【发展环境】 组建县政务服务中心，县主要领导及涉及行政审批业务的单位每月20、21、22日三天集中办公，实现了行政审批“一条龙”服务；制定下发了《昌都县综合治理发展环境实施方案》，依法整治打击在运输市场、地材市场等方面存在的干扰破坏发展环境的不法行为，对安全隐患大、环境污染及生态破坏严重、无证非法经营及选址不规范的22家砂石、采石场进行了依法取缔。区内外合作交流不断扩大，积极拓宽招商引资渠道，2013年招商引资到位资金1.95亿元，为县域经济发展注入新的动力。

【生态建设】 大力实施了水源涵养工程，加大河流源头区草地、湿地、天然林及其生物多样性保护力度。2013年荒山造林面积6000亩，其中人工造林2000亩，荒山造林围封面积4000亩；重点区域造林面积7000亩；义务植树造林及四旁植树5万株；完成退耕还林补植补造总面积2688.74亩。

【转变干部作风】 创新干部选人用人机制，从县、乡机关事业单位中拿出22个科级领导岗位，面向全县进行公开选拔，在创新选人用人机制上进行了新探索，并加大干部职工思想理论、业务素质培训，全年培训干部职工464人次。提高环卫工人工资待遇，在条件允许的条件下转变其身份；为乡镇聘用干部每月增加补助350元；积极筹措资金139万元为全县干部职工购买人身意外保险；财政补贴130万元搞好机关干部职工食堂；营造了良好的工作学习和生活环境。

【社会稳定】 2013年，昌都县共有21个驻村工作队获得自治区优秀驻村工作队称号，83人获得自治区优秀驻村工作队员称号，5座寺庙被评为自治区和谐模范寺庙，403名僧尼获得自治区级爱国守法先进僧尼称号，驻村、驻寺工作为构建和谐昌都、平安昌都作出了应有贡献。同时，以“反自焚斗争、反爆炸斗争、反纵火斗争、反造谣斗争”为重点，以网格化管理、“先进双联户”创建评选和发挥民生信息员作用为依托，以“五个严防”为目标，全面加强了重大敏感节点维稳备勤和社会面管控工作，深入开展了严打专项整治和重点地区治理工作，有效打击了达赖集团的各种分裂渗透破坏活动，确保了社会局势持续、全面稳定，实现了“三不出”、“四无”的目标。

江达县

【基本县情】 江达，藏语意为“江普寺沟口”。江达县位于西藏自治区东部，昌都地区东北部，全县东西长约286公里，南北宽约327公里，全县幅员面积13146.409平方公里，土地面积1902.77万亩，其中耕地面积有7.75万亩，草原面积1173.72万亩，森林面积721.3万亩，人均耕地面积1.15亩。西接昌都县，南邻贡觉县，北邻青海省玉树县，东与四川省石渠、德格、白玉三县隔金沙江相望，地理位置为东经97°53′~98°53′，北纬31°00′~32°36′，全县面积约13146.409平方公里。江达处于青藏高原三江流域东部、横断山脉上段的高山峡谷之间。地势西北高，东南低。整个地貌景观呈山原类型，分为高山原面、高原山原宽谷和高原山原峡谷三部分。全县最高处为波罗乡古色村的载迷提山峰，海拔5436米；最低处为波罗乡的仁达村，江面海拔2780米。

江达县属于高原气候区，为内陆干燥气候类型。年均气温2°C左右，年均降水量575.5毫米，霜期初终间日期280天，日照时数年均为2300小时，年均地面温度6℃—10℃之间，年均降雹日10天，年蒸发量1630毫米，平均气压660毫帕。干旱、洪涝、泥石流、霜冻、大雪、冰雹等自然灾害严重。

全县已探明的矿产主要有铜、铅、锌、铁、银等6个矿种，各类矿床点达30处。青泥洞乡拥有全国第二大铜矿玉龙铜矿。该矿区共有三个主要矿体，分别为Ⅰ矿体、Ⅱ矿体和Ⅴ矿体，三个铜矿体的累计资源量达650万吨金属铜。

全县设2镇、11乡、94个村委会、1个居委会，314个自然村。全县人口84737人，全县主要有藏族、汉族、回族、土族、满族、蒙古族、彝族、布依族、仡佬族，藏族人口占总人口的99.1%。

【概况】 2013年，江达县地方生产总值完成12.98亿元，同比增长17%；固定资产投资6.64亿元，同比增长18%；财政一般预算收入5180万元，同比增长29%；税收4079万元，同比增长18%；农牧民人均收入5570万元（其中现金收入3842元），同比增长16%。社会消费品零售总额达1.6171亿元，同比增长21%。全年接待游客5.7万人次，实现现金收入642.8万元，同比增长28%。金融机构各项存款余额5.4亿元，同比增长0.2%；各项贷款余额1.6亿元，同比增长0.2%。

【社会事业和民生事业】 社会保障体系建设。一是建设县政府工作服务大厅，投资80余万元，内设医疗卫生、养老保险、医疗保险、公安户籍科等服务窗口，进一步精简群众办事程序，提高办事效率。二是做好就业保障工作。开发就业岗位156个，新增就业90人，城镇登记失业人员42人，失业率有效控制在2.36%以内；开展各类培训班，培训农牧民青年130人；农牧区富余劳动力实现转移就业1850人；扶持创业带头人15人，带动就业192人；失业保险参保人数850人，征缴社会保险基金86万元，完成年度目标任务的95%；劳务输出1236人。三是做好养老保险工作。农村新型养老保险参保10203人，征收新农保费用36.71万元，领取病发放基础养老金247.8万元；寺庙僧尼参加城镇居民社会养老保险人数为1661人，60岁及以上参保人数为64人，发放2013年1至4月基础养老金2.54万元。四是参加基本医疗保险人数3397人；其中城镇职工养老保险、失业保险、工伤保险、生育保险累计参保450人、850人、616人、1099人，征缴保险基金415万元、86万元、12.8万元、50.68万元，城镇居民基本医疗保险参保人数达到2192人（寺庙僧尼参加医疗医疗保险人数为1656人，缴费金额9.72万元，其中65岁及其以上参保人数为36人）。

新农村建设。完成农房改造1024户，扶贫搬迁113户（每户2.5万元，含抗震加固），游牧民定居85户（每户2万元，含抗震加固）；整合县财政和援藏资金476万元，新建青泥洞乡巴纳村新农村示范点一个，修建户数为12户；人居环境建设指标完成21个点中的15个，余6个点将在2014年年初完成。

农牧业。生产总值3554万元。粮食总产量2816.70万斤，蔬菜总产值1050万斤。集中新建温室大棚45栋；新生各类牲畜15.7698万头（只、匹），牲畜年末存栏数37万头（只、匹）；综合出栏15.4860万头（只、匹），出栏率为33.7%；全年未发生重大特大动物疫情。落实草补资金2762.07万元。

水利工程。江达县波罗乡、沙嘎电站维修项目、旺布顶电站建设工程、古色电站线路延伸、2012第一批、第二批农村饮水工程、江达县村委会、寺庙、“十二项民生甘泉工程”饮水安全工程、波罗乡饮水工程、青泥洞乡曲卡河防洪堤工程，总投资3996.02万元，于2013年9月15日前竣工通过验收。新（续）建城区防洪二期工程、县2013年农村饮水安全工程、县山洪灾害非工程措施、旺布顶、邓柯电站线路延伸工程，总投资7452.54万元。县2013年农村饮水安全工程总投资454万元，于2103年3月17日开工，已完成总工程量的80%；旺布顶、邓柯电站总投资3804.12万元，于2013年11月13日开工，完成投资分别为：300万元、500万元；县城区防洪二期工程总投资2769.21万元，项目已开工；县山洪灾害非工程措施，总投资425.21万元，完成投资为382.689万元；工程完工将极大改善我县群众用电、用水条件，提升抗洪能力。同时积极申报江达县汪布顶、邓柯灌区工程、江达县县城饮水水源地综合整治建设工程、江达县字曲河字嘎乡防洪工程、江达县字曲河卡贡乡、同普乡河道治理工程、江达县重点县建设工程、电站技改维修项目、江达县一级电站增效扩容项目、江达县生达乡草场灌溉工程、江达县邓柯乡山洪沟治理工程，总投资347469.97万元，目前，初设已通过地区水利局审查，相关资料已送自治区水利厅待审。

农村公路建设。续建农村寺庙公路18条，总里程229.975公里，总投资5022.119万元。邦格寺、绕登寺、各次寺等17条公路已交付使用，东中寺公路因起点不通未开工建设。新建农村公路项目9个，总里程80.551公里，总投资2184.06万元。其中波罗乡外托村、热孜自然村、县二中桥梁等8个项目已交付使用，贡则寺公路因起点道路不通现未开工。全年养护队或组织农牧民群众进行春秋两次道路维护，共维护道路1000余公里，实现农牧民增收80余万元。

卫生服务体系建设。新型农牧区医疗制度财政配套资金由260元提升到340元，报销最高封顶线为2万元，共报销医疗经费25154人次、873.83万元；落实医疗救助资金21.33万元；深入街道、偏远乡村开展免费巡回医疗活动，接诊群众12000人，免费发放药品价值48万余元；同时与拉萨、昌都部分医院建立医疗合作关系，实现了江达籍群众先治疗，报销合作医疗后再付款。

旅游产业。邀请中央电视台4套中文国际频道、西藏电视台等区内外媒体到江达县拍摄风景纪录片，并在所辖电视台黄金时段播放，进一步做好了宣传工作；引进区域合作理念，与德格县建立了区域合作伙伴关系，通过信息互通，旅游数量得到大幅提高；与重庆市旅游企业合作开发旅游产品（如邓柯乡野生枸杞等）；单位干部作风转变，把导游意识转变为服务意识，为江达旅游树立了良好的口碑；全年接待游客5.7万人次，实现收入642.8万元，同比增长28%。

非公有制经济。认真落实放宽市场准入的各项政策措施，全面落实“三天办结制”，实施“五办制”，努力达到“六无”工作标准，积极推动公有制经济发展。全县共有内资企业13户；私营企业35户，从业人员740人，注册资金1352万元；个体工商户847户，从业人员1639人，注册资金5175。52万元；农村专业合作社4户，出资额130万元，入社人员14人。

群众增收工作。积极组织农牧民参与工程建设，全年劳务输出25360人次，创收3804万元。全面落实各项强农惠农资金974.3万元。有效组织群众开展虫草及林下产品采集上市，丰富市场，增加群众收入。

文化工程建设。一是县综合文化活动中心的文化信息资源共享工程相关设备已配套完成。今年全年免费开放1095小时，接待3650人。二是13乡镇文化站已建设完成，文化信息资源共享工程相关设备配套已完成，并各配有3至5名工作人员。三是95个农家书屋和68个寺庙书屋已全部建成，并投入使用，利用率为95%、98%，寺庙书屋书籍配备率达97%。四是开工建设县民间艺术团排练场所，将于2014年7月竣工并投入使用。五是筹建县新华书店并通过验收。

热青工程建设。一是健全组织。全县建立健全团委17个，团总支7个，团支部156个，村（居）团支部书记进“两委”比例在90%以上。二是协助创业。搭建青年创业“绿色通道”，与县农行协调，落实264户贫困农牧民青年家庭小额扶贫贷款总计318万元；依托自治区公安厅、自治区党校等7个定点扶贫单位在我县开展定点扶贫的有利条件，争取到扶贫资金618万元，解决全县203户贫困青年家庭实际困难。三是技能培训。全年开展就业创业培训班16期，培训农牧民青年780余人，培训技能主要有餐饮服务、奶牛养殖、拖拉机使用、农机维修等。四是劳务输出。为广大农牧民青年提供就业机会2016人次，实现劳务增收700余万元；劳务输出16490人次，共计收入1347.7万元。

扶贫工作建设。总投资4185万元，完成农房改造1024户，扶贫搬迁13户，游牧民定居85户以及21个村居环境整治工程。扶贫项目建设力度不断加强，2013年共实施扶贫项目24个，总投资2280万元，已竣工17个，完成国家总投资1310万元。

天然林保护工作。一是做好森林防火工作，投资195万元建设防火仓库；投资175万元在全县范围内建设大型宣传牌5个，加强宣传，提高群众防火意识；投资530万元建设林区消防通道2个；设置护林卡点78个，护林员1500余人，使全年森林火灾率控制在0.1%。二是建设重点区域生态公益林1847亩、天然林资源保护工程生态公益林建设封山育林1.2万亩、防护林体系建设6000亩、退耕还林补植补造1200亩、四旁义务植树13万株。三是投资285万元建设林管站5个，严防盗砍盗伐等破坏森林资源的行为。

教育工作。2013年全县幼儿入学713人，同比增长42%；小学生入学6095人，同比增长25%；中学生入学753人，同比增长1.3%。

援藏工作。2013年援藏项目共5项，总投资1760万元。青泥洞乡整乡推进项目、县特色产品交易市场、生达乡农产品交易市场、县农牧区基层组织建设及干部和农牧民培训工程、县城总体规划修编先后完成。

其他项目建设。全县新续建项目共计219个（其中新建193个，项目总投资9.2亿元；续建项目26个，总投资1.67亿元），总投资10.87亿元（其中含区管项目投资3804.12万元，地管项目投资10496.62147万元）。已开工建设195项，开工率达89%，开工项目总投资7.46亿元，占全年申报项目的68%，已完成投资6.64亿元，占全年开工项目总投资率的89%。全年社会投资26353.6万元，其中玉龙铜矿投资20920万元，民间投资约5000万元，招商引资到位资金350万元，邓柯乡色日玛铅矿投资83.5万元。

【社会稳定和寺庙工作】 2013年，江达县积极推进联防联治建设，共划分联户单位2473个，涵盖全县21588户，93944人，实现了“双联户”工作全覆盖。消除隐患促稳定。以波罗乡、江达镇集中整治工作为抓手，扎实开展缉抢治爆、打四黑除四恶等新一轮严打整治专项行动，行动开展以来共收缴各类非法枪支292支、子弹1977发、炸药388公斤、雷管304枚、导火线5米、管制刀具1328把、汽油3322公斤、柴油402公斤、淫秽光碟78张、违禁歌碟210张、低音炮（音响）399个、假（套）牌照19副、查处被盗、套牌车辆19辆，有效排除影响稳定的隐患。各寺管会结合加强和创新寺庙管理工作，切实做好“六个一”“六建”“九有”等重点工作，为全县68座寺庙落实了灭火器、沙桶等消防器材；各管委会干部交僧人朋友242人，开展家访2893次，积极为僧人办好事、办实事559件，涉及资金9.7万元，建立僧人档案1910份。

贡觉县

【基本情况】 贡觉，藏语意为“贡”活佛在“觉”地方定居。贡觉县位于昌都地区东部，县城所在地莫洛镇，海拔3640米，距昌都地区254公里。地处青藏高原东南、唐古拉山横断山脉北段，金沙江上游西岸。东与四川省白玉县隔金沙江相望，南与芒康县相连，西与察雅县、昌都县相邻，北与江达县、国道317线毗邻。境域东西长106.6公里，南北宽118.3公里，幅员6244平方公里。全县辖1镇11乡，1个管委会，149个村（居）委会，295个自然村，7963户、41843人。干部职工2014人，寺庙64座，学校41所（含13所幼儿园、12个教学点）。

【概况】 2013年，贡觉县国内生产总值完成4.4亿元，同比增长10.1%。其中，第一产业完成0.8万元，同比增长1.97%；第二产业完成1.48万元，增长66.7%；第三产业完成2.38万元，同比增长5.81%。全年完成固定资产投资4.2亿，同比增长89%。社会商品零售总额9783万元，同比增长17.5%。县财政完成收入2319万元，同比增长58%。完成招商引资6450万元。农牧民人均纯收入4220元，同比增长19.7%，其中现金收入2601元。

【经济社会发展】 农业全县农作物播种面积6.72万亩。其中，粮播5.5万亩，产量2699.6万斤；蔬菜0.44万亩；饲草料0.53万亩；其他作物0.03万亩。机耕1.6711万亩，机播2.2万亩，机收1万亩；推广良种5.91万亩。中低产田改造0.7万亩，高产创建2.4万亩,二级种子示范田0.25万亩。农牧民采挖虫草680斤，实现虫草收入7786万元。

牧业工作年末牲畜存栏234616头（只、匹），牲畜出栏87534头（只、匹），综合出栏率30.05%。完成草场承包到户579.28万亩，禁牧20万亩。牲畜投保234616头（只）。牲畜免疫率100%。

林业工作全面实施森林资源管护337.7万亩，落实管护人员912人（包括管护站工作人员），联户管护户2923户。累计完成核桃种植1120亩54000株。累计完成补植补造面积1152亩，补植补造任务完成率100%。重点区域造林1953亩，义务植树造林106亩。完成天保工程公益林建设1.13万亩。

工业与交通运输业全县完成乡及乡以上工业总产值2234万元，同比增长35.2%。完成客运量5.5万人次，同比增长1.5%，货运量完成5.1万吨，同比增长22.3%。

非公有制经济个体工商户共642户，从业1524人，注册资金3231万元，同比分别增长11.3%、8%、7%。私营企业18家，注册资金2072万元，同比分别增长20%、40%。内资企业发展到17户，注册资金3120万元，同比分别增长5.6%、3.2%。全年引进项目4个，总投资5200万元。2013年移动贡觉县分公司运营收入达到1524万元，使用户总数达到23526户；县电信局完成业务收入409万元，新增宽带用户200户，目前共有天翼用户4070户，联通公司发展用户850户，完成营业收入42万元。

新农村建设2013年，安居工程、抗震加固619户，总投资1151.5万元。其中：贡觉片区六乡镇安居工程、抗震加固469户、投入资金824万元，三岩片区六乡镇安居工程、抗震加固150户，投入资金327.5万元。人居环境综合整治整乡推进1个，涉及22个行政村，总投资2301.2万元。全县公路通车里程达1478公里，通公路的村（居）委会达146个，村通路率97.9%；通电村委会达116个，村通电率77.85%，通水121个，通水率81.2%；

基础设施建设全县共开复工项目206个，其中新开工项目164个，续建项目42个，总投资66821.56万元，累计完成固定资产投资4.2亿元。重点项目：垃圾填埋场投资1960万元，青稞生产基地2800万元，人居环境整治2301万元，小学搬迁工程2700万元。

【社会事业】 教育工作县财政投入教育经费297.4万元，政府采购“三包”物资125.16万元；初评中级职称11名，评聘初级职称14名。考入内地中直班2名，升入内地西藏初中班15名。

卫生工作新型农牧区医疗农牧民群众筹资33953人，筹资金额67.9万元。大病住院报销3047人次1032.89万元，儿童强化接种1856人，接种率96.5%。开展专项检查13次，查处并销毁不合格食品价值10352元，过期药品价值2305元。兑现“一孩双女”对象和“特扶”对象资金49.14万元。建立农牧民健康档案，建档20128份。加工藏药70个品种3000公斤。人口自然增长率为5.06‰。

社会保障工作社会保障基础性工作不断加强，养老保险、失业保险、城镇职工医疗保险、生育保险、工伤保险等“五大保险”参保率不断提高，养老保险：机关、企事业单位参保434人，僧尼参保1069人、城镇居民参保90人，个体参保5人，共征缴基本养老保险费1211859.52元；医疗保险：城镇职工参保1539人，僧尼参保1161人，城镇居民参保730人，共征缴基本医疗保险金额2145.83万元；失业保险参保人数达1539人，共征缴金额547689.93元；工伤保险参保人数达343人，共征缴金额91747.47元；生育保险参保人数达924人，共征缴金额95589.7元。开展军旅式培训480人，补贴经费10.08万元，320人实现就业，开展职业介绍7次249人，成功120人。干部职工公积金收缴达3509.55万元，解决困难就业人员432人，城镇登记失业率3%。农牧区劳动力转移就业人数6425人次，实现收入4836万元。发放救济款176.8万元，发放城镇低保金100.82万元、农村低保金640.8万元，五保户补贴资金108.42万元。发放646名特困群众医疗救助120.45万元。

扶贫工作全年完成《贡觉县农业综合开发土地综合治理项目规划（2013–2016）》，规划总投资3300万元；建设第一批民生水磨房10座，总投资131.5万元（其中：地区投资120万元，县配套11.5万元）；共识别出两项制度有效衔接功能2926户，12931人；共完成三批面上扶贫项目和一批整乡推进项目实施工作，总投资达2400万元。

【安全生产】 全年共开展安全检查78次，查出安全隐患62处，整改57处，限期整改5处，下发督办整改通知5份；检查社会单位300家次，组织执法人员468人次，出动车辆82台次，开展法制宣传活动8次，口头教育警告76人次，签订危化品、烟花爆竹、矿山安全生产目标责任书7份。

【惠民政策落实】 2013年落实支农惠农资金6712.04万元。其中：种粮补贴和农资补贴201万元；天然林管护(生态效益补偿、退耕还林)资金2301万元；农村基层党组织保障经费发放12万元；村级组织经费135万元；村干部误工补贴资金329万元；教育“三包”经费支出1441万元；新型农村合作医疗兑现资金1323万元；“三老”人员生活补贴发放120万元；城镇低保金100.82万元、农村低保金640.8万元，五保户补贴资金108.42万元。

【维稳工作】 2013年全县共发生刑事案件9起，破获10起（其中4起积案），抓获犯罪嫌疑人16人。接治安报警15起，立行政案件15起，查处违法人员23人，社会治安状况进一步好转，群众对社会治安的满意率达98%。县人民法院加强审判、执行和调解工作。全年共受理各类案件20件，审（执）结18件，案件审（执）结率90%。其中刑事案件5件，民商事案件13件，执行案件1件，行政案件1件。县人民检察院认真履行检察职能，受理公安机关提请批捕案件7件11人，批捕7件11人。受理公安机关起诉案件7件9人，向县人民法院提起公诉5件8人，向地区检察分院移送提起起诉1件1人，正在办理2件3人。批捕和起诉正确率均为100%。县司法局对2006年以来的刑释解教人员和社区矫正人员及“3·14”涉案人员进行全面摸底排查，最大限度减少重新违法犯罪，避免脱管漏管。共接收刑释解教人员17名，均已建档，接受法律咨询55人次，代写法律文书19份。县公安消防大队开展实战演练30次，开展消防宣传活动30次，开展消防安全教育培训12次，受教育4500余人，检查社会单位998家次，消除火灾隐患861处。

类乌齐县

【基本县情】 类乌齐，藏语意为“大山”。类乌齐县地理坐标为东经95° 49′ ~96° 58′，北纬30° 58′ ~31° 58′。北与青海省囊谦县相连，西邻丁青县，南与八宿县、洛隆县接壤，东与昌都市卡若区毗邻。县域西北至东南最大距离116公里，西南至东北最大距离71公里。总面积6355.48平方公里。

类乌齐县下辖2个镇、8个乡：桑多镇、类乌齐镇、吉多乡、岗色乡、滨达乡、卡玛多乡、尚卡乡、伊日乡、加桑卡乡、长毛岭乡。

类乌齐县总人数为4万人，其中有汉族、苗族等少数民族。

类乌齐县有煤、锡、铅锌、铜、菱镁矿、水晶石、石膏、云母、大理石、石灰石、食盐等矿产资源。

类乌齐县属高原温带半湿润性气候。光照充足，年温差小，昼夜温差大，气温偏低。年平均气温2.5℃。1月份平均气温为-6℃，7月份平均气温为12℃。日平均气温5℃以上持续期在120天，日平均气温0℃以上持续期在250天。气温平均日差在15℃。年平均无霜期只有50天。年平均日照时数为2163小时。年平均降水量566毫米。

【概况】 2013年，类乌齐县完成生产总值20.04亿元，增长14.1%，其中第一产业5.02亿元，第二产业7.44亿元，第三产业7.58亿元，分别增长6.2%、25.5%、12.4%。

【农牧业发展】 上半年类乌齐县粮食播种面积35100亩，完成年初计划的100%；良种推广3000亩，良种覆盖率达85.5%，完成年初计划的100%；蔬菜种植1200亩，完成年初计划的100%；机耕1.2万亩，机播1.3万亩；改造低产田1.5万亩，超额完成年初计划；联产技术承包3万亩，超额完成年初计划。类乌齐县上半年共有新生牲畜72925头（只、匹），成活70737头（只、匹），成活率达97%。

【安居工程建设】 完成农牧民安居工程建设1939户，农房改造1542户，游牧民定居1104户，地方病搬迁42户，扶贫搬迁251户。第一期883户农牧民安居工程建设已于3月25日开工，共设10个指挥部12个建设点，共组织群众16500余人参加建设，全县劳务输出达8250人次，创劳务收入1031.25万元。

【教育事业】 类乌齐县现有各级各类学校40所：其中初级中学1所、完全小学13所、教学点13所、幼儿园13所。教职工422名，在校学生8257名，其中初中在校生2151名，小学在校生5404名，在园幼儿702名。

类乌齐县小学适龄儿童入学率达99.83%、初中适龄少年入学率达89.96%、残障儿童少年入学率达54.12%，全县中小学生教学及辅助用房面积、体育场馆面积、教学仪器设备、图书等基本达到评估标准，各学校基本配齐学科教师，教师学历合格率达100%，近三年，累计交流教师126人、占教师总人数的29.8%；配备中小学校长（支部书记）45人，其中轮岗交流10人，占22.7%。通过国培、区培、县培、校培等形式，培训教师389人次，基本实现全员培训,培养骨干教师和学科带头人76名，其中中学14名、小学62名。学校现代信息化教学数字资源网基本实现全覆盖，全县电教员14名，353名教师通过全国教育技术能力水平测试、占应参试教师的83.45%。

【医疗事业】 医疗卫生事业也得到了一定的发展，县城建有医疗卫生服务中心，各乡（镇）建有卫生所（站），常见疾病和一般手术可在当地医治。

【社会保障】 2013年，类乌齐县投入资金近200万元，以开展农牧区军旅式引导性培训、“就业援助月活动”、“春风行动”、综合治理发展环境以及热血青年爱国成才等一系列活动为载体，加大就业培训、职业介绍、转移就业等社会服务工作。详细登记3520名富余劳动力基本个人信息，先后组织2670名农牧民群众开展军旅式引导性培训，积极引导、扶持成立了“农牧民施工队”、“农牧民运输队”、“生态护林队”、“民族特色手工艺队”以及“农牧民劳务输出队”等组织，确定了三个创业基地、一个就业见习基地，先后对458名群众开展了建筑施工实训，实地转移务工440余人。及时与招商引资企业联系，提供就业岗位75个。对于有创业就业意向、持有中职学历60人组织选派到地区接受进一步职业培训，选送52名中职班毕业生参加地区组织的重庆就业招聘会，其中15人递交就业申请。通过县人社部门的积极宣传引导、沟通协调、组织推介，仅两年城镇新增就业720人，开展职业介绍599人，完成农牧区劳动力转移就业13200人次，实现群众增收近4580万元。

丁青县

【基本县情】　丁青又名“琼布”，意为“大鹏鸟”。丁青县位于西藏东北部，昌都地区西北部，是昌都的西大门，全县面积12955平方公里。县城所在地海拔3873.1米，距昌都248公里，距拉萨805公里，国道317线纵贯全县；全县下辖2镇、11乡（5个纯牧业区），64个行政村(居)，总人口84774人；现有基层党组织153个，党员2798名，其中农牧民党员1937名；全县现有各类学校53所，中小学在校生8515人（初中822人、小学7693人），在园幼儿981人；全县现有寺庙60座（其中格鲁派14座、苯教35座、宁玛派7座、噶举派4座），核定编制1262名，实有在编僧尼1028人。

丁青县物产资源丰富，素有“虫草故乡、热巴天堂、大鹏家园”的美誉，野生动植物资源种类繁多，有鹿、獐、水（旱）獭、豹、熊、雪鸡等上百种动物，分布有虫草、知母、贝母、大黄、红景天、秦艽、雪莲、白芷、猴结等名贵中药材，其中以虫草质优量多闻名，已注册琼布（丁青）地域商标。

【概况】　2013年，县丁青地方生产总值完成10.42亿元，同比增长22%，其中第一、第二、第三产业增加值分别达到4.24、2.49和3.69亿元，分别比同期增长20.11%、15.81%、29.02%；农牧民人均纯收入达5903元，同比增长16.5%；城镇居民可支配收入达14041元，增长9.5%；固定资产投资完成7.97亿元，同比增长11.93%；县财政一般预算收入达4769万元，同比增长27.6%；社会商品零售总额完成2.32亿元，同比增长25%；各项存款达到3.31亿元，贷款达到2.85亿元。

【农牧业发展】　2013年，全县采取有效措施确保农业增效、粮食增产和农民增收。推广使用化肥1301吨，完成春播面积12.05万亩，粮食产量达到4862万斤，比去年增长2.2%；坚持以预防为主，加强牲畜防抗灾工作，积极开展疫苗注射和接羔育幼工作，新生各类仔畜86662头（只、匹），幼畜成活率达96%，牲畜存栏24.6万头（只、匹），牲畜出栏率达到33.72%，奶产量5940吨。切实加强富民强县科技项目申报工作，全年完成高产创建1.8万亩，测土配方1万亩，良种覆盖率88%；全年举办农业科技特派员培训283人次，组织开展实用技术培训2次，培训农牧民1540人（次），其中77人通过职业技能鉴定考核。

【基础设施建设】　2013年，全县基本建设项目共136项，其中复工58项，新开工78项，完成投资7.98亿元。开复工建设农村和寺庙公路项目20个，年内完成投资5678万元。截止目前，全县13个乡（镇）全部通车，行政村通车58个，通车里程1418公里；投资9.5亿元、总里程155公里的G317线类乌齐至丁青县公路升级改造工程，已于去年8月开工建设；投资4700万元的丁青县迎宾大道已开工建设；投入496万元解决山洪灾害非工程措施；投入9700万元的巴登电站顺利开工建设，累计完成投资2645.67万元;投资8983.8万元的巴登电站线路延伸工程顺利开工建设，已完成投资4334.13万元，占工程总投资的48%。完成县城总体规划和觉恩、沙贡、色扎、尺牍、巴达5个乡镇的控制性详细规划。县城新区道路硬化、给排水等附属工程进展顺利，县城新区初具规模，全县已基本形成以县城为中心，以色扎、尺牍、觉恩为城镇次中心，其他乡镇为基础的三级城镇体系。乡乡通邮率占行政村总数的69.23%，电信覆盖率达53.85%，移动覆盖率达80%，全县广播、电视覆盖率分别达到88.69%和89.6%，“户户通”覆盖率达65%。

【民生工作】 2013年共落实民生项目资金17247.12万元。建成农牧民安居工程1224户、1个新农村示范点和21个行政村人居环境综合整治；扎实推进“金太阳”示范工程，累计安装光伏用户系统9382套，解决了36082余人的用电问题；建设完成68个农村安全饮水工程项目，有效解决了8348人的安全饮水问题，县城90%以上的用户用上了自来水，其中21.5%的用户实现24小时供水。总投资120万元修建的10个水磨房，已全部投入使用；总投资858万元的72套廉租房建设项目主体已完工；县财政投入运转经费1585万元，确保县城安全供暖15.8万平方米；继续深入实施“强基惠民”工程，扎实推进“五项工作”，全年落实项目28个，完成投资825万元，落实为民办实事资金495万元，各工作队协调项目18个，自筹资金500余万元，有力地改善了当地农牧民群众的生产生活条件。

【社会事业】 一是教育事业不断加快。始终坚持教育事业重中之重地位不动摇，优先发展教育事业，办学条件、办学水平不断提高。投资2090万元新建11所乡（镇）附属幼儿园，投资4782万元对全县9所学校进行改扩建，投资2000多万对协雄乡小学进行重建，保证了小学在校生入学率达98.98%、日常巩固率达90.03%，初中在校生入学率达94.77%、日常巩固率达35.74%；二是公共卫生服务持续改善。大力推进卫生硬件设施建设和体制改革建设，投资近2000万元的医技综合楼和藏医住院部已投入使用，并投资700多万元对医疗设备进行更新换代。争取专项资金2000多万元用于改善业务用房、建设标准化村卫生室、农村改厕、配置急救车等。医保报销程序得到优化，服务质量和工作效率有效提升，2013年共报销新型农村合作医疗大病统筹资金1304.03万元。三是文化事业繁荣进步。以提高文化发展能力，完善文化发展条件，增强文化发展动力，推动文化事业大发展大繁荣。投资210万元的自治区级文物保护单位米杰拉章维修工程已通过自治区终验；全县13个乡镇中4个乡级文化站已建成，9个乡级文化站纳入乡镇业务用房统一修建已基本完工。投资805.78万元修建的丁青县文化综合楼，预计近期交付使用。成功申报6个文物保护单位。大力实施“广播电视进寺庙”工程，完成23座通电寺庙“舍舍通”广播电视，37座不通电寺庙“寺寺通”广播电视工程，全县广播、电视人口综合覆盖率分别达到88.69%和89.6%，“户户通”覆盖率达65%以上；开展“送戏进军营、进校园、进寺庙”共58场次，送电影下乡3000场次。县民间艺术团组团受邀参加西藏电视台“2013年藏历新年晚会”，受到各界好评。四是积极探索建立社会保险、救助、福利事业相衔接新机制。规范城镇职工和居民基本医疗保险制度，2013年城镇新增就业岗位35个；参加城镇居民基本医疗保险达1786人，新农保参保人员达24586人；城乡居民社会养老保险参保达917人，养老金发放率达到100%。落实低保资金448.85万元，五保户供养资金120.9万元，落实救灾救济资金77万元。

【招商引资】 积极稳妥地推进重点领域改革，发展活力不断增强，积极构建覆盖城乡、功能完备的市场体系，进一步完善招商引资政策，商贸业得到稳步发展，全年完成招商引资1.57亿元，到位资金4450万元；牢固树立服务意识，支持非公有制经济发展，截止2013年底，全县个体工商户达1474家、从业人员达3221人、注册资金达4324万元。

【援藏工作】 2013年，以县委常务副书记胡学春同志为领队的第七批援藏干部来到丁青县后，克服水土不服、高寒缺氧、生活不习惯等难题，坚持深入农牧业生产一线调查研究，援藏团队敢闯敢干，积极加强与天津市的沟通协调，并组织丁青县党政代表团赴天津开展交流对接，有效推动了全县党建、公安、教育、文化、招商引资等事务的发展。半年来，援藏团队共协调援藏计划外资金200余万元，在基层党建、招商引资、项目跑办、人才交流等方面做出了不懈努力。组织天津市医疗巡回组，在我县开展免费医疗服务，受益群众2500余人（次）。卫生系统援藏团队在县卫生服务中心组织专业培训25场（次），培训医疗专业技术人员700余人（次），在甘岩乡僧众中毒事件中，发挥了带头示范作用。农牧、基建、水利等援藏专业技术人员分别在农业病虫防治、二期供暖房管理和技术指导、项目施工检查指导、水利工程建设规划等领域做出了积极贡献，为各项工作的顺利推进提供有利保障。

【特色优势产业】 全年接待游客49954人次，旅游总收入571万余元。成功举办丁青县第十四届热巴文化艺术节暨虫草交易会，并以此为契机，邀请各方媒体，提升“金虫草”品牌效应；加大对虫草采集和交易工作的管理，制定《丁青县贯彻落实昌都地区关于贯彻落实西藏自治区冬虫夏草采集与交易管理暂行办法的实施办法（暂行）的补充细则》，对虫草采集及交易管理工作提出了新的要求，合理安排虫草采集各项工作，实现了“采集秩序良好、群众稳定增收、环境保护良好”的工作目标；稳步规范虫草交易市场，实行虫草集中交易，有效提高了交易安全度，营造了良好的投资环境。顺利完成自家浦煤炭资源整合工作，与金元煤业有限公司签订探采协议；将河道采砂和花岗岩开采纳入规范化管理轨道，通过专项整顿，实现科学有序开发，合理利用自然资源；加大对木塔乡森格日沃铜多金属矿的管理和整改力度。投资400万元在协雄乡协麦村建设40座日光蔬菜大棚项目，预计年产蔬菜可达20万公斤。对甘岩乡园根种植进行指导性扶持，扩大其种植规模。在沙贡乡进行油菜种植和加工试点，取得成功。同时，藏香、虫草酒、唐卡等特色产业也得到了稳步发展。

【生态建设】 继续组织实施天然林保护、退耕还林、森林生态效益补偿基金、重点区域造林、自然保护区建设等各项林业工程建设。完成重点区域造林2940亩，义务植树1.2万余株，补植补造4026.5亩。加强土地管理和耕地保护，节约集约利用土地资源。加强环境保护和生态文明建设，全面推进城乡、寺庙环境卫生综合大整治，强化污染防治和环境监管，促进生态环境保护，特别是加大对水能、矿产、旅游等重点资源开发和重大基础设施建设的生态环境执法监管力度，避免因开发建设不当造成生态破坏和环境污染。

【社会稳定】 按照自治区“十项维稳措施”和地区“十五项维稳意见”要求，狠抓维稳体制机制建设，扎实推进干部驻村驻寺、创新寺庙管理、城镇网格化管理、“先进双联户”创建评选工作，依法取缔了“藏昌琼布拉神安全协会”非法组织，并在重点乡镇大力开展以重点区域整治和治爆缉枪、收缴管制刀具为主要内容的严打整治专项行动。2013年，累计出动警力36000余人次，车辆3000余台次；各类刑事案件立案19起，破案率100%；在开展严打“黄、赌、毒”和“缉枪治爆”行动中，查处赌博案件27起，收缴赌资7.8万元，缴获枪支24支、炸药10余公斤、雷管50余枚、管制刀具300余把，有效地促进了社会大局和谐稳定。

【宗教和睦和顺】 依法管理宗教事务，扎实推进寺庙管理法治化、规范化。积极推进寺庙“六建”、“六个一”工程和“九有”工作。深入开展寺庙法制宣传教育，成功化解了孜珠寺与强宗寺神山祭拜历史矛盾纠纷；大力开展和谐模范寺庙和爱国守法先进僧尼创建评选活动、民族团结进步模范创建评选工作；以维护藏传佛教正常秩序为目标，依法依规管理宗教事务，党和政府一系列利寺惠僧政策深得人心，广大僧尼的民族意识、国家意识、法制意识和公民意识不断增强。

察雅县

【基本县情】 察雅，藏语意为“岩窝”。察雅县地处横断山脉，位于西藏昌都地区东南部，澜沧江中上游，北连昌都县，东邻贡觉县，南与芒康县、左贡县接壤，西与八宿县毗邻，县城距离昌都地区89公里。全县南北距离216公里，东西距离182公里，幅员面积8413平方公里，海拔高度在2990~5600米之间，平均海拔3500米。全县辖3镇10乡，138个村（居）委会，476个自然村，11563户62139人。现有耕地50018.8亩，天然草场747万亩，其中可利用草场659.57万亩，属半农半牧县。境内山高谷深，地形独特，沟壑纵横，气候宜人，具有“一山有四季，十里不同天”的典型高原气候特征，素有“藏东江南”之称。

察雅县地域广阔，地势由东南

北三面向西倾斜，县境内西北部（吉塘、卡贡）地势较高，中部为河谷地带，盛产苹果、葡萄、水蜜桃、核桃、西红柿、辣椒等各类蔬菜水果，最低处在巴日乡傲龙（澜沧江出境处），山脉及河流呈北西—南东走向。县内山脉属唐古拉山的东延部分，西有他念他翁山，东有宁静山，其间有澜沧江峡谷。县内流水的侵蚀作用严重，除吉塘附近河谷较宽外，绝大地域呈典型的深切"V"型谷地。全县地貌类型可分为高山深谷区、山原区及丘原区三种类型，其中高山深谷区位于县境西部，主要包括吉塘、卡贡、新卡、巴日等乡(镇)，这一区域地势高差大，地表切割破碎，峡谷幽深，流水湍急。山原区集中分布在县境东部，包括烟多、荣周、香堆、岗卡一带，区域内海拔多在3000–4000米之间，河流下切较深。丘状高原分布在县境东部，包括阿孜、宗沙、扩达、肯通等乡，海拔多在4000米以上，区域内河谷宽且浅，丘坡平缓，地势高，气候寒冷。

察雅县属温带半干旱季风气候区，日照充足，干湿分明，气候温和。全年平均无霜期约180天，年平均降水量350毫米，年蒸发量1800毫米，是降水量的5倍，大部分集中在7—9月份，主要自然灾害有干旱、虫、霜、雪、洪涝和地震。年日照时数达2289小时。察雅县年均气温11℃，最高气温为18.7℃，最低气温-2℃，年较差和日较差都较大，最高气温出现在6—7月之间，最低气温一般出现在3月。

察雅县矿产资源丰富，主要有铁、铜、钼、金、煤、硫磺、石膏、石灰石、花岗岩等。察雅县县气候十分适宜生物的生长，现有动物种类40余种，主要有鹿、獐、熊、岩羊、马鸡、狐狸、狼、水獭等。植物500余种，其中药材种类十分丰富，有虫草、贝母、大黄、雪莲花等70多种。

【概况】 2013年，察雅县完成国内生产总值7.63亿元，同比增长23.98%。其中第一产业完成1.6亿元，同比增长23.86%；第二产业完成3.66亿元，同比增长21.83%；第三产业完成2.36亿元，同比增长27.54%。全年完成固定资产投资3.86亿元，同比增长17.73%。社会消费品零售总额15890万元，增长6.52%。全年完成财政收入2060万元，同比增长35%。农牧民人均纯收入5537元，同比增长17.43%，其中现金收入为3875元。农牧业总产值完成18085.77万元。

【经济发展】 农牧业。2013年，全县农作物播种面积5.642万亩，粮食播种面积4.602万亩，其中良种面积4.1万亩，覆盖率89%，全年粮食产量2647.1万斤，全年新出栏牲畜9.36万头（只），牲畜年末存栏32.31万头（只、匹），出栏率达到28.96%，肉、奶产量分别达7227.69吨、5132.113吨。积极做好接羔育幼工作，全县共接羔育幼9.46万头（只、匹），成活9.23万头（只、匹），仔畜成活率97.5%，成畜死亡0.32万头（只、匹），死亡率0.18%，全县仔畜成活和成畜死亡呈现"一高一低"的良好态势。

交通。2013年，完成投资10272.99万元，完成总投资4296.9100万元的新建3条、续建11条共14条农村公路建设。完成总投资5976.0800万元的新建4条、续建39条共43条寺庙公路建设。全县13个乡镇、78座寺庙全部实现畅通，实现了"寺寺通公路、村村通公路"的目标，改变了全县交通不便的状况，缓解了制约全县发展的"瓶颈"。

水利。完成小型农田水利重点建设项目23处，新建干渠17条，总长度84.5公里，分水口175座，分水闸33座，修建水塘6座，完成投资2173.66万元。有效改善灌溉面积8695亩，新增灌溉面积4305亩。完成全县农村饮水安全工程建设，其中寺庙安全饮水69个工程点，完成投资1793万元，解决69座寺庙1443名僧尼和寺管会人员饮水安全问题；村委会安全饮水41个工程点，完成投资394万元。

项目建设。2013年全县续建和新开工建设项目92项，总投资56038.23万元，全年完成投资34000万元。察雅县蔬菜基地、察雅县卡贡乡防洪工程、察雅县新华书店民间艺术团综合楼工程等45项续建项目，累计完成投资19181.51万元。察雅县农牧民安居工程、察雅县生态公益林建设、察雅县乡镇教学点及附属幼儿园项目等46项新开工项目，完成投资11250.99万元。全年完成招商引资4120万元。

特色产业建设。投资1500万在卡贡乡、新卡乡建设150座蔬菜温棚，年产值达120万元。在吉塘镇雪通村建立脱毒马铃薯高产示范基地180亩，成立了以雪通村全体村民为社员的农牧民专业合作组织，全年共收获马铃薯42.37万斤，平均亩产2353斤，现金收入达63万元，户均增收1.66万元。在新卡乡乃帕村建立玉米、油菜间作种植示范基地57亩，每亩增收400元左右。整合援藏资金和农牧业特色产业发展资金1380万元，扶持吉康种养殖公司和藏东现代农业科技示范园。强化科技兴农，引导吉康种养殖公司发展培育本地优质核桃苗和其它经济林木苗木，发展壮大特色种养殖业基地，做大做强优质果木种植、蔬菜种植、藏鸡、藏猪养殖等产业，提高农业的标准化生产水平，吸纳当地群众参与基地建设，促进群众增收致富。

【社会事业】 教育卫生。全年拨付教育经费305万元，教育教学环境明显改善。2013年底，有初中在校生816人，到位率为30.5%，小学在校生4837人，到位率为83.9%，学前教育在校生748人，到位率为90.12%，考取内地西藏初中班18人，内地西藏高中班5人，教育工作成效显著。利用定点医疗机构和县卫生系统下乡为农民义诊等方式进行广泛宣传，有效提高全县农牧民群众的参筹率和参合率，全县享受此项惠民政策总计23462人，其中：住院补助1926人次，补偿金额653.3626万元，门诊核销21536人次，核销金额176.0952万元。全县农牧患者受益率达100%，有效缓解了农牧区因病致贫、因病返贫的问题，有力促进了农牧民群众健康水平提高。做好孕产妇和儿童系统管理工作，降低“两个”死亡率。积极引导和协助北京军区总医院来县开展儿童先天性心脏病筛查工作，筛查出的11名患儿已赴北京接受免费治疗；利用节假日深入寺庙、敬老院、乡镇、村开展免费义诊及健康咨询建立健康档案活动，认真开展“三下乡”和“一孩双女”、“半边户”、“特困苦”等困难家庭的帮扶制度，兑现资金86.208万元。

文化。扎实推进公共文化服务体系建设，努力构建县、乡、村三级文化设施网络。努力完成13乡镇的文化站建设及设施和书籍配发工作，总投资300万元的县新华书店和民间艺术团活动房已完成主体建设；完成138个行政村“农家书屋”、“牧家书屋”建设、书籍的配备和发放工作，补充建立115个农家书屋电子档案的建设工作；开放全国文化信息资源共享工程机房，接待农牧民群众、青少年累计达4500余人；开展县城有线数字电视覆盖工程，在前期600个指标的基础上，积极争取400个指标，力争达到县城数字电视全覆盖；发放、安装、调试、升级完成党中央、国务院赠送“户户通”直播卫星接收器8681台，组派技术人员下乡进村对26个“村村通”站点进行维修，更换设备16个，使农牧民群众真正看到了电视，收听了广播；播放爱国主义、科普培训等影片共计600余次。

民生保障。完成农牧民安居工程建设任务910户（农房改造795户，贫困户115户），建筑面积达16.2162万平方米，总投资4732万元，受益人口3785人；大力实施总投资达2301.2万元的5乡镇22个行政村人居环境建设和环境综合整治工作，已完成20个点的建设任务；全县城镇居民（含僧尼）社会养老保险参保人数29517人，征缴资金242.49万元；落实城镇、农村低保8047人的低保金762.5567万元，一次性生活补贴252.84万元；对全县979名贫困人员进行医疗救助，发放救助资金217.2410万元；完成336人的五保供养工作及冬春受灾群众生活补贴救助和自然灾害生活补助工作，发放资金139.2806万元；落实中央粮食直补和综合直补政策，为6050户农民发放粮食直补和综合直补资金182万元。

居民饮水。顺利完成县城水源地临时供水工程建设任务，县城居民供水时间由4小时提高到10小时以上，且供水质量大幅提高，县城群众用水状况得到极大改善；多方邀请专家实地调研，较高质量完成自来水厂改扩建工程的规划与前期筹备工作。

科技培训。共举办科技培训20期，培训农牧民群众3600余人次，重点培训了种养殖实用技术、农村沼气安装与使用技术和人工影响天气技术等农牧业实用技术。

生态建设。全年义务植树总计200余亩；完成退耕还林补植补造任务2000亩；完成重点区域造林7044亩，高原生态安全屏障防护林建设4500亩，完成核桃基地建设项目补植补造任务8万株。2013年，共兑现中央财政生态效益补偿基金1163.2725万元。

综合治理发展环境。同13个乡（镇）签订综合治理发展环境承诺书，成立了专门的领导小组及办公室，领导小组下设11个专项工作组负责专门开展相关工作，整治违法用地、违法建设、狗患等问题，取得显著成效。

抗震救灾。“8.12”地震中，全县3个乡镇受灾严重，房屋倒塌56户、308间，1107户民房、276处公房、37座桥梁、20座寺庙等不同程度受损。救灾过程中，共设置集中安置点5个，安置群众277户，发放救灾物资933件，为群众灾后重拾信心，恢复生产提供了有力保障。倡导全县干部职工群众积极向四川庐山地震和昌都“8.12”地震捐款捐物，奉献爱心，捐款额达71.0887万元。

八宿县

【基本县情】 八宿，藏语意为“勇士山脚下的村庄”。八宿县位于西藏东部，昌都地区中南部，地处怒江上游，地跨北纬29° 14′~31° 00′，东经96° 18′~97° 26′，东北部为念他翁山，西南部是伯舒拉岭。县城所在地白马镇位于东经96.8°，北纬30.04°，海拔3260米。境内气候差异大，最高海拔6800米，最低海拔2700米。全县幅员面积12564.28平方公里，县境南北长210公里，东西宽80公里，辖4镇10乡，109个行政村，总人口44981人。八宿县属于半农半牧县，总耕地面积40519.35亩，农牧民人均占有耕地1.14亩；草场总面积844.7万亩，可利用草场818.9万亩。

【概况】 2013年，八宿县地方生产总值预计达到50300万元，同比增长20%，其中：第一产业完成10963万元，同比增长9.44%；第二产业完成15600万元，同比增长51.96%；第三产业完成23737万元，同比增长9.7%；农林牧渔业总产值完成26729.4万元，同比增长3.4%，其中：农业总产值达6914.3万元，同比增长5.7%，林业总产值达70.63万元，同比增长3.2%，牧业总产值达18511.07万元，同比增长1.6%，农林牧渔服务业总产值达1233.4万元，同比增长19.47%；地方财政收入完成2746万元，同比增长53.5%；农牧民人均纯收入达4996.5元（其中现金收入3502元），同比增长16.45%；社会消费品零售总额达到13350万元。全社会固定资产投资完成6.6亿元，人口自然增长率控制在12‰以内。全县银行存款余额达2.6亿元，贷款余额达1.47亿元。

【经济发展】 农牧业生产情况。全年完成农作物总播面积5.22万亩，粮食总产量预计达2162万斤（含玉米、豆类、荞麦产量）。落实良种补贴79.7万元、农机补贴200万元；全年改造中低产田5200余亩。清淤水塘228座，清淤开挖水池57个，维修维护水渠165条，长25035米；调运复合肥280吨、尿素590吨、农药4.5吨、二胺260吨，调运“藏青2000”良种1.2万斤、320良种3.115万斤、山东6号0.6万斤，农药、地膜等农资及国家补贴价化肥已全部发放到户使用；积造农家肥95000吨；在全县范围内储备油饼、饲草料等防抗灾物资共计120吨。全年累计培训农牧民1400余人次，发放藏汉双语宣传资料3500余份，深入田间地头技术指导120余次，解答农牧民咨询1500余次；维修农机具2500台（部），机耕面积达1.68万亩，机播面积达1.6万亩；完成接羔育犊98750头（只、匹），仔畜成活率达97.5%，牲畜综合出栏率达33.5%，肉、奶产量分别达到5500吨、5300吨；重大动物疫病、常规病预防注苗率达100%，成畜死亡率预计控制在1.8%；维修棚圈2165间，新建棚圈375间，添置暖垫8855件，维修暖垫22580件。全年共兑现涉农保险理赔金150余万元，兑现2012年度草原生态保护补助奖励机制资金2300余万元。

农牧旅游产业发展。全年共完成70座蔬菜温室大棚建设，完成投资681余万元。进一步壮大荞麦产业，保障了荞麦加工基地的原材料供给。完成了国道318线景观大道两处观景台选址及初步设计工作，完成了邦达镇克色村自驾游营地工程建设，制定了《八宿旅游指南》，全年接待游客达10.3万人次，实现旅游收入达3605万元；

扶贫农发工作。全年完成第一、二批水磨房建设30座，完成投资372万元。为林卡乡、邦达镇、同卡镇等6个乡镇购置核桃、苹果、桃树、梨树、葡萄、花椒等经济林木共42900株，投入资金43万元。

林业及生态工作。全县共完成四旁义务植树造林2000亩147500株。县直机关干部职工280余人参与义务植树造林活动，共种植林木1400株；认真抓好拉根乡拉根村360亩改良梯地种植经济林木工作，投入350万元，种植苹果树1600株、核桃树3200株、桃树1600株。

水利工作情况。全年累计投入水利设施设备维修资金17.5万元，组织群众维修清淤水渠172条、长31.5万米、维修加固水塘75座，给群众解决PVC管材2500米，水泥25吨；完成了拉根乡加玉村水塘建设工程，完成投资250万元，库容量6000立方米，有效解决了拉根乡加玉村280亩核桃基地灌溉用水；给群众发放和安装“金太阳”示范工程设施设备3983套，有效缓解了八宿县农牧区电力紧张问题；全年实施的水利项目共11个，总投资共计1.13亿元。其中：6个项目已完工投入使用，共完成投资0.81亿元；其余5个正在建设的项目预计明年6月份可全部竣工投入使用。

国土资源管理。全年共完成115个项目建设用地审批工作；完成了全年的土地储备任务240亩；办理村民建设用地上报审批用地10宗，面积为3.3亩；土地供应32宗，总面积15.9亩；依法办理土地划拨、转让、抵押等手续，依法登记发证8宗（其中：单位发证2宗，个人发证6宗），土地换证9本，土地抵押31宗；全年累计完成项目征地629.26亩，共向群众兑现了征地补偿款511.09余万元；完成了21处土地变更调查图斑核查工作，开展土地执法巡查43次，发放地质灾害科普宣教资料830余份、防灾和避灾明白卡320份；完成了农村宅基地登记发证工作；完成了拉根、林卡1565亩土地开发整治项目工程建设，完成投资1076.93万元。

招商引资。全年共完成招商引资项目6个，引资额达10300万元，其中：多拉神山温泉宾馆（引资3500万元）、来古矿泉水厂（引资2000万元）、吉达乡王排花岗岩加工厂（引资1500万元）、八宿县生猪定点屠宰厂（引资300万元）、八宿县达吉酒店（引资2000万元）、八宿县永益商贸有限公司（引资1000万元）。

交通运输。全年完成了3个县管公路建设项目，总里程11.943公里，3个地管公路建设项目，总里程48.362公里，共计完成投资2402.62万元。截至今年底，全县的通村公路里程达2809公里，列养路线46条，养护里程达529公里，94个行政村已通公路，通达率达85.5%。

项目建设。全年新开工142项，复工86项，未开工20项，完工176项，完成投资6.6亿元。

住建工作。全年完成廉租房建设56套，完成周转房建设62套，完成公租房建设88套，共计完成投资2561万元，按程序向社会公示了已建成的廉租房入住情况。完成了乡镇规划评审工作，投资1600万元的然乌镇基础设施建设已完工。全年共发放项目施工许可证92个，登记建筑面积28146.45平方米，办理他项权利证3个，办理房屋产权证35件。

【社会事业】 教育工作。2013年，全县各级学校共27所，中学生到位1037人（不含转学的79人），入学率达52.12%，小学生到位4340人（不含转学的42人），入学率达98.56%，学龄前儿童到位688人；全年累计下拨“三包”经费1538万元，无截留和克扣的现象；全年兑现教师超课时、教师交通补贴、教师包干经费等各种补贴285万元，进一步改善了教师待遇。通过全县范围内的质量检测考试提升了教育教学质量，全县509名学生参加了小升初考试，16人被内地西藏班录取。183名学生参加初中升学考试，6人被内地高中班录取，位列全地区11个县第二。全年实施的教育项目共20个，总投资共计2530万元。其中：县中学开水房和然乌、吉达、拉根等乡镇的教师周转房和学生食堂工程以及集吉、益青、同卡等乡镇的附属幼儿园工程、同卡镇中心小学改扩建工程和县幼儿园等项目已全部竣工投入使用，邦达、林卡、拥乡小学附属幼儿园等项目已完成主体工程。共计完成投资1490万元。

农牧区医疗卫生。全年县乡两级门诊就诊人数达109101人次，住院人数达1413人。完成基础免疫疫苗接种11316人。全县农牧区医疗管理覆盖率达100%，共为农牧民群众报销医药费7388435元，1964人次。开展送医下乡活动3次，为乡镇学校学生和农牧民群众开展诊疗服务2360余人次，发放常用药品价值25700余元；完成40118名农牧民群众的健康体检和健康档案建档工作，完成了全县的村医档案建档工作和寺庙僧尼体检工作；完成“一孩双女”、“特殊子女家庭”、“半边户”新增扶助对象50人的资格确认和申报工作；积极配合北京军区总医院专家开展先心病儿童筛选工作，共筛选3048人，确诊14例患病儿童，11名需手术治疗的患病儿童已在北京军区总医院接受了手术治疗，现已康复。积极配合军区总医院来八宿县开展巡回医疗送温暖活动，免费开展义诊2600余人次，实施胆囊切除、疝气修补等手术10台，发放药品和手术耗材价值达4.7万元。全年组织实施的医疗卫生项目共15个，总投资共计2571万元。其中：县卫生服务中心、县疾控中心改扩建、卫生监控所和急救站已竣工投入使用，11个乡镇卫生院正在组织实施。全年计划完成投资1883.8万元，实际完成投资1148.8万元。

基层文化建设。完成了白马、拉根、林卡等11个乡镇文化站建设，完成投资979万元。

社会保障。2013年，八宿县初中文化水平以上城镇失业人员315人，乡镇未转移就业人员805人，城镇登记失业率3.5%，共帮助210人实现再就业，养老、失业、城镇职工医疗、工伤、生育保险参保率达100%。新型农村养老保险参保缴费18957人，参保率达93%，实际收缴保费206万元，城镇居民参加社会养老保险人数达737名，城镇职工参加基本养老保险1478人，征缴医疗保险金600万元；参加城镇职工医疗保险1856人，参加居民医疗保险1037人；参加失业保险619人，征收失业保险金19.12万元；参加工伤保险614人，征收工伤保险金3.13万元；参加生育保险1856人，征收生育保险金7.4万元；为3244位60周岁以上符合条件按月领取基础养老金的群众发放基础养老金204.3万元；督促补签劳动合同550份，开展工地监督检查10次，受理劳动争议案件7起，开展劳动法律法规宣传5次，发放藏汉文宣传资料200余份；开展军旅式农牧区富余劳动力转移就业培训2期239人。僧尼参加医疗保险579人，僧尼参加养老保险520人。

民政救灾救济。全年累计发放城镇低保资金68.72万元；为1951户6179人发放农村低保资金535.82万元；“三大节日”期间慰问低保户4522人、五保户143人、优抚对象61人，落实兑现慰问金145.44万元；为143名五保户按照新标准发放定期补助资金37.18万元；二是城乡医疗救助。救助城乡困难群众266人，落实医疗救助资金73.96万元；三是其它社会救助。落实12名优抚对象定期生活补助资金7.42万元；依法开展临时社会救助15人，落实社会救助资金1.67万元；按照每人每月600元标准，为58名孤儿发放补助资金41.76万元；为388名80岁以上老人发放健康补助资金12.59万元；救助流浪乞讨人员51人，落实救助资金7650元。

民族宗教。2013年，按程序报批和有序组织正常宗教活动19件（其中人数超过1000人的3件），集中清理整顿了社会流动从事宗教活动人员488人，经教育整顿后清退劝返142人；表彰民族团结进步模范集体2个，民族团结先进模范家庭2户。“三大节日”期间，慰问地区政协委员、佛协理事等22人，发放慰问金7000元。慰问贫困僧尼35人，发放慰问金17500元；慰问22座寺庙的管委会、民管会，发放慰问金2万余元。

邮电通讯。全县邮政业务收入达19.14万元，同比增长13%；电信公司业务收入预计达413万元，同比增长13.2%；移动公司业务收入预计达600万元，同比增长15%。完成了12个乡镇邮政所工程项目。

非公有制经济。全县个体工商户达819户，从业人数2431人，注册资金5912.61万元，分别比去年同期增长8.2%、5.6%、9.6%。私营企业达到31户，从业人员424人，注册资金2859万元，同比分别增长29.2%、36.3%、8.7%。农牧民专用合作社9家，农牧民成员1090人，出资额738.75元，同比分别增长28.6%、34.9%、20.4%。

对口援藏。积极与武钢集团公司沟通衔接，做好了第四批援藏干部轮换和援藏资金衔接工作，规划实施了同卡镇村民活动广场建设、同卡镇供水工程、同卡镇敬老院工程、吉中乡吉龙村村容村貌整治、邦达镇藏装加工厂以及县敬老院等6个援藏项目，总投资达1300万元，今年10月底全部竣工投入使用。

新农村建设。按照地区“提升中心、创建新区、发展乡镇”的战略部署，针对县域城乡规划不尽合理的现状，从可持续发展的角度，突出规划建设的实用性、功能性和美观度及小城镇的辐射带动作用，重点加强然乌、白马、邦达、益青、同卡等5个小城镇的建设规模，着力培育壮大拉根、吉达、等重要交通节点城镇。按照“科学规划、合理设计、方便使用、舒适宽敞、保证质量、优化环境、提升水平”的要求，加快实施安居工程建设，全年共计完成431户安居工程建设，完成国家补助资金688.5万元。完成了21个点的农村人居环境和环境综合整治项目，完成投资1500余万元；然乌镇瓦巴村新农村小康示范点工程，完成了25户农房新建和16户农房附属设施建设工程，共计完成投资1000万元，完成了防洪堤、路桥、厕所、广场等市政基础设施项目建设，完成投资1600万元。全年累计销售家电3818台，销售额达703.2625万元，兑现财政补贴资金140.65万元，销售家具9255件，销售额达2724.2979万元，兑现财政补贴资金681.0744万元；完成了人畜安全饮水工程，完成投资430万元；完成了14个面上扶贫项目，完成投资605万元。完成了林卡乡荞麦种植推广项目，完成投资108万元；完成了白马镇、同卡镇等五个乡镇整乡推进扶贫项目，完成投资806万元。

农牧民群众增收。全年累计完成乡镇企业产值1295.83万元，多种经营收入达3695.26万元，农牧业产业化经营龙头企业实现产值179.52万元，农牧民专业合作化组织实现产值618万元，劳务输出14730人次，劳务收入达3170万元；群众采集虫草754公斤，直接收入达到9802万元；兑现强农惠农资金5000余万元。将交通、水利、安居、农发扶贫等领域适合农牧民施工队实施的60余个项目全部交由农牧民施工队建设，项目总投资达2179.17万元。其中：交通项目3个（总投资1248.84万元）、水利方面（45个点安全饮水项目，总投资225.33万元）、安居工程项目为（5个人居环境整治项目，总投资378万元）、农发扶贫项目2个（总投资95万元）、强基惠民项目共9个（总投资232万元）。

左贡县

【基本县情】 左贡县位于西藏东南部，北靠昌都地区察雅县，东依芒康县，南接云南省德钦县，西与林芝地区察隅县相连，318、214国道交汇贯穿全境，具有承东启西、联接南北的区位之便，是历代商贾由茶马古道进出西藏的必经之地。

左贡县最低海拔2650米，最高海拔5434米，平均海拔3700米，县城驻地海拔3780米。年平均气温4.6℃，最高气温27.9℃，最低气温-23.0℃；年降水量445.9mm，年最大降水量683.2mm，年最小降水量302.2mm。全县土地总面积1.17万平方公里，辖3镇7乡，127个行政村、1个居委会，总人口45852人。怒江、澜沧江、玉曲河由北向南呈“川”字型纵贯全境奔流而下，形成三种不同的河谷地貌和气候特征。

全县以农业为主，兼有牧业、林业。耕地总面积4.2万亩，主要种植青稞、玉米、小麦、油菜等农作物；牧业主要饲养牦牛、犏牛、黄牛、马、绵羊、山羊。森林总覆盖面积52.5万公顷，主要分布有云杉、冷杉、马尾松和少量世界珍稀树种红豆杉等，两江流域还广泛种植核桃、苹果、葡萄、橘子、梨子、花椒、石榴等经济林木。较好的林草植被保持了左贡的生物多样性。全县盛产虫草、贝母、知母、黄连、三七、红景天、松茸等名贵药材，还有小熊猫、金丝猴、狗熊、雪豹、藏雪鸡等上百种野生动物。县境内河流纵横，湖泊遍布，盛产多种高原野生鱼。已探明的矿种有铁、锡、金、银、煤、硫、石墨等。

全县现辖3镇7乡（纯牧业乡一个），127个行政村和1个居委会，304个自然村，总人口8631户45666人（农业人口6799户38889、牧业人口895户5014人、城镇居民937户 1763人），其中：藏族90%，汉族9.5%，其它少数民族(纳西、回、白等)0.5%。

【概况】 2013年，左贡县完成地方生产总值6.6亿元，比上年增长20%；财政总财力达到4.7亿元，比上年增长31%;一般预算收入2078万元，其中税收收入1537万元，分别比上年增长53%和73%；完成社会固定资产投资4.3亿元，比上年增长29%，粮食产量达3003.9万斤。

【三农”工作】 农牧民收入显著增高。2013年，实现农牧民人均收入5313元，其中现金收入3718元，分别增长16%和16.2%。一是合理组织农牧民群众采挖虫草等林下资源，农牧区富余劳动力转移就业7350人次，实现现金收入9123万元。二是草原生态保护补助奖励机制落实到位，兑现各类补奖资金1002.64万元。三是大力实施现代农业技术推广与应用，先后在旺达镇、东坝乡建成了2个农技推广基地。四是政策性农业保险覆盖面逐步扩大，促进了农牧区经济社会持续稳定发展，全年上报理赔案件9起，兑现理赔款14.69万元。

农、牧、林基础地位进一步巩固。牧业基础设施建设逐年增加，农业基础地位进一步加强，林业生态效应进一步凸显，农牧林保障力得到进一步提升。全年农田水利建设投入资金达1.03亿元，占全县基本项目建设投资的31.1%，新建水渠13条45.59公里，新增灌溉面积5660.44亩；维修加固水渠1390条、水塘381座，调运良种16万斤、化肥1388吨、农药1.5吨，良种覆盖率达89.5%、全年粮食产量达3003.9万斤，草原改良面积达0.3万亩，牲畜免疫覆盖率达100%，年末牲畜存栏22.9万头（只、匹），出栏率达30.2%；开展全民义务植树、318国道绿化等活动，启动退耕还林、经济林木种植、重点区域造林等项目，全年植树5.16万株，发放造林补助114万元，为“国家生态安全屏障”战略和粮食安全，做出了积极贡献。

新农村建设进一步推进。以安居工程和农村人居环境建设为重点，完成777户安居工程和21个农村人居环境建设；完成农饮工程26项，维修、抢修人饮工程83项；完成农村公路15条、寺庙公路7条，行政村公路养护率达100%，通车率达95%；完成通讯基站24个，覆盖40个村（居）、受益群众达9876人；完成农村综合信息服务站14个，增加信息员65人。

【优势资源开发有序】 多措并举，开发农牧产品。万亩葡萄种植基地建设一期工程4000余亩土地平整、6座温室育苗大棚、2座1000立方米畜水池已全部完工，基地道路、涵洞、冲沟基础设施建设顺利开展，若巴灌区、十字卡水渠建设正施工，规模化种植相继展开。经济林木种植初具规模，怒江沿岸苹果、核桃、花椒经济林木种植突破2300亩大关。

协调服务，开发水电矿产。做好群众教育工作，及时解决施工中出现的问题和困难，大力支持川藏联网工程，营造水电开发建设良好环境，目前碧土、中波、扎拉等电站建设开始推进，探矿找矿工作开展有序，矿产资源起步良好。

加快步伐，推进商贸旅游。全年财政投入399万元开发塔鲁温泉。完成旅游景区总体规划设计，建成东坝军拥、旺达镇列达等10家特色旅游村庄，全年旅游人数达6.5万人收入650万元，分别增长12%和20%。

【民生工作】 全年民生项目投资1.964亿元，创历年新高。落实自治区“十件实事”、地区十二项民生工程。城镇居民就业初显成效。全年安排公益性岗位114个，新增就业114人。社会保障趋于完善。城镇职工、城镇居民基本医疗、养老、工伤、失业、生育保险实现了全覆盖，超额完成新农保参保指标，完成参保人数24404人，其中60岁以上应保尽保，参保率93%，僧尼养老保险参保552人，参保率达90.7%，五保集中供养成绩喜人,供养人数160人，供养率达51%。社会救济救助工作步入正轨。按时足额发放城乡低保6718人855.86万元，全年医疗救助127人40.8万元，临时救助43人8060元。扶贫攻坚再上台阶。基于县情，落实国家、自治区优惠政策，重点实施面上扶贫、整乡推进、溜索改桥等项目，完成到户扶贫4666人。改善干部职工居民住房条件。建成廉租房72套、公租房88套、周转房80套。创新农牧民增收方式。成立交通运输、商贸旅游、农牧民专业合作社1个、农牧民施工队6个。

【基本公共服务】 推进教育均等化，文化科技全民化，卫生服务普及化。一是保持教育投入占财政收入２０%的比例。完成美玉乡日雪村等12所幼小一体化、9个双语幼儿园、中小学改扩建项目；学前教育、义务教育、职业教育取得突破，小学入学率98.65%，在校率100%，初中毛入学率达95.3%，考取内地西藏班19人、中职班3人。二是加大卫生事业投入，完成田妥、旺达等7个乡镇卫生院、１２８个村（居）级卫生室改扩建工程，配齐2 54名村医，规范“走出去，引进来”机制，与中国一汽集团、空军总医院开展交流合作，用好空军总医院援助65万元医疗器材，形成县、乡、村卫生服务体系，实现传染病防治、强化免疫、人口与计划生育、城镇居民和僧尼免费健康体检工作常态化。三是文化大发展大繁荣稳步推进，县新华书店、综合文化活动中心、广播电视中心、乡镇文化站、农家书屋、寺庙书屋不断完善，600户数字电视进入干部职工家庭；组建县民间艺术团，全年开展文体活动265场次、送电影下乡450场次，各种先进文化的交流，丰富了干群的精神食粮，弘扬了社会正能量。四是实施“星火计划”，促进科技推广事业发展，培养和发展农牧民科技特派员76名，其中自治区级科技特派员28名。

【社会管理】 深入开展以缉枪治爆、反自焚斗争为主要内容的严打整治行动，整治重点区域，依法严惩了违法犯罪人员，对违禁品全力收缴，进一步加强了社会综合治理，全年查获海洛因0.17克、麻古1136颗，收缴枪支16支、子弹45发、管制刀具93把、非法散装油2625公升，侦破刑事案件12起，抓获犯罪嫌疑人26人，破案率达100%。创建社会管理。落实双联户的稳控责任，提高县公安局、乡镇派出所、警务站、公安卡点、寺庙派出所网格化管控能力。加大社会面管控。综合施策，深入基层排查化解各类矛盾纠纷，成功调处了旺达镇砂石、美玉乡卡扎与边玉村、仁果乡扎普布松多等资源纠纷6起，夯实了社会和谐稳定基础。加强民族团结教育，依法管理寺庙。全面贯彻落实党的民族宗教政策，广泛开展民族团结、爱国守法主题教育活动，全年涌现出区、地、县三级和谐模范寺庙20座、僧尼869 人次。深化“强基惠民”活动。投入资金140万元实施短平快项目14个，帮助基层村级组织理清发展思路691条、办实事783件、调解矛盾纠纷1236起。加强综合治理。优化发展环境，注重安全生产，实现了道路交通、消防、食品药品、建筑安全无重大事故的目标。落实处突应变责任。按照陈全国书记“七有”的要求，抢险救灾、过渡安置、恢复重建，各项工作收效显著；扎实开展了农牧民技能培训、备工备料、场地平整等工作；举全县之力，多方筹措重建资金，中国一汽集团干部职工捐助150万元，全县干部职工、社会各界捐款64.8万元，为灾后重建注入了活力，增强了灾区群众战胜困难，恢复生产的信心。

芒康县

【基本县情】 芒康，藏语意为“善妙之地”，位于西藏自治区东南部，藏、川、滇三省交界处，东面与四川省巴塘县隔江相望，南与云南省德钦县山水相连，西面和北面分别与昌都地区的左贡县和贡觉、察雅县毗邻；芒康是西藏的东大门、昌都对外开放与交往的窗口；是藏东的人口大县、农牧大县和资源大县；是二十一世纪旅游黄金精品路线、素称第二条丝绸之路的“茶马古道”进藏的第一站，地处“中国香格里拉生态旅游区”腹心地带和康巴文化的核心区域。全县幅员面积11635平方公里，县境内最高海拔6434米，最低海拔2200米，平均海拔4317米，县城驻地海拔3890米，县城年平均气温10℃，年降水量550毫米，日照充足，具有典型的高原气候和横断山区“一山有四季，十里不同天”的立体气候特征;县森林面积392186.7公顷，林地面积628223.2公顷，草场面积923.15万亩，耕地面积89681.74万亩，全县现有牲畜存栏445725头/只、匹；全县辖2镇14乡、60个行政村、1个居委会、362个村民小组，人口90398人（10270户）；芒康县城距昌都地区所在地440公里，距四川省巴塘县110公里，距云南德钦县220公里，邦达机场320公里，国道318、214线在县城境内交汇后连昌都、拉萨、外接成都、昆明，交通相对便利。芒康县有与丝绸之路媲美的茶马古道文化，世界闻名的帮达仓商豪、世界独有的盐井古盐田、西藏唯一的天主教堂、迁化的纳西民族、被誉称为“古道”神韵的弦子、锅庄，还有人与动物和谐相处的尼果自然保护区和国家级红拉山滇金丝猴自然保护区、野生飞禽的乐园高原神湖莽措湖等文化旅游胜地。

【概况】 2013年，芒康县全年实现生产总值12.876亿元，同比增长22%；固定资产投资完成8.63亿元，同比增长1.8%；地方财政收入（本级）完成4189万元，同比增长39.6%；税收收入5181万元，同比增长23%；农牧民人均纯收入、城镇居民可支配收入分别完成5763元、16308元，同比分别增长16.5%、12%；劳务输出40113人次、收入8250万元。招商引资工作取得突破，与11家企业成功签约，协议资金达80950万元（到位资金5050万元）；全年共接待国内外游客43万人（次），实现旅游收入4700万元。

【社会稳定】 认真落实领导责任，始终保持清醒头脑，通过深化干部驻村、驻寺工作，强化网格化管理、重点地区重点治理、严打综合整治、矛盾纠纷排查调处，全面开展“先进双联户”创建评选等措施，全力确保了芒康社会局势的持续稳定；科学统筹城乡协调发展，强化城乡规划编制和管理，圆满完成了纳西、曲孜卡、朱巴龙、如美、帮达等乡镇规划编制工作；全面启动了县城总规修编工作，县城新区建设有序推进，城市体量和规模不断扩大，基础设施建设不断完善，城乡面貌呈现新变化。

【发展特色产业】　积极发展农牧特色产业，不断加大对藏东珍宝酒业有限公司、绿野食品有限公司的扶持力度，做大做强特色产业，多方争取资金1500万元完成了纳西、木许、曲孜卡三个乡2153亩葡萄种植，辐射带动农户1200户；扩建曲孜卡花椒基地300亩、徐中大蒜基地400亩，索多西辣椒种植基地1500亩，在如美、纳西、木许、曲孜卡、徐中、朱巴龙、索多西等乡镇大力实施核桃种植，积极发展庭院经济；矿产资源开发科学合理有序推进，西藏通达矿业有限公司措瓦日许煤矿、西藏熙坤公司巴达铅银矿开发工作进展顺利；曲登索达铅锌矿通过2012年法制宣传教育和重点整治活动后，群众自愿签订开发资源协议书，矿山开发工作阻断5年之后已于2013年6月份进场开展补充勘探工作；宗西色措铜矿开发工作在搁置三年后通过集中整治和法制宣传教育，群众已同意重启开发工作；西藏金池工贸有限公司、西北地质勘察设计院、西藏鑫灿矿业有限公司等15家矿产企业进场开展矿业勘探工作。全年通过矿产资源开发增加财政收入200万元；旅游业支柱产业建设初见成效。通过完善基础设施建设、强化宣传教育、加大与宏绩集团的合作力度，积极调动群众参与旅游的积极性等措施，盐井旅游景区各项软、硬件建设得到了进一步加强，群众参与旅游发展积极性不断提高。为进一步加大宣传和开放力度，去年6月份县里自筹资金200万元邀请全国15家主流媒体前来芒康开展“大美西藏、善妙芒康”异地旅游摄制采访工作，取得了良好成效；水电开发有序推进，金沙江、澜沧江上游及其支流13座电站开发建设工作扎实推进，觉巴水电站建设工作进展顺利，已完成引水隧洞558米，引水隧洞2号支洞完成154米；苏洼龙水电站实物指标调查全面完成，正在进行移民安置规划报告审查工作；如美水电站永久性营地征地已完成实物指标调查工作；拉哇水电站正在积极开展可研阶段的外业勘探工作；巴塘水电站预可研报告已通过水规总院审查；昌波、古学、曲孜卡、古水等水电站预可研阶段工作进展顺利。全年通过水电开发增加财政收入达2600万元。

【民生改善】　认真落实自治区“十件实事”和地区“十二项民生工程”，着力解决民生问题。群众生产生活条件得到新改善，顺利完成1179户安居工程和26个行政村人居环境综合整治工程建设；完成3个乡（镇）10座农村水磨房建设；落实总投资738万元的农村奶牛养殖等扶贫项目9个；建成保障性住房48套，有效解决城镇困难家庭住房问题；积极实施金太阳工程，解决了部分群众用电难问题；社保水平有新提高，新型农村合作医疗参加人数达72162人，新型农村养老保险参保39259人，参保率分别达92%、95%；顺利完成1131名僧尼免费体检工作；就业再就业有新加强，实现城镇新增就业38人，登记失业人员66人，城镇失业率有效控制在2.5%以内；农牧民转移就业7350余人次，实现就业收入3359万元；扎实推进教育、文化、医疗卫生等社会事业全面发展，人民群众生产生活水平和幸福感不断提高；抗震救灾工作扎实开展，有效应对“8.12”、“8.31”地震等自然灾害，精心组织、周密部署、强化措施，果断、迅速、全面开展各项抗震救灾工作，保障农牧民群众生命财产安全，妥善安置受灾群众生产生活，灾后重建前期工作扎实有序推进。

【党建工作】　深入开展“组织创星晋位、党员争星升级”活动，对19个后进村党组织和23名能力不强、群众意见大的基层党支部书记进行调整，增强了基层组织的发展活力；基层组织得到加强，开展了“一个党支部联系一个困难村”活动，选出比较薄弱的23个基层党组织作为联系帮扶对象，建立薄弱村定期走访制度，走访困难家庭2000人次，为困难家庭累计捐款(物)200余万元，选派村党支部书记、文书实现全覆盖；选人用人方式创新，深化干部人事制度改革，创新选人用人方式，坚持德才兼备、以德为先的用人标准，严格按照《党政领导干部选拔任用工作条例》办事，用科学的制度、民主的方法、严密的程序、严格的纪律选人用人，通过公开选拔任用了5名年轻科级干部，根据工作需要和现实表现对377名干部进行了岗位调整、对118名干部进行提拔使用；通过积极争取，全年共提拔和进一步使用县级以上领导干部20名，拓宽了选人用人视野，激发了干部队伍活力。注重质量，改善结构，全面提升党员队伍素质。严格按照发展党员“十六字方针”，坚持思想上入党，严把政治关，严格发展程序，全面推行发展党员公示制度。

坚持面向农牧区群众，坚持在抗震救灾一线吸收发展优秀农牧民青年入党。去年以来新发展党员298名（其中农牧民党员201名）；发展入党积极分子503名（其中农牧民入党积极分子327名），全县党员队伍不断发展壮大，素质不断提升。各项主题活动扎实有效，通过深入开展创先争优强基础惠民生、“一坚定三忠于”、“三热爱·三创建”、“双模双建”、热血青年爱国成才创业工程、“四个认同”教育等活动，广大党员干部的理想信念更加坚定，宗旨意识不断增强，基层组织的凝聚力、战斗力不断提高，为全力推动芒康跨越式发展和长治久安提供了有力的保障。

洛隆县

【基本县情】　“洛隆”，藏语意为“南谷”或“南川”。洛隆县位于西藏东北部，昌都西南部，地处藏东横断山脉、怒江流域，东邻类乌齐，南连波密，西靠边坝，北与丁青交界。全县东西长129公里，南北宽110公里，幅员面积为8108平方公里，平均海拔3700米。东距藏东门户昌都302公里，西距首府拉萨1256公里。境内地势南北高，中部较低，地势起伏大，沟壑纵横，路况险峻。属高原温带半干旱气候，年日照时数2500小时以上，年平均气温5.1摄氏度，年平均降水量439.7毫米，年平均相对湿度53%，年无霜期120天左右。洛隆县辖7乡4镇，66个行政村（居），332个自然村。全县总户数9383户，总人口50840人，其中农牧户8481户、农牧区人口48124人。洛隆县是一个以农业为主，牧业为辅的半农半牧县，基本农田面积81500亩，人均耕地面积1.77亩；林地面积1143.9平方公里，草场面积350559.9公顷。

【概况】　2013年，完成地方生产总值63028万元，同比增长23%；全县总财政力完成43112万元，总支出完成43020万元；财政收入完成2504万元,同比增长38%，其中本级税收收入完成1608万元，非税收入完成889万元；固定资产投资达到43878万元，同比增长73%；农牧民人均纯收入5613元,同比增长19%，其中现金收入4128元，同比增长25%；城镇居民人均可支配收入14769元，同比增长9.4%；社会消费品零售总额达到13363万元，同比增长13.7%；物价指数控制在4%以内；城镇登记失业率控制在2.5%以内；粮食作物总产完成4364.8万斤；招商引资达到5030万元，同比增长236%，其中到位资金3830万元，同比增长35%。

【农牧业】　完成农作物总产量6405万斤，其中：粮食作物总产4364.8万斤，经济作物总产1363.7万斤，饲草料产量675.4万斤。完成良种推广种植面积7.3万亩，良种覆盖率达到90%。完成麦类作物高产创建生产基地建设3.6万亩。完成测土配方施肥面积1万亩。建设完成二级种子繁育田5300亩，完成种植优质油菜200亩。完成种植无公害蔬菜面积0.1万亩。完成中低产田改造面积1万亩。完成荞麦种植面积623亩。完成优质青稞种植面积1万亩。完成经济林木种植0.6万亩。完成藏药材种植5亩。农作物有害生物灾害控制率在2.1%以内。全年实现牲畜存栏19.58万头（只、匹），适龄母畜比例50%，接羔63284头（只、匹），成活61973头（只、匹），仔畜成活率达97.9%，成畜死亡3329头/只、匹，成畜死亡率控制在1.65%以内；完成牲畜出栏67367头（只、匹），其中牦牛县城上市822头，牲畜出栏率达到33%。全县共计完成各类牲畜疫苗注射（包括“W”病、牛出败、禽流感、大肠杆菌、三联和炭疽等疫苗）303190头只匹、注射率100%。共计兑现草原生态补奖652.18万元。

【林业】　2013年，洛隆县林业局荣获全区“2013年度森林防火暨林政管理先进单位”。制定出台了《洛隆县森林资源保护管理暂行办法》、《洛隆县森林资源保护和发展目标责任书》和《洛隆县森林资源管护人员奖惩制度方案》等一系列管理措施。完成义务植树14.5万株；完成重点区域工程造林7380

亩；完成防护林体系建设6000亩；完成退耕还林荒山荒地造林3000亩；完成2011、2012年核桃基地补植补造4441.1亩；完成历年重点区域造林地补植补造3446亩；完成历年生态安全防护林体系建设补植补造1800亩；完成退耕还林地补植补造1486亩。共计种植云杉大苗1.27万株、云杉小苗145万株、杨树65万株、核桃103800株。组织孜托、马利等7个怒江沿线乡（镇）农牧民群众完成栽植桃子30000株、苹果30000株、花椒5000株、杏子30000株,共计实施面积达4000亩。

【特色产业】 洛隆县糌粑加工厂2013年被评为“自治区级扶贫龙头企业”。目前已获得“洛宗”商标注册、白青稞系列产品QS认证、“洛宗”虫草糌粑专利授权及中国商品条码系统成员单位资格。新研发了糌粑饼干、虫草糌粑、贝母糌粑、青稞挂面、精装白青稞糌粑礼盒、炒青稞等多种“洛宗”系列产品，由最初单一的白青稞糌粑生产逐渐发展壮大。采取“公司+农户+基地+市场”的产业化经营模式，不断研发新产品，努力延伸产业链。县糌粑加工厂目前平均日产水磨糌粑达3000斤，年生产能力达80万斤，实现产值320万元，创造利润48万元，上缴税金24万元，解决了贫困户家庭12人的就业问题，以高于市场价0.3元/斤的价格，订单收购310户种植户的白青稞，使户均增收600余元。辐射带动全县11乡（镇）农牧民增收。

【金融】 2013年，县农行贷款余额为18719万元（其中扶贫贷款余额为16101万元），较年初增加5149万元；《农牧户贷款证》发证面达到98.82%，使用率达99.56%；个人贷款余额为18719万元，较年初增加5149万元；各项存款余额达到36291万元，较年初增加2178万元，增幅达22.45%。

【水利电力】 2013年，全县水利总投资9921.25万元，完成堤防工程加固建设工程3座2.11公里，总投资387.78万元。投资532.49万元建设洛隆县山洪灾害县级非工程措施，新建人畜饮水工程102个，满足了1664户、9326名农民群众的生活用水问题。完成灌溉渠道改建7条，改建渠长26.66公里，配套渠系建筑物46座，扩建库容量5000m水塘1座。小水电站建设与改造升级工程完成投资7703.9万元，全县通电达到6887户39441人，通电率为82%，覆盖率为80%。

【交通状况】 全县11个乡(镇)已全部通车；65个行政村1个居委会除新荣乡克多村以外，其余64个行政村和1个居委会已全部通车；25座寺庙中的24座寺庙已实现通车。完成行政村公路设计里程68.48公里，完成寺庙公路里程46.84公里。

【项目建设】 2013年，洛隆县被地区评为“昌都地区2013年度项目建设管理工作”第二名。2013年我县基建项目开复工共计156项，全年累计完成投资43787万元。援藏计划内项目共计五项，总投资为1200万元，年内累计完成投资1200万元。

【社会事业】 教育事业。全县共有各级学校52所（其中初级中学1所，乡（镇）中心小学8所，村完小4所，教学点28个，幼儿园11所）。小学在校生4945人,小学适龄儿童入学率为99.84%。初中在校生1883人,初中入学率为98.02%。小学专任教师334人，学历合格率为99.1%。初中专任教师129人，学历合格率为85.27%，幼儿园教师22人，合格率100%。选派教职工赴内地学习培训28人次，组织县级学习培训1次，参训人员达450人次。县财政投入教育金额逐年增长,2013年投入522.27万元，较去年增加262.273万元.筹措165.44万元给全县517名教师每人配发笔记本电脑一台。投入170万元对14所小学和县中学进行音体美和实验器材进行配备充实；投入130万元对全县中小学购买了53000余册图书。同时，征用土地125亩，投入资金412.5万元用于县中学改（扩）建建设。

群众文化生活不断丰富。全县电视覆盖率达到94.2%；寺庙书屋、农家书屋覆盖率达到100%；精心组织文化下乡活动，放映电影2646场（次），举办广场活动100多场（次）。

医疗卫生。随着国家和各级政府不断提高农牧区医疗补助经费的投入，由最初的每人每年80元增加到如今的每人每年340元。并提高了农牧民群众住院费用报销补偿比例，群众住院费用报销上限集资和未集资的分别由8000元及6000元提高到50000元和30000元，已从2013年1月份开始执行。2013年全县实现农牧区医疗制度覆盖率达到100%，集资率达到99.6%，建账率达到100%，报销率达到100%。补偿在各级医疗机构住院报销2013人次，从大病统筹金中补偿住院医药费9864804.72元，从根本上解决了广大农牧民群众因病致贫的问题。积极进行大骨节病普查工作，查出大骨节病患者1638人，病区患病率为27.78%。发放计生药具和常用药品1500余份，开展各类技术服务2365人次；向流动人口发放宣传资料1200余份，接受流动人口计生咨询45人次，免费提供避孕药具40人份，开展技术服务3人次。在发展藏药特色产业上有了新的突破，县卫生服务中心藏医科配制加工药材品种达56种，开展9项理疗项目，完成门诊人数9160人次，占卫生服务中心门诊人数的48.3%。完成了全县812名僧尼常规体检和19965名农牧民群众健康体检工作，完成全县唇腭裂患儿的筛查统计工作，筛查先心病儿童12563人，确诊11例，经积极协调，确诊的11名患儿及监护人于9月5日到北京进行免费手术治疗。2013年，共安排3人到成都华西医院进修学习，20人到自治区及地区医疗部门学习，组织开展乡村卫生人员业务培训14次参加培训102人次。

【社会保障】 2013年，全县实现城镇新增就业248人，城镇登记失业率控制在2.5%以内；开展农牧民军旅式培训1期，培训人员2200人，开展各项职业技能培训8期，培训人员904人，开发就业岗位230个，职业指导292人（次），职业介绍239人（次），职业介绍成功123人。实现农牧区劳动力转移就业5407人次，转移就业收入达到2416.73万元。城镇职工医疗保险参保1614人，征缴基金643.78万元，征缴率达110%；职工基本养老保险参保312人，征缴基金296.94万元；城镇居民（含僧尼）社会养老保险参保964人（含僧尼770人，僧尼参保已达覆盖），征缴基金13.18万元，征缴率99%；城镇居民医疗保险参保1414人（含僧尼770人，僧尼参保已达覆盖），征缴基金50.88万元，征缴率100%；工伤保险参保533人（与目标任务持平），征缴基金11.81万元，参保率94%；生育保险参保1404人，超出地区指标413人，超额完成任务，征缴基金33.36万元，征缴率达100%；失业保险参保729人，超出地区指标45人，超额完成任务。征缴基金77.23万元，征缴率达100%；新型农村养老保险参保人数21964人，参保人数超出地区指标984人，征缴基金221.53万元，超出地区下达指标34.53万元，征缴率为97%，基本养老金发放率达100%。

【新农村建设】 2013年，全县农牧民安居工程建设户数为1014户（其中：一般贫困户115户，农房改造899户），建筑面积达238290平方米，受益人口6934人。人均住房面积43平方米，通过综合配套，通水户达837户，通电户472户，通路户912户，通广播电视户1014户，通沼气户342户，改厕1014户。2013年抗震补助资金每户为5000元，已以现金的形式发放到安居户手中。2013年实施了1个新农村集中点建设和21个人居环境建设和环境综合整治工程。

【扶贫工作】 2013年，全县共完成扶贫、农发项目26个，完成国家投资1675万元，实现1255人脱贫。

【强基惠民工作】 共培养入党积极分子671名，建立或完善村级组织制度675余条；帮助制作完善170多个村政（党）务公开栏；调解群众纠纷750余起；建立民兵联防队130支、党员干部联防队71个；帮扶360余户困难户；共修建或维修村级公路177条、新建或维修桥梁94座、维修水渠200余条，水塘40余个，新修安居房25栋；为群众提供了220余次免费体检和义诊咨询服务，赠送药品60多种，价值12万余元，各驻村点共开展义务教学近1470次，开办学堂19个，免费捐赠达30万元；各工作队共申报项目269个，项目总资金11266万元。各驻村队共开展政策宣讲1211场次，发放各类宣传材料6万余份，受教育群众19万余人次。共制作宣传栏108个，开展各类形式的新旧对比教育400余场次，受教育群众9.5万余人次。共开展法律、科普等宣讲300余场次，受教育群众8万余人次。

【维稳工作】 全年刑事案件共立案4起，破案4起。协助北京市公安局破获一起伤害案及拉萨市刑警支队破获一起盗窃案，成功追缴5部手机。破案率为100%；治安案件立案4起，破案4起，治安处罚7人，查处率为100%，无群体性事件、重特大公共安全事故、危安案件发生。检察院受理公安机关提请批准逮捕案件共计5件6人，公安机关移送审查起诉案共计7件10人，批准准确率、公诉准确率、有效判决率均达到100%；全年共受理各类案件56件（其中民事29件、刑事7件、执行20件）结案56件，与2012年同期持平，结案率为100%。

边坝县

【基本县情】 边坝，藏语意为“火炬”和“吉祥光辉、祥焰”。边坝县位于西藏自治区东部，昌都地区北部，念青唐古拉山脉北麓，介于北纬30.3°至31.4°、东经93.7°至95.4°之间，其东与洛隆县，北与丁青县毗邻，南与林芝地区波密县，西与那曲地区嘉黎、比如、索县三县接壤。全县土地总面积8894平方公里，辖2镇9乡，共有81个行政村和1个社区居委会。全县有藏族、汉族、苗族、侗族、土家族、回族、纳西族、瑶族、洛巴族9个民族，共39566人。

【概况】 2013年，边坝县完成地方生产总值45936万元，同比增长23.22%，其中：一产完成13298万元，同比增长4.45%，二产完成17049万元，同比增长46.34%，三产完成15589万元，同比增长12.16%；全县固定资产投资完成32637.72万元，同比增长37%；财政收入完成1801万元，同比增长44%；农牧民人均纯收入达到5352元，同比增长18.49%，（其中：现金收入达到3786元，增长18.28%）；社会消费品零售额完成14538万元，同比增长15%；城镇居民可支配收入达到12916元，同比增长9%。

【产业升级】 2013年，粮食播种面积达到4.4万亩，粮食总产量达到2140万斤；抓好牲畜接羔育幼和出栏工作，牲畜综合出栏率达到33%，年末牲畜存栏数19万头（只、匹）；建成了80座高效日光温室蔬菜大棚；引进艾玛岗马铃薯良种6万斤，在拉孜乡、尼木乡种植500亩，产量达65万斤，带动群众增加收入21万元，户均增收0.27万元；全面完成草场承包责任制，兑现草原生态补奖资金570万元；全县植树造林5613亩，成活率在80%以上，完成退耕还林工程补植6352.6亩，成活率、保存率达80%以上。新成立1个农牧民合作组织，全县7个农牧民合作组织实现收入703万元，带动农户217户，户均增收0.35万元。全县工业产值达到900万元，增长12.5%，完成了4条通村、通寺公路，全县通车里程达1181.97公里，S303线洛隆至边坝、玉湖段公路改扩建工程开工建设；完成了县城供水管网工程；完成了小型农田水利重点县工程建设项目。完成了农村安全饮水工程点30个，解决了354户1670人的饮水安全问题，全县安全饮水覆盖率达到81%；完成发电量1200万千瓦时，同比增长9.09%，边坝镇电站实现开工建设。县城局域网线路延伸工程已完工并投入使用。完成了3674套“金太阳”光伏户用系统安装工作，实现了无电区人口全覆盖；完成了11乡镇移动、电信信号全覆盖，行政村通讯信号覆盖面达80%，寺庙通讯信号覆盖面达85%，10个建制村（乡政府所在村）通宽带。县乡党政信息网、10个乡镇视频会议系统建成投入使用。完成了11个乡镇邮政网点建设，行政村通邮覆盖率达100%。坚持三产抓拓展、增活力，努力活跃城乡经济，全力打造以三色湖、茶马古道为突破点的旅游精品。狠抓旅游规划编制工作，完成了6000万元的三色湖光彩事业的项目建议书和1970万元的基础设施项目申报。全县登记个体工商户766户，注册资金5254.51万元，同比增长6.6%。

【重点项目】 2013年开复工项目128项，总投资49200.79万元，其中，新建项目88个，总投资36936.25万元，续建项目23个，总投资10614.54万元，援藏项目17个，总投资1650万元。

【城镇化建设】 2013年完成了《边坝县城市总体规划（2012年—2030年）》的编制并通过自治区审批，《边坝县边坝镇总体规划》、《边坝县尼木乡总体规划》通过昌都地区审批，已开展的《边坝县拉孜乡总体规划》、《边坝县马秀乡总体规划》、《边坝县金岭乡总体规划》的编制将在近期报地区审批。县级政权业务用房、周转房、公租房、廉租房、城市供排水工程等一批重点项目的建成，极大地改善了城乡面貌，经济发展的基础和环境得到进一步改善，经济发展潜力不断增强。

【改善民生】 全年共兑现种粮

直补、农作物良种推广补贴、农资综合补贴、能繁母猪补贴、农牧民科技特派员生活补贴、农机具购置国家补贴、公益林管护、草原生态奖补、重点区域人工造林费及管护费、农村养老保险金、新增一般保障对象、农村低保、城镇低保、五保供养金、寿星老人补助、城乡医疗救助金、社会临时救助、孤儿基本生活费等惠民资金共计4048.78万元。全县农村适龄参保人数达15933人，参保率达到93%。实现城镇新增就业58人，城镇登记失业率控制在2.5%以内。继续为大骨节病区0–15儿童发放了47.1万斤大米。完成新型农牧区合作医疗个人筹资66.11万元，筹资人数达33057人，占农牧民总人口的92.79%。完成了31020人的免费健康体检和建档工作。完成在编僧尼382人的免费健康体检和建档工作。全年共完成农牧民安居工程782户，完成农村人居环境建设和环境综合整治21个。完成第一批10座民生水磨房建成并投入使用。完成面上扶贫开发项目15个以及马武等6个乡（镇）的整乡推进项目，稳定解决了760户3400人的脱贫任务。登记审核低收入家庭租赁补贴对象49户74人，补贴资金22.64万元。加大了对教育配套投入力度，2013年共计投入资金493.88万元，占县财政收入的27.42%，对84名符合条件的大学生共发放“一元基金”27.1万元。

那曲地区

那曲地区

【概况】 2013年,那曲地区生产总值完成73.96亿元，同比增长13.5%；地区公共财政预算收入完成3.76亿元，增长10.74%；税收完成6.01亿元，增长21.4%；城镇居民人均可支配收入达到19896元，增长10%；农牧民人均纯收入达到6300元，增长13%；居民消费价格指数控制在103.5%左右。

【投资消费拉动】 全年完成固定资产投资82亿元，同比增长44.11%。“十二五”规划外项目进展有力，已落实投资14亿元、到位1.7亿元；援藏项目开复工55项，完成投资4.65亿元。加快专业市场建设，地区生活必需品冷链储备库、畜产品批发市场、二手车交易市场建成并投入使用，木材市场、虫草市场等专业市场升级改造进展顺利，实施5县农贸市场新建和改造工程，“万村千乡市场工程”累计建成商品配送中心15个、乡镇贸易中心和农家店831个，社会消费品零售总额预计达到13.49亿元，同比增长13%。

【基础设施建设】 交通通达能力显著提升，那嘉油路全面竣工，国道317线巴青至嘎洛卡段改扩建工程、省道301雄梅至申扎段油路建设进展顺利，乡镇油路通畅率提高到37.7%、建制村通达率达到99.6%；那曲机场选址获批，临时气象观测站建成运行。能源建设实现新突破，电力装机容量达到54.78兆瓦，藏中电网延伸至巴青、索县、嘉黎县有序推进，完成投资4.5亿元；那曲高海拔风电试验场完成5台风机安装，成功与藏中电网并网发电；新建光伏电站101座，92座乡级光伏电站修复、扩容和搬迁全面完工，发放“金太阳”户用光伏系统5662套、累计发放67895套，受益26.9万人。那曲镇城市基础设施项目开工，完成投资2400万元。

【产业建设】 大力扶持特色优势产业发展，一、二、三产预计实现增加值11.8亿元、19.98亿元和42.48亿元，分别增长3.06%、19.64%和14.01%。一是农牧业稳步发展。预计农牧业总产值完成

16.49亿元，同比增长5%；牲畜出栏率和畜产品综合商品率分别达到31%、58%；虫草产量2.58万公斤，产值约36.12亿元。西部四县绒山羊基地项目全面启动，那曲现代草原畜牧业示范基地建成并发挥效益。全年新增农牧民专业合作经济组织136家，累计达到394家，安多县雁石坪多玛绵羊养殖专业合作社被国家农业部授予“全国农民专业合作社示范社”称号。加快防减灾体系建设，建成县级救灾物资储备库10个，新建易灾乡镇物资储备库24个。全力做好比如县、那曲县4个乡镇口蹄疫情防控处置工作，及时启动应急预案，迅速控制疫情，做到了不蔓延、不扩散。二是第二产业持续增长。预计完成工业增加值0.82亿元，同比增长10.77%，主要工业产品产量稳中有升。园区经济不断壮大，那曲物流中心入园注册企业累计达到64家，全年实现税收收入2.99亿元，同比增长32.44%，那曲综合保税区和高新技术产业开发区申建工作扎实推进。三是旅游业发展较快。确立了“纯净藏北、天地之旅”的旅游主题定位，投资2325万元的那曲唐蕃古道天路等11个旅游项目全面推进，那曲县卓玛圣谷生态旅游和班戈县纳木措北部景区试营业，全年累计接待游客47万人次，旅游综合收入达到8300万元，同比增长38.5%和26.7%。

【民营经济】 出台了《那曲地区关于促进非公有制经济发展的实施意见》，制定了一系列重商惠商的优惠政策，全地区各类市场主体达到10073户，注册资金13.88亿元。落实扶持资金1.2亿元，对7家有发展潜力的民营企业进行了重点扶持。组织有一定实力的企业参加“中国光彩事业西藏行”活动，与区外民营企业达成意向投资4000万元。完善投融资体系，那曲地区纳木措投资有限公司组建工作有序推进，地区财政两年内力争注资1亿元。

【生态环境保护】 昂孜措—玛尔夏措湿地与恢复项目全面完工，麦地卡湿地保护与恢复项目全面推进，全年实施草场休牧围栏425万亩、草地补播127万亩、人工种草9000亩，完成重点区域和荒山荒地造林4231亩、封山育林3000亩。草原生态保护补助奖励政策全面落实，兑现2012年奖补资金6.2亿元，农牧民人均增收1441.47元。强化生态环境监管，对276个建设项目和5县选矿企业等进行了全面检查，对21家参建单位进行了处罚，责令10家企业（项目）停业整改。

【社会稳定】 细化维稳措施，全力确保面上稳定。一是强化反自焚防自焚工作。组织人大代表、政协委员、佛协理事、宗教界爱国人士组成宣讲团，广泛开展反自焚教育，宣讲教育覆盖面和反自焚责任书签订率达到100%。为全地区28个加油站派驻安全监管员，严格落实加油实名登记，及时果断查处了4起5人企图自焚案件。二是强化社会面管控，深入开展“大走访、大摸排、大清查、大收缴、大整治、大联控”行动，清查各类经营场所33万余处（次）、排查居民区24万余户（次），审查邻省藏区进藏人员6.8万余人，全地区刑事案件和治安案件发案率同比分别下降11%和3.4%。扎实做好“两证”改“一证”、流动人口服务管理工作，实行“一卡通”、“一张网”管理模式，实现了常态化的有效管理。三是强化重点部位防范，突出“五县一界一线28座重点寺庙”，全面推进铁路护路联防“线格化”管理，新招护路队员1428名，新设9个铁路警务室，巡线密度从每公里2人提高到6人。四是强化情报信息工作，建立情报信息搜集研判、专群公秘结合、情报信息奖励三个机制，制定了《重要维稳情报奖励办法》，设立奖励基金500万元。组建地区公安处情报中心，新成立索县、巴青、嘉黎县国家安全局，充实比如县国家安全局力量，建立了覆盖所有乡镇的114个国家安全领导小组。五是强化重点人员管控教育转化，建立动态管控机制，对244名现实表现好的重点人员进行了撤控，1073名重中之重人员管控到位；创新管控方式，举办“四业工程”驾训班，对重点人员分期分批教育转化，已培训2期829人，786人考取了驾照。六是强化专项打击工作，深入开展“打地下、挖团伙、除毒瘤”专项斗争，侦破了2012年比如县发生的6起17处反标案、公安部督办的2008年“3·27”反标案，成功侦破1起跨川青藏三省区反宣品制售案，及时发现、依法处理了3名非法入境和企图非法出境人员。

【主动治理】 长期以来，受达赖集团渗透破坏、邻省藏区干扰影响、宗教势力膨胀、非法组织蔓延、虫草价格暴涨等综合因素的影响，今年比如县维稳隐患更加凸显。面对严峻形势，7月初，地委决定从地县乡选派1198名干部，在比如县全面开展“坚持群众路线，构建和谐比如”主题教育活动。9月份，区党委审时度势、英明决策，将比如县作为党的群众路线教育活动试点县，果断决定对比如县实施专项治理。根据区党委部署要求和陈全国书记重要指示精神一致，以吴英杰同志为组长的专项工作领导小组坐镇比如、亲自指挥，区地县各方面合力攻坚、主动治理，夺取了比如县专项工作的重大胜利。

【寺庙管理】 一是提升寺庙“六建”水平。寺管会班子成员全部配齐到位，驻寺干部到位722人、干警到位222人，83个寺管会综合业务用房已建成74个，分期分批培训驻寺干部265人。二是狠抓利寺惠僧政策落实。深入开展“六个一”活动，僧尼家访率、僧尼及家庭档案建档率均达到100%。全面推进寺庙“九有”，实现了国旗、领袖像、报纸、寺庙书屋、广播电视全覆盖，寺庙通水、通路、通电项目全部纳入建设规划、正在加紧实施。落实“一个覆盖”，僧尼医疗保险和社会养老保险参保率分别达到92%和71%，符合条件的僧尼全部纳入低保、五保等社会救助范围。深化“一个创建”，地县两级表彰和谐模范寺庙219座（处）、爱国守法先进僧尼7129人次，发放奖励资金1045万元。三是依法管理宗教事务。规范佛事活动审批和管理，212场、11.5万余名群众参与的宗教活动安全有序；加强活佛转世管理，批准并举行了8座寺庙转世活佛坐床典礼；规范僧尼学经管理，西藏佛学院孝登寺分院挂牌成立，首期培训班招收僧人50名；建立编内僧尼补充机制，为缺员寺庙新吸收僧尼150名。四是培养壮大宗教界爱国力量。分期分批举办寺庙僧尼培训班，加快建设政治上靠得住、学识上有造诣、品德上能服众的宗教界爱国人士队伍，全年举办僧尼培训班6期，培训僧尼276人。五是深入开展寺庙“双联户”服务管理工作。组建僧尼联户单位436个，民主推选出僧长436名，寺管会指定小组联络员436人，实现了寺庙联保小组、联络员全覆盖。

【社会稳定】 城乡网格化管理实现全覆盖，全地区92个便民警务站运行机制不断完善，那曲镇7个居委会39个网格全面建成并发挥作用，比如、索县等6县社区网格化管理全面启动。全地区共组建联户单位12358个，涉及联户群众94663户、471555人，覆盖了所有乡镇、行政村和农牧户；召开“先进双联户”创建评选活动总结表彰大会，表彰地区级先进集体45个、“先进双联户”421户。加强政法队伍建设，深入开展政法系统作风纪律教育整顿活动、政法队伍素质建设年活动，对新补充警力全员培训，政法队伍的整体素质和战斗力明显增强。

【改善民生】 办好自治区惠民利民“十件实事”，及时兑现自治区12项民生提标补助资金，强化惠民政策的宣传和落实，最大限度地惠及群众。

群众生活条件持续改善。农牧民安居工程完工9530户、受益群众36746人，270个行政村人居环境建设和综合整治项目基本完工，投资1.47亿元、惠及14.21万人的农村安全饮水工程全面推进，建制村通邮率达到91.8%。那曲镇第一期城区改造拆迁户回迁工作顺利完成，368户群众乔迁新居。大力推进扶贫开发，全年减少贫困人口22911人。

教育卫生事业加快发展。优先发展教育，落实投资4.08亿元，实施了拉萨那曲第二高级中学新建、拉萨那曲高级中学和地区高级中学改扩建等项目，新建（扩建）县级中小学7所、幼儿园12所，地区浙江中学、特殊学校招生开学，学前教育毛入园率达到70%，小学适龄儿童入学率达到99.4%。强化医疗卫生，地区人民医院手术大楼、藏医院制剂中心、8个乡镇卫生院改扩建等项目开工建设，649名确诊先心病儿童已手术治疗419人，城乡居民和在编僧尼健康体检完成率达到96.9%和99.7%。

就业和社保体系日趋完善。全年实现就业再就业1956人，完成年度目标任务的108.7%。农牧民技能培训4365人、转移就业1.8万人次。社会保障水平不断提高，城镇职工养老、工伤、失业、医疗、生育保险参保率达到93%，城乡居民养老保险参保率达到59%，2243户五保户和870名孤儿得到妥善供养。稳步推进保障性住房建设，开工建设廉租房892套、公租房2592套、干部职工周转房1872套。

着力办好地区“十件实事”。按每人每年300元的标准，对全地区4493名离退休人员进行了慰问。按人均500元的标准，为所有驻村干部、寺管会成员免费健康体检。为538名贫困大学生每人发放生活补助2000元。那曲镇7个居委会社区医务室建成并投入使用。实施“千名村医”培训工程，举办培训班51期、培训1715人次。为7246名高风险从业人员代缴人身意外伤害保险费189.4万元。投入资金167.9万元，对那曲镇公墓进行了修葺。投入资金397.7万元，新购置市政环卫车11辆。

狠抓惠民政策落实。投入资金1297万元，在114个乡镇全面建立一站式“便民服务中心”，集惠民政策宣传、资金兑现、行政审批、社会管理、公共服务等功能为一体，为群众提供一站式、多层次的综合性服务，累计接待群众27.48万人次，为群众办理或代办各类证件47260本，兑现惠民资金5.5亿元，调解矛盾纠纷93起，提供政策信息咨询16035人次，深受群众好评。持续开展“惠民政策大落实、惠民项目大检查、惠民资金大兑现”活动，对截留、挪用惠民资金的4名干部进行了严肃处理。

那曲县

【基本县情】 那曲，藏语意为“黑河”。那曲县地处西藏中偏北，唐古拉山和念青唐古拉山之间，为西藏北部重镇。全县均属藏北高原，平均海拔4500多米，最高海拔6500米。矿产资源主要有铬、铁、铅、锌、锑、硫、砂金、煤等。

【概况】 2013年，那曲县全年完成生产总值96500万元，同比增长11.38%；其中第一产业增加值22100万元，同比增长10%；第二产业增加值21600万元，同比增长11%；第三产业增加值52800万元，同比增长10%；农林牧副渔业生产总产值完成39261万元，同比增长5%；农村居民人均纯收入5900元，同比增长4%。全年共组织税收收入4229万元，同比增收677万元，增长19%，历史性突破了4000万元大关，全年共组织县级税收收入2977万元，同比增收763万元，增长34.46%。

【维稳工作】 那曲县委、县政府始终把维稳工作作为第一政治责任，认真贯彻执行地委、行署的一系列指示和决策部署，坚决贯彻区党委、政府关于维护稳定的各项决策部署和10项维稳举措和地区出台的46条维稳措施、22项维稳工作机制和54项综治工作台账要求，紧紧围绕“铁路、寺庙、城镇、内保”四大工作重点，采取严格管控、打防并举等有效措施，全面实施对铁路“屏障式值守”，寺庙“篱笆式管控”，城镇面“网格式管理”，党政机关及重要设施“铁桶式保卫”，重点部位、重点区域、重点人员“蹲守式护卫”，做到“全天候、全方位、全覆盖”即“三全五式”维稳措施，进一步建立完善各项维稳机制，细化各项维稳措施，切实做好日常的值班巡逻和查岗工作，坚坚持一切服从于稳定，一切服务于稳定，一切为稳定让路，确保“3·10”、“3·14”、“3·28”和虫草采挖、赛马节、国庆、十八大等各类敏感时段全县社会局势的持续稳定，取得了维稳工作的阶段性胜利。

深入推进社会面军、警、民“大联防、大联控、大联治”工作。全年，大联防、大联控、大联治工作投入维稳力量共计156920人次，其中公安维稳执勤力量102376人次，地、县（中）直单位“红袖标”力量13270人次，车辆6840台次；各乡镇维稳安保工作出动警力18728人次，乡镇群防群治力量125680人次；那曲城镇内检查排查各类人员501280人次、车辆167316台次、物品46080余件，发现各类治安隐患283处，督促整改283处。

强化流动人员管控工作。切实做到对辖区人口（常住人口和流动人口）情况明、出租房屋底数清、各类动态掌握快。那曲县共有28000余名暂住人员，全年累计清查居民区132188户次，街面商铺65618家次，旅店业4653家次，出租房5571家次，娱乐场所6025家次，检查各类人员820134人次，其中邻省藏区人员42621人次，查处未办理暂住证人员893人，受理群众求助1783余次。

强化“护城河”工程。各交通检查站充分发挥护城河作用，全面强化护城河检查站设卡堵截工作，严查过往车辆、人员、物品，严格按照“三必查、三必留”的要求，充分利用那曲城镇各路口、重点部位视频监控系统，提高早期发现能力，进一步加大对外来人员尤其是四省藏区进藏人员和东三县进入那曲县人员的排查管控力度，不放过任何可疑之人、可疑之事、可疑之物，对发现的异常情况进行及时处置、迅速报告，将各类隐患处置在未发之前，解决在萌芽状态，坚决杜绝“输入型”隐患。截止目前，共检查进入那曲镇车辆30800余台次，查验身份96800余人，检查行李18642余件，暂扣身份证18230

人，办理暂住证3429张（其余暂扣人员为途径那曲镇人员）。

扎实推进“双联户”服务管理工作。以制定工作制度和建立长效机制为切入点，以签署“联保目标责任书”为工作核心，以相互监督、相互帮扶、同奖同罚为工作目标，在城区五户、农牧区五至十户家庭组成一个联保小组，使每个联户单元成员社会管理的基本单位和组织节点，并在联保小组中推荐选举出“致富带头人、文化人、事物明白人、热心人”作为联保户长、副联保户长，形成了联保户长负总责、人人参与的农牧区“联户平安、联户增收”的网格化社会管理服务格局。五是深入开展打击整治专项行动，严格按照“什么犯罪突出就集中打击什么犯罪，哪里治安混乱就重点整治哪里，违法犯罪活动涉及到哪里就打击整治到哪里”的总体要求，进一步健全和完善打防控一体化的社会治安防控体系，进一步细化工作措施，不断强化重点人员的管控，扎实推进专项行动向纵深发展，力争发现一批重要线索、侦破一批积案、挖出一批潜藏的分裂分子，狠狠打击分裂分子的嚣张气焰，不断净化社会环境。那曲县公安机关受理各类案件844起，解决758起。共立刑事案件57起，破52起，破案率80%。

强化宗教领域维稳工作。宗教领域维稳工作在任何时候都是维稳工作的重点和难点。县委、县府始终以反对分裂、抵御渗透为重点，以扎实推进寺庙“六建”、“九有”工程建设为基础，以加强寺管会班子建设为核心，以建立健全寺庙各项规章制度和创建和谐寺庙为目标，定期不定期听取统战、民宗部门关于各寺管会的工作开展情况的汇报，专题研究解决寺庙存在的困难和问题，深化干部驻寺工作，积极落实寺管会“六建”工作，深化“六个一”活动和“九有”工程，抓好“一个教育”、“一个创建”等一系列惠寺惠僧政策措施等各项涉宗各项工作，稳慎推进加强和创新寺庙管理工作，坚决维护宗教领域和谐稳定。认真贯彻落实区党委、政府关心关爱僧尼的政策措施，深入推进在编僧尼社会养老保险、医疗保险工作，全县在编僧尼医保参保率达100%，养老参保率达83%，并顺利完成600名僧尼的体检和建立健康档案工作。

严格维稳责任，狠抓工作落实。一是严格落实领导责任。县委书记、县长坐镇维稳指挥部，敏感时段实行24小时亲自带班，对维稳工作亲自部署，亲自督查；12名县级领导蹲点各乡镇督促指导维稳工作，其他县级领导实行轮班制度，确保事事有人抓，时时有人管；各乡镇、各单位党政“一把手”进一步增强敌情观念、责任意识和政治敏锐性，切实担负起维护稳定的第一责任，雷厉风行、脚踏实地的抓好各项维稳措施的落实，对当前维稳各项工作必须亲自部署、亲自督查，带头执行24小时一线值班、带班制度。二是严格落实工作责任。各乡镇、各部门根据县委的部署和要求，把维护稳定的任务和措施逐一分解细化，一项一项地落实到每一个村（居）、每一个部门、每一个岗位、每一个人，建立责任制，签订责任状。各驻乡工作组始终坚守在基层一线，在全面协助和指导乡镇工作的同时，深入各村、各寺管会就干部在岗在位、履职尽责等情况进行全面监督检查，督促基层细化措施，落实责任，取得实效。

【城乡建设】 2013年，安居工程建设项目166户除夏荣布寺的10户因故未建外，已全部建完。同时解决各村的用水、用电、通信和交通问题，乡党委政府筹集资金，争取项目，改善了尼玛龙政村、旁南行政村等几个村的交通、通信状况，同时钻井取水，发放太阳能蓄电器，解决村民用水难、用电难的问题。

【文化事业】 2013年，那曲县民间艺术团排练场所新建项目总投资147.3万元（其中排练场造价约为94.98万元）。根据自治区文化厅、那曲地区地委行署关于文艺下乡工作的进一步安排部署，往年的“三下乡”“四下乡”活动，更改为“五下乡”，并要求文艺部分覆盖县属所有乡镇和60%的行政村，那曲县文化局自三月整合人员、编排章节，组织那曲县民间艺术团共完成下乡活动演出100余场，加上赛马节、全区文艺汇演、县级文化活动等其余的文艺演出，今年演出场次达到120余场，完成地区和那曲县交代的工作指标。

【教育发展】 2013年，全县现有初中在校生2499人，小学在校生9185人，幼儿园在园531人。小学适龄儿童入学率达到98.68%，巩固率达到99.12%。初中入学率达到91.69%，巩固率98.91%，幼儿入园率达到50%。2013年，积极争取学校基建工程项目，多方筹资，切实改善学校办学条件。完成了八所学校穿衣戴帽工程，完成了四所学校的暖廊建设工程。总投资720余万元的穿衣带帽工程已全部完工；总投资358万元的县中学塑胶跑道、篮球场工程也已完工，进一步改善了县域内学校办学条件。

【医疗卫生】 2013年，牧民群众的参合率达99.3%。全年实际到位免费医疗经费2074.1万元，其中地区配套21万元，县配套16万元。在地市以上医院住院1918人，报销623万元，开具“绿色通道卡”到西藏军区总医院住院100人，实际报销45.4万元，直接为牧民群众减免医药费用77.3万元，有效降低群众因病致贫、因病返贫的发生率。参加体检人数78352人，体检率100%。0至18岁儿童先天性心脏病筛查人数27467人，筛查率100 %，经过筛查已确诊12人，现已送往内地救治10人。2013年全县141个行政村的282名村医通过培训考核合格，全部持证上岗，同时对乡镇的10名医生进行了轮训，对县乡的12名业务骨干分别送拉萨、成都进行短期培训，提高基层医疗人员的业务素质、管理水平和服务能力。5月份对古路、油恰出现的鼠间鼠疫流行病，对半径4公里范围内的狗和藏系绵羊进行血清采样，并根据鼠疫防控需要，对两乡的250公顷面积进行了保护性灭獭，投药18瓶，堵洞305个，将旱獭从灭獭前的30公顷4只降到了灭獭后的1只。2013年县卫生系统建立健全了餐饮服务单位监管档案，对全县餐饮单位进行了分类管理，建档率达80%。新办《餐饮服务许可证》37个，发放卫生许可证55个，发放从业人员健康证和培训合格证53个。

嘉黎县

【基本县情】 嘉黎，藏语意为“拉日”，地处那曲地区东南部、唐古拉山与念青唐古拉山之间，有“藏北江南”的美誉。东连昌都边坝县、林芝波密县，南临拉萨当雄县、林周县、墨竹工卡县和林芝工布江达县，西接那曲县，北依比如县，属藏北高原与藏东高山峡谷结合地带的高原山区，交通网络四通八达，区位优势十分明显。地势自西北向东南倾斜，平均海拔4500米左右，属高原亚寒带半湿润季风气候区。现辖2镇8乡，122个村（居）委会，人口35004人。县内资源丰富，矿产资源有金、铅、锡、水晶、云母等。野生动物有羚羊、黄羊、岩羊、盘羊、狼、野兔、狐狸、猞猁、豹子、豺狼、鹿、獐子、猴子、马熊、狗熊、獾等。野生药材主要有虫草、贝母、大黄、雪莲花、麝香、鹿茸、熊胆等500余种，极具开发价值。

【概况】 2013年，全县实现生产总值4.4亿元，地方财政收入1533万元，固定资产投资3.86亿元，农牧民人均纯收入7273元。

【“三农”工作】 农牧业发展态势良好。认真落实天然草场保护补助奖励机制，严格按照禁牧、休牧、轮牧的要求实施放牧。投入54万元，扎实做好防抗灾工作，共储备饲草料217.5万公斤、粮食252万公斤、燃料5.6亿袋、药品125种，组建了县乡村三级防抗灾突击队，按照全面覆盖，不留死角的要求，牲畜免疫密度达到100%。2013年，全县各类牲畜出生数28040头（只、匹），死亡数402头（只、匹），成活率98.6%；实现牲畜出栏24100头（只）、上市23772头（只）。全县农作物总播种面积为5120.4亩，粮食产量达到82.5万公斤。

农牧区面貌焕然一新。农牧区人居环境建设和村容村貌整治得到进一步加强，落实强基惠民项目31个，总投资达854万元，为群众办实事好事841件，安居工程建设完成707户（其中民房改造599户，绝对贫困户108户）；新建通村公路68.11公里，行政村通车率达到92.6%；建成农牧区安全饮水工程109处，解决了2237户15236人的饮水难问题；发放太阳能6021套；小康新村建设各项前期工作有序推进。

农牧民收入持续增长。全年共组织培训农牧民1225人次，完成劳务输出4904人次，实现劳务收入2323.35万元。大力培育农牧区市场，引导农牧民群众增强市场观念，组织群众参加地区畜产品展销会，直接增加了农牧民群众现金收入，组织工作在11个县中名列第二，受到了行署的表彰；全县农牧民专业经济合作组织实现产值394.54万元；在全县上下的共同努力下，有力维护了去年的虫草采集秩序，虫草产量达到4033.08公斤。落实兑现草补资金2457.42万元，野生动物肇事补偿、退耕还林粮食折现等各项惠民政策的落实成为群众的一大收入来源。通过政府及相关部门的努力，尽管蒙亚啊矿区停产，但绒多乡群众除车队运输收入外，草场植被恢复等其他收入均未受到影响，反而为他们从中凯公司每年多争取了60万元。

【基础设施】 以项目为抓手，投资3.86亿元，实施各类项目83个，藏中电网延伸工程有序推进，县人力资源和社会服务中心、农贸市场、新华书店、通马河防洪堤等项目已基本竣工，麦地卡湿地保护工程、县政府大院整治、县职工周转房、县廉租房建设成效显著。县政府自筹资金4270万元实施了幼儿园建设、县大院改造、办公楼维修、县政府接待大厅等项目，投资593.9万元修建通寺公路16.6公里。5个乡镇“一站式”便民服务大厅相继投入使用。投入46.4万元，继续推进乡（镇）“三化”建设。在项目建设中，相关部门严格按照《嘉黎县项目管理办法》，加大了项目稽察力度，先后召开了7次项目例会，每月组织项目检查不少于2次，对存在的问题及时责令整改，确保了工程质量和工程进度。

【社会事业】 一是科教工作巩固扩大。积极发挥科技特派员作用，完成300人次的兽防科技人员和500人次农牧科技人员培训。全县财政总收入的20%按时足额划拨用于教育发展。控辍保学工作成效显著，全县实际幼儿在园人数达到712人，城镇学前三年入园率达到96%，农牧区学前两年入园率达到54%，小学适龄儿童入学率达到99.43%，初中阶段入学率达到93.23%，小学巩固率达到99.23%，中学巩固率达到97%。教学质量稳步提升，中考成绩居全地区第五，小学考上内地西藏班10名，居全地区第四，小学升学率达到100%，并连续两年摘得“小考状元”桂冠。

二是文化卫生事业取得新进展。投资869.9万元的10个乡（镇）文化站和投资152万的县级新华书店主体建设已经完工。投入15万元更新了部分文化设备。成功举办首届拉日旅游文化艺术节，县文化宣传队、村文艺队利用节假日深入乡（镇）、村、各中小学、寺庙开展文化演出活动25场，主动协助上级相关部门，保障了自治区话剧团20多场次的“送戏下乡”活动。行政村农家书屋做到了全覆盖。开展文化市场清理整顿检查18次，没收20张反动碟片及磁带，删除108首《查缴目录》里的歌曲，有效净化了文化市场环境。文化遗产保护工作取得新成效，嘉黎民间故事已列入第三批国家级非物质文化遗产项目，传统藏药然木协曼利丸配伍技艺及传统技艺藏北乌尔朵编制技艺已列入第四批自治区级非物质文化遗产项目。继续实施农村电影“2131”工程，“西新工程”广播电视“三满”安全播出覆盖率达100%。实施广播电视“户户通”1197户。农牧区医疗制度个人筹资覆盖率达到100%，计划免疫率达到97%，人口自然增长率控制在13‰，第二批驻村工作队、城乡居民和寺庙僧尼健康体检全部完成，继续实施先心病儿童筛查，“一孩双女”扶助政策全面落实，孕产妇住院分娩率不断提高，食品药品监管力度进一步加大，全年共开展食品药品安全大检查23次。

【社会保障】 全年养老保险参保人数达到4154人，（为退休人员发放养老金209.57万元；城镇居民养老参保人数为93人，占应参保人数的85%，为参保居民发放养老金3.62万元；新农保参保人数为3933人，占应参保总人数的30%，享受新农保待遇人数为2191人，发放养老金274.99万元）；医疗保险参保人数1728人，缴纳保险费899.74万元，报销住院费72.3万元；生育保险参保人数1594人，缴纳保险费40.7万元，报销生育费24.25万元；工伤保险参保人数813人，缴纳保险费25.64万元；失业保险参保人数727人，缴纳保险费131.7万元。寺庙僧尼免费医疗保险覆盖率达到100%。成功调节劳务纠纷14起（涉及人数105人，资金181.4万元），新增公益性岗位66人，城镇登记失业率在2.5%以下。低保工作基本做到了动态下的应保尽保，全年为400人发放城镇低保资金153.36万元，为4302名农村低保对象发放低保资金338.44万元。对符合条件的34户五保老人采取集中供养，及时足额发放老年健康补贴和长寿健康补贴。对经济困难的企业职工家庭、三老人员、特困户、退休老干部等开展慰问活动，发放慰问金167万余元（其中，县财政自筹60多万元）。

【社会稳定】 扎实开展“双联户”服务管理工作，投入13万元组建了859个联户单位，推选859名户长，覆盖全县7228户33578人，覆盖率达100%。投入120万元加强了县维稳指挥部、派出所等维稳力量建设，投入101.2万元加强应急民兵连基础设施建设，打牢基层维稳防线。2013年，嘉黎县荣获地区安全生产先进县称号。

【援藏工作】 第六批援藏与第七批援藏实现顺利交接。第七批援藏干部主动作为，积极出谋划策。特别在忠玉乡发生洪涝灾害后，积极捐款捐物，并深入灾区看望慰问群众，得到了群众的一致好评。

【抗震救灾和灾后重建】 忠玉乡发生7·5洪涝灾害后，全县共组织干部群众4000余人次参与抢险救灾，及时转移安置66户302人，发放安置补助107万元，成功对1号堰塞湖实施了人工爆破排险，打通了通村公路57公里。调拨了救灾物资价值188万元，理赔各类保险288万元，接受各方捐款捐物162.55万元，确保了受灾群众有饭吃、有水喝、有衣穿、有住处、有学上、有病能及时医治。县政府自筹33.5万元为受灾严重的57户752人发放衣物、口粮，保障了受灾群众温暖过冬。组织得力，9至14村62户266人在转出和回迁过程中，未发生一起安全事故。同时，根据地区任务分解，积极衔接上级部门，加大了受灾群众的技能培训，通过积极向自治区汇报衔接，争取到民房重建及安置补助资金5000余万元，三年财力补助1亿元（其中4000万元已到位）。

比如县

【基本县情】 比如，藏语意为“母牦牛部落或母牦牛角”，地处那曲东部，唐古拉山和念青唐古拉山之间，属怒江上游流域。东邻昌都地区边坝县，西接那曲县，南抵嘉黎县，北连巴青、索县，距那曲265公里、拉萨597公里。比如县属半农半牧区域，全县国土面积1.12万平方公里，有草场面积1566万亩、可利用草场面积约为87%。现有耕地3万余亩，林地130699公顷，森林覆盖率为10.59%。属怒江上游流域，因相对优越的气候条件而享有“藏北江南”的美誉。全县辖8乡2镇、175个行政村（含7个居委会），2013年底，全县总户数14321户，总人口68868人，其中农牧民67554人。全县有宗教活动场所83处（寺庙25座，拉康50处，日追8处），在编僧尼888人，另有社会流动从事宗教活动人员728人，建成寺庙管理委员会19个，寺庙特派小组7个。

比如地形以低山丘陵为主，间有高山峡谷，平均海拔4000米，蕴含着丰富的自然资源。野生植物有470余种，其中虫草、麝香、贝母、雪莲花、知母等药用植物60余种，特别是虫草等名贵中药材以品质优、价值高而闻名国内外。已探明的铅、锌、黄金、铜、油页岩、玉石等矿产资源具有储量高、易开采等特点。生息着獐、鹿、狼、熊、豹、盘羊、黄羊、岩羊、秃鹫、狐狸及黑颈鹤、藏马鸡、藏雪鸡等十多种国家级重点保护动物。比如湖泊、河流众多，水利资源的得天独厚，西藏第二大江—怒江横贯全县，夏曲、姐曲、白曲竞相奔流，开发前景十分广阔。

【概况】 2013年，比如县完成生产总值5.96亿元，同比增长14.6%；其中第一产业产值1.71亿元；第二产业产值1.48亿元；第三产业产值2.77亿元。同比分别增长3.4%、26.9%和16.2%；地方财政一般预算收入完成941万元，同比增长27%；农牧民人均纯收入达到8203元，同比增长13.2%；固定资产投资完成4.75亿元，同比增长44.9%；社会商品零售总额完成1.21亿元，较好完成了年初确定的各项目标任务。

【产业发展】 2013年，比如县完成种植面积2.4万余亩，其中粮食作物种植面积1.9万余亩，粮食总产量3040余吨；蔬菜种植面积1390余亩，产量1320余吨；以豆类为主的饲料种植面积3890余亩，产量1970余吨；牲畜存栏数为23万多头（只、匹）。在建筑业的强势带动下，全县二产增加值1.48亿元，增速达到26.9%。加大扶持力度，鼓励经济合作组织发展，在原产地加工上下功夫，加强商标保护，扩大生产规模，摆脱经济发展过度依赖虫草收入的现象。截止年底，全县共有农牧民专业合作经济组织88家，带动农户数1978户，参与农牧民群众6686人，自筹资金2070余万元，有效的增加了农牧民群众现金收入。

【项目建设】 2013年，比如县完成项目总投资为6.49亿元，其中：新建项目96个，总投资5.98亿元；续建项目33个，总投资3233.5万元；寺庙管委会项目19个，总投资1883.2万元。

【社会事业】 一是教育、卫生、文化各项事业蓬勃发展。始终坚持教育优先发展战略，不断完善教育设施，改善办学条件，加强三支队伍建设，教学质量不断提高。切实抓好乡村医疗基础设施建设，进一步深化医药卫生体制改革，加强医疗卫生队伍建设，规范完善新型农牧区合作医疗制度，逐步扩大城镇医疗保险覆盖面，力争使新型农牧区合作医疗覆盖率达100%。建立完善重大疾病防控体系，提高突发公共卫生事件应急处置能力，加强食品药品安全教育及市场监管，保障群众健康素质。“降消”政策和妇幼保健工作得到认真落实，计生服务工作不断强化，人口素质得到提升。民间文化艺术团积极开展文化展演，在全县范围内开展了26场文艺演出，大大丰富了群众性精神文明创建活动，激发群众参与文化活动的热情。为了确保县城干部群众及周边群众的业余文化生活，按照“2131”工程的要求，扎实做好电影进村工作。二是社会保障。高度重视先择业后就业工作，认真做好高校毕业生、退伍军人、残疾人的就业工作，积极开发落实公益性岗位30个，切实解决零就业家庭、“35、45”人员的就业困难。切实做好银行信贷工作，比如县在首次信贷信用县评定工作中，被农行西藏分行评为“AAA”级信贷信用县。建立健全6大保险制度，扩大社会保险覆盖率，提升统筹层次，提高保障水平。切实做好医疗商业保险、先心病儿童和白内障患者免费治疗工作。完善城乡低保制度，建立动态管理机制，做到了应保尽保。为确保全县城乡低保对象和五保户的基本生活，共发放城镇低保金714.8万元，落实农村五保户供养金45.7万元，共为全县五保户、重点优抚对象落实“三大节日”一次性生活补助和物价联动补助金214.2万元。并为全县665名80岁以上老年人兑现健康补贴21.4万元，这些资金的发放，基本保障了这部分弱势群体的生活。为切实保障孤儿的生活，共落实“同一片蓝天下”捐资助孤资金16.2万元，真正把党和政府及社会爱心人士的关怀和温暖送到孤儿的心坎上。三是对老干部的服务工作不断增强。四是各项惠民政策全面落实。建成了全县10个乡（镇）一站式便民服务中心，进一步强化了措施，使合作医疗报销、良种补贴、草原生态保护补助奖励机制、退耕还林、野生动物肇事补偿、牲畜出栏补贴等强农惠农富农政策得到更好的落实，使服务更加到位、操作更加简便、效果更加明显。

【人民生活】 一是加强周转房建设，切实解决干部职工和城镇低收入家庭的住房困难。二是大力实施安居工程，改善农牧区面貌。三是通村、通寺公路工程建设有序推进，基本解决出行难的问题。四是农村和寺庙饮水安全工程稳步推进。

【生态建设】 一是不断加大环境保护宣传、监督力度。比如县以地球日、环境保护日等为契机，不断加大宣传力度，增强了农牧民环保意识；根据《国家环保法》等相关法律法规规定，加大对新建项目的环评监督力度。二是扎实开展草场承包和草原生态奖励补助机制工作。比如县2012年度草原生态保护补助奖励机制工作于2013年6月顺利通过自治区验收，共兑现资金2700余万元，并顺利完成了2012年度草原生态保护补助奖励机制的网上信息录入工作。三是抓好公益林保护工作。共分两批兑现公益林管护费用，第一批525万元已经全部兑现，第二批61万余元将陆续兑现。

聂荣县

【基本县情】 “聂荣”藏语意为“盘羊的山谷”。经纬度为北纬32° 11′ ,东经90° 3′ ，位于那曲地区中部，县城所在地距地区90公里，属唐古拉山山脉地带。为纯牧业县，东连比如县、巴青县，南邻那曲县，西接安多县，北与青海省杂多县接壤，平均海拔4700米以上，全县国土面积2.14万平方公里，其中可利用草地面积1.85万平方公里。聂荣县县委、政府驻地位于聂荣镇，距藏北重镇那曲90公里，三面环山，一面是一片沼泽湿地。全县下辖9乡1镇，139个行政村，3个居委会。2013年底全县总人口为38155人、8202户，牧区总人口为35751人、7450户。

【概况】 2013年，全县生产总值达到4.03亿元，增长18.37%。地方财政一般预算收入完成703万元，增长18.95%。税收收入完成811万元，增长19.1%。全社会固定资产投资大幅度增加，增速超出预期28.9个百分点。严格落实自治区12项民生补贴补助提标政策，兑现各类惠民资金1.57亿元。在全地区率先建成县城及各乡镇“一站式”便民服务中心。认真落实“民生十件实事”，牧民群众人均纯收入达到5939元，连续10年保持两位数增长。

【产业发展】 坚持“一产上水平、二产抓重点、三产大发展”的经济发展战略，从县情出发，充分发挥自身优势和潜力，着力转变经济发展方式，三次产业结构调整为0:0:0。一产平稳发展。牧业生产总值达到1.17亿元，同比增长14.71%。按照“发展牛、稳定羊、控制马”的思路，进一步调整畜群结构，全县牲畜存栏达到30.43万头（只、匹），牦牛、绵羊、山羊、马的比例为69:25:5:1。幼畜成活率为90.93%，成畜死亡率控制在2.36%以内。肉、奶、绒毛产量分别为8808.73吨、5393.6吨、508.37吨，畜产品商品率为60.43%。扎实推进牲畜疫病防治工作，治疗各类牲畜12.35万头（只、匹）。二产增势迅速。主要由建筑业带动，全年二产实现增加值1.37亿元，增长16.4%。三产发展有力。社会消费品零售总额达到4816.52万元，增长2.5%。批发零售业、餐饮住宿业、交通运输业、邮电通讯业分别完成产值3338.67万元、2143.46万元、2160.68万元、2973.78万元，县农行存贷款金额分别达到3.11亿元、1.7亿元，增长23.24%、47.2%。

【农牧民增收】 2013年牧民人均纯收入突破5000元大关，实现“十连增”。全年共劳务输出3992人次，实现劳务输出收入605.07万元，多种经营收入达到2274.64万元，采挖虫草创收5356万元。积极组织群众参加那曲地区第七届畜产品展销会，帮助牧民群众实现销售收入1480万元。充分发挥牧民专业经济合作组织促民增收的引擎作用，全年新发展牧民专业经济合作组织8家，全县专合组织累计达到31家。

【项目建设】 全年开复工项目88个，完成固定资产投资4.1亿元，同比增长39.9%。主要开工建设了全民健身活动中心，县政府部门业务综合楼，2013年廉租住房、公租房和职工周转房，十乡镇机关业务用房、综合文化站，农村人畜安全饮水，县级草原监理站，下曲、白雄两乡防抗灾饲草料物资筹备库，17条乡村公路和10条通寺公路等项目。

【社会事业】 大力推进教育、科技、卫生、文化等社会事业发展，公共服务水平进一步提高。教育实现优先发展。小学适龄儿童入学率和初中入学率分别达到99.42%、98.95%；城镇学前三年、牧区学前两年毛入园率分别达到100%、51.06%。投资2000余万元，建设了供暖、教职工宿舍、教职工食堂、县完小综合教学楼等教育基础设施。邀请县人大代表和政协委员到县中小学视察，为聂荣县教育事业发展建言献策。强化师资队伍建设与管理，评选出县级“十大优秀教师”，重奖考入大学的所有牧民子女及家长，尊师重教的良好氛围正逐渐形成。科技工作得到加强。在色庆乡部分村和县牧场实施了“金牦牛”科技工程、绵羊高效养殖技术推广示范和高寒天然草地生态保育技术示范等项目，开展了查吾拉牛本品种认定工作。卫生事业健康发展。新型农牧区合作医疗制度覆盖率和个人筹资覆盖率分别达到100%、98%。将牧民群众住院补偿最高支付限额提高至2.04万元，为291名牧民群众开通了“绿色通道”。在县人民医院、藏医院开通了城镇医保卡业务。强化疾病防控和人口计生工作，“九苗”接种率达到99%以上，人口自然增长率为12‰。全年累计培训县乡村卫生技术人员181名。完成了城乡居民、寺庙僧尼、驻村工作队员体检和先心病儿童筛查、确诊、治疗工作。实施食品药品放心工程，确保了食品和用药安全。文化事业稳步发展。县城新华书店和9个乡综合文化站竣工。全县广播、电视人口覆盖率分别达到85.2%和89.7%，在全地区率先实现“舍舍通”全覆盖。深入开展文化下乡活动，举办协办各类文艺演出活动37场次、放映电影1784场次，观众分别达到1.1万人次、10.58万人次。加强文物保护工作，《聂荣“拉伊”》、《“拉拉”奶酪制作技艺》、《聂荣县擀毡编织技艺》被列入第一批地区级非物质文化遗产保护名录，朗色寺被列入第六批自治区文物保护单位古建筑名录。

【改革开放】 制定出台了《聂荣县招商引资管理办法》。与西藏金哈达集团公司合作开发尼玛乡玉寨地热资源项目迈出实质性步伐。启动了农电体制改革农电网代管工作，聂荣县供电有限公司挂牌成立。对口支援工作深入开展，争取神华集团援藏资金3923.62万元。规范国有土地资产管理，安排新增建设用地497亩，启动了聂荣县城区基准地价更新工作，农村宅基地确权登记工作顺利通过自治区验收。积极落实非公有制经济政策，全县登记注册的个体工商户269家、注册资金906万余元、从业人员522人。加快培育和壮大牧民专业经济合作组织，全县专合组织达到31家，色庆乡帕玉村成为人均收入过万的富裕村。改进惠民资金落实模式，将自然灾害生活救助金审批发放权限全部下放到乡镇，在三个乡开展新型农村合作医疗和医疗救助报销权限下放试点工作。

【民生发展】 新建牧民安居房829户，农牧民安居工程顺利收官。在色庆乡二村、二十一村启动了小康新村建设项目。开工建设职工周转房、公租房、廉租房446套。加快推进“八到农家”工程，新建保暖井179口、机电井33口，解决了8956名群众、270名僧尼的安全饮水问题。为无电村群众发放安装太阳能照明户用系统523套。全县第一条通乡油路聂下公路建成通车，聂桑油路开工建设，新增农村公路486.74公里，维修养护乡村公路1660余公里。电信、移动电话覆盖率分别达到60%、80%。建成10个乡邮政所。发放安装广播电视“舍舍通”设备126套。实施40个村（居）委会人居环境建设和环境综合整治项目。各项社会保险基金收缴、发放、运行良好。“新农保”、“城居保”参保率分别达到96.8%、70.6%。为全县城乡居民和僧尼购买了人身意外伤害保险。新招录公益性和临时用工岗位19个，培训牧民963人次。受理、调解劳资纠纷12起，为95名民工追回工资94万余元。低保工作实现动态管理下的应保尽保。五保集中供养率达到66.83%。向低收入群众和弱势群体发放各类救助补贴资金1411万余元。扶贫工作扎实推进，全县实现脱贫685户2678人，返贫率控制在3%以下。

安多县

【基本县情】　“安多”在藏语中“多”为下部或末尾，“安”是发音字，历史上因这一带处于整个藏区的北部，因此统称为“安多”。安多县地处西藏北部，唐古拉山脉南北两侧，东与青海省治多县、扎多县，西藏聂荣县为邻，南与那曲县接壤，西与班戈县、双湖特别行政区搭界，北靠青海省格尔木市。全县平均海拔5200米，是全国海拔最高的县份之一。县城所在地位于109国道3420至3430公里处，距那曲地区所在地那曲镇135公里，距自治区首府拉萨市463公里，距离青海省格尔木市703公里，青藏铁路和109国道贯穿全境，是安狮公路、安聂公路的起点，交通发达，区位优势明显，青藏铁路、青藏公路、格拉输油管道、兰西拉光缆、青藏±400千伏直流线路、铁路电力“六线”纵穿全境，素有西藏的“北大门”之称。

安多地处羌塘高原的北部，辖属面积呈不规则椭圆形，地势呈中间兀突南北递缓降，西部略高于东部，由中部海拔6600米缓降至北部海拔4700米，南部海拔4500米。全县下辖4镇、9乡，74个行政村（居）委会，总人口为4.1万人，安多县主要以畜牧业为主，牧业经济是全县的支柱产业，是西藏的四大牧业县之一。全县面积约10万平方公里，可利用草原面积4.5万平方公里，主要植物是矮蒿草、小蒿草、披碱草、紫花针茅等，牧草营养成份比较丰富，具有蛋白质高、脂肪高、无氮浸出物高和纤维低的特点。

【概况】　2013年，安多县国民生产总值实现5.26亿元，同比增长11.65%。第一产业完成0.97亿元，同比增长3.69%；第二产业完成1.29亿元，同比增长15.73%；第三产业完成3亿元，同比增长12.73%；公共财政预算收入完成1960万元，同比增长12.8%；税收收入完成1157.61万元，连续3年突破千万元大关；农牧民人均收入达到5956.46元，同比增长13.23%。劳务输出7461人，劳务输出现金收入2278.76万元。

【项目建设】　2013年，安多县共实施国家投资项目61项，总投资3.9亿元，完成投资1.8亿元，同比增长17%。同时，自治区财政厅同意把安多县作为西藏自治区供氧加湿系统唯一一个试点县，并配套资金400万元。

【产业发展】　第一产业平稳发展。牧业总产值达到1.15亿元,同比增长4.95%;2013年各类牲畜存栏总数为86.3万头(只、匹)，牲畜成活率为87.89%，死亡率3.91%，畜产品综合商品率58%。全年新增经济合作组织3家,累计达到21家，固定资产达3600万元，入户牧户1483户4637人，年户均增收达2800元。成功举办了安多县第四届畜产品展销会，在区、县畜产品展销会上，销售额分别达1663.73万元和1769.52万元。第二产业取得新突破。全年二产实现增加值1.29亿元，同比增长15.73%。其中，建筑业增加值1.1亿元,同比增长39%;工业增加值实现0.19亿元，同比增长10.77%。第三产业增长迅速。三产投资完成3亿元，同比增长12.73%。市场体系进一步完善，实施了县农贸市场改造工程；“万村千乡市场工程”累计建成商品配送中心15个、乡（镇）商贸中心5个和农家店80个。

【改革开放】　一是全县实有工商户616户，从业人员1396人，注册资金1454.84万元，与去年相比分别增长了2.3%、2.9%、10%，实有私营企业7家，注册资金1992万元，实有内资企业8户，注册资金934万元。二是总投资530.4万元的安多县农贸市场改扩建项目被自治区商务厅和财政厅作为重点项目予以支持。三是县邮政储蓄营业所存款余额达1106万元；县农行存款余额达5.55亿元，贷款余额1.92亿元，涉农贷款1.56亿元。四是援藏工作扎实开展。沈阳市第七批援藏干部入藏以来，胸怀沈阳人民重托、服务安多发展稳定，强力推进援藏项目建设，部分工作取得突破性进展。

【城乡建设】　一是组织实施的县城总体规划已经完成地区、自治区专家评审，正在最后审核阶段；雁石坪、扎仁小城镇规划编制工作初步规划文本已形成。二是安居工程建设进展顺利。2013年安居工程建设总户数为999户，总投资1735.4万元，现已全部完工。三是大力开展农村人居环境和环境综合整治工程建设。2013年共实施39个人居环境建设点。项目总投资2288.9万元，受益群众达5850户2.54万人。四是总投资1063.62万元的帕那镇和玛曲乡小康示范村建设项目顺利完工，受益群众109户382人。五是扎实推进水利建设工程，2013年人饮工程总投资达到1460余万元。总投资48万元的玛曲乡乡村防洪堤项目全部完成。共争取国家交通建设资金9753.23万元，新建公路总里程达523.45公里。投入281.93万元养护了872.86公里的县、乡、村道。

【社会事业】 教育教学质量得到进一步提高。截止目前，全县共有学校18所，在校生6553人。全县小学巩固率、升学率和中学巩固率均达100%，牧区学前教育入园率45%，城镇学前入园率90%，完成职业教育330人。

文化广电事业蓬勃发展。一是“欢乐安多、幸福锅庄”广场舞活动开展以来，受到了广大牧民群众的一致好评。二是全年共转播2.23万个小时的电视、广播节目，确保了“三满播出”；全年放映电影1621场次，观众达5.66万人次，丰富了人民群众业余文化生活。三是组织开展了文化市场专项整治行动，共出动执法车辆27台次，执法人员81人次，收缴违禁反宣品30余张光盘，检查各经营场所等280余家次。四是投资300万元的县广电中心已建成并投入使用。

医疗卫生工作有了新进步。一是认真落实农牧区新型合作医疗制度，稳步实施基本药物制度。全县享受农牧区医疗制度的农牧民人数3.65万人，参合率达98%。二是加强日常疾病预防工作，截止目前9种计划免疫接种人数达550人，强化免疫接种人数达1970人，接种率达99.6%。三是先心病筛查工作全面推进，截止目前共筛查1.11万人，确诊患儿69名，体检率100%，救治率77%。

加强社会保障，扶贫救助工作成效明显。全年城镇失业率控制在3%以内，劳务输出7110人，认真实施“四业工程”。新农保参保8904人，已享受2507人，发放金额300余万元；寺庙养老保险参保率100%，已享受养老保险人数为9人；城镇职工社会养老、工伤、生育、失业保险收缴、上缴率均达100%。发放农村最低生活保障金417.95万元，城镇最低生活保障金260.8万元，五保户供养资金38.22元，助孤资金50.76万元。截止目前享受城乡医疗救助184人，救助金额69.8万元。2013年，全县共实施扶贫项目9个，其中包括2012年续建扶贫项目2个，2013年共投资1581万元实施7个新建项目。

【民生保障】 制定了农牧民享受财政补贴优惠政策落实情况户对账本，全县8000多户每户一本。组织强农惠农专项工作组三次深入乡（镇）、村、户检查落实情况，对涉农资金真正做到“事前、事中、事后”全过程监督。

认真兑现为民办实事工程。2013年，在加大自身投入的基础上，通过争取国家项目、整合资金等措施，投资5000余万元，进一步推进了为民办实事工程。截止目前，政府承诺的15件实事已经全部履行承诺。

【生态建设】 2013年,共实施环境现场检查242次，发出现场整改通知书6份，停工责令2份，实施行政处罚2件，处罚金额15.5万元。加大草原沙化、退化综合治理和减畜养草力度，继续抓好退牧还草、水土保持等重点生态建设工程。加强保护野生动物资源，实现人与自然的和谐发展。认真严厉打击偷猎、盗猎等违法犯罪活动。同时，配合国家林业局完成了森林二类调查工作，提高了可持续发展能力。

申扎县

【基本县情】 申扎，藏语意为“皮火筒状山沟前”。申扎县属那曲地区西部纯牧业县，南与日喀则南木林县、谢通门县相邻，北与双湖县相望，东与班戈县接壤，西与尼玛县为邻。气候特征属高原亚寒带季风气候区，全年8级以上大风天气104天，霜期持续天数270天，日照时间长，干旱少雨。年均气温-0.4℃，极端最低气温-36。8℃。县委、政府所在地位于甲加低布（现申扎镇三村），海拔4680米，全县国土面积2.55万平方公里，草场面积3118万亩，草场承包到户面积2902万亩，平均海拔4700米。全县下辖8个乡镇，62个行政村，258个自然村，14座寺庙（日追、拉康）。全县牧业人口18242人，城镇低保对象354人、农村低保对象3136人，五保户53人，孤儿19人，残疾人693人。

申扎县境内有许多丰富的动植物资源和诸多鸟类、鱼类资源。有一个近千平方米的错愕鸟岛，是世界上海拔最高的鸟岛，鸟类达两千多类。申扎县水系分布广泛，主要河流有申扎藏布、准布藏布、阿里藏布、扎加藏布、永珠藏布。主要湖泊有色林措、格仁措、措鄂湖、吴汝措、孜桂措、恰桂措等。色林措是藏北第二大内流湖，面积为2千多平方公里。申扎县境内矿产资源丰富，现勘探察明的主要金属有铅、锌、沙金、铜、铬、铁、钼等；非金属矿有小玉石、水晶石、煤等。申扎县境内有许多新石器时代的文物，如下过石器、多格则石器、江扎遗址、查刚遗址等等。

【概况】 2013年，申扎县生产总值完成3.42亿元，比上年增长22.33%，提速1.89个百分点；人均纯收入达5732.4元，增长37.85%，提速18.35个百分点。全县财政收入完成1219万元，增长82.21%，提速68.24个百分点。社会固定资产投资完成4.8亿元，超额完成2个亿的年初目标，创历史新高。各项税收收入预计突破2000万元（1000万元为矿山股权转让企业所得税）大关，增长143%，提速124.38个百分点，全年经济社会综合发展在全地区名列第二。

【牧业发展】 2013年，新建安居房屋98户，院墙建设302户；完成卡乡防抗灾物资储备库的建设；在全县4个乡镇19个行政村共实施300户高寒棚圈项目建设；新建乡村和通寺道路23条；新建人畜饮水项目157个点；新建电信基站8座。全年共推广优良种畜共1800头（只）。扎实做好2012年草补各项工作并顺利通过上级验收，及时兑现和落实草奖资金5754万余元。加强动物疫病防疫工作，组织村级动物防疫员进行专题培训，顺利完成全县春、秋注苗、补苗工作，注射密度达到100%。2013年全县牲畜存栏数预计达57.47万头（只、匹），出栏率预计41%，成活率预计91.92%，同比提高5.38%。死亡率预计1.54%，同比降低1.15%。

【项目建设】 全年实施各类基建项目71项，总投资8.89亿元，其中续建11项，总投资0.38亿元，重点实施了重点水利县项目、乡镇政权机关业务用房等项目；新建60项，总投资8.51亿元，重点实施了查朗路、饮水安全工程、“三房”建设、安居人居工程、便民服务站、寺庙通水通路工程、广播影视中心、乡镇小学附属工程等项目。

【基础设施建设】 一是住房条件和环境更加优越。基本完成392户安居工程建设和31个行政村的人居环境与环境综合整治项目建设任务，安居工程覆盖率和人居环境项目覆盖率分别达到87.2%和96.8%（若以2009年底牧业户数为基数，安居工程覆盖率达100.7%）。完成雄梅镇小康示范新村36户续建和22户新建任务，目前已全部入住。二是通行条件更加便利。2013年全县交通在建项目共13项，建设里程354公里，其中农村公路272公里，解决18个行政村的公路通达问题，通寺公路82公里，解决13座寺庙（日追、拉康）的公路通达问题。省道203线雄梅至申扎公路段完成工程总量的45%。三是饮水问题得到有效解决。投资1122万元新建安全饮水井157眼，解决4000余名群众用水问题；投资656万元为14座寺庙（日追、拉康）建设13眼机井和1个管道饮水工程，解决全县寺庙僧尼用水难问题。四是“金太阳”工程全覆盖。继续加大争取力度，追加金太阳系统设备786套，基本解决2013年前无电地区电力。同时积极衔接对7个乡镇光伏电站进行全面维修，保障正常用电。五是通讯覆盖面不断加大。今年新建电信基站8个，解决1000余人的通讯问题，全县电信、移动基站目前已建成57个，通讯信号覆盖率达到81%，乡（镇）、村通邮率达100%。

【民生事业】 改善办学条件，争取到地区教育局拨付的义务教育均衡发展补助资金150万元。投资1660多万元，实施县完小教工宿舍、雄梅镇完小学生宿舍等教育工程。科学调整学校布局，制定了《申扎县学校布局调整规划》。及时有效落实教育“三包”专项资金。教育教学质量得到有效提高，2013年度考入重点高中的学生74人，考入内地西藏初中班的学生2人。二是卫生事业全面推进。合作医疗参合率达100%。加大传染病防控力度，3次突发疫情得到及时有效控制和治疗。县政府拿出12万元，为每一名中学生进行注苗注射。完成僧尼、城乡居民、驻村（驻寺）干部健康体检工作，完成率均为100%。注重社会就业服务工作，全年新增城镇就业142人，城镇登记失业率控制在2.5%以内，解决农村劳动力转移就业2250余人次。新农保参保率达97%。城镇居民养老保险参保率达92.69%。报销各类医疗费用713.9万元。完成2013年城镇职工养老保险、失业保险、工伤保险和生育保险的核算及保费征缴工作。全年劳动合同签订人数达 1016人，收缴民工工资保障金995.36万元，妥善处理7起劳资纠纷。做好涉农商业保险和人身意外伤害保险申报赔偿工作。及时兑现2012年涉农商业保险资金293.92万元和2013年1至9月份保险资金135.21万元。针对6月份以后发生的房屋、牲畜等受灾损失情况及时统计核实，已上报保险公司。政府投入近20万元为全县所有牧民群众购买人身意外伤害保险，参保率达100%，并已向保险公司申报4起人身意外伤害赔偿。

【环境整治】 一是严厉整治矿山环境问题。按照区、地两级总体部署，政府把矿山整治工作纳入全年重要议事日程，认真谋划，强化措施，对县域内1家关闭和2家挂牌督办限期整改企业进行环境污染排查整治，取得良好成效。二是严把环评审批关，项目建设环境得到加强。强化建设项目开工审批和竣工验收等管理工作，加强对建设项目“三同时”制度落实情况的检查和监督管理，结合工程建设领域突出问题开展专项整治行动。加大施工建筑垃圾集中清理工作，实地勘查划定公路项目建设取料取土点。三是加大生态资源和野生动物资源的保护力度。加强色林措自然保护区和黑颈鹤自然保护区建设管理，进一步建立健全野生动植物保护体系，顺利完成湿地补偿奖励机制前期调研和森林资源二类调查工作。政府专门下发通知严禁外来人员非法采集红景天、当归等珍贵野生植物，切实保护生物多样性。开展野生动物野外巡护工作，普及野生动物保护法，严厉打击野生动物非法偷盗猎活动，开展了野生动物疫源疫病的监测和防控工作。

【社会管理】 一是继续加强社会面管控。充分发挥便民警务站、乡镇派出所等基层力量和双联户作用，全面落实网格化工作管理，加强治安隐患排查，及时查处各类违反治安管理行政案件。严格成品油管控。进一步强化措施，做好油料销售、登记备案等监管工作。二是继续加强寺庙管理。加大寺庙基础设施建设力度，寺庙通路、通水、通电工程已全部实施完毕，彻底解决僧尼出行、饮水、用电难等问题。自筹60多万元，为9座寺庙修建僧尼活动中心。僧尼参保率达到100%。考虑到僧尼生活的实际困难，将全部僧尼纳入低保对象（除政协、佛协、五保户外）。开展宗教领域宣传教育工作，使宗教与社会主义社会相适应的教育工作成为常态化，并开展和谐模范寺庙和爱国守法先进僧尼评选表彰活动。深化巩固和推进寺庙“六建”、“六个一”和“9有”工作，在2012年实施寺庙“9+3有”的基础上，去年进一步丰富内容，修建僧尼活动场所和配备灭火器，形成“9+5有”的服务保障模式，宗教领域基础设施得到不断加强，社会局势实现持续和谐稳定。三是继续加强安全生产工作。高度重视安全生产工作，进一步加大境内矿山企业的监管力度，强化整治措施，矿山整治工作有序推进。抓好道路交通安全工作，加大交通安全和交通法律法规宣传教育力度，做好道路抢修保通各项工作，全县交通安全事故明显下降。加强校园安全和学生饮食安全工作，保证每位学生健康成长。抓好食品药品安全，不断加大市场监管和整治力度，实施好食品药品“放心工程”。切实加强危险化学品、建筑等重点行业的安全监管，强化监督检查，落实整改措施，严格责任追究，坚决消除安全隐患。全县安全生产形势良好，被地区授予安全生产先进县的荣誉称号。

索县

【基本县情】 索，藏语意为“蒙古”。索县位于藏北高原和藏东高山峡谷的结合部，那曲地区东北部、怒江上游的索曲流域，平均海拔4100米，面积0.56万平方公里。现辖2镇8乡，124个村（居），总人口46427人，农牧业人口43775人，是一个典型的半农半牧县。

【概况】 2013年，索县实现生产总值5.08亿元，同比增长24%；社会固定资产投资4.58亿元，同比增长28%；社会消费品零售总额达1.44亿元，同比增长13%；全县财政总收入1275万元，同比增长12%；农牧民人均纯收入达5282.55元，同比增长16%。

【农牧业发展】 2013年农牧业总产值达1.8亿元。牲畜存栏12.8万头（只匹），肉类产量4885.32吨，奶产量2681.69吨，毛绒产量88.12吨。牲畜出栏率达33%，畜产品商品率达58%，仔畜成活达95.4%。春播农作物总播种面积2549公顷。牲畜疫苗接种率达100%。兑现了2012年草原生态各类补奖资金1566万元。实施禁牧围栏70万亩。完成了2011年游牧民定居“四配套”工程暖棚建设任务。发放农牧民食用碘盐228吨。群众通过落实政策、劳务输出、农牧民专业经济合作组织、技能培训、虫草采集促增收，其中技能培训242人、劳务输出5731人次，实现收入1101万元；采集虫草产量达3600多公斤，实现收入4.32亿元。注册农牧民专业经济合作组织47个，带动农牧户9106户，初步形成“建一个组织、兴一项产业、活一地经济、富一方群众”的发展格局。扶贫工作稳步推进。完成2013年“两项衔接”识别工作，上报扶贫项目20个。生态建设扎实有效。补植补造退耕还林地2000亩。兑现退耕还林粮食折现及补助26.78万元。完成植树造林1520亩。完成森林生态效益补偿基金项目管护面积274.8万亩，兑现2013年度管护资金98万元。完成重点区域工程造林21750株，义务植树50亩。兑现2013年度造林资金220万元。

【项目建设】 2013年，全县固定资产投资实现了量的增长和质的飞跃，全年新开工项目119项，总投资6.11亿元，完成投资2.83亿元；复工项目60项，总投资5.1亿元，完成投资1.75亿元。主要推进实施了廉租房、公租房、重点区域造林等项目。新建和改造农村公路202.07公里，新建安全饮水点19个，基本完成了18座寺庙的通电、通水、通路以及办公业务用房建设。开工建设了县幼儿园和乡完小改扩建项目。解决了乡镇驻地及37个行政村通电。开展了发展环境综合治理工作和国有土地整顿治理工作，全县发展环境得到净化。完成了藏中电网、烈士陵园、医院等项目调研、选址、测量等工作，藏中电网建设进展顺利。储备强基惠民“短、平、快”项目302项，实施强基惠民项目124个。强化建设监管工作，召开了重点建设项目“百日攻坚”行动誓师大会，制定了《索县重点项目建设“百日攻坚”行动方案》，强化项目建设监管，提升了工程建设质量。

【民生事业】 新型农村社会养老保险参保人数达到8550人，发放养老金217.05万元。城镇居民社会养老保险人数达到860人，发放养老金10.48万元。失业保险参保人数达到607人，从失业保险基金中支付39.98万元对87人进行了家电维修技能培训工作。生育保险参保人数达到1595人，支付生育住院费用86437.92元。为43名职工支付住院治疗费用31.57万元，为56名城镇居民支付住院治疗费用35.8万元。发放城镇低保资金112万元，发放农村低保资金645万元。发放寿星老人补助金17.7万元。城乡医疗救助47万元。为全县70名孤儿按4000元/人标准发放了助孤资金。对340人进行了临时救助，共发放救助金20.7万元。受理解决8起劳资纠纷，涉及金额49.01万元。

【社会事业】 教育事业持续发展。教育事业迈入巩固提高新阶段，全县各类学校、教学点47所，教师学历合格率达100%，全县小学适龄儿童入学率达到98.98%，初中入学率达91%，学前教育村级入园率达45%，城镇学前教育入园率达90%。德育工作得到加强，全面实施了“四个彻底清除”、“六不准”、“增强五个意识”工作，形成了良好的学风、教风、校风。学校制度建设、班子建设进一步得到加强，“质量立校、质量兴校”得到落实。开工建设了嘎木乡、西昌乡教学综合楼、索县中学室内运动场、职训楼、索县幼儿园等项目，硬件建设得到加强，学校基础设施建设及环境美化得到有效改善。医疗卫生事业得到长足发展。完善了以县人民医院、藏医院、脉泻诊疗中心、县卫生服务中心、10个乡镇卫生院、124个规范化村卫生室的农牧区医疗卫生服务网络。全县农牧区医疗制度参保率达98%。医疗保障水平得到提高，全年完成农牧民健康体检30269人和僧尼健康体检854人。落实兑现2012年三项扶助政策477人47.5万元。为农牧民群众报销大病统筹资金671万元。城镇居民社会养老保险、城镇职工基本医疗保险、城镇居民基本医疗保险率均比2012年有大幅增加，达到95%以上。发放城镇低保资金112万元，发放农村低保资金645万元。城乡医疗救助47万元。发放寿星老人补助金17.7万元。文化惠民政策得到落实。搭建文艺平台，成立了40个乡村业余文艺演出队，组织开展各类文艺汇演256场次。成功举办“3.28西藏百万农奴解放纪念日”、“高举旗帜跟党走奋力实现中国梦”等文艺汇演8场次。规范升级改造了10个乡镇文化站管理并实现了免费开放。赞丹寺羌姆舞、藏医院脉泻等非物质文化遗产得到有效保护和延续。积极开展了索县藏语文社会用字整改工作。大力实施了阳光娱乐工程和“扫黄打非”工作。广电事业飞速发展。圆满完成广播电视进寺庙设备安装、登记造册工作，安装“舍舍通”设备207套，安装通电寺庙集体收看点8个。拍摄上报新闻素材126条，下载播出那曲新闻145条，维护“户户通”设备2690台次。巡回放映电影1124场次，观众达28365人次，创先争优强基惠民驻村点巡回电影放映30场，观众达12569人次。

【社会稳定】 坚持改善民生，强化第一责任。10个乡镇先后建立了“一站式便民服务中心”，方便群众办事，解决群众实际困难。累计接待群众8562余人次，受理各项业务7800余件，办结率达95%以上。强化基层组织建设，完成了10个乡镇的《索县城乡网格化管理办法》、“双联户”等建设工作。实施重大决策、重大项目社会稳定风险评估机制，加强人民调解、法律援助等工作，化解各类信访积案，息访息诉率达98%。健全社会治安防控体系，深入开展道路交通、消防等安全专项整治工作，确保了人民生命财产的安全。落实了《属地管理目标责任书》，严格审批宗教活动和僧尼请销假制度，稳妥化解了宗教信仰矛盾纠纷，实现了宗教领域的持续稳定。强化情报信息、强化重点人员管控、强化群众教育、强化实施“五联”活动、强化备勤处突等工作，全县社会局势保持持续稳定。

【援藏工作】 援藏工作统揽全局，积极发挥援藏工作杠杆导向作用，注重援藏工作与索县实际结合，制定援藏规划，加大人力、物力、财力和智力援藏在内的全方位、多层次的援藏工作，推动了援藏工作不断向纵深发展，向基层倾斜，援藏工作取得较好成绩。援藏工作开展以来先后完成了索县有线电视改造网、小康示范村建设、索县大连商业中心、索县大连幼儿园、牧民新村工程、十坊街等基础设施、人员培训、教育卫生、文化等大小项目建设44个，援藏工作取得了较好的成绩。

班戈县

【基本县情】 班戈，藏语意为“吉祥保护神”，因境内的“班戈措(湖)”而得名。班戈县位于那曲地区西部，与那曲地区那曲县、安多县、申扎县、双湖县和拉萨市当雄县、尼木县，日喀则地区南木林县接壤，属高原亚寒带季风半干旱气候区，年平均气温零摄氏度以下，全县总面积为30138平方公里，平均海拔4750米以上，总人口41579人，10018户。下辖4镇6乡，共86个村(居)，134个基层党组织，2663名党员，9座寺庙，8座拉康。全县草场总面积3778.65万亩，可利用草场3291.96万亩。

【概况】 2013年，班戈县地区生产总值完成80404.81万元，第一产业完成12084.19万元，同比增长3.95%；第二产业完成12250.78万元，同比增长22.97%；第三产业完成26069.84万元，同比增长53.84%。人均收入完成5390元，同比增长12.85%。财政一般预算收入完成942万元，目前已完成800多万元，较上年同期增加131万元，同比增长18%。

【“三牧”工作】 成畜死亡情况。截止第三季度，各类成畜死亡16199头（只、匹）。其中牦牛1266头，绵羊9292只，山羊5568只，马73匹。死亡率为1.8%，同比去年降低0.4个百分点。

接羔育幼情况。全县各类牲畜应新出生364259头（只、匹），其中牦牛33576头，绵羊250262只，山羊79277只，马1144匹。实际新出生299446头（只、匹），其中牦牛21410头，绵羊218929只，山羊58919只，马188匹。成活251724头（只、匹），成活率86%。与去年同期相比增加1个百分点。

深入开展草原生态保护奖励机制工作。兑现禁牧补助资金2694万元；兑现草畜平衡奖励资金为2214.33万元（其中，也包括两年奖励资金的牧户）。以上奖励补助资金共计4907.74万元，限高后实际获得4837.57万元。获得牧民生产资料综合补贴户数8535户,兑现补贴资金426.75万元；天然草原监督管理员1707人，兑现监督补助奖励资金921.78万元；兑现畜牧良种补贴201万元;兑现牧草良种补贴资金13万元。限高后2012年度获得所有奖补资金合计为6193万元。人均增收为1663.1元，户均增收为6408.98元。落实野生动物肇事补助191万元；兑现2012年牲畜保险资金512万元；兑现2013年农机购置补贴资金50万元（购买农用车和拖拉机共51辆）。于2013年3月全面完成了2011年的6224户牧户信息录入工作，完成率为100%；8月完成了246万亩禁牧标识桩的安装工作，前期完成了六个乡（镇）的安装工作，完成率为60%。

防抗灾各项工作成立了县级防抗灾工作领导小组1个，组成人员9个；充实完善乡级领导小组10个，组成人员70个；村级领导小组247个，组成人员2207人；村抗灾突击队247个，组成人员1528人；乡村草场调剂组407个、1382人组成。充实筹备抗灾物资（粮食、饲料、燃料、人兽药、帐篷、保暖垫子、刮雪板、棉衣裤、冬帽、手套等）应对抗灾装备，投入资金438.8万元，发放低保资金113.3万元，最大限度的缓解了弱势人群口粮短缺问题。截至年底，牧民群众防抗灾牧业基础实施牛羊圈原有22729个、新修657个、维修3681个；暖棚原有3067个，新修202个、维修398个；羔官原有20643个，新修7852个、维修3311个，活动圈原有2619个，新修93个，维修242个；保留天然草场1222块，围栏草场1263块，为应对恶劣气候和保护天然草场做足了防范工作。

【项目建设】 2013年，全县复工项目12项，总投资8359.33万元；新开工项目70项，总投资33101.93万元；实施金太阳工程，通电户达到8477户。其中牧户8434户，寺庙僧尼43户。

2013年，完成农牧民安居工程建设任务1058户。其中其他贫困户146户，民房改造912户。总投资1996.9万元（含抗震加固资金529万元），其中国家投资1733万元，地区配套158.7万元，县级配套105.2万元。完工1042户，共计拨付资金1780.3万元并全部发放到位。安居工程建筑面积63480平方米，涉及全县10个乡（镇）86个行政村（居），受益群众3174人。二是人居环境建设深入开展。全年共实施农村人居环境建设和环境综合整治工程项目51个，涉及8个乡（镇）、51个行政村（居），共计投资5334.6万元，其中自治区配套3538.38万元，地区配套875.16万元，县级配套442.68万元，群众投工投劳478.38万元。2013年，共完成42套牧户住房和一套文化室、一栋商品房、两座厕所、2处水井及附属设施项目，小康示范村总投资1648.2143万元，已完工工程量95%。四是德庆镇为了改善牧民群众的生产生活，申请建设项目，让19户居民集体搬迁，此项目总共投资63万元，群众自筹7万多元。

【旅游业】 大力发展旅游业为主要内容的第三产业，拓宽群众增收渠道，调整优化经济结构，争取到建设旅游基础设施资金80万元。用于纳木措环湖沿线的四个乡镇的四个村（每村20万元）的牧家乐建设。全县抢注商标8个、版权注册3项，涉及旅游等30个类别、300多个商品名称和服务项目。

【教育事业】 2013年，初中入学率92.27%，同比提高了0.15个百分点。小学适龄儿童入学率99.27%，同比提高了0.01个百分点。完成投资3300万元的中石化小学改扩建70%的工程建设，完成县中学新建风雨操场（总投资299.5万元，建筑面积1095㎡）；为佳琼镇、德庆镇完小争取项目资金287.9万元，建设附属设施；新建普保镇幼儿园，总投资193万元，建筑面积1000㎡。2013年全县408名初中生顺利通过毕业考试，145名学生顺利升入高中，其中31名学生被重点高中录取；4名小学生升入内地西藏班。2013年预算“三包”经费1549.08万元，全部足额落实到位。

【文广事业】 2013年，文化事业得到了长足发展。一是公共文化服务体系不断健全。实现了牧家书屋及寺庙书屋全覆盖。总价值达40万元的图书、期刊等配套设施全部配送到86个行政村，并向村民进行了免费开放。截止目前，共建成牧家书屋及寺庙书屋103家；陆续建成10个乡镇综合文化站和1个县级新华书店，总投资达1032万元，有望在2014年将投入使用。二是群众文化活动丰富多彩。2013年，青龙乡和德庆镇圆满举办赛马艺术节；县文化局、广电局等相关单位完成了“五下乡”及地委宣传部主办的“幸福那曲、班戈篇”在县城及部分乡镇的各项演出活动；县民间艺术团演出场次达100余次，观众人数达20000多人。三是非遗普查、申报开展顺利。我县现有2个国家级非物质文化遗产，7个自治区级非物质文化遗产。

【卫生事业】 2013年，卫生服务中心共收诊病人45310人次，其中：门诊病人37010人次；急诊病人8300人次；住院病人1267例，其中治愈1100人数、转院人数81例，好转71例；B超1486人次、透视429人次，心电图1015人次，各种手术共230台，绝育术58台、各种化验3745人次（血常规、尿常规）。藏医院收门诊病人21048人次、藏药浴室治疗108人次、放血64人、火灸、针灸123人次。一是疫病防治工作。接种麻疹疫苗1060人，接种率89.8%；发放有关艾滋病的宣传单2600张；发放藏汉鼠疫防治宣传单800余张，采取狗血清300份，宣传教育干部群众2800余人次。二是新型牧区医疗工作。新型牧区医疗制度覆盖4镇6乡，86个行政村（居），覆盖率达100%，参加集资38915人，参加率为100%。国家财政资金和自治区财政资金到位893万元，地区财政资金到位9万元，县财政配套资金6万元；个人集资71.76万元，其中家庭账户525.86万元，大病统筹531.32万元，风险基金18.16万元，医疗救助45.41万元。同时，救治7人送往北京海军医院接受先心病治疗。11月19号北京专家组筛查先心病162人次，其中确诊先心病患者12名，并组织患者到北京武警总医院进行手术治疗。

【社会保障】 一是民政工作开展有序。全年农村医疗救助182人次，救助资金共45.77万元。城镇医疗救助15人次，救助资金2.13万元；对困难群体进行临时救助102人次、发放救济资金2.03万元，“三大”节日期间走访慰问弱势群体、退伍军人、驻军部队官兵，发放慰问金4.39万元。发放城镇低保对象、农村低保对象、五保户、农村优抚对象、城镇优抚对象“三大节日”一次性生活补助232.56万元；发放城镇居民最低生活保障资金277.85万元，其中上级拨款250.06万元，县财政配套27.78万元。发放农村居民生活保障资金453.35万元，其中上级拨款408.05万元，县财政配套45.34万元；年初对7个受灾乡镇267名受灾群众下拨救灾补助资金24.1万元，下拨青稞40万斤，折合人民币80万元；全年为153人残疾人士下拨补助资金共计为9.18万元，为15名贫困残疾人危房改造拨款9万元；拨付全县81名分散孤儿2013年4月–12月提标保障孤儿生活资金43.74万元；全年为全县80岁以上261名寿星老人发放9.06万元健康补贴金；为因病生活不能自理的五保户专人护理人员拨付2011年及2012年护理费14.72万元；二是人力资源与社会保障工作开展得力。全年成功调处劳资纠纷14起，涉及务工人员119人，涉案金额90余万元，调解结案率达到100%；全年组织54名群众到拉萨、那曲职业技术学校进行学习。各施工企业吸纳富余劳动力400多人次，实现现金增收360余万元，组织33名牧区富余劳动力到青藏铁路安多段护路队就业；全年完成机关、事业、企业86（含寺庙、拉康）家单位、1714名干部职工全年的医疗保险核定和保费征缴工作，参保人数比去年增加219人，征缴保费1080.18万元。审核报销职工住院费6.02万元；全年城镇居民医疗保险参保户达到了861户，参保人数达1677人，参保率达90%以上，征收个人缴费4.92万元，财政补贴3.35万元，审核报销城镇居民医疗保险费10.32万元；全年全县生育保险参保单位98家，参保人数1569人，实现缴费42.21万元，审核报销42人的生育保险费26.44万元；完成14家核定参保单位、201名参保人的保费征缴及核定工作；完成工伤保险参保单位25家，参保人数916人。完成保费征缴288371.47元；全年全县新农保参保人数为6658人，参保率37.4%，完成2013年第一、第二季度保金发放共计177.06万元；每月按时足额发放43名退休工人的养老金，共发放养老金92.77万元，发放率为100%；全年开展宣传《社会保险法》、《劳动法》、《劳动合同法》等法律法规，现场宣讲5场次，张贴标语90多条，印发宣传材料300余份，全县施工企业与农民工签订《劳动合同》700多份，签订率达93%以上。县人社局联合各相关单位对施工工地现场进行用工检查达30余人次，全年办理了37人的调动手续，完成机关、事业单位（除教育系统）在职干部职工工资档案共1127份，完成第一批高校毕业生共71人（包括3名退役安置的固定工人）分配工作。

【扶贫工作】 一是整乡推进项目申报总投资为718.15万元，申请国家投资650万元，群众自筹投劳68.15万元。二是第一批面上项目申报4个项目，项目总投资为345万元，申请国家投资为320.20万元，群众自筹及投劳24.80万元。第二批面上项目申报4个项目，项目总投资384.87万元，其中国家投资361.37万元，群众自筹或投劳23.5万元。第3批面上扶贫项目申报5个，总投资为414.2万元，申请国家投资388.7万元，群众自筹投劳25.5万元，农发项目申报项目1个，项目总投资400万元，自治区财政投资200万元，群众自筹投劳200万元。

【援藏工作】 2013年，中石化集团公司再次对中石化小学进行改扩建，分三个阶段改扩建教学楼、食堂、学生宿舍、教工宿舍及附属设施工程，总投资为1200万元。申请中国石化集团公司并批准700万元的建设资金和36万元的助学基金。

巴青县

【基本县情】 巴青，藏语意为“大牛毛帐篷”。巴青县位于西藏自治区东北部、那曲地区东部、怒江上游，东经94°2′、北纬31°56′，东靠昌都地区丁青县，西接聂荣县，南依比如县、索县，北邻青海省杂多县，距那曲镇260公里。全县平均海拔在4500米以上，冬寒夏凉，太阳辐射强，日照时间长。全县实际管理总面积约2万平方公里，下辖3镇7乡，共156个行政村（居委会），人口51651人，藏族占总人口的99.7%。黑昌公路是县境内的主要干线公路，与青藏、川藏公路相连。县人民政府驻黑昌公路沿线的益曲河北岸——拉西镇达尔塘。

已知的主要矿产有煤、铁、铬等。主要野生植物资源有冬虫夏草、贝母、知母、大黄、黄连等。主要野生动物资源有白唇鹿、黄羊、岩羊、旱獭、高原兔、狐狸、熊、狼、豺等，其中白唇鹿为国家级保护动物。巴青县经济以牧业为主，种植业比重很小。主要饲养牦牛、犏牛、马、绵羊、山羊。由于河流多，雨水充沛，牧草生长良好，有发展畜牧业的优越条件。

【概况】 2013年，全县生产总值完成51521.05万元，同比增长10.40%，其中：第一产业完成12891.12万元，同比增长3.5%；第二产业完成9526.80万元，同比增长16%；第三产业完成29103.13万元，同比增长8.50%。县财政一般预算收入完成830万元，同比增长39.97%；完成税收689万元，同比增长3.6%。决算支出37206万元，同比增长27.94%。各类存款余额达45162万元，贷款余额达44302万元。人口自然增长率控制在12‰以内。

【农牧业发展】 2013年，农牧民人均纯收入达6398.10元，同比增长12.15%。全年仔畜成活52717头，成活率达96%。牲畜存栏控制在30.5万头（只、匹），畜产品商品率达60%。肉产量6981吨，奶产量1283吨，毛绒产量180余吨。青稞产量27.49万公斤、园根16.07万公斤、蔬菜5.52万公斤。全县共有农牧民专业经济合作组织26家，注册出资总额达2652.73万元，成员总数达1312人，发展农牧区经纪人102人，从业人数达613人，带动了380户牧户增收。累计开展技能培训670人次。完成劳务输出4570余人次。实现劳务输出收入800余万元。积极引导牧民群众从事餐饮、运输等经营，多种经营收入达1.4亿元。虫草实现丰收，群众虫草现金收入达5137万元。认真开展草原生态保护补助奖励机制工作，兑现2011年度补奖资金3196.4万元、2012年度补奖资金3356.83万元。落实扶贫项目27个，总投资2020万元，带动895户、1502人脱贫致富。

投资220万元，实施了草原监理站项目。投资313.8万元，实施了2012年退牧还草项目，实施人工种草1500亩。建设畜圈暖棚900个。建设固定监测点1个。投资70万元，实施了岗切乡防抗灾物资储备库建设，新建260平方米防抗灾物资储备库1个。

投资6276万元，实施了巴青乡、本塔乡、阿秀乡、江绵乡、贡日乡60个村的人居环境建设。投资12437万元，实施安居工程建设1026户，同时进行了抗震加固，农牧民居住条件得到改善。发放“金太阳”太阳能光伏户用系统8956套，解决了8956户群众用电问题。

【项目建设】 实施了藏中电网延伸工程，县城110KV变电站和线路建设进展顺利。国道317线巴青至嘎洛卡改扩建工程和江绵乡通乡油路工程全面开工。实施强基惠民农村公路通达攻坚行动，共新修农村公路32条、总长675.98公里、投资22003.94万元，列养农村公路39条、1128.65公里，解决了39个行政村、7座寺庙、7座日追的通车问题。投资240万元对阿尔丹一级电站进行了维修，投资2万元对江绵乡满塔电站进行了维修，有效缓解了群众用电难问题。投资1255万元，实施农村安全饮水工程，解决了27个行政村、8653人的安全饮水问题。投资806万元，实施寺庙饮水安全工程，解决了9座宗教场所饮水问题。投资1550万元，实施了八个寺庙寺管会工程。新修周转房68套、廉租房76套、公租房72套，干部群众住房难问题进一步得到缓解。整合国家建设资金，投资1609.9万元，实施了县级政权建设。投资1744万元，实施了乡镇政权建设。投资320万元，实施了县广播电视新闻中心建设。克服困难，投资1850万元，修建了总长1700余米的塔杰路市政工程，实现了干部群众多年的夙愿，从根本上解决了县完小师生、巴仓寺僧人、拉西镇群众出行难问题。在西藏自治区第二人民医院附近设立了巴青县驻拉萨办事处，为巴青县群众在拉萨办事投宿、看病就医提供了便利。

【社会事业】 教育事业长足发展。小学入学率达99.3%，巩固率达99%。中学入学率达93.6%，巩固率达98%。教学质量明显提升。中小学专职教师合格率达100%。远程教育覆盖率达61%。班班通项目覆盖率达38%。计算机教室覆盖率达7%。

社会保障范围不断扩大。完成城镇新增就业47人，开展再就业技能培训94人，城镇登记失业率控制在3‰以内。进一步完善城镇职工医疗、养老、失业、工伤、生育等保险制度，努力提高参保率，扩大保险覆盖面，按时足额发放各项保险金，各项保障工作稳步开展。寺庙僧尼养老保险60岁以上人员参保42人，参保率达87%。新型农村社会养老保险参保34651人，其中60岁及以上人员3294人，养老金发放率达100%。城镇居民基本医疗保险参保1084人，参保率达71%；寺庙僧尼基本医疗保险参保473人，参保率达100%。城镇职工医疗保险参保1642人，失业保险参保740人。职工生育保险参保1456人，核定缴费33.76万元，住院报销73人、51万余元。参加职工工伤保险740人，比上年增加133人，核定缴费20.43万元。

公共卫生工作卓有成效。全县参加合作医疗人数达51038人，2013年共筹措资金1730.8万元，累计报销1439.4万元。将新型合作医疗报销权限下放，在乡级医管办办理报销13000余人次，节省了农牧民交通费、住宿费等开支。为低保对象办理"绿色通道卡"58次，减免医疗费90余万元，有效解决了群众看病难问题。实施孕产妇住院分娩补助政策，孕产妇住院分娩报销率达100%，惠及群众389人次，共发放补助17.5万元。完成256名"一孩双女"和独残子女的年审工作。完成全民健康免费体检28361人、僧人免费健康体检326人，居民健康建档率达89.60%。对10013名儿童进行了先心病筛查，确诊28例，治疗26例。开展食品药品安全检查162人次，确保了食品药品安全。认真开展疫病防治工作，确保各类疫病疫苗接种率达标，有效预防了疫病的发生。

民政和抗灾工作扎实有力。全年共兑现农村最低生活保障资金819.37万元、城镇最低生活保障资金89万元。积极开展医疗救助工作，实施报销59人次、49.87万元。认真开展五保供养工作，解决县敬老院五保户集中供养生活费15万元，分散供养生活费3万元。完成了巴青县社会福利中心项目前期工作。超额完成2013年征兵工作任务，共征兵6人。圆满完成防抗雪灾工作和防汛抗灾工作，确保了人民群众生命财产安全。

文化广电事业繁荣进步。扎实开展"基层服务年"和"五下乡"宣传服务活动，受益人群达16000人次。全年放映电影2500场次，观众达到66570人次，其中放映各种爱国主义教育影片600余部。举办新旧西藏对比展览、"3·28"演讲比赛、文艺演出等群众性文化活动80余场次，成功举办了巴仓寺大殿维修落成文艺汇演及玛如乡赛马节，极大地丰富了牧民群众的精神文化生活。切实加强文物保护工作，达江山传说成功入选《西藏自治区第四批非物质文化遗产名录》。重视开展藏语言文字工作，2013年巴青县被评为全区规范藏语文社会用字工作先进集体。加大文化市场清查力度，确保了文化市场健康发展。继续加大广播电视"村村通"、"户户通"工作力度，全县共建成村村通广播电视接收站174座，户户通设备累计发放达9041户，开通已通电寺庙"舍舍通"199间，开通未通电寺庙、日追"寺寺通"13套。全县广播电视综合人口覆盖率分别达到92.3%、94.01%。

【规划环保工作】 投入规划资金409万元，实施了县城及十个乡镇规划修编工作。《西藏自治区巴青县城市总体规划（2012-2030）》通过自治区审批，县城发展空间大大拓宽。加大规划执行工作力度，岗切乡、拉西镇扩建延伸工作已经启动，另外8个乡镇规划也有序进行，县城巴青北路、龙腾北路、和谐路成功打通。自筹资金301.57万元，在县城合适位置新修公共厕所10座，目前6座已投入使用。投入22.30万元，添购垃圾箱34个，极大地改善了县城卫生环境。落实资金91.36万元，圆满完成重点区域造林666亩，兑现群众补贴资金36.34万元。兑现生态公益林补贴资金300.20万元。成功完成二类林业资源第二次调查工作，新增林业资源面积30万亩。加强野生动物保护工作，兑现2012年度野生动物肇事补偿资金203.15万元。

尼玛县

【基本县情】 尼玛，藏语意为“太阳”。尼玛县，位于东经83° 53′ ~89 ° 29′，北纬30° 20′ ~36° 41′之间，平均海拔4800米左右，地处羌塘高原大湖盆地带，东与双湖县和申扎县相接，南望日喀则地区昂仁县，西临阿里地区改则县、措勤县，北靠新疆维吾尔自治区。尼玛县境内主要山峰有藏色岗日、江爱达日那、角木日、岗日伯鲁等，海拔均在6000米以上。最高峰藏色岗日，海拔6460米。还有昆仑山、可可西里山，冈底斯山。尼玛县境内湖泊众多，均为典型的高原封闭型湖泊。主要有当惹雍措、昂孜措、布若措、依布茶卡等，湖面海拔均在4500米以上，其中布若错湖面海拔5158米。这里湖泊、雪山、蓝天融为一体，使人领略到藏北高原天地苍穹的真正意境。

全县行政区划总面积为15万平方公里，可利用草地1.01亿亩，（10112.12万亩）。县城距地委、行署600公里。属高原亚寒带季风干旱气候和高原寒带干旱气候，其特点为空气稀薄、多风、年降雨量不足200毫米、年平均气温0℃左右、年日照时数3000小时以上，自然灾害主要有风灾、雪灾、地震。文部、来多、甲谷、达果等乡的部分村受“当惹雍措”湖畔影响形成小气候，适宜青稞、油菜、元根、萝卜、白菜等作物生长。

全县辖1个镇、13个乡，77个村(居)委会。均纯收入预计达到6535.86元，同比增长14.13%。2013年牲畜存栏预计达到1005049头（只、匹），幼畜成活率为87.99%，牲畜死亡率为2.78%。

【概况】 2013年，全县生产总值完成45811万元，同比增长19.7%。公共财政预算收入首次突破千万大关，达到1075万元，同比增长25.8%。农牧民收入持续增加，人均纯收入达到6535.86元，同比增长14.13%。农牧民银行储蓄存款稳步增加，达到7327万元，年未各项贷款余额达到2.1亿元。第一产业完成9439万元，同比增长3.83%，第二产业完成1.05亿元，同比增长65.9%，第三产业完成2.58亿元，同比增长13.12 %，产业比为21：23：56，第三产业规模首次超过第一、二产业。全年新建和续建项目共239个，总投资4.2亿元。28条通村通寺公路、1239户安居工程、43座光伏电站、46个村的人居环境整治、14个乡（镇）业务用房和文化站建设、191个人畜饮水项目和5700户的户用光伏系统安装等重点项目建设全面竣工。成功引进尼玛县高原生态畜产品有限公司和西藏康桑商贸有限公司，总投资2900万元，已经建成牲畜屠宰、加工厂和三星级旅游宾馆，为县域经济发展奠定了良好基础。

【社会事业】 加大社会事业资金的投入，促使公共服务水平与能力稳步提升。具体表现在：教育发展迅速。落实“三包”政策资金1331.72万元，营养改善资金122.9万元。安排资金44.7万元，解决了101名贫困学生的学习、生活费用。基本完成了乡镇小学改造和县完小改扩建工程。文化开展广。投资1420万元建设14个乡（镇）文化站和县城新华书店。落实县民间艺术团和乡村业余演出队各类补助18.8万元，圆满完成了文化、卫生等“五下乡”活动、尼玛县建县20周年庆典暨第七届象雄文化赛马艺术节。2013年，全县广播电视村村通和乡（镇）通邮率分别达到100%。卫生惠民全。“全民健康工程”深入开展，驻村、驻寺干部体检工作有序开展，64名先天性心脏病儿童派人送往内地治疗康复。农牧民新型农村合作医疗2538人次报销医疗费用658.9万元。县卫生服务中心、县卫生监督所和急救站投入使用。扶贫开发深。2013年扶贫资金首次突破千万元大关，达到1373.3万元，18个建设项目覆盖1177户、4448人贫困群众。截止2013年12底，已有561户、2036名贫困群众得到脱贫。落实援藏资金1370万元，实施小康新村、牧民之家等4个重要项目。

【民生改善】 区、地、县三级为民办“十件实事”全面完成。14个乡（镇）便民服务大厅投入使用，简化为民办事手续27项，64项强农惠民政策得到全面落实，兑现各类惠民资金1.72亿元。城乡居民养老、失业、工伤、生育、医疗等五大保险和社会保障制度进一步完善。继续做好群众商业保险工作，2013年，投入财政资金60余万元，为26967名牧民群众购买了人身意外险和牲畜、房屋财产保险，并积极争取和落实地震灾害商业理赔资金76.31万元，以及2名意外死亡群众人身意外保险赔偿金16万元。认真做好农牧技能培训和劳务输出，农牧民“六个一百”培训基本完成，全年劳务输出总数达7438人次，现金收入达到1662万元。强基惠民成效好。认真落实自治区“五项任务”、地区“六大任务、十九项具体工作”，扎实有序开展创先争强基惠民生各项活动，2013年共为群众办实事好事379件，帮助村（居）理清发展思路139条，落实“短、平、快”项目42个，共投入资金539万元，进一步密切了党群干群关系。防灾减灾工作细。做好去冬今春防抗灾工作，全县应急准备金达到585.26万元，完成9个乡的11个防抗灾物资储备仓库建设项目。县乡两级防抗物资储备种类达到34种，总价值459.39万元。积极应对“5·15”、“8·6”地震，及时发放灾后补助资金160.51万元，进一步缓解了群众灾后重建压力。加大畜产品销售工作，成功举办了尼玛县首届畜产品展销会，销售畜产品资金达到984万元，参加地区畜产品展销会实现收入693万元，有力地促进了牧业增产，牧民增收。

【生态环境保护】 抓好草原生态保护补助奖励机制工作，落实办公专项经费30万元，落实整改措施20项，安装了禁牧草场界桩、标识牌共计12265个，顺利完成了2356万亩草场承包到户工作和1570万亩草场的禁牧工作。2012年草原生态保护补助奖励机制工作顺利通过区、地验收，落实各类补助奖励资金1.3亿元，农牧民人均现金收入提高3000元。昂孜措—马尔下错湿地保护和46个行政村（居）的人居环境综合整治工程已全部竣工，县城垃圾填埋场项目前期工作扎实推进，当惹雍措成功列入国家级湿地公园。

【社会稳定】 认真落实自治区十项维稳措施和地区22项维稳机制，进一步健全和完善维稳工作机制，细化54个综治工作台帐。进一步完善县级干部对口联系乡（镇）、干部驻村驻寺驻加油站（点）制度，扎实有效地做好创新寺庙管理、城镇网格管理、“先进双联户”创建评选、民族团结进步表彰、社会治安综合治理、安全生产监督检查，以及四省藏区尼玛籍学经人员劝返帮扶等工作，确保了全年各项维稳工作措施和任务不折不扣地落到实处。

【基层组织建设】 严格落实领导干部“一岗双责”制，签订《尼玛县基层党建工作目标考评责任书》119份，建立领导干部联系点制度、干部履职约谈制度和县级干部包乡（镇）、寺庙，县（中）直各部门包村（居）、正科级以上干部包贫困户制度。加强乡村干部队伍建设，调整提拔了干部104名，从机关选派优秀干部77名担任（居）村党支部第一书记。进一步壮大农牧民党员队伍，2013年发展农牧民党员221人，全县农牧民党员人数达到2282人。

双湖县

【基本县情】 双湖，藏语意为“两个湖”。位于西藏那曲地区西北部，北部跨可可西里与新疆维吾尔族自治区交界，地处羌塘国家级自然保护区腹地，辖区面积11.67万平方公里，平均海拔5000米以上，县政府所在地索嘎鲁玛距离那曲镇560公里。全县下辖6乡1镇，31个行政村，有藏、汉、回、土家等民族，总人口13470人，其中牧业人口12106人，现有干部职工845人。双湖县为纯牧业县，可利用草地面积11465.85万亩。野生动物种类繁多，国家一、二级保护动物就有25种，其中一级保护动物藏羚羊、野牦牛数量多、分布广；境内已探明的矿种有10多种，储量丰富；海拔6482米的普若岗日冰川是除南北极以外的世界第三大陆地冰川，西亚尔雪山也享有盛名。2012年11月15日，国务院《关于同意西藏自治区设立双湖县的批复》（国函〔2012〕191号），标志着双湖成为正式建制县。

【概况】 2013年，双湖县国民生产总值达到3.06亿元，同比增长9.2%，其中，一产产值0.58亿元，同比增长2.81%；二产产值0.57亿元，同比增长53.3%，三产产值1.91亿元，同比增长57.5%；财政收入完成1587万元，同比增长12.38%，其中，税收收入完成377万元，同比增长65.35%；牧民纯收入6780元，同比增长13%，人均现金收入6082元，同比增长14.6%；县农行累计存款4.2亿元，发放各类贷款3839万元。以普若岗日冰川为主的旅游经济不断增长，去年接待游客400余人次，门票收入16万元。全县经济基本实现了速度、效益、质量同步协调发展。

【“三牧”工作】 2013年，双湖县牧业总户数2822户，牧业总人口达12106人。

牧业生产有力推进。2013年，完成牧业生产总值5887万元，牲畜存栏总数43.39万头（只、匹），同比减少7217万头（只、匹），出栏20.04万头（只、匹），出栏率45.43%，畜产品商品率48%。牧民群众收入稳步增长，劳务输出人数3230人（次），劳务输出收入461万元，人均增收1427元，多种经营收入1535万元。投资1419万元新建牧业项目6个，牧业基础设施建设进一步得到加强，抵御自然灾害的能力明显增强。牧民专业合作组织稳步发展，新增5家牧业合作经济组织。目前共有牧民经济合作组织17家，注册登记6家，总资产1225.1万元，参与牧户1261户、4421人，实现收入422万元，户均增收3346.6元。动物疫病防治工作实现全覆盖，免疫密度达到100%，有效防止了大型疫病发生。产业结构进一步优化。

草原生态保护奖励补助机制工作成效显著。顺利完成三年减畜任务，持续加强禁牧区监管力度，完成监管员轮换选聘；2012年度草补资金5875.98万元已全部按政策及时足额落实到户。

防抗灾工作措施得力。新建了县、乡、村防抗灾物资储备库16个，统筹资金并协调上级部门补充了防抗灾物资。针对强降雪天气，协调地区解决了35吨饲料。在地震频发期，紧急调运了11顶帐篷安置巴岭乡地震受灾群众，同时调运30顶帐篷到灾区作为应急储备。

林业工作全面开展。调整充实了野保员巡护队伍，加大野生动物保护宣传力度，扎实做好野生动物保护和疫情防控工作，共开展各类巡逻200次，行程6.65万公里，有效防止了重大野生动物疫情发生。全年共发生野生动物肇事案件1368起，直接经济损失216.7万元，相关赔偿工作正在衔接中。

2013年，新建安居工程272户，完工219户，受益群众约800人。建成小康新村1个，20户。修建干部职工周转房86套，公共租赁房72套。以县直机关食堂试运行为标志，解决了全县干部职工吃饭难问题。“无电地区电力建设项目”顺利实施，建成风光互补电站33座，发放户用系统2046套，基本解决了全县干部群众生活用电难问题。援藏投资的综合市场一期工程、普若岗日宾馆二期工程及配套设施建设完成。

【工程项目】 2013年项目总投资19138.57万元，其中续建项目14个，投资3382.86万元；新建项目41个，投资15755.71万元。主要包括县卫生服务中心、县级办公楼、乡镇政权业务用房、双南公路等。牲畜扶持、棚圈建设、整乡推进、人畜简易桥、扶贫商店等总投资856万元的11个扶贫项目有序推进。“两项制度”有效衔接工作进展顺利。2座拉康（日追）的机电井、150口人畜饮水安全井基本建成，有效保障了2439人饮水安全。开工建设了嘎措乡2村防洪堤和措折罗玛镇秀日河防洪堤。建成双湖至普若岗日冰川公路，雅曲乡至四村公路、双南公路交叉口至措扎日追公路、双湖至措罗镇克那村公路、巴岭乡至扎曲村公路、措罗镇七村公路、措罗镇八村公路、巴岭乡嘎久拉康公路基本完工。根据农村公路现状，投入资金218万余元，组织群众参与已建公路养护工作，完成养护里程632公里，参与群众实现收入193.9万余元。

【民生保障、教育事业】 社会保险做到了“应保尽保”，1947人参加了新农保，基本实现“老有所养”的目标。五项保险参保人数779人，比去年增长7%。认真做好牧民技能培训工作，全年培训184人次，其中，驾驶员培训86人，人医培训54人，兽医培训16人，摩托车维修技能培训21人，厨师培训8人。

新建了双湖儿童福利院、县社会福利中心，51名“五保户”中28名实现集中供养，供养率54.91%。2013年纳入低保对象的城乡居民有480户、2421人，落实各项补助资金350.48万元；为51名孤儿和10名残疾人发放补助金39.68万元；累计支出城乡医疗救助资金241842.23元，受灾户救灾资金76.43万元；落实80岁以上老人及五保户救助资金17.65万元，救助贫困家庭大学生28人，发放救助金8万元。

牧区医疗制度全面推进，合作医疗人口覆盖率100%，城乡居民和僧尼免费体检工作顺利完成，建档率100%。计划生育免费服务人数159人，报销159人次，报销率100%；住院分娩人数为233人，报销住院分娩补助10.48万元。开展“一孩双女”户困难家庭扶助117人，发放救助金11.23万元；落实“独生子女伤残补助”62人，发放补助金9.89万元。疫苗接种工作扎实有效，疫苗接种2998人，接种率98%。组织开展食品药品安全监督检查16次，收缴并销毁过期食品或药品价值52万余元。

教育工作成绩良好，初中毛入学率97.05%，小学入学率99.93%，城镇学前教育入学率91.5%，牧区学前教育入园率47.28%。加强教育基础设施建设，改善牧区办学条件。完成投资1602.81万元，项目涉及县、乡教舍修缮等。加强“走出去”工作力度，不断提高教师整体素质，提升教育水平和教学效果，先后选派48名教师前往内地和地区进行培训学习。落实“励耕计划”资金39.4万元。32名学生顺利升入区内初中班，加大了学生走出去的机会，拓宽了学生视野，为学生健康成长奠定了良好的基础。在县委、县政府的协调下，6名高考落榜学生得以前往内地高校接受网络工程专业培训。加强教育经费管理与落实。加强“三包”经费使用监管，确保资金按时足额用在学生身上；县财政上年收入的20%作为教育配套资金支持教育事业发展。

【文化事业】 积极实施文化惠民工程。县级新华书店、7个乡镇综合文化站建设项目进展顺利。牧家书屋和寺庙书屋实现全覆盖。建成广播电视“村村通”乡村基站56个，31个行政村全部完成“村村通”站点工程建设，累计发放接收器3273套。群众文化活动丰富多彩。财政投入资金30.45万元，新组建业余文艺队15个、演职人员300名。39个业余文艺团体共演出120场次。县民间艺术团成功申报为自治区“县级民间艺术团”补助范围。积极实施电影“2131”工程，放映电影1326场次，观众达6万余人次。非物质文化遗产和文物普查保护工作不断推进。开展了24个文物点安全检查整改工作，完成了9个藏文古籍的登记造册，累计收集整理双湖谚语300多首。将“藏北传统牲畜治疗法”作为国家级非物质文化遗产项目予以申报。成功申报自治区级“非遗”项目2个，地区级“非遗”项目7个。

旅游业不断发展。全年接待游客400人，实现门票收入16.05万元。牧民群众参与旅游接待、服务积极性明显提高。雅曲乡1村牧民以合作组织形式参与到了普若岗日旅游接待服务中，切实增加了群众的现金收入。文化市场进一步净化。持续加强文化市场综合执法监督，检查商户105家，查缴非法光碟和非法出版物17张（册），非法广电接收设施2件。

阿里地区

阿里地区

【概况】 2013年全地区生产总值达到28.9亿元，同比增长11.4%；固定资产投资达到31.4亿元，同比增长29%；地方财政收入达到1.96亿元，同比增长23%；社会消费品零售总额达到6.75亿元，同比增长12.3%；农牧民人均纯收入达到6391元，同比增长17.2%；城镇居民人均可支配收入达到24723元，同比增长7%。

【经济建设】 项目投资拉动作用明显。固定资产投资突破30亿元大关，道路通行条件加快改善，219国道日土段完工通车，措勤至国杰道路路基铺设基本完毕，札达至达巴、札达至波林、空尼至班摩掌3条边防公路完成进度的70%。城乡基础设施有效改善，狮泉河镇污水处理厂建设顺利，普兰琼久灌区和县城堤防工程，措勤、日土、札达3县小型农田水利专项县项目基本完工，改则、措勤2县电站线路延伸工程开工建设。特色优势产业建设取得积极进展。大力实施绒山羊品牌战略，全年山羊绒产量304.4吨，年销售收入8323.8万元；积极延伸产业链条，“雪绒王”、“金紫绒”羊绒制品加工优质羊绒14吨。强力推进旅游产业发展，城乡居民参与旅游从业人员4920人，增收6362万元；全年接待国内外游客18.92万人次，实现旅游收入2.44亿元，分别比去年增长52.4%、49.4%。积极推进旅游纪念品开发，研发了唐卡、玉石、小米辣等特色纪念品。大力推动优势矿产资源开发，扎仓茶卡硼镁矿区恢复生产，岗仁波齐资源开发总公司完成改制，马攸木金矿勘查开发前期工作扎实推进。

【改善民生】 2013年，瞄准人民群众反映强烈的用电、教育、看病、物价等民生焦点，开工建设普兰二级电站，狮泉河10兆瓦蓄能光伏电站、应急电源柴油发电站和措勤水电站投产发电，普兰、札达、革吉、日土4县柴油发电机组投入运行，建成光伏电站7座，发放户用光伏系统18705套。教育质量得到提升，普通高校录取72人、高中和职校录取1037人，录取人数明显增多；内地西藏初中班考试成绩也有所提高。拉萨阿里高级中学于去年下半年动工并完成主体工程。城乡居民医疗政策不断完善，出台了地区城乡医疗救助暂行办法，提高医疗救助标准，对困难群体外出就医给予交通补助、落实陪护补贴，城乡居民医疗实现了农牧区合作医疗、城镇居民医疗保险等多重保障。地方财政安排500万元资金专项用于开展标准化的农牧民免费健康体检。为七县人均年收入不足2300元的1008户3774名农村低收入人群争取了草原生态保护补助奖励资金（低收入群众保底补贴资金）340万元。紧盯市场物价，及时安排资金对市场进行必要的调控，价格涨幅控制在了4%左右。

【社会稳定】 坚持围绕稳定抓发展，公共安全支出同比增长37%，积极研究解决维稳工作中的困难和问题，加大维稳能力建设，在边境一线重要通道修建15处执勤用房，在边界建设1个二级公安检查站、3个一级公安检查站；加强社会稳定风险评估，对全地区重大项目、重大活动进行风险评估和分析，积极应对风险因素，保障了重大项目建设和活动顺利安全进行；加强创新社会管理，推进城市网格化管理，深入开展“先进双联户”创建评选活动，治安案件办结率100%，人民群众安全感不断增强；依法加强寺庙管理，改造僧舍153套，利寺惠僧政策全面落实；妥善处理人民内部矛盾，矛盾纠纷排查调处工作力度加大；始终强化维稳工作党政“一把手”责任制，全年未发生安全生产事故和公共安全事故，全地区实现了社会持续稳定、长期稳定、全面稳定。

【生态环境保护】 生态环境保护得到重视。按照自治区党委建设“美丽西藏”的要求，把生态环境保护放在推进跨越式发展的突出位置，制定出台了加强生态环境保护的意见和强化环境保护第一审批权的意见。加大执法检查力度，全面开展打击偷盗采砂金矿专项行动。加强城市环保设施建设，启动措勤、札达、普兰3县水源地保护工程，地区医疗废物处置中心投入使用并实现了专业化管理。大力开展植树造林、防沙治沙、天然林保护和自然保护区工作，实施了班公措湿地保护与恢复工程项目。加强了对环境、大气和水文的常态化监测，以及对车辆尾气和锅炉污染物排放的监测及治理工作；运用卫片技术对森林和草原植被生长恢复情况进行监测，对实施国家森林生态保护机制和草原生态保护奖励补助机制以来产生的生态效益进行评估。严格落实环境保护第一审批权，在确保环境保护措施完善、当地群众赞同的前提下开展资源开发和项目建设工作；对在阿里地区实施的任何工程项目和资源开发行为，都要办理环保手续，完善环保措施，严格抓好环境影响评价，最大限度减少资源开发和项目建设对环境的影响。严格环境准入门槛，抓好源头控制、防治结合，强化执法监管，注重自然修复，切实加强生态环境保护与建设。

【基层工作】 坚持打基础、利长远，研究出台了《阿里地区经济发展规划》，实施了旅游产业发展规划、普兰口岸发展规划，启动了15个重点特色小城镇发展规划编制，规划引领发展的能力不断增强。坚持领导深入基层，资金投向基层，重视和关心基层，营造了支持基层工作的浓厚氛围。

【援藏工作】 援藏干部顺利完成轮换，“两省、三大公司”切实加大对口支援工作力度，向阿里地区派出44名行政干部和52名专业技术干部，专业技术干部的比例明显提高，他们的到来，为阿里地区带来了新的思想理念、管理措施和好的做法，加强了阿里地区专业技术干部的力量。投资力度加大，全年实施42个援藏项目、投资1.99亿元，建设了河北陕西大厦、影剧院、地区120急救中心、妇幼保健院、措勤光伏储能示范电站等项目，对推动地区经济社会发展发挥了重要促进作用。

噶尔县

【基本县情】 噶尔县地处祖国西南边陲，位于西藏自治区西北部，阿里地区西部，为阿里地委、行署所在地。北与日土县相邻，南与普兰县相接，西与札达县相望，东与革吉县相连，西北同印控克什米尔地区接壤，典角边境村与印度隔河相望，是西藏21个边境县之一，边境线长34公里，通外山口2个。全县国土面积1.9万平方公里，其中草地面积2450.9万亩，可利用草场面积1891.6万亩，耕地面积5887亩，是一个以牧为主、农牧结合的半农半牧县。噶尔县是以藏族为主，汉、蒙、维、回等其它民族聚居区，农牧民100%为藏族，其他民族集中分布在狮泉河镇周围。全县辖4乡1镇、12个行政村、2个居委会，常住人口3409户、11078人，其中农牧民1940户、6849人，加上驻军和流动人口，全县总人口4万余人。

【概况】 2013年，全县完成生产总值1.96亿元，同比增长13.5%；县财政收入完成3639万元，同比增长19.4%；农牧民人均纯收入达到6788元，同比增长16.5%；劳务创收实现1515万元，同比增长7.2%；全社会固定资产投资完成1.97亿元，同比增长1.5%；社会消费品零售总额实现6223万元，同比增长16%。

【项目建设】 县级政权机关业务用房、县旅游集散中心、县生态农业示范园、县乡保障性住房、教师周转房、乡镇规范化建设、防抗灾储备库、以工代赈、农发扶贫、兴边富民、安居工程、交通水利、防沙治沙等重点项目基本完工，完成投资1.97亿元。

【产业建设】 一是大力发展以人工种草、奶牛养殖、短期育肥为主的特色城郊农牧业，形成了噶尔河谷短期育肥带，加木村、噶尔新村、鲁玛村、索麦村4个奶牛养殖点，以及覆盖全县的9个人工种草点，以提高商品率和出栏率的农牧业产业链基本成形。全县完成农作物播种面积31.2万亩、人工种草2.5万余亩、粮食总产量748吨。牲畜存栏18.4万头（只、匹），肉类总产量1348.8吨、奶类908.8吨、羊毛95吨、羊绒26.5吨，牲畜出栏率达34.5%，农畜产品综合商品率达67.5%。二是强化土地和矿产资源监管。哈姆曲锑矿投产前各项准备工作就绪，2013年正式投产。西藏金达药业科技有限公司、阿里民生副食品有限责任公司入驻噶尔县生态工业园前期工作扎实推进。积极沟通协调了热拉康玛水资源开发利用项目。大力扶持非公有制经济发展，目前全县共有个体工商户2760家，从业人员5194人，注册资金约1.6万万元。三是成功举办噶尔县首届“红柳花节”。加大对索麦村牧家乐、加木红柳湿地公园、那木如温泉、门士牧家乐投入。全年共接待国内外游客3.9万人次，实现旅游总收入1000万元。

【公共服务】 2013年是噶尔历史上乡村及农牧户生活用电得到实惠最全面的一年，建成昆莎、门士、左左乡三座光伏电站，昆莎、门士、扎西岗三座乡级水电站恢复发电运营，向全县农牧户、寺庙、执勤点发放2000多套太阳能户用电源；继续实施人畜安全饮水项目，完成寺庙供水工程；建设187户农牧民安居工程；实现四乡一镇通柏油路、8个行政村路面硬化、所有村民小组通车、乡乡通邮、乡乡覆盖宽带、村村通电话，广播、电视综合人口覆盖率达100%和92%；建成48套周转房、56套廉租房、140套公租房；实现74户、207人脱贫。

【社会事业】 一是“两基”成果进一步巩固提高。县委、政府出台了《噶尔县关于全面加强教育工作的实施意见》，落实本级财政收入的20%支教资金，配齐配强孔繁森小学等学校领导，完善学校管理制度，推行教师聘用制，推进教育均衡发展。幼儿园入园率达68.28%，小学入学率100%，初中入学率99.62%，高中入学率78%。目前我县各学校办学条件基本达到自治区二类标准。二是医疗卫生成效明显。恢复组建县卫生服务中心。提高36个村民小组人医、兽医的误工补助。完成农牧民和寺庙僧尼免费体检，计划免疫覆盖率达100%，实现食品药品安全零事故。三是文化事业不断繁荣。加强县民间艺术团管理，举办噶尔县“红柳花节”县、乡、村文艺比赛，开展文化下乡活动，修建了县民间艺术团排练房和县文化资源共享活动中心。噶尔电视台、《噶尔报》工作得到加强，新闻报道、政策宣传水平逐步提高。电影2131工程、户户通工程深受群众欢迎。《噶尔县志》正式出版发行。四是社会保障体系不断完善。新型农村社会养老保险、城镇居民养老保险、僧尼养老保险参保率分别达到99.6%、98.5%和100%，各类社会保险征缴率达100%。全年城镇登记失业率控制在2.5%以内。五是社会救助工作稳步推进。认真落实“两个低保、七个救助、两个集中供养、四个补助”政策，城乡居民最低生活保障实现应保尽保。出台《噶尔县城乡医疗救助暂行办法》。县上筹资代缴农牧户承担的种养殖及房屋、农机具、大额医疗投保资金60余万元，同时购买了农牧民意外伤害保险、农牧民大额医疗保险等涉农保险。六是防抗救灾和恢复重建工作成效显著。先安排资金120余万元，出动机械设备100多台次，组织工作组深入受灾一线，妥善应对年初雪灾，将受灾群众的损失降到最低，未发生群众冻死饿死现象。安排140余万元资金扎实做好去冬今春防抗灾工作。全年共安排防抗灾资金270万元，占本级财政预算的2%以上。

【财源建设】 强化财经制度落实，全面落实预算决算制度，严格规范财经支出。强化财源建设，加大与地区国税部门沟通协调力度，做到税收应收尽收，完成县级财政收入3639万元。金融服务经济社会发展支撑作用进一步增强，县政府与国家开发银行就我县防抗灾应急资金贷款达成一致意见。县农行各项存贷款余额分别达82934万元、4497万元，其中农牧民存贷款分别为4878万元、2788万元。

【生态环境保护】 草原生态保护补助奖励机制全面实施，按规定落实草补政策。森林生态效益补偿机制逐步健全，扩面工作加快推进。切实抓了土地治理、生态公益林管护、防沙治沙等工作。环保专项行动深入开展，环境保护执法监管和环境污染治理力度不断加大，土地有偿使用、矿产资源开发、重点项目建设环境保护逐步规范。成立噶尔县狮泉河镇市政市容管理委员会（城市管理综合执法局），配齐配强班子及执法人员，解决经费，购置装备，落实环卫工人待遇，充分调动他们的工作积极性。地县两级政府先后投入300多万元，全面整治老垃圾场、城区周边生活、建筑垃圾和狮泉河两岸环境卫生，全面整治了占道经营、出店经营行为。深入开展219国道沿线、301省道沿线、旅游景区、噶尔河道清理等环境综合整治活动，切实抓了乡镇、村组环境卫生“脏、乱、差”的治理和绿化工作，环境保护与生态建设成效明显。

【社会稳定】 全年投入维稳资金1300多万元，切实抓好寺庙维稳、边境防控、社会治理、隐患排查、矛盾化解、安全生产、双拥共建、人民信访等工作，严格落实实名制加油，确保用油安全。率先在阿里地区启动城市网格化管理，全面推进“双联户”工作。全县维稳工作得到了区党委陈全国书记的充分肯定。

【机关服务】 坚持秉承为人民服务的宗旨，严格贯彻执行中央“八项规定”、区党委“约法十章”、“九条要求”，坚持勤政、为民、廉洁、务实、高效，努力加强机关自身建设。坚持科学决策和依法行政，自觉接受人民代表大会及其常委会的法律监督和人民政协的民主监督，人大代表建议和政协提案办复率达100%。“六五”普法扎实推进。深入开展创先争优强基础惠民生活动，密切了与人民群众的血肉联系，基层基础更为牢固。厉行勤俭节约，公务接待费、车辆经费降低20%。

普兰县

【基本县情】 普兰县位于西藏自治区西南部，阿里地区南部。与印度、尼泊尔接壤，是全国十二个三国交界县之一。边境线长414.75公里，通外山口21处，寺庙（拉康）14座，是自治区确定的重点维稳县。全县总面积1.25万平方公里，辖一镇两乡（普兰镇、霍尔乡和八嘎乡）、10个村（居）委会、51个村民小组，平均海拔4500米，是一个典型的半农半牧县。

【概况】 2013年，全县各族干部群众，以科学发展观为统领，深入贯彻落实党的十八大、十八届二中、三中全会精神，按照县委确定的“全国文化旅游名县、西藏边贸经济大县、阿里生态园林城市、现代农牧示范基地”四大发展战略，千方百计保稳定、谋发展、惠民生，全县生产总值达到1.8亿元，县财政收入达到1713万元，农牧民人均收入达到6350元。

【农牧业发展】 2013年，促进传统农牧业向现代农牧业转变。农作物播种面积为15587.84亩，其中粮食播种面积9421.91亩（含推广优良品种5950亩）、人工种草6165.93亩。实施了1300万元的农田水利基础设施改造升级工程。县财政足额落实疫苗注射补助经费，疫苗接种和免疫密度均达到100%。年末，牲畜存栏11.63万头（只、匹）。畜产品面向市场全面放开，乡镇依据市场行情，以组织引导为主，放开不放手，确保群众能够在市场中受益，避免亏损受骗，维护了牧区的经济秩序。全年牲畜出栏率29%，绵羊毛产量47.36吨、山羊绒产量8.42吨。农畜产品综合商品率61%。种子精选、包衣280吨，调运化肥122吨、农药7.5吨。购置农机具102种，购置总投资167.49万元。坚持注重特色和规模并重，大力发展特色产业。吉让预制厂、多油农牧民施工队、西德白糌粑和清油加工厂、岗莎村牦牛运输队、赤德村济民暖家组织等11家农合经济组织实现收入1000.3万元，在实现劳动力转移和促进增收上作用明显。不断增加科技支农力度，完成农牧民农牧业科技、旅游、驾驶和餐饮等技能培训800人次。建成20个边境村民小组活动场所，项目总投资800万元（国家投资600万元，县级配套200万元），已竣工通过验收并配发设备。投资700万元建成巴嘎、霍尔两乡光伏电站，建设规模分别为76千瓦和65千瓦，发放农牧民户用电源1183套，实现了照明用电全覆盖。

【项目建设】 一是尽可能争取国家投资，把国家赋予西藏的特殊政策和自治区向农牧区倾斜的政策用足、用够、用活。2013年全县共实施了75个项目，固定资产投资达2.9亿元，涵盖了农林牧水、道路市政、维稳外事、抗灾储存等方面。投资1.31亿元的二级电站第一标段已完成工程量的60%以上，第二标段正在进行引水隧道开挖准备工作。周转房新建42套、维修8套，棚户区改造106套，新建廉租房56套、公共租赁房72套。普兰新华书店、民间艺术团排练房等项目进展顺利。投资3250万元的普兰污水处理厂和800万元的塔尔钦垃圾转移站前期工作基本完成。同时，加强了项目前期规划和开发储备，县项目储备库项目保持在100个以上。二是加大招商引资力度，盘活金融资源。吸引西藏友邦工贸有限公司投资实施普兰南亚国际物流中心项目，目前已达成协议。马攸木金矿采矿企业组建、采矿面积和征地补偿等前期工作扎实推进。同时，加强与农业银行合作，向农牧民群众发放无息或低息贷款，落实低利率、低费率和费用补贴金融优惠政策。三是发挥好援藏资金和项目的积极作用。2013年，实施了政府接待中心改扩建、援藏安居工程、村容村貌整治等项目，普兰国际小商品批发市场基础设施建设、现代农牧业示范基地建设、多油至科迦207省道绿色长廊建设等涉及7600万元的项目正在开展前期工作。

【旅游边贸产业】 普兰口岸规划通过自治区审查，年中正式下发机构、人员编制（副县级2名、正科级2名，已报地区审核）。全年进出口贸易总额达到6622万元。举办了第五届阿里地区象雄旅游文化节普兰县口岸物资交流会，参展商户达到53家、商品400余种，成交额868538.5元。2013年4月28日，将神山圣湖旅游开发经营权移交西藏旅游股份有限公司。衔接西藏旅游股份有限公司投资的普兰国际大酒店、塔尔钦国际大酒店等项目全部开（复）工建设，目前，普兰国际大酒店和塔尔钦国际大酒店的土建部分已完工。举办了旅游行业技能服务培训，开展了旅游行业和旅游市场规范整顿工作，切实保护景区安全和环境。全年共接待国内外游客31432人次，实现旅游总收入2521万元。

【社会事业】 继续实施以安居乐业为突破口的新农村建设，争取援藏资金建设安居房125套。坚持把县财政收入的20%（211万元）投入教育事业。认真落实农牧民子女“三包政策”，成立了经费管理领导小组，严格经费管理和使用，中小学生享受“三包”政策100%。幼儿园入园人数130人，小学在校生848人，入学率99.41%，初中在校生404人，入学率98.06%，参加内地西藏初中班招生考试考生145人（19人被录取到内地西藏初中班），普通中专（高中）考生132人，全部升入高中（职校）。投入65万元购置了彩超，农牧区合作医疗参与率100%，计划免疫率100%。开展了儿童先天性心脏病的排查和免费治疗工作。开展了农牧民免费体检工作，体检率96.31%。各项社会保险征缴率达到100%。狠抓劳务输出促增收工作，确定了各驻村工作队副县级队长主抓农牧民增收工作，与各乡镇签订了目标管理责任书，与工程队签订了劳务用工合同，将适合农牧民能承担的工程项目，不折不扣地交由农牧民去做，完成劳务输出5382人次，实现创收1379万元，农牧民转移就业413人。已建成的县文化活动中心、普兰镇综合文化站、10个农（牧）家书屋和14个寺庙书屋，均已免费对外开放，并为农（牧）家书屋补充了农牧区实用图书。覆盖农牧区的社会保障体系进一步完善，文化生活不断繁荣发展，科加藏戏队荣获自治区第二届藏戏大赛第三名。同时，切实加强乡村公路的维护保通工作，投资4000万元的普兰镇至西德洛巴油路项目和投资1500万元的仁贡村水泥道路项目预计明年实施。

【生态环境保护】 稳步推进草原生态保护补助奖励机制工作，超额完成2012年减畜任务，顺利通过自治区验收，兑现资金2125.29万元。投资69.76万元实施重点区域造林344亩。对2009年至今的所有植树造林项目进行了补植补栽，共计补植补栽890亩22万株，有效地提高了全县苗木成活率达到80%以上。兑现野生动物肇事资金22.2万元。落实2012年森林生态效益补偿资金794.83万元。通过《美丽中国湿地行》栏目，玛旁雍措被评为中国最美湿地。

【寺庙工作】 全县现有寺庙（拉康）14座，僧尼额定编制70人，实有僧人35名。我们把寺庙管理作为维稳重中之重，成立了宗教工作领导小组，明确了政府管理寺庙的主体责任。进一步完善了寺庙各项规章制度，建立了寺庙财物收支管理制度和寺庙僧人基本情况台账，做到了寺庙及僧人的底数清、情况明、管控严。狠抓社会流散僧人管理，建立了流动僧人完整数据库。扎实开展“六建”、“六个一”、“九有”工作。通过安居工程在科迦寺建成8套僧舍，其余僧舍正在积极争取中。国家文物局安排资金在科迦寺实施安防工程，确保文物安全。僧人参与医疗保险和养老保险率均达到100%，城镇最低生活保障对僧人应保尽保，僧人免费体检全覆盖。

【社会管理】 县委、政府高度重视社会管理工作，结合普兰实际，坚持群防群治、共保平安，政府筹资420万元建成塔尔钦维稳指挥中心，筹资90万元建成两个便民警务站，解决综治专项经费23.4万元，并做好2014木马年的维稳安保等前期准备工作。扎实推进“网格管理”，加强便民警务站民警配置，严格落实24小时值班制度，全天候开展工作。狠抓重点目标、要害部位、重要民生设施的安全防范工作，加大了对人员密集场所、党政机关、水电油气等重要民生设施安全大检查的密度，确保不出任何问题。

【安全生产】 县乡村三级层层签订了安全生产工作责任书，完善齐抓共管的安全生产工作网络体系。健全安全生产全程监督机制，把事前把关、事中监督和事后验收贯穿到安全生产各环节。制定完善了《安全生产大检查实施方案》和《普兰县安全事故处理应急预案》等。深入开展交通安全百日大整治行动。扎实推进安全生产“三项行动”，加大道路安全、危险化学品整治、施工安全和消防安全等工作力度。强化成品油管理，严格实行实名登记加油制度。按照区、地工作组意见，勒令孔雀加油站关闭，要求中国石油天然气股份有限公司西藏阿里销售分公司撬装加油站退出市场，有望明年建成两个标准化加油站。

【三大特色、亮点工作】 一是全县义务教育均衡发展工作顺利通过自治区级验收。去年，被自治区确定为义务教育均衡发展试点县，也是阿里地区唯一被自治区列为义务教育均衡发展的试点县。目标确定后，县委、政府始终把教育事业放在优先发展的战略地位来抓，明确指出教育是推进普兰科学发展和长治久安的根本和关键，多次就义务教育均衡发展工作进行安排部署，深入学校调查指导。形成了县委统筹、政府主导、教育主抓、部门联动、群众支持、社会参与的工作机制。

二是为切实完成“现代农牧示范基地”这一目标，大力发展现代农牧业。发展现代农牧业是普兰农牧业由粗放型向现代性过渡、温饱型向效益型转变的有效途径。引进市场主体，争取政府适当补贴的方式，建成了总投资4076万元的以高效节水灌溉、设施水果蔬菜、温棚养牛养羊、林草间作为主，集农牧林、种养加为一体的农牧业循环示范基地，得到了自治区、地区主要领导的充分肯定，得到了广大群众的普遍认可，被确定为全地区的示范点。

三是抗雪防汛防疫工作快速有效。2013年，连续发生暴雪、暴雨重大灾害和甲肝疫病传染事件。面对突发事件，县委、政府高度重视，三次适时启动应急预案，主要领导亲临一线、靠前指挥，坚持“以人为本”的理念，及时动用应急储备资金近200万元，保证群众生命财产安全，最大限度降低损失，保证了千年古刹科迦寺及其文物安全，确保了社会局势和谐稳定。

札达县

【基本县情】 札达县位于西藏自治区的西北部，阿里地区西南部，地处喜玛拉雅山西北段及其支脉阿伊拉山之间一个古湖盆中，其地理座标是东径78°23′~80°58′，北纬30°29′~32°43’。东邻普兰县，北靠噶尔县，西南与印度交界，面积2.47万平方公里，边境线长达575公里。

札达县属“两山夹两谷（盆地）”，地势是两边高中间低，从东西两面向中间倾斜。在西藏地貌分区上，属藏南山原湖盆宽谷区札达盆地亚区，盆地长150公里，宽20—60公里。其西北缘是一个发育于侏罗系砂极岩及灰岩中的曲松山间盆地，也是札达县湖盆中的一部分。全县最高点位于县境南面喜玛拉雅山脉中的卡美特山冰峰，海拔7756米，最低点为象泉河流入印度的出境河水面，海拔2900米，全县平均海拔4000米左右。札达县辖香孜乡、曲松乡、底雅乡、达巴乡、萨让乡、楚鲁松杰乡、托林镇1镇6乡，14个行政村1个居委会。境内居住着藏族、汉族、回族、青族。

气候条件。札达县属高原凉温干旱气候区，受西风环流和西南季风的影响，随着季节的变化在札达县盆地上空交互进返，发生着有规律的同期性交替。在西风环流控制下，札达气候干燥少雨，温差剧烈，大陆性强，成为札达县冬半年的主要天气。夏季西南环流于6月初，中旬影响札达，直到10月上、中旬，故札达夏季温暖，雨量集中。其特点是：干旱、风大、冬季寒冷、夏季不热，日照长，太阳辐射强，从而也导致了旱、雹、霜、等自然灾害频繁。根据资料推算县城所在地平均温度为3.9℃，最热月7月份平均温度为13℃—9℃，最冷月1月份平均温度为—7.1℃—-1.1℃。全年降雨量在100—170毫米之间，多集中在7—8月份。

土地资源。札达县是阿里地区仅有的三个半农半牧县之一，全县耕地面积1.04万亩，占全县土地总面积的0.03%；总草场面积21579522.5亩，占全县总面积的52%其中冬春牧草场面积344.5万亩。林地面积12130.8亩,占全县面积的0.03%；灌木林地10971.8亩；水域面积1096167.5亩，尚未利用土地14318078.3亩。

动植物资源。札达县草场牧业是本县的主体经济，主要饲养绵羊、山羊、牦牛、黄牛、犏牛、马、驴、猪、鸡等动物。野生动物主要有：大头羊、青羊、黄羊、狐狸、猞猁、丹顶鹤，旱獭、黄鸭、土豹子、雪鸡、鸪鸪鸡、野驴、大雁、羚羊、四脚蛇，猴子等。

矿产资源。主要有沙金、水晶石、铬铁矿、铜、铅、胶膜等，由于交通、管理技术等原因，目前无能力开发。

【概况】 2013年，全县国内生产总值完成15134.09万元，增长2.45%（按可比价）；截止2013年底，本级财政收入完成746万元，增长15.8%，其中税收收入完成596万元，增长18%，非税收入完成152万元，增长7.8%；财政收入突破800万元；固定资产投资2.5亿元；城镇居民人均可支配收入11506.25元，社会消费品零售总额1099万元；金融机构存贷款余额分别达30084万元、5213万元；农牧民人均纯收入5792.55元，增长15%；全县经济社会呈现跨越发展的强劲态势，在推动“旅游强县”进程中又迈出了坚实步伐。

【产业发展】 全面落实强农惠农政策，发放各类补贴4433.89万元。农业方面。共播种农作物9377.4亩，其中粮食作物5738亩，经济作物1839.4亩，种植饲草1800亩，全县农作物产量达到1326.05吨，粮食产量1004.15吨，分别比去年增长21.57吨、185.3吨，实现“五年增”。牧业方面。大力推进草原生态补助奖励机制，兑现2012年度补贴奖励资金2770.2万元；全年牲畜存栏量控制在11.2万头（只、匹）以内，牲畜免疫率达到100%，全年未发生重大动物疫情。林业方面。积极实施造林绿化工程。全县共完成植树25000多株，完成退耕还林2200亩，补植补造137.4亩。重点区域生态公益林建设取得新成效，投资315万元，完成托林镇1000亩的造林任务，重点打造县城至古格王朝遗址的绿色通道建设，兑现2011年度公益林补助资金1301.09万元，2011年、2012年退耕还林补助资金55万元。积极督促各乡镇完成2011年野生动物“肇事”补助资金，并协助中南院完成全区森林二类调查工作。

【农牧区建设】 全年共实施农牧民安居工程建设任务227户，包括2012年43户续建和2013年184户新建任务，截止目前，已完成全部建设任务的80%。大力整治村容村貌，农牧区环境卫生日益改善。投资400万元的村容村貌整治工程由于资金到位较晚，待明年开工后建设。以上项目的实施，有效改善了农牧民群众的居住条件，提高了人居环境。

【基础设施建设】 投资1850万元，完成县维稳指挥中心建设任务；投资750万元，完成县级政权机关业务用房建设，改善了办公条件；投资1189万元，修建五乡一镇机关业务用房，此项目现已完成全部投资的33%；投资1200万元，完成全县供水管网工程建设，解决了县城周边农牧民群众、县城干部职工、驻军部队、个体工商户的吃水困难问题；投资530万元，完成县城排水主管道工程建设项目；投资700万元，完成县农行职工宿舍建设；投资500万元，完成县财政局业务用房和干部职工周转房建设，有效缓解了县财政办公用房紧张的局面，提高了行政化效能和办事效率；投资369万元，完成县人民检察院办公楼建设，改善了检察院办公条件；“三房”建设顺利实施，先后实施了投资840万元的50套周转房建设，投资840万元的56套廉租房建设，投资864万元的72套公租房建设，现已完成总工程量的83%，明年上半年可全部投入使用。

【交通建设】 2013年，抢抓政策机遇，着力发展交通建设，从而改变乡镇道路等级低，通行能力差的局面。投入2.6亿元，修建县城至波林村公路四级砂石路面；投入1.9亿元，修建县城至达巴乡四级砂石路面，截止目前，此两段公路建设已完成总工程量的39%，明年10月份可完工。另外还针对薄弱环节，不断创新体制，进一步加大道路养护工作。同时还按照寺庙“九有”中的寺庙通路目标，投入3055万元，先后完成鲁巴村至贡布拉康、东波村、楚鲁松杰强久林寺桥梁、卡热寺和楚鲁拉康通寺道路建设，改善了寺庙道路通行难的问题。

【水利建设】 全年共完成水利基础设施建设8处1857.92万元，其中包括投资188.8万元，先后实施了东嘎村、香孜乡等6个安全饮水工程，解决了630人的安全饮水问题；投资710万元，完成了17座寺庙的安全饮水工程，解决了驻寺工作人员和僧人的吃水问题；投资254.8万元，完成了热布加林饲草料基地建设；投资322万元完成札达县水源地保护工程；投资292万元，完成曲松乡灌渠建设；投资90.32万元，完成象泉河流域东嘎村段拦河坝治理工程；投资48万元，完成3处水利公益性项目。同时还投资16万元对全县受灾严重乡镇的水渠进行全部维修，保障了灌溉。托林电站运行正常，预计到年底，电费收入达到33.1万元。

【国土工作】 强化农田基本保护，严保耕地面积，认真落实好占地补偿相关政策的宣传，加大占地补偿工作的赔偿力度。全年共审批城镇建设用地15宗、集体土地征用2宗714.57亩。加强对国家地质公园的保护建设力度，共投入101.2万元对国家地质公园托林景区地质和玛旺塘等5个观景点进行建设；投资530万元对达巴乡政府所在地泥石流进行治理；投资63.23万元对国家地质公园博物馆进行全面装修；另外，协同有关部门，对萨让乡嘎布热组的地质进行全面勘察。

【农牧、扶贫开发工作】 农牧、扶贫开发项目由以往的低产效益向高产效益全面转型，全年共实施农牧、扶贫开发项目24个，共投入资金3534万元，先后实施了退牧还草工程、特色产业项目、防抗灾物资储备库、托林镇农业综合开发、全县农牧区改善灌溉、高效温室、高效棚圈等项目建设。新能源建设成效显著，完成了1552户无电户太阳能安装工作。

【援藏工作】 共实施新建续建项目5个投资1559万元，先后完成了县维稳指挥中心，县城供水工程，县环城东路延伸、村容村貌整治、县维稳指挥中心和古格餐厅设备采购等项目。

【招商引资】 全县坚持把投资作为促进经济发展的重要引擎，着力优化投资环境、调整投资结构、加大招商引资力度，形成上下联运、左右协调、人人参与的良好工作格局，从而使招商引资的基础更加坚实。2013年，年完成第一个招商引资项目即土林城堡大酒店，该项目总投资4700万元。

【财政运行平稳】 2013年，全县接待经费150万元，较去年降低了62%。车辆经费上，在车辆减少，工作量大，车子严重老化的基础上，将车辆经费控制在了可预算范围之内，大幅度地降低了“三公经费”，保持了全县财政的正常运转。

【文化旅游产业】 紧紧围绕“旅游强县”发展战略目标，不断发展培育新的旅游特色资源，抓住旅游亮点，着力开发农村旅游。聘请北京清华规划院通力协作，完成了《札达县旅游总体发展规划》，投入20万元用于乡镇旅游发展总体规划的编制工作，积极配合行署完成了《天上阿里—札达篇》的拍摄工作，出版了《札达旅游人文典集》，完成了《国家地质公园土林、地貌》画册出版的前期工作。旅游基础设施建设力度加大，投资180多万元新建皮央东嘎旅游服务站建设；投资280万元对托林生态旅游体验区进行续建；投资150万元对扎布让家庭旅馆路面进行硬化；投资30多万元对古格王国遗址旅游基础设施进行建设，通过加强旅游硬件设施建设，旅游带动县域经济的发展进一步实现。预计全年共接待公务旅游和朝圣人员18100人（次），国内外游客9750人（次），接待各级各类工作组8350人（次），旅游总收入达到1550万元，实现门票收入210万元。文化事业加快发展，文化活动下乡20场次，群众文化活动丰富多彩。广播电视网络传输工作扎实开展，数字电视转换工程已基本完成。

【农牧民收入持续增长】 一是特色产业发展持续健康发展。通过发展蔬菜、林果等特色农业，在转变发展方式、优化经济结构的同时，有效增加群众收入。现扶持蔬菜瓜果种植40户95人，户均增收2万多元。二是大力发展劳务经济。坚持把劳务输出作为增加农牧民收入特别是现金收入的重要途径，除大力组织引导农牧民群众参与工程建设项目和村经济实体建设外，还因地制宜积极发展以旅游、餐饮、农产品交换为主要内容的第三产业，鼓励和引导农牧民群众开展多形势、多渠道的劳务输出。共组织劳务输出135875人（次），实现收入1087万元。

【教育事业】 全县财政教育支出占公共财政支出的20%，发放“两免一补”资金368.02万元。投资197.48万元，对九年一贯制学校足球场及跑道进行硬化；投资

180万元对九年一贯制学校和香孜乡完小教职工周转房进行建设，改善教职工住宿条件。狠抓素质教育，全县中小学生升学率排在全地区第一，创历史新高。全面发展幼儿教育，适龄儿童入学率达到97.4%。扎实推进未成年人思想道德建设，网吧整治成效明显。

【医疗卫生事业】 大力开展义诊活动，邀请区外援藏工作小组在全县开展白内障手术活动，共对56名农牧民群众进行了白内障复明手术，积极做好对先心病儿童的免费救治工作。全年共开展巡回义诊活动10次36人（次），诊治患者13410人（次）。妇幼保健工作全面开展，优惠政策全面落实，截止目前，共分娩29人（次）。新型农牧区合作医疗制度得到加强，参合率达到100%，持续加大对边远村组患病群众的诊疗力度，全民健康档案和驻寺僧尼体验工作全部完成。

【社会保障和救灾工作】 全年共为26名农村医疗和3名城镇医疗发放医疗救助金16.4万元。两保障上，城乡居民最低生活保障实现应保就保，农村养老保险实现村组全覆盖，为24户43人城镇居民和1014人农村低保共发放低保金100.73万元。先后救助16名贫困学生，发放救助金3.5万元。救灾工作成效显著，发放救灾口粮124.5吨，向日巴村“2·6”雪崩遇难者家属及重伤人员慰问、兑现资金96.5万元。深入开展双拥共建共保活动，形成“军爱民、民拥军”的良好氛围。慈善事业健康发展，累计募集善款18.4万元。环境保护工作进一步加强，“脏、乱、差”现象得到有效遏制，垃圾填埋厂全面启动。认真落实安全生产责任制，有效遏制了重特大事故发生。加强食品药品安全监管，确保了人民群众饮食和用药安全。深入排查化解信访隐患，集中解决了一批突出问题和矛盾纠纷。同时，妇女儿童、老年人和残疾人权益得到保障。民兵预备役、国防动员、人民防空建设扎实推进。工商、税务、烟草、邮政、通信、保险、保密、档案、县志、商务、民族宗教、防震减灾等工作成绩显著。

日土县

【基本县情】 日土县位于西藏自治区的西北部、阿里地区的最北端，东距拉萨1700公里，南距狮泉河镇120公里，东和东南分别与改则、革吉、噶尔三县相连，北靠新疆维吾尔自治区和田地区，西与印控克什米尔地区接壤，土地总面积8.03万平方公里，平均海拔4600米左右，属高原温带季风干旱气候区，县内有班公湖（国家级3A景区）、日土宗、日土岩画、鸟岛等知名景点，藏羚羊、金丝野牦牛、棕熊、藏野驴等国家级珍稀野生保护动物世世代代在这里繁衍生息，每年吸引了数以百万计的游客前来观光旅游。新藏公路纵贯全县500多公里，边境线长350公里，通外山口25处，有传统边贸点3个，是西藏自治区的一个边境县，战略和交通位置十分重要。全县现辖一镇四乡十三个行政村，总人口10253人，其中农牧区人口8346人，城镇人口1907人，农牧民群众占全县总人口的81%以上。现有耕地面积8614.9亩，草场面积7072.4万亩，水域面积794万亩，是一个以牧业为主，兼有农业的农牧结合的边境县。

【概况】 2013年，日土县国民生产总值完成2.2亿元，同比增长18.7%；农牧民人均纯收入达到6870元，同比增长29.1%，城镇居民人均可支配收入6.3万元，同比增长8%；一般财政预算实现1403万元，同比增长23.1%；固定资产投资2.15亿元，同比增长4.7%；实现税收1024万元。农作物播种总面积22155亩，同比增长1.4%；社会消费品零售总额完成6300万元，同比增长8%；参加各类劳务创收的农牧民3590人次，创收资金809万元,同比增长9.5%。

【城区换新颜】 在国家资金和援藏资金的大力支持下，先后建成日土县维稳指挥中心、日土县南环路、日土县旅游服务中心等一大批重点项目，县城配套基础设施日趋完善，服务功能日益多样化；完成2012年度公租房、2012年度第二批周转房建设，进一步缩小城区住房缺口；继续在县城主要街道开展美化绿化亮化和环境卫生整治工作，优化城区环境，改善居民生活条件，刷新城市形象；多玛乡小城镇建设规模和品质不断提升，热帮乡小城镇建设酝酿谋划工作有条不紊开展，人力物力财力源源不断向城镇输送，为城镇化顺利推进提供了有力支撑。

【牧区大变样】 立足农牧区发展实际，切实满足群众实际需求，逐步解决出行难、饮水难、安居难等实际困难。先后实施G219至东汝乡公路改扩建项目、日土县通村油路项目等多项筑路工程，群众出行更加方便快捷。建造9眼机电钻井、6眼普通机电井、297眼家庭井，解决1860名居民、277名乡村师生和10870头（只、匹）牲畜安全饮水问题。建成安居房212套（其中贫困户24套），建筑总面积11541平方米，受益群众844人（为进一步改善农牧区居住环境，提升农牧民群众生活水平，县政府专门争取资金100万元，鼓励群众修建新式两层安居房，在国家补贴6万元/户的基础上，县财政配套补助6万元/户，已有8户群众率先尝到了甜头）。

【农牧业持续丰收】 种植农作物22150亩，粮食总产量990.6吨，繁殖成活幼畜16.18万头（只、匹），成活率达到89.2%，组织兽医和农牧民对38.1万头（只、匹）牲畜进行了“五号病”疫苗注射，35万只山羊和绵羊进行了“小反刍”疫苗注射，牲畜免疫注射率达到100%；以政策鼓励和政府引导为基础，以县原种场、9个白绒山羊乡村选育点和408户科技示范户为桥梁，辐射带动全县农牧民群众大力养殖优质白绒山羊产业模式基本成型，全年出售羊绒65吨，收购均价为143元/斤，总销售额1872.6万元。

【农牧民增收】 牲畜出栏率达到36.8%，同比提高1.3%，农畜产品综合商品率达到68.8%，同比提高0.3%，农牧民人均收入达到6870元,同比增长23.4%，其中现金收入占到63%。在群众创业贷款、组建专业合作组织、承包工程项目等方面政府主动出面担保，严格遵照《日土县工程项目管理办法实施细则》相关要求，把投资小技术含量相对较低的项目全部交由村委会或专合组织实施。投资637万元实施扶贫开发项目16个，带动200余户农牧民群众实现增收80余万元，帮助75户、271名困难群众实现脱贫，返贫控制率在3%以内。组织实施2013年度都木契列边贸点开放工作，累计成交商品价值达528.6万元，同比增长78.6%，全年参加各类劳务收创到的农牧民3590人次，实现创收809万元。

【改善民生】 全年向教育事业投入资金1807.2万元，小考8名学生顺利考上西藏内地班，是前两年总和的2.7倍，中考高中（中职班）录取人数73人。先后在农牧区开展“巡回医疗下乡”活动33次，为5588人次群众提供了上门医疗服务，免费发放药品价值超过2万元，完成766名干部职工、6名僧人、8225名农牧民群众免费健康体检工作。新型农村社会养老保险参保工作在阿里地区七个县排名第一，在全自治区名列前茅。全县30户城镇低保户、405户农村低保户、30户五保户、36名重点保障对象、45名特殊保障对象、1267名一般保障对象全部纳入社会保障体系范畴，并按照相关规定提升补助标准，全年向农牧民群众兑现惠民政策补贴资金5837.4万元。

【旅游业发展】 投入资金540余万元，新建多玛自驾游服务站、松西彩门和多处旅游宣传标识；复工建设日土迎宾馆项目主体工程；谋划衔接藏北旅游专线建设和投资3600万元的日土村至班公湖鸟瞰岛旅游专线建设（乡村旅游专线项目）。成功举办第五届班公湖民俗文化旅游节，期间接待游客3764人次，实现旅游收入60余万元，相比上一届翻一番，物交会参展商户13户、商品近300种，成交金额12.6万元。以班公湖景区为核心，德汝度假村、日土民俗村、日土宗遗址、日土岩画为重点，219国道和环班公湖道路为枢纽的精品旅游项目初具雏形，全年全县旅游接待量达到3.1万人次，实现旅游收入420万元。

【社会稳定】 进一步加大矛盾纠纷排查化解力度，长期开展法制宣传教育工作，提升法制化进程。进一步加强都木契列方向边境地区、靠新疆北部地区及其它重点区域的管控布防工作，在泉水湖修建了活动板房，设立了泉水湖检查站，安排公安干警和武警战士全天候执勤检查；深入开展“双联户”创建评选活动，全县共组建联保单元321个，2478户居民参加联保，基本实现“联户平安、联户增收”；全年县财政对维稳工作的资金投入超过300万元。先后组织5批次工作人员在农牧区开展打击砂金矿偷盗采巡查执法工作，依法打击和关闭非法采矿点6个，抓获偷采矿产资源人员150余人，向群众兑现草场破坏补偿金81.9万元。受理2起群众上访事件，追回拖欠农民工工资8万元，全社会持续和谐稳定，实现了“三不出”和“三无”工作目标。

【边境贸易工作】 在县委、县政府的周密安排部署下，顺利完成

2013年度为期40天的都木契列边贸开放工作。我方共有36家、96名商户参与其中，主要出售卡垫、毛垫、暖瓶、饮料、酒水、糖类食品、衣服、活畜等商品，累计成交商品价值达528.61万元（出口商品价值272.64万元，进口商品价值255.97万元），贸易额同比增长78.6%，成功帮助和带动日松乡农牧民群众盈利110万元，在此期间未发生任何破坏祖国统一、民族团结的事件。

【严厉整治偷挖盗采矿产行为】 科学规划全县矿产资源开发利用，制定出台了《日土县关于加快矿业开发的细化方案》，严格地质勘查、备案登记制度；下发整改通知书1份；先后组织5批次工作人员在农牧区开展了巡查执法工作，依法打击和关闭非法采矿点6个，抓获偷采矿产资源人员150余人，处以行政罚款45万元，收取回填保证金37万元、复垦费40万，向群众兑现草场破坏补偿金81.92万元，没收了一批偷采砂金矿器械；日土县人民政府与四乡一镇、13个行政村及2个边防检查站签订了《日土县打击砂金偷盗采工作目标责任书》。

革吉县

【基本县情】 革吉，藏语意为“美丽富饶的土地”，位于狮泉河镇东部，距离拉萨1640公里，南同普兰县、仲巴县毗邻，北与日土县相连，东靠改则县，西与噶尔县接壤，全县平均海拔4700米以上，有“世界屋脊的屋脊”之称。全县土地总面积为47225平方公里，自然条件恶劣，属于自然灾害多发县，雪灾、疫情尤为严重。境内大小湖泊30多个，河流10多条，流量最大的为狮泉河。

革吉县现辖4乡1镇（亚热乡、盐湖乡、文布当桑乡、雄巴乡、革吉镇），18个行政村和1个居委会，52个村民小组，总人口16944人。革吉县是阿里地区三大纯牧业县之一，全县草场总面积5638.49万亩，可利用草场面积4784.84万亩。

【概况】 2013年，全县社会固定资产投资达16160.23万元；财政收入完成1686万元；农牧民人均纯收入达6196.72元；社会消费品零售总额达3717万元；农牧民劳务创收达1621万元，劳务输出6352人次；银行存款余额达35107万元、各项贷款达5300万元；电信、邮政、移动、联通营业额分别达271万元、58.23万元、640万元、35万元；各项税收收入完成1920万元。

【特色产业】 全年销售粮食产量225吨，调入168.9吨。投资425万元扶持绒山羊养殖户201户、绒山羊10050只。投资1105万元建设高寒棚圈927套。全年牲畜存栏总数为47.1615万头（只、匹），牲畜出栏率43.82%，全年一产实现产值7265万元；大力推动优势矿产资源开发，扎仓茶卡硼镁矿区恢复生产，全年调运硼镁矿5万多吨，二产实现产值3439万元；全年接待游客6394人次，实现旅游收入89.38万元。8月底成功举办革吉县第十一届那布民间文艺汇演暨物资交流会，各乡（镇）参展的酥油、羊皮袄、卡垫等10余种商品成交额达58万元，三产实现产值11667万元。

【项目建设】 全年固定资产投资达16160.23万元，农村安全饮水、牧区道路、城镇基础设施建设等有了加快改善。此外，县委、政府积极争取资金1042.4万元，用于县城公共照明、惠寺惠僧和改善干部群众生活条件等共10个项目。“十二五”中期评估建设储备项目17个，总投资3.5亿元。项目申报方面，交通申报编制项目近40个，申报资金9.57亿元；扶贫申报编制革吉县2013-2020年产业扶贫规划，申报4大类14小类100余个项目，总投资近7亿元。

【民生工程】 全年完成人工种草16000亩；核实全县禁牧草场850万亩，草补奖群众3539户、15474人，兑现禁牧补助和草畜平衡奖励资金6542.83万元；投入资金1901.4万元，完成建设712套农牧民安居房；理赔涉农保险资金101.01万元；脱贫户数152户、461人，返贫控制率保持在6%以内；全县经合组织已突破20个，其中注册的有12个，注册资产达2223.73万元，参与群众达2381户7051人，并且全部建立财务制度及分红制度；2013年年初成立了革吉县工商联，全县工商联会员达20名，发展新会员13名（家），注册个体工商户437户、632人，注册资金达6800.18万元；创先争优

“强基础惠民生”活动取得实效，全年为群众办实事50多件，发放慰问金30多万元，形成10个项目，涉及资金279万元；优先发展教育事业，“两基”成果进一步巩固，全县小学在校生1642人，小学入学率达到98.81%。初中在校生712人，初中入学率达到95.19%。县政府为72名乡村教师发放生活补贴19.44万元。教师超课补助由原来的每节8元提高到20元，所有补助由县财政承担。为8名考入重点高中和区内外大学的本县籍学生兑现奖学金6.6万元。投资1469万元用于全县各中小学扩建和校园附属工程及配套设施。做好农村义务教育学生营养改善计划工作，全县921名学生受惠，下拨营养改善经费57万元，覆盖率达100%；扎实发展卫生事业，巩固完善新农合制度，新型农村合作医疗覆盖率达100%，参合率达95%。县乡两级报销比例分别提高到80%和85%，由8000元提高到2万元。安排资金80万元用于卫生服务中心医疗设备采购和住院部维修。安排资金30万元用于农牧民和在编僧尼免费健康体检，体检率各达100%，建档率各达100%。救治先心病患儿人数43人。全年对食品药品检查20余次，实现食品药品安全零事故；加快发展文化事业，完成革吉县“激情周末”活动和下乡文化表演42场，观看群众达1.7万人次。全县19个《农家书屋》和5个《寺庙书屋》及时开放，看阅和借阅书籍达2536人次。投入资金50.5万元建设县新华书店。由地区科技局牵头，在我县四乡修建科技书屋各一个。全县有线电视覆盖率达到96%，户户通覆盖率达到95%，广播覆盖率达到97%；加大就业再就业工作力度，全年新增农牧民转移就业600人次，城镇失业率控制在2.5%以内。举办技能培训班9期、参加人数达205人次。做好劳动保障监察工作，不定期对全县建筑领域、矿产企业、个体工商户进行监督检查，进一步规范用工行为，促进劳动关系和谐；城乡保障覆盖逐步完善，全县59户130人享受城镇最低生活保障，新增保障对象10户28人，城镇低保每人每月补助490元，共兑现50.1万元。全县农村低保对象2535人(包括35名僧人)，其中重点保障对象148人（A类），特殊保障对象120人（B类），一般保障对象2267人（C类），农村低保每人每年保障标准提高至A类1370元、B类993元、C类678元，共兑现185.89万元，做到了低保对象有进有出、应保尽保、动态管理；加大社保基金征缴力度，全年征缴医疗保险金339.82万元，征缴率达97%。征缴养老保险金28.5万元，征缴率达98.5%。征缴工伤保险金10.3124万元，征缴率达93%。征缴养老金215.93万元。征缴失业保险金61.87万元；社会福利事业全面加强，全年城乡医疗救助495人，兑现救助金35.95万元。农村医疗救助476人，兑现救助金33.05万元。救助孤儿42人，兑现救助金22.68万元。救助流浪乞讨4人，发放救助金2200元。救助困难群众66户，发放救助金5.65万元。救助寿星老人147人，兑现救助金4.79万元。县政府安排专项资金15万元，用于贫困学生教育教学救助基金，共救助学生14名，兑现救助金2.66万元。全县五保户124人，2013年供养标准提高为每人每年2600元，按要求全部兑现到位。县政府安排资金153万元，无偿划拨土地1.3万平方米用于县城五保集中供养建设。及时兑现2012年、2013年城镇低保租赁住房补贴，补贴对象65户99人，按每人每月255元标准，共补贴30.29万元。及时兑现“万村千乡”农家店补贴，补贴对象7家，共补贴4.2万元。认真开展三大节日期间慰问工作，全年共慰问困难群众和弱势群体2899人，发放慰问金116.25万元。

【生态环境保护】 共投资32万元，造林植树12000多棵。投资121万元，实施革吉县防沙治沙工程。投资30多万元，加大执法检查力度，严厉打击砂金矿盗采行为。投资56万元，为各乡（镇）、县配备垃圾车各一辆。投资6万元，开展资源森林二类调查，对四乡一镇19个行政村，146个灌木丛林进行了GPS定点。

【和谐社会】 一是坚持围绕稳定抓发展，积极研究解决维稳工作中的困难和问题，加大维稳能力建设。投资38万元加强创新社会管理，推进城镇网格化管理，扎实开展“双联户”工作，共建立基层联保单元698个，参联居民4905户，参联群众16641人。多方筹措资金建设四乡一镇维稳值班室，大大改善了工作条件和环境。严厉打击刑事犯罪，全年受理刑事案件4起，破获4起，破案率达到100%。安排资金6万元广泛开展“六五”普法和社区矫正工作。二是扎实开展国防教育工作，有效强化了军民团结的良好氛围。投资169.5万元为消防大队修建暖廊、硬化、绿化设施，修建革吉县民兵训练基地、添置相关设备、发放民兵生活补助，极大改善了工作和生活环境。三是高度重视和谐寺庙创建工作。寺庙“六建”、“六个一”、“九

+1”、“两险一保”等工作全面贯彻落实到位。深入开展和谐模范寺庙和爱国守法先进僧尼创建评选活动。认真贯彻落实党和政府一系列惠僧惠寺政策。投资142.28万元，用于各寺庙（拉康）新建僧舍、围墙、光电建设及寺庙硬化，寺庙硬件设施不断改善。投资11.6万元编写革吉县寺庙拉康《简史》、《简介》。四是妥善处理人民内部矛盾，全年共受理来信来访27批（件），已全部化解。五是加大安全生产监管力度。与各乡镇、各部门、各建筑施工单位、各娱乐场所签订《安全生产责任书》和《交通安全责任书》，签订率达到100%。加强成品油管理，严格按照“三证审核”和“五个坚决”制度办事，长期派遣安全联络员在各加油站蹲点，监督安全生产制度执行。通过一系列的措施，全年未发生安全生产事件和公共安全事故，全县实现了社会持续稳定、长期稳定、全面稳定。

【作风建设】 按照中央八项规定和区党委“约法十章”“九项要求”，及时制定并下发了《革吉县关于加强作风建设厉行勤俭节约、反对铺张浪费的实施方案》，倡导干部职工厉行勤俭节约，反对铺张浪费。严格控制“三公”经费作为全县2013年开展厉行节约、加强反腐倡廉建设的一项重要抓手。在地区要求接待经费下降5%的基础上，该县降低了2倍以上，节约经费约40万元。

措勤县

【基本县情】 措勤县位于阿里地区东大门，是阿里地区三大纯牧业县之一，素有“世界屋脊的屋脊”之称。县城距首府拉萨970公里，距离阿里地委行署所在地狮泉河镇783公里。全县国土总面积2.2万平方公里，辖4乡1镇21个行政村，总人口15304人，其中牧业人口3356户13408人，占全县总人口的87.61%。措勤是西藏海拔最高的县之一，平均海拔4700米以上，高寒缺氧，多风沙，多寒流，自然条件极为恶劣，雪灾、旱灾、风灾、寒冷等自然灾害频发，属典型的易灾县。县域内每年约有8个月的冬季时间，年平均最高温度为0.3℃—12℃，其中每年12月份至次年2月份平均气温为-10℃—-27℃。受高海拔、气温低、多自然灾害等自然条件和基础设施滞后、发展后劲不足等因素的制约，该县仍属典型的贫困县。

【概况】 2013年，全县生产总值完成1.9亿元，同比2012年增长3%；完成固定资产投资2.25亿元，同比2012年增长45%；完成财政收入911万元，同比2012年增长17.55%；组织安排各类牧民群众增收项目18个，实现劳务输出6000人次，完成创收1335万元，同比2012年增长1.52%；社会消费品销售总额达到5723万元，同比2012年增长3%；牧民群众人均收入完成5960元，同比2012年增长15.62%;城镇居民人均可支配收入达到24000元，同比2012年增长4%。

【产业发展】 2013年，全县牲畜存栏总数44.9744万头（只、匹），完成牲畜出栏14.7177万头（只、匹）；接羔育幼14.0079万头（只、匹），成活率达75%；利用紫绒山羊独特资源优势，共发展紫绒山羊养殖示范户398户，共选育优质绒山羊289只，推广绒山羊675只，完成优质羊绒加工3吨，并完成了在地区设立“金紫绒”专营店和羊绒制品销售代理等工作，实现“金紫绒”羊绒制品销售额258万元；我县扎实推进“人工种草”项目，注重采取“政府出资、群众投劳”的方式，从农牧、扶贫等渠道筹资55万元，县政府安排落实40万元，共计95万元，从拉萨调运以燕麦草、青稞为主的草种籽72吨，群众参与投劳8125人次，保质保量完成了人工种草1.5014万亩；积极开展“五号病”疫苗注射工作，完成春季免疫注射共计447942头（只、匹），秋季免疫注射449843头（只、匹），“五号病”免疫密度达100%。二产方面，2013年夏岗江风干牛肉加工厂实现纯收入10.6万元；雪鸡养殖场和藏香厂已初具规模。三产方面，我县紧紧抓住文化旅游开发的有利机遇，全年接待国内外游客13028人次，实现旅游收入905.44万元，同比2012年增长19.8%。

【社会保障】 一是注重完善各类基础设施建设，全县注重水利建设平稳快速发展，县级水电站已于2013年10月竣工投产使用；完成了2012年农村安全饮水工程，总投资

462万元，解决了4260人的饮水困难问题；完成了2012年寺庙安全饮水工程等2个续建项目，总投资71.2万元，解决了82名僧尼及周边牧民群众的饮水困难问题；完成了县城饮用水水源地工程，包括提水管道工程、1500米引水管道等建设内容，总投资426.84万元；组织建设2013年农村安全饮水工程，总投资538万元，解决了4861人的安全饮水问题；我县注重电力建设平稳快速发展，2013年，为牧民群众发放太阳能光电系统3010套，有效解决了牧民群众用电困难的问题；组织实施了500KW光伏电站建设项目，总投资1830万元，于2014年竣工发电；达雄乡水电站改扩建工程总投资40余万元；道路建设项目有新成效，措勤至国杰道路路基铺设基本完毕；组织实施了查仓村白油拉大阪公路建设项目、措勤村拉拢至扎东公路建设项目，总投资分别为960万元和332.07万元；组织实施了边拉拉康、尼姑寺2个寺庙公路建设项目，总投资615.464万元；注重道路养护工程，共完成道路养护任务821.726公里，养护资金278.33万元。二是注重强化各类保障性住房建设，全县大力组织实施安居工程建设，2013年，的安居工程建设任务为275套，实际完成281套，总投资为1463.13万元（其中国家投资559.5万元，地区配套82.5万元，群众自筹173万元，援藏配套648.13万元）；2013年，我县新建廉租房144套，总投资1685.8万元；新建公共租赁房148套，总投资1382.63万元；棚户区改造364套，总投资728万元，新建周转房58套，总投资770.98万元。

【群众增收】 全县始终坚持把促进牧民增收、改善牧民群众生产生活条件作为首要任务，狠抓牧民增收工作，全县人均收入预计达5960元，同比增长15.62%；着力提高群众劳务技能，共完成农牧民技能培训163人，实现牧民群众转移就业302人；注重项目增收重点，安排落实各类增收项目18个，并有效开展牧民群众技能培训和组织引导工作，实现劳务输出6000人次，实现创收1335万元；2013年，我县农牧民专业经济合作组织共有22个，固定资产投资达1149.65万元，受益群众366户1347人，其中措勤镇门东村扶贫砂石料加工协会等6个农牧民专业经济合作组织已完成申请注册，各类牧民群众专业合作组织完成创收146万元；我县草原生态保护奖励机制工作进展顺利，2013年为广大牧民群众兑现2012年草原生态保护补助奖励机制资金4136.22万元。

【惠民工作】 教育方面。全县注重提高教育普及程度，2013年，全县小学入学率为99.48%，初中入学率为99.8%，均保持在国检水平以上，初中升高中的升学率达16%，考入内地西藏班1人；全县适龄儿童入园90人（主要为县城及周边生源），入园率达44.62%，由于目前硬件条件、师资力量不足等原因，乡镇幼儿园还未开始招生，计划从2014年春季开始正式招生；完成高中招生（含职校）147人。

卫生方面。积极贯彻落实新型农村合作医疗建设，全县城乡居民和在编僧尼免费体检、先心病儿童免费救治、计划免疫、医疗器械设备购置等共投入专项卫生医疗经费424万元；县卫生服务中心组成医疗小组，深入全县四乡一镇、村组及寺庙，完成在编僧尼47人、城镇居民14668人体检；完成0-7岁先心病儿童筛选调查工作，筛查365人发现并确诊先天性心脏病患儿15人，2013年底赶赴北京接受救治；我县计划免疫接种工作有序开展，完成适龄儿童11种预防疫苗接种4343人，免疫率达100%；注重强化全县食品、药品监督工作，全县餐饮、公共场所从业人员完成健康体检60余人，重新发放餐饮服务许可证5户；组建专项的食品药品检查工作组对全县的食品药品开展了专项检查工作，没收、销毁100余种过期、“三无”食品及药品，价值达5万余元，实现了食品药品安全“零事故”。

文化方面。注重加大文化项目建设，组织实施了措勤县新华书店建设项目，总投资87万元；完成了四乡一镇五个文化站项目建设工作，配置了相应的配套设施并正式投入使用；注重抓好文物普查工作，向上级有关部门申报了割草节、磁石弹舞等2个非物质文化遗产，申报了门东寺、布嘎寺及桑旦林寺三个寺庙古籍保护单位，将全县36处不可移动文物点列入县级文物保护单位，并定期不定期巡查安全隐患问题。我县注重抓实文化资源整理工作，完成了民间谚语收集、整理、出版等一系列工作，2013年，措勤县有民间谚语传承人1名。

社会救助方面。注重严格落实好“一个供养、两个低保、三个补助、七个救助”政策，2013年，登记“一个供养”覆盖“五保户”202户207人，实现集中供养81人，集中供养率39%；“两个低保”覆盖1651户2373人，发放低保金201.796万元；“四个补助”覆盖213人，发放补助资金18.262万元；“七个救助”覆盖659人，发放救助金55.59万元。

社会保险方面。各项社会保险基金征缴工作有序开展，全县参加失业保险417人，征缴失业保险费68.76万元，征缴率达100%；参加医疗保险1001人，征缴医疗保险费460.61万元，征缴率达100%；参加工伤保险417人，征缴工伤保险费12.47万元，征缴率达100%；参加新农保7001人，征缴保险费63.78万元，征缴率达100%；大力组织清查城乡就业、失业人员活动，2013年全县共登记城镇适龄就业人员（18-59周岁）为857人，城镇失业（无业）人员统计为21人，城镇登记失业率为2.5%；大力组织开展保险利民活动，县级财政出资为全县牧民群众购买了大额医疗保险、农机车辆保险、住房保险、牲畜保险、人身意外伤害保险，支付保险金62.174万元；大力组织开展扶贫攻坚工作，2013年面上扶贫开发项目及整乡推进项目27个，总投资为1080.76万元；2013年，完成脱贫278户1041人，返贫人数为47人，返贫率控制在6%以内。

防抗灾方面。受2013年年初雪灾影响，共造成牲畜死亡2810头（只、匹），直接经济损失193万余元。积极组织开展抗救灾工作，共组织安排抗救灾工作人员107人次，发放救灾物资：棉鞋1130双、棉帽1130顶、棉衣裤410套、绒衣裤720套、棉被1130床、雪镜1130副、青稞34320斤、糌粑16980斤、大米47544斤，投入资金74.9万元。2013年，措勤县为切实做好今冬明春的防抗灾工作，注重以强化防抗灾物资储备为切入点，共储备精饲料325吨，饲草316吨，储备油料价值30余万元。

【生态环境保护】 一是抓好生态资源保护建设，全县组织开展住浪铜矿环境安全隐患排查整改工作，及时成立了专项工作领导小组，制定了具体的整改方案，并坚持每月对住浪铜矿进行监督检查；于2013年4月份成功申报了扎日南木措湖泊生态保护项目；向自治区环境保护厅申报了措勤镇措勤村和磁石乡尼龙村2个创建自治区级生态村建设项目；成功申报了措勤县自来水水源地环境保护工程，项目投资132.17万元，于2014年组织实施；2013年，积极协调争取雅江源头保护项目部分资金；二是加强环境保护建设，2013年，大力开展“清扫家园”活动，针对县城、乡（镇）和村（居）委会周边存在的生活、建筑垃圾，坚持每周五上午组织干部职工及周边群众进行系统清扫；注重加强环境监管工作，在自治区环境保护厅的大力支持下，配齐了监测站的各类项目仪器设备，价值114万元。

改则县

【基本县情】 改则县地处西藏西北部、阿里地区的东部、藏北高原腹地，平均海拔4700米以上，牧民居住分散、交通不便，高寒缺氧，常年风沙不断，空气含氧量仅为海平面的45%左右。全县国土总面积13.56万平方公里，草原总面积10388万亩，可利用草场面积9308万亩，是阿里地区面积最大的一个纯牧业县，下辖1个镇、6个乡，1个居民委员会、47个行政村。

【概况】 2013年完成社会固定资产投资1.42亿元，同比增长12.37%。社会消费品零售总额4123万元，同比增长11.5%。一般财政预算收入642万元。组织劳务输出6862人次，实现劳务创收1629万元。金融机构各项存款3.97亿元，各项贷款0.97亿元，其中涉农贷款0.67亿元。截止年底，全县牲畜存栏数控制在67.8万头（只、匹）。全县生产总值3.37亿元，同比增长12%。一般财政收入1158万元，同比增长15%。农牧民人均纯收入6239元，同比增长15%，主要经济指标均保持两位数增长。

【民生事业】 一是优先发展教育。小学、初中入学率分别达到99.76%、99.67%，高中在校生757人。六乡一镇幼儿园及幼儿教育点实现全覆盖，“三包”、营养改善经费及时足额落实。二是强化医疗保障。筛选救助先心病儿童患者55人，完成全民免费健康体检2.1万人。继续加大新型农村合作医疗宣传力度，参保率、覆盖率均达到100%。三是推动文化惠民。新华书店开工建设，文化综合建设服务中心免费对外开放。发放“户户通”900套，广播电视“村村通”“户户通”“寺寺通”覆盖率分别达到100%、95%、100%。四是完善社保体系。各类社会保险参保率继续保持在97%以上，“五保户”集中供养率预计达到50%。发放“一个供养”27.19万元、“两个低保”470.57万元、“四个补助”54.35万元、“七个救助”94.05万元。五是推进扶贫开发。完成2013－2020年产业扶贫规划，36个扶贫农发项目立项实施。实现脱贫329户，返贫率控制在6%以内。扶贫开发工作被评为自治区A级，农业综合开发被评为自治区优秀。六是加强生态保护。完成洞措湿地保护项目前期工作，麻米乡防沙治沙工程基本竣工。加强矿山地质环境治理，采、探矿权年检率分别达到100%。依法查处盗采砂金案件4起，罚款44.5万元，没收砂金8.55千克以及柴油、溜槽等盗采设备。破获非法偷猎野生动物案件5起，落实野生动物肇事补偿金51.67万元。七是实施安居工程。604套安居房、120套棚户区改造建设任务全部完成，56套廉租房、72套公租房、102套周转房有望年底完成。八是着力稳控物价。居民消费价格涨幅控制在3.5%，六乡一镇消费维权网络点实现全覆盖。九是落实就业政策。完成再就业技能培训155人。安置城镇就业困难人员就业再就业和农牧区富余劳动力转移就业440人，失业率控制在2.5%以内。十是抓好安全生产。全面推行安全生产风险抵押金制度，开展道路交通、矿山企业、施工工地、油气站点排查整治行动23次。预算防抗灾资金561万元，严格执行防抗灾工作日报告制度，全力抓好今冬明春防抗灾工作。开工建设古姆乡农牧业防抗灾物资储备库5个，选派大学生“村官”担任48个村（居）气象信息服务员。

【社会稳定】 按照习近平总书记“治国必治边、治边先稳藏”的重要战略思想和俞正声主席“依法治藏、长期建藏”的指示要求，始终坚持把维护稳定作为硬任务和第一责任，认真贯彻落实自治区维稳十项措施和地区“一体两翼”维稳工作布局，继续做深做细干部驻村驻寺、城镇网格化管理、社会面巡逻管控、安全生产排查整治、反自焚专项斗争、“双联户”评选表彰、“两证”改“一证”、基层武装部达标建设等工作。同时，集中力量抓好先遣、察布与新疆交界方向边界巡逻防控工作，先后下派4个工作队、67人进驻先遣、察布4村设卡巡逻，严防死堵新疆恐怖暴力潜逃人员潜入改则县，形成了“卡上有人管、线上有人查、面上有人巡”的群防群控机制。全力支持“双联户”创建工作，在年初预算专项资金15万元的基础上增加55万元，共计70万元，确保全县“双联户”工作的顺利开展人员培训、奖励及其它相关工作。自和谐模范创建活动开展以来，全县寺庙（拉康）获得自治区级和谐寺庙称号1次，获得地区级和谐寺庙称号2次，获得县级和谐寺庙称号2次，获得自治区级、地区级、县级爱国守法先进僧人共85人。今年以来，“三大节日”、“两会”、三月敏感期、“7.5”、“7.6”等重要节点平安度过，“萨嘎达瓦”等大型宗教活动安全有序，全县社会局势保持持续稳定、长期稳定、全面稳定。

【改进作风】 认真贯彻落实中央“八项规定”、区党委“约法十章”和地委工作规则以及中央、区党委、地委厉行勤俭节约有关规定，结合实际出台了县委工作规则和厉行勤俭节约反对铺张浪费“七项要求”，把贯彻落实中央、区党委、地委改进作风有关要求作为一项重要政治任务从严从快落实。认真学习贯彻习近平总书记在十八届中央纪律检查委员会第二次全体会议上的重要讲话精神，严格落实党风廉政责任制，及时传达学习《中共中央关于薄熙来严重违纪违法案及其教训的通报》，进一步明确党员干部纪律意识、法律意识、民主意识、廉政意识，深入开展廉政文化“六进”和“廉政文化宣传月”活动，组织廉政文化学习9次，播放警示教育片5场次，受教育人数1500余人次。大力推进公车整治、会员卡清退、楼堂馆所清理行动，严格落实地委关于在党的群众路线教育实践活动中边学边查边改着力解决十个方面突出问题的工作要求。坚持党的群众工作路线，在48个驻村工作队先行开展党的群众路线教育实践活动，同时在洞措乡5个村进行前期试点，为明年全区第二批党的群众路线教育实践活动积累经验。与去年同期相比，发文减少32%，会议压缩40%，公务接待费用下降3%，公车使用经费节约18%，办公经费降低8%。

【重大事项】 一是草补工作顺利通过自治区验收，地委、行署于7月底在改则县召开草补工作现场交流会，将好的经验做法在全地区进行推广。二是成功举办2013年度赛马节暨物交会活动。三是认真开展“两选”工作，48个村（居）党支部第一书记实现全覆盖，4名优秀党支部书记进入乡（镇）公务员队伍。大力实施“领头雁”工程，以绩效考核、教育培训、激励先进、保险保障、关爱帮扶“五项机制”鼓励257名村（居）干部干事创业。

西藏年鉴
TIBET YEARBOOK
2014

第六篇 大事记

西藏自治区大事记

1月

1日，自治区党委书记陈全国到拉萨市亲切看望慰问基层干部群众和爱国爱教僧尼。

同日，自治区主席白玛赤林到拉萨市八一路农贸市场、百益超市西郊店、冲赛康市场、中石油功德林加油站，检查“三大节日”期间拉萨市场物价和商品供应情况。

3日，自治区党委、政府以电视电话会议形式召开全区经济工作会议。

5日，区党委副书记、自治区常务副主席吴英杰在拉萨主持召开自治区政府2013年第一次常委会。

6日，全区发展改革工作会议在拉萨召开。自治区党委副书记、自治区常务副主席吴英杰出席会议并讲话。

7日，自治区党委副书记、自治区常务副主席吴英杰出席全国政法工作电视电话会议西藏分会场会议。

8日，自治区以电视电话会议形式召开全区农村工作会议。

9日，自治区党委书记陈全国主持自治区党委理论学习中心组举行的2013年第一次集体学习会议并讲话。会议强调，要认真学习贯彻落实习近平总书记等中央领导同志重要讲话精神，毫不动摇地坚持和发展中国特色社会主义，坚定不移地走改革开放这条强国富民之路，为实现中华民族的伟大复兴而努力奋斗。

14日，自治区政府召开党组理论学习中心组2013年第一次学习会，深入学习习近平总书记在广东考察时的重要讲话精神和习近平总书记、刘云山同志、张高丽同志在新进中央委员会的委员、候补委员学习贯彻党的十八大精神研讨班上的重要讲话精神。

同日，区党委党的建设工作领导小组（扩大）会议召开。自治区党委常务副书记、区党委党的建设工作领导小组组长郝鹏出席会议并讲话。

16日至17日，政协第九届西藏自治区委员会常务委员会第二十一次会议在拉萨召开。会议审议通过了关于召开政协第十届西藏自治区委员会第一次会议的决定（草案）等事项。

18日，全区城乡居民暨在编僧尼免费健康体检工作表彰大会在拉萨召开。

19日，由中组部、人力资源和社会保障部召开的援藏干部人才选派计划协调会在成都召开。

同日，自治区九届人大常委会第三十三次会议在拉萨举行。自治区人大常委会主任向巴平措主持会议并讲话。会议听取了自治区九届人大常委会代表资格审查委员会副主任委员赵正修所做的关于自治区第十届人民代表大会代表的代表资格审查报告等事项。

21日，自治区党委召开常委会议，传达学习《中共中央办公厅印发习近平同志关于厉行勤俭节约反对铺张浪费重要批示的通知》，研究制定我区贯彻落实具体措施。自治区党委书记陈全国主持会议并讲话。

同日，自治区信息化领导小组召开第一次会议，总结我区信息化建设进展情况，安排部署下一步信息化工作。自治区主席、自治区信息化领导小组组长白玛赤林出席会议并讲话。

同日，全区民族宗教工作电视电话会议在拉萨召开，区党委副书记、自治区常务副主席洛桑江村出席会议并讲话。。

同日，政协第十届西藏自治区委员会第一次全体会议举行预备会和主席团第一次会议。会议审议通过了政协第十届西藏自治区委员会第一次全体会议议程等事项。公保扎西等自治区领导出席会议。

22日，自治区领导出席第十八届中央纪委第二次全体会议西藏分会场会议。自治区党委书记陈全国就贯彻落实会议精神强调要深入开展党风廉政建设和反腐败斗争，为西藏跨越式发展和长治久安提供坚强保证。

22日至27日，自治区政协十届一次会议在拉萨举行。会议分组讨论了《政协第九届西藏自治区委员会常务委员会工作报告》和《政协第九届西藏自治区委员会常务委员会提案工作情况报告》。会议审议通过政协第十届西藏自治区委员会第一次会议选举办法（草案）等。帕巴拉·格列朗杰当选政协第十届西藏自治区委员会主席。公保扎西等当选为政协第十届西藏自治区委员会副主席。陈全国等自治区领导出席会议。中央纪委、中央组织部有关同志到会祝贺指导。

23日，自治区十届人大一次会议举行预备会议。自治区人大常委会主任向巴平措主持会议并发表讲话。会议通过了自治区十届人大一次会议议程。

24日至29日，自治区十届人大一次会议在拉萨举行。会议分组审议并表决通过了关于政府工作报告、自治区2012年国民经济和社会发展计划执行情况与2013年国民经济和社会发展计划草案的报告等决议。陈全国等自治区领导出席会议。中央纪委、中央组织部有关同志到会祝贺指导。

28日，政协第十届西藏自治区委员会第一次主席会议在拉萨召开。全国政协副主席、自治区政协主席帕巴拉·格列朗杰主持会议。会议审议通过了政协第十届西藏自治区委员会常务委员会关于设立专门委员会的决定（草案）等。

同日，政协第十届西藏自治区委员会常务委员会第一次会议在拉萨召开。会议审议通过了政协第十届西藏自治区委员会常务委员会关于设立专门委员会的决定等事项。全国政协副主席、自治区政协主席帕巴拉·格列朗杰主持会议。

29日，自治区党委书记陈全国与新一届自治区人大、政府、政协、两院领导班子成员进行座谈并强调，一定要强化八种意识，务实为民清廉，奋力推进跨越式发展和长治久安。

同日，自治区人大常委会主任白玛赤林主持召开自治区十届人大常委会第1次主任会议并讲话。会议研究同意自治区十届人大常委会第一次会议的议程及日程安排；研究同意自治区十届人大常委会主任、副主任工作分工；研究了自治区人大常委会2013年工作要点，要求区人大办公厅作进一步修改后印发执行。

30日，自治区党委书记陈全国先后来到拉萨大昭寺和城关区加措社区居委会，亲切看望慰问驻寺驻村干部和爱国爱教僧人，向大家祝贺新春佳节和藏历新年。

同日，自治区党委副书记向巴平措在有关部门负责人陪同下走访慰问了部分老党员、老干部、老劳模、知识分子和专家。

同日，自治区十届人大常委会第一次会议在拉萨举行。自治区人大常委会主任白玛赤林主持会议并讲话。会议听取了自治区党委组织部副部长李小宁所做的关于人事任命事项的说明；审议并表决通过了自治区十届人大常委会主任会议提名的任命事项等。

同日，自治区主席洛桑江村到区总工会、区残联亲切看望慰问部分农牧民工、工伤人员和贫困残疾人。

同日，区党委副书记、自治区常务副主席吴英杰在拉萨主持召开2013年“中国光彩事业西藏行”活动协调领导小组第一次会议。

同日，自治区党委常务副书记、自治区维稳指挥部总指挥郝鹏主持召开自治区维稳指挥部全体会议，传达学习中央领导同志和陈全国书记重要批示、指示精神，安排部署当前全区维护稳定工作。

同日，受全国政协副主席、自治区政协主席帕巴拉·格列朗杰委托，区党委常委、区政协党组书记、副主席、区党委统战部部长公保扎西主持召开政协第十届西藏自治区委员会第2次主席会议。会议传达宣布了区党委常委会关于中共政协西藏自治区委员会党组的任职决定，审议通过了政协第十届西藏自治区委员会各专门委员会委员名单，审议通过政协第十届西藏自治区委员会主席、副主席的工作分工。

同日，自治区创先争优强基础惠民生活动领导小组召开会议，总结第二批驻村工作开展情况，并就近期驻村工作进行安排部署。自治区党委常务副书记、自治区创先争优强基础惠民生活动领导小组组长郝鹏主持会议并讲话。

2月

1日，八届自治区纪委第三次全体会议在拉萨召开。自治区党委书记陈全国出席会议并讲话。他强调，要切实把思想和行动统一到党中央的决策部署上来，坚定不移把党风廉政建设和反腐败斗争引向深入。向巴平措等自治区领导出席会议。会议由区党委常委、区纪委书记金书波主持。

2日，在春节和藏历水蛇新年来临之际，自治区党委书记、西藏军区党委第一书记陈全国来到武警西藏总队拉萨支队布达拉宫广场中队和宇拓路便民警务站，代表自治区党委、政府，向驻藏人民解放军全体指战员、武警部队官兵、公安现役部队、民兵预备役人员、政法干警致以节日的问候。

5日，自治区党委书记陈全国在拉萨走访看望了全国政协副主席、自治区政协主席帕巴拉·格列朗杰，区党委原副书记、自治区人大常委会原副主任列确等老领导老同志。

同日，全区召开维护稳定工作视频会议，区党委副书记、自治区常务副主席吴英杰主持会议并讲话。就认真贯彻落实中央、公安部和自治区党委部署及陈全国书记重要指示精神，切实做好我区近期维护稳定工作，确保“三不出”和“三无”目标的实现，确保各族群众过一个喜庆安全祥和的春节、藏历新年进行安排部署。

6日，自治区主席洛桑江村到拉萨市林周县，看望慰问农牧区基层干部群众，并代表自治区党委、政府和陈全国书记送上节日的祝福和慰问。

同日，自治区党委常务副书记郝鹏在甘肃省兰州市亲切看望慰问了我区离退休老干部，并与大家亲切座谈。

同日，自治区主席洛桑江村先后到旁多水利枢纽工程施工现场、直孔电站和华泰龙矿业开发有限公司视察工作，并代表自治区党委、政府和陈全国书记向奋战在一线的干部职工、企业员工和武警水电部队官兵致以新春祝福。

7日，自治区党委书记陈全国到拉萨市走访看望各族干部群众，向全区各族人民致以新春的祝福和新年的祝愿。

8日，自治区党委书记陈全国会见了拉萨市佛协会长、色拉寺管委会常务副主任普布次仁，甘丹寺管委会第一常务副主任索朗平措，哲蚌寺管委会第一常务副主任阿旺东觉。

同日，自治区主席洛桑江村视察节日市场和安全生产工作。

同日，区党委副书记、自治区常务副主席吴英杰在拉萨专程看望慰问了长期坚守岗位、维持秩序、服务群众的各族执勤武警官兵。

同日，自治区主席洛桑江村到区儿童福利院、曲水县聂当乡敬老院和拉萨SOS儿童村，看望孤残儿童、孤寡老人。

9日，自治区主席洛桑江村先后到自来水公司西郊水厂、西藏电视台、区人民医院120急救中心、西藏电力公司电力调度中心、西藏日报社和宇拓路，代表自治区党委、政府和陈全国书记亲切看望慰问节日期间坚守岗位的一线劳动者。

14日，自治区党委书记陈全国主持召开自治区党委常委会议，传达学习中共中央政治局常委俞正声和公安部部长郭声琨的重要批示精神。

同日，自治区主席洛桑江村实地考察了拉萨南山绿化工作，召开政府第一次专题会议，重点研究部署拉萨周边及拉萨河下游流域绿化工作，并对全区今春植树造林工作进行全面部署。

同日，区党委常务副书记、自治区维稳指挥部总指挥郝鹏主持召开自治区维稳指挥部全体会议，并通过视频连线检查各地市慰问工作情况，就扎实做好当前全区维稳工作进行强调部署。

17日，自治区主席洛桑江村到区农科院调研农牧科技工作，并看望农牧科技专家，代表自治区党委、政府和陈全国书记向农牧战线的广大干部、职工和科研工作者表示节日的问候。

同日，自治区党委常务副书记郝鹏深入拉萨市街道社区，专题考察调研拉萨老城区保护工程项目和八廓商城项目进展情况。

同日，自治区主席洛桑江村到区农牧厅调研农牧业发展情况，听取全区春季农牧业生产准备情况汇报，并向全区农牧系统干部职工和农牧科技人员表示节日的问候。

19日，自治区党委常务副书记郝鹏专程来到自治区住房和城乡建设厅考察调研，亲切看望广大干部职工。

同日，自治区党委常务副书记郝鹏先后来到自治区藏剧团、自治区话剧团和自治区文化厅机关，就加快我区文化产业发展进行考察调研，并看望慰问广大干部职工。

20日，自治区党委农村工作领导小组2013年专题会议在拉萨召开，研究部署我区防灾减灾、春耕备耕等工作。区党委副书记、区党委农村工作领导小组组长向巴平措出席会议并讲话。

22日，自治区党委常务副书记郝鹏专程来到楚布寺，就加强和创新寺庙管理工作进行考察调研，亲切看望慰问寺庙管委会工作人员和僧人。

22日至23日，中央统战部副部长朱维群在自治区党委常务副书记郝鹏的陪同下深入拉萨市，就我区维护稳定各项工作进行考察调研，亲切看望广大干部职工、农牧民群众和僧人。

23日，自治区领导与中央统战部领导就进一步做好我区维护稳定各项工作进行座谈。中央统战部副部长朱维群讲话，自治区党委常务副书记郝鹏代表自治区党委、政府汇报我区近期维稳工作情况。

25日，自治区党委常务副书记郝鹏出席区老干部工作会议并讲话。

同日，自治区党委、政府举行座谈会，欢送出席全国两会的代表委员。自治区党委常务副书记郝鹏出席并讲话。

26日，武警西藏部队完成全国两会期间维稳任务动员大会在拉萨举行。自治区党委常务副书记、自治区维稳指挥部总指挥郝鹏出席并亲切看望参演官兵。

28日，自治区党委常务副书记郝鹏先后来到拉萨市公德林加油站、堆龙德庆县中庆加油站等地，就我区成品油销售管理情况进行考察调研。

3月

1日，西藏自治区人民政府与中华全国工商业联合会在京签署战略合作框架协议，并同时启动中国光彩事业西藏行活动。自治区党委书记陈全国出席签字仪式，全国工商联主席王钦敏，自治区主席洛桑江村代表双方在协议上签字。自治区主席洛桑江村和中央统战部副部长、全国工商联党组书记、常务副主席全哲洙分别讲话。

同日，全区维护社会稳定工作电视电话会议召开，就全力做好当前我区维护稳定各项工作进行安排部署。自治区党委常务副书记、自治区维稳指挥部总指挥郝鹏出席并讲话。

同日，自治区党委召开常委（扩大）会议，传达学习党的十八届二中全会精神和近期中央领导同志有关重要批示精神。受自治区党委书记陈全国委托，自治区党委常务副书记郝鹏主持并讲话。

3日，出席十二届全国人大一次会议的西藏自治区全国人大代表在驻地举行全体会议，正式组建西藏代表团。全国人大代表、自治区党委书记陈全国主持会议。会议推选陈全国为团长，白玛赤林、洛桑江村为副团长。

4日，我区公安和现役部队在拉萨举行维稳实战汇报演练。郝鹏等自治区领导观摩，邓小刚讲话。

6日，自治区党委常务副书记郝鹏就我区加强和创新流动人口服务管理工作进行考察调研。

7日，自治区党委书记陈全国就做好当前全区维护稳定工作作出重要批示，要求全区各级各部门要警钟长鸣、坚守岗位、强化措施、落实责任，确保实现大事不出、中事不出、力争小事也不出，为全国两会圆满成功营造和谐稳定的良好环境。

同日，自治区党委常务副书记郝鹏分别来到甘丹寺和达孜县塔杰乡主西村，围绕我区加强和创新寺庙管理以及创先争优强基惠民驻村工作开展情况进行考察调研。

8日，自治区党委常务副书记郝鹏先后深入环卫、教育、医疗、交警等行业，代表自治区党委、政府看望慰问我区各条战线的妇女代表，并通过他们向全区各族各界妇女致以节日的祝贺和亲切的问候。

9日，中共中央总书记、中共中央军委主席习近平参加十二届全国人大一次会议西藏代表团的审议。习近平在会见西藏代表时强调，中央历来高度重视西藏发展稳定，高度关心西藏各族群众生产生活，希望西藏各族干部群众认真贯彻落实中央关于西藏工作的一系列方针政策，坚定不移走有中国特色、西藏特点的发展路子，积极构建维护稳定的长效机制，加快推进西藏跨越式发展和长治久安，确保到2020年同全国一道实现全面建成小康社会宏伟目标。

同日，自治区党委常务副书记郝鹏率自治区党委、人大、政府、政协有关领导，观摩军营反恐汇报演练、体验实弹射击，参加了丰富多彩的“军事日”活动。

11日，自治区党委书记、西藏代表团团长陈全国主持召开十二届全国人大一次会议西藏代表团全体会议，传达学习习近平总书记参加西藏代表团审议时的重要讲话精神。

12日，全国人大代表、区党委副书记、自治区人大常委会主任白玛赤林在参加西藏代表团审议时强调，要进一步解放思想，深化区情认识，正确处理好“离不开”和“不依赖”的关系，充分发挥中央关心、全国支援的特殊优势，自力更生、艰苦奋斗，以各项事业发展的新成就汇报中央关怀。

同日，自治区党委常务副书记郝鹏和自治区党委副书记、自治区常务副主席吴英杰先后来到拉萨市纳金大桥、拉萨教育城、中国西藏文化旅游创意园区等建设工地，就拉萨市重点项目建设情况进行考察。

同日，中国共产党的亲密朋友、同党长期合作共事的爱国主义者，第八届全国政协常委，西藏自治区政协原副主席拉敏·索朗伦珠同志，因病医治无效，在拉萨逝世。

13日，自治区党委常务副书记郝鹏和自治区党委副书记、自治区常务副主席吴英杰来到西藏银行，就我区金融业发展情况进行考察调研。

14日，自治区党委常务副书记郝鹏，自治区党委副书记、自治区常务副主席吴英杰深入自治区公安厅刑侦总队、自治区外事侨务办公室等地，就我区公安和外事侨务工作进行调研，并通过视频连线听取各地市有关维稳工作汇报，安排部署当前维稳工作。

15日，自治区党委常务副书记郝鹏，自治区党委副书记、自治区常务副主席吴英杰到自治区农牧厅，就我区春季农牧业生产和创先争优强基惠民活动等情况进行考察调研，并亲切看望广大干部职工。

同日，自治区党委副书记、自治区常务副主席吴英杰来到西藏电力有限公司东嘎发电公司和拉萨市便民警务支队，就我区当前经济发展、电力供应和社会稳定情况进行考察调研。

同日，自治区党委副书记、自治区常务副主席吴英杰深入拉萨市街道社区，专题考察调研拉萨老城区保护工程项目和驻藏大臣衙门维修工程进展情况。

18日，自治区召开全区维护稳定工作电视电话会议。自治区党委书记陈全国出席会议并强调，要进一步增强责任感和紧迫感，全面落实各项维稳措施和维稳责任，确保实现习近平总书记参加十二届全国人大一次会议西藏代表团审议时提出的持续稳定、长期稳定、全面稳定目标。

19日，自治区党委党校、自治区行政学院举行2013年春季学期开学典礼。自治区党委书记陈全国作出批示。区党委副书记、自治区常务副主席、自治区行政学院院长吴英杰出席开学典礼并讲话。

20日，西藏自治区政府与国家开发银行在北京签订开发性金融合作备忘录。全国政协副主席、国家开发银行董事长陈元，自治区主席洛桑江村出席并讲话。自治区人大常委会主任白玛赤林，自治区副主席边巴扎西出席签字仪式。自治区副主席丁业现和国家开发银行执行董事、副行长李吉平等代表双方签字。

同日，自治区党委副书记、自治区常务副主席吴英杰到拉萨市夺底乡，专题就农牧区春耕春播、农牧民增收致富情况、基层维稳及开展创先争优和加强基层建设年活动开展情况进行考察。

同日，自治区人民政府与中国国际工程咨询公司在北京签订战略合作协议。自治区主席洛桑江村出席并讲话。中国国际工程咨询公司总经理肖凤桐等出席。

21日，自治区党委副书记、自治区常务副主席吴英杰在拉萨参观了革命先烈图片展览。

22日，74家自治区、拉萨市综治委成员单位在拉萨市北京东路，以设置宣传展板、发放藏汉文宣传资料等方式，集中组织开展社会管理综合治理宣传活动。自治区党委副书记、自治区常务副主席吴英杰专程到各宣传点检查指导工作，并看望慰问工作人员。

自治区党委副书记、自治区常务副主席吴英杰视察了自治区第三人民医院建设情况，并听取相关汇报。

日前，第三届西藏自治区发展咨询委员会第一次会议在京召开。十二届全国人大常委会副委员长向巴平措、十届全国人大常委会副委员长热地应邀出席并讲话，自治区党委书记陈全国，自治区人大常委会主任白玛赤林，自治区主席、咨询委员会主任洛桑江村出席，自治区副主席边巴扎西主持。国家有关部委负责同志、在藏工作过的老同志和发展咨询委员会委员出席。

日前，自治区党委书记陈全国、自治区主席洛桑江村在北京拜访了国家发展和改革委员会，并与国家发改委主任徐绍史进行了座谈。

日前，自治区党委书记陈全国、自治区主席洛桑江村在北京拜访了国家财政部，并与财政部部长楼继伟进行了座谈。

25日，2013年全区统计调查工作会议在拉萨召开。自治区党委副书记、自治区常务副主席吴英杰出席会议并讲话。

同日，自治区党委副书记、自治区常务副主席吴英杰在拉萨会见了云南省政协副主席曾华一行。

26日，自治区维稳领导小组、维稳指挥部视频会议在拉萨召开。会议深入贯彻党的十八大精神和全国两会精神，认真总结前段工作，对下一步全区维稳工作进行了安排部署。自治区党委副书记、自治区常务副主席吴英杰主持会议并讲话。

27日，自治区人大常委会主任白玛赤林主持召开自治区人大常委会第4次主任会议。会议研究了《西藏自治区人民代表大会常务委员会关于双湖县人民代表大会代表名额的决定（草案）》。

28日，自治区党委书记陈全国主持召开自治区党委常委会议，传达学习全国两会精神和习近平总书记在参加十二届全国人大一次会议西藏代表团审议时的重要讲话精神，安排部署当前发展稳定工作。十二届全国人大常委会副委员长向巴平措出席会议。

同日，拉萨市各族各界代表在布达拉宫广场举行“升国旗·唱国歌”仪式，隆重纪念西藏百万农奴解放54周年。十二届全国人大常委会副委员长向巴平措，自治区人大常委会主任白玛赤林，自治区党委副书记、自治区常务副主席吴英杰出席。

29日，位于中国黄金集团华泰龙公司甲玛矿区内的墨竹工卡县扎西岗乡斯布村普朗沟泽日山发生山体自然滑坡，滑坡长3公里，滑坡量约200余万方。据初步统计，83名工人（藏族2名，其余均为汉族、多为内地职工）被埋。党中央、国务院对此高度重视，正在国外访问的中共中央总书记、国家主席、中央军委主席习近平，中共中央政治局常委、国务院总理李克强，分别作出重要指示，要求全力展开救援，尽最大努力抢救被困人员，防止次生灾害，并抓紧核实被困人数，查明滑坡原因，做好各项善后工作。自治区党委书记陈全国，自治区主席洛桑江村，自治区党委副书记、自治区常务副主席吴英杰等自治区领导人到海拔4600米的滑坡现场指挥救援。

同日，自治区主席洛桑江村到西藏大学农牧学院，就农牧教育和科研如何服务生态建设、“三农”工作和全区经济社会发展进行深入调研，并代表自治区党委、政府和陈全国书记向农牧学院教职员工表示亲切慰问和崇高敬意。

30日，自治区党委书记陈全国主持召开专题会议，传达贯彻习近平总书记、李克强总理等中央领导人关于3·29山体滑坡自然灾害的重要批示和指示精神，研究部署下一阶段救援和善后工作。国家安监总局局长杨栋梁、副局长王德学，民政部副部长姜力，国土资源部副部长徐德明等率工作组赴现场指导救援工作。

同日，国家安全生产监督管理总局局长杨栋梁在深入3·29山体滑坡灾害现场查看受灾和救援情况，并与自治区党委、政府进行会商后，接受了媒体采访。

31日，自治区党委书记陈全国主持召开区党委常委会议，通报3·29山体滑坡自然灾害情况，安排部署相关工作。

同日，十二届全国人大常委会副委员长向巴平措到拉萨市墨竹工卡县扎西岗乡斯布村普朗沟3·29山体滑坡自然灾害救援现场，转达中共中央政治局常委、全国人大常委会委员长张德江对被困和遇难职工家属的诚挚慰问，实地察看搜救工作开展情况，亲切看望参加救援的各方人员。

4月

1日，自治区人大常委会主任白玛赤林，区党委常委、自治区纪委书记金书波等前往拉萨河南岸，同广大干部群众、部队官兵、学生一起参加拉萨市春季义务植树造林活动。

同日，自治区主席洛桑江村再次到3·29山体滑坡自然灾害现场，实地察看并简要听取救援情况介绍。

2日，自治区党委书记陈全国看望慰问了3·29山体滑坡自然灾害被困和遇难职工家属，转达中共中央总书记、国家主席、中央军委主席习近平，中共中央政治局常委、国务院总理李克强等中央领导同志对家属的慰问和对遇难者的哀悼。

2日至3日，自治区党委副书记、自治区常务副主席、自治区现场救援指挥部总指挥吴英杰分别看望了连续奋战在一线的党政军警民救援工作人员、慰问了部分到救援现场的遇难人员家属代表。

4日，自治区党委、政府和中国黄金集团公司在墨竹工卡县斯布村举行哀悼仪式，深切哀悼在3·29山体滑坡自然灾害中遇难的工人。自治区党委书记陈全国，自治区党委副书记、十二届全国人大常委会副委员长向巴平措，自治区人大常委会主任白玛赤林，自治区主席洛桑江村等自治区领导出席。哀悼仪式由区党委副书记、自治区常务副主席、救援现场指挥部总指挥吴英杰主持。

同日，陈全国、白玛赤林等自治区领导与各族各界代表一起到拉萨烈士陵园和谭冠三纪念园敬献花篮，深切缅怀为西藏革命和建设事业建立不朽功勋的革命先烈。

同日，区党委副书记、自治区常务副主席、3·29山体滑坡自然灾害现场总指挥吴英杰，在现场指挥部召开专题会，研究部署下一步救援搜寻工作，看望在现场指导卫生防疫工作的疾病防控专家——中国疾病预防控制中心环境所消毒检测中心主任张流波。

同日，区党委副书记、自治区常务副主席、现场救援指挥部总指挥吴英杰看望了连续奋战在一线的部队、武警总队、武警消防、武警交通、武警水电、公安、医务等救援工作人员。

5日，区党委副书记、自治区常务副主席、现场救援指挥部总指挥吴英杰再次来到救援搜寻工作现场，就现场清理及预防疫情等工作进行安排部署。

8日，自治区主席洛桑江村主持召开自治区人民政府第三次常务会议。会议讨论并原则通过《今年一季度经济运行情况分析及下一步经济工作建议》、《2013年重点建设项目计划安排》、《“十二五”加快建设重大项目计划》、《西藏自治区公路交通超常规发展方案》等。

11日，自治区党委书记陈全国在拉萨市城关区和曲水县调研时强调，要深入贯彻落实习近平总书记参加十二届全国人大一次会议西藏代表团审议时的重要讲话精神，抓牢发展稳定两件大事，坚持发展是硬道理、稳定是硬任务，统筹推进、相互促进，不断开创各项工作新局面，让全区各族群众共享改革发展稳定成果。

同日，自治区党委副书记、政法委书记邓小刚出席全区文物保护和打击防范文物犯罪专项整治行动工作电视电话会议并讲话。

13日，自治区党委书记陈全国在听取西藏航空公司工作汇报时强调，要以深入贯彻落实习近平总书记参加十二届全国人大一次会议西藏代表团审议时的重要讲话精神为动力，不断开创西藏航空发展新局面，为全区跨越式发展和长治久安提供有力支撑。

同日，自治区党委常务副书记、自治区常务副主席吴英杰先后前往2013年西藏高校毕业生第一批公开考录公务员笔试考点巡视考试情况。

14日，区党委政法委召开干部大会，宣布区党委政法委领导班子有关成员的任职决定，并就进一步做好我区政法工作进行再强调、再部署。自治区党委副书记、政法委书记邓小刚出席会议并讲话。

15日，自治区维护稳定工作指挥部视频会议在拉萨召开。区党委常务副书记、自治区维稳工作指挥部总指挥吴英杰出席会议并讲话。

同日，自治区党委副书记、区人大常委会主任、区党委农村工作领导小组组长白玛赤林到堆龙德庆县古荣乡考察春季农牧业生产情况。

同日，全区外事侨务工作会议在拉萨召开。会议贯彻落实党的十八大精神和习近平总书记重要讲话精神，安排部署当前和今后一个时期全区外事工作。区党委副书记、自治区常务副主席、区党委政法委书记邓小刚出席会议并讲话。

19日，区党委常务副书记吴英杰先后到自治区司法厅、拉萨监狱调研。

同日，自治区综治委铁路护路联防工作领导小组召开2013年第一次会议，通报调整后的领导小组组成人员名单，就结合西藏实际认真贯彻落实全国护路办主任会议精神、进一步加强全区铁路护路联防工作进行研究部署。区党委副书记、自治区常务副主席、区党委政法委书记、区综治委铁路护路联防工作领导小组组长邓小刚主持会议并讲话。

22日，自治区维稳指挥部召开领导层会议。区党委常务副书记吴英杰主持会议并讲话，区党委副书记、自治区常务副主席、区党委政法委书记邓小刚出席会议并讲话。

同日，区党委副书记、自治区主席洛桑江村率赴日喀则督导调研组一行到拉日铁路卓玛山隧道工地和日喀则客运站施工现场，就拉日铁路建设进展情况进行检查指导，并代表自治区党委、政府向拉日铁路建设者表示亲切慰问。

同日，区党委副书记、自治区常务副主席、区党委政法委书记邓小刚到自治区第44个“世界地球日”宣传活动现场视察指导活动开展情况。

22日至23日，区党委副书记、自治区主席洛桑江村到日喀则地区白朗县、江孜县、萨迦县，就“三农”工作开展督导调研。

23日，全区地厅级领导干部学习贯彻党的十八大精神和习近平总书记重要讲话精神专题研讨班开班式在拉萨举行。区党委常务副书记吴英杰出席开班式并讲话。

同日，区党委副书记、自治区常务副主席、区党委政法委书记邓小刚出席全区政法队伍素质建设年活动电视电话会议并讲话。

同日，政协第十届西藏自治区委员会常务委员会第二次会议在拉萨召开。会议传达并分组学习习近平总书记在参加十二届全国人大一次会议西藏代表团审议时的重要讲话精神、全国两会精神和区党委书记陈全国关于深入学习领会习近平总书记重要讲话的指示精神。受全国政协副主席、自治区政协主席帕巴拉·格列朗杰的委托，区党委常委、区政协党组书记、副主席公保扎西主持会议并讲话。

24日至25日，自治区主席洛桑江村在日喀则地区吉隆县就口岸规划、城镇建设以及便民生产生活进行督导调研。

24日至25日，区党委常务副书记吴英杰率工作组深入山南地区贡嘎、扎囊、加查三县偏远乡村，考察调研加强和创新寺庙管理、创先争优强基础惠民生活动以及基层党建等工作，并代表自治区党委、政府和陈全国书记看望慰问驻寺驻村干部、基层党员干部、公安民警和寺庙僧尼。

25日，区党委副书记、自治区常务副主席、区党委政法委书记邓小刚亲切会见了菊美多吉同志先进事迹报告团全体成员。

同日，区党委副书记、自治区常务副主席、区党委政法委书记邓小刚出席2013年全国军队转业干部安置工作电视电话会议西藏分会场会议。

26日，区党委副书记、自治区主席洛桑江村在日喀则地区进行督导调研，听取日喀则地委、行署工作汇报。

28日，区党委常务副书记吴英杰到米琼日寺和拉萨大桥便民警务站，就加强和创新寺庙管理、维稳防控工作进行考察调研，并代表自治区党委、政府和陈全国书记、洛桑江村主席看望慰问驻寺干部、公安民警和寺庙僧尼。

同日，区党委常务副书记吴英杰看望慰问了全国劳动模范、西藏电力有限公司直孔发电公司平措电站站长措吉。

29日，自治区在拉萨举行庆祝“五一”国际劳动节暨全国“五一”劳动奖状奖章和全国工人先锋号颁奖大会，表彰我区获奖的先进集体和个人，共同庆祝“五一”国际劳动节。区党委书记陈全国专门发来贺信。区党委常务副书记吴英杰在大会上讲话，并为先进集体和个人颁奖。

同日，自治区主席洛桑江村主持召开自治区人民政府第五次常务会议，会议讨论了《关于公路交通建设超常规发展的决定》等事项。

30日，自治区人民政府以电视电话会议形式举行2013年第一次专题学习会，听取北京大学常务副校长吴志攀教授所作的《法治社会与法治政府》和北京大学潘维教授所作的《久安之道》专题讲座。自治区主席洛桑江村主持学习会。

5月

2日，自治区党委常务副书记吴英杰在自治区党委常委、拉萨市委书记齐扎拉的陪同下，前往曲水县、堆龙德庆县，考察调研农业现代化建设和基层维稳工作，并代表自治区党委、政府和陈全国书记、洛桑江村主席看望慰问青年致富带头人和公安民警。

3日，自治区党委常务副书记吴英杰出席全区维护稳定视频会议并讲话。

同日，自治区党委常务副书记吴英杰到武警西藏总队考察调研。

同日，区党委副书记、自治区常务副主席、区党委政法委书记邓小刚会见土耳其驻华大使穆拉特·萨利姆·埃森利。

7日，区党委副书记、自治区常务副主席、区党委政法委书记邓小刚到自治区人力资源和社会保障厅调研。

同日，区党委副书记、自治区常务副主席、区党委政法委书记邓小刚出席全区地质灾害防治工作电视电话会议并讲话。

8日，区党委常务副书记吴英杰在拉萨考察了解“萨嘎达瓦”宗教活动各项便民服务，慰问安防工作情况和拉萨老城区保护工程建设情况。

同日，区党委常务副书记吴英杰主持召开区党委专题会议，研究落实陈全国书记在第一次联合督查情况报告和暗访组工作总结上的重要批示精神，逐一解决督查暗访所发现的问题，对常态化的督查暗访作出部署。区党委副书记、自治区常务副主席、区党委政法委书记邓小刚出席会议并讲话。

9日，自治区党委书记陈全国主持召开自治区党委常委会议，会议审议并原则通过《中共西藏自治区委员会办公厅西藏自治区人民政府办公厅关于开展“先进双联户”创建评选活动的意见》，决定在全区开展先进“联户平安、联户增收”创建评选活动。

同日，自治区主席洛桑江村主持召开政府专题会议，就实施布达拉宫及药王山周边环境优化美化工程和自治区大剧院及自治区藏医博物馆建设项目进行专题研究部署。

同日，自治区主席洛桑江村会见了交通运输部党组成员、国家邮政局党组书记、局长马军胜一行。

同日，自治区召开全区铁路护路联防工作电视电话会议，全面总结2012年青藏铁路护路联防工作，研究部署当前和今后一个时期铁路护路联防工作。区党委副书记、自治区常务副主席、区党委政法委书记、区综治委铁路护路联防工作领导小组组长邓小刚出席会议并讲话。

10日，自治区十届人大常委会第8次主任会议召开，研究自治区十届人大常委会第4次会议议程（草案）及日程安排等事项。自治区人大常委会主任白玛赤林主持会议。

同日，自治区党委常务副书记吴英杰在拉萨考察了解“萨嘎达瓦”宗教活动各项便民服务、维稳安防工作情况。

同日，自治区党委副书记、自治区常务副主席、区党委政法委书记邓小刚到拉萨市千佛山通道、千佛山便民警务站、药王山便民警务站、小昭寺便民警务站，考察“萨嘎达瓦”宗教活动信教群众的转经情况及城关区便民服务、法制宣传点的工作开展情况。

同日，自治区政府与国家节能和控制温室气体排放目标责任考核组在拉萨举行座谈会。区党委副书记、自治区常务副主席、区党委政法委书记邓小刚出席会议并讲话。

13日，区党委常务副书记吴英杰主持召开自治区维稳指挥部会议，传达学习中央和区党委关于做好近期维稳工作的重要决策部署以及陈全国书记的有关重要批示精神，并就当前维稳工作进行再强调、再部署。

同日，自治区主席洛桑江村到自治区交通运输厅，调研公路交通超常规发展项目进展和落实情况，并代表自治区党委、政府和陈全国书记向交通运输战线的广大干部职工表示亲切慰问和崇高敬意。

14日，自治区政府举行西藏大剧院、自治区广电中心及布达拉宫、药王山周边环境优化美化设计总体概念座谈会，就完善规划设计思路听取专家意见。自治区主席洛桑江村，区党委副书记、自治区常务副主席邓小刚，自治区副主席宫浦光、边巴扎西和北京大学教授、著名规划与设计专家陈可石一行出席座谈会。

同日，自治区党委常务副书记吴英杰在拉萨考察部分非公企业发展情况。

15日，自治区主席洛桑江村主持自治区政府2013年第三次专题学习电视电话会。自治区人民政府顾问、北京大学教授陈可石应邀作《理念、方法与价值观——城镇化过程中如何做好规划设计》专题讲座。

16日，自治区人大常委会主任、区党委农村工作领导小组组长、区农村改革实验区联席会议第一召集人白玛赤林出席自治区曲水县农村改革试验区工作联席会议并讲话。

同日，自治区党委副书记、自治区常务副主席、区党委政法委书记邓小刚专程到西藏曲水监狱调研。

同日，自治区主席洛桑江村在国家级拉萨经济技术开发区进行调研。

同日，自治区主席洛桑江村主持召开政府常务会议，传达区党委书记陈全国关于当前经济工作重要讲话精神，并讨论通过了《关于简政放权进一步精简调整行政审批项目的决定》等。

17日，自治区党委书记陈全国主持召开自治区党委常委会议，听取当前经济工作汇报，研究部署经济工作。

同日，自治区党委召开常委会议，传达学习习近平总书记等中央领导同志的重要批示精神，进一步安排部署全区驻村工作。

同日，自治区党委书记陈全国在拉萨会见了第十一世班禅额尔德尼·确吉杰布的父亲索朗扎巴。

18日，自治区主席洛桑江村主持政府第四次电视电话专题学习会。北京大学副校长、博士生导师刘伟教授应邀作《我国经济增长与发展方式转变》专题讲座。

20日，自治区党委、政府隆重召开“先进双联户”创建评选活动动员大会，全面启动“先进双联户”创建评选活动。自治区党委书记陈全国出席会议并讲话。

同日，自治区主席洛桑江村主持召开政府常务会议，讨论并原则通过《日喀则历史文化名城保护规划》和《江孜历史文化名城保护规划》等。

21日，自治区党委、政府隆重召开全区民族团结进步模范表彰大会，深入贯彻落实党的十八大精神，认真贯彻落实习近平总书记参加十二届全国人大一次会议西藏代表团审议时的重要讲话精神，贯彻落实俞正声主席在中央西藏工作协调小组会议上的重要讲话精神，对全区民族团结进步创建评选活动进行总结表彰，对推进全区民族团结进步事业进行再动员、再部署。

同日，自治区党委书记陈全国在拉萨会见了武警部队副政委王长河、解放军军事检察院检察长李晓峰一行。

同日，自治区召开格尔木藏青工业园区领导小组会议，总结格尔木藏青工业园区筹建工作开展情况，研究部署下一步的工作安排。区党委副书记、自治区常务副主席、区党委政法委书记邓小刚出席会议并讲话。

22日，自治区人大常委会主任白玛赤林主持召开自治区十届人大常委会第9次主任会议。会议听取了自治区人大常委会关于向全国人大常委会及其对口机构汇报工作的情况报告等事项。

同日，武警拉萨军事检察院被最高人民检察院授予第五届“全国先进基层检察院”表彰大会在拉萨隆重召开。区党委常务副书记吴英杰，武警部队副政委王长河，解放军军事检察院检察长李晓峰出席并分别讲话。

同日，自治区召开2013年口岸建设管理和边境贸易发展领导小组会议。区党委副书记、自治区常务副主席、区党委政法委书记邓小刚主持会议。

同日，区党委常务副书记吴英杰前往自治区党委宣传部调研。

22日至23日，自治区党委书记陈全国到那曲地区亲切看望慰问基层干部群众，就发展稳定工作进行调研，并强调要以贯彻落实习近平总书记重要讲话精神为动力，努力建设繁荣和谐新那曲，开创发展稳定新局面。

23日，拉萨至林芝高等级公路交通超常规发展规划开始启动。区党委副书记、自治区主席洛桑江村讲话并宣布项目开工。

同日，区党委常务副书记吴英杰到武警西藏区域训练基地，视察部队训练和演习，亲切看望慰问武警官兵。

同日，自治区综治委召开“先进双联户”创建评选活动专题会议，认真传达学习全区开展“先进双联户”创建评选活动动员大会精神，贯彻落实陈全国书记的重要讲话精神，对开展“先进双联户”创建评选活动的具体工作进行了研究部署。区党委副书记、自治区常务副主席、区党委政法委书记邓小刚主持会议并讲话。

24日，自治区主席洛桑江村主持召开政府常务会议，讨论研究民政事业发展以及五保集中供养、孤儿集中收养等工作，并原则通过《关于加快民政事业发展的意见》和《五保集中供养和孤儿集中收养方案》。

同日，自治区主席洛桑江村主持召开政府常务会议，研究前一段时间，自治区政府领导分赴各地市、各行业督导调研情况，并就当前重点工作进行再部署。

25日，自治区召开全区旅游工作专题会议。区党委副书记、自治区常务副主席、区党委政法委书记邓小刚主持会议并讲话。

25日至30日，全国政协副主席、中央统战部部长令计划在西藏调研，先后到拉萨、日喀则、那曲等地，深入社区、农户、学校、寺庙，与当地基层干部、农牧民群众、教师、民族宗教界代表人士座谈交流。调研期间，令计划与陈全国等自治区领导交换工作意见，看望了全国政协副主席帕巴拉·格列朗杰。

26日，区党委常务副书记吴英杰在拉萨亲切会见前来参加共青团西藏自治区第九次代表大会的团中央书记处书记贺军科一行。

27日至29日，共青团西藏自治区第九次代表大会在拉萨召开。自治区党委书记陈全国发来贺信，并在会前亲切看望与会代表。区党委常务副书记吴英杰出席大会并讲话，团中央书记处书记贺军科代表团中央在大会上致辞。会议集中学习了区党委书记陈全国的贺信，区党委和团中央领导的讲话精神，听取并审议通过共青团西藏自治区第八届委员会所作的题为《高举旗帜跟党走为"六个西藏"建设贡献青春力量》的工作报告等事项。

28日至29日，自治区第十届人大常委会召开第四次会议，自治区人大常委会主任白玛赤林主持会议并讲话。会议审议通过了《西藏自治区第十届人民代表大会常务委员会五年立法规划》等。

29日，自治区党委书记陈全国与在拉萨的省级离退休干部座谈，通报发展稳定工作情况，听取老同志们的意见建议。

30日，自治区党委书记陈全国在拉萨与宗教界人士代表进行了座谈。

31日，区党委常务副书记吴英杰在拉萨亲切会见了北京市副市长张延昆一行。

同日，区党委常务副书记吴英杰主持召开自治区维稳指挥部领导层会议，传达中央和区党委关于做好近期维稳工作的重要指示精神，研究部署近期全区维护稳定工作。

6月

3日至4日，自治区党委书记陈全国在日喀则地区调研时强调，要紧紧抓住学习贯彻习近平总书记参加十二届全国人大一次会议西藏代表团审议时的重要讲话等一系列重要讲话精神的好机遇，真抓实干、开拓进取，努力创造日喀则地区发展稳定的新业绩。

4日，区党委常务副书记吴英杰在拉萨亲切会见了尼泊尔驻拉萨总领事巴道。

5日，区党委理论学习中心组在西藏人民会堂召开专题学习会。中国社会科学院党组成员、副院长李捷应邀赴藏，在会上作题为《中国特色社会主义和中国梦的实现》的专题辅导报告。陈全国等自治区领导出席学习会。区党委常务副书记吴英杰主持会议。

6日，自治区党委书记陈全国在拉萨会见了民政部部长李立国一行。

同日，自治区十届人大常委会第11次主任会议召开。自治区人大常委会主任白玛赤林主持会议。会议听取了关于我区非物质文化遗产保护立法区内外调研学习情况的报告。

同日，自治区冬春消防专项行动暨"油气领域"消防安全专项整治行动表彰电视电话会议在拉萨召开。区党委常务副书记吴英杰出席会议并讲话。

同日，民政部部长李立国在拉萨亲切拜望了全国政协副主席、自治区政协主席帕巴拉·格列朗杰和区党委原副书记、自治区人大常委会原主任列确。

6日至10日，国家民政部部长李立国率赴藏调研组前往林芝地区墨脱县等地调研民政工作，实地考察民政基础设施建设，看望慰问困难群众和驻地部队官兵。自治区副主席多吉次珠陪同考察调研。

7日，自治区党委书记陈全国，自治区人大常委会主任白玛赤林在拉萨会见了中国侨联党组书记、主席林军一行。

同日，区党委常务副书记吴英杰在拉萨亲切会见了江苏省委常委、组织部部长杨新力一行。

同日，自治区第八次民政会议在拉萨召开。民政部部长李立国出席会议并讲话。陈全国等自治区领导出席，自治区主席洛桑江村讲话。

8日，自治区第一次归侨侨眷代表大会在拉萨隆重召开。中国侨联党组书记、主席林军，自治区党委书记陈全国出席大会并致辞，白玛赤林等自治区领导出席，自治区党委常务副书记吴英杰主持大会。

9日，中共西藏自治区第八届委员会第四次全体会议在拉萨召开。会议审议通过了《中共西藏自治区委员会关于深入贯彻落实习近平总书记参加十二届全国人大一次会议西藏代表团审议时重要讲话精神，推进跨越式发展和长治久安的意见》。自治区党委常委会主持会议，自治区党委书记陈全国讲话。

同日，自治区在拉萨召开优秀援藏干部表彰大会。区党委书记陈全国、区人大常委会主任白玛赤林出席会议，自治区主席洛桑江村主持会议，区党委常务副书记吴英杰讲话。

12日，自治区党委副书记、自治区常务副主席、区党委政法委书记邓小刚到拉萨火车站公安检查站和进藏流动人员服务站检查指导，亲切看望慰问节日期间坚守岗位的公安民警和工作人员。

13日，自治区政府与金川集团股份有限公司就推进自治区“十二五”矿产业发展规划重点项目之一——谢通门县雄村铜矿项目建设举行座谈会。自治区主席洛桑江村，区党委副书记、自治区常务副主席邓小刚，自治区政府党组副书记、政府顾问多吉泽仁和金川集团股份有限公司董事长、党委书记杨志强等出席座谈会。

同日，自治区在拉萨召开欢送西藏出席团十七大代表座谈会。区党委常务副书记吴英杰出席座谈会并讲话。

同日，区党委政法委召开政法委员会和综治相关成员单位会议，传达学习习近平总书记关于平安中国建设的重要批示精神和深化平安中国建设工作会议精神，就认真贯彻落实会议精神、深化平安西藏建设进行研究部署。区党委副书记、自治区常务副主席、区党委政法委书记邓小刚主持会议并讲话。

同日，区党委副书记、自治区主席洛桑江村到西藏银行，重点就“进一步发挥金融杠杆作用”进行调研。

14日，区党委常务副书记吴英杰到自治区文联考察“百幅唐卡工程”进展情况。

同日，自治区十届人大常委会第12次主任会议召开。研究自治区人大常委会关于全区民族工作情况报告的审议意见、关于开展《西藏自治区实施<中华人民共和国水土保持法>办法（修订草案）》赴区外立法调研方案等事项。自治区人大常委会副主任周春来主持会议。

同日，区党委常务副书记吴英杰到拉萨雪城比喜宅，观看《新旧西藏对比展》。

15日，自治区政府与教育部赴藏调研组一行举行座谈。自治区主席洛桑江村出席座谈会并讲话。调研组组长、教育部民族教育司司长阿布都等专家围绕此次调研的目的、内容和思路等作了发言。

17日，自治区启动以“践行节能低碳，建设美丽家园”为主题的2013年全国节能低碳宣传活动，区党委副书记、自治区常务副主席、区党委政法委书记邓小刚到现场视察指导活动开展情况。

18日，陈全国等自治区领导出席中共中央召开的党的群众路线教育实践活动工作会议西藏分会场会议。自治区党委书记陈全国强调，全区要切实把认识统一到习近平总书记的重要讲话精神上来，按照中央的部署要求，扎实深入地开展好党的群众路线教育实践活动，以作风建设的新成效凝聚起发展稳定的强大力量。

同日，自治区主席洛桑江村主持召开政府常务会议，研究部署进一步加强安全生产工作。

同日，第七批援藏干部领队、援藏县委书记暨公选地市政府副职培训班在自治区党校开班。区党委常务副书记、区党校校长吴英杰出席开班仪式并讲话。自治区副主席宫浦光主持开班仪式。中组部干部一局副局长尹璐出席开班仪式。

19日，自治区工会第九次代表大会在拉萨召开。自治区党委书记陈全国发来贺信。区党委常务副书记吴英杰出席大会并讲话，全国总工会党组成员、经费审查委员会主任李世明在大会上致辞。

同日，自治区主席洛桑江村主持召开政府常务会议，研究部署进一步加强生态环境安全工作。

同日，自治区维稳指挥部召开全区维稳视频会议，通报当前维稳形势，就认真学习贯彻落实区党委八届四次全委会精神、深入扎实做好当前维稳工作进行再强调再部署。区党委副书记、自治区常务副主席、区党委政法委书记、区维稳指挥部总指挥邓小刚主持会议并讲话。

22日，西藏军区组织举行战役后装保障实兵演练，区党委常务副书记吴英杰观摩演练并讲话。

24日，政协第十届西藏自治区委员会常务委员会第三次会议在拉萨召开。全国政府副主席、自治区政协主席帕巴拉·格列朗杰主持会议。会议审议通过了政协第十届西藏自治区委员会常务委员会第三次会议议程（草案），传达并分组学习了陈全国书记在区党委八届四次全委会上的讲话精神和《中共西藏自治区委员会关于深入贯彻落实习近平总书记参加十二届全国人大一次会议西藏代表团审议时的重要讲话精神，推动跨越式发展和长治久安的意见》。

同日，自治区党委书记陈全国在北京亲切看望了在中央党校学习的西藏学员。他强调，要认真贯彻落实习近平总书记在中央党校建校80周年庆祝大会暨2013年春季学期开学典礼上的重要讲话和出席十二届全国人大一次会议西藏代表团审议时的重要讲话精神，以良好的学风和作风，不断增强推动发展稳定的能力和本领。

日前，自治区党委书记陈全国在北京拜访了国家水利部、国土资源部、中国科学院、中国铁路总公司和国家铁路局，并与水利部部长陈雷、国土资源部部长姜大明、中国科学院院长白春礼、中国铁路总公司总经理盛光祖、国家铁路局局长陆东福进行了座谈。

25日，自治区人民政府与"中国光彩事业西藏行"活动赴藏指导工作组举行座谈会。自治区主席洛桑江村主持，自治区副主席丁业现，自治区政协副主席、区工商联主席阿沛·晋源出席。

26日，自治区在区戒毒康复中心举行"6·26"国际禁毒日公开焚烧毒品活动暨禁毒装备配发仪式。区党委副书记、自治区常务副主席、区党委政法委书记邓小刚，自治区副主席格桑次仁、李昭出席仪式，并一同为各地（市）禁毒力量发放装备、点火销毁毒品。

28日，自治区党委召开常委会议，认真学习中央政治局专门会议和中央党的群众路线教育实践活动工作会议精神，研究部署全区党的群众路线教育实践活动。自治区党委书记陈全国主持并讲话。

同日，区党委副书记、自治区常务副主席、区党委政法委书记邓小刚，自治区副主席德吉出席2013年全国医改工作电视电话会议西藏分会场会议。

同日，区直机关先进基层党组织优秀共产党员优秀党务工作者表彰大会在拉萨召开。区党委常务副书记吴英杰出席会议并讲话。

同日，自治区召开中尼边境边防项目建设情况汇报会。区党委副书记、自治区常务副主席、区党委政法委书记邓小刚出席汇报会并讲话。

29日，自治区召开全区维护稳定工作电视电话会议。自治区党委书记陈全国出席会议并讲话，他强调，要认真贯彻落实习近平总书记的重要讲话精神，进一步把维稳工作做深做细做实，努力实现全区持续稳定、长期稳定、全面稳定。

同日，自治区主席洛桑江村在拉萨会见了国务院国资委副主任徐福顺一行。

30日，自治区召开庆祝建党92周年座谈会，回顾党的光辉历程和辉煌成就，感受一代又一代共产党人的高尚情怀，展望西藏发展稳定的光明前景。自治区党委书记陈全国出席会议并讲话。

同日，自治区党委书记陈全国分别到自治区公安厅指挥中心和拉萨市，随机暗访维稳工作。他强调，要提高警惕，完善措施，落实责任，全力确保全区社会大局和谐稳定。

同日，西藏武警部队在拉萨举行反恐维稳誓师大会。区党委副书记、自治区常务副主席、区党委政法委书记、区维稳指挥部总指挥邓小刚出席并讲话。

同日，自治区党委书记陈全国，自治区主席洛桑江村在拉萨会见了中国联通集团公司董事长常小兵一行。

同日，自治区召开区（中）直部门主要负责人会议。会议的主要任务是贯彻落实八届区党委第55次常委会、6月29日全区维稳视频会议精神，安排部署新形势下加强流动人口服务和管理工作。区党委副书记、自治区常务副主席、区党委政法委书记邓小刚出席会议并讲话。

7月

1日，陈全国、洛桑江村等自治区领导一同考察了老城区保护工程和驻藏大臣衙门旧址陈列馆。

同日，西藏自治区预防腐败局挂牌成立。

同日，自治区党委副书记、自治区常务副主席、区党委政法委书记邓小刚出席区公安厅干部大会并讲话。

2日，自治区主席洛桑江村主持召开政府主席办公会，总结分析上半年经济运行情况。

同日，自治区维稳指挥部召开会议，传达学习中央和区党委关于做好近期维稳工作的重要决策部署及陈全国书记的重要批示精神，并就做好当前全区维护稳定工作进行再强调、再部署。区党委副书记、自治区常务副主席、区党委政法委书记、区维稳指挥部总指挥邓小刚主持会议并讲话。

3日，自治区主席洛桑江村深入中国农业银行西藏分行和国家开发银行西藏分行，重点就发挥好金融撬动作用进行调研，并代表自治区党委、政府，代表陈全国书记向奋斗在金融战线的广大干部员工表示亲切问候。

5日，自治区党委书记陈全国，自治区主席洛桑江村在拉萨会见了宝钢集团有限公司董事长徐乐江一行。

同日，西藏首座城市下穿隧道—昌都胜利街下穿隧道全线贯通并实现通车，填补了西藏没有城市下穿隧道的空白。

同日，自治区党委书记陈全国到大昭寺广场考察旅游业发展和维稳工作落实情况时强调要努力营造和谐稳定的社会环境，让各族群众受益，让中外游客满意。

同日，自治区主席洛桑江村主持召开“中国光彩事业西藏行”活动专题会议，听取工作汇报并进行再动员再部署。

6日，自治区党委常务副书记吴英杰在区维稳一线指挥部检查督导各地市维稳指挥部值班情况，听取各地市维稳工作情况汇报，并考察调研拉萨老城区保护工程。

7日，区党委常务副书记吴英杰在拉萨主持召开区党委党的群众路线教育实践活动领导小组第一次会议，传达学习中央精神，听取前一阶段工作情况汇报，研究部署领导小组相关工作。

8日，自治区党的群众路线教育实践活动动员大会在拉萨召开。会议认真贯彻落实党的十八大和中央关于深入开展党的群众路线教育实践活动的决策部署，深入学习领会习近平总书记等中央领导同志的重要讲话精神，就全区深入开展党的群众路线教育实践活动作出部署安排，对第一批教育实践活动进行动员部署。中央第七督导组组长陆浩、自治区党委书记陈全国作动员讲话，自治区人大常委会主任白玛赤林，自治区主席洛桑江村，中央第七督导组副组长刘上洋，自治区党委副书记、自治区常务副主席邓小刚出席主会场会议。区党委常务副书记吴英杰主持会议。会议以电视电话会议形式召开。

同日，西藏第一个壁画艺术博物馆——扎塘寺壁画艺术博物馆于正式开馆。

同日，区党委副书记、自治区常务副主席、区党委政法委书记邓小刚在拉萨会见了黑龙江省委常委、政法委书记郝会龙一行。

9日，自治区党委常委会进行了第一次集中学习，集中观看电影《农奴》，参观了新旧西藏对比展览。

10日，自治区十届人大常委会第13次主任会议召开。自治区人大常委会主任白玛赤林主持会议。会议研究通过了自治区十届人大常委会第五次会议议程（草案）及日程安排等事项。

11日，自治区党委书记陈全国，自治区主席洛桑江村在拉萨会见了全国“扫黄打非”工作小组专职副组长李长江一行。

同日，区党委常务副书记吴英杰在拉萨主持召开区党委党的群众路线教育实践活动领导小组第二次会议，学习贯彻中央督导组组长陆浩和区党委书记陈全国在全区深入开展党的群众路线教育实践活动动员大会上的重要讲话精神，研究安排我区教育实践活动有关工作。

同日，区党委副书记、自治区常务副主席、区党委政法委书记邓小刚在拉萨会见新西兰驻华大使伍开文一行。

12日，自治区党委书记陈全国，自治区党委常务副书记吴英杰分别陪同中央第七督导组组长陆浩、副组长刘上洋在拉萨调研，通过召开座谈会、听取工作汇报、实地走访等形式，了解和指导党的群众路线教育实践活动。

同日，2013年“扫黄打非·珠峰工程”座谈会在拉萨召开。全国“扫黄打非”工作小组专职副组长李长江，自治区主席洛桑江村出席会议并讲话。

13日，自治区党委常委及部分省军级领导同志集体参观了清政府驻藏大臣衙门旧址陈列馆。

14日，区党委在西藏人民会堂举行党的群众路线教育实践活动专题辅导报告会，并邀请中央党校辛鸣教授做专题辅导报告。陈全国等自治区领导出席报告会。

同日，区党委副书记、自治区常务副主席、区党委政法委书记邓小刚在拉萨亲切会见原中国驻波兰大使孙玉玺、玩脚步司长邱国洪一行。

16日，中国共产党的优秀党员，忠诚的共产主义战士，党和人民的忠诚卫士，优秀的军事指挥员，中国人民武装警察部队西藏自治区总队司令员郭毅力同志告别仪式在拉萨举行。自治区党委书记陈全国主持仪式。郭毅力同志逝世后，习近平、李克强、俞正声、张高丽、许其亮、范长龙、孟建柱、胡春华、栗战书、郭金龙、向巴平措、郭声琨、令计划、帕巴拉·格列朗杰、张庆黎、热地、陈奎元、张阳等领导同志以不同方式对郭毅力同志逝世表示哀悼，并对其家属表示慰问。

15日至16日，自治区妇女第九次代表大会在拉萨召开，会议选举产生了自治区妇联新一届领导班子。自治区党委书记陈全国出席开幕会，全国妇联党组书记、副主席宋秀岩，自治区人大常委会主任白玛赤林致辞，西藏全区315名妇女代表参会。

15日至16日，全国妇联党组书记、副主席宋秀岩在自治区党委书记陈全国陪同下，到拉萨市城关区、达孜县看望慰问各族各界妇女，考察指导妇女工作。

17日，区党委邀请中国社会科学院院长李捷在西藏人民会堂作关于党的群众路线教育实践活动专题辅导报告。自治区人大常委会主任白玛赤林，区党委常委、纪委书记金书波出席报告会。

同日，自治区人民政府与中国建设银行在拉萨举行座谈会，并签订战略合作协议。自治区主席洛桑江村，中国建设银行党委副书记、行长张建国出席并讲话。

同日，武警部队司令员王建平，自治区党委书记陈全国先后到武警部队西藏区域训练基地、武警西藏总队医院，看望慰问武警官兵，视察工作，提出要求。

同日，自治区政府举行2013年第五次电视电话专题学习会。中国信息网集团董事长、中国民生银行副董事长刘永好应邀作《从新希望的发展看中国市场经济与民营企业的变迁》专题讲座。自治区主席洛桑江村主持会议。

13日至17日，区党委常务副书记吴英杰陪同以全国人大常委、环资委主任委员、甘肃省原书记陆浩为组长的中央第七督导组深入日喀则地区江孜县、亚东县、白朗县、日喀则市和聂拉木县，亲切看望当地干部群众，就开展党的群众路线教育实践活动进行督导调研。

18日，自治区党委书记陈全国在自治区领导集体参观西藏军区军史馆时强调，要充分认识开展党的群众路线教育实践活动的重大意义，通过教育实践活动，进一步牢固树立宗旨意识、强化群众观点，始终坚持立党为公、执政为民，始终保持同人民群众的血肉联系。

同日，自治区主席洛桑江村在拉萨会见了中国社会科学院副院长李捷一行。

同日，自治区政府与中国长江三峡集团公司举行座谈，就进一步落实双方合作事宜交换意见。区党委副书记、自治区常务副主席、区党委政法委书记邓小刚，中国长江三峡集团公司董事长、党组书记曹广晶分别在座谈会上讲话。

19日，自治区召开党委常委扩大会议，开展“为了谁、依靠谁、我是谁”专题讨论。自治区党委书记陈全国主持会议并讲话。

同日，自治区十届人大常委会第14次主任会议召开。自治区人大常委会主任白玛赤林主持会议。会议听取了法制委员会关于《西藏自治区实施<中华人民共和国水土保持法>办法（修订草案）》修改情况的汇报等事项。

同日，自治区政府与中国石化集团公司举行座谈，共商发展大计。区党委副书记、自治区常务副主席、区党委政法委书记邓小刚，中国石化集团公司党组成员、股份公司高级副总裁王志刚分别讲话。

20日，自治区召开“老西藏精神”座谈会。自治区人大常委会主任白玛赤林主持会议并讲话。

22日，区党委在西藏人民会堂举行党的群众路线教育实践活动专题辅导报告会，邀请中央党校谢春涛教授作专题辅导报告。陈全国、白玛赤林等自治区领导出席报告会。

同日，区党委副书记、自治区常务副主席、区党委政法委书记邓小刚主持召开自治区人民政府专题会议，就进一步做好我区国土资源管理工作进行安排部署。

18日至22日，区党委常务副书记吴英杰陪同以全国人大常委、环资委主任委员、甘肃省委原书记陆浩为组长的中央第七督导组在阿里地区普兰县、札达县、噶尔县、日土县调研指导党的群众路线教育实践活动。中央第七督导组副组长刘上洋一同调研。

23日，自治区党委理论学习中心组召开专题讨论交流会，在自学《论党的群众路线——重要论述摘编》的基础上，集中学习讨论党的群众路线在西藏的实践，进一步牢固树立宗旨意识和马克思主义群众观点，增强贯彻执行党的群众路线的自觉性和鉴定性。自治区党委书记陈全国主持会议并讲话。

同日，自治区主席洛桑江村在拉萨会见了来藏访问的世界卫生组织西太区主任申英秀一行。

同日，自治区党委常务副书记吴英杰在拉萨亲切会见了人民日报社副总编辑陈俊宏一行。

24日，自治区政府举行2013年第六次专题学习会。国家环保部环境与经济政策研究中心主任、研究院夏光应邀作《生态文明建设与环保形势和政策》专题讲座。自治区主席洛桑江村主持会议。

同日，自治区党委常务副书记吴英杰在拉萨会见了清华大学党委书记胡和平一行。

25日，自治区政府党组召开党的群众路线教育实践活动学习讨论会。自治区主席洛桑江村主持会议并讲话。

同日，区党委常务副书记吴英杰主持召开座谈会，深入征求部分区直机关、基层干部群众对区党委常委会班子在反对“四风”、解决“两问题”方面的意见和建议。

同日，自治区人民政府与国务院安委会第十五督查组举行座谈，研究分析当前我区安全生产情况，安排部署下一步工作。区党委副书记、自治区常务副主席、区党委政法委书记邓小刚，国务院安委会第十五督查组组长、共青团中央书记处书记汪鸿雁分别接在座谈会上讲话。

23日至25日，自治区十届人大常委会第五次会议在拉萨举行。会议表决通过了《西藏自治区实施<中华人民共和国水土保持法>办法》等，自治区人大常委会主任白玛赤林出席会议并讲话。

26日，区党委常委会召开座谈会，征求对区党委常委班子及成员在“四风”、“两问题”方面的意见建议。自治区人大常委会主任白玛赤林主持座谈会并讲话。

同日，区党委常务副书记吴英杰主持召开座谈会，深入征求自治区人大、政府、政协省级领导同志及基层干部群众代表对区党委常委会班子及成员在“四风”、“两问题”方面的意见和建议。

27日，西藏自治区人民政府与青海省人民政府在格尔木隆重举行《建设格尔木藏青工业园合作框架协议》签署仪式。自治区主席洛桑江村，青海省省长郝鹏代表双方签署《西藏自治区人民政府、青海省人民政府关于建设格尔木藏青工业园区的合作框架协议》。区党委常委、自治区常务副主席丁业现，青海省副省长辛国斌在仪式上致辞。

同日，格尔木西藏基地创建60周年座谈会在青海格尔木举行。自治区主席洛桑江村，青海省省长郝鹏出席并讲话。

28日，自治区党委书记陈全国在拉萨会见了哈萨克斯坦总统办公厅主任、前总理卡里姆·马西莫夫一行。

同日，区党委副书记、自治区常务副主席、区党委政法委书记邓小刚主持召开座谈会，征求部分区直机关、基层干部群众对区党委常委会班子在反对“四风”、解决“两问题”方面的意见和建议。

日前，自治区政府第九次常务会议研究通过了《西藏自治区矿产资源勘查开发监督管理办法》。办法强调，矿产勘查开发应严守生态环境保护、安全生产、社会和谐稳定“三条红线”。

同日，自治区党委与中国社会科学院赴藏调研组在拉萨举行意见交流会。区党委常务副书记吴英杰，中国社会科学院党组成员、副院长李捷分别在意见交流会上讲话。

同日，自治区领导集体参观拉萨城市规划建设展览馆。自治区党委常务副书记吴英杰在参观现场强调，要按照科学发展观要求，推进西藏城镇化建设，努力把拉萨建设成为民族风貌浓郁、历史文化特色鲜明的现代城市。

29日，自治区党委书记陈全国到新华社西藏分社调研，亲切看望分社工作人民，向新华社西藏分社成立62周年表示热烈的祝贺，并向全区新闻宣传战线的同志们致以崇高的敬意。

同日，自治区公安厅、自治区人民检察院分别召开干部大会，宣布区党委关于干部职务任免的决定。区党委副书记、自治区常务副主席、区党委政法委书记邓小刚出席会议并讲话。

30日，自治区党委书记、西藏军区党委第一书记陈全国，自治区主席洛桑江村到西藏军区、武警拉萨支队走访慰问，代表自治区党委、政府和全区各族人民向驻藏人民解放军指战员、武警和公安现役部队官兵、民兵预备役人员致以节日的祝贺。

同日，第十八次全区法院工作会议在拉萨召开。区党委副书记、自治区常务副主席、区党委政法委书记邓小刚出席会议并讲话。

31日，区党委召开专题学习会议，传达学习中共中央政治局常委、中央党的群众路线教育实践活动领导小组组长刘云山、中共中央政治局委员、中组部部长、中央党的群众路线教育实践活动领导小组副组长赵乐际在中央党的群众路线教育实践活动中央督导组工作座谈会上的重要讲话精神。

29日至31日，自治区人大常委会主任白玛赤林在拉孜县调研指导党的群众路线教育实践活动。

8月

1日至6日，中共中央政治局常委、全国政协主席俞正声先后到拉萨市和那曲地区，深入高校企业、农村牧区、藏传佛教寺庙进行调研，并多次召开座谈会，与各族干部群众共商发展稳定大计。俞正声强调，要认真贯彻落实中央关于西藏工作的一系列方针政策，树立依法治藏、长期建藏思想，坚持走有中国特色、西藏特点的发展路子，促进西藏经济社会跨越式发展和长治久安，把建设社会主义新西藏事业不断推向前进。陈全国等自治区领导陪同考察或出席汇报会。

1日，西藏自治区欢迎欢送中央和国家机关暨枞阳企业援藏干部大会在拉萨隆重举行。

同日，区党委副书记、自治区常务副主席、区党委政法委书记邓小刚在拉萨视察2013年我区正兵宣传活动。

2日，国道318县通麦大桥垮塌导致交通中断。垮塌发生之后，国家交通运输部和自治区党委、政府高度重视，交通运输部部长杨传堂、自治区党委书记陈全国和自治区主席洛桑江村多次作出重要指示，要求全力搜救失踪人员，全力开展抢通保通工作。

4日，自治区主席洛桑江村主

持召开专题视频会议，研究部署通麦便桥抢通保通事宜。

同日，自治区人民政府以电视电话会议形式举行2013年第七次专题学习会。世界银行原副行长兼首席经济学家、北京大学国家发展研究院名誉院长、自治区政府顾问林毅夫教授应邀作《当前国际国内经济形势与未来中国经济发展》专题报告。自治区主席洛桑江村主持会议。

5日，拉萨市举行民兵民警训练情况汇报演示暨国防动员委员会第五次全体会议。成都军区司令员李作成，区党委副书记、自治区常务副主席、区党委政法委书记邓小刚等视察民兵训练基地基础设施建设情况并观看汇报演示。

同日，中国光彩事业西藏行大会在拉萨举行。中央统战部副部长、全国工商联党组书记、中国光彩事业促进会副会长全哲洙，自治区主席洛桑江村出席大会并讲话。

同日，区党委副书记、自治区常务副主席、区党委政法委书记邓小刚前往哲蚌寺和色拉寺，实地检查指导雪顿节展佛活动现场服务管理和安保措施落实情况，并听取拉萨市关于雪顿节各项节庆活动筹备情况汇报。

同日，中央统战部副部长、全国工商联党组书记、中国光彩事业促进会副会长全哲洙，自治区主席洛桑江村等到中国光彩事业西藏行西藏特色产品展示会现场视察产品展销。

同日，西藏四川商会成立庆典暨揭牌仪式在拉萨举行。中央统战部副部长、全国工商联党组书记、中国光彩事业促进会副会长全哲洙，全国工商联副主席谢经荣、安七一，区党委常委、区政协党组书记、副主席、区党委统战部部长公保扎西为商会成立揭牌。

6日，自治区人民政府与中国银行在拉萨举行座谈会，并签订战略合作协议。自治区主席洛桑江村，中国银行党委副书记、行长李礼辉出席并讲话。

7日，自治区主席洛桑江村在拉萨会见参加中国光彩事业西藏行活动的中国民生银行副董事长、党委书记、行长洪崎，中国民生银行监事会主席段青山一行。

10日，自治区主席洛桑江村到拉萨柳梧新区的奇正藏药国家认定企业技术中心进行专题调研。

同日，区党委常务副书记吴英杰一行在那曲县达前乡就群众路线教育实践活动开展情况进行调研。

11日，自治区党委召开常委（扩大）会议，传达学习中共中央政治局常委、全国政协主席俞正声在西藏考察时的重要讲话精神。

同日，在那曲县开展党的群众路线教育实践活动调研的区党委常务副书记吴英杰，代表自治区党委、陈全国书记看望慰问了正在夏曲镇、达前乡开展野外生存驻训的武警日喀则支队、昌都支队、武警一支队和拉萨特警大队的官兵、干警。

同日，自治区党委召开常委（扩大）会议，传达学习中共中央政治局常委、全国政协主席俞正声在西藏考察时的重要讲话精神。自治区党委书记陈全国主持会议并讲话。

同日，十二届全国人大常委会副委员长向巴平措参观了拉萨城市规划建设展览馆。他强调，要坚持规划先行，加大落实力度，扎实推进拉萨城镇化建设。自治区党委常委、拉萨市委书记齐扎拉陪同。

12日，昌都地区左贡县、芒康县交界处（北纬30度，东经98度）发生6.1级地震，震源深度10公里，震中位于左贡县仁果乡，造成200多处房屋倒塌受损，部分行政村通信、道路中断，暂无人员伤亡报告。地震发生后，自治区党委、政府高度重视，自治区党委书记陈全国、自治区主席洛桑江村在第一时间作出重要指示和批示，要求自治区有关部门和昌都地区全力做好各项应对响应，全力搜救遇险群众，保障灾区群众生产生活，最新情况随时上报，灾情扩大后自治区要随时响应。

同日，全区维护稳定视频会议在拉萨召开。区党委副书记、自治区常务副主席、区党委政法委书记、区维稳指挥部总指挥邓小刚出席会议并讲话。

13日，自治区党委书记陈全国主持召开自治区党委常委（扩大）会议，听取昌都地区左贡县地震灾情及抢险救援情况汇报，研究部署下一阶段抗震救灾工作。

同日，自治区主席洛桑江村主持召开政府专题会议，对“8·12”昌都地震抢险救灾工作进行具体部署。

同日，西藏自治区第六次残疾人代表大会在拉萨召开。中国残联和自治区党委书记陈全国分别向大会发来贺信。自治区党委常委、组织部部长梁田庚等出席开幕会。

14日，全国民委系统对口支援西藏、新疆工作会议在林芝召开。全国政协副主席、国家民委主任王正伟作重要讲话，国家民委副主任罗黎明主持会议，自治区党委常委、自治区常务副主席丁业现代表自治区党委、政府致辞。

同日，自治区人大常委会党组召开会议，传达学习中共中央政治局常委、全国政协主席俞正声在西藏考察时的重要讲话精神。自治区人大常委会党组书记、主任白玛赤林主持会议并讲话。

同日，水利部第六次援藏工作会议在拉萨召开，总结“十二五”以来水利援藏工作，分析形势任务，交流经验做法，安排部署下一阶段水利援藏工作。水利部党组书记、部长陈雷讲话，自治区党委书记陈全国出席，自治区主席洛桑江村致辞。

同日，自治区人大常委会党组召开“为了谁、依靠谁、我是谁”专题讨论会。自治区人大常委会主任白玛赤林主持会议并讲话。

同日，自治区世界人大常委会第16次主任会议召开。自治区人大常委会主任白玛赤林主持会议。会议研究同意关于开展《中华人民共和国义务教育法》执法检查方案等。

15日，自治区党委常务副书记吴英杰一行在那曲县达前乡就深入开展党的群众路线教育实践活动情况进行调研。

同日，西藏雅砻文化节在山南泽当镇举行。全国人大常委会原委员、全国人大民族事务委员会原副主任委员列确，湖北省政协主席杨松、省人大常委会副主任赵斌、自治区政协原副主席次仁卓嘎、索朗卓玛等出席开幕式。自治区副主席甲热·洛桑丹增宣布开幕。

同日，自治区山南地委、行署与湖北省党政代表团举行座谈。湖北省政协主席杨松、副省长郭生练出席并讲话。湖北省人大常委会副主任赵斌、自治区副主席甲热·洛桑丹增出席。

同日，中国共产党的亲密朋友，同党长期合作共事的坚定爱国主义者、西藏自治区第六届人民代表大会常务委员会副主任恰白·次旦平措逝世。习近平、刘云山等国家领导人对恰白·次旦平措同志逝世表示哀悼，并对其亲属表示慰问。陈全国等自治区领导前往家中吊唁或以不同方式表示哀悼和慰问。

16日，白玛赤林等自治区领导出席由自治区农牧厅主办，西藏高原之宝牦牛乳液股份有限公司协办的牦牛奶产业开发与可持续发展成果展示会。

11日至16日，全国政协副主席、国家民委主任王正伟在林芝地区和拉萨市就做好新形势下的民族工作进行考察调研。陈全国等自治区领导陪同考察或出席汇报会。

13日至16日，水利部党组书记、部长陈雷率水利部赴藏调研组在区水利厅、西藏旁多水利枢纽工程建设现场等地考察调研我区水利工作，并看望慰问水利干部职工、水利援藏干部和驻地武警水电部队官兵。水利部党组副书记、副部长、水利部援藏工作领导小组组长矫勇，水利部总工程师汪洪到西藏旁多水利枢纽工程建设现场等地进行实地考察调研。自治区副主席坚参，武警水电指挥部司令员岳曦陪同考察。

17日，区党委常务副书记吴英杰在那曲地区有关部门负责人陪同下，深入那曲县孔玛乡一村、二村实地调研那曲县开展党的群众路线教育实践活动工作，亲切看望、慰问村“两委”班子成员、各方面驻村干部、老党员、老干部和特困群众，现场协调解决基层突出困难和问题。

13日至17日，自治区副主席甲热·洛桑丹增等陪同以湖北省政协主席杨松为团长，省人大常委会副主任赵斌、副省长郭生练为副团长的湖北省党政代表团在山南开展考察调研。

19日，区党委副书记、自治区常务副主席、区党委政法委书记邓小刚等出席第一次全国地理国情普查电视电话会议西藏分会场会议。

20日，自治区党委书记陈全国、自治区人大常委会主任白玛赤林在拉萨会见了由湖北省政协主席杨松率领的湖北省党政代表团。

同日，自治区人大常委会党组、机关党组召开班子及成员作风建设情况征求意见座谈会。自治区人大常委会主任白玛赤林主持会议并讲话。

日前，区党委常务副书记吴英杰与那曲地区相关负责人一行，在那曲县就党的群众路线教育实践活动开展情况进行调研。

日前，区党委副书记、自治区常务副主席、区党委政法委书记邓小刚主持召开自治区人民政府专题会，研究部署樟木口岸地质灾害综合防治工作。

同日，自治区党委、政府与湖北省省政代表团在拉萨举行座谈，共商发展大计。湖北省政协主席杨松，区党委副书记、自治区常务副主席、区党委政法委书记邓小刚出席座谈会并分别讲话。

21日，川藏联网工程暨巴塘500千伏变电站奠基。中共中央政治局常委、全国政协主席俞正声对工程建设作出重要批示，要求高标准、高质量建成川藏联网工程。自治区党委书记陈全国，四川省委书记王东明也分别作出批示。

同日，自治区十届人大常委会召开第17次主任会议。自治区人大常委会主任白玛赤林主持会议。会议研究了关于开展《中华人民共和国气象法》和《西藏自治区气象条例》。

同日，自治区人民政府与中国农业银行在拉萨举行座谈会，并签订新一轮战略合作协议。自治区主席洛桑江村，中国农业银行党委书记、董事长蒋超良出席并讲话。区党委副书记、自治区常务副主席、区党委政法委书记邓小刚与中国农业银行党委委员、执行董事、副行长娄文龙代表双方签订协议。

同日，区党委副书记、自治区常务副主席、区党委政法委书记邓小刚，公安部边防管理局政委、党委书记李乐民出席西藏公安边防总队干部任职命令大会并分别讲话。

22日，自治区党委书记陈全国到第一批群众路线教育实践活动联系点山南地区贡嘎县，调查研究、认亲结对，认真征求基层干部群众对自治区党委常委会和领导干部转变作风的意见建议，指导教育实践活动健康推进。

23日，自治区政府以电视电话会议形式举行2013年第八次专题学习会。中国证监会研究中心主任祁斌应邀作《资本市场与西藏跨域式发展》专题报告。自治区主席洛桑江村主持会议。

同日，区党委常务副书记吴英杰在那曲县夏荣布寺就全面贯彻落实区党委关于加强和创新寺庙管理的一系列部署要求、促进宗教与社会主义社会相适应等情况进行实地调研。

18日至25日，全国政协民族和宗教委员会主任朱维群、副主任白玛率领调研组在昌都、拉萨、山南等地就引导藏传佛教与社会主义社会相适应进行专题调研。

26日，自治区第三次全国经济普查综合试点培训会议在拉萨召开。区党委副书记、自治区常务副主席、区党委政法委书记、自治区第三次全国经济普查领导小组组长邓小刚，国家统计局党组成员、副局长、国务院第三次全国经济普查领导小组办公室第一副主任李强出席会议并分别讲话。

27日，自治区党委理论学习中心组在西藏人民会堂召开第八次学习会，邀请中国社会科学院法学研究所副所长莫纪宏作专题报告。陈全国等自治区领导出席学习会。

同日，自治区人民政府与中国都建立投资集团召开座谈会。同日，中国电力投资集团公司西藏分公司成立。自治区主席洛桑江村，中电投党组书记、总经理陆启洲出席并讲话。

同日，自治区党委常务副书记吴英杰在比如县达塘乡调研指导党的群众路线教育实践活动并强调，要胸怀大局、着眼小事，深入扎实开展好党的群众路线教育实践活动，以作风建设的新成效更好地造福各族群众。

同日，自治区党委常务副书记吴英杰专程到比如县查曲乡热登寺、达姆寺，亲切看望慰问爱国爱教僧人和寺管会干部，就创新寺庙管理工作进行调研。

28日，自治区党委书记陈全国主持召开自治区党委常委会议，传达学习全国宣传思想工作会议精神特别是习近平总书记的重要讲话精神，研究我区贯彻落实意见。

同日，自治区人民政府与中国电力建设集团召开座谈会，共商合作发展大计。会后，中电建集团宣布，中国电建集团西藏分公司、中国电建集团西藏高原工程技术研发中心成立。自治区主席洛桑江村，中电建集团党委书记、副董事长晏志勇讲话。

同日，自治区党委召开常委会议，传达学习部分省区市党委教育实践活动小组负责同志座谈会精神，安排部署下一步全区党的群众路线教育实践活动。自治区党委书记陈全国主持会议并讲话。

29日，自治区主席洛桑江村主持召开自治区人民政府常务会，研究新增购买公益性岗位和就业工作。

同日，自治区人民政府与中国科协战略合作签字仪式暨西藏科协第四届学术年会在拉萨举行。中国科协常务副主席、党组书记、书记处第一书记申维辰，区党委副书记、自治区常务副主席、区党委政法委书记邓小刚在会上分别讲话并共同签署协议。

同日，自治区主席洛桑江村主持召开自治区人民政府第11次常务会，进一步研究部署昌都“8·12”地震受灾群众过渡性安置和灾后恢复重建工作。

同日，区党委副书记、自治区常务副主席、区党委政法委书记、自治区第三次全国经济普查领导小组组长邓小刚出席第三次全国经济普查电视电话会议西藏分会场会议。

30日，自治区主席洛桑江村主持召开自治区政府党组党的群众路线教育实践活动征求意见会，通报了自治区政府重点工作开展情况，听取在拉萨离退休省级老干部对政府班子成员在“四风”、“两问题”等方面的意见建议。

同日，区党委副书记、自治区常务副主席、区党委政法委书记邓小刚出席2013年度拉萨市城市供暖试点工程动员大会并讲话。

同日，自治区召开全区上半年金融运行分析会，分析我区当前金融形势，安排部署下半年金融工作。自治区主席洛桑江村出席并讲话。

31日，全国政协副主席、自治区政协主席帕巴拉·格列朗杰在自治区政协宴会厅宴请了全国政协常委、中国佛教协会副会长班禅额尔德尼·确吉杰布。吴英杰等自治区领导出席。

30日至31日，自治区党委书记陈全国到阿里地区亲切看望慰问各族干部群众，就发展稳定工作进行调研。他强调，要深入贯彻落实习近平总书记重要讲话精神，确保阿里人民与全国同步过上全面小康新生活。

9月

1日，区党委副书记、自治区常务副主席、去昂为政法委书记邓小刚到拉萨市达孜县，进村入户、认亲结对交朋友，实地了解利民惠民富民政策落实情况，面对面征求听取基层干部群众意见建议，调研教育实践活动的深入推进。

同日，区党委副书记、自治区常务副主席、区党委政法委书记邓小刚到党的群众路线教育实践活动寺庙联系点小昭寺调研指导工作，实地了解加强和创新寺庙管理工作落实情况、各项惠僧利寺政策落实情况，面对面听取驻寺干部和广大僧人的意见建议。

2日，自治区召开昌都“8·12”地震抗震救灾电视电话会议，对地震发生以来的抗震救灾工作进行阶段性小结，重点对地震受灾群众过渡性安置以及灾后恢复重建工作进行再安排再部署。

同日，区党委副书记、自治区常务副主席、区党委政法委书记邓小刚出席全国禁毒工作电视电话会议并讲话。

3日，自治区党委书记陈全国在拉萨会见了全国工商联副主席、中国民生银行董事长董文标，巨人投资有限公司董事长史玉柱一行。

同日，自治区主席洛桑江村在拉萨会见了来藏参加藏尼经贸洽谈会的尼泊尔内阁首席秘书里拉·马尼·包迪亚尔和尼泊尔政府代表团一行，双方进行了亲切友好的交谈。

4日，自治区十届人大常委会第18次主任会议召开。区人大常委会副主任嘎玛主持会议。会议研究同意自治区十届人大常委会第六次会议于9月下旬召开等事项。

同日，区党委副书记、自治区主席洛桑江村在拉萨会见了全国政协常委、全国工商联副主席、中国民生银行董事长董文标，巨人投资有限公司董事长史玉柱一行。

5日，自治区党委书记陈全国主持召开自治区党委常委会议，传达学习全国党委秘书长会议精神，特别是中共中央政治局委员、种公羊书记处书记、中央办公厅主任栗战书的重要讲话精神，研究我区贯彻落实意见。

同日，自治区党委召开常委会议，研究部署全区党的群众路线教育实践活动。自治区党委书记陈全国主持会议并讲话。

6日，区党委常务副书记吴英杰在比如县主持召开深化“坚持党的群众路线、构建和谐比如”主题教育活动群众工作负责人会议，广泛征求意见，分析当前形势，安排部署各项工作。

同日，自治区人民政府召开会议，向国务院社会信用体系建设督导组汇报我区社会信用体系建设工作情况。区党委副书记、自治区常务副主席、区党委政法委书记邓小刚出席汇报会并讲话，国务院法制办副主任甘藏春主持汇报会。

6日至7日，十届全国人大常委会副委员长热地到山南地区考察调研，在贡嘎、扎囊、乃东、桑日等县深入基层组织、农户家中、工厂企业、建设工地以及寺庙等地，问民生、看变化、话发展，与各族基层干部群众亲切交谈，详细了解山南地区发展、稳定各项事业进展情况，并听取山南地委、行署工作汇报。自治区党委常委、自治区常务副主席丁业现陪同视察。

9日，自治区召开全区学习贯彻习近平总书记系列重要讲话精神电视电话会议，就学习贯彻落实中共中央总书记、国家主席、中央军委主席习近平同志系列重要讲话精神进行深入动员和部署，传达中共中央政治局常委、全国政协主席俞正声视察西藏时的重要讲话精神和中共中央政治局委员、中央书记处书记、中央办公厅主任栗战书在全国党委秘书长会议上的讲话精神。自治区党委书记陈全国出席会议并讲话。

同日，自治区党委书记陈全国在拉萨会见了中国移动通信集团有限公司董事长奚国华一行。

同日，区党委常务副书记吴英杰到比如县羊秀乡申扎寺、白嘎乡白嘎寺和羊秀乡中宗村就党的群众路线教育实践活动及和谐比如主题教育活动进行调研，广泛听取寺庙僧人、基层干部群众对党员领导干部关于纠正“四风”、解决“两问题”的意见和建议，看望慰问寺庙僧众、各族群众和驻寺驻村干部。

9日至10日，陈全国等自治区领导分别到区内各学校，亲切看望师生员工，代表自治区党委、政府和300万各族人民向全区广大教师和教育工作者致以节日的祝贺和诚挚的问候。

10日，自孩子去党委党校、自治区行政学院举行2013年秋季开学典礼。区党委副书记、自治区常务副主席、区党委政法委书记邓小刚出席开学典礼并讲话。

同日，“中国移动在西藏”主题报告会在拉萨举行。自治区主席洛桑江村出席并讲话。国务院国有重点大型企业监事会主席国一民出席，中国移动董事长奚国华做主题报告，中国移动副总裁刘爱力主持。

11日，陈全国等自治区领导集中观看了反腐倡廉警示教育片，接受了一次深刻的党风廉政建设和反腐败斗争教育。

同日，区党委副书记、自治区常务副主席、区党委政法委书记邓小刚赴自治区发展改革委调研，亲切看望广大干部职工。

同日，自治区十届人大常委会第19次主任会议召开。区人大常委会副主任嘎玛主持。会议研究同意自治区人大常委会关于开展全区社会保障工作情况的调研方案等。

同日，自治区主席洛桑江村在拉萨会见中国太平洋保险股份有限公司党委书记、董事长高国富一行。

12日，区党委常务副书记吴英杰到比如县香曲乡玛热村、贡许村，访农户察民情，亲切看望驻村干部和各族群众，就党的群众路线教育实践活动及和谐比如主题教育活动进行调研。

同日，自治区人民政府与中国太平洋保险（集团）股份有限公司战略合作框架协议签字暨捐赠仪式在拉萨举行。自治区主席洛桑江村出席。中国太平洋保险（集团）股份有限公司党委书记、董事长高国富和区党委常委、自治区常务副主席丁业现代表双方签字。

同日，自治区人民政府与国家人力资源和社会保障部赴藏调研组举行座谈会，汇报我区人力资源社会保障工作情况。区党委副书记、自治区常务副主席、区党委政法委书记邓小刚，国家人力资源和社会保障部副部长胡晓义出席会议并分别讲话。

日前，以全国人大常委、环资委主任委员、甘肃省委原书记陆浩为组长的中央第七督导组在山南扎囊、乃东、错那、琼结县等地调研指导党的群众路线教育实践活动。自治区人大常委会主任白玛赤林陪同调研。

14日，自治区主席洛桑江村到左贡县田妥镇沙益村和米扎村看望慰问地震受灾群众，视察灾区恢复重建工作。

同日，自治区人民政府与中国铝业公司举行座谈会。区党委副书记、自治区常务副主席、区党委政法委书记邓小刚，中国铝业公司党组成员、中国铝业股份有限公司高级副总裁刘祥民出席座谈会并分别讲话。

15日，自治区主席洛桑江村到地震重灾区察雅县看望慰问干部群众，视察经济社会发展情况。

16日，自治区人大常委会主任白玛赤林主持自治区新旧西藏对比座谈会并讲话。

17日，区党委副书记、自治区常务副主席、区党委政法委书记邓小刚出席自治区维护稳定工作电视电话会议并讲话。

16日至17日，自治区主席洛桑江村到昌都县，深入街区、寺庙详细了解城镇规划与建设、加强和创新寺庙管理等工作，并听取了昌都地委、行署工作汇报。

18日，自治区党委理论学习中心组举行2013年第9次集体学习。自治区党委书记陈全国在主持学习时强调，要认真学习贯彻落实习近平总书记系列重要讲话精神，深刻而清醒地认识到西方宪政民主的本质，坚定中国特色社会主义理想信念。

同日，区党委副书记、自治区常务副主席、区党委政法委书记邓小刚出席武警西藏森林总队召开的宣布国务院、中央军委命令大会并讲话。

同日，自治区政协召开第九次主席会议。区党委常委、区政协党组书记、副主席，区党委统战部部长公保扎西主持会议。会议一致认为，召开十届四次常委会的《建议》和《意见》很有必要，没有意见，一致赞同。原则上通过《建议》和《意见》。

19日，区党委副书记、自治区常务副主席、区党委政法委书记邓小刚主持召开自治区政府专题会议，传达国家减灾委员会《关于中央有关部门支持西藏昌都地震灾区抗震救灾工作意见的报告》及陈全国书记批示精神，进一步研究部署受灾群众过渡安置和灾后恢复重建工作。

20至21日，区党委常务副书记吴英杰在比如县主持召开深化“坚持党的群众路线、构建和谐比如”主题教育活动群众工作负责人会议，对下一步工作进行再安排再部署。

23日，全区宣传思想工作会议在拉萨召开。自治区党委书记陈全国出席会议并讲话。他强调，要深入学习贯彻总书记系列重要讲话精神，不断开创全区宣传思想工作的新局面。

同日，武警西藏总队召开宣布命令大会。区党委副书记、自治区常委副主席、区党委政法委书记邓小刚出席会议并讲话。

同日，自治区十届人大常委会第20次主任会议召开。紫中秋人大常委会副主任周春来主持会议。会议听取了自治区人大法制委员会关于《西藏自治区实施中华人民共和国残疾人保障法办法（修正草案）》修改情况的汇报等事项。

24日，华能西藏墨脱电力有限公司揭牌。

同日，全区组织工作会议在拉萨召开。自治区党委书记陈全国出席会议并讲话。他强调，要不断开创党的建设和组织工作新局面，为建设社会主义新西藏提供有力组织保证。

同日，陈全国等自治区领导为即将离藏赴京的十届全国人大常委会副委员长热地送行。

25日，自治区党委书记陈全国深入昌都地区左贡县田妥镇沙益村，看望灾区干部群众和抗震救灾人员，实地调研灾后恢复重建工作。

同日，区党委常务副书记吴英杰在比如县主持召开“坚持群众路线、构建和谐比如”主题教育活动寺管会负责人座谈会。

同日，区党委副书记、自治区常务副主席、区党委政法委书记邓小刚在拉萨会见了加拿大驻华大使赵朴一行。

26日，自治区主席洛桑江村在北京先后拜访了国家民政部、国家发改委，与民政部部长李立国、副部长姜力和国家发改委副主任徐宪平进行座谈，并重点就昌都地震灾区过渡安置和恢复重建工作、“十二五”规划项目中期评估调整、基础设施建设等事关西藏发展稳定大局的事项深入交换意见，达成共识。

27日，自治区主席洛桑江村在北京拜访了国家交通运输部，与交通运输部党组书记、部长杨传堂，副部长翁孟勇进行了座谈，重点就西藏公路交通超常规发展、农村公路建设、昌都地震灾后公路交通恢复重建、交通援藏工作等事宜深入交换意见，达成共识。

同日，自治区人大常委会举行立法后评估工作专题讲座，邀请全国人大常委会法工委备案审查室主任杨明论讲解“立法后评估的有关问题”。自治区人大常委会主任白玛赤林主持会议。

同日，自治区党委常委、自治区常务副主席丁业现主持召开自治区政府第13次常务会议，审议并通过了《西藏自治区机关事业单位公有房屋管理办法》等。

25日至27日，自治区党委书记陈全国在昌都地区亲切慰问基层干部群众，就发展稳定工作进行调研。他强调，要深入贯彻总书记系列重要讲话精神，不断开创昌都地区发展稳定新局面。

26日至27日，自治区十届人大常委会第六次会议在拉萨召开。会议审议通过了《西藏自治区实施<中华人民共和国残疾人保障法>办法》等事项。

28日，自治区党委召开常委会议，集中传达学习习近平在那个书记在指导河北省委常委班子专题民主生活会时的重要讲话精神和有关新闻报道。自治区党委书记陈全国主持会议并在讲话中强调，要用好批评和自我批评的武器推动班子建设，为西藏跨越式发展和长治久安提供有力保障。

同日，自治区主席洛桑江村在北京拜访了国家水利部、与水利部党组书记、部长陈雷，副部长矫勇进行会谈，重点就水利基础设施建设、农村和寺庙饮水、昌都地震和那曲嘉黎县冰湖溃决灾后水利设施恢复重建等事宜深入交换意见，达成共识。

29日，区党委党的群众路线教育实践活动领导小组召开学习会，组织省级领导干部和全区第一批教育实践活动单位负责同志，认真学习习近平总书记指导河北省委常委班子专题民主生活会的重要讲话精神和鱼贯新闻报道，表示要深刻领会习近平总书记重要讲话精神，学习借鉴河北的经验做法，自觉拿起批评和自我批评的有力武器，认真做好专题民主生活会前的各项准备工作，确保教育实践活动取得实实在在的成效。

同日，自治区人大常委会主任白玛赤林在拉萨亲切接见了从北京载誉归来的第四届全国道德模范和道德模范提名奖获得者。

同日，比如县召开干部大会，就全县进一步深化党的群众路线教育实践活动试点工作，推进“坚持党的群众路线、构建和谐比如”主题教育活动进行再动员再安排再部署。区党委常委副书记吴英杰出席会议并讲话。

同日，区党委副书记、自治区常务副主席、区党委政法委书记邓小刚观看了《文成公主》和美大型实景剧。

30日，自治区政协十届四次常委会议在拉萨召开，会议对学习贯彻落实习近平总书记系列重要讲话精神进行再学习、再动员、再部署。全国政协副主席、自治区政协主席帕巴拉·格列朗杰主持会议。会议传达学习了习近平总书记在全国宣传思想工作会议上的重要讲话、俞正声主席在听取西藏自治区发展稳定工作情况汇报时的讲话、陈全国书记在全区学习贯彻习近平总书记系列讲话精神电视电话会议上的讲话等。

同日，自治区在拉萨隆重举行庆祝中华人民共和国成立64周年招待会。帕巴拉·格列朗杰、白玛赤林等领导出席招待会。

同日，自治区政府召开专题会议，研究嘉黎县忠玉乡洪涝灾害恢复重建工作工作相关问题，安排部署下一阶段工作。区党委常委、自治区常务副主席丁业现主持会议，自治区副主席多吉次珠出席。

10月

1日，帕巴拉·格列朗杰、白玛赤林等自治区领导与拉萨市各族各界干部群众在布达拉宫广场一同参加“升国旗、唱国歌”仪式。

同日，白玛赤林、洛桑江村等自治区领导分别在拉萨亲切看望节日期间坚守岗位的一线干部职工，慰问执勤民警、武警官兵，代表自治区党委、政府和陈全国书记向全区各族人民致以节日的祝贺和诚挚问候。

同日，自治区主席洛桑江村到拉萨火车站、拉萨市公共交通总公司及西郊客运站，代表自治区党委、政府和陈全国书记，亲切看望辛勤工作在一线的铁路职工、公交职工，并考察交通安全运行和城市交通建设等情况。

同日，自治区党委常务副书记吴英杰在西藏那曲比如县与全县各族干部群众一同参加升国旗仪式，共同庆祝中华人民共和国成立64周年。

同日，区党委副书记、自治区常务副主席、区党委政法委书记、区维稳指挥部总指挥邓小刚到武警部队驻地、宗角禄康公园便民警务站，代表自治区党委、政府和区维稳指挥部，代表陈全国书记、洛桑江村主席，看望慰问节日期间坚守岗位、奋战在一线的武警官兵和执勤民警，为他们送去区党委、政府的亲切关怀和节日祝福。

2日，自治区人大常委会主任白玛赤林到罗布林卡，慰问坚守岗位的干部职工和公安民警，看望来西藏旅游的中外游客，并代表自治区党委、政府，代表区党委书记陈全国，向大家表示诚挚问候和节日祝福。

同日，区党委副书记、自治区常务副主席、区党委政法委书记邓小刚到拉萨市污水处理厂等民生部门调研，检查节日期间相关单位安全生产和运行情况。

同日，自治区主席洛桑江村在拉萨慰问执勤民警、武警官兵，考察拉萨市重点项目建设情况。

3日，区党委常务副书记吴英杰在比如县主持召开深化“坚持群众路线、构建和谐比如”主题教育活动督导组专题会议。

4日，自治区人大常委会主任白玛赤林主持召开自治区省级领导干部会议，传达学习习近平总书记在参加河北省常委班子专题民主生活会时的重要讲话精神。

3日至4日，区党委常务副书记吴英杰分别到比如县比如镇象山广场和比如县人武部生产连，亲切看望慰问国庆长假期间依然坚守岗位的武警执勤官兵，代表自治区党委、政府，陈全国书记、洛桑江村主席向广大官兵和他们的家人致以亲切慰问和崇高敬意。

5日，区党委副书记、自治区常务副主席、区党委政法委书记、区维稳指挥部总指挥邓小刚到拉萨市公安消防支队、甘肃省天祝藏族自治县驻拉萨办事处检查指导工作，代表自治区党委、政府和区维稳指挥部，代表陈全国书记、洛桑江村主席，看望慰问节日期间坚守岗位、奋战在一线的消防官兵及工作人员。

同日，区党委副书记、自治区常务副主席、区党委政法委书记、区维稳指挥部总指挥邓小刚到拉萨市公安局刑警支队检查指导工作，代表自治区党委、政府和区维稳指挥部，代表陈全国书记、洛桑江村主席，对节日期间坚守岗位、奋战在一线的公安民警表示衷心的感谢、崇高的敬意，并致以节日的祝福。

14日，区党委副书记吴英杰出席比如县宗教界代表人士座谈会并讲话。

14日至16日，国务委员、公安部部长郭声琨在西藏调研并强调，要锲而不舍抓好维护稳定各项措施落实，为西藏跨越式发展和长治久安提供坚强保障。自治区党委书记陈全国，公安部副部长陈智敏等陪同调研或出席汇报会。

17日，自治区主席洛桑江村在拉萨会见了国家推进使用正版软件工作部际联席会议第五督导组组长、国家机关事务管理局副局长李宝荣一行。

同日，区党委常务副书记吴英杰到比如县培巴村，就开展党的群众路线教育实践活动，深化“坚持群众路线、构建和谐比如”主题教育活动进行专题调研。

同日，自治区人民政府与中国工商银行在拉萨举行座谈会，并签订全面战略合作协议。自治区主席洛桑江村，中国工商银行党委副书记、行长易会满出席并讲话。区党委常委、自治区常务副主席丁业现与易会满代表双方在协议上签字。

日前，以全国人大常委、环资委主任委员、甘肃省委原书记陆浩为组长的中央第七督导组在昌都地区察雅县、昌都县、江达县等地调研指导党的群众路线教育实践活动。自治区人大常委会主任白玛赤林，中央第七督导组副组长刘上洋一同调研。

18日，区党委副书记、自治区常务副主席、区党委政法委书记邓小刚在拉萨亲切会见了中国驻尼泊尔大使吴春太一行。

18日至19日，自治区党委常委会集中两天时间召开党的群众路线教育实践活动专题民主生活会。中央第七督导组组长陆浩、副组长刘上洋等全体同志和中纪委、中组部有关同志到会指导。自治区党委书记陈全国主持会议。

20日，自治区党委召开区党委常委班子党的群众路线教育实践活动专题民主生活会情况通报会。自治区党委书记陈全国作通报，自治区人大常委会主任白玛赤林主持会议。

21日，区党委常务副书记吴英杰到比如县比如镇，亲切看望慰问农牧民群众，征求群众对深化“坚持群众路线、构建和谐比如”主题教育活动的意见，并在工作组驻地与登门拜访的白嘎乡强那寺堪布加参西绕促膝谈心。

22日，自治区主席洛桑江村就国务院新闻办的《西藏的发展与进步》白皮书发表一事接受中央电视台、西藏日报社、西藏广播电台、西藏电视台等区内外媒体联合采访。

21日至22日，自治区人大常委会党组集中召开党的群众路线教育实践活动专题民主生活会。中央第七督导组副组长刘上洋，区党委常委、组织部部长梁田庚等到会指导。自治区人大常委会主任白玛赤林主持会议。

21日至22日，自治区政府党组召开党的群众路线教育实践活动专题民主生活会，认真贯彻习近平总书记一系列重要讲话精神，按照党的群众路线教育实践活动的总要求，以为民务实清廉为主题，以解决“四风”、“两问题”为主要内容，深入开展批评和自我批评，进一步明确整改方向和措施，切实加强作风建设，全面提高服务群众能力。自治区主席洛桑江村主持会议。

21日至22日，区政协党组召开民主生活会。会议认真学习贯彻习近平总书记在河北省委常委班子专题民主生活会上的重要讲话精神，以整风精神开展批评与自我批评，紧密联系思想和工作实际，着力查摆问题。

23日，自治区政协召开党组班子党的群众路线教育实践活动专题民主生活会情况通报会。自治区政协党组副书记、副主席、机关党组书记罗松多吉通报情况。

同日，自治区政府以电视电话会议形式召开党组班子党的群众路线教育实践活动专题民主生活会情况通报会。自治区主席洛桑江村作通报，区党委副书记、自治区常务副主席、区党委政法委书记邓小刚主持。

同日，西藏参加第十二届全国运动会总结表彰大会在拉萨举行。自治区主席洛桑江村出席并讲话，自治区副主席甲热·洛桑丹增宣读《西藏自治区人民政府关于表彰在十二届全国运动会上作出突出贡献的单位和个人的决定》，北京体育大学校长杨桦及国家体育总局相关同志出席。

日前，自治区党委召开常委会议，传达学习习近平总书记关于坚持和发展“枫桥经验”重要指示精神和纪念毛泽东同志批示“枫桥经验”50周年大会精神。会议强调，要认真学习贯彻习近平总书记关于坚持和发展“枫桥经验”的重要指示和孟建柱书记的重要讲话精神，学习好“枫桥经验”，做好群众工作，夯实发展稳定基础。自治区党委书记陈全国主持会议并讲话。

24日，区党委副书记、自治区常务副主席、区党委政法委书记邓小刚主持召开自治区政法、维稳、综治、信访等部门传达学习贯彻纪念毛泽东同志批示“枫桥经验”50周年大会精神会议，就传达学习、贯彻落实习近平总书记重要指示和中央纪念毛泽东同志批示“枫桥经验”50周年大会精神以及区党委八届第63次常委会议精神进行研究部署。

25日，自治区人大常委会召开党组班子专题民主生活会情况通报会。自治区人大常委会党组书记、主任白玛赤林作通报。

同日，自治区主席洛桑江村到拉林高等级公路林芝至工布江达段施工现场，代表自治区党委、政府亲切看望慰问工程建设者，视察工程建设和施工进度等情况。

26日，全区维稳工作视频会议在拉萨召开。会议深入学习贯彻中央纪念毛泽东同志批示“枫桥经验”50周年大会精神，分析当前维稳形势，就扎实做好近期特别是党的十八届三中全会前后全区维护稳定工作进行再强调、再部署。自治区人大常委会主任白玛赤林主持会议。

26日至27日，2013年度十二省市援藏人员联谊会工作经验交流会在天津召开。十届全国人大常委会副委员长热地，西藏自治区党委原第一书记、西藏军区原第一政委阴法唐，十届全国人大环资委主任委员毛如柏出席。

28日，自治区十届人大常委会第22次主任会议召开。自治区人大常委会主任白玛赤林主持会议。会议研究了关于召开自治区十届人大二次会议有关事宜，研究了关于

《西藏自治区全口径预算管理改革情况的报告》等。

同日，区党委常务副书记吴英杰在比如县亲切接见了专程赶来递交全村群众致区党委书记陈全国的联名决心书的比如县达塘乡玛擦村党支部书记阿布。

29日，自治区人大常委会主任白玛赤林会见了公安部边防管理局局长武冬立一行。

同日，天津至拉萨航线首航成功。西藏航空公司航班TV9845航班首次飞抵天津滨海国际机场，标志着天津至拉萨航线首航成功。

同日，区党委常委，区政协党组书记、副主席，区党委统战部部长公保扎西受全国政协副主席、自治区政协主席帕巴拉·格列朗杰委托，主持召开自治区政协十届十次主席会议。会议研究审议了关于召开自治区政协十届二次会议有关事宜，审议了区政协社会法制外事委员会提交的《关于推动妇女发展维护妇女权益的调研报告》等。

26日至29日，广东省委副书记、省长朱小丹，自治区主席洛桑江村在林芝地区看望援藏干部，考察指导援藏工作。

30日，自治区政府召开全区经济运行调度工作电视电话会议，通报前三季度经济运行情况，重点安排部署下一步工作。自治区党委副书记、自治区常务副主席、区党委政法委书记邓小刚出席会议并讲话。

同日，全区第三届大学生校园文化艺术节开幕。由区团委、区学联共同主办的全区第三届大学生校园文化艺术节在西藏民族学院开幕，全区7所高校5000余名在校大学生参与辩论赛、汉字听写大赛等18项活动。11月30日在西藏大学农牧学院闭幕。

同日，西藏公安边防总队召开帕里“模范边防派出所”授予十周年纪念大会。自治区党委副书记、自治区常务副主席、区党委政法委书记邓小刚出席会议并讲话。公安部边防管理局局长武冬立出席会议并讲话。

31日，自治区主席洛桑江村参加全长约117公里、总投资近16亿元的墨脱公路通车仪式并宣布西藏墨脱公路正式通车。至此，我国唯一不同公路县——墨脱县摘掉了“高原孤岛”的帽子。

同日，自治区党委副书记、自治区常务副主席、区党委政法委书记邓小刚到自治区地勘局调研。

27日至31日，自治区主席洛桑江村一行到墨脱县调研指导工作，代表自治区党委、政府和陈全国书记亲切看望当地干部群众、边防官兵、寺庙僧尼、驻村驻寺干部。

30至31日，自治区党委常务副书记吴英杰到比如县比如镇，亲切看望农牧民群众，与广大群众唠家常、谈稳定、话发展，了解深化“坚持群众路线、构建和谐比如”主题教育活动推进落实情况。

11月

1日，自治区主席洛桑江村出席全国地方政府职能转变和机构改革工作电视电话会议西藏分会场会议。区党委副书记、自治区常务副主席、区党委政法委书记邓小刚出席西藏分会场会议并讲话。

同日，区党委常务副书记吴英杰在比如县主持召开“坚持群众路线，构建和谐比如”主题教育活动联合督导组会议。

2日，全区地厅级领导干部学习贯彻习近平总书记系列重要讲话精神研讨班在拉萨开班。自治区党委副书记、自治区常务副主席、区党委政法委书记、自治区行政学院院长邓小刚出席并讲话。

同日，贡嘎机场年旅客吞吐量首破200万人次。

3日，自治区党委副书记、自治区常务副主席、区党委政法委书记、自治区互联网党工委书记邓小刚主持召开自治区互联网党工委第一次全体委员会议。

同日，区党委副书记、自治区常务副主席、区党委政法委书记、拉萨市城市供暖工程建设工作领导小组组长邓小刚主持召开拉萨市城市供暖工程建设工作领导小组会议，听取各项工作进展情况汇报，安排部署拉萨市城市供暖工程建设有关事项。

5日，自治区党委召开常委会议，认真传达学习习近平总书记在周边外交工作座谈会上的重要讲话精神，研究部署我区周边外事工作。自治区党委书记陈全国主持会议。

同日，自治区党委召开常委会议，传达学习中央党的群众路线教育实践活动工作座谈会和刘云山同志的重要讲话精神，研究贯彻落实意见。自治区党委书记陈全国主持会议。

6日，武警西藏总队在比如县象山广场举行比如县驻训维稳部队誓师大会。区党委常务副书记、自治区维稳指挥部总指挥吴英杰出席并讲话。

同日，区党委副书记、自治区常务副主席、区党委政法委书记邓小刚主持召开2013年度全区社会管理综合治理暨“先进双联户”创建评选工作、区（中）直机关“平安单位”考评验收专题会议。

7日，自治区党委常委副书记吴英杰在比如县主持召开“坚持群众路线、构建和谐比如”主题教育活动阶段性工作视频会议。

同日，区党委副书记、自治区常务副主席、区党委政法委书记邓小刚到武警西藏总队誓师大会和布达拉宫广场便民警务站视察指导安保维稳工作落实情况。

同日，自治区维稳指挥部与中央西藏工作协调小组社会稳定专项小组赴藏调研组就我区维稳工作召开座谈会。自治区党委副书记、自治区政府常务副主席、区党委政法委书记、区维稳指挥部总指挥邓小刚主持会议并讲话。

8日，区党委常务副书记、自治区维稳指挥部总指挥吴英杰到比如县维稳指挥中心、县公安局和色空路便民警务站，亲切看望公安民警，检查十八届三中全会期间比如县各项维稳措施落实情况。

9日，区党委副书记、自治区常务副主席、区党委政法委书记、区维稳指挥部总指挥邓小刚主持召开七地市维稳视频调度会议，了解各地市的维稳工作和值班带班，督导检查各地市维稳措施落实情况。

同日，区党委副书记、自治区常务副主席、区党委政法委书记邓小刚在拉萨会见了工业和信息化部副部长刘利华一行。

11日，自治区十届人大常委会第23次主任会议召开。会议研究了自治区十届人大常委会第七次会议议程（草案）及日程安排等事项。

同日，区党委副书记、自治区常务副主席、区党委政法委书记邓小刚主持召开区党委政法委领导班子专题民主生活会。

13日，区党委常务副书记吴英杰深入比如县茶曲乡，访农户察民情，议稳定话发展，亲切看望慰问农牧民群众和驻村干部，实地了解深化“坚持群众路线、构建和谐比如”主题教育活动推进落实情况。

同日，自治区党委政法委召开领导班子专题民主生活会情况通报会议，通报11月11日召开的区党委政法委领导班子专题民主生活会情况。区党委副书记、自治区常务副主席、区党委政法委书记邓小刚出席会议并讲话。

同日，区党委副书记、自治区常务副主席、区党委政法委书记邓小刚在拉萨会见了公安部边防管理局政治部主任许群杰一行。

14日，自治区党委召开常委（扩大）会议，传达学习党的十八届三中全会精神，研究我区学习宣传贯彻意见。自治区党委书记陈全国主持会议。

同日，区党委副书记、自治区常务副主席、区党委政法委书记邓小刚在拉萨会见了人民日报社副社长何崇元一行。

18日，自治区党委常务副书记吴英杰在比如县亲切接见了专程赶来递交感谢信的白嘎乡龙卡寺活佛落杰扎巴。

19日，中国共产党的优秀党员、忠诚的共产主义战士，西藏自治区政协原副主席徐洪森同志遗体告别仪式在北京举行。徐洪森同志逝世后，习近平、刘云山、赵乐际等领导同志以不同方式对徐洪森同志逝世表示哀悼，对其家属表示慰问。陈全国、白玛赤林、洛桑江村等自治区领导对徐洪森同志逝世表示哀悼，对其家属表示慰问并送来花圈。

同日，自治区党委书记陈全国主持召开区党委常委会议，听取全区第二批驻村工作情况汇报，研究部署第三批驻村工作。

20日，区党委副书记、自治区常务副主席、区党委政法委书记邓小刚主持召开区党委政法委员会专题会议，传达学习孟建柱书记在全国政法委书记会议上的讲话精神，研究部署我区贯彻落实工作。

21日，自治区十届人大常委会第24次主任会议召开。自治区人大常委会主任白玛赤林主持会议。会议研究了常委会关于召开西藏自治区第十届人民代表大会第二次会议的决定（草案），听取了关于《西藏自治区无线电管理条例（草案）》审议意见的报告等事项。

22日，自治区召开消防安全大排查大整治活动总结暨今冬明春消防工作推进电视电话会议，通报消防安全大排查大整治活动情况，部署推进今冬明春消防安全工作。自治区党委副书记、自治区常务副主席、区党委政法委书记邓小刚出席会议并讲话。

24日，自治区党委、政府召开全区第二批驻村工作总结表彰暨第三批驻村工作动员大会。自治区党委书记陈全国出席会议并讲话，自治区人大常委会主任白玛赤林主持，自治区主席洛桑江村宣读自治区党委、政府关于表彰先进驻村（居）工作队、先进驻村（居）工作队员、优秀组织单位的决定。

25日，自治区法学会召开换届暨第二届第一次代表大会。区党委副书记、自治区常务副主席、区党委政法委书记、自治区法学会会长邓小刚出席会议并讲话。

26日，自治区党委常务副书记吴英杰在比如县主持召开深化“坚持党的群众路线、构建和谐比如”主题教育活动领导小组会议。

25日至26日，自治区十届人大常委会第七次会议在拉萨召开。自治区人大常委会主任白玛赤林主持会议并讲话。会议审议通过了本次会议议程，通过了区党委组织部副部长唐明英作有关人事任免事项的说明等。会议表决通过了《西藏自治区人民代表大会常务委员会关于召开西藏自治区第十届人民代表大会第二次会议的决定》等。

27日，中央宣讲团党的十八届三中全会精神报告会在西藏人民会堂举行。中央宣讲团成员、中宣部副部长王晓辉作宣讲报告。自治区党委书记陈全国主持。报告会以电视电话会议形式举行。

同日，自治区党委常务副书记吴英杰到比如县比如镇章达村，看望慰问各族干部群众，向当地干部群众面对面宣讲党的十八届三中全会精神，并就和谐比如主题教育活动进行调研。

28日，中央党的群众路线教育实践活动第七督导组在拉萨专题听取我区教育实践活动近期工作情况汇报。中央第七督导组组长陆浩出席并讲话，自治区党委书记陈全国代表自治区党委汇报了全区党的群众路线教育实践活动近期工作情况。

同日，自治区党委常务副书记吴英杰到比如县良曲乡萨玛村、朵卡村、格康村，考察比如群众路线教育实践试点活动推进情况。

29日，自治区党委书记陈全国主持召开自治区党委常委会议，研究部署全区党的群众路线教育实践活动。

同日，自治区党委书记陈全国主持召开自治区党委常委会议，听取2013年度全区和谐模范寺庙暨爱国守法先进僧尼表彰工作情况汇报，研究部署全区宗教及加强和创新寺庙管理工作。

27日至29日，自治区主席洛桑江村一行深入阿里地区普兰县和札达县，重点就发展稳定、旅游发展、文化保护、民生改善等重要事项进行调研，代表自治区党委、政府和陈全国书记，亲切看望慰问基层干部群众、驻寺驻村干部、边防官兵、便民警务站执勤民警和寺庙僧人。

12月

1日，自治区党委召开常委会议，传达学习习近平总书记就《中共北京市委关于艾滋病防治工作情况的报告》作出的重要指示，听取我区艾滋病防治工作情况汇报，研究部署全区艾滋病防治工作。自治区党委书记陈全国主持会议并讲话。

日前，自治区主席洛桑江村在噶尔县和狮泉河镇调研，并听取阿里地委、行署工作汇报，代表自治区党委、政府，代表区党委书记陈全国向阿里地区各族干部群众表示崇高敬意和诚挚慰问。

2日，陈全国等自治区领导集中观看了电影《周恩来的四个昼夜》，接受了一次深刻的党性教育和群众路线教育。

同日，区党委副书记吴英杰到比如县夏曲镇瓦塘寺，代表陈全国书记、洛桑江村主席看望慰问寺庙僧众和驻寺干部，就坚持党的群众路线、创新寺庙服务管理等工作进行调研。

同日，区党委副书记、自治区常务副主席、区党委政法委书记邓小刚主持召开自治区人民政府专题会，听取城镇、村庄及各类建筑项目受地震灾害隐患威胁的综合考察情况汇报，研究部署“一江三河”流域实施土地整治重大工程。

日前，自治区党委书记、西藏军区党委第一书记陈全国分别到西藏军区和武警西藏总队拉萨支队一中队，欢送退伍士兵。

同日，中国西藏文化保护与发展协会二届四次常务理事会在北京召开。会议审议了协会第二届理事会以来工作报告和协会分组工作方案，增选张裔炯为协会副会长兼秘书长，增选达瓦顿珠等18位热衷西藏文化保护与发展事业的各界人士为协会理事。

3日，自治区召开全区藏语言文字工作电视电话会议。自治区主席、区藏语言文字工作委员会主任洛桑江村出席并讲话。

同日，自治区主席洛桑江村在拉萨会见了中央编办三司司长靳永龙、监督检查司司长田玉萍等来藏授课人员一行。

日前，以全国人大常委、环资委主任委员、甘肃省委原书记陆浩为组长的中央第七督导组，在拉萨市和日喀则地区调研指导我区党的群众路线教育实践活动，听取基层干部群众对群众路线教育实践活动的反映、评价和意见建议，亲切看望慰问各族干部群众。自治区人大常委会主任白玛赤林，中央第七督导组副组长刘上洋等一同调研。

4日，受全国政协副主席、自治区政协主席帕巴拉·格列朗杰委托，区党委常委，区政协党组书记、副主席，区党委统战部部长公保扎西主持召开政协第十届西藏自治区委员会第11次主席会议。会议审议并原则通过了《政协第十届西藏自治区委员会常务委员会第五次会议有关事宜的建议方案》等。

日前，自治区党委书记陈全国先后到拉萨市城关区八廓商城和冲赛康商场调研并强调，要认真贯彻落实党的十八届三中全会精神，以改革创新精神更好地保障和改善民生。

5日，自治区主席洛桑江村主持召开自治区政府第4次主席办公会，传达学习中共中央政治局关于分析研究2014年经济工作会议精神。

日前，自治区党委书记陈全国先后到自治区驻西安干休所和咸阳干休所，亲切看望慰问离退休老干部，代表自治区党委、政府向全区离退休老干部、老同志致以亲切的问候和崇高的敬意。

日前，自治区党委书记陈全国到陕西咸阳西藏民族学院调研，亲切看望慰问广大师生和教职员工，并强调，要全面贯彻党的教育方针坚持社会主义办学方向，为社会主义新西藏培养合格的建设者和接班人。

10日，自治区公安厅警卫局召开干部任职大会，公安部党委决定高配贾利国同志为副军职。区党委副书记、自治区常务副主席、区党委政法委书记邓小刚，公安部警卫局尹志山将军出席大会并讲话。

11日，正在马德里访问的中国全国人大西藏代表团会见了西班牙众议院副议长巴雷罗、西外交部北美亚太司司长苏卢埃塔等，并与西众议院外事委员会各党团发言人进行了会谈。代表团团长、全国人大代表、西藏自治区党委常务副书记吴英杰详细介绍了西藏和平解放特别是近些年来在经济、社会、文化、教育、生态环境保护等方面取得的巨大成就。

同日，自治区召开全区安全生产工作部署电视电话会议。区党委副书记、自治区常务副主席、区党委政法委书记邓小刚出席会议并讲话。

13日，全国人大西藏代表团访问西班牙巴塞罗那。代表团团长、全国人大代表、西藏自治区党委常务副书记吴英杰详细介绍了西藏自治区近年来的发展变化，以及中央政府对西藏的一系列扶持政策，表示西藏自治区愿加强与加泰罗尼亚自治区在文化、教育特别是旅游方面的交流与合作。

14日，自治区政府与中国人民保险集团在北京举行深化合作座谈会，并签署战略合作协议。自治区主席洛桑江村，中国人民保险集团董事长吴焰致辞。自治区党委常委、自治区常务副主席丁业现，中国人民保险集团副董事长、总裁王银成签署战略合作协议。

16日，自治区党委书记陈全国，自治区主席洛桑江村在北京拜访了中央机构编制委员会办公室，并与中央机构编制委员会办公室主任张纪南等进行了座谈。

17日，中国全国人大西藏代表团团长、全国人大代表、西藏自治区党委常务副书记吴英杰在法国巴黎与法国国民议会法中友好小组副主席罗代会谈。当日，正在法国访问的中国全国人大西藏代表团在巴黎会见了法国国民议会前议长阿夸耶和法国外交部亚澳司司长罗兰，与法国国民议会法中友好小组副主席罗代等会谈。

20日，全区高校思想政治工作电视电话会议在拉萨召开。自治区党委书记陈全国就加强高校思想政治工作作出重要批示。区党委副书记、自治区常务副主席、区党委政法委书记邓小刚出席会议并讲话。

23日，自治区主席洛桑江村主持召开自治区政府第15次常务会议，研究讨论《2013年全区经济运行分析及2014年经济工作建议》和《政府工作报告（讨论稿）》等。

日前，自治区党委书记陈全国到自治区驻成都干休所，亲切看望慰问离退休老干部。

25日，华能集团公司援建西藏墨脱县无电地区骨干电源—华能墨脱亚让水电站工程正式开工。该工程项目静态总投资约2.08亿元，共安装4台1250千瓦机组，建设工期25个月，计划于2015年底前投产发电。亚让水电站投产后，将全面解决墨脱县无电地区农牧民群众的用电难题。

28日，自治区党委、政府召开全区和谐模范寺庙暨爱国守法先进僧尼表彰大会。自治区党委书记陈全国出席会议并讲话，全国政协副主席、自治区政协主席帕巴拉·格列朗杰出席，自治区主席洛桑江村主持。

同日，全区维稳工作电视电话会议在拉萨召开。区党委常务副书记吴英杰主持会议并讲话，区党委副书记、自治区常务副主席、区党委政法委书记邓小刚部署维稳工作。

29日，自治区党委、政府召开全区“先进双联户”创建活动表彰大会。自治区党委书记陈全国出席会议并讲话，自治区主席洛桑江村主持。

30日，中共西藏自治区第八届委员会第五次全体会议在拉萨举行。会议审议通过了《中共西藏自治区委员会关于贯彻〈中共中央关于全面深化改革若干重大问题的决定〉的实施意见》。自治区党委常委会主持会议，自治区党委书记陈全国讲话。

自治区党委常委、拉萨市委书记齐扎拉参观八廓商城

城关区委副书记、常务副区长其美次仁陪同自治区住建厅住房保障处处长李进忠调研。

城关区区长刘亮慰问公安干警

2013年11月8日，八廓商城开业庆典

北京第六批援藏干部郅海杰为第七批援藏干部敬献哈达

2013年3月15日，自治区党委副书记、自治区常务副主席、区党委政法委书记邓小刚到堆龙德庆县乃琼镇视察指导网格化连户管理工作

2013年11月3日，区党委常委、拉萨市委书记齐扎拉到堆龙德庆县视察指导东嘎新区建设和职业教育发展情况

2013年7月11日，堆龙德庆县四大班子与北京第七批援藏干部合影

2013年6月4日，拉萨市委副书记、市长张延清到堆龙职业技术学校、圣香海螺公司调研

2013年8月6日，县委书记陈献森，县长安央金参加在彩虹湾开展的“堆龙德庆·东嘎新区·文化创意产业园推介会”

县委书记张正在乌玛塘检查站检查工作

县长旦增尼玛深入基层听取群众意见

纳木措国家公园详细规划汇报会

当雄县民生工程座谈

2013年9月1日，自治区党委副书记、自治区常务副主席、区党委政法委书记邓小刚与德庆村结对户座谈

2013年8月，联想控股集团代表到达孜工业园区洽谈项目

2013年4月3日，达孜县中心小学举行开工仪式

2013年6月26日，达孜县教育系统举办“中国梦、我的梦”迎七一文艺演出

2013年4月15日，自治区人大常委会副主任赵合一行调研非物质文化遗产保护立法工作

县长孙宝祥在雪桃基地进行生产劳动

县委书记周广智在河心滩义务植树

群众在技术员指导下收获玛卡

2013年3月22日，自治区副主席坚参视察林周县农业园区

县委书记赵涛和县长次仁顿珠下乡开展调研活动

县长次仁顿珠赴深圳参加招商引资项目签约仪式

2013年8月29日，中央电视台主持人杨澜在林周县开展“绿哈达行动”公益活动

林周县澎波半细毛羊对外推广

县委书记巴桑多吉陪同行署副专员欧珠卓玛到南木林县检查指导工作

县长王顶峰陪同行署副专员巴桑视察工作

南木林县县城全貌

群众文化广场奠基仪式

新建成的社会福利院

2013年12月11日，自治区人大常委会副主任、日喀则地委书记丹增朗杰视察旅游开发项目

现代农业

2013年11月15日，日喀则地委副书记、行署专员张洪波调研红河谷现代农业示范区建设情况

江孜县县城全貌

自治区党委常委、宣传部部长董云虎在定日县调研基层宣传思想文化工作

珠穆朗玛峰自然保护区

县委书记顿珠在基层调研指导工作

定日县绒辖乡仓木坚村规划效果图

县长王坤在岗嘎镇视察

日喀则地委副书记、行署专员张洪波在萨迦县检查指导工作

表彰先进集体和个人

日喀则地区行署副专员、萨迦县委书记张秀武检查古城系列项目施工情况

县城一角

2013年6月14日，自治区人大常委会副主任、日喀则地委书记丹增朗杰在昂仁县调研期间，深入寺庙慰问寺庙僧尼，看望驻寺干部

昂仁县领导参加“西藏百万农奴解放纪念日”群众文艺活动

山东淄博市第七批援藏干部抵达昂仁县，受到了全县干部职工的热烈欢迎，县委书记李有平、县长边巴扎西为援藏干部敬献哈达

昂仁县干部职工向庐山地震灾区捐款

昂仁县开展寺庙法制宣传活动

县委书记旦增在单位机房检查工作

达那答乡小城镇建设

县长王金铭下乡检查指导工作

卡嘎朗玛藏刀

陶器制造

2013年4月22日，西藏自治区党委副书记、自治区主席洛桑江村视察白朗县智能温室

白朗县市政道路改扩建项目开工仪式

日喀则地委副书记、行署专员张洪波在白朗县视察春耕备播情况

自治区非物质文化遗产——白朗县斗牛节

白朗县县城全貌

县委书记陈宝柱（右二）调研马铃薯种薯繁育基地

国家级非物质文化遗产——仁布县江嘎尔藏戏

县长次仁顿珠（中）下乡检查指导基层医疗卫生工作

仁布县雍泽绿观相神湖

自治区人大常委会副主任、日喀则地委书记丹增朗杰在康马县嘎啦乡调研小城镇建设工作

康马县第十二届人民代表大会第三次会议

县委书记李仁新在基层慰问农牧民群众

少岗摩崖佛像群

康马县县城全貌

县委书记张立新视察大棚蔬菜生产情况

定结县夏尔巴族民族风情

县长巴桑次仁在荣孔村调研

陈塘镇自然风光

仲巴县领导与宝钢集团有限公司董事长徐乐江一行合影

仲巴县受援工作汇报会

基础设施建设方面

宝钢集团援建的仲巴县职业中学——主教学楼

西藏自治区党委副书记、自治区主席洛桑江村一行工作组听取亚东灾后重建工作汇报

亚东县党政主要领导带领全县干部职工及群众夹道欢送第六批援藏干部

亚东县县城全貌

亚东县城镇化建设“三岗”示范点一角

曲美辛古抗英遗址

2013年4月25日，西藏自治区党委副书记、自治区主席洛桑江村视察吉隆县中学

县委书记帕珠参与军警地共建活动

2013年4月15日至19日，西藏自治区党委常委、区政协副主席公保扎西赴吉隆口岸调研口岸跨境经济合作区建设情况

吉隆县宗嘎居委会开展丰富多彩的文艺活动

县委书记王平在基层调研

县长冯鲁伟深入田间查看良种推广生长情况

聂拉木县援藏工作会议

聂拉木县县城全貌

县委书记边巴次仁在基层调研

萨嘎县驻达琼村举行广播电视一体机发放仪式

县长李运生下乡指导工作

双拥路步行街一角

县委书记次仁顿珠深入龙中乡检查指导强基惠民工作

县长贺黎明深入岗巴镇调研“一水一羊一景”特色产业发展情况

2013年9月6日，十届全国人大常委会副委员长热地到扎囊县考察调研，区党委常委、自治区常务副主席丁业现陪同视察

县长高军带队赴内地考察招商

自治区副主席边巴扎西到扎囊县检查指导工作

扎囊氆氇

扎囊县县城全貌

2013年9月6日，十届全国人大常委会副委员长热地在贡嘎县考察调研，区党委常委、自治区常务副主席丁业现陪同视察

县长次仁现场指导拉林铁路贡嘎段火车站站点设置工作

县委书记黄金刚、县长次仁走访慰问驻地官兵

长沙市第七批援藏干部到基层调研

贡嘎风光

西藏自治区党委副书记、自治区主席洛桑江村到桑日县视察工作

县长吾金到僧尼健康体检现场检查指导

地委书记其美仁增深入乡镇调研

那曲党政代表团到桑日县考察学习

兑现安居工程资金

邛多江乡陶瓷艺术传承人制作的陶瓷产品

曲松县县城全貌

曲松县社会福利中心

综合办公楼

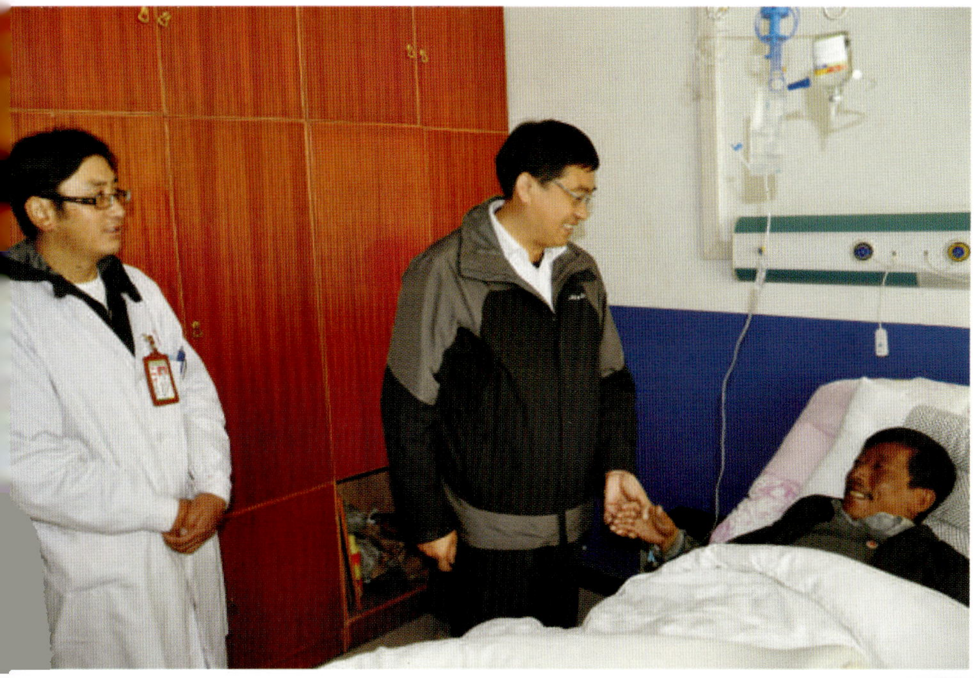

县委书记赵天武在县人民医院调研时看望住院农牧民群众

创先争优强基惠民驻村工作队慰问贫困户

县长央中卓嘎在三月敏感时段武装巡逻誓师会上讲话

洛扎县拉康镇境内的卡久寺，属宁玛派寺庙，距今有1300年历史，属于自治区级文物保护单位

湖北省宜昌市第三批援藏干部抵达加查

加查县开展廉政文化进家庭签字活动

加查县文化广场启用

2013年9月16日－17日，加查县第二届达布核桃节在县城隆重举办

新建成的县人民医院、藏医院投入使用

县委书记洛桑平措检查经济普查工作

县长刘圣育检查驻军部队蔬菜种植情况

自治区工作组检查强农惠农富农政策落实情况

自治区“六五”普法验收组在隆子县检查普法工作

隆子县开展国防宣传教育活动

自治区党委常委、宣传部部长董云虎在浪卡子县调研寺庙管理工作

自治区副主席姜杰向联系村赠送电视机

县长董安学检查工地

普玛江塘乡下索村光伏电站

羊卓雍措

2013年10月26日，广东省委副书记、省长朱小丹（中），西藏自治区党委副书记、自治区主席洛桑江村（左三）在林芝县视察鲁朗国际旅游小镇建设情况。

2013年9月25日，县委书记彭裕殿实地查看八一镇巴吉村集体发展用地设计规划

2013年11月7日，县长才佳查看百巴镇大坝村莫巴耕地客土改良土壤情况

林芝第十一届桃花文化旅游节开幕

八一镇鸟瞰(局部)

2013年8月15日，全国政协副主席、国家民委主任王正伟在工布江达县调研

工布江达县配发消防车及器材装备仪式

工布江达县县城全貌

2013年9月21日，中央第七督导组组长、全国人大常委、环资委主任委员陆浩深入农户家中，与群众面对面进行交谈，对群众增收、就业、就医、子女入学、兴边富民等生产生活状况进行了详细了解。

2013年10月开工建设的米林大桥

2013年10月12日，林芝地委书记赵世军深入米林县开展“五进三访”调研

“中国最美山峰”——南迦巴瓦峰

2013年6月8日，国家民政部部长李立国在墨脱县检查指导工作

2013年10月27日，广东省委副书记、省长朱小丹，西藏自治区党委副书记、自治区主席洛桑江村视察墨脱县综合文化活动中心（援藏项目）

2013年10月31日，从林芝地区波密县到墨脱县的扎墨公路正式通车，图为通车仪式现场

县委书记邓江陵带队第七批援墨脱工作队一行深入基层开展调研

县长扎西带队考察团一行赴兄弟各县考察

2013年7月30日，地委书记赵世军在波密调研指导工作

2013年10月20日，行署专员旺堆在波密县天麻基地开展调研工作

县委书记陈启蒙在林芝地区第九届雅鲁藏布大峡谷文化旅游节波密分会场讲话

波密县县城全貌

县长达瓦在波密县第十一届人民代表大会四次会议作政府工作报告

县委书记扎西平措查看布巴村搬迁情况

县长杜元文深入古玉乡对“大黄”藏药材种植基地进行调研

贡山县与察隅县宣传文化交流合作签约仪式

察隅县察瓦龙乡开展赛马节活动

2013年8月26日，林芝地区行署副专员李桑在朗县视察卫生工作

2013年9月22日，县委书记占堆在仲温塘水渠调研

2013年6月6日，县长成燕在洞嘎镇巴基塘调研

千年核桃树

昌都地区行署副专员、县委书记王伟视察日通温室大棚

瓦约村新农村建设

县长泽仁罗布查看新农村建设进展情况

柴维乡果多水电站建设情况

2013年4月9日，江达县主办并召开首届西藏、四川、青海邻江五县（西藏江达县、四川省德格、白玉、石渠县、青海省玉树县）平安边界维稳协助机制会议

江达县举行“边远、惠民班”新生欢送仪式。地委委员、江达县委书记邓文昌出席活动并为新生献哈达

2013年10日21日，江达县召开2013年度创先争优强基础惠民生活动总结表彰大会

江达县宣讲团深入基层宣讲党的十八届三中全会精神

东风汽车公司向贡觉县捐赠车辆

著名的阿旺藏系绵羊

三岩景色

丁青县第十四届热巴文化旅游艺术节

自治区党委常委、地委书记罗布顿珠在丁青县嘎塔乡调研

县长晋美深入当堆乡调研

丁青县县城全貌

2013年8月18日，自治区副主席多吉次珠（左一）、察雅县委书记张国宏到地震灾区慰问

2013年8月21日，察雅县委书记张国宏深入王卡乡调研，与群众亲切交谈

2013年9月25日，察雅县县长次仁卓嘎、河南省新郑市市长刘建武进行新郑市—察雅县友好县市签约仪式

县委书记胡登孚在夏里三乡调研

县长泽仁顿珠赴夏里三乡检查指导工作

载歌载舞庆祝中国共产党建党92周年

八宿县珠巴村产业园区全貌

左贡县开展"忆苦思甜、饮水思源"主题教育巡回宣讲活动

2013年4月12日，干部职工义务植树

县委书记齐应海检查指导新城区建设

重庆第六批援芒项目竣工移交暨重庆大道通车典礼

县长泽仁顿珠指导灾后重建工作

芒康县“8.12”地震灾后恢复重建奠基仪式

昌都地区政协副主席、洛隆县委书记赤来看望慰问贫困户

县长吴剑检查农业生产

卓玛郎措

援藏成果——中远援建农产品综合交易市场

洛隆县县城全貌

县委书记欧珠达瓦在第三批驻村工作队出征仪式上向工作队授旗

县长王皖岭带头帮助群众收割庄稼

边坝县隆重举行迎新春文艺演出

边坝县“三下乡”活动进寺庙

边坝县县城全貌

法斗神山

江奶玉措

桃花盛开的忠义乡

嘉黎县县城全貌

自治区党委书记陈全国到比如县夏曲镇检查指导工作

比如县主要领导观看2013年春节、藏历新年文艺演出并与演员合影

群众自发组织喜迎党的十八大

聂荣县城市新貌

聂荣县首批小康示范村

挤羊奶

抱沙袋比赛

聂荣县巴让瀑布温泉

第七届畜产品展销会突破2000万销售大关

203省道开工

人工种草

申扎县县城全貌

甲岗山下的甲仁湿地

自治区政协副主席、那曲地区行署专员高扬在索县检查指导工作

索县村支部第一书记整装待发，前往地区参加培训

索县开展“高举旗帜跟党走 奋力实现中国梦”红歌会

索县非物质文化遗产——“雪热巴”舞蹈

那曲“五下乡”宣传服务队到巴青县开展文艺演出

西藏军区总医院医生到巴青县义诊

巴青县拉西镇23村的桑雄沟和21村的二旦沟相继发生汛情，县公安局民警开展紧急救援

冬虫夏草

2013年8月，巴青县拉西镇赛马节

县委书记徐建在尼玛镇走村入户

县长米玛次仁在来多乡完小视察地震受损房屋维修情况

尼玛县绒山羊基地

2013年8月23日，尼玛县举办赛马节

2013年10月16日，自治区副主席多吉次珠到双湖县检查指导工作

2013年5月27日，中共双湖县第一次代表大会召开（代表投票）

县长吉珠平措深入基层慰问困难牧民

世界第三大冰川——普若刚日冰川

2013年7月26日至29日，双湖县举办设县庆祝活动

陕西省委书记赵正永在噶尔县视察调研

自治区党委副书记、自治区常务副主席、区党委政法委书记邓小刚与县主要领导亲切交谈

县长索朗次仁参加典角边境示范村竣工典礼仪式

自治区党委常委、宣传部部长董云虎在听取县委书记程文杰汇报

县长索朗次仁慰问扎西岗乡受灾群众

县委书记高宝军在普兰镇看望孤寡老人

县委书记高宝军深入基层调研

自治区百姓宣讲团在普兰宣讲中国梦

县长卫东在科迦村看望老党员

县委书记郭勇深入各驻军部队慰问并查看各类设施建设情况

县长罗庆伍深入农牧区查看安居工程建设情况

日土县2013年农牧民装载机操作及日常保养培训开办典礼

日土县第五届班公湖民俗文化旅游节文艺汇演

县旅游服务中心

县委书记张学营在县水源保护地竣工仪式上为官兵们献哈达

县长扎西措姆检查指导乡镇工作

县长扎西措姆深入牧户开展调研、慰问

革吉县温室蔬菜大棚

革吉县第十届那布民间文艺汇演暨物资交流会

国务院扶贫开发领导小组专家咨询委员会主任范小建一行调研措勤县扶贫开发工作

雪碳工程——新落成的全民健身活动中心

措勤雪豹

新投入使用的措勤县完小青少年活动中心

措勤黑颈鹤

措勤县扎日南木措藏香生产车间

西藏年鉴
TIBET YEARBOOK
2014

第七篇

统计资料

行政区划(表一)

地区	市辖区	县级市	县	乡	民族乡	镇	街道	居民委员会	村民委员会
总计	1	1	72	544	9	140	10	209	5255
拉萨市	1		7	48		9	8	44	224
昌都地区			11	110	1	28		23	1119
山南地区			12	58	5	24		61	493
日喀则地区		1	17	175		27	2	30	1643
那曲地区			11	89		25		37	1153
阿里地区			7	30		7		7	134
林芝地区			7	34	3	20		7	489

行政区划(表二)

拉萨市	城关区 墨竹工卡县 达孜县 堆龙德庆县 曲水县 尼木县 当雄县 林周县
昌都地区	左贡县 芒康县 洛隆县 边坝县 昌都县 江达县 贡觉县 类乌齐县 丁青县 察雅县 八宿县
山南地区	乃东县 扎囊县 贡嘎县 桑日县 琼结县 洛扎县 加查县 隆子县 曲松县 措美县 错那县 浪卡子县
日喀则地区	日喀则市 南木林县 江孜县 定日县 萨迦县 拉孜县 昂仁县 谢通门县 白朗县 仁布县 康马县 定结县 仲巴县 亚东县 吉隆县 聂拉木县 萨嘎县 岗巴县
那曲地区	申扎县 班戈县 那曲县 聂荣县 安多县 嘉黎县 巴青县 比如县 索县 尼玛县 双湖县
阿里地区	普兰县 札达县 噶尔县 日土县 革吉县 改则县 措勤县
林芝地区	林芝县 米林县 朗县 工布江达县 波密县 察隅县 墨脱县

行政区划(表三)

分类	个数	县(市、区)名称
边境县	21	墨脱县 米林县 察隅县 朗县 洛扎县 隆子县 错那县 浪卡子县 定日县 康马县 定结县 仲巴县 亚东县 吉隆县 聂拉木县 萨嘎县 岗巴县 普兰县 札达县 噶尔县 日土县
农业县	35	城关区 墨竹工卡县 达孜县 堆龙德庆县 曲水县 尼木县 墨脱县 米林县 林芝县 波密县 察隅县 朗县 芒康县 左贡县 洛隆县 边坝县 乃东县 扎囊县 贡嘎县 桑日县 琼结县 洛扎县 加查县 隆子县 日喀则市 南木林县 江孜县 定日县 萨迦县 拉孜县 白朗县 仁布县 定结县 吉隆县 聂拉木县
牧业县	15	当雄县 仲巴县 萨嘎县 那曲县 嘉黎县 聂荣县 安多县 申扎县 班戈县 巴青县 尼玛县 双湖县 革吉县 改则县 措勤县
半农半牧县	24	林周县 工布江达县 昌都县 江达县 贡觉县 类乌齐县 丁青县 察雅县 八宿县 曲松县 措美县 错那县 浪卡子县 昂仁县 谢通门县 康马县 亚东县 岗巴县 比如县 索县 普兰县 札达县 噶尔县 日土县
"一江两河"开发县	18	城关区 墨竹工卡县 达孜县 堆龙德庆县 曲水县 尼木县 林周县 乃东县 扎囊县 贡嘎县 桑日县 琼结县 日喀则市 南木林县 江孜县 白朗县 拉孜县 谢通门县
粮食基地县	11	堆龙德庆县 林周县 波密县 芒康县 乃东县 扎囊县 贡嘎县 江孜县 白朗县 日喀则市 拉孜县

西藏境内海拔5000米以上的湖泊

湖泊名称	湖面海拔(米)	湖面面积（平方公里）	湖泊类型
普莫雍错	5009	284	咸
郭扎错	5080	244	北淡南咸
杰萨错	5202	150	淡
打加错	5170	145	
帕龙错	5116	140	咸
龙木错	5002	97	咸
黑石北错	5048	93	咸
令戈错	5051	89	
窝尔巴错	5177	89	咸
布岩错	5158	85	
森里错	5386	78	淡
独立石湖	5031	76	咸
美日切错	5354	64	咸
骆驼错	5103	62	咸
清澈错	5104	57	咸
阿果错	5000	55	咸
错纳错	5145	50	咸

西藏境内面积大于200平方公里的湖泊

湖泊名称	湖面海拔(米)	湖面面积(平方公里)	湖泊类型
纳木错	4718	1920	咸
色林错	4530	1640	咸
扎日南木错	4613	1023	咸
当惹雍错	4535	835	咸
羊卓雍错	4441	638	咸
昂拉仁错	4689	560	咸
塔若错	4545	520	咸
格仁错	4650	466	咸
班公错	4241	413	东淡西咸
玛旁雍错	4588	412	淡
昂孜错	4638	406	咸
多格仁错	4814	394	咸
吴如错	4552	351	淡
多尔索洞错	4749	350	咸
鲁玛江冬错	4810	322	咸
佩枯错	4591	300	咸
普莫雍错	5009	284	淡
拉昂错	4573	269	淡
错鄂	4562	244	咸
郭扎错	5080	244	北淡南咸
达则错	4461	243	咸
许如错	4714	208	咸
扎布耶茶卡	4400	235	咸
仁青休布错	4760	200	咸

全国各省市自治区国民经济主要指标

地区	国土面积及排位（万平方千米）		年末总人口（万人）	城镇居民人均总收入（元）	农村居民人均纯收入（元）	地区生产总值（亿元）	全社会固定资产投资（亿元）	社会消费品零售总额（亿元）
全　国	960		136072	29547.1	8895.9	568845.2	447074.4	237809.9
北　京	1.68	29	2115	45273.8	18337.5	19500.6	6847.1	8375.1
天　津	1.19	30	1472	35655.5	15841.0	14370.2	9130.3	4470.4
河　北	18.77	12	7333	24142.9	9101.9	28301.4	23194.2	10516.7
山　西	15.63	20	3630	24013.6	7153.5	12602.2	11031.9	5139.3
内蒙古	118.30	3	2498	26978.1	8595.7	16832.4	14215.5	5114.2
辽　宁	14.59	21	4390	27904.9	10522.7	27077.7	25107.7	10581.4
吉　林	18.74	13	2751	23544.2	9621.2	12981.5	10133.5	5426.4
黑龙江	45.46	6	3835	21149.2	9634.1	14382.9	12126.0	6251.2
上　海	0.63	31	2415	48879.3	19595.0	21602.1	5647.8	8052.0
江　苏	10.26	24	7939	35131.0	13597.8	59161.8	36373.8	20796.5
浙　江	10.18	25	5498	41241.0	16106.0	37568.5	20777.1	15225.5
安　徽	13.96	22	6030	25006.2	8097.9	19038.9	18621.6	6542.4
福　建	12.14	23	3774	33382.7	11184.2	21759.6	15327.4	8275.3
江　西	16.69	18	4522	22949.4	8781.5	14338.5	12866.1	4576.1
山　东	15.67	19	9733	30628.1	10619.9	54684.3	36789.1	22294.8
河　南	16.70	17	9413	23686.5	8475.3	32155.9	26220.9	12426.6
湖　北	18.59	14	5799	25180.5	8867.0	24668.5	19307.3	10885.9
湖　南	21.18	10	6691	24643.0	8372.1	24501.7	17846.3	9018.6
广　东	17.79	15	10644	36503.9	11669.3	62164.0	22307.8	25453.9
广　西	23.60	9	4719	25028.7	6790.9	14378.0	11907.7	5133.1
海　南	3.39	28	895	24919.9	8342.6	3146.5	2697.4	992.9
重　庆	8.24	26	2970	26850.3	8332.0	12656.7	10429.6	4599.8
四　川	48.50	5	8107	23893.9	7895.3	26260.8	20325.2	10561.4
贵　州	17.60	16	3502	21413.0	5434.0	8006.8	7373.6	2366.2
云　南	39.40	8	4687	24689.3	6141.3	11720.9	9968.3	4004.6
西　藏	122.84	2	312	22560.7	6578.2	807.7	918.5	293.2
陕　西	20.56	11	3764	24108.8	6502.6	16045.2	14867.3	4999.5
甘　肃	45.40	7	2582	20149.0	5107.8	6268.0	6527.9	2173.8
青　海	72.12	4	578	22131.0	6196.4	2101.1	2361.1	544.1
宁　夏	5.18	27	654	23766.8	6931.0	2565.1	2651.1	610.5
新　疆	165.00	1	2264	22387.9	7296.5	8360.2	7724.5	2108.2

西藏自治区各地（市）国民经济主要指标及排位

地　区	拉萨	昌都	山南	日喀则	那曲	阿里	林芝
地区生产总值(亿元)	304.87	104.50	86.61	128.58	72.88	28.90	81.83
排位	1	3	4	2	6	7	5
地方财政收入（亿元）	50.16	7.50	7.93	7.35	3.76	1.96	6.95
排位	1	3	2	4	6	7	5
地方财政支出（亿元）	131.92	91.36	61.60	93.46	67.16	31.97	42.06
排位	1	3	5	2	4	7	6
财政收入占地区生产总值比重（%）	16.5	7.2	9.2	5.7	5.2	6.8	8.5
地区生产总值增速% (按可比价格计算)	12.4	12.3	12.4	11.4	11.1	11.4	12.3
第一产业(亿元) (按当年价格计算)	11.73	19.00	5.12	26.24	12.41	4.69	7.64
第二产业(亿元) (按当年价格计算)	107.56	44.12	44.92	40.53	18.05	8.50	29.19
第三产业(亿元) (按当年价格计算)	185.58	41.38	36.57	61.81	42.42	15.71	45.00
规模以上工业企业总产值（万元）	717440	78613	103720	53549		4562	64474
农林牧渔总值（万元） (按当年价格计算)	192488	299782	90466	356154	174509	61666	104903
全社会固定资产投资（万元）	3761643	1231688	1073026	1068302	735791	314061	1000319
排位	1	2	3	4	6	7	5
社会消费品零售总额（万元）	1441086	256324	291729	532516	136243	67492	206761
排位	1	4	3	2	6	7	5
各地区农牧民人均纯收入（元）	8265	5900	7099	6027	6398	6391	8612
城镇居民人均可支配收入（元）	21427	17370	19106	19997	20466	24723	17847

西藏自治区平均每天主要社会经济活动

指标		1994	2000	2010	2012	2013
地区生产总值	(万元)	1260	3218	13903	19206	22128
第一产业		579	995	1883	2202	2379
第二产业		216	745	4491	6653	8025
工业		94	278	1088	1516	1676
建筑业		122	468	3402	5137	6350
第三产业		465	1478	7529	10351	11724
农业总产值	(万元)	735	1403	2761	3242	3507
工业总产值	(万元)	209	501	2072	2902	3447
地方财政收入	(万元)	39	147	1164	2620	3025
财政支出	(万元)	830	1643	15413	25588	28742
粮食	(吨)	1820	2636	2499	2600	2634
油菜籽	(吨)	80	108	159	173	174
发电量	(万千瓦时)	122	181	662	718	798
水泥	(吨)	411	1351	6003	7854	8110
铬矿石	(吨)	203	539	551	338	364
最终消费	(万元)	897	1813	8945	12401	14207
居民消费		703	1287	3649	4468	5365
政府消费			526	5296	7933	8842
社会消费品零售总额	(万元)	568	1174	5077	6977	6977
邮电业务总量	(万元)	11	105	638	943	1112
海外旅游人数	(人次)	181	409	626	534	612
居民储蓄额	(万元)	306	1109	7319	8326	13590
出版报纸	(千印张)	74	79	384	539	566
出版图书	(千册)	8	14	39	37	33

西藏自治区国民经济和社会发展结构指标

单位：%

指　　标	1978	1994	2000	2010	2012	2013
常住人口						
城乡结构						
城镇	11.3	16.6	18.9	22.67	22.75	23.71
乡村	88.7	83.4	81.1	77.33	77.25	76.29
性别结构						
男	48.8	49.4	50.6	51.38	51.00	50.90
女	51.2	50.6	49.4	48.62	49.00	49.10
地区生产总值						
第一产业	50.7	46.0	30.9	13.5	11.5	10.7
第二产业	27.7	17.1	23.2	32.3	34.6	36.3
第三产业	21.6	36.9	45.9	54.2	53.9	53.0
就业产业结构						
第一产业	82.0	77.1	72.9	53.6	46.3	45.2
第二产业	5.9	3.7	5.9	10.9	13.4	14.1
第三产业	12.1	19.2	21.2	35.5	40.3	40.8
投　资						
全社会固定资产投资						
第一产业		4.6	4.6	5.1	4.5	5.7
第二产业		30.5	25.3	29.0	31.4	28.2
第三产业		64.9	70.1	65.9	64.1	66.1
资金来源结构						
国家预算内资金		49.1	53.0	62.1	59.4	80.7
国内贷款		4.4	3.8	1.9	3.6	2
自筹和其他投资		46.5	40.1	36.0	37.0	17.3
农　业						
农林牧渔业产值结构						
#农业	39.6	49.0	51.5	45.9	45.1	45.3
林业	0.4	2.4	2.6	2.4	2.2	2.1
牧业	59.9	48.6	45.9	48.5	49.9	50.1
渔业	…		…	0.2	0.2	0.1
工业企业结构						
轻工业	38.1	47.2	37.6	34.9	38.4	38.2
重工业	61.9	52.8	62.4	65.1	61.6	61.8

西藏各地区国有经济按各种分组的固定资产投资

指　　标	合计	拉萨	昌都	山南	日喀则	那曲	阿里	林芝
投资总额(万元)	6708235	2244263	1113767	825836	849206	735364	314061	625738
国家预算内资金	5904408	1133447	1338697	670883	765929	976882	312287	706283
国内贷款	145520	23021	99999	22500				
利用外资	3000			3000				
自筹投资	841490	457082	198519	84252	11804	38000	38528	13305
其他投资	427152	197106	13195	47801	93242	25982	12704	37122
建筑安装工程	6048491	1851641	979047	806935	809894	735364	245591	620019
设备、工器具购置	423688	264778	64446	18383	21182		49585	5314
其他费用	236056	127844	70274	518	18130		18885	405
#新建	5541424	1993760	767450	626957	703862	735364	132697	581334
扩建	382802	57771	168557	12692	87942		18899	36941
改建	326308	119959	56493	1525	11838		134163	2330
第一产业	381013	114784	48058	86222	64295	4752	18353	44549
第二产业	1894758	859721	335225	308806	85959	149158	56051	99838
第三产业	4432464	1269758	730484	430808	698952	581454	239657	481351
农林牧渔业	381013	114784	48058	86222	64295	4752	18353	44549
工　业	1894758	859721	335225	308806	85959	149158	56051	99838
#能源工业	1497369	647594	211264	276618	84682	149158	53260	74793
交通运输、仓储和邮政业	1604389	194912	191864	139231	440652	253719	138856	245155
信息传输、计算机服务和软件业	20369	343	2870	7666	309		3175	6006
新增固定资产(万元)	4665764	1581567	607816	588098	592698	95479	313632	886474
固定资产交付使用率(%)	69.6	70.5	54.6	71.2	69.8	13.0	99.9	141.7
施工面积	379.74	97.89	113.06	51.59	54.64	24.17	30.49	7.89
竣工面积	68.53		19.27	13.23	31.34		4.68	
#住宅	16.79		3.75	3.07	9.65		0.32	

西藏自治区房地产开发主要指标

指　　　标		2007	2008	2009	2010	2011	2012	2013
本年土地开发面积		21.87	71.74	16.96	20.4	11.75		
本年土地购置面积		5.20	20.46	5.23	4.55	5.77	1.34	
按资金来源分	(万元)	119154	133641	310418	150211	136383	107702	
国内贷款		14060	19391	18600	783	24000		
自筹资金		30865	43514	118125	107545	28843	21319	51017
其他资金		74229	70736	173693	41883	44497	60001	74539
施工面积		114.71	144.89	140.62		48.73	47.33	57.7
竣工面积		41.27	54.85	45.98	12.18	21.69	9.23	18.09
本年新开工面积		56.42	122.53	37.35	16.92	4.53	22.68	27.76
#住宅		48.49	53.26	31.84	15.3	19.28	17.07	22.37
商品房屋销售额	(万元)	164348	213056	155127	56143	66890	73545	106023
#住宅		158663	192808	146889	52105	60733	61578	88458
商品房屋销售面积	(万平方米)	60.78	66.68	63.26	19.37	19.36	22.50	25.40
#住宅		59.60	62.26	61.42	18.85	18.40	20.65	22.78
商品房屋销售价格	(元/平方米)	2704	3195	2452	2898	3455	3269	4174
#住宅		2662	3097	2397		3299	2982	3883
本年完成投资额	(万元)	116767	137888	157480	89634	51342	68719	96777
#住宅		104008	120080	113798	69870	37363	42509	58669

西藏自治区各地区农牧民人均纯收入和生活消费支出

单位：元

指标 地区 / 年份	拉萨市	昌都地区	山南地区	日喀则地区	那曲地区	阿里地区	林芝地区
	2013	2013	2013	2013	2013	2013	2013
人均纯收入	8265	5900	7099	6027	6398	6391	8612
工资性收入	1949	1601	2366	2035	71	538	1052
家庭经营收入	5515	3522	3707	2849	5671	4520	6058
转移性和财产性收入	801	777	1026	1143	656	1333	1502
生活消费支出	4163	3599	3408	3532	2845	3897	4968
食品	1870	2133	1701	1948	1514	2256	2770
衣着	484	333	553	361	238	426	483
居住	405	103	122	323	27	19	212
家庭设备用品及服务	212	427	388	269	92	227	222
交通通讯	816	315	279	291	957	618	845

西藏自治区农牧民安居工程完成投资

单位：亿元

年份	完成投资	受益人口(万人)
总　计	277.40	229.17
2006	33.98	28.85
2007	36.23	29.82
2008	39.65	29.30
2009	37.88	30.41
2010	23.15	21.89
2011	34.01	34.00
2012	42.08	32.76
2013	30.42	22.14

西藏自治区各地区城镇居民人均可支配收入和消费支出

单位：元

指标 \ 地区 / 年份	全区	拉萨市	昌都地区	山南地区	日喀则地区	那曲地区	阿里地区	林芝地区
	2013	2013	2013	2013	2013	2013	2013	2013
可支配收入	20023	21427	17370	19106	19997	20466	24723	17847
总收入	22561	23777	19312	22674	22200	22857	27753	20979
工资性收入	19604	21156	16030	20496	18078	20100	26237	17284
经营性收入	713	387	548	532	1270	838		1497
财产净收入	424	700	257	493	288	462	176	54
转移性收入	1820	1534	2477	1153	2564	1457	1340	2144
借贷收入	415	108	256	1767	496			642
消费性支出	12232	15203	9502	12073	12389	11284	11281	9131
食品	5889	6481	5030	4856	6613	6637	5816	4673
衣着	1528	2110	835	1924	1475	1143	1295	1049
居住	964	979	819	864	1093	1030	930	991
家庭设备用品及服务	541	976	247	707	304	296	269	283
医疗保健	501	694	335	329	651	383	401	355
交通和通讯	1551	2054	966	2380	1372	1086	1268	976
教育文化娱乐服务	618	937	549	581	514	248	723	387
其它商品和服务	639	972	721	432	367	462	579	417

西藏自治区各地区农林牧渔业、工业总产值（一）

单位：万元

地区	农林牧渔业产值	农业	林业	牧业	渔业	服务业	工业总产值
拉萨市							
城关区	12642	5583	620	6440			309823
林周县	33338	15807	60	17470			4198
当雄县	31907	6480		25427			29515
尼木县	13338	5499	182	7656			3940
曲水县	20454	12601	899	6807	148		44430
堆龙德庆县	24488	10558	1134	11955		842	169956
达孜县	21357	11152	1481	8725			34301
墨竹工卡县	34963	13764	404	20795			99365
昌都地区							
昌都县	36746	12180	16	24114	16	421	94475
江达县	34762	7656	2225	23973	1	908	579
贡觉县	15901	4742	102	10614	1	443	725
类乌齐县	25572	9701	1908	13618	4	341	2169
丁青县	45326	31256	98	12996		976	3019
察雅县	22060	8405	14	13404	4	232	419
八宿县	16274	5253	309	10334	4	375	397
左贡县	22407	8051	337	13219	5	795	1368
芒康县	32160	12119	5130	13716	3	1192	1741
洛隆县	24845	11137	77	11631	1	343	2149
边坝县	23570	7943	1870	13392	1	364	1716
山南地区							
乃东县	16704	7240	296	5590	746	2832	44254
扎囊县	8604	3958	210	4083		352	1881
贡嘎县	10593	5540	498	4520		36	4833

西藏自治区各地区农林牧渔业、工业总产值（二）

单位：万元

地区	农林牧渔业产值	农业	林业	牧业	渔业	服务业	工业总产值
桑日县	6053	3216	70	2477		290	85141
琼结县	4016	2638	57	1059		263	1644
曲松县	5125	1749	88	3227		60	1980
措美县	3813	1226	13	2419		155	
洛扎县	6066	2851	40	2773		402	308
加查县	10414	7462	81	2766		647	9155
隆子县	8565	3951	112	4447		105	49167
错那县	3371	1536	1	1601		54	584
浪卡子县	7144	1438	79	4980		233	413
日喀则地区							
日喀则市	51308	44430	509	5317		1052	71816
南木林县	38026	25046	101	12059		820	641
江孜县	38574	22509	617	14751		697	2830
定日县	21677	10896	203	9239		1339	553
萨迦县	22098	12916	561	8442		179	10
拉孜县	28720	20533	560	7297		330	665
昂仁县	21391	8229	12	12849		300	135
谢通门县	22220	10749	109	10596		766	259
白朗县	25557	19638	283	5334		302	793
仁布县	11036	4181	202	5429		1224	163
康马县	10174	4903	77	4944		250	2875
定结县	8132	3926	58	3852		296	146
仲巴县		15		16568		580	4307
亚东县	8654	2607	195	5170	600	82	5722
吉隆县	8100	2925	78	4947		151	2912
聂拉木县	10490	4103	36	5913		438	786
萨嘎县	7930	998		6852		80	1618
岗巴县	4774	1524		3171		79	461

西藏自治区各地区农林牧渔业、工业总产值（三）

单位：万元

地区	农林牧渔业产值	农业	林业	牧业	渔业	服务业	工 业总产值
那曲地区							
那曲县	27073	14178		12818		77	3689
嘉黎县	17974	10691	6	7260		18	497
比如县	31962	26537		5061		364	143
聂荣县	10570	3624		6922		24	
安多县	11006			11006			371
申扎县	6872	232		6429		211	208
索　县	16017	10398		4787		832	222
班戈县	12567			9747		2821	1013
巴青县	22153	15803		6156		194	208
尼玛县	14505	134		14371			
双湖县	3810			3628.5	23.93	158	
阿里地区							
普兰县	4610	1261	14	3236		99	539
札达县	3306	437	25	2771		73	553
噶尔县	5074	760	43	4186		84	9242
日土县	7399	569	28	6668		134	550
革吉县	11984	51		11727		206	274
改则县	20731	39		20403	22	268	373
措勤县	8562	55		8334		173	37
林芝地区							
林芝县	16153	7018	394	8413	84	245	70656
工布江达县		7953	707	10927	58	452	776
米林县	14502	7358	148	5384	30	1583	1738
墨脱县	3415	1673	357	1333	6	46	87
波密县	20300	12091	675	7056	1	477	1680
察隅县	13511	8079	191	4929	2	310	906
朗　县	13849	5865	122	7536	4	323	218

西藏自治区人民物质文化生活提高情况

就业指标		2000	2010	2012	2013
每一农村劳动力负担人数	(人)	1.74	1.59	1.65	1.69
每一城镇就业者负担人数	(人)	1.89	2.25	2.09	1.96
农牧民人均纯收入	(元)	1331	4139	5719	6578
城镇居民家庭人均可支配		6448	14980	18028	20023
职工年平均工资	(元)	14976	54397	58347	64409
全区居民消费水平	(元)	1823	4326	5340	6275
农村居民	(元)	1144	2381	3098	3874
城镇居民	(元)	4737	11028	12958	14001
城乡居民年末储蓄存款	(亿元)	40.48	267.13	403.91	496.03
平均每人年末储蓄存款余额	(元)	1558	9159	13130	15896
住 房	(平方米)				
农村平均每人住房面积		23.16	24.03	29.58	30.51
城市平均每人居住面积		19.86	34.72	36.14	42.81
城市每百户拥有彩色电视机	(台)	120	129	129	128
农村每百户拥有电视机	(台)	13.7	75.5	108.1	97.3
学龄儿童入学率	(%)	85.8	99.2	99.4	99.6
每万人口中在校学生数	(人)	1467	1775	1696	1683
每千人拥有床位数	(张)	2.52	3.02	3.28	3.54
每千人拥有卫生技术人员数	(人)	3.44	3.44	4.53	3.74

西藏自治区教育事业基本情况

指　　标	2000	2007	2010	2012	2013
学校数（所）	956	1014	1006	991	977
普通高等学校	4	6	6	6	6
中等学校	110	124	128	128	130
#专业学校	12	7	6	6	6
普通中学	98	117	122	122	124
小学	842	884	872	857	841
专任教师（人）	19042	30108	33731	34494	34889
普通高等学校	813	1755	2195	2369	2472
中等学校	5048	10540	12635	13272	13738
#专业学校	742	507	591	632	652
普通中学	4306	10033	12044	12640	13086
小学	13181	17813	18901	18853	18679
招生数（人）	88908	133604	129697	130538	127598
普通高等学校	2320	8046	9213	10132	9404
中等学校	28619	73668	69737	68854	66627
#专业学校	2957	6654	7319	7901	6471
普通中学	25662	67014	62418	60953	60156
小学	57969	51890	50747	51552	51567
在校学生（人）	381099	546524	532850	521850	525061
普通高等学校	5475	26767	31109	33452	33562
中等学校	61817	199168	202333	196382	196700
#专业学校	6585	18958	22613	18291	17491
普通中学	55232	180210	179720	178091	179209
小学	313807	320589	299408	292016	294799
毕业生数(人)	51822	110576	124490	125331	120132
普通高等学校	764	4346	8266	8580	9139
中等学校	14019	53992	65582	69214	64875
#专业学校	1895	2197	7312	9350	6412
普通中学	12124	51795	58270	59864	58463
小学	37039	52238	50642	47537	46118
每一教师负担学生数(人)	20.01	18.15	15.80	15.13	15.04
普通高等学校	6.73	15.25	14.17	14.12	13.58
中等学校	12.24	18.9	16.01	14.80	14.48
#专业学校	8.87	37.39	38.26	28.94	26.82
普通中学	12.83	17.96	14.92	14.09	13.68
小学	23.81	18.00	15.84	15.49	15.78

西藏各地（市）普通小学基本情况

单位：人

地区	学校(所)	毕业生数	招生数	在校学生	专任教师
拉萨 市	81	7766	9206	50040	3493
昌都地区	198	10681	11798	65171	3547
山南地区	97	4700	3892	26158	2110
日喀则地区	224	10611	11657	66999	4185
那曲地区	141	7025	10270	56676	2897
阿里地区	35	2136	1728	10707	747
林芝地区	63	2960	2872	18078	1633

西藏各地（市）普通中学基本情况

单位：人

地区	学校(所)	毕业生数	招生数	在校学生	专任教师
拉萨市	22	11330	12044	35028	2842
昌都地区	18	11145	12576	35885	2005
山南地区	17	7022	6911	20616	1789
日喀则地区	29	14049	14637	41290	3169
那曲地区	18	7733	8369	24009	1482
阿里地区	7	1415	1432	4476	331
林芝地区	10	4149	4433	12921	928

西藏自治区卫生事业发展情况

指　　标		2000	2007	2008	2009	2010	2011	2012	2013
全区机构数	(个)	1237	1339	1326	1329	1352	1380	1403	1413
医院、卫生院		810	765	764	763	773	783	777	783
#医院		105	97	99	100	101	103	104	106
疗养院		1	1	1	1	1	1	1	1
门诊部(所)		303	419	412	417	430	444	473	480
疾病预防控制中心		81	79	81	81	81	82	82	82
妇幼保健院(所、站)		32	58	57	57	55	57	57	54
采供血机构			1	1	1	1	1	1	1
卫生监督所			1	2	2	2	2	2	2
社区卫生服务中心			14	7	6	8	9	9	9
其他卫生事业机构		7	1	1	1	1	1	1	1
全区床位数	(张)	6348	7127	8765	8553	8838	9642	10134	11036
医院、卫生院		6156	6832	8344	8193	8439	9192	9666	10461
#医院		4426	4462	5585	5368	5444	6314	6653	7292
疗养院		120	57	40	40	40	40	40	40
妇幼保健所(站)		72	235	336	320	342	377	415	471
社区卫生服务中心			3			17	33	13	64
全区人员数	(人)	11027	10635	11680	12099	12269	12995	13896	14335
卫生技术人员		8948	8535	9435	10047	9983	10664	11313	11716
#执业医师、助理医师		5262	4148	4376	4465	4371	4105	4818	5204
#注册护士		1816	1807	1920	2007	1986	2073	2278	2400
其他技术人员		211	454	509	415	481	601	867	878
管理人员		676	607	634	649	610	568	596	668
工勤技能人员		1192	1039	1102	988	1195	1162	1120	1073

注：执业医师、助理医师和注册护士数2001年及以前各年份分别为医生和护士(师)数

西藏旅游人数及旅游收入

年　份	接待旅游者人数(人次)	入境旅游者人数	#外国人	国内旅游者人数	旅游总收入(万元)	国内旅游收入(万元)	外汇收入(万美元)
2000	608335	149441	134539	458894	67462	25834	5226
2001	686116	127148	116440	558968	75053	37053	4638
2002	867320	142279	129617	725041	98777	55899	5166
2003	928639	51120	45685	877519	103723	88028	1891
2004	1223098	95816	88797	1127282	153195	122817	3660
2005	1800623	121308	111018	1679315	193524	157536	4443
2006	2512103	154818	136159	2357285	277072	228929	6094
2007	4029438	365370	338744	3664068	485160	383152	13529
2008	2246447	67997	62934	2178450	225865	204237	3112
2009	5610630	174910	162458	5435720	559870	506088	7873
2010	6851390	228321	214136	6623069	714401	644001	10359
2011	8697605	270785	249026	8426820	970568	886341	12963
2012	10583869	194933	174631	10388936	1264788	1198017	10570
2013	12910568	223198	187153	12687370	1651813	1572633	12786

西部十二省(区、市)行政区划

省级行政区划名称	地级区划数	#地级市	县级区划数	县级市	市辖区	乡镇级区划数
全　国	333	286	2853	368	872	40497
西　藏	7	1	74	1	1	694
重　庆			38		19	1016
四　川	21	18	183	14	48	4657
贵　州	9	6	88	7	13	1507
云　南	16	8	129	12	13	1388
内蒙古	12	9	102	11	22	1010
广　西	14	14	110	7	36	1247
陕　西	10	10	107	3	24	1420
甘　肃	14	12	86	4	17	1347
青　海	8	2	43	3	5	395
宁　夏	5	5	22	2	9	237
新　疆	14	2	101	22	11	1035

西部十二省(区、市)主要指标

地　区	地区生产总值（亿元）	年末总人口（万人）	规模以上工业企业主营业务收入（亿元）	农林牧渔业总产值（亿元）	农林牧渔业总产值比上年增长（%）
全国	568845.2	136072	1029149.8	96995.3	4.0
西　藏	807.7	312	98.1	128.0	4.0
重　庆	12656.7	2970	15417.1	1513.7	4.6
四　川	26260.8	8107	35251.8	5620.3	3.5
贵　州	8006.8	3502	6878.4	1663.0	6.0
云　南	11720.9	4687	9773.1	3056.0	7.0
内蒙古	16832.4	2498	19550.8	2699.5	4.7
广　西	14378.0	4719	16726.0	3755.2	4.4
陕　西	16045.2	3764	17763.0	2562.5	4.8
甘　肃	6268.0	2582	8443.7	1517.7	4.9
青　海	2101.1	578	2045.4	310.3	5.6
宁　夏	2565.1	654	3374.5	430.0	4.7
新　疆	8360.2	2264	8608.0	2538.9	7.2